ÉMILE GABORIAU
(1832-1873)

OU

LA NAISSANCE
DU ROMAN POLICIER

DU MÊME AUTEUR

Le peintre paysagiste Louis-Augustin Auguin (1824-1903) (Lussaud, Fontenay-le-Comte) *(épuisé)*.

Le peintre orientaliste auvergnat Prosper Marilhat (1811-1847) (L'Auvergne Littéraire, Clermont-Ferrand) *(épuisé)*.

Gustave Courbet en Saintonge (Librairie Klincksieck), ouvrage couronné par l'Académie Française et l'Académie Nationale de Bordeaux *(épuisé)*.

Roger BONNIOT

ÉMILE GABORIAU

ou

LA NAISSANCE DU ROMAN POLICIER

PARIS
LIBRAIRIE PHILOSOPHIQUE J. VRIN
6, Place de la Sorbonne, V^e
—
1985

La loi du 11 mars 1957 n'autorisant, aux termes des alinéas 2 et 3 de l'article 41, d'une part, que les « copies ou reproductions strictement réservées à l'usage privé du copiste et non destinées à une utilisation collective » et, d'autre part, que les analyses et les courtes citations dans un but d'exemple et d'illustration, « toute représentation ou reproduction intégrale, ou partielle, faite sans le consentement de l'auteur ou de ses ayants droit ou ayants cause, est illicite » (alinéa 1er de l'article 40).
Cette représentation ou reproduction, par quelque procédé que ce soit, constituerait donc une contrefaçon sanctionnée par les articles 425 et suivants du Code Pénal.

© *Librairie Philosophique J. VRIN*, 1985

ISBN 2-7116-9277-9

A la mémoire de Madame Louis Schoell, petite-nièce d'Émile Gaboriau, à qui ce livre doit beaucoup.

En respectueux et reconnaissant hommage à Madame Jacques Coradin, arrière-petite-nièce d'Émile Gaboriau.

Roger Bonniot.

PRÉFACE

Roger Bonniot a tenu à être préfacé par un homme du métier. Eh ! oui, je suis un ancien flic et, dans l'exercice de mes fonctions, j'ai dû souvent faire face à des situations sorties tout droit des romans d'Émile Gaboriau. Un siècle après lui, je ne puis qu'admirer, avec son esprit d'observation et la justesse de ses déductions, la vérité de ses « gens de police », fonctionnaires ou détectives privés, en butte à l'inertie administrative, à la suffisance des juges d'instruction et, trop souvent, à l'incompréhension du public.

Certes, les policiers de Gaboriau, tout comme ceux d'aujourd'hui, ont leurs faiblesses, commettent des étourderies, peuvent se tromper en interprétant des indices ou en recherchant des preuves. Ce ne sont que des hommes... Des hommes qui retrouvent vie — tout comme revit Gaboriau lui-même — sous la plume de Roger Bonniot. La maîtrise de son écriture nous permet d'entendre leur voix, de distinguer leurs gestes. Ce n'est pas là seulement un livre, et quel livre ! mais une œuvre globale et sans doute définitive, qui projette toute la lumière sur les origines du roman policier. A quoi bon en dire plus ? Les préfaces sont comme les plaisanteries : les plus courtes sont les meilleures. Place donc au grand ancêtre, dont nous avons toujours à apprendre, non seulement nous, les auteurs policiers, mais les policiers, mes anciens collègues.

Roger Borniche.

« Se peut-il qu'on ne célèbre pas en France le centenaire de Gaboriau ? Il a pour nous, Anglo-Saxons, une importance considérable, car il est le véritable créateur du roman policier » (Valentin Williams, dans *Le Père du roman policier*, in Candide du 19 décembre 1935).

« Les policiers de Gaboriau, c'est les policiers de roman d'il y a un demi-siècle et les policiers réels de demain » (Dr Edmond Locard, *Policiers de roman et policiers de laboratoire*, 1924).

« Gaboriau, le père de toute la littérature détective actuelle... » (André Gide, *Journal*, 1932).

« Ce qui me séduit dans les romans de Gaboriau que Jean Cocteau me fit connaître il y a quelque vingt ans, ce n'est pas l'énigme en elle-même, mais l'atmosphère que l'écrivain a su créer, les péripéties ingénieuses qu'il multiplie et l'intérêt qui ne faiblit pas d'un bout à l'autre du récit » (Galtier-Boissière, *Préface à la réédition du Petit Vieux des Batignolles*, Gründ, 1946).

« J'adore Gaboriau. C'est un bonhomme immense. Le père, le précurseur du roman policier... Je l'ai fait lire à des jeunes gens autour de moi. Ils sont de mon avis. Tout Gaboriau est merveilleusement fait » (Joseph Kessel, 1947).

« Ce seront les écrivains anglo-saxons, ces maîtres incontestables du roman policier qui, après avoir reconnu en Gaboriau le véritable créateur de ce genre littéraire, souligneront les premiers, le caractère profondément humain et moral de ses romans » (M. le Conseiller Marcel Boyé, *Discours d'ouverture de la rentrée solennelle de la Cour d'Appel de Bordeaux*, 16 septembre 1972).

« Il est vraiment étonnant que pas un de ses lecteurs n'ait tenté de reconstituer sa vie. Tous les précurseurs ont eu leur biographe. Gaboriau sera-t-il le seul à ne pas en avoir ? » (Emmanuel Car, *Le Centenaire de Gaboriau* in Revue Internationale de Criminalistique, janvier 1933).

AVANT-PROPOS

C'est pour nous un agréable devoir de témoigner ici notre reconnaissance à tous ceux qui, avec le plus complet désintéressement, nous ont apporté une aide dans la réalisation de cet ouvrage.

Notre pensée émue va d'abord à Mme Louis Schoell, petite-nièce d'Émile Gaboriau, pour nous avoir communiqué avec une totale générosité la documentation qu'elle possédait sur cet écrivain trop longtemps mésestimé. Notre regret est profond que sa disparition ne nous ait pas permis de lui soumettre ce livre, qui devait lui parler de « l'oncle Émile ». Il était donc naturel qu'au seuil de ce volume on trouve un hommage à sa mémoire ainsi que nos remerciements à Mme Jacques Coradin pour avoir bien voulu nous garder la confiance que sa mère nous avait d'emblée accordée.

Notre gratitude n'est pas moindre envers M. le Professeur Simon Jeune, de la Faculté des Lettres de Bordeaux, pour s'être intéressé, dès ses débuts, à notre initiative et nous avoir guidé de ses suggestions et de ses conseils. Nous lui sommes, en partie, redevable de la persévérance que nous avons mise à conduire notre travail jusqu'à son achèvement.

La liste est longue, ensuite, de ceux qui ont apporté leur pierre à l'édifice ou qui ont bien voulu concourir à faire mieux connaître l'œuvre de Gaboriau. Qu'il nous soit pardonné de ne pouvoir les nommer tous. Cependant nous ne pouvons nous dispenser de dire notre reconnaissance à M. Jean Glénisson, directeur de l'Institut de recherche et d'histoire des textes au C.N.R.S., directeur aussi de notre chère Académie de Saintonge ; à M. le Conseiller Marcel Boyé, qui a parlé avec tant de compétence de l'œuvre de Gaboriau devant la magistrature bordelaise ; à M. Ladoire, rédacteur en chef de *Sud-Ouest*, pour avoir ouvert les colonnes de son grand quotidien à une nouvelle publication de *L'Affaire Lerouge* ; à M. André Loquet, l'érudit directeur de la Société Générale, à qui nous devons la communication de nombre d'articles de presse ; à Mme Jacky Garan qui a fréquenté pour nous le dépôt des archives du *Progrès* de Lyon ; à M. Christian Goliard, photographe amateur émérite ; à notre vieux camarade Raoul Longoz, notre ancien condisciple du lycée de Grenoble, qui a compulsé pour nous les archives du ministère de la Défense Nationale ; à Mlle Émilienne Bonniot, professeur à Grenoble, notre cousine, dont nous avons largement mis à contribution la parfaite connaissance de la langue anglaise, à René Polette, collectionneur avisé de revues anciennes.

Nous n'oublions pas, certes, nos amis de Charente-Maritime, Mme Louis Joanne, M. l'Abbé Bichon, Me Henri Fumeau, M. Marc Seguin, Serge et Jacqueline Neyrat, Mlle Chaillou, qui ont bien voulu faire des recherches pour nous être agréables. Quant à M. Jean Laroche, notre concitoyen de Taillebourg, il mérite une mention particulière pour la compétence et le soin avec lesquels il a participé à la correction des premières épreuves de l'imprimerie.

Nous avons, d'autre part, trouvé le plus aimable accueil dans les dépôts départementaux d'archives où nous avons travaillé, notamment à Angoulême et à La Rochelle, où Mme Dezamy, documentaliste, s'est montrée d'une inlassable obligeance. Plusieurs directeurs ou conservateurs de bibliothèque nous ont, eux aussi, apporté leur concours et nos remerciements vont en premier lieu à Mme Gouillard (Saint-Jean-d'Angély), Mlle Tartare (Saumur), Mme Hamon (Lyon), M. Grandmaison (Tarascon), M. Lebec (Vendôme). Enfin, malgré la perte de temps que nous leur infligions, quelques notaires nous ont aimablement ouvert leurs archives, tels Me Mauxion, à Mortagne-sur-Gironde, Me Chipault, à Jarnac, et, seul de ses confrères de la ville, Me Guichard, à Guingamp.

Facilité par la somme de tous ces dévouements, notre travail a pu aboutir à la publication de ce livre après de longues et minutieuses investigations. Toutefois on ne devra pas être surpris de ne trouver au bas des pages ni notes, ni références. Nous avons voulu éviter d'alourdir exagérément un volume déjà fort épais, mais nous nous ferons un plaisir de satisfaire à toute question sur les origines de notre information. Nous nous réservons, d'ailleurs, si cet ouvrage obtient quelque approbation, d'en donner une édition plus « savante », accompagnée des justifications souhaitables.

Si nous avons trouvé notre principale documentation dans la correspondance et les manuscrits d'Émile Gaboriau, les souvenirs de sa sœur transmis par Mme Schoell et les ressources offertes par les archives publiques ou privées, nous avons eu également recours à la thèse magistrale de Régis Messac, *Le « Detective Novel » et l'influence de la pensée scientifique* (1929) et, avec de sérieuses réserves, à un article anonyme publié dans *Le Journal Illustré* du 17 novembre 1872 ainsi qu'à l'ouvrage de Philibert Audebrand, *Un Café de journalistes sous Napoléon III* (1888).

Certains pourront peut-être juger que nous sommes allé trop loin dans les détails quand il s'agissait de la vie privée d'Émile Gaboriau. Mais nous avons tenu à ne rien laisser perdre de ce que nous avons recueilli sur ce créateur jusqu'ici oublié, nous souvenant de cette pensée du grand historien d'art Louis Hourticq : « Que nous importent les comptes de blanchisseuses, quand nous sommes devant un chef-d'œuvre de Rembrandt ou de Poussin ? Mais vient un jour où nous donnerions beaucoup pour tenir en main les comptes de blanchisseuses de Poussin ou de Rembrandt ».

N. B. Pour épargner de fastidieuses consultations d'encyclopédies aux lecteurs étrangers peu familiarisés avec l'époque de notre histoire dans laquelle ils se trouvent transportés, nous avons cru utile de dresser à la fin du volume les biographies sommaires d'un certain nombre de personnages des dix-huitième et dix-neuvième siècles, dont les noms ont été cités au cours de cet ouvrage.

INTRODUCTION

Le succès des « romans judiciaires » d'Émile Gaboriau ne s'est jamais démenti. Publiés à la fin du Second Empire, ils ont tout de suite éveillé un intérêt passionné et, depuis lors, ont été réédités de nombreuses fois en France. Peu de temps après leur apparition ils ont été traduits en une dizaine de langues. Sept de ses œuvres ont été portées à la scène, et au cours de ces dernières années, la télévision française en a tiré quatre films. Enfin, en septembre 1980, un grand quotidien régional, *Sud-Ouest*, n'a pas hésité à reprendre en feuilletons la publication de *L'Affaire Lerouge*, le premier véritable roman policier paru dans le monde.

On pourrait supposer qu'un engouement si constant repose uniquement sur la faveur d'un public populaire, mais il n'en est rien. Des hommes d'État illustres, comme Bismarck et Disraeli, se sont délectés à la lecture des romans de Gaboriau. Non seulement Conan Doyle, le créateur de Sherlock Holmes, et Régis Messac, le plus consciencieux des historiens du roman policier, mais des écrivains renommés, tels André Gide, Jean Cocteau, Joseph Kessel et Armand Lanoux ont fait un éloge solidement justifié de son esprit inventif, de la construction de ses récits et de son talent de narrateur. Aussi est-il surprenant, presque incompréhensible, que soit restée jusqu'à nos jours si mal connue la vie de celui que le romancier anglais Valentin Williams a surnommé, en 1923, « le père du roman policier », et scandaleux que le centenaire de sa mort, tout comme celui de sa naissance, soit passé inaperçu dans notre pays et, ce qui est encore plus navrant, dans sa province natale, la Saintonge.

La première tentative pour reconstituer son existence ne date que de janvier 1933. Elle consiste en quelques pages publiées dans la *Revue internationale de Criminalistique* du Dr Locard, sous la signature d'Emmanuel Car. Si brève que soit cette biographie, son auteur a cependant réussi à accumuler un nombre impressionnant d'inexactitudes et c'est dans ces lignes qu'ont malheureusement puisé, depuis lors, les préfaciers des rééditions de ses principaux romans et les journalistes chargés de commenter les téléfilms qui en ont été les adaptations.

Un travail certainement plus sérieux a été accompli par un professeur américain, Mme Nancy Curry qui, en 1970, alors qu'elle s'appelait Mlle Loudenflagger, a soutenu devant l'Université du Kentucky, une thèse de doctorat sur *La vie et l'œuvre d'Émile Gaboriau*. Le texte, rédigé en anglais et resté dactylographié, nous a été courtoisement communiqué par son auteur. Il s'appuie sur une copieuse bibliographie, tant française qu'anglo-saxonne, et les nombreuses citations qu'on y rencontre, sont la preuve d'une lecture minutieuse des ouvrages les plus importants d'Émile Gaboriau.

Bien que le travail de Mme Curry soit très louable, le respect de l'exactitude nous oblige, à notre vif regret, à lui adresser certaines critiques dont sa qualité d'étrangère et le séjour limité qu'elle a pu faire en France doivent atténuer considérablement la sévérité. Les réserves que nous pouvons exprimer, sont de divers ordres. Tout d'abord Mme Curry n'a pas rectifié la plupart des élucubrations d'Emmanuel Car, qu'elle a eu le tort de prendre au sérieux ; sa biographie est trop sommaire et reste trop souvent dans le vague. Elle n'a pas non plus donné toute l'importance voulue aux chroniques de Gaboriau, a ignoré sa participation à certains périodiques et passé à peu près sous silence ses relations avec le théâtre. Enfin Mme Curry n'a pas eu connaissance des *Petites ouvrières*, un roman social qu'il avait publié sous un autre nom. Elle s'est également fort peu intéressée à la vie privée du personnage, à sa santé, à sa situation de fortune, à ses relations avec les divers membres de sa famille et avec ses confrères, à ses séjours à Jonzac où son père avait pris sa retraite, à tous les détails intimes qui pouvaient jeter un peu de lumière sur les faits et gestes du journaliste et de l'écrivain et mieux faire saisir la mentalité et les sentiments de l'homme, toutes recherches nullement étrangères au sujet, tel que le titre de sa thèse le comportait.

Nous-même, nous reconnaissons volontiers que nous n'avons pas toujours réussi à pénétrer sa pensée aussi intimement que nous l'aurions souhaité. D'autres viendront, espérons-le, qui compléteront notre apport, car de plus en plus nombreux sont les admirateurs du « père du roman policier », comme le prouvent les adhésions recueillies dans la France entière par l'Association des « Amis d'Émile Gaboriau ». Cette société, dont le siège se trouve au Centre des Carmes de Jonzac (17500), a été fondée en 1979, à la veille du baptême d'une nouvelle rue de Royan, qui a reçu le nom de cet enfant du pays.

Au cours de la dernière décennie, au moins trois auteurs français d'une thèse du troisième cycle, tous féminins, ont témoigné d'un intérêt pour certains aspects de l'œuvre de Gaboriau, en traitant les sujets suivants : Christiane Beljean, *Le Fonctionnaire dans l'univers hiérarchique de Balzac à Kafka* (Bordeaux III, 1973), Évelyne Diébolt, *Le Petit Journal et ses feuilletons de 1863 à 1914* (Paris VII, 1975) et Francisca Boisson, *Le Policier dans le roman français au XIXe siècle. Naissance d'un type littéraire* (Bordeaux III, 1980).

Ces travaux paraissent le début d'un cheminement aboutissant à rendre à Monsieur Lecoq, le génial policier créé par Gaboriau, la célébrité qu'il a connue du vivant de l'auteur et à faire universellement admettre qu'il peut rivaliser avec Sherlock Holmes et parfois même le surclasser.

Enfin, outre ses romans et ses chroniques, Émile Gaboriau a publié des études de mœurs incisives et des essais historiques fort curieux. La mort qui l'a saisi dans sa quarante et unième année, ne lui a probablement pas permis de révéler toutes les possibilités de son riche talent et il ne doit pas être exclu qu'il eût peut-être passé au premier rang des écrivains du temps, si ses jours n'avaient pas été si parcimonieusement comptés.

LA JEUNESSE

I

NAISSANCE ET ORIGINES FAMILIALES D'ÉMILE GABORIAU

Le 25 octobre 1831, Charles-Gabriel-Émile Gaboriau, âgé de trente-deux ans, receveur de l'Enregistrement à Saujon (Charente-Inférieure) et Marguerite-Stéphanie Magistel, de neuf ans sa cadette, fille d'un notaire de Cozes, se mariaient en cette localité située à trois lieues de la résidence de l'époux. Me Magistel et le receveur de l'Enregistrement, de par leurs fonctions respectives, avaient eu forcément des relations administratives et l'on peut supposer qu'une certaine cordialité avait marqué ces relations du fait que l'époux était lui-même fils d'un notaire de Jarnac. Le tabellion de Cozes, veuf depuis sept ans, avait dû considérer un tel parti comme inespéré pour sa fille qui, célibataire à vingt-trois ans, risquait, à cette époque, de faire bientôt figure de laissé-pour-compte.

La veille du mariage, un contrat dressé par Me Moulineau, notaire à Épargnes, commune du canton de Cozes, fut signé au domicile de Me Magistel par les nombreux parents invités à la cérémonie.

Le contrat plaçait les deux futurs conjoints sous le régime de la communauté réduite aux acquêts. Les père et mère de l'époux déposaient dans la corbeille de mariage, en avancement sur leur succession, une somme de deux mille cent francs en numéraire ainsi que dix linceuls (des draps) dont six en toile de brin (en filaments de lin) et quatre de grosse toile, quatre douzaines de serviettes, douze tabliers de cuisine, douze essuie-main et dix nappes de toile de brin, lesdits objets mobiliers évalués à cent vingt francs. Quant à Me Magistel, il donnait à sa fille, en avancement sur sa succession, outre un certain nombre de meubles et d'effets non précisés, six mille francs à prendre sur une somme à lui due par un certain David, négociant à Bordeaux, ainsi que le droit de réclamer le remboursement de ces six mille francs au débiteur et de le poursuivre au besoin. De plus, la dot de Marguerite Magistel s'augmentait de tous les biens et droits mobiliers hérités directement de sa mère et estimés dans leur ensemble de neuf à dix mille francs.

Nous n'avons pas de portrait du jeune ménage, mais, grâce à des photographies prises une trentaine d'années plus tard, nous savons que Charles-

Émile était d'assez haute taille et solidement bâti, le visage empreint de la gravité alors seyante à un fonctionnaire des finances. Quant à son épouse, morte à quarante-trois ans, il ne nous est resté d'elle aucune image, aucune description.

Le receveur de l'Enregistrement avait déjà accompli douze ans de service dans son administration, ayant débuté en janvier 1818 comme surnuméraire au bureau de La Rochelle. Il avait été nommé, en janvier 1825, receveur à Guichen, à une cinquantaine de kilomètres au sud-ouest de Rennes, puis muté à Saujon, en janvier 1829.

Moins de treize mois après son mariage, le 9 novembre 1832, à dix heures du soir, Marguerite donnait le jour à un garçon qui reçut les prénoms d'Étienne-Émile hérités de son grand-père maternel et de son père. C'est à lui que cet ouvrage est consacré. La date de la naissance du futur romancier devait, après sa mort, subir la fantaisie des auteurs de dictionnaires.

Son acte de naissance ne porte malheureusement pas l'indication de la demeure où il est venu au monde et, quand en 1955, la municipalité de Saujon a donné son nom à l'une de ses rues, elle ne s'est pas préoccupée de rechercher sa maison natale ou tout au moins l'emplacement de celle-ci. Cependant, plusieurs témoignages oraux transmis depuis le siècle dernier, en particulier celui, digne de foi, de M. Bureau, ancien maire de la ville, assurent qu'il est né dans une demeure dont ne subsiste qu'une partie donnant sur l'actuelle place de la mairie. En 1832, cette maison était la propriété de Pierre-Stanislas Dufaure, qui l'avait précédemment habitée. C'est là qu'en 1798 aurait vu le jour son fils Jules-Armand, le futur homme d'État. Stanislas Dufaure s'étant par la suite installé à Bordeaux, il est normal qu'il ait loué cet immeuble, qui a pu abriter à la fois le bureau de l'Enregistrement et le domicile du receveur. Plus tard, cette maison fut divisée en plusieurs logements et son rez-de-chaussée organisé en trois magasins qu'on peut voir sur une photographie remontant au premier quart du siècle. Après la guerre de 1914-1918, la commune de Saujon acquit la partie gauche de l'ancienne maison Dufaure pour la faire démolir afin d'élargir la rue Docteur-Faneuil. La partie droite a survécu, mais en subissant de profondes transformations. Donnant à la fois sur la rue Faneuil et sur la place de la Mairie, elle n'offre, pour nous, aucun intérêt sinon de marquer, même incomplètement, l'emplacement de la demeure où naquit Émile Gaboriau, tout aussi regrettablement détruite que l'ont été les halles anciennes de la ville.

Né dans une localité au hasard des mutations qu'avait connues la carrière de son père, le jeune Émile, comme c'est souvent le cas pour les enfants de fonctionnaires, n'avait aucune attache profonde avec sa ville natale. Et c'est vers Jarnac qu'il faut se tourner pour trouver la généalogie de la branche paternelle. Par malchance les registres paroissiaux de cette ville ne remontent pas au-delà du début du XVIIIe siècle et l'acte le plus ancien, concernant la famille, dont nous ayons trouvé trace, est indiqué dans une table provenant d'une étude de Jarnac, aujourd'hui aux Archives départementales de la Charente. Il s'agit d'une sommation de Jean Gaboriau à un emprunteur gêné ou négligent, en date du 25 juin 1687. De cette pièce, il ressort que les Gaboriau, marchands jarnacais, peut-être drapiers, avaient atteint à une certaine aisance dès la fin du XVIIe siècle. Ils s'élèveront progressivement dans la société locale au cours du XVIIIe siècle en achetant des charges de plus en plus importantes, excellente illustration de l'ascension de la bourgeoisie du règne de Louis XIV à la fin de l'ancien régime.

Ainsi, quand il épouse une demoiselle Marguerite Sauvesy en 1702, Jean Gaboriau remplit la charge de procureur fiscal du comte de Jarnac. En 1709, de cette union naquit un fils, désigné sur son acte de baptême sous le patronyme de Gaborio. Ce fils, Charles-Henri, tout en continuant d'exercer les fonctions de procureur au comté de Jarnac et de receveur du château, devint notaire royal. En 1737, il prit pour femme Marie Cauroy, également de bonne bourgeoisie jarnacaise. Il en eut un fils, Charles, en 1738 (sur l'acte de baptême réapparaît l'orthographe de Gaboriau). Charles fut notaire royal, contrôleur et visiteur des droits sur les actes en l'élection de Cognac. Il épousa, en janvier 1764, Madeleine Cauroy sa cousine germaine, fille de son oncle maternel, André Cauroy, contrôleur des actes au bureau de Jarnac. Le mariage ne put se faire qu'avec une dispense accordée par un bref pontifical. De cette union naquit, la même année, Charles-Louis, qui eut pour parrain le vicomte de Jarnac, Charles de Rohan-Chabot, et pour marraine, sa sœur, la princesse Charlotte-Sophie de Rohan-Chabot. Cet enfant devait être le grand-père paternel du romancier.

La réussite de cette famille ne pouvait s'accomplir dans une petite ville sans susciter de jalousie, et l'exercice local de charges de justice et de finances sans provoquer certaines rancunes, qui allaient pouvoir s'assouvir à la faveur de la tourmente révolutionnaire. En 1789, l'arrière-grand-père d'Émile, Charles Gaboriau, qui jouissait de l'estime de ses concitoyens, fut élu député du Tiers aux États-Généraux et, en novembre 1790, officier municipal de Jarnac. C'était un libéral au sens où on l'entend aujourd'hui. Accusé faussement d'agissements contre-révolutionnaires par les dirigeants du club local des « Amis de la Constitution de 1793 », arrêté, transféré à Paris, incarcéré pendant plusieurs mois et finalement traduit devant le Tribunal Révolutionnaire, il fut condamné à mort le 28 messidor an II (le 16 juillet 1794) pour intelligences avec les ennemis de l'État et exécuté le jour même, soit moins de deux semaines avant la chute de Robespierre. On comprend, dans ces conditions, le peu d'enthousiasme manifesté pour le régime républicain dans sa famille et par Émile Gaboriau lui-même.

Le fils du supplicié, Charles-Louis, devint notaire public sous la Première République, puis notaire impérial, enfin notaire royal avec la Restauration. Il exerça sa charge jusqu'en 1834, puis les fonctions de juge de paix et mourut en février 1842. Il avait épousé, en 1792, Marie-Rose Roux, elle-même fille d'un notaire royal de Jarnac. Il en eut six enfants. L'aîné, Charles-Henri, né en 1793, devint, à Tours, chef de bureau de la Compagnie d'Orléans. Il se maria en 1819, avec Clémence Levallois, qui lui donna deux enfants : Henri, qui devint officier d'État-major et Élisabeth, future Mme de Blanzy. Le second enfant de Charles-Louis fut une fille, Philippine, née en 1795. Elle épousa, en 1821, un rentier jarnacais, Charles Delamain, à qui elle donna deux fils qui optèrent pour le célibat. L'aîné, Charles, fut fonctionnaire à Bordeaux, le cadet, Maurice, négociant à Paris. Ce dernier se montra le meilleur des amis pour Émile Gaboriau, dont le père, Charles-Émile, fut le troisième enfant de Charles-Louis. Puis, en 1806, celui-ci eut une seconde fille, Félicité, qui devait épouser Édouard Pelletan, un parent d'Eugène, l'homme politique destiné à jouer un rôle important à la fin du Second Empire et surtout sous la Troisième République. Enfin en 1808, une fille encore, Charlotte, qui resta célibataire, et, en 1811, un dernier enfant, Henri-Philippe, mort au bout de quelques mois.

Mme Schoell, petite-nièce d'Émile Gaboriau, tenait de sa grand-mère maternelle que leurs aïeux avaient autrefois rempli la charge de juge sénéchal à Neuvy-en-Saintonge (aujourd'hui Neuvicq-Montguyon, dans le sud de la Charente-Maritime). Ce renseignement, notons-le, avait été transmis par une lignée d'hommes de loi, évidemment sérieux, qui devaient en posséder une preuve écrite, disparue peut-être à l'époque de la Révolution. Il existe dans les archives départementales de la Charente, conclu devant un notaire royal d'Angoulême, un contrat de mariage en date du 2 juillet 1697 entre Pierre-Louis Gaboriau, sénéchal de la châtellenie de Neuvy, fils du défunt Jean Gaboriau, également sénéchal de la même châtellenie et de Jeanne Redon, fille de François Redon, notaire royal au bourg de Vars, en Angoumois. Il y a donc bien eu une lignée de Gaboriau exerçant les fonctions de juge sénéchal. Ce Pierre-Louis Gaboriau est toujours juge de la châtellenie en 1730. Cette famille, restée en Saintonge, ne peut donc être confondue avec celle des Gaboriau de Jarnac. Mais il est possible que ces derniers aient fait partie d'une lignée collatérale passée en Angoumois au XVIIe siècle et qu'ils aient eu un ascendant juge sénéchal à Neuvy. En ce cas, le hasard aurait voulu que le futur romancier naisse dans la province d'origine de ses lointains ancêtres paternels.

De toute manière, d'autres liens l'attachaient à la Saintonge. D'une famille de notables bien connue dans le pays, son grand-père maternel, Étienne Magistel, était né en 1775, dans le village de Cravans, à moins de trois lieues de Cozes. Avant de devenir notaire en cette dernière ville, il avait pris part à cinq des campagnes militaires de la première République, d'où il était revenu avec le grade de capitaine d'infanterie. En 1801, il avait épousé Marie-Thérèse Brun, fille d'un futur procureur impérial à Angoulême et descendante par sa mère du pasteur Rivalland, qui était parti pour les îles lors de la révocation de l'édit de Nantes. Ainsi Émile Gaboriau comptait-il parmi ses ascendants deux victimes d'un abus de pouvoir, l'une de l'absolutisme royal, l'autre de la dictature révolutionnaire. Nicolas Brun, le beau-père de Me Magistel, avait deux autres enfants, un fils Antoine, qui devint médecin et une fille Marguerite, née en 1781, qui épousa, en juin 1813, François Sazerac, receveur de la loterie impériale à Angoulême.

Du mariage d'Étienne Magistel et de Marie-Thérèse Brun naquirent huit enfants, cinq filles et trois garçons. L'aînée, Marie-Anne, et le benjamin, Jean-Baptiste, devaient mourir au cours de la première année de leur existence. Des deux autres garçons, Nicolas-Étienne, né en 1803, et Albert-Aristide, né en 1810, nous savons peu de choses, sinon que le premier devint médecin. Quand survint le décès prématuré de leur mère, en mars 1824, l'aînée des filles, Elisa, n'avait encore que dix-neuf ans. Elle épousa, en juin, Frédéric Robin, bachelier en droit et propriétaire du logis du Sorlut à Corme-Ecluse, à mi-chemin entre Cozes et Saujon. Émile le surnommait plaisamment Robin de la Robinière, peut-être à cause de certaines prétentions nobiliaires. La sœur cadette d'Élisa, Marguerite-Stéphanie, âgée de seize ans au décès de sa mère, fut confiée à sa tante et marraine Sazerac, qui demeurait alors dans la maison paternelle du Petit-Vouillac, hameau du Lhoumeau, dans la banlieue d'Angoulême. Sept ans plus tard la jeune fille devait, comme on sait, épouser Charles-Émile Gaboriau. Les deux dernières filles du notaire, Laure et Jeanne, étaient des jumelles nées en 1813. La première se maria, en 1833, avec Charles Puniet, receveur de l'Enregistrement à Cozes. Par la suite, ce Puniet devait joindre à son nom celui d'une terre et se faire appeler Puniet de Parry, ce qui provoqua les railleries d'Émile, toujours disposé à demander si ses châteaux se trouvaient en Espagne ou en Gascogne. La seconde jumelle épousa, en mai 1835, Ernest Émery-Desbrousses, médecin à Saint-Fort-sur-Gironde et l'un des descendants d'une lignée d'apothicaires, de chirurgiens et de médecins qui, au XVIIe siècle, avaient ajouté à leur nom d'Émery celui d'une propriété proche de Chenac. Plusieurs enfants naquirent de ce mariage, dont un fils, Ernest, qui devait devenir médecin inspecteur général de l'armée. Pour éviter toute confusion avec son père, on le nommait Émery en faisant un prénom de la première moitié de son nom. Ces Desbrousses furent les seuls parents du côté maternel pour qui Émile Gaboriau éprouva de l'affection ou tout au moins de la sympathie.

Me Magistel, ayant marié toutes ses filles, estima qu'il avait bien mérité de prendre sa retraite et, en 1836, céda son étude à un successeur après trente-six ans d'exercice.

Ainsi les origines d'Émile Gaboriau étaient-elles à parts à peu près égales, mais sérieusement entremêlées, angoumoisines et saintongeaises, en un mot purement charentaises, tandis que son nom semble bien provenir du vieux français « gaber », signifiant railler. Mais dans quelle mesure l'ascendance de plusieurs dynasties d'hommes de loi et l'influence d'un milieu familial foncièrement catholique devaient-elles agir sur les goûts, le comportement et les réalisations du futur auteur des romans judiciaires ?

Voir planche généalogique sur dépliant en fin de volume.

II

L'ENFANCE

On ne possède qu'une maigre information sur l'enfance d'Émile Gaboriau et seulement grâce à une correspondance très éparpillée dans le temps, provenant de divers parents, en particulier d'Étienne et de Charles Roux, oncles par alliance de son père, et de leur fils et neveu Maurice, tous trois à Paris. Ces lettres nous renseignent sur les mutations administratives du receveur de l'Enregistrement, mais très rarement sur ses enfants.

Après la naissance d'Émile, les Gaboriau ne devaient rester que huit mois à Saujon, le père ayant été nommé à Saint-Pierre d'Oléron, où il occupa son nouveau poste le 10 juillet 1833. On peut d'ailleurs s'étonner de cette mesure, qui ne semble pas avoir constitué un avancement. Le receveur, ne se plaisant pas à Saint-Pierre, tenta, dès 1835, de se faire nommer à Saint-Jean d'Angély, ce qui l'eût sérieusement rapproché de Jarnac. Enfin une lettre d'Étienne Roux, datée du 12 août 1837, lui annonça qu'il allait quitter son « île infâme », ayant été nommé ce même jour à La Rochelle, c'est-à-dire dans un bureau d'arrondissement avec des émoluments annuels de deux mille sept cents francs. Cet avancement, précisa la lettre suivante, était dû pour une part aux interventions de Jules Dufaure, déjà à cette époque le premier homme politique du département. Charles-Émile cessait d'être un « fonctionnaire d'outre-mer », comme le faisait plaisamment remarquer son cousin Maurice Roux ; et Me Gaboriau, de Jarnac, félicitait son fils de sa « sortie d'exil ».

Celui-ci prit son service à La Rochelle, le 15 septembre, au bureau de la vente du timbre, alors qu'il eût préféré avoir dans ses attributions l'enregistrement des actes des notaires. D'après l'almanach départemental, cette recette avait pour adresse la place d'Armes — l'actuelle place de Verdun — puis l'année suivante, elle se transporta au n° 9 de la rue des Augustins. Ce fut dans cette demeure que, le 11 septembre 1838, vint au jeune Émile une petite sœur, de six ans sa cadette, la seconde et dernière enfant du ménage, prénommée Amélie, tout comme la souveraine, ce qui fait présumer que le chef de famille n'était pas hostile au régime. On a ainsi la preuve soit que Charles-Émile occupait un logement de fonction, soit plus probablement qu'il ait dû aménager à son domicile le bureau où il recevait le public. Sans doute en avait-il été de même place d'Armes.

C'est donc dans cette vieille forteresse huguenote que les yeux du jeune Émile s'ouvrirent sur le monde et, bien qu'on n'en trouve aucune trace dans ses écrits, il est certain que, dans ses plus lointains souvenirs, tinrent une grande place les lourdes arcades de ses rues et le pittoresque port dont les tours et le mouvement des voiliers étaient fort propres à captiver un esprit enfantin. C'est également dans cette ville qu'il dut recevoir un enseignement primaire, immanquablement dans un établissement religieux.

Par les quelques lettres dont on dispose, on apprend que le receveur fit un voyage à Paris, en octobre 1839, pour tenter d'obtenir une nomination au poste de Cognac tout proche du berceau de sa famille. Mais sans résultat. Cependant le ménage vivait difficilement avec le seul traitement du mari, aussi Étienne Roux fit-il une démarche au ministère, en 1840, pour s'efforcer de faire nommer son neveu au poste de Saintes, qui comportait des émoluments de trois mille huit cents francs et dont le départ du titulaire était prévu. Finalement celui-ci ne bougea pas. Il fallait donc attendre et continuer à « chauffer Dufaure ».

Mais, en janvier 1842, c'est une mauvaise nouvelle que, de Paris, Étienne Roux communique à son neveu. Un inspecteur des Finances a fait sur lui un rapport défavorable, lui reprochant de lui avoir déclaré qu'était achevé un travail en réalité laissé à l'abandon. Le directeur général de l'Enregistrement s'est montré très contrarié qu'un fonctionnaire étranger à son administration ait eu la possibilité de relever une défaillance dans l'un de ses services. Charles-Émile doit pendant un certain temps s'abstenir de toute démarche auprès du ministère et, pour le moment, de faire appel à Dufaure, qui serait fâcheusement impressionné par la révélation d'un tel manquement.

Le mécontentement de ses chefs n'allait d'ailleurs pas tarder à se traduire dans les faits pour le receveur de La Rochelle. En juin, il était muté d'office à Tarascon-sur-Rhône, c'est-à-dire dans un simple chef-lieu de canton éloigné de la région où il aspirait à faire sa carrière. A l'époque où le chemin de fer naissait à peine en France, c'était un long et pénible déplacement, et une bien inutile brimade venant aggraver une sanction méritée.

Charles-Émile prit son nouveau service le 13 juin, mais on ignore comment la famille Gaboriau s'installa dans sa nouvelle résidence, sinon qu'elle était venue sans mobilier et qu'à un certain moment elle demeura au n° 9 de la rue Neuve-de-la-Ferme-de-Mathurin. On conçoit que, transplantés dans de telles conditions, le receveur et son épouse ne se plurent guère dans cette région dont le climat et le mode de vie les avaient évidemment surpris. Dans une lettre du mois d'août 1842, Charles Roux les incite à prendre leur exil en patience et, pour les consoler de la canicule méditerranéenne dont ils souffrent, il leur dépeint la chaleur torride qui règne dans la capitale. C'est ensuite une lettre de Maurice Roux, datée du 28 mars 1843. Il se plaint de n'avoir rien reçu de Tarascon depuis le mois d'août et, lui aussi exhorte son cousin à la patience, car le chef de service que son père connaît au ministère, a fixé à deux ou trois ans sa nomination dans un bureau important : « Encore un peu de Provence, mon pauvre Émile ; si les climats chauds ont leurs inconvénients, ils ont aussi leurs avantages. »

Bien que, pour ces Charentais, il n'y eût pas d'existence possible ailleurs que dans les Charentes, les Gaboriau, pendant leur séjour à Tarascon, ne se replièrent pas complètement sur eux-mêmes et mirent à profit les libertés dont le receveur de l'Enregistrement put disposer pour visiter la région si intéressante, au cœur de laquelle ils se trouvaient, et assister à des fêtes qui laisseront un vivace souvenir à leur jeune fils.

A la rentrée de l'année scolaire 1842-1843, Émile avait été admis en sixième au collège communal de Tarascon, où il eut pour camarade Alphonse Millaud, neveu du futur banquier Moïse Millaud, relation qui devait lui être plus tard fort utile. Cependant les Gaboriau furent peu satisfaits de la qualité de l'enseignement prodigué dans l'établissement et des résultats obtenus par leur fils. En octobre 1843, ils envisagèrent de le faire inscrire comme élève dans un lycée parisien, tout en le confiant à leur oncle Charles Roux. Mais, dans une lettre de novembre, celui-ci leur fit valoir qu'on ne pouvait condamner un enfant de onze ans à vivre auprès d'un vieillard. Finalement le jeune garçon fut mis en pension au petit séminaire d'Aix-en-Provence, cependant que son condisciple, de religion israélite, entrait, lui, au collège d'Arles.

En janvier 1844, les frères Roux répondent aux vœux de nouvel an de la famille Gaboriau. Ils souhaitent que leur nièce se laisse soigner comme il convient, car il ne faut pas permettre que son mal devienne chronique (ils ne précisent pas de quelle affection elle souffrait). Le 20 mars, Maurice s'inquiète à son tour. Sa cousine se ressent-elle encore des douleurs dont elle se plaignait ? Le 11 juin, Charles Roux fait savoir qu'il a reçu la visite de Charles Puniet. Par lui, on a su que les notes administratives de Charles-Émile étaient très bonnes. Et la lettre se termine par cette phrase : « Embrasse ton fils quand tu le verras », le jeune garçon étant sans doute toujours en pension au petit séminaire d'Aix-en-Provence.

Le 3 septembre, Maurice Roux fait connaître à Charles-Émile sa nomination à Saumur. La relative proximité de cette ville lui permettra, il l'espère, de faire la connaissance de l'épouse et des enfants de son cousin. Mais, le 20, c'est Étienne Roux qui apprend aux Gaboriau, toujours sur place, le décès de son frère Charles, survenu après deux jours de souffrances. Le 6 octobre, le receveur cessa ses fonctions à Tarascon, sans doute sans regret, encore que la perspective d'un nouveau déplacement familial, surchargé de bagages, dut être pour lui une cause de soucis.

A une époque où se faisait encore peu sentir la désolante uniformisation du monde, il n'est pas possible que ce séjour dans une région si imprégnée de latinité et au milieu d'un peuple si vivant n'ait pas laissé des traces profondes dans la mémoire d'Émile, certainement déjà très observateur et très sensible. On peut être également convaincu que la charentaise famille des Gaboriau ne put manquer, au cours de son existence tarasconnaise de faire des gorges chaudes sur les manières et le parler des braves gens de leur entourage. Il en était d'ailleurs resté quelque chose dans l'oreille du futur journaliste qui, dans ses chroniques du *Tintamarre*, en 1858 et 1859, se plaît à conter des « histoires marseillaises » dont les personnages parlent, « avé l'assent » reproduit phonétiquement, un langage ponctué de ces « troun de l'air » dont les auteurs comiques ont depuis lors abusé. Il y fait même intervenir « un oncle de Tarascon », indéniable précurseur de Tartarin, peut-être dépeint d'après un personnage dont, gamin, il s'était amusé. Et c'est probablement en exerçant sa réflexion d'adulte sur ses impressions d'enfant qu'il évoquera « cette faculté admirable et méridionale de jeter feu et flammes, tout en restant intérieurement aussi glacé qu'une banquise ».

En tout cas, quand, vingt ans plus tard, il écrira un article sur les courses de taureaux, ce sera avec des souvenirs vivants. « Les courses, à moins de perfectionnements notables et récents, ne sont pas en Provence ce qu'elles sont en Espagne. Ainsi, on ne tue pas l'animal dans l'arène aux yeux des spectateurs et tout le danger est pour l'homme. Maintes fois, à Arles et à Nîmes, j'ai vu dans le cirque des taureaux de Camargue et voici en quoi consistaient les courses. Aux cornes de la bête on attachait une cocarde, et un prix était remis à l'homme assez hardi pour l'aller chercher. Ce n'était guère qu'un jeu, on le voit, mais un jeu qui avait ses dangers. Plus d'une fois les amateurs y laissaient quelque chose de leur peau. Il me souvient d'avoir vu dans les fossés du château de Tarascon, lors d'une course donnée par le maire de la ville, trois hommes éventrés — étripés, dit le patois énergique — à coups de cornes. »

Ces précisions s'étendent encore à des lieux dont il avait gardé fidèlement la mémoire et qu'il donne comme cadres à de dramatiques événements contés dans *Le Dossier n° 113*. Dans la ville même, il cite la place de la Charité, l'hôtel des Trois Empereurs (en réalité hôtel des Empereurs), le Champ de Foire (aujourd'hui, place d'Armes), la Levade, « une levée qui met la vallée de Tarascon à l'abri des inondations », et dont « l'entrée était fermée par une de ces barrières à trois montants qu'on place devant les endroits réservés aux seuls piétons. Plantés d'arbres magnifiques (d'énormes peupliers), c'était une des plus délicieuses promenades de la Provence ».

La campagne environnante est également mise à contribution. Ce village de Clameran, « assis sur la pente douce d'un coteau couronné d'oliviers », placé par Gaboriau sur la rive gauche du Rhône, à deux lieues en aval de Tarascon, semble bien être le hameau de Montmajour où, en compagnie de ses parents, il dut aller contempler les ruines de la célèbre abbaye. Et n'est-ce pas là qu'il vit « ces enfants revenus de l'école, tout barbouillés du jus de ces petites baies qu'on appelle dans le pays des falabrègues et qui sont le fruit du micocoulier » ? C'est près de ce village qu'il a situé l'imaginaire château d'un prétendu marquis de Clameran et, lui faisant face, sur l'autre rive, le joli castel, non moins imaginaire, d'une prétendue comtesse de La Verberie dont le parc, avec ses grands arbres et son clair ruisseau, se serait étendu de la route de Beaucaire jusqu'aux bords du fleuve. Il a aussi évoqué — ceux-là bien réels — le furieux mistral et les étés torrides de la vallée du Rhône, vent et soleil, toute la Provence.

III

L'ADOLESCENCE

Arrivé seul à Saumur et installé dans son nouveau poste le 29 octobre 1844, le receveur de l'Enregistrement fut rejoint, le 9 novembre, par sa femme et ses enfants restés quelques jours auprès de Me Magistel qu'ils n'avaient pas revu depuis deux années. Quel plaisir durent éprouver les Gaboriau en découvrant la vallée angevine de la Loire qui, par certains traits, leur rappelait la douceur de la campagne saintongeaise !

Dès le 13, ils s'installèrent dans une petite maison « toute neuve » qu'avait eu le temps de découvrir le chef de famille. C'était la dernière du quartier, mais destinée à ne pas rester longtemps isolée, car on allait continuer à bâtir le long de la rue. Elle avait été louée meublée pour huit cents francs, « ce qui, paraît-il, est à Saumur bon marché », encore qu'un tel prix « épouvante » Mme Gaboriau. Cette demeure, explique-t-elle à son père, est située « près du quartier de cavalerie, dont on entend la musique de son balcon ».

Les arrivants ont dîné chez l'inspecteur qui, à cette occasion, a rassemblé « toute la famille de l'Enregistrement ». Puis on s'est acclimaté à cette nouvelle région après avoir repris l'existence assez monotone des fonctionnaires de petite ville. On a engagé une bonne, âgée de quinze ans, qui ne sait pas encore faire la cuisine, Jeanne Rabouin, Jeannette, comme on l'appellera bientôt, une fille de fermiers des environs. Ses maîtres se seraient-ils alors douté qu'elle passerait toute son existence à leur service ?

Mais que faire d'Émile ? s'inquiète Mme Gaboriau. Le petit séminaire d'Angers n'a pas l'excellente réputation de celui d'Aix-en-Provence, quant au collège de Saumur, ce n'est qu'« une triste école de mœurs ». Et l'enfant a toute son innocence. La conserverait-il en un tel milieu ? Elle regrette fort de ne pas l'avoir laissé à son grand-père, qui l'eût mis en pension dans l'établissement religieux de Pons. Maintenant il est trop tard, on ne peut l'envoyer seul à Cozes.

Après de longues hésitations, on se résigna finalement à confier le jeune garçon au collège communal, dont un registre des effectifs indique qu'il y fut inscrit, le 2 décembre 1844, en qualité d'élève demi-pensionnaire de la classe de cinquième. Ses résultats ne furent guère honorables si l'on en juge par l'appréciation générale donnée à la fin de l'année scolaire par le chef d'établissement : « conduite légère, travail médiocre ». Il entra cependant en quatrième, mais devint externe le 1er avril 1846. Ses notes n'en furent pas améliorées et lui valurent cette sentence finale : « laisse à désirer, doit redoubler ». On ne l'en retrouve pas moins en troisième et de nouveau demi-pensionnaire à la rentrée d'octobre 1846, mais il n'avait sauté que pour mieux reculer. Il ne donna pas plus de satisfaction que les années précédentes et, cette fois, n'échappa pas au redoublement malgré deux nominations lors de la distribution des prix de 1847 : un accessit en arithmétique à la suite des « conférences de mathématiques données en seconde division » et un troisième accessit d'instruction religieuse, qui dut remplir d'aise sa famille.

Ce fut à cette époque qu'il adressa à sa grand-tante du Petit Vouillac, Marguerite Sazerac, un poème composé en l'honneur de sa fête. Ce sont des vers assez corrects dans la forme, de style académique et sans poésie réelle, mais qui révèlent du moins un sens du rythme et une certaine symphonie dans l'agencement des mots. En voici quelques strophes, qui font honneur à l'éducation religieuse du jeune auteur et où l'on trouve comme une résonance lamartinienne :

« Chère Tante,

« Je voudrais aujourd'hui, pour fêter ce beau jour,
Obtenir leurs faveurs des Muses du Parnasse,
Ranimer une noble audace
Pour t'exprimer tout mon amour.
....
« Marguerite la Sainte qu'en ce jour on vénère,
Dont tu portes le nom sacré,
Au pied de l'Éternel portera la prière
Que mon cœur a dicté *(sic)*
....
« Dieu, qui entends le pauvre aussi bien que les rois,
Fais qu'à cette fête si chère
Puisse encore assister vingt fois
Celle qui fut jadis la mère de ma mère. »

A l'issue de son année de redoublement, Émile Gaboriau obtint le prix de version latine, ce qui n'est pas fait pour nous surprendre, étant donné la connaissance de cette langue et de sa littérature dont il devait faire preuve par la suite, en particulier dans son roman *La Corde au cou*, où il se plaît à placer dans la bouche d'un vieil érudit des citations d'auteurs latins se rapportant toujours avec bonheur aux situations dans lesquelles il se trouve.

A la rentrée d'octobre 1848, il est de nouveau externe et on le trouve, non sans étonnement, dans la classe de mathématiques élémentaires. A la suite de la modeste récompense obtenue précédemment, lui avait-on fait sauter les classes de seconde et de rhétorique dans l'intention de le faire se préparer à quelque concours dont les mathématiques auraient constitué la matière principale du programme ? En tout cas, son nom ne figure pas sur les listes des candidats à l'examen du baccalauréat des sessions de 1849, 1850 et 1851 du centre d'Angers — alors siège d'une académie — et d'ailleurs, dans l'une de ses lettres, il a plus tard reconnu qu'il ne possédait aucun diplôme.

Si Émile Gaboriau a connu une scolarité décousue et, sauf en latin, peu fructueuse, il doit toutefois bénéficier de larges circonstances atténuantes, car l'enseignement du collège municipal de Saumur, qui ne comptait qu'un seul professeur licencié, était incomplet et probablement médiocre. Ses parents eussent certainement été mieux inspirés de le faire inscrire, dès le début, comme pensionnaire au collège royal d'Angers, où il eût acquis une instruction plus solide et plus cohérente. Mais s'il ne fut pas un excellent élève, il se gagna aisément la sympathie de ses condisciples saumurois, tout comme de ceux qui l'approchèrent au cours de son existence.

Son souvenir, un quart de siècle après, n'était pas encore effacé dans la ville, comme le montrent ces quelques lignes publiées dans *L'Écho de Saumur*, le 4 octobre 1873, à la suite de son décès : « Il y a environ vingt-cinq ans, son père, receveur des actes civils, habita plusieurs années la rue de la Levée-d'Enceinte. Tous ceux de nos compatriotes qui, à cette époque, ont fréquenté le collège de Saumur, dont le principal était alors M. Sallé, se rappellent avec plaisir leur joyeux camarade, élève de 3e en 1848, un beau jeune homme d'une quinzaine d'années, à l'œil vif, au visage toujours gai. »

La bibliothèque municipale de Saumur était alors logée au collège. Est-ce là que l'élève Gaboriau trouva une pâture pour assouvir la faim de lectures vivantes que devait lui laisser le triste enseignement dogmatique imposé en classe ?

Quelle que fût leur provenance, il dut commencer par dévorer les romans d'aventures de l'Américain Fenimore Cooper, traduits en français par Defauconpret, entre 1835 et 1845, et propres à passionner un tout jeune homme. En particulier *Le Lac Ontario*, car dans *La Corde au cou*, Denise s'exprime évidemment pour le compte de l'auteur, en déclarant que, de tous les livres de Fenimore Cooper, c'est celui, qu'avec son fiancé, elle préfère. Gaboriau fut imprégné à un tel point des récits de l'écrivain américain qu'il est peu de ses propres romans où il n'ait tiré une comparaison ou une image du comportement ou de la physionomie des indigènes de l'Amérique du Nord. Ainsi dans *Monsieur Lecoq*, alors qu'il s'agit d'une ronde de police effectuée, la nuit, sur un terrain enneigé, coupé de fondrières : « Tous les agents avaient retroussé leur pantalon au-dessus de la cheville et ils avançaient lentement, choisissant tant bien que mal les places où poser le pied, un à un, comme les Indiens sur le sentier de la guerre ». Et, dans *Le Dossier n° 113*, cette déclaration de Lecoq, haut fonctionnaire de la Sûreté : « Une piste trouvée, on ne doit plus prendre une minute de repos. Le sauvage, qui, dans les forêts vierges, a relevé le pied d'un ennemi, le suit sans désemparer, sachant que le vent qui souffle ou la pluie qui tombe suffisent pour effacer l'empreinte ». Dans *La Corde au cou*, le visage du grand-père Chandoré se singularise, nous dit l'auteur, par « un teint rouge brique uniformément cramoisi, un teint de vieux chef mohican » et à André qui, dans *Les Esclaves de Paris*, s'est maladroitement grimé, Lecoq adresse ce reproche : « Pourquoi charger votre figure de toutes ces couleurs qui vous font ressembler à un Indien orné de ses peintures de guerre ». Les trappeurs aussi sont mis à contribution. Dans une chronique, Gaboriau relève qu'« à Paris la chaleur est étouffante ; en dépit d'un arrosage obstiné, le bitume se liquéfie ; Bas de Cuir, de Cooper, y suivrait aisément une piste ».

Grand élève, puis sorti du collège, il lut bien d'autres ouvrages, notamment les romans d'Ann Radcliffe, dont le sombre caractère lui fait venir à l'esprit une comparaison amusante, quand il constate que les chemises de travail des cavaliers du 13e Hussards, pouvaient « rendre en noirceur bien des points aux *Mystères d'Udolphe* ». Il se plongea également dans Edgar Poe et dans Balzac. Il avait, a-t-on dit, une connaissance parfaite de *La Comédie humaine*, mais, on ignore pourquoi il ne la cite jamais.

Enfin, dans une de ses chroniques, il se remémore combien, jeune homme, il fut poussé vers une carrière littéraire et le Quartier Latin par la lecture des *Confessions de Sylvius*, publiées en 1848, et les récits de *La vie de bohème*, rassemblés en un volume en 1849, après avoir paru dans *Le Corsaire* depuis 1847 : « J'ai dû de charmantes heures à Champfleury. Cependant, si j'étais sage, je lui garderais une dent pour *Les Confessions de Sylvius*. Je les ai dévorées ces confessions maudites au sortir du collège, au temps où *La Vie de bohème* faisait fureur, et elles ont singulièrement contribué à me dorer la vie littéraire de rayons bien vite éteints par l'expérience. »

Mais il fut avant tout un admirateur de Stendhal, à qui il se réfère nombre de fois dans ses lettres et ses ouvrages. A l'auteur de *La Chartreuse de Parme*, il emprunte l'expression « l'odeur du bivac » pour qualifier, dans *Le 13e Hussards*, « l'abominable et indescriptible exhalaison » qu'est l'atmosphère d'une chambrée. Dans le même livre, on trouve cette réflexion : « Si j'étais marié, je tiendrais fort en suspicion MM. les Officiers du 13e Hussards, surtout après une lecture approfondie de Stendhal », et, dans *L'Affaire Lerouge*, il place Juliette Chaffour parmi « les femmes qui frappent du coup de foudre de Beyle ». Lui-même va jusqu'à appliquer les règles de conduite édictées par son auteur favori et, tout d'abord, celle-ci qu'il cite dans une lettre à sa sœur : « Le premier devoir du pauvre est de porter des gants paille. »

Toutefois, il ne s'absorbe pas dans la lecture au point de se désintéresser de la vie qui l'entoure et de la beauté calme du paysage angevin. De toutes les villes où il devait demeurer, c'est « la plus coquette de toutes les cités de la Loire », c'est Saumur qui lui laissera les impressions les plus vivaces, les souvenirs les plus précieux, malgré ses insuccès scolaires. Il gardera une mémoire émerveillée de l'éclat des fêtes d'armes de son école de cavalerie, et ses rues et ses places serviront parfois de cadres à ses nouvelles et à ses romans.

Dans *Casta vixit*, il évoquera l'admiration des Saumurois venus sur le pas de leur porte pour voir passer leur concitoyenne Aurélie quand elle traversait la rue Saint-Jean pour gagner la place de la Billange, la belle Aurélie, qui pour avoir visé trop haut, devait finalement se résoudre à épouser « le premier chien coiffé » — c'est une expression angevine — qui se déclarerait. Ce fut un notaire de la ville, Ernest Dubocage. Pour la loger agréablement, il acheta « une ravissante maison près du Pont-Fouchard ». Mais la belle notairesse, jeune encore, devait aller dormir dans le cimetière qui se trouve « au-delà de Nantilly ».

Cependant Émile Gaboriau ne s'en tient pas qu'aux gens de la ville. Il lui arrive de mentionner « ces richissimes cultivateurs comme on en compte par centaines le long de la Loire ». Ainsi, dans *Le Crime d'Orcival*, Guespin, revenant sur sa jeunesse, assure que son père était « plus qu'à l'aise, car il avait, près de Saumur, de vastes jardins et il passait pour un des plus habiles horticulteurs du Maine-et-Loire ». Mais le collégien avait vu aussi ces pauvres paysannes « au visage bleui par le froid, revenant du marché de Trèves, portant leur panier appuyé à la hanche et faisant claquer leurs galoches sur la terre durcie ». Et il se demandait parfois si c'étaient les mêmes qu'il avait aperçues, « le dimanche, sortant de la grand'messe, coquettes, rouges et joufflues sous leur blanc bonnet de mousseline ».

Plus d'une fois Gaboriau aura aussi recours aux riants paysages angevins. Dans *La Clique dorée*, c'est à une vingtaine de kilomètres, au nord-ouest de Saumur, entre les localités des Rosiers et de Saint-Mathurin, toutes deux sur la rive droite du fleuve, qu'il situe le château imaginaire de La Ville-Haudry, « tapi au soleil levant, au milieu d'ombrages séculaires, dans un repli du merveilleux coteau qui domine la Loire ».

Et dans *La Dégringolade*, c'est pendant plus de trois cents pages que l'action se déroule en Saumurois, où, en 1859, le jeune ingénieur Raymond Delorge travaille aux côtés de son chef, le baron de Boursonne, chargé d'étudier les moyens de prévenir les dégâts causés par les crues du cours d'eau, qui ensablent d'excellentes terres. Ce dernier a d'abord installé son quartier général à Saumur, qui lui a plu avec « ses coteaux boisés, son vieux château, ses îles, ses maisons blanches et ses vertes prairies ». Puis, il l'a abandonné pour Les Rosiers, non parce que « ce village est le plus coquet de tous ceux qui se mirent dans la Loire », mais pour l'auberge du *Soleil levant* où il a trouvé le confort et une excellente table. Après avoir visité tout ce qu'il y avait d'intéressant dans les environs : le camp romain de Chênehutte, le donjon de Trèves, l'église de Cunault, les monuments celtiques de Gennes, la fontaine d'Arvors, ils se mettent à la besogne et exécutent des sondages un peu au-dessous des Tuffeaux, à un endroit où la Loire se rapproche des coteaux jusqu'à ne laisser, entre son cours et les carrières, qu'une étroite prairie et un chemin défoncé par le passage continuel des charrettes, chemin charmant qui côtoie le fleuve et qu'ombragent de grands arbres.

Les pages qui suivent sont consacrées à l'amour naissant entre Raymond Delorge et Simone de Maillefert, qui vit dans un château, lui aussi imaginaire, dont on aperçoit les tours depuis Les Rosiers. Les deux jeunes gens se rencontrent fréquemment dans la campagne, mais en des lieux décrits avec une précision insuffisante pour être identifiables. A travers le récit, on sent combien Gaboriau restait attaché à ce pays qu'il ne manque jamais de dépeindre avec une tendresse empreinte de mélancolie, peut-être parce qu'il y connut, lui aussi, son premier rendez-vous amoureux par une « de ces tièdes journées, comme l'automne, tous les ans, en donne à l'Anjou ». Une journée qu'il décrit en poète : « Jamais cette belle vallée de la Loire n'avait été plus belle. L'air était plein de parfums et de bourdonnements d'insectes. Les pluies de septembre avaient rendu aux prairies leur vert d'émeraude. Le soleil d'août avait nuancé les bois de tons merveilleux. Les feuilles des peupliers qui tremblaient à la brise semblaient d'or. Le long de toutes les haies chargées de baies rouges, des fils de la vierge pendaient... » Un pays où l'hiver lui-même lui paraissait plein de charme. « Depuis deux jours le temps s'était remis au beau. Le ciel était clair et il gelait. Le blanc soleil de décembre faisait scintiller la glace dans les ornières et suspendait comme des girandoles aux branches chargées de givre. »

Malheureusement la période suivante de la vie d'Émile Gaboriau, qui s'étend de l'été de 1849 à celui de 1851, est restée, malgré nos recherches, dans une obscurité presque complète, dont seul un hasard pourrait la tirer. Si l'on s'en tient à sa biographie très succincte parue dans *Le Journal Illustré* du 17 novembre 1872, à sa sortie du collège il serait entré comme clerc dans une étude de notaire où il serait resté dix-huit mois. Le choix de cette profession serait assez naturel, étant donné les précédents familiaux. A défaut de la réalisation d'une vocation, elle pouvait représenter une situation d'attente pour Émile, qui ne rêvait alors que journalisme et littérature. Et aux yeux de M. Gaboriau, certainement peu enclin à laisser ce fils, encore mineur, se consacrer à des travaux comportant un avenir bien aléatoire et devenir une sorte d'« artiste », autant dire un raté, les panonceaux offraient une carrière autrement sûre et honorable.

Déjà, on a pu constater qu'Émile Gaboriau utilise volontiers comme cadre de ses récits des lieux connus de lui. Est-ce pour avoir parcouru plus d'une fois en voiture la route qui relie Poitiers à Saumur — trajet normal entre sa province natale et son cher Anjou — que, dans *Les Esclaves de Paris*, il a conté avec humour le départ de Poitiers.

« Le bureau de la diligence est à deux pas de l'hôtel de France entre le restaurant du Coq-Hardi et le café Castille. Un employé fort poli reçoit les voyageurs. On lui donne cinq francs d'arrhes et en échange il garantit une bonne place de coupé pour le lendemain matin. Surtout, recommande-t-il, arrivez à six heures très précises. Le lendemain matin, tout dort encore dans le bureau... On ne partira pas avant sept heures et demie, car aucun des autres voyageurs n'est encore là... C'est au galop de ses rosses fourbues que la voiture descend les rampes de la ville ; elle traverse comme un trait le pont du Clain, elle brûle le pavé du faubourg, elle atteint la grande route et les chevaux emboîtent le trot somnolent qu'ils garderont jusqu'au relais. »

Et voici, défilant sous les yeux des voyageurs, « le haut Poitou, tout entrecoupé de plaines fertiles, de vastes pâturages et de grandes forêts. Les vallées succèdent aux vallées et, à perte de vue, se déroulent les champs à la terre rougeâtre, plantés çà et là de châtaigniers dont les branches pendent jusque sur les sillons ». Peu de rencontres, sinon quelques-unes de ces petites charrettes poitevines, « véhicules commodes, dont le siège se balance à l'extrémité de quatre fortes courroies ».

A cinq lieues de Poitiers, Émile Gaboriau a placé, de part et d'autre de la route, trois demeures seigneuriales imaginaires, dont certains des habitants vont être les acteurs de drames qui marquent la seconde partie des *Esclaves de Paris :* « Bons voyageurs regardez : voici les landes et les taillis de Bivron. Le château de Mussidan est plus loin sur la droite. De l'autre côté de la route, on aperçoit, à demi caché par ses hautes futaies, le haut castel de Sauvebourg. Un des artistes aimés de François Ier a sculpté ses balcons et entouré ses hautes fenêtres de guirlandes précieuses respectées par le temps. Plus loin enfin, au sommet d'un coteau aux pentes raides, comme une forteresse sur un roc, apparaît une masse imposante de constructions anciennes. C'est le vieux manoir des Champdoce. Rien de triste comme cette immense habitation, jadis une des plus magnifiques du Poitou. Abandonnée, oubliée de ses maîtres depuis un quart de siècle, elle va perdant de jour en jour de sa valeur, tombant en ruine. »

Mais là ne se bornent pas les lignes que Gaboriau a consacrées à cette province. Il s'attarde, en particulier, sur sa capitale et avec de tels détails qu'il n'est pas interdit de se demander si, après sa sortie du collège, il n'y aurait pas suivi des cours en vue de la préparation au notariat : « Poitiers, estime-t-il, n'est pas précisément la cité la plus gaie de France. Plus d'un étudiant de l'École de Droit y bâille, soupirant lorsqu'il songe à Paris. Le pavé est détestable, les rues sont étroites et tortueuses ; les maisons, hautes et noires, semblent dater de dix siècles et n'être en rien celle de la tant belle ville de la vieille chanson huguenote (« ol a-t-ine tant belle ville », passage de la chanson dialectale *In jou en Aubant de Nuville*). Il s'est même efforcé de dégager ce qu'il croyait être les traits marquants du caractère du Poitevin. A l'indifférence pour l'heure exacte, que partage avec lui son voisin saintongeais, s'ajoute un respect absolu pour la fortune. « En Poitou, écrit-il, l'argent était dieu. Offenser le fils d'un homme qui possède deux cent mille livres de rentes eût été manquer au respect qu'on doit à l'argent. »

Les débuts d'Émile dans le notariat sont confirmés par l'intéressé luimême dans son livre *Le 13ᵉ Hussards* où Gédéon Flambert, le héros qui l'incarne, avant d'entrer dans la cavalerie, s'est morfondu dans l'étude d'un tabellion d'une petite ville nommée Mortagne, sous-préfecture imaginaire de quinze mille âmes. Quant à lui, il est vraisemblable que, selon son expression, il « grossoyait » à proximité d'un de ses parents, car on n'avait pu envisager à l'époque, et surtout chez les Gaboriau, de livrer à lui-même un garçon de dix-neuf ans. Était-ce à Angoulême, alors agglomération de dix-huit mille habitants où sa grand-tante Marguerite demeurait dans les faubourgs ? A noter que l'article du *Journal Illustré* cite cette dernière ville parmi celles où il a vécu, alors, on le sait pertinemment, qu'il n'a pu l'habiter à aucun autre moment de son existence. Nous aurions cependant tendance à croire que M. Gaboriau, tel le père de Gédéon, préféra garder son fils auprès de lui et, grâce à ses relations, le faire engager par un notaire de Saumur à qui l'auteur de *Casta vixit* aurait plus tard emprunté certains traits pour décrire Mᵉ Dubocage. Mais il n'évoquera jamais, comme Balzac et tant d'autres, la joyeuse atmosphère d'une étude en l'absence du maître austère et toutes les mystifications ménagées au saute-ruisseau. Une fois seulement, et encore il ne s'agira pas d'un cabinet notarial peut-être par déférence envers son grand-père maternel, il aura cette comparaison peu flatteuse pour la basoche : « Le cabinet de M. de Saint-Roch (un agent matrimonial particulièrement minutieux) ressemble à tous les laboratoires d'affaires. A la malpropreté, à la poussière près, un avoué s'y croirait chez lui. »

Le jeune clerc commit-il les mêmes « fredaines » que, dans son *13ᵉ Hussards*, il prête à Gédéon, devenu l'objet de la réprobation de ses concitoyens. « A dix-huit ans ce déplorable sujet — la désolation de sa famille — avait déjà contracté des dettes au café militaire, inséré des vers dans *L'Écho Mortagnais* et écorné, à dire d'experts, la vertu et la réputation de trois ou quatre grisettes sentimentales et romanesques. » La chose n'est pas impossible, mais on n'en possède aucune preuve. En souhaitant s'évader d'un milieu où il ne se plaisait pas, il a pu céder non à la malveillance d'une petite ville, mais à l'ennui d'un travail pour lequel il n'était pas fait, échapper à la contrainte paternelle et aux reproches continuels que devait lui valoir son manque de goût pour le notariat. A l'évidence, le receveur de l'Enregistrement, descendant et gendre de notaires, ne devait guère être satisfait de voir son fils bouder la carrière qu'il avait cependant accepté d'embrasser, il est vrai, comme un pis-aller.

Au printemps de 1851, Mᵐᵉ Gaboriau vint séjourner chez sa tante Marguerite, au Petit Vouillac, en compagnie d'Amélie, qui, de ce hameau, adressa à Charlotte Beaumont, une amie de son âge qu'elle s'était faite à Saumur, une lettre où il n'est nullement question de son frère. Quel était alors l'état de santé de l'épouse du receveur, nous l'ignorons, mais elle devait décéder chez sa parente le 1er juin, et, étant donné l'éventuelle instabilité de l'existence d'un fonctionnaire, être provisoirement inhumée dans une chapelle de la paroisse.

Il est probable qu'elle s'était efforcée, comme toutes les mères, d'atténuer les frictions qui devaient se produire entre son mari et son fils, si celui-ci maugréait de plus en plus fort contre l'état qu'on lui avait imposé. Aussi sa disparition ne pouvait-elle que rendre plus tranché le désaccord familial et renforcer la résolution d'Émile de rompre avec le notariat.

Si *Le 13e Hussards* a, sur ce point, valeur d'autobiographie, la chose se serait faite sur un coup de tête et à la suite d'une « explication orageuse ». Émile aurait alors déclaré tout de go à son père qu'il allait s'engager « pour être libre » ! Mais il est possible qu'à cette brusque décision de tourner le dos au passé n'ait pas été étrangère une de ces peines d'amour, chez un jeune homme parfois plus profondes qu'on ne l'imagine et que le temps atténue sans jamais les guérir. « Ceux-là seuls, écrira-t-il quinze ans plus tard, qui, aux jours de l'adolescence, ont aimé et ont vu tout à coup s'ouvrir entre eux et le bonheur un abîme infranchissable, ceux-là seuls peuvent comprendre la douleur de Maurice d'Escorval. »

Lors de son engagement, il se déclara sans profession et domicilié à Cozes. Il aurait donc depuis un certain temps abandonné l'étude où il rongeait son frein et se serait réfugié chez son grand-père avant d'embrasser la carrière des armes. En ce cas, il n'est pas impossible que Me Magistel, ancien capitaine, ne l'ait encouragé à entrer dans l'armée, dans l'espoir que son instruction lui permettrait de monter rapidement en grade ou, tout au moins, que la discipline militaire mettrait un peu de plomb dans cette tête folle. Quant à son père, il ne pouvait guère s'opposer à cette décision, car Émile allait atteindre l'âge auquel l'autorisation paternelle cessait d'être exigée pour un engagement volontaire. Et, aussi, l'âge du tirage au sort, avec la crainte d'un « mauvais numéro » entraînant l'achat d'un remplaçant. D'ailleurs, ce changement de route pouvait passer pour la réalisation d'une vocation, certes, un peu tardive, mais parfaitement honorable, Émile ayant promis de ne revenir qu'avec « l'épaulette », c'est-à-dire officier. Cependant M. Gaboriau dut voir non sans tristesse s'éloigner, sans doute pour longtemps, ce grand fils, sujet de tant de soucis, au moment où la mort de son épouse lui imposait de vivre désormais en tête-à-tête avec sa fille, une enfant de treize ans.

IV

L'INTERMÈDE MILITAIRE

Le 22 septembre 1851, Émile Gaboriau se présenta à la mairie de Saintes, où, muni d'un certificat médical attestant qu'il était « bon pour le service militaire », il contracta un engagement de sept ans dans l'armée française. Comme il en avait la latitude, il choisit l'arme et le corps dans lesquels il entendait servir, en l'occurrence, le 5e régiment de chasseurs à cheval, alors en garnison à Vendôme.

Pour mieux connaître cette période de son existence, on peut utiliser l'ouvrage qu'il a publié dix ans plus tard sous le titre du *13e Hussards*, où Gédéon, comme lui engagé volontaire, fait le récit de ses mésaventures à la caserne ou plutôt au quartier, puisqu'il s'agit de cavalerie. Mais il faut l'interpréter avec précaution, car si, pour l'écrire, Gaboriau a eu fréquemment recours à ses souvenirs, ce n'est cependant pas une autobiographie. Le titre a dérouté tous ceux qui ont eu à rappeler les principales étapes de sa vie : sans considérer que l'auteur avait pu éviter de révéler à quel corps il avait appartenu, on a voulu voir en lui un ancien cavalier d'un régiment, qui n'existait cependant pas, car l'armée ne comptait alors que neuf régiments de hussards, numérotés de un à neuf.

Mais pourquoi le choix de la cavalerie et en particulier du 5e Chasseurs ? Gaboriau s'en est en partie expliqué, non sans humour : « Les engagés volontaires — je ne parle pas de ceux qui savent ce qu'ils font — se décident pour la cavalerie, sans doute parce que le service y est plus pénible et qu'on y a infiniment moins de chances d'avancement. Gédéon fit comme tous les autres et crut faire un coup de maître en choisissant le 13e Hussards, ce magnifique régiment chamarré d'or sur toutes les coutures. »

Précisons que l'uniforme des chasseurs était tout aussi prestigieux : dolman vert foncé, pantalon garance, buffleteries et épaulettes blanches, chamarrures à la couleur distinctive du régiment (pour le 5e, le jonquille) encore que, depuis 1848, le haut shako à plumet noir eût remplacé le colback, ce que ne savait peut-être pas Gaboriau, qui avait eu précisément la possibilité de voir ces cavaliers arriver à Tarascon, en 1844, au moment où sa famille quittait la ville pour Saumur. Son esprit enfantin avait dû rester impressionné par la magnificence de la tenue des officiers et ce put être une des raisons de son choix.

Mais ce choix avait pu obéir à d'autres considérations. Alors que le 5e Chasseurs se trouvait en Algérie, un capitaine Gaboriau, détaché dans ce régiment, avait été tué au cours d'un engagement avec une tribu arabe, le 5 juin 1849. Or cet officier, né à Rochefort en 1813, engagé volontaire à vingt ans, avait gravi tous les grades de sous-officiers, réussi au concours d'entrée à l'École de Saint-Cyr, puis reçu la formation d'officier d'état-major qu'il achevait par un stage de deux ans au 5e Chasseurs, où il avait pour mission d'exécuter des relevés cartographiques dans le Sud-Algérien. Il est fort possible qu'Émile ait été au courant de ces détails et qu'il ait espéré pouvoir suivre un début de carrière identique, bien accueilli dans ce régiment à cause de son nom encore dans les mémoires.

Le futur chasseur à cheval pouvait aussi avoir le désir, en se donnant Vendôme pour garnison, de ne pas trop s'éloigner de Saumur et de quelque tendre cœur qu'il avait pu y laisser. Ne voit-on pas dans *Le 13e Hussards*, une certaine Justine, « la plus jolie des grisettes de Mortagne », faire des économies pour venir passer quelques jours auprès de son Gédéon.

Émile Gaboriau ne se présenta à son régiment que le 1er octobre, délai ainsi justifié dans *Le 13e Hussards* : « En échange de sa signature, Gédéon reçut une feuille de route pour rejoindre son corps. L'État, qu'il servait désormais, lui allouait vingt sous par étape et un billet de logement avec place au feu et à la chandelle... — Comme tu feras la route en chemin de fer, dit M. Flambert à son fils, au moment où ils sortaient de la mairie, tu as au moins huit jours devant toi, profites-en pour t'amuser. Et généreusement, il sortit quelques louis de sa poche. Gédéon était trop bon fils pour ne pas obéir scrupuleusement. »

Le 5e régiment de chasseurs était alors logé dans l'ancienne abbaye de Vendôme et c'est sans doute l'entrée des bâtiments qui se trouve décrite dans *Le 13e Hussards*, lors de l'arrivée de Gédéon à son corps : « Au fond d'une impasse très étroite, il aperçut une grande porte cintrée s'ouvrant sur une voûte assez obscure... à demi couché sur une des larges bornes de la porte, un sous-officier... »

Il faut lire ce volume pour savoir quels sentiments put éprouver Émile au cours de ses premières journées au quartier, où il n'avait pas tardé à apprendre qu'il faisait partie du second peloton du premier escadron (celui même de Gédéon). Il apparaît surtout que, pendant les mois passés sous l'étendard du régiment choisi par lui, il s'ennuya terriblement. Du moins nous en est-il resté son signalement grâce au registre régimentaire, où il fut inscrit sous le numéro matricule 1334 : taille 1 m 72, visage ovale, front rond, yeux roux, nez aquilin, bouche petite, menton à fossette, cheveux et sourcils châtain foncé.

Il ne fut pas rangé au nombre des « fortes têtes », comme Gédéon, puisqu'il devait quitter l'armée avec un certificat de bonne conduite, mais il finit également par regretter son engagement, devant la dure vie du troupier. Il eut, d'autre part, le temps de se rendre compte que l'avancement était moins aisé qu'il l'avait imaginé. Aussi, tout comme Gédéon, se décida-t-il, au bout de quelques mois à demander à son père de le faire remplacer, mais certainement en des termes moins fantaisistes que ceux de son hussard : « La discipline du régiment a déjà sensiblement changé mon caractère, vous vous en apercevrez : j'ai maintenant au cœur ce feu sacré qui fait les avoués et les notaires. En attendant que mes espérances se réalisent et que je puisse grossoyer, heureux à l'ombre des panonceaux, je vous serais bien reconnaissant de m'envoyer quelques fonds pour soigner la santé délicate et délabrée par les fatigues de votre fils respectueux. »

Il est probable qu'il reçut à sa supplique une réponse semblable à celle du père de Gédéon, réponse dont la sévérité était adoucie par la présence d'un billet de cent francs : « C'est avec douleur et bien malgré moi que je t'ai laissé t'engager. Que n'as-tu, lorsqu'il en était temps encore, écouté mes sages conseils ? Enfin, tu l'as voulu. Tu as pris un parti, en changer serait de la versatilité. Dans ton intérêt je ne t'en faciliterai pas les moyens. Gagne l'épaulette ainsi que tu me l'as promis. Alors, seulement, je te verrai revenir près de moi avec bonheur. »

Finalement, M. Gaboriau, brave homme au fond, céda aux supplications de son fils et, tout comme le fera le père de Gédéon, versa la somme nécessaire à son remplacement, soit dix-huit cents francs. Avec l'autorisation du général commandant la subdivision militaire du Loir-et-Cher, Émile devait donc être remplacé, à dater du 31 décembre 1853, par un vieux soldat nommé Tignol, chasseur de première classe, qui s'engagea à servir pendant les années que le défaillant devait encore à la patrie. Celui-ci, d'après sa notice sur le registre régimentaire, se retirait à Guingamp où l'attendaient alors son père et sa sœur. Il quittait l'armée, chasseur de deuxième classe et non maréchal des logis, comme on l'a prétendu.

Quels souvenirs avait pu laisser à Émile Gaboriau la ville où il avait vécu près de deux années ? Voici comment il la décrit, sous le nom de Saint-Urbain, avec son humour habituel :

« Saint-Urbain est une petite ville bien triste, bien tranquille, qui dort paresseusement au milieu du plus beau des pays du monde, sur le bord de la Serpole (le Loir), jolie rivière aux eaux bleues qui l'entoure et l'étreint du triple rang de ses capricieux méandres. Depuis deux siècles au moins, il n'a pas changé de physionomie : on dirait une relique du passé, amoureusement conservée à quelques pas du château enchanté de la Belle au Bois Dormant. A peine depuis deux ans, y a-t-on installé des réverbères... Le chemin de fer passe à huit lieues et, cependant, les communications étaient restées des plus difficiles, lorsque l'administration se décida à suppléer au peu d'industrie des habitants en organisant un service d'omnibus.

« Dépendance autrefois de communautés religieuses riches et puissantes, Saint-Urbain a conservé un aspect austère et presque monacal. Les maisons sont hautes et noires, les rues étroites et mornes, bordées en certains endroits de cloîtres humides et sans jour. A chaque pas on rencontre de grands bâtiments sombres aux fenêtres étroites et allongées, antiques couvents aujourd'hui déserts. Des quatre églises, jadis à peine suffisantes à la dévotion des fidèles, deux seulement ont été conservées : les autres ont été converties en magasins à fourrages et en ateliers de fournitures militaires, mais les quatre clochers, remarquables constructions du XIIIe siècle, sont restés debout, entourés des clochetons plus humbles des communautés religieuses, et de loin prêtent à Saint-Urbain les apparences d'une grande cité.

« Seule la garnison donne un peu de vie et de mouvement à cette nécropole. Aussi le gouvernement y entretient-il en tout temps deux régiments, l'un d'infanterie, l'autre de cavalerie. Mais Saint-Urbain doit bien d'autres avantages à la garnison. D'abord la reconstruction presque totale de la rue du Marché, la plus belle de la ville où l'on a installé deux magnifiques cafés, ornés de billards et de divans, luxe inouï, et la fondation d'un nouveau faubourg où prospèrent cinq ou six bals publics et au moins autant de guinguettes. On ne peut guère parler de théâtre, les habitants ayant une sainte horreur pour ce passe-temps profane. Le triste directeur doit aux seuls officiers les quelques recettes qui lui permettent de faire chaque année une banqueroute honorable. Jeudis et dimanches, lorsqu'il fait beau, et même lorsqu'il fait mauvais, les musiques des deux régiments viennent à tour de rôle donner un concert gratuit sur la promenade. Toute la ville se donne alors rendez-vous sur le cours des Ormes. »

Ce n'est pas seulement dans *Le 13e Hussards* que Gaboriau a mis à contribution ses souvenirs de Vendôme. Dans *Les Esclaves de Paris*, le sculpteur André évoque le temps où, enfant trouvé, élevé par les religieuses de l'hôpital de la ville, il travaillait « au grand jardin qui s'étend le long du Loir ». Quand, une dizaine d'années plus tard, ses parents se mettront à la recherche de l'enfant qui s'était enfui en septembre 1856, les enquêteurs se réuniront à l'hôtel de la Poste (et non l'hôtel des Postes, ainsi nommé dans *Le 13e Hussards*) et décideront d'interroger une par une les familles des communes environnantes, en commençant par celles d'Areines, d'Azé et de Marcilly. C'est dans la première de ces localités qu'ils obtiendront des renseignements des exploitants d'une grande ferme isolée, au bord du lac, qu'on appelle dans le pays Le Pignon Blanc.

Enfin, dans *La Dégringolade*, Vendôme servira de cadre à l'idylle d'Élisabeth de Lespéran et du chef d'escadron Delorge, dont le régiment de chasseurs vient de rentrer d'Algérie (comme dix ans plus tard le 5e). On n'y trouvera pas de description de la ville et n'y seront nommées que la Grande Rue et la rue de l'Hôpital, ainsi que l'hôtel de la Poste. Par contre, l'auteur s'étendra plus longuement sur un prétendu château de Glorière, qu'il a imaginé à une lieue de Vendôme, sur la route de Montoire. C'est dans cette belle demeure que les deux amoureux vivront leurs fiançailles. « Humble domaine et d'un revenu presque nul, mais ombragé d'arbres admirables, les plus vieux du pays, entrecoupés de vertes pelouses et de grandes roches moussues, et baigné par les eaux limpides du Loir ». Et, plus loin, on peut lire que Mme Delorge, devenue veuve, avait songé un temps à faire inscrire son fils au collège de Vendôme « dont les études ont une certaine réputation et dont le prix est relativement peu élevé ».

Ainsi, si l'expérience militaire de Gaboriau ne fut pas de longue durée et ne développa pas en lui le goût de cette carrière qu'il avait embrassée bien étourdiment, par contre la douce beauté du Vendômois, jadis chantée par du Bellay, semble l'avoir conquis, en lui rappelant celle de la vallée de la Loire, dont il a le charme.

C'est d'ailleurs non seulement l'Anjou, mais l'opulente Touraine, toute proche, qu'Émile Gaboriau a célébrée dans ses récits. Il la connaissait sans doute pour avoir fait plus d'une visite à son oncle paternel Charles-Henri, qui demeurait à Tours. Il semble bien qu'il ait lui-même effectué le trajet que, dans *Promesses de mariage*, il fait accomplir à Hector Malestrat se rendant à la propriété imaginaire de La Fresnaie, située à moins de vingt kilomètres à l'est de Tours : « La route était belle. Tantôt accrochée au flanc d'une colline ombreuse, elle dominait le cours de la Loire ; tantôt elle s'enfonçait dans quelque fraîche vallée, avec mille sinuosités, qui adoucissaient les pentes. »

Il se montre également au courant des usages de cette province, dont il décrit une noce, certes plus bourgeoise que la noce normande de Mme Bovary : « La comparution devant le maire s'accompagna d'un dîner long et plantureux, un repas comme on sait les ordonner en Touraine. Gamache, s'il revenait sur terre, choisirait ce pays pour ses noces. La table ployait sous le faix des bouteilles et des verres, la lumière étincelait sur la facette des cristaux... Le lendemain, la cérémonie à l'église fut le grand jour. A onze heures — on se marie en plein soleil en Touraine — une douzaine de grandes voitures découvertes vinrent prendre les invités. Il y avait des fleurs partout ; les cochers avaient de gros bouquets à leur poitrine avec des flots de rubans blancs, les chevaux étaient plus enguirlandés qu'un mouton de la procession de la Saint-Jean. Les voitures roulaient doucement sur le sable des allées, au milieu de ces beaux paysages de la Loire qui inspirent le désir de se faire laboureur, par des routes charmantes qui réduisent les promeneurs à envier le sort du facteur rural qui les parcourt tous les jours. »

Ajoutons que, pour nombre d'auteurs, le séjour du cavalier Gaboriau en France aurait été très court ; il aurait, d'après eux, accompli la plus grande partie de son service sur la terre d'Algérie. Ils se sont, en fait, contentés de reproduire ce qu'ils ont trouvé dans l'article d'Emmanuel Car, qui est parvenu à condenser le maximum d'inexactitudes en cinq lignes en écrivant textuellement : « Gaboriau s'engagea dans la cavalerie en 1852, passa à Saumur et partit en Afrique avec le 13e Hussards. Atteint d'un ozène, réformé avec pension, il revint en France en 1856. Son père qui ne lui avait pas encore pardonné son insoumission, refusa de l'héberger et Gaboriau démuni d'argent, gagna Paris. »

Il est vrai, dans *Le 13e Hussards*, l'auteur évoque, plusieurs fois, la vie du soldat en Algérie, Gédéon prétendant tenir ces renseignements d'un camarade, La Pinte, et de son chef le plus direct, le brigadier Goblot. Et dans *La Dégringolade*, Émile Gaboriau semble également montrer une certaine connaissance du pays, tout au moins de la ville d'Oran. Il conte la carrière algérienne de l'officier cité plus haut, Pierre Delorge, qui « était à Constantine où il fut blessé, à Mostaganem, au col de la Mouzaïa, où il fut laissé pour mort, et à Médéa et à Miliana ». Après ces exploits, il rentra en France où, on l'a vu, il se maria. Quelques années plus tard, il revint en Algérie, promu colonel d'un régiment de cavalerie en garnison à Oran, où « il installa sa famille dans une de ces maisons charmantes dont les jardins ombreux s'étagent en terrasses le long du ravin de Santa-Cruz ». Et, quand il partit à la tête de son régiment pour une expédition contre les tribus marocaines, « les vingt mille habitants d'Oran étaient sur pied cette nuit-là et une immense acclamation salua le régiment lorsqu'il sortit de la ville, étendard déployé et trompettes sonnant ». Plus tard, en 1849, débarquent, à Oran, trois agents bonapartistes, qui descendent à l'hôtel de la Paix. Tous trois sont venus sous le prétexte de faire « de l'agriculture en grand », mais, en réalité, passent leur temps à visiter les postes militaires, faisant de la propagande en faveur du président Louis-Napoléon Bonaparte.

Quand on sait que le 5ᵉ chasseurs à cheval fit campagne de 1845 à 1849 dans l'Algérois et en Oranie, il vient naturellement à l'esprit que Gaboriau a recueilli les souvenirs de camarades rentrés d'Afrique et, en les étoffant plus tard du fruit de diverses lectures, les a utilisés avec beaucoup d'adresse. On les retrouvera encore dans ses *Profils militaires*, publiés lors de la guerre d'Italie.

V

LE RETOUR MOMENTANÉ A LA BASOCHE

Pendant que son fils faisait ses classes, qu'était devenu M. Gaboriau ? Le 6 mars 1852, le ministre des Finances ayant signé en sa faveur une commission de conservateur des hypothèques à Guingamp, il allait devoir retrouver cette Bretagne où il avait fait ses premières armes de receveur. Il avait cessé ses fonctions à Saumur le 19 et, une fois son déménagement préparé, s'était mis en route avec sa fille pour arriver à Guingamp dans l'après-midi du 30 mars. Le lendemain, le nouveau conservateur avait prêté devant le tribunal civil de la ville l'obligatoire serment de fidélité à la constitution et au Prince Président et avait été installé dans son nouveau poste le 1er avril.

La correspondance adressée de Guingamp par Amélie à son amie Charlotte, au total quarante-deux lettres en six années, nous vaut une vivante documentation sur ce que pouvait être, au milieu du siècle dernier, l'existence d'une fille de fonctionnaire dans une petite ville d'une province particulièrement reculée, mais ne nous apporte que peu de renseignements sur le futur romancier. Faut-il voir dans cette discrétion la précaution de ne pas citer le nom du fils prodige dans un courrier soumis au visa du chef de famille ?

Par la première de ces lettres, Amélie apprend à son amie que, le soir même de l'arrivée dans sa nouvelle résidence, son père a pu louer « une jolie maison comme celle de Saumur », certainement meublée, puisqu'elle précise qu'elle comporte une chambre à deux lits. La ville n'a pas semblé désagréable à la jeune fille avec sa charmante fontaine et les restes de ses anciennes fortifications, mais le ciel est peu riant.

Après les fêtes de Pâques, Amélie fait son entrée au pensionnat tenu par les sœurs de la Sagesse. Elle devait y remporter de nombreuses récompenses scolaires à la suite de ses classements dans les compositions, mais elle est accablée de travail : elle passe au pensionnat jusqu'à dix heures par jour, ce qui ne l'empêche pas de rapporter des devoirs à faire à la maison, où elle participe aux soins du ménage, si bien que, malgré ses quatorze ans, elle n'est jamais couchée avant onze heures.

Dans sa correspondance de Guingamp, qui s'étend jusqu'en 1858, elle n'aura que par trois fois une phrase pour son frère, et seulement alors qu'il se trouve avec les siens. La première, dans une lettre du 6 septembre 1853.

Émile est maintenant à la maison et, comme elle-même est en vacances, elle n'est plus seule quand son père est au bureau. La lettre précédente étant du 3 juillet, on peut en déduire que l'ancien chasseur à cheval est revenu de Vendôme depuis cette date, libéré par anticipation, mais qu'il n'exerce encore aucune profession. Le 18 janvier 1854, Amélie confie à son amie que son frère a fait venir un médecin pour examiner son père souvent souffrant depuis qu'il est à Guingamp, dont le climat humide ne lui convient pas du tout, mais le praticien les a rassurés. Rien de sérieux. Enfin, par une lettre du 20 juillet de la même année, on apprend qu'Amélie ne dîne plus à la maison, à cinq heures, avec son père et son frère : elle reste au pensionnat à broder jusqu'à six heures, sinon elle n'aurait plus de croix d'honneur. Mais les vacances seront là dans trois semaines et dans trois mois elle aura seize ans. Le conservateur estime que sa fille a maintenant terminé ses études ; elle ne retournera pas au pensionnat à la rentrée d'octobre.

Une liste électorale, dressée le 15 avril 1854, domicilie le père et le fils au 17 de la rue Saint-Nicolas, c'est-à-dire dans le quartier de la future gare, en une demeure qui, depuis lors, semble avoir subi des transformations. Comme cette liste attribue à Émile la profession d' « aspirant au notariat », terme alors en usage, il est évident que, sur la recommandation paternelle, il a été admis comme clerc dans l'une des six études notariales de Guingamp pour y poursuivre l'apprentissage de ses futures fonctions. Le fait est confirmé par lui-même dans une lettre de 1861 à sa sœur, où il se demande s'il n'a pas eu tort de « jeter les panonceaux par-dessus les moulins ». Et dans l'article du *Journal Illustré*, on peut lire qu'au retour de l'armée, il avait repris du service dans l'étude d'un notaire de Guingamp.

Mais Émile a abandonné à la fois le notariat et la ville entre le 15 avril 1854 et le 30 mai 1856, car un dénombrement de population effectué à cette dernière date ne constate au 17 de la rue Saint-Nicolas que la présence de M. Gaboriau, de sa fille et de la fidèle servante Jeanne Rabouin.

Cette nouvelle rupture avec la carrière notariale dut remplir d'amertume le prudent conservateur, persuadé que son fils ne serait jamais raisonnable et qu'il avait fait en vain un sacrifice pécuniaire pour le tirer du régiment. Aussi est-il probable qu'Émile Gaboriau se soit inspiré de son propre « coup de tête », quand, dans *L'Ambassadeur matrimonial*, il conte le départ de l'ingénieur Pascal Divorne, fils d'un avoué de Lannion. Résolu à tenter à Paris une aventure audacieuse dont il attend la fortune, il a réclamé à son père la somme importante dont il a hérité d'une tante quelques années auparavant (la part qui revenait à Émile sur l'héritage de sa mère ?). « La maison fut triste pendant les quelques jours qui suivirent. L'avoué était sombre et ne disait mot, Mme Divorne (Amélie, sans doute) se cachait pour pleurer » et quant à Josette, la servante (Jeannette ?), « elle faisait dix tours inutiles dans la maison et cassait des assiettes, comme cela lui arrivait quand elle était en proie à un chagrin ». La somme une fois rassemblée par Me Divorne et remise à son fils, celui-ci annonça que, le lendemain même, il partirait en diligence pour Rennes, où il trouverait un train pour Paris.

« Les adieux furent pénibles. Mme Divorne sanglotait. Pascal n'était guère moins ému que sa mère : à peine s'il pouvait retenir ses larmes ; il lui eût été impossible de prononcer une parole. C'est en cette circonstance que M. Divorne montra bien quelle était la force de son caractère et l'énergie de sa volonté — une volonté de fer — Non seulement il ne voulut pas embrasser son fils, mais encore il refusa de lui donner la main. Pascal se rendit seul à la diligence. Les gens de Lannion en conclurent qu'il venait d'être chassé par son père.

« ...Il arriva à la gare Montparnasse par le train de cinq heures du matin. Il faisait un joli petit froid de sept à huit degrés au-dessous de zéro. On était en février, il y avait six ans de cela. On ne trouva cependant aucun voyageur gelé dans les wagons : cet accident arrivait parfois en hiver, avant l'heureuse idée qu'ont eue les compagnies d'utiliser au profit des voyageurs la vapeur perdue par la locomotive.

« Pascal avait fait un triste voyage. Il adorait ses parents et l'idée du chagrin qu'il venait de leur causer lui pesait sur le cœur comme un remords. Jamais route ne lui avait paru plus longue ; il lui semblait que la locomotive roulait sur place. Il lui tardait d'être à Paris. Quelques heures de sommeil auraient trompé son impatience, mais c'est vainement qu'à plusieurs reprises il prit ses dispositions pour reposer : à peine fermait-il les yeux qu'il était réveillé par quelqu'un des nombreux agents que la Compagnie entretient et paie pour empêcher les voyageurs de dormir (même dans les plus tristes circonstances, Émile Gaboriau garde tout son humour). A chaque moment on lui demandait son billet pour y faire des trous de formes variées avec un petit instrument de fer. » C'est vraisemblablement les souvenirs de son voyage qu'utilise là le romancier et ils nous permettent presque à coup sûr de dater son départ de Guingamp de février 1855, si l'on sait que ce fut un mois particulièrement froid. Le 19, on enregistra précisément, à Paris, huit à neuf degrés au-dessous de zéro.

Il est probable que le paragraphe suivant, extrait du même récit, ait également valeur d'autobiographie, toujours à condition de remplacer « M. Divorne » par « M. Gaboriau » et « sa mère » par « sa sœur » : « Une visite de M. Divorne, deux voyages en Bretagne pour embrasser sa mère, tels furent jusqu'à l'année dernière les plus grands événements de l'existence de Pascal. »

De cette province, il restera quelques souvenirs colorés à Émile Gaboriau. Dans une chronique d'août 1863, il évoquera longuement le pardon de Notre-Dame du Bon Secours de Guingamp, où il s'est rendu en juillet et, dans le même article, il regrettera l'abandon de la vieille danse régionale de la Dérobée. Ce retour eut-il pour cause le désir de retrouver quelques relations gardées dans le pays ou simplement le besoin de revoir les lieux qu'il avait quittés sept ou huit ans plus tôt pour partir à la conquête de Paris ?

Et comme on l'a vu, il a placé Me Divorne à Lannion et non à Guingamp, ce qui pouvait préserver certaines personnes d'une désagréable identification. Mais, à cette occasion, il ne s'est pas privé de dénoncer la sottise, l'esprit mesquin de nombre d'habitants des petites villes, comme il l'avait déjà fait dans Le 13e Hussards : « ...tout en condamnant le fils, en compatissant à la douleur du père, on trouvait généralement que cette punition frappait juste. L'avoué avait toujours été heureux et le bonheur est un tort qui se pardonne difficilement dans les petites villes de province. Le succès de l'un est pour tous une cruelle injure. La jalousie dort au fond de tous les cœurs ».

Il faut ensuite parcourir toute l'œuvre de Gaboriau pour découvrir un peu de Bretagne, d'abord dans Monsieur Lecoq, où le soi-disant baladin Mai prétend avoir été un enfant abandonné, trouvé par le directeur d'un théâtre ambulant au revers d'un fossé, sur la route de Guingamp à Saint-Brieuc, près d'un gros bourg nommé Châtelaudren. Dans le même roman, l'inspecteur Lecoq se fait conduire dans Paris par un cocher breton, un certain Papillon, dont le langage est émaillé des « dame ! » de sa province. Comme le brave homme entend expier la faute involontaire d'avoir fait échapper deux femmes impliquées dans un meurtre, il s'obstine à ne pas accepter de rétributions en compensation de ses courses : « Je l'ai mis dans ma tête et je suis Breton ! » Enfin, en épilogue de *L'Argent des autres*, c'est dans le château de ses ancêtres, à trois lieues de Quimper, près de la route d'Audierne, que le marquis de Trégars et sa jeune épouse Gilberte Favoral vont dissimuler leur bonheur.

On pourrait donc croire que son séjour en Bretagne ait laissé en lui fort peu d'impressions s'il n'avait donné la ville de Guingamp comme cadre à un roman intitulé *Ninette Suzor*, que la mort l'empêchera d'achever et dont il n'est rien resté.

LES DÉBUTS PARISIENS

VI

ÉMILE GABORIAU A PARIS
LES DÉBUTS DANS LA PRESSE ET AU THÉATRE

Les informations peu nombreuses, imprécises, souvent même douteuses, qu'on possède sur l'existence d'Émile Gaboriau, au cours des premières années passées à Paris, proviennent soit de la biographie sommaire du *Journal Illustré*, soit d'articles publiés au lendemain de sa mort.

Une fois dans la capitale, il aurait suivi les cours de l'École de Droit et ceux de la Faculté de Médecine, sans qu'il soit précisé s'il avait mené ces études de front. Dans le même temps, pour subsister, il aurait donné des leçons, gagne-pain classique des intellectuels sans profession, et il aurait corrigé des épreuves d'imprimerie et même traduit les pères de l'Église pour une librairie catholique. La chose n'est pas invraisemblable, car on sait qu'il avait une réelle connaissance de la langue et de la littérature latines.

Puis, il serait devenu secrétaire d'un magistrat, ce qui expliquerait pourquoi, dans plusieurs de ses romans, il ait pu décrire avec tant de minutie la vie du Palais de Justice et, en particulier, la galerie et les cabinets des juges d'instruction. Grâce à cet emploi, il aurait eu connaissance de diverses affaires criminelles, contracté un certain goût pour les sujets tirés de la vie judiciaire et recueilli des éléments vécus, susceptibles d'être plus tard utilisés dans son œuvre littéraire.

Il aurait, par la suite, servi de secrétaire à un chimiste anglais à la recherche de teintures nouvelles. Là encore, on hésite à se montrer sceptique, car, à lire ses romans, il semble bien qu'il ait eu une certaine expérience des travaux de laboratoire et possédé quelques connaissances en toxicologie. En effet, certains de ses personnages se livrent à des recherches en cette matière, et il lui arrive de faire état en termes techniques de la découverte de poisons subtils, dont ses criminels se servent pour se débarrasser des gêneurs ou se suicider, une fois démasqués.

Enfin, d'après d'autres sources, Émile Gaboriau aurait finalement trouvé une place au salaire mensuel de cent francs dans une maison de roulage de la rue Saint-Martin, probablement au numéro 293, chez Bécé fils, également propriétaire d'une auberge attenante à ses remises. Il y aurait rempli les fonctions de chef d'écurie grâce à sa connaissance des chevaux acquise au cours de son service dans la cavalerie. Mais le journaliste Philibert Audebrand assure, lui, qu'il y fut chargé de la tenue des livres, ce qui est plus probable, moyennant des appointements de quatre-vingts francs par mois.

Emmanuel Car, renseigné par son romancier nonagénaire, prétend qu'il y aurait fait la connaissance des confiseurs de la rue des Lombards toute proche, venus déposer à la maison de roulage leurs envois en province. Convaincus de ses talents littéraires, ces modernes Ragueneau lui auraient confié la confection des vers de mirliton qui figuraient habituellement sur les feuillets enveloppant les bonbons de leurs papillotes. On peut en douter après avoir découvert comment Gaboriau a traité, dans une de ses chroniques, cette « poésie alimentaire », dont il cite et commente quelques distiques recueillis par lui :

« A ma voix, il faudra que ta voix se marie
Partout ailleurs qu'à la mairie ».

« Pourquoi répondre à votre amant,
Belle, incompréhensiblement ? ».

« L'amour est comme un frais gazon
Qui fleurit en toute saison ».

« La crinoline est un atour
Que les femmes se mettent autour ».

« Ici point de disputes entre réalistes et idéalistes ; tous sont des protecteurs éclairés de la poésie. C'est dans la rue des Lombards que l'Odéon, dans l'embarras, devra aller chercher ses hommes et, dans les âges futurs, on appellera notre temps le grand siècle de la confiserie littéraire. »

Il n'avait pas été sans mérite de rejeter cette possibilité d'améliorer les conditions de sa vie matérielle, si vraiment elle s'était offerte à lui dans les premières années de son installation à Paris, car, avec les appointements de la maison de roulage, il dut avoir beaucoup de peine à joindre les deux bouts. L'existence aurait été encore plus dure pour lui, si son cousin Maurice Delamain ne lui avait apporté une aide pécuniaire que son père lui aurait longtemps refusée.

Au cours de ces années d'épreuves, Gaboriau changea plusieurs fois de domicile. D'après le journaliste Jehan Valter, il aurait d'abord eu successivement deux logis rue Saint-Jacques, bien rudimentaires, on s'en doute. Lui-même a écrit dans une de ses chroniques qu'en 1856, il demeurait dans une maison du faubourg Saint-Jacques où se trouvaient cinq photographes, qui s'amusaient à le prendre dans les attitudes les plus diverses. C'est probablement à cette circonstance qu'on doit la plus ancienne photographie restée de lui. Le visage est encadré par une chevelure bouclée et une barbe qui descend le long des joues jusqu'au menton, complétée par une fine moustache et une mouche. Le regard, la physionomie traduisent un étonnement, une inquiétude devant les incertitudes de l'avenir, presque un manque de confiance en soi, heureusement démenti par d'étroites lèvres serrées, mais ils révèlent une grande ouverture d'esprit et l'élan vers un idéal.

Par la suite, il loua une mansarde à l'hôtel du Pont Saint-Michel, une pièce dont il aurait dit plus tard qu'elle avait vue sur trois bâtiments indispensables à son œuvre : la Morgue, l'Hôtel-Dieu et la Préfecture de Police. De là sans doute, dans ses romans, les si vivantes descriptions de ces lamentables hôtels meublés parisiens où se logeaient de faméliques employés plus ou moins exploités par d'impitoyables propriétaires et étroitement surveillés par des concierges inquisiteurs et méprisants, servant pour la plupart d'indicateurs à la police.

Tel il décrit, dans *L'Argent des autres*, un certain hôtel des Folies, qu'il place boulevard du Temple. « On y entre par un corridor si étroit, si obscur et si long qu'il donne l'idée d'un boyau de mine et qu'il est prudent, avant de s'y aventurer, de s'assurer que personne ne vient en sens contraire. Rien de plus triste que les logements dont les papiers éraillés et les peintures malpropres gardaient l'empreinte de tous les nomades qui s'y étaient succédé. Le plafond, disloqué, s'écaillait par larges places, le parquet s'émiettait ; il fallait un effort pour ouvrir et fermer les portes et les fenêtres affreusement gauchies. Le mobilier était à l'avenant. »

Mais, malgré son délabrement, cet établissement semblerait un lieu de séjour agréable aux malheureux qui ont dû élire domicile dans un affreux hôtel du Pérou tenu, rue de la Huchette, par une dure Auvergnate, Mme Loupias. « Du haut en bas, au moyen de châssis de toile et de papiers d'occasion, tous les étages ont été divisés en quantité de petites cellules que la Loupias appelle fastueusement ses chambres. Les châssis se disloquent, les papiers éraillés pendent en loques, c'est hideux. C'est splendide, comparé aux mansardes. Il n'y en a que deux, heureusement, conquises sur un grenier, séparées de la toiture par un faux plafond, éclairées par des fenêtres à tabatière, si basses qu'à peine on pouvait s'y tenir debout. Elles ont pour meubles un lit à matelas de varech, une table boiteuse et deux chaises. »

De ce temps-là date sans doute une pièce de vers retrouvée dans les papiers d'Émile Gaboriau, dont les deux premiers quatrains sont consacrés à la description de sa plus que modeste chambre :

« Je suis en mon logis, bien loin d'avoir mes aises
Au grand complet. C'est bas, humide, trop étroit.
La cheminée y fume et de ses quatre chaises
Pas une sur ses pieds ne peut se tenir droit.
Un maigre matelas orne mon lit austère,
Ma toilette au grand jour étale son pied bot.
Pas un seul des tiroirs ne ferme au secrétaire
Et ma table de nuit est veuve de son pot. »

Partageait-il un temps une mansarde avec des camarades aussi impécunieux que lui, ou s'était-on seulement réuni dans sa chambre en ce soir d'août 1857 où, avec Alcide Granguillot, Paul Mahalin et Mathieu de Monter, tout en prenant le café, il parlait littérature et en particulier de *Madame Bovary*, fraîchement parue. Il aurait déclaré à ses amis : « C'est très beau, mais on ne s'adresse qu'à une seule classe de la société. Le temps n'est pas loin où apparaîtra une nouvelle couche de lecteurs pour lesquels il faudra écrire des romans spéciaux, quelque chose comme de l'Alexandre Dumas et du Frédéric Soulié rapetissés. Et savez-vous qui écrira ces romans-là ? Ce sera moi. Retenez bien ce que je vous dis : le jour où le journal à un sou sera réellement fondé, je gagnerai trente mille francs par an. »

C'est sans doute en évoquant ces heures de pauvreté joyeuse et d'espoir dans le succès qu'Émile Gaboriau, la célébrité venue, écrira dix ans plus tard dans *Les Esclaves de Paris* : « Nous étions jeunes, nous étions honnêtes, toutes les illusions de l'adolescence nous souriaient encore, nous avions la foi qui soutient dans les épreuves, nous avions le courage qui enflamme le soldat marchant à l'assaut d'une batterie. Nous habitions tous trois un misérable hôtel garni de la rue de la Harpe et nous nous aimions comme trois frères ! »

Dès qu'il fut à Paris, et peut-être déjà à Guingamp, Émile Gaboriau commença à écrire : il y était venu pour cela. *Le Journal Illustré* rapporte ainsi ses débuts littéraires : « Il avait composé un volume de vers, *Les Vertiges*, qui parut vers 1857 et qui fut tiré à trois cents exemplaires. Ledit volume ne se vendit pas du tout : mais il procura à l'auteur la connaissance de l'éditeur Gustave Havard, lequel venait de fonder un journal intitulé *La Lecture*. C'est dans ce journal que Gaboriau a publié son premier roman, *La Marquise*. ». Or, c'est la seule mention qui ait jamais été faite de ces *Vertiges*, qui ne figurent pas au *Catalogue de la Librairie*, non plus, d'ailleurs, que le roman. Pour celui-ci, il s'agit probablement des *Amours d'une empoisonneuse* (la marquise de Brinvilliers), publiées en un volume après la mort de l'auteur. En tout cas, quel qu'en soit le titre, on ne le trouve pas dans *La Lecture*, périodique publiant uniquement des romans et qui, effectivement fondé en 1857, disparut en 1861 pour des raisons financières. Ce n'est, d'ailleurs, pas comme poète ni comme romancier qu'Émile Gaboriau parvint, non sans peine à s'imposer, mais par le journalisme, et c'est en qualité de chroniqueur qu'il fit son entrée dans la presse.

A la fin de l'année 1857, l'hebdomadaire satirique, *Les Contemporains*, fondé et dirigé par Eugène de Mirecourt, avait fait place, sous la même direction, à un autre hebdomadaire, *La Vérité pour tous*, généralement appelé tout simplement *La Vérité*, dont le premier numéro était sorti le 10 décembre. Comment Émile Gaboriau fut-il admis à collaborer à cette feuille ? Probablement grâce à quelque relation amicale qu'il pouvait compter parmi les rédacteurs et en quelque sorte « engagé à l'essai ». Il s'y manifesta pour la première fois, le 11 février 1858, par une pièce de vers assez bien tournée, signée Émile G. Avait-il préféré ne pas mettre son nom au bas de ses articles, tant Mirecourt s'était fait d'ennemis par ses attaques diffamatoires, qui lui avaient déjà valu plusieurs condamnations ? En tout cas, à partir du numéro du 8 juillet, sa chronique, d'abord très brève, s'étendit sur plusieurs colonnes et s'intitula *Échos de la Semaine*. Mais, à la date du 25 novembre, le journal cessa sa publication pour reparaître au début de janvier 1859, sous un nouveau titre : *La Vérité Contemporaine*. Cet hebdomadaire, qui ressemblait comme un frère à ses prédécesseurs, suspendit à son tour sa publication après le numéro du 13 juillet, pour la reprendre le 23 octobre. Cette interruption semble avoir été due à un différend au sein de son administration, dont la rédaction en chef passa à Henri Page, le plus ancien des collaborateurs de Mirecourt. Quant aux *Échos de la Semaine*, ils accédaient à la première page, maintenant signés intégralement du nom d'Émile Gaboriau. Pas pour longtemps, malheureusement, car *La Vérité Contemporaine* parut pour la dernière fois le 4 décembre 1859 et sans les *Échos de la Semaine*, qui avaient cependant figuré dans le numéro précédent du 27 novembre.

Un mois après son entrée à *La Vérité*, Gaboriau fit ses débuts au *Tintamarre*. Cet hebdomadaire humoristique avait été fondé en 1840 par Lovy et Commerson. Il avait adopté pour devise de « ne jamais laisser passer à sa portée un ridicule sans lui donner... un coup de chapeau ». Mais il n'avait pu survivre sous l'Empire qu'en s'abstenant de toucher au domaine politique. La direction en était toujours assurée par Commerson, dont la prose emplissait souvent plus de la moitié de ses huit pages.

Comment Gaboriau fut-il mis en relation avec lui ? D'après Audebrand, le futur auteur de *L'Affaire Lerouge* se délectait à la lecture du *Tintamarre* qu'il trouvait dans un « caboulot » de son quartier où, pour trente centimes, il venait chaque dimanche prendre une demi-tasse de café après le dîner. L'envie l'aurait pris d'en faire autant et, un beau jour, il aurait glissé quelques lignes dans la boîte du journal. Commerson les aurait jugées dignes d'ouvrir les portes de sa rédaction à ce néophyte, mais en avertissant Gaboriau qu'il ne lui prendrait que vingt-cinq lignes par semaine, payées trois francs soixante-quinze centimes. Malgré cette mise en garde, le nouveau chroniqueur aurait rompu avec sa maison de roulage pour se jeter dans la grande aventure du journalisme. D'autres ont prétendu que son patron, craignant des ennuis avec la police, l'aurait mis en demeure de choisir. Le récit d'Audebrand est amusant, mais sa véracité assez douteuse du fait qu'Émile Gaboriau débuta dans la chronique non au *Tintamarre*, mais à *La Vérité*. Plus simplement, Commerson ne remarqua-t-il pas les modestes essais du jeune débutant dans la feuille concurrente et ne jugea-t-il pas prévoyant de s'assurer sa collaboration. En ce cas, il le fit avec prudence, car les premières chroniques d'Émile Gaboriau ne dépassèrent pas quelques lignes.

Leur auteur disposait donc d'assez de temps pour se consacrer à l'occasion au théâtre. En collaboration avec son directeur Commerson, il écrivit, en octobre 1858, les paroles — en vers — d'une opérette, *Le Faux Faust*, parodie d'un *Faust* (un de plus), dont l'auteur était Adolphe Dennery, joué depuis le 25 septembre au théâtre de la Porte Saint-Martin. La partie musicale de cette bouffonnerie tintamarresque en un acte et quatre tableaux avait été composée par Stéphan, pseudonyme de Frédéric Barbier. La presse en annonça la première représentation pour le 16 novembre. Prévue au bénéfice du célèbre comique Dupuis, des Folies-Nouvelles, elle fut finalement ajournée au mercredi 17. La séance comportait également, en lever de rideau, une saynète d'Eugène Moreau, *Pincée au demi-cercle*, jouée par les acteurs des Variétés, et des intermèdes comiques, exécutés par ceux des Folies-Dramatiques.

Le texte du *Faux Faust* n'a malheureusement pas été conservé, il n'en est même pas resté un argument. Par des comptes rendus de presse, nous ne connaissons que la distribution et le caractère de chacun des rôles ainsi tenus :

Faust : Paul Legrand.
Méphisto : Dupuis.
Veuve Frigolin : Gourdon.
Falempin : Charltonn.
Margot : Mlle Géraldine.
Sulfurique : Mlle Léontine (Mlle Lebreton).

Faust est un vieux pharmacien doté d'une barbe blanche, qui traîne à terre et risque de le faire tomber. Il devient un jeune gamin. Méphisto est un apothicaire épileptique, au rire hébété et aux irrésistibles grimaces.

Mme Veuve Frigolin, femme de ménage de Faust, s'amuse à « fabriquer la belle Sulfurique » en faisant bouillir dans une marmite une livre de mou de veau, les ailes d'un perroquet et trois actes du *Mariage dangereux*, pièce tombée récemment au théâtre du Vaudeville. Géraldine, jeune vocalisatrice dont le nom était Clémentine Boudin, tient le rôle d'une naïve adolescente qui ne demande qu'à s'instruire. A ces personnages s'ajoutent quatre danseuses.

La critique fut chaleureuse. Dans son numéro du 18 novembre, *Revue et Gazette des Théâtres* assure que le programme est charmant et que, malgré le mauvais temps, il vint « une foule compacte de spectateurs heureux de prouver leur sympathie à leur artiste favori » (Dupuis, évidemment). *Le Messager des Théâtres* du 18 constate, lui, qu'on relève dans cette pièce « des extravagances impossibles provoquant les rires continuels du public » et *Le Charivari* du 19, qu'il s'agit d'une amusante parodie dont le succès est mérité. Les acteurs eux-mêmes y gardaient à grand-peine leur sérieux.

Enfin dans *Le Tintamarre* du 21 novembre, il fut ainsi rendu compte de la représentation par l'un des auteurs :

« Folies-Nouvelles - Une opérette-parodie sous le titre macaronique de *Faux Faust* a fait son apparition mercredi dernier sur ce théâtre. Les paroles sont dues à l'entente cordiale de M. Gaboriau et de celui qui signe cet article. La musique est de M. Stéphan. Le talent si grand, si sympathique de Paul Legrand et la gentillesse et la jolie voix de Mlle Géraldine ont puissamment secondé les auteurs. »   Commerson.

Compliments dont le directeur du *Tintamarre*, plus courtois, aurait pu faire bénéficier également les autres acteurs.

Pour son compte, Émile Gaboriau publiait dans le même numéro ce poème, galante déclaration à l'une des deux actrices. Excuse aussi de ne pas lui avoir adressé la traditionnelle gerbe que l'auteur, au soir de la première, fait porter aux principales interprètes féminines.

« Un bouquet à Mademoiselle...

« L'autre soir je fus au théâtre
Vous voir jouer. Bien mal m'en prit.
Hélas ! Depuis, vos bras d'albâtre
Et vos mains me troublent l'esprit.

Puis votre pied s'en mêle aussi,
Ce petit pied si fin, si leste,
Le pied, la jambe, tout le reste,
Tout le reste s'en mêle ainsi.

Oui tout, le menton à fossettes,
Les dents, le front, le nez, les yeux,
La bouche rose et mignonnette,
Les sourcils et les fins cheveux.

Et, tandis que toute la salle
Applaudissait à tour de bras,
Mélancolique dans ma stalle,
Je pensais et disais tout bas :

Que n'ai-je ici, tout fraîches écloses
Toutes les fleurs. Je choisirais
Lilas, jasmins, verveines, roses.
De grosses gerbes j'en ferais.

> Alors, du haut des avant-scènes,
> Abaissant les écrans discrets,
> Je ferais pleuvoir des bouquets
> Sur ses épaules à mains pleines.
>
> Mais, ô sort fatal ! mes goussets
> N'avaient plus même de miettes.
> En fait de bouquets, je n'avais
> Rien, pas un sou de violettes. »

La pièce poursuivit sa carrière avec un succès certain relevé par plusieurs journaux, dont naturellement *Le Tintamarre*, qui écrit le 28 novembre : « *Le Faux Faust*, sous les traits enfarinés de Paul Legrand, attire, chaque soir, un peuple de rieurs dans la salle Huart » (le directeur du théâtre). Et, dans son numéro du 3 décembre : « *Le Faux Faust*. Salle comble. MM. Altaroche et Huart placent à la caisse d'épargne. » Le 5 décembre, *Revue et Gazette des Théâtres* constate que « *Le Faux Faust* fait toujours florès ». L'opérette connaîtra vingt-six représentations, jusqu'à la dernière, le 17 décembre. Bien que sa réussite ne se fût pas encore démentie, elle fit alors place à *La Fille du Lac* de Nobelle. « Le directeur Huart compte parmi les prodigues », s'étonna *La Gazette*.

Enfin, dans une *Revue de 1858*, publiée dans *Le Tintamarre* du 26 décembre, Émile Gaboriau évoquera une fois de plus, mais à titre posthume, le succès de la pièce :

« Aimez-vous Faust ?

> Muses folâtres,
> Petits théâtres
> A la gaieté vous payez votre écot.
> De votre empire,
> L'éclat de rire,
> Ne sortez pas, c'est un assez beau lot. »

Étant donné sa facilité pour composer des vers badins, il est permis d'avancer qu'il fut le véritable auteur des paroles du *Faux Faust*.

La mémoire de ce succès sans lendemain ne se perdit cependant pas, puisque l'article du *Journal Illustré* évoque, en ces termes assez vagues, les débuts d'Émile Gaboriau comme auteur comique : « Il s'essayait en même temps au théâtre et donnait quelques opérettes au théâtre Déjazet, alors Les Folies-Nouvelles, dont le directeur Huart avait pour pensionnaires Dupuis, Tissier, Géraldine et Paul Legrand... ».

Le journaliste de La Bédollière est plus précis dans l'article nécrologique qu'il lui consacra. D'après lui, encouragé par le succès du *Faux Faust*, il aurait écrit, à la même époque, les paroles, depuis lors perdues, d'une autre opérette, *Hugolin restaurateur* et celles de *La Rôtie au vin*, une paysannerie que la censure impériale aurait interdite, et dont il n'existe aucune trace aux Archives nationales. Par la suite, il entreprendra d'écrire une comédie en quatre actes sur laquelle nous reviendrons. Il est vrai, le théâtre exerça toujours sur lui une vive attirance et sa correspondance révèle qu'il vit longtemps en lui la meilleure voie pour le conduire à la célébrité.

Jusqu'en décembre 1859, Émile Gaboriau continua à donner des chroniques au *Tintamarre*, quand, avec le numéro du 4, prit brusquement fin sa collaboration, à la même date, notons-le, qu'à *La Vérité* et sans qu'il en soit donné plus d'explications aux lecteurs. Interruption encore moins justifiée que pour l'autre feuille, qui était, elle, à la veille de sa disparition.

Entre-temps, il avait été appelé à participer à la rédaction du *Journal de la Guerre*, fondé par l'éditeur Havard et dont le premier numéro avait paru le 6 mai 1859, c'est-à-dire au début de la campagne d'Italie. Sans doute une glorification du Zouave, publiée dans *Le Tintamarre*, l'avait-elle fait juger tout désigné pour appartenir à la nouvelle feuille. Mais Gaboriau n'y signa pas un seul article, peu soucieux peut-être, lui qui collaborait à des hebdomadaires satiriques, de participer au grand jour à un périodique suspecté d'être inféodé au régime. Aussi, à part le portrait du zouave, dans le numéro du 18 juin, portrait suivi de deux autres *profils militaires*, n'est-il pas possible de démêler ce qui, dans le journal, lui appartient en propre.

Par contre, quand la brusque fin des hostilités contraignit la direction du *Journal de la Guerre* à abandonner ce titre pour prendre celui de *Journal à 5 centimes*, Gaboriau cessa d'y écrire anonymement et, le 28 septembre, en devint même le secrétaire de rédaction, c'est-à-dire chargé de l'organisation de chaque numéro, dont il complétait le contenu par des chroniques, et responsable des articles non signés. Mais il ne devait exercer ces fonctions que pendant quelques mois, car, après le 7 juillet 1860, son nom et sa prose disparurent du journal, une fois encore sans qu'il en ait été donné d'explication aux lecteurs.

Ces mises à la trappe successives et mystérieuses étaient-elles l'effet de menaces adressées à ces divers journaux par la censure ou par quelque homme politique puissant dont le chroniqueur se serait attiré l'animosité ? Emmanuel Car prétend que Gaboriau, n'appartenant pas encore à la rédaction du *Tintamarre*, y aurait fait insérer ce distique, doublé d'un calembour, visant un ministre qui lui en aurait gardé une farouche rancune :

« Es-tu Goth, Wisigoth, Ostrogoth, Welche, Eduin,
« Car tu dois être un d'eux, si tu n'es pas un Hun ».

Tout cela est bien vague et l'on sait ce que valent les informations données par cet auteur. Quelle personnalité aurait été ainsi visée et où seraient parus ces deux vers qui ne figurent dans aucun des numéros de cet hebdomadaire ?

En ce qui concerne plus particulièrement le départ de Gaboriau du *Journal à 5 centimes*, Emmanuel Car précise que, par une lettre assez vive, celui-ci aurait rompu avec Havard, qui le rémunérait trop chichement. Mais, là encore, il y a une confusion, car leurs relations restèrent cordiales, comme le prouve cette dédicace manuscrite, l'année suivante, sur un exemplaire des *Cotillons célèbres*, un ouvrage que venait de publier Gaboriau : « A Monsieur Havard. Hommage de l'auteur ». Nos recherches aux Archives nationales n'ont rien donné. Son nom ne figure pas parmi ceux des journalistes que la censure avait honorés de la constitution d'un dossier. Il n'apparaît qu'une seule fois, comme on verra, en 1862, à la suite de la parution d'un de ses livres que l'administration laissa finalement diffuser. On reste donc réduit à des conjectures sur les causes des brusques interruptions de la participation de Gaboriau aux trois feuilles dont les colonnes avaient recueilli sa prose... et ses vers entre 1858 et 1860.

Mais qu'étaient devenus entre-temps le conservateur des hypothèques et sa fille ? On apprend par une lettre d'Amélie, datée du 23 juillet 1858 et adressée à son amie Charlotte, qu'avec son père elle a quitté Guingamp une semaine auparavant, celui-ci ayant été nommé à Oloron-Sainte-Marie, d'où elle écrit. Leur nouvelle résidence est une petite, mais jolie ville, située dans un site splendide que de gigantesques blocs de granit bornent à l'horizon. Le climat y est excellent. Ils n'habitent pas à la conservation des hypothèques mais au 15 de la rue Sablière. Cependant, au bout de quelques mois, les Gaboriau sont déjà lassés du Béarn. Dans une lettre de mars 1859, Amélie ne cache pas à son amie que son père et elle-même s'ennuient dans ce pays et ne vivent que dans l'espoir d'une nomination en Saintonge.

Le 7 août de la même année, elle écrit de nouveau à Charlotte, mais de Paris, où elle se trouve depuis trois semaines avec son père, par suite de la mort d'un grand-oncle. Ils sont partis le 14 juillet et arrivés le 16 au matin, exténués par la longueur du trajet et la chaleur. Émile les attendait à la gare du chemin de fer d'Orléans. Qu'elle a été heureuse de le revoir ! Elle est fort peu sortie durant son séjour, son père et son frère étant retenus tous les jours au dehors par leurs occupations. Seulement le soir, parfois, et le dimanche. Elle a cependant visité Versailles et le Louvre et assisté à une représentation de la Comédie française. Mais la fin du séjour est arrivée, les voyageurs reprendront le surlendemain le chemin d'Oloron. Ainsi, entre le père et le fils prodigue s'étaient rétablies des relations affectueuses, si tant est qu'elles aient été rompues après la séparation de Guingamp.

VII

LES PREMIÈRES CHRONIQUES

a) **dans « La Vérité »** (1858-1859).

Émile Gaboriau fit, comme on sait, son entrée à *La Vérité* avec une pièce de vers. Dans ce morceau composé de neuf sixains et intitulé *Les Deux Sœurs*, l'auteur entendait opposer la vérité pure, celle d'Alceste (sous-entendu, celle que pratiquait le journal), et la vérité fardée d'une irritante complaisance, celle-ci :

« De l'autre, elle n'a pas le parler trop sincère ;
Elle hait les gros mots. Un voleur qui prospère
Est un homme... adroit simplement ;
Une femme qui prend des amants est... légère,
Le lâche est... très nerveux, et l'ivrogne vulgaire
Devient... le viveur élégant ».

Dans le numéro suivant, celui du jeudi 18 février 1858, il publia un poème incisif de dix-neuf quatrains. intitulé *L'Or*, et se terminant ainsi :

« Il le faut à tout prix, augmente, acquiers, sois riche !
Enfant, le monde est là, qui t'en fait un devoir.
Si la chance te fuit pour gagner, eh bien !... triche !
Mais, avant, sois bien sûr qu'on ne puisse te voir ».

Après ces deux essais plus qu'honorables, *La Vérité pour tous* ne donna plus que de la prose sous la signature d'Émile G...

Dans sa chronique du 25 février, Gaboriau juge sévèrement un bal d'enfants organisé à l'occasion du carnaval : « On le répète à chaque minute, il n'y a plus d'enfants. Mais à qui la faute ? Notre aimable société moderne s'applique autant qu'elle le peut à en faire de petits hommes. Tous ces jeunes Français, à onze ans, boivent, jurent, fument la pipe et vont au spectacle. Il ne leur manquait que le bal masqué ; ils en ont un. »

Dans le numéro suivant, il s'en prend à l'absinthe « dont les artistes, les gens de lettres surtout, ont fait dans les dernières années les plus condamnables abus », souvent persuadés qu'ils y trouveraient l'inspiration. Et il cite plusieurs de ses victimes : Gérard de Nerval, Alfred de Musset, « mort après avoir pendant dix ans porté le deuil de son génie ».

Peu après, il se retourne contre les propriétaires, sans doute avec le désir d'assouvir une vieille rancune, et reproduit une affiche apposée par l'un d'eux à l'entrée de son immeuble :

« Article I. — Ni chiens, ni chats, ni oiseaux...

» Article II. — Ni pianos, ni violons, ni cornets à piston... Défense absolue de chanter, de crier...

» Article III. — Défense de recevoir des étrangers à partir de dix heures et demie du soir... Défense d'admettre plus de cinq personnes dans les appartements de trois pièces...

» Article IV. — Défense de rentrer après minuit un quart. Amende fixée au bénéfice du concierge pour une rentrée : de minuit un quart à deux heures à 1 franc 50 ; de deux heures à quatre heures à 1 franc. Les domestiques ne devront pas sortir avant sept heures du matin, etc...

» Et Gaboriau conclut simplement : "Oh ! Les propriétaires !" »

Dans le numéro du 3 juin, c'est au tour de la publicité abusive de devenir sa cible, sous le titre : *De la réclame au XIXe siècle*. Il s'efforce d'en classer les diverses sortes, entrefilets glissés dans les faits divers ou « coup de tam-tam », c'est-à-dire occupation exclusive, le même jour, de la dernière page des cinq grands journaux parisiens. Il distingue : 1º les annonces naïves, celles qui n'exagèrent qu'aux trois quarts les vertus d'un produit quelconque, ce qui en matière de publicité est presque dire la vérité ; 2º les annonces astucieuses faisant état de condamnations de contrefacteurs n'ayant jamais existé ; 3º les annonces illustrées, accompagnées d'un petit dessin destiné à attirer l'attention ; 4º les annonces pompeuses : « Tous les princes de l'Europe se battent à la porte du fameux tailleur Frac » ; 5º les annonces terrifiantes : « Tremblez de confier votre bouche à d'autres que le fameux Moler » ; 6º les annonces blandicieuses : « Avez-vous besoin d'argent... vendez vos frusques », à moins qu'on ne vous propose un travail qui vous permettra de gagner soixante francs par jour, à condition de verser un cautionnement de trente mille francs ; 7º les annonces épatantes : « J'offre quinze mille francs de dédit si l'on me prouve qu'une maladie étant donnée, mon eau ne la guérit pas radicalement » ; 8º les annonces infamantes, qui informent de la vente forcée, après faillite, d'une marchandise liquidée avec 40 % de perte ; 9º les annonces stupéfiantes qui, en lettres énormes sur une affiche, peuvent vous clouer sur place : « Halte-là... prenez l'adresse de X, chapelier » ou « Qui vive ! ...ra verra que les pipes en caoutchouc sont de délicieuses pipes » ou « Volons chez D... ». Gaboriau ajoute : « On y vole et on est volé. »

Le 15 juillet, c'est une étude sur *le Demi-Monde côté homme*, composé de « gens venus d'on ne sait d'où », qui s'infiltrent insidieusement dans la bonne société. On y trouve notamment « l'héritier d'un grand nom, qui s'est en réalité affublé de la défroque de quelque grande famille éteinte, l'étranger de distinction, qui se dit proscrit politique et vit des secours extorqués aux comités d'émigration, enfin, faisant sonner ses éperons et sa loyauté, l'ancien officier supérieur, corbleu, morbleu, ventrebleu ! ». Tous personnages qu'on retrouvera dans ses romans.

La semaine suivante, il glose sur un projet d'organisation d'un corps de concierges, récemment éclos dans le cerveau d'un économiste, qui avait dû avoir maille à partir avec le sien : « Tous les portiers recevront un uniforme et seront astreints à l'obéissance envers des officiers-concierges, qui passeront chaque jour dans les immeubles pour recevoir les plaintes éventuelles des locataires ».

Le 29 juillet, Gaboriau fait connaître le contenu du rapport déposé par Prosper Mérimée en faveur d'une réforme du fonctionnement de la Bibliothèque Impériale : un directeur devra être placé à sa tête, afin qu'elle cesse d'être une « pétaudière ». Les traitements des employés devront être augmentés mais, en contrepartie, leurs vacances seront supprimées et le nombre de leurs heures de services accru. Ils devront renoncer, pendant leur présence à la bibliothèque, à se livrer aux tâches des emplois secondaires qu'ils cumulent avec leurs fonctions administratives. Deux salles devront s'ouvrir aux lecteurs : l'une aux personnes ayant fait des études sérieuses, l'autre au grand public. Elles devront rester ouvertes plus longtemps et de sévères restrictions apportées aux prêts, afin qu'on n'entende plus répondre : « sorti », quand on demande à consulter un volume.

Dans le même numéro, Gaboriau s'intéresse à un sujet plus futile : le « langage des bagues » chez les Américaines. Suivant les doigts de la main gauche où celles-ci les portent, elles signifient : désire se marier, déjà fiancée, déjà mariée, veuve ne désirant pas se remarier.

Il arrive aussi à notre chroniqueur de s'en prendre à certaines personnalités du monde des lettres et de la presse. A Granier de Cassagnac, en particulier, à qui il reproche de dénoncer comme incorrections quelques fautes d'impression dans les œuvres de Francisque Sarcey. « Quand on a des vues de cette hauteur, ironise-t-il, on sollicite une chaire de huitième au collège de Landerneau. » Il ne pardonne pas non plus à Jules Janin d'avoir reproché aux académies de province d'être « oisives et pédantes ».

Le 5 août, pas de chronique d'Émile Gaboriau. C'est qu'il se trouve à Cherbourg où son journal, invité par le gouvernement, l'a désigné pour rendre compte de la visite de l'Empereur et de l'Impératrice, qui entreprennent un voyage en Normandie et en Bretagne. Dans son numéro du 12, *La Vérité* publie les lettres que, jour après jour, lui a adressées son envoyé spécial. La première, du 4, nous apprend que, sans une petite chambre due à la munificence d'un ami, Gaboriau ne serait pas parvenu à se loger, même aux prix exorbitants pratiqués par les hôtels depuis que les visiteurs affluent dans la ville. La compagnie des chemins de fer a tenté de remédier à cette soudaine pénurie en organisant près de la gare un camp surnommé Tenteville, formé de tentes de coutil rayé de bleu, dont chacune contient trois lits. Dans la soirée, la ville a été secouée par les salves de l'artillerie : le yacht de la reine d'Angleterre venait d'entrer dans le port. Peu après, la souveraine a reçu la visite de l'Empereur et de l'Impératrice. Le 5 août, soirée de gala sur le vaisseau amiral « La Bretagne ». L'Empereur est apparu sur le pont, tenant le jeune prince de Galles par la main. Des feux d'artifice ont été tirés des forts. Le 6, départ de la reine. Le 7, un événement capital : la mise en eau du nouveau bassin de Cherbourg qui, entrepris depuis un demi-siècle, représente un gigantesque travail. Le bassin a été béni par Mgr de Coutances, mais quatre heures après, il n'était pas encore rempli, à la déception du public, qui avait espéré voir un flot puissant l'envahir.

Émile Gaboriau dut mettre ce voyage dans le Cotentin à profit pour prendre quelques semaines de congé, peut-être auprès des siens, car sa signature ne réapparaît dans *La Vérité* que le 2 septembre. Il y publie alors un article important sous le titre ironique : *Une génération d'hommes forts*. Il s'agit des adolescents chez qui les habits civils viennent de remplacer « l'uniforme exécré des collèges ». Mais, par manque d'habitude, ils le portent encore gauchement. « Depuis trois ans déjà, ils ne jouaient plus, laissant ces futilités aux petits, mais se promenaient gravement en devisant, l'hiver au soleil, le long du grand mur de leur prison, l'été, à l'ombre des tilleuls. Souvent, ils riaient entre eux des choses de la religion et de ce qu'ils considéraient comme des sornettes, car ils sont sceptiques, railleurs. Les mots « gloire, poésie, amour » leur semblent ridicules. Ils ne sont plus capables d'enthousiasme. Ils calculent froidement. Mais tels qu'ils sont, ils font l'admiration de leurs parents. Grande et noble génération qui se prépare ! La France aura le droit d'être fière de ses enfants. »

Le 4 novembre, notre chroniqueur s'élève contre les termes excessifs (nous dirions aujourd'hui, l'inflation du langage). « On ne dit plus : j'aime le melon, mais j'adore le melon. A propos des moindres futilités, on n'entend plus que : délicieux, ravissant, magnifique, horrible, terrible, épouvantable, odieux, lamentable » (on n'avait pas encore inventé « formidable » et « génial »).

Enfin, le 25 novembre, c'est une anecdote qu'avec des variantes on retrouvera plusieurs fois sous la plume de Gaboriau, intitulée ici : « *Un propriétaire victime des scrupules de sa conscience* : l'histoire de l'héritier d'un immeuble qui, trouvant trop élevés les loyers perçus par son prédécesseur, les avait abaissés. Cette stupéfiante décision avait provoqué le départ de ses locataires, persuadés d'un danger inconnu mais imminent et redoutable.

Le 6 janvier 1859, c'est, à l'occasion de la nouvelle année, une longue diatribe, *Etrenniana*, contre le fléau du mois, les étrennes et ceux qui cherchent à vous les arracher : portiers, blanchisseuses, porteurs d'eau, le coiffeur avec sa tirelire pavoisée et le garçon d'estaminet avec sa pipe ornée de faveurs, sans parler des neveux et des nièces. Le 1er janvier est un jour terrible pour le malheureux en habit de cérémonie, avec des appointements que refuserait un garçon de café. « Si j'avais toujours à l'esprit l'idée des étrennes, disait un vieux célibataire, je n'accepterais jamais un seul dîner en ville. »

Et voici quelques anecdotes et faits curieux cités par Gaboriau au cours de cette année 1859.

Est-elle véridique cette histoire d'*Un joli faiseur*, commis-voyageur en vins de haute qualité, qui, dans toute ville où il arrivait, s'enquérait sur le champ s'il était des notables gravement malades. En ce cas, il attendait l'issue de la maladie et, quand elle était mortelle, il faisait immédiatement livrer au nom du défunt une pièce de vin de grand prix que les héritiers acceptaient et réglaient, persuadés qu'il s'agissait d'une commande du disparu.

Puis ne faut-il pas relever une nouvelle « bizarrerie » du père Enfantin, qui voulait faire élire un nouveau pape par les sociétés savantes. « A quoi, demande Gaboriau, servent donc Charenton et Bicêtre ? »

Enfin, il félicite chaudement la ville de Lyon, qui a entrepris de secouer le joug des concierges. Ils devront être polis sous peine d'être renvoyés, et mariés afin qu'un des deux époux soit toujours de garde. Quand, abusivement, ils n'ouvriront pas la nuit à un locataire, ils devront lui rembourser les frais d'hôtel qu'ils lui auront ainsi occasionnés.

Cependant, la société n'évolue pas toujours aussi heureusement. Depuis que tout le monde veut être homme de lettres, il n'y a plus de littérature. Par contre, certaines femmes, plus pratiques, jouent maintenant à la Bourse, mais, comme elles n'ont pas la possibilité de pénétrer dans le temple de la Finance, elles s'installent dans un fiacre à proximité et y donnent audience à leurs agents.

Le 24 février, Gaboriau s'élève contre l'usage de laisser des pourboires aux garçons de café, d'autant que, sur les sommes ainsi obtenues de la générosité des clients, les patrons opèrent en général un scandaleux prélèvement, quand ils ne se les approprient pas entièrement.

Dans le même numéro, il fait l'éloge de la nouvelle salle des États, au Louvre, mais, le 3 mars, *La Vérité* publie une lettre de son confrère Henri Page, qui le prend amicalement à partie, pour en avoir ainsi jugé : « Avez-vous bien conscience des énormités que vous avez imprimées. Le décor de la salle des États, tel qu'il se présente maintenant, ne vaut pas les décorations de l'Eldorado, le café monstre du boulevard de Strasbourg. »

Le 17 mars, il s'agit de la claque dans les théâtres parisiens. Aux Bouffes-Américains elle a pris une nouvelle forme : aux passages comiques, elle rit à gorge déployée. Puis, après avoir condamné les « tristes réjouissances » du carnaval, il lance une pointe, d'ailleurs inoffensive, contre le grand financier Moïse Millaud dont il dit simplement qu' « il a du foin dans ses bottes », sans se douter que de ce foin il devait un jour profiter.

Par contre, il flagelle sévèrement et à juste titre George Sand pour avoir publié *Elle et Lui* sur une tombe à peine fermée. Paul de Musset, le frère du poète, vient de mettre une dernière main à une réplique, *Lui et Elle*, ce à quoi l'auteur d'*Indiana* riposterait par *Ni Lui ni Elle*. Assez, Madame, assez !

Puis c'est la guerre d'Italie approuvée dans les milieux populaires. « Le peuple de Paris a suivi en cortège l'Empereur qui part pour le Piémont : Puisqu'il va rejoindre, disent les ouvriers, il faut bien lui faire un brin de conduite. » Le 6 juillet, l'ancien chasseur à cheval déplore nos lourdes pertes en gradés, au cours des combats. « Il faudrait, préconise-t-il, fortement en avance sur son temps, dissimuler les épaulettes, mais les officiers n'y consentiraient pas. »

Dans le même numéro, mais sur un tout autre sujet, un fait amusant. Le patron d'un café situé en face de la Sorbonne ayant adopté pour enseigne : « Au rendez-vous des professeurs de l'Académie », le recteur a fait appel à l'autorité compétente de cette divulgation de nature à jeter le discrédit sur le corps professoral.

Le 23 octobre, notre chroniqueur décoche un trait à Ponson du Terrail qui, dans le premier feuilleton d'un roman publié dans *Le Pays*, avait écrit : « Il fait une nuit sombre et lumineuse. » Dans le numéro suivant il signale l'apparition d'un nouveau livre de Louise Colet : « On avait *Lui et Elle* et *Elle et Lui*. Nous possédons désormais *Lui* tout court. » Le 20 novembre, il s'étonne que le critique qui, jusque-là, avait signé Sarcey de Suttières, signe maintenant Francisque Sarcey. Enfin, le 27 novembre, il cite quelques-uns des vers inédits de Banville déclamés par l'auteur, au cours du banquet international où, à Paris, huit cents convives tinrent à rendre hommage à Schiller pour le centenaire de sa naissance

> « O Schiller, citoyen de France !
> O chevalier d'un grand dessin !
> Il ne fut pas une souffrance
> Qui ne fit tressaillir ton sein. »

Mais il ne nous confie pas ce qu'il pense d'une aussi vertigineuse envolée.

b) **dans « Le Tintamarre »** (1858-1859).

Les chroniques de Gaboriau dans *Le Tintamarre*, tout comme dans *La Vérité*, signées de ses initiales, ne dépassèrent d'abord pas quelques lignes. La première, dans le numéro du 7 mars 1858, était une attaque en règle contre Alexandre Dumas pour son utilisation intensive d'une équipe de « nègres », ce qui était d'ailleurs de notoriété publique. A part une interruption entre le 21 mars et le 18 avril, sa prose continua à paraître régulièrement dans cet hebdomadaire sous des titres divers, *Cancans, Échos, Bibelots, Bigarrures, Choses et autres, Babas et risettes, Nouvelles à la main, Mauvais propos...*

Ces chroniques consistent généralement en bons mots et en anecdotes, telle cette petite histoire, garantie véridique et illustrant une fois de plus la hargne de leur auteur contre les concierges : « Un portier se plaignait vivement à l'un de ses locataires qu'un de ses visiteurs, soit dit en passant, membre de l'Institut, ait pris l'escalier sans le saluer et sans essuyer ses semelles. De plus, ajouta-t-il, il est mal mis et l'on ne doit pas afficher la maison. »

Souvent aussi des critiques, dont le père des *Trois Mousquetaires* ne fut pas la seule victime. Entre autres, contre Alfred Assollant qui avait écrit dans *La Presse :* «Nous étions seuls, la cataracte et moi, et nous gardions le plus profond silence. — Croit-il, commente Gaboriau, qu'une cataracte tombe en silence, comme il tombera sans doute lui-même ? »

L'espèce de stage probatoire qu'on faisait subir au nouveau chroniqueur prit fin avec le numéro du 6 juin, où ses initiales apparaissent sous trois chroniques distinctes. L'une intitulée *Pas de chance* est dirigée contre Billon, directeur du Théâtre du Cirque Impérial et cible fréquente du *Tintamarre*. « Ce personnage avait entendu le dramaturge Anicet-Bourgeois demander plaisamment à un rapin à la barbe inculte — Pourquoi ne peignez-vous pas votre barbe avec autant de soin que vos tableaux ? Et celui-ci de répondre — Parce que mon pinceau n'est pas un pinceau à barbe — Voilà une question amusante, se dit M. Billon, et que je vais porter à mon ami Courbet, qui me blague toujours. Il entre dans la brasserie des Martyrs, où le maître d'Ornans faisait dans un coin sa partie de dominos — Bonjour Courbet, pourquoi ne peins-tu pas ta barbe comme tes tableaux ? — C'est que, répond le peintre, je la trouve d'une agréable couleur — C'est dégoûtant, ruminait Billon en s'en retournant, ces gens-là s'entendent pour ne jamais rire des choses aimables et spirituelles que je dis. »

Dans le numéro du 11 juillet, c'est un peu de ses débuts dans le journalisme que Gaboriau se moque avec six huitains, sous le titre *Le Vieux chroniqueur.*

> « ...Aussi, quand il fallut faire
> Choix d'un état, je me dis :
> La chronique est mon affaire,
> C'est le cancan de Paris.
> Avec un peu de pratique
> Je réussirai là-bas
> Je chronique, je chronique
> Faits divers et vieux anas. »

Dans les derniers jours du mois d'août, rapporte-t-il, un banquet a été offert par des dames à Mme Beecher-Stowe de passage à Paris. Un vrai banquet de bas-bleus, où l'on a lu des vers. Les hommes étaient bannis de cette réjouissance littéraire.

Le numéro du 19 septembre traduit une nouvelle ascension de Gaboriau. Il s'y trouve représenté par quatre chroniques, ce qui semble faire de lui le principal collaborateur de Commerson. L'une, figurant dans la première colonne de la première page, est ironiquement adressée au socialiste Flourens, qui s'était intéressé aux méditations des conducteurs d'omnibus. Ces honnêtes travailleurs pensent-ils ? Gaboriau n'a pas d'opinion sur la question. Il se contente de livrer à la perspicacité de son confrère une petite scène amusante qu'il a vécue. Place Cadet, il s'est installé sur l'impériale de l'omnibus qui conduit à la gare d'Orléans, ce qui l'a amené à se trouver près du cocher. « A la Porte Saint-Martin, monte un monsieur emmitouflé dans un cache-nez. Remarque du phaëton — En v'là un qui s'y prend de bonne heure. Rue Rambuteau, le cocher reprend la parole — Moi, je n'en porte jamais — De quoi ? — De cache-nez. A l'Hôtel de Ville, il se retourne de nouveau vers moi — Et vous ? en portez-vous ? — Quoi ? — Un cache-nez. Au terminus — Un p'tit verre m'en a toujours servi — De quoi ? — De cache-nez. »

Après cette taquinerie à l'égard du défenseur attitré des classes populaires, un coup droit au « Papiste ». Ayant relevé cette annonce dans *La Patrie* du 4 septembre « Un homme de lettres s'offre à accompagner à la Salette, moyennant les frais du voyage, une personne pieuse, en faveur de laquelle il composerait une notice. Poste restante Paris n° 6781 », Gaboriau se pose la question : « Quel peut être cet homme de lettres ? Serait-ce par hasard le Père Veuillot, rédacteur en chef de *L'Univers ?* »

La semaine suivante, il s'agit des prénoms qui, d'après l'almanach de Scott, exercent une influence sur ceux qui les portent. « Choisissez bien vos parrains et marraines, recommande le chroniqueur, moi, je suis content de mon prénom Émile : doux, aimable, beau, digne d'amour (d'après l'almanach). Je n'en suis point surpris et vous en souhaite tout autant. »

Des prénoms aux pronoms, et toujours sur le mode humoristique. Dans le même numéro, un article intitulé *Philosophie pratique*, où Gaboriau s'efforce de tirer tout leur sens des pronoms personnels. La philosophie pratique se poursuivra dans d'autres numéros par une étude sur les pronoms possessifs, puis sur les sensations (« l'ouïe nous a donné l'Opéra, où trois mille personnes se rassemblent chaque soir pour écouter des danseuses... »).

Si l'on revient à l'anecdote, on apprend que Paris serait menacé d'un nouveau journal spécialisé dans la publicité, destiné à être lu particulièrement dans les chalets de nécessité. Mais on n'a pas encore trouvé de journalistes pour en assurer la minime partie littéraire. Autre curieuse nouvelle : un marchand d'habits du Quartier Latin a eu l'idée d'épingler sur chacun des costumes proposés d'occasion une pancarte où le vêtement conte son histoire et promet encore un long et fidèle usage.

Une des chroniques de décembre est intitulée *La Matrimoniomanie*. On y apprend que M. de Foy, le plus intrépide marieur de Paris, va se retirer des affaires et, assure non sans quelque plaisante exagération notre chroniqueur, va fermer son agence à treize entrées ne communiquant pas entre elles et barrer les dix-neuf escaliers obscurs et dérobés qui conduisent à son mystérieux appartement. Heureusement restent les vieilles femmes marieuses, dont la race ne s'éteindra jamais.

A la fin du mois, Gaboriau, qui s'est chargé d'écrire une revue de l'année 1858, publie dans *Le Tintamarre* une pièce de trois cents vers, répartis en trente strophes. Ce morceau de résistance est intitulé *Le Paquet*, sans doute parce que chacun pouvait y trouver le sien. Après avoir dit leur fait à plusieurs grands journaux et à leurs principaux collaborateurs, il s'en prend aux auteurs de romans dits populaires :

> « Mais, chapeau bas devant cet homme étrange,
> Qui de Dumas use un vieil attirail,
> Restaurateur du Démon et de l'Ange,
> Chapeau bas, donc, c'est Ponson du Terrail.
>   A la grammaire
>   Il a dû faire
> Crier merci dans tous ses feuilletons.
>   Pour lui l'histoire
>   C'est chambre noire.
> A Charlemagne il donne des canons. »

Après avoir lancé ses flèches les plus acérées contre les rites pratiqués à l'occasion du 1ᵉʳ janvier, Gaboriau s'en prend aux rengaines que sont certaines chansons à la mode. « Tous les six mois ou à peu près, les Parisiens — ce peuple le plus spirituel de la terre — adoptent pour le chanter quelque nouveau refrain. Quand il a bien pris, on l'entend jour et nuit, partout. Alors c'est à ne plus y tenir et ce refrain, fût-il le chef-d'œuvre de Rossini ou d'Auber, devient un objet d'exécration générale. Il est des gens qui se sont brûlé la cervelle pour se dérober au *Sire de Framboisy* :

> « Partit en guerre
> Le sire de Framboisy... »

« Il y a six semaines, c'était la *Ronde des Canotiers*.

« Tout cela n'est rien. Je les redemande. Mais qu'on me délivre de l'ineptie qui jouit en ce moment de la faveur populaire. Oui, à l'heure qu'il est, on ne peut faire un pas dans Paris sans entendre de tous côtés : « Ah ! il a des bot's, il a des bot's, bot, bot... C'est à devenir enragé ! »

A partir du mois de février, Gaboriau s'engage dans une série de *Binettes parisiennes*, chacune de plusieurs huitains. Voici en particulier ce qu'il fait dire au Clerc amateur (qu'il fut lui-même) :

> « A Paris, lorsque mon père
> M'envoya tâter du droit,

> Pour me garder de mal faire
> Il prit un moyen adroit.
> Il m'enchaîna sur la voie
> Qui conduit aux panonceaux.
> Je grossoie, je grossoie
> Testaments, ventes et baux. »

Et notre poète publie en même temps de petites pièces humoristiques hors série, comme *La Femme aux trois maris*.

> « Mon premier était un vaurien
> Qui buvait ma dot pour un rien,
> Me battait aux jours de discorde.
> Pour me venger un seul moyen
> S'offrait, et sans miséricorde
> Je l'ai trompé et je fis bien.
>
> Mon second fut un bon époux,
> Brave, beau, spirituel et doux.
> Je l'adorais. En souveraine
> J'ai toujours son cœur occupé,
> Et cependant je l'ai trompé
> Ah ! ça me fait bien de la peine.
>
> Mon troisième, c'est différent,
> M'est tout à fait indifférent.
> Je ne le hais point... ni ne l'aime,
> Mais je le trompe tout de même. »

Mais l'anecdote ne perd jamais complètement ses droits. C'est le directeur des Pompes funèbres qui termine ses cartes de nouvel an en assurant ses correspondants de ses vœux les plus « obséquieux ». C'est l'annonce aperçue à la vitrine d'une blanchisseuse de fin à la minute : Boutons à vendre au rabais. « O mes chemises ! gémit Gaboriau, je commence à comprendre pourquoi de mes boutons vous êtes si souvent veuves ».

A partir du numéro du 24 avril, il se fait critique d'art pour rendre compte du Salon dans une suife d'articles humoristiques intitulés *Promenades de la famille Torchebœuf à travers le potager de l'exposition de 1859*. Cette visite est faite par Euphémie Torchebœuf, veuve d'un peintre, auteur du *Soleil levant* qui rayonne sur la façade du plus bel hôtel de Brive-la-Gaillarde. Elle est accompagnée de son fils unique Protésilas, dont le rêve est de devenir, lui aussi, un grand artiste.

Dans leurs pérégrinations, ils remarquent le *Modèle de temple grec* par Dominique Ingres, « véritable ouvrage de patience, digne du marin invalide qu'on voit travailler sur les boulevards ». Puis, ils sont attirés par un immense tableau noir qui, de près, révèle de l'indigo et du jaune avec de petites taches rouges : c'est un navire qui brûle de M. Isabey. Enfin une grande bataille de M. Yvon, vaste composition occupant tout un côté d'une salle : des blessés, des mourants, des cadavres. « Sont-ils propres, astiqués, luisants ! maman, fait remarquer le jeune Protésilas à sa mère. Pas une déchirure à leurs habits, leurs souliers sont cirés de frais. Il ne leur manque pas un bouton. Le terrain est boueux, mais pas une tache sur leurs uniformes. » Plus loin un cadavre signé Gérome. On discute. Mort du duc de Guise ? de Vatel ? de Fualdès ?

Non, de Jules César. Et puis, de Delacroix, *Ovide chez les Scythes*. « Le poète semble triste de devoir boire du lait de jument. Quant aux bœufs de Stevens, ils sont en sucre candi et le laboureur a l'air de réciter les vers de Dupont écrits sur le bord du tableau : Lorsque je fais halte pour boire... ». Dubufe, lui, a peint une *Naissance de Vénus*, où « la déesse, qui n'a pas eu le temps de s'habiller, sort manifestement de chez le coiffeur ; elle aurait même un peigne dans les cheveux ».

Mais tout n'est pas de cette veine. Devant un paysage de Corot les visiteurs s'attardent : « Enfin, s'écrie Protésilas, voilà donc de la peinture. » Et d'admirer ensuite, de Troyon, un *Retour à la ferme* et un *Départ pour le marché*. « Bourgeois ou artistes, ignorants ou gens de goût, tout le monde s'arrête. Là est la nature, la vraie, la seule, non pas une nature de convention ou de fantaisie, mais la nature de Dieu. »

Entre deux *Salons*, Gaboriau trouve le temps d'accorder un regard à la petite actualité. Il signale l'apparition sur le marché d'une nouvelle liqueur digestive, l'*élixir Lamartine* ou *ambroisie méridionale*, avec, hélas ! un autographe du poète au dos de chaque bouteille : « Messieurs, j'ai admiré la couleur et la saveur de votre ambroisie méridionale. Mon nom est à vous comme ma reconnaissance. »

Il prend également acte d'une querelle entre Louis Veuillot et Edmond About avec ce petit tour de force poétique :

« Monsieur Veuillot est contre About
Dans une terrible colère,
Monsieur Veuillot écume et bout.
Edmond About que va-t-il faire ?
Ah ! demain sera-t-il debout ?
Monsieur Veuillot dit sans mystère
Qu'il compte manger About,
Et si terrible est sa colère
Qu'il espère en venir à bout. »

Et quelques minimes anecdotes comme cette conversation entendue entre Belges, qui aurait ravi Baudelaire quelques années plus tard :
« Que joue-t-on ce soir au Français ? — *Le Legs* et *Tartuffe*, — Tiens ! *Tartuffe*, ça doit être farce, savez-vous. Allons-y, ça nous fera rire — Oh ! oui, ça doit être farce. C'est du fameux Molière. »

En novembre, Gaboriau est chargé par Commerson d'une mission de confiance : une enquête sur les *Cafés chantants et beuglants*, qui va le contraindre à « graisser ses coudes » aux tables de nombreux débits parisiens. Voici ce qu'il en rapporte : « En général le local est une grange hideuse, avec des tables pour les consommateurs et une estrade pour les artistes. Le patron, ferme à son poste, doit tout savoir, tout voir à travers la fumée des pipes et des cigarettes. Les garçons deviennent chauves après trois mois de service, sourds après six mois. Le corps des artistes est ainsi composé : la première tête est un grand maigre, efflanqué, au nez busqué et vêtu trop court, la seconde tête, un gras et court, toujours jovial, le reste n'importe comment pourvu qu'il s'y trouve un comique et une basse. Dans le public on rencontre des biches en quête de daims et des ouvrières désireuses de désapprendre la couture. »

Avec le numéro du 4 décembre, fin de l'enquête sur les cafés chantants et la fin aussi de la collaboration d'Émile Gaboriau au *Tintamarre*.

c) **dans « Le Journal à 5 centimes »** (1859-1860).

Bien que la signature d'Émile Gaboriau n'apparaisse pas dans *Le Journal de la Guerre*, ce périodique publia, sous le titre général *Profils militaires*, trois articles de sa main, dont le premier, *Le Zouave*, avait, comme on sait, déjà paru dans *La Vérité*. Voici l'essentiel de chacun d'eux dans les termes mêmes dont l'auteur s'est servi.

Le Zouave.

Le zouave est certainement le plus populaire des troupiers français, celui que, dans l'armée, on surnomme le « chacal » et que les Parisiens appellent le « zouzou ». Pittoresque avec sa pièce de calicot blanc ou vert roulée autour du fez rouge, la « chachia », sa veste bleue à passepoils rouges ou jaunes, laissant le col entièrement nu, son large pantalon garance, taillé à l'orientale, et ses guêtres blanches, c'est le premier soldat du monde pour les coups de main. Il sait se déguiser en touffe d'herbe pour surprendre une sentinelle. L'Arabe est rusé, mais le zouave est plus rusé encore. Son sac — son armoire à poils, comme il l'appelle — est quelque chose de monstrueux, trois boutiques réunies de quincaillerie, de mercerie et d'épicerie. C'est un gourmet, il a toujours avec lui les condiments indispensables à la confection d'un « frichti » de haut goût. Tel le bonnet à poil des grenadiers du Premier Empire, la chéchia du zouave passera à la postérité.

La Cantinière.

La cantinière, jeune ou vieille, est toujours prête à rendre service au soldat. Ce n'est pas les jours de revue qu'il faut la voir, quand elle défile dans toute sa gloire, à la tête de son régiment, le chapeau ciré sur l'oreille, baril au dos, et pantalon à bandes rouges dans des bottes de fantaisie. C'est à la cantine, où elle trône en souveraine à la fois d'un café, d'une brasserie, d'un restaurant et, pour les sous-officiers, d'une excellente pension à bon marché. Elle est le plus souvent mariée à un caporal-tambour ou à un brigadier-trompette, quelquefois à un maître d'armes et leurs enfants vont à l'école régimentaire. Ils deviennent toujours des militaires, parfois des officiers. Si le troupier est légèrement blessé ou quelque peu malade, elle le soigne et sans jamais le faire payer. Dans la bataille, on l'a vue plus d'une fois braver la mitraille pour porter la goutte aux combattants ou un peu d'eau aux blessés.

Le Chasseur à pied.

Le chasseur à pied ou chasseur de Vincennes, surnommé le « vitrier », ne marche pas : il court ; c'est véritablement le soldat de son siècle, un soldat à vapeur. Il a reçu le baptême du feu, en 1842, en Algérie et tout de suite inspiré une crainte irrésistible aux Arabes qui, à cause de son uniforme sombre aux épaulettes vertes, l'ont surnommé le « lascar negro ». Il est d'ailleurs doté d'une arme terrible, sa carabine à tige, dont les balles oblongues percent à treize cents mètres une planche de cinq centimètres d'épaisseur. Même en dehors du service, il conserve toujours une allure rapide. C'est le danseur émérite de tous les bals populaires.

Le nom d'Émile Gaboriau apparut enfin, mais dans *Le Journal à 5 centimes*. On y annonça, le 19 août, la publication d'une de ses œuvres, une *Histoire du duc de Reichstadt*, une fois terminée celle du roman *Masaniel* ou *La Délivrance d'un peuple* qui, anonymement, paraissait en feuilletons. Cependant, les lecteurs n'eurent pas la possibilité de s'émouvoir à la touchante histoire du fils de Napoléon Ier.

En dédommagement, ils trouvèrent dans les numéros du 2 et du 7 septembre une nouvelle de notre auteur, intitulée *Le Roman d'un tambour, Souvenirs de la guerre d'Italie*. C'est l'histoire, en effet très romanesque, d'un jeune tambour français blessé et soigné dans une ferme par deux vieilles Piémontaises, dont il finit par découvrir que l'une est une jeune fille d'une grande beauté, dissimulée sous ce déguisement par suite des dangers courus dans un pays constamment traversé par des troupes. Les deux jeunes gens s'avouent bientôt un amour mutuel et notre tambour, guéri, fait le serment de conquérir en un an l'épaulette d'officier ou de mourir au combat. Malheureusement pour lui, malgré tous les faits d'armes qu'il accomplit, la guerre finit trop tôt pour qu'il ait dépassé le grade de sergent. Il revient donc, désespéré, vers celle qu'il aime pour la délier de sa promesse quand, par miracle, il trouve, rentré au logis, le frère de la jeune fille, soldat piémontais qu'il a sauvé au cours d'un engagement. Comment, en ce cas, le mariage ne se ferait-il pas ! Historiette naïve, certes, mais assez bien contée où, curieusement, Gaboriau fait déjà appel aux ressources d'un déguisement supérieurement réalisé, ce qui deviendra un des procédés les plus courants des personnages de ses futurs romans, policiers ou malfaiteurs.

Une quinzaine de jours auparavant, *Le Journal à 5 centimes* avait publié sur toute une page un article non signé, *L'École de tir*, qui, à n'en pas douter, était de la main de l'auteur des *Profils militaires*. On y retrouvait, en particulier, des considérations sur l'extraordinaire portée de la carabine à tige dont était dotée notre infanterie légère, une arme qui avait fait beaucoup de mal aux servants des batteries russes à Sébastopol et qui épouvantait toujours les Arabes. Pour entretenir la qualité du tir, chaque année le haut-commandement organise, tantôt à Vincennes, tantôt à Versailles, un grand concours où s'affrontent les meilleurs tireurs de tous nos régiments et où les vainqueurs sont récompensés par des prix importants. Gaboriau a pu y admirer un sergent de chasseurs à pied logeant presque à coup sûr ses balles dans le fond d'un chapeau disposé à six cents mètres. Comme il lui en faisait compliment, le sous-officier lui demanda de se placer de profil à cinquante mètres, lui assurant qu'en disposant de trois balles il se faisait fort de faire sauter un cigare qu'il aurait à la bouche. Mais notre chroniqueur préféra le croire sur parole. Devenu le secrétaire de rédaction du journal, il mit à profit la latitude que lui procuraient ses fonctions pour poursuivre assez régulièrement la publication de ses *Profils militaires*. Tout comme les précédents, d'un réel pittoresque dans leur saisissant raccourci, ces portraits ont été brossés par un homme qui avait approché ceux qu'il décrit. Les voici dans l'ordre où ils ont été publiés.

Le Sapeur.

Portant sa redoutable hache, le sapeur marche à la tête du régiment, précédant même le colonel. Il a l'air imposant et terrible avec sa barbe épaisse quand il a revêtu son grand uniforme, surmonté d'un bonnet à poil et complété d'un tablier de peau blanche, de guêtres blanches et de gants à manchettes mousquetaires, blancs également. Sur son passage, les bonnes d'enfants ne peuvent cacher leur émoi. Il a été désigné pour ce poste honorifique à cause de sa valeur et de sa barbe abondamment fournie. Il s'est attaché à son officier, dont l'avancement le comble d'orgueil. Aura-t-il un jour la fierté de servir un général ? Si son chef se marie, il tremble de déplaire à son épouse ; mais ses enfants l'adoreront pour les soins maternels qu'il leur prodiguera. Hors du service, le cœur du sapeur mollit. Il se plaît à seconder le personnel féminin de son officier, il fend du bois, essuie la vaisselle. Mais il vieillit, il lui faut se ranger. Il demande la main de la bonne. Rentré dans le civil, il fera un excellent mari.

Le Turco.

Le turco, « ce grand diable noir » comme l'appelaient les Autrichiens, erre en ce moment dans les rues de la capitale, à la grande stupéfaction des Parisiens devant sa chéchia rouge, son turban blanc, sa tenue bleu ciel, sa ceinture de laine cramoisie, son pantalon bouffant et ses guêtres de peau. Il contemple tout avec étonnement, se heurte aux passants, promène ses doigts sur les vitrines épaisses des magasins, reste ébahi devant les femmes qui vont seules et sans voiles et, la nuit, regagne son camp, presque épouvanté devant la constellation des cent mille becs de gaz parisiens, qui ont pour lui quelque chose de magique. L'organisation de ce corps remonte à 1842, quand on a décidé de regrouper les soldats turcs et les indigènes qui, dans les premiers temps de la conquête, avaient demandé à servir dans les rangs français. Ils sont heureusement encadrés par un corps d'officiers pleins d'allant, car ces grands enfants sont turbulents et difficiles à conduire. La discipline leur pèse. A Alger, dès qu'ils sont libres du service, ils reprennent le burnous, pour se promener, ce qui est leur principale occupation. Le turco est très fier de servir sous nos couleurs. « Moi Français, moi soldat », dit-il volontiers.

Le Fantassin.

Le fantassin est le soldat de l'infanterie de ligne, que certains appellent le « lignard » à cause de cela. Son uniforme n'a rien de brillant. Ce n'est pas à la parade qu'il faut voir la ligne, mais manœuvrer sous le feu de l'ennemi. Rien n'est beau comme l'un de ces régiments marchant au pas de charge pour aborder l'ennemi à la baïonnette. Le fantassin en garnison devient le « pioupiou », le plus inoffensif des hommes, toujours prêt à rendre service. Lorsqu'il est libre, il aime à se promener en ville, visiter les étalages des grands magasins et, à Paris, se rendre au jardin des Plantes qui est son paradis terrestre. Et puis, le « tourlourou », autre nom du lignard, a une payse, qui est presque toujours bonne d'enfants ; il lui conte des douceurs pendant que les enfants jouent sur le sable. C'est un naïf, à qui il peut arriver d'être, sans le savoir, sublime. — Que faisiez-vous à Solférino ? demandait-on à un soldat du « centre ». — Moi, répondit-il avec modestie, je faisais comme les autres, je tuais et on me tuait.

Le Tambour-Major.

C'est le plus bel homme du régiment : sans son plumet, six pieds ; avec son plumet, il époussette les nuages. Il s'avance, le jarret tendu, la poitrine en avant, convaincu de son importance, plus empanaché qu'un dais de procession. L'or éclate et rayonne sur toutes les coutures de son uniforme. Autour de lui se pressent les moutard enthousiasmés. Les vieilles femmes le prennent pour le maître du régiment et les bonnes d'enfants n'osent élever jusqu'à lui leurs espérances et leur ambition. Son accessoire est une belle canne avec une pomme d'argent et des passementeries de toutes les couleurs. Il la jette en l'air, la fait voltiger par-dessus les épaules, la saisit au vol. C'est son bâton de chef d'orchestre. Quand, marchant à reculons, il fait face aux tapins, il leur bat la mesure, lui qui ne saurait pas se servir d'un tambour. Le régiment est fier de son tambour-major et fait des sacrifices pour le conserver.

Le Vaguemestre.

Ne cherchez pas à parler au vaguemestre. Il est pressé, très pressé, excessivement pressé, c'est sa spécialité. Il est debout bien avant l'affreux réveil. Toutes les lettres qui partent ou qui arrivent lui sont remises. Il doit les porter ou aller les chercher et les trier. Il lui faut penser à mille choses, le moindre oubli est puni. Il porte en ville le courrier du colonel et perd souvent bien du temps à la recherche du destinataire. Son existence est un calvaire ; à peine s'il a le temps de déjeuner, toujours à des heures invraisemblables et naturellement sur le pouce.

L'Infirmier.

On a choisi l'infirmier parce qu'il possède quelque instruction, tout au moins sait-il lire et écrire. Son uniforme diffère par un collet, des parements rouges et des épaulettes blanches. C'est en général un gros garçon frais et joufflu, toujours de joviale humeur, malgré le milieu où il respire. Certes, les malades sont souvent tracassiers, les corvées nombreuses et les nuits de garde éprouvantes avec toutes les prescriptions à exécuter. De plus, en campagne, il faut assurer le service des ambulances. Mais l'infirmier est cependant plus libre, mieux nourri et mieux payé que les autres troupiers. Avec lui, les faux malades, les paresseux ne s'attardent pas à l'infirmerie, où le régime de la diète est à l'ordre du jour. Aussi les tireurs au flanc préfèrent-ils battre leur flemme dans les hôpitaux tenus par les sœurs de charité, surtout quand ils savent prendre l'air malheureux.

Le Barbier du régiment.

C'est sur les joues de ses frères d'armes, presque toujours, qu'il a fait son apprentissage, rude apprentissage pour les joues. Ainsi débute le portrait de celui qu'on surnomme « l'écorcheur ». C'est un privilégié dispensé de toutes les corvées et de la plupart des exercices, mais il est responsable de toutes les têtes du régiment. Dans les corps qui ont fait campagne en Algérie, il a pour plat à barbe une carapace de tortue, mais, en opérations, il ne s'en servait pas. « Lorsqu'on trouve de l'eau en Afrique, dit-il, on la boit ; on ne s'amuse pas à y faire dissoudre du savon ».

Avec cette série d'estampes tracées à la gloire de l'armée, au lendemain d'une campagne victorieuse, Émile Gaboriau avait à la fois respecté les intentions des fondateurs du *Journal de la Guerre* et répondu à l'attente de ses lecteurs. Des mille désagréments de la vie de caserne, qui n'apparaissent ici qu'en filigrane, il allait faire quelques années plus tard un livre humoristique, riche des souvenirs du temps passé par lui sous l'uniforme et consacré à la prosaïque existence du troupier en temps de paix.

D'autre part, dès son premier numéro, *Le Journal de la Guerre* avait entrepris la publication d'une série de *Biographies militaires*. Commencées avec celles de Victor-Emmanuel, du maréchal autrichien Hess et de Garibaldi, elles continuèrent à paraître après l'armistice dans *Le Journal à 5 centimes*, et toujours sous une plume anonyme, jusqu'en janvier 1860. Mais elles furent désormais consacrées à nos généraux les plus connus, Vaillant, Mac-Mahon, Canrobert, Niel, Trochu, Randon... et toutes construites sur le même modèle : origines familiales, carrière militaire émaillée d'anecdotes, actions d'éclat, distinctions obtenues et immanquablement la vénération et l'affection témoignées à ces grands chefs par les plus humbles de leurs soldats. Les renseignements dont a disposé l'auteur sont si précis qu'on peut se demander s'ils n'ont pas été communiqués par le ministère de la Guerre, ces panégyriques étant en quelque sorte destinés à faire oublier le succès relatif des opérations militaires, l'importance des pertes en hommes et les résultats mitigés de l'intervention française. Ces biographies sont-elles de la main d'Émile Gaboriau ? Peut-être, encore que rien ne puisse permettre de l'affirmer. Mais, en ce cas, elles ne seraient pas de nature à alourdir sensiblement son bagage littéraire.

Avant que cette série ne fût achevée, avaient commencé à paraître, en décembre 1859, les monographies et les plans des vingt arrondissements créés par la toute récente division administrative de Paris. Par cette heureuse initiative, le journal renseignait ses lecteurs sur les limites précises des nouvelles circonscriptions avec leur subdivision en quatre quartiers, et leur faisait prendre conscience des ressources de tous ordres présentées par chacune d'elles. Enfin, en décrivant les principaux monuments de la capitale et en rappelant les événements historiques, ignorés de la plupart des Parisiens, attachés à nombre d'édifices publics et de demeures privées, ces inventaires dégageaient pour l'avenir les éléments d'une certaine unité pour les arrondissements nouveau-nés, fruits d'un découpage en réalité aussi arbitraire que la division de la France en départements.

Bien que les renseignements donnés dans ces articles aient dû être puisés dans des guides et des histoires de Paris, leur recherche et leur mise en ordre dans chaque monographie ont nécessité un de ces travaux considérables devant lesquels, à l'époque, Gaboriau ne reculait pas. Sans en avoir la certitude absolue, on peut imaginer que ces vingt études sont de lui, ce qui expliquerait le développement exceptionnel et le jugement flatteur accordés au Ve arrondissement, plein de ses souvenirs de jeunesse. « Le Ve arrondissement, écrit l'auteur, a une notabilité européenne et il est une des gloires de la brillante capitale du monde civilisé. Il semble que l'air qu'on y respire invite au travail de l'esprit, que là, loin du mouvement et du bruit, les facultés se développent d'une façon extraordinaire. »

Le remplissage de chaque numéro du journal était assuré par des anecdotes, des faits divers, des informations, indubitablement de la main de Gaboriau, dont c'était là une des fonctions. Apparus quand le secrétariat lui fut confié, ces articulets disparaîtront quand il cessera de l'assurer.

Voici tout d'abord quelques anecdotes dont certaines pourraient bien être sorties de l'imagination du futur romancier. C'est le stratagème d'un avare ayant invité à un plantureux déjeuner tous ceux envers qui il avait quelque obligation. Au cours du repas, il fait provoquer un grand bruit par un domestique, va aux nouvelles et revient annoncer qu'un pauvre ouvrier vient d'être victime d'un accident mortel. Sur le champ, il organise parmi les convives une quête dont le produit doit être destiné à la malheureuse veuve, mais qui sera en réalité consacré à régler les frais du repas. Et d'autres faits, plus vraisemblables. Comment le futur créateur du roman policier n'aurait-il pas éprouvé de l'intérêt pour l'ingéniosité et l'audace du malfaiteur venu se présenter dans un hôtel particulier comme un agent de la Sûreté, chargé d'enquêter sur un cambriolage commis dans la nuit ? Après avoir soigneusement reconnu les lieux, il avait pris de nombreuses notes, sans doute destinées à faciliter une nouvelle visite nocturne.

Les nouvelles de Chine elles-mêmes occupent une place dans les colonnes du *Journal à 5 centimes*, qui signale la curieuse invention d'un industriel de Chang-Haï : un papier de soie ou de riz s'autodétruisant dans un délai correspondant à la préparation subie et appelé par les Chinois du nom charmant et significatif de « papier d'exquise prudence ». Mais, nous assure notre chroniqueur, c'est d'Amérique que nous viennent les « véritablement surprenantes aventures », qui sous le nom de « canards » font chaque année le tour des journaux de l'Europe.

Certaines informations, plus utiles, sont consacrées aux transformations de la capitale. En voici quelques-unes cueillies au hasard et citées bout à bout. Ainsi, du fait que les limites de Paris vont être portées au pied de l'enceinte fortifiée, le nombre de ses omnibus passera de quatre cents à cinq cent cinquante. Puis, de grands travaux vont être exécutés, qui isoleront le jardin du Luxembourg par le prolongement du boulevard de Sébastopol (boulevard Saint-Michel) avec l'élargissement de la rue Soufflot et le dégagement du Panthéon, ce qu'avait toujours souhaité son architecte. Enfin la poursuite des travaux du canal Saint-Martin. Il s'agit d'abaisser le plan d'eau du canal qui sera recouvert d'une voûte entre la rue Faubourg-du-Temple et la place de la Bastille. Un terre-plein de trente mètres de large sera aménagé, planté de quatre rangées d'arbres formant allées.

Peut-être, à la demande de lecteurs parisiens, à partir du début de l'année 1860, Émile Gaboriau remplace dans certains numéros ses chroniques touche-à-tout par une *Chronique des Théâtres*, consacrée chaque fois à une pièce récemment parue à l'affiche. Avec un éclectisme imposé par le renom de certains auteurs, mais en évitant de toucher à l'Opéra et au Français, il donne une analyse précise des pièces les plus diverses, drames, vaudevilles, opéras-comiques qu'il alla voir jouer sur de nombreuses scènes parisiennes, au Théâtre du Cirque impérial, à celui de la Porte-Saint-Martin, aux Folies Nouvelles, aux Variétés, à l'Ambigu-Comique, à l'Opéra-Comique où l'on donna *Le Roman d'Elvire* de Dumas et Leuven « avec une ravissante partition d'Ambroise Thomas », au Vaudeville où l'on joua successivement des comédies de Scribe, d'Alphonse Karr et d'Octave Feuillet. Prudemment il ne nomme guère que les acteurs dont il apprécie le jeu, ne tarissant pas d'éloges sur Frédérick-Lemaître et Mlle Déjazet. Il se montre en général bienveillant pour les auteurs, laissant éclater son enthousiasme et sa ferveur quand, au Théâtre Lyrique, on reprend *Fidelio* de Beethoven. « C'est avec un sentiment presque religieux que toute la salle écoutait cette musique sublime, extra-terrestre, ces étonnantes harmonies qui absorbent, qui entraînent, qui transportent bien au-dessus de toutes les passions humaines. » Une fois, par contre, il a la dent très dure : c'est pour *Le Juif errant* repris à l'Ambigu, « un drame qui, pour être tiré d'un des plus ennuyeux romans d'Eugène Sue, n'en est pas meilleur ». Laissant voir le peu d'estime qu'il nourrissait pour le romancier populaire disparu, il montrait ainsi qu'il n'était pas décidé à suivre la même voie.

A partir de 1860, Émile Gaboriau complète sa *Chronique des Théâtres* par une *Petite Chronique des Tribunaux*, paraissant alternativement avec celle-là. Il débute par un long article intitulé *La Prêteuse sur gage*, amusant récit d'un procès en police correctionnelle. La prévenue, agréable jeune femme de vingt-cinq ans, pratiquait l'usure. Elle prêtait sur gages et à quel intérêt ! jusqu'à 520 pour 100 ! Elle complétait ses revenus en louant des montres, des bagues et jusqu'à des billets de banque à ses clients, en particulier des messieurs désireux de se marier et qui, dans le monde, voulaient avoir l'air de grands seigneurs. Son complice, un ancien officier de soixante-quatre ans, était chargé de dépister les « pigeons » *(sic)* et de les rabattre sur elle. Les deux prévenus furent finalement condamnés respectivement à quatre et trois mois de prison et à une lourde amende.

Les affaires qui ont suscité l'intérêt du chroniqueur des tribunaux sont pour la plupart de nature correctionnelle, vols de bijoux, violences ou scandales commis par des ivrognes et, un peu moins banals, les exploits d'un faussaire de treize ans. Gaboriau en rend compte avec des détails qui prouvent qu'il a assisté aux audiences. Est-ce de là que lui viendra plus tard l'idée de faire d'un délit ou d'un crime le point de départ de ses romans ? Par contre, deux séances d'assises seulement figurent dans ses chroniques. L'une à Bordeaux, l'autre à Versailles à la suite d'un arrêt cassant le jugement des assises de la Seine pour une simple irrégularité de forme, l'oubli de la signature du greffier au bas d'un acte, fait dont s'inspirera peut-être l'auteur de *La Corde au cou*.

On retiendra l'un des comptes rendus des séances en correctionnelle pour être écrit dans un style absolument courtelinesque, qui annonce déjà *Un client sérieux*. En voici un passage :

Le cafetier. — Le 22 avril, à sept heures du soir, cet homme entre dans mon établissement et demande du café. Comme il était en état d'ivresse, je refusai de le servir et le priai de se retirer.
Gorlier. — Vous n'avez pas le droit, mon argent vaut celui d'un monsieur qui a une raie au milieu et un carreau dans l'œil.
Le président. — Taisez-vous, vous vous expliquerez après.

Gorlier. — J'en nourris l'espoir.

Le cafetier. — Voyant que je ne pouvais le décider à se retirer de bonne volonté, je le pousse dehors et je ferme la porte par-dessus lui. Alors il me montre le poing et me dit : « Ah ! gredin, tu vas me payer ça ! » Là-dessus, il assène un formidable coup de poing dans une des glaces de la porte et la brise. Une glace de vingt-cinq francs !

Le président. — Qu'avez-vous à dire, Gorlier ?

Gorlier. — J'ai à dire que je suis surpris jusqu'à l'étonnement de voir monsieur avec un toupet pareil de dire que je lui ai cassé sa vitre, quand c'est lui qui m'a poussé dedans très brutalement et sans emblème et me l'a fait casser avec mon coude.

Le cafetier. — Monsieur le Président, j'avais poussé la porte par-dessus cet homme, il était donc dehors quand il s'est retourné et a méchamment cassé la glace.

Gorlier. — Alors j'ai menti ?

Le cafetier. — Mais oui.

Gorlier. — C'est bien, monsieur ; entre gens comme il faut, nous arrangerons ça. Misère ! mon Président, c'est parce que j'étais mal mis que ce limonadier a cru que je lui déshonorerais son établissement.

Le président. — C'est parce que vous étiez ivre.

Gorlier. — Je lui demandais du café pour faire passer ça, attendu que j'allais le soir en société.

Le président. — Je ne sais dans quelle société vous alliez, mais vous êtes un vagabond sans domicile.

Gorlier (majestueusement). — Vagabond ! Quelle société ? Mais une société de menuisiers et autres camarades de la bâtisse... comme moi.

Après le 7 juillet 1860, date du dernier numéro du *Journal à 5 centimes* auquel participa Gaboriau, on put constater combien il avait marqué la présentation de cette feuille, dont la responsabilité passa à un certain Léon Marcy. Privée de chroniques et d'articles vivants, elle se borna désormais à publier en feuilletons des romans, inédits ou non, et prit un aspect terne et impersonnel.

L'ASCENSION (1860-1865)

VIII

LA VIE PRIVÉE D'ÉMILE GABORIAU

Les renseignements qu'on possède sur la vie privée de Gaboriau de 1860 à la guerre sont à peine plus abondants que pour les années précédentes, sauf pour la période qui va de l'automne de 1861 à celui de 1863. Cela tient à ce que sa famille a gardé durant ces deux années de nombreuses lettres de lui, peut-être du fait qu'il fut alors sérieusement malade et par suite d'importants événements familiaux.

Émile Gaboriau habitait, en 1860, rue de l'Université et à un étage si élevé que son père, lors d'un séjour à Paris, regrettait en cours d'ascension de ne pas disposer d'une chaise et d'un journal. Mais, dans « les dix mètres carrés » qu'il occupait, il avait l'avantage de recevoir les bruits de la rue « assourdis par les arbres d'un jardin ». Cependant, un peu plus tard, il se plaindra, pour un loyer annuel de six cents francs, d'avoir des plafonds de deux mètres cinquante de hauteur. Mais comment changer d'appartement quand on ne trouve rien au-dessous de mille francs ! Il devra donc patienter au milieu de ses pots de fleurs. A moins, bien sûr, qu'il ne s'achète « un omnibus pour s'y retirer, comme un rat dans un fromage ».

On apprend aussi qu'au cours de l'été de 1861, il a fait aux Eaux-Chaudes une cure ordonnée par son médecin à la suite d'une inflammation tenace à l'œil gauche. Il s'en plaignait déjà, dans une lettre du 10 août 1860, à son ami et compatriote Julien Lemer originaire de Rochefort, écrivain devenu libraire-éditeur, et c'est peut-être le motif de l'interruption de sa collaboration au *Journal à 5 centimes* : « Je suis réduit pour vous écrire, dicte-il, à emprunter le secours d'une main étrangère. Mon œil a fait des progrès. Ponson du Terrail m'eût fourré le doigt dans l'orbite que je n'en irais pas plus mal. Le médecin est venu, il m'a fait des ordonnances, j'ai de mon or enrichi le pharmacien ; j'ai dû subir tour à tour et simultanément des sangsues et des sinapismes, des purgatifs et des collyres, sans compter une foule de menus agréments. Les heures s'écoulent dans l'ombre, tristement, lentement. Comme au criminel, la lumière du jour m'est interdite. Je bassine mes paupières dans l'obscurité. Si j'étale ainsi mes souffrances comme un mendiant ses plaies, c'est que je désire toucher votre cœur et vous amener ainsi à me venir voir ; je m'ennuie à la mort et vous seul pouvez m'empêcher d'accomplir le projet funeste qui me trotte par la tête, de m'aller jeter à la rivière, l'œil le premier. »

Dans une lettre adressée à sa sœur, à son retour des Pyrénées — elle est datée du 8 septembre 1861 — il lui fait savoir que l'état de son œil laisse toujours à désirer, bien qu'il soit parvenu à le dégager grâce à une application de sangsues. En les utilisant concurremment avec ses pilules, il pourra peut-être éviter de recourir à la belladone dont les effets le privent momentanément de la vue.

En décembre, Émile se plaint encore de cet « œil maudit », tantôt apparemment guéri, tantôt de nouveau tout enflammé et nécessitant alors l'intervention des sangsues. Il a cependant une entière confiance dans le médecin qui le soigne, le Dr Richard, qui a fini par devenir son ami. Toutefois, il ignore que M. Gaboriau avait écrit en secret au praticien pour être exactement informé sur l'état de santé de son fils. Le médecin a répondu qu'Émile « avait éprouvé une cruelle affection qui, pendant plusieurs mois, lui avait rendu toute lecture très pénible. De plus, les drogues agissent sur lui avec une telle violence qu'on n'avait pu les utiliser qu'avec beaucoup de prudence. Le malade a montré, dans cette épreuve, un courage et une patience remarquables. L'iritis rhumatismal dont il souffre semble maintenant rétrograder et la douleur a presque disparu, mais il doit continuer à se ménager, car si l'œil gauche est encore bon, le droit restera toujours malheureusement très affaibli ».

En mars 1862, Émile fait savoir aux siens que, si ses yeux vont mieux, il éprouve « d'abominables douleurs » dans la tête. « C'est à en pousser des cris. » Pour les calmer, il se « cuit » un jour sur deux dans une étuve. Comme il faut produire pour vivre, le reste du temps il travaille, mais, circonstance aggravante, uniquement à la lumière du jour. D'autre part, la librairie connaît, en ce moment, des heures trop difficiles pour qu'il puisse « décamper aux premiers rayons du soleil », comme le voudrait le Dr Richard, et faire à nouveau, dans les Pyrénées, le séjour qui, l'année précédente, avait apporté une grande amélioration à son œil gauche.

Au début d'avril, faute des Pyrénées, son médecin lui a ordonné de se promener dans la campagne environnante : « Faites dix lieues par jour. » La veille, il a donc couru le pays autour de Meudon. Il a déjeuné d'une délicieuse friture dans une guinguette au bord de la Seine. Puis, après un détour considérable, il est revenu par les bois de Viroflay, rapportant un énorme bouquet de violettes, de coucous et de primevères. Il est rentré harassé et les pieds aussi rouges et gonflés que s'ils sortaient d'un bain de moutarde. Il recommencera jusqu'à ce qu'il aille mieux, mais c'est tout de même désolant de devoir négliger ainsi le travail entrepris.

Quelques jours plus tard, il constate une fois de plus que son œil droit va plus ou moins bien suivant le temps qu'il fait. C'est un baromètre qu'il a sous la paupière et il a envie d'offrir cet œil précieux à la section de météorologie de l'Observatoire. Peut-être sa vision n'est-elle pas perdue, car il parvient à distinguer de gros objets. Le 26 avril, lancé pour écrire ses *Comédiennes adorées*, il éprouve une interruption dans son travail, toujours à cause de sa vue. M. Richard ne s'était pas trompé. Il a un rhumatisme aux yeux et le mal s'est étendu : tête et cou sont pris à ne pouvoir bouger sans de sérieuses souffrances. Dans sa « boule », c'est comme dans « un atelier de forgeron où l'on forgerait nuit et jour ». Il est las de souffrir depuis plus de deux années au cours desquelles il a découragé trois médecins. Doit-il chercher en province une petite place pour gagner sa vie, où l'on n'ait pas besoin d'y voir bien clair ? Mais toute sa peine serait perdue ; il aurait semé et il ne verrait pas la moisson. Le plus curieux, c'est que, malgré ses souffrances, il se trouve physiquement rajeuni, frais et gras.

Il n'avait pas tort. Au début de l'année, le photographe Franck, établi rue Vivienne, lui avait proposé de tirer son portrait. Émile Gaboriau avait hésité, craignant, écrivit-il à sa sœur, de le retrouver exposé dans une intention publicitaire à la vitrine du magasin. Finalement, il s'y était résolu et, bien qu'il ait eu ensuite les honneurs de ladite vitrine, il se déclara enchanté du résultat. Sur cette photographie, prise de trois quarts et jusqu'à mi-jambe, les effets du mal dont il souffrait n'apparaissent vraiment pas en effet. Le visage, plus replet que dans le portait de 1856, semble avoir pris plus d'assurance. Le port des cheveux et de la barbe ne s'est pas modifié, par contre la moustache s'est un peu épaissie. La physionomie est légèrement narquoise et les yeux pétillent de malice. La taille bien prise révèle la force de la trentaine, mais tout en gardant une suffisante sveltesse.

En juillet, il doit se livrer à des applications répétées de sangsues, mais les accès deviennent de moins en moins violents. Le mal finirait-il par s'user ? S'il avait pu poursuivre les bains de vapeur, il n'aurait pas subi cette rechute, mais ce n'est pas possible, il ne doit que trop d'argent à l'établissement qu'il fréquentait.

Il n'a cependant pas renoncé à s'installer dans un logement plus confortable que celui de la rue de l'Université. Après bien des recherches et des escaliers gravis en pure perte, il a enfin découvert et loué, le 23 septembre, un appartement qui lui convient, au quatrième étage du numéro 10 de la rue de l'Hôtel-de-Ville des Batignolles (aujourd'hui rue des Batignolles) à dix minutes à pied des grands boulevards. Pour six cent vingt francs, il aura trois pièces de trois mètres de haut et un grand cabinet de toilette. Il aura vu de part et d'autre sur des jardins et, de ses fenêtres, il pourra contempler un panorama magnifique. Il y sera comme « un demi-dieu ». Autres avantages : une station d'omnibus en face de chez lui et, au rez-de-chaussée de l'immeuble, un bureau de poste. Pour emménager il n'aura même pas à attendre le 15 octobre, quand tout Paris joue aux quatre coins. Déjà, il met ses affaires en caisse — il ne se serait jamais cru aussi riche — et il joue au garçon tapissier pour ramener à trente l'ourlet de quatre-vingts centimètres qu'il avait dû faire à ses rideaux et ses portières lors de son entrée dans les lieux. Mais les inconvénients d'un logement apparaissent souvent avec l'hiver. En janvier 1865, il se plaindra de n'avoir pas chaud dans son appartement de demi-dieu, bien qu'il ait tenté de faire du feu dans ses quatre appareils, qui fument à qui mieux mieux. Peut-être faut-il attribuer à ce chauffage défectueux un nouvel ennui de santé qu'il a éprouvé à la fin de janvier 1863. Il boit du lichen avec du lait pour combattre un rhume tenace, qui l'a contraint à garder la chambre pendant six jours.

Dans les lettres suivantes, aux dates de plus en plus espacées, on relève toujours de longues doléances sur son déplorable état de santé. Même si l'on doit à l'affection inquiète d'une sœur d'avoir particulièrement conservé ce courrier, il n'en est pas moins vrai que, chez un homme d'une trentaine d'années, de tels troubles révèlent un organisme déjà sérieusement délabré.

Le 10 août 1864, il fait savoir que son pied a enflé à la suite de toutes les courses qu'il a dû faire pour satisfaire aux nombreuses emplettes demandées par sa sœur. Le 15 novembre, il y a quinze jours qu'il garde la chambre. Il souffre passablement. Il a cru d'abord à une courbature. Mais la surdité qu'il éprouve « s'est tournée en inflammation, d'ailleurs légère, du péritoine ». Sous l'effet des bains et des cataplasmes, son abdomen s'est finalement décidé à désenfler.

En août 1865, il a dû aller se reposer à Fontainebleau. Il souffre de rhumatismes nerveux, qui lui valent des étouffements, des palpitations, des syncopes et, le 15 décembre, il écrit aux siens que, depuis trente-sept jours, il n'a pas eu une heure de repos complet. On lui donne, toutes les quatre ou cinq nuits, quelques heures d'un sommeil pénible à force de morphine. Chaque jour, une fois au moins, il éprouve une crise particulièrement violente qui le rend comme fou. Qu'a-t-il donc fait au Bon Dieu pour être ainsi frappé ? De quel forfait est-il ainsi puni ? Les médecins ont finalement diagnostiqué une névralgie rhumatismale aiguë. Tous les organes qui se trouvent sur le trajet des nerfs sont touchés : un œil est pris par la conjonctive ; il est sourd d'une oreille ; il ressent des rages de dents permanentes ; il a la gorge enflée à ne plus pouvoir avaler et il est devenu maigre à faire peur. Il est tombé dans une stupeur douloureuse, qui ne lui laisse que cette pensée : « J'ai mal. »

Il n'est pas possible de savoir si la douleur lancinante qui avait atteint les yeux d'Émile Gaboriau, s'était manifestée avant ou après l'entrée dans sa vie solitaire d'une jeune femme, dont nous apprenons pour la première fois l'existence par ces quelques mots dans la lettre du 10 août 1860 à Julien Lemer : « Amélie vous fait la révérence ». Nous ne connaissons cette personne que par de rares passages des lettres de son amant, le peu qu'en ont écrit les amis du couple et quelques souvenirs recueillis par Mme Schoell de la bouche de sa grand-mère. Mlle Léontine-Amélie Rogelet, née le 9 décembre 1837, était fille naturelle de Marie-Louise Rogelet (encore un prénom emprunté au trône), demeurant lors de l'accouchement au n° 5 du passage Molière, dans l'actuel troisième arrondissement. On possède d'Amélie une photographie en pied, datée du 1er janvier 1862. Elle y paraît d'assez bonne taille, un peu grassouillette pour ses vingt-quatre ans, avec un joli visage légèrement poupin. Elle porte avec élégance un corsage à manches demi-bouffantes et, sur une crinoline, une jupe à cinq volants.

On ne sait rien de précis sur son passé, sinon qu'elle reçut une certaine instruction, qui apparaît à travers la seule lettre restée d'elle. Elle était probablement musicienne s'il faut en croire la possession d'un piano en palissandre mentionné dans son testament, talent exigé d'une dame de compagnie dont elle aurait rempli un certain temps l'emploi. En ce cas, ce fut vraisemblablement dans une maison bourgeoise, car si elle avait vécu auprès d'une famille de bonne noblesse, elle n'eût pas laissé son ami étaler dans ses romans une flagrante ignorance des usages de langage pratiqués dans ce milieu. D'autant qu'elle aidait fréquemment Émile dans son travail comme nous l'apprend l'article nécrologique que lui consacrera *Le Siècle* : « Madame Gaboriau avait été, ses amis le savent, le collaborateur de son mari, l'inspirateur si l'on préfère. » Il est au moins un point où cette collaboration fut certainement effective : c'est quand le romancier se lançait dans la description minutieuse, pour ne pas dire technique, d'une toilette féminine.

D'après la correspondance d'Émile, il semble que, pendant plusieurs années, Amélie ne demeura que par intermittence avec son ami. En particulier, dans une lettre datant de 1863, Émile rapporte à sa sœur que leur oncle Aristide Magistel, venu pour affaires à Paris, s'est installé chez lui pendant deux semaines et que ce parent par trop indiscret s'est efforcé, en son absence, d'ouvrir un tiroir fermé à clef. C'est la preuve qu'Amélie Rogelet disposait d'un logement personnel, location ou hébergement dans une famille qui l'employait. Mais, même si elle ne vécut pas constamment avec son compagnon, elle dut lui être d'un grand secours, lui rendant courage et le soulageant par ses soins dans les périodes de mauvaise santé qu'il traversait. En tout cas, une répugnance à s'éloigner de la jeune femme pendant plusieurs semaines peut fort bien expliquer que, malgré les conseils de son médecin, il ait refusé de retourner aux Eaux-Chaudes au cours de l'été de 1862, se justifiant auprès des siens en se déclarant « enchaîné, cadenassé » à Paris. Et cette longue promenade dont il a rapporté un bouquet de fleurs des champs, l'a-t-il faite solitaire ? D'ailleurs, dans un passage d'une lettre à sa sœur, en date du 21 juillet de la même année, il se livre quelque peu en affirmant que « l'homme n'est pas fait pour vivre seul, encore moins la femme. Les gens habitués à vivre seuls sont froids, chagrins, quand ils se trouvent dans le monde ». En janvier 1863, il avoue que la solitude lui pèse dans son logis des Batignolles, comme s'il entendait préparer progressivement les siens à l'éventualité d'un mariage, et il ajoute qu'il craint de se voir condamné « à perpet » au célibat et de rester la victime de ses futures femmes de ménage, « vers rongeurs » de son existence. Ce mariage, en réalité si normal, il semble qu'il ne parvienne pas à s'y résoudre, du fait peut-être qu'il ne se voyait pas en état de subvenir aux charges d'un ménage et éventuellement d'une progéniture. Et cependant, en janvier 1865, il écrit, toujours à sa sœur, que son existence solitaire lui est odieuse et il affirme qu'il ferait « un bon mari, pas jaloux, pas défiant, n'ayant pas plus de fiel qu'un poulet ».

Dans les premières années de leur liaison, les deux amants parvenaient parfois à échapper à la malignité probable de leur voisinage en blottissant leur amour dans « une petite maison ravissante, avec un jardin, de grands arbres et une tonnelle », que Dentu, l'éditeur d'Émile, mettait généreusement à leur disposition, à une demi-lieue de Franchenard, près de la forêt de Fontainebleau. Ils ne devaient, d'ailleurs, pas s'y rendre seuls car, dans la lettre du 10 août 1860, il est fait mention d'une Mme de Chevreuse qui « tend la patte » à Julien Lemer. C'était le plaisant surnom donné à une petite chienne blanche, probablement originaire de la charmante vallée qui s'étend au sud-ouest de Paris. Pour cette compagne, en fait nommée Bellah, du titre d'un roman d'Octave Feuillet publié en 1857, « il supportait toutes les privations », rapporte le journaliste Jehan Valter, mais c'était une présence précieuse aux heures où son amie était absente. Tout comme Norbert dans *Les Esclaves de Paris*, « il avait un compagnon qui lisait dans ses yeux et qui, selon qu'il était triste ou gai, marchait la tête basse au cours de ses promenades ou sautait à ses côtés ».

Si Amélie avait vécu constamment avec son amant, il est certain qu'étant donné la médiocrité des ressources du chroniqueur, il n'eût pas fait appel à des femmes de ménage, en tout cas qu'elles eussent été surveillées de plus près. Or, dans son courrier à sa sœur, c'est fréquemment qu'il déplore leur comportement, tout comme celui des portiers, que, dans ses romans, il n'a guère ménagés. Habitué aux soins de la dévouée Jeannette, il ne put jamais se faire à la désinvolture du personnel parisien. « Heureux les provinciaux qui ignorent les difficultés de la vie à Paris. » En avril 1862, il se dit dégoûté des femmes de ménage qu'on recrute dans son quartier. Il en a changé chaque mois sans cesser d'être volé. Sucre, tabac, pain, vin et même son fricot, tout y passe. Elles font subsister leur famille avec ce qu'elles lui dérobent. Toutes sont censées sortir de nobles maisons et ne cachent pas leur mépris pour un maître bourgeois. Devra-t-il s'anoblir pour gagner leur estime ? Depuis quelques jours, cependant, il en a enfin trouvé une passablement honnête, mais elle est myope et porte des lunettes. De plus, elle ne sait pas faire la cuisine et son étourderie dépasse ce qu'on peut imaginer. Sa tâche terminée, n'est-elle pas partie en emportant la clef de la porte palière, si bien qu'il s'est trouvé sur le pavé à onze heures du soir ! Quant à la précédente, elle allumait le feu avec ses manuscrits, prétendant que le papier, une fois écrit, ne pouvait servir à rien d'autre (« après tout, note-t-il au passage, c'est parfois assez vrai »). Pour empêcher l'une d'elles de lui voler son sucre, il en comptait ostensiblement les morceaux en sa présence. Mais c'est vainement qu'il tenait cet emploi de « Bartholo du buffet » ; il l'a surprise, un marteau et un couteau en main, occupée à les dédoubler. Il pourrait encore leur reprocher bien d'autres peccadilles, dont la moins excusable est l'oubli d'expédier le courrier. Toutes sont cause qu'à trente ans, il vient de se découvrir un premier cheveu blanc. Cependant, amie ou employée, il lui fallait quelqu'un pour faire aller son pot dans le modeste appartement qu'il avait loué à l'automne de 1862, surtout aux époques où son activité de chroniqueur l'entraînait fréquemment au dehors afin de prendre des contacts utiles et de s'informer.

Au cours de sa carrière encore débutante, son caractère aimable et serviable lui avait acquis de durables sympathies, dont certaines devaient lui être précieuses par la suite. D'abord les camaraderies formées dans les premières et impécunieuses années au Quartier Latin — sa bohème, comme il disait — puis les relations qu'il s'était faites dans la presse, en sa qualité de secrétaire de rédaction du *Journal à 5 centimes*. C'est vraisemblablement ainsi qu'il avait connu Paul Féval, dont *Les Mystères de Londres* paraissaient alors en feuilleton dans ce périodique. Une amitié était née spontanément entre ces deux hommes faits pour s'estimer et collaborer. Certes, les plus sûrs et les plus fidèles de ses familiers étaient son cousin Maurice Delamain qui, au temps des vaches maigres, lui avait tendu une main secourable et ce « véritable frère », Édouard Dentu qui en juillet 1862, l'invita à son mariage « avec une femme charmante, fille de l'illustre peintre Decamps ». Quant à Julien Lemer, Émile devait se brouiller très tôt avec lui.

Parmi ses nombreux camarades figurait aussi le peintre Gustave Courbet, dont il appréciait le talent encore très contesté. Alors que le maître d'Ornans séjournait à Saintes, Gaboriau, au retour d'un déplacement à Jonzac, lui fit une visite, en avril 1863, dans son atelier improvisé de la rue Porte-Aiguière, aujourd'hui rue Alsace-Lorraine. Il s'extasia devant de vivants tableaux de fleurs, dont il fit un éloge enthousiaste dans une de ses chroniques, et rendit au peintre le service de se charger d'une de ses toiles, qu'il transporta à Paris pour la remettre à une galerie où elle fut exposée.

Afin de ne pas imposer au lecteur une excessive complexité des faits, nous n'avons pas voulu traiter dans ce chapitre des relations d'Émile Gaboriau avec les siens, en particulier avec son père et sa sœur. Nous avons également passé sous silence son activité de journaliste et les débuts de sa production littéraire. On devra donc s'efforcer de rétablir la simultanéité des événements, une fois traités ces autres aspects de son existence dans les chapitres suivants. Il n'est cependant pas prématuré de faire remarquer qu'avec une santé défaillante, de maigres ressources et peu d'encouragements, son mérite fut grand, comme le constata le Dr Richard, de marcher avec acharnement vers le but qu'il s'était fixé.

IX

RETOURS EN SAINTONGE

Les mois ont passé depuis le voyage de M. Gaboriau et de sa fille à Paris, en juillet-août 1859, et la correspondance entre Amélie et son amie Charlotte s'est poursuivie sans régularité, et sans offrir pour nous d'intérêt, jusqu'en juin 1861. A cette date une grande nouvelle. A défaut de pouvoir regagner la Saintonge, les Gaboriau vont déménager en juillet pour s'installer dans une maison fort agréable, sans jardin, mais avec une vue délicieuse. Ils ne changeront d'ailleurs pas de rue.

Mais, dans une lettre du 16 août, Amélie ne cache pas son inquiétude pour la santé de son père qui est de plus en plus fatigué. Il se refusait cependant à prendre un congé malgré l'insistance du médecin qui préconisait une cure. Heureusement, Émile, envoyé aux Eaux-Chaudes en juillet pour soigner un douloureux rhumatisme aux yeux, est parvenu à convaincre le trop consciencieux fonctionnaire. Ils auraient ainsi passé ensemble une quinzaine de jours dans cette station, mais le congé du conservateur s'est fait attendre. La cure de son frère s'étant terminée entre-temps, ils vont se rendre tous trois chez le grand-père de Cozes. Ils n'y resteront que quelques jours, les occupations d'Émile le rappelant à Paris, où il devrait déjà être rentré. Amélie accompagnera son père aux Eaux-Chaudes, perspective ennuyeuse, car seule la présence de son frère aurait rendu ce séjour agréable dans cette petite localité si triste en septembre. Elle a été bien heureuse de le revoir. Elle avait appréhendé que la souffrance physique ne l'eût changé. Il n'en est rien, il a toujours l'air bien portant et n'a rien perdu de sa gaieté. De plus, sa cure lui a été bénéfique.

Émile Gaboriau utilisera les souvenirs de ce premier contact avec les Pyrénées dans un de ses romans, *Le Dossier n° 113*, publié quelques années après. C'est évidemment à sa propre expérience qu'il se référera quand il écrira de Gaston de Clameran : « Un rhumatisme articulaire le terrassa et ce n'est qu'après plusieurs mois de souffrances qu'il put gagner la station des Eaux-Chaudes où, lui disaient les médecins, il retrouverait la santé ». Geste de reconnaissance de sa part, semble-t-il, il fait ensuite allusion à un praticien qui peut-être le soigna ou lui donna des conseils. « Le docteur C..., qui doit à certaines cures aux Eaux-Bonnes une réputation presque européenne... ». En tout cas, la découverte de la montagne avait certainement conquis Gaboriau, car il dira du marquis de Clameran que, « séduit par les magnificences des Pyrénées, épris de la splendeur de la vallée d'Aspe, il résolut de s'y fixer ».

PLANCHE I

1. Façade (remaniée) de la maison natale d'Émile Gaboriau donnant sur la Place de la Mairie de Saujon (vers 1920).

Photo. A. Charles, Saujon, communiquée par Mᵉ Fumeau.

2. Acte de naissance d'Étienne Émile Gaboriau.

Photocopie.

PLANCHE II

1. Charles-Émile Gaboriau, 1855-1860.
(Père du romancier).
Photo.

2. Émile Gaboriau, vers 1855.
Photo.

3. Amélie Gaboriau, vers 1860.
(Sœur d'Émile Gaboriau).
Photo. Charles, Bordeaux.

4. Maurice Delamain, vers 1860.
(Cousin germain d'Émile Gaboriau).
Photo. S. Bureau, Paris.

Ce fut peut-être un temps son propre projet, mais pour un avenir lointain. Enfin, se souvenant aussi de son interminable voyage, il écrira que Louis, le frère du marquis, passa vingt heures en chemin de fer, de Pau à Paris. »

Au début de septembre, Émile regagna la capitale, accompagné de son père qui, toujours désireux d'obtenir sa mutation dans les Charentes, entendait entreprendre des démarches auprès de son administration centrale. Ils eurent le plaisir d'être accueillis à la gare d'Orléans par Maurice Delamain.

Le conservateur était déjà reparti quand, le 8 septembre, Émile adressa à sa sœur une lettre où il évoque avec regret les journées heureuses qu'il venait de vivre auprès des siens. Il refait en pensée la route si pittoresque de Galas, s'assoit sous l'énorme tilleul du chemin des Grottes, reste à songer dans le petit fumoir de la maison d'Oloron. Il revoit « la somnolente oisiveté des eaux et ses rêvasseries sur le gazon ». Quelle belle chose que l'existence tranquille et assurée de la province ! N'a-t-il pas eu tort de se lancer, jeune et ignorant de la vie, dans la plus aventureuse des carrières ? Il y a deux mois, il s'en félicitait chaque jour : aujourd'hui il lui arrive de le regretter. Lui qui pouvait être notaire, n'a-t-il pas eu tort de « jeter les panonceaux par-dessus les moulins ». Il se bâtit en pensée dans tous les coins de France une chaumière à contrevents verts, puis il se dit qu'au bout d'un mois il serait lassé de cette vie sans imprévus. En réalité, il va lui falloir une bonne quinzaine de jours avant d'avoir repris le train-train dont il s'était déshabitué. Il va se réfugier dans le travail « comme un ours dans sa caverne », car il ne se donne qu'un mois pour écrire un nouveau volume.

Avant de se séparer, M. Gaboriau et son fils ont convenu de se retrouver quinze jours plus tard chez Me Magistel, le rendez-vous de Cozes prévu pour le mois d'août n'ayant pu avoir lieu. Bien sûr, concède Émile, aller chez leur grand-père « n'est pas très gai », mais c'est nécessaire, et le bonheur de revoir Amélie lui fera passer la drogue. Dans son enfance, c'est en lui promettant un peu de confiture que sa mère parvenait à lui faire absorber les médecines les plus amères. La promesse a été tenue. Le 27 septembre, Amélie apprend à son amie qu'avec son père elle s'est rendue à Bordeaux où Émile est venu les rejoindre. Puis ils s'en sont allés tous trois à Cozes, chez le grand-père Magistel, qu'ils n'ont pas trouvé changé, malgré ses quatre-vingt-dix ans. Mais M. Gaboriau et son fils étaient rappelés, l'un à Oloron, l'autre à Paris, par des obligations auxquelles ils ne pouvaient se soustraire. On est reparti après trois jours seulement passés auprès de l'aïeul.

Le conservateur ne jouira pas longtemps de son nouveau logement. Vers le 20 novembre, il reçoit un avis de mutation pour Jonzac. Amélie, transportée de joie, en informe aussitôt son amie. Ils seront désormais près des leurs et, en particulier, à cinq lieues de Cozes. Mais, pour pouvoir partir, il faut attendre le successeur de M. Gaboriau. Émile, qui semble ignorer cette obligation, s'étonne, dans une lettre du 20 décembre, de savoir ses parents encore à Oloron, où ils se sont tant ennuyés. Au passage, il remercie son père de l'aide pécuniaire qu'il vient de lui faire parvenir, lui permettant ainsi « de combler quelques trous ».

La nouvelle année 1862 retrouve M. Gaboriau et sa fille dans les Pyrénées. C'est seulement le 16 janvier qu'ils pourront se mettre en route pour Jonzac où ils y parviendront après un voyage exténuant de vingt-quatre heures, au cours duquel ils ont souffert du froid. C'est ce que, le 7 février, écrit Amélie à son amie, de cette ville où son père cherche en vain une demeure à louer. Chaque maison y est occupée par son propriétaire. Elle n'a pas encore visité la localité, elle ne connaît que l'église, qui est belle et située sur une place entourée d'arbres.

Le 28 mars, Émile se réjouit que ses parents aient le choix entre deux maisons. Autant que possible ne pas prendre celle où le loueur entend se réserver une chambre. Ne se souviennent-ils pas de cette histoire amusante du propriétaire qui s'était réservé un clou dans la salle-à-manger de ses locataires et, deux ou trois fois par jour, venait y pendre quelque vêtement ? Mais tout est préférable, il est vrai, à l'existence bohémienne qu'on mène à l'hôtel.

Au début d'avril, aucune des deux locations envisagées n'a finalement été conclue. Le 5, Émile écrit en ces termes à sa sœur : « Les propriétaires jonzacais sont vraiment idiots d'avoir demandé à réfléchir encore ! Est-ce pour gagner quelques louis de plus ? Que le ciel confonde les provinciaux avec leur esprit étroit et leur rage de diplomatie ! Ils ne veulent pas avoir l'air de gens qui agissent à la légère, car ils sont à genoux devant l'opinion de leur voisin, l'épicier. Il faut avoir l'âme bien trempée pour résister aux effluves d'un tel milieu. Mais, il n'en faut pas moins sortir et les voir, à condition de les ingérer à petites doses. Si l'on ne devait fréquenter que des gens selon son cœur, on vivrait seul comme un hibou. Et n'est-ce pas un plaisir délicieux que d'assister aux premières loges à l'éternelle comédie de la petite ville, de voir remuer ses pantins ? » Et, le 12 avril : « Comment ! toujours pas de domicile à Jonzac ? Ce conservateur sans feu ni lieu doit égayer la population ».

En mai, toujours pas de logement. Dans une lettre à Charlotte, Amélie se plaint de rester enfermée la plupart du temps dans sa chambre d'hôtel. Cependant, Jonzac n'est pas laid et le climat est doux. Ils ont eu la joie de revoir Emile, appelé pour affaires à Bordeaux. Il a passé trois jours avec eux. Naturellement, on a fait une visite en groupe au grand-père Magistel.

Mais, le 13 juin, Amélie écrit à son amie pour lui apprendre, avec la mort de sa tante Pelletan, la sœur de son père, que celui-ci a enfin pu louer, pour le début de juillet, une maison assez grande, agréable, et comportant un petit appartement pour les amis de passage, demeure qui se trouve dans l'enceinte du château.

A Paris, Émile Gaboriau s'emploie de son mieux pour les siens et pour leurs amis. Il a fait de nombreuses démarches en faveur de Charles Delamain qui s'ennuie à Bordeaux. Il met tout en œuvre pour lui faire obtenir de l'avancement, car il tient à prouver son absolu dévouement à « cet ami unique qu'est Maurice ».

A la mi-juillet, Émile s'inquiète. Son père et sa sœur sont-ils enfin installés dans leur nouveau logis ? Ont-ils reçu leur mobilier resté au garde-meuble, à Oloron ? Pour les égayer, il va leur rapporter une « drôle d'histoire et une histoire drôle » que lui a confiée Émery Desbrousses. Pendant que ce dernier était à Pons, il a emmené toute sa famille à Cozes : on a évidemment beaucoup parlé des Gaboriau et du cher écrivain. Laure et sa sœur ont imaginé une délicieuse plaisanterie. Toutes les fois que le nom d'Émile revenait dans la conversation, elles ne manquaient pas de s'exclamer, en imitant la prononciation du vieux notaire, c'est-à-dire en appuyant sur les « t » : Il n'a point d'ét-tat ! Elles l'ont redit cent fois, si bien que le grand-père s'est fâché. Mais, à considérer sérieusement les choses, si son père lui avait acheté une étude, une charge, une clientèle, sa mauvaise santé l'aurait obligé à l'abandonner et l'argent en aurait été perdu.

Dans la lettre suivante, Émile gronde affectueusement sa sœur, car elle se donne des soucis incroyables pour des choses insignifiantes. « De taupinières, elle fait des montagnes ». Elle s'effraye devant son emménagement ! Se doute-t-elle qu'à Paris un déménagement est l'affaire d'une seule journée ! A propos d'emménagement, Jeannette crie-t-elle et sue-t-elle beaucoup ? Question qui vaut tout un portrait de Jeanne Raboin, qui devait être une de ces servantes qu'on trouve dans Molière et dont la race est éteinte aujourd'hui.

La lettre suivante, du 19 août, confirme une nouvelle dont il a été question dans une correspondance qui nous manque : « Plus de doute, on peut lire dans *Le Moniteur* : Magistel Étienne, ancien capitaine d'infanterie, ancien notaire, cinq campagnes... etc., est fait chevalier de la légion d'honneur ». Émile Gaboriau comprend parfaitement comment l'oncle Puniet s'y est pris. « C'est vraiment un homme fort adroit, très adroit, excessivement adroit ». Il sous-entend que le gendre du vieux notaire a manœuvré de manière à s'acquérir des droits à la reconnaissance du nouveau légionnaire afin de figurer en bonne place sur son testament. Émile engage vivement son père et sa sœur à féliciter chaudement Me Magistel. Lui-même s'est hâté de le faire en ces termes :

« La croix de la Légion d'honneur vient de t'être donnée. J'apprends cette bonne et heureuse nouvelle à la fois par une lettre de ma sœur et par une note du *Journal Officiel*. Je n'ai pas besoin de te dire, grand-père, le vif sentiment de plaisir que me fait éprouver cet acte de justice. C'est honneur et joie pour ma famille de voir récompenser les longs et utiles services de son chef.

« Je n'ai qu'un regret, c'est de ne m'être pas trouvé à Cozes pour joindre mes félicitations à celles qui t'entourent et choquer mon verre à la santé du chevalier de la légion d'honneur. Mais ce n'est que partie remise. Mes occupations vont, je l'espère, me laisser quelque trêve et j'en profiterai, mon cher grand-père, pour courir à Cozes te complimenter et t'embrasser de toute la force de ma respectueuse affection. « Ton petit-fils dévoué ».

Émile ajoute « C'est court, mais idiot, et pourtant ces quinze lignes m'ont coûté une grande heure. Il ne faut pas oublier que nos chers amis Puniet seront là pour épiloguer ». Il n'est guère satisfait d'avoir dû parler contre sa pensée, cependant il faut bien se défendre contre l'âpreté de certains parents. Son père et sa sœur feront bien, eux aussi, d'adresser des félicitations au décoré, en prenant exemple sur sa lettre, et en employant, comme lui, l'expression « acte de justice ». Il faut que leur grand-père se persuade que le ministre avait les yeux sur lui depuis longtemps. Les mérites de Puniet en seront amoindris d'autant.

La seule pensée que de tels gens puissent connaître ses difficultés actuelles est un cauchemar pour lui. Quelle sera leur joie s'il échoue, s'il est obligé d'abandonner la littérature ! Jamais ils ne voudront tenir compte de ce que, pour l'abattre, il aura fallu rien moins qu'une longue maladie et la perte d'un œil. S'il est obligé de se réfugier auprès des siens, quel ne sera pas l'enchantement de cette triste parenté à le voir vaincu ! La seule idée de leur feinte pitié remplit son cœur de rage. Cependant, s'il peut encore tenir, il est mathématiquement certain du succès. Pour prendre un parti, il attend la réponse de son père.

On peut supposer que la décision attendue est la réponse à un appel à un secours pécuniaire particulièrement angoissé à la veille du déménagement envisagé pour la mi-octobre. D'ailleurs, Émile rappelle qu'il lui faudra « de l'argent pour déménager », alors que « la finance ne va pas fort ». Et il redit son dénuement :

> « Mettons un crêpe à notre orgueil,
> Déjà ma muse a pris son deuil,
> Mes beaux rêves sont au cercueil
> Et la misère est à mon seuil ».

Mais il faut sauver les apparences et, comme le conseille Stendhal, quand on est pauvre, se montrer « gai et bien vêtu ». N'est-ce pas Walpole qui prétendait que « seuls parviennent à la fortune, ceux qui paradent avec voiture et chevaux » ? Lui-même donnera comme titre à son prochain roman *La Misère dorée*.

A la fin de 1862, il insiste pour que son père se rende à Cozes, malgré sa répugnance. C'est urgent. Il doit se résoudre à vider ce calice jusqu'à la lie. L'ancien conservateur a finalement cédé à ses exhortations. Dans la dernière lettre à Charlotte que nous possédons — elle est datée du 18 février 1863 — Amélie conte la journée, qu'avec son père elle a passée chez son grand-père, dont la santé lui a paru vaciller.

Le 17 février, Émile les avait, d'ailleurs, félicités tous deux du courage dont ils avaient fait preuve. « Avoir bravé le froid et la boue tout au long de ces chemins si tristes, bordés d'arbres noirs, battus par la pluie et pour quelle réception ! La malignité de ce méchant vieillard est navrante. Il est désolant de le voir, un pied déjà dans la tombe, chercher encore à semer la haine parmi les siens, mais c'est inhérent à sa nature, c'est la dernière jubilation de sa vieillesse. »

Amélie ne s'était pas trompée. Deux mois plus tard, le 18 avril, mourait à Cozes Me Magistel, ancien maire de la ville. Averti par télégramme, Émile Gaboriau se rendit naturellement dans cette localité pour assister aux obsèques de son grand-père et pour prendre connaissance de ses dispositions testamentaires, qui devaient le concerner lui et sa sœur bien plus que leur propre père. Malgré sa pratique du droit, il semble que l'ancien notaire ait laissé une succession embrouillée, cause de différends entre les divers héritiers. C'est du moins ce qui apparaît à lire une lettre d'Émile Gaboriau adressée de Paris, le 19 mai, à sa sœur. Il vient de rentrer d'un second voyage en Saintonge, encore tout affecté des « désagréables histoires de Cozes ». Poussé sans doute par le besoin d'argent, il souhaite qu'on fasse preuve d'esprit de conciliation et estime qu'il faut tout vendre aux Puniet, sauf le linge. Toutefois, il serait bon de garder des rideaux en vieille cotonnade rouge et blanche à personnages, qu'il a vus dans une armoire. Ce sont des choses qu'on ne fait plus.

Le 11 juillet, Émile Gaboriau apprend de sa sœur qu'elle vient d'être demandée en mariage par Georges Coindreau, avocat à Jonzac, fils d'un médecin de Chevanceaux et descendant d'une très ancienne famille de notaires et de chirurgiens. Son grand-père maternel avait été sous-préfet de Jonzac, après avoir siégé aux Cinq-Cents, puis au Corps législatif du Premier Empire. Georges Coindreau avait fait ses études au petit séminaire de Montlieu et gardé les sentiments religieux reçus de sa famille, ce qui n'avait pu que faciliter la naissance d'une sympathie entre lui et la fille du conservateur des hypothèques. La demande a été agréée et il a semblé à Émile qu'on lui avait « donné congé du cœur d'Amélie », dont il comprend d'ailleurs le trouble et les larmes devant l'inconnu de l'avenir. Mais, Dentu lui ayant accordé un délai d'un mois pour la remise d'un manuscrit, il va rejoindre les siens. Qu'on prépare sa chambre. Effectivement, quelques jours après, il est à Jonzac où il reste trois semaines. Au cours de ce séjour, il devait se rendre à Saintes en compagnie de son père pour consulter Phoedora Gaudin, avocat et quelque peu leur parent, à qui ils avaient confié la défense de leurs intérêts dans le difficile règlement de la succession de Me Magistel.

Émile repartit de Jonzac le 6 août, passant par Saintes d'où il adressa une longue lettre à ses parents. Il leur conte qu'ayant été réveillé trop tard, il a manqué la voiture pour la capitale de la Saintonge. Heureusement, grâce à un ami complaisant, il a réussi à la rattraper à la sortie de Jonzac, mais c'est pour se trouver prisonnier à Saintes, car il est impossible de découvrir la moindre place dans un service public pour quelque direction que ce soit. Ne sachant que faire, il est resté sur le pont et, pendant une heure, il a « craché dans l'eau pour faire des ronds ». Maintenant le voici au café, écrivant et buvant une bière déplorable. Post-scriptum : un employé des Messageries vient de le prévenir que le conducteur de la voiture de Royan va le prendre en surnombre, mais il faut qu'il se rende à pied à une lieue de la ville. C'est gai !

Le lendemain 7, Émile écrit à sa sœur, mais de Royan où il est enfin parvenu. Quand l'autre jour, en revenant de Saintes avec son père, ils étaient douze dans une petite patache, il pensait qu'on avait atteint le « nec plus ultra ». La veille, ils étaient vingt-trois dans une voiture semblable, conducteur compris. Lui était juché au sommet des caisses qui encombraient l'impériale. Il n'osait dormir de peur de rouler à terre. Peu de soleil heureusement. Il est enfin arrivé à Saujon, « petit port de mer célèbre par ses sardines, plaisante-t-il, et par la naissance d'Émile Gaboriau, littérateur français ». Obligé de descendre à l'entrée de l'agglomération à cause de la régie, il s'est perdu dans sa ville natale. Mais cédons-lui la plume : « Les naturels du pays — Dieu qu'ils sont laids ! — se sont cruellement joués de ma crédulité parisienne. J'ai voulu me faire enseigner le bureau où l'on relayait mon véhicule. On m'a envoyé promener au diable, le long d'une belle rivière de vase, fertile en anguilles, et sous des halles monumentales. Il y avait une demi-heure que je tournais dans Saujon comme un cheval dans son manège, lorsqu'enfin j'ai retrouvé ma voiture qui m'attendait. J'y ai pris place, dans le coupé cette fois, et à six heures trente-trois minutes je faisais mon entrée dans Royan. Je suis allé me promener, histoire de voir la ville. Elle me plairait si les rues ne pullulaient de messieurs à plate et sotte figure et de dames aux toilettes aussi prétentieuses que ridicules. J'ai entendu causer dans quelques groupes. On dirait des crétins du Valais débarrassés de leurs goitres ».

Il s'est logé chez un boulanger et a pu se rendre compte que l'eau du robinet ne valait rien. Ses fenêtres donnent sur celles du casino. A cause de cela, il s'est endormi plus tard que ne l'aurait dû un homme ayant passé la nuit précédente à causer avec sa sœur et la journée sur trois voitures. Il a été réveillé par les joueurs du casino qui se querellaient. Puis on a dansé et il s'est rendormi en entendant des lambeaux de quadrilles. Au lever du soleil, il a couru à la mer, le spectacle était sublime. Il s'est alors rendu à pied à Pontaillac, la conche où l'on se baigne aujourd'hui. Des voiles blanches passaient sans cesse en côtoyant le rivage. Il avait besoin de ce voyage, car il y avait plus de dix ans qu'il n'avait vu à son aise la mer, dont il s'efforce de décrire les bruits. « Les Pyrénées, elles, ne sont qu'un océan pétrifié. » Il n'a pas pu trouver un coin où se baigner avec son seul caleçon. Il a dû revêtir le grand costume des baigneurs. Il était hideux. « Lorsque l'eau fait coller ce costume sur le corps, il accuse des difformités lamentables et va même jusqu'à en créer. Le beau sexe est alors particulièrement laid. » Après un bain délicieux qui s'est prolongé pendant une heure et l'appétit venu, il s'est dirigé sur l'hôtel d'Orléans, recommandé par Georges Coindreau. « Le misérable puisse-t-il y périr de la faim ! Soixante convives se battaient autour de la nappe et il n'a réussi à se procurer que six huîtres, cinq crevettes et une quarantaine de noisettes. Après quoi un liquide noirâtre, baptisé café. » Puis il est ressorti et s'est promené dans la rue principale, où l'on ne voit guère que des boutiques de coiffeurs. Le soleil était par trop brûlant, il a préféré rentrer pour écrire aux siens.

Enfin, une lettre de Paris ; elle est du 25 août. Émile s'est exténué à courir les meilleurs magasins pour le compte de sa sœur. Pour le trousseau, pas de fanfreluches, rien que du solide et du bien fait. Il a envoyé les échantillons pour la robe de noces et celle du lendemain.

Dans une autre lettre à sa sœur, écrite au début de septembre, Émile se dit furieux contre son futur beau-frère, qui devait le rejoindre à Paris pour s'acquitter, avec son aide, de nouvelles commissions dont l'avait chargé Amélie. La veille, lui-même s'était rendu au marché, avec sa femme de ménage allemande, pour se munir de diverses provisions. Il avait tenu la main aux préparatifs d'un déjeuner succulent et voilà que son portier vient de lui apporter une lettre de Georges, qui remet sa venue au lendemain. Là-dessus est arrivé l'imprimeur Bouret, qui a partagé son « modeste repas », ébloui d'une telle magnificence. Quand il viendra le lendemain, l'avocat jonzacais trouvera « une belle carcasse de perdrix bien propre ».

Le 7 septembre, il est six heures du soir et Georges Coindreau, son séjour parisien terminé et achevées ses emplettes, doit repartir dans deux heures pour Jonzac en emportant de très belles choses. Lui, Émile, mène depuis un mois une existence singulière. Depuis trois jours surtout, où Georges et lui ont couru du matin au soir. Il va maintenant procéder seul aux derniers achats : robe de voyage, rotonde, rubans, sans oublier le châle de Jeanne. Ce qu'il ne fera pas partir par le chemin de fer, il l'apportera lui-même. Mais il va se trouver à court d'argent pour faire les ultimes commissions. Il faudrait lui envoyer cinq cents francs. Dans une autre lettre de Paris, datée du 23 septembre, Émile annonce l'expédition d'un corset un peu moins haut que prévu, la poste n'acceptant pas les colis d'une longueur supérieure à vingt centimètres. Les robes seront, l'une violette, l'autre bleue. Quant à Georges il a choisi des choses admirables, dont un cachemire de dix-huit cents francs. Le 26, un bref billet pour annoncer qu'il partira le soir du 30 septembre et pourra donc dîner à Jonzac le 1ᵉʳ octobre. Il disposera ainsi d'une semaine pour se préparer — c'est bien son tour — au mariage, qui doit avoir lieu le 7.

Le 13 octobre, M. Gaboriau écrit à sa fille, alors en voyage de noces en Italie, qu'il attend son fils pour le lendemain. Celui-ci n'était donc pas encore rentré à Paris, mais avait dû se rendre dans quelque ville voisine, Bordeaux ou plus certainement Royan, qui semblait exercer sur lui une grande attirance. Le 18, une autre lettre de son père, apprend à Amélie qu'Émile lui tient fidèle compagnie. Les travaux marchent rapidement et au retour des époux, à la fin du mois, l'avocat pourra s'installer dans son nouveau cabinet. M. Gaboriau a reçu de Jarnac une lettre de remerciements de son frère pour les agréables moments que lui et sa fille ont passés à Jonzac, invités tous deux au mariage. Par la même occasion, il prédit à son neveu qu'il deviendra académicien s'il consent à ne pas gaspiller son esprit, preuve qu'il tenait en médiocre estime ce que celui-ci avait publié jusque-là.

Dans une lettre sans date qu'il faut situer au printemps de 1864, Émile s'inquiète du moment de la naissance de son futur neveu ou de sa future nièce. Le 10 août, il conseille à Amélie, dans l'état de grossesse avancée où elle se trouve, de se remuer, de marcher un peu.

Il compte se rendre à Londres, le dimanche suivant, pour régler une interminable affaire (il ne précise pas laquelle) mais il est à court d'argent. Si son père ou son beau-frère pouvaient lui envoyer trois cents francs, ce viatique faciliterait son départ. Sitôt de retour, il gagnera Jonzac pour s'y reposer dans la tranquillité. Il espère s'y trouver à temps pour saluer l'arrivée du jeune seigneur, mais ce n'est pas une certitude. Malheureusement, à Royan, la saison des bains sera passée.

Le 3 septembre, Émile se réjouit de la naissance de sa nièce et future filleule, Stéphanie, survenue le 21 août et il s'apitoie sur sa sœur, qui a beaucoup souffert d'un accouchement difficile. Avec sa bravoure habituelle dans les moments de crise, son père avait dû s'enfuir. A quand le baptême ?

Depuis son retour d'Angleterre, il n'a pas défait sa malle, dans l'espoir chaque jour de partir le lendemain. Mais il est cloué à Paris par le manque d'argent. Et cette liquidation de la succession Magistel qui traîne en longueur ! On le lanterne depuis dix-huit mois, aussi va-t-il finir par mettre les pieds dans le plat. Heureusement Georges lui a consenti des avances sur sa part à venir, et sans même exiger un reçu. On reparlera, d'ailleurs, de tout cela au cours de son prochain séjour à Jonzac, où il restera seulement une quinzaine de jours, car sa présence à Paris sera indispensable lors de la mise en vente de ses ouvrages.

Les deux semaines ont vite passé. Le 2 octobre, Émile est de retour après un voyage détestable. Il est parti de Jonzac avec les dépêches dans un cabriolet tiré par trois rosses. On n'a pas relayé comme de coutume à Pérignac et l'on a mis six heures au lieu de trois pour faire le parcours. Il est arrivé à Angoulême pour voir partir le train. Il est rentré « brisé, moulu, ahuri ». Pour comble, il lui manque sa malle, expédiée à Cozes par erreur. Ses « frusques » doivent s'y trouver cependant qu'il est lui-même « condamné à la nudité » pour combien de temps encore ?

A partir de cette époque, les lettres d'Émile Gaboriau, conservées par les siens, deviennent peu nombreuses et, pour la plupart, du moins jusqu'en 1866, font mention de sommes d'argent qui lui ont été adressées par ses parents, le plus souvent d'avances sur sa part dans la succession de Me Magistel, dont le réglement restait en suspens. Le 20 décembre 1864, il accuse réception d'une somme de six cents francs envoyée par son beau-frère. Le 16 janvier 1865, il remercie son « bon père », qui a eu l'attention de lui donner cent francs pour ses étrennes. Le 31, il rend grâces à sa sœur d'une lettre contenant 350 francs, cinquante pour les commissions et le reste pour lui. Le 2 août, il adresse un mot de remerciement à son père qui lui a fait remettre par Me Brassaud, notaire jonzacais, une « lettre illustrée d'un billet de 100 francs ». Enfin le 15 décembre, Émile sollicite le pardon de Georges Coindreau pour ne pas lui avoir accusé réception de 250 francs venus de M. Gaboriau. Il souhaiterait en recevoir trois cents autres, soit de son père, soit de son beau-frère, qui, en septembre, avait été désigné comme maire de Jonzac.

Ainsi la nomination du conservateur à Jonzac et son installation définitive en cette ville, en attendant l'heure toute proche de la retraite, le mariage d'Amélie, la mort du grand-père Magistel et sa succession, cette série d'événements familiaux en un temps relativement court avait eu pour conséquence d'amener Émile Gaboriau à d'assez fréquents déplacements et parfois même à des séjours de plusieurs semaines en sa Saintonge natale qu'il n'avait guère eu l'occasion de revoir depuis les jours de son adolescence. Comme tant d'autres, il ne manqua pas de subir le charme un peu envoûtant du pays et la douceur de vivre en cette petite province. Oubliant la vallée angevine qui, jusque-là, avait tenu la première place dans ses souvenirs, il souhaita pouvoir un jour se retirer en cette calme contrée et tout particulièrement sur son littoral, dont la beauté l'avait enchanté.

Cependant la Saintonge n'apparaîtra pas dans son œuvre avant son avant-dernier roman, *La Corde au cou*, paru après la guerre, alors, nous l'avons vu, qu'il avait eu souvent recours à l'Anjou dans de précédents ouvrages. Par contre, il fera de sa province natale le théâtre de la presque totalité du récit. Il s'attardera complaisamment à en décrire les coutumes, à dépeindre la mentalité de ses habitants. Il brossera savoureusement les portraits de Saintongeais ou, comme il les appelait parfois, de Saintongeois typiques, résultat d'une perspicace observation au cours de séjours dont pourtant aucun ne fut de très longue durée. Et cela dans le cadre d'une petite ville qu'il nommera Sauveterre et qui sera Jonzac, où il introduira toutefois des éléments empruntés à d'autres localités.

Certaines rues, certaines demeures sont faciles à identifier. La rue de la Rampe, ainsi baptisée par Gaboriau à cause de sa forte déclivité, ne peut être que la rue du Tourniquet, autrefois rue Bigaillon. Et la demeure du maire Sénéschal « faisant l'angle de la rue du Château » est exactement la maison à l'époque habitée par les Coindreau et où était reçu Émile. La rue Nationale, précédemment Impériale, est devenue la rue Sadi-Carnot et la place du Marché Neuf est tout simplement l'actuelle place du Marché.

Il décrit ensuite la plupart des édifices publics non sans leur apporter d'appréciables modifications. Le passé est représenté par le château « situé tout au haut de la vieille ville, au milieu d'un quartier pauvre et presque désert ». Il fut autrefois très important, mais il n'en reste plus que « des débris maladroitement restaurés, des remparts dont les fossés ont été comblés, une porte surmontée d'un beffroi, une chapelle convertie en magasin militaire et enfin deux tours massives reliées par un immense bâtiment dont le rez-de-chaussée est voûté. Bien que transformées en prison, ces ruines entourées d'un mur tapissé de lierre n'ont rien de triste. Des ormes séculaires ombragent les vastes tours et, sur les plates-formes et dans les crevasses des murailles, il fleurit assez de ravenelles et de lilas de terre pour faire la joie de cent prisonniers. Mais les prisonniers manquent à cette poétique prison. C'est une cage sans oiseaux, dit parfois le geôlier d'un ton mélancolique. » A vrai dire la ville ne possède pas de remparts et c'était l'ancien couvent des Carmes et non le château qui servait de maison d'arrêt.

On découvre, ensuite, le palais de justice et l'hôpital. Quant à la gare, « pour la plus grande commodité de messieurs les voyageurs, elle a été bâtie à une bonne demi-lieue de la ville. On y arrive par une jolie route jalonnée d'auberges et de cabarets, qui, les jours de marché, s'emplissent de paysans. La voie qui relie Sauveterre à la ligne d'Orléans, doit une légitime célébrité à une série de courbes absolument inutiles, mais qui sont comme un défi au bon sens et qui seraient le théâtre d'accidents quotidiens si l'on s'avisait de marcher à une vitesse de plus de huit ou dix kilomètres à l'heure ». De plus « le chemin de fer d'intérêt local qui dessert la ville n'est pas le premier du monde pour la régularité et garde encore dans son service les habitudes de ces anciennes pataches dont le conducteur au moment du départ avait toujours oublié une commission ».

Si les détails précédents se rapportent pour la plupart à Jonzac, il est plus difficile d'identifier les châteaux situés par l'auteur dans les environs de Sauveterre, en particulier celui de Valpinson et celui de Boiscoran. Le second, par sa description, correspond assez bien au château de Lussac, bâti également au XVIIe siècle et au pied duquel coule la Seugne que Gaboriau nomme la Pibole et qui « doit, dit-il, d'être appelée ainsi — la pie en patois saintongeois — à son perpétuel gazouillement » (Soyons indulgents, car dans la langue du pays, la pibole désigne tout instrument à vent, et particulièrement la musette et le chalumeau).

Pour en venir au relief surnommé montagne de Sauveterre, il n'existe rien de semblable à moins d'une lieue de Jonzac. Il ne peut s'agir en l'occurrence que de la butte du Petit Niort, proche de Mirambeau, c'est-à-dire à plus de quinze kilomètres. C'est d'ailleurs une localité dont le clocher tronqué semble avoir inspiré Gaboriau pour caractériser dans le roman celui de l'église de Bréchy.

Ainsi, selon un procédé coutumier à de nombreux romanciers, Émile Gaboriau, au cours de ses séjours en Saintonge, a puisé autour de lui des détails qui lui semblaient dignes d'être notés. Puis, le moment venu, il les a soudés de façon vraisemblable. Mais c'est par la description des caractères de ses habitants et surtout de la paysannerie des environs que le romancier est parvenu à recréer l'atmosphère, aujourd'hui surannée, dans laquelle baigne son récit.

« Les distractions sont rares à Sauveterre où il n'existe pas de théâtre comme à Saintes et à Rochefort. Pour tromper l'ennui qui pèse sur la ville, il s'est fondé un cercle littéraire où, les journaux, lus et relus et les derniers cancans épuisés, chacun regagne son logis à dix heures sonnantes. Seules, les familles bourgeoises peuvent rompre la monotonie de l'existence en allant chaque été goûter pendant quelques semaines les plaisirs des plages et du casino de Royan, où la plupart possèdent un chalet. » Aux autres époques, les personnes de la bonne société se font des visites, les châtelains restant entre eux, mais il faut préciser qu'« en Saintonge, pays aisé où les grosses fortunes sont rares, on donne carrément le nom de château à la moindre bicoque ayant girouette sur toit pointu ».

En cet univers minuscule, le moindre événement prend aux yeux des naturels un intérêt disproportionné avec son importance réelle. Aussi, « la curiosité pour tout ce qui peut se produire d'imprévu est-elle toujours très vive. On va voir arriver et partir les trains, afin de pouvoir dévisager les étrangers et épiloguer sur les motifs, connus ou secrets, qui peuvent déterminer monsieur un Tel ou madame une Telle à se mettre en voyage et la conversation vit facilement trois jours sur la dernière robe arborée par la sous-préfète. Mais cette curiosité, ajoute plaisamment Gaboriau, a du moins cette qualité de n'être pas hypocrite. On y est indiscret naïvement et sans la moindre pudeur. On se plante carrément devant vous, les yeux dans les yeux, on s'efforce de démêler le secret de votre joie ou de votre douleur ».

Dans le roman, ce ne sont pas les notables qui se révèlent les plus imprégnés du terroir, même si se singularisent par leur originalité quelques personnalités pittoresques pour qui l'auteur ne dissimule pas sa sympathie. C'est le cas du docteur Seignebos, un farouche socialiste qui aurait porté ce toast, à la fin d'un banquet : « Je bois à la mémoire du seul confrère dont j'envie la pure et noble gloire, à la mémoire de mon compatriote, le docteur Guillotin, de Saintes. »

Ce qui concourt le mieux à créer l'atmosphère de la province, c'est le petit peuple de Saintonge avec ses superstitions. Il prend place dans le livre avec Frumence Cheminot, sorte de clochard rural, qui croit fermement aux sorciers. Il s'est adressé à l'un d'eux, le moment de la conscription venu, et, contre cinquante francs, il a obtenu un talisman, un « sort », comme il dit, infaillible, dont voici la recette : trois branches de tamarin, cueillies pendant la nuit de Noël et liées par un nombre fatidique de cheveux coupés sur la tête d'un mort. Puis, il s'en était allé tout content à La Tremblade et avait tiré... le numéro trois. Ce résultat, assure Gaboriau, l'avait beaucoup étonné. Mais comme il était bien résolu à ne pas être soldat, il avait hypothéqué un marais salant hérité de ses parents et s'était rendu à Rochefort où « les marchands d'hommes pullulaient » et moyennant deux mille francs avait sans peine trouvé un remplaçant. Malheureusement il avait rencontré sur le port un ancien camarade devenu matelot et avait fait avec lui « une noce à tout casser », où s'était englouti ce qui lui restait de son emprunt. Il avait perdu là tout goût pour le travail et n'avait plus, depuis lors, songé qu'à retrouver ses chers cabarets. Il n'en est pas moins resté un vrai paysan de Saintonge, aussi retors que calculateur.

Dans le même roman, on rencontre aussi un faux « cagouillard » (du mot cagouille, qui en charentais veut dire escargot. C'est ainsi que se nomment eux-mêmes les Saintongeais, à cause d'une certaine lenteur calculée dont ils sont les premiers à se flatter). C'est le policier Goudard, qui a autrefois passé quelques mois dans les Charentes et a su facilement se transformer en « un ménétrier de Saintonge, aux longs cheveux plats tombant jusqu'au milieu du dos. Vêtu d'un de ces habits composites, qui ne sont pas encore une redingote, mais qui ne sont plus une veste et raclant un mauvais violon, il chante avec le plus pur accent du terroir, une vieille chanson saintongeaise du XVIᵉ siècle :

> « Au printemps la mère ageace (pie)
> Fit son nid dans les popillons (peupliers)
> Pibolons (jouons de la pibole)
> Au bout de cinq à six semaines
> Elle oyut un petit ageasson »

Ce n'est pas seulement la pittoresque présence de ces sympathiques figures qui fait baigner l'ensemble du roman dans une atmosphère de vieille Saintonge, mais de multiples petites touches jetées çà et là.

Certains mots, certaines expressions : « Il m'a assez volé de pommes, le câlin », dit un paysan en parlant précisément de Cheminot (le câlin : le coquin, le méchant bougre). Ou le traditionnel « bonne gent » qui, à la campagne, se glisse encore dans toutes les conversations. « L'hiver, bonne gent, c'est mon ennemi ! » déclare le même Cheminot, qui couche souvent à la belle étoile. Et la coutume de faire s'attabler le visiteur, et aussi l'habitude de bien manger, si graves et tristes soient les circonstances : « Mais, j'ai dîné, objectait Mˡˡᵉ Denise, je n'ai besoin de rien. La geôlière n'en insistait que plus fort et, tout en parlant, elle dressait la table, ayant mis dans sa tête que, dût Mˡˡᵉ Denise en périr, elle mangerait, ce qui est une tradition en Saintonge. »

L'auteur veut-il décrire une chambre paysanne ? « C'était une grande pièce au sol de terre battue, aux solives noires et toutes chargées d'outils et de paquets de graines. Deux lits à colonnes torses et à rideaux de serge jaunie, deux bons grands lits de Saintonge, occupaient tout le fond. » Veut-il évoquer les veillées au village, aujourd'hui disparues ? « Ces bonnes veillées où l'on boit du vin cuit et où l'on conte des gaillardises aux filles en écossant les haricots et en égrenant le maïs. »

Dans aucun des romans de Gaboriau, la vie provinciale, alors si contrastée avec celle de la capitale, n'avait encore tenu une place aussi importante et n'avait été dépeinte avec une telle vérité, une couleur locale si exacte. Dans *La Corde au cou*, il y a autant et même plus de Saintonge que de Normandie dans *Madame Bovary*.

X

TOURMENTS ET AMBITIONS DE L'ÉCRIVAIN

Il est évident que l'état de santé de Gaboriau qui, sans jamais devenir excellent, s'améliora quelque peu vers 1864, dut rendre son travail bien difficile jusque-là.

Quand il rentre de son séjour pyrénéen en septembre 1861, il craint que son absence de deux mois ne lui ait causé un tort sérieux. Il rencontre des gens qui lui disent : « Vous ne faites plus rien ! » Encore trois mois sans publier une ligne et sa réputation est « flambée ». Bien sûr, ses relations avec Lemer et Chevalier n'en ont pas souffert, et Hervieux, le directeur du *Journal des Conservateurs*, est même venu le chercher pour le conduire en voiture rue des Martyrs (inquiétant présage), où demeure sa fille, sotte personne, dont il lui a fallu applaudir les lamentables vers.

L'état de sa vue lui interdit de lire plus de deux heures par jour ; il a engagé un secrétaire, « un petit bonhomme », qui écrit sous sa dictée, mais qu'il va falloir payer. Ce sont là des frais supplémentaires et le livre qu'il prépare *(Mariages d'aventure)* pour le dédier à sa sœur, ne sera pas écrit comme il se devrait, car, lorsqu'il dicte, il n'est plus maître de son style.

Le 18 février 1862, il apprend à celle-ci que, ses yeux allant mieux, il travaille d'arrache-pied à plusieurs ouvrages, dont il mène de front la préparation. Mais ce ne sont pas eux qui le conduiront à la fortune. « Le plus sûr moyen de gagner de l'argent avec la littérature, lui écrit-il le 5 avril, est d'escalader le théâtre ou d'aborder le roman feuilleton. » En particulier, il compte fermement sur le théâtre pour lui apporter renommée et fortune, non pas des gaudrioles comme ce *Faux Faust*, qui avait cependant obtenu un certain succès, mais par des œuvres sérieuses, des drames ou des comédies à thèse. Or, théâtres et journaux, estime-t-il, lui sont, en cette année 1862, ouverts. Malheureusement il n'a rien de prêt. Il est donc condamné pour l'instant à la production forcée de livres et ne s'en afflige pas trop, car, tant que sa santé sera chancelante, il ne pourra rien entreprendre de « vraiment long ». Mais qu'une pièce de lui ait un jour du succès, il achètera un de ces petits pavillons de banlieue qu'on peut trouver pour vingt-cinq mille francs.

En fait, il s'était déjà mis à l'œuvre deux ans auparavant. Dans sa lettre du 10 août 1860, à Julien Lemer, il annonce qu'il a trouvé « des ficelles ingénieuses » pour le troisième acte de la pièce qu'ils écrivent en collaboration. De plus, il « tient le quatrième acte avec une maîtresse scène au commencement et une autre à la fin ». Il s'agit là d'une comédie intitulée *Les Fausses Madeleines*, qui ne vit pas le jour à ce moment-là, mais aurait pu être reprise par la suite sans la brouille intervenue, en 1863, entre les co-auteurs. Cependant, à la fin de l'année 1862, leurs relations étaient encore excellentes, comme le prouve une lettre de Gaboriau, datée du 10 septembre, apprenant aux siens qu'était mort « entre ses bras » le père de Julien Lemer après qu'il eut veillé deux nuits auprès de l'agonisant, « un digne et honnête vieillard », ancien capitaine de frégate. Il revient « brisé et moulu » de l'enterrement. Le temps n'avait donc pas manqué pour terminer la pièce, dont le manuscrit dormait au fond d'un tiroir depuis 1860. Cinq ans plus tard, Lemer tenta de le faire revenir au jour. Cette initiative fut communiquée par l'éditeur Souverain à Émile Gaboriau, dont voici l'essentiel de la réponse, datée du 1er mars 1865 :

« M. Lemer, aujourd'hui, me dites-vous, propose, pour arriver à faire jouer cette pièce, d'admettre en tiers M. Brisebarre, qui la remanierait et retravaillerait à son gré. Je ne vois à cela nul inconvénient.

« Seulement, je désirerais
1° signer avec M. Brisebarre
Je ne crois pas que M. Lemer voie à cela rien de nuisible pour ses intérêts. Si, cependant, M. Lemer voulait absolument signer aussi, eh bien ! quoique fort contrarié, je me retirerais et M. Brisebarre signerait seul.

2° Je ne serais pas fâché, si cette affaire va à M. Brisebarre, de causer un peu avec lui, ayant des vues nouvelles au sujet de la façon dont l'idée a été traitée.

3° Comme j'ai écrit le plan d'un roman sur les données des *Fausses Madeleines*, je souhaiterais qu'on me laisse le droit de le publier.

« Enfin mon tiers de droit d'auteur est et reste réservé. »

Par suite de ces strictes conditions, la pièce ne fut pas exhumée et le manuscrit en est aujourd'hui perdu.

En 1862, Émile Gaboriau s'était d'ailleurs engagé dans une autre entreprise. Dans une lettre du 5 avril, il apprend à sa sœur qu'il écrit en collaboration avec Paul Féval un drame et une comédie déjà fort avancés. Ce sera bien le diable si l'une de ces pièces n'est pas jouée l'hiver suivant. Mais, de celles-ci on ne saura rien de plus par la suite et il est à craindre que l'imagination de Gaboriau, devançant le temps nécessaire, n'ait vu achevé ce qui n'était encore qu'une ébauche. Un peu plus tard, il se félicite que son installation aux Batignolles le rapproche sensiblement de Féval : ils vont en profiter pour faire progresser leurs travaux.

Toujours le 5 avril, à la suite d'une demande de sa sœur, il répond qu'il veut bien exceptionnellement offrir à un ami de la famille un des sept volumes qu'il a publiés, mais il est décidé à ne plus faire de largesses avec ses livres. Ceux qui les voudront, les achèteront. On finira bien par persuader amis et connaissances qu'un livre est une marchandise comme une autre. Jamais à un épicier on n'osera dire : « Vous faites des chandelles ; donnez m'en. » Quand lui, offre pour vingt francs de livres, c'est exactement comme s'il donnait pour vingt francs de savon, d'autant que la librairie connaît à l'époque une grave crise. Chaque matin on annonce la faillite de petits éditeurs. C'est dommage, car ils font contrepoids aux grandes maisons, dont on peut redouter le monopole.

Le 12 avril, Émile Gaboriau se désole de si peu produire en ce moment, malgré tout le travail qu'il abat. C'est comme « un brasier sous la cendre », il se consume sans que rien au dehors ne trahisse la combustion. Aussi est-il moins gai que les merles parisiens qui sifflent dans le jardin de son millionnaire de propriétaire et a-t-il une forte envie de se faire scieur de long. Depuis le jour où il a quitté Guingamp pour courir à la fortune et à la gloire, il a dépensé « plus d'énergie qu'homme au monde ». Doit-il maintenant quitter la partie, fermer la porte à l'ambition, renverser son écritoire, faire du feu de ses pauvres paperasses, quitter Paris et chercher en province une petite place où, pour gagner sa vie, on n'ait pas besoin d'y voir bien clair. Il y a songé parfois, mais toute sa peine, tout son travail seraient perdus, il aurait semé et ne verrait pas la moisson. Comme Moïse, devra-t-il s'arrêter devant la Terre Promise ? Il a sacrifié à un idéal sa jeunesse et son bonheur. Au moment de remporter la victoire, doit-il renoncer ?

A des instants de découragement succèdent des heures d'exaltation. Quelques semaines plus tard, Émile Gaboriau constate que ses perceptions sont plus nettes, que son style se raffermit. « Se sentir des ailes et ne pouvoir s'élancer dans le bleu ! » C'est là une métaphore ambitieuse, mais il ne se surveille pas quand il écrit à sa sœur. Il commence à avoir confiance en lui-même et dans la grandeur de ses rêves. Les petits volumes qu'il a faits jusqu'ici sont la moindre des choses. Il ira haut, très haut. Malheureusement il lui faut donner des livres comme un prunier des prunes et se lever chaque matin avec l'obligation de remplir un certain nombre de pages.

Ce serait un grand malheur pour son avenir d'écrivain, si son grand-père venait à mourir — il écrivait cela quelques mois avant la disparition de Me Magistel — car il serait capable, avec sa part d'héritage, de tout camper là pour s'en aller vivre en solitaire dans un trou, sur les bords de la mer. Il n'écrirait plus une seule ligne et son œil serait sauvé. Les quelques admirateurs qu'il compte dans son entourage, l'encouragent à persévérer. Leurs bonnes paroles le réconfortent. C'est précieux pour « l'homme qui bâtit sa fortune non sur le sable mouvant, qui est encore une matière palpable, mais sur cette chose insaisissable qui s'appelle la pensée ».

Est-ce parce que lui-même est très impressionnable qu'il se fait des amis ou des ennemis dès la première rencontre ? Or, il lui faut commencer à compter avec ces derniers, car les petits camarades ne sont pas doux pour qui réussit. Ses débuts ont connu un accueil plein de mansuétude, mais, depuis que *Le 13e Hussards* a eu un grand succès, que *Les Gens de bureau* marchent sur ses traces, l'inimitié et l'envie dressent la tête. Ainsi, l'autre jour, un de ses anciens amis l'a gratifié d'un « éreintement sterling », dans un journal du soir, un article plus que malveillant, malhonnête, conçu de façon à nuire à la vente, bien que « cet excellent cœur » n'ait pas signé de son nom. Mais son identité lui était connue et, sans Féval, il serait allé lui administrer des claques. Le bon et digne Féval l'a calmé (il a passé par là, lui aussi) et l'a convaincu qu'à de tels articles on répond par des livres meilleurs. Qu'il réussisse vraiment, « toutes les griffes rentreront sous le velours ».

Dans une lettre du 15 juillet, toujours adressée à sa sœur, Émile se plaint de ne plus avoir le temps de respirer. Il est las de cette tension permanente. Qui donc criera « Monsieur le Voyageur, cinq minutes d'arrêt ». Ah ! s'il avait la santé, quels chefs-d'œuvre ne créerait-il pas avec toute cette énergie gaspillée à se soigner et souvent à des riens. Mais il lui faut subsister jusqu'à la saison nouvelle. « Oh ! ma jeunesse, mes belles années, mes illusions, s'écrie-t-il, et il ajoute : C'est parce que j'ai foi en moi que je ne désespère pas quand tout semble désespéré. » Palissy brûlait ses meubles, lui ferait pire pour parvenir à la réussite.

Comme il ne peut, pour l'instant, compter sur la littérature pour lui apporter la richesse, il se persuade parfois, tout comme Balzac, de pouvoir faire fortune grâce à quelque mirobolante combinaison commerciale. A l'automne de 1862, il écrit aux siens qu'il se trouve avoir entre les mains une magnifique affaire. Il tente de placer des traverses de chemin de fer. Il en a parlé par hasard à M. Delouche, leur parent de Pons, qui est fort lié avec l'ingénieur en chef du chemin de fer qu'on va construire entre Rochefort et Angoulême. M. Delouche a offert de lui en toucher un mot. Si l'affaire pouvait aboutir, Émile partagerait la commission avec lui : une bagatelle de trois cent mille francs. Un espoir dont il ne sera plus question dans la correspondance suivante. Mais n'avait-il pas le droit de rêver un peu, et puis l'époque n'était-elle pas à des opérations fabuleuses de cette sorte, malheureusement réservées rarement aux hommes de lettres ?

Toujours obligeant, il s'efforce de rendre service à tous ceux qui font appel à lui. Recommandé par le conservateur, un certain Coureau, qui taquine la muse, l'a prié de lui trouver un éditeur. Mais cela n'est pas en son pouvoir. « Cet homme plus poétique qu'une mandoline possède-t-il dix mille livres de rente pour se permettre de faire de la littérature selon son goût. Lui aussi est poète — poâte, comme dit le vieillard entêté dont ils ont l'insigne malheur d'être les petits-enfants — et, cependant, il se garde de faire des vers encore plus que de « saupoudrer sa tisane d'arsenic ». La poésie est « le corbillard de l'hôpital ». Un peu plus tard, il écrira que toutes ses démarches en faveur de Coureau ont échoué. Même gratuitement on ne veut pas de son manuscrit. En d'autres temps, peut-être aurait-on pu placer cette « cloche », aujourd'hui c'est impossible. Quand on pense aux difficultés qu'on éprouve à tirer profit de deux lignes, même bonnes, comment pourrait-on en faire accepter trois mille franchement mauvaises ! Que le protégé de ses parents fasse donc « un bon gros roman, bien noir, bien bourré d'émotions grossières et d'aventures impossibles, où l'on se bat en duel, où l'on est mis en prison, puis guillotiné ». N'est-il pas amusant de constater qu'il y a là un peu de ses futurs romans judiciaires ?

Le 29 janvier 1863, il s'étend longuement sur la condition de l'écrivain. Si ingrate qu'elle soit, il ne l'abandonnera pas, car il entend maintenant recueillir le fruit de tous ses efforts. L'imagination ne lui manque pas, par contre il a dû travailler et travaille beaucoup pour « se créer un style ». Il croit y être parvenu, car « les gens reconnaissent maintenant sa griffe, sa plume sèche, nerveuse et brutale » (sa sœur va penser qu'il ne se marchande pas les compliments). C'est qu'on doit avoir confiance en soi dans ce détestable et admirable métier, où il faut battre monnaie avec son cœur et débiter en volumes sa sensibilité « Je vis la vie de mes petits héros, quels qu'ils soient. Heureux, je partage leur joie ; malheureux, je souffre de leurs souffrances. J'ai été tour à tour Gédéon ou Caldas ou Pascal ou Augustine ou Boscotte ; dans *Les Misères dorées*, je serai André. » Mais qu'on l'excuse de terminer un peu brusquement sa lettre, car il a rendez-vous avec Féval à cinq heures.

Le 30 septembre 1863, Gaboriau s'accuse d'oisiveté. Voilà six mois qu'il n'a rien publié, rien gagné. « Ce n'est pas le moyen d'aller à la Banque de France, non plus qu'au Panthéon. » Mais si, pendant tout ce temps, sa plume est restée en jachère, il a acquis plus de talent qu'en trois mois de travail. Dans les rares pages qu'il a écrites, il a su mettre « une chaleur qui lui a souvent manqué jusqu'alors ». Le 30 novembre, il revient sur l'année qui s'achève, en partie abrégée par les changements survenus dans sa famille. « Il ne faut pas, se promet-il, que 64 ressemble à 63. Cœur, espérance, joie, j'ai tout jeté à l'eau avec une grosse pierre, je vais me jeter, moi, dans le travail à corps perdu. Il n'y a encore que cela qui ne trompe pas. » Il estimera sans doute s'être tenu parole, puisque dans une lettre de juillet-août 1864, il claironnera, mais toujours sur le mode plaisant : « A partir du mois d'octobre, Paris, la France et l'étranger seront inondés de ma prose. »

Là où Gaboriau se révèle le mieux, c'est dans une lettre du 27 janvier 1864, adressée à sa sœur et écrite sous le coup du dépit, son beau-frère, cependant plein de bonnes intentions, ayant, d'accord avec son père, envisagé pour lui la position stable et bien rémunérée de conseiller de préfecture. Il serait à l'abri du besoin grâce à cette situation d'autant plus inespérée qu'il ne possède aucun diplôme. Dans sa réponse, marquée d'une ironie un peu amère, il réplique qu'il n'accepte pas une telle capitulation. Il s'est engagé dans la seule voie qui lui convenait et, comme il possède la persévérance, il y restera.

« Sisyphe de Lilliput, je suis condamné à rouler un éternel rocher qui retombe toujours ; je le roulerai jusqu'au sommet ou il m'écrasera. On veut faire de moi un conseiller de préfecture et pourquoi pas me faire attacher à une ambassade et me chamarrer d'un tas de croix étrangères, fausses croix en attendant la vraie. Brr... Mieux vaut tailler une plume et fouiller l'écritoire.

« Mais que suis-je aux yeux de Georges ? J'imagine qu'il se soucie, à peu près comme un dogue d'un petit verre, de l'assentiment d'un être aussi chétif que moi, d'un drôle qui n'a même pas deux cents louis de rente, d'un malotru qui n'a ni titres, ni diplômes, ni certificats, ni position officielle, ni poste officieux, qui n'a rien de rien, ni commis, ni mouchard, ni employé, ni soldat, sans consistance, sans ban, sans surface, sans point d'appui, qui ne tient à rien, qui a cette honte terrible pour un Français de n'avoir aucun maître que sa volonté et de n'obéir à personne, qui ne sait manier ni un plumeau ni un encensoir, qui ignore l'art de prospérer en espalier sur une banquette d'antichambre, qui ne saurait point saluer à propos, faire une courbette avec grâce, plier en arc sa roide échine, qui enfin — ô inconvenance — se retournerait si jamais un supérieur s'avisait de lui lancer un coup de pied là où le dos commence.

« Non, jamais personne comme Georges ne m'avait fait sentir toute la disgrâce de mon sort, personne ainsi ne m'avait fait sonder mon néant et mesurer mon humilité. N'être rien, ô douleur ! Et le traître m'a regardé comme l'éléphant contemple le ciron — Ciron, que fais-tu ? — Je tâche de vivre, Monseigneur.

« Hélas ! oui, je tâche de vivre. Je n'ai pas eu la prudence de matelasser de bonnes réalités métalliques le fauteuil de mes songes. Je chantais au temps chaud, c'est si joli de chanter. Je ne sens pas grouiller dans ma poche le louis fécond qui engendre les millions des Pereire. Ton époux, que le ciel confonde ! a fait un trou aux draps de pourpre dans lesquels je m'endormais chaque soir, sûr de me réveiller le lendemain Grand Mogol ou directeur des jeux de Bade. Maintenant je me couche avec cette idée funèbre : Je ne suis rien. Quelle faute, ami ! avoir été prendre précisément un métier qui n'est rien que par celui qui l'exerce ! Un métier où l'on sème du vent et où l'on récolte de la fumée ! Fatal état, où l'homme fait tout, tandis que partout ailleurs la profession fait l'homme. Prends quelques aunes de drap, du galon en quantité suffisante ; à ton choix, tu feras un préfet ou un général, qu'on salue fort bas. Si l'homme de lettres est tant déconsidéré, c'est qu'il n'a pas d'uniforme ! Je leur disais cela à la Société des Gens de Lettres ; ces sots m'ont ri au nez. Je leur disais : Ayez un bel habit comme les garçons de banque ou les garçons de bureau, avec un claque, et ils m'ont hué. L'uniforme est un pavillon respecté qui couvre toute marchandise. Qui n'en a pas est comme un limaçon qui a perdu sa coquille. O France, ma patrie, Jonzac, mon pays d'adoption, que n'ai-je cet uniforme, sainte relique devant laquelle vous vous prosterneriez ! Soyons ânes, morbleu ! mais portons des reliques sur notre dos. C'est pour cela que papa et Georges, qui sentent le défaut de ma cuirasse, rêvent pour moi les hautes destinées d'un conseiller de préfecture à La Rochelle. »

Il y avait, certes, de la part d'Émile Gaboriau de l'héroïsme à refuser la sortie honorable qu'on lui proposait et l'existence dorée qu'on lui faisait entrevoir. Il s'était comparé à la cigale de la fable ; pas plus que le loup de La Fontaine, il n'entendait, pour tous les os de poulets ou de pigeons, renoncer à son indépendance.

XI

ESSAIS ET ROMANS

A partir de 1861, Émile Gaboriau, dont aucun livre n'était encore apparu en librairie, en publia huit en deux ans. Une si soudaine fécondité ne peut s'expliquer que si l'auteur travaillait depuis plusieurs années à ces œuvres, de nature d'ailleurs diverse, dans l'espoir de trouver un jour un éditeur. Cet éditeur fut Édouard Dentu, probablement convaincu par Lemer, qui s'associait parfois avec lui sur le terrain de l'édition.

Rien qu'en 1861, Gaboriau publia trois ouvrages : *L'Ancien Figaro*, *Les Cotillons célèbres* et *Le 13ᵉ Hussards*, dont les deux premiers impliquent des lectures étendues.

Dans *L'Ancien Figaro*, il retrace l'histoire de la presse d'opposition au cours des dernières années de la Restauration, à travers les articles d'un journal satirique disparu peu après la Révolution de 1830 et réapparu sous l'Empire. Gaboriau s'intéressait vivement à cette époque, comme le montre le fait qu'il plaça sous la Terreur Blanche les événements de la seconde partie de son roman *Monsieur Lecoq*. Il ne devait pas, en outre, lui déplaire, ayant grandi dans une famille aux sentiments orléanistes, d'apporter une justification à l'avènement de la Monarchie de Juillet.

Les Cotillons célèbres traitent des maîtresses royales les plus connues et particulièrement de celles qui eurent une influence sur la conduite des affaires publiques. Le livre parut en deux tomes chez Dentu dans la collection de la *Bibliothèque de l'amour et de la galanterie*, dont la lecture n'était pas alors conseillée aux demoiselles.

Le seul de ces ouvrages qui ait remporté quelque succès fut *Le 13ᵉ Hussards*. Cet accueil fut sans doute dû à la nature du sujet, le soldat étant alors populaire, et aussi au talent de l'auteur qui avait su dégager, en des touches pittoresques, les aspects comiquement malheureux de l'existence du troupier dans le cadre d'un quartier de cavalerie.

Audebrand prétend qu'en écrivant cette « physiologie » du cavalier — le mot était alors à la mode — Gaboriau avait voulu donner un pendant à celle du fantassin, publiée en 1858 par Jules Noriac, sous le titre *Le 101ᵉ Régiment* et déjà rééditée plusieurs fois. Si ce dernier volume d'une centaine de pages a pu trouver de nombreux lecteurs, n'y sont probablement pas étrangères les amusantes illustrations qui en occupent une bonne partie. En fait, *Le*

13e Hussards lui est supérieur par la finesse de l'observation, la qualité de l'humour et le talent du conteur, qui a vécu la vie de caserne, alors que, dans *Le 101e Régiment*, composé de portraits mis bout à bout, les hommes et les choses semblent observés de l'extérieur.

L'année suivante, Gaboriau poursuivit ses publications sur le même rythme. Ce furent *Mariages d'aventure, Ruses d'amour, Les Gens de bureau* et, sous un autre nom d'auteur, *Les petites ouvrières*.

Les Mariages d'aventure furent précédés de cette dédicace rappelant à Amélie Gaboriau les excursions pyrénéennes effectuées au cours de l'été de 1861 :

« Cet automne, chère sœur, au retour de nos courses dans les montagnes d'Eaux-Chaudes, j'ai écrit ce volume.

« Je te le dédie, témoignage de notre inaltérable affection.

Émile Gaboriau. »

Le livre est composé de deux récits distincts, *M. J.-D. de Saint-Roch, ambassadeur matrimonial* et *Promesses de mariage*. On doit considérer l'un et l'autre comme des nouvelles, genre littéraire en vogue au XIXe siècle, bien qu'ils soient plus étendus que ne le sont habituellement ces œuvrettes. Sinon l'auteur ne leur eût pas donné un titre général commun. Ainsi pouvaient-elles apparaître comme l'approche d'un véritable roman.

Le succès remporté quelques années auparavant par *Les Mariages de Paris* d'Edmond About avait pu inciter Émile Gaboriau à puiser dans le vaste champ des épousailles, mais il faut préciser qu'il ne s'est en rien inspiré des nouvelles de son célèbre confrère. Il a produit une œuvre parfaitement originale, teintée de cet humour sarcastique qui lui est propre, différent de celui des *Mariages de Paris*, considéré par Émile Faguet comme typiquement « français, léger, ne blessant personne, n'égratignant point ».

Ruses d'amour a paru dans la *Bibliothèque de l'amour et de la galanterie*, mais à plus juste titre que *Les Cotillons célèbres*. C'est un recueil d'anecdotes prélevées par Gaboriau sur les ouvrages qu'il avait étudiés en vue d'écrire ses *Cotillons* et ses *Comédiennes adorées*, dont il sera traité plus loin. Son travail a consisté pour les trois quarts en coupures opérées sur des volumes plus ou moins anciens et collées sur les pages numérotées d'un épais cahier. Ces textes, dont certains passages sont biffés, sont reliés par des transitions de sa main. Il s'agit donc surtout d'un travail de compilation d'un intérêt très réduit, probablement accompli pour parer à un impérieux besoin d'argent. Bien que l'ensemble du volume soit « écrit » en termes décents et parfois même à mots couverts, l'auteur en déconseilla la lecture à sa sœur, cependant âgée de vingt-quatre ans, comme s'il s'était rendu coupable d'un acte licencieux.

Le caractère de l'ouvrage avait d'ailleurs retenu l'attention de la Direction de l'Imprimerie et de la Librairie du ministère de l'Intérieur qui, par une lettre du 25 janvier 1862, le soumit à l'examen de la Direction des Affaires Criminelles du ministère de la Justice. L'envoi du volume était accompagné de cette appréciation : « Bien que cette publication ne me paraisse pas contenir de délit caractérisé, j'ai cru devoir vous la communiquer comme spécimen d'une certaine littérature malsaine trop répandue. » La Direction des Affaires Criminelles retourna le volume, le 6 février, en se prononçant comme suit : « Quelqu'immoral que soit cet ouvrage dans son ensemble, je n'y ai trouvé, comme vous, aucun délit caractérisé. Il n'y a donc que des mesures administratives à prendre pour en restreindre autant que possible la publicité. » Sans doute s'agissait-il d'en interdire la vente dans les bibliothèques des chemins de fer.

Tout comme *Le 13ᵉ Hussards*, *Les Gens de bureau* sont une étude des mœurs d'un milieu qui, autant que l'armée, possède l'esprit de corps, une grande administration. Il semble qu'à cette occasion Gaboriau ait exercé sa verve avec encore plus d'humour, parfois de causticité. Or il n'avait jamais mis les pieds dans un ministère, sinon en compagnie de son père venu solliciter une mutation, mais il est possible que, parmi ses camarades, se soit trouvé un jeune fonctionnaire d'une administration centrale, qui ait voulu faire preuve d'esprit aux dépens de ses collègues et lui ait apporté des éléments dont sa faculté de recréer ait su tirer parti.

Enfin, toujours en 1862, parut sous le nom de William Alexandre Duckett, un curieux roman, *Les Petites ouvrières*, véritable protestation contre les injustices infligées à la femme par la société. La famille de l'auteur était d'origine irlandaise ; son père, William Duckett avait dirigé la publication du célèbre *Dictionnaire de la Conversation et de la Lecture*, lui-même ayant fait la connaissance de Gaboriau au *Tintamarre*. *Les Petites ouvrières* furent probablement publiées à compte d'auteur, car le volume ne porte aucun nom d'éditeur, mais seulement cette indication : chez tous les libraires.

Ce que le public ignorait, c'est que le livre était l'œuvre d'Émile Gaboriau. Dans une lettre de février ou de mars 1862, adressée à sa sœur, il apprend à celle-ci que, depuis son voyage à Jonzac, il a terminé un nouvel ouvrage dont il revoit les épreuves. Il le fera signer par Duckett, à qui il doit bien cela pour l'aide que cet ami lui a apportée, d'abord en lui servant de secrétaire, puis en ajoutant du sien à ses idées. Ce volume sera de loin ce qu'il aura fait de mieux. C'est quelque chose comme « un poème de douleur et de sanglots ». Malheureusement il est tout à fait impossible que sa sœur le lise. Quelques mois plus tard, dans une autre lettre à Amélie, il donnera de cet abandon de paternité une raison moins désintéressée, mais certainement plus conforme à la vérité. Dans ces *Petites ouvrières*, il a « esquissé de cruelles souffrances », il a « fait un navrant tableau de la faim ». Il regrette d'autant plus d'avoir laissé mettre le nom d'un autre à une telle œuvre qu'il l'a faite sans aucune aide. Mais ce sera bien la dernière fois qu'il agira ainsi ! Malheureusement, il était en quête d'argent le jour où il s'est décidé à cet arrangement. « Maudit argent qui vous fait faire de vilaines choses ! » Le fait se trouve confirmé par un passage d'un billet de Paul Féval à Gaboriau, datant probablement du second semestre de 1866. L'auteur du *Bossu*, parfaitement au courant des travaux de son jeune ami, lui demande l'envoi d'un exemplaire de *L'Affaire Lerouge*, quand le livre paraîtra, car « ce sera certainement très bon, quand on se souvient ce qu'ont pu être *Les Petites ouvrières* ».

Le 20 mai 1863, William Alexandre Duckett mourut à Paris, à l'âge de trente-trois ans. L'amitié qui l'avait lié à Gaboriau, fut à l'origine d'un appel de sa veuve, daté uniquement d'un 10 mai, mais écrit au n° 234 du boulevard du Prince Eugène, c'est-à-dire antérieur à la chute de l'Empire. Mᵐᵉ Duckett sollicitait son appui, car elle était sans place depuis quelques jours, sans ressources, et son fils aîné, qui venait de trouver un emploi, ne devait recevoir ses premiers appointements qu'un mois plus tard. Une autre lettre de la même personne, datée, celle-ci, d'un 22 septembre remercie Gaboriau de son intervention auprès d'un chef de service de l'Enregistrement, qui l'a fort bien reçue, mais l'impossibilité où elle était de verser un cautionnement ne lui a pas permis d'obtenir un autre poste que celui de surnuméraire, du moins pour le moment.

On possède deux autres lettres émanant d'un parent portant le même nom que le disparu. La première, datée du 17 décembre 1870 — donc écrite en plein siège de Paris — est adressée au directeur du *Petit Journal*. Elle proteste, en termes désobligeants, contre la publication des *Petites ouvrières* en feuilletons sous la double signature de Gaboriau et de W. Duckett, faisant remarquer que l'ouvrage avait paru en 1862, sous le seul nom de ce dernier. Preuve supplémentaire que Gaboriau n'en avait pas été le co-auteur, le livre lui avait été dédié. Celui-ci se justifia par retour du courrier et reçut une seconde lettre, datée du 19 décembre, d'un ton très différent. A travers sa teneur, on reconstitue ce que fut la réponse du romancier. Bien que l'ouvrage ait paru en 1862, sous le nom de Duckett, Gaboriau affirmait qu'il en avait été l'auteur et était en mesure de le prouver. Il n'avait d'ailleurs fait état de sa paternité que pour pouvoir, à la faveur de ses contrats avec *Le Petit Journal*, publier l'ouvrage dans ce périodique et venir ainsi en aide à la veuve et aux enfants de son ancien ami.

Les Comédiennes adorées, le dernier des ouvrages publiés à cette époque par Gaboriau, parut en 1863. Il était consacré à d'illustres actrices du passé. Dans une lettre à sa sœur, Émile affirme y avoir travaillé cinq années (depuis cinq ans serait plus exact). Il s'était livré à des recherches minutieuses et avait même eu accès à l'immense documentation que le capitaine en retraite Soleirol avait rassemblée sur l'histoire du théâtre. Mais les quatre volumes prévus par l'auteur se sont finalement trouvés réduits à un in-18 de trois cent dix pages. Lui-même a attribué l'abandon du projet initial au mauvais état de ses yeux.

Ajoutons que la riche imagination de Gaboriau a toujours regorgé de projets de livres, dont beaucoup, par manque de temps et aussi de santé, sont restés irréalisés.

En 1861, il avait entrepris d'écrire un roman où il avait exhalé sa rancune contre certains parents, mettant en scène d'une façon très claire les Robin et les Puniet. Dans une lettre du 18 février 1862, il en dit sa fierté à sa sœur : « Tout mon courroux, je l'ai déposé dans mon roman, un beau livre, va, parce que je l'ai écrit d'une main enfiévrée et que, sous la concision de ma phrase, perce une généreuse indignation, parce qu'il est vrai, vrai comme les passions honteuses qui s'agitent dans le cœur de l'homme. C'est l'histoire de toutes les familles. En toutes, il y a comme cela des intérêts ignobles, qui divisent les frères. Une fois que l'avidité de l'argent se glisse dans les relations, c'est fini, c'est à qui plantera son étendard sur le tiroir aux écus. Si je venais à mourir, c'est à toi que je léguerais le manuscrit inachevé, avec mission de le faire publier. Ce serait une vengeance d'outre-tombe. Ce serait comme un spectre qui, la nuit, viendrait les tirer par les pieds. » Mais, cédant aux prières de son père et de sa sœur, sans doute inquiets des conséquences de la sortie du livre, il accepta d'en remettre la publication à plus tard. « Je me rends à vos désirs, écrit-il le 28 mars, bien que le roman soit très avancé. Vous avez bien fait de m'avertir, il paraissait sans cela avant un mois et, d'avance, je me réjouissais des suites de ce pétard. Je comptais faire, pour voir les figures, le voyage d'Angoulême. Ce n'est que partie remise. »

Et il ajoute que, d'ici la fin de l'été, il entend publier les ouvrages suivants : *La Question italienne*, *Les Moutardiers du pape* et *La Princesse Marie*. Tout cela est commencé et serait « lestement fini », s'il avait ses yeux et sa santé d'autrefois. En fait, aucun de ces ouvrages ne paraîtra et nous ne savons rien de leur contenu, encore qu'il ne soit pas indifférent d'apprendre que Gaboriau pouvait s'intéresser à l'actualité politique.

Par la suite, il revient sur cette mystérieuse princesse Marie. En avril, il se dit arrêté dans son travail, par suite du retard des renseignements qu'il attend d'Allemagne. Il ne se fait pas d'illusions, le volume lui rapportera peu, car le tirage n'en pourra dépasser les vingt mille. Sans doute a-t-il choisi « un sujet élevé », mais il œuvre « pour l'avenir ». Il terminera le livre quand ses yeux lui laisseront un répit de huit ou dix jours, probablement pour la fin du printemps. Mais, dans le courrier qui suivra, il n'aura plus un mot pour cette noble dame.

Par contre, au mois de mai, il envisagera d'écrire un autre ouvrage, une « physiologie » du clergé, dont on trouve dans un de ses cahiers le début du manuscrit. Réalisée, cette œuvre aurait constitué une véritable tétralogie avec *Le 13ᵉ Hussards*, *Les Gens de bureau* et *Les Petites ouvrières*.

Ces pages débutent par une liste, dont la plupart des lignes semblent destinées à devenir des titres de chapitres pour un livre d'inspiration anticléricale, à lire celles-ci : « ...la franc-maçonnerie religieuse ; la rage du prosélytisme ; la fabrique de miracles ; les jésuites en robe courte ; voué au célibat ; vivre avec des femmes ; prières et déclarations d'amour ; la piété mène à tout ; l'abbé X..., négociateur en mariages ; Monseigneur de Cacopolis ; les bombances intimes ; la fête de saint Néant ; la chasse à la pensée ; passe-moi la rhubarbe, je te passerai le séné ; le secret de l'alcôve ; les négociateurs en indulgences ». On y trouve même quelques notations à la fois assez comiques et vulgaires, comme celle-ci, qui n'aurait guère égayé la sœur de l'écrivain : « Monsieur le Curé a le nez rouge ; il ne boit que de l'eau. Son désespoir à cause de ce nez. Type : le curé de Guingamp ».

En déchiffrant les feuillets suivants, on découvre, plus précise, l'intention de Gaboriau d'écrire, sous le titre de *La Soutane de Nessus*, l'autobiographie d'un prêtre, certainement plus inspirée par la lecture du *Rouge et du Noir* que par celle du *Curé de village* de Balzac.

Passons sur les impressions de l'enfant lors de son entrée au petit séminaire et sur l'accueil reçu du supérieur. On retrouvera plus loin l'analyse de ces lignes, publiées, en 1876, par Dentu, sous la forme d'une nouvelle portant le titre prévu pour le roman.

Ce sont ensuite des notes éparses, des jugements très sévères sur l'éducation donnée dans ce genre d'établissement (dont Émile fut un élève, ne l'oublions pas). En voici quelques échantillons :

« Les étroits principes que lui inculque le directeur du séminaire l'amènent forcément à un effrayant personnalisme, à cet égoïsme qui semble l'apanage du clergé. Que lui importe ce monde à lui qui n'est pas de ce monde, à lui qui n'a pas de famille. Il n'a ni père ni mère, il n'a que des frères en Jésus-Christ. Il peut traverser la vie en indifférent, que lui importent les malheurs qui ne l'atteignent pas lui-même. Il a pour tous les malheurs des consolations banales. Les disciples de Mahomet rejettent tout sur la fatalité, sa fatalité à lui c'est Dieu. La providence ne lui semble avoir été inventée que comme une excuse ou un prétexte. Il lève les yeux au ciel et vous dit : la providence. Son ennemi meurt, il bénit Dieu qui le venge. »

Et plus loin : « On m'apprit qu'il était défendu dans la cour de récréation de se promener à deux, il faut toujours être au moins trois. On m'avertit ensuite que les amitiés particulières étaient sévèrement interdites. Pourquoi ces défenses ? Je me le demandai longtemps, n'osant interroger. Un de mes camarades me révéla les motifs de la première. Quand on est trois ensemble, me dit-il, sur les trois il y a toujours au moins un mouchard. Et, Dieu sait si la délation est en honneur. On considère l'espionnage comme une bonne œuvre, une charité envers le prochain. Les raisons de la seconde défense me firent rougir jusqu'aux oreilles. Les résultats sont en raison inverse des espérances. Se promener à deux est une délicieuse infraction au règlement. Avoir un ami particulier est presque une nécessité, les mouchards eux-mêmes en ont un. Deux amis s'écrivent des petits billets, véritables stupidités. »

En attendant le moment d'entrer au grand séminaire, quelle conduite avoir à l'égard des professeurs pour que l'existence soit plus agréable ? Avant tout, se mettre « dans leur manche »», c'est-à-dire être bien avec eux. « Quand on est dans la manche d'un professeur, on lui sert sa messe. Des avantages sérieux sont attachés à cette situation. »

Puis ces lignes qui semblent surtout concerner les élèves des grands séminaires :

« Ailleurs, dans les collèges, on éloigne de l'esprit des adolescents tout ce qui peut éveiller leurs sens. Là, au contraire, tout ce que la perversité la plus diabolique a recueilli depuis des siècles, a été colligé, noté, enregistré, mis en ordre comme dans un dictionnaire. C'est l'immense encyclopédie des turpitudes et des hontes de l'humanité. On n'y distingue pas, pour ainsi dire, entre le crime et la faute. C'est un péché mortel ou un péché véniel, l'un vaut l'autre. Pour qui frappe son frère d'un poignard, l'enfer est ouvert, tout comme pour celui qui fait gras un jour d'abstinence.

« Et le chapitre des monstruosités ! Là Tibère eût pu apprendre encore, Néron s'étonner, Messaline s'instruire. Voilà les crimes contre nature. Ils sont là étalés. Et c'est de cela que se repaît l'esprit de ces hommes jeunes et forts. Aux moines du moyen âge, on infligeait le travail manuel et la saignée ; là, rien, car il ne faut pas croire à la vertu des herbes opiacées de la cuisine du séminaire. Quels nénuphars éteindraient les incendies allumés au fond des cerveaux par ces formulaires de la dépravation ? L'âme sort souillée de cette boue, l'esprit flétri, le tempérament s'y brise, pour beaucoup. On leur a dit : tel est le monde. Et ils croient qu'ils connaissent le monde. Ils ne voient plus que des crimes hors nature, des monstruosités ; le vice ne leur semble plus rien, à peine y croient-ils ».

Les années ont passé et l'ordination est venue, reçue dans l'enthousiasme : « Je ne comprends pas, s'étonne le nouvel ordonné, qu'on embrasse ce saint état de prêtre autrement que poussé par les divines et mystérieuses puissances de la vocation. Est-ce donc un état ordinaire que d'être ouvrier dans la vigne du Seigneur ? Je ne regrettais pas le sacrifice, je l'appelais de toute mon âme. »

Notre abbé a été nommé à la tête d'une paroisse et, avant de gagner le lieu où il va exercer son ministère, il a reçu les conseils de son évêque : « Du tact, m'avait dit Monseigneur, de l'adresse, de l'habileté ! Ne froissez personne... Pourquoi du tact et de l'adresse ? La justice n'est-elle donc pas une ? Peut-il y avoir deux poids et deux mesures ? L'ouvrier de la vigne du Seigneur doit-il s'inquiéter des mauvaises herbes qu'il arrache ? J'étais donc curé d'une paroisse, c'est-à-dire comme le capitaine d'un navire, maître après Dieu. Et encore, que dis-je ? N'est-ce pas maître avant Dieu qu'il faut dire, puisque l'Éternel entre les mains du prêtre abdique son pouvoir ? N'est-ce pas à ses ministres qu'il a confié le gouvernement du monde qu'il a créé, purgatoire du passage ? Au prêtre, il a dit : règne, ce que tu délies sur la terre sera délié dans le ciel. »

Et, avant que s'interrompe le manuscrit, le jeune desservant avoue qu'il fit un douloureux apprentissage en deux graves circonstances :

Tout d'abord, en apportant le secours de la religion à un malheureux sur le point d'être exécuté : « Le misérable était condamné à mort. Je dus l'accompagner jusqu'au pied de l'échafaud. Était-il coupable, était-il innocent ? Lorsque la tête tomba, je sentis la vie m'abandonner ».

Puis en refusant à des croyants de bénir le corps de leur fils qui venait de se suicider :

« Ah ! me dit-il, vous n'êtes pas le ministre d'une religion de paix et d'amour.

— Mais si, lui dis-je.

— Alors, commencez à bénir le corps de mon fils, à lui accorder les prières de l'église.

— C'est impossible ».

Alors cette femme si pieuse s'emporta en blasphèmes, maudissant Dieu et les ministres plus impitoyables encore.

Le petit avocat restait froid et calme.

« Ainsi, me dit-il, vous condamnez cet homme, vous prêtres, vous qui chaque jour montez en chaire, des paroles de pardon à la bouche.

— Je ne le condamne pas, lui dis-je d'une voix douce, je prierai Dieu pour lui, je ferai descendre Dieu sur l'autel du sacrifice à son intention, mais je lui refuse les pompes de l'Église, qu'elle n'accorde qu'à ses enfants.

— Ah ! dit-il entre ses dents, jésuite !

Alors j'essayais de lui faire comprendre ceci, c'est que l'Église est libre, c'est qu'elle a sa loi et que ceux qui ne l'ont pas suivie, vivants, doivent s'attendre à la subir, morts.

— Ah ! si l'on avait de l'argent, dit-il.

Toujours ce mot semé dans le peuple ; il croit que nous faisons tout pour de l'argent. »

Émile Gaboriau avait-il écrit en entier le manuscrit de son roman sur des feuillets aujourd'hui disparus ? D'après la teneur d'un billet dont nous est resté ce brouillon, il semble qu'il considérait cette œuvre comme achevée ou peu s'en faut : « Vous êtes venu à la maison et vous avez dit à A (Amélie) que vous ne vouliez plus publier la S. de N. En vérité, je joue de malheur.

Après avoir longtemps médité et préparé ce volume, voici que je me trouve avoir fait un travail inutile. »

Ces lignes sont suivies d'une liste de titres envisagés pour des ouvrages, dont deux seulement ont vu le jour : *Les petites ouvrières* (preuve que ces notes sont antérieures à 1862), *Les misères des femmes, La capitulation de la vertu, Les récits étranges, Prise au piège, La rose bleue, Bonheur passe richesse* (qui figurera dans les publications posthumes), *Trouver femme* (*Les mariages d'aventure ?*), *Madame Circé, La proie et l'ombre, La corruption, Séparée de corps, La femme des autres, Le marchand de corde de pendu.*

Pour en revenir à *La Soutane de Nessus*, n'aurait-on pas conservé dans la famille le cahier auquel nous venons de faire des emprunts, nous aurions toujours ignoré le jugement d'Émile Gaboriau sur l'éducation donnée à l'époque dans les séminaires et sur la valeur morale d'une partie du clergé du temps. En effet, les quelques pages publiées par Dentu, en 1876, ne concernent que la description d'un de ces établissements et le caractère de son supérieur, encore qu'on se trouve incité à une généralisation par l'âpreté du ton adopté par l'auteur et le titre retenu par l'éditeur. Mais, à n'en pas douter, la partie inédite du manuscrit révèle une intention de dénigrement, même si un hommage est rendu au passage à la pureté et au dévouement de certains membres de l'Église. Il est bon de noter que cette animosité ne se manifeste par la suite ni dans le comportement d'Émile Gaboriau, car il entendait sans doute ne pas infliger inutilement aux siens une déception cruelle et une profonde tristesse, ni dans ses romans, ce qui lui aurait attiré la réprobation de Millaud, avant tout attaché à satisfaire la plus large clientèle possible.

Quelle pouvait être l'origine d'un tel ressentiment à l'égard de la formation donnée dans les séminaires de la part d'un de leurs anciens élèves, ayant reçu dans sa famille une éducation religieuse très attentive ? On conçoit que, mis en pension vers sa dixième année, Émile Gaboriau n'ait pas gardé que d'aimables souvenirs de la dure vie dans les internats de l'époque, en particulier dans les internats tenus par le clergé, et que, par une sorte de revanche, il ait donné libre cours à ses rancœurs d'enfant pour en décrire les aspects les moins défendables en les noircissant encore. Mais là où se révèle toute l'évolution qui s'était faite dans les sentiments de l'auteur de *La Soutane de Nessus*, c'est dans son intention de réaliser un ouvrage destiné à dénoncer la mentalité et les mœurs d'une partie du clergé. A un âge où l'on dramatise aisément, avait-il été choqué, adolescent, par la tenue ou les propos de certains prêtres et par la suite, dans une généralisation un peu arbitraire, avait-il entrevu là matière à une œuvre dont le scandale le ferait connaître ? Avait-il subi, à Paris, l'influence de camarades notoirement anticléricaux comme Aurélien Scholl et Gustave Courbet ? Avait-il été depuis longtemps ébranlé dans ses convictions par la lecture de ses auteurs favoris, Stendhal, Balzac, Michelet ? Il est impossible de rien affirmer et, même s'il pouvait reprocher à certains prêtres de trahir leur mission, on ne peut, à travers sa correspondance et ses ouvrages, savoir si, à la fin de sa vie, il avait gardé la foi de ses jeunes années, s'il était devenu athée ou s'il s'était rallié à la croyance en l'existence d'un être suprême rousseauiste ou hugolien, plus ou moins trahi par les religions.

Au cours de l'été de 1862, c'est d'un autre roman dont il entretiendra sa sœur. Cette œuvre qui, elle non plus, ne verra pas le jour, il l'intitulera *La*

Misère dorée, « une situation pire que la misère populaire » décrite dans ses *Petites ouvrières,* car rien n'est plus humiliant que d'être contraint de dissimuler son dénuement sous une apparence d'aisance ou même de luxe. Il en sait quelque chose, il a écrit « tout d'une haleine » le plan du récit où figureront leurs ridicules parents les Puniet de Parry avec leur noblesse d'emprunt et leurs châteaux en Espagne. Ce roman annoncera « le formidable livre » qui fera un jour sa réputation : *La Société française au XIXe siècle.*

En attendant ce livre qui ne viendra pas, lui non plus, le 24 février 1864 Émile Gaboriau signa avec Dentu un nouveau contrat. Sans préciser de date, il s'engageait à lui livrer un roman de quatre cent cinquante à cinq cent mille lettres, intitulé *La femme des autres.* De son côté, Dentu promettait de publier le manuscrit dans les trois mois qui suivraient. Le prix de vente du futur volume était fixé à trois francs, dont dix pour cent reviendraient à l'auteur, qui recevrait en outre douze exemplaires. Puis il ne fut plus question de l'exécution de cet accord.

Enfin — et ceci, malgré nos recherches, est resté pour nous une énigme — on trouve sur la première page d'un cahier le début d'un récit intitulé *Heureuse Enfance,* écrit de la main de Gaboriau, et, en regard sur la page de garde, et de la même main, cette inscription en caractères d'assez grande dimension :

« *Les crimes légaux* par Émile Gaboriau
« *Heureuse Enfance*

Si l'année 1864 ne fut pas marquée par l'apparition d'une œuvre nouvelle, elle n'en fut pas moins d'une importance capitale dans sa carrière littéraire, car ce fut celle où il écrivit *L'Affaire Lerouge,* comme le montrent ces passages de deux de ses lettres à sa sœur, la première datée du 27 décembre 1864, la seconde du 16 janvier 1865 : « Je lâche les écluses d'un second roman (long) pour le cas où celui qui va passer au *Constitutionnel* ou au *Pays* aurait du succès. Ce succès, je l'espère et je veux en profiter, car je ne renouvellerai pas la bêtise affreuse de me laisser oublier. Comme je le disais à Georges, je suis satisfait de ce roman. J'espère que le lecteur sera d'un bout à l'autre entraîné par un puissant attrait d'intérêt. » Et dans la seconde lettre cette petite phrase ne permettant plus de garder aucun doute : « Sitôt la publication de *L'Affaire Lerouge* commencée, je file. J'ai réussi à faire du feu dans le poêle, il fume un peu. Mal de tête et froid aux pieds et, pour comble, mon encre est épaissie. Faites donc un chef-d'œuvre ! » Ce récit devait cependant attendre plusieurs mois avant de paraître en feuilletons dans *Le Pays.* Quant au roman d'une longueur toute particulière, entrepris en décembre 1864, c'était à n'en pas douter *Monsieur Lecoq.*

Maintenant, faut-il croire Jehan Valter, quand, au lendemain de la mort du romancier, il prétend que Gaboriau avait composé « une série de *Contes fantastiques* genre Edgar Poe et Charles Barbara ». Dans ces contes se seraient trouvés en germes *L'Affaire Lerouge* et *Le Crime d'Orcival,* qu'il aurait développés ensuite sur les conseils de Lemer.

Mais revenons aux œuvres publiées de 1861 à 1863. Pour une rapide étude de chacune d'elles, il semble indiqué de les grouper suivant le genre littéraire auquel on peut les rattacher, car l'ordre chronologique de leur publication ne paraît pas être celui dans lequel elles furent écrites et les dates de leur sortie en librairie sont trop proches pour qu'on puisse découvrir en elles une évolution.

a) *Histoire de la presse satirique.*

L'Ancien Figaro.

L'Ancien Figaro est un ouvrage original qui mérite de figurer dans une collection consacrée à l'histoire de la presse.

Ce premier *Figaro* fut un petit quotidien littéraire et satirique fondé en 1825 par le romancier Le Poitevin Saint-Alme avec le concours de Nestor Roqueplan et d'un jeune homme qui débuta sous le nom d'Horace de Saint-Aubin et devait être Balzac. Six mois après, Saint-Alme céda son journal à un étudiant en Droit, Victor Bohain, qui lui fit prendre place à la tête de la presse d'opposition. Ses vives attaques lui avaient valu de multiples condamnations quand, en 1830, ses rédacteurs en chef, Bohain et Roqueplan, signèrent la protestation des journalistes contre les Quatre Ordonnances. Le journal parut encore une année après la révolution de Juillet, mais la ruine personnelle de Bohain eut pour conséquence sa disparition. Le Poitevin Saint-Alme tenta sans succès de le faire revivre en 1843, puis tout aussi vainement en 1852. Villemessant reprit le titre pour un hebdomadaire littéraire et satirique qu'il fonda en 1854, devenu bi-hebdomadaire en 1856 et quotidien en 1866. Ce journal, comme on sait, vit encore, après avoir renoncé, entre les deux dernières guerres, à l'article qui précédait son nom.

Le titre de l'ouvrage de Gaboriau, *L'Ancien Figaro*, est suivi, sur plusieurs lignes, d'un sous-titre très explicatif, mais d'une longueur inaccoutumée :
Études satiriques, bigarrures, coups de lancettes, nouvelles à la main, extraits du Figaro de la Restauration
avec une préface et un commentaire par Émile Gaboriau

Cette préface, intitulée *Deux mots*, est assez brève. L'auteur se justifie d'avoir choisi *Le Figaro* plutôt qu'une autre feuille car il présente un avantage sur ses confrères de l'époque, même les plus grands : « Il donne la note de l'esprit du temps et il la donne juste. Or cette note vraie, on la chercherait vainement ailleurs, on ne la trouverait pas, sauf peut-être dans tel chapitre d'un livre de Stendhal, *Le Rouge et le Noir* ». Gaboriau entend ainsi réparer l'injustice commise par les historiens de la Restauration qui, tous, ont négligé cette ressource. « Avec les pages étincelantes de verve qu'on y trouve, on n'écrit pas l'histoire, ajoute-t-il, mais on la comprend et surtout on reconstruit une société ».

Vient ensuite une introduction en deux parties, dont la première consacrée à l'histoire générale du « petit journal », c'est-à-dire du journal satirique, jusqu'à la fondation du premier Figaro.

« Au cours de notre histoire, constate Gaboriau, l'ironie, la raillerie se sont toujours rangées dans le camp des vaincus. Les satires, les fabliaux du Moyen Age déjà vengeaient le peuple foulé aux pieds. De la *Satire Ménippée* jusqu'aux mazarinades, elles ont toujours fait reculer les oppresseurs et le petit journal a été l'expression dernière de la satire, avec une puissance centuplée par l'invention de l'imprimerie. La presse est née en 1631 avec

La Gazette de Renaudot et, dès cette époque, le petit journal fut représenté par la « nouvelle à la main », qui se colportait sous le manteau. Traquée en France, sous Louis XIV, elle s'imprima en Hollande et n'en circula pas moins dans le pays. Sous Louis XV et Louis XVI, ce fut bien pire : les pamphlets passaient de main en main presque ouvertement. La Révolution s'installa, mais la Terreur n'abolit pas l'esprit. On plaisanta jusque sous le couteau de la guillotine qu'un petit journal d'aristocrates, *Les Actes des Apôtres*, proposait d'appeler la mirabelle (Mirabeau faillit en avoir un coup de sang). Opprimés à leur tour, les nobles se mettaient à avoir de l'esprit. Le petit journal, disparu sous le Premier Empire (n'oublions pas que ces lignes étaient publiées en 1861), reparut sous la Seconde Restauration, où son rôle fut d'une importance capitale ».

Malheureusement, le journal satirique, si efficace pour démolir, est impuissant à édifier, mais il reste à son honneur que, malgré ses excès, il a combattu tous les tyrans. Et Gaboriau conclut par cette constatation courageuse où l'allusion n'est guère dissimulée : Il est la puissance invincible, ennemie du présent et complice de l'avenir.

La seconde partie de l'introduction est intitulée *Le Figaro et Victor Bohain*, mais c'est surtout de ce personnage qu'il est question, Gaboriau se contentant de citer un article de Lemer, publié en 1856, dans *La Gazette de Paris*, à la disparition de ce grand ami des gens de lettres. Retenons que, dans la direction du *Figaro*, Bohain montra le plus grand courage, refusant toujours de faire connaître au pouvoir les noms des auteurs des articles, tous anonymes, dont les plus mordants étaient d'Adolphe Blanqui, le frère du célèbre socialiste révolutionnaire. Au début, la première page du journal était surmontée d'une vignette représentant le héros de Beaumarchais, un genou en terre et prenant des notes. Mais à partir du 16 juin 1827, ce personnage fut figuré debout, la batte d'Arlequin à la main, et menaçant son vieil adversaire Basile, en l'occurrence incarnation des Jésuites que *Le Figaro* ne cessait d'attaquer. Malheureusement, la censure veillait et Basile ne put rester en scène que pendant dix jours.

Gaboriau a présenté dans l'ordre chronologique, groupées année par année, des citations de l'ancien *Figaro*, « coups de lancettes » (épigrammes en deux ou trois lignes), « bigarrures » (épigrammes en vers), « esquisses » de Blanqui ou attaques sous forme de saynètes se rapportant pour la plupart aux grands événements politiques du moment. Ces événements sont au préalable commentés par l'auteur du livre, dont c'est la seule intervention avec l'introduction indiquée plus haut. Voici les campagnes de ce journal qui, aux yeux de Gaboriau, ont justifié le plus de citations : appui à Montlosier dans sa lutte contre la Congrégation, critique du projet de loi Peyronnet dirigé contre la presse d'opposition, défense de Béranger condamné à la prison, violentes attaques contre Polignac, surnommé Pourceaugnac. Quand ce dernier accéda au pouvoir, le 9 août 1829, le numéro du journal parut encadré de noir. Les exemplaires échappés à la saisie se vendirent le lendemain dix francs, mais ils valurent à Bohain six mois de prison. A l'approche du coup de force qu'allaient représenter les fameuses ordonnances du 26 juilllet 1830, il publia dans son numéro du 25 un article véritablement prophétique où il représente le prince de Polignac débarquant à Douvres, chassé de France par une révolution. Après les Trois Glorieuses, *Le Figaro* apparut triomphant, avec une vignette nouvelle : Basile fuyant les coups de bâton du barbier. « Ah ! Basile, faiseur de coups d'État, en voici du bois vert ! »

Même habilement sélectionnées et bien commentées, des citations ne constituent qu'un recueil de morceaux choisis, qui ne pouvait faire grand-chose pour la notoriété du réalisateur et, à vrai dire, l'ouvrage passa inaperçu. Si sa valeur historique est faible, il a pour intérêt de rappeler aux historiens de la Restauration toute l'importance de ce que l'auteur appelle les petits journaux. Mais son principal attrait pour les lecteurs des années 1860 était d'y découvrir un esprit d'opposition particulièrement caustique, étalé au grand jour, qui démontrait combien le gouvernement de Charles X avait été un régime incomparablement moins oppressif que le Second Empire, même compte tenu de la récente et timide évolution de celui-ci vers le libéralisme. Sans doute Gaboriau s'est-il adressé aux dernières années de la Restauration, parce que cette époque lui a paru fort propre à montrer l'influence toujours grandissante de la presse et le danger qu'il y a pour un gouvernement à vouloir la brider.

b) *Recueils d'anecdotes.*

Ruses d'amour.

Ruses d'amour est un recueil de soixante-trois anecdotes dont la plus étendue est de quatorze pages et la plus brève d'une demi-page. Aucune ne porte de titre et elles se présentent sans aucun ordre chronologique ou logique. La plupart sont empruntées à des mémoires du XVIIe ou du XVIIIe siècles et ne sont transcrites qu'avec de minimes aménagements, tel le passage de la première à la troisième personne. Ce sont en particulier des extraits des *Mémoires secrets* de Bachaumont, de ceux du comte de Gramont, du *Journal* du comte de Valfons, des *Mémoires* du duc de Richelieu, de ceux de Mme du Barry et de la *Chronique de l'Opéra*. Quelques-unes de ces historiettes se rapportent cependant à des époques antérieures, ainsi celle qui met en scène Charlemagne. D'autres, peu nombreuses, ont été cueillies dans les échos de la presse contemporaine.

Dans ce volume, il ne s'agit que de maris trompés, victimes des ruses de leur épouse, de femmes démasquées par leur mari, d'amants heureux ou bernés, tous ces récits débités sur le ton impassible et désinvolte d'un Hamilton. Cela devient très vite ennuyeux jusqu'à l'accablement et l'on comprend que, tout comme *L'Ancien Figaro*, cet ouvrage n'ait jamais été l'objet d'une réédition.

Peut-on offrir quelques échantillons de cet interminable défilé de dupeurs et de dupés Il y a, en particulier, l'histoire du courrier bigame marié dans les deux villes « terminus » de son parcours habituel, à la fois avec Toinette, Strasbourgeoise au teint rose, qui lui prépare des plats germaniques, et avec la Parisienne Caroline aux sourcils noirs de jais, dont il savoure la cuisine très française. Mais, après bien des années, Caroline finit par apprendre la chose et va trouver Toinette en secret. Chacune d'elles ayant eu plusieurs enfants du trop galant courrier, Caroline, la première épousée, renonce à son droit d'antériorité et, par un « pacte sublime », les deux femmes décident de ne rien changer à la situation. Quand, sept ans plus tard, meurt l'heureux bigame, celui-ci, devant ses deux familles rassemblées, fait ses adieux à ses «petites veuves » et conjure ses enfants des deux lits de toujours s'aimer et s'entraider.

Voilà du moins une ruse qui se termine de façon presque morale, mais que dire de la rouerie de cette jeune femme qui, ayant reçu en cadeau, de son amant, un châle de cinq cents francs, réussit d'une manière fort originale à le porter sans avoir à subir les questions de son mari. A celui-ci, elle conte qu'une de ses amies, soudain pressée par le besoin d'argent, désire se défaire pour deux cents francs d'un châle d'une valeur bien supérieure, et c'est le mari qui engage son épouse à ne pas manquer une telle affaire et lui remet la somme nécessaire pour une acquisition aussi avantageuse. Belle affaire pour la mâtine, qui réalise ainsi un véritable coup double.

Charlemagne lui-même, faillit être dupe d'une ruse que le hasard lui révéla. Une de ses filles, Jemma, avait passé une nuit avec l'historien Eginhard, le secrétaire de l'Empereur. Or, à l'aube, les amants s'aperçurent avec consternation qu'il avait neigé depuis la veille. Les pas de l'heureux élu allaient le dénoncer en s'inscrivant dans la neige qui couvrait le sol devant l'entrée de la demeure de la princesse. Ce fut Jemma, qui imagina un stratagème destiné à sauver sa réputation, un stratagème qui eût désorienté Monsieur Lecoq, le plus subtil des policiers créés plus tard par Gaboriau. Aussi robuste que rusée, elle porta son amoureux sur son dos jusqu'à une certaine distance du seuil de son logis. Malheureusement pour elle, Charlemagne qui, ce matin-là, s'était levé plus tôt qu'à l'accoutumée, de sa chambre assista au singulier transport opéré par sa fille. Plutôt que de laisser éclater sa colère, il préféra se donner un peu de temps pour réfléchir. Éginhard, dans les heures qui suivirent, s'étant persuadé que tôt ou tard son maître découvrirait sa liaison et redoutant son courroux, alla trouver l'Empereur et lui demanda de lui accorder son congé sous le prétexte qu'il se jugeait insuffisamment payé des services qu'il lui avait rendus. Charlemagne lui fit attendre quelques jours sa décision, puis le convoqua. Il déclara alors à son secrétaire qu'il s'était résolu à lui accorder une récompense enfin digne de lui : il lui donnait sa propre fille Jemma en mariage.

Il n'est cependant pas que des ruses dans le livre de Gaboriau qui, par deux ou trois fois, se contente de rapporter un « bon mot ». Il prétend avoir assisté au foyer de la Danse de l'Opéra à une conversation au cours de laquelle une danseuse, songeant peut-être à Maurice de Saxe, se plaignait qu'« il n'y ait plus de véritables maréchaux de France pour encourager les artistes ». Et comme on lui citait le nom du vainqueur de l'Isly, elle rétorqua : « Comment voulez-vous que je le connaisse quand je lisais hier dans mon journal qu'il est allé planter ses choux à Excideuil. »

Le livre se termine par l'histoire de l'Anglais à qui son épouse, à l'agonie, demande pardon d'une infidélité dont elle s'est rendue coupable. « Je vous pardonne volontiers, lui répondit-il, si, de votre côté, vous vous montrez d'une égale générosité à mon égard. J'avais découvert votre faute et vous mourez empoisonnée par moi. » Exemple typique de cet implacable humour britannique, d'autant plus goûté par Émile Gaboriau, que, chez lui, il était inné.

c) *Essais historiques.*

Les Cotillons célèbres.

Les Cotillons célèbres sont présentés par une courte et spirituelle préface de l'auteur, débutant ainsi : « Un vieil ami de ma famille que je consulte quelquefois, bien que la jeunesse présomptueuse d'aujourd'hui le considère, en sa qualité d'académicien, comme fort peu apte à juger des choses littéraires, m'a affirmé que, de son temps, un livre ne paraissait jamais sans une préface, d'autant plus longue que le livre était plus mauvais, dans laquelle l'auteur exposait au lecteur les motifs urgents qui l'avaient déterminé à prendre la plume ». Lui-même, se soumettant à cet usage, fait savoir à ses futurs lecteurs qu'il a tenté de restituer le véritable visage des « reines de France de la main gauche », défiguré par les romanciers et les dramaturges. Il n'a pas entendu les juger, il a cherché la vérité, voilà tout. Quant au titre, il l'a emprunté, on s'en doute, à la célèbre plaisanterie du Grand Frédéric sur Mme de Pompadour et il conclut par cette boutade : « Il y a longtemps que trop de gens travaillent pour le roi de Prusse : il n'est pas malheureux qu'une fois, par hasard, il se trouve avoir travaillé pour quelqu'un. »

Le premier chapitre est consacré aux « maîtresses légendaires » de nos souverains depuis Clovis jusqu'à Charles VI. Gaboriau s'arrête longuement sur Frédégonde qu'au détriment de sa rivale Brunehaut, il s'efforce de réhabiliter, en s'appuyant sur les travaux d'Augustin Thierry. De la reine de Neustrie, il fait ensuite un bond prodigieux jusqu'à la triste histoire d'Agnès de Méranie, maîtresse de Philippe-Auguste, que le terrible pape Innocent III ne permit pas au souverain d'épouser. Et il termine avec Odette de Champdivers, « la petite reine » que, pour se « débarrasser » de son royal époux, Isabeau de Bavière jeta dans le lit de Charles VI, seule joie du pauvre insensé, aux rares moments où il retrouvait sa lucidité.

Le chapitre II traite d'Agnès Sorel, sans qui, dit Gaboriau, l'œuvre de la Pucelle serait devenue inutile. Après avoir affirmé qu'elle fut la bonne fée de son amant et contribua à lui faire mériter le surnom de « victorieux », il cite à ce propos la phrase de Fontenelle « La France doit tant aux femmes que, pour les Français, la galanterie est un devoir de reconnaissance. »

Les chapitres suivants sont consacrés aux maîtresses royales les plus connues, de François 1er à Louis XV. Nous citerons seulement la duchesse d'Etampes, la belle Ferronnière, Diane de Poitiers, Marie Touchet, la belle Gabrielle, Mlle de la Vallière, Mme de Montespan, Mme de Maintenon, les demoiselles de Nesle, Mme de Pompadour, Mme du Barry.

Certes, Gaboriau ne s'est pas livré à un travail d'archives : il n'avait pour cela ni la formation voulue, ni le temps disponible. D'ailleurs, étant donné la diversité des personnages féminins mis en scène, un tel ouvrage eût nécessité une tâche colossale qu'on n'aurait pu exiger même d'un historien rompu à ce genre de recherches et d'une culture assez vaste pour pouvoir embrasser des époques si différentes. Mais il suffit de lire un chapitre pris au hasard dans *Les Cotillons célèbres* pour se convaincre de l'étendue des lectures de l'auteur, de leur intelligente utilisation et de la qualité de l'exposition.

Particulièrement curieux est celui qu'il a consacré à Mme de Maintenon, « la vieille guenippe » des *Mémoires* de Saint-Simon. Gaboriau croit pouvoir décharger en partie la favorite de la responsabilité des persécutions contre les réformés, qu'il considère surtout comme la conséquence d'une situation économique désastreuse. Pour lui, Louis XIV fut poussé par une noblesse ruinée, qui espérait trouver d'immenses avantages pécuniaires aux rigueurs déployées contre les protestants. Ainsi la Révocation aurait-elle été bien moins une affaire religieuse qu'une spéculation et les huguenots auraient été les victimes des mêmes convoitises que les juifs ou les templiers sous le règne de Philippe le Bel. Le tort de Mme de Maintenon fut de céder à l'intolérance des jésuites, prompts à saisir cette occasion d'éliminer des hérétiques. Ils avaient jeté la veuve Scarron dans la place, en lui persuadant qu'elle devait sacrifier sa vertu au salut éternel du roi. C'était à la marquise de Maintenon à leur en ouvrir les portes. Ils lui promirent alors en échange de la révocation de l'édit de Nantes leur approbation à un mariage secret. « Le jour où les dragons se répandirent à travers la France pour prêcher le catéchisme à main armée, conclut Gaboriau, l'union du Roi-Soleil et de la veuve Scarron fut décidée. » Quant à Louis XIV, il avait oublié que, dans sa jeunesse, il avait applaudi *Tartuffe*, dont la fin du règne marquait la revanche. Enfin Gaboriau donne cette dernière touche à son « héroïne » : « Fidèle jusqu'au bout à son rôle d'hypocrisie, elle écrivit un livre sur l'éducation des filles, livre dont la morale peut se résumer en ces mots : La dévotion bien entendue mène à tout. »

Les Cotillons célèbres doivent finalement être considérés comme un ouvrage à la fois plaisant et instructif, d'une objectivité honorable, nullement démodé, propre à piquer l'intérêt par ses aperçus ingénieux, à inciter à une information plus poussée.

Les Comédiennes adorées.

Dans une courte préface, l'auteur précise qu'il a simplement voulu écrire l'histoire de quelques comédiennes du temps passé et « de nos jours ». Il les a présentées sans égard pour l'ordre chronologique, se livrant à sa seule fantaisie et seulement désireux de « faire revivre une heure ces enchanteresses ». En fait, l'expression « de nos jours » doit être prise dans un sens assez large, les plus proches dans le temps de ces aimables personnes étant mortes près d'un demi-siècle avant la publication du livre.

L'ouvrage se trouve formé de deux parties simplement accolées. Les trois premiers quarts en sont consacrés à six femmes de théâtre ayant vécu la plus grande partie de leur existence au XVIIIe siècle, et le dernier quart, aux comédiennes de Molière. Les premières, actrices ou ballerines, sont la cantatrice Sophie Arnould, la tragédienne Raucourt, l'admirable danseuse qu'était la Camargo, les comédiennes Dugazon et Contat, enfin Mme Saint-Huberty, tragédienne autant que cantatrice. Pour Gaboriau, ce fut véritablement l'âge d'or du théâtre, car chacune de ces six étoiles connut à un moment de sa carrière des triomphes et une adulation dont nous ne pouvons nous faire la moindre idée. De façon très vivante, il a évoqué leur enfance, les dons

Planche III

1. Émile Gaboriau, 1862.
Photo. Franck, Paris.

2. Amélie Rogelet, janvier 1862.
Photo. Pierre Petit, Paris.

3. Georges Coindreau, vers 1880.
Photo. Nadar, Paris.

4. Amélie Gaboriau, épouse Coindreau, vers 1870.
Photo. L. Coutenceau.

PLANCHE IV

1. Maison Gautret, rue du Château à Jonzac (1980).
Demeure de M. Gaboriau, de sa fille Amélie, puis de son gendre G. Coindreau.

Photo. G. B.

2. Couverture de la première édition du *13ᵉ Hussards* (1861).

Photo. Thiéry, Saintes.

extraordinaires qu'elles possédaient, mais aussi leur travail acharné qui, la chance aidant, leur a apporté la réussite, leurs succès éblouissants, leurs amours, les folies auxquelles on se livra pour elles et, hélas ! leur déclin et leur vieillissement mélancolique dans l'oubli, parfois même dans la solitude et la misère. Et pour Mme Saint-Huberty, la seule rescapée, devenue comtesse d'Entraigues, sa fin tragique en Angleterre où elle fut assassinée, en même temps que son mari, par un domestique piémontais, dont on venait de découvrir une grave indélicatesse.

La seconde partie du livre, bien que se présentant également sous la forme de biographies distinctes, est construite autour de la vie de Molière, dont l'auteur s'attache à conter les déboires sentimentaux. Il insiste, en particulier, sur les actrices qui tinrent une place en son cœur, Madeleine Béjard et Mlle de Brie, ses maîtresses, Armande Béjard, sa femme, ainsi que sur Mlle du Parc — la « Marquise », de Corneille — qui lui avait résisté avant de résister à l'auteur vieilli de *Polyeucte*. Gaboriau a su nous émouvoir avec les faiblesses autant qu'avec la bonté, la générosité et les tourments immérités du pauvre Jean-Baptiste. Il y a là des pages remarquables, qui méritent d'être tirées de l'oubli. Quand on les a lues, on comprend le mépris de l'auteur pour l'ordre chronologique. Il a voulu couronner son ouvrage par la grande et noble figure de Molière et nous rappeler que les acteurs, si éclatant soit leur talent, n'existent que par celui qui a conçu et écrit les pièces où ils triomphent.

De plus il a eu le mérite d'apporter quelques informations inédites, en particulier sur une personne généralement oubliée, Geneviève Béjard, la seconde des trois sœurs, comédienne médiocre, restée si ignorée que certains historiens du théâtre ont pu attribuer à Madeleine ou à Armande des faits qui la concernaient.

Mais c'est surtout à l'existence d'Armande qu'il s'est intéressé. Le portrait qu'il a dressé de « cette froide et implacable coquette » n'est guère flatteur. « Elle fut, écrit-il, le désespoir de la vie de son époux, et peut-être aussi, hélas ! le terrible aiguillon de son génie. Mari toujours trompé, amant toujours épris, sans cesse Molière revient à cette femme qu'il aime d'un incurable amour. A chaque page de son œuvre, on la voit reparaître. Dans *Le Misanthrope* aussi bien que dans *L'École des Femmes*, c'est elle, toujours elle. La comédie de Molière, cette comédie irrésistible, c'est le drame de sa vie intime. Subissant la fatalité du génie, il fait notre rire de ses pleurs... Presque tous les contemporains ont eu pour cette indigne Béjard les yeux de Molière. Il n'y a qu'une voix pour louer ses grâces, son esprit, sa beauté, son talent. » Et, cependant, voici comment Mlle Poisson la dépeint dans une lettre insérée dans *Le Mercure* en 1740 : « Elle avait une taille médiocre, mais un air engageant, quoique avec de très petits yeux, une bouche fort grande et fort plate, mais faisant tout avec grâce jusqu'aux plus petites choses... Une grande originalité, voilà le trait distinctif de la femme de Molière. Elle lui dut cette grâce un peu étrange et cette force de séduction dont ne savaient pas se défendre ceux mêmes qui connaissaient la sécheresse de son cœur. »

Gaboriau conte, avec talent et des détails intéressants, ce que fut l'enfance d'Armande Béjard, élevée par sa sœur Madeleine, l'amour de Molière, son mariage à quarante ans avec cette jeune fille de dix-sept ans, avide de flatteries, de cadeaux et de plaisirs et les souffrances qui s'ensuivirent pour ce cœur généreux. Il insiste, en particulier, sur le veuvage de la comédienne après onze ans de mariage. « Ses larmes de parade furent bien vite séchées. Les cendres du grand homme n'étaient pas encore froides que son indigne veuve osait reparaître sur le théâtre dans une des pièces qu'autrefois elle jouait avec lui. Paris entier fut indigné de ce mépris des plus vulgaires convenances. » Bientôt, elle retomba dans ses intrigues amoureuses. Par vanité et pour pouvoir se flatter de l'avoir emporté sur une camarade, elle tenta d'enlever l'amant d'une actrice entrée depuis peu dans la troupe. Cet amant nommé Guérin était « un pitoyable acteur qui n'avait rien de séduisant », mais il était insinuant et rusé. Il fit tant de difficultés pour abandonner sa maîtresse qu'Armande, piquée au jeu, voulut à toute force l'emporter et se laissa prendre au piège. Enceinte, elle hésita cependant avant de se marier. « La liberté du veuvage lui plaisait et il lui semblait dur d'échanger le nom de Molière pour celui d'un médiocre comédien. Elle se résigna pourtant, convaincue que son époux serait un esclave à ses genoux. » Le mariage eut lieu quatre ans après la mort de l'auteur du *Misanthrope*, qui allait se trouver bien vengé, car Guérin se montra un mari autoritaire, devant lequel la coquette dut renoncer à toutes ses liaisons. On prétend même qu'il la battait.

Elle resta cependant une des meilleures comédiennes de son temps et « jusqu'à sa retraite, en 1694, elle joua les rôles écrits pour elle, qu'elle avait créés avec tant d'éclat et de succès ». Elle devait mourir six ans après, presque oubliée. Des trois enfants qu'elle avait eus de Molière, seule survécut sa fille Madeleine, qui n'eut pas de descendance.

d) *Études de mœurs.*

Le 13e Hussards.

Le titre complet de l'ouvrage dont il est maintenant question, est *Le 13e Hussards, types, profils, esquisses et croquis militaires à pied et à cheval*. Il débute par une petite scène où le cavalier Gédéon Flambert récolte deux jours de consigne parfaitement injustifiés. Était-il si loin le temps où, à peine âgé dix-huit ans, il faisait la désolation de son père par ses frasques, scandales de leur petite ville de Mortagne. Cet homme rigide le poussa à embrasser la carrière des armes, estimant que son fils, tout acquis à la flânerie, au café, au vin et au « reste », était né pour faire un excellent militaire.

Une fois rejoint le régiment que la splendeur de son uniforme lui avait fait choisir, Gédéon va faire le dur apprentissage de la vie du soldat. Grâce au viatique donné généreusement par son père, il avait pu trouver un bon « camarade de lit » — expression datant du temps où les hommes couchaient par deux — c'est-à-dire un « ancien » qui le protège contre les brimades qui sont de tradition à l'égard des « bleus ». En échange, il l'emmènera boire à la cantine et parfois manger en ville. Malgré ce précieux appui, sa nouvelle existence paraît bientôt à Gédéon si insupportable, les punitions dont il écope lui semblent si imméritées, qu'il regrette amèrement de s'être engagé.

Mais, son père refusant de lui procurer un remplaçant, il lui faudra passer par toutes les épreuves qui attendent le nouveau cavalier, dont la moins pénible n'est pas le service de sa majesté le cheval, à qui rien ne manque jamais et qui doit être l'objet des soins les plus attentifs : « Il pleut, les chevaux ne sortiront pas, même pour aller à l'abreuvoir ; on les fera boire à l'écurie ; que les hussards aillent chercher l'eau nécessaire, le cavalier ne doit pas craindre le rhume. Il fait froid, vite des couvertures. Le temps est chaud, le soleil brûlant, petite promenade le matin au frais. Ces messieurs semblent échauffés ? Allons, du « barbotage » et de la luzerne. Ils ont éprouvé quelque fatigue ? Qu'on double la ration d'avoine. C'est à n'en jamais finir. De tout cela qu'est-il advenu ? Le cheval, le plus orgueilleux des animaux de la création, est devenu d'une insupportable fierté. Plus insolent qu'un banquier dans la prospérité, il considère le cavalier comme son laquais. Il faut avoir pivoté au 13e et frayé avec messieurs les chevaux pour se faire une idée de leur insupportable morgue, pour comprendre leur tyrannie plus capricieuse, mille fois, plus agaçante que celle d'un enfant gâté. »

Si l'on ajoute que l'art de l'équitation était enseigné avec des animaux particulièrement rétifs, on devine quelles mésaventures dut éprouver notre novice cavalier quand, au bout de trois mois de pansage, on le jugea enfin digne de se hisser sur une monture. Après quoi, ayant épuisé la matière offerte par la vie monotone du hussard, agrémentée par l'inspection annuelle et, pour Gédéon par un duel au sabre, l'auteur s'offre le plaisir de brosser une galerie des divers gradés du régiment. Portraits qui ne manquent ni de sel, ni d'humour, tel celui du colonel, le meilleur des hommes, dont toutes les réprimandes aux officiers débutent ainsi : « ...Pardieu ! j'ai été capitaine aussi, moi, ...ou — Monsieur, lorsque j'étais sous-lieutenant... ». Cette fiction oratoire lui est si familière qu'il l'emploie même avec ses troupiers : « Lorsque j'étais simple hussard et que j'étais de garde d'écurie... — Pardon, Colonel, vous oubliez que vous êtes sorti de Saint-Cyr avec le numéro 3. »

Au bout d'une année de service, Gédéon est devenu un habitué de la salle de police où il a pratiquement élu domicile ; c'est un mauvais soldat, un vrai « gibier de Biribi ». C'est alors que son père, peut-être prévenu par l'un de ses officiers, se rend enfin compte que son fils ne pourra jamais conquérir la prestigieuse épaulette et lui envoie la somme nécessaire à son remplacement, dix-huit cents francs, contre lesquels un vieux briscard s'engagera à accomplir les six années de service que le volontaire doit encore à la patrie.

L'ex-hussard est maintenant rentré à Mortagne où il est devenu un des plus subtils avoués de l'arrondissement. « Il s'y montre d'un chauvinisme exalté. Il ne parle de son ancien régiment que les larmes aux yeux et il donnerait son plus gras procès pour avoir à raconter une campagne. »

De la succession d'anecdotes plaisantes, cocasses même, dont est fait *Le 13e Hussards*, se dégage la constatation que, depuis un demi-siècle, s'était produite dans l'armée une évolution de la mentalité telle que la façonna Napoléon. « Jadis, croit pouvoir assurer l'ancien chasseur à cheval Gaboriau, en endossant l'habit militaire, on se croyait forcé d'adopter un code de convention, des opinions, des usages, des façons de penser. Chacun est soi aujourd'hui, chacun a son caractère propre, ses défauts ou ses qualités. » C'est ce qu'exprime d'une façon plus péremptoire un commandant retraité, ami de Gédéon : « Les militaires à présent sont exactement semblables aux pékins, excepté que les pékins ne seront jamais des militaires. »

C'est peut-être pour réagir contre cet affaiblissement de l'esprit de corps qu'ils ressentent, sans être capables de l'analyser, que ceux-ci s'attachent religieusement à la tradition dans tous les détails du service. Un exemple : « Presque tous les accessoires, aujourd'hui parfaitement inutiles, ont eu jadis leur raison d'être ; seul le temps les a détournés de leur objet. Ainsi la fourragère d'or, dont le but avoué est de retenir le shako, fut autrefois une simple corde à fourrage et la sabretache n'est qu'une réminiscence, très augmentée, de l'aumônière de peau de daim que portaient les hussards hongrois de Louis XIV. » Mais l'ingéniosité du troupier a trouvé une nouvelle destination à ces ornements anachroniques. Ainsi la sabretache sert à loger la pipe, le tabac et le mouchoir de poche du cavalier. Le brigadier y met son calepin et le fourrier les billets doux de sa maîtresse.

Le langage de la caserne fourmille lui-même de termes dont les militaires ignorent l'origine. Ainsi est-il courant au 13ᵉ Hussards de dire d'un excellent cavalier qu'il monte « comme Buffon ». Cela vient d'un capitaine instructeur qui toujours citait la célèbre phrase du grand naturaliste sur la plus noble conquête de l'homme. Un vieux sous-lieutenant avait fini par se persuader qu'il s'agissait d'un illustre écuyer et avait un jour apostrophé ainsi un conscrit maladroit : « Tu ne montes pas comme Buffon ! » L'expression était restée.

Mais la langue la plus imagée est certainement l'argot du troupier, qui est loin d'être particulier au 13ᵉ Hussards. Si quelques mots en sont morts aujourd'hui, comme le « poulet-dinde » (le cheval), l'« épée d'Auvergnat » (les poings), les « escarpins en cuir de brouette » (les sabots), d'autres sont bien vivants et ont même obtenu droit de cité dans la bonne société, tels « fendre l'oreille » ou « se brosser le ventre ». Certaines abréviations sont toujours en usage dans l'armée comme « marchef » (maréchal des logis chef) ou « marchis » (maréchal des logis), « grivet » (recrue d'infanterie), qui a pris dans l'argot moderne un sens plus large avec son diminutif « griveton » pour désigner le simple soldat.

Cependant, il est un autre langage, grotesque à force d'être prétentieux, combinaison des lourdes formes du parler paysan, encore empêtré de patois, et de termes impropres ou déformés parce que mal compris par les incultes qui veulent les reprendre. C'est la langue des brigadiers et des vieux sous-officiers, langue qu'on retrouvera dans les innombrables ouvrages consacrés jusqu'en 1914 au « pioupiou » ou au « tourlourou », copieusement chansonné, mais aimé du public, car il sera le vengeur de la future revanche. Ce sera la raison de la popularité du *Soldat Chapuzot* et du *Sapeur Camember* pour ne citer que les plus connus. C'est pourquoi on verra le succès relatif du *13ᵉ Hussards* s'amplifier après 1870 et l'ouvrage connaître jusqu'à la fin du siècle de nombreuses rééditions. C'est de ce même langage qu'on dotera la maréchaussée dans la comédie et le music-hall de la belle époque, l'époque du *Gendarme est sans pitié*. Transplantation très explicable du fait du mode de recrutement de cette arme.

De cette langue morte aujourd'hui, *Le 13ᵉ Hussards* nous offre de savoureux exemples. En voici un : « Je présuppose que vous dormiez, dit sévèrement le brigadier » ; un autre : « Ainsi, continua le brigadier, nonobstant mes galons, je suis susceptible de condescendre à vous communiquer... » et celui-ci : « Brigadier, demanda Gédéon, est-ce que vous êtes allé en Afrique ?
— Non pas moi, individuellement, mais le brigadier Goblot, mon collègue, que c'est là qu'il a gagné ses galons. »

En plus de ces particularités, l'ouvrage est marqué de cet humour froid et sarcastique, si habituel à Gaboriau. Il peut même parfois atteindre à la férocité : tel cet enseignement d'un officier instructeur : « Quand un boulet pénètre dans les rangs ennemis et tue treize hommes, on ne peut rien lui demander de plus : il a donné tout son rendement. »

Enfin, n'est-ce pas déjà le bout de l'oreille du futur auteur policier qui pointe, quand il imagine comment s'y prend un officier plein de sagacité pour connaître les provinces d'origine d'un détachement de conscrits passablement ahuris, tout juste arrivé au quartier :

« D'où viennent ces jeunes soldats ? demande le colonel — Nous allons le savoir, mon colonel, répondit le capitaine. S'adressant aux conscrits — Que chacun de vous me montre sa main droite, commanda-t-il. Très bien ! je m'en doutais, ce sont des Bretons et des Normands. — A quoi voyez-vous cela, capitaine, interrogea un sous-lieutenant ? — Simple affaire d'observation, répondit le capitaine. Pas un de ces empâtés-là ne sait, j'en suis sûr, distinguer sa droite de sa gauche, mais ils connaissent, les Bretons, la main dont il faut se servir pour faire le signe de la croix ; les Normands, la main qu'on doit lever devant le juge pour prêter serment. Je leur ai demandé leur main droite : tous, avant de me la présenter, ont esquissé le geste familier de leur province. »

Les Gens de bureau.

Gaboriau, qui connaissait parfaitement l'œuvre de Balzac, avait certainement ses *Employés* à l'esprit, quand il écrivit *Les Gens de bureau*. Cependant les deux ouvrages sont d'une conception entièrement différente et l'on ne trouve dans le second aucune trace de démarquage.

Balzac étudie, en des chapitres précis, chacune des fonctions dont est fait un ministère, depuis celle du garçon de bureau jusqu'à celle du chef de division et, si ces études sont traitées dans un impitoyable esprit critique, chacune garde un caractère impersonnel. Si le mérite de l'auteur est d'être parvenu à une généralisation, il n'en reste pas moins que sa « physiologie » évoque plutôt une planche anatomique. Quand il y a description des vêtements, des manières, de la mentalité, c'est de l'ensemble de chaque catégorie, à l'exception de la plus nombreuse, celle des commis, où il distingue plusieurs types. Aucun des employés n'est nommé, on ne les voit pas agir individuellement, rien n'apparaît de ce qu'il peut y avoir chez l'un ou chez l'autre d'originalité personnelle. C'est une mécanique parfaitement conçue, mais une mécanique au repos.

Gaboriau, lui, a entrepris de l'animer, d'en faire fonctionner les rouages sous les yeux d'un nouveau venu qu'il a introduit dans cette administration dont les ridicules, mais aussi le pittoresque, sont incarnés dans ses divers employés. Aussi ne peut-on lire *Les Gens de bureau* sans être tenté d'établir une comparaison avec *Messieurs les Ronds de cuir* de Courteline, dont le titre est dans doute plus incisif. Mais là s'arrête la supériorité de l'auteur de *Boubouroche* : avoir su élever à la hauteur d'un emblème l'accessoire propre à rendre moins pénible les longues stations assises, qui, déjà du temps de Balzac, faisait partie de la panoplie du parfait bureaucrate.

Chez Gaboriau, il s'agit d'un étudiant en droit, Romain Caldas, peu sensible aux beautés de Cujas, qu'il abandonne volontiers pour publier, dans une feuille humoristique, des chroniques spirituelles, mais fort mal rétribuées. Poussé par la faim, il finit par entrer au ministère de l'Équilibre National grâce à un concours qu'il juge une excellente chose, puisqu'il permet aux candidats de mesurer au juste l'influence de leurs protecteurs d'après le numéro de classement qu'ils obtiennent. Une fois admis, il profite de ses fonctions pour observer la faune qui foisonne autour de lui, apprendre les milles petites roueries du métier, étudier par le détail les rouages d'une administration « dont le besoin ne se faisait pas autrement sentir, mais précieuse pour caser nombre de fruits secs fortement recommandés ». Tout en travaillant avec une sage modération, Caldas écrit une pièce de théâtre que reçoit finalement la Comédie Française. C'est le succès, la gloire, l'argent et la possibilité d'envoyer sa démission au ministre, ce qu'il s'empresse de faire. Son départ lui vaut cet adieu de la part du chef du personnel : « J'ai lu votre pièce, elle révèle un grand talent. Vous avez tort pourtant de quitter l'administration : votre écriture s'y était beaucoup améliorée. »

Le livre constitue une étude minutieuse, implacable des tares d'une administration centrale et des manies de son personnel, d'une drôlerie d'autant plus réjouissante qu'elle est faite sur le ton du plus grand sérieux. Rien du récit entraînant de Courteline, mais rien non plus de sa grosse farce, de ses outrances dans le comique et, pour finir, dans le drame, ni bains de pieds, ni égorgement. Dans *Messieurs les Ronds de cuir*, le récit doit une part appréciable de son intérêt à des événements qui ne relèvent pas forcément de la vie administrative, même si le cadre leur donne un curieux piment. Certains des faits, d'ailleurs contés par l'auteur lui-même, et non par l'un des protagonistes, pourraient tout aussi bien se dérouler en un autre lieu. Bien que Gaboriau n'ait pu observer du dedans, comme Courteline, la vie d'un ministère, tout, dans *Les Gens de bureau*, est lié à la fonction. Mais il ne s'en est pas tenu là. Des descriptions les plus savoureuses, des anecdotes les plus plaisantes, il sait tirer des enseignements d'une grande vérité qui montrent, bien avant la venue de ses romans judiciaires, quel fin analyste il y avait en lui. D'un chef d'une grande valeur, il dit : « M. Maréchal est l'homme le plus aimable du ministère ; il a le don si rare de parler aux petits sans les écraser. C'est le vrai signe de la force. »

Quant aux portraits, tracés par Caldas, de ses compagnons de chaîne, ils forment, par leur diversité et les traits saillants habilement dégagés, une galerie administrative d'une certaine manière comparable au défilé des personnages de La Bruyère, dans un monde, il est vrai, cloisonné.

C'est le commis principal Rafflard, « un petit homme sec, jaune, bilieux, à l'œil cave, fonctionnaire acariâtre, laborieux seulement en apparence. Son peu de chance dans l'administration a aigri son humeur. Profondément inintelligent, il rachète son incapacité par une gravité imperturbable ; il est fainéant, mais on ne l'a jamais vu inoccupé. C'est le paresseux le plus actif et la nullité la plus solennelle de l'Équilibre ».

C'est le commis d'ordre Cassegrain, « l'homme aux idées méconnues qui, entre autres trouvailles géniales, veut pour chaque employé un grade militaire corespondant à ses fonctions et naturellement un uniforme, système qu'il convient d'étendre à toute la nation si l'on veut résoudre une fois pour toutes le problème de l'ordre social ». Visionnaire prodigieux, vivant en pensée, sans s'en douter, le XXIe siècle, « à chaque Français il donne un numéro matricule, qui devient son nom de famille et simplifie la tenue des registres de l'état civil ».

Son collègue de bureau, « le prince des calligraphes, M. Coquillet, est un vieillard complètement idiot. Hors une belle écriture, il ne voit pas de quoi peut se vanter un homme. S'il est surpris d'une chose, c'est de ne pas être ministre, lui qui, à main levée, dessine autour de lettres d'une admirable rectitude les plus merveilleuses arabesques ». L'un des modèles qu'il propose à ses élèves, car il donne des leçons à des collègues peu doués pour la calligraphie, est ce verset composé par lui : il n'est pas donné à tout le monde de savoir écrire. Ce don vient de Dieu.

Plus cocasse encore est le poète Jouvard, dont le talent le plus évident est de composer, en utilisant une seule rime, d'interminables poèmes dont il puise l'inspiration dans le cadre de son labeur quotidien. Il faut lire sa *Poésie en grattoir* :

« Ce petit homme en habit noir,
C'est mon chef et mon éteignoir.
Figure en lame de rasoir,
Il porte sa morgue en sautoir.
Quand les dignités vont pleuvoir,
Il est toujours sous l'arrosoir... »

ou sa *Poésie en canif*

« Devant ses chefs il est craintif
Cent fois plus qu'un filou fautif... »

Il y a quatre-vingts vers de cette facture !

Si Gaboriau sait si justement décrire tous les spécimens de la gent administrative, c'est qu'il s'entend mieux que quiconque à saisir au passage une attitude révélatrice, un geste qui trahit. Ainsi, l'huissier du ministère à qui Caldas venait de s'adresser, « releva la tête, son regard, sous ses lunettes, remonta rapidement jusqu'à la boutonnière supérieure du beau pardessus et, comme il n'y vit pas le plus petit bout de ruban, sans se donner la peine de dévisager son interlocuteur, il se replongea dans sa lecture avec un flegme imperturbable ».

Le livre abonde en des raccourcis saisissants, toujours riches en humour : Au ministère, le chef du personnel jette cette douche froide sur la tête de Caldas, échotier d'une petite feuille : « Notre administration a l'honneur de compter dans son sein plusieurs littérateurs français. Ce sont tous d'exécrables employés. » Et d'un chef de bureau parfaitement inefficace, qui se donne beaucoup de mouvement dans l'espoir d'avancer, « c'est de lui que le ministre disait : il bat des ailes mais il ne vole pas ».

C'est aussi un guide que le fonctionnaire désinvolte peut trouver dans *Les Gens de bureau*. Ainsi « il ne s'agit pas de dire : je suis malade, je vais prendre un congé. Il faut arriver à se faire dire : Vous êtes malade, prenez donc un congé » ou « Ne vous écartez pas de ce principe : ne jamais voir en dehors les gens à la société desquels le bureau vous condamne. Fréquentez plutôt des scélérats que des camarades » ou « Pour dix petites carottes, on a dix mauvaises notes ; une grande passe presque toujours inaperçue et, fût-elle découverte, elle ne peut valoir qu'une seule mauvaise note. »

De ces carottes, petites ou grandes, Gaboriau donne de nombreux exemples. Ne citons que le tour du chapeau : « Il fait beau, vous voulez prendre l'air. Vous faites choix d'un collègue sédentaire dont la tête soit en rapport avec la vôtre ; vous lui empruntez son gibus et vous filer avec. Vous avez eu soin de laisser le vôtre en évidence sur votre pupitre, avec votre mouchoir et vos gants, si vous en avez. Pendant ce temps le chef peut venir, il voit votre chapeau et vous êtes bien noté. Le tour du chapeau est fait et le vôtre aussi. »

e) *Nouvelles.*

Mariages d'aventure.

Dans les deux récits, groupés sous le titre de *Mariages d'aventure*, on peut trouver, nous l'avons dit, comme deux spécimens d'un genre littéraire intermédiaire entre la nouvelle et le roman.

La trame de *L'Ambassadeur matrimonial* est des plus simples : Pour éviter une monotone existence de fonctionnaire en province, Pascal Divorne, un ancien polytechnicien, depuis peu ingénieur des Ponts et Chaussées, donne brusquement sa démission. D'où brouille avec son père, avoué à Lannion. Mais Pascal ne devient pas un déclassé, comme s'y attendaient ses parents et les bons bourgeois de leur petite ville, jaloux de la réussite de l'homme de loi. Au contraire, il s'associe avec un entrepreneur nommé Lantier, ancien terrassier, qui s'enrichit dans la démolition. A eux deux, ils réalisent des affaires fort fructueuses. Quelques années s'écoulent. Pascal, déjà à la tête d'une assez jolie fortune, revient pour un temps très court dans sa ville natale où il reçoit l'accueil le plus flatteur de ceux qui avaient prédit sa déchéance.

Le meilleur ami de Pascal — celui du moins qu'il croit son meilleur ami — est un médecin sans avenir, le docteur Lorilleux, ancien camarade de collège qui, depuis des années, prépare minutieusement le terrain pour un mariage entre une sœur chérie et le brillant ingénieur, dont il a toujours envié les succès en les attribuant à la seule chance. Et comme Lorilleux parle sans cesse mariage à Pascal pour le familiariser avec cette échéance, celui-ci, poussé à la fois par la curiosité et le désir de se livrer à une bonne plaisanterie, se rend chez un étrange personnage, M. de Saint-Roch, qui se dit ambassadeur matrimonial et serait, lui aussi, capable de marier le Grand Turc avec la République de Venise. Une industrie inspirée à Gaboriau par celle de M. de Foy, fondateur d'une agence matrimoniale très connue, à qui, en décembre 1858, il avait consacré une chronique dans *Le Tintamarre*. L' « ambassadeur » montre à Pascal Divorne une gracieuse jeune fille nommée Antoinette Gerbeau, dont la famille n'a d'ailleurs pas eu recours à ses offices. Le pseudo-candidat au mariage devient sur-le-champ éperdument amoureux. Par l'entremise d'un collaborateur de Saint-Roch, il se fait présenter au père de ce rare trésor, à qui il parvient à rendre un service signalé. Pascal est désormais introduit dans la famille, plaît à Antoinette, demande sa main et l'obtient.

Mais quand il annonce la nouvelle à son associé et à Lorilleux, ceux-ci sont effondrés. Le premier espérait lui voir épouser une de ses trois filles et le médecin voit ruiné son projet le plus cher. Ce dernier, décidé à empêcher coûte que coûte ce mariage, dérobe chez son ami une lettre de Saint-Roch et l'envoie à M. Gerbeau, accompagnée d'un billet anonyme, où il accuse Pascal de s'être enrichi dans des affaires véreuses, après avoir été chassé de l'École des Ponts et Chaussées. Il adresse une autre lettre anonyme à M. Divorne, pour lui faire savoir que son fils va entrer dans une famille peu honorable, où l'a introduit un agent matrimonial stipendié par les parents, désireux de caser leur fille, dont personne ne veut.

La colère des deux pères est terrible. L'avoué se précipite à Paris pour déclarer à son fils qu'il s'opposera à ce mariage et tente de lui « ouvrir les yeux », cependant que le père d'Antoinette fait savoir à Pascal qu'il ne devra jamais remettre les pieds chez lui. Et, comme chacun estime avoir un compte à régler avec « l'entremetteur » matrimonial, ils se rendent tous deux chez M. de Saint-Roch où ils se rencontrent et commencent à s'expliquer. L'entretien, au début orageux, se poursuit chez le notaire de M. Gerbeau, où les deux antagonistes parviennent à justifier mutuellement leur enfant. Et, c'est réconciliés qu'ils entrent chez Pascal, qui n'en croit pas ses yeux et apprend de leur bouche qu'ils viennent de tomber d'accord sur les clauses du futur contrat de mariage.

Reste à découvrir le traître, que Pascal a bientôt identifié, car il se souvient que Lorilleux a écrit des lettres sur son propre papier, après qu'il lui eut fait part de sa décision. Mais, eu égard à une amitié d'enfance, il lui pardonne et, pour toute vengeance, le met en demeure de demander la main d'une des filles de Lantier, d'ailleurs charmantes et richement dotées.

Le dernier mot restera tout de même à l'ambassadeur matrimonial qui, un mois après le mariage de Pascal et d'Antoinette, vient réclamer le montant de sa commission, soit quinze mille francs. Le jeune marié les lui remet en le poussant vers la porte. Mais, avant de sortir, M. de Saint-Roch se retourne et lui dit à mi-voix : « Cher enfant, si jamais — Dieu vous préserve de ce malheur — vous veniez à perdre votre épouse, souvenez-vous de mes bons offices et conservez-moi votre clientèle. »

Le héros de *Promesses de mariages*, Hector Malestrat n'a pas, lui, à avoir recours à un intermédiaire pour trouver femme. C'est un jeune bourgeois bordelais, qui mène une vie oisive et dissipée grâce à la fortune laissée par ses parents. Finalement lassé par une existence dont la vanité lui est apparue, il décide de faire une fin en réalisant l'accord conclu dans le passé entre son père et le meilleur ami de celui-ci, Blandureau, parti quinze ans auparavant pour Paris : marier entre eux leurs deux enfants. Bien qu'il n'ait pas revu celle qu'on lui a destinée, Hector écrit à son futur beau-père, dont les intentions n'ont pas changé, qu'il aura sa visite dans trois mois et qu'on pourra alors célébrer le mariage.

Le jeune homme s'est donné ce délai pour « enterrer sa vie de garçon » ; il passe quelques semaines en Suisse où il s'ennuie, et un beau matin il se retrouve dans la région de Tours. Comme il possède un excellent ami à quelques lieues de la ville, il décide de lui faire une visite et tombe chez lui à la veille de son mariage. « C'est une rage, pense Hector, tout le monde se marie ; j'ai bien fait de me décider, je n'aurais plus trouvé femme. »

Mais il reste encore des filles à marier en Touraine et, au cours des réjouissances de la noce à laquelle il est naturellement invité, Hector Malestrat découvre une blonde et délicieuse enfant, dont il ne tarde pas à devenir follement amoureux, et, très vite, il se persuade qu'il ne lui est pas indifférent. Bien que Louise — c'est le nom de cette perle — appartienne à une famille noble, Hector, sans préparation diplomatique, se décide brusquement à demander sa main à sa mère, la baronne d'Ambleçay, veuve depuis une quinzaine d'années. Il est éconduit à son grand désespoir et à celui de Louise, mais la baronne veut bien lui donner la raison de son refus. Son mari, à son lit de mort, lui a fait jurer que leur fille n'épouserait qu'un baronnet anglais, descendant ruiné d'une famille qui, pendant les années de l'époque révolutionnaire, fut profondément secourable aux Ambleçay, alors émigrés, vivant à Londres dans la misère la plus noire. Hector s'en retourne abattu, mais résolu à gagner Paris pour se faire délier d'un engagement qui désormais lui est odieux, quand un vieux prêtre, l'ancien précepteur de Louise, lui remet une lettre pour le fiancé anglais qui vient d'arriver dans la capitale. Ruse de jeune fille sans doute, car, dans l'occasion qui lui est ainsi offerte de faire la connaissance de son rival involontaire, Hector peut entrevoir le salut de son amour.

A Ville-d'Avray, où les Blandureau résident dans leur maison de campagne, il trouve dans son futur beau-père un négociant enrichi, excellent homme mais d'une vulgarité et d'un manque de goût révoltants, et dans sa fiancée, Aurélie, une personne fort belle, mais prétentieuse, hautaine, entichée de noblesse et honteuse du nom paternel. Le lendemain même, à Paris, Hector s'acquitte de sa commission auprès du fiancé de Louise, sir James Wellesley, jeune aristocrate anglais, à la fois guindé et intimidé de se trouver dans un pays dont il parle fort mal la langue. Le machiavélique Bordelais va désormais s'ingénier à se rendre désagréable aux Blandureau et à gagner la confiance du jeune Britannique, qu'il a introduit dans sa future famille. Aurélie est vite conquise par la morgue et les grands airs de sir James qui, un jour, sera lord et celui-ci se prend d'amour pour Mlle Blandureau. Mais il se reproche amèrement de trahir la confiance de son nouvel ami, cependant que l'ancien commerçant ne peut se faire à l'idée de manquer à l'engagement pris autrefois et d'infliger à Hector ce qu'il croit être une cuisante blessure d'amour-propre et une peine immense. Leurs scrupules seront heureusement faciles à apaiser et, comme dans une bonne opérette, les deux mariages se feront dans la joie générale.

Et M. Blandureau qui, pour une fois, fait preuve de bon sens, apporte sa conclusion d'ancien négociant à cet amusant chassé-croisé : « Les promesses de mariage faites par les parents, sont des lettres de change tirées sur l'avenir, le plus inexact de tous les débiteurs. » Ce que l'auteur complète par ce corollaire, qui vaut pour l'ensemble de l'ouvrage : « Le hasard est et restera toujours le premier des négociateurs en mariages. »

f) *Romans.*

Les Petites ouvrières.

Les Petites ouvrières, qui suivirent de près la publication des *Misérables,* étaient également une protestation contre les injustices et les cruautés de l'ordre social, particulièrement celles qui frappent les femmes. Le livre portait d'ailleurs en épigraphe une citation tirée de cette œuvre de Victor Hugo : « Qui n'a vu que la misère de l'homme n'a rien vu, il faut voir la misère de la femme. »

L'ouvrage constitue une véritable étude de la vie dans les ateliers de couture parisiens, et du sort pénible des « cousettes » au siècle dernier. C'est l'histoire d'Augustine, une jeune fille de seize ans, chassée du domicile familial par un père ivrogne et brutal, qui ne veut plus « travailler pour la nourrir ». Elle se trouve jetée à la rue du jour au lendemain, sans aucun soutien. Elle réussit toutefois à se faire embaucher dans un de ces ateliers où, plus tard, dans *L'Argent des autres*, Gaboriau nous dira que la plupart des ouvrières étaient « perdues de mœurs ». A force de travail, Augustine parvient à réaliser quelques maigres économies. Elle résiste héroïquement à toutes les tentations de la vie facile et même luxueuse qui s'offrent à elle, d'autant plus fréquentes qu'elle est fort belle, et elle se dévoue à une malheureuse camarade de travail, dont le surnom « Boscotte » dit suffisamment l'infirmité. Chassée de son atelier par le mari de la patronne, un bellâtre à qui elle a osé résister, elle continue à lutter seule pour deux, car Boscotte est tombée gravement malade.

Après plusieurs démarches, Augustine réussit à trouver un médecin qui accepte de soigner son amie sans exiger d'être payé d'avance. Malgré tout, elle ne parviendra pas à éviter l'hôpital à la malheureuse, qui finira par y mourir. Et Augustine devra encore déployer des trésors d'ingéniosité pour épargner au corps de Boscotte la dissection qui l'attend et lui procurer des obsèques décentes.

Mais, à partir de ce moment, se détendent tous les ressorts qui soutenaient la jeune fille dans sa lutte pour rester pure. La faim la tenaille et le livre s'achève sur le « oui » dont elle favorise un jeune duc riche, distingué et charmant, quand il lui fait à l'oreille une proposition que nous n'entendons pas. C'est cette capitulation finale qui rend véridique le récit, sinon on aurait en Augustine un personnage parfait donc invraisemblable, relevant du mélo et non d'un roman de mœurs réaliste.

Les habitudes, la mentalité des Parisiens, d'une façon plus particulière du peuple de Paris, comme Gaboriau les connaît bien pour les avoir observées, étudiées ! En voici quelques échantillons : « Qu'un Parisien mette le pied quelque part, tout le monde veut y mettre le sien. O peuple de badauds ! » ou « Dans le peuple, l'union libre n'est point une honte. On respecte la femme qui garde à son amant la fidélité qu'elle garderait à son époux et la consécration du temps ne paraît pas moins enviable que celle du prêtre ou du magistrat. » Ou, pour persuader l'une de leurs amies de les accompagner dans un bal populaire, les jeunes ouvrières lui font miroiter : « Nous fumerons des cigarettes », à l'époque le comble de l'audace pour une femme.

Et n'est-ce pas le futur auteur des romans judiciaires qui se révèle une fois de plus par des déductions comme celles-ci : « Avec un peu d'exercice, on distingue vite l'état d'une ouvrière. Les polisseuses et les brunisseuses sont trahies par leur grand sarrau, celles qui font de la couture ont le bout des doigts grêlé et noirci par l'aiguille, les cartonnières ont toujours, collée à leurs robes, quelque filandre de papier, celles qui travaillent chez les parfumeurs ou les chocolatiers laissent dans leur sillage les senteurs du magasin. »

Quant au sort des cousettes, il sait le décrire pour l'avoir observé et s'être apitoyé sur lui. Ne gagnant pas assez pour manger normalement, ces femmes sont « débilitées par un effroyable régime de lait et d'eau », ce qui explique que « toutes raffolent du café, leur seul excitant ». Augustine souffrira si cruellement de la faim et de l'inconfort de sa mansarde qu'elle songera avec envie au bol de bouillon qu'à l'hôpital elle a vu apporter à Boscotte et au lit bien blanc où la malade était couchée. Et comme, dans un congrès récent, des statisticiens ont décrété que l'insouciance apparente des jeunes ouvrières s'expliquait par le demi-jeûne qu'elles pratiquaient, Gaboriau ironise amèrement : « On ne saurait trop engager les parents pauvres à faire prendre de bonne heure à leurs enfants cette habitude si économique ».

Mais, parfois, il ne peut s'empêcher de laisser éclater son indignation devant la volonté des bourgeois d'ignorer les souffrances des ouvriers et devant leur indifférence, si, par hasard, ils les côtoient. Ceux-ci sentent le dédain où on les tient. Quand, pour prendre ou rapporter de l'ouvrage, Augustine est amenée à traverser un quartier riche, elle marche vite, sans regarder de côté, « effarouchée comme un hibou qui se trouve loin du donjon au lever du soleil ».

Ainsi notre chroniqueur s'était prouvé à lui-même qu'il avait assez de souffle pour écrire un roman, et un roman susceptible d'émouvoir. Mais, malgré les préoccupations d'ordre social dont il fait preuve à cette occasion, on sent dans *Les Petites ouvrières* l'influence de *Madame Bovary* plus que celle des *Misérables* par un souci du détail minutieux, qui l'emporte sur le besoin d'opposer, de prouver et de moraliser. Il apparaît que, tout en saluant le génie de Victor Hugo, il ait été sérieusement touché par la contagion réaliste comme tant de jeunes écrivains et artistes du temps. Alors que l'étoile de Champfleury déjà déclinait, peut-être rêvait-il, n'ayant pas prévu *L'Assommoir* et *Germinal*, de s'imposer un jour comme le Flaubert des banlieues enfumées et du labeur ouvrier.

XII

NOUVELLES CHRONIQUES

Deux années s'étaient écoulées depuis que Gaboriau n'avait plus collaboré à un périodique quand, le 22 juillet 1862, parut une chronique de sa main dans *Le Progrès*, quotidien lyonnais fondé en 1859. On ignore comment le nouveau correspondant prit contact avec Chanoine, gérant de cette feuille de tendance très démocratique, pour ne pas dire républicaine. Peut-être William Duckett, lui-même, collaborateur du journal, avait-il servi d'intermédiaire entre les deux hommes. Cette chronique, en grande partie consacrée à la vie de la capitale, fut d'abord intitulée *Correspondance parisienne*, puis, à partir du numéro du 15 février 1863, *Causerie parisienne*. Elle s'étendait habituellement sur une largeur de trois ou quatre colonnes et figurait parfois en première page. Elle était toujours datée de l'avant-veille et paraissait à intervalles irréguliers pouvant varier de trois jours à trois semaines.

Émile Gaboriau était certainement satisfait de l'audience que lui procuraient ses chroniques dans ce grand quotidien régional et il ne manquait pas d'adresser les coupures de ses articles à Jonzac, en recommandant de les garder soigneusement. La direction du *Progrès* ne pouvait de son côté que se féliciter de posséder un correspondant parfaitement au courant des événements « bien parisiens », dont il rendait compte avec une verve indéniable. Aussi peut-on s'étonner qu'après la *Causerie* du 13 avril — c'est-à-dire après quelques mois de collaboration — sa prose disparut définitivement du journal sans qu'il en fût donné la raison aux lecteurs, certainement déçus d'en être privés.

Malheureusement pour Gaboriau, dans cette maison, l'intendance suivait fort mal. A travers les brefs billets à en-tête du *Progrès* restés dans sa correspondance, on discerne que notre chroniqueur éprouvait une impatience grandissante par suite d'un manque de régularité dans le versement de la rétribution accordée pour ses « papiers ». Chanoine lui écrivit en particulier, le 16 mars 1863, pour l'inviter à se présenter chez le parfumeur parisien Drost, 32, rue Richelieu, afin d'y toucher la somme de deux cents francs réclamée deux jours plus tôt par son collaborateur. Or, il est surprenant que ce dernier ait été amené à lancer un rappel pour un règlement qui aurait dû intervenir de lui-même et que ce règlement ait été laissé au soin d'une tierce personne, peut-être un annonceur, débiteur du journal. Ce procédé semble bien signifier que *Le Progrès*, par suite de difficultés de trésorerie, ne versait pas ponctuellement les appointements de ses rédacteurs.

Bien que le chroniqueur ait parfois laissé percer sa désapprobation de certains aspects de l'action gouvernementale, le gérant aurait souhaité des prises de position plus affirmées afin de pouvoir faire classer définitivement son collaborateur parmi les adversaires déclarés du régime et, ainsi, se l'attacher solidement. Le 29 décembre 1862, il montre le bout de l'oreille dans un billet adressé à Gaboriau : « Cher ami, dans une mention (honorable) que je veux faire à propos de votre collaboration, j'ai besoin (pour arrondir ma phrase !) de vous donner quelques titres littéraires démocratico-libéraux. Lesquels préférez-vous ? Je suis embarrassé de choisir. Mille vœux d'amitié. » Gaboriau, peu désireux d'être marqué politiquement, fit sans doute la sourde oreille et on en resta là. En avril, Chanoine revint à la charge, en reprochant à son « cher ami » de manquer de virulence contre le pouvoir. Un billet de rupture lui apporta cette réplique qu'Emmanuel Car a cru à tort avoir été destinée, en 1860, au directeur du *Journal à 5 centimes* : « Citoyen, vous m'accordez à grand-peine cent francs par mois et vous me demandez pour trois cents francs de républicanisme. Adressez-vous donc à un autre. Salut sans fraternité. »

D'ailleurs, depuis quelques mois, Gaboriau avait vu s'ouvrir devant lui, grâce à Paul Féval, des perspectives pécuniaires en apparence plus intéressantes. Vers la fin de l'année 1862, Julien Lemer et Paul Féval avaient décidé de fonder en commun un hebdomadaire littéraire et satirique, baptisé *Jean Diable*, du titre d'un roman inédit que ce dernier entendait publier en feuilletons dans la nouvelle revue. Ils proposèrent alors à Gaboriau, qui possédait déjà une certaine expérience en la matière, d'en assurer le secrétariat de rédaction, ce que celui-ci accepta volontiers. C'est à la Librairie Centrale, dont Lemer était propriétaire, au 24 du boulevard des Italiens, que s'installèrent les « bureaux » du journal, ce qui était probablement une façon pompeuse de désigner le bureau du secrétaire de rédaction. Outre la mise en page et la responsabilité des articles non signés, celui-ci avait pour mission d'égayer chaque numéro de quelques-unes de ses chroniques.

Paul Féval, qui avait gardé la haute main sur la direction du journal, s'était entouré de nombreux collaborateurs de valeur, dont la liste figurait au sommet de la première page de chaque numéro. On y trouvait notamment, outre les noms de Féval, Lemer et Gaboriau, ceux d'Albéric Second, de Pierre Véron, de Théodore de Banville, d'Étienne Carjat, de Charles Bataille, de Léo Lespès, de La Landelle, de Jules Cauvain, de Jules Noriac, de Charles Expilly, d'Henri Rochefort, d'Albert Wolff, de William Duckett... On eut parfois recours à des concours occasionnels, tel celui de Nadar, et beaucoup d'articles furent publiés sous des pseudonymes.

Le premier numéro parut le jeudi 27 novembre, le deuxième, le samedi 6 décembre, et les numéros suivants, chaque samedi, jusqu'au trente-septième et dernier, daté du 7 août 1863, en même temps que se terminait la publication du premier feuilleton.

Chaque numéro du journal comptait seize pages. En haut de la première page, figurait une vignette représentant un personnage assis, drapé dans un ample manteau noir et retirant un masque, inspiré de Jean Diable, le héros de Féval ; au-dessous, une gravure plus importante, illustrant un passage du roman qu'on trouvait dans les pages suivantes. A l'intérieur, une gravure occupait l'une des deux ou les deux pages centrales. Succédait au feuilleton une chronique sur trois ou quatre colonnes, *Les Tablettes de Jean Diable*, signées de Gaboriau. Elles manquèrent dans les numéros 22, du 25 avril 1863, et 25, du 16 mai ; et, dans le numéro 26, du 23 mai, elles furent signées d'un autre nom. On présenta des excuses aux lecteurs, en invoquant l'absence du chroniqueur habituel, mais sans donner les raisons de ces absences, sans doute consécutives au décès de son grand-père maternel et au règlement de sa succession.

Paul Féval avait beaucoup compté sur le succès remporté habituellement par ses romans auprès du grand public pour asseoir solidement la nouvelle feuille, mais financièrement les choses allèrent moins bien que prévu et, quand on dut liquider l'affaire à la suite de la faillite de Lemer, les comptes se soldèrent par un découvert important. Dans une lettre du 14 septembre 1863 à sa sœur, Émile évoque le naufrage de *Jean Diable*. Graviot, le marchand de papier réclame une somme fabuleuse. Pendant que, lui, Émile se trouvait à Jonzac, un arrêté du tribunal a condamné les administrateurs du journal. Sur le conseil de leur avocat, ils n'ont pas fait appel, mais ont transigé pour six mille francs ainsi répartis : trois mille pour Féval, quinze cents pour l'imprimeur Bouret et quinze cents pour lui-même. On lui avait accordé un délai pour s'acquitter, mais Lemer est allé conter à Graviot qu'à la suite d'un héritage immense, lui, Émile, était devenu très riche. Aussitôt Graviot s'est mis à le poursuivre à outrance et il est contraint de le régler sans retard, sinon son créancier est capable d'intervenir dans la succession. « Tu vois l'affaire d'ici ! », s'exclame-t-il, peut-être pour stimuler sa sœur. Alors que la faillite de Lemer, avec qui il a cessé toutes relations, lui a coûté près de cinq mille francs — mais plaie d'argent n'est pas mortelle — il a besoin de quinze cents francs dans les quatre jours et il ne dispose que de cinq cents francs. Peut-elle demander à leur ami Brassaud de lui avancer mille francs sur sa part dans la succession de son grand-père ? Il n'écrit pas cela à son père dans la crainte de le chagriner. Il doit manquer une lettre d'Émile accusant réception des mille francs réclamés, car, dans le courrier suivant, daté du 23 septembre, il est seulement question des « fanfreluches » que sa sœur l'a chargé d'acheter et de lui expédier. Le surlendemain, nouvelle lettre. La liquidation de *Jean Diable* est terminée et il reste créancier de Lemer pour une somme importante. En touchera-t-il jamais quelque chose ? En attendant son père pourrait-il lui envoyer quatre cents francs, car il doit payer sa bonne avant de partir pour Jonzac, le mercredi soir 30 septembre.

Si sa participation à *Jean Diable* s'était soldée pour Émile Gaboriau par des mécomptes pécuniaires, il n'en est pas moins vrai qu'il en avait tiré un bénéfice sur le plan professionnel. Il suffisait de relire les trente-sept numéros que comporte la collection du journal pour se rendre compte qu'à l'âge de trente ans, il avait acquis une remarquable maîtrise dans l'art de la chronique, et sur les sujets les plus divers.

De plus, l'emploi de secrétaire qu'il avait rempli avec talent — car cette revue était fort bien présentée — lui avait permis d'être en rapport avec des écrivains de premier ordre et des journalistes très connus. Complétant celles qu'il avait déjà nouées avant 1860, grâce à sa participation à diverses feuilles parisiennes, ces relations ne pouvaient par la suite que lui être fort utiles.

Mais, après cette déconvenue, Gaboriau allait devoir rester cinq mois sans collaborer à un périodique. Ce fut grâce à l'un de ses anciens compagnons de misère, Alcide Grandguillot, devenu, en 1863, directeur du journal parisien *Le Pays*, qu'il fut admis à tenir une chronique dans cette feuille dont un autre de ses amis, Antoine Grenier, était le rédacteur en chef. Seule la nécessité d'assurer son existence et peut-être celle d'Amélie Rogelet avait pu le contraindre à écrire dans ce quotidien au sous-titre significatif de *Journal de l'Empire*, manifestement subventionné par le gouvernement. Sa première chronique parut le 6 janvier 1864, mais, comme il ne tenait pas à se compromettre par cette participation, les premiers temps de sa collaboration il signa ses articles du pseudonyme de A. Voiseux. Cependant, sa position ne devait pas tarder à gagner en importance. A partir du 18 août 1864, on put trouver assez régulièrement en haut et à gauche de la première page, sous le titre banal de *Bulletin*, un article de fond d'une ou deux colonnes, promotion que Gaboriau allait devoir payer de pénibles concessions au régime.

Surprise. Le 14 septembre 1865, apparaît au bas de la première page du *Pays*, le début d'un roman intitulé *L'Affaire Lerouge*, nullement annoncé dans les numéros précédents. C'est l'œuvre d'un certain Émile Gaboriau, un nom à beaucoup inconnu. Rien sur la personne de l'auteur qui, pour le lecteur, devra rester distincte de celle du grave chroniqueur Voiseux, dont l'autorité aurait tout à perdre si on apprenait qu'il se livre à de telles puérilités. Le feuilleton parut régulièrement pour prendre fin avec le numéro du 7 décembre. Il n'eut pas de retentissement par suite de l'assez faible tirage du *Pays*, qui oscillait alors autour de trois mille exemplaires et, plus encore, de la tournure d'esprit de ses austères lecteurs, surtout intéressés par les informations politiques ou financières et probablement dédaigneux de toute « littérature populaire ».

Voici, d'après le romancier nonagénaire interviewé par Emmanuel Car, quelle serait l'origine de ce roman, mais on peut se demander si ce dernier l'avait vraiment lu pour le considérer comme « un pastiche du Double meurtre de la rue Morgue » : « A quelques pas de la Porte d'Italie, une veuve, Célestine Lerouge, fut égorgée avec une sauvagerie effroyable. Chargé d'enquêter sur ce fait divers par son journal, le romancier poursuivit l'affaire de très près et se lia d'amitié avec un vieil inspecteur de la Sûreté nommé Térabat et surnommé Tirauclair, qui lui fournit sur les mœurs policières du jour des précisions sincères. Le véritable assassin de la veuve Lerouge ne fut jamais découvert, mais Gaboriau, brodant sur la réalité, tira une nouvelle de ce drame affreux et lui donna un dénouement. Le vieux Térabat accepta de figurer dans le récit, à la condition que son véritable nom ne fût pas prononcé. L'auteur de *L'Affaire Lerouge* ne se mit pas en frais d'imagination. Il retourna le nom du policier et créa Tabaret dit Tirauclair ! »

Nous avons les meilleures raisons de mettre en doute la véracité de ce récit. Tout d'abord l'état civil parisien et ceux des communes voisines de la Porte d'Italie n'ont pas enregistré dans ce quartier le décès d'une veuve Lerouge au cours de l'année 1864 ou des années précédentes. Pas trace non plus d'une telle affaire dans les archives de la Préfecture de Police et du greffe du Palais de Justice, ainsi qu'au Dépôt des Archives de Paris, où se trouvent les dossiers des Affaires sans suite et ceux des Non-lieux de la Chambre des mises en accusation. D'ailleurs, Émile Gaboriau n'a pas une seule fois fait allusion à un tel meurtre et à la poursuite d'une enquête personnelle dans ses lettres à sa sœur, à qui, cependant, il confiait dans les détails la nature de son activité et de ses travaux. D'autre part *Le Pays* s'intéressait peu aux faits divers et n'avait aucun motif de faire une exception en faveur d'une malheureuse veuve, mais, à supposer que le journal ait chargé un de ses collaborateurs de s'informer des résultats de l'enquête policière — initiative de sa part improbable —, pour quelle raison aurait-il porté son choix sur le chroniqueur de politique étrangère qu'était encore avant tout Gaboriau ? Quant à l'existence de Térabat, dont le nom ne figure pas sur les contrôles de la Préfecture de Police, elle semble tout aussi incroyable. Tabaret est vraisemblablement sorti tout armé de l'imagination de Gaboriau, qui n'avait nullement besoin de s'inspirer d'un crime réel et de fréquenter un agent de la Sûreté pour composer son roman. N'avait-il pas déclaré lui-même à l'un de ses amis : « Si la rue de Jérusalem pouvait se douter de l'extraordinaire détective qu'il y a en moi, elle ferait immédiatement appel à mes services ! »

Pour en venir à un sujet d'ordre plus général, un article du 4 janvier 1866, où Voiseux passait en revue les principaux aspects de la politique française au cours de l'année précédente, semble avoir déplu à l'administration soit parce qu'il n'avait pas eu un mot pour l'expédition du Mexique, soit parce qu'il s'était félicité avec un plaisir trop évident de l'orientation libérale adoptée bon gré, mal gré par le régime. A dater du 10 janvier, le *Bulletin* n'a plus droit à la place d'honneur, désormais accordée à un autre collaborateur, et, à partir du 13, il cesse de paraître. Il reparaît le 22, mais réduit à quelques lignes et il ne comporte plus que le texte des dépêches de l'étranger, rarement et très brièvement commentées.

Incroyable ! Le 6 avril, surgit, dans *Le Pays*, une chronique générale, signée de Voiseux, intitulée *Au jour le jour* et écrite sur un ton plaisant. Et, à partir du 18 avril, elle paraît sous le nom de Gaboriau, ce qui permettra aux lecteurs peu informés d'identifier l'auteur du *Bulletin* de la première page. Sans doute faut-il voir dans cette innovation assez surprenante le désir de la direction de glisser un soupçon de bonne humeur dans les colonnes monotones de son journal, car elle ne pouvait prévoir la notoriété qu'allait donner à son ancien feuilletoniste la publication de *L'Affaire Lerouge* dans un autre quotidien.

Cette chronique, qui, en cinq mois, figura une cinquantaine de fois dans *Le Pays*, prit fin avec le numéro du 11 septembre 1866, et, dans celui du 12, parut le dernier *Bulletin* toujours signé de Voiseux. La lecture du numéro du 16 permet de comprendre la raison de cette éviction. Granier de Cassagnac, bonapartiste intransigeant, annonçait qu'il prenait la direction du journal et, dans un article placé en tête de la première page, définissait lui-même ce que serait désormais sa ligne de conduite. Une phrase semblait viser particulièrement Gaboriau : « La littérature doit cesser d'être parisienne pour devenir française ». Peut-être Cassagnac n'avait-il pas goûté, dans l'article du 4 janvier, l'approbation donnée à l'évolution du régime, mais, plus sûrement, il n'avait pas oublié que, dans *Le Progrès*, un quotidien ennemi, Gaboriau avait pronostiqué trois ans auparavant que, sous sa direction, *La Nation* adopterait la marche de l'écrevisse. Ce sont des choses qui ne se pardonnent pas.

Ainsi prenait fin une collaboration de trente-trois mois, la plus longue participation d'Émile Gaboriau à un périodique en qualité de chroniqueur.

Cette exclusion devait d'ailleurs le laisser assez indifférent, car le succès maintenant remporté par *L'Affaire Lerouge* semblait pouvoir lui garantir un avenir libéré de toute préoccupation d'ordre pécuniaire.

a) **dans « Le Progrès » de Lyon** (1862-1863).

La chronique de Gaboriau dans *Le Progrès* de Lyon débuta le 22 juillet 1862. Ce premier « papier » traite principalement de la vie théâtrale de la capitale et d'une grève des ouvriers imprimeurs. Le boulevard du Temple va devoir laisser la place au boulevard du Prince Eugène, ce qui va provoquer la mort de bien des théâtres populaires. « Voilà le drame, le crime, le poison et le poignard expropriés. » Par contre, on restaure la Comédie Française, mais les acteurs déplorent qu'on ait prévu un foyer trop étroit. Le Palais-Royal, enfin, a repris *Les Saltimbanques*. Cela repose des pièces à jambes. « Il faut des jambes, mais pas trop n'en faut ». Quant aux ouvriers imprimeurs, ils s'étaient mis en grève pour obtenir une augmentation de salaire et on en avait arrêté quelques-uns. Pour pallier le manque de personnel, les patrons et leurs familles avaient mis la main à la pâte tout en envisageant de créer une école professionnelle féminine. On vient de relâcher les détenus et le travail a pu reprendre avec un nouveau taux des salaires accepté par la plupart des ouvriers.

Dans la chronique suivante, du 7 août, Gaboriau prend plaisamment à partie les Parisiens mécontents des démolitions et des constructions haussmanniennes, qui modifient l'aspect de leur ville. Cependant, devant ces transformations gigantesques, « les Russes sont enchantés, les Allemands admiratifs et les Anglais dissimulent mal leur jalousie ». Alors, n'oublions pas le proverbe qui dit : « L'hôtelier doit se réjouir de s'étendre sur une botte de paille, si son hôte est content de son lit. » D'ailleurs, les commerçants parisiens ne sont-ils pas à genoux devant les étrangers ? « Les boutiquiers sont d'autant plus empressés que leur accent est prononcé. Pour eux, qui dit étranger dit millionnaire. » Et cependant les deux premiers mots qu'apprennent les étrangers sérieux avant de venir dans notre pays sont : trop cher. Par contre le Parisien, lui, paye toujours. « Le marchand, qui liarde à son comptoir, une fois dehors ne calcule pas. Cet être débonnaire, qui a fait tant de révolutions, tremble devant son portier, un cocher de fiacre ou une ouvreuse, et le pourboire représente, d'après les statistiques les plus sérieuses, le huitième de sa dépense. »

Le 19 août, les Lyonnais peuvent lire un compte rendu du déroulement à Paris de la fête de l'Empire fixée le 15. La journée du 14 a été marquée par une grande parade militaire. Dès une heure de l'après-midi, l'armée, au total soixante mille hommes, occupait le Champ de Mars ; la foule, contenue par un cordon de sergents de ville, « avait des clameurs pour tout et pour tous, car le Parisien aime le clinquant et le panache ». L'Empereur a passé les troupes en revue en commençant par la garde nationale, dont il a salué les aigles. Sont ensuite arrivés l'Impératrice dans son landau et le Prince Impérial sur un poney. « On vit alors de nombreux gardes nationaux courir pour rejoindre leur rang, qu'ils avaient abandonné après le passage de l'Empereur. Mais un vent violent s'est élevé faisant tourbillonner une multitude de papiers gras, où, précautionneux, ils avaient enveloppé un casse-croûte. Le défilé a commencé par ces braves gens. Pauvre garde nationale, dont les rangs dessinent des Z. Son excuse, c'est de ne pas s'être entraînée beaucoup depuis dix ans. Un capitaine énorme étouffe sous son harnais, un chef de bataillon tremble visiblement de tomber de cheval. On rit... » Le défilé terminé, notre reporter descend alors du toit où, pendant cinq heures, il est resté debout.

Dans plusieurs numéros du *Progrès*, Gaboriau s'intéresse au sort de Garibaldi. Six jeunes ladies viennent de s'embarquer pour la Sicile, afin de remettre au héros de Marsala une adresse signée d'un millier d'admiratrices l'adjurant de renoncer à une attaque sur Rome et sur Venise. Puis c'est la grande nouvelle ; Garibaldi, blessé, est tombé aux mains des troupes royales. Alexandre Dumas, coutumier des gestes théâtraux, a demandé au roi Victor-Emmanuel la faveur de partager la captivité de son illustre prisonnier.

Concernant la presse française, un bruit circule. Les journaux deviendraient responsables de leurs annonces. Les gérants, en ce cas, seraient-ils tenus d'expérimenter les produits vantés à la quatrième page « depuis le chapeau électrique jusqu'à l'irrigateur qui exécute des airs pendant l'opération ? »

Puisqu'on en est à la musique, Émile Gaboriau applaudit, le 2 septembre, à la diffusion de cet art dans le peuple et fait l'éloge d'Eugène Delaporte, un ancien organiste, qui en est devenu l'apôtre. Décidé à fonder une chorale dans chaque commune, voici des années qu'il lutte, passant des nuits en wagon, s'acharnant devant les obstacles dressés devant lui. Tant de peine ne lui rapporte rien, sinon la joie d'avoir vu, à son appel, dix mille orphéonistes se rassembler à Paris. Dans cent ans, il aura son buste dans toutes les sociétés chorales.

A cette noble distraction, Gaboriau, dans la même chronique, en oppose une autre, sanguinaire, celle-là. La chasse va s'ouvrir et commencer « le massacre des innocents ». Heureusement, bien des chasseurs reviendront bredouilles. Il n'y a plus de gibier, c'est la plainte universelle, et les accidents de chasse sont si nombreux qu'on tue plus de Nemrod que de lapins.

Ami des bêtes, Gaboriau sait aussi se montrer féministe. Dans le numéro du 10 septembre, il relève qu'un certain nombre de dames vont se réunir pour réclamer une plus large part dans la distribution des croix d'honneur. Pourquoi ne créerait-on pas un ordre du Mérite féminin ? « Vingt années de vertus domestiques méritent une récompense au moins autant qu'une douzaine de coups de sabre. » Dans un pays étranger, les femmes ont pétitionné pour obtenir le droit de vote. Avec un peu d'humour, elles auraient pu faire valoir cet argument : « Puisque nous faisons voter les hommes à notre fantaisie, autant nous laisser voter nous-mêmes. » Enfin, à une dame qui se désolait, parce que Georges Sand ne ferait jamais partie de l'Académie, c'est dans le même esprit qu'un académicien répondait : « Si elle veut être académicienne, qu'elle épouse un académicien. »

Mais notre chroniqueur a plus d'une fois le courage de s'en prendre au régime, ce qui est d'ailleurs conforme à la ligne politique du journal. Recueille-t-il le bruit qu'à l'initiative de l'Empereur, on va connaître une ère de plus grande indulgence à l'égard de la presse et, comme l'écrit une feuille gouvernementale, donner à la répression un caractère plus légal, il ironise sur cette nouvelle : « On peut donc décliner le mot légal : un peu légal, un peu plus légal, presque légal, très légal, excessivement légal. »

Devient-on grossier ou malhonnête, parce qu'on tient un fouet ? Presque tous les cochers de fiacre, pris à la course, injurient leur client quand elle est un peu longue ; pris à l'heure, ils vont d'un train à se laisser devancer par une tortue. Dans tous les kiosques de stations, un grand panneau bleu à lettres blanches informe les usagers de l'existence d'un registre imposé par la police, sur lequel on peut déposer les plaintes. Il ne sert à rien ; les gens insultés n'osent ou ne daignent avoir recours à lui. « En France, on aime mieux se laisser écorcher que poursuivre son droit, ce qui paraît ridicule. Le Français a les démarches en horreur, si bien que la France est la terre classique des petits abus et, dans la capitale, les petits abus sont plus grands qu'ailleurs. »

Décidément nous empruntons tout à l'Angleterre. Après le macfarlane et le col carcan, voici qu'apparaissent en quatrième page des journaux des « annonces anglaises » du genre de celle-ci, toute récente : « D.F. — Je pardonne votre lettre offensante, M. Pierre. Viens. » On imagine sous ces mots tout un roman d'amour avec ses jalousies, ses drames et ses réconciliations. Pour 1 franc 25 on pourra lire avant peu dans les six plus grands journaux « M.L. Viens mercredi soir. Mon tyran sera à la campagne », ou même : « F.A. Je sais que X part. Il y a trois mille francs en caisse. Apporte un ciseau froid. »

Le charlatanisme, lui, est de tous les temps. Trois ans auparavant, « Henri Vriès, surnommé le Docteur Noir, avait prétendu avoir découvert le moyen de guérir la plus terrible maladie, le cancer. Il mettait sur le mal une petite poudre dont il avait le secret et crac, le voilà guéri. Il fut alors combattu par le Dr Velpeau. On mit une douzaine de malades à sa disposition. Il échoua. On lui demanda ses diplômes, il n'en avait pas et n'avait jamais étudié la médecine. Il a reparu ces jours-ci. Il vient d'inventer un nouveau coton, qui doit tirer l'Europe de la crise cotonnière. Qui sera vexé ? M. Velpeau, car pour guérir les nations, il n'est pas besoin de diplômes. »

Dans la même chronique du 1er novembre, on apprend que Paul Féval est revenu peu satisfait de Londres, où trois théâtres s'apprêtent à jouer une traduction de son *Bossu* ; les Anglais lui refusent tous droits d'auteur malgré les accords internationaux.

Comme on en est au théâtre, Gaboriau s'en prend à nouveau, indirectement, au régime, à propos des *Ganaches*, la pièce de Victorien Sardou, qui est le sujet de toutes les conversations. Voici une scène décrite et commentée avec esprit et courage par notre chroniqueur, au risque de voir les foudres de la censure tomber sur lui : « Trois hommes jouent au whist à Quimperlé : une ganache légitimiste, une ganache républicaine et une ganache parlementaire. Sardou fait rire à leurs dépens Il est vrai qu'ils étaient déjà par terre. Peut-être aurait-il été plus généreux de les épargner. Les maîtres illustres, eux, visaient haut et frappaient fort. Pourquoi l'auteur, pour la partie carrée, n'a-t-il pas fait s'asseoir à cette table la ganache Empire ? M. Sardou, qui a des yeux excellents, doit la connaître. Elle manque à cette galerie. Positivement la ganache a du bon. »

Puis, à partir d'un fait divers (le suicide d'un gamin de onze ans), Gaboriau en arrive à des considérations sur ce que nous appellerions « l'enfance affairiste ». Les enfants ne jouent plus, constate-t-il, ils ont maintenant une bourse aux timbres-poste, qui se tient aux Tuileries. Comme lui disait un de ces jeunes spéculateurs, on y fait des affaires. Et, de là, à condamner la philatélie (le mot n'apparaîtra que deux ans plus tard) : « De qui est venue cette idée idiote de collectionner des timbres-poste de tous les pays ? D'un Anglais malade de spleen, je crois. Cela devient une épidémie. Les enfants, il y a quelques années, avaient un petit cahier où ils collaient les timbres qu'ils pouvaient se procurer dans leur entourage. L'industrie s'en est mêlée. On a fabriqué de beaux albums à photographies, en chagrin, avec des fermoirs d'or. Les marchands de timbres aussi gagnent de l'argent. Les rares — Australie et Nouvelle-Zélande — atteignent cinq ou six francs. On prétend que c'est un moyen très ingénieux d'apprendre la géographie aux enfants. J'en doute. Mais cela leur apprend l'art si nécessaire de la spéculation. Des mamans, des fillettes peuvent se prendre de cette passion. Et un jeune homme, certainement riche, a acheté pour une de ses nièces une collection presque complète au prix de neuf cents francs ! Cette folie gagne sans cesse du terrain : on va jusqu'à fabriquer des bijoux en émail imitant des timbres-poste. »

En décembre, « le déroulement de l'inauguration de la statue du prince Eugène a eu lieu devant une foule considérable. La pluie fine et serrée, tombée toute la matinée, cessa à midi. L'Empereur apparut vers deux heures, suivi d'un brillant état-major ; l'Impératrice était en voiture, portant un manteau brodé d'or et un chapeau blanc. L'Empereur prit la parole pour parler du prêt au travail organisé par l'Impératrice, et annoncer que le boulevard transversal, celui de la reine Hortense, s'appellerait désormais Richard-Lenoir. Une immense acclamation salua la fin de son discours. A six heures commencèrent les illuminations. »

Dans sa première chronique de l'année 1863, Gaboriau s'enhardit de plus en plus à critiquer le régime. L'époque n'est pas favorable aux revues de fin d'année, remarque-t-il. Ce n'est cependant pas l'esprit qui manque, mais bien le moyen de montrer son esprit. Un vaudevilliste de ses amis avait entrepris d'écrire une pièce intitulée *Tout va pour le mieux*, où l'on voyait un prince apprendre l'espagnol pour aller régner au Mexique, allusion à l'empereur Maximilien, qui ne pouvait guère plaire à la censure. « Pourquoi, lui a-t-il demandé, n'avoir pas représenté cette pièce ? » Le vaudevilliste lui a éclaté de rire au nez et s'est esquivé. Certains affirment que la liberté de la presse et du théâtre est totale en France, en citant l'exemple du *Fils de Giboyer*, joué sur plusieurs scènes sans avoir connu aucune contrainte, mais ce n'est qu'une exception, tout le monde n'est pas Émile Augier. Un autre que Beaumarchais n'eût pas réussi à faire jouer *Le Mariage de Figaro*.

Une feuille qui n'aura rien à redouter de ce côté-là sera *La Nation*, dont la naissance est annoncée par des affiches qui couvrent les murs de Paris. Elle sera dirigée par M. Granier de Cassagnac, l'ancien rédacteur du *Pays*. « Voilà de belles étrennes pour les admirateurs de la marche de l'écrevisse, s'esclaffe courageusement Gaboriau. Nous aurons là un journal qui ressemblera à ces mandarins à tête mobile qui branlent du chef de haut en bas, ayant toujours l'air de dire oui. »

Dans le numéro du 10 janvier, il pousse un soupir de soulagement « Le cap terrible est doublé, le temps des étrennes est passé et... il va falloir se priver du nécessaire après avoir acheté le superflu. Est-ce pour cette raison que cette époque de l'année est celle des grandes ventes de mobiliers ? Il est vrai qu'on ne laisse plus aux meubles le temps de vieillir. On les veut à la dernière mode : poufs, crapauds, tête-à-tête, dos-à-dos ; pour un oui ou pour un non, on échange. Vente des bijoux, aussi, de Mlle Schneider, non moins lestement gagnés que brocantés. Une dame aux cheveux blancs désirait acheter pour sa fille de seize ans un petit bracelet assez modeste, portant l'inscription : « Souviens-toi ». Après tout, un souvenir de rencontre, n'en vaut-il pas un autre ? »

Mais il est une vente qui présentait un bien autre intérêt, celle de la collection Soleirol, qui comptait en particulier soixante mille portraits d'auteurs et d'artistes. La Bibliothèque Impériale, trop pauvre, a dû laisser partir pour l'étranger de précieux autographes, achetés en partie par le British Museum.

Après une interruption de trois semaines, la signature d'Émile Gaboriau reparaît dans *Le Progrès* du 2 février, où il mentionne que Louis Veuillot lui a adressé une lettre reproduite par quelques journaux parisiens. « C'est bien de l'honneur pour moi, ajoute-t-il, M. Veuillot étant de ceux dont les injures font plaisir. »

La *Correspondance parisienne* du 5 février, s'étonne que Flaubert ne soit pas encore à l'Académie. « On n'y arrive pas par un chemin, disait récemment un nouvel élu, mais seulement par des sentiers. » La même chronique regrette la mort de Mme Cardinal, qui tenait, rue des Canettes, un cabinet de lecture, un magasin immense, de la cave au grenier, surnommé par Balzac « La pension bourgeoise de l'intelligence ». Elle-même pouvait citer de mémoire tout ce qui s'était imprimé depuis cinquante ans. Son érudition a rendu bien des services. C'était un recueil vivant, comme on voudrait bien en trouver un à la Bibliothèque Impériale. Elle n'a malheureusement pas écrit ses souvenirs.

Une mémoire plus étonnante encore est celle de M. Hume, médecin célèbre et spirite convaincu, qui a publié l'histoire de ses vies antérieures. Il en est à la huitième. Il a certainement pour lecteur Victorien Sardou, disciple fervent d'Allan Kardec.

Une autre façon de se transporter dans le passé est de suivre le nouveau procès du « Collier de la reine ». Les joailliers Boehmer et Bossange, ruinés par la perte du splendide joyau, avaient cédé leur créance à un sieur Deville, cependant que le cardinal de Rohan, mort en 1803, avait eu comme héritière la princesse de Rohan-Rochefort. Les héritiers Deville intentent aujourd'hui un procès aux héritiers de la princesse qu'ils accusent de dissimulation et à qui ils réclament le prix du collier, soit neuf cent mille francs et les intérêts de cette somme depuis soixante-dix ans.

Le 15 février, à l'approche des fêtes du carnaval, Gaboriau note au passage que, si, naguère, la chanson des *Bottes de Bastien* faisait fureur, aujourd'hui c'est une autre stupidité qui l'a remplacée, *Le pied qui r'mue*. « C'est une rage, une monomanie, une vogue insensée. »

De plus, il soulève pour ses lecteurs un coin de la tenture qui leur dissimule les mœurs réelles de ce qu'on appelle la bonne société. On n'y fait guère preuve de délicatesse. Ainsi les bals qui ont le plus de succès, sont ceux dont les buffets sont approvisionnés de truffes et de champagne Moët. On se bat alors autour des assiettes et il faut faire préserver le buffet réservé aux dames par des domestiques robustes. Il a même vu un invité, qui engloutissait dans ses vastes poches une provende destinée aux siens. On l'a bientôt su dans le bal et l'on a ri de bon cœur de « ce pélican d'un nouveau genre ».

Un peu plus tard, le chroniqueur se réjouit que le mois de mars ait fait son apparition au milieu d'un printemps précoce. « On se croirait à Nice ; tout Paris est dehors. On vend pour deux sous d'énormes bouquets de violettes et de fraîches toilettes sont apparues au Bois de Boulogne. » C'est aussi l'époque des lauriers. Albert de Broglie vient d'être reçu à l'Académie. Les invitations étaient introuvables et l'on faisait queue une heure avant la séance.

Dans le numéro du 8 mars, un peu de tout, depuis le succès au théâtre du Palais-Royal de *Célimare le bien-aimé*, l'excellente comédie de Labiche et Delacour, jusqu'à la curieuse démonstration d'un long jeune homme mélancolique, qui a joué en même temps de douze pianos grâce à un fil électrique les reliant à celui sur lequel il exécutait un morceau.

Le 20 mars, Gaboriau prie ses lecteurs de bien vouloir l'excuser pour le retard apporté à son habituelle *Causerie* : il a été tué raide par l'ancien maître bâtonniste Veuillot, un terrible homme. Il est vrai qu'il a été massacré en bonne compagnie, avec l'écrivain si populaire et si aimé Paul Féval, que M. Veuillot a foudroyé d'un mot. Afin de le ridiculiser, il l'a appelé honnête. Voilà un nom que personne ne s'avisera jamais de donner à M. Veuillot. A lui, Gaboriau, il a reproché d'avoir publié un livre intitulé *Les Cotillons célèbres*. L'homme qui s'est ainsi offusqué est le même qui a écrit autrefois cette pieuse polissonnerie qu'est *L'Honnête Femme*. Mais, depuis lors, s'est converti l'ancien auteur de l'*Histoire de deux amants et d'un apothicaire*, cette œuvre de jeunesse, dont il serait amusant de donner des extraits.

A Paris, le « théâtre pour rire » continue à faire fureur, il se crée partout des groupes d'amateurs. Les femmes en sont folles. Mais certains maris grognons goûtent peu ce divertissement. Sans doute craignent-ils qu'elles ne répètent le jeu de la passion pour l'avenir. En attendant, elles ont un merveilleux prétexte pour montrer leurs jambes jusqu'aux genoux.

Une autre réception a eu lieu à l'Académie, celle d'Octave Feuillet, écrivain du monde élégant qu'on a surnommé « le Musset des familles ». Outre ce divertissement de choix, le beau monde qui se pique de prendre part à la vie de l'esprit, court les concerts spirituels et fréquente les expositions. Il y avait foule à l'ouverture de l'exposition permanente des Beaux-Arts, boulevard des Italiens. « La pièce maîtresse est la *Mort de Marat*, de David. Tableau en trompe-l'œil, terriblement saisissant : la tête si horrible du tribun est illuminée par la poésie de la mort et la hideur disparaît. Quant aux amateurs d'infiniment petits, ils n'ont qu'à préparer leur loupe pour contempler le *Solférino* de M. Meissonier. Une surprise : Courbet, le peintre des *Demoiselles des bords de la Seine* exposera des *Fleurs*. L'art va bien, ajoute Gaboriau, la vaisselle encore mieux grâce au *Violon de faïence* de M. Champfleury. Les vases fêlés font des sommes folles. Une douzaine d'assiettes fort laides est montée à 1.360 francs. Pourquoi ? Nul n'en sait rien. »

Mais la saison des ventes et des concerts est finie. Merci, Seigneur ! Les nouvelles du sport vont remplacer leurs comptes rendus. La manie du sport se développe prodigieusement en France, et c'est un rare bonheur. Les courses améliorent la race chevaline. L'avenir de notre cavalerie est là ; il suffit. Il y avait deux cent mille curieux, le dimanche précédent, aux courses de Vincennes. Les bourgeois s'étaient installés avec leur famille sur les obstacles destinés aux chevaux et il a fallu un escadron de cavalerie pour déblayer le terrain envahi par la foule. Mais on a manqué de plomb pour alourdir les jockeys trop légers. L'un voulait remplir leurs poches de sable, l'autre les tremper dans l'eau.

Le 13 avril, c'est de théâtre et d'acteurs qu'il est de nouveau question. L'Opéra a fait toilette et Gaboriau trouve fort réussi le plafond récemment peint par Boulanger. On pourra bientôt y applaudir la tant attendue *Africaine* de Meyerbeer. Mais, en matière de critique théâtrale, il va falloir désormais montrer beaucoup de prudence, si vient à se généraliser la réaction d'un acteur, qui a provoqué en duel l'auteur d'un compte rendu dont il n'était pas satisfait. Il est un autre fait divers exceptionnel, qui touche, il est vrai, de plus loin à la scène. Un officier anglais s'est suicidé quelques jours auparavant par amour pour Mlle M.B., de la Comédie Française, en lui léguant sa fortune, soit huit millions, que l'actrice a d'ailleurs refusés. Un homme se tuer par amour en 1863, voilà certes un phénomène rare. Un boursier a déclaré : « On a exagéré le montant de l'héritage. Quand un homme possède seulement un million, il est incapable d'être amoureux. »

Après cette *Causerie*, la prose d'Émile Gaboriau disparaît des colonnes du *Progrès*.

b) **dans « Jean Diable »** (1862-1863).

Tout comme il l'avait fait dans *Le Journal à 5 centimes*, il arriva à Émile Gaboriau, mais plus rarement, de publier quelques études dans *Jean Diable*, en particulier sur des écrivains en renom. Mais ce sont évidemment ses *Tablettes*, dont voici quelques aperçus, qui lui valurent surtout l'intérêt des lecteurs.

Dans le premier numéro, du 29 novembre 1862, il déplore qu'au cours de la représentation de *La Muette*, la danseuse Emma Livry, dont les jupes de gaze se sont enflammées, ait failli périr par le feu. « Au milieu de ses souffrances, sa grande inquiétude était qu'on la double — Attendez seulement trois jours, disait-elle, je danserai. On attendra ce qu'il faudra et, puisque ni le visage, ni les épaules n'ont été touchés, elle pourra remonter sur scène. On trouve dans Réaumur une recette pour rendre les étoffes ininflammables. Pourquoi ne l'utilise-t-on pas ? » Mais, il est des femmes qui connaissent d'autres drames, telles « cette blonde Anglaise et cette brune Française, célébrités du demi-monde, qui se sont battues à l'épée pour le cœur et le portefeuille d'un noble étranger. Il y a eu blessure ».

Décidément les femmes s'imposent partout. Le 6 décembre, on apprend que « les dames de Washington, désireuses de hâter la fin de la guerre de Sécession, ont ouvert une souscription pour acheter une frégate à vapeur, qui ne sera montée que par des femmes. Il y a déjà trois cents volontaires, sauf pour la chaufferie à cause de la salissure et parce qu'il y a peu d'Auvergnates en Amérique. »

Toujours en décembre, à Londres, l'insécurité est devenue totale. Les voleurs se sont groupés en une « Société des Étrangleurs ». Ils opèrent par équipe (un homme et une femme), même en plein jour. L'homme saute sur un promeneur isolé, serre sa cravate, pendant que la femme le « nettoie ». Aussi tout le monde s'est-il armé et le commerce des pistolets et des cannes à épée est-il prospère.

Le 20 décembre, les lecteurs de *Jean Diable* apprennent que M. de Rothschild a reçu l'Empereur dans son château de Ferrières, qui se trouve à la tête de plusieurs lieues carrées de bois et de prairies. « Ah ! comme j'envie le sort des pauvres, disait un homme très riche, ils ont l'espérance de faire fortune et notre seul espoir, à nous, est de nous ruiner. » Et cependant il faut être riche aujourd'hui pour se marier, si la future ne l'est pas, tant les robes exigent de mètres d'étoffe. Aussi les couvents de femmes se peuplent-ils et une nouvelle profession est-elle apparue, celle d'agent matrimonial. On avait déjà M. de Foy, inventeur de la profession. Nous avons maintenant, avec M. de Motteville, un « professeur matrimonial », spécialisé en mariages internationaux, qui « rend des services aux nations par la fusion des races ».

On arrive à la fin de l'année et les réjouissances redoublent. Il est deux endroits, constate notre chroniqueur, où l'on reste convaincu que « les fous ont dû se liguer pour faire enfermer les gens sensés à Charenton : le parquet de la Bourse et la salle de l'Opéra une nuit de bal, mais, en ce dernier lieu, il y a des « entraîneurs ». Il en est un dont la spécialité est d'« engueuler » les autres masques. Il obtient un succès fou. Il se fait payer vingt francs la nuit. Dans la journée, c'est un homme de mœurs austères, qui donne des consultations juridiques. »

Le 17 janvier 1863, Gaboriau fait l'éloge de Mgr Morlot, archevêque de Paris, qu'on vient d'enterrer. On a ignoré toutes ses charités secrètes. Il disait : « Qui ne donne que ce qu'il peut donner ne donne pas assez. » Mais tout le monde, tant s'en faut, n'a pas participé à la souscription ouverte en faveur des ouvriers du textile réduits au chômage en Seine-Inférieure. On n'a pas encore recueilli trois cent mille francs, alors qu'il y a là-bas une misère à faire frémir. Certaines familles en sont arrivées à manger de l'herbe bouillie.

Une semaine après, Horace Vernet, « l'Alexandre Dumas de la peinture », a suivi le prélat dans la tombe. « Il est douteux que cet artiste comblé d'honneurs, à qui Louis-Philippe commanda des kilomètres de peinture, tienne la même place aux yeux de la postérité que Delacroix, Ingres ou Decamps. » Un autre événement, mais littéraire. Charles Dickens vient à lui seul de donner à l'ambassade d'Angleterre une véritable représentation théâtrale, en jouant successivement tous les rôles de son *David Copperfield*.

Que de métiers inconnus se pratiquent dans Paris ! constate Gaboriau le 7 février. A Privat d'Anglemont, on doit les monographies des « bergers en chambre, marchands de pains en vieux, d'artistes-peintres en pattes de dindons, etc... » Mais il en est un nouveau qui s'est révélé en correctionnelle, quand, à la question du président, le prévenu a prétendu exercer la profession de « ferreur de chevaux à glace ». Il existe même « un fabricant de fausse épicerie, qui travaille au soleil et paie patente. Il se livre à la fabrication en gros de faux pains de sucre et de fausses tablettes de chocolat qui, convenablement enveloppés, font croire à la pratique que telle épicerie dispose d'importantes provisions ». Ces artisans ingénieux sont tout désignés pour une récompense officielle, ainsi, d'ailleurs, que les gens de théâtre qu'on ne décore pas en France depuis que Napoléon 1ᵉʳ n'a pas jugé à propos d'accorder la croix à Talma : un comédien, chevalier de la légion d'honneur, pourrait être appelé, jugeait-il, à tenir dans une pièce le rôle d'un personnage ridicule.

Le carnaval est passé. « Quelle funèbre gaieté marque les jours gras, dont l'ordonnance est immuable ! Toujours ce malheureux bœuf, dont on a doré les cornes pour le promener à travers la ville avant de le conduire aux abattoirs. Et, partout, la chanson du *Pied qui r'mue* ! »

28 février. « Crockett — nom effrayant pour un dompteur — et ses lions font fureur. Depuis une semaine, on assiège le cirque pour lui voir retirer la tête intacte de la gueule de ses fauves. »

En mars, Gaboriau a pu visiter la maison centrale de Fontevrault. Le directeur l'a fait assister à la récréation des détenus. « On place ces malheureux en rang, deux à deux, et on les fait tourner en silence autour de la cour, pendant une heure. Eh bien ! les équipages qui tournent au pas deux heures durant autour du Bois de Boulogne font tout pareil. Mais on a l'immense avantage de montrer ses toilettes, ses chevaux, ses livrées. Les dames conduisent elles-mêmes et le soleil a remis à la mode le fouet-ombrelle, une ombrelle au milieu d'un fouet assez long. »

Où va se loger la tricherie. « Voilà qu'un jeune industriel est traduit en correctionnelle pour avoir transformé des huîtres ordinaires en Marennes. Après les avoir entrouvertes, il glissait à l'intérieur un peu de vert-de-gris. On éprouvait bien parfois quelques petites coliques, mais on en mourait rarement ».

Mais « voici la fête des Rameaux, l'une des plus respectées des Parisiens. Des cochers, qui, de leur vie, ne mettent les pieds dans une église, en attachent ce jour-là au frontal de leurs chevaux. Cela porte bonheur. Superstition, déclarent les philosophes, mais il faut les laisser dire, car les manifestations de ce genre sont autant d'occasions, pour l'homme, de s'arrêter un moment et de se retourner vers son passé. Pour Pâques, autrefois, on étrennait un habillement d'été, fît-il un froid de loup. On était heureux de peu de choses. On était transporté de joie pour une douzaine d'œufs bariolés. Les bons usages se perdent, mais les coutumes stupides restent. »

Le 2 mai, Gaboriau apprend à ses lecteurs qu'il a vu à l'essai, sur la ligne de l'Est, « un wagon en tôle avec couloir central qui va porter un sérieux préjudice à l'industrie de messieurs les assassins. Autre avantage, on pourra se dérober à l'assassinat moral que vous infligent les compagnons de route trop bavards ». Lui-même fut « la victime d'un gros monsieur bègue (les bègues sont les plus verbeux des hommes) qui, entre Paris et Angoulême, lui conta interminablement ses amours et son mariage ». Mais il craint qu'il ne soit difficile de faire adopter cette innovation aux Français, toujours entêtés routiniers.

En fait d'innovation, on vient d'en voir une sensationnelle avec une jeune fille qui n'a pas craint de se présenter au baccalauréat ès sciences, dont elle a reçu le diplôme en pleine Sorbonne. Et « pourquoi ne deviendrait-elle pas médecin ? L'Amérique a bien des docteurs en jupons. Quand nous aurons eu des *médecines*, il nous faudra des avocates qui, les yeux noyés de larmes, sauront par leurs plaidoyers émouvoir jusqu'aux huissiers ».

Le Salon s'est ouvert le 1er mai, sans grand fracas et même sans grande affluence de visiteurs. Où sont les foules de naguère ? Quant au Salon des Refusés, il va, pour la première fois, lui aussi, ouvrir ses portes. « Quel malheur pour plus d'un peintre qui vivait sur une toile refusée ! » C'est vraiment le temps des expositions. Une exposition d'horticulture sous une vaste tente, près de la chaussée d'Antin, du 9 au 14 mai, et, depuis le 3 mai, une exposition canine au Bois de Boulogne. « Les petits chiens de boudoir ont des niches coquettes, vrais nids de satin et de velours. *Hominis amantissimus comes*, dit l'enseigne de l'hôpital des chiens, rue Chapsal. »

A la fin du mois, tout est aux élections. C'est intéressant, mais un peu monotone. Les mêmes mots reviennent sous toutes les plumes, aussi usés que les idées qu'ils veulent exprimer. Ne pouvant parler, *Jean Diable* lit. Les murs de la France entière se couvrent d'affiches multicolores. « Certains candidats veulent faire de l'esprit. C'est un tort. En France il faut être grave. Voltaire est mort. M. Veuillot l'a tué d'un seul mot : Voltaire n'était pas un homme sérieux. »

« Un industriel, particulièrement adroit, mettant son nom et son prénom à profit, a fait apposer une affiche de papier jaune ainsi rédigée. Première ligne en lettres colossales : Jules Favre. De loin, le passant aperçoit le nom du célèbre tribun. Vite il s'approche ; à dix pas, en déchiffrant la deuxième ligne : Formes à justes prix. Il croit comprendre qu'il s'agit de formes de gouvernement. Enfin il lit : Fabriques de formes de tous genres, buis et noyer, pour chaussures cousues et à vie. Rue... n°... »

Pour le Salon, il en va de même, « rien ne vaut un titre prometteur pour attirer le public. Aux *Refusés*, on ne voit pas certaines toiles qu'on disait destinées à une vogue incroyable, ou à un grand scandale, ce qui est tout comme. Aurait-on repoussé parmi les repoussés le dernier mot du réalisme, un mot qui a fait plus pour la popularité de Cambronne que les exploits du soldat et le talent du général. Mais l'autre titre, *Vidangeur cueillant la violette*, est-il assez fin, assez délicat ! Enfin, on y cherche vainement *le Retour de la Conférence*, scène d'ivrognerie ecclésiastique peinte par Gustave Courbet. »

Le grand événement du mois de juin, c'est l'arrivée des spahis et des turcos à la caserne du quai d'Orsay, où l'on a transformé une salle d'armes en mosquée. « Dans la rue, les spahis marchent lentement, solennellement, par petits groupes, drapés dans leurs grands manteaux blancs, sans un regard pour les merveilles de notre civilisation. A cheval, avec leurs grandes bottes de maroquin rouge, ils sont superbes. Ils devaient essayer de donner une fantasia, mais les curieux ont envahi le terrain de manœuvres. »

Nous voilà bientôt en été. « Rester à Paris est malséant. Il est ridicule de se singulariser quand tout le monde part, y compris votre épicier, votre modiste et votre porteur d'eau. Ne soyons pas comme ces sauvages d'Anglo-Saxons, qui ont l'audace de vivre rien que pour eux, sans tenir compte de l'usage, ni se soucier du voisin. Allez le plus loin possible, il n'en rejaillira sur vous que plus de considération. Pour voyager de la sorte, on se dira que vous avez dépensé beaucoup d'argent. Et, si vous tardiez à partir et que vous rencontriez, chère Madame, une voisine, ne manquez pas de lui dire : Si vous me voyez, c'est que j'arrive à l'instant d'Aix et je repars. Je suis revenue chercher un gant que j'avais oublié. Choisir le lieu où l'on passera l'été n'est pas non plus un mince problème. Les bains de mer sont la ressource suprême. On peut se parer de ces adorables costumes de mer que les magasins étalent depuis quinze jours et qui avantagent une femme : costumes en toile cirée et en caoutchouc à faire rêver une tribu d'Esquimaux. Un négociant des Champs-Élysées vient de s'illustrer par une idée de génie. Au-dessus de sa porte on peut lire : Costumes imperméables pour bain de mer. Quel rêve ! prendre un bain à sec ! »

Mais tout le monde n'a pas la latitude de s'absenter longtemps, ni de se rendre très loin. Alors, « quand il fait beau le dimanche, il n'est plus un seul coin solitaire dans les campagnes parisiennes, les plus admirables qui soient en France. Chaque arbre abrite une société déjeunante, à la grande joie des petits oiseaux, grands ramasseurs de miettes. Malheureusement, à la campagne, le Parisien ne respecte rien. Il arrache un arbre pour avoir une baguette et la branche de cerisier fleuri est prétexte à bouquet ». A noter que le canot prend dans sa vie une place de plus en plus importante. « Dès que vient la belle saison, tous les dimanches, dix mille jeunes gens se lèvent avec le jour, courent à leur canot, s'embarquent et rament avec fureur jusqu'au coucher du soleil. » Et les régates, surtout celles de Charenton-le-Pont, ont un succès considérable.

« La célébrité de la chartreuse empêchait les pères de la Trappe de dormir. Après bien des années, ils viennent de mettre au jour la trappistine, la meilleure des liqueurs de table, révélée aux populations par une immense affiche. » Gaboriau préconise en sa faveur des vers publicitaires, qui seraient dits dans un vaudeville, puisque, depuis plusieurs années, la mode est venue de faire monter Dame Publicité sur les planches.

Avant longtemps, on verra jouer un drame terrible en neuf actes, sorti des cartons d'un auteur célèbre, *Le Gondolier des Pyrénées*, dont notre chroniqueur se dit en mesure de citer quelques passages :

« Thérèse (les vêtements en désordre) — Vous ici, don Galuchar ! Merci, mon Dieu ! J'ai fui avec tant de précipitation que je n'ai pas pris mon splendide cachemire acheté aux « Trois Almées » le magasin le meilleur marché de tout Paris. Mais nous avons des ennemis cruels, impitoyables ; on va me poursuivre sans doute et je tremble...

— Don Galuchar — Rassurez-vous, ô ma bien aimée, notre cause est juste. Dieu sera pour nous. Rassurez-vous (avec feu), j'ai là dans la poche de mon élégante redingote de chez Humar, tailleur des princes et de la noblesse, deux revolvers de chez Flobert, armes de luxe et de précision. D'ailleurs, mon fidèle Pédro est là.

— Pédro — Oui, Madame, sous cette livrée achetée comptant au Prince Eugène, vêtements sur mesure dans les vingt-quatre heures, bat un cœur loyal et dévoué, etc... »

Les divertissements spirites, un peu passés de mode, reprennent de plus belle. « Les heures sont lentes à la campagne et quand on ne sait plus à quel saint se vouer, on bat le rappel des trépassés. Autrefois un simple guéridon faisait l'affaire. Maintenant les esprits écrivent au crayon et assez lisiblement pour qu'on puisse constater leurs fautes d'orthographe. »

Le 11 juillet, Émile Gaboriau s'apitoie sur le sort de l'inventeur. « C'est d'abord la lutte avec l'inconnu, faite de tâtonnements, d'expériences. S'il parvient à dompter le découragement à force d'énergie, autour de lui on sourit. Il devient la cible des railleries. Il ne voit rien. Il donne sa vie et sa fortune et la foule imbécile, qui profite de ce dévouement sublime, le taxe d'égoïsme. Si vraiment son invention est merveilleuse, malheur à lui ! La solitude se fait autour de lui, on lui montre la porte de Charenton. On sait comment a été accueilli le chemin de fer, même par les savants les plus patentés. Mais qu'il se console. Un siècle plus tard, on lui élèvera des statues. Si l'invention est moins géniale, mais évidemment utile, qu'adviendra-t-il de lui s'il ne dispose pas de capitaux ? Sans argent, pas de brevet. Son invention appartient à tous, même à ses ennemis. L'un des hommes à qui il s'est naïvement confié, lui a fermé sa porte, mais non ses oreilles. Il s'emparera de son idée, en tirera des millions, cependant que le malheureux inventeur mourra, désespéré, à l'hôpital, ignoré de tous. En 1843, le premier bateau à hélice fit son apparition dans le port du Havre, excitant l'admiration de tous. Pour fêter cette invention, le soir même, un banquet somptueux réunit les plus hauts personnages. N'y manquait que l'inventeur de l'hélice, Sauvage, détenu en prison pour une misérable dette contractée pour mener à bien ses travaux. Personne n'eut l'idée de l'en tirer. »

Dans sa chronique du 1er août, Gaboriau rapporte qu' « une jeune patriote polonaise vient d'arriver à Paris, où tous les salons s'ouvrent devant elle. Les Russes, pour lui faire avouer où se cachaient ses frères, rentrés blessés de leur lutte pour l'indépendance, mirent ses pieds sur un brasier ardent. Elle ne fut sauvée que par l'attaque d'une bande d'insurgés, mais elle boitera toujours ».

Un autre intérêt de nature bien différente se manifeste pour « les *Mémoires* de M. Hume, le plus célèbre des médiums, qui nous conte ses relations avec les esprits. On l'y voit enlevé par les cheveux et transporté d'un lieu à un autre, si bien qu'on ne comprend pas qu'il daigne encore se servir des fiacres et des chemins de fer ». A propos de véhicules, « on vient de voir sur les boulevards une singulière voiture née du génie d'un carrossier. Au-dessus de la caisse est installé un plateau circulaire sur lequel sont disposés des sièges. Lorsque la voiture roule, le plateau tourne, de sorte que, sans se déranger, les promeneurs peuvent voir tout ce qui se passe autour d'eux. Rien n'est plus ingénieux et, après dix minutes de cet exercice, on doit avoir un horrible mal de mer. »

Le 8 août, c'est à l'abandon des traditions provinciales que s'en prend le chroniqueur. « Il n'est pas de petite ville qui ne complote son exposition, pas de sous-préfecture qui ne complote ses fêtes à l'instar de Paris. Tant que ces expositions conservent un cachet local, tant que ces réjouissances gardent le caractère d'une tradition, il n'y a que demi-mal. Mais la maladie du progrès tourne toutes les têtes. On rougit de son passé, on veut faire mieux, faire comme ailleurs. C'est inutilement que le curieux en quête de mœurs anciennes court aux extrémités de la France. Que voit-il ? Une foule plus ou moins compacte, qui soulève des masses de poussière. Le soir, on lance un ballon, on tire un feu d'artifice, et tout est dit. Ce n'était pas la peine de quitter Montmartre. La Provence a renoncé à la farandole, la Bretagne a délaissé la dérobée. Le quadrille ennuyeux et plat règne partout. » Et Gaboriau précise qu'un mois auparavant, il a traversé le petit bourg de Lézardrieux, près de Guingamp. C'était le jour du pardon, on y dansait *Les Lanciers*. « Quant aux vêtements provinciaux, ils ont, depuis longtemps, été jetés aux orties. Le paletot américain — huit poches profondes, coutures en dessus — marque le point suprême de la civilisation. Quand on aperçoit, dans quelque coin de France, les costumes d'autrefois, c'est que la spéculation s'en est mêlée. Dans les Pyrénées, nombre d'hommes portent encore le bas de laine, le gilet blanc à larges revers, la veste rouge, le béret brun, mais ce sont pour la plupart des guides et ils font payer cher aux étrangers leur mise pittoresque. Seule, la Bretagne, en quelques-uns de ses cantons, a conservé quelque chose des coutumes du passé. Aussi les peintres en ont-ils fait leur proie. »

Parmi les rares fêtes qui ont gardé un cachet véritable, il faut mentionner le pardon de Notre-Dame du Bon Secours qui, tous les ans, a lieu à Guingamp, le premier samedi de juillet. « Des pèlerins arrivent de tous les coins de la province. Les hommes ont sorti du bahut de la famille leurs vestes rondes, leurs grands gilets que serre une large ceinture de cuir et leurs immenses chapeaux bariolés de galons de laine. Les femmes, leurs casaquins brodés, des jupes rouges ou bleues, leurs coiffes empesées, plus roides que du carton et outrageusement passées au bleu ou au safran. A dix heures du soir, la procession de la vierge miraculeuse sort de l'église. Plus de dix mille pèlerins la suivent, un cierge allumé à la main, certains marchant les pieds nus, d'autres se traînant sur les genoux. Là on retrouve la foi primitive, naïve et pure. »

Sans qu'il en soit donné d'explication, la publication de *Jean Diable* s'arrête à ce numéro du 8 août, mais il convient que nous revenions aux portraits d'hommes de lettres qui ont tenu une place importante dans cet hebdomadaire. Ils ont paru plus ou moins régulièrement à partir du numéro 14, sous le titre *Profils contemporains*, qui rappelle celui de *Profils militaires*. La série en comporte sept, numérotés de II à VIII, car le secrétaire de rédaction voulut sans doute en considérer, après-coup, comme le premier, un bref éloge de Jules Janin dans un paragraphe de ses tablettes du 2 mai. Comment l'Académie avait-elle pu fermer ses portes à ce maître aimé et, lui, qu'allait-il faire dans cette galère ? Dans le deuxième « profil », celui de Gustave Nadaud, Émile Gaboriau considère que l'auteur de *Pandore* a créé un genre nouveau « une chanson pleine de délicatesse, nuancée de bonhomie, un genre qu'on devrait nommer le nadaunage, tout comme on a formé le marivaudage. » Quant aux autres portraits, ceux de Henri Monnier, de Nadar, de Louis Veuillot, du baron Taylor, de Paul Féval et de Barbey d'Aurevilly, tous signés Jean Diable, ils ne sont certainement pas de la main de Gaboriau, qui n'en aurait pas plus dissimulé la paternité que pour les deux premiers. Il s'y trouve d'ailleurs des passages qui peuvent faire supposer qu'ils sont de Paul Féval lui-même : le contenu de son propre « profil », une spirituelle biographie où il ne s'est épargné qu'à moitié et que le secrétaire de rédaction n'eût probablement pas osé écrire de son « patron », ainsi que le rappel d'une amitié de jeunesse avec Nadar et la reconnaissance témoignée pour Frédéric Soulié, son « père spirituel », mort en 1847, alors que Gaboriau, lui, n'avait que quinze ans.

Pour Louis Veuillot, vivement pris à partie dans son « profil », ce n'était pas la première fois que, dans *Jean Diable*, on lui infligeait une volée de bois vert. Le champion de l'ultramontanisme ayant assez méchamment attaqué Féval dans un ouvrage récemment paru, *Le Fond de Giboyer*, celui-ci avait riposté dans le numéro du 21 mars par un spirituel article, *Les Caresses de M. Veuillot*. Et comme ce dernier lui avait en particulier reproché d'être l'ami de Gaboriau, l'auteur des *Cotillons célèbres*, Féval avait répliqué : « Je vous abandonne le titre... mais le livre est honnête et l'homme aussi. » Pour ridiculiser le collaborateur de Féval, Veuillot avait encore écrit dans *L'Univers* : « Où prenez-vous Gaboriau ? Qu'est-ce que c'est ça, Gaboriau ? Un pseudonyme ? » L'auteur des *Cotillons* n'avait pas manqué de lui rendre la monnaie de sa pièce, mais nous l'avons vu, dans *Le Progrès*, quotidien à plus fort tirage que *Jean Diable*.

c) **dans « Le Pays »** (1864-1866).

La première chronique de Gaboriau dans *Le Pays* consista en un très court article, où l'auteur déplorait le scandale inconsidérément créé par l'Institut pour avoir, à l'unanimité de ses membres, décidé de déférer au Conseil d'État un décret du 13 novembre 1863 sur l'enseignement des Beaux-Arts, comme portant atteinte à ses attributions.

Mais, par la suite, on confia au nouveau collaborateur une chronique de politique étrangère, domaine qui ne lui était pas familier et qui dut exiger de lui une véritable adaptation. Étant donné ses débuts dans la presse satirique, avait-on jugé prudent de le prémunir contre un écart de plume à propos d'un événement fâcheux de politique intérieure ? Quant à entrevoir pour lui une évocation tant soit peu badine des petits faits de la vie quotidienne, il n'y fallait pas songer dans une feuille dont les bataillons serrés des caractères gardaient toujours le ton le plus compassé.

A quelques exceptions près, son article consistait dans le commentaire des dépêches de presse reçues de l'étranger. Ces dépêches, suivant l'intérêt des événements du moment, pouvaient concerner la guerre des Duchés, la vie politique de pays étrangers, Grèce, Suède, Italie... ou la guerre de Sécession si néfaste à notre industrie cotonnière, mais dont il commentait le déroulement avec objectivité, encore qu'il dût parfois témoigner une sympathie de commande pour les Sudistes. Ainsi il rapporte, en 1865, que les journaux anglais jugent avec sévérité Abraham Lincoln et espèrent la fin de « l'horrible guerre qu'il soutient encore ». Pour le *Manchester Guardian*, « cet homme d'une incapacité notoire joue une odieuse comédie, qui consiste à faire croire que la guerre contre le Sud a pour principe une question d'esclavage ». Mais de telles citations n'impliquent pas qu'Émile Gaboriau soit un partisan de l'esclavage des Noirs et du trafic du « bois d'ébène », que dans *Le Dossier n° 113*, il qualifie de « diabolique et répugnant commerce de chair humaine ».

Sa plume savait au besoin s'animer pour répondre aux attaques de certains confrères à qui il arrivait d'insinuer que *Le Pays* bénéficiait des faveurs de l'Empire. On peut ainsi relever quelques répliques assez cinglantes, en particulier, à *La Gazette de France*, organe des légitimistes, au *Monde*, monarchiste chrétien et à *L'Opinion Nationale*, de tendance anticléricale.

Le fait qu'il consacre la plupart de ses articles aux affaires de l'extérieur amène fréquemment Gaboriau à polémiquer également avec des journaux étrangers. Le 19 mars 1864, il riposte au *Daily News*, qui « a déchargé sur *Le Pays* une longue et lourde tirade où l'on cherche en vain une idée claire et une allégation vraie ». Est-ce la faute du *Journal de l'Empire* s'il a dû relever les échecs de la diplomatie anglaise pour trouver une solution pacifique au conflit dano-prussien ? Et, le 1ᵉʳ avril, il fait remarquer à *L'Indépen-*

dance Belge que, contrairement à ce qu'elle a affirmé, *Le Pays* n'a pas publié sur la conférence de la paix une dépêche qu'il savait incomplète et partiellement inexacte.

Il lui arrive encore de s'intéresser aux affaires de l'intérieur. Ainsi, le 7 avril de la même année, il s'en prend à la pétition adressée au Sénat par un sieur Bernard pour que les ecclésiastiques ne puissent plus être proviseurs ou censeurs de lycées. Pourquoi, proteste-t-il, les exclure de ces fonctions quand ils possèdent les mêmes grades universitaires que leurs collègues laïques. Ce serait une mesure anti-libérale, d'autant qu'on connaît — et Gaboriau en cite quelques-uns — nombre de prêtres excellents administrateurs.

Le 28 juin 1864, il regrette qu'usant pour la première fois du droit de grève accordé par la loi du 25 mai précédent, certains cochers se soient laissé aller aux pires violences contre les membres de leur profession qui refusaient de se joindre à leur mouvement. Il condamne ces excès et estime parfaitement justifiées les lourdes peines infligés pour entraves à la liberté du travail.

A partir de juillet 1864, il semble que Gaboriau, jusque-là assez réservé sur ce chapitre, marque plus de complaisance à l'égard de la politique générale du gouvernement, peut-être sur les injonctions de la direction. Le 9 juillet, il relève un article du *Times* constatant que « partout où au Mexique flotte un drapeau français la prospérité et le bien-être des populations s'accroissent journellement ». Et, le 10, il cite un paragraphe d'un autre journal britannique, *John Bull*, qui rend hommage à « la grande œuvre entreprise au Mexique par l'Empereur des Français ».

Le 13 août, Gaboriau s'écarte du domaine politique pour signaler l'excellence des résultats obtenus dans l'établissement d'enseignement international de Saint-Germain, qui réunit des élèves de nombreuses nationalités. Grandes innovations ! Les cours s'y donnent en trois langues devant des classes dont les effectifs ne dépassent jamais vingt élèves, l'étude des langues mortes n'est entreprise qu'après une bonne connaissance de la langue maternelle et les exercices physiques tiennent une place importante dans l'emploi du temps. Le 17, un fait divers, mais de taille : à Limoges, un incendie a détruit cent cinquante maisons. Le 20, Gaboriau déplore, entre catholiques et protestants irlandais, des affrontements répétés, qui ont fait de nombreux blessés à Belfast.

Puis, c'est au printemps 1865, le voyage de Napoléon III en Algérie, qui, pendant quelques semaines, va tenir une grande place dans plusieurs numéros du journal, la rédaction des articles de politique générale étant assurée par Grandguillot et Grenier. L'Empereur est arrivé le 29 avril à Lyon, fait savoir Gaboriau dans *Le Pays* du 30. Sa voiture, sans escorte, avançait difficilement au milieu d'une foule enthousiaste. A Marseille, il s'est embarqué sur le yacht impérial *L'Aigle*, ancré face à la Canebière. Et tout le long du parcours, en Algérie et en Corse, le voyage s'effectuera, tout comme dans la métropole, au milieu des acclamations.

Le 15 mai, toujours sous la signature de A. Voiseux, Gaboriau s'en prend à Prévost-Paradol, à qui il reproche d'avoir attaqué « véhémentement » le gouvernement impérial à propos de l'expédition du Mexique. Le jeune académicien a-t-il voulu acquitter ainsi la dette que, par son élection, il a contractée envers ses confrères, pour la plupart hostiles au régime ? Prévost-Paradol se déclare indigné qu'avant de se lancer dans cette aventure, on n'ait pas consulté le Corps Législatif. A quoi bon ! Les députés ressentent les événements comme le peuple qui les a élus, et il n'est pas un Français pour penser ou dire que l'Empereur a eu tort. Le temps n'est plus où l'ancienne Chambre eût laissé voler et assassiner, sans intervenir, nos nationaux abandonnés sur cette terre inhospitalière, et où notre protégé, le roi d'Égypte, devait se tirer d'affaire comme il pouvait. Nous avons fondé un empire qui sera notre allié, tout en respectant la volonté même des Mexicains, et pourquoi, comme l'appréhende M. Prévost-Paradol, les États-Unis nous chercheraient-ils querelle à ce sujet ? Lui qui, en 1862, avait applaudi à l'expédition, dans *Le Journal des Débats*, aurait-il, depuis lors, perdu tout sentiment d'orgueil national ?

Le 21 juin, nouvelle approbation d'une initiative d'un membre de la famille impériale. Voiseux rappelle que l'Impératrice s'intéresse de près au relèvement moral et à la formation professionnelle des jeunes détenus des colonies agricoles, dont la première fut fondée sous la Monarchie de Juillet. Elle souhaite vivement que naissent et soient encouragées de confiantes relations de travail entre ces jeunes gens et les ruraux à côté desquels ils vivent.

Jusqu'à la fin de l'année, on relève encore quelques chroniques favorables au régime. Le 5 novembre, après la publication d'une lettre de l'Empereur au duc de Magenta, gouverneur général de l'Algérie, où Napoléon III définit ce que doit être la politique française dans cette colonie, notre journaliste considère que ce document révèle à la fois le génie du politique et le talent de l'écrivain. « Le souverain a étudié sur place tous les problèmes qui se posaient à l'administration du pays, il a écouté scrupuleusement et discuté toutes les doléances et les suggestions, il s'est lui-même interrogé avec beaucoup de modestie à la suite de son voyage de l'autre côté de la Méditerranée, et les instructions qu'il a finalement données sont empreintes d'une grande hauteur de vue et particulièrement marquées de grandeur et de simplicité. » Comme on voit, dans le dithyrambe, on ne fait pas mieux.

Le 21 novembre, le chroniqueur travestit en une éclatante victoire ce qui était un demi-échec électoral, étant donné les pressions administratives qui s'exerçaient habituellement lors de toute élection. Bien que les journaux hostiles au gouvernement « n'aient rien négligé pour jeter le trouble et l'hésitation dans l'esprit des électeurs », le candidat officiel l'a emporté (mais seulement par 16.000 voix contre 12.500). D'après Voiseux, le gouvernement n'aurait donc « rien perdu de la confiance publique ».

Quelques-uns des *Bulletins* se distinguent par une prise de position, semble-t-il, moins « commandée », tel celui du 3 janvier 1866, qui stigmatise le gouvernement du Tsar pour avoir interdit aux Polonais d'acquérir une propriété foncière dans leur propre pays autrement que par héritage. Il est évident que, par ce moyen, des Russes pourront à la longue former la majorité des grands propriétaires terriens en Pologne et, en opprimant la masse des petits paysans, les contraindre à abandonner leur langue et leur religion.

Le lendemain, un long article de Voiseux occupait trois colonnes de la première page. Il avait pour titre *L'année 1865* et consistait en un rappel des principaux événements qui avaient marqué la vie politique de la France et son action à l'extérieur au cours de l'année écoulée. A l'intérieur, « on peut se féliciter que le gouvernement de l'Empereur soit entré dans la voie des réformes et on a tout lieu de croire qu'il y marchera. En Europe, la France a fait de son mieux pour consolider la paix. Dans nos possessions d'outre-mer, les Antilles ont été secourues à la suite de calamités naturelles et tous les soulèvements qui se sont produits, ont été réprimés aussi bien dans le sud de l'Oranie qu'au Sénégal et en Cochinchine ». Prudemment Gaboriau s'abstenait de mentionner l'expédition du Mexique, où nos affaires commençaient à se gâter.

Ensuite, la matière des *Bulletins* ne sera plus faite que de la reproduction des dépêches de l'étranger accompagnées, mais rarement, de brefs et insipides commentaires, sauf pendant le conflit austro-prussien, dont les communiqués l'étofferont quelque peu. A noter, en outre, un certain nombre d'articles sur les sujets les plus divers :

— le 14 février, la relation d'un bal costumé offert au ministère de la Marine par le Ministre et Mme la marquise de Chasseloup-Laubat, réjouissance honorée d'une visite de l'Empereur et de l'Impératrice, revêtus d'un simple domino.

— le 3 mai, compte rendu de l'ouverture, par Mgr Darboy, des conférences données trois fois par semaine par ordre de l'Impératrice et en sa présence, aux ouvriers convalescents de l'Asile impérial de Vincennes.

— le 6 mai, commentaire sur l'état du commerce extérieur d'après les statistiques des douanes.

— le 8 mai, analyse d'importants ouvrages d'économie politique... etc.

Pendant que Voiseux dissertait en première page sur les grands événements internationaux, sa chronique *Au jour le jour*, bientôt signée Émile Gaboriau, prenait place, à partir du 5 avril, à l'intérieur du journal, d'abord faite d'emprunts à d'autres périodiques, mais très vite personnelle.

Plusieurs fois, dans le courant du mois, il se moque de la pieuvre des *Travailleurs de la mer*, qui paraissaient en feuilletons dans *Le Soleil*. Un grand drame en aurait, d'après lui, été tiré, comportant au dix-septième tableau la lutte de Gildas contre le monstre. « La scène, ironise-t-il, sera transformée en aquarium pour qu'on puisse mieux assister au combat. De quoi donner la chair de poulpe ! » Pour connaître la structure de ce prodigieux animal, pourquoi ne ferait-on pas appel au célèbre chirurgien allemand Wolff qui, récemment, se trouva soudain veuf. Un ami, venu lui présenter ses condoléances, poussa un cri d'horreur en trouvant le praticien consciencieusement occupé à disséquer le corps de sa femme : « Mais elle est morte, lui dit le bon docteur du ton le plus rassurant ».

Quant à la gloire de Victor Hugo, elle en empêche beaucoup de dormir. Un journal littéraire vient d'organiser un concours de la meilleure nouvelle. Il a reçu dix-huit cents manuscrits, dont une centaine provenant de concurrentes, et une question ainsi écrite : « les fotes de francais et d'ortograffe empeche tel de concourir ? » Le premier prix devrait aller à celui qui sera condamné à lire cet énorme amas de littérature.

Le théâtre, comme le veut la tradition, peut-il corriger les mœurs ? Gaboriau le croit, ayant lu dans les mémoires d'un policier que la représentation d'un drame fut interrompue par un spectateur trop sensible, qui voulait tordre le cou du persécuteur de la jeune héroïne. Or, la vérification de son identité révéla qu'il s'agissait d'une ignoble canaille, recherchée pour meurtre. L'influence de la scène peut toutefois se montrer moins moralisatrice. Victorien Sardou, désireux de tenter une curieuse expérience, avait contraint une des interprètes de sa pièce *La Famille Benoiton* à jouer avec « une jupe affreuse, absurde ». Eh bien ! huit jours plus tard, il s'en était vendu, dans les magasins de Paris, deux cent cinquante semblables à soixante-dix francs pièce.

En ce cas la concurrence cesse de jouer, mais elle reste d'une âpreté incroyable en bien d'autres circonstances, en particulier dans le transport des voyageurs par diligences. Entre les compagnies, c'est à celle qui abaissera le plus ses tarifs. On s'arrache à un tel point la clientèle que Gaboriau se souvient d'avoir fait le trajet de Saumur à Tours sans bourse délier.

Le 16 mai, il conte comment naquirent *Les Mystères de Londres* de son ami Paul Féval « C'était en 1843 ou 1844, écrit-il, une de ces années où le feuilleton brillait de son plus vif éclat, bien qu'on n'ait pas encore eu l'idée du journal à un sou. Devant le succès des *Mystères de Paris* d'Eugène Sue, *Le Courrier Français* chargea Anténor Joly, sorte de courtier en feuilletons, de commander à un romancier anglais des *Mystères de Londres*. L'auteur livra un roman assommant, impossible, alors que la publication était annoncée depuis six semaines. Or, à l'époque, un jeune homme venait de se révéler par un feuilleton, *Le Loup blanc*, qui avait eu du succès. C'était Paul Féval. Anténor Joly accourut chez lui — Écrivez-nous cent cinquante mille lignes, de toute urgence. Voici cinq mille francs d'avance. — Impossible, répondit Féval. — Mais que composez-vous là ? — *Les Compagnons du hasard*. — Admirable... Nos *Mystères* sont trouvés. Des noms anglais, des torrents de gin, du brouillard et de la fumée partout. Livrez-nous dix chapitres dans les quinze jours et vous partirez pour l'Angleterre. Deux semaines plus tard, Féval était à Londres. Les cercles les plus aristocratiques lui furent ouverts, la police était à ses ordres. Il put visiter les pires bas-fonds. Son œuvre eut un succès énorme. »

Le 26 mai, les ambassadeurs chinois viennent de quitter Paris pour Londres, l'Allemagne et l'Italie. Ils se sont montrés plus difficiles à surprendre qu'un Marseillais. A tout bout de champ, ils déclaraient : « Nous avons mieux que cela en Chine » et, lors d'un gros orage : « A Pékin, il pleut plus fort et la boue est beaucoup plus épaisse. »

Mais les Asiatiques auraient-ils trouvé mieux que la curieuse fin de ce garde-champêtre qui vient de se pendre en laissant un procès-verbal à transmettre au procureur impérial. Il relève tout simplement que son épouse l'a contraint au suicide par les injures, les outrages et les mauvais traitements dont elle l'a accablé, allant jusqu'à le frapper du sabre dont la loi accorde le port au serviteur de l'ordre rural.

Plus joyeuse est la mystification (digne de figurer dans *Les Gens de bureau*) dont un jeune employé un peu naïf a été la victime de la part de ses collègues. Ceux-ci, ayant découvert dans un journal le compte rendu d'un concert où s'était distingué un célèbre flûtiste portant le même nom que leur chef de bureau, avaient persuadé au pauvre innocent que leur supérieur hiérarchique était doublé d'un extraordinaire virtuose. Puis ils avaient feint d'aller à tour de rôle le féliciter, déclarant à leur retour qu'ils avaient été chaleureusement accueillis. On devine comment fut reçu le malheureux, qui cherche encore quelle maladresse il a pu commettre pour mécontenter ainsi son chef.

Après l'écrasement des Autrichiens par l'armée prussienne, le 3 juillet, à Sadowa, Gaboriau constate, dans sa chronique du 6, qu'en France l'opinion réclame à cor et à cri, pour nos soldats, le fusil à aiguille prussien, tirant six coups à la minute. Son épicier, faisant probablement une confusion avec la cassonade, demande qu'un demi-million en soit livré à l'armée pour la fin de la semaine. Tel n'est pas le point de vue de tous les intéressés. « Bast, disait un commandant, sans doute pénétré de l'esprit des chefs qui conduiront nos troupes aux désastres de 1870, quand on est canardé par des fusils pareils, on court plus vite et voilà tout. »

Le 11 juillet, « cent quatre-vingts hippophages, parmi lesquels plusieurs membres de l'Institut, se sont réunis pour manger du cheval et rien que du cheval, accommodé de toutes les manières. Des dégoûtés se sont récriés : Aujourd'hui le cheval, demain le chien (ils ne croyaient pas si bien dire), après-demain les prisonniers de guerre, à la fin du mois, nos vieux parents ». Eh bien ! lui, Gaboriau, préfère voir le cheval nourri convenablement durant les dernières années de son existence et, comme son camarade le bœuf, mourir rapidement sous le couteau du boucher que souffrir sous les coups de manche de fouet d'un charretier brutal pour finir chez l'équarrisseur.

La Société protectrice a fait beaucoup de bien, mais elle ne peut tout voir. « Je me souviens, ajoute-t-il avec une émotion qui l'honore, d'être descendu d'une voiture publique et d'être resté tout seul sur la grand'route, ne pouvant supporter le spectacle de trois pauvres chevaux maigres, sanglants, boiteux, harcelés par un cocher qui avait garni son fouet d'un paquet de petits clous. Je dois dire que les autres voyageurs me trouvèrent parfaitement ridicule et ne me le cachèrent pas. »

Mais un tel martyre est encore préférable à celui du cheval livré à l'équarisseur. « Il faut qu'il marche, au besoin par le fer et par le feu, sans nourriture et jusqu'à ce qu'il tombe. J'ai vu un malheureux cheval périr ainsi et jamais je n'oublierai le regard qu'il jeta à son bourreau. Il allait depuis quatre jours. »

Dans la première quinzaine de juillet, « Paris s'est couvert d'affiches qui interpellent le passant : Veux-tu un million d'or sur une table ? Achète le numéro 73 du *Nouvel Illustré*. Cette grande affiche, qui promet un million sans barguigner, constate le chroniqueur, prouve la confiance de M. Millaud en ses acheteurs. Il sait que pas un passant n'aura eu plus d'une minute l'espoir sérieux d'être gratifié de cinquante mille livres de rentes, mais on achète tout de même le journal, histoire de voir. Le directeur du *Nouvel Illustré* ne demande pas autre chose ». En fait, il s'agissait d'une gravure représentant une pyramide de louis d'or sur une table devant sept personnages extasiés. Gaboriau gardait donc une grande indépendance à l'égard de Moïse Millaud, propriétaire du *Soleil*, où venait de paraître *L'Affaire Lerouge*, persuadé sans doute que l'habile financier serait de toute manière trop heureux de garder le collaborateur dont le feuilleton avait amené nombre de nouveaux lecteurs à son quotidien.

Le 17 juillet, Émile Gaboriau salue la fin d'un règne : « Rocambole est mort ! Vive Rocambole ! Cette fois il n'y aura plus de résurrection, mais Ponson du Terrail va maintenant conter les aventures de la fille de son célèbre héros. Toute la famille y passera. L'auteur n'a, certes, ni la puissance d'invention d'Eugène Sue, ni l'analyse de Balzac, ni le style d'Edmond About, mais il sait conter, il est né conteur. L'un de mes amis, tous les soirs, déchirait le journal où Rocambole se livrait à ses exploits — Dieu, s'écriait-il, que ce Ponson m'impatiente ! Ses inventions sont absurdes et il ne sait pas écrire en français. Mais le lendemain il achetait à nouveau le journal. »

Le 20 juillet, il revient aux animaux plus ou moins martyrs. Il assiste toujours avec tristesse aux exercices d'un animal savant, surtout depuis qu'il a vu, à Auteuil, dresser un cheval pour le cirque. On allait jusqu'à le priver de sommeil pour obtenir qu'il tourne la manivelle d'un orgue de Barbarie. Finalement il se soumit et c'est avec une sorte de rage qu'il prit dans sa bouche la manivelle qu'on lui présentait depuis trois jours. Il n'est guère que les chiens qu'on puisse dresser par la seule douceur. Boswell, le célèbre dresseur de caniches, boudait pendant deux jours tout animal récalcitrant. « C'était pitié de voir la désolation de la pauvre bête, elle pleurait, elle demandait pardon. »

Dans le même numéro, Gaboriau évoque la nuit qui précéda, sur la place de la Roquette, l'exécution de Philippe, le tueur de filles : « Il y avait là vingt mille personnes au bas mot. C'était quelque chose d'affreux que l'attente cruelle de cette foule, dont les flots battaient les murs de la prison. Nul silence, pas le moindre recueillement. Tout le monde causait et riait haut. » Autrefois, il a eu lui-même la malchance de faire partie d'un piquet de cavalerie destiné à entourer la guillotine pendant la triste cérémonie. Au moment de l'exécution, il a fermé les yeux, son voisin, un vétéran des campagnes d'Algérie, a voulu regarder la scène ; il s'est affaissé, a moitié évanoui, sur le cou de sa monture.

Le jour suivant, il conte pour l'instruction des touristes, une randonnée qu'il a faite naguère dans les Pyrénées, en partant de « Pau (prononcez Paô), qui serait une ville bien agréable s'il s'y trouvait moins d'Anglais à ombrelle blanche et moins de pharmacies aux enseignes bariolées (dès qu'un Anglais plante sa tente quelque part, il s'ouvre à côté une boutique de *chemist*) ». De Pau, une bonne voiture vous conduit en quatre heures à la petite ville des Eaux-Bonnes, presque uniquement faite d'hôtels. Par une route vertigineuse, on atteint ensuite Les Eaux-Chaudes, un trou entre deux rochers. Deux hôtels s'y disputent les voyageurs. » Il a passé là les journées les plus heureuses de sa vie, « sans autre occupation que de regarder pousser l'herbe et couler l'eau ». On peut d'ailleurs y faire des promenades magnifiques. Lui-même est allé à Pentacosa où il a vu « des poitrinaires mourants transportés en chaises à porteurs par des sentiers de chèvres », puis à Saint-Savin et à Pierrefitte où l'on rencontre des baigneuses venues à cheval de Cauterets. « Cette station thermale, qui entend se donner des airs de cité, possède en tout quatre rues, dont l'une dotée d'un trottoir. Sa grande place est le rendez-vous de diligences réformées depuis longtemps, qui mériteraient bien un repos définitif. »

Mais ce « promeneur solitaire » abandonne bientôt l'air pur des hauteurs pour revenir aux miasmes de la capitale, en particulier à la honte de l'enfance exploitée. Il dénonce « un certain *serineur*, surnommé M. Colophane, qui fait recruter dans les rues de Paris des enfants plus ou moins à l'abandon. A force de rabâchage, en un mois il leur apprend à jouer un air sur un mauvais instrument. Après quoi, il les lâche dans la ville. S'ils ne rapportent pas au moins deux francs par jour, ils sont battus et privés de leur maigre assiettée de soupe. Pour tout lit, ils reçoivent une brassée de paille ».

Pour retrouver la campagne, Gaboriau a voulu faire, à la fin de juillet, une promenade du côté du Vésinet. De Chatou au Pecq, il n'a vu que des chalets suisses du goût le plus douteux et « quelques petits castels à tourelles et clochetons, gigantesques contrefaçons des pièces montées confectionnées par les pâtissiers-confiseurs pour noces et banquets ». De plus « dès qu'un Parisien achète un coin de campagne — tous les Parisiens raffolent de la campagne — son premier soin est d'en faire jeter bas les arbres et de les remplacer par des gazons jaunis que le soleil dévore ».

Il est des professions très singulières. Celle de dame-écrivain, par exemple. Cette épistolière d'un genre très particulier met une plume fort adroite au service des personnes de son sexe embarrassées pour tenir une correspondance galante. « Nul comme elle ne sait trouver l'encre qui allume une passion, Personne au monde ne s'entend aussi bien à ramener l'infidèle près de rompre son licol. Au besoin, elle laisse tomber quelques-unes de ces jolies fautes d'orthographe qui sont les épices d'une lettre de femme. » Gaboriau connaît une dame-écrivain qui, chaque matin, à neuf heures, se rend aux Champs-Élysées, chez une personne très connue. Elle dépouille le courrier, fixe ou esquive les rendez-vous, tient la comptabilité de la maison, le tout pour cent cinquante francs par mois. Puis, elle se transporte chez une autre dame dont l'activité amoureuse moins importante ne lui rapporte que soixante francs. Après avoir déjeuné à la hâte, elle donne des consultations à domicile, pour un prix variant de vingt à vingt-cinq francs suivant les ressources et les exigences de sa clientèle féminine. « Capable pour les autres de toutes les coquineries, elle est pour son compte parfaitement honnête. »

Le 14 août, il plaisante quelques romanciers sur certaines de leurs manies de plume, en particulier l'emploi d'interminables adverbes qui leur valent un supplément de rémunération : « M. Flaubert fait ses choux gras avec le pronom *même*. L'adverbe *comme* a puissamment contribué à la réputation et à la fortune de M. Ernest Feydeau et l'habitude de fumer de ses personnages (...il tira un cigare de son étui... il alluma le nouveau londrès...) rapporte bon an mal an au père de Rocambole six mille huit cents livres. »

Ne sourions pas de ces petits tics littéraires. Suivons plutôt le seul conseil que Talleyrand avait bien voulu donner à un jeune diplomate : Ne riez jamais... Vous seriez en effet soupçonné de manquer de sérieux, car « en France, on peut fort bien tuer un homme et casser le cou à sa fortune avec cette toute petite phrase : Il n'est pas sérieux ».

Le 4 septembre, le chroniqueur rend compte d'un événement dont on s'étonne aujourd'hui de l'intérêt qu'il pouvait susciter : « Il est à Paris un restaurateur qui a eu l'idée fort simple de remplacer les garçons par des servantes. Mais on avait compté sans l'intrépide et incorrigible bêtise du sexe fort. A peine les servantes étaient-elles installées que nombre de dîneurs se transformaient en amoureux. » D'où bien des complications, des retards, des préférences mécontentant les soupirants négligés.

Au jour le jour prend fin le 11 septembre avec le récit d'une mystification énorme, dont Edgar Poe fut l'auteur. « Mystificateur par excellence, il tint tous ses concitoyens suspendus au bout de sa plume lorsque la fantaisie giratoire lui prit de raconter, dans le *New-York Sun*, l'arrivée à l'île de Sullivan, près de Charleston, du ballon dirigeable *Victoria* venant en droiture, via l'air, de Penstruthal, dans le Pays de Galles. Poe donnait les détails les plus circonstanciés, il esquissait la biographie de l'inventeur du plus lourd que l'air, M. Monk Mason, et le nom de ses huit compagnons de voyage, précisant qu'ils avaient traversé l'Océan en soixante-cinq heures, sans trop de difficultés. » Mais Gaboriau pouvait-il se douter qu'un tel parcours, sujet de la blague colossale née du cerveau inventif de l'écrivain américain, ne serait plus considéré comme un exploit au siècle suivant ?

LE SUCCÈS

XIII

L'AFFAIRE LEROUGE, PREMIER « ROMAN JUDICIAIRE » (1866)

Le premier numéro du *Soleil*, quotidien fondé par Moïse Millaud, parut le 21 octobre 1865. Cet extraordinaire personnage était né à Bordeaux en 1813 et descendait de petits marchands israélites d'origine portugaise établis en France depuis plusieurs siècles. Il vint, en 1836, à Paris où il fonda, en 1839, un journal, *L'Audience*, qui comportait des informations de caractère judiciaire, mais disparut au bout de six années. Après s'être tourné vers le vaudeville, Millaud lança au lendemain de la révolution de Février une nouvelle feuille, *La Liberté*, que sa propagande en faveur du prince Louis-Napoléon fit supprimer après l'insurrection de juin 1848. Il s'associa, alors, avec son coréligionnaire bordelais Mirès pour acheter *Le Journal des Chemins de fer*, dont ils firent un centre d'information financière très apprécié. Puis ils fondèrent la *Caisse des chemins de fer*, que Millaud abandonna à son associé en 1853, en emportant sa part des bénéfices, soit trois millions.

Désormais il travailla seul à sa fortune, qui fut un moment ébranlée par des opérations de bourse malheureuses. Pour faire face à ces échecs, il créa, en 1863, un quotidien à cinq centimes, *Le Petit Journal*, qui obtint un immense succès, dont le chroniqueur Léo Lespès s'attribuait une bonne part du mérite. Sous le pseudonyme de Timothée Trimm, il publiait chaque jour, en première page, une *Causerie* dont les éléments étaient parfois empruntés au *Dictionnaire de la Conversation*. Malgré quelques bévues — il appela illustre vertèbre le cœur de Voltaire et disserta longuement sur les éperons des Centaures — sa chronique faisait les délices de ses lecteurs.

La réussite du *Petit Journal*, dont il devait confier par la suite la direction à son neveu Alphonse, permit à Moïse Millaud de fonder plusieurs autres feuilles, en particulier *Le Soleil*, avec une liste prestigieuse de collaborateurs : Étienne Chavette, le rédacteur en chef, Alexandre Dumas père, Jules Moineaux, futur Courteline, Henri Rochefort, Francisque Sarcey, Aurélien Scholl, Pierre Véron et quelques autres illustrations.

Sans que le nom de Gaboriau ait déjà figuré dans les colonnes du journal, le numéro du 15 avril 1866 annonça la publication toute prochaine de deux feuilletons : *Les Travailleurs de la mer* de Victor Hugo et *L'Affaire Lerouge*, en omettant de préciser que cette dernière œuvre avait paru quelques mois auparavant dans *Le Pays*. Sa publication, commencée le 18 avril, prit fin le 2 juillet, celle des *Travailleurs*, le 10. On a prétendu que le roman du grand exilé avait assez vite lassé ses lecteurs, mais il ne le semble pas, du moins les premiers jours, car le journal fait état de nombreuses lettres de ses admirateurs déplorant de ne pouvoir trouver les numéros contenant le début de l'œuvre. En tout cas, le succès remporté par *L'Affaire Lerouge* fut immédiatement considérable par suite de la nouveauté du sujet et de l'habileté du romancier. Sur le moment le journal n'y fit aucune allusion, peut-être par égard pour Victor Hugo, mais, le 10 octobre, il devait annoncer la publication d'une nouvelle œuvre de Gaboriau en ces termes : « Nos lecteurs ont gardé le souvenir d'un roman publié il y a quelques mois, qui obtint un succès tout à fait exceptionnel... *L'Affaire Lerouge* avait tout d'abord placé son auteur parmi les écrivains les plus habiles à créer la curiosité et l'émotion... » Deux jours après, il amplifia encore cet éloge : « Tous ceux qui ont lu *L'Affaire Lerouge*, l'un des plus grands succès du roman moderne... »

D'après certains, c'est Millaud qui aurait découvert l'intérêt du roman en lisant *Le Pays* et en aurait recommandé la publication au rédacteur en chef du *Soleil*. Le romancier anglais Valentin Williams prétend, lui, que Moïse Millaud en eut connaissance par Baraton, administrateur du *Pays*, qu'il avait rencontré dans un enterrement. Pour d'autres, c'est Chavette, qui s'était rendu compte qu'il y avait là quelque chose de nouveau, susceptible d'éveiller l'intérêt des lecteurs. Cette dernière version semble plus véridique, du fait que le rédacteur en chef du *Soleil*, camarade de jeunesse de Gaboriau, devait naturellement avoir la curiosité de prendre connaissance de son œuvre.

Elle est d'ailleurs confirmée par Francisque Sarcey, qui évoque sa propre réaction quand Chavette lui affirma que *L'Affaire Lerouge* était un chef-d'œuvre, malheureusement « paru dans une cave » et à cause de cela inconnu du public. « Un chef-d'œuvre ! Un chef-d'œuvre ! Je secouais la tête. Je n'ai que peu de foi aux chefs-d'œuvre inconnus ! Quant à Millaud, j'entends encore sa petite voix glapissante : Adressez-vous donc aux faiseurs en vogue ! Prenez Ponson du Terrail. Un roman déjà publié et qui n'ait pas eu de succès ! Une reproduction ! Allons donc ! c'est un « four »... Chavette tenait bon. On avait toujours raison de Millaud, quand on lui tenait tête, car c'était le meilleur des hommes.

« Vous avez tous lu *L'Affaire Lerouge*. Ah ! les ravissements de Millaud, à mesure qu'il suivait, feuilleton à feuilleton, cette histoire si émouvante, si lestement contée ! Gaboriau passa pour lui grand homme du jour au lendemain. »

Quoi qu'il en soit, des négociations furent entreprises et le droit de publier à nouveau *L'Affaire Lerouge* fut acheté à son auteur pour trois cents francs.

Quel est donc le sujet de ce roman écrit en 1864, que l'on considère universellement aujourd'hui comme le premier véritable roman policier ?

Une femme d'une cinquantaine d'années, la veuve Lerouge, a été assassinée, en mars 1862, dans la maison isolée où elle vit seule, près de Bougival. Un jeune agent de la Sûreté, Lecoq, suggère au juge Daburon, chargé de l'instruction, d'avoir recours au détective amateur Tabaret, surnommé Tirauclair à cause d'une expression qui lui est familière. C'est un vieux et riche propriétaire devenu par goût, mais en secret, l'auxiliaire bénévole de la police, célèbre par les succès qu'il a obtenus dans les affaires les plus embrouillées.

Une fois sur place, Tabaret relève de multiples indices qui avaient échappé au chef de la Sûreté Gévrol et que le hasard va lui permettre d'exploiter peu de temps après. En effet, rentré chez lui, il reçoit les confidences d'un de ses locataires qu'il aime comme un fils et dont il a fait son héritier, le jeune avocat Noël Gerdy, qui a, d'ailleurs, percé à jour l'activité à laquelle il se livre en dilettante. Il révèle à son vieil ami le drame qui se déroule depuis quelques semaines dans le modeste intérieur où il vit seul avec sa mère. Il avoue d'abord au père Tabaret qu'il est fils naturel, situation de famille qui fut quelques années auparavant un obstacle à un mariage d'amour. Il n'avait pas gardé de ressentiment contre sa mère, qui s'était privée de tout pour lui faire donner une instruction supérieure. Mais il a découvert, voici quelques jours, qu'il est en réalité le fils légitime d'un très grand personnage, le comte de Commarin. Grâce à la complicité de la femme Lerouge, une substitution de nourrissons avait eu lieu entre lui et le fils adultérin du comte et de Mme Gerdy. Celle-ci est au plus mal après le choc terrible que lui ont donné une violente explication avec Noël et surtout la nouvelle de l'assassinat de la veuve Lerouge. Tabaret se persuade que le coupable est Albert de Commarin, le prétendu fils légitime du comte. Mis au courant par son demi-frère Noël de la place qu'il occupe abusivement, il aura voulu faire disparaître le seul témoin de la substitution. On l'arrête à la suite des preuves que le vieux détective estime avoir rassemblées contre lui.

Ce qui accroît l'intérêt psychologique de l'intrigue, c'est que le juge Daburon a naguère aimé, sans être payé de retour, et au point de songer au suicide, Claire d'Arlange, jeune fille de haute naissance mais sans fortune, qui, depuis plusieurs années, aime le vicomte Albert de Commarin et en est aimée. Seule l'opposition forcenée du comte a jusqu'alors empêché le mariage. Le juge, qui a cru de son devoir de pas se désister, est, certes, un magistrat intègre ; toutefois, les sentiments qu'il a éprouvés pour Mlle d'Arlange le poussent, sans qu'il veuille se l'avouer, à s'acharner à obtenir les aveux d'Albert qui, arrêté et mis au secret, persiste dans ses dénégations.

Mais, du fait qu'il ne s'est ménagé aucun alibi, Tabaret conclut à son innocence. Il se reproche amèrement d'être responsable d'une erreur judiciaire, ce dont il s'efforce, mais sans succès, de convaincre le juge Daburon. Reprenant ses recherches, il parvient à établir que le coupable est l'avocat Noël Gerdy. Ayant appris que la substitution d'enfants n'avait finalement pas eu lieu et désespéré de voir lui échapper la brillante situation sur laquelle il comptait, il a assassiné la veuve Lerouge sans cependant prévoir que les soupçons se porteraient sur son demi-frère. De plus Claire d'Arlange est venue déclarer courageusement au juge qu'Albert se trouvait avec elle à l'heure où le crime a été commis et ne saurait donc en être l'auteur. Si le vicomte n'a pas fait appel à cet alibi, c'est uniquement pour préserver la réputation de celle qu'il aime. L'assassin, démasqué, tente de s'enfuir, mais, sur le point d'être pris, se suicide. Albert et Claire pourront s'épouser avec la bénédiction du comte de Commarin, qui leur a fait don de sa fortune et s'est retiré dans une de ses terres, où il vivra dans la solitude. Consterné par l'erreur judiciaire qu'il a failli commettre, le juge Daburon a démissionné et fait retour en sa province natale du Poitou, où « ses amis ne désespèrent pas de lui trouver une épouse digne de lui ». Quant au père Tabaret, il lance des pétitions pour l'abolition de la peine de mort et organise une association pour venir en aide aux accusés pauvres dont la culpabilité peut être mise en doute.

Noël Gerdy, qui s'était élevé à force de travail et de privations, n'était pourtant pas sans qualités et son geste trouvait une explication, sinon une excuse, dans les dettes écrasantes contractées pour une demi-mondaine à laquelle il s'était attaché à la suite de sa déception sentimentale. Une femme futile, qui ne lui témoigne qu'indifférence jusqu'au moment où elle apprend que, pour satisfaire ses caprices, il n'avait pas reculé devant un crime. Abandonnant sans hésiter tout le luxe dont il l'a entourée, elle veut alors gagner l'étranger avec lui, mais trop tard.

Dans ce roman, tout n'est pas excellent. Il s'y trouve des faiblesses qu'il faut avoir l'honnêteté de dénoncer et l'indulgence d'excuser, car, malgré tout, c'est un premier essai dans le genre policier, une tentative qui s'améliorera par la suite.

Certes, le hasard fait souvent bien les choses. « C'est le plus grand des agents de police, s'exclame Tabaret au cours de son enquête, mais il ne sert que les hommes forts, ce qui indigne les sots. » Il lui est fait cependant la part un peu trop belle dans *L'Affaire Lerouge*, car il est doublement surprenant que le détective se trouve être l'ami de l'assassin et le juge d'instruction, le rival, auprès de Claire d'Arlange, de l'inculpé dont le sort est entre ses mains.

Il n'est pas très heureux, d'autre part, que l'intrigue soit dénouée de deux côtés à la fois et que le témoignage de Claire, qui innocente son fiancé, rende en quelque sorte inutiles, pour le lecteur, les déductions de Tabaret, encore une fois servi par le hasard, puisqu'il apprend d'un usurier rencontré à l'entrée de son immeuble la liaison et les dettes de Noël Gerdy.

Enfin, il est regrettable que l'auteur prête à ses personnages, aux moments les plus dramatiques, un langage emphatique péniblement feuilletonesque. Comment admettre l'interminable discours au cours duquel Mme Gerdy, à l'agonie, se justifie auprès du comte de Commarin, son ancien amant, qui l'avait autrefois abandonnée, persuadé qu'elle le trompait ? Comment admettre dans la bouche d'une mourante, des phrases comme celles-ci : « Je te rencontrai dans une voiture superbe, derrière laquelle se tenaient de grands laquais chamarrés d'or. » Le moment est bien aux descriptions ou à des explications données en ces termes pour apprendre au comte que celui qu'il avait considéré comme son rival était en réalité le frère de sa maîtresse : « Comme il venait d'avoir dix-huit ans et que l'ouvrage manquait, il s'était engagé soldat en disant à ma mère : Ce sera toujours une bouche de moins à la maison. C'est un bon sujet et ses chefs l'ont aimé tout de suite... » Sans doute, la connaissance de ces détails était-elle nécessaire pour l'instruction du lecteur, mais c'est une faute de goût de les avoir fait donner par une femme dont les minutes sont comptées.

Mais peut-on reprocher à Gaboriau de n'avoir pu dans ses premières tentatives échapper à son époque et aux exigences des lecteurs de romans populaires, sur qui il fallait frapper fort pour provoquer émotion et intérêt pour l'histoire en cours ? N'oublions pas qu'il s'est lancé dans ce genre littéraire pour pouvoir subvenir aux nécessités de l'existence.

Par contre, ce qu'il y a d'inédit, d'unique dans son récit, c'est la méthode du père Tabaret, son étonnante interprétation des moindres traces laissées par le criminel. Nulle part ailleurs, on n'avait encore assisté à une telle scène, à la révélation de ce que peut être le génie d'un détective, à travers lequel apparaît le génie de l'auteur. Ici, vraiment, commence la grande aventure du roman policier ; mieux, c'est une vision de ce que devra être la police de l'avenir, dotée, en outre, de moyens scientifiques qu'on ne peut encore prévoir à l'époque.

Pour s'en convaincre, il suffit de citer une partie des conclusions tirées par Tabaret de l'examen des lieux et de l'état de la victime :

« L'assassin est arrivé ici avant neuf heures et demie, c'est-à-dire avant la pluie. Je n'ai pas trouvé d'empreintes boueuses, mais sous la table, à l'endroit où se sont posés ses pieds, j'ai relevé des traces de poussière. La veuve Lerouge n'attendait nullement celui qui est venu. Elle avait commencé à se déshabiller et était en train de remonter son coucou lorsque cette personne a frappé. Il est de ceux qui marchent quatorze à quinze heures. Or, il est plus que probable que la veuve le remontait le soir, avant de se mettre au lit. Comment se fait-il donc que ce coucou soit arrêté sur cinq heures ? C'est qu'elle y a touché. C'est qu'elle commençait à tirer la chaîne quand on a frappé. A l'appui de ce que j'avance, je montre cette chaise au-dessous du coucou et sur l'étoffe de cette chaise la marque fort visible d'un pied. Puis regardez le costume de la victime : le corsage de la robe est retiré. Pour ouvrir plus vite, elle ne l'a pas remis, elle a bien vite croisé ce vieux châle sur ses épaules.

« L'assassin est un homme encore jeune, d'une taille un peu au-dessus de la moyenne, élégamment vêtu. Il portait ce soir-là un chapeau à haute forme, il avait un parapluie et fumait un trabucos avec un porte-cigare. Daignez jeter un regard sur ces morceaux de plâtre humide. Ils vous représentent les talons des bottes de l'assassin dont j'ai trouvé le moule d'une netteté magnifique près du fossé où on a aperçu la clef. Regardez : talon haut, cambrure prononcée, semelle petite et étroite, chaussures d'élégant à pied soigné, bien évidemment. A l'entrée du jardin, mon homme a sauté pour éviter un carré planté, la pointe du pied plus enfoncée l'annonce. Il a franchi sans peine près de deux mètres : donc il est leste, c'est-à-dire jeune. Est-ce le chapeau qui vous étonne, considérez le cercle parfait tracé sur le marbre du secrétaire qui était un peu poussiéreux. Est-ce parce que j'ai fixé la taille que vous êtes surpris ? Prenez la peine d'examiner le dessus des armoires et vous reconnaîtrez que l'assassin y a promené ses mains. Donc il est bien plus grand que moi. Et ne dites pas qu'il est monté sur une chaise, car, en ce cas, il aurait vu et n'aurait pas été obligé de toucher. Seriez-vous stupéfait du parapluie ? Cette motte de terre garde une empreinte admirable, non seulement du bout, mais encore de la rondelle de bois qui retient l'étoffe. Est-ce le cigare qui vous confond ? Voici le bout du trabucos que j'ai recueilli dans la cendre. L'extrémité est-elle mordillée, a-t-elle été mouillée par la salive ? Non. Donc celui qui le fumait se servait d'un porte-cigares... »

Un autre mérite de l'auteur. Au cours de l'ouvrage, il se montre habile à nous faire progresser dans la connaissance de la véritable personnalité de Noël Gerdy, en même temps que le père Tabaret, dont nous partageons tout d'abord l'estime pour l'avocat, puis les soupçons grandissants et finalement l'indignation, quand il découvre avec fureur l'odieuse machination de celui dont il avait fait son héritier et qui l'a si honteusement trompé. Gaboriau a prouvé par là qu'il avait parfaitement assimilé un des éléments qui font le bon roman psychologique : la peinture de l'évolution d'un sentiment sous l'effet des circonstances.

Il est remarquable que *L'Affaire Lerouge* réponde, en outre, par avance aux principales recommandations faites un demi-siècle plus tard aux auteurs d'œuvres policières par François Fosca dans son *Histoire et technique du roman policier*. Les reprenant, nous pouvons en effet constater que dans le roman de Gaboriau :

— le crime est entouré de mystère ;
— un innocent est suspecté sur des indices qui lui sont défavorables ;
— à la suite d'un raisonnement plus serré, le détective rejette sa première théorie trop hâtivement bâtie ;
— on aboutit à une solution imprévue ;
— le cas, pourtant extraordinaire, est résolu avec aisance et élégance.

Tout en observant d'instinct ces règles qu'il restait à édicter et, dont, sans le savoir, il posait les bases malgré quelques maladresses de débutant, Émile Gaboriau avait vivifié les sèches déductions du chevalier Dupin d'Edgar Poe en réalisant leur fusion avec une œuvre romanesque faite du bonheur et de la souffrance de ses personnages.

Mais si la nouveauté de l'œuvre enchanta le public et certains auteurs, Alexandre Dumas père en particulier, nombre de journalistes et de critiques gardèrent un silence méprisant, décidés à ignorer un succès qu'ils pouvaient envier. Ceux qui en firent état ne comprirent pas ce qu'il y avait d'inédit et d'avenir dans l'art dont fait preuve Tabaret pour mener son enquête. Un excellent exemple en est le jugement porté dans son *Année littéraire et dramatique* de 1866 par Vapereau, auteur du *Dictionnaire des contemporains*, homme de lettres honnête et intelligent, qui ne nie pas les qualités de Gaboriau, mais regrette qu'il les dilapide dans une littérature de bas étage :

« Les affaires criminelles sont, pour le romancier, une mine d'une exploitation facile autant qu'inépuisable. *L'Affaire Lerouge*, type de ce genre, est une exposition complète des procédés de l'instruction criminelle moderne. L'affaire s'instruit dans le livre d'une façon aussi minutieuse qu'au Parquet, le romancier a en lui l'étoffe d'un juge d'instruction accompli.

« Le genre d'attrait que les romans de cette classe ont pour leur public est très dangereux pour l'auteur ; il l'expose à se passer de tout ce que la curiosité vulgaire de son lecteur ne lui demande pas, c'est-à-dire d'art, de style, d'observation fine et délicate, de caractères étudiés et soutenus. M. Gaboriau, dans *L'Affaire Lerouge*, n'a pas profité de la permission autant qu'il l'aurait pu. Il paraît s'être mis en frais pour lui-même, sinon pour ses lecteurs, et quelques personnages comme le père Tabaret, cet ancien bibliophile devenu chasseur d'hommes au service de la rue Jérusalem, sont esquissés avec habileté, relief et vigueur. »

Ainsi pas plus que les autres critiques — excepté peut-être Sarcey — Vapereau ne saisit qu'un genre « populaire » traité avec talent peut finir par prendre rang dans la littérature.

XIV

L'EXPLOITATION DU SUCCÈS

Le Soleil n'avait pas exagéré en affirmant que *L'Affaire Lerouge* avait connu un succès exceptionnel. De nombreux contemporains l'ont confirmé et tous les journaux l'ont rappelé au lendemain de la mort du romancier.

Dans le monde littéraire, les plus hostiles à ce qu'ils appelaient avec mépris les romans populaires ou romans-feuilletons, s'y laissèrent prendre, comme le montre l'anecdote suivante, racontée par le chroniqueur du *Temps*, quotidien sérieux s'il en fut. Un auteur des plus érudits et des plus graves devait attendre quelques instants dans le bureau de son éditeur — Dentu sans doute — le retour de celui-ci, accaparé au dehors par une affaire qui ne souffrait aucun retard. Pour permettre à son visiteur de patienter, l'éditeur, en sortant, lui tendit *L'Affaire Lerouge* que l'écrivain accueillit fort dédaigneusement en se vantant de ne jamais lire de roman. Au bout d'un moment, il se décida cependant à ouvrir le livre et à en parcourir quelques lignes. Quand l'éditeur reparut, il vit son auteur plongé dans la lecture du volume et se retira sans faire de bruit. Revenu une demi-heure plus tard, il trouva l'homme qui ne lisait jamais de romans à près de la moitié du livre. Il fallut l'interrompre, mais il emporta le volume et, par la suite, avoua de bonne grâce que, rentré chez lui, il en avait dévoré la fin tout d'une haleine.

Ajoutons à cet amusant récit les témoignages de deux hommes de lettres. Par un billet écrit au cours du troisième trimestre de 1866, Paul Féval demanda à son ancien collaborateur un exemplaire du roman, quand le livre paraîtrait. « Ce sera certainement très bon quand on se souvient de ce qu'ont pu être *Les Petites Ouvrières*. Tous ceux qui ont lu le feuilleton en disent d'ailleurs le plus grand bien. » Ce sera par la suite son propre sentiment : « *L'Affaire Lerouge* m'a réellement pris, c'est de l'intérêt vrai. » Et sept ans plus tard, le critique littéraire Marius Topin rappellera « qu'on lut avec avidité ce récit, qui fit à la fois la fortune de Gaboriau et la fortune du journal ».

Édouard Dentu, qui avait l'avantage d'avoir édité Émile Gaboriau, alors obscur, et d'en être devenu l'ami, entendit s'assurer l'exclusivité en librairie de cette œuvre sensationnelle. Dès le 27 avril 1866, alors que le roman ne paraissait dans *Le Soleil* que depuis le 18, il se garantit contre toute concurrence en signant un contrat avec l'auteur. La vente de l'œuvre était conclue pour 450 francs et l'édition devait comporter quinze cents exemplaires. Quand l'éditeur ne serait plus en état d'en présenter une centaine, il devrait tirer dans les six mois une nouvelle édition d'au moins mille exemplaires sous peine de perdre le bénéfice du contrat et, pour chacun d'eux, verser à l'auteur une prime de trente centimes. En contrepartie, celui-ci s'interdisait toute autre édition dont le prix de vente ne dépasserait pas dix francs le volume.

De son côté, Moïse Millaud avait compris le bénéfice qu'il pouvait retirer de la soudaine réussite de ce nouveau venu dans le feuilleton. Mais, avant de s'engager durablement avec lui, il désirait sans doute avoir la certitude que son succès ne serait pas un feu de paille. Il décida donc de demander une autre œuvre du même genre à l'auteur de *L'Affaire Lerouge* et de la publier dans *Le Soleil*, puis dans sa principale feuille, *Le Petit Journal*, dont nombre de lecteurs s'étaient plaints de n'avoir pu trouver dans leur quotidien le roman dont ils avaient entendu de tous côtés faire l'éloge.

D'un format réduit, *Le Petit Journal* était vendu au numéro dans toutes les villes de France au prix exceptionnel de cinq centimes, ce qui représentait une innovation. De plus, et ce n'était pas pour lui nuire, il avait une ligne de conduite apolitique, flattait les petites gens et donnait une grande place aux faits divers, pour cela surnommé par Zola « le journal des concierges et des bergers ». Son tirage d'une trentaine de milliers d'exemplaires, l'année même de son apparition, oscillait, en 1866, entre deux cent quarante mille et deux cent quatre-vingt-dix mille, réussite inouïe si l'on sait que le quotidien placé immédiatement après lui à cet égard était *Le Figaro* avec une moyenne de cinquante-cinq mille exemplaires. Cependant, après le succès que lui avait valu la publication de *La Résurrection de Rocambole* son tirage était tombé de trente-trois mille exemplaires, quand succéda à ce feuilleton de Ponson du Terrail celui des *Nuits sinistres*, un roman de Constant Guérault. Et comme Ponson quittait *Le Petit Journal*, ayant obtenu d'une autre feuille un contrat plus avantageux, Émile Gaboriau arrivait vraiment à point nommé.

Quand Moïse Millaud se fut assuré de l'intérêt du nouveau roman commandé à Émile Gaboriau, il amena progressivement les lecteurs du *Petit Journal* à en souhaiter la publication. Le 8 octobre, il signale que vient de paraître en un volume à la librairie Dentu « cette *Affaire Lerouge* qui a eu tant de succès dans *Le Soleil*. C'est, ajoute-t-il, à la fois un drame judiciaire et une œuvre d'imagination. L'auteur y fait preuve d'une grande puissance de déduction ». Dès le lendemain il annonce que *Le Soleil* va publier, à partir du 15, *Le Crime d'Orcival*, « récit émouvant, saisissant, inouï, plein de mouvement, de curiosité, d'intérêt, par l'auteur si populaire de *L'Affaire Lerouge* » et il fait réinsérer l'entrefilet les jours suivants, non sans en varier certains termes. Le 25, ayant suffisamment appâté ses lecteurs, il annonce la bonne nouvelle : « Pour répondre aux demandes que nous recevons de tous côtés, nous nous sommes entendus avec le journal *Le Soleil* pour avoir le droit de publier immédiatement *Le Crime d'Orcival*, ce récit émouvant de M. Émile Gaboriau. » La publication en commença le 30 octobre pour s'achever le 6 février 1867, alors que, dans *Le Soleil*, elle avait pris fin le 20 décembre. Le héros du roman n'est plus Tabaret, qui semble avoir pris sa retraite de détective amateur, mais son fervent admirateur, le jeune policier Lecoq, qui a hérité de sa méthode et possède des qualités hors ligne. Un passage d'une lettre du rédacteur en chef du *Soleil* à l'auteur témoigne de l'engouement du public pour ce nouveau récit : « L'effet produit par le *Crime* est excellent. Je ne recueille que des compliments. »

A la suite de ce succès venu confirmer celui de *L'Affaire Lerouge*, les Millaud jugèrent prudent de s'assurer l'exclusivité de la collaboration d'Émile Gaboriau par un engagement mutuel en bonne forme. Il fut signé le 26 décembre 1866, valable pour toute l'année 1867. Le romancier s'engageait à consacrer ses travaux littéraires aux journaux appartenant à la société Millaud et Cie, c'est-à-dire au *Petit Journal*, au *Journal Illustré*, au *Journal Politique*, au *Soleil* et au *Nouvel Illustré*. Il traiterait les sujets sur lesquels il se serait mis d'accord avec M. Millaud, mais sa copie n'aurait pas à dépasser la valeur de trois cent soixante-cinq feuilletons du *Petit Journal*. M. Millaud aurait, pendant la durée du traité, le droit de reproduire dans ses divers journaux les œuvres livrées par M. Gaboriau et celui-ci, de son côté, pourrait publier chacune de ces mêmes œuvres en volumes après l'achèvement de la publication en feuilletons. Sa rémunération serait de quinze cents francs par mois, émoluments alors considérables.

En application de cet accord, au *Crime d'Orcival* succéda, le 7 février 1867, un nouveau roman, *Le Dossier n° 113*, qui était annoncé quotidiennement depuis une douzaine de jours, avec une remarquable diversité de termes. Le 29 janvier, il était qualifié de « feuilleton extraordinaire, un de ces récits dont on garde le souvenir longtemps. Dans cette œuvre plus profondément étudiée que celles qui ont assuré son succès, le patient analyste déroule un de ces drames poignants de l'existence de chaque jour. Rien que de vrai, que de réel dans cette terrible histoire. Peut-être n'est-ce qu'une histoire trop réelle, peut-être tous les acteurs de ce drame sont-ils au milieu de nous ? » Le 30 janvier : « Jamais le populaire auteur du *Crime d'Orcival* n'aura traité avec plus de vigueur et d'énergie un sujet plus profondément dramatique. Cet ouvrage laisse bien loin derrière lui les feuilletons qui ont eu le plus de succès », ce qui n'était pas aimable pour ce transfuge de Ponson du Terrail. Le 3 février, c'est Timothée Trimm, lui-même, qui consacre sa première page habituelle au roman près de paraître. Il en a lu le manuscrit, qui est « tout gonflé de secrets terribles, de pièces curieuses, de révélations d'un dramatique inouï ». Il dépassera en intérêt « tous les récits que les conteurs à la mode, à l'imitation de Shéérazade, content si bien à ce difficile sultan qu'est le public ». La publication du *Dossier n° 113* s'acheva le 14 mai. Dans une lettre à sa sœur, Émile Gaboriau a prétendu qu'elle avait fait monter de quarante mille le nombre des lecteurs du *Petit Journal*.

La publication du *Crime d'Orcival* n'avait pas encore pris fin dans cette feuille que, le 3 février 1867, Dentu avait conclu avec l'auteur, pour ce roman, un contrat analogue au précédent. Il en fut de même, le 22 mars, pour *Le Dossier n° 113*, acheté 525 F au lieu de 450, avec l'obligation de faire tirer une nouvelle édition d'au moins mille exemplaires dans les trois mois, si son stock tombait au-dessous de cent exemplaires et, pour chacun d'eux, de verser une prime de trente-cinq centimes à l'auteur. En outre, le traité comportait une clause supplémentaire. L'éditeur acceptait de tirer dans les cinq mois une réédition de mille exemplaires du *13e Hussards* et de verser à l'auteur la somme de trois cents francs le jour de la mise en vente. Ainsi la notoriété de Gaboriau s'affirmait-elle et rejaillissait-elle sur ses premières œuvres.

Le 4 juin, *Le Petit Journal* annonce la parution prochaine en feuilletons d'un nouveau roman de l'auteur à succès : « Nous commencerons le 15 de ce mois un grand récit très émouvant de notre collaborateur Émile Gaboriau, auteur du *Crime d'Orcival* et du *Dossier n° 113*, qui ont eu un succès si éclatant... Des personnages étudiés sur nature, des événements extraordinaires, de l'action, de la vie, du mouvement sont les qualités qui distinguent cette œuvre hors ligne, à laquelle M. Gaboriau porte la dernière main. » Et, presque chaque jour, c'est un rappel du prochain grand événement. Le 11, le nouveau feuilleton est annoncé pour le 17. « Jamais, insiste Millaud dont on peut admirer le talent publicitaire, jamais les hauts et les bas de la société, les drames intimes, les terribles complications de la vie parisienne n'ont été dévoilés avec autant d'exactitude. » Non seulement le feuilleton n'est pas publié à partir du 17, mais son titre ne sera révélé que le 19, du fait que le directeur et l'auteur avaient été longs à se mettre d'accord, comme on verra plus loin, sur ce dernier point. Tout en s'efforçant d'expliquer ce retard à sa manière, Millaud s'emploie à attiser encore l'impatience de ses lecteurs.

« Après tout ce qui a été écrit, après tout ce qui a été raconté, trouver un terrain nouveau n'était pas une chose facile. C'est cependant ce que fait Émile Gaboriau. Cet éminent écrivain vient d'écrire pour *Le Petit Journal* un de ces feuilletons dont tout le monde parle avant de l'avoir lu.

LES ESCLAVES DE PARIS

Personne ne se doutait qu'à Paris, comme dans les départements, il y eût des esclaves, que, dans toutes les classes de la société, il y a des gens qui obéissent à un signe, à un geste, à un mot. »

Et le 20 juin : « Cet esclavage occulte qui nous entoure, est raconté dans ce style simple, sans prétention, sans moyens absurdes, sans mystère, par Émile Gaboriau qui est vraiment, nos lecteurs le savent, l'un des plus éminents conteurs de notre temps. » Le lendemain : « Les Esclaves de Paris sont esclaves pour plusieurs causes : la beauté, l'amour, le chantage, la crainte. Aussi y a-t-il à Paris, le courtier d'esclaves, le marchand d'esclaves, le marché aux esclaves. »

Et ainsi de suite, chaque jour. Le 25, Moïse Millaud paie de sa personne : « Nous sommes sous l'impression de la plus vive émotion. Nous venons de lire dans son ensemble l'œuvre nouvelle d'Émile Gaboriau, ce sera un événement littéraire. » Le 26, le début de la publication est annoncé pour le lendemain. Mais, le 27, le journal fait savoir à ses lecteurs « que des obstacles imprévus, des événements tout nouveaux, des révélations extraordinaires » ont été surmontés. *Les Esclaves de Paris* paraîtront dans les premiers jours de juillet. En fait le 9. La première partie se termine le 22 octobre, et la remise de jour en jour se répète pour la seconde partie, *Le Secret de la maison de Champdoce*, qui débutera le 5 novembre, précédé d'un résumé de la première partie, de la main de Gaboriau à l'intention des nouveaux lecteurs et de cette déclaration destinée à procurer encore plus d'intérêt au roman : « Je me suis efforcé de donner une idée exacte de cette industrie immonde qui s'appelle le chantage, écrit-il. J'avais jugé le sujet actuel. Des quantités de communications, dont quelques-unes inouïes, à peine croyables, m'ont prouvé que je ne m'étais pas trompé. Et, si un conseil donné à qui me le demandait, a pu soustraire un seul honnête homme à la plus odieuse des persécutions, je me tiens pour amplement payé de la peine prise à répondre à une centaine de lettres. » La deuxième partie se termina le 9 janvier, et la troisième, *Le Chantage*, le 3 mars 1868.

Le 1er octobre 1867, Dentu avait signé avec Émile Gaboriau un nouveau contrat, reproduisant les principales dispositions du précédent, mais valable pour *Les Esclaves de Paris* et les quatre ouvrages à venir. Chacun serait acheté pour six cents francs et la prime pour les éditions supplémentaires serait de quarante centimes par volume. L'auteur était autorisé à faire tirer des éditions illustrées, à condition que le prix de vente des volumes ne soit pas inférieur à huit francs. Stipulation modifiée par un acte du 30 novembre, le prix de vente de chaque roman ne devant pas être inférieur à cinq francs.

De leur côté, les Millaud et Émile Gaboriau avaient renouvelé leur contrat de l'année précédente en décembre 1867, cette fois pour deux ans. Par ce nouveau traité, le romancier se réservait la faculté de publier dans *La Situation* un récit historique, *Le Drame de 1813*, et, dans *Le Journal des Débats*, un roman n'excédant pas vingt feuilletons. Enfin sa rémunération mensuelle passait à deux mille francs.

Après un tel sacrifice financier, Moïse Millaud entendait frapper un grand coup. Il avait décidé de publier le long récit entrepris par Gaboriau à la fin de l'année 1864 et que, maintenant, celui-ci mettait au point. On l'intitulerait *Monsieur Lecoq* du nom de l'avisé policier que les précédents feuilletons avaient rendu célèbre. Le génie de l'homme d'affaires allait pouvoir se donner pleinement carrière dans la publicité qui préparerait le succès de ce nouveau roman judiciaire.

Vers le 15 avril 1868, les murs de Paris et des principales villes de France se couvrent d'immenses affiches multicolores où s'étalent en énormes lettres ces quatre lignes disposées en diagonale.

    Monsieur Lecoq !
    Monsieur Lecoq !!
    Monsieur Lecoq !!!
    Monsieur Lecoq !!!

et, le 21, les mêmes mystérieuses exclamations se trouvent insérées à la quatrième page de nombreux journaux. Passants et lecteurs intrigués se demandent ce que cela signifie et qui peut être ce Monsieur Lecoq, du moins ceux qui n'ont pas encore lu les exploits de l'extraordinaire policier. Dans *Le Petit Journal* de ce même 21 avril, Timothée Trimm feint l'ignorance et l'étonnement : « Quel peut être ce Monsieur Lecoq ? Est-ce lui qui, sous Louis XV, s'empara de la dangereuse sirène qui assassinait les jeunes gens qu'elle séduisait ?... C'est ce que l'avenir nous apprendra. »

Brusquement, le 15 mai, Moïse Millaud démasque ses batteries : « Le grand récit d'Émile Gaboriau que nous allons publier aura pour titre *Monsieur Lecoq*. Comme Balzac, avec lequel il a bien des points de ressemblance, Émile Gaboriau a un personnage de prédilection qu'il fait intervenir dans toutes ses œuvres. Le personnage type d'Émile Gaboriau est Monsieur Lecoq. C'est lui qui, avec une sagacité merveilleuse, avec une perspicacité que rien ne trompe, une habileté qu'on ne trouve jamais en défaut, une activité dévorante, c'est Monsieur Lecoq qui dénoue les intrigues les plus ténébreuses, qui dévoile les mystères les plus soigneusement cachés. Mais jusqu'ici Monsieur Lecoq n'avait été qu'un personnage épisodique, il va devenir le héros du nouveau récit de Gaboriau. N'avons-nous pas raison de dire que cette œuvre nouvelle dépasse en intérêt tout ce que notre collaborateur a publié ? »

Le 17, *Le Petit Journal* fait état de nombreuses lettres de félicitations pour avoir choisi une telle œuvre et il publie même une série de vers monorimes composés par un lecteur à cette occasion, essai rappelant singulièrement les poèmes en « if » et en « oir » glissés par l'auteur dans ses *Gens de bureau* :

« Quel est donc ce Monsieur Lecoq ?
Dit le buveur devant son bock
Ou le laboureur sur son soc,
Le matelot sur son grand foc
Ou le capucin sous son froc... etc. »

L'éloge de Gaboriau et de ses romans va s'amplifiant de jour en jour. On peut lire dans *Le Petit Journal*, le 18 mai : « Plusieurs écrivains ont essayé de l'imiter, mais il reste sans conteste le maître du genre qu'il a créé », et le 19 : « La semaine prochaine verra un grand événement littéraire. »

Dès que l'une des énigmatiques affiches avait été détruite, elle se trouvait remplacée par une semblable, mais, le 20 mai, de nouvelles les recouvrirent, apportant les éclaircissements souhaitables aux passants qui n'avaient pas encore été acquis à la presse de Moïse Millaud :

Plus d'impatience
C'est mardi
Sans remise
Prenez-en note !
Prenez-en note !
Que paraît dans
Le Petit Journal
Monsieur Lecoq

Le 23, *Le Petit Journal* constate : « Émile Gaboriau est en ce moment à la mode, on ne parle que de lui et de *Monsieur Lecoq*, une œuvre nouvelle. *Le Monde pour rire* lui a consacré sa première page. » Il s'agit d'un portrait-charge dû au caricaturiste Lemot et représentant le romancier sur un coq de bruyère, dont le bec est chaussé de bésicles. Le cavalier, de la main droite, tient un panneau portant l'inscription : *M. Lecoq c'est Moi*, et de la gauche, une plume d'oie reposant sur son épaule et à laquelle s'agrippent trois minuscules personnages tenant chacun l'un des trois volumes dont on peut lire les titres : *L'Affaire Lerouge, Le Crime d'Orcival, Les Esclaves de Paris*. Dans le fond, un mur complètement recouvert des fameuses affiches : M. Lecoq !, et, au bas de la page cette légende : « C'est moi, M. Lecoq, Lecoq !, Lecoq !... des romanciers. »

Le 24 mai, on apprend que les marchands de journaux de Paris et les correspondants de province demandent une augmentation considérable d'exemplaires pour le jour où commencera la publication de *Monsieur Lecoq*. Il sera impossible plus tard de se les procurer. Mais Millaud ne se laisse-t-il pas emporter par le démon de la publicité quand il affirme, le 26 mai que « Gaboriau raconte une histoire vraie qui est un drame saisissant » ? Enfin, le 25, avait paru un grand article de Timothée Trimm, tenant toute la première page du journal. Le chroniqueur avait bien envie, avoue-t-il, de garder rancune à l'auteur de la mystérieuse affiche dont le texte l'avait dérouté, mais ses amis lui avaient expliqué que « l'annonce-énigme était une nouveauté du grand Art de la Publicité et cette façon de répéter un titre, venue d'Amérique ».

Il n'est pas sans intérêt de mentionner l'opinion de Vapereau sur cette publicité quelque peu tapageuse, en même temps qu'il manifestait à nouveau son inquiétude quant à la valeur et l'avenir des romans judiciaires :

« Malgré les qualités personnelles de l'auteur, qui a, du reste, le soin de les réduire à la taille de son public, les romans de M. Gaboriau deviennent l'objet de ces réclames bruyantes et voyantes que la concurrence a si bien fait passer, de nos jours, de l'industrie au journalisme. Son *Monsieur Lecoq*, le dernier venu des feuilletons au *Petit Journal*, a inspiré des moyens de publicité assez nouveaux pour faire sensation. Pendant des semaines, on vit briller sur toutes les murailles, en lignes obliques, plusieurs fois répétés, ces seuls mots : Monsieur Lecoq !

« C'était une sorte de Mané, Thécel, Pharès, un avertissement mystérieux. Puis il se fit un peu plus de lumière : on apprit par la même voie, que Monsieur Lecoq est le célèbre agent de police de sûreté, dont les « exploits » allaient être racontés dans une œuvre hors ligne, aux péripéties dramatiques. Où et quand ? Un si grand événement se souligne, et chaque membre de phrase fait un alinéa. Ce sera : Le 2e jour — De la 21e semaine — De la 68e année — Du XIXe siècle !

« Je ne fais un crime à personne de ces appels à la curiosité de la foule, nécessaires, dit-on, à des publications qui ont besoin, pour faire leurs frais, de tirer à des centaines de mille ; mais il faudrait que M. Gaboriau, après M. Ponson du Terrail, eût une foi bien robuste dans le sens littéraire des masses pour croire qu'elles attendront de lui des choses travaillées, délicates, finement observées, en payement de ces promesses étourdissantes de la muraille ou de la quatrième page des journaux. »

La publication de *Monsieur Lecoq* commença le 27 mai, s'arrêta le 31 juillet avec la fin de la première partie, pour reprendre le 7 août (encore une astuce du rusé directeur), et se terminer le 3 décembre. Ce fut, certes, une réussite, mais il semble que l'auteur l'exagère quand, au début de l'été, il écrit à son beau-frère Coindreau « Du jour au lendemain, Monsieur Lecoq a fait monter *Le Petit Journal* de quelque chose comme soixante-dix mille numéros. Que de ces soixante-dix mille numéros, il nous en reste seulement vingt mille, Millaud sera content et moi aussi. Au surplus, le roman s'annonce comme un grand succès. » En tout cas, d'après *Le Petit Journal*, entre le début et la fin de la publication, l'augmentation du tirage fut de quatorze mille exemplaires.

Le 12 août 1868, une nouvelle convention était conclue entre Dentu et Gaboriau. Celui-ci accordait en exclusivité à son éditeur l'autorisation de publier en éditions illustrées ses romans déjà parus ou ceux qu'il écrirait dans une période de huit ans. En contrepartie, Dentu s'engageait à verser une somme de deux mille francs pour chacun des ouvrages ainsi publiés, et de trois mille francs quand ils se présenteraient en deux volumes. Les payements à intervenir se feraient le jour de la mise en vente de chaque tirage et la publication commencerait par *L'Affaire Lerouge* à une date dont la place, sur l'acte, était laissée en blanc. Enfin l'auteur conservait le droit de publier en inédit dans la presse ses ouvrages à venir. En application de cet acord, un *Monsieur Lecoq* parut chez Dentu à la mi-février 1869 et, à la même époque, une *Affaire Lerouge*, illustrée de cinquante dessins du peintre allemand Theodor Weber, ami d'Émile Gaboriau, et répartie sur vingt-cinq livraisons bi-hebdomadaires à dix centimes.

Toujours en février 1869, exactement le 17, *Le Petit Journal* annonce à ses lecteurs « une bonne, une excellente nouvelle ». Par un traité spécial, il vint d'acquérir une œuvre à laquelle Gaboriau met la dernière main. « C'est incontestablement le romancier qui sait le mieux comprendre et peindre notre époque. Ses personnages ont une qualité qui est la plus précieuse de toutes, ils sont vivants. » Il s'agissait de *La Vie infernale*.

Mais Millaud s'est parfaitement rendu compte qu'une évolution s'opérait dans l'œuvre de Gaboriau, qui s'éloignait du récit purement policier. Il l'explique à sa manière dans le numéro du 21 février : « Émile Gaboriau a créé le roman judiciaire et il reste le maître incontesté de ce genre d'ouvrage. Mais un écrivain de talent ne doit pas se renfermer dans un genre littéraire sous peine de se spécialiser et d'encourir le reproche de la monotonie. Émile Gaboriau a pensé que nos lecteurs liraient avec plaisir une grande étude sur la vie parisienne... ». Et, numéro par numéro, il développera cette idée. Le 22 : « Quels vastes horizons s'ouvrent à l'esprit lorsqu'on réfléchit au beau sujet que notre collaborateur Émile Gaboriau a traité dans l'œuvre que nous allons publier : LA VIE INFERNALE. Elle sera une véritable révélation et marquera une révolution dans le talent de notre collaborateur. » Le 25 : « Ce récit, positivement attendu par tous les lecteurs sans qu'ils en eussent conscience fera certainement époque dans la vie contemporaine. » Le 27 février, Millaud promet que, dans le prochain feuilleton, on reconnaîtra Paris, « avec ses splendeurs et ses misères, ses folies, ses drames terribles, ses fiévreux emportements » et, le 1er mars, que ce sera « le tableau du Paris actuel, pris sur le vif, par un puissant observateur, dont la haute intelligence est servie par une imagination ardente ». La publication, toujours retardée, suivant le procédé cher à l'astucieux directeur, commencera le 7 mars pour se terminer le 16 août.

Le 5 novembre suivant, *La Vie infernale* sortait en deux volumes aux éditions Dentu. L'avant-veille, un nouveau traité avait été signé entre les deux amis. C'était un accord portant sur d'anciens ouvrages. Gaboriau reconnaissait avoir vendu six cents francs à l'éditeur le droit de tirer une cinquième édition, en deux tomes, de mille exemplaires de ses *Cotillons célèbres*. Par le même acte il cédait à Dentu le droit de faire toutes autres éditions de ses *Comédiennes* et de tirer à mille exemplaires une troisième édition des *Gens de bureau*, pour laquelle il recevrait quatre cents francs le jour de la mise en vente. En revanche il s'interdisait de consentir toutes autres éditions de ces trois ouvrages, dont le prix ne dépasserait pas dix francs le volume.

Mais, déjà, était annoncé un nouveau roman de Gaboriau dont le titre serait donné incessamment. Dans *Le Petit Journal* du 27 octobre, la direction se réjouit de pouvoir faire ainsi éprouver une émotion agréable à ses lecteurs. Le 2 novembre, on apprend que, tout comme dans *La Vie infernale*, « ce récit à qui on peut prédire un retentissant succès, fera pénétrer le public dans le cœur même du monde parisien » et, le 11, qu'on pourra y voir « les lâchetés et la misère en gants blancs, mais aussi les sublimes dévouements, l'amour pur et sincère ». Puis, pendant un mois, il n'est plus question du roman à paraître, sinon par quelques rares entrefilets rédigés en termes assez vagues. Devant l'émotion considérable suscitée par l'instruction de l'affaire Tropmann, qui passionnait l'opinion publique et faisait monter en flèche le tirage de tous les journaux, les Millaud avaient cru bon de céder le pas à l'actualité, surtout quand, à partir du 13 novembre, le célèbre criminel entra dans la voie des aveux. N'était-il pas plus sage d'exploiter toute la riche matière qui s'offrait (le tirage du journal atteignit alors le chiffre record de 470.000 exemplaires) et de mettre le roman en réserve pour des jours moins fastes ? C'était *La Clique dorée,* dont la publication commença le 7 décembre, quand la fièvre publique se fut un peu apaisée. A ce sujet, Émile Gaboriau, dans une lettre à sa sœur, se plaint de « l'effort énorme » qu'il a dû fournir pour bâtir et commencer à écrire ce récit qu'il n'était pas prêt à livrer. La faute en est au « vieux Millaud » qui, malgré la désapprobation d'Alphonse, a voulu qu'il paraisse en feuilletons avant la condamnation de Tropmann, dont le procès accaparait tout l'intérêt des lecteurs. En fait, le 29 décembre, à la veille des débats en cour d'assises, il fallut interrompre la publication de *La Clique dorée* pour la reprendre le 2 janvier, une fois réglé le sort du sinistre assassin. Elle s'acheva le 15 avril. Sorti chez Dentu, en un volume, dès le mois de mai, ce fut le dernier roman de Gaboriau publié avant la guerre.

A la demande de leurs lecteurs plusieurs périodiques obtinrent de l'auteur le droit de reprendre ses œuvres. Le premier à le faire fut *Le Voleur.* C'était un hebdomadaire illustré de remarquables gravures, fondé, en 1828, par Émile de Girardin. Ce titre lui avait été adroitement donné du fait qu'il se limitait à publier en feuilletons des œuvres déjà parues avec succès. Son tirage était alors d'une vingtaine de milliers d'exemplaires.

A la première page de son numéro du 26 octobre 1866, *Le Voleur* annonça triomphalement : « Dans notre premier numéro de janvier 1867, nous commencerons la publication de *L'Affaire Lerouge,* par Émile Gaboriau, roman plein de mystère et de terreur, qui captivera et enchaînera les lecteurs de la première page à la dernière, comme le ferait le plus émotionnant des drames de cour d'assises. »

Alléchés par cette promesse, certains abonnés durent manifester du mécontentement de devoir attendre plus de deux mois pour prendre connaissance d'un récit dont ils avaient entendu vanter un peu partout l'intérêt passionnant. Aussi, dès le 9 novembre, leur revue fit savoir qu'elle cédait à leur impatience : « Le bruit qui se fait en ce moment autour du nom d'Émile Gaboriau, a éveillé chez un grand nombre de nos lecteurs le désir de nous voir devancer l'époque annoncée pour l'apparition du nouvel ouvrage de cet éminent romancier. Afin de donner satisfaction au vœu généralement exprimé, nous publierons simultanément *L'Affaire Lerouge,* qui commencera dans le numéro du 23 courant et *Les Revers de Rocambole* de M. Ponson du Terrail. »

Le 30 novembre, dans le numéro qui suivit le début de la publication, *Le Voleur* pouvait se féliciter de cette sage décision : « Ainsi que nous l'avions prévu, *L'Affaire Lerouge* a, dès son apparition, obtenu le succès le plus signalé. A peine le premier numéro est-il en vente, et déjà une crue considérable s'est manifestée dans la vente de notre journal. Tout porte à croire que la publication de ce roman hors ligne fera époque dans l'histoire des journaux populaires illustrés. »

La publication de *L'Affaire Lerouge* terminée le 24 mai 1867, *Le Voleur* passa à celle du *Crime d'Orcival,* qui fut ainsi annoncée dans son numéro du 2 août : « Cette œuvre féconde en émotions, en coups de théâtre, en péripéties habilement ménagées et qui tiennent, depuis la première jusqu'à la dernière scène, le lecteur haletant d'intérêt et de curiosité, promet à notre journal un succès supérieur encore à celui de *L'Affaire Lerouge* du même auteur, dont la popularité s'est traduite par une augmentation considérable dans le tirage du *Voleur*. » La publication commença le 16 août pour prendre fin le 24 juillet 1868.

A la fin de l'année, c'est au tour du *Dossier n° 113* de se retrouver dans les pages du *Voleur*. La publication, qui en commença le 25 décembre pour se terminer le 15 octobre 1869, était annoncée dans le numéro du 18 décembre : « On sait que cette œuvre reconnue et acclamée comme le chef-d'œuvre de son auteur réunit tous les genres d'intérêt : le drame, le mystère, la surprise, la terreur, les péripéties les plus étranges, les coups de théâtre les plus inattendus et, à travers toute cette intrigue, ténébreuse et enlevée comme le plus palpitant des procès de cour d'assises, l'action patiente, infatigable, sûre, providentielle de la police, représentée par le plus habile et le plus ingénieux de ses agents... ». Ajoutons que l'illustration des trois feuilletons avait été assurée par Godefroy Durand.

En mars 1870, des pourparlers furent engagés entre Gaboriau et le directeur de l'hebdomadaire, qui souhaitait entreprendre la publication de *La Vie infernale* au début de l'hiver suivant. Il offrait cinq centimes de la ligne, tarif recommandé par la Société des Gens de Lettres, mais insistait pour que la même autorisation ne fût pas accordée à une autre revue illustrée. La négociation aboutit à un accord, mais l'invasion fit suspendre la publication du *Voleur*, qui ne donna ce roman en feuilletons qu'après la fin des hostilités.

L'Affaire Lerouge parut également du 21 août au 30 novembre 1867 dans *L'Omnibus*, un bihebdomadaire semblable au *Voleur* pour le choix de ses publications et sa présentation. L'heureuse initiative de son concurrent l'avait sans doute incité à suivre ses traces. Il annonça la nouvelle dans ses numéros du 14 et du 17 août : « Le bruit qui se fait en ce moment autour du nom d'Émile Gaboriau a éveillé chez un grand nombre de nos lecteurs, le désir de nous voir publier un ouvrage de cet éminent romancier. »

Quant au *Journal pour tous*, il ouvrit lui aussi ses colonnes à une œuvre de Gaboriau, annoncée en ces termes le 18 juillet 1868 : « Nous commençons dans ce numéro la publication d'un grand roman de M. Émile Gaboriau : LES ESCLAVES DE PARIS. Cette œuvre si dramatique, si émouvante de l'auteur du *Crime d'Orcival*, du *Dossier n° 113*, de *Monsieur Lecoq* est l'un des plus grands succès littéraires de ce jeune romancier, qui a pris rang parmi les maîtres ». Le dernier feuilleton figura dans le numéro du 26 mai 1869.

Les feuilletons du *Petit Journal* et des périodiques illustrés étaient connus, sinon régulièrement lus, dans la province qui ne pouvait rester longtemps à l'écart de l'engouement parisien pour les romans judiciaires. Les journaux régionaux, dont l'aire était d'ailleurs moins étendue qu'aujourd'hui, se rendirent compte que, pour garder leurs lecteurs, ils devaient leur fournir cette pâture. Le premier à le faire fut *La Gironde*, du fait d'une ancienne amitié entre Gaboriau et son rédacteur en chef Manicault. Dès novembre 1866, celui-ci devait entreprendre la publication de *L'Affaire Lerouge*, qui s'acheva avec le numéro du 29 janvier 1867. Par une lettre non datée, il en avisa l'auteur : « Voilà votre *Lerouge* terminé, il a eu un succès énorme. Pouvez-vous nous donner maintenant votre *Crime d'Orcival* ? » Mais il dut en réclamer plusieurs fois le texte avant de l'obtenir après un dernier appel en date du 10 mai. Le roman fut publié dans *La Gironde*, du 27 mai au 10 août 1867, cependant que, dans une lettre du 9, le rédacteur en chef avait demandé à son ami son *Dossier n° 113*, qui parut du 17 mars au 14 juin 1868.

Quant aux éditeurs étrangers, ils ne manquèrent pas d'être intéressés par le succès des romans de Gaboriau et, avant même la guerre, ce dernier signa plusieurs traités avec eux.

Ainsi, le 15 octobre 1868, un contrat accorda à Steinitz, correspondant théâtral en notre capitale, le droit exclusif de faire traduire en allemand et reproduire en Autriche, en Prusse et dans toute l'Allemagne, pour six cents francs, *Monsieur Lecoq* qui paraissait alors dans *Le Petit Journal*. Six mois après, le 15 avril 1869, un nouveau traité était conclu entre Gaboriau et Steinitz. Cette fois c'était *La Vie infernale* qui faisait l'objet de la transaction. Elle était vendue quatre cents francs, réglés comptant. Et, en 1870, *La Clique dorée* aux mêmes conditions.

Mais il y eut pour la traduction allemande des traités antérieurs, dont nous manquent les textes, puisque parurent à Vienne, dès 1867, *L'Affaire Lerouge* (oder *Gefahren des Irrthums*: Danger d'une erreur) et en 1868, *Le Dossier n° 113* (*Fascikel 113*). Quant à *Monsieur Lecoq*, il fut publié à Berlin en 1869, et *La Vie infernale* et *La Clique dorée* dans la même ville, mais seulement en 1871 à cause de la guerre.

A la même époque, des avantages semblables furent concédés à l'éditeur milanais Eduardo Sonzogno pour l'Italie ainsi qu'à un éditeur britannique pour les pays de langue anglaise, par des traités malheureusement égarés, mais qui reçurent eux aussi une immédiate exécution.

Enfin le romancier reçut de Ladislas Mickiewiez, le fils du grand poète polonais, cette lettre, qui fut certainement bien accueillie :

« Paris, le 4 mars 1870.

» Monsieur, un libraire de mes amis publie à Leopol (Lwow) des traductions de romans anglais, allemands, français. Il a l'intention de transcrire en polonais plusieurs de vos œuvres. Il vous donnerait vingt thalers de Prusse d'honoraires. C'est une bagatelle, mais la librairie polonaise n'est pas riche. »

Ainsi la notoriété de Gaboriau a régulièrement grandi, même quand aux premiers romans vraiment judiciaires succédèrent d'autres récits, où les victimes luttent, seules, pour confondre les criminels. Devant la montée du tirage du *Petit Journal*, qui lui était en partie due, il se rendait parfaitement compte que les Millaud ne pouvaient se passer de lui après le départ de Ponson du Terrail et, sa correspondance le montre, il devenait de plus en plus exigeant malgré la situation brillante qui lui était faite. Et, cependant, ses revenus étaient encore grossis des droits d'auteur que lui versaient Dentu et plusieurs périodiques pour reprendre ses romans en volumes ou en feuilletons et par les piges que lui rapportaient quelques chroniques.

Décidés à tirer tout le parti possible des lourdes obligations contractées envers leur feuilletoniste préféré du public, les Millaud, on l'a vu, ne reculaient pas devant des procédés, à nos yeux un peu grossiers, destinés à accroître le nombre des fidèles du *Petit Journal*. Avec des moyens limités en comparaison de ceux dont dispose aujourd'hui la publicité, ils savaient influencer un public populaire, naïf, nouvellement venu à la lecture de la grande presse. Le plus habituel de leurs stratagèmes était d'exalter longtemps à l'avance par une publicité tapageuse le récit qu'ils comptaient publier et, au moment où la coupe allait toucher les lèvres du lecteur, piqué de curiosité et avide de sensations fortes, de l'éloigner sous quelque prétexte, puis de l'approcher à nouveau, sans hésiter à se livrer plusieurs fois à cette manœuvre un peu trop évidente. Enfin le futur feuilleton était régulièrement annoncé comme plus émouvant encore que le précédent, ce qui exigeait de la rédaction une inflation laudative de plus en plus difficile à réaliser.

Toutefois c'est à Moïse Millaud qu'on doit l'expression « roman judiciaire », encore exclusivement utilisée en France à la mort de Gaboriau. Il a été le premier à soutenir que l'auteur de *L'Affaire Lerouge* et du *Crime d'Orcival* avait créé un genre littéraire, assertion très tôt reprise par la plupart des journalistes. Si quelques écrivains et quelques critiques, envieux de l'énorme audience et du brusque succès de telles œuvres, niaient la possibilité de leur survivance, l'homme de finance, le grand patron montrait une vision plus sûre de l'avenir du roman policier sans qu'on sache cependant s'il pouvait prévoir le développement prodigieux qui attendait cette littérature des temps modernes.

LES ROMANS JUDICIAIRES
(1866-1868)

XV

LES PRÉCURSEURS

L'accord ne règne pas dans le monde des spécialistes de la littérature policière sur les ouvrages à admettre comme précurseurs du genre.

Autant et peut-être plus que les autres formes littéraires, le policier doit observer des règles. Certains auteurs en ont énoncé plus d'une vingtaine que l'on renonce à énumérer ici. Elles peuvent d'ailleurs se condenser en cette définition : un roman policier doit normalement découler de la découverte d'un forfait dont les auteurs et les circonstances restent tout d'abord inconnus. Le mystère ainsi créé doit être élucidé à partir des indices recueillis ou des renseignements obtenus par un ou plusieurs personnages, policiers professionnels ou amateurs, doués d'un sens aigu de l'observation et d'une remarquable faculté de déduction. Au contraire de ce qui se passe dans la vie, le hasard ne peut intervenir de façon décisive sans fausser le jeu. Mais l'enquête, tout en restant l'objet primordial du récit, suppose autour d'elle tout un monde en mouvement, où émergent des individus susceptibles d'aider ou d'entraver le détective dans sa difficile exploration. Par contre la poursuite de sa mission ne doit en aucun cas se trouver estompée ou retardée par des faits étrangers au sujet ou des développements oiseux, qui lasseraient ou distrairaient le lecteur et atténueraient son attention.

Incontestablement, c'est le XIXe siècle qui a vu la naissance du roman policier. Cependant certains esprits se sont plu à rechercher des embryons d'enquête policière dans des ouvrages plus anciens. En particulier chez Beaumarchais, dans *Le Barbier de Séville*, Bartholo ferait déjà œuvre de détective, quand il prétend confondre Rosine, malgré ses dénégations, et lui faire avouer qu'elle a bel et bien écrit un billet en son absence. Le terrible tuteur relève plusieurs indices concordants et, même si sa rusée pupille a réponse à tout, cette accumulation de faits apparaît déjà par elle-même comme un début de preuve : Son doigt est taché d'encre ? S'étant brûlée avec la flamme d'une bougie, elle l'a trempé dans l'encrier, remède bien connu — Il n'y a plus que cinq feuilles au lieu de six sur le cahier de papier ? Rosine a pris une feuille pour faire un cornet destiné à envelopper les bonbons envoyés à une fillette — La plume, toute neuve le matin, a été noircie par de l'encre ? La jeune fille s'en est servie pour retracer un dessin effacé sur une veste qu'elle brode.

Il se trouve que, dans ce domaine, Voltaire a précédé Beaumarchais, dans *Zadig*, où son héros parvient à décrire le cheval du roi et la petite chienne de la reine sans les avoir vus, mais par l'examen des traces laissées par ces animaux. En fait, Voltaire fut accusé à juste titre dans *L'Année littéraire* de 1767, d'avoir démarqué un passage d'un ouvrage anonyme, *Voyages et Aventures des trois princes de Sarendip*, publié en 1719 et dont l'auteur était le chevalier de Mailly. Or, le livre de Mailly était la traduction inavouée d'un roman italien du XVIe siècle : *Le Voyage des trois fils du roi de Sarendip*, lui-même inspiré d'un récit des *Mille et une Nuits*, *Les Fils du Sultan Al Yaman*, qui ne fut traduit en français qu'en 1811. Mais, bien avant *Les Mille et une Nuits* écrites vers le XIIIe siècle, ce conte apparaît dans une *Histoire des Prophètes et des Rois* de l'historien arabe Djeri At Tabari, qui vivait au début du Xe siècle. Et un érudit hébraïsant le rattache à un texte talmudique datant du IIIe siècle après Jésus-Christ !

Parfois on remonte plus haut en citant, comme un bel exemple d'interprétation de traces, la fable d'Ésope où le renard se garde bien d'aller prêter hommage au roi Lion, après avoir constaté que toutes les empreintes des pieds des animaux qui s'étaient rendus dans la caverne de la majesté, étaient orientées dans le même sens et que pas une seule n'indiquait qu'ils en soient ressortis. On peut également trouver dans la Bible une confrontation de témoignages, procédé cher à la police, utilisée par le prophète Daniel, patron tout désigné des détectives, pour confondre les deux vieillards accusateurs de la chaste Suzanne, qui prétendent l'avoir vue, l'un sous un sycomore, l'autre sous un figuier.

Toujours plus loin dans le passé, certains estiment que la première des affaires policières a été contée dans le livre II de l'*Histoire* d'Hérodote. Le grand voyageur grec rapporte, en effet, que le pharaon Rhamsinite, qui régnait sur l'Égypte vers le XIIe siècle avant Jésus-Christ, désireux de mettre à l'abri ses immenses trésors, avait fait construire dans ce but un bâtiment dont lui seul savait ouvrir l'unique porte. Mais l'architecte avait ménagé dans l'un des murs un dispositif ingénieux, dont il n'avait révélé le fonctionnement à personne. En déplaçant d'une certaine façon l'une des pierres, on pouvait pénétrer à l'intérieur de l'édifice. En mourant, il avait confié ce secret à ses deux fils. Ceux-ci, mettant à profit cette facilité, avaient à plusieurs reprises puisé dans le trésor du pharaon qui, un jour, désireux de contempler ses richesses, put constater le vol dont il avait été victime. Il fit alors aménager un piège dans la salle du trésor et, au cours d'une de leurs incursions, l'un des voleurs se trouva si bien pris qu'il fut impossible de le dégager. « Tranche-moi la tête et emporte-la, dit-il à son frère, car de toute manière je suis perdu. Du moins, on ne te retrouvera pas. » Ce que fit l'autre.

Le pharaon, quand il découvrit le corps décapité, le fit suspendre à l'extérieur d'un mur du bâtiment, donnant l'ordre à des soldats postés là d'arrêter tout passant qui se lamenterait devant cette affreuse dépouille. Mais la mère des deux malandrins ayant exigé que le survivant donne une sépulture décente à son frère, celui-ci passa devant le cadavre avec un âne chargé d'outres de vin, dont l'une commençait à perdre son contenu, ce qui lui permit de se lamenter sans éveiller les soupçons des soldats, au contraire ravis de profiter de l'aubaine pour étancher leur soif. Ils finirent par fraterniser avec l'ânier et burent plus que de raison. Quand celui-ci les vit ivres-morts, il dépendit le corps de son frère et l'emporta sur son âne.

Le pharaon exigea alors de sa fille qu'elle se prostitue et demande à chacun de ses clients pour prix de ses faveurs de lui révéler l'action la plus noire qu'il ait récemment commise. Désireux de connaître la princesse, mais plein de méfiance, le voleur vint la voir en emportant sous son manteau un bras qu'il avait coupé sur un cadavre (peut-être celui de son frère). Quand il eut avoué les vols dont il s'était rendu coupable, la jeune femme s'agrippa à lui en appelant à l'aide, mais elle n'avait fait que saisir le bras du mort, qui lui resta dans les mains, et le coupable put s'enfuir.

Admirant l'habileté de cet homme, le pharaon fit proclamer que son voleur serait pardonné s'il se dénonçait, ce que fit celui-ci, et le souverain non seulement lui fit grâce, comme promis, mais il lui donna sa fille en mariage. A noter que dans ce récit, aussi naïf que peu moral, c'est le voleur qui a le dernier mot pour l'avoir emporté en ingéniosité.

Mais tout cela n'est en somme que jeu de l'esprit, car ces subtilités, si amusantes soient-elles, n'ont rien de commun avec le roman policier tel qu'on vient de le définir. Et si l'on entend proposer des auteurs susceptibles de figurer valablement parmi les précurseurs du nouveau genre littéraire, ce n'est pas avant la fin du XVIIIe siècle qu'il faut espérer les découvrir. Chronologiquement les premiers seraient Ann Radcliffe et William Godwin, écrivains anglais, dont les romans parus dans les dernières années du XVIIIe et le début du XIXe siècle, ont été très tôt traduits en français.

Ann Radcliffe, universellement connue en Europe, a écrit des « thrillers » ou « romans d'épouvante », qui veulent susciter l'angoisse et la peur par une profusion de faits lugubres ou effrayants, bruits d'origine inexpliquée, apparitions terrifiantes, mais qui, à la fin du récit, reçoivent toujours une explication simple et logique. Régis Messac a relevé que, dans le plus connu de ses romans, *Les Mystères du château d'Udolphe*, paru en 1794, on retrouve le classique « problème du local clos », c'est-à-dire de l'individu disparu d'un lieu dont toutes les issues étaient hermétiquement fermées. Mais celui qui en a été l'objet, reparaît à la fin du livre pour conter comment il a été enlevé. Ce qui empêche de considérer l'ouvrage comme un roman policier, c'est qu'en l'absence de la victime, son entourage s'est contenté de s'étonner de sa disparition sans tenter aucune recherche pour la retrouver.

Quant à William Godwin, il est surtout célèbre par son roman, *Les Aventures de Caleb Williams*, paru également en 1794, une œuvre à thèse destinée à dénoncer les abus de la justice britannique du temps. Plein de pitié pour les souffrances que semble éprouver son maître Falkland, qu'il admire, son jeune secrétaire Caleb Williams finit par en découvrir la cause : le remords lancinant d'avoir autrefois laissé condamner et exécuter des innocents pour un crime qu'il avait lui-même commis et de ne s'être pas dénoncé, uniquement par un faux sentiment de l'honneur. Il ne s'agit pas, d'ailleurs, pour Caleb de démasquer un coupable et le dénoncer, mais du désir de secourir, faisant bientôt place à une insatiable curiosité. Dans sa recherche on ne trouve pas, a remarqué Régis Messac, de déductions proprement dites. Il procède par allusions, prêche le faux pour savoir le vrai et ne fait jamais connaître dans le détail la marche de sa pensée. Autre lacune qui n'a pas retenu l'attention de Messac : on ne nous dit comment Falkland a pu se procurer l'arme d'un crime nullement prémédité, ni grâce à quel alibi il est parvenu à se justifier. Plus grave : le seul personnage dont l'action soit de nature policière est le bandit Gines, que Falkland a lancé à la poursuite du trop curieux Caleb Williams en fuite, alors qu'il entend garder son secrétaire sous sa surveillance, une fois son secret découvert. Malheureusement, seul, le poursuivi a recours à quelques ruses, d'ailleurs assez élémentaires, pour échapper à son persécuteur, qui le retrouve chaque fois comme par miracle.

Voilà de sérieuses raisons, pensons-nous avec Régis Messac, pour ne pas considérer ces récits comme des œuvres policières, mais il est probable qu'ils ont dû concourir à faire naître un certain goût pour le mystère chez Émile Gaboriau, qui les a parfois cités, et le désir d'apporter une solution imprévue et élégante aux énigmes créées par son imagination.

Il n'est pas non plus impossible que, parmi les sources qui ont inspiré le futur auteur des romans judiciaires, aient figuré certaines nouvelles relatant des crimes et leur châtiment, traduites du chinois depuis le début du XIXe siècle par plusieurs sinologues, surtout anglais et français. Neuf de ces récits, datant pour la plupart des XIVe et XVe siècles de notre ère, ont été groupés et publiés en français en 1981, par André Lévy, sous le titre de l'un d'eux, *Sept victimes pour un oiseau*, ainsi complété : *et autres histoires policières*. Comme l'ensemble du titre y conviait, on n'a pas manqué de s'extasier sur ce qui, aux yeux des lecteurs mal informés, pouvait passer pour une véritable découverte. Décidément ces Chinois avaient tout inventé et jusqu'à la littérature policière. Mais, à lire ces nouvelles, il faut en rabattre et, dans son excellente introduction, André Lévy a lui-même reconnu qu'aucune d'elles ne répondait parfaitement aux règles de la « short story ». Pour chacune, il en donne d'ailleurs les raisons avec une parfaite connaissance de ces règles.

Résumons pour nos lecteurs *L'Investigation de la botte de cuir*, de ces neuf histoires la plus proche de nos nouvelles policières, bien que le coupable soit un sorcier possédant le don de disparaître et de réapparaître, plus accompli en cela que l'Homme invisible de Wells, dont la présence était dénoncée par ses vêtements restés visibles. On a cependant réussi à arracher une de ses bottes au criminel sorcier, au cours d'un de ses forfaits, preuve qu'il ne s'agit pas d'une divinité malfaisante, mais d'un humain ayant recours à des maléfices. Retrouver ce malfaiteur ne serait pas tâche aisée, sans la perspicacité du célèbre policier Ran Gui. Seul de ses confrères rassemblés, après avoir attentivement examiné la chaussure, il a l'inspiration de casser le fil de la couture et découvre entre le cuir et la doublure un morceau de papier portant le nom du fabricant et la date de la confection. Grâce à cette précieuse indication, Ran Gui remonte jusqu'à l'utilisateur de la botte, qui n'en était d'ailleurs pas l'acquéreur. Sous le déguisement d'un colporteur, il obtient assez de renseignements pour avoir la preuve qu'il s'agit bien du coupable, qu'on arrêtera non sans avoir recours à une précaution magique afin qu'il ne puisse user à ce moment-là de son infernal pouvoir.

PLANCHE V

Croquis à la plume par Émile Gaboriau (1860-1865) :
« De l'argent, ou pas de copie ».

Photo. Thiéry, Saintes.

Planche VI

Tabaret en visite chez Juliette Chaffour, dessin par Theodor Weber (Dentu, L'Affaire Lerouge, réédition illustrée de 1869).

Photo. Thiéry, Saintes.

Le merveilleux qu'on retrouve dans toutes les nouvelles chinoises cohabite ici fort curieusement avec une irréprochable démarche de l'enquête. S'il n'attente pas à la qualité de celle-ci, il interdit toutefois d'admettre ce conte dans la littérature policière telle que nous la concevons en Occident, et son auteur, dont le nom nous est inconnu, apparaît comme un précurseur bien timide d'Edgar Poe et de Conan Doyle. Cependant, Gaboriau n'avait pu que se prendre d'intérêt pour ce récit s'il l'avait rencontré dans une traduction anglaise, ou pour des histoires chinoises du même ordre, traduites en français. Nous avons d'ailleurs la conviction qu'une telle littérature n'était pas ignorée de lui tant il fait preuve, dans plusieurs de ses ouvrages et en particulier dans un long passage de *L'Affaire Lerouge*, d'une réelle connaissance de l'histoire et de la littérature de la Chine.

Dans sa jeunesse, Gaboriau, on l'a dit, avait lu avec passion les romans de Fenimore Cooper, qui connaissait alors un succès prodigieux. Il y avait, d'ailleurs, dans cet engouement général une part de survivance romantique, car les Hurons et les Sioux de Cooper étaient en fait plus près des bons sauvages de Jean-Jacques que des véritables Indiens, dont l'auteur n'avait guère qu'une connaissance livresque, comme l'a établi Margaret Murray Gibb dans son ouvrage *Le Roman de Bas de Cuir*.

Si de telles œuvres étaient capables de donner à un jeune homme le goût des voyages et de l'aventure, elles apportaient en réalité peu d'éléments précis, susceptibles d'inspirer les auteurs policiers à venir. Que trouve-t-on, en effet, dans les romans de Cooper aussi célèbres que *L'Espion*, *Les Pionniers*, *Le Dernier des Mohicans* et *Le Lac Ontario*, sinon des traces de pas sur des pistes et des branches cassées révélant aux Indiens le passage d'êtres humains ou d'animaux, d'autant que ces primitifs ont plutôt recours à leur mémoire qu'à leur raisonnement. Les chasseurs blancs ne montrent pas plus d'ingéniosité et de ruse quand, d'après les balles fichées dans un tronc d'arbre, ils peuvent identifier l'arme utilisée et connaître la provenance du tir ou quand ils ont recours à un feu de branchages encore humides afin d'obtenir une épaisse fumée destinée à attirer l'ennemi hors de leur route. On le verra, Lecoq étudiant les traces de pas dans la neige, après le triple meurtre de La Poivrière, fait preuve d'une bien autre perspicacité que tous les Indiens et les trappeurs de Fenimore Cooper.

Du moins la connaissance de leurs procédés a-t-elle suggéré à Gaboriau une comparaison déjà faite avant lui, mais jamais poussée aussi loin. Son porte-parole, en la circonstance, est Tabaret : « En lisant les mémoires des policiers célèbres (peut-être serait-il embarrassé pour préciser lesquels), attachants à l'égal des fables les mieux ourdies, je m'enthousiasmais pour ces hommes au flair subtil, plus déliés que la soie, souples comme l'acier, pénétrants et rusés, fertiles en ressources inattendues, qui suivent le crime à la piste, le code à la main, à travers les broussailles de la légalité comme les sauvages de Cooper qui poursuivent leur ennemi à travers les forêts de l'Amérique. »

Il est surprenant, notons-le, que Régis Messac, après s'être longuement penché sur l'influence exercée par la production de l'auteur du *Dernier des Mohicans*, n'ait prêté aucune attention aux récits de Mayne Reid, dont les premiers romans ont paru avant 1850 et ont été traduits sur-le-champ en français. En effet, si Cooper conte et décrit la plupart du temps par ouï-dire, il n'en est pas de même pour le romancier anglais qui a participé aux luttes de l'Union contre les Mexicains et qui a vécu plus d'une année dans les solitudes de la Rivière Rouge, chassant les bêtes fauves et trafiquant avec les Indiens. Certaines des aventures qu'il relate, il les a réellement vécues et, à cause de son expérience, ses récits sont imprégnés d'une véracité et ses descriptions d'une précision qui manquent chez Cooper.

Il serait incroyable que Gaboriau, alors adolescent et avide de cette littérature, n'ait pas dévoré les premiers romans de Reid. Il dut lui rester fidèle et lire *La Piste de guerre*, publiée en 1857, où l'on trouve ces lignes au sujet de la poursuite d'un cheval sauvage : « L'ingénieux interprète courait devant nous, penché sur la selle et les yeux attachés au sol. Tout ce qu'il avait dit, il l'avait lu sur la surface de la prairie à des hiéroglyphes inintelligibles pour moi, mais plus faciles à interpréter pour lui qu'une page de livre imprimé. » C'est la même image, exprimée de façon à peine différente, qu'on retrouve, moins de dix ans après, dans *Monsieur Lecoq*, quand le célèbre policier adresse ces paroles à son vieux collègue étonné : « Ce terrain vague, couvert de neige, est comme une immense page blanche où les gens que nous recherchons ont écrit non seulement leurs mouvements et leurs démarches, mais encore leurs secrètes pensées. »

Avant d'en arriver à Balzac, rappelons qu'avaient paru en 1828-1829 *Les Mémoires de Vidocq*, cet ancien forçat, un temps chef d'une brigade d'agents de la Sûreté. En réalité, des mémoires apocryphes écrits par deux journalistes. Sans nous préoccuper de savoir si les auteurs avaient reçu les confidences de l'intéressé, et, dans ce cas, si ces confidences avaient été sincères et rapportées honnêtement, constatons que l'ancien bagnard, pour mettre la main sur ses acolytes d'autrefois, avait eu souvent recours à des procédés qui dénotaient davantage son manque de scrupules que sa perspicacité. Il abusait, en effet, de la confiance gagnée dans le passé parmi la pègre, longtemps ignorante de sa conversion, ce qui exclut ces mémoires de la véritable littérature policière. Toutefois, il possédait l'art de se grimer et celui de la filature, qui tiennent une si grande place dans les romans de Gaboriau. Le succès de ces récits avait d'ailleurs pour effet de mettre à la mode les ouvrages où s'affrontaient « gendarmes et voleurs » et, dans une certaine mesure, de préparer le terrain pour la venue de véritables romans policiers.

Balzac, qui avait eu une entrevue avec Vidocq, s'inspira, mais en partie seulement, de cet homme hors du commun pour imaginer la personnalité de Vautrin, ancien forçat dissimulé sous le personnage d'un prêtre espagnol et, pour finir, devenu lui aussi policier. Mais dans aucun de ses romans où il crée le mystère et où il met la police en jeu, Balzac n'a donné pour armature à son récit ce qui est la marque du roman policier, c'est-à-dire la découverte graduelle des circonstances d'un crime et l'identification du criminel grâce à l'action d'un détective aussi habile à relever les indices qu'à les interpréter. C'est ce qu'on ne rencontre ni dans les romans où Vautrin tient un rôle important, ni dans *Les Chouans, Ferragus*, ou *Une Ténébreuse affaire*.

Toutefois, dans *Splendeurs et misères des courtisanes*, l'auteur de la *Comédie humaine* s'est approché de ce genre littéraire qu'avec son génie il avait dû pressentir, mais qu'une existence à la fois trop remplie et trop courte ne lui a probablement pas laissé le temps de créer. On y assiste, en effet, dans la troisième partie sous-titrée : *Où mènent les mauvais chemins*, à l'interrogatoire serré et truffé de pièges que fait subir le juge d'instruction Camusot, d'abord à Vautrin, puis au protégé de l'ancien forçat, Lucien de Rubempré. Précédé d'une enquête minutieuse et habile, ce long passage eût mérité de prendre place parmi les œuvres policières.

Que Gaboriau ait « lu et relu Balzac », pour employer l'expression de Régis Messac, cela ne fait aucun doute, mais la part d'influence que l'auteur de *La Comédie humaine* aurait eue sur lui semble moins importante que ne le prétend Messac, dont les arguments sont loin d'être convaincants.

Le fait que Gaboriau aurait donné à l'un des personnages des *Mariages d'aventure* le nom de Cinq-Cigne, emprunté à Balzac, ne prouverait pas grand-chose sinon la conséquence d'une réminiscence. Les plagiaires systématiques sont plus adroits que cela. D'ailleurs ce nom, nous ne l'avons pas rencontré dans cet ouvrage, ce qui nous amène à penser que l'auteur du *Detective Novel* l'a confondu avec celui de Saint-Roch, le génial agent matrimonial.

Toujours d'après Messac, Gaboriau aurait emprunté à Balzac « l'idée de faire reparaître les mêmes personnages dans divers romans, tantôt comme protagonistes, tantôt comme comparses ». Affirmation audacieuse, car bien avant Balzac d'autres auteurs avaient utilisé ce procédé, en particulier Fenimore Cooper dont le célèbre *Bas de Cuir*, apparu pour la première fois en 1822, dans *Les Pionniers*, réapparaîtra quatre ans plus tard dans *Le Dernier des Mohicans*.

Enfin, Messac tente d'opérer des rapprochements entre des personnes et des situations qui lui paraissent à peu près semblables chez les deux auteurs. Il constate tout d'abord que l'on rencontre dans leur œuvre respective une association secrète de personnalités sans scrupules, unies pour s'entraider en toutes circonstances et par tous les moyens, encore qu'il reconnaisse que c'est là chose banale et que, chez les feuilletonistes, les associations de malfaiteurs sont courantes à l'époque. Dans Balzac, c'est le pacte qui lie les mystérieux « Treize »; dans Gaboriau, c'est le serment que, dans leur jeunesse, se sont prêté trois camarades. Il existe entre ces deux groupes, que nous sommes tenté de nommer « sociétés secrètes de soutien mutuel », le point commun d'avoir, au besoin, recours au crime.

La naissance des « Treize » provenait de ce que l'un d'eux, après avoir lu *La Venise sauvée*, de Thomas Otway, et admiré les effets prodigieux de l'alliance étroite de Pierre et de Jaffier, s'était persuadé qu'un groupe d'hommes ainsi soudés et ignorant toutes les règles de la morale pourrait représenter « une puissance occulte contre laquelle l'ordre social serait sans défense ». Mais Balzac nous laisse dans l'ignorance de la composition et du fonctionnement de cette association dont tous les membres étaient sur un pied d'égalité. Une fois leurs buts atteints et leurs désirs satisfaits, ils sont paisiblement revenus au respect de la légalité.

Chez Gaboriau, rien de semblable, dans *Les Esclaves de Paris*, avec le trio qui, par le chantage, tient sous sa coupe plusieurs membres de la haute société parisienne. Le chef est Mascarot, un génie, « un Lecoq, nous dit Messac, qui aurait mal tourné ». Ses acolytes sont le docteur Hortebize et l'avocat Catenac. Tous trois avaient fait de remarquables études et pouvaient escompter un avenir brillant, mais tous trois étaient pauvres et faméliques et la maîtresse de Mascarot se mourait de privations. C'est alors que celui-ci eut recours à un odieux chantage, qui lui valut d'extorquer une somme importante et de sauver ainsi la jeune femme, tout en permettant aux trois amis de subsister quelque temps. On but toute la nuit pour fêter l'arrivée de cette petite fortune. Et Mascarot, qui rappelle ces événements, termine ainsi : « Lorsque le jour vint nous surprendre autour d'une table chargée de bouteilles, nous avions, nous, les vaincus de la vie, déclaré la guerre à la société, nous avions juré que, par tous les moyens, nous arriverions à la fortune : le plan de notre redoutable association était arrêté. » Cette association est donc fort différente de celle des « Treize ». Non seulement on connaît les circonstances précises de sa naissance et l'identité de ses membres, mais elle présente une hiérarchie, dispose de collaborateurs stipendiés et possède tout un personnel subalterne. On la voit fonctionner. Elle ne reste pas perdue dans la brume comme la peu crédible organisation imaginée par Balzac pour donner un support à des faits fantastiques, tel ce poison que Ferragus introduit dans le corps de son ennemi rien qu'en lui saisissant la chevelure. Chez Gaboriau, tout s'enchaîne, tout s'explique, tout se justifie. Et cette construction impeccable, il ne l'a empruntée à personne, il ne la doit qu'à son imagination puissante. On peut, par ce rapprochement, apprécier le chemin parcouru par le réalisme dans le temps qui sépare *L'Histoire des Treize* des *Esclaves de Paris*.

C'est toutefois avec *Une Ténébreuse affaire*, estime Régis Messac, que Balzac s'est le plus rapproché du genre policier, sans qu'on puisse cependant lui en attribuer la paternité, car il a prématurément informé le lecteur des secrets recherchés par les enquêteurs, secrets qu'ils ne découvriront complètement que trente ans plus tard. Pour nous, nous ne voyons pas ce que Gaboriau aurait pu retirer de cette affaire ténébreuse, ténébreuse surtout parce que confuse, sinon un passage qui préfigure curieusement les déclarations de Tabaret et de Lecoq sur le plaisir passionné qu'on peut éprouver à traquer les délinquants : « L'homme de police a toutes les émotions du chasseur, mais en déployant les forces du corps et de l'intelligence ; là où l'un cherche à tuer un lièvre, une perdrix ou un chevreuil, il s'agit pour l'autre de sauver l'état ou le prince, de gagner une gratification. Ainsi la chasse à l'homme est supérieure à l'autre chasse de toute la distance qui existe entre l'homme et les animaux. » C'est là un rapprochement qu'aurait dû faire Messac, tout en précisant bien que l'appât du gain n'avait jamais animé Tabaret ou Lecoq. Il a, par contre, noté avec raison qu'on retrouve dans l'œuvre de Balzac le discrédit qui s'attachait alors aux fonctionnaires de la police, comme on peut en juger par cette citation : « Est-on homme de police comme on est penseur, écrivain, homme d'état, peintre, général, à la condition de ne savoir faire qu'espionner, comme ceux-là parlent, écrivent, administrent, peignent et se battent. » Enfin, les sbires qui opèrent dans *Une Ténébreuse affaire* ne pourchassent pas des malfaiteurs, mais des adversaires politiques de l'Empereur et leurs procédés ne sont pas de nature à leur valoir la considération que le lecteur accordera aux policiers de Gaboriau.

Après Balzac, Edgar Poe a fait un pas énorme avec ses trois célèbres nouvelles qui sont vraiment les premiers essais policiers parus dans le monde : *Double assassinat dans la rue Morgue*, *La Lettre volée* et *Le Mystère de Marie Roget* publiés entre 1841 et 1845 et bientôt traduits en français. Poe était au courant de tout ce qui s'éditait en France et il est probable que c'est sous l'influence de certains romans de Balzac que son héros, le chevalier Dupin, est Français et qu'il a donné Paris pour cadre à ces trois récits.

Dans la première de ces nouvelles, Dupin parvient par l'examen des lieux du double meurtre et par toute une série de remarquables déductions à reconstituer les circonstances du crime et à en identifier l'auteur, un singe de forte taille, armé d'un rasoir dérobé à son maître. Dans *Le Mystère de Marie Roget*, Edgar Poe a fait mieux encore puisqu'il a prouvé l'excellence de sa méthode. Il situe à Paris l'assassinat d'une jeune femme, Mary Roget, qui effectivement eut lieu dans les environs de New York et dont la police n'était pas parvenue à établir les circonstances, ni à démasquer le coupable. Edgar Poe, loin du théâtre du crime, a, par la seule lecture des journaux, réussi à donner une solution du « mystère » qui, par la suite, s'est révélée exacte.

Il aurait donc été le véritable « découvreur » du roman policier ? Eh bien, sans vouloir lui dénier sa part de précurseur, on peut répondre par la négative. Boileau et Narcejac ont fort bien démontré pourquoi : « Un roman peut-il être un simple problème ? Un genre littéraire possède une structure qu'on ne peut méconnaître impunément, Edgar Poe nous en fournit la preuve. Dans ses trois œuvres policières, il va d'un mouvement rapide du mystère à la solution. Ce qu'il a inventé, c'est le récit court, la « short story », la nouvelle policière. Il est passé à côté du roman policier proprement dit parce qu'il n'a pas consenti à développer l'élément dramatique que tout mystère contient à l'état latent. La seule présence de Dupin rend inutile d'autres personnages avec leurs conflits, leurs peines, leurs douleurs. Avec lui, le lecteur n'a ni le temps, ni le désir de s'apitoyer, de frémir. Il se donne seulement l'illusion de penser. »

Mais il ne suffit pas que le roman policier se déroule dans la société, il est de plus nécessaire qu'il y ait lutte, que le détective se heurte à un adversaire qui s'efforce de le dérouter et même de le contrecarrer. C'est ce qu'a expliqué Narcejac dans *Une Machine à lire* : « Ce que Poe et Conan Doyle ont créé, c'est la « forme » du roman policier. Mais ils n'ont pas clairement compris quel devait en être le fond, c'est-à-dire la matière. Ils n'ont pas vu, notamment, que cette matière devait être rebelle et résister à l'investigation. Poe n'a pas songé à opposer à Dupin un meurtrier habile. Comment en viendra-t-on au roman policier ? Un crime intelligent, un criminel adroit, voilà l'obstacle extérieur ; une pensée connaissant mieux ses limites, humble devant une réalité révélant peu à peu son foisonnement, voilà l'obstacle intérieur. Le roman policier apparaît avec l'incertitude. »

Il faut en effet admettre que l'étendue et la concision de l'œuvre ne sont pas les seuls éléments pour établir une distinction entre la nouvelle policière et le roman policier. Ainsi *Le Petit Vieux des Batignolles*, de Gaboriau, dont le récit ne comporte guère plus de lignes que les nouvelles d'Edgar Poe, répond-il à la définition du roman policier telle que la donne Narcejac.

De plus, les déductions un peu trop géniales de Dupin ne doivent pas nous faire illusion. Sans doute sont-elles amusantes dans le cadre d'une historiette, mais accumulées dans un roman elles le feraient bientôt tourner court, le mystère vite éclairci par l'implacable mécanique qu'est le cerveau créé par Edgar Poe. Enfin, utilisés dans des affaires réelles, ses éblouissants raisonnements aboutiraient souvent à des erreurs monumentales, car ils comportent toujours une part d'incertitude. Aussi Messac reste-t-il plus que sceptique devant l'enchaînement des pensées de Dupin au cours de sa promenade nocturne avec son ami, dans *Murders in the rue Morgue*. Il estime la chose inconcevable, car ce personnage raisonne « comme si les pensées ne pouvaient s'associer entre elles que d'une seule façon. En effet, ne peut-on lever les yeux au ciel pour autre chose que pour y chercher la constellation d'Orion ? ».

Un critique littéraire, contemporain d'Émile Gaboriau, a, par avance, apporté son appui aux auteurs que nous venons de citer. Deux ans après la mort du romancier, Marius Topin, sans disposer de toute l'expérience acquise depuis lors, a pu écrire ces lignes :

« Là où Edgar Poe, agissant en algébriste, avait dit : Un crime a été commis dans la rue A... dans des conditions que nous désignerons par les lettres B, C, D, il faut dégager l'X qui est le coupable ; là où il avait porté toute son attention sur le problème, sans se préoccuper d'autre chose et sans se soucier des mannequins qu'il faisait mouvoir, Gaboriau a créé une action intéressante, inventé des personnages animés chacun de leur vie propre, créé un dialogue, multiplié les incidents ; là où, en un mot, le premier avait seulement construit la carcasse du mystère, le second y a mis les chairs, le sang, le souffle, la vie. Imiter ainsi, c'est imiter de génie. De deux auteurs, a dit M. Nisard, dont l'un ne sait pas donner la vie à ce qu'il trouve et dont l'autre crée ce qu'il imite, l'inventeur c'est le dernier. »

On est bien loin du *Mystère de Marie Roget* avec *Les Mystères de Paris*, d'Eugène Sue, publiés en feuilletons, en 1842-1843, dans *Le Journal des Débats*, où ils ont connu un succès prodigieux. Cet engouement a suscité une multitude de romans de la même veine, c'est-à-dire se plaisant à entraîner le lecteur dans les milieux les plus sordides ou les plus corrompus et à lui faire côtoyer les pires malandrins et les roués les plus cyniques. Parmi les plus connus de ces « romans populaires », rivaux des *Mystères de Paris*, parurent, dès 1843-1844, *Les Mystères du Grand Opéra* de Léo Lespès, *Les Mystères de Londres* de Paul Féval et, plus tard, *Les Mystères du Palais Royal* de Xavier de Montépin, ainsi que les innombrables *Exploits* du Rocambole de Ponson du Terrail, publiés en volumes seulement à partir de 1859. Mais, comme l'a constaté François Fosca, ces ouvrages ne peuvent pas compter parmi les romans policiers du fait que « s'ils nous racontent des affaires judiciaires, des drames de famille et dépeignent les faits et gestes des criminels, la détection n'y tient guère de place et, quand elle apparaît, c'est de façon tout à fait occasionnelle ». Ajoutons que, pour pimenter leurs récits, plusieurs de ces romanciers se sont appliqués à adapter les stratagèmes des prétendus Indiens de Fenimore Cooper aux mœurs des bas-fonds parisiens, dont la faune était plus captivante à leurs yeux que leurs policiers à la moralité d'ailleurs souvent des plus douteuses.

Cependant, dans *Les Mohicans de Paris*, Alexandre Dumas père s'est sérieusement rapproché du roman policier tel que nous l'avons défini, avec son inspecteur Jackal, dont Messac a remarqué que le nom commence comme jaguar et finit comme chacal. Dans un passage, malheureusement unique dans le roman, ce policier professionnel se montre l'égal d'un Lecoq ou d'un Tabaret, en reconstituant de façon magistrale les circonstances de l'enlèvement d'une toute jeune fille disparue d'un pensionnat. Il découvre tout d'abord un morceau de plâtre au pied de la pente extérieure du mur qui entoure la propriété, en déduit qu'il s'est effrité lors de l'escalade des ravisseurs, lance de l'autre côté du mur un fragment de tuile qui lui servira de repère et lui permettra de trouver sur le sol l'empreinte des montants de l'échelle qui a servi pour l'enlèvement. Puis il étudie les traces laissées dans la terre par les chaussures des auteurs du rapt, en déduit leur nombre, leur sexe et certains de leurs caractères et, pour finir, résout le problème du « local clos », c'est-à-dire de la pièce où a eu lieu l'enlèvement. Jackal explique comment s'y sont pris les ravisseurs pour dérouter les enquêteurs. Ils ont fait passer par la fente subsistant entre la porte fermée et le chambranle les deux extrémités d'un fil très fin, mais résistant, dont ils avaient entouré la tige du verrou intérieur, puis de l'extérieur ils ont tiré à la fois sur les deux extrémités du fil, provoquant ainsi la fermeture du verrou. Ils n'ont plus eu ensuite qu'à récupérer le fil en le tirant par une de ses extrémités, de sorte qu'il n'est resté aucune trace du procédé auquel ils avaient eu recours.

Malheureusement, ce passionnant récit est noyé dans un véritable roman-fleuve et Messac déplore à juste titre qu'il y ait « trop de Vidocq » dans Jackal, qui connaît parfaitement les bas-fonds de la capitale et n'hésite pas à employer des criminels. Enfin, quand le policier se rend compte qu'il risque de se heurter à de hautes personnalités, il manque du courage d'un Lecoq n'hésitant pas à confondre le duc de Sairmeuse, il capitule et abandonne son enquête au moment où il va mettre la main sur l'un des coupables.

Pour certains, Paul Féval se serait également approché du roman policier avec ses *Habits noirs*, publiés en 1863. Il s'agit, en fait, d'une œuvre quelquefois pleine de vivacité, mais le plus souvent filandreuse, où l'on ne trouve que fort peu d'action policière. Le détective imaginé par lui est particulièrement méprisable pour posséder une agence qui couvre une véritable entreprise de chantage. Il est toutefois intéressant de noter que, dans *Jean Diable*, le roman de Féval, apparaît un intendant de police londonien, Gregory Temple, célèbre par ses calculs « déductionnistes » qui ont fait de lui un « détectif » presque infaillible. Il a publié un manuel destiné aux policiers « les plus intelligents » : *L'Art de découvrir les coupables*. Gaboriau ne put manquer de rêver à ce précieux ouvrage, dont l'auteur a omis, et pour cause, de citer les références, mais dont le titre même annonçait que les temps étaient proches.

Ajoutons, mais seulement pour mémoire, que quelques auteurs prétendent rattacher au genre policier deux récits parus à la même époque que *Les Mystères de Paris* : *Eulalie Pontois* (1842), un roman de Frédéric Soulié, et *Les Trois nuits de sir Richard Cockerill* (1844), une nouvelle de Philibert Audebrand.

Eulalie Pontois se croit la fille d'un repris de justice qui la maintient dans cette erreur et, par amour filial, elle se laisse accuser d'un crime qui aurait été commis par son prétendu père. La malheureuse se dissimule sous un nom d'emprunt, mais apprend finalement que Pontois ne lui était rien, cependant que le coupable, Paul Chagouin, se suicide. Dans ce roman touffu se meuvent de nombreux personnages trop peu décrits pour susciter l'intérêt du lecteur. L'exposé des faits est souvent embrouillé et encombré des digressions des acteurs et même de l'auteur, dont l'intervention alourdit encore le récit. Finalement, si la vérité se découvre, ce n'est pas grâce à un détective, ni à la suite d'une enquête.

Sir Cockerill, lui, a empoisonné son frère pour prendre sa place dans une succession et, bourrelé de remords, il croit voir partout le spectre de sa victime. Les personnages qui l'approchent prennent soudain à ses yeux le visage du mort et, pour se débarrasser de cette obsession, il tue trois personnes de son entourage au cours de trois lugubres nuits. Il est arrêté et accusé du troisième meurtre. Sa culpabilité paraissant évidente, il se donne la mort, non sans s'être confessé par une lettre adressée au chef du jury. Tous ces événements se sont déroulés sans aucun appel au talent de quelque policier.

Tout comme on l'a fait pour *Eulalie Pontois* et *Sir Cockerill*, certains auteurs ont prétendu classer *Bleak-House*, le roman de Dickens, paru en 1852, parmi les romans policiers, ce que Régis Messac a considéré comme abusif. Pour résumer le récit, Hortense, femme de chambre française, renvoyée par Lady Dedlock, a réussi à percer le secret de son ancienne maîtresse qui, avant son mariage, avait eu un enfant d'un amant depuis lors décédé. Résolue à se venger d'un avoué qui l'a humiliée et qui connaît également le secret de Lady Dedlock, Hortense le tue et, par une lettre anonyme, dénonce celle-ci comme coupable du crime. Mais l'officier de police rétablit la vérité et arrête la criminelle.

Nous ne pouvons suivre Messac, quand il considère que l'inspecteur Bucket, « quoique doué de toute la puissance de sympathie que Dickens sait conférer à ses créations, n'est après tout qu'un bon chien de chasse ». En effet, ce policier sait lire dans les pensées de ses interlocuteurs, ce qui est bien une preuve de finesse et de pénétration. Puis, tout comme Lecoq, il possède l'art du déguisement à un très haut point et sait avoir recours à de petits stratagèmes pour s'introduire dans les places où l'on ne souhaite pas sa venue. Ajoutons, bien que cela n'entre pas dans ses attributions policières, que Bucket, trouvant à l'agonie celui qu'il recherche, tente de le réconforter, preuve d'humanité qui le distingue d'un Javert. Et lorsque, chargé d'une autre arrestation, il trouve son homme festoyant au sein d'une honnête famille célébrant l'anniversaire de la maîtresse de maison, il fait preuve du plus grand tact, ne laisse rien deviner de ses intentions, se fait inviter au festin et accepte même de chanter une romance au dessert. Puis il sort avec son futur prisonnier, le fait entrer dans une taverne pour le mettre au courant de la pénible mission qu'il doit remplir et a même la courtoisie de lui proposer des menottes qui ne le blessent pas au poignet.

Cependant Dickens, qui a le sens du suspense, a fait en sorte que nous soupçonnions Lady Dedlock d'avoir supprimé l'avoué détenteur de son redoutable secret et notre conviction se trouvera encore renforcée quand Bucket annoncera à lord Dedlock que le coupable est une femme, sans cependant en dire davantage. Enfin ce sera le coup de théâtre. Alors qu'on s'attendait à l'arrestation de la lady, c'est l'ex-femme de chambre que le policier convainc d'être l'auteur du crime en expliquant comment il a eu la preuve de sa culpabilité. N'avait-elle pas eu la malencontreuse idée de prendre pension chez les Bucket, croyant ainsi se mettre à l'abri de tout soupçon. Or le maître de céans se trouvant à table en face d'Hortense, qui se répandait en regrets excessifs sur la mort du peu sympathique avoué, l'idée lui vint, « à la manière dont elle tenait son couteau », qu'elle pouvait être la meurtrière. Il s'employa désormais à recueillir tous les indices possibles, en particulier les parcelles d'un papier imprimé négligemment jetées par sa locataire, dont le texte se raccordait à celui du morceau de papier qui avait servi de bourre au pistolet du crime.

Il n'y a, bien sûr, rien de génial dans la manière d'opérer du policier, mais il faut admettre qu'il est un peu plus qu' « un bon chien de chasse ». D'ailleurs Messac veut bien finalement le concéder puisqu'il ajoute : « Dans le récit que fait l'inspecteur, on trouve des traces de détection, mais cela tient à peine quelques pages, on peut même dire quelques lignes. » Il est vrai que l'enquête n'occupe qu'une minime partie du livre ; deux personnages sans rien de commun avec l'affaire s'interposent et ont leurs propres aventures. Bleak-House n'est donc pas un roman policier, mais un roman où l'on rencontre du policier. Enfin, l'inspecteur Bucket doit céder à son épouse une part appréciable du mérite des résultats obtenus pour avoir su, en jouant la naïveté, inspirer une suffisante confiance à Hortense. Sans cela la femme de chambre aurait probablement commis moins de négligences. Et nous posons la question : Comment se fait-il qu'on songe si rarement, dans les romans aussi bien que dans la vie, à employer les femmes comme détectives ?

En 1856, soit quatre ans après la sortie de *Bleak-House*, le journaliste irlandais William Russell, surtout connu pour ses récits de voyages et ses relations de correspondant de guerre, publiait sous le pseudonyme de Waters les *Recollections of a detective police-officer*. Ce livre se présentait sous la forme d'une série de nouvelles consacrées à la recherche des auteurs de crimes ou de délits par Waters, un inspecteur de police londonien.

Deux ans plus tard paraissait à Paris sa traduction, sous le titre assez peu exact de *Mémoires d'un policeman*, alors qu'il s'agissait d' « un des hauts agents de la Sûreté publique », et sans le nom de l'auteur, remplacé par celui d'Alexandre Dumas, précédé d'un minuscule « publié par » de nature à faire croire au lecteur inattentif que l'ouvrage sortait de la plume du père des *Trois Mousquetaires*. Le livre eut du succès, car, un an plus tard, on en était à sa quatrième édition. Le volume est divisé en onze récits. Nous retiendrons, en particulier, celui de *L'Innocent*, qui fait de William Russell le véritable créateur de la nouvelle policière réaliste, telle qu'elle s'impose aujourd'hui, un créateur qui a complètement échappé aux recherches de Régis Messac. L'action du policier Waters est fort différente, en effet, des jeux de l'esprit d'un Dupin et le désigne plutôt comme un précurseur, d'ailleurs modeste, de Lecoq.

Il s'agit du meurtre de la jeune gardienne d'une villa où une somme considérable a été dérobée. Les coupables ont su tresser tout un réseau de faits accablants pour le neveu du propriétaire, rentré de l'Inde en l'absence de son oncle. Waters est persuadé de l'innocence du voyageur, et, comme il éprouve le besoin de lui exprimer sa sympathie, il ne peut s'empêcher de murmurer au malheureux jeune homme reconduit à son cachot après le premier interrogatoire : « Ayez bon courage, monsieur, et, croyez-moi, nous démêlerons ce mystère. » Dans *Le Dossier n° 113*, Lecoq, lui, dira au passage au caissier Bertomy, conduit devant le juge d'instruction : « Du courage ! Si vous êtes innocent, on vous aidera. »

Les trucs employés par Waters et son collaborateur occasionnel Josiah Barnes, ami de la victime, sont les plus divers. Le déguisement en est un des plus classiques, d'ailleurs fréquent de la part de Waters, un maître en la matière. Qu'on en juge : « Transformé à l'aide d'une perruque blonde, d'un chapeau à larges bords, de lunettes vertes (celles de Lecoq étaient bleues) et de gilets et châles, en un personnage très replet et tirant sur l'âge... »

Mais cela c'est l'abc du métier. Il a aussi recours à la réaction révélatrice provoquée par un effet de surprise : « J'allais d'un pas rapide à la table où il était assis et lui serrant vigoureusement le bras : Ah ! lui dis-je, je vous tiens enfin ! Il leva la tête mais il n'eut aucun tressaillement, aucun indice de crainte. » Après s'être excusé de l'avoir pris pour un ami, Waters conclut de son attitude : « Un homme, qui pouvait si tranquillement supporter l'épreuve à laquelle je venais de le soumettre, n'était pas coupable. » Le policier sait encore imiter remarquablement la surdité : « Je vous dis Monsieur, reprit Edward Jones, d'un ton à dominer le bruit d'un ouragan de mer, que le chemin de Hythe à Beaulieu est long pour un promeneur — Est-il donc déjà une heure, répondis-je d'un air stupide, en ôtant ma montre de la poche de mon gilet ; non, il est une heure moins le quart — Il est aussi sourd que le monument de Fish street Hill, dit Jones à sa femme. »

Barnes, de son côté, peut mimer l'ivresse à la perfection, à un tel point qu'il trompe son associé lui-même. « Au bout d'une heure, non seulement sa parole mais ses yeux, mais ses bras, mais ses jambes, mais tout son individu, enfin, semblait être complètement ivre. Il paraît qu'il avait le vin mauvais, car il commença à devenir si cruellement querelleur et si impitoyablement bavard qu'à tout moment, je m'attendais à le voir trahir mon incognito. » Enfin, collaborateur de ressource, il utilise ses talents de ventriloque pour épouvanter l'un des bandits, alors seul dans une salle, en imitant à la perfection la voix de la victime.

Ainsi Waters est-il un psychologue doublé d'un excellent praticien et admirablement secondé en l'occurrence par ce génial bateleur de Barnes. Et la seule récompense qu'il accepte, plus tard, imité en cela par Lecoq, est une poignée de main. Vraiment, si, au lieu de se limiter à de courts récits, William Russell avait entrepris d'écrire un roman, c'est peut-être à lui que serait aujourd'hui attribué le surnom de « père du roman policier ».

Émile Gaboriau, dont les lectures étaient fort étendues, connaissait certainement tous les romans et nouvelles que nous venons de citer et ces récits n'avaient pu que l'inciter à s'engager dans une voie à laquelle il songeait probablement depuis plusieurs années, puisque, selon le critique Marius Topin, qui ne livre pas ses sources, il se serait essayé à écrire dans son extrême jeunesse des *Récits* inspirés des *Histoires extraordinaires* d'Edgar Poe.

Reste maintenant à examiner la prétention très contestable de nombreux Britanniques de considérer comme le créateur du roman policier un écrivain londonien contemporain d'Émile Gaboriau. Il s'agit de Wilkie Collins et c'est sa *Pierre de lune (The Moonstone)*, publiée en 1868, qu'en Angleterre on tient pour le premier roman policier paru dans le monde.

Nous n'abuserons pas de l'avantage de l'antériorité chronologique que possède sur ce livre *L'Affaire Lerouge*, d'autant que Collins a donné, dès 1861,

La Femme en blanc, *(The Woman in white)* qu'il serait arbitraire d'écarter sans examen, du point de vue qui nous intéresse. Or, cet examen a déjà été fait par Régis Messac. Pour lui, le romancier anglais se perd souvent dans des longueurs, tels « les discours fleuris du comte Fosco » dans *La Femme en blanc*, ou « les racontars du vieux Betteridge » dans *La Pierre de lune*. De plus le procédé cher à Collins de faire tenir la plume ou de donner longuement la parole sur la même affaire à plusieurs personnages successifs aggrave encore ce remplissage. Aussi, en supprimant tous les hors-d'œuvre qui les encombrent, pourrait-on « ramener ces récits à une cinquantaine de pages sans que leur intérêt en soit altéré ». Ils entreraient alors dans la catégorie des nouvelles.

Enfin — et c'est le plus grave reproche de Messac — les policiers de Collins ne sont guère convaincants. Un amateur comme Hartright dans *La Femme en blanc* ne dissimule pas son mépris pour les détectives professionnels et se refuse à adopter un déguisement pour ne pas être confondu avec eux. De plus, il commet d'énormes bourdes. Quant au policier créé par le romancier britannique, le sergent Cuff, dans *La Pierre de Lune*, ce n'est qu'un subalterne, qui ne possède pas la maîtrise de son art, et il éprouve beaucoup de peine à se faire respecter. Ses raisonnements sont tâtonnants et n'ont qu'une valeur épisodique, ses soupçons s'égarent sur plusieurs personnes et n'aboutissent à rien de positif. L'énigme sera finalement résolue sans lui.

Pour ce qui est de *La Femme en blanc*, nous serons encore plus sévère que Messac. Nous n'avons pas découvert dans ce roman d'enquête policière sérieuse. Les personnages recherchés sont retrouvés par hasard ou, du moins, sans qu'on puisse savoir comment on y est parvenu. Les complices du sinistre Percival se font à tout coup repérer quand ils prennent leurs adversaires en filature et, si les deux principaux coupables trouvent une mort bien méritée, l'un, c'est accidentellement, l'autre sous le poignard d'un séide d'une société secrète tout à fait étrangère au récit. La principale quête de preuves — combien banale — consiste, de la part de Hartright, dans la confrontation de deux registres appartenant à des archives différentes.

Wilkie Collins n'a fait qu'« entrevoir » ce que pouvait être le genre policier, estime fort justement Messac. Il n'a pas su s'y engager, bien qu'il ait dû connaître les premiers romans de Gaboriau, traduits très tôt en anglais. Il faudra attendre la génération de Conan Doyle pour qu'il y ait en Grande-Bretagne des *Affaire Lerouge*.

XVI

L'ASCENSION DE LECOQ
AU COURS DES ROMANS JUDICIAIRES

Des romans publiés par Émile Gaboriau avant la guerre, cinq seulement sont réellement « judiciaires » (nous disons policiers), ceux précisément où apparaît et opère Lecoq. Nous avons déjà résumé *L'Affaire Lerouge*, où son rôle se borne à se pénétrer des méthodes de celui qu'il appelle son maître ou, plus affectueusement, « mon papa Tabaret ».

Pour présenter les romans suivants, nous ne respecterons pas l'ordre chronologique de leur publication, mais celui dans lequel ils ont été écrits, ce qui permettra de suivre l'ascension administrative du jeune agent de la Sûreté. On le retrouve dans le roman qui porte son nom où, simple subalterne, il a l'occasion de faire preuve de son extraordinaire perspicacité, ce qui lui vaut un sérieux avancement. Dans *Le Crime d'Orcival*, il est devenu l'un des fonctionnaires les plus estimés de la Préfecture et a plusieurs agents sous ses ordres. Il a encore gagné en notoriété dans *Le Dossier n° 113* et occupe un poste important, sans qu'il soit précisé lequel. Enfin, dans *Les Esclaves de Paris*, il possède assez d'autorité pour pouvoir disposer à sa guise des bureaux des commissaires de police et sa célébrité a passé les frontières de son administration. Son nom est connu du public et ses interventions redoutées des malfaiteurs.

Monsieur Lecoq.

Par une nuit de février, un groupe d'agents de la Sûreté patrouille dans la zone, alors à moitié déserte et malfamée, qui correspond à la partie orientale de l'actuel treizième arrondissement de Paris. Soudain, des hurlements épouvantables percent la brume. Les policiers se précipitent vers la masure d'où ils proviennent, un cabaret à l'enseigne de *La Poivrière*, tenu par une affreuse mégère, la mère Chupin. Deux cadavres et un mourant gisent sur le sol, cependant qu'un homme au visage farouche, vraisemblablement le meurtrier, barre une porte de sortie sur la cour, un revolver à la main. Non sans peine, les policiers parviennent à le maîtriser.

Leur chef, Gévrol, connu pour son courage, mais d'une intelligence bornée, conclut à un simple règlement de comptes entre escarpes, alors qu'un jeune agent à l'esprit avisé, Lecoq, croit avoir découvert à certains signes que le meurtrier est un homme du monde. Il fait part de sa conviction à son chef qui, tout en se moquant de lui, le désigne pour rester sur place en compagnie d'un vieil agent, surnommé le père Absinthe. L'escouade des policiers s'en va, emmenant son prisonnier, cependant que Lecoq entreprend des investigations minutieuses avec l'aide de son collègue. Il se rend bientôt compte, grâce à des traces de pas encore visibles dans la neige, que deux femmes se sont échappées de « La Poivrière », aidées dans leur fuite par un complice.

Dans la matinée, arrivent le commissaire et deux médecins légistes, puis le juge d'instruction d'Escorval, magistrat froid et distant, qui ne peut cependant s'empêcher d'adresser des félicitations au jeune policier après avoir lu le rapport rédigé par celui-ci au cours des dernières heures de la nuit, et le charge de transférer le prévenu à la Préfecture où il compte l'interroger. Mais, après un court moment passé avec celui-ci, le magistrat se retire brusquement, sous le coup, semble-t-il, d'une vive émotion, en laissant Lecoq libre d'agir à sa guise. Une heure plus tard, ce dernier intervient à temps pour sauver le prisonnier qui tentait de se suicider. Dès le lendemain, il reprend ses recherches, mais quand il revient à la Préfecture pour rendre compte de leur résultat, il apprend que le juge d'Escorval s'est cassé une jambe, la veille, en descendant de voiture et a été remplacé par un de ses collègues, Segmuller, un Alsacien, dont le caractère enjoué cache une force de pénétration peu commune. Au cours de son premier interrogatoire, qui a lieu en présence de Lecoq, le meurtrier prétend se nommer Mai, être un enfant trouvé et avoir vécu avec une troupe de baladins dont les membres se sont dispersés à Leipzig. Son système de défense est simple. Rentré d'Allemagne depuis quelques heures seulement, il s'est perdu dans un quartier inconnu et est entré par hasard à « La Poivrière », où il a été attaqué par des malandrins et, pour défendre sa vie, a dû faire usage d'un revolver qu'il portait sur lui. Il se révèle supérieurement habile, et le juge, tout comme Lecoq, se persuade qu'il a devant lui un personnage pouvant appartenir aux plus hautes sphères de la société.

Poursuivant son enquête, le policier connaît des mécomptes et, désespérant de parvenir à son but, il a recours aux grands moyens. Il propose au juge Segmuller de tendre un piège au prétendu baladin, en favorisant son évasion. Le magistrat hésite tout d'abord, puis finit par y consentir. Le détenu va mettre à profit cette liberté qu'on lui offre, sachant cependant bien qu'il reste sous le regard de la police. Suivi de près par Lecoq et Absinthe, déguisés de façon absolument méconnaissable, il erre pendant des heures dans Paris et sort finalement d'un bouge, accompagné d'un individu à la mine peu recommandable. Dans la soirée, les deux hommes s'arrêtent devant le mur des jardins d'un riche hôtel particulier, que Mai, déjouant la surveillance des deux limiers, escalade prestement. Ceux-ci arrêtent par contre son complice, dont ils espèrent bien obtenir de précieux renseignements et le remettent à des sergents de ville. Après quoi, ils fouillent l'hôtel et le parc, qui appartiennent au duc de Sairmeuse, sans découvrir la moindre trace du fugitif. Au poste de police, les attend une autre déconvenue : le complice de Mai est en réalité un forçat évadé, dont il avait fait la connaissance depuis quelques heures et qu'il avait chargé de faire le guet pendant qu'il cambriolait une riche demeure. Avec rage, Lecoq se rend à l'évidence : il a été dupé et son prisonnier lui a échappé.

Désorientés, les deux agents de la Sûreté vont demander conseil au père Tabaret qui écoute, amusé, le récit de leurs mésaventures. Après avoir félicité Lecoq pour la perspicacité dont il a fait preuve (« je puis mourir, j'aurai un successeur »), il lui reproche d'avoir commis quelques erreurs tactiques, inhérentes à sa jeunesse. Il lui apprend, en particulier, qu'une haine inexpiable existe depuis longtemps entre les deux familles Sairmeuse et Escorval et lui démontre que le détenu évadé était le duc de Sairmeuse, qui a tenté de se suicider quand il a vu son honneur aux mains d'un ennemi vraisemblablement implacable. Puis le prisonnier a repris espoir lorsque le juge a généreusement fait état d'un accident imaginaire pour ne pas abuser d'une situation due au seul hasard. Le policier doit se rendre à la justesse de cette argumentation. Il reconnaît ses fautes, mais se promet d'avoir le dernier mot, bien que le duc de Sairmeuse, une fois libre, semble désormais hors de portée de la justice.

La seconde partie de l'ouvrage, intitulée *L'Honneur du nom*, présente une longue incursion dans le passé. On se trouve transporté en août 1815, à la sortie de la messe du dimanche, dans le petit village de Sairmeuse, proche d'une ville dauphinoise, Montaignac, à proximité de la Savoie, alors possession piémontaise.

L'émotion est grande parmi tous les villageois, car on vient d'annoncer le retour du duc de Sairmeuse, le châtelain du pays, un ancien émigré. Va-t-il réclamer la restitution de ses terres vendues comme biens nationaux ? Le plus ému est sans doute un riche bourgeois, Lacheneur, devenu propriétaire de la demeure et de la plus grande partie des terres du duc. Veuf, il vit avec sa fille unique, Marie-Anne, qui est d'une beauté resplendissante. Il lui avoue à ce moment-là qu'il avait acheté les biens du duc, dont il était l'intendant, avec une somme importante confiée à lui par une mourante, cousine de l'émigré, et destinée à l'acquisition du château pour le rendre un jour à ses anciens maîtres. Il met donc le duc et son fils, le jeune Martial, au courant de la mission dont il a été chargé, s'engageant à leur remettre la totalité de sa fortune. Sans tenir compte de la probité du geste, le duc l'accueille comme un valet et lui reproche d'avoir profité de biens qui ne lui appartenaient pas. Devant le malheur qui frappe les Lacheneur, un de leurs amis, le baron d'Escorval, ancien serviteur de l'Empire, placé sous la surveillance de la police, demande la main de Marie-Anne pour son fils Maurice, qui l'aime et en est aimé. Mais son père la refuse, car il a conçu le projet de soulever le pays contre les Sairmeuse et les émigrés, partisans de la révocation de la vente des biens nationaux, et il n'entend pas compromettre le jeune homme dans une entreprise aussi hasardeuse. Cependant, Maurice réussit à pénétrer les desseins de Lacheneur et, à force d'insistance, se faire enrôler par lui afin de partager le destin de Marie-Anne. Secondé par son fils Jean, il a également engagé un jeune et courageux paysan, Chalouineau, qui aime Marie-Anne en secret. Et comme il ne recule devant rien pour accroître ses chances de succès, il répond aux ouvertures du jeune marquis Martial qui est sensible au charme de Marie-Anne et ne désespère pas d'en faire sa maîtresse. Blanche, fille du marquis de Courtomieu, avec laquelle il vient de se laisser fiancer, en éprouve une fureur indicible et jure de se venger de celle qu'elle considère bien à tort comme sa rivale.

Au jour choisi par Lacheneur, le signal du soulèvement est donné et des milliers de paysans marchent sur Montaignac, où le duc de Sairmeuse exerce la présidence de la cour prévôtale. Mais celui-ci est averti à temps par Chupin, un vieux maraudeur qui lui sert d'informateur. La tentative échoue complètement. Les groupes de rebelles sont dispersés sans difficulté par la troupe. Lacheneur, bien que blessé, parvient à gagner la frontière piémontaise, tandis que le baron d'Escorval est arrêté et accusé d'être le chef du complot, alors qu'il avait tout fait pour dissuader les révoltés de persister dans leur folle équipée. Il est jugé et condamné à mort, ainsi que Chalouineau, par une commission militaire présidée par le haineux duc de Sairmeuse. Mais le baron d'Escorval sera sauvé grâce à l'intervention de Chalouineau, qui dispose d'une lettre compromettante pour le jeune marquis de Sairmeuse, une pièce qui sera échangée contre la possibilité offerte au baron de s'évader. Le duc et Courtomieu doivent accepter, la rage au cœur ; mais ce dernier, une fois rendue la précieuse lettre, fait couper la corde qui doit servir à l'évasion et le baron tombe, gravement blessé, aux pieds des amis qui l'attendent. On l'emporte, on le cache, il sera soigné et sauvé par le curé du village, l'abbé Midon. Quant à Chalouineau, qui n'a pas voulu se servir de la lettre pour lui-même, il mourra, sans regret, puisque est sans espoir son amour pour Marie-Anne, à qui il a légué la totalité de ses biens.

Cependant, Maurice et Marie-Anne gagnent le Piémont où un prêtre consent à les marier en secret. Ils s'acheminent sur Turin en compagnie du caporal Bavois, un fidèle de l'Empereur, qui a favorisé l'évasion du baron d'Escorval. Mais, en cours de route, Marie-Anne apprend par un journal que son père, dénoncé par Chupin, a été arrêté et exécuté. Au mépris de toute prudence, elle contraint ses deux compagnons à la ramener en France.

Maurice, ignorant que Martial n'était pour rien dans la traîtrise dont son père a été victime, adresse au marquis de Sairmeuse une lettre où il déclare que, par son manque de parole, il s'est déshonoré. Celui-ci, indigné de la mauvaise foi de Courtomieu, lit cette lettre à la foule des personnalités invitées à la soirée donnée en l'honneur de son mariage avec Blanche, qui a eu lieu dans la journée. Le scandale est immense. Le lendemain, Martial fera connaître à son épouse sa décision de vivre à jamais séparé d'elle. Quant à Maurice d'Escorval, il doit à nouveau regagner le Piémont, cependant que Marie-Anne prend possession de la maison de Chalouineau, où elle parvient à dissimuler à tous la naissance d'un fils, qu'un médecin piémontais emportera en cachette dans son pays.

Blanche de Sairmeuse est toujours avide de vengeance contre Marie-Anne, d'autant que le marquis de Courtomieu, blessé à la tête par un inconnu, le fils de Lacheneur sans doute, a perdu la raison. Ayant appris le retour de sa prétendue rivale, elle la fait surveiller par Chupin et profite d'une courte sortie de celle-ci pour verser un poison dans un bol de bouillon que la malheureuse boira à son retour. Marie-Anne meurt dans d'horribles souffrances, mais non sans avoir découvert Blanche, qui n'avait pas eu le temps de fuir. Elle lui pardonne contre le serment de prendre soin du fils qu'elle a eu de Maurice. Chupin, dissimulé, a assisté à la scène, mais il meurt peu après, poignardé par un de ses ennemis, non sans avoir révélé à son fils aîné le crime de la marquise de Sairmeuse. Maurice, rentré du Piémont, est terrassé par ce coup terrible, cependant que Martial jure de son côté de venger Marie-Anne. Mais personne ne soupçonne Blanche, qui, ne pouvant supporter de rester sur les lieux de son crime, persuade à son mari de racheter l'hôtel parisien des Sairmeuse. Ils s'établissent à Paris où ils mèneront une existence séparée. Bientôt, leur parvient la nouvelle de la mort du duc, mystérieusement tué au cours d'une sortie à cheval, probablement par Jean Lacheneur, qui se dissimule toujours dans le pays.

Peu de temps après, apparaît à Paris l'aîné des fils Chupin, possesseur du terrible secret. Blanche va devoir céder à son chantage et sa vie, désormais, ne sera plus faite que de l'angoisse de voir son mari, maintenant duc de Sairmeuse et homme d'État, découvrir son crime. Quant aux recherches tardives qu'elle a fait entreprendre pour retrouver le fils de Marie-Anne, elles n'ont jamais abouti.

Les années ont passé. Les parents de Maurice sont morts, lui est maintenant juge d'instruction à Paris. Lacheneur, ses comptes réglés à Sairmeuse, a disparu, parcourant l'Europe avec une troupe de comédiens. Mais c'est pour réapparaître un jour à Paris, alors que la duchesse de Sairmeuse peut se croire enfin tranquille du côté des Chupin, dont l'aîné est mort au bagne où l'a fait envoyer l'assassinat de son frère. Jean Lacheneur, qui a deviné de quelle main a péri sa sœur, a décidé, pour sa vengeance, de se servir contre la meurtrière de son propre mari. Il compte arriver à ses fins en faisant reprendre par la veuve Chupin le chantage exercé par le défunt bagnard. Pour attirer l'attention du duc sur les déplacements que la Chupin impose à la duchesse, Lacheneur envoie à celui-ci un billet anonyme, assez laconique. Martial est ahuri quand il découvre dans quel bouge se rend son épouse, mais il entrevoit la vérité en apprenant que ce coupe-gorge est tenu par la veuve d'un des fils Chupin. Il parvient alors à mettre la main sur une correspondance compromettante, imprudemment conservée par la duchesse, et comprend avec horreur que c'est elle qui a empoisonné Marie-Anne.

Avide de connaître les moindres détails de cette sinistre affaire et du long chantage subi par la coupable, Martial de Sairmeuse suit, par une nuit de février, la duchesse qui, accompagnée de sa femme de chambre et cédant aux exigences de la Chupin, se rend à *La Poivrière*. Il s'agit, en réalité, d'un guet-apens, minutieusement préparé par Jean Lacheneur, qui entend entraîner les deux époux dans un lieu infâme et provoquer ensuite un esclandre où ils se trouveront compromis. Mais les trois malandrins qu'il a recrutés dans cette intention, cèdent à la convoitise qu'allument en eux les magnifiques boucles d'oreilles imprudemment gardées par la duchesse et cherchent à s'en emparer. Le duc de Sairmeuse qui, d'une fenêtre, a assisté à la scène, intervient et se trouve contraint d'abattre ses trois adversaires. Puis, après avoir promis une énorme récompense à la Chupin si elle sait se taire, il tient quelques instants en respect les policiers qui viennent d'enfoncer la porte du bouge, donnant ainsi le temps aux deux femmes de disparaître. Et c'est le point de départ de l'affaire.

Après avoir appris que la duchesse s'était suicidée au poison, une fois son mari rentré, et que le juge d'instruction avait retrouvé son fils, élevé par Jean Lacheneur, qui venait lui-même de mourir accidentellement, Lecoq décide de se rendre à Sairmeuse où, au cours d'un séjour d'un mois, il parvient à reconstituer tous les événements contés dans la seconde partie de l'ouvrage.

Il possède maintenant la clef de l'énigme. Bien qu'il n'entende pas inquiéter le duc de Sairmeuse, il tient à lui prouver qu'il n'a pas été dupe de sa comédie. Un jour se présente chez le duc un gros homme roux, qui se dit chargé d'une commission urgente et lui remet une lettre signée du juge d'Escorval, lui demandant, comme un geste de reconnaissance, de bien vouloir lui prêter une très grosse somme dont il a le plus grand besoin. Ce à quoi Martial de Sairmeuse s'empresse de lui répondre par un billet où il l'assure que sa fortune et sa vie appartiennent à l'ancien ennemi, dont la générosité l'a sauvé du déshonneur. Puis il remet le billet au commissionnaire, qui en avait d'ailleurs lu le contenu par-dessus son épaule. Alors celui-ci laisse tomber barbe et perruque : c'était Lecoq, qui avait imité l'écriture du juge, mais s'empresse de rassurer son ancien détenu. Une semaine plus tard, le duc, dont il avait prouvé l'innocence, obtient un non-lieu et lui, Lecoq, le poste important qu'il ambitionne. On ne nous dit pas lequel.

Le Crime d'Orcival.

A l'aube du 9 juillet 1862, à Orcival, petite localité située à cinq kilomètres de Corbeil, deux braconniers découvrent, sur la lisière du parc du château de Valfeuillu, le cadavre de la comtesse de Trémorel, qui en est la propriétaire. Aucun doute n'est possible, la comtesse a été assassinée. Ils préviennent immédiatement le maire Courtois, qui se rend à Valfeuillu, accompagné du vieux juge de paix Plantat, curieux personnage d'une perspicacité extraordinaire, vivant dans la solitude après avoir perdu dans le même mois sa femme et ses deux fils.

A l'entrée du château, les deux hommes vont se rencontrer avec le groupe des domestiques à qui le comte, la veille, avait donné congé, afin qu'ils puissent assister à un mariage célébré à Paris. A l'intérieur de la demeure, tout est dans le plus grand désordre, de nombreux meubles sont brisés et la plupart des pièces sont maculées de taches de sang, mais le corps du comte reste introuvable. Sans doute aura-t-il été jeté dans la rivière voisine et entraîné par le courant. Courtois et Plantat sont bientôt rejoints par le juge d'instruction Domini et le docteur Gendron prévenus par leur soin. Le juge apprend du maire que les victimes sont mariées depuis moins d'une année et l'ont été sur la volonté exprimée publiquement sur son lit de mort par l'ancien propriétaire du château, Clément Sauvresy, le premier mari de la comtesse, elle-même fille d'un instituteur du village. Trémorel, ancien camarade de collège de Sauvresy, vivait depuis des mois à Valfeuillu où son ami l'avait recueilli après qu'il eût dilapidé une fortune colossale au cours d'une jeunesse orageuse. Depuis lors, on ne lui connaissait qu'une seule liaison, avec une jeune femme nommée Fanny, venue de Paris, qu'il rencontrait parfois dans un hôtel de Corbeil.

Cependant, un des serviteurs du comte, Guespin, qui vient de rentrer, est soupçonné par les autres domestiques d'être l'auteur du crime. Il savait d'ailleurs, tout comme ses camarades, que le comte avait reçu la veille une énorme somme d'argent et, d'autre part, il s'était séparé d'eux, une fois à Paris. Comme il ne peut indiquer l'emploi de son temps pendant la nuit, le juge d'instruction le fait arrêter.

Arrive alors un agent de la Sûreté, demandé télégraphiquement par le magistrat. C'est Lecoq, bien inconnu à Orcival, mais devenu célèbre dans la police, on ne nous dit pas à la suite de quels exploits. Il réussira vite à impressionner les premiers enquêteurs par l'ingéniosité de ses déductions. Alors que Gendron va procéder à l'autopsie du cadavre de la comtesse, un serviteur vient chercher le maire, dont la femme se serait trouvée mal. Poursuivant ses recherches avec Plantat, Lecoq ne tarde pas à se rendre compte que son compagnon, un esprit supérieur, a déjà formé sa conviction sur la nature de l'affaire.

Mais la journée a été longue et éprouvante. En quittant le château à dix heures, le juge de paix invite ses deux compagnons à dîner et insiste pour que Lecoq vienne passer la nuit sous son toit. Avant de gagner la maison de Plantat, les trois hommes veulent prendre des nouvelles de Mme Courtois. Chez le maire, c'est la désolation : sa femme s'est évanouie, sa fille cadette a été en proie à une crise de nerfs, lui-même a été victime d'une attaque et n'a été sauvé que par une saignée opportunément pratiquée par le rebouteux Robelot, inquiétant individu, qui autrefois a servi d'aide au docteur Gendron dans ses recherches toxicologiques. Une lettre adressée de Paris par la fille aînée du maire, Laurence, avait été la cause de tout le mal. La jeune fille annonçait qu'elle était enceinte et laissait entendre que, pour échapper au déshonneur, elle allait se suicider. Pour le maire aucun doute, le séducteur de sa fille, belle et bien dotée, ne pouvait être en mesure de l'épouser. C'était donc un homme marié et cet homme marié, le comte de Trémorel, qui semblait avoir eu un faible pour Laurence, du moins avant son mariage avec la veuve de Sauvresy. Pendant que le médecin prodigue ses soins à Courtois, Plantat se plaît à poser une série de questions insidieuses au rebouteux, qui ne parvient pas à dissimuler son anxiété quand le juge de paix lui apprend qu'on va exhumer le corps de Sauvresy pour rechercher les traces d'un possible empoisonnement.

Une fois le repas achevé dans l'hospitalière demeure du juge de paix, Lecoq propose à ses compagnons de mettre en commun les résultats de leurs observations respectives. Lui-même n'hésite pas à leur livrer la conviction à laquelle ses investigations l'avaient conduit. Pour lui, aucun doute, le meurtrier de la comtesse était le comte lui-même et, s'il avait laissé le château dans un désordre indescriptible, brisant meubles et bibelots, éparpillant livres et papiers, c'est qu'il avait tenté de découvrir un document détenu par sa femme et pour lui d'une importance capitale. L'aube l'avait contraint à abandonner ses recherches infructueuses. Après avoir rasé sa barbe pour se rendre méconnaissable et avoir traîné le cadavre de sa victime jusqu'au bord de la rivière, il s'était enfui, en jetant sa veste à l'eau pour faire croire que les assassins s'étaient débarrassés de son propre corps en l'immergeant.

Mais, pendant que conversent les trois hommes, par la fenêtre ouverte un bruit suspect vient du jardin ; Lecoq enjambant la barre d'appui s'y précipite. Après une lutte très vive, il parvient à maîtriser le rebouteux, armé d'un coutelas et venu dans l'intention évidente de tuer Plantat avant qu'il n'ait fait part à la justice de sa conviction que Sauvresy était mort d'un poison fourni par lui, Robelot.

On enferme le misérable dans un réduit et le juge de paix entreprend un long récit détaillé, destiné à apporter à Lecoq les éléments qui lui manquent encore pour reconstituer les événements qui ont abouti au crime du château de Valfeuillu. On apprend ce que fut la jeunesse du comte de Trémorel, sa ruine, sa décision de se brûler la cervelle, dont sa maîtresse Fanny s'efforça en vain de le détourner. Après avoir longtemps reculé devant la mort, il rencontra par hasard Sauvresy, qui n'eut pas grand-peine à le convaincre de renoncer au suicide, l'amena à Valfeuillu, parvint à préserver une partie de ses biens des griffes des créanciers et alla même jusqu'à lui ménager des rencontres avec Fanny. Mais, loin d'être reconnaissant à l'ami dévoué qui l'hébergeait en sa demeure, Trémorel le soupçonna de vouloir abuser de son rôle de sauveur pour le régenter : il finit par le détester.

De son côté, Berthe Sauvresy, qui n'avait jamais éprouvé d'amour pour son mari, se laissa facilement séduire par les grands airs du comte et le piment de ses aventures passées. Elle le lui cacha si peu qu'il vit là comme une revanche de l'humiliation des bienfaits dont son ami l'accablait. Berthe devint et resta pendant des mois sa maîtresse sans que s'en doute le trop confiant Sauvresy. Celui-ci, qui voulait faire à tout prix le bonheur d'Hector, projeta son mariage avec Laurence Courtois et le comte le suivit d'autant plus volontiers qu'il s'était pris d'amour pour la fille du maire. Mais Berthe, mise au courant, déclara catégoriquement que ce mariage ne se ferait pas, à un Trémorel indigné d'une telle atteinte à sa liberté.

Cependant Fanny, furieuse d'être abandonnée, révèle à Sauvresy l'inconduite de sa femme. Accablé d'un tel coup, le malheureux est saisi d'une fièvre, qui le laisse plus d'une semaine inconscient. Mais il réussit à surmonter son mal, car il entend se venger terriblement.

De son côté, Berthe, persuadée que, seul, l'argent peut enchaîner à elle son amant, décide de se débarrasser de son mari pour en hériter. Elle lui fait prendre jour après jour un poison effectivement acheté à Robelot, ce dont Sauvresy s'aperçoit bientôt. Décidé à disparaître, il garde le silence et la laisse faire, mais prépare minutieusement sa vengeance qu'il ne révélera aux coupables qu'au dernier moment. Il a confié à son ami le juge Plantat une lettre, dont celui-ci ignore le contenu, mais qui relate toutes les circonstances de sa mort. Elle devra être remise au procureur impérial si, dans un an, Berthe et Hector ne se sont pas mariés. Il entend ainsi enchaîner l'un à l'autre les deux amants, sachant que le comte aime Laurence et a maintenant horreur de la criminelle que, par lâcheté, il n'a pas su empêcher de mettre à exécution son affreux dessein.

Sauvresy mort, les choses se passèrent comme il l'avait voulu. Et, au soir du mariage de la nouvelle comtesse, Plantat lui remit le manuscrit du défunt qu'il avait été chargé de garder jusque-là. En avait-il pris auparavant connaissance ou, à force de réflexions, d'observations, de déductions, était-il parvenu à reconstituer les faits ? Voilà qui ne sera pas précisé, mais désormais pour Lecoq tout est clair. Après avoir assassiné son épouse, Trémorel a rejoint Laurence enceinte de ses œuvres, et lui a dicté la lettre annonçant à ses parents son intention de se suicider.

Le récit de Plantat est terminé. Le temps a passé ; le jour est venu. Les trois hommes vont rejoindre le juge d'instruction qui les attend. Mais, quand ils veulent auparavant tirer Robelot de son cachot improvisé, ils le trouvent mort. Se voyant perdu, il a préféré s'étrangler avec une ficelle.

Le juge Domini accueille d'abord avec scepticisme la solution que lui apporte Lecoq, soutenu par ses deux compagnons. Il lui objecte qu'en tout état de cause Guespin ne peut être innocent, mais le policier parvient à démontrer que ce malheureux est victime d'un piège et que son maître a fait en sorte qu'il soit suspecté sans pouvoir se défendre. Le magistrat, finalement convaincu, délivre un mandat d'arrêt contre le comte Hector de Trémorel.

Lecoq a fixé un rendez-vous pour le lendemain à Plantat, désireux d'avoir un entretien avec lui. C'est dans l'appartement parisien du policier qu'ils se retrouvent et celui-ci satisfait à la curiosité du juge de paix en lui démontrant que les deux fugitifs se cachent certainement dans Paris. Plantat fait alors à son hôte un aveu difficile : lui, presque un vieillard, s'était pris d'amour pour Laurence, quand Trémorel est venu et n'a pas eu de peine à séduire la jeune fille. Il supplie Lecoq de faire échapper le comte aux assises où, inévitablement, Laurence sera citée comme témoin et publiquement déshonorée.

Comme le célèbre policier l'avait prévu, ses agents ont tôt fait de découvrir le refuge des deux fugitifs. Il fait alors attirer le comte au dehors et met à profit son absence pour révéler à la jeune fille, en présence de Plantat, les crimes commis par son amant, qui ne pourra échapper à la justice. Quand celui-ci rentre, la malheureuse l'adjure de mourir avec elle. Mais le comte tremblant de peur s'y refuse ; sa maîtresse, indignée de sa lâcheté, le tue d'un coup de pistolet et mettrait elle-même fin à ses jours si Lecoq ne l'en empêchait et ne lui remontrait qu'elle peut refaire sa vie avec Plantat, trop heureux de pouvoir l'épouser et décidé à donner un nom à son futur enfant.

Le mariage a lieu quinze jours plus tard et les nouveaux époux annoncent qu'ils resteront une année en Italie. C'est de ce pays que, pleins de reconnaissance pour Lecoq, ils lui enverront les titres de propriété de la jolie maison que le juge de paix possède à Orcival.

Le Dossier n° 113.

Au cours des dernières années, un vol important a été commis au préjudice de la banque Fauvel, au 87 de la rue de Provence. A la suite de la demande d'un M. de Clameran, venu retirer trois cent mille francs, le caissier principal Prosper Bertomy constate, en ouvrant son coffre, la disparition d'une somme de trois cent cinquante mille francs en billets qu'il y avait déposée la veille. Or, deux personnes seulement connaissent la combinaison des boutons mobiles, le caissier et son patron.

Un commissaire de police est appelé sur le champ et, après une enquête sommaire, procède à l'arrestation de Prosper Bertomy, malgré ses protestations, laissant le soin de poursuivre les recherches à un curieux petit inspecteur, Fanferlot, surnommé l'Écureuil. Celui-ci est un garçon ambitieux, qui voit dans cette affaire la grande chance de sa carrière, et entend ne révéler à ses chefs qu'une partie de ce qu'il découvrira. Il apprend l'existence d'une jeune femme, Nina Gipsy, entretenue par le caissier, qui s'est lié avec elle à la suite d'un désespoir amoureux. Deux ans auparavant, alors qu'il pouvait se croire aimé de Madeleine, une nièce orpheline recueillie au foyer du banquier Fauvel et qu'on s'attendait à de prochaines fiançailles, la jeune fille avait rompu avec lui sans lui donner d'explications.

Fanferlot parvient à gagner la confiance de Nina Gipsy grâce à un stratagème, mais il se heurte bientôt à de telles difficultés qu'il va demander conseil à son chef, le fameux et redoutable Lecoq, déjà au courant des moindres détails de l'activité de son subordonné, à qui il reproche sa duplicité et ses maladresses. Il déclare prendre l'affaire en main et désormais Fanferlot devra exécuter aveuglément les instructions du maître policier.

L'Écureuil, utilisant les arguments fournis par Lecoq, réussit à convaincre le juge d'instruction de faire bénéficier Bertomy d'une ordonnance de non-lieu. Le caissier, rentrant chez lui, n'y trouve plus sa maîtresse, mais un gros homme à favoris roux, M. Verduret, qui se présente comme un vieil ami de son père, chargé par celui-ci d'aider Prosper à établir son innocence. Verduret ne tarde pas à se convaincre que son protégé a été victime des machinations de deux personnages assez louches, qui font partie de l'entourage des Fauvel : le marquis Louis de Clameran, déjà cité, et Robert de Lagors, qui se dit issu d'une vieille famille tarasconnaise. Il est, de plus, persuadé qu'ils font agir à leur guise Mme Fauvel, l'épouse du banquier, et sa nièce Madeleine et que c'est sur leurs exigences que cette dernière a rompu avec Prosper Bertomy. Mais il ne lui suffit pas de connaître les coupables. Pour les démasquer, il entend remonter jusqu'aux origines de l'affaire et en démonter tout le mécanisme. Aussi, après avoir fait promettre à Bertomy de ne sortir sous aucun prétexte de l'hôtel où il l'a logé, part-il pour Tarascon où il espère recueillir des informations capitales.

Au bout d'une semaine, fatigué de sa claustration, Prosper éprouve le besoin irrésistible de « prendre l'air ». Une fois au café, il jette un coup d'œil sur un journal du soir et y lit l'avis du prochain mariage de Madeleine avec le marquis de Clameran. Atterré, il se dit que M. Verduret arrivera trop tard pour empêcher cette union et qu'à tout prix il faut créer un obstacle. En déguisant son écriture, il rédige une lettre anonyme destinée à son ancien patron, où il lui conseille de passer à la préfecture de police pour s'informer sur le compte de Clameran.

Mais, rentré à son hôtel, il trouve une dépêche de Verduret, annonçant son retour pour le lendemain. Le voyageur est parvenu à reconstituer des événements anciens, dont le récit, rédigé par lui à l'intention du juge d'instruction, occupe plus de deux cents pages du volume.

Nous sommes transportés sous la Restauration et nous nous trouvons au château de Clameran, sur la rive gauche du Rhône, à deux lieues de Tarascon. Le propriétaire, un vieux marquis, a réussi, au retour de l'émigration, à rentrer en possession d'une partie de ses biens et il vit avec ses deux fils, Gaston et Louis. Il a pour principal plaisir de médire de la comtesse de La Verberie, qui demeure sur la rive droite du fleuve, en un petit château qui fait face au sien. Les deux familles sont ennemies depuis des générations sans d'ailleurs qu'on sache au juste pourquoi. Or, tels Roméo et Juliette, Gaston et Laurence, la fille unique de la comtesse, se sont pris l'un pour l'autre d'un immense amour et le jeune homme n'hésite pas à traverser nuitamment le Rhône à la nage pour retrouver sa bien-aimée. Mais ils sont espionnés et leur liaison ne tarde pas à défrayer toutes les conversations des environs.

Un soir, Gaston est provoqué dans un café de Tarascon par un groupe de jeunes gens qui médisent de Laurence et, pour se défendre, il se sert de la première arme qui lui tombe sous la main, un coutelas, dont il tue deux de ses agresseurs. Il est poursuivi et le château de Clameran est cerné par la maréchaussée, renforcée des hussards de Tarascon. Pour leur échapper, il se jette dans les eaux furieuses du Rhône en crue. Tous le croient perdu. Excellent nageur, il réussit cependant à atteindre la rive opposée et fait ses adieux à Laurence, lui demandant d'attendre au moins trois années son retour, puisqu'il est contraint de s'expatrier pour échapper à la justice.

Bientôt la comtesse apprend que sa fille est enceinte ; sa colère est terrible, car elle voit s'envoler ses espoirs de lui faire conclure un mariage qui la sauverait elle-même d'une ruine imminente. Elle emmène Laurence en Angleterre pour dissimuler sa grossesse et ce n'est que lorsque sa fille aura accouché d'un garçon, définitivement confié à des paysans anglais, qu'elle la ramènera au château de La Verberie.

Alors que la comtesse est à la veille d'être saisie, il se présente un parti très convenable pour Laurence, encore que roturier. Un jeune ingénieur, André Fauvel, chargé de dresser un projet de rectification du cours du Rhône, s'est épris de Mlle de La Verberie et s'est risqué à demander sa main. La comtesse sait amener sa fille à consentir à cette union, la contraignant à taire son passé, bien que l'honnêteté de Laurence se révolte devant une aussi honteuse dissimulation. Le mariage accompli, les jeunes gens vont s'installer à Paris.

Le marquis de Clameran bientôt tué par le chagrin, et disparu Gaston, Louis entra avec joie en possession d'un héritage qu'il avait toujours convoité et dont il risquait d'être en grande partie privé par un père demeuré entiché du droit d'aînesse. Il fit vendre ce qu'il restait de terres autour du château et partit pour Paris dans l'intention d'y mener la vie à grandes guides. Mais son capital était insuffisant pour le lui permettre longtemps et, une fois endetté, il dut passer à l'étranger. Pendant dix-huit ans il parcourut toute l'Europe, se liant avec les aventuriers les moins recommandables, se livrant à des opérations qui frisaient l'escroquerie, surveillé par la police de plusieurs pays.

Puis, un jour, lassé, vieilli, il revint à Clameran, dans l'intention de vendre le château presque tombé en ruine. Il apprit alors d'une vieille paysanne, autrefois au service de la défunte comtesse de La Verberie, que Laurence avait eu un fils de Gaston, ainsi que le nom et l'adresse de la famille anglaise qui s'était engagée à l'élever. Immédiatement le marquis vit tout le bénéfice qu'il pouvait tirer d'une telle révélation.

Quelque temps après, Louis de Clameran se présente chez Mme Fauvel et lui fait savoir qu'il a pris en charge son neveu Raoul, le fils qu'elle a eu de Gaston. Mme Fauvel, d'abord méfiante, finit par se laisser engluer par les protestations de tendresse de cet enfant retrouvé, le voit en secret et subvient à ses besoins, qui vont bientôt devenir exorbitants. Incapable d'avouer à son mari sa faute ancienne, aggravée de ses récentes dissimulations, elle doit céder au chantage de Clameran et introduire dans son foyer les deux hommes présentés, le marquis comme une relation d'autrefois, le jeune Raoul comme le fils d'une lointaine cousine de Provence, venu parfaire son éducation à Paris. Deux années s'écoulent, puis, un jour, au cours d'un repas, Fauvel apprend à Louis de Clameran qu'il a un homonyme en la personne d'un certain marquis Gaston de Clameran résidant à Oloron. Plus de doute, son frère est vivant et son existence menace toutes ses odieuses combinaisons. Il décide de marcher au devant du danger et de l'écarter par tous les moyens. Il se rend à Oloron.

Mais qu'était donc devenu Gaston après les événements qui l'avaient contraint à s'enfuir ? A Marseille, il avait réussi à se faire admettre comme matelot sur un voilier se livrant à la traite des noirs. Puis, avec un pécule péniblement accumulé, il s'était installé au Brésil et y avait réalisé une importante fortune. Après plus de vingt années passées loin de la France, le mal du pays l'avait pris et, sûr de n'avoir plus maille à partir avec la justice, il était rentré par Bordeaux. L'achat d'une usine près d'Oloron avait fait de lui un maître de forges.

Gaston reçut à bras ouverts ce frère qui lui revenait et lui offrit la moitié de ses biens. Louis aurait voulu pouvoir accepter, mais il était engagé dans une partie qu'il était contraint de mener à bonne fin sous peine d'être démasqué. Il ne lui restait qu'une solution : se défaire de cet aîné généreux, mais encombrant, qui parlait de revoir Laurence, dont il ignorait qu'elle était devenue Mme Fauvel. Au bout d'un mois, Gaston mourut sans qu'on fût parvenu à identifier son mal : il laissait tous ses biens à son frère, qui l'avait lentement empoisonné.

Cependant il ne suffisait pas à ce dernier, rentré à Paris, d'être désormais à la tête d'une fortune considérable. Il entendait épouser Madeleine qu'il prétendait aimer passionnément. Mais la jeune fille, malgré les fiançailles rompues, n'avait pas oublié Prosper, alors que le marquis se savait méprisé d'elle. Il avait donc décidé froidement de déshonorer son rival et celui-ci, par une imprudence, lui en avait offert le moyen en déclarant dans un cercle d'intimes, où se trouvait Raoul, qu'il s'était servi du nom de Gipsy pour la combinaison permettant l'ouverture du coffre de la banque Fauvel. Possesseur de ce secret, Clameran avait conçu un projet diabolique que, malgré, sa répugnance, Raoul avait été contraint d'exécuter. Il s'agissait pour le prétendu fils de Laurence Fauvel d'obtenir d'elle la clef du coffre en invoquant la nécessité d'y puiser pour honorer une dette de jeu qui l'acculait au suicide. Après s'être débattue contre cet odieux chantage, Mme Fauvel, toujours faible, avait fini par céder, rejetant la plus grande part de la faute sur Prosper, dont Raoul prétendait tenir la combinaison de la serrure contre la promesse d'un partage du produit du vol.

Il paraît évidemment impossible qu'en dix jours, dont au moins trois passés en train, car de Tarascon il s'est rendu à Oloron, Verduret ait pu reconstituer ces événements, dont certains déjà très anciens, et en écrire le long récit émaillé de conversations imaginées, mais probables. Il y a là une fiction comme celles qu'on accepte au théâtre. Mais le plaisir qu'il ressent devant l'étonnement admiratif de Prosper se change en une colère terrible, quand celui-ci lui avoue l'envoi de la lettre anonyme, dont une des conséquences peut être la fuite des deux coquins qu'il prétend confondre. De son côté, le banquier éprouve un choc affreux en lisant la lettre dénonciatrice. Il entreprend une discrète enquête qui lui révèle bientôt que Raoul a revêtu une fausse identité et n'est pas le cousin de sa femme. Le croyant son amant, il s'apprête à tuer le jeune homme sans écouter ses explications, quand Verduret intervient et remet les choses en place. Celui que Mme Fauvel croyait être son fils n'était en réalité qu'un chenapan recruté par Clameran, le vrai

Raoul étant décédé à l'âge de dix-huit mois. Verduret, qui tient à éviter aux Fauvel la honte d'un scandale, le laisse s'enfuir après qu'il ait restitué les trois cent cinquante mille francs dérobés dans le coffre de la banque. Et Clameran, sur le point d'être arrêté, perd la raison. Il se laissera mourir d'inanition, refusant toute nourriture dans la terreur d'être empoisonné par son frère, dont il revoit sans cesse le fantôme accusateur.

Quatre jours plus tard, à la demande de M. Verduret, Prosper Bertomy et Nina Gipsy se trouvaient dans le cabinet de M. Lecoq, un haut fonctionnaire de la Sûreté. Celui-ci, bureaucrate à l'aspect paisible, avant de s'absenter, leur demanda d'attendre quelques instants leur sauveur. Bientôt parut Verduret, vers lequel ils se précipitaient, quand un regard de celui-ci les cloua sur place. Il leur rappela alors que Caldas, un de ses amis, vivait heureux avec une femme qu'il aimait en toute circonstance, quand elle l'abandonna pour un séducteur loin de le valoir. « La femme, c'est vous, Nina, acheva-t-il, le séducteur c'est vous Bertomy, quant à Caldas... D'un geste violent, il fit sauter perruque et favoris et la tête intelligente et fière du vrai Lecoq apparut — Caldas ! s'écria Nina — Non, pas Caldas, pas Verduret, non plus, mais Lecoq, agent de la Sûreté... Lecoq, à qui Madeleine s'était confiée, facilitant ainsi sa tâche, que les maladresses de Prosper avaient failli faire échouer. Il s'était vengé de l'homme qui avait brisé son amour, en le retenant au bord de l'abîme vers lequel il roulait. »

Nina, qui, au fond, n'avait pas cessé de regretter le faux Caldas, le supplia de la reprendre et Bertomy sortit, seul, du cabinet de Lecoq. Mais l'ancien caissier, réhabilité par son patron, recevra la direction de la banque après son mariage avec Madeleine, cependant que M. Fauvel se retirera à la campagne pour y goûter la paix en compagnie de son épouse.

Les Esclaves de Paris.

Les Esclaves de Paris doivent ce titre au fait que de nombreux personnages du roman, appartenant à la haute société parisienne sont tenus en une véritable servitude par une redoutable association de trois malfaiteurs, qui les soumettent à un chantage en règle.

L'homme qui a eu l'idée de cette affreuse entreprise, dont il est l'âme depuis vingt ans, est une sorte de génie du mal, nommé Mascarot, nom qui rappelle par son originalité celui de Z. Marcas, que Balzac eut tant de mal à découvrir pour l'un de ses personnages. Ayant fait de fortes études — il est à la fois docteur ès Lettres et docteur ès Sciences — mais dénué de tout scrupule, Mascarot n'a pas pardonné aux puissants et aux riches, qui l'ont humilié au temps où il n'était qu'un étudiant famélique et il entend réaliser une fortune immense à leurs dépens. Il a pour acolytes deux anciens camarades de misère, deux esprits également brillants, Catenac, devenu avocat, et Hortebize, médecin homéopathe, professions qui doivent leur permettre de découvrir bien des secrets de famille, que Mascarot se charge d'exploiter. Lui-même a fondé une agence de placement pour les gens de maison, dont les bavardages et les confidences habilement obtenues constituent une source précieuse d'informations, soigneusement mises sur fiches.

Au moyen de ce système parfaitement au point, Mascarot peut faire trembler bien des grands seigneurs, des riches banquiers, des femmes du monde, qui ont quelque crime ou quelque faute sur la conscience et sont épouvantés à l'idée de les voir soudain révélés. Toutefois il ne se démasque jamais, restant tapi dans l'ombre, telle une araignée au centre de l'immense toile qu'il a tissée sur tout Paris. Il est servi par une armée de collaborateurs appartenant à tous les milieux, qu'il tient bien en main grâce à la connaissance de leur passé toujours plus ou moins entaché. Ce sont eux qui surveillent, espionnent pour son propre compte et finalement mettent le marché dans les mains des victimes qu'il a minutieusement choisies et désignées à l'heure favorable.

On découvrira peu à peu ses ingénieuses, mais infâmes machinations, dont il espère tirer le plus sérieux profit et les traquenards tendus par lui aux honnêtes gens qui contrarient ses combinaisons.

La première de ces opérations semble d'abord se préparer sans anicroches. Sur son ordre, on tire du taudis où il végétait un jeune musicien sans grand talent, Paul Violaine, pour lui ménager une existence agréable. On lui fabrique un nouvel état civil, on l'oblige à changer de personnalité. C'est qu'il doit rencontrer Flavie, fille du grand banquier Martin-Rigal, qui en est devenue amoureuse. Le père, d'abord hostile à une telle union, finit par se résoudre à ce mariage, qui doit rapporter à l'ex-Paul Violaine une dot importante.

La seconde opération voulue par Mascarot consiste à empêcher le mariage prévu entre un parfait gentilhomme, M. de Breulh, et Sabine de Mussidan, unique descendante d'une très riche et très ancienne famille du Poitou. L'« association » a donc recours au chantage auprès du comte de Mussidan, son père, qui, vingt ans auparavant, avait commis un crime et s'était disculpé grâce à de faux témoignages. La rupture se fera sans éclat. Sabine, prenant les devants, a avoué à son prétendant que, depuis deux ans, elle aime un jeune peintre sans fortune, André, ancien pupille de l'Assistance publique. M. de Breulh refoule sa douleur, qui est réelle, et fait la connaissance de son rival, dont il devient l'ami et entend noblement servir les intérêts. Mais les sentiments de la jeune fille que Mascarot ne soupçonnait pas et l'alliance imprévue d'André et de M. de Breulh, dont la fortune est considérable, risquent de compromettre gravement l'exécution du plan des maîtres chanteurs, décidés à imposer le mariage de Sabine avec le marquis de Croisenois, personnage taré que Mascarot tient sous sa coupe. Les trois complices se réunissent en un véritable conseil de guerre, auquel assiste Paul Violaine et Croisenois. Pour instruire parfaitement ses « associés » d'une autre affaire qui doit leur rapporter un gain immense, Mascarot confie à Paul la lecture à haute voix d'un récit écrit par lui grâce à des révélations sensationnelles. C'est l'histoire des derniers descendants de la grande et noble maison des Champdoce.

Il s'agit tout d'abord d'un conflit d'une violence inouïe qui oppose le duc de Champdoce, un terrible vieillard, et son fils Norbert, âgé de vingt ans et décidé à se marier à sa guise. Ancien émigré, rentré avec les Bourbons, le duc a réussi à remettre la main sur une partie des biens de sa famille dont il entend reconstituer l'immense domaine. C'est pourquoi il a prévu le mariage de son fils avec une jeune personne appartenant à un milieu de parvenus, mais somptueusement dotée. Cependant Norbert aime Diane de Sauvebourg, dont la famille est de vieille noblesse, mais sans grande fortune.

Le jeune homme ayant failli être tué par son père au cours d'une scène dramatique, Diane lui suggère de se débarrasser du duc au moyen d'un poison qu'elle met à sa portée. Mais, au moment où le vieillard va boire un verre de vin empoisonné, son fils le lui arrache des mains. L'émotion est *trop* forte pour le duc, qui a tout compris : il tombe, victime d'une attaque, et ne recouvre la raison qu'au moment de sa mort quelques jours plus tard. Ce sera pour pardonner à son fils et lui enjoindre de prendre pour femme celle qu'il aime. Hélas ! Norbert, qui a eu horreur de son geste et de celle qui le lui a inspiré, repousse Diane et, dans un véritable esprit de contrition, épouse précipitamment et sans amour Marie de Puymadour que lui destinait son père. Et, pour rendre cette union encore plus malheureuse, Marie aime un gentilhomme rencontré à Paris, le marquis Georges de Croisenois, frère aîné du Croisenois cité plus haut, dont la demande en mariage vient d'être repoussée par M. de Puymadour entiché de noblesse ducale et impressionné par les grands domaines des Champdoce.

Cependant Diane a décidé de se venger. Elle accepte de devenir l'épouse d'Octave de Mussidan, descendant d'une vieille famille de la région, qui, rentré récemment de Paris, s'est épris de Mlle de Sauvebourg. Mais, pendant une partie de chasse, M. de Mussidan tue son jeune intendant qui, au cours d'une vive dispute, lui a reproché d'avoir épousé « la maîtresse d'un autre ». Crime déguisé en accident, dont le rappel, vingt ans plus tard, sera une arme décisive dans la main de Mascarot.

Sa vengeance, Diane l'exercera à Paris où les deux jeunes couples se sont installés. Elle y rencontre Norbert, encore amoureux d'elle. Alors, elle lui suggère, pour leur permettre de se voir plus aisément, de la présenter à sa femme dont elle espère pouvoir devenir l'amie. C'est ce qui se passera effectivement. Mais Diane va abuser de la confiance que lui manifeste Marie pour mettre à exécution un plan machiavélique. Elle fait se rencontrer la duchesse et Croisenois. L'ancien amour n'est pas éteint et le marquis finit par obtenir de celle dont on lui a refusé la main, un rendez-vous nocturne en l'hôtel de Champdoce, dont le duc est absent pour quelques jours et la domesticité en congé pour quelques heures. Marie regrettera aussitôt cette folle imprudence d'autant qu'elle est décidé à intimer l'ordre à Georges de Croisenois de renoncer à elle à jamais. Le duc, prévenu par une lettre anonyme, envoyée par les soins de Diane, revient inopinément et trouve le marquis en compagnie de Marie. Sans vouloir écouter aucune explication, il décide qu'on se battra à mort dans le jardin de l'hôtel et que le vainqueur enterrera sur place son adversaire. Chacun laisse à l'autre une lettre destinée à faire croire à la police à son départ définitif pour l'étranger. Puis, ayant creusé en commun la fosse destinée au vaincu, ils se battent à l'épée dans une demi-obscurité. Croisenois est tué et, comme prévu, enterré sur place.

Quant à Marie, elle a éprouvé un tel choc qu'elle tombe gravement malade. Diane fait alors savoir à Norbert que tout avait été prévu et préparé par elle et qu'elle se considère enfin comme vengée. Marie survivra cependant, mais pour donner le jour à un fils dont son époux refusera d'admettre qu'il est le père. Il imposera une substitution d'enfants à sa femme et malgré ses supplications, elle devra recevoir celui d'une pauvre paysanne, cependant que le sien sera déposé anonymement à l'hospice de Vendôme.

L'intrus, en grandissant, devait se révéler un détestable garnement, qui mourut, adolescent, après une nuit d'orgie. Le duc et la duchesse se réconcilièrent sur son lit de mort et Norbert décida de retrouver celui dont il était enfin convaincu que c'était son fils. Mais l'enfant s'était évadé de l'hospice à l'âge de douze ans et l'on n'en avait pas retrouvé la trace. En vain, jusqu'ici, le duc a chargé de sa recherche son homme d'affaires, l'avocat Catenac, précisément un des trois « associés ».

La lecture du récit terminée, Mascarot expose à ses complices les détails de son plan : Paul Violaine sera présenté comme le fils, enfin retrouvé, du duc de Champdoce et épousera Flavie Martin-Rigal, cependant que Henri de Croisenois épousera Sabine de Mussidan. Mais Violaine se récrie. D'après certains détails, il a reconnu le descendant des Champdoce dans le peintre André. Les « associés » conviennent qu'il faut à tout prix se débarrasser de ce gêneur, doublement fâcheux.

C'est alors qu'intervient Lecoq, devenu un haut fonctionnaire de la police et déjà célèbre. Son attention a été éveillée depuis quelque temps par l'abominable entreprise de chantage ; il a réussi à en démêler tous les fils et il attend, pour frapper, le moment favorable. Bien qu'il ait détaché son meilleur disciple Pâlot pour protéger André, celui-ci est victime d'un très grave accident provoqué par le jeune Victor Chupin, l'un des auxiliaires de Mascarot. Il s'en tirera cependant au prix d'un long séjour à l'hôpital, dont il sortira pour assister à la défaite des sinistres « associés ». Le mariage de Flavie et de Paul Violaine a eu lieu, mais au moment où Martin-Rigal présente publiquement son gendre comme le fils retrouvé de Norbert de Champdoce, Lecoq apparaît et démasque la bande criminelle. Et l'on apprend alors avec stupéfaction que Mascarot, le financier Martin-Rigal et Tantaine, un vieux clerc d'huissier famélique, ne sont qu'un seul et même personnage, grâce à un art du déguisement égal à celui du grand policier. Tous ses complices mis hors d'état de nuire, Mascarot sombre dans la démence, une démence horrible, constamment hantée par l'angoisse de ce que sa fille chérie deviendra avec un être aussi nul, lâche et égoïste que Paul Violaine. Il ne reste plus à Lecoq qu'à présenter au duc et à la duchesse leur véritable fils, André, futur époux de Sabine de Mussidan.

On peut hésiter à classer *Les Esclaves de Paris* parmi les romans judiciaires de Gaboriau, du fait que, tout au long du récit, Mascarot et sa bande ont le champ à peu près libre pour opérer et ne sont guère contrecarrés que par André et de Breulh. Tel un deus ex machina, Lecoq n'apparaît qu'à la fin du livre pour déjouer leurs redoutables machinations. Le policier est parfaitement au courant de l'identité de ces individus et de la nature de leurs agissements, mais on ne saura pas à la suite de quelle enquête, de quelles inductions et déductions, il y est parvenu. En somme, c'est parce que ce roman complète la geste de Lecoq qu'on évite généralement de le séparer de ceux où il poursuit ses recherches sous les yeux du lecteur. Par contre si le maître policier n'avait pas disparu de la scène, *Le Petit Vieux des Batignolles*, nouvelle parue au début de la guerre, aurait dû figurer dans cette série et, à la rigueur, *La Corde au cou,* bien que dans ce roman, publié une fois la paix revenue, l'enquête n'occupe qu'une place secondaire.

XVII

LES POLICIERS D'ÉMILE GABORIAU

Les maîtres policiers créés par Émile Gaboriau sont doués d'un extraordinaire esprit d'observation, d'une surprenante perspicacité ainsi que d'un réel sens pratique. Ils savent recueillir et interpréter les moindres indices et par des déductions surprenantes approcher peu à peu de la solution des énigmes posées par les crimes et les délits qui leur sont soumis. Il leur arrive, certes, de commettre des étourderies ou des erreurs, ce qui les rend d'ailleurs plus humains, mais ils se rendent vite compte de leurs fautes et, comme ils ne sont pas aveuglés par la vanité, ils les ont bientôt corrigées.

Dans leur lutte contre les criminels, ils se heurtent régulièrement à la force d'inertie et même à la jalousie de la police traditionnelle, qui n'entend pas être dérangée dans ses investigations routinières, ainsi qu'au scepticisme et parfois à la suffisance des magistrats instructeurs, qu'ils doivent s'efforcer de convaincre.

Ces policiers hors ligne ne sont pas bâtis sur un modèle unique, ce qui les rend plus vivants, et même les deux plus remarquables, le détective amateur Tabaret et Lecoq, agent du service de la Sûreté, sont à tous points de vue différents.

Vraisemblablement d'origine parisienne, Tabaret, depuis l'âge de vingt ans, exerçait de modestes fonctions au Mont-de-Piété, vivant de ses maigres appointements et en faisant vivre un père qui s'était un jour prétendu ruiné et parlait de se suicider. Quand ce père mourut, Tabaret, qui avait alors quarante-cinq ans, apprit avec stupéfaction qu'il lui laissait une appréciable fortune sous la forme de quarante mille livres de rente, d'un bel immeuble, rue Saint-Lazare et d'une ferme près d'Orléans. Ainsi pendant plus de vingt ans, il s'était privé de tout, renonçant à une jeune fille qu'il aimait, menant une vie affreusement étriquée, copiant le soir des rôles, chez un notaire, pour assurer une existence plus agréable à ce père abusif et prodigieusement avare qui, dans son testament, avait justifié sa conduite en prétendant avoir voulu donner à son fils des habitudes d'économie. « Je n'étais pas né pour vivre et mourir seul comme un chien, confie Tabaret au juge Daburon, à qui il conte l'histoire de sa vie. Mon rêve aurait été de me marier, d'adorer une bonne femme, d'en être un peu aimé et de voir grouiller autour de moi des enfants bien vivants. Mais... j'étais un vieillard lorsque mon père est mort. » Il s'était alors empressé de donner sa démission à son administration. Cependant son existence soudainement oisive lui pesa bientôt. Il se chercha des distractions et devint collectionneur de livres anciens.

Il ne serait probablement pas parvenu à chasser ainsi son ennui, si, dans certains volumes, il n'avait rencontré des récits d'affaires policières qu'il avait lus avec passion. « Je collectionnais tout ce qui, de près ou de loin, avait trait à la police. Mémoires, rapports, pamphlets, discours, lettres, romans, tout m'était bon. Et je le dévorais. Si bien que, peu à peu, je me suis senti attiré vers cette puissance mystérieuse qui, du fond de la rue de Jérusalem, surveille et garde la société, pénètre partout, soulève les voiles les plus épais, étudie l'envers de toutes les trames, devine ce qu'on ne lui avoue pas, sait au juste la valeur des hommes, le prix des consciences et entasse dans ses cartons verts les plus redoutables comme les plus honteux secrets. L'envie me prit d'être un rouage de l'admirable machine, de devenir une providence au petit pied, aidant à la punition du crime et au triomphe de l'innocence. »

C'est ainsi qu'il avait sur le tard découvert sa vocation : « Et moi aussi, s'était-il sans doute écrié, je suis policier. » A dater de ce jour, il s'était donné une formation pratique, car dès qu'un crime sortant du banal était commis, il se mettait en campagne, conduisait sa propre enquête, pour lui seul, pour le plaisir, se corrigeant quand se révélaient inexactes ses conclusions.

Longtemps il hésita avant d'aller solliciter un petit emploi à la préfecture de police, craignant les clabauderies de ses amis et de ses voisins, s'ils venaient à apprendre à quoi il entendait passer désormais son temps. Puis un jour, il s'enhardit, se présenta rue de Jérusalem, obtint non sans peine de modestes missions et ne s'en tira pas trop mal. On lui confia alors des tâches plus importantes dans lesquelles il se distingua et, de succès en succès, il finit par être considéré comme l'un des meilleurs limiers de la préfecture, un curieux agent qui jamais n'acceptait la moindre gratification. On l'avait surnommé Tirauclair, d'une phrase qui lui était familière : « Il faut que cela se tire au clair. » Il accepta d'autant plus volontiers ce surnom qu'il concourait à protéger sa véritable identité de la curiosité de son entourage, qui ne vit jamais en lui qu'un bon bourgeois. Mais, comme surprenait tout de même son existence sans régularité, les visiteurs à la tournure suspecte qu'il recevait dans son appartement de la rue Saint-Lazare, les nuits qu'il passait au dehors, il avait laissé s'accréditer qu'il menait une existence dissolue. Ce qui avait fait dire à son concierge, le jour où Lecoq trouva son maître au lit, en proie à une crise de goutte : « Monsieur n'est pas raisonnable de mener la vie qu'il mène. Les femmes, c'est bon dans un temps, mais à son âge... » C'était bien aussi l'avis de sa gouvernante Manette, une forte fille de la campagne, dont les repas préparés avec soin n'étaient jamais consommés aux heures prévues.

Gaboriau dépeint le visage de cet homme extraordinaire le jour où Lecoq va le consulter. « Impossible d'accorder non pas une perspicacité supérieure, mais une intelligence moyenne au porteur de cette physionomie où la bêtise le disputait à un étonnement perpétuel. Avec son front fuyant et ses immenses oreilles, son nez odieusement retroussé, ses petits yeux et ses grosses lèvres, M. Tabaret réalisait, à désoler un caricaturiste, le type convenu du petit rentier idiot. Il est vrai qu'en l'observant attentivement on devait être frappé par sa ressemblance avec le chien de chasse, dont il avait les aptitudes et les instincts. Quand il passait dans la rue, les gamins impudents devaient se retourner pour crier : Oh ! cette balle !... Il riait de la méprise, l'astucieux bonhomme et même il prenait plaisir à épaissir ses apparences de niaiserie, exagérant cette idée que : Celui-là n'est pas véritablement fin qui paraît l'être. »

Et voici son portrait « en pied », quand, dans *L'Affaire Lerouge*, il arrive sur les lieux du crime, mandé par le juge Daburon au courant des résultats surprenants obtenus par ce bourgeois qui, depuis neuf ans, fait de la police en amateur : « Il avait bien une soixantaine d'années et ne semblait pas les porter très lestement. Petit, maigre et un peu voûté, il s'appuyait sur un gros jonc à pomme d'ivoire sculpté. Sa figure avait cette expression d'étonnement perpétuel mêlé d'inquiétude qui a fait la fortune de deux comiques du Palais-Royal. Scrupuleusement rasé, il avait le menton très court, de grosses lèvres bonasses et le nez désagréablement retroussé comme le pavillon de certains instruments de M. Sax. Ses yeux d'un gris terne, petits, bordés d'écarlate ne disaient absolument rien, mais ils fatiguaient par une insupportable mobilité. De rares cheveux plats ombrageaient son front fuyant comme celui d'un lévrier et dissimulaient mal de longues oreilles, larges, béantes, très éloignées du crâne. Il était très confortablement vêtu, propre comme un sou neuf, étalant du linge d'une blancheur éblouissante et portant des gants de soie et des guêtres. Une longue chaîne d'or très massive, d'un goût déplorable, faisait trois fois le tour de son cou et retombait en cascade dans la poche de son gilet. »

Malgré ces apparences peu engageantes, qui surprenaient au premier abord tous les magistrats qui voulaient bien faire appel à Tirauclair, celui-ci était véritablement doué d'un esprit supérieur. Son intuition, son habileté à recueillir les moindres indices et à les exploiter, sa puissance de déduction étaient telles qu'il fut appelé à donner son avis sur les affaires les plus mystérieuses et les plus inexplicables. C'était chez lui une passion, nous dit Gaboriau, de « chasser le scélérat dans Paris, comme d'autres le sanglier dans les bois » et il trouvait que c'était bien autrement utile et surtout plus émouvant. « Le gibier vaut le chasseur, il a comme lui l'intelligence, la force et la ruse. Les armes sont presque égales. Ah ! si on connaissait les émotions de ces parties de cache-cache entre le criminel et l'agent de la Sûreté, tout le monde irait demander du service rue de Jérusalem. Le malheur est que l'art se perd et se rapetisse. Les beaux crimes deviennent rares. »

Mais Tabaret a su distinguer, dans Lecoq, un homme qui a, comme lui, la passion de la chasse aux criminels et dont les qualités feront manifestement un limier de tout premier ordre, promis à une grande carrière. Il le protège, le conseille ; celui-là sera véritablement son « fils ». Quand il prendra sa retraite de détective amateur, après l'erreur qu'il a commise un temps dans *L'Affaire Lerouge*, c'est ce disciple qui lui succédera. Tabaret fera désormais figure d'un grand ancêtre que le jeune débutant viendra au besoin consulter et dont il ne citera le nom qu'avec vénération. Et ce brillant élève sera probablement le premier à bénéficier du prix annuel de deux mille francs fondé par une disposition testamentaire du maître pour récompenser « le policier ayant tiré au clair l'affaire la plus embrouillée de l'année ».

D'où vint à Gaboriau l'idée de baptiser du nom de Lecoq le principal héros de ses enquêtes policières ? Un héros dont on ne connaîtra, d'ailleurs, jamais le prénom. Avait-il rencontré ce nom au cours des lectures imposées par la préparation de ses premiers ouvrages, dont les sujets sont fréquemment puisés dans le XVIIe siècle ? C'est, en effet, celui d'un des agents les plus habiles de La Reynie, le chef de la police parisienne sous Louis XIV. L'avait-il emprunté à Féval, dont le détective véreux des *Habits Noirs* s'appelle ainsi ? Ou ce nom ne serait-il pas plutôt une réminiscence du temps de son séjour breton, du fait qu'il était très répandu dans la région de Guingamp ? En tout cas, rappelant celui de Vidocq, il devait plaire à Gaboriau par sa sonorité dure comme une menace et par le symbole de l'exactitude et du courage qu'a toujours été le roi de la basse-cour, devenu notre emblème national.

Alors que dans *L'Affaire Lerouge* Lecoq est, tout comme Vidocq, « un ancien repris de justice réconcilié avec les lois », il deviendra dans les romans suivants le fils d'une riche et honorable famille de Normandie, ayant reçu une excellente éducation et une solide instruction. Il avait entrepris l'étude du Droit à la Sorbonne quand il apprit dans la même semaine que son père venait de mourir, ruiné, et que sa mère ne lui avait pas survécu. Désormais, il était seul au monde, sans ressources, n'ayant pour tout bagage qu'un diplôme de bachelier, dont Gaboriau assure que ce n'est pas un « brevet de rentes viagères ». Il envia, alors, ceux qui possèdent un bon métier et dut, pour gagner son pain, solliciter les emplois que se disputent les cent mille déclassés de Paris. Comme il avait une bonne connaissance de l'anglais et du latin, il donna des leçons particulières et, après Tabaret et peut-être Gaboriau, copia des rôles pour un avoué. Il fut courtier d'annonces, maître d'études, démarcheur pour une compagnie d'assurances, il alla à domicile proposer des rossignols de librairie et fut pour un temps vendeur dans un magasin de nouveautés.

Finalement, pour des appointements mensuels de cent francs, il devint le secrétaire d'un célèbre astronome, le baron Moser. Son travail consistait, pendant d'interminables journées, à remettre au net les calculs vertigineux du savant. Le soir, il rentrait dans son taudis où, écœuré de l'existence stupide qu'il menait, il avait des accès de rage quand il songeait aux années déjà perdues et aux privations qu'il devait continuer à s'imposer. Il rêvait de s'enrichir du jour au lendemain, il cherchait des combinaisons mirifiques qui puissent lui apporter une fortune plus ou moins avouable, tout en lui assurant l'impunité. Cela devint une telle obsession qu'il finit par s'épouvanter à l'idée qu'il pourrait facilement passer de la théorie à l'exécution. Un jour, pour étonner son patron, il lui soumit un plan qui aurait permis de rafler un demi-million sur la place de Paris sans même s'exposer à un soupçon. L'astronome admira la simplicité et l'ingéniosité du procédé, mais jugea peu prudent de garder auprès de lui un esprit si fécond. Le lendemain, il congédia son secrétaire en lui disant : « Quand on a vos dispositions et qu'on est pauvre, on devient un voleur fameux ou un illustre policier. Choisissez. »

Ces détails sont tirés de *Monsieur Lecoq*, mais à noter que dans *Le Crime d'Orcival*, antérieur à cet ouvrage, les appointements mensuels du secrétaire n'avaient été que de soixante-dix francs et le gain retiré de son hypothétique combinaison de deux cent mille francs. Après coup, Gaboriau avait dû sentir l'intérêt d'élever ces derniers chiffres pour accroître le prestige de son héros.

Réflexion faite, celui-ci décida de suivre la seconde des deux voies où on lui prédisait un égal succès. « Il y entrevit des aventures inouïes et, au bout, la célébrité. » La semaine suivante, sur la recommandation du baron Moser, il était admis comme auxiliaire au service de Sûreté de la Préfecture. Il étudia son nouvel entourage et ses méthodes traditionnelles : il ne tarda pas à juger celles-ci désuètes, mais se garda bien de faire part à quiconque de son opinion. Dévoré d'ambition, mais rusé et prudent, il la dissimula, au contraire, sous un voile de modestie, attendant patiemment le moment de faire ses preuves, tout en s'imprégnant des théories et en observant le comportement du père Tabaret, dont le contact fut pour lui bénéfique. La possibilité de voler de ses propres ailes allait pour la première fois lui être offerte dans *Monsieur Lecoq*, à l'occasion de la mystérieuse affaire de *La Poivrière*. C'est là que se place le début de son ascension.

Mais comment expliquer que cette ascension soit déjà chose faite dans les trois romans qui se placent chronologiquement entre *L'Affaire Lerouge* et *Monsieur Lecoq*, c'est-à-dire *Le Crime d'Orcival*, *Le Dossier n° 113* et *Les Esclaves de Paris*. Et il en est d'ailleurs de même pour Victor Chupin, jeune homme dans *Les Esclaves de Paris*, qu'on retrouve enfant dans *Monsieur Lecoq*. Une anomalie qui ne semble pas avoir retenu l'attention de ceux qui se sont penchés sur l'œuvre de Gaboriau, même celle de Régis Messac, à qui habituellement rien n'échappe. La raison paraissait cependant évidente bien avant que notre hypothèse fût confirmée par la teneur de la lettre du 16 janvier citée dans un chapitre précédent. La première partie de *Monsieur Lecoq* était déjà écrite quand parut *L'Affaire Lerouge*, mais devant l'insistance de Millaud à obtenir sans retard d'autres romans judiciaires afin d'exploiter le surprenant engouement du public, Gaboriau, retardé dans l'achèvement de *Monsieur Lecoq* par la longueur et la complexité de la seconde partie, aurait successivement fourni, pour *Le Soleil* d'abord, puis pour *Le Petit Journal*, trois récits prévus pour donner une suite aux premiers exploits du jeune policier. On découvre une telle entorse à la chronologie dans l'œuvre de Fenimore Cooper. En effet, le héros du célèbre romancier américain, Bas de Cuir, rencontré pour la première fois dans *Les Pionniers*, se retrouve plus jeune dans deux ouvrages ultérieurs, *Le Dernier des Mohicans* et *Le Tueur de daims*.

Dans *L'Affaire Lerouge* où Lecoq ne fait qu'apparaître sur les lieux du crime pour suggérer d'avoir recours au père Tabaret, on n'a de lui que cette description des plus sommaires : « un gaillard habile dans son métier, fin comme l'ambre et jaloux de son chef ». C'est dans les ouvrages suivants qu'on fait vraiment sa connaissance. Dans *Monsieur Lecoq*, c'est un garçon de vingt-cinq à vingt-six ans, avec la lèvre rouge et d'abondants cheveux noirs ondés. En lui rien de remarquable, sinon « l'œil qui, selon sa volonté, étincelait ou s'éteignait comme le feu d'un phare à éclipses et le nez, dont les ailes larges et charnues avaient une surprenante mobilité ». Il est pauvre alors et loge dans un hôtel garni de la rue Montmartre. Dans *Le Crime d'Orcival*, où Gaboriau l'a présenté plus âgé, c'est « un beau garçon de trente à trente-cinq ans, à l'œil fier et à la lèvre frémissante. De magnifiques cheveux noirs, bouclés, font ressortir la pâleur mate de son teint et le ferme dessin de sa tête énergique ». Enfin, *Le Dossier n° 113* ne nous apprend rien de plus sur son visage en le décrivant comme « un brave et loyal garçon à la tête intelligente et fière ». Sa taille ? il est « un peu petit, mais bien pris ». Quant à sa

Émile Gaboriau.
Émile Gaboriau sur un coq de bruyère, portrait chargé par A. Lemot.
Première page du *Monde pour rire* du 23 mai 1868.

1. Amélie Rogelet, vers 1870.
   Photo. Carjat, Paris.

2. Émile Gaboriau.
   Huile, déc. 1869-janv. 1870, par Charles Porion (Collection particulière).
   Photo. J. Lenoir, Paris.

vigueur si nécessaire dans les actions auxquelles il participe, l'auteur assure qu'elle est « prodigieuse » et il arrive qu'il ait à la prouver aux malandrins de toute espèce.

Mais sa force physique n'est rien, comparée à son effarante faculté de changer de personnalité. C'est bien rarement qu'il nous est donné de voir le véritable Lecoq, presque toujours grimé et travesti, ruse à laquelle n'avait pas recours un amateur comme le père Tabaret, qui s'en tenait à la collecte des indices et à ses savantes déductions. Dans *Le Crime d'Orcival*, Lecoq, lui, assure, non sans une amusante exagération, qu'il n'y a pas plus de trois personnes, dont la femme aimée, qui connaissent son visage. Il prétend être inconnu même à la Préfecture. C'est d'ailleurs en contradiction avec ce qui se passe dans *L'Affaire Lerouge* et *Monsieur Lecoq* où, dans ses débuts, il opère à visage découvert et une preuve supplémentaire que ce dernier roman a été entrepris bien avant la date de sa publication.

S'insérer dans les milieux sociaux les plus divers n'est rien pour notre policier : tout à tour bourgeois vivant de ses rentes, homme d'affaires, voyageur de commerce, commissionnaire ou même — ce qu'il réussit à la perfection — paillasse bonimenteur dans un bal masqué de la haute société.

Ces transformations, il les opère non seulement pour venir à bout des criminels, mais aussi pour mieux assurer sa sécurité personnelle : « Tel que vous me voyez, je suis condamné à mort par sept malfaiteurs, les plus dangereux qui soient en France. Je les ai fait prendre et ils ont juré — et ce sont des hommes de parole — que je ne mourrai que de leur main. Quatre sont à Cayenne, un à Brest. Mais les deux autres ? J'ai perdu leur piste. Qui sait si l'un d'eux ne m'a pas suivi jusqu'ici ? Heureusement, mes précautions sont prises. Tant que je suis dans l'exercice de mes fonctions, je me défie, et, quand je suis sur mes gardes, je ne crains personne. Mais il est des jours où l'on est las de craindre, où on veut pouvoir tourner court une rue, sans redouter le poignard. Ces jours-là, je redeviens moi-même, ma personnalité se dégage des mille déguisements que j'endosse tour à tour. »

Même à son domicile Lecoq est menacé. Il s'en est fallu de peu qu'il ne soit tué par un faux facteur des chemins de fer, porteur d'un colis que nous dirions aujourd'hui piégé. Ce domicile occupe tout un troisième étage de la rue Montmartre, à laquelle il est resté fidèle. On y accède par un escalier étroit et mal éclairé, en s'aidant d'une rampe gluante. Sur ce palier, les portes de droite et de gauche sont condamnées. Il faut donc s'adresser à la porte centrale qui est de chêne plein, encore consolidée par des croisillons de fer. Au milieu est pratiqué un judas garni de barreaux entrecroisés et défendu à l'intérieur par un épais grillage. Plus haut est collée une gravure populaire aux couleurs violentes, probablement placée là par un des hommes du célèbre policier. Elle représente un coq qui chante, l'emblème qu'il s'est lui-même choisi. Quand on presse sur un bouton de cuivre apparaît à travers le judas un visage féminin, fortement moustachu, et une voix de basse vous prie de décliner votre identité. Si elle ne paraît pas suspecte, la porte s'ouvre dans un fracas de chaînes, de targettes et de serrures et on se trouve en présence d'une virago manifestement d'une force herculéenne. C'est Janouillle, choisie par son maître entre plusieurs milliers de réclusionnaires. Condamnée autrefois pour infanticide et incendie, elle est devenue la plus honnête des créatures et la perle des servantes et des cuisinières.

La plupart des visiteurs sont conduits dans une sorte de salle-à-manger sommairement meublée d'une table et de six chaises. Rares sont les intimes que Janouille introduit dans une vaste pièce, moitié loge d'acteur, moitié cabinet de travail, éclairée par deux fenêtres donnant sur la cour et garnies de robustes barreaux. Tout un mur est occupé par un portemanteau où sont suspendus des vêtements convenant à chacune des classes de la société, complétés par les perruques et les chaussures les plus diverses. Près d'une fenêtre, une toilette de marbre blanc encombrée de pinceaux et de petits pots destinés aux maquillages les plus savants. Sur un autre mur s'appuie une bibliothèque pleine à craquer d'ouvrages surtout scientifiques. Au centre de la pièce, un bureau, et, sur ce bureau, une masse de documents et de pièces manuscrites, la plupart chiffrées. Mais l'objet qui paraît encore le plus singulier au visiteur non prévenu des habitudes du maître de ces lieux, est une grande pelote de velours noir en forme de losange, suspendue au mur. Sur cette pelote sont piquées des épingles à têtes très brillantes, disposées de façon à former un nom et ce nom est celui de l'affaire que le policier juge primordial d'éclaircir.

Ne croyez pas néanmoins que les soucis de sa profession empêchent Lecoq d'être un bon vivant, un fin gourmet. Quand il garde à sa table un ami, Janouille alors se surpasse et fait apparaître les primeurs dont son maître est particulièrement friand. Enfin, le repas est toujours couronné par les plus blonds des londrès, ceux qu'il affectionne par-dessus tout.

Caractère bien trempé que celui de Lecoq ! Plus l'adversaire est coriace, plus il s'acharne à en venir à bout. Il n'accepte jamais un échec. Il entend toujours avoir le dernier mot. S'il est vaniteux, c'est seulement des succès qu'il obtient dans l'exercice de sa profession. Même les compliments les plus maladroits le ravissent, quand il les sait sincères. Mais il ne cherche pas à écraser les autres de la justesse de ses vues, sachant que les hommes vraiment supérieurs en quelque spécialité que ce soit n'abusent jamais mesquinement de leur supériorité. Dans ses débuts, il se montra d'ailleurs des plus modestes, acceptant de bonne grâce les critiques pourtant très dures de Tabaret, et, avec reconnaissance, ses conseils qu'il se promit de suivre scrupuleusement. Plus tard, il ne manquera jamais de proclamer ce qu'il lui doit : « Ainsi, Messieurs, dit-il, dans *Le Crime d'Orcival*, ainsi procédait Tabaret, mon maître, notre maître à tous. » Lecoq est profondément désintéressé et repousse avec indignation les récompenses qu'on lui offre en croyant ainsi stimuler son zèle. Une fois, cependant, on l'a vu accepter un cadeau royal offert par son ami le juge Plantat pour avoir été l'artisan de son bonheur : une délicieuse maison de campagne, qui fait de lui le plus heureux des propriétaires, nous dit Gaboriau, oubliant que son héros possède déjà, en Normandie, une « masure », léguée par une tante, en réalité une demeure paysanne d'une certaine valeur, puisqu'il se fait fort d'en tirer une dizaine de milliers de francs.

Devant des situations dramatiques, il affecte l'impassibilité qui doit être la règle dans son métier, si l'on ne veut pas perdre sa clairvoyance. Mais, au fond, c'est un sensible. Il lui arrive d'être ému jusqu'aux larmes, ce qu'il s'efforce toujours de dissimuler. Parfois pour cacher son émotion, il affecte de plaisanter sur un ton cynique, allant jusqu'à tomber dans un humour noir assez déplacé. Ainsi, quand gravissant les escaliers du château d'Orcival où vient d'être commis un crime, il remarque d'horribles taches de sang sur les murs. Il a alors ce reproche : « Les malheureux ! On ne salit pas tout dans une maison ou du moins on essuie. On prend des précautions, que diable ! » Constatation qui cache d'ailleurs une arrière-pensée : ce ne sont pas des criminels, si l'on peut dire « professionnels », qui ont fait le coup.

Plus encore que sensible, il est sentimental. Il y a eu un amour dans sa vie. Il a aimé, avoue-t-il, « non une noble et pure jeune fille, mais une fille. » Pendant trois ans il a été « à ses pieds », exécutant ses moindres volontés. Puis un jour, elle l'a quitté pour se jeter dans les bras d'un homme qui la méprisait. Ni larmes, ni prières n'ont pu la ramener à lui. Alors il a voulu mourir, mais il est finalement parvenu à surmonter sa souffrance et, en sauvant l'homme qui lui avait ravi cette femme, il a prouvé combien il lui était supérieur. Et celle qui l'avait traité si légèrement, a dû s'avouer vaincue par tant de grandeur d'âme et lui est revenue pour toujours. Certes, la passion amoureuse ne devrait pas toucher le parfait policier de roman, dont elle risquerait d'amoindrir les facultés. Mais Lecoq, pour y avoir succombé, n'en est que plus humain, plus sympathique au lecteur. D'ailleurs, loin d'empiéter sur son activité professionnelle, ce sentiment, dans *Le Dossier n° 113*, a pour résultat de la stimuler.

Sa générosité est liée à ce que nous appellerions aujourd'hui sa sportivité. Il aimerait rencontrer un partenaire de sa force, mais, à part Tabaret, il n'en existe pas. En compensation, il est capable d'apprécier les criminels intelligents qui savent éventer les pièges du juge d'instruction. Il se retient pour ne pas les applaudir et éprouve pour eux « cette secrète sympathie qu'inspire l'adversaire qu'on sent digne de soi ». Aussi n'en ressent-il que plus d'orgueilleuse satisfaction, quand il peut l'emporter sur eux et, par la même occasion, sur la routine et le scepticisme de la plupart de ses chefs et de ses collègues. Après avoir finalement rendu vaines toutes les ruses et les parades de cet extraordinaire jouteur qu'était le duc de Sairmeuse, dissimulé sous l'identité d'emprunt du baladin Mai, il a couru se commander « un cachet portant ses armes parlantes et la devise à laquelle il est resté fidèle : semper vigilans ».

« Égoïste comme tous les grands artistes, M. Lecoq n'a jamais fait d'élève et ne cherche pas à en faire. Il travaille seul, nous assure Gaboriau dans *Le Dossier n° 113*. Il hait les collaborateurs, ne voulant partager ni les jouissances du triomphe, ni les amertumes de la défaite. » Mais l'auteur semble oublier que, dans *Le Crime d'Orcival*, le célèbre policier a présenté au juge Plantat, comme son élève, un jeune agent de la Sûreté nommé Pâlot, « un grand garçon à face blême, à petites moustaches rétives, un vrai Parisien ». Celui-ci vient de découvrir l'adresse de l'hôtel particulier où se terre le comte de Trémorel et a eu l'heureuse initiative d'aller reconnaître les lieux et de faire parler le portier. C'est encore lui que, sa mission intelligemment accomplie, Lecoq prie d'aller se déguiser en garçon tapissier afin de n'être pas reconnu du serviteur et d'inspirer confiance au comte de Trémorel.

Dans *Le Dossier n° 113*, où il prétend ne pas vouloir de collaborateur, le maître policier désigne Pâlot comme son « ami », mais il est vrai que c'est en s'adressant à un tiers et sans doute pour donner plus de poids à ses paroles. Il est, en tout cas, certain que grandit sa confiance en son subordonné, quand celui-ci a parfaitement conduit en Angleterre une difficile enquête dont il l'avait chargé.

Pâlot apparaît encore une fois, dans les derniers chapitres des *Esclaves de Paris*. Lecoq le considère désormais comme son meilleur inspecteur et le félicite à l'occasion d'un déguisement en commissionnaire parfaitement réussi. Il reçoit d'abord mission d'amener auprès de son patron le sculpteur André, menacé par la bande de Mascarot, et, cela, sans que s'en doutent les hommes à la solde des maîtres chanteurs. Après quoi c'est encore Pâlot qui est chargé par son chef de suivre André à sa sortie du commissariat et de le protéger contre les probables tentatives de meurtre des hommes de main de Mascarot.

Un autre adjoint de Lecoq est Fanferlot, un ancien écuyer de cirque. Il ne paye vraiment pas de mine. C'est un petit homme étriqué et râpé, « tout de noir habillé, portant un chapeau retapé à l'aide d'un crêpe et une cravate en corde autour d'un col douteux ». Il opère principalement dans *Le Dossier n° 113*, chargé par le juge d'instruction d'enquêter sur cette mystérieuse affaire. Il s'efforce, mais en vain, de tenir Lecoq dans l'ignorance de son activité secrète, et s'en trouve quitte pour une réprimande moins sévère que celle à laquelle il pouvait s'attendre : « Incomparable comme lieutenant, tu n'as pas le sang-froid d'un général », lui dit son chef, qui lui conseille de ne jamais oublier cet aphorisme : « Tel brille au second rang qui s'éclipse au premier ». Après quoi, il lui confie une mission fort délicate : se placer comme valet de pied chez le comte qu'il soupçonne d'être le voleur.

Entre Pâlot et Fanferlot une comparaison s'impose. Le premier est entièrement dévoué à Lecoq et exécute à la perfection les ordres qu'il en a reçus. Fanferlot, lui, tout en admirant son « patron », s'efforce de voler de ses propres ailes. C'est qu'à regarder les choses d'un peu près, il est capable de déductions intelligentes dont son collègue ne nous offre aucun exemple.

Mais l'un et l'autre sont pénétrés de la supériorité de leur chef et c'est peut-être à eux que pense celui-ci quand, dans un de ses moments d'orgueil chez lui très rares, Lecoq s'écrie devant le juge Plantat et le docteur Gendron :

« L'affaire est compliquée, difficile, tant mieux ! Eh ! Si elle était simple, je retournerais sur le champ à Paris et demain, je vous enverrais un de mes hommes. Je laisse aux enfants les rébus faciles. Ce qu'il me faut à moi, c'est l'énigme indéchiffrable, pour la déchiffrer, la lutte, pour montrer ma force, l'obstacle, pour le vaincre. Des paillettes de feu s'allumaient dans ses yeux, sa voix avait un timbre métallique et vibrant, son geste impérieux affirmait l'audace de sa pensée et l'énergie de sa résolution.

« Il est des gens, continue-t-il, qui ont la rage du théâtre. Cette rage est un peu la mienne. Seulement je ne comprends pas qu'on puisse prendre plaisir au misérable étalage des fictions qui sont à la vie ce que le quinquet de la rampe est au soleil. Il me faut à moi des comédies véritables ou des drames réels. La société, voilà mon théâtre. Mes acteurs à moi ont le rire franc ou pleurent de vraies larmes. Un crime se commet, c'est le prologue. D'un coup d'œil je saisis les moindres nuances de la mise en scène. Puis je cherche à pénétrer les mobiles, je groupe mes personnages, je rattache les épisodes au fait capital, je lie en faisceau toutes les circonstances. Voici l'exposition. Bientôt l'action se corse, le fil de mes inductions me conduit au coupable, je le devine, je l'arrête, je le livre. Alors arrive la grande scène, le prévenu se débat, il veut donner le change, mais, armé des armes que je lui ai forgées, le juge d'instruction l'accable, il se trouble, il n'avoue pas, mais il est confondu. Et autour de ce personnage principal que de personnages secondaires, les complices, les instigateurs du crime, les amis, les ennemis, les témoins ! Les uns sont terribles, effrayants, lugubres, les autres grotesques. Et vous ne savez pas ce qu'est le comique dans l'horrible. La cour d'assises, voilà mon dernier tableau. Le jury répond : Non. C'en est fait, ma pièce était mauvaise, je suis sifflé. Est-ce « Oui » au contraire, c'est que ma pièce était bonne, on m'applaudit, je triomphe ». Y a-t-il jamais eu une image plus puissante de ce que doit être le rôle du grand policier ?

La passion de la « chasse à l'homme » n'exclut cependant pas, on l'a vu, tout sentiment humain chez Tabaret et chez Lecoq. Quand ils ont la conviction que la justice commet une erreur en s'en prenant à un innocent dans l'impossibilité de se disculper, leur principal souci est de le sauver. Tel est le cas d'Albert de Commarin, dans *L'Affaire Lerouge*, de Guespin dans *Le Crime d'Orcival*, du caissier Bertomy dans *Le Dossier n° 113*.

Par contre tout forfait est immanquablement sanctionné. Le coupable se donne la mort (Noël Gerdy, le docteur Hortebize), perd la raison (le comte de Clameran, Mascarot), est tué par son complice (la comtesse de Trémorel) ou par l'une de ses victimes (le comte de Trémorel) ou bien est condamné à une peine restrictive de la liberté suivant le degré de sa culpabilité (l'avocat Catenac aux travaux forcés).

Par exception, quand la réputation d'une famille honorable risque d'être éclaboussée par des débats en justice, il peut arriver à Lecoq de faciliter la fuite d'un comparse. Mais il a eu le soin de faire tolérer cette solution illégale par son lecteur grâce à quelques remords exprimés au cours du récit par l'individu en cause : « Le cœur me manque, déclarait à son « oncle » le faux Raoul de Clameran. Volons à main armée, je le veux bien, mais égorger deux malheureuses que j'aime... » Il peut aussi — mais le fait est unique — favoriser une rédemption, celle du criminel en herbe qu'était Victor Chupin.

Enfin, si les personnages de Gaboriau évoquent parfois la guillotine comme une crainte ou comme une menace efficacement dissuasive, il a toujours évité que la silhouette de la sinistre machine ne se profile à la fin de ses romans. Le sang, il le laisse aux assassins.

XVIII

MÉTHODES ET PROCÉDÉS DES POLICIERS D'ÉMILE GABORIAU

« L'enquête d'un crime n'est autre chose que la solution d'un problème », déclare Lecoq, prenant ainsi à son compte les conceptions de son maître Tabaret. Mais il convient d'ajouter que cette solution est recherchée avec passion par ces deux hommes, acharnés à démasquer et mettre hors d'état de nuire les pires malfaiteurs. Chasse difficile et dangereuse, car les fauves qu'ils traquent sont rusés et capables d'une défense vigoureuse. Mais les policiers de Gaboriau ne manquent pas de courage et disposent heureusement de tout un arsenal, dont il n'est pas sans intérêt de dresser l'inventaire.

Ils sont tout d'abord familiarisés avec les procédés classiques toujours valables et même susceptibles de perfectionnement, quand ils sont utilisés par un limier comme Lecoq. Savoir se grimer, se déguiser, dissimuler sa personnalité est le premier commandement du bon policier, et il est passé maître en cet art. C'est bien l'avis du garde de Paris chargé de conduire à l'instruction le caissier Bertomy : « Personne ne peut se vanter de connaître la vraie figure de M. Lecoq. Il est ceci aujourd'hui et cela demain ; tantôt brun, tantôt blond, parfois tout jeune, d'autrefois si vieux qu'on lui donnerait cent ans. Tenez, moi qui vous parle, il m'enfonce comme il veut. Je cause avec un inconnu, paf, c'est lui. N'importe qui peut être lui. On m'aurait dit que vous étiez lui, j'aurais répondu : C'est bien possible. »

Effectivement Bertomy ne reconnaît pas Lecoq rencontré quelques jours auparavant, quand, à la sortie de prison, il trouvera installé chez lui un certain Verduret, « rouge de figure, ayant la lève sensuelle, l'œil d'une vivacité extraordinaire, l'air bon enfant, la tournure commune ». Pas plus que ne le reconnaît le juge Segmuller, avec qui il a pourtant longuement travaillé, quand il se présente chez lui sous le prétexte de solliciter une place de domestique : « C'était un homme qui paraissait quarante-ans, fort rouge de figure, ayant d'épais cheveux et de très gros favoris roux, plutôt grand que petit, de forte corpulence et roide sous ses vêtements coupés carrément. Il expliqua d'un ton posé et avec un accent normand des plus prononcés que depuis vingt ans il n'avait servi que des gens d'étude. » Pas plus que ne le reconnaîtra le duc de Sairmeuse quand, déguisé en commissionnaire, il lui remettra le prétendu billet du juge d'Escorval. Mais, on l'a vu, le plus beau tour de force du génial policier est d'être apparu sous trois personnalités différentes, en quelques minutes, devant Bertomy et Nina Gipsy, convoqués en son cabinet.

Aussi est-il en droit d'exiger de ses subordonnés la sérieuse transformation de leur apparence physique voulue par les circonstances, et de leur reprocher au besoin ce qui peut clocher dans leur déguisement ou leurs attitudes.

Voici comment il accueille son meilleur collaborateur, qui se présente à lui, déguisé en ouvrier tapissier : « Il avait de longs cheveux bruns et les moustaches et les sourcils du plus beau noir. Certes, le père Plantat ne reconnut pas Pâlot. M. Lecoq, qui a l'œil plus exercé, le reconnut bien, lui, et même il parut assez mécontent. — Mauvais, grommela-t-il, lorsque l'ouvrier tapissier le salua, pitoyable. Crois-tu donc, mon garçon, qu'il suffise pour se déguiser de changer la couleur de sa barbe ? Regarde-toi un peu dans cette glace et dis-moi si l'expression de ta figure n'est pas absolument celle de tantôt ? Ton œil et ton sourire ne sont-ils pas les mêmes ? Puis, vois, ta casquette est bien trop de côté, ce n'est pas naturel, et ta main ne s'enfonce pas assez crânement dans ta poche. »

Fanferlot, lui aussi, se croit méconnaissable. « Affublé d'une perruque et d'une barbe épaisse, il avait endossé une blouse et avait toutes les apparences d'un de ces ouvriers peu honnêtes qui cherchent de l'ouvrage en priant Dieu de n'en pas trouver ». Mais Lecoq a vite détruit ses illusions : « Penses-tu donc qu'il suffise, pour être méconnaissable, d'une barbe épaisse et d'une blouse ? Et l'œil, malheureux, et l'œil ! C'est l'œil qu'il faut changer. Là est le secret. » Mais, quelque temps après, il félicitera, non sans humour, le même Fanferlot d'avoir réussi en un tournemain à se déguiser en un parfait... argousin : « ...dix minutes ne s'étaient pas écoulées qu'il reparut. Du joli domestique à gilet rouge, à favoris taillés à la Bergami, aux allures à la fois revêches et suffisantes, il ne restait absolument rien. L'homme qui reparaissait était de ceux dont l'aspect seul effarouche et fait fuir comme des moineaux les plus naïfs filous. Sa cravate roulée en corde autour d'un faux-col douteux et ornée d'une épingle « en faux », sa redingote noire boutonnée très haut, son chapeau gras, ses bottes si merveilleusement cirées qu'une coquette s'y fût mirée, enfin sa lourde canne trahissaient l'employé subalterne de la rue de Jérusalem aussi clairement que le pantalon garance dénonce le soldat. — Pas mal, approuva Verduret-Lecoq, pas mal. Il s'exhale de toute ta personne un parfum policier à faire frémir un honnête homme. »

Dans *Les Esclaves de Paris*, on peut même assister à une leçon de maquillage donnée par le maître à l'artiste peintre André : « Pourquoi charger votre figure de toutes ces couleurs qui vous font ressembler à un Indien orné de ses peintures de guerre ? Il ne faut pour transformer une physionomie, que deux coups de crayon gras, noir ou rouge, ici, aux sourcils, là, au-dessous des ailes du nez, et là encore, à la commissure des lèvres. Voyez plutôt... Il joignit à la théorie la démonstration pratique. Il avait sorti de son gousset un joli porte-crayon d'argent et, à mesure qu'il parlait, il corrigeait l'œuvre imparfaite du jeune peintre. Lorsqu'il eut fini, André se dressa pour se regarder dans la glace de la cheminée, et il fut émerveillé. Il ne se reconnaissait plus. Ses sourcils rapprochés, sa bouche agrandie, son nez déformé donnaient à son visage une odieuse expression d'impudence et de méchanceté. »

Cela ne suffit pas. Notre homme l'a dit plus haut « c'est l'œil qu'il faut changer ». Cette théorie en matière de travestissement explique pourquoi le Lecoq officiel, qui rendrait des points au lynx, n'a jamais été rencontré dans les couloirs de la préfecture de police sans ses lunettes à branches d'or. Mais Gaboriau va encore plus loin quand il prétend, dans Les Esclaves de Paris, que « vainement des fourbes illustres redoutaient la trahison du regard, dissimulant leurs yeux sous des verres épais. Les lunettes, à la longue, font comme partie de qui les porte : elles vivent pour ainsi dire, elles tressaillent, elles finissent par avouer ce qu'avouerait l'œil qu'elles cachent ».

Un habile déguisement facilite la filature, elle-même souvent précédée d'un guet plus ou moins prolongé. A Fanferlot « il est arrivé maintes fois de rester à l'affût des journées et des nuits entières ». La filature n'exige pas seulement de l'adresse et de la vigueur si l'on ne veut pas courir le risque d'être éventé et semé par l'adversaire. « Le métier de *filateur*, nous dit Gaboriau, est plus difficile qu'on ne soupçonne et, à l'exemple de tous les métiers, a ses théories invariables, ses règles reconnues, ses calculs tout faits, sa pratique en un mot, qui le simplifie singulièrement. » Un modèle du genre est la filature à laquelle se livrent Lecoq et son camarade, le père Absinthe, après avoir offert au détenu Mai la possibilité de s'évader. Tous les aléas de cette chasse à l'homme ont été prévus : « Si l'un des deux observateurs se trouvait obligé de rester en arrière, l'autre devait se mettre à même d'être rejoint grâce à un expédient emprunté aux aventures du Petit Poucet. Il était convenu que celui qui resterait sur la piste de Mai tracerait de distance en distance, à la craie, sur les murs et les volets des magasins des flèches dont le fer, comme un index tendu, indiquerait au retardataire la route à suivre. » L'évadé, qui se sait suivi, a recours à mille ruses pour échapper à l'ennemi et finalement après avoir payé à un cocher de fiacre une course imaginaire, il laisse partir la voiture vide et se jette dans une autre. Mais Lecoq a tout vu et Mai ne se doute pas que « derrière le fiacre qui l'emportait, s'appuyant aux ressorts pour se délasser, un homme courait... Lecoq ».

Au fait, est-ce bien là une filature au sens propre du terme ? Bien que Lecoq et son collègue se soient grimés et déguisés de manière à se rendre méconnaissables même pour leurs amis, bien qu'ils suivent leur homme la plupart du temps à travers la foule des piétons, probablement aussi dense qu'aujourd'hui, il est impossible qu'un personnage de l'envergure de Mai, se sachant surveillé, ne les ait pas distingués au cours d'une poursuite de plusieurs heures. C'est donc plutôt d'une chasse à l'homme dont il s'agit, comme le prouve le fait qu'à certains moments le fugitif prend le pas de course.

Est-ce utile de rappeler que, dans les romans de Gaboriau, tout comme dans la réalité, la police n'a le monopole ni des déguisements, ni de la filature. Nous savons que le maître chanteur Mascarot possède un génie du déguisement nullement inférieur à celui de Lecoq.

Cependant c'est surtout dans la recherche et l'exploitation des indices que se révèle le policier de grande classe. Lecoq a de qui tenir, car Tabaret lui a appris beaucoup en développant devant lui les conclusions tirées de l'étude des lieux où a été assassinée la veuve Lerouge et de l'examen du corps et des vêtements de la victime.

L'élève a su mettre à profit les leçons du maître comme on peut s'en rendre compte par les renseignements qu'il retire de l'observation des traces de pas restées dans la neige après la scène sanglante de la Poivrière. « ...le jeune policier explorait les environs dans un rayon assez étendu. Moins inquiet, moins remuant, moins agile est le limier qui quête. Il allait, tournait, s'écartait, revenait encore, courant ou s'arrêtant sans raison apparente ; il palpait, il scrutait, interrogeait tout le terrain, les bois, les pierres et jusqu'aux plus menus objets ; tantôt debout, le plus souvent à genoux, quelquefois à plat ventre, le visage si près de la terre que son haleine devait faire fondre la neige, et tous ses mouvements, il les accompagnait de gestes bizarres comme ceux d'un fou, les entrecoupait de jurons ou de petits rires, d'exclamations de dépit ou de plaisir. Enfin, après un quart d'heure de cet étrange exercice, il revint près du père Absinthe, posa sa lanterne sur le madrier, s'essuya les mains à son mouchoir et dit : Maintenant je sais tout... Ce terrain vague, couvert de neige est comme une immense page blanche où les gens que nous recherchons ont écrit non seulement leurs mouvements et leurs démarches, mais encore leurs secrètes pensées, les espérances et les angoisses qui les agitaient. Que vous disent-elles ces empreintes fugitives ? Rien. Pour moi, elles vivent comme ceux qui les ont laissées, elles palpitent, elles parlent, elles accusent ! »

Parmi tous les renseignements tirés par Lecoq de l'examen des lieux, bornons-nous à citer ceux qui concernent le complice du meurtrier. « C'est un homme d'un certain âge, de haute taille — il a au moins un mètre quatre-vingts — coiffé d'une casquette molle, vêtu d'un paletot marron d'un drap moutonneux, marié très probablement, car il porte une alliance au petit doigt de la main droite. » Et devant le scepticisme de son collègue : « En somme, qu'ai-je fait de si fort ? Je vous ai dit que l'homme avait un certain âge, ce n'était pas difficile après avoir examiné son pas lourd et traînant. Je vous ai fixé sa taille : la belle malice ! Quand je me suis aperçu qu'il s'était accoudé sur le bloc de pierre qui est là, à gauche, j'ai mesuré le susdit bloc. Il a un mètre soixante-sept, donc l'homme qui a pu appuyer son coude a au moins un mètre quatre-vingts. L'empreinte de sa main m'a prouvé que je ne me trompais pas. En voyant qu'on avait enlevé la neige qui recouvrait le madrier, je me suis demandé avec quoi ; j'ai songé que ce pouvait être avec une casquette et une marque laissée par la visière m'a prouvé que je ne me trompais pas. Enfin, si j'ai su de quelle couleur est son paletot et de quelle étoffe, c'est que lorsqu'il a essuyé le bois humide, des éclats de bois ont retenu ces petits flocons de laine marron que j'ai retrouvés et qui figureront aux pièces à conviction. »

Bien que ce soit encore plus ardu, ce n'est pas seulement sur une couche de neige que Lecoq entend rechercher des traces révélatrices, mais sur le sol nu. Dans *Le Crime d'Orcival* on le voit « sans le moindre égard pour son pantalon, traverser la pelouse à quatre pattes, interrogeant les moindres brins d'herbe, écartant les touffes épaisses pour mieux voir le sol, observant minutieusement la direction des petites tiges brisées ». Et un peu plus tard, il conclut : « En examinant le gazon, j'ai relevé les sillons parallèles des pieds, mais l'herbe était foulée sur un espace assez large. Pourquoi ? C'est que ce n'est pas le cadavre d'un homme qui a été traîné à travers la pelouse, mais bien celui d'une femme tout habillée et dont les jupons étaient assez lourds, celui de la comtesse enfin et non celui du comte ».

Cette ingéniosité à distinguer et à interpréter les indices doit s'adapter à toutes les circonstances. Toujours dans *Le Crime d'Orcival*, au contraire du juge Plantat, il estime qu'une hache a été non pas posée, mais jetée violemment sur le parquet : « ...Voyez ces trois marques qui se suivent. Lorsque le malfaiteur a lancé la hache, elle est tombée d'abord sur le tranchant, de là cette entaille, puis elle est retombée sur le côté et l'envers, qui est un marteau, a laissé cette trace ici, sous mon doigt ; enfin, elle était lancée avec tant de vigueur qu'elle a fait un tour sur elle-même et qu'elle est venue de nouveau entailler le parquet, là, à l'endroit où elle est maintenant. »

Dans le même ouvrage, il ne se montre pas moins expert à découvrir les pièces d'or que le rebouteux a dissimulées sous une brique de l'âtre : « Nous sommes au mois de juillet, disait-il, et cependant voici bien des cendres dans ce foyer — On ne les retire pas toujours à la fin de l'hiver, observa le juge de paix — C'est vrai, Monsieur, mais celles-ci ne vous semblent-elles pas bien propres et bien nettes ? Je ne leur vois pas cette légère couche de poussière et de suie qui devrait les recouvrir, alors que depuis plusieurs mois on n'avait plus allumé de feu. »

Et voici maintenant comme s'y prend Lecoq pour faire parler un lit, qu'on a feint d'avoir utilisé pour dérouter les policiers chargés d'enquêter sur le crime du château de Valfeuillu. « On a ouvert ce lit, c'est vrai, on s'est peut-être roulé dessus, on a chiffonné les oreillers, froissé les couvertures, fripé les draps, mais on n'a pu lui donner pour un œil exercé l'apparence d'un lit dans lequel deux personnes ont dormi. Défaire un lit est aussi difficile, plus difficile peut-être que de le refaire. Pour le refaire, il n'est pas indispensable de retirer draps et couvertures et de retourner les matelas. Pour le défaire, il faut absolument se coucher dedans et y avoir chaud. Un lit est un de ces témoins terribles qui ne trompent jamais et contre lesquels on ne peut s'inscrire en faux. On ne s'est pas couché dans celui-ci. Ces oreillers sont très froissés tous deux, n'est-ce pas ? Mais voyez en dessous le traversin, il est intact, vous n'y trouverez aucun de ces plis que laissent le poids de la tête et le mouvement des bras. Ce n'est pas tout : regardez le lit à partir du milieu jusqu'à l'extrémité. Comme les couvertures ont été bordées avec soin, les deux draps se touchaient bien partout. Glissez la main comme moi — et il glissait un des bras — et vous sentirez une résistance qui n'existerait pas si les jambes s'étaient allongées à cet endroit. Or M. de Trémorel était de taille à occuper le lit dans toute la longueur. Ce n'est rien encore, passons au second matelas. On songe rarement au second matelas, quand, pour des raisons quelconques, on défait un lit ou qu'on cherche à en réparer le désordre. Il souleva le premier matelas et on vit en effet que la toile de l'autre était parfaitement tendue, on n'y découvrait aucun affaissement. — Ah ! le second matelas ! murmura M. Lecoq. »

Toujours dans *Le Crime d'Orcival*, on le voit s'intéresser aux traces laissées par des doigts sur la poussière accumulée à l'intérieur d'un meuble et tout naturellement en déduire une exploration de l'endroit par une main inconnue. Peut-être n'a-t-il manqué à l'auteur que les progrès accomplis en vingt ans par la technique pour avoir l'idée de faire étudier ces empreintes par son policier et, avant Bertillon, d'ouvrir la voie au bertillonnage.

En tous cas, dans *Le Dossier n° 113*, Lecoq a recours à un agrandissement photographique de l'éraillure que lui-même et son adjoint Fanferlot ont pu constater près de la serrure du coffre-fort dont on a soustrait une somme considérable. Comme, seuls, le patron et le caissier sont en possession de la clef et du secret de la combinaison, Fanferlot en a déduit que le coupable ne pouvait être que le banquier Fauvel qui, ayant retiré l'argent pendant la nuit et tremblant d'être surpris par le gardien, aurait éraflé la peinture dans sa précipitation, alors que le caissier, lui, pouvait agir en toute tranquillité. Mais Lecoq lui démontre à l'aide d'un coffre recouvert d'une peinture identique qu'il a fallu, pour faire cette profonde éraillure, qu'une main étrangère appuie fortement sur celle qui ouvrait le coffre, sans doute pour tenter de s'opposer au vol, qui a donc eu un témoin et n'est vraisemblablement le fait ni du banquier ni du comptable.

Une autre utilisation policière de la photographie, aujourd'hui fort banale, mais peut-être inventée par Gaboriau, est l'examen, à fin d'identification par le témoin d'un acte criminel, de tout un lot de portraits parmi lesquels figure celui du coupable présumé, ou encore par les anciens gardiens et compagnons de détention d'un condamné évadé ou libéré, qu'on croit reconnaître sous une identité d'emprunt. Dans *La Clique dorée*, le procédé est utilisé par un détective improvisé, le lieutenant de vaisseau Champcey, qui soumet les quatre-vingts photographies d'un album à la mémoire de l'ancien forçat Crochard. Et dans *Monsieur Lecoq*, la photographie du prévenu Mai est envoyée à tous les bagnes, à toutes les maisons centrales. Enfin dans *L'Affaire Lerouge*, cinq agents sont dépêchés dans la région où a eu lieu l'assassinat de la malheureuse veuve afin de présenter à tout un chacun des photographies du prévenu, dans l'espoir qu'il pourra être reconnu par ceux qui l'auraient aperçu le jour du crime. En cas d'échec, les émissaires de la Préfecture devront mettre en circulation dans le pays une douzaine de ces portraits.

D'autre part, les policiers de Gaboriau sont trop respectueux de ce qui relève de la science pour ne pas tenir compte des résultats des examens des médecins légistes, susceptibles de confirmer ou d'infirmer leurs premières hypothèses. Les épreuves médicales exploitées par eux comportent aussi bien la classique autopsie que l'examen du point de vue psychiatrique, l'analyse chimique propre à déceler les traces de quelque poison et la description des blessures.

Pour se limiter à un seul exemple, citons les résultats de l'examen du cadavre de la comtesse de Trémorel par le docteur Gendron, dont les constatations sont ensuite reprises et utilisées par Lecoq : « Mme de Trémorel, déclare le praticien, a reçu dix-huit coups de poignard. De toutes ces blessures, une seule est mortelle, c'est celle-ci, dont la direction est presque verticale ; tenez, là, un peu au-dessous de l'épaule. Toutes les autres blessures, au bras, à la poitrine, aux épaules, sont légères relativement et, à l'exception d'une seule, ont été faites bien après la mort. Voici, au-dessus de l'œil, le coup donné pendant la vie. Comme vous le voyez, l'infiltration du sang dans les mailles des tissus a été considérable, la tumeur est énorme, très noire au centre et plombée. Les autres contusions ont si peu ce caractère que, même ici, où le choc a été assez violent pour fracturer l'os temporal, il n'y a aucune trace d'ecchymose... C'est avec une attention passionnée que l'agent de la Sûreté avait suivi le docteur Gendron et la contraction de sa physionomie disait l'effort de son intelligence. — Il me paraît possible maintenant, dit-il, de déterminer où et comment la comtesse a été frappée.

La direction de la blessure de Mme de Trémorel me prouve qu'elle était dans sa chambre, prenant le thé, assise et le corps un peu incliné en avant, lorsqu'elle a été assassinée. L'assassin est arrivé par derrière, le bras levé, il a bien choisi sa place et a frappé avec une force terrible. Telle a été la violence du coup que la victime est tombée en avant et que, dans la chute, son front rencontrant l'angle de la table, elle s'est fait la seule blessure ecchymosée que nous ayons remarquée à la tête. »

Quant aux ruses, aux trucs du métier, Lecoq se les appropriera vite. Ainsi apprendra-t-il de son maître Tabaret, pour l'avoir secondé dans l'arrestation matinale du vicomte de Commarin, que si l'on espère tirer un aveu involontaire d'un suspect dont on s'assure, il faut le « servir à jeun, au saut du lit ». Il saura également que, si un fonctionnaire de police entend prendre contact avec une personne plus ou moins menacée, sans que s'en doutent les individus chargés de l'espionner, il est classique de faire éclater une bagarre où elle se trouvera involontairement mêlée et, sous ce prétexte, de la faire amener devant lui par des sergents de ville postés non loin du lieu du pugilat. Ainsi, grâce à son collaborateur Pâlot, jouant les provocateurs, il fera arrêter et conduire le sculpteur André dans son cabinet, quitte à lui expliquer alors le subterfuge auquel il a dû recourir. Un autre procédé propre à la police, quand un forfait a été commis par plusieurs individus, est de relâcher l'un d'eux, le moins dangereux de ceux qu'on a arrêtés, afin que par quelque imprudence, il permette de prendre les coupables encore en liberté. Dans une toute autre intention, Lecoq agit de la sorte avec le détenu Mai dans l'espoir qu'on pourra ainsi parvenir à l'identifier. Et, si l'on rencontre par hasard un malfaiteur connu qu'on ne peut arrêter faute d'un mandat, le plus simple est de se précipiter sur lui en criant au secours. On viendra, on arrêtera les deux hommes et on les consignera au poste à la disposition du commissaire de police. Le lendemain on s'explique. Enfin, si l'on cherche à obtenir des renseignements d'un personnage particulièrement bien placé et quelque peu bavard de son état, d'un concierge par exemple, il est indiqué d'utiliser le « truc enseigné par Lecoq à son adjoint Pâlot et appliqué par celui-ci dans *Le Crime d'Orcival* pour gagner la confiance de celui qu'il compte faire parler : « ...j'avais sur moi un louis ; sans hésiter je le glisse dans le canal qui conduit au ruisseau de la rue les eaux ménagères de l'hôtel — Puis tu sonnes ! — Comme de juste, le portier vient m'ouvrir, et moi, de mon air le plus vexé, je lui raconte qu'en tirant mon mouchoir de poche, j'ai laissé tomber vingt francs et je le prie de me prêter un instrument quelconque pour essayer de le rattraper. Il me prête un morceau de fer, il en prend un de son côté et en moins de rien nous retrouvons la pièce. Aussitôt, je me mets à sauter, comme si j'étais le plus heureux des hommes et le prie de se laisser offrir un verre de n'importe quoi en manière de remerciement Mon portier accepte et nous voilà les meilleurs amis du monde... » Comme on voit, on n'en finirait pas d'énumérer toutes les ruses très simples (ce sont souvent les meilleures) ou très complexes que doit avoir constamment à l'esprit l'enquêteur avisé.

Mais, outre les connaissances acquises dans l'exercice de sa profession, le policier digne de ce nom doit être doué d'assez de sang-froid et d'ingéniosité pour faire face aux situations les plus imprévues et les plus délicates. Ce même Pâlot, que nous venons de voir à l'œuvre, recourt à un stratagème imaginé sur le champ pour savoir si le maître du portier qu'il désaltère est bien le criminel recherché par Lecoq. Comme il possède sa photographie, il la laisse tomber sous la table où il consomme avec son nouvel ami, la frotte du pied pour lui donner l'aspect d'un objet piétiné, puis semble la découvrir, la ramasse, l'examine et la tend à son invité en lui disant : « Il est très bien ce monsieur, votre maître doit être dans ce genre, car tous les hommes bien se ressemblent. » Il faut également admirer l'esprit inventif du policier Goudar qui, dans *La Corde au cou*, désireux de passer pour épileptique, se glisse un petit morceau de savon dans la bouche et se roule sur le sol, cependant que de ses lèvres sort une bave savonneuse. Mais, là encore, Lecoq les surclasse, quand, désireux de prendre les moulages des empreintes de pas qu'après les meurtres de la Poivrière les fugitifs ont laissées dans la neige, il réalise, avec les moyens du bord, un procédé des plus ingénieux. « Il s'arma d'un tesson de bouteille et se mit à racler l'enduit de la cloison qui séparait les pièces du rez-de-chaussée. Quand il eut à ses pieds sept ou huit poignées de poussière de plâtre, il en délaya la moitié dans l'eau, de façon à former une pâte extrêmement peu consistante et il mit le reste de côté dans une assiette. Une fois dans le jardin le jeune policier chercha la plus nette et la plus profonde des empreintes, s'agenouilla devant et commença son expérience, palpitant d'anxiété. Il répandit d'abord sur l'empreinte une fine couche de plâtre sec et, sur cette couche, avec des précautions infinies, il versa petit à petit son délayage qu'il saupoudrait à mesure de poussière sèche. O bonheur ! La tentative réussissait. Le tout formait un bloc homogène et se moulait. »

Un maître policier doit, en outre, posséder des talents qui s'apparentent à ceux des cambrioleurs, des faussaires et des agents du contre-espionnage. Comme il faut tout prévoir, M. Lecoq a toujours sur lui « une trousse renfermant une loupe et divers instruments de formes bizarres, en particulier, une tige d'acier recourbée vers le bout, à laquelle aucune serrure ne saurait résister », tige utilisée par lui lors de l'inspection des pièces où s'est déroulé le drame du château de Valfeuillu. D'ailleurs quand les besoins de l'enquête l'exigent, les policiers de Gaboriau ne s'embarrassent pas de scrupules. Fanferlot se substitue à Cavaillon à qui il a arraché le billet destiné à la maîtresse de Bertomy. Lecoq, lui-même, ne recule pas devant des procédés assez peu élégants. Il n'hésite pas à écouter aux portes et se donne cette excuse : « Ce n'est pas fort délicat, mais qui veut la fin veut les moyens. J'ai écouté et je m'en applaudis. » Chez le juge d'Escorval, il ramasse une lettre tombée sur le tapis et « mû par un sentiment plus fort que sa volonté », il la lit. Peu après, il prend connaissance du contenu du billet qu'écrit le duc de Sairmeuse, en le parcourant par-dessus l'épaule de celui-ci. Il y a plus grave. Dans *Le Crime d'Orcival*, il se livre à un acte véritablement délictueux en s'emparant de la lettre de Laurence Courtois, abandonnée sur une table, et en la glissant dans sa poche. Le père Tabaret ne se comporte pas plus correctement quand, profitant d'un moment d'absence de son protégé, il dérobe une lettre figurant dans la correspondance laissée à sa portée. Mais l'excuse des policiers, tout comme du vieux détective amateur, est la nécessité de faire éclater la vérité, de justifier les innocents et de démasquer les coupables.

Un autre « talent » de Lecoq est de savoir contrefaire toute écriture, précieuse ressource pour confondre le duc de Sairmeuse, grâce au billet sur lequel le policier a imité l'écriture du juge d'Escorval.

Il se montre également assez avisé psychologue pour déterminer le sexe de l'expéditeur d'une lettre anonyme reçue par un personnage du *Dossier n° 113*, assez ingénieux pour découvrir dans quelle sorte de volume ont été découpés les mots imprimés qui ont servi à former le texte du message :

« Évidemment, murmurait-il, bien évidemment, cette lettre a été composée par une femme. Jamais un homme voulant rendre service à un autre homme et lui envoyer de l'argent, n'aurait mis ce mot « secours », blessant s'il en est un. Un homme aurait mis : prêt, subside, fonds ou n'importe quel équivalent, mais « secours », jamais. Seule une femme, ignorante des sottes susceptibilités masculines, a pu trouver toute naturelle l'idée que représente ce mot. Quant à cette phrase : Il est un cœur..., elle ne peut avoir été pensée que par une femme.

« Tâchons à présent, poursuit-il, de découvrir où ont été découpés les mots qui composent ces trois phrases... Petits caractères très délicats, très nets, impression très soignée, papier assez mince et fortement satiné, ces mots n'ont été découpés, par conséquent, ni dans un journal, ni dans un livre de vente courante. Cependant je les ai vus ces caractères-là, je les connais. Tout à coup, il se frappa le front — J'y suis, disait-il, j'y suis. Comment diable n'ai-je pas aperçu cela du premier coup d'œil ? Tous ces mots ont été découpés dans un paroissien. Au surplus, nous allons bien voir. Il est un moyen de vérification. Alors, délicatement, du bout de la langue, il mouilla quelques-uns des mots collés sur le papier et lorsqu'il vit la colle assez humide, s'aidant d'une épingle, il réussit à les détacher. A l'envers d'un de ces mots, un nom latin était imprimé : Deus. »

Enfin il est expert à déchiffrer certains cryptogrammes. Ainsi, lors de ses débuts dans la police, il parviendra facilement à transcrire en clair, à l'étonnement du juge Segmuller, le contenu d'un billet ne comportant que des chiffres, reçu en son cachot par le détenu Mai. Il explique au magistrat que l'expéditeur a eu recours au système dit du « double livre », consistant tout d'abord pour les deux futurs correspondants à convenir d'un volume dont ils disposent en commun. Chaque mot ou, s'il ne se trouve pas dans le livre, chaque lettre sont représentés par plusieurs numéros indiquant la page du livre, la ligne, le mot et, si nécessaire, la lettre, où le destinataire du billet les trouvera. Toute la difficulté pour le décrypteur réside naturellement dans la recherche du volume que les deux correspondants ont décidé d'utiliser, ce qui, en l'occurrence, n'est guère ardu, car le détenu n'a dans son cachot qu'un seul ouvrage, un chansonnier de Béranger demandé par lui.

Mais la parfaite possession de tous ces « trucs » ne fait d'un policier qu'un bon praticien, s'il n'est pas doué d'une finesse de l'esprit, dont, chez Gaboriau, manquent souvent ses chefs, juges d'instruction et commissaires, cependant plus cultivés ou plus expérimentés. On en trouve une excellente illustration dans *Le Dossier n° 113*, quand le caissier Bertomy, soupçonné à tort de s'être emparé d'une forte somme dans sa propre caisse, signale un léger déficit dans ses comptes, du fait qu'il a pris une avance sur ses appointements : « Un déficit, pense le commissaire, avant de voler en gros, il se faisait la main par des filouteries de détail. — Un déficit, pense Fanferlot, il faut maintenant pour douter de l'innocence de ce pauvre diable lui supposer une perversité de préméditation inadmissible : coupable, il eût évidemment remis l'argent dont il a disposé. »

Tabaret et Lecoq offrent de constants exemples d'une telle subtilité. Un seul suffira, puisé dans *Le Crime d'Orcival*. Lecoq a deviné que le vieux juge de paix Plantat éprouve pour une jeune fille, Laurence Courtois, un secret et profond amour dont il a honte à cause de l'énorme différence des âges. Mais le policier veut en avoir la certitude et, pour cela, tend un piège à son interlocuteur au cours de la conversation. Comme se parlant à lui-même, il évoque une femme plus jeune que lui, qui resterait insensible à son amour :

« C'est qu'il est, ajoute-t-il plus bas et d'une voix triste, de ces passions que l'âge loin d'éteindre ne fait qu'attiser et auxquelles un sentiment de honte et d'impuissance donne une âpreté terrible. On aime et la certitude de ne pouvoir être aimé est une de ces douleurs qu'il faut avoir éprouvées pour en connaître l'immensité. Aux heures de raison on se voit et on se juge. On se dit : non, c'est impossible, elle est presque une enfant et je suis presque un vieillard. On se dit cela, mais toujours au fond du cœur, plus forte que la raison, que la volonté, que l'expérence, une lueur d'espérance persiste, et on se dit : Qui sait ? Peut-être ? On attend quoi ? un miracle ? Il n'y en a plus. N'importe, on espère, M. Lecoq s'arrêta, comme si l'émotion l'eût empêché de poursuivre.

« Le père Plantat avait continué à fumer méthodiquement son cigare, lançant des bouffées de fumée à intervalles égaux, mais la figure avait une indéfinissable expression de souffrance, son regard humide vacillait, ses mains tremblaient. Le sens de cette scène éclatait enfin dans l'esprit de M. Gendron. En réalité, l'agent de la Sûreté venait de tenter une des plus perfides expériences de son répertoire et il jugeait inutile de la pousser plus loin. Il savait désormais ce qu'il avait tenu à savoir. »

Comme on voit, Lecoq est un excellent psychologue, capable de feindre pour connaître le vrai, mais aussi de se mettre en pensée à la place d'un criminel pour retrouver les sentiments qui furent les siens avant, pendant et après le crime. « Je dépouille mon individualité et m'efforce de revêtir la sienne, explique-t-il. Je susbtitue son intelligence à la mienne. Je cesse d'être l'agent de la Sûreté pour être un homme, quel qu'il soit. » C'est ce qu'il démontre quand, passant à l'action devant le docteur Gendron et le juge Plantat, il reconstitue en imagination l'assassinat prémédité de la comtesse de Trémorel par le comte :

« Nous supposons, Messieurs, que M. de Trémorel a été amené à prendre la résolution de se défaire de sa femme. Le crime résolu, il est clair que le comte a dû réfléchir et chercher les moyens de le commettre impunément, peser les conséquences et évaluer les périls de l'entreprise. Nous devons admettre encore que les événements qui le conduisaient à cette extrémité étaient tels qu'il dût craindre d'être inquiété et redouter des recherches ultérieures, même dans le cas où sa femme serait morte naturellement. M. de Trémorel s'est donc arrêté au parti de la tuer brutalement, à coups de couteau, avec l'idée de disposer les choses de façon à faire croire qu'il avait été assassiné. Le plan était excellent et annonce une perversité supérieure, l'exécution seule a été défectueuse. Une fois le crime accompli, le meurtrier troublé, épouvanté du danger, a perdu son sang-froid et n'a réalisé ses conceptions qu'à demi. Il veut à tout prix retrouver le document dont la divulgation du contenu risque de le perdre, mais il n'y parvient pas. L'ivresse du sang se dissipe, ses terreurs commencent. Tous les recoins obscurs se peuplent de ces spectres qui font cortège aux assassins : il a peur, il se hâte, il va comme un insensé, c'est au hasard qu'il éventre les meubles. Son trouble désormais est trop grand pour qu'il puisse apporter à ses perquisitions la moindre méthode. Il erre sans raison déterminante, sans calcul d'un meuble à l'autre, fouillant à dix reprises les mêmes tiroirs pendant qu'il en est tout près, à côté, qu'il oublie complètement.

« La voix de M. Lecoq, son accent, son geste, donnaient à son récit un caractère saisissant. Il semblait qu'on vît le crime, qu'on assistât aux scènes terribles qu'il décrivait. Il ne racontait pas seulement le drame, il le mimait, il le jouait, ajoutant l'ascendant du geste à l'empire de la parole. Comme tous les artistes de génie, qui s'incarnent vraiment dans le personnage qu'ils représentent, l'agent de la Sûreté ressentait réellement quelque chose des sensations qu'il traduisait et son masque mobile avait alors une affreuse expression. »

Pour qualifier les opérations de l'esprit qu'ils pratiquent, Tabaret et Lecoq emploient les termes d'induction et de déduction. Le père Tabaret, s'adressant à son brillant disciple, lui confie qu'il voit en lui « un continuateur de sa méthode d'induction » et Lecoq lui-même déclare « qu'on ne parvient pas à la vérité d'un bond, on y arrive par une suite de calculs assez compliqués, grâce à une série d'inductions et de déductions qui s'enchaînent ». Dans un autre passage on voit celui-ci s'extasier devant « le rapide et merveilleux travail d'induction » accompli par Tabaret et, dans *Le Crime d'Orcival*, il assure que « le fil de ses inductions le conduit au coupable ». Enfin dans *Le Dossier n° 113*, c'est Gaboriau, qui, lui-même, nous dit de Lecoq « avec quelle sûreté il en était venu d'inductions en déductions, de faits prouvés en faits probables, à reconstituer sinon la vérité, du moins une histoire si vraisemblable qu'elle semblait indiscutable ».

Jouant tout à tour des deux procédés de raisonnement dans la recherche des criminels, le vieux détective Tabaret, tout d'abord formé par la lecture, s'est forgé un système qu'il applique à tous les cas. Le voici, tel qu'il l'expose lui-même au juge Daburon : « Ma méthode est bien simple. Un crime étant donné avec ses circonstances et ses détails, je construis, pièce par pièce, un plan d'accusation que je ne livre que complet et parfait. S'il se rencontre un homme à qui ce plan s'applique exactement dans toutes ses parties, l'auteur du crime est trouvé. Sinon on a mis la main sur un innocent. Il ne suffit pas que tel ou tel épisode tombe juste ; non, c'est tout ou rien. Cela est infaillible. Or, ici, comment suis-je arrivé au coupable ? En procédant par induction du connu à l'inconnu. J'ai examiné l'œuvre et j'ai jugé l'ouvrier. Le raisonnement et la logique nous conduisent à qui ? A un scélérat déterminé, audacieux et prudent, rusé comme le bagne. Et vous pouvez croire qu'un tel homme a négligé une précaution que n'omettrait pas le plus vulgaire coquin ! C'est invraisemblable. Je suis sûr de mon système comme d'une soustraction dont on a fait la preuve. L'assassin de la Jonchère a un alibi. Albert n'en invoque pas, donc il est innocent. »

Tout en étant moins catégorique dans ses conclusions, Lecoq pratique une méthode semblable à celle de son maître. Lui aussi, on le sait, s'emploie tout d'abord à accumuler le maximum d'indices et de renseignements. « Le crime donné, constant, patent, dit-il, on commence par en rechercher toutes les circonstances, graves ou futiles, les détails, les particularités. Lorsque circonstances et particularités ont été soigneusement recueillies, on les classe, on les met en ordre et à leur place. On connaît ainsi la victime, le crime et les circonstances, reste à trouver le troisième terme, l'x, l'inconnu, c'est-à-dire le coupable. La besogne est difficile, mais non tant qu'on croit. Il s'agit de rechercher un homme dont la culpabilité explique toutes les circonstances, toutes les particularités relevées, toutes, vous m'entendez bien. Le rencontre-t-on cet homme, il est probable — et neuf fois sur dix la probabilité devient la réalité — qu'on tient le coupable. »

Mais ce système est tempéré chez l'un et chez l'autre par la conviction qu'il faut « se défier surtout des apparences, croire précisément le contraire de ce qui paraîtra vrai ou seulement vraisemblable » et c'est ce que Tabaret rappelle à Lecoq venu lui demander conseil. L'élève n'oubliera pas la leçon et plus tard il déclarera qu'il faut « se défier de la vraisemblance des apparences trompeuses et commencer toujours par croire ce qui paraît incroyable, surtout quand les circonstances paraissent favoriser nos secrets désirs ». C'est ce que le juge Daburon et, plus tard, dans *La Corde au cou*, un autre juge d'instruction, Galpin-Daveline auraient dû savoir. Dans *Les Esclaves de Paris*, un personnage de Gaboriau estime également qu' « il faut se défier de ces apparences trompeuses que les imbéciles appellent l'évidence des faits ». Et c'est là, croyons-nous, un des grands enseignements que magistrats et policiers peuvent retirer de la connaissance des romans judiciaires d'Émile Gaboriau.

Un autre est de se montrer modeste et prudent comme le sont restés Tabaret et Lecoq, malgré leurs nombreux succès, car il leur est arrivé à eux aussi de subir des échecs dont ils ont gardé la mémoire. Tabaret a d'abord fait fausse route dans la recherche de l'assassin de la veuve Lerouge et Lecoq n'est pas parvenu, seul, à percer la véritable identité du prétendu baladin Mai. Eux-mêmes le reconnaissent honnêtement : « Malheur ! se disait Tabaret, Albert est innocent et c'est moi qui l'ai livré ! C'est moi, vieux fou, qui ai fait entrer dans l'esprit obtus de ce juge une conviction que je n'en peux plus arracher. » Et Lecoq s'adressant au docteur Gendron et au juge Plantat : « D'ordinaire, je n'ouvre la bouche que lorsque mon siège est fait, mais, aujourd'hui, je laisse voir sans vergogne mes tâtonnements. » Certes, ils ont, l'un et l'autre, le génie de leur métier, mais ce ne sont pas des surhommes, des Dupin ou des Sherlock Holmes.

C'est ce qu'a précisément écrit le docteur Locard, l'un des fondateurs de la police de laboratoire : « Ce ne sont ni des héros impeccables ni des sorciers : les policiers de Gaboriau se trompent parfois et c'est tant mieux parce qu'ainsi ils touchent à l'humaine réalité. Ils sont faillibles, mais ils sont très forts. Ces policiers de roman ressemblent à des policiers véritables qui auraient une technique excellente, technique que tous doivent acquérir, et une intelligence supérieure que l'on doit souhaiter à beaucoup et reconnaître à quelques-uns. Les policiers de Gaboriau, c'est les policiers de roman d'il y a un demi-siècle et les policiers réels de demain. »

XIX

LES SOURCES DE DOCUMENTATION DU ROMANCIER

Si Émile Gaboriau a pu se passionner pour des exploits imaginaires susceptibles de l'inciter à s'engager dans la voie des romans judiciaires, il n'en est pas moins vrai qu'il a rassemblé une documentation dont l'utilisation a imprimé à son œuvre policière le sérieux qui, sur ce point, la caractérise. Il a eu pour cela recours d'abord aux témoignages, encore trop rares, des gens de métier.

Des *Mémoires de Vidocq*, même apocryphes, il a pu tirer quelques enseignements, en particulier sur l'art du déguisement. Voici comment opère le forçat repenti pour se donner l'aspect d'un riche sexagénaire « bien respectable » : « Au moyen de quelques rides factices, de la queue, du crêpé à frimas, de la grande canne à pomme d'or, du chapeau à trois cornes, des boucles, de la culotte et de l'habit à l'avenant, je me métamorphosai en un de ces bons bourgeois de soixante ans, que toutes les vieilles filles trouvent bien conservé. J'avais tout à fait l'aspect d'un de ces richards du Marais, dont la face rougeaude et engageante accuse l'aisance et la velléité de faire le bonheur de quelque infortunée sur le retour. J'avais la mine d'un si brave homme qu'il était impossible qu'on ne se fît pas scrupule de me tromper. » Mais, peu après, il se change en un charbonnier, dans un déguisement sous lequel ni sa mère, ni les employés de la Préfecture qui le voyaient le plus fréquemment ne purent le reconnaître. Après cela comment mettre en doute les prodigieuses transformations de Lecoq ou du maître chanteur Mascarot ?

Vidocq est également de première force pour se lier avec des inconnus et, sans qu'ils se doutent de son identité, en tirer les renseignements dont il a besoin. Désireux de retrouver un criminel venant de quitter une maison où il vivait avec une fille, qui sympathisait avec sa voisine, une couturière, il s'adresse à celle-ci en se faisant passer pour le mari de la jeune femme. « Je la priai de me donner la nouvelle adresse du couple et sur sa réponse qu'elle ne la connaissait pas, je la suppliai en pleurant de m'aider à retrouver une malheureuse créature que j'aimais encore malgré sa perfidie. La couturière était sensible aux larmes que je répandis, je la vis tout émue, je chauffai de plus en plus le pathétique... »

Enfin voici comment s'y prit Vidocq pour avertir la police sans éveiller de soupçons, alors qu'il buvait dans un cabaret en compagnie d'anciens camarades de détention, qui venaient de filouter la montre d'un vieillard dans une église. « Je me mis à contrefaire l'homme ivre et, prétextant un besoin, je priai un garçon de service de me donner l'indication qui m'était nécessaire. » Mettant à profit son isolement, il écrit alors un billet où il signale le vol et, descendant dans la rue sans être vu, il le fait porter par un commissionnaire à Henry, chef de division de la Sûreté à la Préfecture. Mais, jugeant indispensable de gagner du temps, il rejoint au plus tôt ses compagnons, en apparence toujours aussi ivre. « On me demande si je me sentais soulagé — Oui, beaucoup, balbutiai-je, en tombant sur la table — Est-il pompette, mais le grand air le remettra. On me fit donner de l'eau sucrée. — N... de D..., m'écriai-je, de l'eau à moi ! à moi de l'eau ! — Oui, prends, ça te fera du bien. Je tend le bras. Au lieu de saisir le verre, je le renverse et il se brise. Je me livrai ensuite à quelques lazzi d'ivrogne, qui égayèrent la société... » Mais, en sortant du cabaret, les malandrins furent arrêtés et fouillés — Vidocq le tout premier — la montre fut découverte et le voleur arrêté sans qu'il ait pu se douter qu'il avait été trahi par l'un de ses compagnons de beuverie.

Les succès remportés par Vidocq devaient susciter la jalousie de ses nouveaux collègues et même de certains de ses supérieurs immédiats. Heureusement pour lui, il fut toujours défendu et protégé par Henry, qui reconnaissait ses mérites et ne manquait pas une occasion d'offrir ses exploits en exemple à ses autres subordonnés. De plus, ceux-ci, peu habitués à passer plusieurs nuits par semaine en service, ne rougissaient pas de se plaindre du surmenage que leur valait l'activité de l'ancien forçat. Et ils n'hésitaient pas à se prévaloir de son fâcheux passé pour l'accuser de mettre à profit ses fonctions en commettant journellement des vols éhontés. Mais M. Henry leur cloua le bec, en leur reprochant, si la chose était vraie, d'être des incapables pour ne pas être parvenus à le prendre sur le fait. Il y eut plus grave : certains inspecteurs allèrent jusqu'à révéler son incognito à des repris de justice, quitte à faire échouer ses plans et à mettre sa vie en danger.

Ces agissements purent suggérer à Gaboriau de livrer Lecoq, dans ses débuts, à des persécutions du même ordre de la part de son chef direct, Gévrol, qui ne lui pardonnait pas de voir habituellement plus clair que lui. Et le même Gévrol ne recula pas, lui non plus, devant une véritable forfaiture en faisant prévenir le détenu Mai du piège qui lui était tendu par l'astucieux policier après le déchiffrement du code employé par le prisonnier.

Mais, plus utile encore que les *Mémoires de Vidocq*, durent être pour Émile Gaboriau ceux de Canler, ancien chef de la Sûreté, publiés en 1862 et presque aussitôt saisis par la police impériale. Cependant un certain nombre d'exemplaires échappèrent au pilon et c'est ainsi que Gaboriau put en prendre connaissance. Il cite l'ouvrage à plusieurs reprises et, pour montrer l'importance du moindre détail en matière d'enquête policière, il rapporte notamment que, grâce aux mots « deux livres de beurre », écrits sur un papier ayant servi à envelopper une chandelle, ce maître policier avait pu identifier et mettre hors d'état de nuire une bande de redoutables malfaiteurs. Après la guerre, le romancier fera en outre état, dans *La Dégringolade*, de l'impéritie et de la négligence — pour ne pas dire plus — de la police parisienne à l'occasion de l'attentat d'Orsini, utilisant ainsi le dernier chapitre des *Mémoires* de Canler, celui qui fut cause de la saisie du livre.

Régis Messac, pour sa part, estime qu'une ruse dite « le coup du portefeuille », dont le policier s'attribue l'invention, a pu inspirer Gaboriau. Désireux de connaître le nom d'un individu qui pénètre dans un immeuble, Canler casse la glace d'une rigole (il gelait à pierre fendre), pour y tremper son portefeuille, puis s'adressant au concierge de l'immeuble, lui déclare qu'il croit avoir vu la personne qui vient d'entrer, perdre cet objet encore mouillé. Après avoir obtenu quelques renseignements, il extrait du portefeuille une enveloppe portant un nom différent et une autre adresse. Il ne lui reste plus qu'à présenter des excuses à l'obligeant portier.

Les concierges sont décidément de précieux mais inconscients informateurs. Lecoq a recours à la même ruse, mais comme il n'a pas en poche de portefeuille préparé à cet effet, il utilise son propre foulard. On l'a vu, le stratagème est également employé par son adjoint Pâlot pour se lier avec un portier et le faire parler.

Victor Chupin, lui non plus, n'est jamais à bout de ressources. Désireux de connaître l'adresse du prétendu vicomte de Coralth, il se présente au restaurant où dîne parfois celui-ci et montre aux garçons une lettre ouverte, adressée à leur client occasionnel et contenant un billet de cent francs qu'il y a lui-même glissé. Et comme ceux-ci lui conseillent de remettre la lettre et son billet au comptoir, il s'y refuse, ne voulant pas, dit-il, renoncer à la magnifique récompense qu'il escompte et il finit par obtenir l'adresse qu'il recherche.

D'autres procédés révélés par Canler et auxquels recourent les policiers, mais aussi les personnes qui se dissimulent, ont été utilisés par Gaboriau. Mais le romancier a fort bien pu les imaginer lui-même ou en avoir connaissance par d'autres récits, car ils sont loin d'être inédits, tel celui de la malle que, pour dérouter les indiscrets, on feint d'expédier vers une destination autre que celle pour laquelle on compte l'acheminer. C'est ainsi qu'opère l'avocat Férailleur, quand il entend persuader de son départ pour l'Amérique ceux qui pourraient l'épier. Il fait transporter ostensiblement ses bagages, munis d'une adresse imaginaire à la gare de l'Ouest (notre gare Saint-Lazare) et les dépose à la consigne d'où il les retirera le lendemain pour les faire livrer à son nouveau domicile parisien.

Canler, entre autres stratagèmes pratiqués par les détenus, pour communiquer entre eux, mentionne celui du « postillon », une boulette de mie de pain dans laquelle se trouve dissimulé un message. Le procédé était universellement connu. On peut donc douter qu'il ait fallu la lecture des souvenirs de l'ancien chef de la Sûreté pour le révéler à Gaboriau qui, lui-même, y a eu recours pour obtenir une réponse du prétendu Mai et ainsi le confondre, bien que, lors des formalités d'écrou, on se soit assuré que celui-ci n'avait ni dans les cheveux, ni dans la bouche un de « ces fragments microscopiques de mine de plomb dont se servent les prisonniers pour tracer ces billets ». Un autre « truc » des détenus est la « bastringue », minuscule étui d'argent renfermant de petites scies faites de ressorts de montres et autres pièces de nature à faciliter une évasion. « Il se place, dit Canler, dans certaines parties du corps que la bienséance m'empêche de nommer. » C'est sans doute pour s'assurer qu'il ne porte pas de tels objets sur lui, que, lors des formalités d'écrou imposées au prétendu Mai, on soumet sa personne à « ces perquisitions ignominieuses qui font monter le rouge au front des plus abjects scélérats ». Et Gaboriau ajoute qu'on lui peigne les cheveux et la barbe et qu'on lui inspecte l'intérieur de la bouche pour le cas où il dissimulerait « un de ces ressorts de montres qui coupent les plus solides barreaux ».

Dans la recherche des malfaiteurs, il est enfin toute une série de moyens d'investigation et de ruses auxquels a eu fréquemment recours Canler, mais si classiques qu'il n'était pas nécessaire de lire son ouvrage pour les connaître et les appliquer : utilisation des indicateurs, vérification des listes d'arrivées aux messageries et dans les garnis, souricières, articles de presse destinés à servir d'appâts (ces derniers peut-être suggérés par la lecture du *Double crime de la rue Morgue*). Tous ces procédés ont naturellement été plus ou moins utilisés par Lecoq et ses disciples.

Il est cependant un passage des *Mémoires* de Canler qui, sans relever directement de l'exercice de ses fonctions, peut avoir inspiré Gaboriau. En effet, le policier conte l'histoire véridique d'un Anglais demeurant à Paris, qui remit un nouveau-né à la femme d'un vigneron contre la promesse de l'élever moyennant une pension. Or, dans *Le Dossier n° 113*, c'est exactement ce que fait, mais en Angleterre, la comtesse de La Verberie, en confiant à une fermière l'enfant naturel de sa fille, venue accoucher clandestinement dans les environs de Londres.

Il est également possible que Gaboriau ait emprunté à Canler l'idée de substituer un agent à un individu exerçant une autre profession. Ainsi l'un des subordonnés du chef de la Sûreté, sous le prétexte de tenir un pari, obtient de remplacer un moment, dans son service, le garçon d'un marchand de vin afin de pouvoir étudier et retenir la physionomie de deux consommateurs. Mais, dans *Le Dossier n° 113*, Lecoq va beaucoup plus loin en faisant entrer Nina Gipsy, son ancienne amie, comme femme de chambre chez les dames Fauvel, et son adjoint Fanferlot, comme valet, chez le marquis de Clameran. Dans *La Vie infernale*, on trouve mieux encore, un coup de maître, d'ailleurs difficile à croire : cette fois c'est l'avocat Férailleur qui réussit à gagner la confiance et à devenir l'homme d'affaires du marquis de Valorsay, qui s'était efforcé de le déshonorer, mais ne l'avait jamais rencontré.

Les stratagèmes de Canler et ceux de Lecoq sont du même ordre, toutefois un peu perfectionnés par ce dernier. Mais, dans la collecte et l'interprétation des indices, « le policier de roman » l'emporte et de beaucoup, avec cette restriction que les criminels en chair et en os n'ont habituellement pas la complaisance de laisser derrière eux autant de « traces » qu'un comte de Trémorel.

Comme Gaboriau devait veiller à la vraisemblance de ses récits pour ne pas s'exposer aux critiques des gens de métier, il lui était indispensable de se documenter sur l'organisation et le fonctionnement de la police, de la magistrature et de l'administration pénitentiaire, ainsi que sur les services rendus par la médecine légale. C'est donc à des études relatives à ces questions qu'il eut également recours. On connaît certains de ces ouvrages, soit qu'il les ait cités dans ses romans, soit qu'ils aient figuré dans sa bibliothèque. Ce sont des traités généraux de médecine légale : la *Médecine légale théorique et pratique* d'Alphonse Devergie, le *Traité pratique de médecine légale* de Johann Karl Casper (traduit de l'allemand en 1862), le *Traité de médecine légale* de Mathieu Orfila, le *Manuel complet de médecine légale* de Joseph Briand et Ernest Chaudey ; des ouvrages de médecine générale ou d'autres sciences au service de la police : les *Recherches physiologiques sur la vie et la mort* de Xavier Bichat, le *Manuel de pathologie et de clinique médicale* d'Ambroise Tardieu et le *Traité de chimie légale* de Gaultier de Claubry. Enfin des études relevant de diverses branches de la médecine, en particulier celles-ci, consacrées à l'aliénation mentale, qui semblent avoir particulièrement retenu l'attention de Gaboriau : la *Médecine légale des aliénés et des sourds-muets* par Hoffbauer, *Du degré de compétence des médecins dans les questions judiciaires relatives aux aliénations mentales* par Elias Regnault, *De la folie considérée dans des rapports avec les questions médico-judiciaires* par C. H. Marc et la brochure d'Alphonse Devergie : *Où finit la raison, où commence la folie ?* Ces derniers ouvrages remontent à la première moitié du siècle, mais leur connaissance sera particulièrement utile au romancier quand il écrira *La Corde au cou*, l'un de ses derniers romans. Il notera aussi les effets des divers poisons en étudiant le *Traité de toxicologie* de Mathieu Orfila et l'*Étude médico-légale et clinique de l'empoisonnement* du même auteur. Enfin la nature de ses récits exigera de lui des connaissances sur le fonctionnement des services de police et des services pénitentiaires. Il les trouvera notamment dans le *Dictionnaire de police* de Charles Pionin, qui traite de la constatation des crimes et des délits, dans les *Recherches historiques et critiques sur la Morgue* de Firmin Maillard et dans le *Système pénitentiaire complet* d'Almire Lepelletier de la Sarthe. D'autres ouvrages comme *Les populations dangereuses et les misères sociales* de l'ancien préfet Paul Cère, *Le Monde des coquins* de Moreau-Christophe, ancien inspecteur général des prisons, et *Variétés de coquins* du même auteur, *Les Malfaiteurs, mémoires inédits* de Chenu ainsi que ses *Voleurs et volés* lui firent connaître de grandes et petites coquineries et pénétrer dans des bas-fonds moins romanesques que ceux d'Eugène Sue.

Quelques exemples montrent le profit qu'il sut tirer de ces lectures.

Ainsi, après avoir rappelé que, d'après le Dr Devergie, le dernier sentiment de l'existence reste empreint sur le visage des cadavres, Gaboriau donne deux applications de cette thèse. Dans *Monsieur Lecoq*, la physionomie de deux victimes de la Poivrière, exprime « l'épouvante arrivée à son paroxysme », ce qui amène le vieux médecin à déclarer : « je suis autorisé à imaginer qu'ils ont dû être stupéfiés par quelque spectacle absolument imprévu, étrange, effrayant. Cette expression terrifiée que je leur vois, je ne l'ai surprise qu'une fois sur les traits d'une brave femme, morte subitement du saisissement qu'elle éprouva en voyant entrer chez elle un de ses voisins qui s'était déguisé en fantôme pour lui faire une bonne farce ». Au contraire, dans *Le Petit Vieux des Batignolles*, le visage de l'infortuné père Pigoreau est resté calme, presque souriant, ce qui amène l'étudiant en médecine à conclure à une mort soudaine. Par conséquent ce ne pouvait être la victime qui avait écrit avec son sang le nom de son meurtrier.

Que la blessure ait été produite par une arme à feu ou par un objet contondant, couteau ou autre, Gaboriau a évidemment recours aux enseignements de la médecine légale pour faire établir par ses policiers quelle a été l'arme utilisée, d'où le coup a été tiré ou comment il a été porté.

D'après les auteurs cités plus haut, quand il s'agit de plombs, comme c'est le cas, pour les deux charges qui ont touché le comte de Claudieuse, dans *La Corde au cou*, la dispersion plus ou moins grande des projectiles doit permettre de déterminer avec assez de précision la distance à laquelle se trouvait le tireur. Cependant le Dr Seignebos estime qu'en ce domaine, il faut appliquer avec beaucoup de circonspection les assertions de la médecine légale : « Je connais l'opinion de Devergie, de Tardieu et de Briand et Chaudey, rétorque-t-il au juge d'instruction qui réclame de l'exactitude. Je n'ignore pas que ces messieurs prétendent décider à un centimètre près la distance d'où un coup de fusil a été tiré. Je ne suis pas si fort. Ce que je puis affirmer, c'est que les deux coups de fusils ont été tirés de distances différentes, l'un de beaucoup plus près que l'autre, et la preuve, c'est que l'un d'eux, celui de la hanche, a, comme disent les chasseurs, « écarté légèrement », l'autre, celui de l'épaule, a presque « fait balle ». — Mais on sait à combien de mètres un fusil fait balle, interrompit M. Séneschal. M. Seignebos salua — Vous semblez ignorer que nous n'avons plus, comme autrefois, deux ou trois types seulement de fusils de chasse. Avez-vous réfléchi à l'immense variété d'armes aujourd'hui répandues sur le marché ? »

Pour une balle, il convient de procéder à un examen minutieux de l'aspect de la blessure. Ainsi, dans *Monsieur Lecoq*, les médecins légistes établissent que l'une des victimes avait été tuée d'un coup de feu tiré à bout portant, « la largeur de la plaie circulaire, l'absence de sang sur les bords, la peau rétractée, les chairs dénudées, noircies, brûlées le démontraient avec une précision mathématique. L'énorme différence des plaies d'armes à feu selon la distance sautèrent aux yeux quand les médecins arrivèrent à l'autopsie du dernier de ces deux malheureux. La balle qui lui avait donné la mort, avait été tirée à plus d'un mètre de lui et sa blessure n'avait rien de l'aspect hideux de l'autre ». Il peut se faire que les fantaisies du hasard mettent en défaut la pure logique et toute l'expérience des praticiens, comme cela s'est produit pour la blessure du lieutenant de vaisseau Champsey, dans *La Clique dorée* : « Encore un exemple, prononça le chirurgien de la marine, à ajouter à tous ceux que citent Devergie, Casper et Briand, des bizarreries des projectiles. Celui-ci, au lieu de poursuivre directement son trajet, a contourné les côtes et a été se loger près de la colonne vertébrale. »

Toujours au sujet des armes à feu, cette constatation de Devergie : la poudre enflammée à l'air libre produit une faible détonation. Jacques de Boiscoran, dans *La Corde au cou*, le sait évidemment, mais comme il ne dispose d'aucun autre moyen de faire du feu dans la nuit que de remplacer les plombs d'une de ses cartouches par un morceau de papier, il a la précaution, avant de presser sur la détente, d'appuyer son fusil contre le sol pour étouffer le bruit de l'explosion, qui ne manquerait pas d'éveiller le voisinage.

Autre remarque de Devergie : après que la poudre ait été enflammée dans une arme, il reste une portion de charbon projetée sous la forme d'une poussière impalpable. C'est la crasse. Mais comme pour le déroulement des faits prévus par l'auteur, ce dépôt ne doit pas se retrouver dans le fusil de Boiscoran — et là encore apparaît l'ingéniosité de Gaboriau — au dire de l'expert cité aux assises de Sauveterre, les canons de cette arme d'un grand prix ne s'encrassent pas « grâce à une disposition particulière de l'enveloppe des cartouches, grâce aussi à la qualité spéciale de la composition fulminante ».

La grande diversité des objets qui, par leur tranchant, leur poids, ou une extrémité aiguë, sont susceptibles d'être utilisés pour blesser tout aussi bien qu'une arme blanche, épée, sabre, poignard, etc..., rend délicate la mission de l'enquêteur, qui doit déterminer avant tout la nature de l'instrument dont a été frappée la victime. Pour tous les auteurs, l'étude de la forme et et de la profondeur de la plaie est précieuse en la circonstance. Quant à l'ouverture de la blessure, elle ne renseigne pas forcément sur le diamètre de l'arme, mais on peut le connaître avec exactitude s'il y a pénétration d'un os. Quand la plaie présente des bords nets, elle a été causée par un instrument tranchant ou par un choc au coin d'une muraille ou sur le rebord d'une table. Si les piqûres sont révélées par des hémorragies internes, les hémorragies externes sont provoquées par des armes perforantes. Si la blessure a été faite sur un être vivant, il se produit une incorporation du sang avec le tissu de la peau, qui prend une couleur noirâtre. Au contraire, si l'individu était déjà mort, les lèvres de la blessure ne sont jamais saignantes. Enfin, la direction de celle-ci renseigne assez bien sur la position de l'agresseur au moment où le coup a été porté.

L'utilisation de ces notions et de quelques autres du même ordre se retrouve dans la plupart des romans de Gaboriau. Ainsi, un gendarme, examinant le cadavre de la veuve Lerouge et, constatant qu'il n'est plus rigide, en conclut qu'il y a au moins trente-six heures que la mort a eu lieu. Tabaret va plus loin en expliquant comment le meurtre a été commis : « Le jeune homme s'est approché de la veuve alors accroupie et penchée en avant et lui a donné deux coups dans le dos. Elle n'est pas morte instantanément. Elle s'est redressée à demi, se cramponnant aux mains de l'assassin. Lui, alors, s'étant reculé, l'a soulevée brusquement et l'a rejetée dans la position où vous la voyez. Cette courte lutte est indiquée par la position du cadavre. Accroupie et frappée dans le dos, c'est sur le dos qu'elle devait tomber. Le meurtrier s'est servi d'une arme aiguë et fine, qui doit être un bout de fleuret démoucheté et aiguisé. En l'essuyant au jupon de la victime, il nous a laissé cette indication. » Et, dans *Le Crime d'Orcival*, les résultats de l'autopsie pratiquée par le docteur Gendron ont permis à Lecoq de reconstituer assez exactement comment s'est déroulé l'assassinat de la malheureuse comtesse de Trémorel.

Si l'on passe ensuite à la recherche en matière d'empoisonnement, on peut constater qu'au XIXe siècle c'était une des opérations les plus délicates de la médecine légale, étant donné l'état des connaissances en toxicologie. L'affaire Lafarge fut loin d'être la seule à donner lieu à des affrontements entre experts, et les manuels révèlent sur ce chapitre des divergences sérieuses entre leurs auteurs. Devergie, d'ailleurs critiqué par Orfila, classe d'une manière pratique les poisons d'après leurs effets visibles. Il distingue ceux qui sont à effets irritants (sueur, respiration difficile, vomissements), ceux dont les effets sont narcotiques (yeux saillants, peau froide, respiration lente, stupeur entre les crises) et enfin les poisons à effets septiques (lassitude générale, syncope).

A relire les résultats des crimes et des suicides par le poison, nombreux dans les romans de Gaboriau, on peut se rendre compte que celui-ci possédait quelques notions de toxicologie ou du moins avait pris la peine de se renseigner. Le plus simple, pour un profane, est sans doute de classer ces poisons suivant la rapidité de leur action.

Il en est deux qui sont destinés à donner la mort de façon foudroyante, ceux qu'absorbent Sarah Brandon dans *La Clique dorée* et le docteur Hortebize. Pour la pseudo-Américaine, pas de déception. Elle avale le contenu d'un flacon et moins de dix minutes après, elle meurt dans « d'affreuses convulsions », cependant qu'une forte odeur d'amandes amères se répand dans la pièce. L'auteur ne le précise pas, mais il ne peut s'agir que de cyanure ou d'acide cyanhydrique, encore que leurs effets soient habituellement plus immédiats. Quant au médecin, en absorbant le contenu d'un médaillon qu'il porte toujours en lui, il a commis une erreur impardonnable de la part d'un homme de l'art. « Le poison subtil qui devait le foudroyer l'a trahi et voici vingt-quatre heures que dure son agonie », nous dit Gaboriau, qui nous laisse dans l'ignorance de la nature de ce toxique.

Ce dernier cas entre donc dans la catégorie des empoisonnements dont l'action est déjà moins rapide, et rejoint celui de Marie-Anne Lacheneur, victime d'un bouillon où sa rivale a versé « une poudre blanche très fine, scintillante comme s'il s'y fût trouvé de la poussière de verre, ayant un goût de pomme sure » et donnant au liquide « une saveur légèrement âpre ». Sans doute s'agit-il d'arsenic, dont l'auteur décrit avec précision les effets : « Son visage affreusement décomposé était livide et tout marbré de taches violacées, ses yeux comme agrandis brillaient d'un éclat étrange, ses dents claquaient. Machinalement elle passait et repassait la main sur son front, qui se couvrait d'une sueur froide et visqueuse ; elle remuait ses mâchoires dans le vide et faisait claquer sa langue comme si la salive lui eût manqué, sa respiration haletait. A chaque effort qu'elle faisait pour vomir, tout son corps était ébranlé et secoué des talons à la nuque, sa poitrine se soulevait à éclater, et de brusques secousses disloquaient ses épaules. Peu à peu une teinte terreuse, de même qu'une couche de bistre, s'étendait sur son visage ; les marbrures de ses joues devenaient plus foncées, les yeux s'injectaient, et la sueur à grosses gouttes coulait de son front... » Voilà du Zola, n'est-il pas vrai ? Quant à l'empoisonneuse, elle se fera justice, mais.. vingt ans plus tard et en ayant le discernement d'absorber, elle, un poison foudroyant (on ne nous dit pas lequel), qui lui épargnera la fin affreuse qu'elle a infligée à sa malheureuse victime.

Par contre, les romans de Gaboriau offrent deux exemples d'empoisonnement lent, opéré froidement, méticuleusement, jour après jour. Tout d'abord celui de Gaston de Clameran, dont son frère Louis entend se défaire avant que n'ait été découverte l'odieuse machination qu'il a montée et dont la révélation achèverait sa ruine et rendrait public son déshonneur. En voici les symptômes, décrits avec un luxe de termes savants : « ...un samedi dans l'après-midi, Gaston se trouva subitement indisposé. — Je connais cela, dit-il, j'ai eu souvent de ces étourdissements à Rio. Deux heures de sommeil me remettront. Mais, au moment du dîner, il était loin de se trouver mieux. Aux vertiges, un mal de tête affreux avait succédé. Ses tempes battaient avec une violence inouïe. Il éprouvait à la gorge un sentiment indescriptible de constriction et de siccité. Ce n'est pas tout : sa langue embarrassée n'obéissait plus à sa pensée et le trahissait ; il voulait articuler un mot et il en prononçait un autre, comme il arrive en certains cas de disphonie et d'alalie. Enfin tous les muscles maxillaires s'étaient raidis et ce n'est qu'avec des efforts douloureux qu'il pouvait ouvrir ou fermer la bouche. Le docteur déclara que ce n'était rien et il se contenta d'ordonner l'application de plusieurs vésicatoires sur la surface desquels on devait répandre quelques atomes de morphine. Il prescrivit aussi des prises de valérianate de zinc ». Épargnons au lecteur la suite du récit des souffrances du malheureux Gaston de Clameran, qui devaient se terminer au bout de quinze jours par sa mort, sans que le médecin en ait soupçonné la cause. L'auteur ne dit pas quelle substance avait utilisée son frère, cependant on peut supposer, à cause de la contraction des muscles maxillaires, qu'il s'agissait d'arsenic ou de strychnine à doses modérées.

En revanche, dans *Le Crime d'Orcival,* Gaboriau est très explicite sur la nature du poison fourni par le rebouteux Robelot à Berthe Sauvresy pour faire disparaître son mari. Comme le prouvera le docteur Gendron à la suite de l'exhumation du corps de la victime, elle avait eu recours à l'aconitine, dont voici les effets progressifs, décrits par le consciencieux romancier : « Il se plaignait de picotements à la peau, de vertiges, de commotions convulsives, qui contractaient et tordaient tous ses membres, particulièrement ses bras. D'intolérables névralgies faciales lui arrachaient des cris. Un affreux goût de poivre, persistant, tenace, que rien ne pouvait atténuer, lui faisait sans cesse ouvrir et fermer la bouche. Il ressentait une agitation inquiète, qui se traduisait par des insomnies, dont la morphine à hautes doses ne triomphait pas. Enfin il éprouvait un affaissement mortel et un froid de plus en plus intense venant, non de l'extérieur, mais de l'intérieur, comme si la température du corps eût graduellement diminué. » Et la fin : « Bientôt son agonie commença. D'horribles convulsions tordaient ses membres comme des sarments, dans son lit ; deux ou trois fois, il cria — J'ai froid, j'ai froid ! Son corps, en effet, était glacé et rien ne pouvait le réchauffer. Mais bientôt les convulsions cessèrent. Il restait étendu sur le dos, respirant si faiblement que par deux fois on crut que tout était fini. Enfin, un peu avant deux heures, ses joues tout à coup se colorèrent, un frisson le secoua. Il se dressa sur son séant et l'œil dilaté, le bras roidi dans la direction de la fenêtre, il s'écria : — Là, derrière le rideau, je les vois ! Une dernière convulsion le rejeta sur son oreiller. Clément Sauvresy était mort. »

Gaboriau n'a pas, non plus, manqué d'étudier les caractères des maladies mentales dans certains des ouvrages mentionnés plus haut. C'est ainsi qu'il dépeint la crise de folie qui a brusquement frappé Louis de Clameran, quand il s'est rendu compte qu'il ne pouvait pas échapper à une arrestation. « On lui avait passé une camisole de force et il se débattait furieusement entre trois employés et un médecin, qui voulait lui faire avaler une potion. — Au secours, criait-il, à l'aide ! Ne le voyez-vous pas ? Il s'avance, c'est mon frère, il veut m'empoisonner — Ce malheureux est perdu, déclara le docteur, ce genre particulier d'aliénation ne guérit pas. Il croit qu'on veut l'empoisonner, il repoussera toute boisson, toute nourriture et quoiqu'on tente, il finira par mourir de faim après avoir subi toutes les tortures du poison. »

Plus prolongée sera la démence du marquis de Courtomieu. Il est revenu, la raison perdue, d'une sortie à cheval, au cours de laquelle il prétend avoir rencontré Lacheneur, qui, autrefois, lui avait sauvé la vie et qu'il a fait guillotiner, en réalité le fils du supplicié, qu'il a pris pour le fantôme de son ancien bienfaiteur. Précisons que, quelque temps plus tôt, le marquis avait été victime d'une sorte d'attaque, ce qui rend plus plausible l'ébranlement cérébral qui l'a mis dans cet état : « Sa face était livide avec de larges marbrures bleuâtres aux joues. Ses yeux roulaient égarés sous leurs paupières bouffies et une écume blanchâtre frangeait ses lèvres. Des mèches de cheveux rares, collées sur son front, ajoutaient encore à l'effrayante expression de sa physionomie. La sueur à grosses gouttes coulait sur son visage et cependant il grelottait. Par moments, un spasme le tordait, il gesticulait furieusement, en criant des paroles incohérentes d'une voix tour à tour sourde ou éclatante. Quelques jours plus tard, le médecin avait déclaré le malade guéri. Guéri ! Le corps était sauf, en effet, mais la raison avait succombé. Aux crises violentes de la démence, aux frénésies de son premier délire, l'anéantissement avait succédé, puis peu à peu était venue la morne stupeur de l'idiotisme. Plus une étincelle dans l'œil où jadis pétillaient l'esprit et la ruse. Les lèvres naguère si fines pendaient avec une désolante expression d'hébétement. Une seule et unique passion : la table. Elle remplaçait toutes les passions qui avaient agité la vie de ce froid ambitieux. »

Enfin on assiste dans *La Corde au cou* à une expertise en matière de médecine mentale. Il s'agit d'un être disgracié, surnommé Cocoleu, dont il est important de déterminer si l'on se trouve en présence d'un idiot ou d'un imbécile, car l'honneur et la vie d'un innocent peuvent en dépendre. Pour le docteur Seignebos, Cocoleu n'est pas un idiot. « A-t-il la face large et plate, la bouche démesurée, la peau jaune et tannée, les lèvres épaisses, les dents cariées et les yeux louches ? Sa tête déformée se balance-t-elle d'une épaule à l'autre, lourde pour le cou ? Sa taille est-elle difforme, sa colonne vertébrale déviée ? Lui trouvez-vous un ventre volumineux et lâche, les mains lourdes et épaisses pendant sur les hanches, les jambes gauches, les articulations d'une lourdeur insolite ? Messieurs, ce sont là les caractères de l'idiot... L'imbécile, poursuivit-il, garde encore des fragments d'intelligence. Il sait parler, exprimer ses sensations, traduire ses besoins. Il associe des idées, compare ses impressions, se souvient, acquiert de l'expérience. Il est capable de ruse et de dissimulation. Il hait, il aime ou il craint. S'il n'est pas toujours sociable, il est toujours accessible aux suggestions d'autrui. On arrive aisément à exercer sur lui une domination absolue. L'inconsistance de ses desseins est caractéristique, et cependant il est souvent d'une obstination inexpugnable et peut s'attacher à une idée avec une opiniâtreté extraordinaire. Enfin les imbéciles, à cause de cette demi-lucidité, sont fréquemment dangereux. Tel est Cocoleu. S'ensuit-il que je l'estime responsable de ses actes ? Non, certes. Mais il s'ensuit que je puis voir en lui un faux témoin, stylé pour perdre un honnête homme. »

Les éléments de cette démonstration sont en partie puisés dans *Le Traité de médecine légale* d'Orfila pour qui « l'imbécile possède quelques idées simples, un usage borné de la parole, un peu de mémoire et à qui sont étrangères les notions de société, de morale et de justice. Il est cependant capable de certaines ruses et enclin au vol. L'idiot, lui, a une existence de végétal, peut avoir quelques idées et éprouver de la reconnaissance pour qui le sert ; ses gestes sont peu nombreux, sa physionomie sans expression et sa parole réduite à quelques sons mal articulés. Mais les uns et les autres peuvent devenir dangereux, homicides ou incendiaires sous le plus léger prétexte ». Enfin, toujours d'après Orfila, « l'idiotisme et l'imbécilité peuvent offrir des nuances infinies ». Le docteur Seignebos, pour les besoins de la cause qu'il soutient, s'est montré plus tranchant, séparant en deux catégories très distinctes les idiots et les imbéciles.

Gaboriau devait trouver bien d'autres éléments utiles dans les ouvrages mentionnés plus haut et d'autres sans doute que nous ne connaissons pas. Ainsi quand, dans son *Système pénitentiaire*, Lepelletier de la Sarthe décrit le type du « vagabond insoucieux du lendemain, paresseux, fréquentant les mauvais lieux, s'offrant pour de petits services, mais incapable d'un travail sérieux », on songe invinciblement au clochard campagnard Frumence Cheminot, personnage de *La Corde au cou*, « Le père qui exerce son enfant à voler et le bat quand il a la maladresse de se faire prendre », c'est Polyte Chupin. Et « l'escroc qui se dissimule sous le frac de l'homme du monde, hautain avec les uns, rampant devant les autres », c'est évidemment Maxime de Brévan, le baron de Thaller et bien d'autres personnages des romans de Gaboriau.

C'est encore dans *Le Système pénitentiaire* qu'il a pu trouver le détail des fouilles auxquelles sont soumis les détenus à l'entrée dans une maison d'arrêt, des « perquisitions ignominieuses » mentionnées plus haut. C'est là aussi qu'il a lu des précisions sur l'état déplorable des cellules de ces établissements, alors qu' « on a fait un effort pour mieux loger les grands criminels ».

Ce souci d'une bonne documentation est tout à l'honneur de Gaboriau. On le retrouvera rarement par la suite chez les auteurs policiers trop persuadés qu'il leur suffit de se livrer à leur imagination pour réaliser une œuvre non seulement captivante, mais solide, et ne comprenant pas tout ce que peut apporter de véracité une peinture exacte du cadre où se déroule l'action et des moindres moments de celle-ci.

XX

LES ROMANS JUDICIAIRES A L'ÉPREUVE DE LA CRITIQUE

Un certain nombre de critiques ont été adressées à l'ensemble des romans d'Émile Gaboriau. Nous les examinerons plus tard, nous bornant pour l'instant à juger d'une pratique particulièrement condamnée quand elle s'introduit dans les romans judiciaires. C'est l'abus de ce que les cinéastes appellent le flash-back qui, déplore François Fosca, « arrête l'action au moment où notre curiosité est fortement excitée, pour nous plonger dans un interminable retour dans un passé lointain ». Le procédé a cependant été utilisé par les meilleurs romanciers, et pour en citer deux, par Vigny, dans *Laurette ou Le Cachet rouge* et Balzac, dans *Le Colonel Chabert*, mais dans des récits de nature aucunement policière, où ils présentent peu d'inconvénients.

Avant de tenter d'apporter une justification ou tout au moins une excuse à Émile Gaboriau, il convient de nuancer la réserve exprimée par Fosca. S'il est vrai que dans la plupart de ses romans judiciaires on revient de vingt ou trente ans en arrière, tel n'est pas le cas dans *Le Crime d'Orcival* où ce n'est plus que de trois ou quatre années. Et dans ce récit, tout comme dans *L'Affaire Lerouge*, les éléments du passé se confondent si bien avec le présent que leur indispensable évocation ne ralentit pas le cours de l'action et n'est nullement fastidieuse pour le lecteur.

D'ailleurs c'était là une nécessité du roman policier donné en feuilletons. Il devait s'étendre sur de nombreux numéros du journal, ce à quoi Gaboriau s'était engagé par contrat. Régis Messac a parfaitement expliqué l'inéluctable conséquence de cette contrainte :

« ...un feuilletoniste qui voulait vraiment gagner sa vie devait produire avant tout de longs, de copieux feuilletons. Gaboriau eût peut-être préféré, à l'instar d'Edgar Poe, n'écrire que de courtes nouvelles... Mais il lui fallait vivre de sa plume : force lui était donc de délayer une intrigue du genre *Meurtre dans la rue Morgue* en quelques soixante ou quatre-vingts pages. Ceci nous explique le plan adopté par lui presque invariablement dans ses romans policiers. Il commence par une première partie très alléchante : mystère, enquête, « inductions », le policier fait des prodiges. Puis, au moment où l'on approche de la solution, le fil du récit se rompt. Le lecteur se trouve brusquement transporté à vingt ans en arrière et on se met à lui raconter une histoire interminable, filandreuse. Quand cette histoire a suffisamment duré, le fil du récit est renoué et Lecoq peut découvrir en six pages ces secrets qu'on nous a laborieusement racontés en deux cents.

« Il vaudrait mieux laisser le lecteur suivre sans interruption les investigations de Lecoq et découvrir avec lui pas à pas le secret des Sairmeuse, des Champdoce ou des Trémorel. Du moins nous raisonnons ainsi, nous qui lisons Gaboriau dans les volumes de Dentu ou de Fayard. Mais rappelons-nous que ses premiers lecteurs étaient ceux du *Pays* ou du *Petit Journal* et qu'on leur servait ces récits par tranches. Nous voyons alors que l'enquête policière ne pouvait, sans beaucoup d'inconvénients, être étendue sur un grand nombre de feuilletons. Au bout de quinze ou vingt jours, les lecteurs auraient perdu de vue les premiers indices et les premières déductions, et les raisonnements de Lecoq perdraient toute leur saveur. »

Il est un autre reproche qui aurait pu être adressé aux romans de Gaboriau et auquel, assez curieusement, personne ne semble avoir pensé, peut-être parce qu'on s'est insuffisamment penché sur son œuvre. Nous faisons allusion à certaines invraisemblances qu'il n'a pas su éviter malgré la rigueur de la construction de ses récits. Il ne s'agit pas des tours de force incroyables accomplis aussi bien par Mascarot que par Lecoq qui, pendant des années, sont apparus à leur entourage sous l'aspect de plusieurs personnages physiquement très différents sans être reconnus, le premier, même par sa fille, le second, même par sa maîtresse. Ce sont là des conventions du roman policier auxquelles personne ne peut croire, mais que tout le monde admet. Non, il s'agit d'invraisemblances involontaires plus banales, touchant à la vie courante, que le lecteur découvre à la réflexion. Elles ont échappé à l'auteur qui, bousculé par la nécessité quotidienne de fournir son feuilleton, a pu perdre de vue de petits faits antérieurs.

Ainsi, dans *Monsieur Lecoq*, quand le juge d'instruction, Maurice d'Escorval, entre en scène, on apprend qu'il est âgé de quarante-deux ans et lui-même excuse l'absence du procureur impérial empêché. On se trouve donc, au plus tôt, en décembre 1852, le rétablissement de l'Empire ayant eu lieu au début du mois, si bien que la naissance dudit juge n'a pu être antérieure à 1810. En ce cas comment expliquer, sinon par une énorme étourderie de l'auteur, qu'en 1815, le même d'Escorval ait pu être le jeune homme qui demande la main de Marie-Anne Lacheneur ?

Comment admettre que, dans *Le Dossier n° 113*, le caissier Bertomy n'ait jamais entendu prononcer le nom de M. Verduret, désigné comme le meilleur ami de son père dans une lettre laissée par celui-ci ? Dans le même roman, est-il plausible que Gaston de Clameran soit devenu soudain maître de forges sans provoquer la défiance ou du moins l'étonnement du banquier Fauvel, alors que, deux mois auparavant, il avait prétendu tout ignorer de l'existence d'un Louis de Clameran, maître de forges à Oloron, décédé depuis ?

D'autres événements, sans paraître absolument invraisemblables, peuvent laisser sceptique. Mais ce sont des exagérations destinées à impressionner le lecteur et qui portent le plus souvent sur le temps écoulé et la résistance humaine. Ainsi l'auteur affirme que l'« effroyable » séance d'instruction au cours de laquelle le juge Segmuller avait interrogé le prévenu Mai avait duré sept bonnes heures. Or, il ne s'agissait pas là d'un « interrogatoire de police » et questions et réponses s'étaient succédées dans un si parfait enchaînement qu'elles n'avaient pu remplir plus d'une séance de deux ou trois heures. Tout comme on peut s'étonner qu'au cours du repas qui devait précéder son suicide, le comte de Trémorel ait pu boire, sans parvenir à s'enivrer, trois bouteilles d'excellent vin et trois carafons de liqueur, dans l'espoir de trouver dans l'alcool le courage d'accepter une mort considérée par lui comme inéluctable.

Toutes ces « bavures » sont bien vénielles, compte tenu de ce que Gaboriau a apporté de nouveau dans le domaine du roman, et ne sauraient compromettre la valeur de son œuvre policière. Comparons-le à Ponson du Terrail, son prédécesseur au *Petit Journal*, qui, lui, n'a rien créé et s'est contenté de marcher sur les traces de Dumas et de Sue, non sans commettre d'énormes anachronismes, faisant par exemple citer Molière par un moine du Moyen Age.

Émile Gaboriau était naturellement l'objet de la jalousie de la plupart de ses confrères devant son foudroyant succès et de leur envie à la vue de l'existence dorée que lui procuraient ses contrats. D'après Audebrand, ses feuilletons, ses droits d'auteur et ses chroniques devaient lui rapporter plus de quarante mille francs par an, « autant qu'à un préfet de première classe ».

« On le raillait, ajoute-t-il, de produire une littérature à vingt sous. Certains trouvaient que ses romans étaient toujours les mêmes, car si les noms de lieux et de personnes étaient changés, il n'y avait aucune différence dans l'action en sorte que le romancier se plaisait à être plagiaire de lui-même. A ceux qui le blâmaient de s'être fait un système, il répondait par cette tirade : « J'ai obtenu un grand succès avec *L'Affaire Lerouge*, n'est-ce pas ? Eh bien ! il est constant pour moi que, fond et forme, je ne ferai jamais mieux. Dès lors, pourquoi changer ce qui m'a mis en vogue ? On me dira : vous êtes tenu de varier. Et parbleu ! je changerai le titre du roman, le nom du théâtre, celui des acteurs. Là où se passait un meurtre, il y aura un attentat contre les mœurs, là où on tue un homme, on découpera une femme en morceaux, ou bien on enlèvera un enfant, ou bien on crèvera les yeux d'un vieillard. Mais, comptez que je ne me casserai pas la tête à mêler d'autres fables à mon répertoire. Et ce que j'en ferai, ce sera surtout pour dérouter mon public et garder ma clientèle. — Pas si mal raisonné, répliquait Millaud. Mon cher Émile, continuez. Votre système s'adapte à merveille aux exigences de la bêtise humaine. Continuez, vous dis-je. En ne changeant pas, vous jouez à coup sûr ; vous aurez toujours les masses pour vous et, en temps de démocratie, c'est là le grand point. Il y a en France cinq cent mille lecteurs qui vous gobent.

« Émile Gaboriau était aux anges, semblable à un jeune premier du Gymnase, toujours applaudi — Tenez, disait-il, j'ai envie de faire graver sur le chaton de ma bague en manière de devise : Plus heureux que Balzac. »

Comme ces paroles ressemblent peu à celles qu'on lui a jusqu'ici prêtées et aux mots qu'on a trouvés sous sa plume ! Ce cynisme est démenti par l'évolution dont on a déjà constaté le début dans son œuvre et par sa constante aspiration à écrire pour la scène. D'ailleurs, s'il y a forcément un ou plusieurs forfaits à l'origine de ses romans judiciaires, l'action se transporte dans les milieux les plus divers, mondains, bourgeois ou populaires, et, d'un roman à l'autre, ses personnages sont loin d'être taillés sur le même modèle. Vraisemblablement ses propos ont été déformés par la jalousie posthume dont Audebrand fait preuve une fois de plus quand il évoque celui qui crut avoir en lui un ami.

En fait, on ne trouve dans la presse de l'époque que peu d'attaques contre les romans judiciaires de Gaboriau. Peut-être ne tenait-on pas à s'attirer une réplique de Millaud et à éprouver par la suite son ressentiment. Si elles furent aussi incisives que le prétend Audebrand, ce fut surtout oralement qu'elles durent s'exprimer.

Il est toutefois évident que certains critiques étaient déroutés par la nouveauté de romans qui donnaient le beau rôle à des policiers. Sans peut-être s'en rendre bien compte, ils étendaient aux agents de la Sûreté, dont le romancier avait fait les héros de ses récits, le dédain qu'ils éprouvaient pour tout ce qui se rattachait à la police. Les fonctionnaires de la Préfecture manquaient à leurs yeux de l'aura romantique qui nimbait les grands criminels, même quand il s'agissait de criminels repentis, comme Vidocq. Encore aujourd'hui, les mémoires des anciens membres de la police les plus connus sont loin d'obtenir les mêmes tirages que ceux de *Papillon*. Incontestablement, les tristes exploits d'un malfaiteur présentent pour bien des honnêtes gens un autre piment que la vie, pourtant exposée au danger, de leur défenseur attitré, le policier.

On ne s'en rendait pas compte, mais pour la première fois, Gaboriau tirait celui-ci du ghetto où l'avaient maintenu la plupart des auteurs avant lui. Lecoq déchirait l'image odieuse et sommaire qu'on s'en faisait à travers Jackal et Javert « Quoi ! s'écrie l'inspecteur Méchinet, dans *Le Petit Vieux des Batignolles*, je suis une des sentinelles perdues de la civilisation ; au prix de mon repos et au risque de ma vie, j'assure la sécurité de la société et j'en rougirais ! Ce serait par trop plaisant. Tu me diras qu'il existe contre nous autres de la police quantité de préjugés ineptes, légués par le passé. Que m'importe ! Oui, je sais qu'il y a des messieurs susceptibles qui nous regardent de très haut. Mais, sacrebleu ! je voudrais bien voir leur mine si, demain, mes collègues et moi, nous nous mettions en grève, laissant le pavé libre à l'armé de gredins que nous tenons en respect ! »

Ce mépris pour les gens de police ou, tout au moins, cette froideur à leur égard sont partagés par certains magistrats, dont ils sont cependant les auxiliaires indispensables. Ce sentiment se fait jour plus d'une fois dans les romans de Gaboriau, notamment dans *Le Crime d'Orcival*, quand le juge d'instruction Domini réserve un accueil bourru à l'inspecteur Lecoq pour ne s'être pas présenté à lui dès son arrivée au château de Valfeuillu. « Le magistrat n'aime pas la police, précise l'auteur, et ne s'en cache guère. Il subit sa collaboration plutôt qu'il ne l'accepte, uniquement parce qu'il ne peut s'en passer. Dans sa droiture, il condamne les moyens qu'elle est parfois forcée d'employer, tout en reconnaissant la nécessité de ces mêmes moyens. »

Dans les romans de Gaboriau, c'est tantôt l'une, tantôt l'autre des deux fonctions qui l'emporte en activité, l'enquête dans *Le Crime d'Orcival*, l'instruction dans *La Corde au cou*. Bien que tendant vers le même but, il arrive à ceux qui les exercent de se contrarier, mais, dans *L'Affaire Lerouge* et surtout dans *Monsieur Lecoq*, il s'établit une franche collaboration d'une part entre Daburon et Tabaret, d'autre part entre Segmuller et Lecoq, qui œuvrent conjointement à faire éclater la vérité.

L'interrogatoire du prétendu Maï par le juge d'instruction est un modèle d'habileté : il faut toute l'intelligence de l'homme d'État qui se dissimule sous cette identité d'emprunt pour déjouer les pièges à chaque instant tendus par le magistrat grâce aux éléments fournis par l'enquête policière. Cet interrogatoire tient le lecteur en haleine tout autant que les investigations sur les lieux du triple meurtre.

Lors de la séance solennelle de rentrée de la Cour d'Appel de Bordeaux, en 1972, le premier président Dragon, répondant au conseiller Marcel Boyé, qui avait choisi de traiter de l'œuvre d'Émile Gaboriau dans son discours, était fondé à constater : « Roman policier ou roman judiciaire, laquelle de ces deux épithètes conviendrait le mieux pour caractériser le genre, on pourrait en débattre tant il est vrai que la phase strictement policière d'une enquête est extrêmement réduite, que, sitôt connu un crime, une information est ouverte et un juge d'instruction saisi, que désormais c'est lui qui est chargé de rechercher le coupable, que c'est sous ses directives et sous sa responsabilité que ces recherches seront poursuivies... Gaboriau avait donc peut-être raison. Mais nous n'en débattrons pas aujourd'hui. Comme tout bon discours, le vôtre, Monsieur le Conseiller, laisse une porte ouverte et donne à vos auditeurs matière à réflexion. »

En fait, et personne ne semble jusqu'ici s'en être avisé, tout au moins en avoir fait la remarque, dans les romans de Gaboriau et dans bien d'autres par la suite., il y a matière à deux genres littéraires, proches parents, mais distincts. Et, quand enquête de police et instruction judiciaire se retrouvent dans le même ouvrage, parfois intimement imbriquées comme c'est le cas dans *Monsieur Lecoq*, on aboutit à une combinaison pour laquelle il faudrait trouver une dénomination nouvelle qui englobe à la fois le roman policier et le roman judiciaire.

LA CÉLÉBRITÉ (1866-1870)

XXI

LA VIE PRIVÉE D'ÉMILE GABORIAU

Le succès remporté par les romans judiciaires allait avoir pour conséquence presque immédiate une transformation profonde dans l'existence d'Émile Gaboriau et de sa compagne. Le 15 octobre 1867, ils s'installèrent très bourgeoisement dans un vaste appartement, au troisième étage du 39 de la rue Notre-Dame-de-Lorette, bel immeuble de quatre étages, de construction récente, et dont le rez-de-chaussée était occupé par une mercerie. Cet immeuble, où le romancier devait demeurer jusqu'à la fin de ses jours, existe toujours sous le même numéro. Voici comment est décrit, dans l'inventaire des Contributions directes, ce logement loué pour deux mille quatre cents francs, payables par trimestres, à un certain Richoux, demeurant non loin de là, au 20 de la rue Saint-Georges. Précisons que la disposition des pièces, presque toutes donnant sur cour, était absolument semblable à celles des deux étages inférieurs :

« Palier et antichambre. A gauche de l'antichambre : couloir, aisance et sortie de l'escalier de service. Au fond, à droite : office et cabinet de domestique. Au fond à gauche : cuisine et salle à manger. A droite de l'antichambre : dégagement et cabinet, petite chambre à coucher (à feu). A gauche : dégagement, chambre à coucher (à feu), alcôve et salon, seules pièces donnant sur la rue. Derrière ; petit cabinet de toilette, dégagement à l'antichambre ».

Malgré son étendue, l'appartement était insuffisant pour permettre de loger les trois domestiques engagés par le couple — du moins c'était leur nombre au début de la guerre — et, si Amélie gardait probablement auprès d'elle sa femme de chambre Zoé, une fidèle Auvergnate qu'elle n'oubliera pas dans son testament, il est à présumer que les Gaboriau disposaient également d'une ou deux des chambres de bonnes, normalement prévues dans les combles.

Le ménage vivait sur un grand pied, sans souci du lendemain, comme tous ceux pour qui l'opulence a brusquement succédé à la gêne. Audebrand, qui, il est vrai, dissimulait mal sa jalousie, écrira plus tard : « Ne sachant trop que faire du gros argent qu'il gagnait, il tenait volontiers table ouverte. Le mercredi, il donnait un grand dîner de quinze à vingt couverts. Artistes, gens de lettres, oisifs, il ne sortait pas de ce monde-là. Très expansif, raisonnablement gai, il disait, à l'imitation des épicuriens du premier empire : Effeuillons les roses sur le chemin de la vie. Il aimait ces petites fêtes domestiques, d'abord parce qu'il y trouvait un plaisir d'amphitryon, parce qu'on vantait sa cuisine et qu'on applaudissait à son vin ; il les multipliait, en second lieu, parce que l'Empire avait mis ces festins à la mode. » Ces prodigalités peuvent en partie expliquer que, malgré les sommes considérables rapportées par ses romans, Gaboriau n'ait pas eu devant lui des économies substantielles et que, la guerre venue, il se soit trouvé assez vite à court d'argent.

A part ses cousins Maurice Delamain et Émery Desbrousses, on connaît peu de familiers du romancier à cette époque, mais comme il s'intéressait à la vie artistique, les peintres figuraient en bonne place dans le cercle de ses relations. A lire le compte rendu que, sous une forme humoristique, il donna du Salon de 1859, dans *Le Tintamarre*, il semble qu'en matière de peinture sa sympathie soit allée aux artistes respectueux de la réalité, non sans faire quelques concessions au goût du public pour l'anecdote.

Son jugement dut se parfaire par la suite, grâce à ses relations avec Gustave Courbet. L'amitié des deux hommes est d'ailleurs attestée par une photographie du maître peintre, datant des années 1868-1870 et figurant dans l'album des portraits familiaux du romancier.

C'est probablement Courbet qui lui fit connaître Étienne Baudry, riche propriétaire saintais et mécène provincial qui, en 1862, hébergea pendant plusieurs mois le peintre d'Ornans dans son château de Rochemont, aux portes de Saintes. Les rencontres des deux Saintongeais, également passionnés de peinture, pour être rares n'en étaient pas moins marquées par la plus vive cordialité et Baudry, qui se piquait d'écrire, offrit au romancier son principal ouvrage, *Le Camp des Bourgeois*, publié en 1868. Une étude sociale dont la lecture ne dut pas enchanter le pourfendeur des femmes de ménage, car l'auteur prévoyait leur emploi de plus en plus fréquent en remplacement des domestiques qui, au service d'un maître, préféraient les plus humbles fonctions dans les administrations, où ils n'avaient au-dessus d'eux que des chefs.

On sait qu'Émile Gaboriau eut également des relations très amicales avec le peintre Paul Guigou, grâce à un billet de l'artiste, adressé, le 1er juin 1867, à Amélie Rogelet : « Votre épître est charmante, quoique inutile. Je sais que la maison Gaboriau transportera ses quatre yeux au Salon annuel. Paul Guigou, fait en son atelier, 38, rue de la Tour-d'Auvergne. » L'homme vivait en solitaire et à l'écart de toute influence, dans la pensée de sa chère Provence où il retournait souvent. C'est de lui que Mistral dira avant que notre siècle ne le découvre : « Il a su faire un portrait fidèle et éternel de sa petite patrie. »

Le couple était également en excellents termes avec le jeune peintre saxon Theodor Weber, depuis 1856 en France, où il devait passer la plus grande partie de sa vie. C'est à lui que fut confiée, comme on sait, l'illustration de l'édition de *L'Affaire Lerouge* en vingt-cinq livraisons. Il s'en tira fort bien à en juger par les cinquante dessins, habilement gravés par Edmond Yon. Tous sont remarquables par la précision du trait, la finesse de l'exécution et le charme désuet qui s'en dégage. Le caractère lourd et compliqué du mobilier, les sièges aux dossiers rebondis, la profusion des glands, l'entassement des bibelots révèlent le goût de l'époque pour la surcharge et le ouaté. Sacrifice de la beauté au confort, triomphe d'une conception bourgeoise de l'existence sous la protection de l'aigle impériale.

Weber, qui au cours de sa longue carrière se fit surtout connaître par ses marines, fut appelé à l'honneur de devenir le portraitiste de la petite chienne des Gaboriau, comme le montre cette amusante lettre de l'automne de 1867, supposée écrite par elle-même :

« Ma chère Tante, imagine-toi qu'un peintre d'un talent considérable, Theodor Weber, m'a trouvée si jolie malgré mon grand âge qu'il a perdu une douzaine d'après-midi à faire mon portrait qui est un vrai chef-d'œuvre. J'ai aussitôt déposé le tableau chez mon ami Carjat, lequel l'a photographié. Je t'envoie une épreuve. M. Brassaud te dira si je suis ressemblante, car tu n'en peux juger, toi qui ne me connais pas, ni ton mari qui, dès que je m'approche de lui, croit toujours que mon museau va salir son pantalon.

« Ta nièce respectueuse Bellah.

« Mon papa Émile travaille tant que sa cervelle s'en détraque, il n'a seulement pas le temps de manger et je t'assure que, s'il gagne beaucoup d'argent, il le gagne bien. Ses affaires vont d'ailleurs si bien qu'il en est effrayé. En un an, il a conquis une telle popularité qu'il passe pour le plus adroit romancier du moment. Son roman *Les Esclaves de Paris* a un tel succès qu'il tournerait la tête à un homme moins modeste. Il a tout lieu de croire que la deuxième partie fera considérablement d'effet. Outre son roman qu'il fait au jour le jour, l'infortuné est encore obligé de donner une chronique hebdomadaire à *La Situation* et des articles à divers journaux. Sa santé qui avait été très bonne un moment est redevenue assez triste. Les docteurs attribuent cette modification à un labeur acharné. Mais sitôt *Les Esclaves* finis, on fainéantera au moins un mois et on ira probablement à Jonzac, mais je ne serai pas du voyage. Je te lèche la main et celle de grand-papa. »

Le portrait de Bellah était pendu dans la salle à manger, a écrit Jehan Valter, et le maître des lieux conduisait fièrement ses visiteurs jusqu'à lui.

Exprimé clairement dans *Les Esclaves de Paris*, voici un témoignage de plus de sa prédilection pour les peintres de la réalité : « André n'avait eu ni le temps ni les moyens d'aller étudier aux pays classiques les secrets des poésies de convention. Il se contentait de rendre ce qu'il voyait et sentait. Il estimait que faire palpiter sur la toile la passion et la vie est un peu plus difficile que de peinturlurer des bonshommes en costumes étrangers. »

Il avait également les relations les plus amicales avec le peintre d'histoire Charles Porion, un Picard de près de vingt ans son aîné. Porion était encore un portraitiste et un peintre de genre et c'est à ce double titre que le romancier l'estimait. Cet artiste, ancien élève d'Ingres, avait exécuté le portrait de la reine Marie-Amélie, dont l'époux, Louis-Philippe, avait fait don en 1844 au musée d'Amiens, la ville natale du peintre. Dans une lettre de la fin de janvier ou du début de février 1870, Émile rappelle à son père qu'en novembre 1869 il le conduisit dans l'atelier de Charles Porion, où ils virent deux huiles en voie d'achèvement, un *Espagnol à l'âne* et un *Espagnol au mendiant*. Eh bien ! ces deux toiles « d'un relief admirable » ornent maintenant les murs de son salon où elles semblent deux fois plus grandes. « Mais, ajoute-t-il, vous admireriez surtout un portrait de l'illustre romancier Gaboriau par ledit Porion, portrait splendide, un peu plus grand que nature et qui, s'il va à l'exposition — ce sera bien malgré moi — aura un grand succès (il ne figura cependant pas au Salon de 1870). Il est vrai de dire que j'ai bien habillé ce splendide cadeau, l'ayant entouré d'un cadre de six cents balles, ce qui n'est pas deux sous. Dès qu'il sera photographié, je vous en enverrai une épreuve. »

Gaboriau fréquentait certainement d'autres artistes dont le nom n'apparaît pas dans la correspondance antérieure à la guerre. Ce devait être le cas pour le peintre parisien Alfred Darjou, d'un mois son aîné. On a de ce dernier une lettre du Caire, datée du 23 avril 1872, où, tutoyant Émile, il lui demande de bien vouloir renoncer à un fusain représentant un peseur public égyptien. L'artiste avait oublié que cette œuvre faisait partie d'une série de dix scènes, déjà retenue par un autre amateur. En suppliant son ami de ne pas s'offusquer de ce qui était de sa part un manque de mémoire, il lui proposait en échange soit une *Vente au bazar*, soit *un Conteur arabe et son auditoire*, dont il avait dessiné un joli croquis très poussé sur le second feuillet de sa lettre.

Passionné de peinture, Émile possédait lui-même un véritable talent de dessinateur. Malheureusement il n'est resté que fort peu de ses œuvrettes, mais, pour qu'on puisse juger de leur qualité, on a reproduit dans ce livre un dessin à la plume où il s'est représenté coiffé d'un haut-de-forme défoncé et portant un costume lamentablement rapiécé et effrangé, devant un guichet surmonté du mot « Caisse ». Spirituel rappel à l'ordre destiné à quelque directeur de journal, car accompagné de cette pressante invite de la main de l'auteur : « de l'argent ou pas de copie ». D'après le journaliste Alfred d'Aunay, il lui arrivait même de croquer dans la rue des passants dont l'aspect l'avait frappé.

Bien que Gaboriau ait craint, comme nombre de ses contemporains, que, dans le domaine du portrait, la peinture puisse céder la place à la photographie, il s'est beaucoup intéressé à cette dernière technique en voie d'un rapide perfectionnement pouvant aboutir à un art original. Il a même prévu, comme on sait, le rôle important qu'elle pourrait jouer dans la recherche policière et, peut-être à cause de cet intérêt, s'est-il de bonne heure lié d'amitié avec le chroniqueur et photographe Carjat, qui fut un des collaborateurs de *Jean Diable*. Leurs relations n'ont pu que se resserrer, quand Gaboriau s'installa rue Notre-Dame-de-Lorette, où Étienne Carjat avait son atelier et son magasin au 10, en bas de cette rue en forte pente. Par suite de cette coïncidence, il allait lui aussi devenir un des commensaux attitrés du romancier. Émile Gaboriau lui fit même une publicité gratuite, en indiquant l'emplacement de son atelier, dans *La Vie infernale* et en mettant en scène l'homme et le photographe en des termes flatteurs. « Bientôt de chaque côté d'une porte cochère, elle (Marguerite de Chalusse) aperçut des cadres pleins de portraits et, au-dessus, le nom qu'on lui avait dit : Carjat... Un homme encore jeune, portant moustache et royale, vêtu d'un veston de velours, entra. Elle eut une seconde de perplexité, Oh ! rien qu'une seconde. La loyale et bienveillante figure lui disait que celui-là ne la trahirait pas, qu'il lui donnerait plutôt secours et assistance... Obtenir d'une lettre un fac-similé absolument parfait est une opération délicate et parfois assez longue. Au bout de vingt minutes le photographe possédait deux clichés, qui lui promettaient des épreuves superbes. »

Nous sommes loin de connaître les noms de tous les journalistes et hommes de lettres qui fréquentaient les Gaboriau, mais il en était au moins un particulièrement lié d'amitié avec Émile. C'était le chroniqueur Aurélien Scholl, de quelques mois son cadet. Fils d'un notaire bordelais israélite, il avait gagné Paris à dix-sept ans, entêté lui aussi de journalisme, et avait presque aussitôt débuté au *Corsaire*. Nous ignorons quand les deux hommes s'étaient rencontrés pour la première fois, mais, comme ils se tutoyaient, on peut supposer que ce fut dans leurs années de jeunesse. Ils se complétaient en tout cas, car le caractère de Scholl, avec sa verve souvent cruelle qui lui valut nombre de duels et de poursuites judiciaires, formait un contraste parfait avec celui de l'aimable compagnon qu'était Émile Gaboriau.

Lors du décès de ce dernier, Alfred d'Aunay, rédacteur au *Figaro*, se flatta d'avoir été « son ami très intime », mais nous n'avons pas rencontré son nom dans la correspondance dont nous avons disposé et nous manquons complètement d'information sur ce personnage.

Quant à Philibert Audebrand, s'il s'asseyait fréquemment à la table du romancier dont il se disait le camarade, il lui manqua au moins la reconnaissance du ventre. D'origine berrichonne et de près de vingt ans plus âgé qu'Émile, il avait renoncé à l'étude du droit pour entrer dans le journalisme. Il avait écrit des feuilletons, d'innombrables articles, des romans, des pièces de théâtre, des contes pour enfants, ce qui faisait dire à Monselet qu'avec sa production on couvrirait la place du Carrousel. Après 1880 et jusqu'au début du XXe siècle, il publia des volumes de souvenirs où, apparemment ulcéré par le succès persistant du confrère disparu, quand il lui arriva d'évoquer la mémoire de Gaboriau, il le fit sans beaucoup d'indulgence et en commettant plusieurs confusions.

Il y eut heureusement pour celui-ci des amitiés plus sincères, en particulier celles de deux bonapartistes d'esprit ouvert que nous avons déjà rencontrés, Antoine Grenier, de dix ans son aîné, et Alcide Grandguillot qu'il avait connu au temps des vaches maigres, au Quartier Latin.

Grenier, venu du Velay, comme plus tard le Jerphanion de Jules Romains, avait été admis à l'École Normale avec le numéro 1, puis à l'École d'Athènes. Professeur agrégé à la Faculté des Lettres de Clermond-Ferrand, il abandonna l'enseignement pour entrer, en 1861, au *Constitutionnel*, après son mariage avec la fille du chef d'orchestre de l'Opéra. Son premier article (sur l'évacuation de Rome) fut traduit en vingt langues. Rédacteur en chef du *Pays* en 1863, il fonda en 1867, *La Situation*, où il publia la prose de son ami.

Tout au contraire de Grenier, Alcide Grandguillot avait connu des débuts difficiles. Originaire de la Haute-Normandie, il avait tout d'abord vécu à Paris en donnant des leçons particulières. Mais Morny, à qui on l'avait recommandé, le prit avec lui lors de son voyage en Russie où il devait représenter la France au couronnement d'Alexandre II. A la suite de ce voyage, Grandguillot publia, en 1858, dans *Le Constitutionnel*, des *Lettres de Russie* qui furent très remarquées. Devenu, l'année suivante, rédacteur en chef de ce journal, il le quitta, en 1862, pour *Le Pays* où devaient le suivre d'abord Grenier, puis Gaboriau. Mais en 1865, il abandonna le journalisme pour se lancer dans les affaires tout en continuant à publier des ouvrages favorables à l'Empire, même après la défaite.

Pour ses préfaces pleines d'esprit, Édouard Dentu mérite de prendre place parmi les écrivains. Il avait été jusqu'alors et sera l'unique éditeur d'Émile Gaboriau, dont il fut en outre un ami tout dévoué. Il lui laissa, on l'a vu, les clefs du pavillon qu'il possédait près de la forêt de Fontainebleau, pour qu'il puisse s'y réfugier avec son amie et goûter un peu de détente en pleine nature. Ayant, à l'époque, dépassé la soixantaine et riche d'expérience littéraire, il était pour l'auteur de *L'Affaire Lerouge* un guide de bon conseil.

Les repas où les Gaboriau réunissaient leurs amis n'avaient rien de protocolaire, on s'en doute. On y plaisantait, on contait des anecdotes, on rapportait les derniers potins du monde du journalisme, de la littérature et des arts. On y chantait au dessert, comme c'était alors la coutume.

Le père du roman policier était d'une agréable fréquentation. Sa conversation, nourrie de fines observations et de fortes lectures, pétillait d'esprit. Peut-être à cause de cela, l'a-t-on dit « sceptique et incapable de sentiments profonds ». Cependant l'affection qu'il a témoignée aux siens ne s'est démentie en aucune circonstance et, à travers toute son existence, il a su se montrer capable de dévouement et de courage.

Il n'apportait pas un soin extrême à sa tenue vestimentaire. Le mystérieux romancier nonagénaire « interviewé » par Emmanuel Car l'a ainsi évoqué : « Gaboriau était un bel homme, grand, fort, barbu. Sa mise et son langage étaient ceux d'un artiste doublé d'un soldat. Il portait toute l'année un pantalon à la hussarde emprisonné dans des bottes de cuir souple et un paletot vert. Il ignorait l'usage des cravates ; un simple foulard rouge lui suffisait. Il jetait de côté sur son ample chevelure un feutre calabrais. » Ce n'est qu'à peu près la description donnée par un autre confrère du romancier, au lendemain de sa disparition, celle-ci probablement plus véridique : « Toujours vêtu d'une redingote à parements de velours, d'un gilet à la Robespierre, d'une cravate en foulard blanc négligemment nouée autour du cou, d'un pantalon à la hussarde ou d'une culotte collante emprisonnée dans de grande bottes à l'écuyère. » Or, sur les quatre photographies restées d'Émile Gaboriau, qui embrassent plus de quinze années, on retrouve, immuables, la redingote à col de velours et le foulard blanc.

De cette époque, on ne possède du romancier que le portrait peint par Porion à la fin de 1869, soit plus de sept ans après la photographie prise par Franck. Aucun changement dans la coiffure, la moustache et la barbe, mais, les joues sont moins pleines, révélant mieux la structure de la figure dont les traits plus dessinés annoncent l'approche de la quarantaine. Et l'expression est toute différente, reflétant apparemment la satisfaction de la réussite. En particulier le regard, devenu très ferme, traduit une évidente fierté et la confiance en soi.

Cependant, d'après tous les témoignages, son caractère ne s'était pas modifié. Il était le plus obligeant des hommes, toujours prêt à servir les nombreux amis que lui avait acquis « son naturel franc, gai, bienveillant et digne de sympathie ». Il était d'un accueil aimable avec les inconnus, même les quémandeurs, et il savait mettre la main à la poche pour obliger, avec la plus grande discrétion, les confrères malheureux. S'il ne sut guère compter, surtout l'opulence venue, du moins il n'eut pas la passion du jeu, dont il affligea Lecoq tout jeune homme. Il révéla même, dans une de ses dernières chroniques du *Pays*, que de sa vie il n'avait été « amoureux de la dame de pique ».

C'était l'être le plus doux qui fût, d'une parfaite urbanité. Mais, pour éviter les duels qu'il jugeait stupides, fréquents à l'époque dans le monde du journalisme, il s'était donné la réputation d'un dangereux bretteur, d'une adresse tout aussi prodigieuse au pistolet qu'à l'épée. Aussi répétait-il volontiers qu'il ne se battrait jamais tant cela équivaudrait de sa part à un assassinat. Le plus curieux fut que personne ne lui demanda jamais de faire la démonstration de sa prétendue maîtrise dans le maniement de ces armes dont, malgré son passé militaire, il n'aurait eu qu'une très approximative connaissance. D'ailleurs il adorait faire des « farces » (on dirait aujourd'hui des « canulars ») mais jamais bien méchantes. Quelques mois après la chute de la Commune, il aperçoit dans une brasserie qu'il fréquentait habituellement un bourgeois à l'air un peu niais et timoré. Il s'assied non loin de lui, engage la conversation le plus cordialement du monde, lui offre une consommation que l'autre accepte volontiers, puis, baissant la voix, prétend avoir été un des membres les plus influents de l'insurrection, jusque-là pourchassé en vain par la police. Son interlocuteur, effrayé, s'efforçait par tous les moyens d'échapper à ce voisin terriblement compromettant, mais toujours Gaboriau le retenait, lui contant de hauts faits imaginaires, qui mettaient le comble à l'épouvante de sa victime.

D'après Léon Treich, il pouvait pousser encore plus loin la plaisanterie. « Il adorait fréquenter les mauvais garçons et parlait très bien leur langage », nous assure ce chroniqueur dans une de ses *Notes parisiennes* où il rapporte cette anecdote : « Un soir, après avoir vidé avec deux ou trois gouapes force chopines, il se vit proposer par un de ses interlocuteurs : Tu me plais ; il y a à deux pas d'ici une boutique facile à faire. Reviens demain. Nous ferons le coup ! Jamais Gaboriau ne fut plus heureux. »

Bien qu'il ait redouté de voir son portrait exposé à la vitrine de son photographe — du moins l'a-t-il affirmé — il n'était pas mécontent d'être connu et humait volontiers l'encens de la gloire. N'était-ce pas ce qu'il avait espéré et poursuivi pendant des années ? Il savourait tout particulièrement la popularité que le succès de ses feuilletons lui avait value dans son quartier, dont les habitants, confondant l'auteur et le héros de ses romans, le saluaient du nom de Monsieur Lecoq. Lui-même, se prenant au jeu, se fit imprimer, en 1869, un papier à lettres portant en en-tête le coq rouge en relief qu'il avait déjà fait adopter par son policier, toutefois avec une devise différente : au lieu du « Semper vigilans » convenant à l'implacable ennemi des malfaiteurs, l'emblème de l'écrivain s'ornait du simple mot : Sursum.

Quelles furent au temps de l'Empire ses opinions politiques ? Il avait grandi dans une famille manifestement gagnée à cette Monarchie de Juillet qui s'efforçait d'apporter le calme au-dedans et la paix aux frontières, et lui-même, dans ses chroniques, montre en général du goût pour le libéralisme. Audebrand, toujours malveillant, a écrit que, « dans sa jeunesse, il était républicain et ne parlait du nouvel empire qu'avec une superbe colère. Par malheur ce n'était chez lui qu'un feu de paille. L'âge survenant, le scepticisme du temps le gagna et, nous devions l'entendre, au bout d'une quinzaine d'années, chanter une triste antienne : Attacher une cocarde à mon chapeau ? Pas si bête ! Moi, je suis du grand parti des Je m'en foutistes ». On ne peut guère accorder de confiance au témoignage d'Audebrand, mais si Gaboriau a vraiment prononcé cette phrase, ce dut être à l'époque où il avait été contraint d'entrer au *Pays*. Il l'aurait alors lancée par bravade et aussi pour se débarrasser de ceux qui le poussaient à se compromettre politiquement dans l'intention, soit de lui nuire, soit d'utiliser sa notoriété au profit de leurs ambitions.

On est bien mieux renseigné sur ses convictions politiques par ce long passage sur le meurtre de Victor Noir par le prince Pierre Bonaparte, tiré d'une lettre à son père, datant de la fin de janvier ou des premiers jours de février 1870 :

« J'attribue à l'humidité la surprenante et désagréable persistance de mes névralgies. Oui, à l'humidité et aussi aux colères où je me mets en lisant tous les soirs le journal de mon tendre ami Rochefort. Pourquoi lisez-vous *La Marseillaise* me direz-vous ? Mon Dieu ! parce qu'il faut bien se tenir au courant. Ces gens-là sont des fous ou les derniers des scélérats. C'est à devenir bonapartiste quand on les lit. Sa Majesté Gredin III, en horreur de la bourgeoisie, l'avait bien dit : on aura peut-être la licence, la liberté jamais et, le jour où je me sentirai menacé par les classes moyennes, je démusèlerai la voyoucratie. Or la voyoucratie est déchaînée et la licence nous l'avons. En ce moment font florès une trentaine d'avortés, d'impuissants et d'abjects drôles sans talent, ni conscience, ni moralité, ni convictions, qui saoulent le peuple, ou plutôt la populace, d'idées de désordres et lui sonnent tous les matins la curée de l'argent d'autrui. Où tout cela nous mènera-t-il ? A une révolution ? C'est assez peu probable, tous les gens étant bien résolus à se défendre, à défendre leur montre et les sensés étant encore, quoi qu'on dise, une majorité.

« Les affaires avaient cependant repris avec le ministère Ollivier et on pouvait espérer quelque tranquillité quand ce sinistre misérable qui a nom Pierre Bonaparte s'est avisé de tirer sur Victor Noir et de le tuer. Noir était un horrible bohème, taillé en fort de la halle et infiniment moins comme il faut, brutal et grossier, mais ce n'étaient pas là des motifs pour lui tirer dessus comme sur un chien.

« Que dit-on à Jonzac de cette histoire ? J'aimerais assez que vous m'en disiez quelque chose ainsi que de l'attitude de vos démocrates. Que pense notre voisin Gautret de cette petite génération de révolutionnaires, issus des clubs à souteneurs de Belleville ? Ledru-Rollin lui-même en a peur, hésite à revenir à Paris et refuse de plaider pour la famille de Victor Noir devant la haute cour. »

Gaboriau sortait fréquemment après le dîner et le plus souvent pour passer la soirée au café. Il faut dire que jamais on n'y a autant vécu qu'au XIXe siècle, tour à tour lieu de lecture, de jeu, d'études et de conversation. On s'y retrouvait avec des amis, des collègues, des confrères, des camarades de travail, ce qui aboutissait à la formation de véritables cercles, dont chacun, suivant sa fréquentation, avait une physionomie particulière.

Jusqu'à la guerre, il fut l'habitué d'une brasserie située à l'intersection de la rue des Petits Champs et de la rue Saint-Roch, au rez-de-chaussée d'une maison qui fut détruite en 1875, lors de la percée de l'avenue de l'Opéra. Cet établissement, où l'on buvait de l'excellente bière, était à l'enseigne du Café Saint-Roch et nommé par les familiers Café Robespierre, parce que, disait-on, le célèbre montagnard s'y était parfois désaltéré en sortant, tout enfiévré, des séances des Jacobins. La salle, modernisée par la suite, avait une forme octogonale ; elle était divisée par des colonnes et tous les murs étaient tapissés de glaces.

L'établissement possédait une clientèle très diverse, composée en grande partie d'habitants du quartier et de péripatéticiennes, mais la travée centrale avait fini par devenir le point de rencontre de journalistes de toutes tendances politiques auxquels s'étaient agglutinés des romanciers, des hommes de loi, des médecins, des ingénieurs. On avait surnommé leur domaine « le côté des savants ». On s'y retrouvait entre huit heures du soir et minuit, heure de la fermeture, pour y jouer, mais surtout y discuter dans la plus grande liberté et un parfait esprit de tolérance. Il arrivait même qu'on y déclamât des pièces des *Châtiments*. Outre ses amis nommés plus haut, Gaboriau rencontrait là des personnalités déjà très connues, certaines en passe d'accéder à la célébrité, entre autres Gustave Chaudey, Clément Laurier et Albert de la Fizelière. Gustave Courbet et Victor Noir y apparaissaient parfois.

A en croire Audebrand, Gaboriau était souvent accompagné de son amie quand il venait y passer une soirée. « Il nous arrivait, flanqué d'un grand chien-loup et de Mélie, sa maîtresse, une belle fille dont il se réservait de faire prochainement sa femme. En véritable Parisienne du demi-monde qu'elle était, cette égérie du romancier, une fois assise à notre table, rejetait toute pratique de bégueulerie et se changeait en bon garçon. En fumant un cigare de la régie, elle mêlait son caquetage à nos propos et ne s'arrêtait guère que pour donner des échaudés au chien-loup ou le faire boire au fond de son verre. Ce fut la seule femme dont notre groupe ait jamais toléré la présence. Très certainement on ne se gênait pas auprès d'elle, mais il va sans dire qu'aucun des buveurs de bière ne se soit jamais non plus échappé auprès d'elle dans aucune sortie inconvenante. — Pardieu, disait Porion, le peintre de la reine d'Espagne, Mélie est un de nos camarades. » Évocation, certes, très vivante, mais on est cependant en droit de se demander si la mémoire d'Audebrand n'est pas encore une fois infidèle sur certains points. On ne conçoit pas comment Bellah, la petite chienne blanche, se serait transformée en chien-loup, à moins que, par suite de son « grand âge », elle ne soit morte brusquement et n'ait reçu un successeur d'une tout autre race.

Parlant de son amie, Gaboriau a toujours insisté sur sa bonté, sa douceur et son dévouement. Sur la seconde photographie restée d'Amélie Rogelet, prise de buste et datant probablement de cette époque, le visage apparaît plaisant sous une abondante chevelure châtain foncé. Les traits en sont peut-être un peu mous, mais l'expression est à la fois très tendre et un peu mutine, encore agrémentée par une petite moue charmante. On y découvre, semble-t-il, une pointe de satisfaction bien excusable chez la compagne d'un homme qu'elle avait distingué avant qu'il n'atteigne à la célébrité, puis pour avoir facilité son succès en participant à ses travaux et en veillant sur sa santé.

Cette santé, après les épreuves subies au début de la décennie, pouvait encore inspirer des inquiétudes. Audebrand conte qu'en 1869, au cours d'une soirée passée entre amis à la brasserie, il avait demandé à Gaboriau pourquoi il ne participait jamais au « Pluvier », le repas mensuel que, depuis 1866, faisaient chez Brébant les jeunes journalistes d'opposition. Le romancier, pour toute réponse, tira de sa poche une petite boîte en carton contenant une douzaine d'os jaunis. C'était, déclara-t-il, les cartilages de son nez, tombés d'eux-mêmes, un à un, sans qu'il ait éprouvé aucune douleur, sans que cela puisse se voir sur son visage. Il paraissait posséder un nez et n'en avait plus. Il pensait que cela devait se sentir et, en conséquence, n'allait nulle part, si ce n'était au café fréquenté par ses amis. Tout ce qu'on put dire pour le faire changer de résolution fut peine perdue. Après son départ, le dentiste Fanty, qui faisait partie du groupe d'amis réunis ce soir-là, déclara que le mal était cancéreux et que le pauvre garçon, tôt ou tard serait foudroyé sur place, ce qui paraît un diagnostic bien hasardé.

Dans son article plus que fantaisiste, Emmanuel Car a textuellement écrit : « La rhinite qu'il avait contractée en Afrique le minait, lui enlevait peu à peu sa belle humeur. Chaque matin, il retirait de sa gorge quelque fragment d'os qui se détachait pendant la nuit, et il collectionnait ces tristes débris dans une tabatière en écaille. Jamais il ne voulut se soumettre au traitement héroïque qui consiste à mettre à nu la partie malade et à la cautériser. » Roger Grenier, qui a en partie puisé son information dans Emmanuel Car, a répété qu'il s'agissait d'un ozène gagné en Afrique du Nord.

Or, si Gaboriau avait contracté cette affection au cours de son séjour dans l'armée, il est probable qu'il aurait obtenu une pension et on peut être persuadé qu'il y aurait au moins fait allusion dans ses nombreuses lettres de 1862 ou de 1863 à sa famille. Pour la première fois, à la fin de l'hiver de 1867, on apprend par une lettre à sa sœur qu'il souffre chroniquement du nez. La certitude qu'il a d'être un jour défiguré, l'incertitude de savoir jusqu'à quel point, empoisonnent son existence. D'un passage, on peut déduire que le mal remontait à quelques mois. En décembre de la même année, il ressent toujours des douleurs et son nez enfle. « Est-ce l'effet du froid ? » A la fin de 1868, il se déclarerait satisfait de son sort, s'il n'y avait ce malheureux organe pour lui gâcher l'existence, ce nez qui n'est toujours pas guéri. Or, en pleine concordance avec ces dates, on peut lire dans un article nécrologique publié en 1873 : « Il y a six ou sept ans, il faillit mourir d'une nécrose, ayant respiré de l'acide phénique pour guérir un rhume de cerveau. Il fut soudain atteint d'une carie des os du nez qui tombèrent, il ne resta plus que les cartilages. » Toutefois l'excuse donnée par Gaboriau à Audebrand n'est pas très convaincante, car il était amené à se rendre en bien d'autres lieux publics qu'au Robespierre et l'on peut se demander si, pris de court par la question de son camarade, il n'a pas voulu éviter de donner la véritable raison de son absence du « Pluvier » : la crainte de se compromettre politiquement.

Cette incommodité, si pénible qu'elle fût, n'a pu être la cause de sa fin brutale et prématurée, précisément à une époque où il déclarait ne plus s'en ressentir, mais elle a incontestablement agi sur son moral et rendu son travail plus difficile. Tout comme diverses indispositions relevées dans sa correspondance au cours des années précédant la guerre, en particulier d'assez fréquents maux de gorge. Ainsi, le 17 juillet 1869, il écrit à sa sœur qu'il relève d'une angine, d'ailleurs sans gravité. Il a été remis sur pied grâce à quelques sangsues, mais il a connu quatre jours d'un vrai supplice par suite de « l'affreuse nécessité » de poursuivre la rédaction de son roman. Il s'est « congestionné la cervelle pour donner trois ou quatre feuilletons vraiment mauvais », ayant dû « arrêter le récit au lieu de le pousser ».

Mais l'année précédente, il y avait eu plus alarmant. A la fin de l'été il s'était plaint, dans une lettre à sa sœur, d'avoir beaucoup souffert de la chaleur : « Par une belle nuit de juillet, tandis que je feuilletonais péniblement, voilà qu'il me semble tout à coup que le grand ressort de ma triste machine se casse. Je sens dans le ventre et dans l'estomac des douleurs atroces et me voilà vomissant et autre encore. Le médicastre, appelé, a diagnostiqué un débordement de bile. » Alors il a bâclé la première partie du roman en cours et, le surlendemain, il est parti pour Fécamp par le train de douze heures cinq, avec un congé de huit jours. Malgré une pluie continuelle, il s'est longuement baigné.

Si l'on en croit les rares lettres d'Émile Gaboriau dont on dispose pour cette époque, la servitude des feuilletons ne lui permettait pas de se rendre à Jonzac aussi souvent qu'il l'eût souhaité. Peut-être, aussi, les réticences d'Amélie Rogelet devant des absences prolongées.

Le 23 février 1868, il accuse réception aux siens, avec un mois de retard, d' « une dame bordelaise » à laquelle il fait « une cour fervente » puisqu'il a déjà « liché » plus de vingt bouteilles. Mais il ne pourra être à Jonzac pour le Mardi Gras, comme il l'espérait, car il n'en a pas fini avec *Les Esclaves de Paris*. Il va maintenant livrer à Lecoq la bande Mascarot. Il ne se mettra en route que le 3 ou 4 mars par le train de 10 heures 45. Il leur arrivera donc en plein Carême. Il s'en fait une fête inimaginable. Il y a si longtemps qu'il ne les a vus ! Quel rêve délicieux ! Malheureusement il n'aura que trois ou quatre jours à leur donner.

Mais la paresse épistolaire se fait sentir de part et d'autre, car, dans une lettre du début de l'automne, Émile se plaint de ne recevoir de Jonzac qu'un rare courrier. Voilà des années, en particulier, qu'il n'a vu un spécimen de l'écriture de l'ancien conservateur des hypothèques. Il regrette que sa maudite vie de feuilletoniste l'ait empêché de se trouver avec les siens le samedi où ils recueillaient les reste de sa pauvre mère. La douleur qu'il eût là-bas ressentie eût été douce en comparaison du chagrin qu'il a éprouvé à Paris.

Certes, en ce qui concerne le succès auquel il rêvait, toutes ses espérances sont dépassées. Il est « connu comme le loup blanc » et gagne « autant d'argent qu'un marchand de marrons ». Sa position s'assoit tous les jours et il est entouré d'amitiés qui s'étudient à lui faire la vie douce et facile. Mais ces avantages se payent très cher. « Il n'y a pas de forçat, dit-il, pas de nègre, pas d'esclave qui soit tenu, attaché, lié, enchaîné comme je suis. Le galérien, au moins, s'endort en pensant à ce qu'il veut. Je ne puis, moi, tant qu'un feuilleton dure, détacher ma pensée de cette fiction que je m'efforce de faire palpiter et vivre. Encore cinq ans de cette vie et je me retire à Royan. C'est ma volonté, mon rêve, ma toquade. Une maison au bord de la mer, au milieu d'un bois de pins, voilà le paradis pour mes vieux jours. Vous viendrez et je vous apprendrai à jouer au jacquet. »

Ce projet supposait qu'il s'installerait en Saintonge avec une Amélie devenue sa légitime épouse, car il n'était pas concevable, en une ville où « la conversation vit trois jours sur la dernière robe arborée par la sous-préfète », d'offrir aux indigènes le malin plaisir de la désigner comme « la concubine du beau-frère du maire ». Par contre il n'était pas interdit à Émile de partir avec elle, entre deux feuilletons, pour des pays où la question ne se poserait pas, car, maintenant qu'il en avait les moyens, l'envie le prenait de « visiter le monde ». Ainsi quand il aura achevé d'écrire *Monsieur Lecoq*, il quittera Paris pour un mois, qu'il passera soit à Nice, soit à Naples. Peut-être ira-t-il ensuite à Barcelone par Perpignan et Port-Vendres. Il voudrait aller partout et, à la fin d'un grand voyage, passer quelques jours avec les siens. Il nourrit le projet d'amasser dix-huit mille livres de rente avec lesquelles il se payerait les délices de ne rien faire et de voyager.

Une partie du projet fut mise à exécution et le couple partit pour l'agréable littoral qu'on devait par la suite surnommer Côte d'Azur. Comme à l'accoutumée, Émile Gaboriau ne manqua pas d'utiliser ses souvenirs de voyage dans un de ses romans, *La Vie infernale*, paru l'année suivante. Il y décrit Cannes comme « une des villes les plus charmantes qui se mirent aux flots bleus de la Méditerranée ». Il y fit séjourner ses deux personnages, le comte de Chalusse et sa fille, dans une demeure de rêve « au milieu d'un bois d'orangers, à deux pas de la mer, en face de ces deux corbeilles de myrtes et de lauriers, les îles Sainte-Marguerite (en fait les îles Lérins) ». Puis le comte affréta à Nice un bateau pour Gênes et les deux voyageurs visitèrent l'Italie avant de rentrer par le Mont-Cenis. Probablement fut-ce également l'itinéraire du romancier et de son amie.

En mai 1869, Émile éprouve de l'inquiétude pour la santé de son père. Il l'invite à venir passer quelques jours à Paris en lui promettant de lui consacrer une grande part de son temps. L'état de M. Gaboriau ne doit pas constituer un obstacle à ce voyage. Et, puisque celui-ci veut bien le consulter par lettre, il lui conseille pour la bouche et la gorge des gargarismes au pavot et à la guimauve en période d'inflammation et, celle-ci passée, une décoction de quinine pour achever la guérison. Lui-même, en pareil cas, se contente de prendre au coucher une pincée de sel gris dans un verre d'eau. Mais, à son tour, il se sent fatigué.

L'été venu, Émile répond à nouveau à l'invitation au voyage, qui lui apparaît comme une récompense du travail accompli. Le 17 juillet 1869, dans une lettre à sa sœur, il se plaint de ne pas avoir eu vingt-quatre heures de repos consécutives depuis quatre mois et demi. Dès qu'il aura écrit le mot fin à *La Vie infernale*, il s'enfuira, mais il ne sait encore dans quelle direction. Peut-être ira-t-il « en droiture » à Royan. Peut-être visitera-t-il toute la côte de Bretagne, depuis Saint-Malo jusqu'à Concarneau en passant par les Sept-Iles. L'important pour lui est de respirer de l'air salé et de se tremper souvent dans l'eau de mer.

« Une semaine encore, écrit-il le 5 août, et *La Vie infernale* sera terminée. Il se « poussera de l'air », comme dirait Toto Chupin. Sa décision est prise, il a choisi la Bretagne. De Saint-Malo, il se fera conduire en voiture à Brest en longeant la côte, et quand il rencontrera une belle plage, crac, il revêtira son costume de bain. Il est possible que les lits d'auberge manquent de propreté, mais il en a vu d'autres sur la côte de Fréjus. Il emportera un immense sac de toile et une taie pour le cas où les draps ne seraient pas immaculés. Comme on peut avoir besoin de lui, chaque fois qu'il changera de lieu de séjour, il fera tenir à Maurice Delamain une dépêche télégraphique. Il reviendra par Nantes et s'efforcera de pousser jusqu'à Royan. S'il est contraint de rentrer directement à Paris, il s'arrangera pour faire une visite aux siens avant de reprendre son collier de misère.

La visite n'eut cependant lieu qu'à la mi-septembre, après le retour du ménage à Paris. On le sait par une lettre du 14, adressée à Émile Gaboriau par un de ses confrères du *Petit Journal*, le Charentais Godineau, qui lui fait tout d'abord savoir que leur démarche auprès des compagnies des Chemins de fer d'Orléans et du Midi a échoué. Une bonne leçon ! Ils ne devront plus manger leur blé en herbe (Quel était donc le mirifique projet sur lequel ils comptaient pour faire rapidement fortune ?) Mais Émile ne doit pas s'attrister à la veille de son départ pour la Saintonge. Son rédacteur en chef Escoffier, se joint à Godineau pour lui souhaiter un heureux congé et de fructueuses explorations, à marée basse, dans « la patrie des mollusques ».

Quand, dans les lettres à ses parents, il envisage de pousser une pointe, en cours de route, jusqu'à Jonzac, ou bien il les berce d'une promesse fallacieuse ou bien ce ne pourrait être qu'après avoir reconduit son amie au bercail parisien. Certes, son père et sa sœur ne peuvent ignorer sa liaison. M. Gaboriau et Georges Coindreau étaient venus à plusieurs reprises à Paris depuis 1861, mais il devait être tacitement convenu entre eux de ne jamais faire allusion à cette situation dans leurs lettres respectives, à moins que n'ait été détruite la correspondance où il en était question. Pour la première fois on trouve une discrète mention de l'existence d'Amélie Rogelet dans ce post-scriptum d'une lettre d'Émile à son père, à la suite d'un séjour de l'ancien conservateur venu à Paris en novembre 1869 : « Point n'est besoin de vous dire qu'on vous envoie, de chez moi, l'expression de la plus respectueuse et de la meilleure affection. »

Gaboriau se retrouvera à Jonzac pour un court séjour, en juin 1870, au moment des élections aux conseils généraux. De là, il adresse, le 13, à son amie, une lettre amusante où il lui conte les dernières péripéties de l'élection de son beau-frère Coindreau, candidat dans le canton.

« Mignonne, autant j'étais vexé, l'autre jour, d'être arrivé à Jonzac pendant les élections, autant j'en suis satisfait aujourd'hui. Par ma foi, c'est une chose curieuse et qui certainement me servira pour un roman. L'élection de Georges était très fortement combattue. Le sous-préfet était contre lui et il y avait fort à craindre qu'il n'échouât, mais il a tant et tant péroré, le père Brassaud s'est tant remué que l'élection a été magnifiquement enlevée. Notre soirée d'hier a été, comme tu penses, terriblement agitée. Nous étions tous, Georges et ses partisans, réunis à la maison, attendant les exprès qui nous apportaient les résultats des communes rurales. Vers 9 heures, le succès a été connu. Toute la ville était devant notre porte, armée de fusées et de pétards et criant : « Vive Coindreau ! » à tue-tête. Le dit Coindreau était grandi de deux pieds. Nous avons pensé à dîner seulement vers onze heures. Mais les maires et les gardes champêtres qu'on avait invités à se rafraîchir, dès qu'ils arrivaient, avaient tout dévoré, si bien que le repas a été fort court. On s'est vengé en buvant d'une façon cruelle. Comprends-tu maintenant pourquoi je ne suis pas parti, comme je te l'avais annoncé, aujourd'hui ? Je pense me mettre en route demain... »

Malheureusement pour lui, de tels moments de détente étaient trop rares dans la bousculade de son existence parisienne. Les grands voyages auxquels il se plaisait, lui apportaient certes, une distraction, mais non un repos comme celui qu'il pouvait goûter à Jonzac et c'est pourtant cela dont il avait besoin. Les petits ennuis de santé éprouvés constamment et auxquels il accordait des traitements uniquement externes auraient dû constituer pour un esprit averti les signes avant-coureurs d'une usure prématurée qui, avec la guerre, allait devenir irrémédiable. La médecine ne pouvait, alors, la déceler avec assez de précision, ne disposant ni de la mesure de la tension artérielle et du rythme cardiaque, ni de la radiographie. Mais son désir de retraite avant l'âge et de retour au pays natal, s'il aura plus tard pour but avoué de renouveler son œuvre littéraire, traduisait de sa part, consciemment ou non, le besoin d'accorder un répit à un cœur et des nerfs auxquels, pendant quinze ans, il avait trop demandé.

XXII

ŒUVRETTES ET DERNIÈRES CHRONIQUES

Gaboriau allant cesser d'être chroniqueur pour rester uniquement romancier, ses derniers envois à la presse, dans le domaine où il fit ses débuts, n'en sont que plus intéressants.

On les rencontre tout d'abord dans *La Revue de Poche*, livraison bimensuelle de petit format, fondée en décembre 1866, dont la rédaction en chef avait été confiée à un certain Paul Klotz. Notre ami s'y trouve désigné comme l'un de ses collaborateurs, mais sa participation se réduit en fait à trois œuvrettes. Tout d'abord une petite pièce de vers badins, présentée dans la livraison du 10 janvier 1867 et dont le manuscrit figure avec des variantes dans un carnet auquel il confiait ses essais poétiques. Quant aux autres morceaux, ce sont deux nouvelles intitulées *Casta Vixit*, publiée dans la livraison du 25 janvier, et *Une Pieuvre*, parue dans celle du 1er avril. De la première nous avons, d'ailleurs, extrait les détails empruntés à la ville de Saumur et au Saumurois, dans le chapitre sur l'adolescence d'Émile Gaboriau. Enfin il convient de mentionner au passage, dans la livraison du 10 février, une saynète en vers, *L'Élixir de vie*, dédiée par un anonyme à son spirituel confrère, peut-être en souvenir du *Faux Faust*, du fait qu'il s'agit de la recherche d'un breuvage destinée à donner l'immortalité.

La participation de Gaboriau à *La Situation* fut plus importante, encore que de courte durée. C'est son ami Grenier, directeur de ce quotidien du soir récemment fondé, qui lui demanda de lui donner chaque semaine une *Chronique parisienne*. Il s'en acquitta du 15 septembre au 7 octobre 1867, puis, après une interruption inexpliquée d'un mois, du 4 au 25 novembre, date à laquelle prit fin cette collaboration, sans qu'il en soit donné d'explication. On peut cependant supposer qu'apportant son appui à une feuille concurrente, elle déplaisait aux Millaud, alors en négociations avec Émile Gaboriau pour conclure un traité attachant pendant deux ans le romancier à leurs journaux, contrat finalement signé en décembre 1867. En contrepartie, cet acte, on l'a vu, lui accordait la compensation de pouvoir publier dans *La Situation* un récit historique, *Le Drame de 1813* qu'il préparait ou envisageait d'écrire et dont il n'est pas resté de traces. La disparition prématurée de *La Situation*, en avril 1868, empêcha sans doute la réalisation de ce projet.

Il lui fut permis, peut-être par une mesure de faveur, de donner quelques lignes au périodique *Paris-Magazine*, lancé en juillet 1868, toujours par son ami Grenier. Il le fit, mais sans régularité, jusqu'au 1er novembre, en publiant parfois deux chroniques dans le même numéro, l'une sous sa signature, l'autre sous celle de Voiseux.

Voici maintenant le résumé de l'apport d'Émile Gaboriau à ces trois feuilles.

a) **dans « La Revue de Poche »** (1867).

Tout d'abord, présentés avec un délicat humour, ce sont les quatorze quatrains de *La Légende du Perruquier*, dictés par la muse de la poésie légère qui, ce jour-là, se posa une heure auprès du romancier :

« Soirée chez M. Gaboriau.

« Mercredi dernier, nous avons été invité à une réunion d'artistes chez M. Émile Gaboriau, notre collaborateur et l'illustre auteur de *L'Affaire Lerouge* et du *Crime d'Orcival*, qui ont tous deux obtenu un si légitime succès. On a causé et on a chanté. Entre autres chansons, nous avons entendu une complainte que nous avons rapidement soustraite à son auteur pour la reproduire dans cette revue. Cette complainte est à la fois tragique, comique, réaliste et philosophique. Chaque couplet est suivi d'un « Trou la la », que nous nous sommes dispensé de reproduire. Mais ceux qui aiment ce refrain poétique, peuvent suppléer à cette omission affectée.

La Légende du Perruquier

Près du carrefour Bussy,
il était une fillette ;
jamais on n'en a vu si
jeunette et si joliette.

Coquette elle était, mais on
la disait très vertueuse ;
son nom était Madelon
et son état repasseuse...

Elle avait de blonds cheveux,
cou charmant et taille exquise,
bouche rose, de grands yeux,
un petit pied de marquise.

Du matin jusques au soir,
près de ses fers empressée,
un chacun la pouvait voir,
bras nus, manches retroussées...

Quel bras !... plus blanc qu'un satin,
rond, avec une fossette ;
aussi le quartier latin
flambait comme une allumette.

Vers, bonbons, cadeaux, bouquets,
tombaient en pluie importune.
Rien qu'à porter ses poulets,
un Auvergnat fit fortune.

Cent fois on lui proposa
tout ce que femme désire,
plaisirs, luxe, et cœtera,
elle n'en faisait qu'en rire...

Mais, malgré tant de mépris,
Son cœur n'était pas de glace ;
son petit cœur était pris
par le perruquier d'en face...

Pour le lorgner, Madelon
devenait des plus distraites ;
elle manquait l'amidon
et roussissait les manchettes.

Mal elle se défendit,
et, certain soir de décembre,
la pauvrette, elle suivit
Le perruquier dans sa chambre...

Le tout petit jour naissait,
lorsque de la crémerie
on la vit fuir, son corset
roulé dans une *Patrie*.

Pauvre fille, elle avait cru
à des amours éternelles ;
Le merlan a disparu
sans laisser de ses nouvelles...

Le jour même, il a dû fuir
celle qui se désespère,
laissant pour tout souvenir,
un petit portrait du père.

Et maintenant, Madelon,
la repasseuse si fière,
se promène tout le long
du boulevard Poissonnière. »

Et voici le résumé de la nouvelle intitulée *Casta vixit*.

Une vie de vertu.

Aurélie, jeune fille d'excellente famille, faisait l'admiration de tout Saumur par sa beauté et son esprit. Persuadée qu'elle était digne d'un prince ou de quelque héros de roman, elle refusait obstinément les partis les plus avantageux. Jusqu'au jour où, comme la belle un peu trop fière du bon La Fontaine, elle jugea qu'il était temps de s'évader du célibat et ne crut pas devoir décourager les espoirs de Me Dubocage, notaire saumurois, homme fort aimable et fort soigné de sa personne. Mais, le lendemain du mariage, elle s'aperçut avec effroi qu'elle s'était irrémédiablement trompée et se convainquit qu'elle n'aimait pas et n'aimerait jamais le malheureux tabellion. Allait-elle prendre un amant ? C'était s'exposer à bien des soucis, bien des dangers et quelles nouvelles désillusions ne l'attendaient-elles pas ? D'ailleurs, elle ne voyait personne autour d'elle qui lui parût digne d'un tel don.

Jusqu'au jour où, dans un bal, l'invita à danser un brillant officier de dragons, qui s'était couvert de gloire dans la guerre contre les Arabes. Elle comprit tout de suite que c'était l'homme auquel elle était destinée et son émoi fut tel qu'elle se trouva mal au milieu de la danse. On dut la ramener chez elle. Le lendemain, encore mal remise de son émotion, elle prit une définitive décision comprenant qu'« il n'est d'idoles éternellement adorées que les idoles de l'imagination », elle se jura de rester fidèle à son mari, mais tout en se promettant de « l'assouplir à ses caprices, de le façonner selon ce qui lui semblait l'idéal ».

C'est vers ce temps que Dubocage, coupa ses favoris et laissa pousser ses moustaches. On le vit en ville, avec de grandes bottes à l'écuyère ornées de formidables éperons, il apprenait l'équitation. Il n'en eut pas le temps toutefois, car il venait d'arriver à Saumur un poète sur la voie de la célébrité, portant de longs cheveux plats et une barbe en désordre. En entendant le poète déclamer des œuvres touchantes, Aurélie aima la poésie. C'est pourquoi les bottes reléguées au grenier, Dubocage, trois semaines plus tard, publia dans *L'Écho Saumurois*, sous un pseudonyme transparent, « une nouvelle éplorée », qui obtint le plus légitime succès.

Il était destiné à bien d'autres métamorphoses, cependant que les maris saumurois proposaient comme modèle à leurs femmes une Aurélie parée de toutes les vertus. Malheureusement, un soir de mai, la belle notairesse fut prise d'un malaise et mourut brusquement. Dubocage, fou de douleur les premiers jours de son veuvage, serait resté inconsolable s'il n'avait découvert peu après le journal de la disparue, tenu avec une minutie de détails qui ne pouvait laisser aucun doute. C'est avec des cris de rage que le malheureux notaire lut le récit de sa curieuse infortune, de ce bizarre adultère qu'aucune loi n'aurait pu sanctionner.

Cependant, dans un cimetière au-delà de Nantilly, on peut lire sur la tombe de Mme Dubocage : « Casta vixit ».

Quant à la pieuvre, elle n'a rien de commun avec celle des *Travailleurs de la mer*, dont Gaboriau s'était tant moqué.

Une pieuvre.

Jenny Fancy, de son vrai nom Rosa Cabanou, était née près d'Aurillac. Servante chez un bonnetier, elle fut enceinte de son patron qui, apprenant la fâcheuse nouvelle, la jeta à la rue en lui volant douze francs sur les gages qu'il lui devait. Par timidité elle n'osa pas se plaindre. Quand elle sortit de l'hôpital avec son enfant, elle possédait quinze francs pour toute fortune. Elle mit le bébé en nourrice et, pendant huit ans, accepta les plus durs travaux, mais, ayant perdu sa dernière place, elle se laissa, comme tant d'autres, aller à la débauche. Comme elle était belle, elle eut des amants qu'elle garda plusieurs mois, soupa dans les grands restaurants, fréquenta les théâtres et acquit un certain vernis. Mais, à ce luxe qui, elle le sentait bien, pourrait soudain lui manquer, elle aurait préféré un travail régulier, car elle était restée raisonnable et avait gardé le sens de l'économie.

Elle fit un jour la conquête d'un jeune étranger qui lui trouva un nom plus élégant, la meubla luxueusement, mais la quitta au bout de deux ans. C'est alors que, dans un petit bal intime, elle fit la connaissance d'un bourgeois aisé mais un peu naïf, Désiré Rigal, qui se prit bientôt de passion pour elle. Quand elle le reçut chez elle, il fut abasourdi par le luxe de son appartement. Pour le rassurer, car il craignait de ne pouvoir subvenir à ses besoins, elle lui conta qu'elle était entretenue par un duc, pour qui elle n'éprouvait aucune affection. Flatté de pouvoir se dire le rival d'un si grand personnage, Désiré Rigal ne tarda pas à devenir son amant et à lui offrir des cadeaux superbes qu'il eut du mal à lui faire accepter. Il se persuada donc qu'il était aimé pour lui-même et Jenny utilisa cette rivalité imaginaire pour se rendre libre quand elle le souhaitait. Pendant cinq ans Rigal ne conçut aucun soupçon, mais le duc mourut, et ignorant la nouvelle, Mme Fancy, le lendemain, invoqua sa venue pour renvoyer son amant. Elle dut alors avouer son subterfuge. Rigal, furieux, rompit avec elle : « On l'avait trompé puisqu'on ne le trompait pas avec le duc et, sans ce haut personnage, Jenny devenait impossible. » Il revint cependant et trouva la porte close ; il envoya des propositions de mariage auxquelles il ne fut pas répondu.

Jenny, qui, pendant cette liaison, avait mis cent cinquante mille francs de côté, « se paya » alors un tout jeune homme de son pays, un aimable peintre en bâtiment, qui épousa de grand cœur cette petite fortune. Mais il passa désormais sa vie au cabaret et ne laissa pas un sou de ses économies à sa pitoyable épouse. Heureux encore quand, rentrant ivre, il ne la « cognait » pas. Quant à Rigal « il faisait surveiller le ménage, et à chaque frasque du mari, il se frottait les mains en murmurant — Elle me reviendra ».

Il faut avouer que ces deux derniers récits ne manquent pas de piquant : d'un côté ce mari aussi furieux des infidélités en pensée de sa fidèle épouse — cependant reportées sur lui — que s'il avait été réellement trompé, d'autre part la colère de cet amant, humilié que sa fidèle maîtresse ne lui ait pas donné un duc pour rival. A croire, tant cela est spirituellement conté, que Gaboriau, s'il avait persisté dans cette voie, eût pu devenir l'un des maîtres de la nouvelle.

b) dans « La Situation » (1867).

La première chronique de Gaboriau dans *La Situation* est consacrée aux conséquences sociales de l'exposition universelle de Paris dont on peut constater la fin, du fait que les cochers ont cessé d'être « aussi grossiers que Louis Veuillot ». A part les cafetiers, les restaurateurs et les hôteliers, le bénéfice qu'a pu en tirer l'ensemble des Parisiens est insignifiant, surtout après ce qu'ils ont dû endurer. Combien d'entre eux — et ce fut peut-être le cas de l'auteur — ont été contraits de coucher hors de chez eux et dans les conditions les plus inconfortables pour avoir cédé leur appartement à des parents de province. Pas de voitures, pas de place dans les restaurants, les mêmes pièces dans les théâtres pendant six mois et tout plus cher d'un quart. Et, une fois un prix acquis, on peut tirer l'échelle, il se maintient. Avec une exposition tous les dix ans, il faudra, en 1900, trente mille livres de rente pour se permettre, à déjeuner, deux œufs à la coque et une côtelette.

La semaine suivante, notre chroniqueur s'en prend à Émile de Girardin, qui vient d'avoir une fois de plus recours à une innovation. Son journal *La Liberté* aura désormais deux éditions quotidiennes. Une première à deux heures de l'après-midi, qui donnera une grande place aux informations boursières, une seconde à quatre heures, où les spectacles l'emporteront sur la vie financière. Mais chacun sait que l'homme aux innombrables idées est dévoré de jalousie à l'égard du *Figaro* et de son important recrutement d'abonnés, dont il pense pouvoir ainsi attirer une partie à son journal. En ce cas pourquoi ne donnerait-il pas trois éditions quotidiennes ? La première serait réservée aux anciens lecteurs et continuerait à juger détestable l'invention des chemins de fer ; dans la deuxième, on ne parlerait des « points noirs » qu'après les avoir observés avec le télescope de *La Patrie*. Enfin la troisième serait réservée au palais des abonnés de *L'Opinion* : on y dévorerait chaque jour un prêtre à la sauce Sauvestre. Girardin annonce encore d'autres transformations dans son journal, toute cette agitation ne faisant que traduire la phase difficile par où passe la presse française. Mais qui en est responsable, sinon Girardin lui-même ?

Dans sa chronique du 30 septembre, Gaboriau rappelle qu'il a existé deux écrivains du nom de Saint-Pierre, car, outre l'auteur de Paul et Virginie, il est un philanthrope respectable et quelque peu romancier, l'abbé Castel de Saint-Pierre, auteur d'un *Projet de paix perpétuelle*. S'il revenait au monde, il serait déçu par les « pas de géants » qu'il attendait de notre civilisation dans la marche vers la paix universelle : « En son temps, on concevait par « loisirs de la paix » la danse sous la coudrette, les joyeuses moissons des présents de Cérès ou de Bacchus... Mais Alphonse Karr a prouvé qu'on ne danse ni sous ni sur la coudrette, Cérès ne fait plus de présents et tout le vin de France se fabrique aujourd'hui à Bercy. En ce cas, demanderait-il, que faites-vous de vos loisirs ? — Nous produisons des cartouches, nous forgeons des canons, nous rayons des carabines... — Mais pourquoi préparer tant d'armes ? — Pour tuer le temps, parbleu ! — La Prusse imagine la mitrailleuse, nous ripostons par le fusil-éventail. On nous répond par la faucheuse, nous nous piquons d'honneur et nous trouvons la moissonneuse d'hommes, brr... A dix pas on jurerait un moulin à vanner le blé. »

Mais venons-en au nombre 13 et aux superstitions qui l'accompagnent. Une quinzaine de propriétaires parisiens ont présenté au préfet de la Seine une pétition le conjurant de remplacer le 13 par le 11 *bis* dans le numérotage des rues, les parcelles vendues pour construire une maison destinée à porter ce numéro n'atteignant pas le même prix que les autres.

La semaine suivante, Émile Gaboriau s'attaque, sans espoir de l'emporter, à la tyrannie de la mode féminine : « Il n'est pas de femme distinguée qui consente à porter ses robes autrement que très courtes, à plusieurs jupes étagées, garnies de fourrures. » C'est dans un oracle à la mode, à seize francs par an, avec primes, que le chroniqueur de *La Situation* a rencontré cette phrase, pour lui étonnante. « Ainsi, commente-t-il, après avoir vu tout l'été dernier circuler par les rues de Paris d'aimables Chinoises, nous sommes menacés de voir cet hiver trotter une infinité de Hongroises ravissantes. » Et d'ajouter : « Encore une année et nous verrons l'antique couturière descendre, avec ses ouvrières, chercher sa vie sur le trottoir. C'est qu'elle ne peut plus faire crédit, tandis qu'avec le tailleur pour dames, on a une toilette sans bourse délier, pourvu qu'on possède un bon mari au soleil ou un amant solvable. » Gaboriau, lui-même, a eu à régler le compte d'une jeune femme de sa province. Il a été reçu par « un énorme Hollandais, large, épais, avec de grosses mains poilues, empestant la pipe et la bière. Il s'entretint un moment avec lui. C'était un génie méconnu ; il avait inventé une robe dont, une fois défraîchie, on ne pouvait absolument rien tirer, pas même une cravate, et pour prix d'un tel service rendu au commerce, il n'avait pas obtenu la moindre médaille ! »

Suit une interruption de près d'un mois dans les chroniques parisiennes. Celle qui paraît le 4 novembre, encore sous l'influence du jour des Trépassés, traite de la mort. Elle débute par un mot amusant du duc de La Feuillade, le modèle des courtisans à la cour du Roi-Soleil. « On mourait dru à Versailles à cette époque et, un jour, Louis XIV laissa échapper un gros soupir : — Nous y passerons tous — Oh ! Sire, s'écria La Feuillade, presque tous ! Chacun s'applique ce « presque » à lui-même. Lisez les journaux, écoutez les commentaires qui suivent la mort d'un homme affligé de célébrité ou simplement de « famosité ». S'il s'agit d'un académicien de quatre-vingts ans, le « presque » s'accentue. A les en croire, tous ceux qui vont rejoindre leurs ancêtres y vont de leur plein gré, tout au plus par distraction, par étourderie, par incurie, enfin par leur faute. Si un voisin meurt, on en recherche les causes : il était trop maigre ou trop gras, il avait trop de sang ou pas assez, il ne se soignait pas, la santé de ses parents était déplorable, il ne portait pas de flanelle. On s'examine alors et, comme on ne se trouve pas les raisons que l'autre avait de craindre, on s'en réjouit. Au convoi de Véron, le Bourgeois de Paris, deux cents de ses contemporains se disaient à l'oreille : « Il aimait trop les truffes, ce cher docteur », ce qui peut se traduire par les truffes sont trop chères pour ma bourse, donc j'éviterai la triste aventure de ce bon docteur. Nous en sommes encore à attendre le novateur audacieux qui osera écrire : Si un tel est mort, c'est qu'il avait dépassé de vingt ans la moyenne de la durée de la vie humaine ou plus simplement, ainsi que l'a dit Louis XIV : C'est parce que nous devons tous y passer.

« Après cela, pourquoi ne nous croirions-nous pas tous immortels, quand il n'est pas de quatrième page de journal qui ne nous promette santé et jeunesse pour la bagatelle de cinq à dix francs. En ce moment où tous les yeux sont fixés sur l'Italie, ce n'est pas sans anxiété qu'on attend son journal. Il arrive, on rompt la bande et on lit : S.S. Pie IX mange tous les matins une grande assiette de la douce Révalescière et s'en trouve très bien. Cette phrase n'est-elle pas faite pour évoquer les idées les plus ridicules ? Quel journaliste oserait se permettre une telle irrévérence ? Quel privilège a donc l'annonce ? Qu'en pense M. Veuillot ? Quoi ! pas une ligne, pas un mot, pas une protestation ! Que dirait-il si l'on écrivait : M. Louis Veuillot était tourmenté par une bile noire qui le rendait insupportable. Il s'est mis à la douce Révalescière et son caractère s'est modifié. Hier, après son assiette quotidienne, il a envoyé un bouquet superbe à M. Havin avec dix sous pour la statue de Voltaire. »

La chronique de la semaine suivante ne manque ni d'humour ni de clairvoyance. « Doit-on clouer M. Prudhomme au pilori parce qu'à la fin d'un banquet de corps, il s'est écrié : ce sabre est le plus beau jour de ma vie ? Que M. Thiers cherche dans ses souvenirs et il retrouvera certaine phrase à effet, lancée au dessert d'un grand banquet et qui, elle, fut fort applaudie. M. Prudhomme ajoutait : Et, si jamais l'étranger voulait fouler le sol de notre patrie, je le tirerais. Si M. Thiers avait un sabre, le ferait-il ? Une autre fois, dans une réunion politique, justement alarmé de la tournure des événements, M. Prudhomme s'écrie : Le char de l'État navigue sur un volcan. Parbleu ! M. Berryer en a dit bien d'autres et on n'a pas ri. Mais M. Prudhomme, sur ce char qui navigue, ne réclame qu'une place de passager et en payant encore. Il ne prétend en aucune façon se mêler de la manœuvre. Quel exemple ! M. Ollivier s'en contente-t-il ? Lui aussi, il a vu le volcan, il le signale, mais il demande à tenir le gouvernail du char. La vérité est que le bon sens de M. Prudhomme gênait trop de gens. On s'attaqua à lui, mais on visait plus haut. C'était à l'ordre, à la morale, à la famille, à la propriété qu'on en voulait. De là cette haine que lui ont vouée les brouillons. Cependant c'est un excellent mari, un bon père de famille, sans austérité excessive. De plus il est modeste. »

Dans sa dernière chronique publiée le 25 novembre, Émile Gaboriau se penche sur la délicate question de l'éducation féminine. A propos d'une avorteuse qu'on vient de condamner à l'emprisonnement perpétuel, un journaliste s'est écrié : « Ces hideurs n'épouvanteront plus la conscience humaine, quand on se sera décidé à donner aux femmes une éducation rationnelle. Comment n'en pas parler, commente Gaboriau, de cette éducation féminine qui est à l'ordre du jour ? Êtes-vous pour l'enseignement ecclésiastique, selon le cœur de Mgr Dupanloup, ou pour l'enseignement universitaire, selon la circulaire de M. Duruy ? Je suis, je l'avoue, pour l'éducation d'où qu'elle vienne, cette éducation trop négligée jusqu'ici. Certains confrères en sont à Chrysale. Pourtant serait-il vraiment dangereux de donner aux jeunes filles quelques notions de grammaire, de géographie, d'histoire et de littérature ? Et vraiment, s'il y a danger, alors qu'on n'apprenne rien aux jeunes filles, mais rien de rien, pas même à lire. Ainsi elles ne seront pas amenées à découvrir une littérature prétendue dévote et en réalité d'une platitude burlesque et d'une immoralité inconsciente, qui a des faux airs de Casanova, tant il s'y trouve d'extases, de cœurs saignants et de torses flagellés. »

c) **dans « Paris-Magazine »** (1868).

Dans *Paris-Magazine*, nous ne distinguerons pas les articles de Voiseux de ceux d'Émile Gaboriau, puisque les uns et les autres sont du même auteur.

Le numéro 3, du 26 juillet 1868, donne *Une Pieuvre*, récit déjà publié l'année précédente dans *La Revue de Poche*. Le 9 août, c'est l'évocation de Roger de Beauvoir à la suite de la mise en vente de son ouvrage posthume *Les Soupeurs*. Servant d'intermédiaire à un directeur de journal — peut-être Moïse Millaud — qui souhaitait avoir un roman inédit du célèbre humoriste, Gaboriau avait fait quelques années auparavant sa connaissance. Il l'avait trouvé à demi paralysé, cloué dans un fauteuil. « Il y a donc encore quelqu'un qui se souvienne de moi », avait-il dit au messager en souriant tristement. Dans le même numéro, le chroniqueur ridiculise la mode, qui fait alors fureur, d'aller l'été prendre les eaux ou se perdre dans la société mêlée des plages considérées comme mondaines. Et, à ce propos, de citer le succès d'un brillant baron, coqueluche du tout Royan, qu'il avait retrouvé l'hiver suivant garçon coiffeur à Paris.

Le 16, à l'occasion de son passage au Vésinet, Émile Gaboriau s'élève contre la stupidité des duels, se souvenant d'avoir été autrefois en ce lieu le témoin d'un de ses amis qui, ayant le bon droit pour lui, fut gratifié en vingt secondes d'un coup d'épée qui mit pendant trois mois ses jours en danger. Depuis lors, il n'avait pas revu ce charmant village, devenu entre-temps une petite ville, qui aspire à en devenir une grande. Comme de hideux champignons, ont poussé là de prétentieux castels à tourelles et des chalets rappelant de bien loin ceux de la Suisse.

Une autre vogue est celle de la chasse qu'il a toujours détestée, écologiste avant l'heure. D'après lui, on est d'ailleurs souvent chasseur pour « paraître ». Traîner sur les boulevards un chien « galeux » et porter un carnier suppose une grande propriété ou tout au moins de riches relations et cela donne le droit de manquer d'éducation, de siffler devant les dames et d'assommer ses amis de ses rabâchages cynégétiques. Mais, à mesure que le nombre des chasseurs augmente, l'importance du gibier diminue. Alors on va le chercher de plus en plus loin : « Que Nadar nous donne le plus lourd que l'air et le gibier de l'Afrique centrale sera vite détruit. » Et, le 6 septembre, il cite le procédé d'un éleveur de perdreaux qui, chaque année, en livre deux mille à la consommation. Ses meilleurs clients sont les chasseurs bredouilles et pour que cela fasse « plus vrai » aux yeux de leurs futurs convives, il empile ses oiseaux, une fois tués, et tire dans le tas deux ou trois décharges de plombs.

Le 21 septembre, la chronique de Gaboriau est consacrée aux saltimbanques, dont il a beaucoup aimé les parades dans son enfance. Il apprécie encore leurs farces où il trouve souvent un fond de vérité. Le paillasse, chargé par son maître de porter à la dame de ses pensées un pot de confiture d'ananas, ne résiste pas longtemps à la curiosité d'en connaître le goût. Il y trempe le doigt et le suce. Qui pourrait s'apercevoir d'un si petit larcin ? Décidément c'est délicieux. Aucun danger, on peut recommencer et, de dégustation en dégustation, voilà le pot à moitié vide. Perdu pour perdu, avalons le reste. N'est-ce pas l'image du caissier indélicat qui commence, lui aussi, par opérer de minimes prélèvements sur la caisse de son patron et finit par partir avec elle pour l'Amérique où il gagnera sa vie... en donnant des leçons de procédure. L'histoire des saltimbanques est plus morale, car la confiture contenait une formidable purge, qui fait croire au trop gourmand messager à un empoisonnement. Malheureusement l'étoile des saltimbanques pâlit. Le dimanche précédent, à la fête de Saint-Cloud, c'était le vide ou presque. Tous les vrais artistes avaient disparu.

Quelques jours plus tard, Gaboriau-Voiseux nous révèle qu'il a pour ami un philosophe contempteur des mœurs modernes. Quand il le rencontre, ce désespéré lui dit d'une voix larmoyante : « Tout s'en va, tout s'en va. » Pourquoi marcher ainsi, la tête retournée en arrière ? Ne faut-il pas vivre avec son temps ? Cependant notre chroniqueur ne peut s'empêcher de regretter le « vrai bourgeois », celui qui vivait sous la Monarchie de Juillet et dont il fait un pittoresque portrait. « Habit marron, boutons d'or, canne de jonc, il s'appelait Évariste, avait pour femme Jeannette, dont la bouche riait d'une oreille à l'autre, et il prénommait sa fille Élodie. Il était légèrement voltairien, avait un grade dans la garde nationale et faisait exécuter son portrait en uniforme. Il lisait religieusement son journal, redoutait les risques de la Bourse et rêvait de pouvoir à cinquante ans se reposer avec huit mille francs de rente. Le dimanche, il dînait chez des amis, en apportant suivant la saison un homard ou un melon. Au dessert, si Élodie n'était pas là, il poussait un couplet un peu gaillard. L'été, on le rencontrait dans les bois, près de Paris, rouge, suant, un panier de provisions à la main. » Aujourd'hui, la bouchère de Gaboriau joue du piano à ravir et son épicier est un ancien élève de Polytechnique.

Le 25 octobre, sous le titre *Éducation parlementaire*, Émile Gaboriau conte qu'il a assisté enfant — mais faut-il le croire ? — à une scène bien curieuse. Il s'agissait d'un brave homme élu à la Chambre des Députés que terrorisait la perspective de prendre la parole trois mois plus tard devant plusieurs centaines de ses collègues. C'est son beau-père qui le tira d'affaire. On construisit une sorte de tribune dans le salon et, chaque fois que le nouvel élu y paraissait, le vieillard faisait à lui seul un tapage effroyable. Et quand le gendre prenait la parole, le beau-père s'évertuait à lui faire perdre le fil de son discours par des interruptions saugrenues, des rires insolents et les moqueries les plus vexantes. Au bout de quelques semaines de cet entraînement d'un genre particulier, le futur législateur pouvait affronter sans broncher les tempêtes parlementaires les plus violentes. Les apostrophes les plus imprévues, les plus malséantes même, le laissaient « froid et impassible comme un roc ».

En écrivant ces dernières chroniques pour être agréable à des amis, Émile Gaboriau savait qu'il en finissait avec l'anecdote qui lui avait permis de mettre le pied à l'étrier et de subsister pendant les premières et dures années où il avait péniblement vécu de sa plume. Il ne serait plus désormais que romancier et peut-être, un jour, auteur théâtral. Mais, en se retournant sur ses débuts dans la presse, il pouvait mesurer le chemin accompli grâce à sa persévérance, non sans peut-être un peu de mélancolie, car cet adieu à la poursuite du curieux et du plaisant, c'était aussi un adieu à sa jeunesse.

XXIII

LES ROMANS AUX DÉTECTIVES IMPROVISÉS (1869-1870)

Comme Moïse Millaud s'en était parfaitement rendu compte à la lecture de *La Vie infernale*, puis de *La Clique dorée*, c'était un nouveau Gaboriau qui se révélait. Plus d'assassinat ou de vol audacieux dans les premières pages du livre, plus de policier en quête d'indices, complète disparition de Lecoq qui, d'ailleurs, s'était tardivement manifesté dans *Les Esclaves de Paris*.

A quoi faut-il attribuer ce changement dans la nature de ses récits, justifié par Millaud par le désir de l'auteur de dévoiler certains aspects ignorés de la vie parisienne, et en particulier les dessous parfois peu reluisants d'une haute société de plus en plus mêlée. Mais Gaboriau ne l'avait-il pas déjà fait dans ses premiers romans ? En fait, il semble bien que, dans ces deux œuvres où, sans le concours déclaré de la police, de braves gens luttent eux-mêmes contre les machinations insidieuses dont ils sont les victimes, se dessine le début d'une évolution, dont l'avenir permettra de constater si elle se poursuit et, en ce cas, dans quel sens.

La Vie infernale.

On est dans la soirée du 15 octobre 186., le comte de Chalusse vient d'être frappé d'une attaque dans le fiacre qui le ramenait à son luxueux hôtel particulier de la rue de Courcelles. La domesticité se précipite, on fait venir le premier médecin qu'on a pu trouver. Celui-ci laisse peu d'espoir à Mlle Marguerite, une jeune fille de vingt ans que le comte a retirée d'un orphelinat quelques années auparavant et dont on peut supposer qu'elle est son enfant naturel.

Au cours de la même soirée, un jeune avocat de famille très modeste mais d'un brillant avenir, Pascal Férailleur, est présenté par un soi-disant ami, le prétendu vicomte de Coralth, dans un tripot mondain tenu par une personne assez équivoque, Lia d'Argelès. C'est en réalité un piège tendu par le marquis de Valorsay, un viveur criblé de dettes à qui le comte de Chalusse, ignorant l'état de ses finances, a promis la main de Marguerite avec une dot de deux millions. Le marquis a décidé d'éliminer Férailleur, qui aime Marguerite et en est aimé, sans que le comte de Chalusse ait rien su de cette chaste idylle. Entraîné dans une partie de cartes et accusé d'avoir triché sans pouvoir prouver son innocence, le jeune avocat voit sa carrière désormais brisée. Comprenant d'où vient le coup, il fait croire à son brusque départ pour l'Amérique et, avec sa mère, s'installe sous un faux nom dans un quartier éloigné, d'où il pourra préparer sa vengeance et sa réhabilitation.

Le comte meurt à l'aube du 16 octobre, après avoir articulé quelques mots incompréhensibles, et un juge de paix est appelé pour poser les scellés. Il constate bientôt la disparition d'une somme énorme, cependant que les soupçons des domestiques se portent sur Marguerite, qui fut toujours jalousée par eux. Mais le magistrat se persuade vite de l'innocence de la jeune fille et, au cours d'un long entretien avec elle, il entend, non sans émotion, le récit de son enfance malheureuse et de sa courageuse adolescence. Il sera désormais son allié et la guidera de ses conseils.

C'est à ce moment-là que parvient à Marguerite la nouvelle du drame qui a coûté son honneur et sa situation au jeune homme qu'elle aime. Pour comble de malheur elle va ignorer pendant plusieurs semaines ce qu'il est devenu. En effet, une lettre où Pascal clame son innocence, ne lui est pas parvenue, interceptée par le chaperon de la jeune fille, une veuve Léon, en réalité à la solde de Valorsay. Et, après avoir imité l'écriture de Marguerite, Mme Léon a remis à Pascal un mot de rupture de sa bien-aimée. Mais la vérité finira par se faire jour dans l'esprit des deux jeunes gens et Marguerite s'efforcera de retrouver Pascal qu'elle suppose toujours à Paris.

Elle va se tourner pour cela vers un homme d'affaires véreux, Isidore Fortunat, qui avait travaillé autrefois pour le comte de Chalusse. Elle ignore naturellement que Fortunat a partie liée avec Valorsay : il lui a avancé quarante mille francs, contre la promesse d'intérêts fabuleux, pour lui permettre de dissimuler sa déconfiture, le temps de gagner la confiance du comte de Chalusse et par son mariage avec Marguerite, d'obtenir la dot qui le remettra à flot. Toutefois la disparition du comte, mort, croit-on, intestat, semble priver celle-ci de tout héritage et, par contrecoup, les deux associés de la dot espérée.

Cependant Fortunat parvient à savoir que Lia d'Argelès était en réalité la propre sœur du comte, enfuie dans sa jeunesse de la maison paternelle. Il compte sur une forte commission en lui révélant l'existence de l'énorme héritage auquel elle peut prétendre, mais, à sa stupéfaction, elle déclare renoncer à faire valoir ses droits pour des raisons personnelles. Fortunat réussit alors à retrouver le fils dont Lia d'Argelès a caché l'existence, un certain Wilkie, viveur stupide et prétentieux, qui dilapide l'argent provenant de sa mère, sans d'ailleurs qu'il en connaisse l'origine. Mais c'est pour apprendre avec fureur qu'il a été devancé par Coralth. Fortunat, qui se croit berné et voit ses mises de fonds perdues, se jure de tirer une éclatante vengeance de ce qu'il considère comme une escroquerie à son endroit.

Après les obsèques du comte, Marguerite, désormais sans domicile, a accepté l'hospitalité, certainement intéressée, d'un ami du défunt, un imbécile vaniteux nommé de Fondège, qui se fait passer pour un ancien général, mais obéit au doigt et à l'œil à son épouse, une maîtresse femme et une intrigante. Marguerite les soupçonne tous deux du vol commis à l'hôtel de Chalusse, mais espère être ainsi mieux placée pour les démasquer. Pour la même raison, elle a tenu à garder Mme Léon auprès d'elle. Bien lui en a pris, car devant une brusque et imprudente modification du train de vie des Fondège, elle ne tarde pas à se convaincre que ce sont bien eux qui ont dérobé les deux millions du comte. De plus elle parvient à mettre la main sur une lettre de Valorsay à Mme Léon, pièce capitale, dont elle s'assure ingénieusement la reproduction en s'adressant au célèbre photographe Étienne Carjat.

Dans sa lutte pour rétablir la vérité, Marguerite recevra l'appui de Fortunat, qui mettra à son service l'ingénieux gavroche Toto Chupin. Quant à Pascal, il est parvenu à s'assurer un puissant allié, en la personne d'un banquier, le baron Trigault, qui avait assisté à la scène où l'on avait tenté de déshonorer le jeune homme. Persuadé de l'innocence de Féraillleur, il mettra son immense fortune à sa disposition et gagnera à sa cause Lia d'Argelès, à qui le baron a fait honte d'avoir cédé à un odieux chantage de Coralth et gardé le silence sur le traquenard tendu au jeune avocat. Par un véritable coup de maître, Pascal, recommandé par le banquier, a réussi à se faire admettre, sous le nom de Mauméjan, comme homme de confiance de Valorsay, qui ne l'avait jamais rencontré auparavant. Il lui sera désormais possible de connaître les projets criminels du marquis et de les faire échouer.

Cependant Wilkie vient faire une scène ignoble à Lia d'Argelès, car, ayant appris par Coralth qu'elle était sa mère, il entend obtenir sa part dans l'héritage du comte. Mais celle-ci ne veut pas ternir le nom des Chalusse par sa présence à Paris. Elle a décidé de s'expatrier et de remettre à Wilkie les titres qui feront de lui l'un des ayants droit à la succession.

Une autre scène dramatique se déroule quand Marguerite, emmenée en visite chez les Trigault par Mme de Fondège, est présentée sans ménagement à la baronne par son mari comme la fille qu'elle a eue du comte de Chalusse. Au cours d'une brève explication entre les deux femmes restées seules, la baronne avoue à Marguerite que le secrétaire de M. de Chalusse contient des papiers terriblement compromettants pour elle, des lettres anciennes où elle faisait part à son amant de son projet d'empoisonner son mari. Marguerite promet de tenter de les faire disparaître, mais repousse sa mère quand celle-ci veut se jeter dans ses bras.

C'est précisément ce meuble que Valorsay a décidé de faire forcer par un homme de main, introduit dans l'hôtel de Chalusse par Mme Léon, pour en retirer la fiole d'un médicament anti-apoplectique que le comte s'était administré quelques heures avant d'être terrassé par son attaque. La disparition de ce flacon donnera plus de créance à la plainte qu'il a persuadé Wilkie de déposer contre Marguerite et qui doit la faire arrêter sous l'accusation de vol et d'empoisonnement. Valorsay se portera alors à son secours et la tirera de prison, parvenant ainsi à s'acquérir sa reconnaissance et à obtenir sa main. La main d'une riche héritière, car il possède l'acte par lequel le comte a reconnu Marguerite comme sa fille et en a fait sa légataire, tout comme la preuve que les deux millions manquants ont été détournés par Fondège.

Mais Féraillleur-Mauméjan est naturellement au courant de l'affreuse combinaison ; il va devenir facile de confondre les coupables. Tandis que la police arrête les cambrioleurs de l'hôtel de Chalusse, un certain nombre de personnalités assistent à une « soirée d'hommes » donnée dans ses salons par le baron Trigault, qui leur a annoncé une « surprise ». Marguerite ayant été emprisonnée le matin, Valorsay, Coralth, Fondège et Wilkie s'y rendent sans défiance. Au cours de la soirée, on annonce soudain Mauméjan que Coralth attend avec une curiosité vite transformée en épouvante, quand il reconnaît sa victime dans le prétendu homme de confiance de son complice.

Pascal est d'ailleurs accompagné de Marguerite, bien vite libérée, du bon juge de paix, de Fortunat et de Toto Chupin, resplendissant du bonheur d'avoir été l'un des acteurs du drame sur lequel le rideau va tomber. Le baron Trigault réhabilite publiquement le jeune avocat, qui, lui-même, dénonce les deux criminels, tout en épargnant Fondège dont il a pitié à cause de son fils, un honnête officier. Arrive alors un commissaire de police, porteur de mandats d'arrêt au nom du marquis de Valorsay et de l'escroc Paul Violaine, dit le vicomte de Coralth. Le banquier les pousse tous deux dans un cabinet où il a disposé deux pistolets et deux liasses de billets de banque. Le marquis, en qui il est resté du gentilhomme, se fait sauter la cervelle, cependant que le prétendu vicomte n'hésite pas à s'enfuir avec les billets.

Le mariage de Pascal Férailleur et de Marguerite de Chalusse a été célébré à Notre-Dame-du-Mont. Le baron s'est séparé de sa femme, qui a perdu la raison. Il a trouvé une nouvelle famille chez les Férailleur, et parfois, en compagnie de la mère de l'avocat, il va rendre visite à Lia d'Argelès, qui a fondé à Montrouge un ouvroir pour les pauvres filles séduites et abandonnées.

Pas de nouvelles de Coralth. Mme Léon a été condamnée à dix ans de réclusion et les Fondège, contraints de rendre gorge, vivent difficilement d'une petite pension que leur sert leur fils. Quant à Toto Chupin, il s'est établi à son compte grâce à la générosité de Pascal. Et, grâce à celle de Marguerite, Fortunat est rentré dans les quarante mille francs avancés à Valorsay, cependant que Wilkie dévore sa part d'héritage en menant l'existence la plus fastueuse.

La Clique dorée.

Le récit débute par un suicide manqué, celui d'une sage et belle jeune fille, Henriette, qui, poussée par la misère, tente de s'asphyxier au charbon dans la mansarde de la rue Grange-Batelière, où elle vit depuis une année. Elle est sauvée par un autre locataire de la maison, un brocanteur, le père Ravinet, qui la prend en pitié et l'assure qu'à l'avenir il veillera sur elle et la défendra contre les mytérieux ennemis qu'elle semble redouter.

Puis nous remontons dans le passé pour assister vingt ans auparavant au mariage du comte de La Ville-Haudry, richissime propriétaire angevin, avec Pauline de Rupert, jeune fille d'une intelligence supérieure. Le ménage, peu de temps après, abandonnera l'Anjou pour vivre dans le magnifique hôtel qu'il possède à Paris. Le comte est une nullité et, sans qu'il s'en doute, c'est son épouse qui dirige toute chose et lui fait gagner une certaine notoriété dans la vie politique où il s'est lancé. Elle a également favorisé la tendre amitié née entre leur fille Henriette et un jeune et brillant officier, Daniel Champcey, attaché au ministère de la Marine. Leur mariage semble près d'être décidé, quand brusquement la comtesse meurt d'une rupture d'anévrisme, laissant son mari désemparé et sa fille dans la désolation.

Le comte tombe bientôt dans les filets d'une intrigante, de quarante ans sa cadette, Sarah Brandon, une prétendue jeune fille américaine. Il passe outre aux bruits infâmants qui circulent sur son compte et entend l'épouser. Henriette se montre violemment opposée à cette union dégradante, bien que son père lui ait mis le marché en main : si elle veut s'unir à Daniel, elle doit accueillir courtoisement sa future belle-mère. Et comme celui-ci ne peut que prendre le parti de sa fiancée, il est prié de ne plus se présenter chez le comte. Quelques jours après, une mystérieuse machination fait désigner le jeune officier pour prendre le commandement de renforts envoyés à nos troupes d'opérations en Cochinchine. Avant de faire ses adieux à Henriette, il charge l'un de ses amis, Maxime de Brévan, en qui il a une confiance totale, de veiller sur elle. Celui-ci n'ayant que peu de fortune, Daniel lui laisse fort imprudemment la disposition de ses biens pour lui permettre, si besoin est, d'agir efficacement.

Une semaine après, a lieu le mariage de La Ville-Haudry et de Sarah et la nouvelle comtesse vient s'installer avec ses parents dans l'hôtel de son époux. Commence alors pour Henriette, qui n'est pas majeure, une existence de prisonnière abreuvée d'humiliations, si bien qu'elle décide de fuir la demeure paternelle et, avec l'aide de Maxime de Brévan, de s'installer dans quelque humble refuge où nul ne viendra la chercher. Mais il la conduit dans une chambre sordide et la confie à un affreux couple de concierges, les Chevassat, qui sont en réalité à sa solde. Le faux ami alors se démasque et, prétextant son amour pour Henriette, lui offre de l'épouser, ce qu'elle refuse avec indignation. Mais, comme, sur son conseil, elle n'a emporté que peu d'argent, il ne lui cache pas qu'il compte sur la misère pour la faire céder. Henriette, jusque-là habituée au confort et au luxe, va descendre tous les degrés de cette misère, luttant avec courage, supportant la faim et le froid, vendant quelques objets précieux, cherchant vainement un travail suffisamment rémunéré. A la fin, épuisée, découragée, sans nouvelles de Daniel, elle décide d'en finir avec la vie et met son projet à exécution, sauvée à la dernière minute par le vieux brocanteur.

Le père Ravinet parvient à gagner sa confiance en lui faisant comprendre que lui aussi a été autrefois la victime de la bande criminelle qui œuvre sous la direction de Sarah, dont Brévan n'est qu'un complice. Celui-ci n'a jamais eu l'intention de l'épouser ; on attendait d'elle qu'à force de souffrances elle se suicide pour que sa fortune personnelle aille à son père, donc à Sarah Brandon.

Cependant Daniel se morfond en Cochinchine, depuis son départ sans nouvelles d'Henriette, dont les lettres ont été détournées par Brévan, tout comme celles qu'il lui a adressées. De plus, il a été trois fois victime de tentatives de meurtre exécutées par un séide de celui-ci. La troisième fois, il est grièvement blessé, mais le coupable, un ancien forçat, nommé Crochard, est arrêté et « confié » à un juge d'instruction extrêmement habile et acharné à connaître tous les dessous de cette affaire. Le magistrat est aidé et encouragé en cela par le chirurgien de la marine qui soigne Daniel avec un dévouement absolu et lutte heure par heure pour l'arracher à la mort. Lutte d'autant plus difficile que le jeune officier a été profondément affecté par la lecture d'une lettre d'Henriette, échappée à la malveillance de Brévan et lui apprenant la duplicité de son prétendu ami et les épreuves qu'elle endure. Mais, après plusieurs semaines d'incertitude, Daniel est enfin hors de danger et Crochard acculé aux aveux par toutes les preuves que le juge d'instruction a réussi à accumuler contre lui. On apprend ainsi qu'un de ses anciens compagnons de bagne, Chevassat, retrouvé par hasard à Paris, a réussi à le faire embarquer comme émigrant sur le navire de Daniel après l'avoir payé pour assassiner le jeune officier. Et, grâce aux détails donnés par l'ancien forçat, le juge ne tarde pas à se convaincre que Chevassat et Brévan ne sont qu'un seul et même individu.

Daniel, à peine rétabli, s'embarque pour la France, où Ravinet réussit à prendre contact avec lui, sans que les espions de Brévan aient pu s'en rendre compte. Rassuré sur le sort d'Henriette, il s'en remet à cet auxiliaire inattendu pour la rencontrer sans commettre d'imprudence. Les deux fiancés peuvent se retrouver dans un hôtel parisien en présence de Ravinet et de sa sœur. C'est alors que le brocanteur leur conte la longue et ignoble histoire du forçat Chevassat devenu Maxime de Brévan, et celle plus ignoble encore de Sarah Brandon, en réalité Ernestine Bergot, qui, abandonnée par une mère indigne, grandit dans le ruisseau parisien et, encore enfant, connut les pires dépravations. Mais, quand elle eut seize ans, sa radieuse beauté et sa vive intelligence la firent distinguer par un couple d'aventuriers anglais, les Elgin, qui, voyant en elle une source de fortune, l'emmenèrent aux États-Unis où elle reçut une éducation soignée et un nouvel état civil. Rentrée en France, elle sut user de son charme diabolique pour ensorceler et dépouiller quelques malheureux naïfs, qui crurent en son amour et qu'elle réduisit au déshonneur et parfois au suicide. Ce fut le cas, en particulier, d'un caissier quadragénaire, Malgat qui, l'ayant laissé puiser dans sa caisse, fut ensuite repoussé par elle, sans qu'on sache ce qu'il est devenu. Elle était dès lors la maîtresse de Brévan qu'elle avait rencontré et associé à ses machinations criminelles. Mais l'ancien forçat l'aimait vraiment et quand il avait découvert que, pour la première fois de sa vie, Sarah était amoureuse et follement amoureuse de Daniel, il avait décidé de se débarrasser de ce rival et s'était efforcé de le faire assassiner.

Ravinet, c'est Malgat, on l'a deviné. Pendant des années ils ont travaillé, lui et sa sœur, remboursant sou par sou la somme détournée dans un moment de folie et se préparant pour l'heure de la vengeance. Il va continuer à diriger les opérations. Cependant que Brévan est arrêté et impliqué de complicité dans les tentatives de meurtre à l'encontre de Daniel, un piège est tendu à Sarah Brandon. Elle avoue son amour au jeune officier et lui révèle que la fortune de la Ville-Haudry, qui se croit ruiné, est en réalité en sa possession. Ils vont pouvoir en jouir tous deux, car le comte est acculé au suicide et sa mort n'est plus qu'une question d'heures. Mais, au moment où Sarah se croit à la veille d'être libérée de son vieil époux, apparaissent, tels des fantômes, ceux qu'elle croit morts ou disparus, Henriette et Malgat, accompagnés du comte désormais au courant de l'ignominie de la femme à qui il a donné son nom. Pour échapper à la justice qui s'est déjà saisie des Elgin, Sarah se donne la mort en absorbant un poison violent et en criant une dernière fois son amour à Daniel.

Après quoi Malgat se constitue prisonnier. Il est traduit devant la cour d'assises où le ministère public, lui-même, demande et obtient un acquittement ayant valeur de réhabilitation. Aussi peut-il être un des témoins du mariage de Daniel et d'Henriette. Mais, depuis lors, M. de la Ville-Haudry voit peu son gendre. Il le rend responsable de la mort de Sarah, qu'il s'est repris à adorer par-delà le tombeau.

1. Gustave Courbet, 1868-1870. L'un des commensaux du 39 de la rue Notre-Dame-de-Lorette.
   <small>Photo. inédite Ch. Reutlinger, Paris, figurant dans l'album familial des portraits Gaboriau-Coindreau.</small>

2. Façade de l'immeuble n° 39, rue Notre-Dame-de-Lorette, Paris (1984) où vécut et mourut au 3e étage, Émile Gaboriau (1867-1873).
   <small>Photo. C. Goliard, Rueil-Malmaison.</small>

PLANCHE X

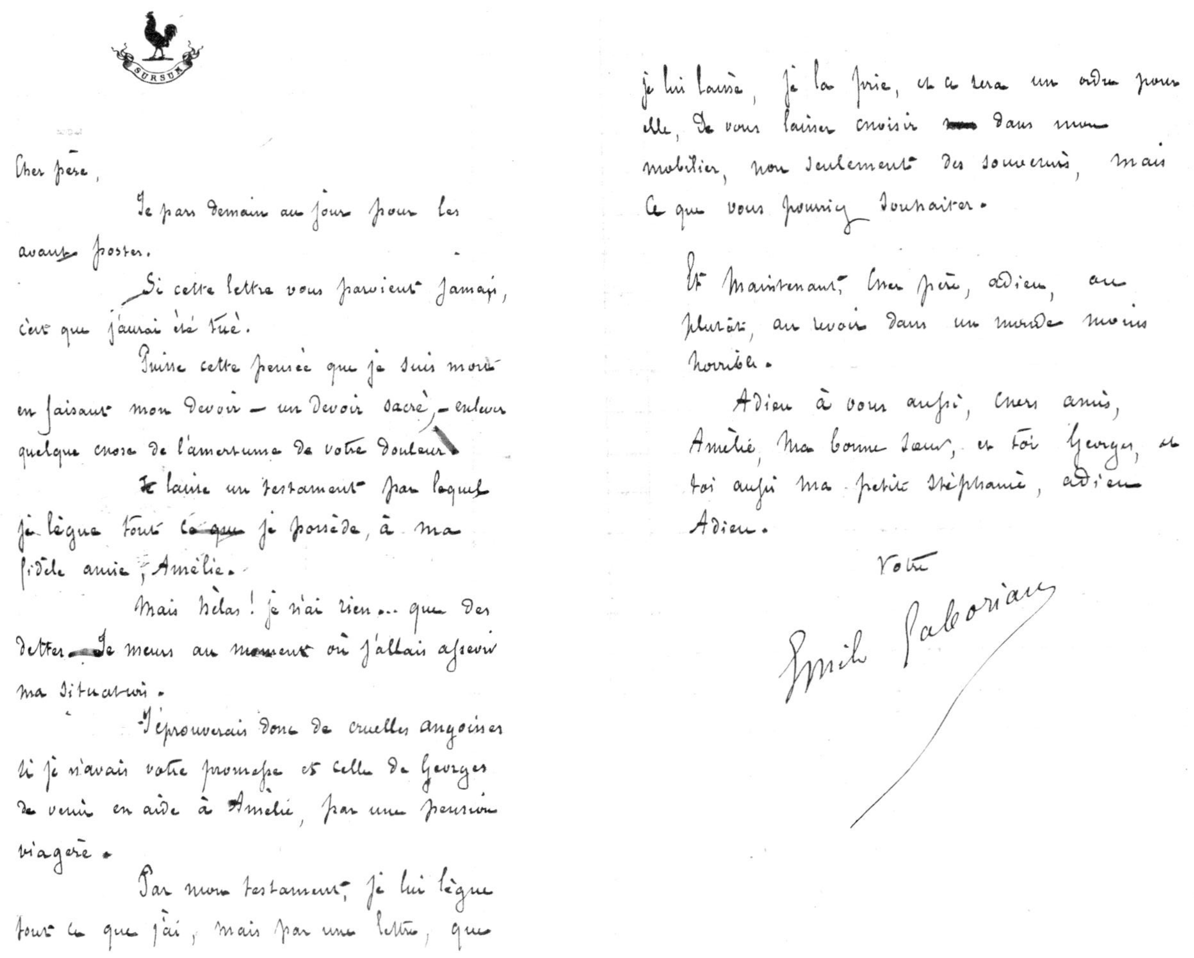

Cher père,

Je vais remettre au jour pour les avants-postes.

Si cette lettre vous parvient jamais, c'est que j'aurai été tué.

Puisse cette pensée que je suis mort en faisant mon devoir — un devoir sacré — adoucir quelque chose de l'amertume de votre douleur.

Je laisse un personnage par lequel je lègue tout l'espoir que je possède, à ma fidèle amie, Amélie.

Mais hélas ! je n'ai rien... que des projets de mon âme au moment où j'allais assurer ma situation.

J'éprouverai donc de cruelles angoisses. Si je n'avais votre promesse et celle de George de venir en aide à Amélie, par une pension viagère.

Par mon testament, je lui lègue tout ce que j'ai, mais par une lettre que je lui laisse, je la prie, de la lire un autre jour où, je vous l'aurai convié dans une meilleure, non seulement des souvenirs, mais de que vous pourrez souhaiter.

Et Maintenant, cher père, adieu, au Plutôt, au revoir dans un monde moins mauvais.

Adieu à vous aussi, cher ami, Amélie ma bonne sœur, et toi George, et toi aussi ma petite Stéphanie, adieu. Adieu.

Vot
Émile Gaboriau

Lettre d'Émile Gaboriau, en date du 25 novembre 1870 destinée à être remise à son père, s'il venait à être tué au combat.

XXIV

ÉMILE GABORIAU : LE CHRONIQUEUR ET LE ROMANCIER

Il est une partie de l'œuvre d'Émile Gaboriau, aujourd'hui tombée dans l'oubli, qui, par sa nature, semble échapper à la publication en volumes : ce sont ses chroniques. Et, cependant, quelque peu classées, sans qu'en soit trop bousculé leur ordre chronologique, reliées par de brèves transitions, elles constitueraient une sorte de journal, un témoignage précieux sur les réactions d'un homme de bon sens devant l'événement, au temps du Second Empire.

Et l'on se demande pourquoi un tel ouvrage ne figurerait pas dans une réédition des œuvres complètes de notre auteur, d'autant plus intéressant que reflétant la mentalité d'une époque où la polémique de caractère politique était entravée par le pouvoir. Les chroniques constituaient dans la presse une sorte d'exutoire permettant de donner modérément cours à sa bile à condition de ne pas dépasser certaines limites, en tout cas de manier la critique avec assez d'adresse et de prudence pour ne pas donner prise à la censure. C'est ce qui explique leur succès au XIXe siècle et particulièrement sous le Second Empire. Comme c'est un genre qui exige une bonne information, une plume légère et un esprit porté à la plaisanterie et à l'ironie, Gaboriau y réussit assez bien. Aussi est-ce encore par la chronique qu'il accéda à la grande presse et tout d'abord au *Progrès* de Lyon. Le succès qu'il a remporté par la suite avec ses romans a fait oublier le chroniqueur, dont l'actif est cependant loin d'être négligeable.

Par les quelques citations figurant dans de précédents chapitres, on a un aperçu des sujets qu'il avait tendance à exploiter.

Il s'en prend évidemment, mais toujours sur le mode plaisant, aux vices et aux faiblesses qui sont de tous les temps, à l'âpreté au gain, à la passion du jeu, au commerce des relations dites « amoureuses » et les anecdotes ne lui manquent pas pour illustrer sa réprobation, telle celle du riche propriétaire-mendiant, reconnu par un de ses locataires.

Mais où il se montre pour nous le plus instructif, c'est quand, à travers ses chroniques, on peut constater l'évolution qui s'opérait dans les mœurs. Ainsi la plus grande liberté concédée aux femmes de la bourgeoisie, qu'il accepte quand il s'agit de jeunes filles poursuivant des études et se présentant à des examens, mais condamne lorsqu'il voit des dames de la meilleure société se livrer à des opérations de Bourse ou se donner avec entrain au

« théâtre de salon » à seule fin de pouvoir jouer des scènes d'amour risquées. Inversement il tourne en ridicule les bas-bleus, les « femmes savantes » du siècle, celles qui font étalage de leurs connaissances. Il devient encore plus désapprobateur quand il constate que, dans ces mêmes milieux, on accorde une importance exagérée aux enfants, traités comme de petits hommes. Il vitupère aussi contre la facilité avec laquelle on accepte dans la bonne société des parvenus arrivés on ne sait d'où, de faux nobles au passé douteux, de prétendus émigrés politiques dont on ne peut vérifier l'origine. Enfin il déplore l'abandon des traditions les plus pittoresques, des costumes provinciaux qu'on porte de moins en moins, des danses locales que, même en Bretagne, on délaisse pour la valse et le quadrille.

Il dénonce également les abus qui rendent désagréable la vie en société, la tyrannie et les persécutions des concierges parisiens, surtout à l'égard des locataires de condition modeste, les procédés répréhensibles de certains commerçants, le charlatanisme dans le domaine médical ou paramédical, la grossièreté et la malhonnêteté des cochers de fiacres, les excès de la publicité aussi bien sur les murs que dans la presse, dont il ne se doutait pas qu'il serait un jour le bénéficiaire.

Il tourne en dérision les engouements de la haute société, plus ou moins bien copiés par la petite bourgeoisie : la vogue du spiritisme, la contrainte sociale, l'été venu, de partir pour une ville d'eaux ou une plage à la mode, la ronde ostentatoire des équipages au Bois de Boulogne, la fréquentation assidue des courses par obligation mondaine, l'éruption des pseudo-chalets suisses qui déshonorent la banlieue parisienne, la pratique, par bienséance, d'un tourisme de convention, qui dépoétise les plus beaux sites, l'enflure du langage sous l'influence du dandysme.

Mais ce qui captivait les lecteurs de Gaboriau, et plus encore les provinciaux que les Parisiens, c'étaient les détails pittoresques ou amusants qu'il leur servait avec verve sur la vie de la capitale, les défilés mal réglés de la garde nationale, les carnavals et leurs chansons-rengaines, le ridicule des modes féminines imposées par les grands couturiers, les excentricités des bals de l'Opéra, les élections et les réceptions à l'Académie, les succès littéraires, les procès retentissants, les grands travaux haussmanniens, les expositions de peinture, de fleurs ou d'animaux, les ventes publiques sensationnelles, les potins du boulevard, les ragots des coulisses, la venue d'illustres visiteurs étrangers, tout ce qui faisait de Paris, non la capitale du monde, comme on en était persuadé, mais une ville attractive où tous les spectacles, toutes les distractions, tous les plaisirs étaient à portée de la main. Cependant il n'allait pas jusqu'à faire des Parisiens un peuple élu. S'il souriait de leur badauderie, il s'indignait de voir des gens qui faisaient si aisément des révolutions, céder sans discuter devant des cochers ou des concierges de plus en plus exigeants quant à l'importance de leurs pourboires. Et, plus encore, du servile empressement des commerçants devant les étrangers, pourtant moins faciles à satisfaire que leurs clients habituels et souvent portés à contester les prix.

Gaboriau peut, au besoin, manier redoutablement l'ironie pour répondre au polémiste Veuillot, qui avait eu à son égard des mots méprisants. Par contre, il raille doucereusement et traite comme des déséquilibrés les représentants du socialisme qu'il considère cependant comme de dangereux rêveurs, aspirant au bouleversement de la société. Il sous-entend leur responsabilité dans certains abus nés de l'exercice du droit de grève accordé par Napoléon III aux ouvriers et dans de coupables entraves à la liberté du travail.

S'il a tourné en dérision de prétendus inventeurs quelque peu farfelus, il s'indigne qu'on ait pu laisser dans la misère de véritables génies comme Sauvage à qui doit tant la société. Et il ne manque pas de signaler les aménagements matériels venant améliorer l'existence quotidienne, telle l'apparition des premiers wagons en tôle à couloir central. Son intérêt pour toutes les innovations l'entraîne à en recueillir la nouvelle jusque dans la presse étrangère, anglo-saxonne principalement, pour en préconiser l'adoption en France, non sans s'efforcer de démêler les « canards », à l'époque déjà venus nombreux d'Amérique, des informations sérieuses, dont la véracité était d'ailleurs difficile à vérifier.

La sensibilité et le sérieux de Gaboriau apparaissent de plus en plus fréquemment dans ses chroniques. Il s'y apitoie aussi bien sur le sort des malheureux animaux qu'on torture pour en tirer le plus de bénéfice possible que sur celui des enfants qu'on exploite. Marchant sur les traces de Victor Hugo, il va même jusqu'à souhaiter la suppression de la peine de mort pour avoir assisté à une exécution capitale. Les ragots sans conséquence, les historiettes amusantes, tout ce qui se fait à Paris, la vie superficielle du boulevard et l'esprit un peu facile de la rue tendent à tenir moins de place dans ce qu'il rapporte. Non qu'il n'ait jamais, au cours de ses premières années de journalisme, soulevé de questions sérieuses, mais il l'a fait, en général, en passant, et dans des alinéas relativement brefs. Toujours en les émaillant d'anecdotes et de bons mots, il les envisage par la suite avec plus de profondeur. Ses chroniques tendent vers des études. Les sujets qu'il traite plus volontiers sont la protection de la nature, les conséquences économiques de l'Exposition universelle de 1867, l'altération du langage, le surarmement des puissances européennes, la réaction du commun des mortels devant la mort, l'avortement et l'instruction qu'il convient de donner aux filles. La maturité approche et Gaboriau n'est plus esclave de la nécessité de gagner son pain quotidien. Cependant, il écrit toujours en humoriste narquois et dans un style alerte et ce n'est pas un de ses moindres mérites que l'habileté consommée de ses transitions, qui dissimulent les coq-à-l'âne auxquels l'actualité le contraint. Enfin, et c'est à son honneur, tout en publiant des chroniques dans deux et parfois trois feuilles, il évite de traiter les mêmes sujets, et s'il lui arrive exceptionnellement de le faire, c'est en des termes très variés et en les assaisonnant de commentaires distincts.

Le don de l'observation, l'originalité des idées, le sens de l'expression juste et imagée font qu'on peut encore lire ces échos avec un réel intérêt et même une vive curiosité. Et ils permettent de découvrir que, dans le cadre d'une société et d'un quotidien différents des nôtres, existaient déjà bien des problèmes posés aujourd'hui par la vie dans les grandes villes. Ils nous apprennent, en particulier, que la mentalité et les habitudes des Parisiens n'ont pas tellement évolué malgré l'immigration provinciale, la diminution du nombre des artisans et des ouvriers, l'élévation du niveau de vie des classes populaires et leur faculté de « s'aérer ».

Émile Gaboriau a révélé dans *La Vie infernale*, l'une des sources de son information : « Comment se fait-il que chaque mois, entre cinq et sept heures, tout ce qui, à Paris, a un nom, tout ce qui est quelqu'un ou quelque chose, se montre entre le passage de l'Opéra et le passage Jouffroy ? Cela doit tenir à ce que là est le marché aux nouvelles fraîches et aux cancans de haut goût, le grand débit de l'anecdote scandaleuse, du canard politique et du mot scabreux. Là, se fait la chronique parisienne qui sera le journal du lendemain. Là, on apprend le cours de la Bourse et de la rente, combien coûte le collier de Mlle A... et qui l'a donné, ce que nous a télégraphié la Prusse, quel est le caissier qui a levé le pied dans la journée et combien il emporte. »

Si la nécessité d'alimenter ses chroniques tenait Gaboriau à Paris, il en était de même pour ses feuilletons écrits au jour le jour, comme on peut l'apprendre en lisant sa correspondance. C'était là une servitude qui ne lui permettait pas de s'éloigner de la capitale tant que l'ouvrage en cours n'était pas achevé. Et, on l'a vu, il pouvait être contraint de ralentir la marche de l'action quand il éprouvait une indisposition trop pénible. Il ne faudrait pourtant pas s'imaginer que son récit allait à l'aventure, car, en ce cas, il n'aurait pas tardé à tomber dans des contradictions et à placer ses personnages dans des situations inextricables. Les plans de ses romans étaient au contraire dressés à l'avance dans les moindres détails et de façon si ingénieuse qu'ils feront plus tard l'admiration de Joseph Kessel. Avec lui, on n'avait pas à appréhender les bévues d'un Ponson du Terrail, à qui il arrivait de remettre en scène un personnage tué quelques jours auparavant.

Sans doute Émile Gaboriau aurait-il eu intérêt à livrer en une seule fois au journal un récit complet et à prendre ensuite toutes ses aises pour en composer un autre, mais il en semblait incapable. Peut-être avait-il besoin, pour écrire, de l'excitation et de la tension causées par la quotidienne exigence de l'heure de la mise en page, même s'il devait, pour la forme, maudire très haut l'obligation un peu humiliante de fournir sans interruption au public sa pâture journalière d'émotion et d'angoisse.

A la fin de l'hiver de 1867, lui-même a décrit à sa sœur le labeur auquel il était astreint. « Pris à l'improviste par *Le Dossier n° 113*, comme je l'avais été pour *Le Crime d'Orcival*, je l'écris au jour le jour et j'ai donné hier soir le feuilleton que vous lirez demain matin. On n'imagine pas, quand on n'en a pas tâté, ce que c'est qu'un travail pareil. L'assujettissement est affreux. On ne peut disposer d'une minute, la préoccupation est constante, sans compter que je suis moi-même sur des charbons, redoutant toujours qu'un accès nasal plus violent ne me force à interrompre mon roman. Or une interruption serait pour moi un désastre. Ajoute à cette meule quotidienne la révision de mes volumes, un ou deux articles par semaine et tu avoueras que les billets de banque qui pleuvent chez moi sont bien gagnés. Le succès énorme que j'ai durera-t-il ? Je l'espère, résolu que je suis à ne pas me galvauder, quelqu'argent qu'on m'offre, résolu à toujours soigner mes romans. » Cependant il éprouvait le regret de ne pouvoir polir ses phrases autant qu'il l'aurait souhaité. Il s'en consolait en se promettant de revoir ses récits quand Dentu les publierait en volumes. Mais, le moment venu, le temps lui manquait encore pour le faire. Toutefois, quand il adressa au rédacteur en chef de *La Gironde* les feuilletons du *Crime d'Orcival*, découpés dans *Le Petit Journal*, il prit la peine d'introduire au crayon rouge quelques modifications dans son texte, ce qui valut d'ailleurs au destinataire des ennuis de la part du service des Postes.

Gaboriau a toujours consciencieusement travaillé, comme le montre la documentation de ses ouvrages. Aussi ne peut-on accepter le racontar d'un journaliste, qu'ayant besoin de trois cents francs pour prendre part à une partie de campagne dominicale (une sortie coûteuse !), il aurait écrit un livre entre le jeudi soir et la fin de la semaine. A moins que ce ne soit là une de ces innocentes élucubrations que son goût pour la mystification lui faisait répandre sur son propre compte.

Et, n'était-ce pas de sa part une demi-plaisanterie, s'il a vraiment laissé échapper cet aveu par trop modeste qu'on lui attribue : « Je m'étonne d'être tant applaudi. La technique du roman judiciaire est enfantine : le rôle du lecteur est de découvrir l'assassin, le rôle de l'auteur est de dérouter le lecteur. Voilà toute ma science. » En tout cas la mise en application de cette technique, si simple lui parût-elle, exigeait de lui un soin minutieux dans l'élaboration de ses problèmes policiers, et une attention soutenue dans la progression de leur résolution, marquée en cours de route de touches à peine perceptibles, destinées à faire pressentir au lecteur réfléchi l'explication des faits mystérieux qui l'intriguaient. Il procurait ainsi à ses fidèles la conviction flatteuse d'avoir fait preuve de perspicacité sans pour autant déflorer les énigmes qui faisaient l'intérêt du livre. Dans *Le Crime d'Orcival*, quelques mots échappés au juge Plantat révèlent sa connaissance des relations amoureuses de Laurence Courtois et du comte de Trémorel et ses soupçons sur l'identité de l'assassin de la comtesse.

« — Pauvre homme ! fit le juge d'instruction (parlant de Courtois), sa fille est peut-être morte. Le père Plantat hocha tristement la tête — Si ce n'était que cela, dit-il. »

Et « — Le cadavre du comte nous donnera le mot de l'énigme, déclara le juge d'instruction. — Oui, répondit le père Plantat, oui... si on le retrouve ».

La conscience professionnelle de Gaboriau allait jusqu'à rechercher autour de lui des modèles pour les personnages destinés à figurer dans ses romans, tant il tenait à « faire vrai », et, sur un carnet qui ne le quittait pas, il ne manquait pas de noter les petits événements de la rue.

Plus d'une fois aussi, il tira de ses chroniques des faits ou des idées qu'il utilisa dans ses ouvrages. L'agence matrimoniale de M. de Foy, dont il dépeint plaisamment l'organisation, dans *Le Tintamarre*, en décembre 1858, l'inspirera pour décrire celle de M. de Saint-Roch, l'ambassadeur matrimonial, dans la nouvelle portant ce titre. Et, de l'aventure du propriétaire trop consciencieux qui diminua le montant de ses loyers (a-t-il vraiment existé ?), contée en septembre 1858, dans *La Vérité*, il fera une nouvelle, *Maudite Maison*, publiée seulement trois ans après sa mort.

D'importants passages de ses romans ont eu la même origine. On a vu, au début de *La Vie infernale*, dans quel guet-apens avait été attiré l'avocat Ferailleur. Comment l'idée n'en serait-elle pas venue à Gaboriau au souvenir d'une chronique qu'il avait publiée dans *Jean Diable*, en mars 1863, sur la comparution en correctionnelle de « tricheurs de profession » démasqués dans un tripot. Quant à l'exploitation d'enfants abandonnés, ramassés sur le pavé parisien par le « serineur Colophane », dénoncée par lui, en juillet 1866, dans *Le Pays*, elle devait être reprise dans *Les Esclaves de Paris*, où elle est pratiquée par l'ignoble Perpignan, qui va recruter ses petites victimes dans les régions les plus pauvres de l'Italie. Enfin, le personnage de Van Klopen qu'on retrouve dans plusieurs romans n'a pu naître dans l'esprit de Gaboriau que de la visite, contée par lui dans *La Situation* du 7 octobre 1867, qu'il fit à « un énorme couturier hollandais ».

D'après Alfred d'Aunay, il avait pour habitude d'écrire son feuilleton quotidien sur du papier mauve, rayé de biais et coupé à une dimension telle qu'une fois écrits, ses feuilletons représentaient la longueur du texte réclamé par *Le Petit Journal du lendemain*. Ces feuillets, ajoute d'Aunay, se présentaient en général sans ratures. Nous n'en avons pas retrouvé un seul dans les documents provenant du romancier, mais du papier bleu ardoise, rayé normalement, utilisé presque uniquement pour sa correspondance. Quant à ses manuscrits, les pages en sont couvertes de sa jolie petite écriture régulière, comportant d'ailleurs des ratures, il est vrai, assez rares.

On sait avec quelle impatience les nouveaux romans de Gaboriau étaient attendus, puis dévorés par la plupart des lecteurs du *Petit Journal*, qui lui devait une part appréciable de sa prospérité. Aussi ses relations avec Moïse Millaud, le grand patron, étaient-elles des plus cordiales et, comme celui-ci était doué plus que personne du génie de la publicité, le feuilletoniste avait en lui un excellent conseiller et un « manager » exceptionnel. Gaboriau avait conservé quelques-unes des lettres venues de la direction du journal, soit de Moïse Millaud ou de son neveu Alphonse, soit du rédacteur en chef, Amable Escoffier. Certaines nous apportent des renseignements fort curieux sur leur ingéniosité, extraordinaire pour l'époque, à exploiter l'intérêt, pour ne pas dire la passion, suscité chez leurs lecteurs par les productions de leur précieux collaborateur.

Le 24 janvier 1867, Escoffier lui écrivait : « M. Millaud a décidé de donner avant tout autre, même avant *L'Espace mystérieux*, *Le Dossier n° 113*. Nous avons besoin de l'annoncer tous les jours, en première page, en excitant la curiosité. Veuillez donc envoyer les indications demandées par M. Millaud. Il s'agirait d'expliquer beaucoup de choses et de ne rien dire, afin que le lecteur attende avec impatience l'œuvre nouvelle que vous lui destinez. Envoyez-nous le plus tôt possible les premiers feuilletons, car nous avons besoin que, pendant les premiers jours, le feuilleton soit coupé de manière à faire attendre impatiemment la suite. »

En juin, Moïse Millaud intervient personnellement afin de convaincre son « cher Gaboriau » d'accepter le titre qu'il lui propose. Voici quelques passages des lettres du puissant homme d'affaires, qui se trouvait alors à la villa Morton, à Arcachon, où le tenait son état de santé (il se plaignait de tousser continuellement, de ne pouvoir que difficilement parler et de se sentir d'une faiblesse extrême) :

« Un titre ne doit pas seulement servir au livre, il faut qu'il serve également à la réclame. J'ai trouvé *Le Marchand de secrets*, je l'ai retourné et je n'en sors pas une seule ligne de réclame, tandis que *Les Esclaves de Paris* sont tout à fait nouveaux. Un homme n'est-il pas l'esclave de celui qui a son secret ? Vous voyez d'ici le marchand d'esclaves, le marché aux esclaves, et cela à Paris, au XIXe siècle, dans ce Paris de l'Exposition, dans ce Paris plein d'or, de misères, d'empereurs, de rois, et de Polonais. Et, à côté du chantage, n'y a-t-il pas l'amour ? M. Haussmann faisant presque bâtir un théâtre pour obéir à un ordre parti d'une jolie bouche ! Je ne vais pas plus loin, mais jugez ce qu'il y a à faire.

« Il est bien entendu, mon cher Gaboriau, que je ne vous impose rien. Vous savez que j'ai toujours compris qu'il fallait la plus grande liberté à l'écrivain. Mais je crois devoir vous dire cela, car ce sera un grand succès comme vous savez les faire. »

Le romancier, cependant, résiste. Alors Millaud, quelques jours plus tard, revient à la charge :

« ...J'ai eu quelques heures agréables à lire le plan merveilleux que vous m'avez adressé. Ce squelette est déjà gros et gras, couvert de chair. Il promet un grand succès. Il n'y a qu'un écueil, c'est le titre. *La Pêche en eau trouble* ne sera pas comprise de nos lecteurs. Une partie ne verra que l'eau, que les poissons, que les filets. Je défie de faire une seule réclame avec ce titre, c'est un titre terre à terre qui ne dit rien et ne promet rien à l'imagination. La grande chose est d'allécher le public. Quand on le tient, on peut le maintenir.

« Si, contre mon attente, vous n'acceptez pas le titre que je vous propose, vous pourriez encore choisir entre ceux-ci : *Les Puissances invisibles, Les Secrets terribles, Le Commerce des Infamies*. Toutefois je préfère à tout autre celui de *Les Esclaves de Paris*, parce que je le trouve le meilleur et le mieux approprié au sujet et que j'ai combiné pour le faire valoir tous mes moyens de succès. »

Comme on sait, l'auteur finit par s'incliner et sans doute eut-il raison de ne pas s'obstiner. Quelques mois plus tard, quand Dentu publia le roman, il devait manifester sa reconnaissance à l'ingénieux parrain du livre en le lui dédiant en ces termes :

« A M. Millaud

« au créateur du journal populaire. A l'homme dont l'initiative hardie a changé, en France, les conditions de la presse.

« Son dévoué Émile Gaboriau ».

Preuve que l'avisé directeur ne négligeait rien pour donner à la publication du roman un grand retentissement, au début de juillet l'auteur reçut ce billet d'Escoffier :

« Mon cher Maître,

« Ne vous effrayez pas de l'annonce qui paraît dès ce soir. Nous ne commençons pas *Les Esclaves* demain. Vous aurez toujours vos huit jours de repos ou de répit. C'est une invention de M. Millaud pour faire rebondir l'intérêt avec plus de force ».

En janvier 1868, Émile écrit à sa sœur « qu'il mène une infernale et délicieuse existence ». Il ne vit plus, il tourbillonne. Outre son feuilleton, ses *Esclaves* et ses deux chroniques hebdomadaires à *La Situation*, il doit surveiller la sortie de ses livres, ce qui ne l'empêche pas de publier des articles de-ci de-là. Puis, il y a les courses et les visites qui font perdre beaucoup de temps, moins cependant que les importuns et les gêneurs. Mais le succès lui arrive avec une impétuosité qui l'épouvante. Il vient de renouveler son traité avec Millaud. *Le Petit Journal* lui octroie deux mille francs par mois et au minimum trois mois de congé payés. Il aurait pu facilement exiger six cents francs de plus, mais, pour qu'une affaire dure, chacune des parties contractantes doit y trouver un avantage. Il ne tient pas à ce que Millaud le remplace avant deux ans. D'ici là, il aura obtenu un succès au théâtre, qui changera sa position. Si sa santé lui permet de tenir à ce régime, il sera tiré d'affaire.

Il n'y a pas que les visites et les obligations mondaines pour dévorer le temps du romancier. Il lui arrive aussi de lutter pour la sauvegarde du quotidien qui le traite avec tant de faveur. Le 23 février 1868, il écrit à ses parents que « la question est sérieusement posée au Corps Législatif de frapper d'un droit de timbre de trois centimes indistinctement tous les journaux, politiques ou non. L'existence du *Petit Journal* s'en trouvera compromise. Le bénéfice étant de moins d'un demi-centime par exemplaire, le prix de vente devrait passer de cinq à dix centimes, ce qui entraînerait une perte de plus de la moitié des lecteurs. En réalité les deux mille cinq cents francs qu'il rapporte chaque jour troublent le sommeil des propriétaires des autres feuilles, qui ont pour mandataires les deux députés Guéroult et Havin, auteurs de la proposition. Un conseil de guerre nocturne s'est tenu au journal, conseil d'autant plus orageux que cet idiot de Timothée Trimm, qui reçoit bon an mal an cent mille francs, abondait dans le sens de la proposition. Le malheureux que son succès a véritablement saoulé n'a plus qu'une ambition : parvenir à la députation, puis obtenir un portefeuille. Alphonse Millaud lui a vertement répliqué que si *Le Petit Journal* claquait, lui, Léo Lespès, qui n'arrivait pas à vivre avec ce qu'il gagnait, serait sans souliers au bout de six mois. »

A l'issue de cette réunion, on a décidé de faire une visite à tous les journaux importants de la capitale et, pour l'accompagner, Alphonse, « le maître, bien plus que le vieux Millaud », a désigné Gaboriau « comme étant le plus fort en gueule ». Bien qu'il fût le seul peut-être à pouvoir se moquer de l'événement pour avoir en poche deux propositions de collaboration, dont l'une du *Siècle*, plus avantageuse que son contrat avec *Le Petit Journal*, il a accepté. Son habit noir tout neuf lui a été précieux en la circonstance, mais les deux émissaires ont été injuriés par toute la presse. Le journal où il a été le plus maltraité est précisément un de ceux où il écrit. Au-dessous d'une de ses chroniques, on a publié qu'il était « absolument immoral et spéculait sur les instincts grossiers des masses, qu'il était un romancier d'autant plus dangereux qu'il avait malheureusement assez de talent pour voiler l'ignominie de ses conceptions sous des apparences honnêtes et pour faire accepter, grâce aux artifices de son style, les scènes les plus révoltantes ». Ces stupidités ont d'abord eu le don de le mettre hors de lui, puis il a pris le parti d'en rire. Mais il sort de la bataille, écœuré. Il ne sait pas discuter sans se passionner et se dépenser. L'amertume de Gaboriau était loin d'être justifiée, plus d'un confrère le soutint, en fait, dans son action, tel Alfred d'Aunay dans son journal, *La Chronique Illustrée*, du 20 mars.

Les deux délégués sont également allés devant la commission de l'Assemblée, où il a parlé plus d'une heure. Enfin, ils ont été reçus par Rouher, que Gaboriau avait connu au *Pays* et à qui il a déclaré : « Puisque vous voulez forcer *Le Petit Journal* à devenir politique, il fera de la politique, mais votre Excellence doit comprendre que ce ne sera pas dans le sens d'un gouvernement qui nous ruine. Nous pouvons encore tenir un an à un sou. Vous allez créer une feuille d'opposition, qui tire à deux cent soixante-quinze mille exemplaires. » M. Rouher a déclaré à M. Nogent qu'il fallait repousser l'amendement de « l'honnête Guéroult » et de « ce gros malin de père Havin ». Or « M. Rouher manie sa majorité comme un sculpteur tripote sa glaise ».

Quant à Lespès, il ne devait plus rester qu'une année au *Petit Journal*. Dans une lettre du 5 mai 1869, Emile Gaboriau conte à son père comment il s'en retira : « Lespès-Trimm a quitté le journal sans avertir personne : on a appris par une affiche qu'il était passé au *Petit Moniteur*. Bien que Millaud lui ait avancé cent quatre-vingt mille francs en trois ans, il est parti pour une question d'argent. Toutefois, il y a eu une autre raison à cette décision. Ma présence au *Petit Journal* l'horripilait, la publication de *La Vie infernale* a fait déborder la coupe. A la suite de ce départ, tout le monde à la rédaction a redouté une chute du nombre des lecteurs : on n'en a pas perdu un seul et les soixante mille que *Monsieur Lecoq* avait amenés sont tous restés, en dépit de l'apparition de cinq nouvelles feuilles politiques à cinq centimes. »

Dans la même lettre, Gaboriau assure aux siens qu'aucun de ses romans judiciaires — il emploie l'expression — n'a encore eu autant de succès que le dernier : en ce moment le tirage est de 296.000. Pourtant, quand on écrit au jour le jour, on rencontre des difficultés incroyables et l'on ne saura si l'œuvre est bonne qu'une fois celle-ci terminée. Millaud prétend qu'il n'a jamais fait mieux, Dentu et ses amis les plus désintéressés aussi. Cependant ce n'est qu'un ballon d'essai. Le jour où il lancera un vrai ballon, c'est-à-dire une vraie satire bien amère du Paris actuel, il est assuré d'un succès énorme. « Si le Bon Dieu me laisse ma caboche encore cinq ans, je suis certain de laisser un vrai nom et une trace dans la littérature de mon temps. »

L'administration du *Petit Journal* est si satisfaite de lui que la dernière assemblée d'actionnaires lui a voté un cadeau, en lui laissant le choix entre un service d'argenterie et une garniture de cheminée Louis XV. Il a opté pour la garniture qu'on est en train de lui dorer, quelque chose de très beau avec une inscription « pharamineuse ». Il n'en faudra pas moins, si l'on veut le garder, lui lâcher en novembre, à l'expiration de son traité, une « bonne somme et lui accorder certains avantages, comme une rente viagère ». Cependant, le moment venu, il renonça à ces prétentions et lui-même écrivit à son père : « J'ai renouvelé pour deux ans mon traité avec *Le Petit Journal* sans avantages bien sensibles. Je pouvais me montrer exigeant, je ne l'ai pas fait, dans cette idée où je suis qu'il n'y a de traités avantageux pour soi que ceux qui le sont pour l'autre partie. » Il est vrai que le magnifique cadeau qu'il avait reçu quelques jours auparavant, l'avait aidé à ronger son frein. Lui-même en parle avec une joie et un orgueil presque enfantins. « J'ai reçu la fameuse garniture de cheminée et j'ai diablement bien fait de ne pas la choisir moi-même. Etant discret de mon naturel, je n'aurais jamais osé choisir aussi beau. Le vieux Millaud s'est montré magnifique. C'est une garniture Louis XV de Denière, avec sujet en bronze présentant la pendule, les bacchantes de Clodion. Une indiscrétion de mon ami le caissier m'a révélé que le tout coûte 4.200 F. Sur le socle on a gravé *Le Petit Journal à son romancier Émile Gaboriau, témoignage d'amitié*. Encore que je tienne assez aux espèces sonnantes, cette garniture me plaît pour plus du double de ce qu'elle vaut. Elle fait très bien dans mon salon. » Après un tel cadeau, comment se montrer trop exigeant sur le contrat et rompre avec ceux qui le lui avaient offert. C'est, d'ailleurs, ce que s'était peut-être dit le rusé Moïse.

Comme on savait que, par ses feuilletons, Gaboriau pouvait assurer la vie d'un quotidien, il reçut, dès 1867, de nombreuses propositions de collaboration, dont certaines venues de la direction de feuilles relevant du groupe

Millaud. Ainsi dans une correspondance de mai 1867, Lermine, directeur du *Soleil*, souhaitait donner en feuilletons *Les Gens de bureau* et, dans une lettre du 20 décembre de la même année, qui se terminait par d'« affectueux respects à Madame », Schnerb, directeur de *La Gazette Illustrée*, rappelait au romancier sa promesse de lui livrer « deux cents de ses bonnes lignes » pour aider au lancement toujours difficile de son périodique. En février 1869, Alphonse Millaud lui-même écrivit du *Petit Journal*, où Gaboriau ne devait donc guère paraître à l'époque, pour lui demander l'autorisation de reproduire dans *Le Journal Illustré* certains de ses anciens articles du *Pays*.

Si les contrats signés avec Moïse Millaud permirent à Gaboriau de laisser reprendre par quelques hebdomadaires certains des romans parus dans *Le Soleil* et *Le Petit Journal*, il ne put répondre à la plupart des propositions venues de journaux ne dépendant pas du célèbre financier. En mars 1869, le directeur du *National* lui fit savoir qu'il aimerait publier un roman de lui et Villemessant, le propriétaire du *Figaro*, lui adressa une offre identique par l'intermédiaire de son chroniqueur Blavet. Le même Blavet, en 1868, lui avait demandé l'autorisation de reprendre sa « jolie petite nouvelle », *Une pieuvre*, parue dans *La Revue de poche*. C'était, prétendait-il, une question de vie ou de mort pour *Paris-Magazine* qu'il venait d'acheter. Enfin, Gaboriau apprit par ce mot de Francisque Sarcey qu'Édouard Bertin serait heureux de l'accueillir au *Journal des Débats* : « Je sais de source certaine que M. Bertin a lu vos derniers romans avec le plus vif plaisir. Il a dit à Amaury Duval, le peintre : Connaissez-vous ce Gaboriau ? Je serais disposé à lui prendre un roman au débotté... c'est d'Amaury Duval que je tiens le fait. Amaury est intime avec M. Bertin chez qui il dîne toutes les semaines. Je lui ai demandé s'il m'autorisait à vous transmettre cette indication. Il m'y a invité, pensant vous être agréable. »

Sa notoriété était devenue telle que les directeurs de journaux avaient recours à sa plume dans les grandes circonstances. Le 4 novembre 1868, Alfred d'Aunay lui lance un appel à l'aide. Il allait sacrifier tout ce qu'il avait gagné depuis six mois avec *Le Petit Figaro* et *La Chronique Illustrée*, pour publier, le 7 novembre, un numéro spécial de cette dernière feuille qui contiendrait notamment in extenso *Chilpéric*, le dernier opéra-bouffe d'Hervé. Pour quinze centimes, on aura cinq francs de littérature, d'estampes et de musique. Aussi compte-t-il sur son ami pour « soutenir ce numéro d'un bon marché inouï dans un format sans précédent ».

Sur les relations d'Émile Gaboriau avec Dentu on ne dispose que de quelques lettres de l'éditeur, d'un intérêt d'ailleurs assez limité. Il s'agit, en particulier, des harcèlements que connaissent les auteurs négligents ou désinvoltes pour les avoir éprouvés. Le 1er juillet 1868, Dentu insiste pour que soient remis à l'imprimeur les feuilletons de *Monsieur Lecoq* déjà parus dans *Le Petit Journal*. On pourrait ainsi profiter du retentissement de ce roman. Permettez-moi aussi, ajoute-t-il, de vous prier d'activer la correction des épreuves des *Esclaves de Paris* et surtout de ne plus les garder aussi longtemps que vous l'avez fait pour les premières. Mais, le 15 juillet, rien n'est encore parvenu à l'éditeur et celui-ci met le fautif au pied du mur : « Selon votre promesse de me remettre sans retard la copie du tome II des *Esclaves*, j'avais prévenu l'imprimeur de ce volume. Il m'écrit aujourd'hui pour me demander cette copie, car il a embauché des ouvriers pour me satisfaire. Soyez donc assez bon pour remettre ce tome II au porteur. »

Dans une lettre assez curieuse du 16 octobre de la même année, Dentu réclame à Émile Gaboriau « un petit speech » pouvant figurer sur le « prospectus » de l'édition illustrée de *L'Affaire Lerouge*. Comme le font aujourd'hui les éditeurs, il s'adressait donc à ses auteurs pour en obtenir une présentation de leurs ouvrages, sachant bien qu'on n'est jamais mieux servi que par soi-même. « Il faudrait, précise-t-il, passer en revue vos œuvres et en donner une petite appréciation, le tout ne devant guère former que trente à quarante lignes. »

Le succès de Gaboriau avait été si foudroyant qu'il n'y eut pas que des directeurs de journaux pour tenter de l'attirer à eux, mais des éditeurs qui enviaient la situation privilégiée de Dentu.

Au cours de l'année 1867, Hetzel proposa au romancier de donner une édition illustrée de ses romans. Le projet ayant pris corps, le célèbre éditeur lui avança, le 12 novembre, une somme de deux mille francs sur ses futurs droits d'auteur, et, dans une lettre du début de janvier 1868, Émile fit savoir à sa sœur qu'il revoyait *L'Affaire Lerouge* en vue de l'édition prévue par Hetzel. Mais un obstacle se présenta avec Dentu, peu enclin à renoncer aux avantages de contrats dont l'auteur n'avait peut-être pas mesuré exactement la portée. Finalement l'affaire ne put avoir une suite et le romancier dut rembourser, non sans peine, la somme touchée par lui. Pour y parvenir, il fut contraint de signer des billets à ordre et, afin d'obtenir des délais, de subir des frais supplémentaires.

A la même époque, il fut également en pourparlers avec Armand Le Chevalier, l'éditeur des *Physionomies Parisiennes*, une de ces « physiologies » à la mode depuis la Monarchie de Juillet. Il accepta d'écrire deux mille lignes sur *Le Filou et l'Agent de police*. Il en avait promis le manuscrit pour les premiers jours de janvier 1868. Le 13, l'éditeur le relança et encore le 30, en lui rappelant qu'il en avait annoncé « urbi et orbi » la publication prochaine. Mais, en vain : le projet tomba à l'eau.

D'autres travaux devaient également rester chez Gaboriau à l'état d'intention. En composant *La Clique dorée* il lui était venu à l'esprit les sujets de deux autres romans qui auraient pour titre *Le Pavé de Paris* et *Le Feu de la maison blanche*. Ses lecteurs seront étonnés de la transformation qui s'est opérée dans ses idées et sa façon de voir. « Mais, écrivait-il, il y aura mieux encore. Au milieu d'un fatras de mauvais romans, l'abbé Prévost a trouvé une perle qui s'appelle *Manon Lescaut*. Eh bien ! moi aussi j'ai trouvé ma perle. » Il tient « un fier petit livre » et il le tient si bien que, s'il n'était pas accaparé par *La Clique dorée*, il pourrait être écrit en huit jours, sans une rature et tout d'une haleine, avec bonheur et passion. Il sera intitulé *La Fille du notaire* ou plus simplement *Ninette Suzor*, titre que préfère Dentu qui trouve l'autre « trop cravaté de blanc ». La scène se passera à Guingamp et « ne sera pas destinée aux pensionnats de demoiselles ». Cet ouvrage, dont on reparlera, était-il, dans l'esprit de l'auteur, un règlement de comptes avec le milieu notarial qu'il avait connu dans cette petite ville ?

Malgré le succès de ses romans, qui étaient pour lui un moyen de se procurer une existence agréable, Gaboriau restait persuadé que, seule, une œuvre théâtrale pourrait lui apporter une célébrité durable et de bon aloi, en particulier des pièces tirées de son œuvre « judiciaire ». Au printemps de 1867, il assure à ses parents que l'année ne se passera pas sans qu' « il essuie les feux de la rampe » avec une *Affaire Lerouge*, drame cependant « assez mauvais », et un *Comte de Trémorel*, pièce en cinq actes, « ce qu'il a fait de mieux ». Y eut-il de sa part une tentative pour faire accepter par un théâtre l'une de ces œuvres dont les manuscrits ont malheureusement disparu ? En ce cas, elle se solda par un échec. Nullement découragé, il écrit, l'année suivante, à sa sœur, qu'avant deux ans il obtiendra à la scène « un succès qui assurera sa position ». Sans doute voulait-il dire par là un succès qui le classerait parmi les premiers écrivains du temps.

Cependant la première pièce tirée d'un de ses romans à être jouée ne fut pas écrite de sa main. Il s'agit d'un drame portant le titre de la seconde partie de *Monsieur Lecoq*, *L'Honneur du nom*, dont les auteurs étaient un ami du romancier, Alphonse Pagès, et un collaborateur obscur, un certain d'Albert. Il fut joué pour la première fois sur la scène du théâtre Beaumarchais, le 6 novembre 1869. Tout comme le roman, il est divisé en deux époques, mais se succédant dans l'ordre chronologique et plus rapprochées l'une de l'autre, puisque la première est située en 1815 et la seconde en 1824. L'adaptation n'a pu se faire sans la suppression de plusieurs personnages, tels les parents de Maurice d'Escorval, le fils de Lacheneur, la femme et les enfants de Chupin. D'autre part, le courageux abbé Midon, si expert dans l'art médical, a fait place à un véritable médecin, le docteur Dumont, tout aussi dévoué. Enfin le père Tabaret n'apparaît pas, Lecoq opère seul.

La première époque reproduit à peu près la seconde partie du roman jusqu'à l'empoisonnement de Marie-Anne par Blanche de Sairmeuse. Grâce à l'intervention de Martial, Maurice d'Escorval, qui dans le livre n'avait pas été arrêté, a été remis en liberté. Mais Chupin accuse les Sairmeuse d'avoir assassiné Marie-Anne, dont le père va les poursuivre de sa vengeance. Cela explique, étant donné l'âge de ce dernier, que la seconde époque ne puisse se situer au-delà d'une dizaine d'années de la première.

Dès le début de la seconde partie qui se déroule à Paris, Lecoq intervient, amené en voiture, les yeux bandés, à l'hôtel de Sairmeuse, ce qui ne l'empêche pas de découvrir où il se trouve, à la suite d'ingénieuses déductions. Il est chargé par Blanche, tenant tardivement sa promesse, de retrouver l'enfant de Marie-Anne. Quant à Martial, pour se tenir éloigné de son épouse, il a voyagé pendant neuf ans. Mais il rentre à la nouvelle de la mort de son père, dont le corps a été retrouvé au fond d'un précipice, évidemment victime de la vengeance de Lacheneur. Le nouveau duc de Sairmeuse a, alors, connaissance d'un mystérieux billet adressé à la duchesse, qui est impérieusement invitée par Chupin à se rendre au cabaret tenu par lui dans les faubourgs de Paris. Les événements se déroulent ensuite comme dans le roman, jusqu'au moment où, à la stupéfaction de Lecoq, persuadé qu'un grand personnage se dissimule derrière l'identité du bateleur, le juge d'instruction d'Escorval fait remettre le détenu en liberté, en lui soufflant : « Vous m'avez tiré de prison, il y a neuf ans, nous sommes quittes. »

Le dénouement a lieu dans l'hôtel de Sairmeuse où Lacheneur, entré par une fenêtre, a réussi à se dissimuler. De sa cachette, il entend l'aveu de son crime fait par la duchesse à son mari, qui décide alors de repartir pour toujours. Mais, cependant que la coupable se retire, arrive un commissionnaire, c'est Lecoq habilement déguisé qui, tout comme dans le roman, s'assure que le duc avait caché son identité sous celle d'un baladin. Rentre Lacheneur qui, sans être vu, a suivi la duchesse et vient de la tuer. Sa vengeance enfin accomplie, il se poignarde sur place. Ainsi s'achève le drame sans qu'on puisse savoir ce qu'il adviendra du fils de Maurice et quel sort sera réservé à l'ignoble Chupin.

Voici comment Émile Gaboriau conte à son père la naissance de la pièce et son accueil par le public :

« Ce que j'ai eu d'embêtements depuis que vous m'avez quitté à la gare du chemin de fer est inimaginable. Vous n'étiez pas réinstallé à Jonzac qu'un camarade à moi, à qui j'avais follement donné l'autorisation de tirer un drame de *Monsieur Lecoq*, m'est venu trouver en m'annonçant que le drame était terminé et reçu au théâtre Beaumarchais. A cette nouvelle, surprise et fureur. Non parce que Beaumarchais est un théâtre fort secondaire (les théâtres selon moi n'ont pas d'ordre, mais bien les pièces qu'on y joue), mais parce que Beaumarchais n'a pas de décors, pas un acteur passable, pas seulement une comédienne à qui conter fleurette un quart d'heure, enfin parce que Beaumarchais ne rapporte presque rien.

« Bref, me voilà indigné et résolu à m'opposer à la représentation. Mais, bast, les choses étaient plus avancées que me le disait mon camarade. Non seulement le drame était fait, mais il était mis en scène, répété et presque assez su pour être joué. Le retirer en de telles circonstances était faire un esclandre qui m'eût peut-être nui pour plus tard. J'ai donc laissé aller les choses, me contentant de suivre les répétitions, de retoucher de-ci et de-là, et très ennuyé. C'était en somme sur mon nom qu'allait se jouer la partie et je n'avais presque rien à gagner et énormément à perdre, au contraire. Un succès ne pouvait guère me servir et un four devait combler de joie les petits camarades.

« Enfin la première arrive, voilà Maurice et tout mon monde tapis dans une baignoire et me voilà, moi, crevant de peur, en train de remonter le moral de mes acteurs, lesquels en présence d'une salle comme Beaumarchais n'en avait jamais eue, crevaient aussi de peur. Ah ! les scélérats ont-ils été mauvais ! J'avais surtout une grande diablesse rousse qui jouait la duchesse de Sairmeuse, qui m'a fait faire plus d'un setier de bile. Elle disait Montpernesse pour Montparnasse avec une distinction qui sentait son faubourg Antoine d'une lieue. Enfin, tout a bien marché, je dirai même admirablement. Succès complet et je suis allé souper avec mon bon Maurice qui ne se tenait pas de joie. Voilà une gueuse de pièce qui va me rapporter carrément quinze cents francs pour ma part. A l'Ambigu, c'eût été vingt ou vingt-cinq mille francs. Vous voyez la différence. Et elle devait aller à l'Ambigu. »

Mais à lire ce passage d'une lettre du 23 novembre 1869, adressée par l'auteur de la pièce à celui du roman, il apparaît que notre ami Gaboriau allait éprouver une amère déception : « La moyenne des dix-neuf premières représentations — fichu théâtre — n'a été que de six cent soixante-cinq francs alors que, pour que nous ne payions pas les affiches, il fallait sept cents francs. »

Après la première, honorablement réussie, de *L'Honneur du nom*, Billon, le directeur de l'Ambigu, qui n'avait sans doute pas prévu son rapide déclin, vint trouver le romancier pour lui suggérer de faire tirer un drame de *La Vie infernale*. « Justement, poursuit Gaboriau, la pièce était en train. Je la promets, à de certaines conditions toutefois, et me voilà avec mon collabo

Pagès, prévenant comme un nègre. La pièce est finie ou autant dire ; nous la portons au bonhomme Billon, qui veut la mettre illico en répétition, mais avec une telle troupe que carrément nous refusons la distribution. Nous venions d'être trop cruellement massacrés à Beaumarchais pour vouloir l'être à l'Ambigu par des acteurs tout aussi mauvais et, de plus, grotesquement prétentieux. Nous voici donc en négociations, en discussions, puis en brouille, enfin nous envoyons paître Billon et nous nous remettons à remanier la pièce pour le vaudeville où elle ne tardera pas, je pense, à être jouée. »

Encore une affirmation imprudente, car la nouvelle pièce de Pagès ne connut jamais les feux de la rampe. Quant au directeur Billon, il y a tout à parier que son ardeur primitive fut sérieusement douchée par la brève carrière de *L'Honneur du nom* et qu'il se refusa à engager des frais importants pour *La Vie infernale*.

Indulgent, comme on voit, pour ses amis, Gaboriau n'avait pas perdu le souvenir de ses débuts difficiles et se montrait plein de bonté pour les jeunes gens venus, comme lui autrefois, tenter leur chance à Paris. A plus d'un, il mit le pied à l'étrier. Nous n'en citerons qu'un seul parce que compatriote du romancier ; il était arrivé, à vingt-cinq ans, de sa Saintonge natale. C'était Georges Grison, employé à la perception de Jonzac, qui possédait, pour tout bagage littéraire, une saynète jouée devant les notables jonzacais. Une fois à Paris, il avait tout d'abord et fort sagement assuré sa subsistance en obtenant un emploi au contentieux des Chemins de Fer du P.L.M. Puis, muni d'une recommandation de Georges Coindreau, il avait frappé au début de l'année 1868, mais en vain, à la porte de Gaboriau, ce jour-là absent. Quelques mois plus tard — entre-temps il avait été rappelé à Jonzac auprès de son père dangereusement malade — il avait renouvelé sa tentative, mais toujours avec la même malchance. Il avait donc pris la liberté d'écrire, le 13 juin, au romancier pour « se recommander à son bienveillant patronage littéraire ». Il est certain que celui-ci intervint en sa faveur, car une seconde lettre de Grison, datée du 29 janvier 1869, débute par « Cher Monsieur Gaboriau » et exprime une profonde reconnaissance à son destinataire. Il ne veut pas déranger son protecteur, le sachant « enfoncé jusqu'au cou » dans son roman, mais il lui demande de proposer, pour lui, au *Petit Journal Officiel* une série d'articles sur les drames de la mer. On aurait là « un genre de variétés tout neuf ». Georges Grison devait entrer un peu plus tard comme chroniqueur au *Figaro*, où il fit une carrière de plus de trente ans avec une curieuse spécialité : le compte rendu des exécutions capitales. Cette littérature suprenante ne devait en rien attenter à sa bonne humeur, car il allait publier des ouvrages amusants et, sous le pseudonyme de Jean de Paris, faire jouer plusieurs vaudevilles sur les scènes parisiennes.

Paul Féval, lui-même, avait recours à son influence. Dans un billet datant vraisemblablement de 1867, il sollicite en ces termes une recommandation de son ancien collaborateur pour l'un de ses protégés : « Mon cher Gaboriau, faites une vraie bonne action. Couvain est bien malheureux et bien malade. Il y a de lui, dans les cartons du *Soleil*, *Les Brigands fameux sous Henri IV et Louis XIII*. C'est intéressant. Obtenez qu'on les imprime. Je vous en saurai un gré personnel et vrai. Votre ami P.F. »

On trouve également dans la correspondance de Gaboriau des lettres de remerciements d'autres personnalités littéraires qui lui devaient des comptes rendus élogieux. Notamment celle-ci de Champfleury, datée du 23 août 1866 : « Mon cher Confrère, merci des lignes bienveillantes qui ont annoncé mon livre au public. Rien ne me touche plus que les sympathies de mes confrères qui viennent me trouver dans mon coin en douce, ce dont je conserve un souvenir profond. »

Il n'hésitait pas non plus à apporter une aide à ceux qui se lançaient dans une entreprise audacieuse, s'il la jugeait intéressante. C'est ainsi qu'en avril 1868, pour faire plaisir à un avocat de ses amis, il participa financièrement au lancement d'un périodique d'information judiciaire, *Le Journal du Palais*, en prenant une action de cent francs. Mais cette feuille fut mise en liquidation dès le début de 1869 et, finalement, il ne lui revint sur le montant de sa souscription qu'une somme de vingt francs qu'il négligea d'ailleurs de réclamer.

Comme tous les écrivains en vue, Émile Gaboriau recevait un abondant courrier provenant d'inconnus ou dont les auteurs gardaient pour la plupart l'anonymat, quand il s'agissait de remarques comminatoires. Il avait conservé les plus curieuses de ces lettres. Dans un billet non signé, une correspondante le prenait à partie : « Vous ne connaissez guère le cœur des femmes, Monsieur Gaboriau. Les vôtres sont d'un égoïsme révoltant. Vous ne créez que des fictions. » Par contre, une autre correspondante — probablement une aventurière — après avoir lu *Les Esclaves de Paris*, lui disait son admiration pour son œuvre. Dans la situation dramatique où elle se trouvait, les conseils de l'écrivain lui seraient précieux. Aussi lui donnait-elle la possibilité de lui fixer une entrevue en lui répondant à la poste restante sous les quatre initiales dont elle signait sa lettre. D'ailleurs, le récit de sa vie devait l'intéresser et peut-être pourrait-il y trouver le sujet d'un roman. Citons encore une lettre d'un certain Achille Vogué ou Voguë, lui reprochant, en juillet 1869, de n'avoir donné aucune réponse aux trois demandes qu'il lui avait successivement adressées pour en obtenir un autographe.

Sans doute Émile Gaboriau manquait-il de temps pour répondre à de telles démarches, même aux plus flatteuses, mais, quand il jugeait les solliciteurs dignes d'intérêt, il n'hésitait pas à intervenir. Dans la correspondance gardée par lui, ne manquent pas les mots de gratitude à la suite de quelque geste généreux. Entre autres, la lettre d'un certain Guillouët, adressée du 18, rue Villeroy, à Lyon, le 5 mars 1869, pour remercier son « cher Émile » de l'envoi d'un mandat de soixante francs. Ce malheureux n'ira pas « crever à l'hôpital ou à la rue, du moins pour l'instant ». Puisque son ami lui a retiré sa montre du Mont-de-Piété et la tient à sa disposition, il aurait grand plaisir à la retrouver, car il n'a pas les moyens d'en acheter une autre. Sa misère est à son comble et il se passera bien du temps avant qu'il ne puisse éteindre sa dette. La veille, chose curieuse, il a retrouvé dans ses papiers un billet souscrit par Gaboriau dix ans auparavant. Il le lui envoie. Cette précipitation, alors que ce grabataire avait mis plusieurs semaines à accuser réception du mandat, peut faire croire de sa part à une invitation à peine déguisée à une nouvelle générosité de l'ancien débiteur, qu'on ne peut taxer, comme on voit, de l'oubli des services rendus.

Parmi les appuis accordés par Gaboriau à des personnes inconnues de nous, il en est un qui nous est révélé par un mot de l'éditeur Le Chevalier, adressé au romancier à la date du 29 juillet 1866 : « Vous avez recommandé à Mme la baronne de Rothschild une famille que vous dites très intéressante. Mme de Rothschild, qui est un peu souffrante, m'a remis cette recommandation avec prière de m'en occuper. Je vous prie de m'envoyer un des membres de cette famille... ». Comment Gaboriau pouvait-il fréquenter la baronne de Rothschild ou du moins être suffisamment connu d'elle pour pouvoir lui adresser une lettre de recommandation qui ait autant de poids ? Ne serait-ce pas grâce à Amélie Rogelet, dont on a dit, comme on sait, qu'elle avait été dame de compagnie ? Ou, plutôt, n'aurait-il pas été présenté à la famille des richissimes banquiers par leur confrère et coréligionnaire Moïse Millaud ?

En tout cas, c'est uniquement à ses premiers succès littéraires qu'il dut d'être admis d'emblée à la Société des Gens de Lettres. Cette compagnie a gardé dans ses archives sa lettre de candidature en date du 9 octobre 1866, élogieusement apostillée par Emmanuel Gonzalès, ancien président, et Paul Féval, président en exercice depuis l'année précédente. Un bref rapport demandé à Ponson du Terrail se termine par cette constatation de bonne confraternité et cette prédiction : « M. Gaboriau est une notoriété d'hier et une célébrité de demain. »

Une fois admis, fut-il un adhérent très assidu ? On peut en douter à lire un billet de Féval, daté du 22 janvier 1868 et concernant le fonctionnement de la Société, dont il est encore le président. A la suite d'une proposition de réduire à soixante le nombre des présents nécessaires pour décider une modification des statuts, celui-ci demande à Gaboriau de s'associer à un « amendement de sauvegarde » : une telle délibération pour être valable devra réunir le quart plus un des membres résidant à Paris. Si ce quorum ne se trouve pas atteint, une nouvelle convocation sera lancée et les décisions pourront être prises à la majorité des deux tiers des membres présents. Féval compte sur la présence de son ami à la réunion capitale du 1er mars et lui adresse un très significatif reproche : « ne me donnerez-vous pas une demi-heure en toute votre vie ? »

Comme on voit, le cercle des relations d'Émile Gaboriau s'élargissait avec le succès de ses dernières œuvres et ne pouvait que contribuer à affirmer cette notoriété que Ponson lui-même reconnaissait et dont certains s'efforçaient de tirer profit. Bon garçon, il ne se dérobait jamais et son obligeance ajoutait encore à sa popularité. Sa réussite ne l'avait gonflé d'aucune suffisance, mais il la savourait parce que conquise de longue lutte et contre l'attente de la plupart, et il ne cherchait pas à masquer sa satisfaction derrière un voile de fausse modestie, heureux de pouvoir montrer à ses proches qu'ils avaient eu tort de parfois désespérer de son avenir.

LA GUERRE ET LA COMMUNE
(1870-1871)

XXV

ÉMILE GABORIAU PENDANT LA GUERRE IMPÉRIALE

Alors qu'à la fin du mois de juin 1870 commençaient à circuler d'inquiétants bruits de guerre, apparaissaient sur les murs de la capitale des affiches dont le texte était une invitation à un certain J.-B. Casimir Godeuil à se présenter au *Petit Journal*. La curiosité suscitée par cette étrange convocation dut se satisfaire de l'explication qu'en donna ce quotidien dans son numéro du 3 juillet :

« Nous avons une bonne nouvelle à annoncer à nos lecteurs
J.-B. CASIMIR GODEUIL EST RETROUVÉ !

« C'est l'auteur d'un manuscrit extrêmement important déposé dans les bureaux du *Petit Journal*. Ce manuscrit s'écartait à ce point de tout ce qui a été publié jusqu'à ce jour, dévoilait des faits si extraordinaires, contenait des drames si poignants et de si surprenantes révélations que *Le Petit Journal* ne pouvait en hasarder la publication sans connaître l'auteur des
MÉMOIRES D'UN AGENT DE LA SÛRETÉ »

Le lendemain, le journal revenait à la charge : « Le titre de ce manuscrit en dit le puissant intérêt. Spectateur, presque toujours acteur des drames qu'il raconte, J.-B. Casimir Godeuil est arrivé par la seule force de la vérité à des effets d'émotion, de terreur ou de rire qu'ont rarement atteints les plus célèbres romanciers. La vérité palpite en ses récits. Aussi peut-on dire que JAMAIS ni en librairie ni en journalisme, jamais rien n'a été publié qui ressemble aux révélations de J.-B. Casimir Godeuil. »

Ce lancement qui ressemblait à celui de *Monsieur Lecoq* était probablement une idée du maître ès publicité Moïse Millaud qui, pour gagner de nouveaux lecteurs, avait imaginé de publier, sous la signature d'un personnage fictif, une série de nouvelles policières, dont l'auteur était en réalité Émile Gaboriau.

Le 5 juillet, *Le Petit Journal* insiste sur l'intérêt passionnant de son prochain feuilleton : « L'auteur a vu tout ce qu'il raconte ; il a été témoin de ces tours de force d'habileté, de patience, de persévérance qui font de la police française la sauvegarde des intérêts sociaux. » Le 6, afin de tenir ses lecteurs en haleine, Millaud précise : « C'est après-demain que *Le Petit Journal* commence l'ouvrage si impatiemment attendu », et, le 7, cet engagement est confirmé dans un article de Thomas Grimm qui tient toute la première page et le début de la seconde. Le chroniqueur estime qu'on trouvera dans ce nouveau feuilleton « une peinture énergique et d'une saisissante originalité de l'éternelle lutte du crime et de la justice... L'auteur entraîne le lecteur tantôt à Londres où il recherche un caissier infidèle, tantôt à Berlin où il recherche une jeune fille enlevée à sa famille par un chevalier d'industrie » et il énumère les titres de quelques-uns des récits à paraître sous la plume du prétendu Godeuil :

> *Le Petit Vieux des Batignolles*
> *Un Tripot clandestin*
> *Disparu*
> *Le Portefeuille rouge*
> *La Mie de pain*
> *Les Diamants d'une femme honnête*
> *et surtout* (sic) *La Cachette.*

Le 8 juillet, comme promis, commença la publication du *Petit vieux des Batignolles*, qui prit fin le 19. Entre-temps, la guerre avait été déclarée à la Prusse et, par suite, les révélations de Casimir Godeuil s'arrêtèrent là. Jamais ne paraîtront les autres nouvelles, sauf peut-être *Disparu*, publié après la mort de Gaboriau sous le titre à peine différent de *Une Disparition*. Il est probable que, suivant son habitude, il avait tracé un plan très détaillé de tous ces récits en se promettant de les écrire au jour le jour.

Mais les circonstances exigeaient maintenant des œuvres patriotiques. Dès le 17 juillet, *Le Petit Journal* avait annoncé la toute prochaine publication d'un « récit militaire », signé cette fois de Gaboriau : *La Revanche de 1813*, qui commença à paraître le 24 sous le titre de *La Route de Berlin*, *La Revanche de 1813* n'étant plus que le sous-titre.

Du début du mois d'août à la fin de la guerre, il est resté trente-sept lettres du courrier adressé par Émile à ses parents de Jonzac. A travers ces feuillets, on parvient à reconstituer en partie ce que fut alors l'existence de l'écrivain et à connaître son état d'esprit, l'évolution de ses convictions politiques, ses réactions devant l'événement quotidien, ses illusions et aussi celles de la plupart des Français. Cette correspondance nous vaut encore un témoignage du plus haut intérêt sur la vie dans la capitale et sur la mentalité et les sentiments de la population parisienne après les premières défaites et durant le siège.

La première de ces lettres est du 7 août ; elle est adressée à l'ancien conservateur des hypothèques : Émile constate avec amertume qu'il était « trop heureux » ; cela ne pouvait durer. Maintenant il est accablé de soucis, dont le plus grave pour la santé de son amie qu'il a failli perdre. Elle a un phlegmon au péritoine. Elle va mieux sans doute, mais il sera inquiet jusqu'à ce que le phlegmon ait percé. Il compte l'envoyer prochainement aux eaux, à moins que... Son père comprendra sans peine cet « à moins », dans la situation terrible où se trouve le pays. Tous les ennuis personnels ne doivent-ils pas s'effacer devant le malheur public ? « Les troupes françaises sont battues sur toute la ligne ; le chef en qui on avait le plus de confiance — Mac-Mahon — est écrasé. Aux dernières nouvelles, il serait entre Phaslbourg et Sarrebourg, couvrant la route de Nancy, mais coupé de la grande formation de Metz. Le sol de la patrie est profané, nos pertes seraient immenses. Ce ne sont pourtant pas les soldats qui manquent, c'est un général. Mais l'Empereur a voulu commander en chef et, au quartier général, nous avons qui ? Un homme qui ne peut pas faire pipi sans sonde et un enfant. »

Et, pour comble de malheur, Paris n'est pas tranquille. La veille, en compagnie d'amis, il a dû faire le coup de poing, devant le passage de l'Opéra, contre des voyous qui hurlaient : Vive la République ! L'état de siège, heureusement, vient d'être proclamé et les honnêtes gens s'en réjouissent. Gaboriau termine sa lettre par cet engagement : « Jusqu'à nouvel ordre, vous aurez, tous les jours ou presque, un mot de moi ». Tout nous porte à croire qu'il s'est efforcé de tenir sa promesse. Quand il y a manqué, c'est pour des motifs impérieux. On peut donc en déduire que, du courrier adressé à sa famille jusqu'à la fin de la guerre, courrier soigneusement conservé quand il parvenait à ses destinataires, une importante partie s'est perdue en cours de route.

Dans la lettre suivante, en date du 8 août, Gaboriau dit son admiration pour nos soldats qui « se font hacher jusqu'au dernier » sans que l'Empereur et ses généraux incapables ne fassent rien pour les secourir. Pourquoi, au lieu de compter uniquement sur l'armée de métier, n'a-t-on pas fait appel « aux forces vives de la nation ». D'autre part, Paris l'inquiète, car les républicains semblent relever la tête. « Les scélérats, écrit-il, sont au comble de la joie. » Ils voient dans la défaite une occasion de proclamer « leur sacrée république », sans comprendre que la Prusse victorieuse ne les laissera pas faire. La situation économique est aussi désastreuse que la situation militaire. On n'achète rien sans pièces d'or ou d'argent et, si l'on veut changer contre elles un billet de mille francs, il en coûte de vingt à vingt-cinq francs. Tout ceux qui le peuvent, mettent en réserve les précieuses pièces « en cas de malheur ». Lui-même ne dispose pas de huit cents francs en or, aussi souhaiterait-il que son père lui mette de côté deux mille francs de ce numéraire, si toutefois il est encore possible de s'en procurer à Jonzac. Le départ de son amie est ajourné. Elle restera avec lui tant que le danger n'est pas imminent ; puis, avec Zoé, sa bonne dévouée, elle ira se réfugier en Auvergne, dans la famille de celle-ci. On a dit que les Parisiens défendraient leur ville, Gaboriau n'y croit guère, cependant il a acheté une carabine. Mais, si l'ennemi entrait un jour dans Paris, il devrait sans doute fuir ainsi que la majorité de ses confrères, car les « Barbares » ne pardonneraient pas la campagne de presse acharnée que les journalistes parisiens ont entreprise contre eux.

Le 11, Émile écrit à son père que les nouvelles sont de plus en plus alarmantes. Sur la ligne de l'Est, le chemin de fer n'accepte plus de colis que jusqu'à Bar-le-Duc. Les autorités n'encouragent aucune initiative : des jeunes gens avaient constitué un remarquable escadron de cavalerie, on n'en a pas voulu. Le pays est à vau-l'eau, entre un gouvernement qui songe surtout à sauver la dynastie, et de « misérables imbéciles, des fous », qui rêvent de prendre le pouvoir. « Entre la voyoucratie soulevée et l'ennemi » lui, Gaboriau ne saurait choisir.

Le lendemain, nouvelle lettre aux siens, écrite cette fois du *Petit Journal*. Les vivres sont devenus d'une incroyable cherté. « Des pommes de terre grosses comme le petit doigt coûtent trois centimes pièce. » De nombreuses maisons ont suspendu tous leurs paiements. Si cette situation doit durer, il se verra contraint de renvoyer tout son personnel à l'exception de Zoé. Quant aux soi-disant républicains, « ils se frottent les mains, ils rient, ils disent : voilà notre tour venu ». La lettre des Orléans a cependant produit le meilleur effet. Tout le monde s'écrie : « Voici ceux qui nous sauveront » et il aurait des raisons puisées à bonne source de le croire, mais il faut le taire encore. Ensuite on réglera les comptes. Lebœuf est un sinistre gredin. Dans des commandes de matériel de guerre d'un montant d'un million, les pots-de-vin figuraient pour sept cent mille francs. Metz n'était pas en état de défense, il y a huit jours. L'Empereur y a été mal accueilli, quant à l'Impératrice, elle s'est fait huer par des bonnes d'enfants, qui l'avaient aperçue dans son jardin particulier des Tuileries. Dans les faubourgs, on sent une sourde fermentation.

Le 13, Émile écrit à sa sœur qu'il passe le plus clair de son temps au *Petit Journal*, dont il fait maintenant « la cuisine » en l'absence des administrateurs partis pour la province dans l'intention d'y tirer des éditions régionales. Tous les correspondants qui, depuis un mois, ont en réalité fait des affaires d'or avec l'accélération de la vente, laissent les traites impayées en prétextant les difficultés nées de la guerre. Cette situation ne manque pas d'être gênante pour une maison ayant un mouvement de fonds quotidien de trente mille francs. Il est littéralement « crevé » et si énervé qu'il en a perdu le sommeil. Il avait commencé à écrire un ouvrage de circonstance, *La Route de Berlin*, avec l'intention d'en faire un roman militaire, mais les événements le lui ont fait abandonner pour une histoire anecdotique de l'année 1792. C'est un récit absolument « tronqué », car il serait dangereux, en ce moment, d'évoquer les souvenirs du 10 août et des massacres de septembre. « Chose étrange, constate-t-il, cette machine plaît à mes lecteurs. » Paris est morne. A part les marchands de comestibles, aucun commerçant ne vend plus. L'argent semble avoir disparu.

Le 15, Gaboriau conte à ses parents une singulière aventure, un fait bien banal pour ceux qui ont vécu à l'arrière les premiers mois de la guerre de 1914. A minuit, une dépêche était arrivée au ministère annonçant une défaite prussienne sur les rives de la Moselle. Comme il en avait pris copie, il ne résista pas au plaisir d'en donner lecture au coin de la rue Vivienne. Mais on était devenu si méfiant après tant de fausses nouvelles de victoires, propagées, disait-on, par les agents de l'ennemi, qu'il fut pris au collet par des passants, qui entendaient le traîner au commissariat le plus proche. En vain protestait-il et déclinait-il son identité. On se refusait à le croire : Vous n'êtes pas Émile Gaboriau ! Nous le connaissons bien ! Heureusement pour lui, vinrent à passer quelques personnes qui, elles, le connaissaient vraiment et le tirèrent de cette fâcheuse situation. Mais, déjà, la bonne nouvelle se propageait dans Paris. On se leva, ce fut une explosion de joie générale. Comme, par la suite, on ne reçut aucun détail, on se prit à douter et l'on répéta un peu partout que cette victoire annoncée le jour de la fête de l'Empereur avait été commandée à Godillot, le grand organisateur des festivités officielles. Là-dessus, fut communiqué une proclamation de Napoléon III, remerciant les Messins de leur accueil. Pur mensonge ! un officier, qui se trouvait peu de temps auparavant à Metz, confirma à Gaboriau que le souverain y avait été accueilli par des huées et des sifflets les deux fois où il s'était risqué à sortir en voiture découverte. Cependant l'ennemi est à Toul, et ses éclaireurs approchent de Verdun, mais nos généraux, paraît-il, ne veulent engager la bataille que sur un terrain choisi par eux, ce dont il faut leur savoir gré.

A Paris, « la boue se remue ». La veille, à La Villette, des rebuts de la société, criant « Vive la République ! », ont tenté de s'emparer d'un poste de pompiers. C'est à ce cri, qui dissimule les plus abjectes passions, qu'ils ont assassiné un malheureux sapeur. Quarante des émeutiers ont été arrêtés et vont être jugés aujourd'hui même. La police croit que ce sont des agents prussiens et Gaboriau en est persuadé. La population réclame plus d'énergie dans la répression de la trahison. Dix mille manifestants se sont rassemblés sur la place Vendôme pour réclamer l'application de la loi martiale. Chaque jour, on arrête des espions allemands, tout cousus de ces pièces de vingt francs dont on manque à Paris. Les Prussiens fusillent nos malheureux paysans alsaciens ; qu'on fusille en représailles une douzaine des vingt mille Prussiens qui se trouvent dans la capitale ! Un officier qui arrive du ministère prétend que la police est sur les traces d'un vaste complot préparé pour soulever Paris à l'annonce de la première grande défaite, et cinq ou six cents personnes auraient déjà été arrêtées.

Le 17 août, Émile écrit à sa sœur qu'à part une vague dépêche du sous-préfet de Verdun, Paris est privé de nouvelles. « La population est au paroxysme de l'angoisse ». Lui-même passe ses journées au Corps Législatif et une partie de ses nuits dans les mairies de la capitale. On craint que l'armée de Bazaine ne se soit laissé enfermer dans Metz, tout en gardant l'espoir que ce chef et Mac-Mahon parviendront à prendre les Prussiens en tenailles. Des troupes de complément, gendarmes, pompiers, gardes forestiers, affluent à Paris où on les embrigade. Il doit y avoir maintenant deux cent mille hommes au camp de Châlons. Est-ce dans les plaines de Champagne que se livrera la suprême bataille ? Dans la capitale, on pousse activement les travaux de fortifications. On vit dans la fièvre et l'on en arrive à envier ceux qui se battent. Mais quelle que soit l'issue de la guerre, on assistera à un changement de gouvernement, estime Gaboriau, sans préciser s'il entend par là un changement de régime. De toute façon, les honnêtes gens comprennent que leur intérêt est de se former en bataillons pour empêcher que le pouvoir ne tombe aux mains de « quelques misérables ». Et il revient à une idée qui lui est chère : ni les Prussiens s'ils sont vainqueurs, ni l'armée française ne laisseront l'anarchie s'installer dans le pays. « Le boutiquier le plus couard déclare à qui veut l'entendre : Nous avons des armes et nous maintiendrons l'ordre. »

Lui-même est à moitié mort de fatigue avec le travail de galérien auquel il est soumis. Et, pour comble, il ne touche plus un sou de la Société des Gens de Lettres. Heureusement, il avait eu « la fière inspiration » de placer quelques centaines de francs dans un vieux bas dès le début de la guerre. « C'est avec ça, dit-il, que je bouffe. »

Suit une lacune de dix jours. Vraisemblablement les lettres d'Émile Gaboriau ne sont pas parvenues à leurs destinataires jonzacais pendant cette courte période, car la première qui se présente ensuite — elle est du 27 août — ne fait aucunement état d'une interruption dans sa correspondance. Maintenant les Prussiens sont à trente lieues de Paris et l'on invite par voie d'affiches la population à faire des provisions. Résultat : aux Halles on se bat autour des sacs de pommes de terre. La ville est lugubre, « toutes les femmes sont en noir, les hommes ont une figure longue d'une aune ». Le bruit a couru que Trochu était arrêté, mais rien n'est venu confirmer cette nouvelle. Gaboriau ne croit pas que Paris sera défendu, les ouvriers n'ont pas été armés. D'ailleurs les Prussiens ne chercheraient pas à s'emparer de la capitale ; ils se contenteraient de la couper du reste de la France. Mais le voici tout de même enrôlé dans la garde nationale, dont il a revêtu l'uniforme. « Je suis hideux » plaisante-t-il. Il a reçu un fusil à tabatière du poids de trente livres. Cette arme difficile à manier lui a paru absurde.

Le 30 août, il écrit à sa famille qu'il a dû consacrer la journée du 29 à la recherche du papier, qui va manquer pour *Le Petit Journal*. On ne parvient pas à s'en procurer, même en le payant comptant. Il a toutefois trouvé le temps de participer à des exercices de tir à Vincennes, tant il avait envie d'essayer son fusil à tabatière. Ce ne serait pas une mauvaise arme, si elle n'avait été fâcheusement modifiée. Un personnage « en bourgeois et à lunettes » remettait une à une les cartouches aux tireurs en les regardant dans le blanc des yeux. Sur trois cents gardes présents, une centaine ne parvinrent pas à se servir de leur fusil. Le sien fonctionne, mais avec un terrible recul.

On manque toujours de nouvelles officielles, mais Mme Lefèvre-Desnoëttes, alliée de Mac-Mahon et voisine du journaliste, a fait dire à celui-ci que son parent et Bazaine correspondaient enfin. D'après elle, la victoire était presque certaine. Cependant on a vu des uhlans à Montereau ; ils ont tenté de faire dérailler un train rempli de zouaves. On les a tués et un zouave a rapporté, comme trophées, au journal, le casque et le sabre de l'un d'eux. Depuis vingt-quatre heures, trente mille hommes sont partis par train en direction de l'est. Mais l'animation joyeuse des premiers jours a fait place à un air grave et résolu ; les officiers semblent préoccupés. C'est que la seule victoire remportée jusqu'ici par Napoléon III l'a été sur des curieux sans armes, mitraillés sur les boulevards lors du Coup d'État (Gaboriau oublie les succès des campagnes de Crimée et d'Italie). La veille, des régiments ont traversé Paris au cri de « A bas l'Empereur ! », sans que les officiers cherchent à réprimer ces manifestations. Lui-même a assisté à ce spectacle.

Les nouvelles les plus fantaisistes continuent à circuler. Une révolution aurait éclaté à Munich et le Hanovre se soulèverait. En attendant, l'invasion se poursuit et l'on ne connaîtra que plus tard les épouvantables excès auxquels se livrent « les hyènes à figure humaine ». Mais elles seront vaincues par Mac-Mahon.

XXVI

ÉMILE GABORIAU DANS LA DÉFENSE NATIONALE

Comme de nombreux Français au même moment, Gaboriau va cesser d'être un spectateur consterné des désastres militaires pour entrer dans l'action. Il va désormais vivre la guerre comme un de ses acteurs et se passionner patriotiquement pour la lutte.

Dans une lettre hâtive, non datée, mais évidemment du 4 ou 5 septembre, il dit son émotion devant la capitulation de Sedan et la révolution, dont le télégraphe a déjà répandu la nouvelle dans tout le pays : « Qu'allons-nous devenir ? A l'heure qu'il est, Paris est fou. Une commission exécutive est nommée : Trochu, Jules Favre et Gambetta. Foule énorme. On crie : Vive la République ! On trouve dans le ruisseau les écussons de l'Empire dépendus des portes des magasins. Je suis comme hébété. » Et cette phrase, peut-être uniquement destinée à rassurer ses parents : « Je ne crois pas qu'il y ait des troubles graves. »

Puis c'est une très longue lettre du 8. On apprend que la veille il s'est trouvé de service à la porte des Folies-Bergère, où se tenait une réunion publique. Il a fait fonction de sergent de ville, répétant sans cesse : « Circulez, citoyens, circulez. » Ce n'était pas très drôle, mais il faut savoir se plier aux circonstances.

Le journal *La Marseillaise*, qui a reparu, a publié des articles « atroces » de Cluseret, de Bazire et d'un « infect drôle » nommé Poulet. « Le public s'est révolté. A trois heures, quatre mille manifestants, dont beaucoup d'ouvriers, se pressaient devant *La Marseillaise* demandant qu'on brisât les presses. La garde nationale a eu quelque peine à rétablir l'ordre. A quatre heures, on brûlait, rue du Croissant, tout ce qui restait d'invendus. Des gens, montés sur des chaises, déchiraient cette feuille aux applaudissements de la foule, en criant : Voilà ce que je fais de ce misérable journal. » Et Gaboriau, semblant oublier ses convictions orléanistes, donne un satisfecit au nouveau régime : « Le gouvernement se conduit admirablement. Toutes les mesures sont marquées au coin d'un grand bon sens politique, qui révèle Gambetta. On commence à le croire grand homme d'État. La circulaire signée Favre est regardée comme un pur chef-d'œuvre et a produit une immense sensation en Europe. » Malheureusement, il tient de Gambetta lui-même que, si l'on trouve au ministère de la Guerre des états de situation parfaitement tenus, armes et matériel n'existent que sur le papier. Et cependant tout a bien été payé, les acquits en font foi. « Voilà le résultat de dix-huit ans de pillage des finances publiques. »

Les travaux de fortifications sont poussés nuit et jour. La campagne se quadrille de fossés, se hérisse de retranchements, se truffe de torpilles au pétrole. On dépave certaines artères pour amortir l'effet des obus à venir et pour pouvoir construire des barricades. « Il est navrant, s'apitoie Gaboriau, de voir nos rues encombrées de charrettes, qui apportent le mobilier, le pauvre saint-frusquin des gens des environs fuyant l'invasion. Les villages sont abandonnés, on démolit, on brûle. Les quatre coins de l'horizon flamboient. Les Russes en 1812 avaient bien brûlé Moscou. Brûle Paris, mais que l'honneur de la France soit sauvé ! »

Mac-Mahon a follement perdu son armée et l'on manque maintenant de troupes disciplinées. Quant aux chefs de Sedan, ils n'ont encore montré que leur incapacité ou leur lâcheté. Cependant Gaboriau s'est entretenu avec un colonel blessé, qui n'avait pu retenir ses hommes. Ils se sont enfuis en abandonnant leurs armes et leur drapeau. Ce qu'il reste d'armée régulière pourra-t-il défendre Paris où l'on est encombré de mobiles vêtus de haillons de toile, semblables à des mendiants et ne sachant pas tenir un fusil ? Il devait en loger quatre, mais comme il n'a plus de lits disponibles, il les a conduits à l'hôtel. Il lui en coûte dix francs par jour et deux francs pour qu'on leur prépare leurs aliments. Lui-même a réussi à rassembler assez de provisions pour vivre et faire vivre les siens pendant deux mois. De quoi aussi recevoir les Prussiens : remington, revolvers et le reste, ainsi que des monceaux de cartouches. Sa demeure, comme toutes les maisons voisines, est transformée en arsenal.

Mais ces dépenses ont sérieusement amputé ses économies et il ne doit plus attendre d'émoluments réguliers du *Petit Journal*, qui ne subsiste que d'expédients. Le papier, de plus en plus difficile à trouver, renchérit d'heure en heure. Les quelques collaborateurs restés à Paris se partagent les bribes de la caisse, qui est mourante. Lui-même a reçu trente francs pour sa part. La publication de *La Route de Berlin* s'est terminée le 6 septembre. En évitant de mentionner les Septembrisades, il y a évoqué les souvenirs glorieux de 1792, l'année de la victoire de Valmy, qui fit reculer l'invasion. Comme il n'a plus rien à donner en feuilletons, on a recours à l'une de ses premières nouvelles, *L'Ambassadeur matrimonial*, qui paraît depuis le 7 septembre, sous le titre général du volume dont elle fait partie : *Mariages d'aventure*, ramené au singulier.

Il se répand à Paris des bruits d'armistice. Gambetta, que les journalistes avaient guetté à sa sortie de l'Hôtel de Ville, a déclaré d'un air découragé : « Nous n'avons rien. » Rochefort se conduit bien. Sa lettre de *La Marseillaise* était excellente, elle lui a valu un petit triomphe. Le gouvernement de la Défense Nationale est honnête, même habile. On a une grande confiance en « Gambetta contenu par Jules Favre » et en Trochu. On désigne pour les fonctions importantes des gens convenables, malgré l'inévitable course aux places. Lui-même a failli être quelque chose, mais il a décliné toutes les offres. Il n'accepterait même pas d'être garde champêtre. Son arrondissement — le neuvième — a maintenant Ranc comme maire. Il a d'autre part appris avec plaisir que Frédéric Mestreau avait été nommé préfet de la Charente-Inférieure.

C'est probablement vers le 10 septembre que le garde national Gaboriau a commencé à être de service sur les fortifications et a pu penser à juste titre qu'il ne tarderait pas à faire le coup de feu contre l'envahisseur, dont on attendait l'arrivée prochaine. On peut le déduire d'un bref billet adressé, le 14, à Mme Coindreau. Il a pris une minute pour écrire. Il est moulu mais en bonne santé et il termine par cette phrase très révélatrice : « Je te promets de porter le scapulaire que tu m'as envoyé. »

Du fait de leur contenu, on peut placer ici deux lettres sans date. Dans l'une, très courte, Émile Gaboriau regrette qu'on ignore où se trouvent les Allemands et indique quels moyens de défense on va leur opposer. La veille, des bruits de paix s'étaient répandus, mais ils se sont vite dissipés. Pour comble, les « bas-fonds de la démocratie commencent à se remuer de façon inquiétante ». Il en est malade et ausi d'avoir pris froid, la nuit, en participant à une patrouille.

Dans la seconde lettre, il dépeint la précipitation trop tardive avec laquelle on se prépare à supporter un siège. « Les ponts sautent, les forêts brûlent, les villages croulent sous le marteau des démolisseurs. Des milliers de campagnards se pressent aux barrières, des troupeaux de bœufs encombrent les rues, les boulevards intérieurs se couvrent de baraques destinées aux mobiles. Le tambour bat du matin au soir, mais la nuit le silence n'est plus troublé que par le pas cadencé des patrouilles. » Paris compte des centaines de milliers d'hommes valides, mais il n'en est pas moins pessimiste devant l'absence totale d'organisation, dont il donne quelques exemples particulièrement frappants. Ainsi deux régiments venus de la province ont erré toute la nuit dans la ville, sans abri et sans vivres. Ou encore : on a renvoyé sept ou huit cents gardes nationaux et on s'est ensuite aperçu que certains étaient partis avec cinq ou six fusils. Plus stupéfiant : l'un des forts ne possédait qu'une provision d'obus ne correspondant pas au calibre de ses canons. Enfin le 11e bataillon de la garde nationale a été oublié pendant quarante-huit heures sur les fortifications, sans qu'il ait disposé d'un abri pendant tout ce temps.

La compagnie de Gaboriau a, elle-même, été victime de cette imprévoyance. On l'a envoyé à Saint-Ouen occuper un poste déjà tenu par une autre troupe, puis à Montrouge où il en a été de même. Hommes et officiers sont rentrés à Paris, à minuit, exténués et furieux d'avoir fait inutilement six ou sept lieues. A une heure du matin, on a battu la générale pour les renvoyer à Romainville, mais il ne s'est pas présenté le sixième de l'effectif. « Partout, s'indigne notre garde national, éclatent l'incapacité et l'ineptie de l'État-Major. » Il veut qu'on jette à la porte les « officiers de cotillon » et qu'on les remplace par de vieux sergents-majors. Il faudrait, dit-il, une main ferme et l'on ne trouve que « la main molle des gandins gantés de gris perle ». Il termine en rassurant encore une fois sa sœur. Il portera le scapulaire, mais les cordons le gênent. Peut-il les supprimer et faire coudre les deux images à son gilet de flanelle ?

Le 18, Gaboriau annonce que toutes les voies ferrées sont coupées, à l'exception de la ligne de l'Ouest. Aussi n'a-t-il qu'un faible espoir qu'on reçoive ses lettres. Les Prussiens se massent autour de Paris. Son père se souvient-il d'une promenade charmante qu'ils firent ensemble, un dimanche, à travers le bois de Vincennes, suivie d'un dîner à « La Tête Noire », auberge la plus riante du riant village de Joinville-le-Pont ? Eh bien ! les Prussiens campent dans le pays, « Joinville est à moitié démolie, le pont est coupé. Champigny est désert ; à la Varenne-Saint-Maur, les bois magnifiques sont incendiés ou abattus ; les routes sont interrompues par des tranchées. La veille, on se battait entre Juvisy et Ablon et du côté de Villeneuve-Saint-Georges. Pendant que le misérable qui fut Napoléon III, entouré d'hommages impériaux, dort sur la plume, les gardes nationaux passent deux nuits sur trois sur les remparts ou à patrouiller en ville. Certes, la grande majorité de la population est de cœur avec le gouvernement de la Défense Nationale, mais il existe une minorité qui ne conçoit pas la république sans désordres ni prisons. Elle a des fusils, mais est-ce bien pour les tourner contre les Prussiens ? Une centaine de drôles, fruits secs de toutes les carrières, gredins dévorés de convoitises, animent cette minorité. Ils accusent le gouvernement de faiblesse, dans l'intention de s'emparer du pouvoir. Ils parlent toujours d'anéantir les Prussiens, mais pâlissent au bruit du canon. Que la paix soit signée, ils accuseront le gouvernement de trahison. »

La lettre du 23 septembre, la première confiée à un ballon, révèle la rapide évolution qui s'est manifestée dans l'esprit de Gaboriau, tout comme dans celui de l'immense majorité des Parisiens. L'indignation, née de l'humiliation, a exacerbé son patriotisme jusque-là assez tiède et lui a donné une volonté de lutte à outrance.

« Toutes les espérances, écrit-il, se sont évanouies depuis le retour de Jules Favre, rentré de Meaux où il a conféré avec Bismarck. Plus de doute, le roi Guillaume veut l'anéantissement de la France. Un pays ne peut consentir à un tel abaissement. Tout au plus peut-il le subir quand il a brûlé sa dernière cartouche et que son dernier homme valide est tombé sur la dernière pierre des remparts. La férocité de l'orgueil prussien a réveillé en Paris l'antique et sublime fierté de nos pères. Paris est résolu à se défendre, résolu à se laisser incendier, résolu à mourir s'il ne peut vaincre. Mais cinq cent mille hommes bien armés et abrités par de solides remparts ne sauraient succomber ». Lui, Gaboriau, fait de son mieux son métier de soldat. Il dort sur la terre nue, mange quand il le peut et ce qu'il trouve et ne s'en porte pas plus mal. Le moment venu, il saura faire son devoir. « Si vous tombez demain à Paris, ajoute-t-il, vous ne le reconnaîtrez plus. Ni hommes ni femmes, tous soldats. Plus de cannes, des fusils. Chacun a un revolver à la ceinture. A dix heures tous les cafés sont fermés, à onze heures plus de voitures, ni d'omnibus, le silence, le silence du combattant qui se recueille, troublé seulement par le canon des forts. A l'exception du beurre qui manque absolument, tout abonde. Paris a des provisions pour plus de trois mois. Mais il faut que la province lève une armée de cinq cent mille hommes pour venir au secours de la capitale. Que le tocsin sonne dans les villages ! C'est la patrie, la famille, l'honneur qui sont en jeu ! »

La lettre suivante porte le cachet du 2 octobre. L'enthousiasme patriotique d'Émile Gaboriau ne faiblit pas. Paris est devenu inexpugnable et « c'est merveille de voir des boutiquiers camper en plein air, pousser des reconnaissances et demander à marcher ». Quant aux mobiles, arrivés il y a à peine trois semaines, ils manœuvrent comme de vieux soldats et l'ennemi a appris à les connaître au cours de deux sorties victorieuses, l'une sur Villejuif, l'autre sur Choisy-le-Roi. L'armée régulière a repris confiance. Si la province fait son devoir, « pas un Prussien ne sortira de France ».

Le 4, Émile s'inquiète auprès de sa sœur. Ses parents reçoivent-ils les nouvelles qu'il leur adresse chaque jour ? A Paris, le ravitaillement est encore assez satisfaisant ; seuls manquent le lait et le beurre frais. Il est vrai, on ne trouve pas toujours de la viande par suite d'une sage mesure de rationnement du gouvernement, qui entend ménager le parc à bestiaux pour faire face, au besoin, à un siège de trois mois. Mais on a du blé et du vin pour six mois. Au cours d'une sortie où l'on a repris le village de Hay, notre garde national a pu constater avec quel art l'ennemi poursuit les travaux du siège. Et malheureusement le temps est splendide. S'il pouvait se gâter, ce seraient les Prussiens qui en souffriraient le plus.

Le 5 octobre, Émile écrit à son père. Le bruit s'est répandu à Paris que le général Polhès à la tête de quinze mille hommes a détruit, près d'Étampes, une armée prussienne. Si les troupes de la province menacent ainsi ses lignes de communications, l'ennemi est perdu. Bismarck, qui avait compté sur des troubles à Paris, ne peut qu'être inquiet devant la cohésion qui s'y manifeste, d'autant que les Anglais s'efforceraient de déterminer leur gouvernement à une intervention en faveur de la paix. De toute manière, on ne doit céder ni un pouce de notre territoire, ni une pierre de nos forteresses.

Suit un billet du 16 octobre adressé à Mme Coindreau. La vie de garde national est toujours très dure et la discipline sévère. Il faut passer deux ou trois nuits par semaine sur les remparts, outre le service intérieur.

Le 17 octobre — trentième jour du siège — Gaboriau vient de dîner d'un « ample filet de cheval ». Le bœuf et le mouton sont à juste titre rationnés et, pour tenter d'en obtenir, il faut faire des stations de quatre à huit heures devant les boucheries. Jean et Zoé, ses serviteurs, vont alternativement faire la queue à partir de quatre heures du matin et souvent rentrent bredouilles. Heureusement il possède une petite provision de morue et de haricots. Ce qui manque le plus, c'est l'assaisonnement : ni beurre ni graisse. Par contre l'huile abonde, on finira par s'y habituer. Il y a encore du lard et des œufs, qui se vendent au poids de l'argent, mais précisément l'argent va bientôt lui manquer et nombreux sont à Paris les gens logés à la même enseigne. Dire qu'il allait être riche et que le voilà plus gueux que jamais. Ce n'est pas la publication de *Mariage d'aventure* qui pouvait le remettre à flot. D'ailleurs elle a pris fin le 28 septembre pour laisser la place à l'œuvre d'un autre romancier. Alphonse Millaud doit être à Lyon, composant pour la province une édition du *Petit Journal*. C'est ce que lui-même fait à Paris avec l'aide d'un seul confrère. Ils tirent encore à quarante-cinq mille et de temps en temps une pièce de cent sous leur en revient. Quant à Dentu, il a perdu presque toute sa fortune. Ses bois de Bondy ont brûlé ; il a dû abandonner sa maison de Passy, qui se trouvait sur la limite de la zone militaire, et les Prussiens occupent sa propriété d'Orléans.

Le lendemain 18, Gaboriau fait savoir aux siens que, depuis un mois, il n'a reçu d'eux aucune nouvelle. On ne sait rien sur ce qui se passe au dehors, sauf quand, parfois, un journal de province ou un journal étranger parvient à franchir les lignes ennemies. On a ainsi appris qu'un combat avait eu lieu près d'Orléans, mais des bruits contradictoires circulent sur son résultat. Les armées de la Loire et de l'Ouest seront-elles prêtes à marcher avant quinze jours, comme le promettent les autorités ? Et que se passe-t-il à Lyon, où un « gouvernement » se serait formé, comme en 1793 ?

Il semble que les Prussiens soient résolus à prendre Paris par la famine. « Tout autour de la capitale, les destructions sont immenses. Une partie du Bois de Boulogne et les beaux arbres de la mare d'Auteuil et de Saint-Mandé sont à bas. Le château de Meudon a brûlé et les obus du Mont-Valérien ont détruit celui de Saint-Cloud. Mais que la capitale soit anéantie avec ses merveilles et ses richesses pourvu que l'armée prussienne soit vaincue ! Pas de paix, pas de trêve ! »

Dans une lettre du 29 octobre, Gaboriau déplore que Paris soit affligé de « quatre brouillons sinistres » : Delescluze, Blanqui, Félix Pyat et Flourens. Quelle peut être leur influence sur ces masses mal connues que Canning appelait « les classes redoutables ». Ces démagogues ont réussi à créer dans certains quartiers excentriques une agitation factice, d'ailleurs vite calmée. Une fois même, Flourens a tenté de faire marcher sur l'Hôtel de Ville les bataillons de Montmartre et de Belleville. Le rappel général a été sonné à cinq heures et, dès six heures, vingt mille gardes nationaux, dont Gaboriau faisait partie, avaient pris position autour de l'édifice. L'ordre n'a pas été troublé. Félix Pyat, lui, a tenté de remuer Paris en prétendant, dans son journal *Le Combat*, que Bazaine négociait une paix honteuse au nom de Napoléon III et que le gouvernement de la Défense Nationale était complice de ces manœuvres. Des gardes nationaux, qui avaient obtenu un démenti formel du gouvernement, achetèrent tous les exemplaires du journal encore invendus et, dans leur fureur, les brûlèrent sur les boulevards aux applaudissements de la foule.

Le temps est devenu affreux, un vent furieux amène des torrents d'eau. Ce ne peut être que favorable aux armes des assiégés. Pendant trente heures consécutives, Gaboriau a monté la garde dans un abri, de la boue jusqu'aux chevilles. Il a dû tordre son gilet de flanelle, tant il était mouillé. Or, il s'en est trouvé quitte pour une courbature. Vraiment, il ne se croyait pas si robuste. Se procurer des aliments est devenu une préoccupation presque exclusive. Beaucoup de commerçants exploitent la situation. Ils ont accaparé pour revendre à des prix exorbitants. A 80 francs, un jambon est une bonne affaire. Les autres viandes — presque uniquement du cheval — sont distribuées en quantités infimes. Sa servante se présente tous les trois jours chez son boucher où, au moyen de cartes, elle obtient 750 grammes pour cinq personnes. Pour achever de combler ces cinq estomacs, il doit faire de lourdes dépenses et il s'endette.

Le 20 octobre, c'est un mot plein d'espoir sur l'issue finale de la lutte. Émile adjure son beau-frère « d'exalter les courages » autour de lui. Il ne se plaint que d'une seule chose, l'ignorance de ce que font et pensent les êtres qui lui sont chers.

Vient ensuite une très longue lettre du 3 novembre où Gaboriau s'excuse de n'avoir pu écrire depuis cinq jours. En voici l'essentiel : le 29 octobre, Paris était à l'espérance. On venait de démentir la reddition de Metz et l'on avait chassé les Prussiens du Bourget. Mais, le lendemain, on a dû évacuer ce village avec de grosses pertes et en laissant un millier de prisonniers aux mains de l'ennemi. Paris est indigné, car on attribue cet échec à l'ineptie du général Bellemare. Enfin, pour mettre le comble à nos malheurs, l'*Officiel* du 31 a annoncé que Bazaine avait dû capituler. On a dit que Thiers était porteur de propositions d'armistice émanant de quatre grandes puissances. A midi, une centaine d'individus sans armes ont passé dans la rue Notre-Dame-de-Lorette, en criant : A bas Trochu ! Pas d'armistice ! Vive la Commune ! Une heure après, on battait la générale, Gaboriau s'habille, prend son fusil et court au lieu de rassemblement de son bataillon. Déjà, une centaine d'hommes étaient là, mais pas un officier.

Temps affreux, pluie froide, boue. Des bruits effrayants circulaient. Au bout d'une heure, le commandant arriva, blême : « Les bataillons de Belleville, sous le commandement de Flourens, ont envahi l'Hôtel de Ville et se sont emparés de Trochu, de Favre et des quatre autres membres du gouvernement.. Voulez-vous les délivrer ? Si je vous commande de faire feu, obéirez-vous ? — Un seul cri : Oui, oui, marchons ! Chacun charge son fusil, en route, tambour battant, pour la place Vendôme. L'État-Major, en l'absence de Tamisier et de Trochu, avait perdu la tête. Personne n'osa donner un ordre qui pouvait être le signal de la guerre civile. Faites pour le mieux, telle était la consigne. On disait l'Hôtel de Ville cerné par dix mille hommes en armes. On ajoutait qu'un gouvernement s'était constitué, composé de Blanqui, de Flourens, de Delescluze. L'exaspération croissait. Je vivrais cent ans que je n'oublierais pas ces heures poignantes, sous l'averse, les pieds dans la boue, remplies de discussions furieuses et d'imprécations, pendant que de tous côtés retentissait la générale et que, par-dessus le tumulte, grondait la canonnade lointaine des forts. Enfin, à quatre heures — il faisait presque nuit —, un officier arrive à cheval, confirme tout et nous apprend que l'insurrection manœuvre pour s'emparer du Louvre, demeure de Trochu. Picard a réussi à s'échapper. Il prend la direction et la responsabilité de la défense de l'ordre. Il fait battre la générale. L'immense majorité des bataillons se prononce furieusement contre la Commune et contre le gouvernement insurrectionnel. Il nous affirme de plus que pas un coup de fusil n'a encore été tiré, que si Jules Favre et Trochu sont prisonniers de l'émeute, ils sont du moins vivants. D'immenses acclamations et, au cri de : A bas la Commune ! Vive Trochu ! mon bataillon se met en marche pour l'Hôtel de Ville, par la rue de Rivoli. Sans obstacle, nous allons jusqu'à la Tour Saint-Jacques. Mais la foule est si compacte que force nous est de nous arrêter. Indescriptibles mouvements, tumulte, confusion, cris. Des musiques agitent cette foule. Se bat-on, comme on le prétend, dans l'Hôtel de Ville ? Est-il vrai que Trochu ait été fusillé ? Nos officiers délibèrent, mais ils perdent la tête, sont écrasés par le sentiment de leur responsabilité. Nous attendons, l'arme au pied. D'autres chefs de bataillon tiennent conseil chez un marchand de vin et ne décident rien.

« Mais voici que les tambours et les clairons résonnent du côté du quai. C'est le 106e bataillon qui arrive. Son chef, M. Ibos, ne délibère ni ne consulte. Il est sûr de ses hommes et il va de l'avant. Son exemple entraîne les quatre compagnies du 6e et autant du 4e qui suivent. C'est un total de douze à quinze cents hommes qui arrivent jusqu'à l'Hôtel de Ville, qui se frayent un passage parmi les bataillons insurgés, qui enfoncent la porte Saint-Jean et se précipitent sur les escaliers. L'instant d'après, Trochu était délivré ainsi que Tamisier. Il est vrai que M. Ibos, lui, était fait prisonnier, mais, Trochu délivré, c'était le chef de l'armée, libre et en état de diriger les forces immenses acquises à la cause de l'ordre. Bientôt, en effet, l'ordre nous arrivait de venir occuper et, au besoin, défendre l'hôtel de Trochu, le Louvre. De tous côtés arrivaient des mobiles, puis à minuit, on envoyait notre bataillon occuper le ministère des Finances. A trois heures du matin, Picard venait nous annoncer que l'insurrection était vaincue, que Favre et tout le gouvernement de la Défense Nationale étaient délivrés. Le 106ᵉ bataillon avait, on peut le dire, sauvé la patrie et pas une goutte de sang n'avait été versée. Flourens, Blanqui et Cie se tiendront-ils pour battus ?

« Voici dix heures que je n'ai pas tiré mes bottes et demain je prends la garde aux remparts. Car, enfin, les Prussiens sont là et voici le moment que choisissent ces misérables pour promener le drapeau rouge et leurs hurlements de : Commune insurrectionnelle ! Aujourd'hui, Paris vote par oui ou par non sur la question de savoir s'il entend garder ou renverser le gouvernement. La majorité des *oui* ne peut qu'être immense. »

Après le récit de ces événements historiques, Gaboriau en vient à des considérations plus terre à terre. Il ne s'habitue pas à la viande de cheval, c'est d'autant plus fâcheux qu'il n'a plus les moyens de s'offrir du poulet. Un poulet maigre coûte de douze à quatorze francs et il n'a « plus le sou ». Heureusement il a deux ou trois bons amis qui possèdent encore quelques louis et sur qui il peut compter.

Dans une lettre du 6 novembre, il se félicite du résultat du plébiscite parisien, qui doit maintenant être connu en province. Le gouvernement obtient 557 000 voix contre 62 000 pour la Commune. « Il est cependant bien inquiétant de penser qu'on a autour de soi soixante-deux mille individus qui rêvent de faire triompher à main armée leurs criminels projets. La veille, a eu lieu l'élection des maires de Paris. Les résultats ont été tels qu'on pouvait les souhaiter. *L'Officiel* a fait savoir aux Parisiens que les négociations pour l'armistice étaient rompues. C'est désormais la guerre à outrance et l'on ne peut vaincre que si la province s'y jette de tout son poids. »

Dans la feuille unique de la lettre-journal désormais imposée aux Parisiens, Gaboriau estime que le gouvernement a commis une faute énorme en laissant croire à la possibilité d'un armistice. On a « énervé » la défense, alors que nombreux sont les Prussiens excédés de la guerre. Le hasard a fait tomber sous les yeux de notre journaliste la lettre adressée à sa famille par un officier supérieur bavarois. « C'était véritablement un cri de désolation : nous n'en pouvons plus, écrivait-il. » La petite vérole, qui sévit à Paris, fait dans l'armée prussienne des ravages sérieux ; enfin les canons des forts tracassent les Allemands nuit et jour et ils ont éprouvé de lourdes pertes en tentant de surprendre nos avant-postes.

Des bruits circulent sur des troubles qui se seraient produits en province. M. Censier aurait été exécuté à Lyon et, à Marseille, on aurait contraint les prêtres à revêtir des habits de forçats.

Quant à la vie matérielle, elle est de plus en plus difficile. La ration de viande n'est plus que de quarante grammes par jour. Le cheval coûte de 2 francs 50 à 5 francs la livre, l'âne, 1 franc la livre ; le jambon, 8 francs la livre, le saucisson de Lyon, 18 francs ; un poulet, 16 francs, une oie, 35 francs, une dinde, de 50 à 60 francs, un lapin, 20 francs ; une carpe, de 20 à 25 francs ; les œufs, 8 francs la douzaine. On peut se procurer du beurre frais à raison de 45 francs la livre et du beurre salé à raison de 14 francs. Le reste est à l'avenant.

Le 15 novembre, Émile Gaboriau n'écrit qu'un mot très bref pour réclamer des nouvelles de ses parents au moyen des dépêches microphotographiques. Il vient d'être incorporé dans la 4e compagnie du 6e bataillon de guerre.

Le 16 novembre, il rapporte que les représentants des bataillons qui se sont mutinés, se sont présentés chez Jules Favre pour réclamer la libération des meneurs emprisonnés. Devant un refus catégorique, ils se sont paisiblement retirés, mais il faut cependant préciser que Pyat a été relâché. Quant à lui, Émile, il a pris froid en montant, la nuit, la garde sur les remparts, mais rien de grave. A qui lui eût dit qu'avec sa pitoyable santé il supporterait tout ce qu'il a enduré depuis un mois, il aurait répondu : Impossible ! Et pourtant, il se porte très convenablement.

Le 19, il se dit harassé par les gardes, les revues, les exercices. Il a dû renoncer, par manque de temps, à toute autre occupation. A la maison, il a gardé tout son monde, mais sa bourse est vide et quand il considère l'état de ses finances, il lui vient des cheveux blancs. Aucune solution politique ne semble en vue. « Le gouvernement a peur de Belleville et de La Villette. Il s'y trouve des citoyens qui semblent saisis d'épilepsie quand on prononce le mot : paix. Même le départ des Prussiens ne les satisferait pas, ils exigent une entrée triomphale à Berlin. Mais, jusqu'ici, leur rôle se borne à palper leurs trente sous quotidiens et à voter des motions dans les clubs. Il y a quelques jours, le club dit de la Délivrance a voté à l'unanimité la résolution de faire sauter Paris, si l'on acceptait un armistice. Ce serait à frémir, si ce n'était grotesque. Un pigeon, arrivé dans la matinée, a appris aux Parisiens, que le gouvernement est accepté dans la France entière et qu'on fortifie Orléans repris par nos troupes. » « Cette guerre est faite pour donner l'horreur des gouvernements monarchiques. Si le roi Guillaume pouvait périr sous le poignard d'un régicide, moins d'un mois après, les armées prussiennes engraisseraient notre sol. » Une évolution semble donc s'être opérée dans les convictions politiques de Gaboriau.

Quelques jours plus tard, il apprend que son bataillon partira le 26 novembre, pour les avant-postes. Il rédige alors un testament ainsi que deux lettres destinées aux siens, s'il venait à être tué.

Voici le contenu de la première : « Cher Père, je pars demain, au petit jour, pour les avant-postes. Si cette lettre vous parvient jamais, c'est que j'aurai été tué. Puisse cette pensée que je suis mort en faisant mon devoir, un devoir sacré, enlever quelque chose de l'amertume de votre douleur. Je laisse un testament par lequel je lègue tout ce que je possède à ma fidèle amie Amélie ; mais, hélas ! je n'ai rien que des dettes, je meurs au moment où j'allais asseoir ma situation. J'éprouvais donc de cruelles angoisses, si je n'avais votre promesse et celle de Georges de venir en aide à Amélie par une pension viagère. Par mon testament, je lui lègue tout ce que j'ai et, par une lettre que je lui laisse, je la prie, et ce sera un ordre pour elle, de vous laisser choisir dans mon mobilier non seulement des souvenirs, mais ce que vous pourriez souhaiter. Et maintenant, cher Père, adieu ou plutôt au revoir dans un monde meilleur. Adieu aussi à vous, chers amis, Amélie, ma bonne sœur, et toi, Georges, et toi aussi, ma petite Stéphanie, adieu. Votre Émile Gaboriau. »

Et voici maintenant la lettre destinée à son amie : « Chère Adorée, je te lègue par mon testament, joint à cette lettre et remis entre les mains de Maurice Delamain, tout ce que je possède, hélas ! c'est autant dire rien, tu le sais. Mais tu sais aussi que mon père et mon beau-frère m'ont engagé leur parole de te constituer une rente qui te mette au-dessus du besoin. Sois pour eux, ce que tu es naturellement, douce et bonne, et comme tu ne peux conserver tout notre mobilier, entends-toi avec eux pour qu'ils aient ce que tu ne conserverais pas. Je prie Maurice Delamain de bien vouloir accepter, en souvenir de moi, la marine de Weber, *La Dernière vague*, et un autre tableau. Et maintenant, chérie, adieu, je t'ai aimée comme nulle femme ne l'a été jamais et ma dernière pensée aura été pour toi. »

C'est probablement de la zone des combats qu'il adressa les cinq billets qui suivent à son amie, Mme Gaboriau *(sic)*, 39, rue Notre-Dame-de-Lorette. Un seul porte une date et malheureusement leur contenu ne permet pas un classement chronologique certain. En voici la teneur :

a) Nous sommes campés au Grand Montrouge et aussi bien qu'on peut l'être quand on est aussi mal que possible.

b) Ferme de l'Hay, 29 novembre. Chère Aimée, je suis de plus en plus crevé, mais la santé se maintient. Nos troupes viennent de reprendre l'Hay. J'ai reçu ta lettre. Merci.

c) Dimanche midi. Santé passable malgré la fatigue croissante. Nuit fraîche près d'un bon feu. Boue intense, danger nul. Je t'embrasse. Quand sera-ce pour de bon ? Nous sommes à Cachan, mais nos plus grosses troupes sont restées à Montrouge.

d) Chère Aimée, Aurore a dû te remettre un mot ce matin. Occasion inattendue. Je t'embrasse encore. Je serais bien, sans une lassitude si grande que je ne puis même pas écrire. Nous ne serons pas trop mal couchés, aussi j'espère bien dormir. J'espère t'embrasser mercredi. C'est le courrier de M. Alphen qui te remettra ce mot.

e) Mignonne, santé toujours bonne, mais quel métier ! Fais porter de suite le mot ci-joint dans enveloppe chez M. Isabelle, 80 rue Taitbout.

Puis, dans une lettre portant le cachet du 14 décembre et adressée à son père, Émile Gaboriau regrette de n'avoir pu écrire depuis quinze jours que deux courts billets au crayon. C'est un triste métier qu'il fait, plus exténuant que dangereux, même quand il se trouve à deux cents mètres des avant-postes ennemis. Il faut passer les nuits dans les tranchées ou l'œil collé au créneau de quelque muraille, le dos à la pluie. Mieux vaudrait l'action en plein jour. Les Prussiens sont invisibles. A peine si, par extraordinaire, on distingue le « paratonnerre d'un casque ». Lui-même n'a tiré que deux fois, toujours de nuit, mais ce devait être sur des fantômes. Il est resté cinq jours et quatre nuits les pieds dans la boue, sans pouvoir se coucher ou s'asseoir. Il a assisté au combat de Hay sans y prendre part, son bataillon ayant été gardé en réserve. C'était « un spectacle sublime d'horreur ». Les obus du fort de Montrouge passaient au-dessus de sa tête. A cinquante mètres en avant, la fusillade crépitait, les mitrailleuses surtout faisaient rage. Une curiosité très âpre lui ôtait toute émotion. Mais la nuit suivante, il a grelotté de froid par moins trois degrés. Aussi est-il maintenant au lit, « la tête grosse comme un boisseau ». Son « pauvre nez », quasi guéri, est repris. Depuis douze jours, on ne sait rien de ce qui se passe au-dehors et lui-même est toujours sans nouvelles des siens. Les combats sous les murs de la capitale ont été de belles victoires, mais on n'est pas parvenu à percer les lignes ennemies.

Le Petit Journal du 1er avril, 1871, page 1.
En bas de page, feuilleton d'Émile Gaboriau.

PLANCHE XII

1. Émile Gaboriau, 1871.
*Photo. communiquée
par la Bibliothèque Nationale.*

2. Émile Gaboriau, 1873.
Photo. A. Liébert, Paris.

3. Émile Gaboriau.
La Corde au cou (Émile Gaboriau pendant Lecocq). Portrait chargé par Demare.
Première page du *Sifflet* du 27 octobre 1872.

Cependant Paris tiendra jusqu'à la dernière cartouche et au dernier biscuit. Il faut sauver l'honneur du pays.

Dans la page blanche de la lettre-journal du 14 décembre, Gaboriau nous apprend que les Allemands renvoient les pigeons voyageurs capturés par eux en les chargeant de fausses missives. Mais « Paris hausse les épaules », car il s'agit plutôt de grossières plaisanteries de subordonnés que d'une ruse de Bismarck. Voici trois semaines qu'on n'a pas distribué de viande fraîche, mais il reste encore six semaines de vivres. Les bouchers vendent toutes sortes de comestibles pour le compte du gouvernement : de la morue, du hareng salé, du riz, mais en quelle quantité ! La veille, il a eu quatre harengs pour cinq personnes et pour trois jours. On consomme les chairs les plus invraisemblables. Il s'est ouvert des boucheries de chiens ; on dévore les animaux du Jardin des Plantes. Il a goûté du zèbre, ce qui est excellent et certainement supérieur au mulet et même à l'âne. Un chat maigre vaut cent sous et les rats de sept à vingt sous. Une vieille poule plus dure qu'un cuir de botte se vend couramment vingt à trente francs, un lapin moyen, vingt francs, les beaux en atteignent trente. De graisse, de saindoux et de beurre plus de traces. Pour comble, les derniers froids ont privé les Parisiens de leurs ressources en légumes, un chou gros comme les deux poings vaut dix francs, les navets, trente-cinq sous la livre, les pommes de terre se vendent à la pièce, celles de taille moyenne de quatre à cinq sous. L'oignon est le plus cher : impossible de s'en procurer à moins de trois sous, les beaux étant à cinquante centimes. La veille, il a fait un marché d'or en payant douze œufs seulement dix-huit francs. On acquiert ainsi la notion de la valeur de l'argent. Quand on en manque, on fait des dettes.

Le 24 décembre, une lettre-journal avec seulement quelques mots à la main. Rien de nouveau, il fait un froid très vif.

La lettre suivante est du 28. Notre combattant passe maintenant les nuits de garde, les pieds dans la neige. On dit que Chanzy, à la tête de l'armée de la Loire, a tourné Frédéric-Charles, mais une armée du Nord a été battue. Les Prussiens, qui, depuis plus de cent jours, semblaient dormir dans leurs tranchées, ont démasqué, la veille, des batteries au Raincy et à Noisy-le-Grand. Depuis lors, ils bombardent sans relâche les forts de Noisy et de Rosny et le plateau d'Avron de tout le feu de quatre-vingts pièces à longue portée. Ce même 24 décembre, entre dix heures et midi, le bombardement avait quelque chose de stupéfiant. Des obus énormes, de vingt centimètres de diamètre tombaient et éclataient par vingt-cinq et trente à la fois. Sur le premier moment, les jeunes troupes ont été étonnées, mais elles n'ont pas tardé à recouvrer leur sang-froid et ont eu une magnifique contenance. D'ailleurs les Prussiens ont fait plus de bruit que de besogne. Ils ont rasé le plateau d'Avron comme un œuf, leurs boulets ont tout emporté : arbres, murs, baraquements, mais pas un seul fort n'a été touché. Nous n'avons pas pas eu cent hommes tués ou blessés ; c'est peu si l'on songe qu'ils ont tiré quatre à cinq mille coups. Le bombardement continue, les vitres tremblent et, ce qui est pire, il ne fait pas plus de 6 degrés dans les appartements, même dans les pièces bien closes.

Le 3 janvier, toujours pas de nouvelles des siens. Quant aux Prussiens, ils semblent vouloir bombarder systématiquement Paris.

Le 7 janvier, Émile Gaboriau n'a encore rien reçu de Jonzac, ce qui devient « un supplice infernal ». Il craint que ses dernières lettres ne soient pas arrivées à destination. Les départs de ballons sont irréguliers à cause du froid et deux d'entre eux sont récemment tombés dans les lignes ennemies. L'un emportait vraisemblablement ses vœux de nouvel an. Le bombardement devient effroyable. La rive gauche reçoit nuit et jour des obus dont certains pèsent jusqu'à soixante et même quatre-vingts kilos. Si c'est de cette manière que le brigand qui règne sur la Prusse compte épouvanter les Parisiens, il se trompe. Devant ces massacres de femmes et d'enfants, la haine grandit contre cet homme qui invoque Dieu en commettant de telles atrocités. Paris ne cédera pas. On possède encore de toutes les denrées pour un mois et, pour deux mois et demi, de pain, de farine et de vin (Gaboriau ne songeait-il pas à décourager l'ennemi pour le cas où sa lettre tomberait dans ses mains ?) De plus on ne doit pas s'inquiéter pour lui, car il est évident que son quartier ne sera jamais atteint par les projectiles.

Le 10 janvier, enfin de bonnes nouvelles de la guerre en province. Faidherbe a remporté deux victoires, Bourbaki, un succès, Chanzy tient ferme. Le bombardement continue sans trêve sur toute la rive gauche. Plus de quarante obus ont atteint le Val-de-Grâce et l'hôpital de la Pitié ; une dizaine, la maison de retraite de Sainte-Perrine ; un autre, tombé sur le grand établissement des Frères, a tué six enfants dont l'aîné avait douze ans. Mais tous, les femmes comme les hommes, montrent un courage qui ne fait que s'affermir avec les souffrances. Personne ne veut de la capitulation. Que la jeunesse de la province s'inspire de cet exemple et « se rue aux armes ». Et Gaboriau termine par cette phrase prophétique : « L'Allemagne verra ce qu'il lui en coûtera d'avoir creusé entre elle et la France un fossé où coule un fleuve de sang. »

Puis c'est une lettre-journal du 14 janvier. La veille, on a distribué à Paris douze à quinze cents dépêches, dont certaines expédiées avant le 20 décembre ; mais il n'y en avait pas pour lui. Le bombardement continue avec une intensité accrue depuis quatre heures du matin. Nombre d'Allemands, qui participent à ce massacre d'innocents, ont habité Paris et abusé de la crédule hospitalité qu'ils y ont trouvée. « La fraternité des peuples, quelle blague ! ». L'hiver continue, toujours aussi rigoureux. Manquent totalement le charbon de terre et le bois, du moins le bois sec, car on peut s'en procurer du vert avec des cartes de rationnement. A cinq francs la livre ! Sa cheminée en est bourrée ; il fume en diable, mais sans élever la température de la pièce d'un degré.

Deux mots affectueux ont seuls été ajoutés à la lettre-journal du 17 janvier, et de la suivante, du 21 janvier, il n'est malheureusement resté que des lambeaux incomplets difficiles à rassembler. Autant qu'on parvienne à les déchiffrer, Émile Gaboriau a participé récemment à la reprise de Montretout et du quartier de la gare de Saint-Cloud, dont le commandement a fait créneler toutes les maisons au lieu de donner l'ordre de poursuivre l'ennemi. Par la suite, au cours d'un repli consécutif à un échec devant Buzenval, on a oublié le 6ᵉ bataillon qui, par miracle, n'a pas été fait prisonnier. Enfin, le seul danger sérieux, que notre combattant assure avoir couru, est venu d'une compagnie de gardes nationaux qui, par erreur, a ouvert sur lui un feu nourri. « Passe encore d'être tué par les Prussiens, mais par une balle parisienne ! »

La correspondance d'Émile Gaboriau pendant le siège — celle, du moins qui est parvenue à Jonzac — s'arrête là. Une semaine après, ce sera l'armistice.

Il est surprenant que, d'octobre 1870 à la fin de la guerre, on n'ait rencontré dans ce courrier aucun renseignement sur la vie du *Petit Journal*, même compte tenu de la perte de nombre de lettres. Du 4 au 8 novembre, à défaut d'un récit suivi, le romancier donna en pâture à ses lecteurs quelques-uns de ses *Profils militaires* publiés en 1859-1860 dans *Le Journal à cinq centimes (La Cantinière, le Perruquier, le Vaguemestre, le Zouave, le Chasseur à pied, le Fantassin)*, portraits on ne peut plus de circonstance. Puis, à partir du 30 novembre, *Les Petites ouvrières*, ce qui avait provoqué, comme on sait, une protestation de la part d'un parent de William Duckett. La fin du roman fut écourtée pour que sa publication se termine avec l'année 1870 et fasse place nette aux mémoires de guerre d'Émile Gaboriau, *Le Journal d'un garde national mobilisé*, sur lequel on reviendra. De plus, cette fin fut modifiée dans un sens moral. Le roman s'acheva sur le triomphe de la vertu. L'époque n'étant plus au relâchement des mœurs, Augustine, la jeune héroïne, fut préservée de la débauche où la poussait la misère, par une vieille dame noble et riche, qui se consacrait « au salut et à la rédemption des pauvres filles ».

Qu'on ne s'étonne pas de voir d'anciens ouvrages reparaître en feuilletons ; le temps et la liberté d'esprit manquaient à leur auteur pour créer des œuvres d'imagination. Il faut, au contraire, admirer que, malgré les contraintes de son existence de combattant et le concours qu'à ses rares heures de loisir il apportait à la survie du *Petit Journal*, il soit parvenu à écrire le récit des événements qu'il venait de vivre ou auxquels il avait assisté.

XXVII

ÉMILE GABORIAU PENDANT LA COMMUNE

Le 1er janvier 1871, *Le Petit Journal* annonçait pour le 4 le début de la publication en feuilletons du *Journal d'un Garde national mobilisé*, par Paul Estienne, pseudonyme sous lequel se dissimulait son collaborateur Émile Gaboriau. Et, par avance, il commentait ainsi « ce témoignage d'une passionnante actualité, en partie écrit pendant les longues heures d'attente aux fortifications :

« C'est une page arrachée à l'histoire anecdotique de cette jeune armée de Paris, improvisée hier par le danger de la Patrie et qui a déjà sa légende et ses héros. Écrit sous la dictée même des événements, ce journal n'était pas destiné à la publicité, du moins sous sa forme actuelle. Mais ce qui lui manque en correction, il le rachète par la saveur de sa sincérité. On y retrouve en toute naïveté les impressions du soldat passé sans transition de son intérieur aux avant-postes, qui méprise le danger, car le sacrifice de sa vie est fait, mais qu'étonnent un peu les misères de son rude métier. »

Et dès lors, parut régulièrement ce récit, encore jamais publié en volume. Tout comme dans sa correspondance, l'auteur ne s'y montre pas tendre pour certains membres du gouvernement de la Défense Nationale, non plus que pour les chefs socialistes, futurs dirigeants de la Commune de Paris, mais il dépeint avec une verve et un humour teintés d'émotion les souffrances, le courage et les espoirs toujours déçus de la population civile et de ces combattants novices, animés de la volonté de faire leur devoir, qu'étaient les bourgeois et les ouvriers de Paris.

A la signature de l'armistice, qui eut lieu le 28 janvier, on aurait pu croire que les relations postales auraient rapidement repris leur cours normal. Il n'en fut rien. La première lettre que nous ayons de Gaboriau, pour la période qu'on pourrait baptiser « d'entre les deux sièges », est du 12 février. Il accuse réception aux siens d'un télégramme du 1er, qui vient de lui parvenir. Il y avait exactement cinq mois et cinq jours qu'il était sans nouvelles de son père, de sa sœur et de son beau-frère. Maintenant il réclame des lettres et même plusieurs à la fois, car tout le monde autour de lui en reçoit. Il remercie Georges d'avoir pensé à lui pour la députation, mais il ne se sent ni le goût ni la capacité de représenter la France en un tel moment. Il est assez d'ambitieux pour être tentés de le faire. Les derniers jours du blocus ont été extrêmement pénibles. Tout manquait : le bois et le pain. Il en était réduit à boire, à ses maigres repas, les meilleurs crus de sa cave. Sa santé s'est ressentie des nuits passées dans les tranchées : il est triste et souffrant.

Sans doute ses parents ont dû se demander pourquoi il n'avait pas quitté Paris sitôt la voie libre. En fait, il se doit de sauver les débris d'un grand naufrage. Alphonse Millaud a « filé » avant l'investissement en le laissant sans instructions et sans fonds, mais avec un de ses parents, qui n'a cessé de l'entraver dans toutes ses actions. Et il ne s'attend pas à toucher du jour au lendemain tout ce que lui doit le journal.

A ce sujet, une mise au point s'impose. On sait, en effet, qu'à l'approche de l'armée allemande, Alphonse Millaud et la plupart de ses rédacteurs, sans doute peu soucieux de rester en une ville assiégée, étaient partis pour la province en manifestant l'intention de créer à Lyon, à Caen et à Bordeaux des éditions régionales de la feuille parisienne. Dans les deux dernières villes, rien de sérieux ne fut tenté, mais, à Lyon, Millaud parvint à fonder un *Petit Journal Lyonnais*, totalement indépendant de celui de Paris du fait de l'interruption des communications. Cette nouvelle feuille lyonnaise parut du 18 septembre au 9 juillet 1871. La signature de son directeur n'y figura qu'une seule fois et ce quotidien donna surtout des informations sur la guerre et la politique étrangère ainsi que des nouvelles locales. Il ne fit jamais mention du journal frère de Paris, ni par conséquent d'Émile Gaboriau.

Mais, avant de quitter la capitale, Alphonse Millaud avait effectivement confié *Le Petit Journal* à un parent Félix Hément, un universitaire mathématicien, qui le rappela par cette note dans le numéro du 17 avril : « Depuis le commencement du siège, c'est-à-dire depuis huit mois environ, je suis à la fois le directeur et le rédacteur en chef du *Petit Journal*. » Or, dans les lettres adressées à sa famille au cours du siège, Émile Gaboriau semble s'attribuer une part de ces fonctions, probablement par l'enfantine vanité de se hausser dans l'estime des siens, ce qui lui arrivait parfois. Certes, il apportait à Hément un concours non négligeable en recherchant du papier de plus en plus difficile à trouver et en faisant honorer les créances en souffrance, mais la haute direction du journal ne lui appartenait pas ; il n'était que le feuilletoniste. Il dut en souffrir, car, pas une fois, dans sa correspondance, il n'a cité le nom de celui que Millaud lui avait préféré pour cette mission de confiance.

Le 16 février, Émile se réjouit, dans une lettre à sa famille, des nouvelles plus complètes enfin reçues. Plusieurs lettres et cartes lui sont parvenues, certaines remontant à janvier, et aussi la profession de foi électorale de Georges. Il sait maintenant que celui-ci est toujours maire, que les siens se portent bien et n'ont pas souffert. Mais il est consterné qu'on n'ait pas reçu ses dernières lettres, car depuis l'armistice, il a écrit chaque jour. Décidément les ballons montés étaient plus fidèles que les postes prussiennes.

La province doit maintenant connaître le résultat des élections dans la capitale et penser que Paris, ville de l'intelligence et de l'esprit, est devenu fou pour avoir voulu se faire représenter par des burlesques comme Malon, Tolain, Millière... Mais la province est tout aussi folle et, lui, Gaboriau a bondi en voyant élus en Charente-Inférieure les piliers de l'Empire qu'étaient Eschassériaux et Chasseloup-Laubat.

Enfin, les Prussiens semblent vouloir pousser les Parisiens aux dernières extrémités de l'exaspération. Malgré les conventions signées, ils continuent à écraser de réquisitions la région parisienne. Ils prennent, ils emballent, ils expédient tout à leurs Gretchen et à leurs Dorothée. Plus grave encore, on annonce leur entrée prochaine à Paris. Cette dernière et inutile humiliation met la ville à la merci du geste de désespoir d'un exalté ou d'un malheureux ayant perdu famille et biens. Lui, partirait bien volontiers, mais il est cloué sur place par l'absence d'Alphonse à qui il a promis de rester. De plus il va mieux, sa santé s'est améliorée depuis que le pain a reparu.

C'est avec raison que son père le suppose gêné ; il en est même réduit à des expédients. Mais il ne voit aucun moyen sûr d'en recevoir de l'argent, alors que les lettres se perdent en cours de route. Il faudrait que se présente une occasion semblable à celle du voyage de cet Antonin Gardrat, qui lui a remis une carte de Jonzac, mais a ensuite disparu. Maurice Delamain a vieilli d'une manière incroyable. Il semble avoir soixante ans, cependant il se porte bien.

Le 27 février, Émile Gaboriau écrit à ses parents pour leur faire savoir qu'il a bien reçu la lettre de crédit de M. Chotard, banquier à Jonzac, ce qui lui a permis de toucher un premier versement de six cents francs. Il leur en a immédiatement accusé réception et depuis lors a écrit par deux fois. C'est donc avec stupeur qu'il reçoit une lettre de sa sœur inquiète de n'avoir aucune nouvelle à ce sujet. A-t-on jeté un sort sur sa correspondance ? Depuis le début du blocus, il a bien adressé dix lettres à Alphonse Millaud, qui n'en a pas reçu une seule !

S'il n'avait eu à défendre les ruines du journal, il aurait quitté Paris. La vie devient intolérable entre les émeutiers et les envahisseurs. Voilà trois jours que le quartier de la Bastille est le théâtre de scènes affreuses. La veille, on a attaché à des madriers deux gardiens de la paix, on les a jetés dans le canal, on les a noyés à petites gorgées. « Les misérables qui se souillent de ces crimes sont ceux qui hurlent : La guerre à outrance ! et qui, aux portes, se sauvaient blêmes et suant de peur cinq minutes avant le premier coup de fusil. » Le matin, on a appris la signature des préliminaires de la paix, mais les conditions n'en ont pas été publiées. Le surlendemain, trente mille Prussiens entreront dans Paris pour l'occuper. Que de choses il aurait à dire, s'il n'était persuadé que « les infects drôles, les lâches et incapables gredins qui se sont emparés du pouvoir le 4 septembre ont quelque part un cabinet noir où l'on décachète les lettres ! Quand ils ont livré les forts aux Prussiens, ils ont jeté la ville aux pieds de Guillaume ». Voilà un mois qu'il mène cette existence énervante. Il n'en peut plus. Il voudrait aller se cacher dans quelque trou ! Ah ! s'il avait seulement six mille livres de rente ! Ainsi Émile Gaboriau reproche-t-il au gouvernement qui eut d'abord ses faveurs, la capitulation d'une ville à bout de forces, non sans condamner sévèrement les révolutionnaires qui tentent de soulever la population. Sans doute faut-il attribuer ces excès épistolaires aux souffrances endurées, à une existence de plusieurs mois en vase clos, soumise aux nouvelles les plus fantaisistes, souvent incontrôlables, à l'exaspération d'avoir été vaincu, à cette fameuse « fièvre obsidionale », qui avait survécu au siège et tenait encore les Parisiens. Le même jour, après avoir reçu une lettre de sa sœur, il reprend la plume, mais cette fois pour écrire à son père. Il répète en termes à peine différents ce qu'il vient de confier à Mme Coindreau, mais insiste sur son fâcheux état de santé : « Je ne tiens debout que par les nerfs. »

Le 28 février, il écrit à nouveau à ses parents. Le lendemain aura lieu l'entrée des Allemands à Paris. Que va-t-il se passer ? Si l'argent envoyé par son père ne lui parvenait pas sous forme de versements bimensuels, il aurait cédé à la tentation de quitter la capitale, qui semble atteinte de folie. « Voilà trois nuits que dix mille imbéciles conduits par une poignée de gredins trimbalent à travers la ville une vingtaine de canons en hurlant : Aux armes ! Ce n'est là qu'un prétexte pour créer de l'agitation, car viennent les Prussiens et les hurleurs disparaîtront. Ils ont déjà montré sous le feu comme ils savaient bien se servir de leurs jambes. » Il faut que, sans se perdre en discours, l'Assemblée de Bordeaux fasse vite pour tirer Paris de cette situation critique. Ses parents reçoivent-ils maintenant avec régularité ses lettres, dont la dernière est partie en triple expédition ? Quand pourra-t-il trouver une semaine à passer auprès d'eux pour oublier toutes ces tristesses ? Si les choses allaient un peu moins mal, peut-être pourrait-il s'asseoir à leur table aux premiers jours d'avril.

Le 1er mars, Gaboriau constate que ses prévisions se sont réalisées. Les Prussiens sont entrés à Paris et les « illustres braillards » rentrés sous terre. Leur dernier exploit est la construction de barricades à Belleville et à la Villette. « Ils y brandissaient des poings formidables en criant : Qu'ils y viennent ! mais ils savent bien que les Allemands n'ont que faire dans ces quartiers. » Trente mille Prussiens sont aux Champs-Élysées, dont vingt mille chez les habitants qui se sont empressés de déménager. Des amis sont venus lui demander l'hospitalité, mais il n'a pu la leur accorder, car il loge toujours un sergent-major et deux fourriers. De plus, des remises d'armes et d'équipements se font à son domicile. Son appartement est devenu à la fois un arsenal, une manutention, un magasin de linge et de chaussures. La ville est morne et silencieuse. Les journaux n'ont pas paru. On voit des crêpes aux fenêtres : il eût mieux valu se battre davantage.

Dans la lettre suivante — du 4 mars — Gaboriau se réjouit du départ des Prussiens qui ne se sont pas attardés à Paris ; mais, sous prétexte de résister à l'invasion, les « Bellevillois » ont enlevé une trentaine de canons et de mitrailleuses et pillé deux magasins de munitions. Cependant, la population honnête a soif de repos. Il faut remettre au travail tous les ouvriers pour qui la garde nationale est une sorte d' « atelier national ». Ce ne sera pas facile, car, en six mois, on s'accoutume à l'oisiveté. De plus, l'ouvrage manque. Dans certains corps de métiers, possédants et non possédants ne vont pas tarder à s'affronter. Certes le parti de l'ordre est le plus fort, mais il est divisé par des rancunes absurdes ; l'autre, discipliné comme un régiment allemand, obéit à ses chefs au doigt et à l'œil.

Lui-même achève en ce moment une histoire anecdotique et pittoresque du siège que ses amis ont trouvée bien venue. Il y décharge sa bile en attendant le retour d'Alphonse, qui ne peut plus tarder. Il faisait ainsi allusion au *Journal d'un garde national mobilisé*. Jusqu'au 4 mars, le feuilleton parut sous le pseudonyme de Paul Estienne, mais, à cette date, l'auteur fit publier par *Le Petit Journal* le texte de la demande qu'il avait adressée à son directeur : « Amené fatalement par les nécessités du récit que j'ai entrepris à faire quelques personnalités un peu violentes, je semblerais, en continuant à signer d'un pseudonyme, en décliner la responsabilité. Je vous prie donc de bien vouloir rétablir mon nom au bas du *Journal d'un garde national* ». Le même jour, un surtitre, *Le Siège de Paris*, compléta le titre, sans doute pour marquer les limites du récit dans le temps.

Puis, c'est une lacune de deux semaines dans le courrier que nous possédons. Dans la lettre qui suit, datée du 22 mars, Gaboriau se désole des tragiques événements du 18. Notre patrie se débat dans une situation inouïe, monstrueuse, telle qu'aucun autre pays n'en a jamais connue. Depuis le début de la Commune, il a écrit chaque jour, en ayant soin de numéroter ses lettres (celle-ci porte effectivement le numéro 5).

Une autre lettre, datée du 23, dépeint la situation sous de sombres couleurs. « Les misérables viennent de faire tirer à bout portant sur la foule désarmée qui criait : Vive l'ordre ! C'est le bagne alcoolique en délire, une orgie de sang de singes enragés. Ces êtres abjects tiennent tout Paris avec ses forts, les ministères, les mairies. Et ce qui est encore plus grave, ils disposent de deux cents canons et de vingt mitrailleuses. » Favre, Trochu et compagnie sont de grands coupables. Si le devoir ne le retenait à Paris, il fuirait pour se dérober à cette effroyable situation. Sa ruine est complète, il ne lui reste plus que sa vie à sauver. Que, par prudence, on s'abstienne de lui écrire.

Dans la lettre suivante, portant le numéro 7, Émile fait savoir aux siens — peut-être avec quelque exagération — qu'il n'a pas fermé l'œil depuis six jours. Paris organise la résistance. Va-t-on vers un conflit ? Est-il encore une conciliation possible ?

Dans sa lettre numéro 8, non datée, il espère que la guerre civile pourra être évitée malgré cette chambre, dont eût rougi la Chambre Introuvable et qui semble n'avoir aucune notion de la gravité de la situation. « On ne fait qu'y pérorer dans le vide. A Paris, les amis de l'ordre, ralliés autour de l'amiral Saisset, ont pour centres de défense la Bourse et le Grand Hôtel. Le gouvernement a eu d'abord la sottise de laisser prendre armes et munitions, puis il a poussé l'imbécillité à vouloir les faire enlever par des soldats sur lesquels on ne pouvait compter et qu'on avait laissés vingt-quatre heures camper dans la boue, le ventre vide. Depuis une quinzaine de jours, les membres du Comité tenaient leurs troupes en haleine. On avait, par contre, enjoint aux bataillons amis de l'ordre de ne pas bouger de chez eux sans convocation écrite. Aussi, quand le gouvernement, débordé, a fait battre la générale, n'a-t-il appelé que les bataillons du Comité. Que penser de ce gouvernement qui, ayant laissé démuseler l'ours, s'esquive en nous criant : gare ! Et quant à Jules Favre, qui vomit des injures, on lui doit d'avoir mis les assassins en liberté. »

Dans sa lettre numéro 9 du 28 mars, Gaboriau broie de plus en plus de noir. Il ne dort plus. Ses cheveux blanchissent. « Dans l'après-midi, on a installé le Conseil Municipal, c'est-à-dire la Commune, au son du canon et au milieu d'un appareil militaire qu'on eût bien dû déployer devant les Prussiens. Que peut-il en sortir sinon un effroyable chaos ? Partout se dressent des barricades hérissées de canons et de mitrailleuses. Le grand coupable est le gouvernement et, dans le gouvernement, Jules Favre qui, pour couvrir sa honteuse fuite, accuse de lâcheté les malheureux livrés par lui à l'émeute qu'il a bêtement déchaînée. La guerre civile sera-t-elle évitée ? Oui, si l'Assemblée se décide à comprendre l'atroce situation de la population parisienne. Non, si elle se dresse stupidement sur ses ergots et si elle drape son impuissance de fausse dignité. » Lui-même n'a qu'une envie : quitter Paris. Maintenant que sa fortune est perdue, il ne lui reste plus qu'à « sauver sa peau ». Et il recommande aux siens de ne pas lui écrire « à cœur ouvert ». La correspondance de Gaboriau dont on dispose pour l'époque de la Commune s'arrête là.

Son inquiétude était fondée du fait que, continuant à paraître, son *Journal d'un garde national* était connu pour ses fréquentes attaques contre des hommes détenant désormais à Paris un pouvoir sans limites. Et, circonstance aggravante, il était publié dans une feuille qui, le 21 mars, s'était associée à vingt-sept autres journaux parisiens, malgré la saisie du *Gaulois* et du *Figaro*, pour engager, non sans courage, les électeurs à ne pas répondre à la convocation du Comité central. Après avoir sévèrement condamné l'exécution des généraux Lecomte et Clément Thomas, « victimes d'une criminelle insurrection », *Le Petit Journal*, animé par Félix Hément, s'en prenait quotidiennement à la Commune. Le 27 mars, il s'indigne de ce que les délégués de la mairie de Montmartre aient invité les habitants du quartier à appréhender eux-mêmes les personnes suspectes de relations avec Versailles. Le 29, il fait savoir avec un plaisir évident que « l'ordre est rétabli à Lyon » et le 31, il persiste à donner le compte rendu des séances de l'Assemblée Nationale. Mais, le 3 avril, Lissagaray, dans sa feuille, *L'Action*, demande la suspension de tous les périodiques hostiles à la Commune. En conséquence de quoi, le lendemain, plusieurs journaux sont supprimés. D'autres préfèrent se saborder plutôt que se renier ou s'exposer à des représailles. *Le Petit Journal*, lui, riposte : « Ils ont tous les défauts des despotes et pas une de leurs qualités » et il poursuit sa résistance. Le 6 avril, le récit de notre garde national, parvenu au moment où l'auteur va prendre part à la lutte, se termine par cette simple ligne : *Fin de la première partie*. Le texte de cette première partie avait-il été publié en entier ou, à cause de la menace qui pesait sur les rédacteurs du journal, en avait-on écourté la fin tout en remettant la seconde partie à des temps meilleurs ?

Quant au *Petit Journal*, qui n'avait jamais capitulé, c'est seulement le 3 mai qu'il sera supprimé ainsi que d'autres quotidiens par un arrêté de Cournet, qui avait remplacé Rigault à la Sûreté Générale. « Il serait contraire à la morale publique, disaient les considérants, de laisser continuellement déverser par certains journaux la diffamation et l'outrage sur les défenseurs de nos droits, qui versent leur sang pour sauvegarder les libertés de la Commune et de la France ». Mais il reparut bientôt sous le titre ironiquement tronqué : *Le ...Journal*. Il était imprimé à Corbeil, où s'étaient retrouvés ses rédacteurs, partis en secret de Paris, à l'exception d'un seul appréhendé par erreur à la place du directeur Hément.

On ignore absolument ce qu'était devenu Émile Gaboriau au cours de ces événements. On en est réduit aux conjectures, car on ne possède aucune nouvelle de lui depuis sa lettre du 28 mars jusqu'au 1er août suivant, date à laquelle *Le Petit Journal* annonça la publication prochaine de son nouveau roman, *La Dégringolade*. Il y avait sans doute travaillé beaucoup depuis l'armistice, mais où et dans quelle situation à partir du mois d'avril ? S'était-il terré dans Paris ? Avait-il précédé ou rejoint ses confrères à Corbeil ? S'était-il rendu à Jonzac ? Mme Schoell tient de sa grand-mère qu'il avait quitté la capitale, dissimulé dans une voiture de blanchisseuse, tel Metternich s'enfuyant de Vienne vingt-trois ans plus tôt. Cette évasion, au premier abord de nature un peu romanesque, a pu, après tout, se dérouler ainsi, tant le contrôle à l'entrée et à la sortie de la ville était opéré avec négligence, surtout dans les premières semaines du règne de la Commune. Et quelle avait été l'existence d'Amélie Rogelet pendant tout ce temps ? Des questions auxquelles il ne pourra peut-être jamais être répondu.

XXVIII

LES RÉCITS PUBLIÉS
PENDANT LA GUERRE ET LA COMMUNE

Bien qu'il s'agisse d'œuvres de nature fort différente, nous avons cru pouvoir grouper dans un même chapitre l'étude des récits inédits publiés par Gaboriau dans *Le Petit Journal*, de la veille de la guerre aux premières semaines de la Commune, à l'exception toutefois du *Journal d'un garde national mobilisé* résumé en annexe.

Le petit vieux des Batignolles.

Tout comme *L'Ambassadeur matrimonial*, *Le Petit Vieux des Batignolles* est composé d'un texte un peu étendu pour une nouvelle, trop bref pour être considéré comme un roman, mais qui appartient en tout cas au genre policier.

La trame en est des plus classiques. C'est l'aventure d'un étudiant en médecine nommé Godeuil. Il a pour voisin de palier un certain Méchinet, personnage aux allures étranges, avec qui il finit par se lier d'amitié. Or, ce mystérieux voisin se trouve être l'un des plus fameux inspecteurs de la Sûreté. Le jeune homme l'accompagne un soir sur les lieux d'un crime découvert aux Batignolles. Pigoreau, un parfumeur retiré des affaires, a été égorgé dans son appartement, d'où rien n'a disparu. Que, dans ses recherches, Méchinet s'adjoigne un détective amateur, cela ne doit pas nous surprendre. On est policier de vocation ou on ne l'est pas, l'expérience s'acquiert par l'exercice de la profession. C'est ce qui transparaît dans le compliment mitigé de Méchinet à son jeune émule : « Le génie de la profession, vous l'avez, c'est sûr, mais la pratique vous fait défaut. »

Dans cette œuvre, comme dans la plupart des romans judiciaires de Gaboriau, le policier se heurte au départ à la suffisance et à l'entêtement d'un supérieur hiérarchique, qui se laisse trop facilement tromper par les apparences. Ici, ce sont le juge d'instruction et le commissaire qui ont été induits en erreur par les lettres MONIS tracées sur le sol avec le sang de la victime. Ils en ont déduit qu'avant de mourir, le malheureux vieillard, dans un suprême effort, avait tenté de dénoncer ainsi le meurtrier, son propre neveu et seul héritier, nommé Monistrol, bijoutier acculé à la faillite, déjà arrêté à l'heure qu'il était. De plus, interrogée par Méchinet, la concierge de l'immeuble témoigne qu'elle a vu la veille le meurtrier présumé, accompagné de son chien, monter chez son oncle à neuf heures du soir.

Mais notre détective amateur a vite remarqué que le visage de la victime était resté absolument calme, ce qui semblait prouver qu'elle était morte sur le coup. D'autre part, c'était son index gauche, et non le droit, qui était taché de sang. Il en conclut que ce doigt a été guidé par l'assassin qui, dans sa précipitation, s'est saisi de la main gauche du mort. Cependant un coup de théâtre vient détruire ces subtiles déductions : les aveux du bijoutier, aveux dont Méchinet ne tarde pas à mettre en doute la véracité, car rien dans le comportement du détenu ne correspond à l'attitude habituelle des criminels.

Par bonheur, Godeuil a ramassé sur le lieu du crime un bouchon recouvert de cire verte, portant une entaille assez profonde, d'où Méchinet conclut qu'on y avait fiché la pointe d'un poignard à manche fixe, qui avait servi à l'assassin. Les deux hommes feignent alors de perquisitionner chez le bijoutier, guidés par Mme Monistrol, en réalité uniquement intéressés par la cave où ils n'aperçoivent aucune bouteille cachetée de cire verte.

Par l'épouse du détenu, ils apprennent que son mari s'était rendu la veille vers neuf heures chez un ouvrier travaillant en chambre, un certain Victor, pour lui réclamer un ouvrage dont il l'avait chargé. Malheureusement, il n'était pas chez lui, ce qui aurait constitué un alibi pour le bijoutier.

Profitant de l'absence de Mme Monistrol, convoquée par le juge d'instruction, Méchinet et Godeuil reviennent quelques heures après à la bijouterie et le policier interroge assez adroitement une jeune bonne pour apprendre que Victor peut facilement se faire suivre du chien de la maison. Méchinet en déduit que l'ouvrier pourrait être l'amant de Mme Monistrol. Tous deux auraient combiné l'exécution du crime de manière à ce que les apparences fassent accuser le malheureux bijoutier. C'est son ouvrier qui a pu se rendre chez l'ancien parfumeur en dissimulant suffisamment son visage pour que, dans la demi-obscurité et à cause de la présence du chien, la concierge le confonde avec Monistrol.

Les deux enquêteurs se rendent ensuite chez Victor mais, avant de frapper à sa porte, Méchinet, sous prétexte de lui offrir « une bonne bouteille », se fait indiquer par son concierge son marchand de vin habituel. Au commerçant, il réclame « du cachet vert », ce qui lui permet de constater que la cire est identique à celle du bouchon recueilli chez la victime. Arrêté sur le champ, le criminel, surpris, ne tente même pas de nier et, une fois au dépôt, expose avec forfanterie dans ses moindres détails le plan diabolique qu'il prétend avoir conçu, sans en faire part à sa maîtresse, pour se débarrasser du mari et profiter indirectement de l'héritage.

Cependant c'est le hasard, précieux auxiliaire des bons policiers, le hasard dont Gaboriau a dit « Il ne sert que les hommes forts et c'est ce qui indigne les sots », c'est lui qui aura le dernier mot. Qu'on en juge : « Malheureusement mon garçon, objecta Méchinet, tu as perdu la tête au dernier moment. Que veux-tu, on n'est jamais complet ! C'est la main gauche du cadavre que tu as trempée dans le sang. D'un bond, Victor se dressa — Quoi, s'écria-t-il, c'est ce qui m'a perdu ! — Juste ! — Du geste du génie méconnu, le misérable leva le bras vers le ciel — Soyez donc artiste, s'écria-t-il, et, nous toisant d'un air de pitié, il ajouta : le père Pigoreau était gaucher ! »

Monistrol fut libéré le lendemain. Il avait tout compris, mais il avait renoncé à se défendre pour sauver son épouse. Le criminel fut condamné aux travaux forcés à perpétuité (à noter que dans ses romans, Gaboriau semble répugner à l'application de la peine de mort, que Victor avait cependant amplement méritée). Mme Monistrol fut acquittée au bénéfice du doute, bien que n'ayant pas hésité à sacrifier à son amant son mari, dont elle savait l'innocence.

« M. et Mme Monistrol, nous apprend Godeuil, tiennent un débit de vins mal famé, sur le cours de Vincennes. L'héritage de leur oncle est loin ; ils sont dans une affreuse misère ». Nous nous permettons d'ajouter : l'épouse en portait sans doute la responsabilité, mais le pauvre mari méritait cette déchéance pour avoir gardé cet abominable monstre.

Malgré l'intérêt de l'enquête nous partageons l'opinion de Régis Messac, qui ne la justifie d'ailleurs pas : une maladresse flagrante se révèle dans la construction de ce récit. Tout d'abord, le téléphone n'existant pas encore, comment Victor aurait-il pu être averti, le soir du crime, que son employeur se rendait chez lui, alors que le bijoutier en avait pris la décision brusquement, du moins l'assure son épouse ? En outre, Mme Monistrol a déclaré à Méchinet que l'immeuble où loge son amant ne possède pas de concierge ! Tout dans son attitude comme dans ses propos prouve qu'elle n'est pas assez sotte pour faire un si grossier mensonge qui, découvert à la première occasion par la police, ferait d'elle une complice au moins morale de l'assassin présumé. Par contre, en se ménageant trop soigneusement un alibi le soir du crime (la présence de plusieurs voisines à son domicile) et, en cachant qu'elle avait confié son chien à Victor, n'avait-elle pas suffisamment démontré sa complicité, ce qui rend d'autant plus incompréhensible le verdict de la cour d'assises ? Enfin, comment juges et policiers ont-ils pu commettre l'impardonnable négligence de ne pas s'informer si Pigoreau n'était pas gaucher ! Monsieur Lecoq n'eût pas admis un tel manquement.

Le capitaine Coutanceau.

On est en juillet 1870 ; la guerre vient d'être déclarée à la Prusse. Alors que des bandes de jeunes gens passent dans les rues en criant : A Berlin ! un survivant de la grande Révolution, le capitaine Coutanceau, s'adresse à ses petits-fils qui vont s'engager dès le lendemain. Il leur conte ce que fut à Paris l'été 1792, qu'il a vécu à l'âge de dix-sept ans, fils d'un boulanger patriote de la rue Saint-Honoré.

Il assista, en particulier, à la fête de la Fédération, la troisième depuis le début de la Révolution. Il était accompagné par un des geindres de son père, Fougeroux, un hercule d'une force prodigieuse, un patriote lui aussi qui le protégea dans les bousculades. Au retour, ils réussirent à sauver une jeune « aristocrate », qui allait être massacrée par des sans-culottes pour avoir jeté un billet dans le carrosse de la reine, et Coutanceau en devint amoureux.

Cependant les Prussiens du duc de Brunswick, renforcés de vingt mille émigrés, s'étaient emparés de Longwy, puis de Verdun et marchaient sur la capitale, dont le vieil officier évoque à la fois l'élan patriotique et le désarroi : les enrôlements volontaires en masse au son du canon d'alarme et l'angoisse de la population, secouée par les bruits contradictoires qui circulent (pour décrire cette fièvre, Gaboriau n'eut qu'à dépeindre l'émotion des Parisiens à la nouvelle des revers du mois d'août 1870). « Les esprits se mirent à rechercher les causes de cette défaite inouïe et un mot vola de bouche en bouche, murmure d'abord, bientôt clameur — Trahison ! trahison !... »

Mais, à l'appel de Danton, « la grande ville se redressa, saisie d'un désespoir furieux, plus que jamais menaçante et terrible, honteuse de sa panique et résolue à la faire payer cher aux Prussiens ». La province à son tour fut électrisée : du sol de la patrie allaient sortir des armées, comme on le verra après l'encerclement de Paris en 1870. Malheureusement le désordre était partout. Tout était à organiser. De plus les jeunes volontaires, bien qu'animés du plus grand esprit de sacrifice, n'étaient pas persuadés de l'obligation de la discipline. Enfin dans la cohue des enrôlés, qui arrivaient de toutes parts, figuraient nombre d'hommes hors d'état de porter les armes, ce qui ne faisait que ralentir la formation de la nouvelle armée.

Agissant « suivant une tradition nationale bien perfectionnée depuis, écrit Gaboriau, la Prusse avait fait précéder son invasion d'une avant-garde, plus dangereuse pour nous que ses batteries d'obusiers. De la frontière à Paris, ses espions s'étaient abattus en nuées de sauterelles ». Les renseignements fournis par eux avaient persuadé les officiers ennemis qu'il ne s'agissait que d'une promenade militaire, et certains d'entre eux avaient fait verser des arrhes par leurs agents à des hôtels parisiens pour qu'une chambre confortable leur fût retenue. Enfin, le commandement français avait commis une faute qui se renouvela en 1870 et se renouvellera plus tard : nos troupes avaient été disséminées, étirées en un cordon tout le long de la frontière et, par conséquent, étaient devenues incapables de résister au coup de boutoir d'une masse de manœuvre jetée contre elles en un point précis afin de les enfoncer.

Quand les choses se gâtèrent, on nomma au commandement en chef Dumouriez qu'on avait jusque-là « tenu en suspicion ». Cet homme de valeur, dont Gaboriau a lu les mémoires et étudié de fort près toute la carrière, répara dans la mesure du possible les erreurs commises avant lui et sut, en particulier, reprendre en main l'armée de Sedan démoralisée par la défection de La Fayette. C'est lui qui conçut le plan audacieux, critiqué par ses lieutenants, d'arrêter les Prussiens aux défilés de l'Argonne. Manœuvre qui aboutit à la célèbre bataille de Valmy, ce qui permet à l'auteur de terminer son livre par cette phrase à la gloire du général, objet de son admiration : Dumouriez avait tenu parole, il avait sauvé la France !

Curieux ouvrage, qui débute par des souvenirs de jeunesse, auxquels Gaboriau, comme emporté par l'événement, substitue le tableau d'une année particulièrement mouvementée de notre histoire, d'ailleurs sans que le récit ne perde rien de sa vivacité ni de son intérêt. Et l'on oublie d'autant plus facilement l'existence du vieux capitaine que rien ne la rappelle plus, pas la moindre petite phrase. La transformation qui s'opère dans la nature de l'ouvrage est surprenante. La rencontre de la belle aristocrate et du jeune Coutanceau reste sans lendemain, alors que tout faisait croire au prélude d'une émouvante histoire d'amour placée au cœur des événements les plus dramatiques, en quelque sorte une version rajeunie des amants de Vérone, le début d'une idylle que l'auteur a perdue de vue à décrire les convulsions au milieu desquelles se débattait la patrie.

Dans l'ensemble, le récit est bien documenté. Pour avoir lu de nombreux mémoires et études historiques, Gaboriau a pu citer plusieurs paroles prononcées par les acteurs de cette grande tragédie, en particulier par Camille Desmoulins, Danton, Vergniaud, l'évêque Lamourette et même Louis XVI. A peine peut-on lui adresser deux reproches d'ordre mineur. De témoigner une hostilité excessive à La Fayette, en lui reprochant d'avoir déserté par déception d'ambitieux évincé, alors qu'il avait surtout obéi à sa répulsion pour le gouvernement illégal sorti de la journée du 10 août. Puis, d'embellir les faits, quand il conte comment est née et s'est répandue la Marseillaise.

Mais cela est peu de chose. *Le Capitaine Coutanceau* est un beau livre, bien vivant, vibrant même, qui fait ressentir dans quelle atmosphère s'est déroulée la Révolution Française et ce que fut, en particulier, l'année 1792, vécue d'abord dans le peuple de Paris, puis à l'armée, au milieu des volontaires. Et un appel aux armes lancé aux Français de 1870.

LES DERNIÈRES ANNÉES
(1871-1873)

XXIX

LES LENDEMAINS DE LA GUERRE
ET LE MARIAGE D'ÉMILE GABORIAU

La paix intérieure revenue, Émile et Amélie retrouvèrent leur appartement de la rue Notre-Dame-de-Lorette, mais, si la situation pécuniaire du ménage était devenue aussi critique que le prétend Gaboriau, les réceptions du mercredi ne purent reprendre avant un certain temps.

D'ailleurs plusieurs des artistes avec qui, autrefois, ils avaient des relations suivies, avaient disparu. Theodor Weber, passé en Belgique à la déclaration de guerre, ne devait revenir en France qu'en 1883. Alfred Darjou faisait un séjour prolongé en Égypte et Gustave Courbet, à la suite de sa participation à la Commune, avait été incarcéré au mois de juin 1871 et, le temps de sa détention écoulé, devait partir pour Ornans d'abord, puis pour un exil volontaire. Paul Guigou était, certes, de retour, après avoir pris part à la guerre, et donnait des leçons de dessin à Mme de Rothschild, très probablement sur la recommandation de Gaboriau, dont on sait que les avis étaient écoutés par la baronne. Malheureusement ce peintre, qui semblait promis à un brillant avenir, devait mourir d'une congestion cérébrale dès la fin de 1871, à l'âge de trente-sept ans. Un autre familier, dont le nom n'était pas apparu jusque-là dans le courrier de Gaboriau était le Bordelais Émile Benassit, excellent aquarelliste, qui se consacrait surtout à la peinture militaire. Des deux lettres restées de lui, la première, datée du 15 décembre 1872, accompagne l'envoi d'une aquarelle représentant des *Mobiles de la Vendée pendant le siège*, et, dans la seconde, du 1er avril 1873, il prie ses amis d'accepter « un poisson arrivant droit de Rouen », sans qu'on puisse, à cause de la date, deviner s'il s'agissait d'une peinture ou de tout autre cadeau. Restait enfin l'ami sur qui on pouvait compter, le peintre Porion, portraitiste d'Émile.

De cette époque il ne subsiste qu'une rare correspondance, mais on sait cependant que Gaboriau nourrissait alors le projet de revenir au pays au moins pour quelques années. Ce désir était chez lui très vif. Il ne se pardonnait pas ses romans judiciaires et songeait à une autre gloire, à ses yeux plus valable, conquise grâce à un calme travail en une paisible province.

Sans aucun doute éprouvait-il aussi le besoin de se mettre au vert. Sa photographie en buste, datant des mois qui suivirent le rétablissement de la paix civile, même prise de profil, est significative. Les fatigues de la guerre, sa consternation devant la défaite, ses craintes sous la Commune et les soucis pécuniaires avaient eu prise sur lui. Le visage, fortement souligné par l'inévitable col de velours, paraît aminci, des fils blancs déjà nombreux parsèment la chevelure et la barbe toujours abondantes. Toute la physionomie est empreinte de gravité, presque soucieuse et le regard semble scruter un lointain, peut-être la côte royannaise, le seul havre pour lui contre la fiévreuse existence de la capitale.

Mais pour pouvoir s'établir en Saintonge — car il n'entrevoyait même pas la possibilité de bâtir ailleurs son ermitage — il lui fallait régulariser son union avec son amie, sous peine d'être une cause constante d'humiliation pour sa pieuse sœur Amélie et peut-être de nuire à la situation politique de son beau-frère. Encore cet aboutissement naturel devait-il être précédé de l'agrément de ce père entêté, âgé et en mauvaise santé, à qui il ne pouvait infliger le chagrin d'une brouille. Enfin et surtout il lui fallait, tout en faisant vivre le ménage, rembourser ses dettes et épargner un capital suffisant pour faire face aux frais d'une installation et à la réduction de ses ressources que signifiait une existence au fond de la province, même si la vie qui l'y attendait devait entraîner moins de dépenses qu'à Paris. Il ne pouvait donc accéder à cette terre promise qu'en continuant pour un temps à fournir des feuilletons qui se « vendent bien ». La latitude d'écrire un jour un ouvrage « étourdissant », destiné à asseoir solidement sa renommée littéraire devait se payer à ce prix. C'est ainsi qu'à partir de l'été de 1871, il publia successivement trois nouveaux romans, *La Dégringolade*, *La Corde au cou* et *L'Argent des autres*, les deux premiers dans *Le Petit Journal*, dont l'entière direction était assurée par Alphonse Millaud, après la mort de son oncle, survenue le 15 octobre 1871. Comme on sait, Émile Gaboriau avait envisagé, à la veille de la guerre, de quitter cette feuille pour un contrat plus avantageux, mais Moïse Millaud avait su fort habilement le retenir. Son neveu fut probablement moins adroit et il connaissait d'ailleurs, à l'époque, de graves difficultés financières, qui ne lui permettaient peut-être plus d'assurer à son feuilletoniste les mêmes avantages que par le passé. Aussi, le public eut-il la surprise, en 1873, de trouver le dernier de ces romans dans *L'Événement*, quotidien fondé l'année précédente.

La Dégringolade parut du 5 août 1871 au 9 juin 1872. C'est une œuvre d'un nouveau cru qu'on peut difficilement rattacher au genre policier, car, si un crime a bien été commis, les coupables en sont connus. Ce n'est donc pas la recherche des criminels, mais celle des moyens d'en tirer vengeance qui fait le sujet principal du livre. Mais non le seul, puisqu'il s'y trouve, comme dans tous les romans d'Émile Gaboriau, la longue histoire d'un amour contrarié, De plus le récit se déroule sous le Second Empire, tombé l'année précédente, dont le régime est vigoureusement flétri par l'auteur, revanche possible du silence qui lui aurait été plusieurs fois imposé. Des événements historiques, certains particulièrement dramatiques, comme les funérailles de Victor Noir, y sont contés avec des détails d'une minutie qui serait surprenante s'il n'avait assisté à leur déroulement. C'est d'ailleurs à la chute de l'Empire que le livre doit son titre, tout comme *La Débâcle* de Zola devra le sien à la défaite militaire. Au lendemain de la guerre, cette prise de position devait valoir à Gaboriau un accueil plus favorable encore qu'à l'accoutumée de la part de l'immense majorité des lecteurs du *Petit Journal*, privés de leur romancier depuis plus d'une année.

Après un intervalle de quatre mois, c'est *La Corde au cou* qui parut en feuilletons dans *Le Petit Journal*, du 20 octobre 1872 au 17 février 1873. Voici en quels termes sa publication fut annoncée dans le numéro du 16 octobre : « Une œuvre nouvelle d'Émile Gaboriau est toujours un événement littéraire. C'est que Émile Gaboriau possède le secret de photographier, pour ainsi dire, la vie moderne avec ses luttes, ses misères, ses grandeurs, ses compromis. Il sait faire agir et parler ses personnages avec une admirable franchise et un rare talent rehaussé par un style toujours naturel et clair et d'une ardeur communicative dans les épisodes les plus passionnés. » Le livre fut ensuite édité par Dentu, précédé de la dédicace « Amicissimo Georges Coindreau avocat ». Encore aujourd'hui, il reste particulièrement prenant pour les lecteurs saintongeais, car l'action qui se déroule presque entièrement dans leur province, baigne, comme on l'a dit, dans une savoureuse atmosphère de vieille Saintonge, nouveauté chez Émile Gaboriau, qui, jusque-là, avait toujours donné la capitale et ses environs comme principal cadre à ses romans. Sans doute faut-il trouver là comme une manifestation du désir, chez lui toujours plus vif, de rentrer au pays. Il n'est pas non plus interdit de croire que *La Corde au cou* soit un roman à clef et que, pour créer, par exemple, le personnage de M. Séneschal, le maire de Sauveterre, l'auteur n'ait malicieusement emprunté quelques traits à celui de Jonzac, « son très cher ami » et beau-frère Georges Coindreau.

C'est donc *L'Événement* qui, du 10 mars 1873 au 13 juillet, publia *L'Argent des autres*. Ce quotidien de tendance républicaine, soutenu par Victor Hugo, avait été lancé par Auguste Dumont, administrateur du *Figaro*, qui s'était brouillé avec Villemessant, propriétaire du journal. La rédaction en chef avait été confiée à Edmond Maguier, qui était en excellentes relations avec Thiers. Maguier réunit une équipe brillante, qui comptait plusieurs amis de Gaboriau, en particulier Chavette et Aurélien Scholl. Le rédacteur en chef, lui-même originaire d'une petite localité proche de Saintes, ne pouvait pas ne pas connaître son compatriote. Ces circonstances peuvent expliquer qu'on ait envisagé sa collaboration le jour où il se trouverait libéré de ses engagements envers *Le Petit Journal*.

La publication de *L'Argent des autres* fut ainsi annoncée dans un feuillet encarté dans un numéro du journal :

« *L'Événement* n'a pas hésité devant un sacrifice considérable pour attacher à sa rédaction Émile Gaboriau, dont les engagements avec *Le Petit Journal* venaient d'expirer. L'auteur de *Monsieur Lecoq*, de *L'Affaire Lerouge*, du *Dossier n° 113*, de *La Corde au cou* et de tant d'autres livres également remarqués a écrit spécialement pour les lecteurs de *L'Événement* un roman que nous annonçons, *L'Argent des autres*, œuvre d'une saisissante actualité où se trouvera implacablement reproduite, sous l'une de ses faces les plus curieuses, la société parisienne d'aujourd'hui. L'éminent écrivain à l'imagination si dramatique, au talent si populaire obtiendra dans ce feuilleton de *L'Événement* un nouveau et éclatant succès. »

On doit à cet ouvrage une étude de mœurs — celle des milieux boursiers — mais moins systématique que dans *Les Gens de bureau* ou *Le 13ᵉ Hussards*, parce qu'il sert également de cadre à l'histoire de deux amours précisément contrariées par les manigances des hommes d'affaires. C'est un tableau impitoyable des combinaisons plus ou moins malhonnêtes de certains financiers et une mise en garde à l'adresse des pauvres gens qui leur confient naïvement leurs économies. D'autant que Gaboriau, certainement passionné par le sujet, s'était informé à bonne source et semble avoir parfaitement connu le mécanisme des affaires véreuses.

Avec ces trois livres, nul doute que l'auteur de *L'Affaire Lerouge* semblait vouloir s'engager sur les traces de Balzac et témoignait ainsi de son intention de se consacrer de plus en plus à des romans où des évocations historiques et des études psychologiques et sociales tiendraient une place importante.

De son côté *Le Voleur* reprenait, là où il en était resté avant la guerre, la publication des romans de Gaboriau dans l'ordre chronologique où *Le Soleil* et *Le Petit Journal* les avaient donnés. « Aux lecteurs impatients de renouer avec leur romancier favori, le numéro du 20 octobre 1871 annonçait que serait publiée, à partir du 27, *La Vie infernale*, « l'œuvre la plus attachante, la plus dramatique, la plus fortement intriguée, la plus riche en surprises et en combinaisons puissantes, en un mot la plus magistrale qui soit sortie de la plume de cet écrivain populaire qu'on appelle Émile Gaboriau ». La publication du roman se poursuivit tout au long de l'année 1872 et au cours des premiers mois de l'année suivante pour s'achever avec le numéro du 23 mai 1873.

Le romancier devait également se préoccuper de la réédition de ses ouvrages, Dentu ayant prévu de donner ses œuvres complètes à partir de 1871. En outre, son succès lui valait de nouvelles propositions de l'étranger. C'est ainsi que, le 15 mai 1872, il signait un nouveau contrat avec l'éditeur milanais Sonzogno. Ce dernier achetait le droit exclusif de faire traduire en italien et de publier en Italie soit en feuilletons, soit en volumes le roman *La Dégringolade*, appelé à former deux tomes. L'auteur reconnaissait avoir reçu cinq cents francs pour le premier tome. Par le même acte, il vendait à cet éditeur *Les Esclaves de Paris* et *La Clique dorée*. L'application de ce traité dut se montrer fructueuse pour celui-ci car, le 25 novembre de la même année, il achetait par un autre contrat le droit exclusif de faire traduire en italien et publier en cette langue *La Corde au cou* et tous les futurs romans de l'écrivain édités à Paris pendant les trois ans à venir. Il s'engageait à verser comptant la somme de cinq cents francs pour chacun des volumes.

Enfin, reprenant ses relations commerciales avec Steinitz, le 23 avril 1873, le romancier lui vendait pour cinq cents francs le droit de traduire en allemand et de publier *La Corde au cou* déjà parue chez Dentu. Le 16 juillet, Eduard Halberger, éditeur à Stuttgart, racheta à Steinitz les droits que lui avait concédés l'auteur. Le lendemain, il adressa un télégramme à Gaboriau, pour lui proposer l'achat, pour une somme de cinq cents francs, du droit exclusif de traduire en allemand et publier *L'Argent des autres*, en Allemagne et en Autriche-Hongrie. Mais Dentu, chez qui la dépêche avait été déposée en l'absence du destinataire, ne la remit à celui-ci que le 24 juillet. Gaboriau répondit le 25, par ce télégramme : « Étais absent. Négligence Dentu cause retard. Accorde Halberger droit exclusif traduction de *Argent des autres*

Allemagne Autriche-Hongrie selon condition du télégramme du 17 juillet. Demain lettre. » Et dans la lettre annoncée, effectivement envoyée le 26, l'auteur confirmait son engagement. Il ajoutait que son ami milanais Sonzogno lui avait parlé de l'éditeur allemand en termes si élogieux qu'il se réjouissait de pouvoir traiter avec lui.

D'autre part, Émile Gaboriau dut assister à la mise en scène de *L'Affaire Lerouge*, drame en cinq actes tiré du célèbre roman par Hippolyte Hostein et, pour la première fois, donné le 2 mai 1872 au théâtre du Château d'Eau. Pour pouvoir porter le récit à la scène, Hostein avait dû en bouleverser la construction, faire appel à des personnages étrangers au roman, modifier plus ou moins le caractère et le comportement de ceux que nous connaissons. Ainsi, dans le deuxième tableau, voyons-nous deux paysans burlesques, Liseron et Églantine, créés pour les besoins de la cause, puisque c'est grâce à leur involontaire concours que l'intrigue se dénouera d'une manière plus spectaculaire. Mais le théâtre populaire affectionne les contrastes brutaux, destinés à tendre, détendre et retendre les nerfs des spectateurs. A la sortie de Liseron et Églantine, emmenés par leur parrain, le riche détective amateur Tabaret, succède l'entrée de Noël Gerdy et de sa mère gravement malade, qui vont avoir une explication pathétique au cours de laquelle la malheureuse tombera foudroyée par l'émotion d'avoir percé les desseins criminels de son fils. Le juge Daburon semble moins obéir à sa rancœur de rival évincé qu'au souci d'exercer correctement ses fonctions, ce qui lui épargnera remords et démission. La comtesse d'Arlanges, dans le roman, sèche, originale, peu sympathique, devient une écervelée franchement comique. Quant à Noël Gerdy, c'est un personnage moins nuancé, plus odieux encore. Et s'il est finalement démasqué, c'est dû autant au hasard qu'à la perspicacité de Tabaret. Cependant, au moment de se tuer, il exprime un regret nullement manifesté dans le roman, ce qui est bien dans la ligne d'un mélodrame.

L'écriture de la pièce est fréquemment empruntée à Gaboriau, dont Hostein a recueilli les phrases particulièrement frappantes. Celle-ci, par exemple, prononcée par Tabaret : « Si l'on savait quelles sont les émotions de ces parties de cache-cache qui se jouent entre le voleur, l'assassin et l'agent de la Sûreté, tout le monde irait demander de l'emploi, rue de Jérusalem. » Ce à quoi la marquise rétorque — et c'est du Hostein-Labiche — Pas moi ! Malgré tout, l'adaptateur a su garder l'essentiel de ce que Gaboriau avait mis de « suspense » dans son roman. Et il faut retenir qu'on a là une des toutes premières pièces policières, sinon la première, car on ne peut accorder ce rang à *L'Honneur du nom*, qui n'a guère retenu de *Monsieur Lecoq* que la partie essentiellement historique et romanesque.

Même si l'adaptation n'était pas de lui, on ne peut concevoir que l'auteur du roman n'ait pas été consulté, au moins pour la forme, sur la fidélité en esprit de la pièce, sur le choix des dix-neuf acteurs et n'ait pas eu à donner son avis sur la qualité de leur interprétation, le rôle principal étant celui du célèbre Tabaret.

Deux mois auparavant, alors que les répétitions avaient sans doute déjà commencé, Charles Gaboriau était mort à Jonzac, le 3 mars, à l'âge de soixante-treize ans, « mort comme un saint », écrira sa fille à son amie de Saumur. Émile, appelé par télégramme, accourut pour assister aux obsèques, au milieu d'une nombreuse assistance, due autant au respect qui entourait l'ancien conservateur qu'aux fonctions politiques et administratives de son gendre. Le corps du défunt fut déposé auprès de celui de son épouse, dans le caveau familial du cimetière de Jonzac.

Dès le 7 mars, après avoir pris connaissance des dispositions testamentaires de leur père, Émile et sa sœur, celle-ci autorisée par son mari, signèrent un accord sur le partage par moitié de la succession. Cette précipitation apparente doit se comprendre par l'obligation pour le journaliste de regagner Paris après une absence de quelques jours. Cet acte récapitule évidemment dans le détail les biens de diverses natures laissés par le défunt. Sans prétendre en reproduire tous les fastidieux paragraphes, on retiendra que le patrimoine était uniquement mobilier : obligations (particulièrement du chemin de fer P.L.M.), créances sur diverses personnes de la région, avoir chez le banquier Chotard, de Jonzac, arrérages de la pension de retraite du défunt, auxquels s'ajoutaient les meubles et objets mobiliers (à l'exception du linge et de l'argenterie partagés en nature) pour une valeur de douze cents francs.

Mais il fallait en déduire pour Émile une somme de 15.000 F représentant l'ensemble des prêts accordés par son père antérieurement à 1866 (le conservateur des hypothèques tenait minutieusement sa comptabilité personnelle), une somme de 1.600 F prêtée en juin 1866 et enfin une somme de 3.800 F versée à Paris, au cours de l'année 1871, par l'intermédiaire du banquier Chotard. Par contre, ce total de 19.800 F se réduisait de 3.000 F « pour règlement de pension non payée ». De l'héritage estimé au total à 118.000 F, il fallait, avant le partage, retrancher 4.900 F pour les charges et les dettes de la succession et tenir compte des sommes dues à Charles Gaboriau par le ménage Coindreau et par Émile, ce qui laissait à celui-ci une somme encore très coquette constituée pour 25.000 F d'obligations du P.L.M. et pour le reste de créances d'un montant d'une quinzaine de milliers de francs.

Bien qu'il lui fallût négocier tout ou partie des obligations et faire rentrer le montant des créances, cet apport était une manne inattendue pour Émile, qui n'était certainement pas encore parvenu à rétablir sa situation financière. Elle lui enlevait tout souci du lendemain. Aussi lui fut-il facile de rembourser, dès le mois de juin, à Georges Coindreau la somme de 8.234 F, probablement en grande partie empruntée au temps des vaches maigres.

D'autre part, le décès de M. Gaboriau père faisait tomber le principal obstacle au mariage d'Émile et d'Amélie Rogelet et enlevait à celui-ci tout prétexte pour retarder indéfiniment l'intervention de l'officier de l'état civil. Il s'écoula cependant encore plus de quinze mois avant cette intervention, délai que n'explique pas complètement la période de deuil pendant laquelle la décence commandait, surtout à l'époque, d'éviter même les fêtes de famille. Mais il faut tenir compte des délicates démarches entreprises pour que le mariage soit célébré dans une mairie éloignée du domicile des futurs conjoints, enfin et surtout, des derniers atermoiements d'Émile lui-même, bien qu'au lendemain de la mort de son père, il se soit déclaré résolu à cette union. Ses hésitations ne doivent pas s'attribuer uniquement à une aversion pour l'état marital, mais à la répugnance qu'il pouvait éprouver à dévoiler publiquement une situation irrégulière, connue des seuls intimes.

Mais ses préventions contre le mariage avaient pu s'atténuer devant l'état de santé de son amie, devenu encore plus fragile à la suite des privations du siège. Un mot d'Émile, adressé au printemps de 1873 à son cousin

Emery Desbrousses, ne peut que le confirmer : « Ami Docteur, j'ai ma femme au lit depuis avant-hier pour une petite opération. Elle va mieux, elle va même bien, mais pas assez bien pour qu'il lui soit permis de se lever. La marmite, demain, se trouve derechef renversée. Fichue année que cette année 73. »

Il ne croyait pas si bien dire... On sait qu'il avait été ébranlé par la succession rapide des événements tragiques auxquels il avait assisté et avait parfois été mêlé, comme le laisse d'ailleurs deviner sa précédente photographie. Le labeur forcené auquel il s'était soumis pour rétablir sa situation financière et pour pouvoir prendre sa « retraite » de feuilletoniste n'avait pu qu'achever de ruiner un organisme en état de moindre résistance. Les trois romans livrés à la presse en un an et demi, dont deux devaient par la suite être publiés en deux tomes et le troisième en un gros volume, avaient exigé une débauche de travail probablement au-dessus de ses forces. La dernière photographie que nous ayons d'Émile Gaboriau, prise de trois quarts et datant des premiers mois de l'année 1873, révèle un triste bilan. Même si les joues se sont remplies, les privations du siège une fois réparées, le vieillissement est frappant. La chevelure a en grande partie viré au blanc ainsi que la barbe moins fournie (peut-être avait-il adopté une coupe différente). On devine plus qu'on ne voit les rides, probablement dissimulées par le photographe, ou estompées par l'usure de l'image. Mais c'est surtout la transformation de la physionomie qui est navrante. Le regard, dont l'acuité a survécu, au milieu du pâlissement du visage, a perdu sa fermeté et traduit une inquiétude, même une angoisse du lendemain, qui fait peine de la part d'un être jeune encore et si riche d'avenir.

Une sourde prescience devait lui chuchoter qu'il était temps de mettre un terme à ses atermoiements et de légitimer son union. S'il venait à disparaître, il mettrait ainsi sa fidèle compagne à l'abri de la détresse matérielle et de l'indifférence de leur entourage, pour ne pas dire de la malveillance publique. Il est évident qu'eurent aussi une influence sur sa décision de convoler les adjurations de sa sœur, profondément choquée de ce concubinage, qui heurtait douloureusement ses convictions de catholique fervente.

Émile Gaboriau se détermina brusquement, ainsi qu'il apparaît dans cette lettre adressée par lui, vers le 15 juillet, à M. et Mme Coindreau :

« Chers Amis,

« ...Nos deux dépêches ont dû vous faire connaître que ma résolution d'il y a un an n'a pas changé. Je me décide à régulariser ma situation. Avec votre approbation, c'est de grand cœur que je prends cette détermination si grave. Voilà onze ans passés que la femme que j'épouse est mon compagnon fidèle et partage les bons et les mauvais jours et jamais, en ce long espace de temps, je n'ai eu un reproche à lui adresser. Changera-t-elle parce que le maire y aura passé ? Évidemment non. Nous ne sommes plus jeunes, ni l'un ni l'autre — Amélie avait 35 ans ! — La prudence humaine est d'accord avec mon cœur... donc je me marie. (Il est étonnant, notons-le au passage, qu'Émile Gaboriau ait fait remonter à onze ans le début de sa liaison, alors qu'on trouve le nom de son amie dans sa lettre à Lemer du 10 août 1860. Ou bien il s'est trompé dans son calcul, ou bien il a seulement voulu tenir compte des années de vie commune).

« Il n'était pas facile, je dois vous l'avouer, de se marier dans les conditions de secret auxquelles je tiens essentiellement et de façon à dérober la cérémonie à l'impitoyable curiosité des journaux. Mais Porion est un ami incomparable et le premier des diplomates. Il a su intéresser à ma cause le maire et le curé de Boulogne près Paris. Il a mis en mouvement le clergé et l'administration. Bref, on passe sur toutes les irrégularités, l'archevêque me dispense de tous les bans et je suis affiché. La cérémonie n'est pas encore fixée. Elle aura lieu, selon le gré de Georges, le mardi 22, ou le jeudi 24.

« Je n'ai encore ni l'extrait mortuaire de maman, ni mon extrait de baptême. Or, il me les faut, il me les faut absolument. Je viens d'écrire au curé de Cozes, au maire de Lhourmeau et au secrétaire de la mairie. Se décideront-ils à me donner signe de vie ? Si je n'ai pas de leurs nouvelles mardi soir, ma résolution est prise, je saute en chemin de fer et je vais de ma personne chercher les actes indispensables.

« Mais pour agir, il me faut :
« — la date exacte de la mort de ma mère ;
« — la date, vague au moins, de mon baptême. »

L'affichage dut passer inaperçu ou presque à la mairie de cette petite ville somnolente, où, pour pouvoir légaliser discrètement leur liaison, Émile et Amélie s'étaient tous deux domiciliés au n° 3 de l'avenue de Longchamp grâce à quelque stratagème, location fictive ou élection de domicile. Le mariage civil eut lieu le 24 juillet à dix heures du matin et fut enregistré sous le numéro 118. D'après l'acte de l'état civil, l'époux n'avait pu produire les actes de décès de ses aïeuls paternels et maternels et avait dû déclarer sous la foi du serment que les dates et les lieux de ces décès lui étaient inconnus. Quant à l'épouse, elle était qualifiée de « fille naturelle non reconnue » et elle s'attribuait l'état de rentière. L'acte mentionne en outre qu'il n'avait pas été fait de contrat de mariage. Les quatre témoins qui le signèrent (ils devaient constituer probablement à peu près toute l'assistance) étaient, pour l'époux, Georges Coindreau et l'éditeur Edouard Dentu, pour l'épouse, Maurice Delamain et Charles Porion.

Le soir même ou le lendemain de la cérémonie, Amélie adressait à sa nouvelle belle-sœur, en réponse à une lettre reçue d'elle, ces quelques mots touchants pour la remercier d'être intervenue en faveur de cette union :

« Ma chère Sœur,

» Merci.

» Si absolu que soit mon dévouement pour Émile, je n'osais pas espérer qu'il serait ainsi récompensé par les siens. Je chercherais inutilement des mots pour vous dire mon émotion en lisant votre lettre.

» Je sais toute votre influence sur la détermination d'Émile. Je ne l'oublierai jamais et j'ai tenu à ce que vous fût adjugée la première lettre que je signe

« Amélie Gaboriau. »

La nouvelle épouse allait enfin pouvoir apparaître à Jonzac, qui devait être la première étape d'un voyage de noces entrepris après des années de vie commune.

XXX

LES DERNIÈRES ŒUVRES :
L'ÉVOLUTION VERS LE ROMAN DE MŒURS ET LE ROMAN SOCIAL

Les trois romans publiés par Émile Gaboriau de 1871 à 1873, c'est-à-dire *La Dégringolade*, *La Corde au cou* et *L'Argent des autres*, sont caractérisés, tout comme *La Vie infernale* et *La Clique dorée*, par l'absence d'un meneur de jeu policier. Ce sont les victimes qui prennent leur cause en main, aidées de leurs amis et de quelques tiers compatissants. Dans *La Corde au cou*, on a cependant recours à un agent de la Sûreté expérimenté, mais qui n'a pas la passion de son métier et dont le rôle est secondaire et les résultats de l'enquête tardifs.

Bien qu'ils soient encore semés de sombres drames, mystérieux détournements de fonds, abandons ou substitutions d'enfants, incendies d'origine criminelle et assassinats, ces derniers romans, on l'a dit plus haut, ont un caractère absolument inédit : *La Dégringolade* se déroule dans un cadre historique, parallèlement à l'évolution politique de la Seconde République et du Second Empire ; *La Corde au cou* présente l'étude poussée d'un caractère féminin, à la fois calculateur et passionné, en même temps que celle de la mentalité des habitants d'une petite ville ; et *L'Argent des autres* fait pénétrer le lecteur dans le monde de la finance.

Ces trois œuvres traduisent donc bien une évolution chez leur auteur. Ce ne sont plus seulement les intérêts propres des personnages qui constituent la substance de ces livres. On assiste à une incursion dans la vie politique contemporaine et à des études psychologiques et sociales, qui les apparentent respectivement à certains des romans de Balzac, de Flaubert et de Zola.

La Dégringolade.

En février 1870, un médecin parisien, le docteur Valentin Legris sauve un jeune homme laissé pour mort sur un banc du boulevard de Clichy par des malfaiteurs, qui l'ont dépouillé de son portefeuille. Le médecin se lie d'amitié avec son blessé qui se nomme Raymond Delorge. Celui-ci ne tardera pas à le mettre au courant du passé de sa famille et du but auquel il a consacré jusqu'ici sa vie. Mais ce long récit ne sera pas conté à la première personne ; c'est l'auteur qui le conduit pendant les trois quarts des onze cents pages que comptera finalement l'ouvrage, une fois paru en librairie.

On apprend ainsi qu'une trentaine d'années auparavant, un officier sorti du rang grâce à son mérite, le commandant Delorge, en garnison à Vendôme, épousa une jeune fille sans fortune dont il était éperdument amoureux. De cette union naquirent deux enfants, Raymond, le héros du roman, et Pauline, dont il sera peu parlé. Général à Paris, sous la Seconde République, Delorge fut tué d'une façon mystérieuse dans les jardins de l'Élysée. En duel, prétend l'entourage du Prince Président, en réalité assassiné pour avoir refusé de garder secrets les préparatifs du coup d'État, dont il venait d'avoir connaissance. C'est ce dont la veuve eut bientôt la certitude, mais il lui fut impossible de se faire rendre justice dans le bouleversement général qui accompagna le Deux Décembre et mit hors de portée les criminels, comblés de faveurs par le nouveau régime. Désormais Mme Delorge vivra dans l'attente de l'heure de la vengeance, en élevant son fils dans cette intention.

Et, comme, à la faveur de la répression qui a suivi la réussite du Coup d'État, on a fait disparaître un palefrenier de l'Élysée, Laurent Cornevin, qui a assisté à la mort du général et a tenté de dénoncer les coupables, elle viendra en aide à sa femme et à ses cinq enfants grâce à un important héritage. A Mme Cornevin, elle achètera un petit commerce qui lui permettra d'atteindre une large aisance et elle fera élever, avec son propre fils, Léon, l'aîné des deux garçons du malheureux palefrenier. Les deux jeunes gens feront de brillantes études et sortiront tous deux ingénieurs de l'École Polytechnique, cependant que Jean Cornevin, le cadet, plus fantaisiste, embrassera la carrière d'artiste peintre.

Les années passent et rien n'annonce le fléchissement de l'Empire. En 1858, à la suite de l'attentat d'Orsini, Jean, qui a commis des imprudences, est déporté à l'île du Diable, d'où il reviendra un an plus tard grâce à l'amnistie qui marquera la fin de la campagne d'Italie. Mais, à la Guyane, il a eu des nouvelles de son père qui, déporté sous un faux nom en 1851, a réussi à s'évader. Tel Télémaque, il partira à la recherche de ce père, dont il retrouvera les traces, d'abord au Chili, puis en Australie, mais sans jamais parvenir à le rejoindre. En réalité, après avoir réalisé une immense fortune en ce dernier pays, Laurent Cornevin a regagné Paris sous un nom d'emprunt et, là, sans faire connaître sa présence à d'autres qu'à sa femme, tapi dans l'ombre, il prépare sa vengeance et celle de Mme Delorge. Une vengeance qui doit frapper avant tout le comte de Combelaine, l'assassin du général Delorge, que, malgré un passé couvert de boue, l'Empire a enrichi et anobli.

Entre-temps, Raymond Delorge a été nommé adjoint du directeur des travaux d'aménagement du lit de la Loire, entrepris près de Saumur. Là, le hasard le rapproche d'une jeune châtelaine, Simone de Maillefert, vivant en recluse et luttant pour sauver ce qui reste du patrimoine paternel contre les folles dépenses de sa mère, la duchesse, et de son frère Philippe, qui passent la plus grande partie de l'année dans leur hôtel du faubourg Saint-Germain. Raymond et Simone ne tardent pas à s'aimer, mais la duchesse et son fils, à court d'argent, insistent pour que la jeune fille épouse le trop fameux comte de Combelaine, qui fait partie de leur entourage parisien. On fait croire à Simone que son frère a commis des malversations et que, seul, pourra le sauver du déshonneur ce mariage, dont dépend le sort du jeune imprudent. Ignorant que les complices ont convenu de se partager ses biens, Simone accepte ce sacrifice en se promettant de ne pas survivre à une telle union. Mais Raymond, décidé à tuer cet indigne rival, est rentré à Paris où il assiste, le 12 janvier 1870, aux funérailles mouvementées de Victor Noir. Peu de temps après, il est lui-même victime d'hommes de main stipendiés par Combelaine et abandonné, inanimé, sur le banc où le découvrira le docteur Legris.

C'est au moment où plus rien ne semble devoir empêcher l'odieux mariage qu'apparaît Laurent Cornevin. L'ancien palefrenier de l'Élysée interrompt la cérémonie par un coup de théâtre digne du meilleur mélodrame. Devant le maire qui s'apprêtait à officier, il révèle preuve en main qu'une première épouse de Combelaine avait accepté de passer pour morte. Combelaine, enfin démasqué, sait qu'il ne pourra plus compter sur l'appui de l'Empire chancelant. Il s'enfuit de la mairie, mais il ne saurait aller bien loin, car un mandat d'amener a été décerné contre lui. Il parvient cependant à pénétrer dans le domicile des Delorge et un combat à mort s'engage entre le misérable et Raymond, qui le transpercera de son épée sous le portrait du général assassiné.

Le mariage de Simone et du jeune ingénieur aura enfin lieu ; il sera célébré en même temps que celui de Jean Cornevin et de Pauline Delorge qui s'aimaient en secret. Mais la guerre est proche. Raymond et les deux frères, engagés dans un régiment de ligne et enfermés dans Belfort, ne connaîtront pas la honte de la capitulation, cependant que Philippe de Maillefert se réhabilitera en se faisant tuer à la tête du bataillon de mobiles dont on lui a donné le commandement.

La Corde au cou.

Dans la nuit du 22 au 23 juin 1871, M. Sénéschal, maire de Sauveterre, sous-préfecture saintongeaise, est tiré de son sommeil par un paysan venu l'avertir que le château de Valpinson, à deux lieues de là, est en flammes et le châtelain, le comte de Claudieuse, blessé de deux coups de feu. Le maire et le parquet se hâtent vers Valpinson ainsi que les pompiers de Sauveterre, dont deux périront en luttant contre l'incendie.

Malgré l'état du blessé, le juge d'instruction Galpin-Daveline entend l'interroger, mais Claudieuse n'a pu identifier son agresseur. On amène alors au magistrat un jeune paysan surnommé Cocoleu, considéré comme un simple d'esprit, mais entièrement dévoué à la comtesse. Il prétend avoir reconnu dans l'incendiaire et le meurtrier Jacques de Boiscoran, un jeune propriétaire voisin avec qui le comte a eu quelques différends. Malgré les mises en garde de l'entourage, qui ne peut admettre la valeur d'un tel témoignage, le juge d'instruction, qui voit dans cette affaire la chance de sa carrière, entend vérifier les dires de Cocoleu. Et, il est d'autant plus affermi dans cette décision que trois autres villageois viennent spontanément déclarer qu'au cours de la nuit précédente, ils ont aperçu Boiscoran à proximité de Valpinson.

Les magistrats se transportent sur-le-champ chez le jeune châtelain, qui les accueille d'abord avec cordialité (Galpin-Daveline est son ami), puis avec indignation quand il apprend quels soupçons pèsent sur lui. Mais comme il ne peut ou ne veut pas indiquer clairement l'emploi de son temps pendant la nuit et que plusieurs indices lui sont défavorables, le juge d'instruction fait procéder à son arrestation. Il est incarcéré à la prison de Sauveterre.

Averti par un télégramme, son père, le marquis de Boiscoran, qui vit à Paris, considère comme stupide l'accusation lancée contre son fils et se contente d'envoyer à Sauveterre sa femme accompagnée d'un jeune avocat de grand talent, Manuel Folgat, qui lui a été chaudement recommandé. Après un premier contact avec les parents de Denise de Chandoré, charmante et courageuse jeune fille qu'allait épouser Jacques, et diverses personnalités de Sauveterre, Folgat se persuade vite de l'innocence de son client, qui persiste cependant à ne pas se disculper.

Celui-ci ne dira la vérité qu'à son ami Magloire, un vieil avocat qu'il a choisi comme défenseur et qui sera secondé par Me Folgat. Et cette vérité est à peine croyable pour qui connaît les acteurs du drame. Quand la guerre éclata, Jacques était depuis plusieurs années l'amant de Mme de Claudieuse, qui n'avait épousé le comte que pour satisfaire à une dette de reconnaissance de sa famille. Il la rencontrait au cours des séjours de la comtesse chez son père, à Paris. Mais les liens de cette passion semblèrent se distendre pendant les hostilités, auxquelles prit part le jeune homme, si bien que, la paix revenue, Jacques, lassé du caractère autoritaire de sa maîtresse, put croire qu'il allait en être fini de leur liaison. Ce fut précisément l'époque où il s'éprit de Denise de Chandoré et devint son fiancé. Mais Mme de Claudieuse ne lui avait pas caché que s'il l'abandonnait un jour, elle saurait terriblement se venger. Quand elle apprit qu'il allait en épouser une autre, elle lui fixa un ultime rendez-vous nocturne, près de Valpinson, et exigea qu'il détruise sur place toutes les lettres qu'il avait reçues d'elle. Alors que Jacques de Boiscoran regagnait sa demeure et, sans qu'il s'en doutât, se produisirent l'incendie de Valpinson et la tentative de meurtre sur le comte de Claudieuse.

Durant les longues heures de sa détention, le jeune homme avait pu réfléchir à tous ces événements et s'était persuadé qu'il était tombé dans un piège tendu par son ancienne amie. Mais les amants avaient pris de telles précautions pour dissimuler leur liaison qu'il lui paraissait impossible d'apporter la moindre preuve à l'appui de son accusation.

Me Folgat va donc s'efforcer de retrouver des traces de leurs relations et, pour cela, il se rend à Paris où Jacques de Boiscoran possède encore la folie qu'il avait achetée dans un quartier périphérique pour y recevoir secrètement Mme de Claudieuse. Il parvient à s'assurer du concours de Goudar, habile limier de la Sûreté, dont il stimule le zèle, en lui promettant comme récompense cette même demeure et son jardin, d'autant plus tentant pour le policier qu'il entend quitter le service de la Préfecture pour se consacrer à l'arboriculture, sa passion. Après quoi l'avocat revient à Sauveterre, accompagné cette fois du marquis de Boiscoran.

Jacques, n'étant plus au secret, peut enfin recevoir la visite de ses parents et celle de Denise, qui lui propose de préparer son évasion et de le suivre en Amérique. Mais le prisonnier, qui continue à protester de son innocence, refuse de se dérober à la justice. C'est alors qu'il décide de rencontrer son ancienne maîtresse dans l'espoir d'ébranler son affreuse détermination. Grâce à la complicité de son geôlier, il sort nuitamment de la prison, en compagnie du pittoresque clochard campagnard Cheminot qui, lui, s'évadera vraiment par la brèche faite dans un mur peu résistant.

Une scène dramatique a lieu entre les anciens amants dans une pièce isolée de la demeure où les Claudieuse ont élu domicile après le sinistre de Valpinson et ils finissent par se rendre compte qu'ils s'étaient mutuellement et injustement soupçonnés d'avoir été l'auteur ou l'instigateur de l'incendie et de la tentative de meurtre. La comtesse supplie alors Jacques de fuir avec elle en abandonnant tout derrière eux. Mais vainement. Cependant le comte de Claudieuse est parvenu à se lever, bien qu'au plus mal. Armé d'un revolver, il a assisté, sans être vu, à la plus grande partie de la scène, se démasque enfin, mais refuse de tuer Jacques qui lui offre sa vie pour prix de l'adultère. Le déshonneur ne sera payé que du déshonneur. Le comte, au mépris de la vérité, témoignera qu'il l'a reconnu dans l'individu qui a tiré sur lui et l'enverra ainsi au bagne. Puis il tombe sans connaissance, tandis que le fugitif affolé, après avoir erré une partie de la nuit, regagne son cachot juste à temps pour qu'on ne s'aperçoive pas de son absence.

Goudar, qui, entre-temps, a recueilli à Paris des éléments intéressants, mais non décisifs, apparaît maintenant dans les rues de Sauveterre, dans le personnage d'un ménétrier saintongeais chantant de vieilles patoiseries. Feignant une crise d'épilesie, il réussit à se faire admettre à l'hôpital où il retrouve, au « quartier des fous », Cocoleu qu'on y a enfermé jusqu'à la conclusion de l'affaire. Il espère gagner à la longue sa confiance et parvenir à le faire parler.

Malheureusement le temps lui manque pour obtenir ce résultat, car la session des assises de Charente-Inférieure s'ouvre quelques jours plus tard au palais de justice de la ville. Le juge d'instruction a fait toute diligence et attend un avancement mérité de la condamnation, semble-t-il, inévitable de celui qui fut son ami. En effet, Jacques de Boiscoran, reconnu coupable avec des circonstances atténuantes, est condamné à vingt ans de travaux forcés. Le comte de Claudieuse a exécuté sa menace. Il s'est fait porter, mourant, dans la salle d'audience, mettant sur le compte d'une générosité coupable le silence qu'il avait tout d'abord gardé.

Mais, dès le lendemain, la petite ville a l'occasion d'être de nouveau en émoi. On a appris que les défenseurs de Jacques allaient faire valoir une cause certaine de nullité dans la forme donnée par Galpin-Daveline à l'instruction de l'affaire et celui-ci, épouvanté devant la colère de l'avocat général, ne peut se dissimuler que sa carrière est gravement compromise.

Vive est la joie à Sauveterre, car l'opinion publique, jusque-là hostile à l'accusé, avait été retournée par la dignité de son attitude au cours des débats et avait sévèrement jugé le revirement du comte de Claudieuse, d'ailleurs décédé pendant la nuit. La comtesse s'était d'abord opposé à ce qu'un prêtre puisse l'approcher, craignant sans doute qu'il ne le persuade de révéler la vérité. C'est alors qu'avait eu lieu la scène la plus émouvante de tout le récit. Denise de Chandoré était venue supplier Mme de Claudieuse de ne pas refuser pour le comte les secours de la religion, lui promettant en échange de se retirer dans un couvent, en laissant le champ libre à l'amour de sa rivale, désormais dégagée de ses liens. Celle-ci, vaincue par tant de dévouement, avait fini par céder, mais en refusant le sacrifice de Denise, qui ne pouvait lui rendre l'amour de Jacques à jamais perdu. Après s'être confessé une dernière fois, le comte avait signé une rétractation. Galpin-Daveline avait dû s'incliner devant ce nouveau coup, qui l'accablait et achevait de ruiner ses visées ambitieuses.

Restait à découvrir l'auteur de l'incendie et de la tentative de meurtre. C'est à quoi devait parvenir Goudar, qui obtiendra les confidences de Cocoleu. Ce dernier avait involontairement incendié le château de Valpinson, en allumant un brasier destiné à faire sortir le comte qu'il entendait supprimer pour assurer le bonheur de la comtesse, dont il avait découvert les amours. La peur de la guillotine l'avait empêché de se dénoncer. Mais le coupable, comprenant qu'il a été joué, gratifiera le policier de deux coups de couteau heureusement sans gravité, qui rendront encore plus justifiés les travaux forcés qui l'attendent.

Comme toujours chez Gaboriau, la conclusion est rapide. Jacques est mis en liberté le jour même, en attendant la réforme du jugement. Quant à la comtesse de Claudieuse, elle enterre le lendemain à la fois son mari et l'une de ses filles gravement malade depuis l'incendie de Valpinson. C'était précisément l'enfant qu'elle avait eu de Jacques, mais il n'est pas précisé quels purent être en la circonstance les sentiments de celui-ci. Le soir même, Mme de Claudieuse quitte Sauveterre pour aller se réfugier chez son père.

Le mariage de Jacques et de Denise eut lieu un mois plus tard. Les noces furent des plus joyeuses, mais, nous assure malicieusement Gaboriau, Galpin-Daveline, muté en Afrique, n'y participa pas. Cheminot, nommé garde particulier de la propriété de Jacques de Boiscoran, allait devenir la terreur des vagabonds et Goudar, enfin jardinier-pépiniériste, devait bientôt vendre les plus belles pêches de Paris.

L'Argent des autres.

L'ouvrage, qui se veut dans l'actualité, débute par le récit d'une soirée dramatique, celle du 27 avril 1872, chez les Favoral où, en compagnie du père, caissier à la banque Thaller, sa femme, leur fils Maxence et leur fille Gilberte, dînent quelques habitués, bons bourgeois comme eux. Soudain le banquier Thaller fait son entrée et reproche véhémentement à son employé d'avoir commis des détournements énormes. A peine est-il parti que se présente la police venue pour arrêter Favoral, mais celui-ci parvient à s'enfuir. La surprise des convives est d'autant plus vive que le caissier passe pour le plus ordonné et le plus probe des hommes, méticuleux et économe jusqu'à la lésine. Surprise qui se change bientôt en désolation et en fureur, car tous lui avaient confié leurs économies pour les faire fructifier.

On revient ensuite à plus de vingt ans en arrière pour apprendre ce que fut l'histoire de cette famille, dont la mère ne se maria que pour échapper à la présence d'une concubine imposée par son père. Mais bientôt Favoral, pour qui, à défaut d'amour, elle éprouvait de l'estime, se montra uniquement préoccupé d'amasser de l'argent, rognant impitoyablement sur les dépenses les plus nécessaires du foyer, si bien que la malheureuse en fut réduite à travailler en cachette pour pouvoir offrir quelques gâteries à ses enfants. Mais, alors qu'en grandissant Gilberte se révélait d'un caractère droit et énergique, Maxence, répugnant à tout effort, contraignait sa mère et sa sœur à d'exténuants travaux d'aiguille pour subvenir à ses folles dépenses. Ayant enfin compris l'indignité de sa conduite, le jeune homme s'était promis de mener désormais une existence régulière pour pouvoir régler les dettes qu'il avait accumulées et, à force de travail, y était parvenu.

Quant à Gilberte, elle est soutenue dans sa vie de labeur et de privations par l'intérêt qu'elle porte à un garçon, qui lui a fait comprendre son amour d'une manière discrète mais sans équivoque. Le marquis Marius de Trégars, c'est ainsi qu'il se nomme, est de bonne noblesse bretonne. Son père fort riche, mais fort ignorant en matière de finances, s'était laissé circonvenir par des spéculateurs malhonnêtes qui l'avaient ruiné. Marius, pour sauver l'honneur du nom, a sacrifié sa fortune personnelle. Puis, comme il est passionné de sciences, il est parvenu à se faire commanditer dans ses recherches par un industriel avisé, qui lui a équipé un laboratoire.

Là-dessus éclate la guerre. Les événements se précipitent ; Paris ne va pas tarder à être investi. Marius rejoint les armées qui s'organisent en province. Et c'est le siège et ses souffrances que Gaboriau décrit sommairement, la Commune et toutes les horreurs qui s'ensuivent. Marius, lui, a été grièvement blessé et n'est encore qu'un convalescent, quand Gilberte le revoit en juin 1871.

Maxence, de son côté, s'est épris d'une jeune fille, Lucienne, sa voisine dans l'hôtel meublé où il a élu domicile. Il est parvenu à gagner sa confiance et elle lui a conté son existence passée. Abandonnée par sa mère, n'ayant jamais connu son père, elle a dû travailler dès l'âge de huit ans, souvent rudoyée par ses patrons successifs. Elle a grandi, et, malgré sa beauté et son dénuement, elle est restée pure au milieu d'un monde corrompu. Mais elle a connu bien des malheurs et, en particulier, a été renversée par la voiture de Mme de Thaller, la femme du banquier, qui, malgré ses promesses, s'est complètement désintéressée du sort de sa victime. Fait curieux, elle semble visée par des ennemis mystérieux qui lui tendent toujours de nouvelles embûches. Mais, chaque fois, elle a réussi à s'en tirer grâce à l'appui d'un commissaire de police, qui a pour elle une profonde estime.

Tout comme Lucienne est arrivée à insuffler un peu de son énergie à Maxence, le marquis de Trégars va apporter un réconfort précieux aux Favoral, désemparés, en demandant la main de Gilberte. A sa grande surprise, Maxence constate bientôt que son futur beau-frère est parfaitement au courant de ses relations avec Lucienne ainsi que des dangers qui menacent celle-ci. Aussi a-t-il désormais une entière confiance en Marius de Trégars qu'il accompagne dans des visites à plusieurs hommes d'affaires d'une probité douteuse pour tenter d'obtenir quelques renseignements sur l'affaire Favoral. En vain.

Mais le marquis a eu l'habileté d'entrer en relation avec les Thaller dans l'espoir de découvrir le secret de la malveillance qui s'acharne contre Lucienne et le mécanisme du piège dans lequel a dû tomber Favoral. Il décide donc de se rendre chez eux, seul cette fois. Alors qu'il attend Mme de Thaller dans un salon, c'est sa fille Césarine qui se présente, envoyée par sa mère pour jouer une scène de séduction. Mais sans résultat et la jeune fille, qui vaut mieux que ses parents, lui laisse finalement deviner qu'il ne lui est pas indifférent et lui déclare qu'elle envie le sort de Gilberte pour lequel elle donnerait toutes les richesses qui l'entourent.

Alors arrive la baronne de Thaller. Resté seul avec elle, Marius l'oblige à écouter la longue histoire d'une jeune ouvrière, Euphrasie Taponnet, histoire qu'il a pu reconstituer grâce à une correspondance en sa possession et aux enquêtes qu'il a fait mener depuis plusieurs mois. Cette Euphrasie fut, une vingtaine d'années auparavant, la maîtresse de son père et en eut une fille. Installée bourgeoisement par son amant, elle lui annonça un jour qu'elle entendait régulariser sa situation en épousant un galant homme, qui reconnaîtrait son enfant. Le marquis s'inclina et regagna sa Bretagne d'où il ne devait revenir qu'une quinzaine d'années plus tard. A Paris, le hasard lui fit rencontrer son ancienne maîtresse, devenue la baronne de Thaller par son mariage avec un homme d'affaires prussien. Elle lui présenta comme leur enfant Césarine, qu'elle avait eue, en réalité, de son mariage, M. de Trégars ne pouvant se douter que sa fille avait été abandonnée par sa propre mère. Mme de Thaller poussa alors son ancien amant à s'associer avec son mari, qui n'était en réalité qu'un aventurier et le marquis se retrouva un beau jour complètement ruiné et compromis dans des affaires véreuses. On sait déjà comment son fils le sauva du déshonneur, mais le père mourut quelques semaines plus tard, désespéré. Quant à la véritable fille du marquis, Marius est parvenu à l'identifier : c'est Lucienne que sa mère a déjà plusieurs fois tenté de faire assassiner pour se libérer d'un passé gênant.

La baronne, démasquée, ne tente pas de nier et se contente de demander froidement à son visiteur ce qu'il exige. La réponse est catégorique : la restitution de la fortune des Trégars et les douze millions dont on a fait endosser le vol à ce sot de Favoral, entraîné par l'amour insensé qu'il éprouvait pour Mme de Thaller, depuis longtemps sa maîtresse. Le baron, survenu brusquement, tente de tout arranger en offrant pour Lucienne la dot énorme qu'il réservait à Césarine, d'où colère indignée de Trégars, qui se retire en annonçant qu'il va s'adresser à la police. Peu après, il confond un provocateur, véritable spadassin à la solde de la baronne, chargé d'entraîner le jeune homme sur le terrain. Malheureusement, Lucienne, elle, n'échappe pas à une nouvelle tentative d'assassinat maquillé en accident et encore une fois perpétrée par sa mère. Elle se rétablira cependant, alors qu'on l'avait crue perdue.

Entre-temps Marius de Trégars a réussi à retrouver Favoral, dissimulé dans Paris, mais le caissier se suicide avant que la police ne s'empare de sa personne. Quant au pseudo-baron et à sa complice, ils sont arrêtés sous l'œil amusé de leur fille. Ils ne recevront, d'ailleurs, qu'une punition insuffisante : cinq ans de prison pour Thaller, alors que son épouse est acquittée faute de preuves, mais sera désormais ruinée.

Et, comme il convient, ce long drame s'achèvera sur deux mariages : celui de Marius avec Gilberte et celui de Maxence avec Lucienne. Le premier des deux couples se retirera en Bretagne, au château de Trégars, où Mme Favoral viendra vivre auprès de lui. Quant à Maxence et à Lucienne, ils s'expatrieront, Paris leur étant devenu « odieux », tout comme étaient devenues insupportables à Émile Gaboriau les contraintes de son existence dans la capitale. Cette aversion allait de pair avec son détachement progressif du roman purement judiciaire, déjà perçu par Moïse Millaud avant la guerre, et maintenant patent. Dans son numéro du 27 octobre 1872, l'hebdomadaire satirique *Le Sifflet* l'avait spirituellement souligné par une caricature signée H. Demare et occupant toute sa première page. La scène représente le portrait-charge du romancier tirant de toutes ses forces sur une corde passée autour du cou d'un personnage à la langue pendante qu'il hisse à un réverbère. Le pendu est censé être Lecoq, encore qu'on n'imagine pas le vigoureux policier sous l'aspect d'une sorte de pantin coiffé d'une casquette à pont, les manches de chemise retroussées et portant un tablier de jardinier (on ne peut s'empêcher de songer à Goudar devenu arboriculteur). Sur le mur du fond quelques affiches survivantes de celles qui avaient couvert les murs de la France pour annoncer la publication prochaine de *Monsieur Lecoq*, mais encerclées, débordées par d'autres plus fraîches portant ces mots menaçants : *La Corde au cou.*

XXXI

DERNIÈRES SEMAINES ET MORT D'ÉMILE GABORIAU

Le 26 juillet, les nouveaux époux partirent pour le Sud-Ouest, en quelque sorte en voyage de noces. Ils avaient pour compagnon de route Maurice Delamain et vraisemblablement Georges Coindreau resté avec eux à Paris. Après une halte à Jonzac où Mme Gaboriau fut présentée aux amis de la famille, ils repartirent pour les Pyrénées, toujours en compagnie de Maurice Delamain, qui les abandonna à Bordeaux.

Une lettre adressée par Émile à sa sœur, quelques jours plus tard, apporta à Jonzac des nouvelles des heureux touristes. Au terme d'un voyage « radieux », ils sont arrivés à cheval aux Eaux-Chaudes, venant de Pentacosa par la montagne. Le surlendemain, ils partiront, toujours à cheval, pour visiter Urdos, « le fort de prédilection » d'Amélie Coindreau. Deux jours après, ils rentreront aux Eaux-Chaudes par la route qu'il a parcourue tant de fois avec les siens. Pour sa femme et lui-même, aller à Oloron sera un pèlerinage et il évoquera le souvenir de sa sœur devant la façade de la jolie maison du Gave, où elle a passé une partie de son existence. En ce moment, ils vivent en camp volant, se levant avant l'aube, courant tout le jour et tombant de lassitude dès que vient la nuit. D'Oloron, ils écriront plus longuement, du moins autant que leur fatigue le leur permettra, car ce ne sera pas une petite affaire que de passer à cheval des Eaux-Chaudes à la vallée d'Aspe par le col des Moines. Heureusement ils ont d'excellents chevaux et un guide des meilleurs.

Une autre lettre, écrite à la même époque, des Eaux-Chaudes, par Gaboriau, celle-ci à son cousin Emery Desbrousses, nous fournit quelques renseignements complémentaires :

« Mon cher Emery,

« J'apprends par une lettre d'Urbain Guérin que M. Halberger, éditeur allemand, a fait passer chez moi pour verser une somme de cinq cents francs qu'il me doit pour les droits que je lui ai cédés de la traduction de mon roman *L'Argent des autres* (Dieu, quel français !). Lorsque tu les auras, tu les mettras sous pli et me les adresseras aux Eaux-Chaudes (Basses-Pyrénées), à l'hôtel de France. Si quelque difficulté surgissait, expédie-moi un mot à l'adresse susdite. Je suis aux Eaux-Chaudes depuis une douzaine de jours.

« Ceci dit, je dois t'avouer que je fais un voyage absolument fantastique. Je ne suis pas encore remis du très grave événement du 24 juillet. Cet événement, me diras-tu, ne change absolument rien à mon existence. Rien de si vrai. Je me le répète à satiété, et cependant, comme dirait Toto Chupin, je me sens tout chose. Tout chose, très content. L'assentiment de tous les miens, l'amabilité, pour ne pas dire plus, des gens que j'aime, de ta femme et de toi par exemple, ne contribuent pas peu à me faire féliciter du parti que j'ai pris.

« C'est avec une épingle que je t'écris, sur un coin de table de café, de sorte que je me demande si tu pourras seulement me lire. Lis, en tout cas, que ma femme et moi offrons à ta femme nos meilleures et nos plus sincères affections, embrasse pour nous ta fille et prends pour toi notre plus large poignée de main.

« Eaux-Chaudes.

« Émile Gaboriau. »

Les deux époux passèrent au bas mot une vingtaine de jours consécutifs aux Eaux-Chaudes, du fait que Gaboriau, au moment où il écrit, compte encore y rester au moins une semaine, sinon il n'eût pas demandé un envoi d'argent adressé à son hôtel, soit dit en passant, le meilleur de la ville. Sans doute les dépenses du ménage, comme il arrive souvent en voyage, avaient-elles excédé ses prévisions. Il est d'ailleurs possible qu'Émile ait fait une cure dans cette station thermale, bien qu'il n'en soit pas question dans la correspondance, il est vrai très réduite, dont on dispose.

Leur séjour pyrénéen terminé, les époux regagnèrent Jonzac. Sur le chemin du retour, s'arrêtèrent-ils à Arcachon, comme le prétend *Le Mémorial d'Amiens*, afin qu'Émile puisse suivre un traitement à l'eau de mer ? En tout cas, ils vinrent passer quelque temps dans la famille Coindreau et mirent ce séjour à profit pour se rendre sur la côte royannaise, en compagnie de leurs parents. Ceux-ci avaient acquis, en 1866, près du bureau des douanes de Saint-Palais, un vaste terrain sur lequel se trouvait un chalet. Il se peut que ce soit sur ce terrain ou à proximité qu'Émile ait décidé de faire construire une petite villa dans laquelle il comptait passer au moins deux années à écrire, dans le calme, un grand roman de mœurs destiné à faire oublier ses œuvres policières, qu'il persistait à mésestimer.

D'après Emmanuel Car, « C'est fini, gémissait-il, parfois, je suis habillé, étiqueté, numéroté, je ne deviendrai plus l'écrivain de mes rêves. Cette sacrée *Affaire Lerouge* m'a mis au-dessous de tout. Je veux repartir dans ma Charente et écrire là-bas, loin du bruit, un livre étourdissant ». C'était simplement reprendre ce que, dans *Le National*, de la Bédollière avait écrit au lendemain de la mort de Gaboriau : « Modeste et cherchant toujours le mieux, il ne regardait son volumineux bagage littéraire que comme une série d'études préliminaires. Il méditait une œuvre plus soignée sous le rapport de la composition générale, dont les caractères auraient été observés avec une scrupuleuse fidélité. Quoiqu'il eût le style correct malgré la rapidité de la composition, il aurait mis vingt fois sur le métier un nouvel ouvrage avant de le livrer au public. »

Aurélien Scholl rapporte qu'il lui avait confié « avec son sourire si bienveillant et si fin : Maintenant je veux faire un livre qui t'étonnera ». En effet il avait entrepris d'écrire un roman, *Ninette Suzor*, qui fut annoncé « sous presse » en tête de la quatrième édition des *Mariages d'aventure*, datée de 1873, ce qui était prématuré, puisqu'il ne fut jamais publié. En tout cas, il en avait lu le plan à Dentu, qui avait prédit le succès du livre. Citant « un écrivain contemporain » qu'il ne nomme pas, Valentin William nous révèle que « son projet était d'appliquer aux sentiments intimes le système d'investigation qui lui avait si bien réussi dans les situations les plus dramatiques. Ninette, semble-t-il, devait être une actrice parisienne perdue dans la plus reculée des provinces françaises, actrice dont Gaboriau se proposait d'analyser les réactions devant les vicissitudes de la vie de province ». (Situation, remarquons-le, dans laquelle son épouse allait elle-même, pour une part, se trouver et pouvoir lui servir de « sujet »). Cette comédienne était la fille d'un notaire ou d'un ancien notaire de Guingamp, probablement dépeint d'après celui dont Émile Gaboriau avait été le clerc. Elle avait réintégré sa ville natale après un temps plus ou moins long passé à Paris, où elle avait gagné un langage et une allure qui ne pouvaient convenir aux bons Guingampais.

Mais avait-il vraiment rompu avec le feuilleton qui représentait son principal moyen d'existence ? On peut en douter si, comme le prétend *La Presse* du 1er octobre 1873, il avait également entrepris, depuis un mois, d'écrire un nouvel ouvrage policier, *Le Chef du Jury*, dont Emmanuel Car, toujours sujet à caution, prétend qu'il aurait dit : « Ce sera ce que j'aurai fait de mieux depuis *L'Affaire Lerouge*. » Malheureusement rien de ces deux œuvres ne se trouve dans les papiers parvenus jusqu'à nous et l'on ne peut savoir si, dans la seconde, serait réapparu Monsieur Lecoq après une éclipse de cinq années.

C'est au retour d'un déplacement à Royan que se manifestèrent les premiers symptômes du mal qui devait emporter le romancier. « Il y a une quinzaine de jours, rapporte *Paris-Journal* du 4 octobre, revenant du bord de la mer, Gaboriau fut pris d'une atroce douleur dans la poitrine. Il lui semblait qu'on lui tordait le cœur et l'estomac. Malgré ses souffrances, il lui fallut attendre d'être arrivé à la maison et ce ne fut qu'au bout de quatre heures qu'il put être calmé. »

Emmanuel Car a prétendu que, mettant à profit le séjour de son beau-frère, Georges Coindreau « le promena triomphalement à travers le département. Ce n'était que réceptions et plantureuses agapes, dont il sortit épuisé ». Mais on ne trouve nulle part ailleurs mention de cette prétendue tournée triomphale, à laquelle la modestie du romancier ne se serait pas volontiers prêtée. Peut-être faut-il voir là une affabulation à partir d'un banquet de deux cents couverts, qui eut lieu au même moment à Montendre, près de Jonzac, à l'occasion d'un comice agricole, banquet auquel assista Georges Coindreau, probablement accompagné d'Émile.

Cependant, le samedi 27 septembre, les deux époux repartaient de Jonzac pour Paris en promettant de « revenir au printemps », précise Aurélien Scholl, dans *L'Événement*. A l'époque un tel voyage représentait encore une sérieuse fatigue et l'alerte éprouvée pour la santé d'Émile n'avait pas été sans inquiéter les siens. Aussi, dès l'arrivée à Paris, le lendemain, adressait-il à Jonzac un télégramme déposé à quatorze heures dix et ainsi libellé : « Voyage excellent, le nez fait la joie des parents. Vous embrasse tous ».

Emery Desbrousses, son cousin, averti du retour du couple, se rendit au 39 de la rue Notre-Dame-de-Lorette et passa une partie de l'après-midi avec Émile qu'il trouva fort gai. Après le départ de Desbrousses, à sept heures, Gaboriau dîna très légèrement, fuma plusieurs cigarettes, se coucha assez tôt et, suivant son habitude, lut un certain temps au lit avant de s'endormir. A trois heures, il fut tiré de son sommeil par des douleurs semblables à celles qu'il avait éprouvées en Saintonge ; il réveilla sa femme et lui dit : « Envoie vite chercher un médecin. Je ne veux pas que ça dure quatre heures comme l'autre jour, j'ai le corps glacé. » Pendant que son valet de chambre courait alerter le docteur Diéderre, qui demeurait au 53 de la rue, Amélie l'aida à se lever, le mit devant un grand feu de bois vers lequel il se pencha avec un bon sourire de satisfaction, cependant que sa femme tentait de le réchauffer en lui appliquant des serviettes chaudes sur la poitrine. Le praticien arriva peu avant quatre heures. Il n'eut que le temps de dire quelques mots et de prendre le pouls du malade. C'était déjà fini, Émile Gaboriau venait de mourir.

Cédant au démon du théâtral, Aurélien Scholl présente cette fin en un raccourci saisissant, mais inexact : « Émile Gaboriau est mort hier matin, tout à coup, en se levant. Sa pauvre jeune femme, qu'il aimait tant, l'a vu mourir sans comprendre. Il a fait un geste : Qu'ai-je donc ? Il y a là quelque chose qui se déchire... il est tombé ...il était mort. »

Maurice Delamain, prévenu immédiatement après le médecin par le domestique des Gaboriau, arriva à leur domicile alors que son cousin venait de mourir. A sept heures et demie, il adressa ce télégramme au curé de Jonzac : « Émile Gaboriau mort subitement cette nuit. Ayez la bonté de prévenir son beau-frère Coindreau, qui préparera sa sœur à cette affreuse nouvelle ». Un télégramme en retour lui annonça pour le lendemain matin l'arrivée des époux Coindreau, mais cette dépêche adressée à son domicile le suivra vainement dans Paris. A dix-sept heures trente, ignorant encore que Mme Coindreau accompagnerait son mari, il lui écrivit une lettre, précieux témoignage, où il rapporte ce que furent les dernières heures de l'écrivain. Il la terminait ainsi : « Cette pauvre Amélie est dans la désolation la plus affreuse. Son bonheur n'aura pas été long. En ce moment Emery Desbrousses et sa femme lui tiennent fidèlement compagnie : ils passeront la nuit près de notre pauvre ami. Je vais les rejoindre. »

Quinze ans plus tard, Philibert Audebrand fera mourir Gaboriau dans des circonstances absolument imaginaires. « Étant allé à la mer sur les côtes de Normandie, il fut saisi par une étreinte foudroyante à la sortie d'un bain froid et mourut sur le sable, dans les bras de Mélie ». Cependant n'y aurait-il pas une parcelle d'exactitude dans cette extraordinaire affabulation et n'aurait-on pas attribué à un bain, pris au cours du récent déplacement à Royan, les souffrances ressenties par le romancier à son retour à Jonzac ?

Les obsèques avaient été fixées au mercredi 1er octobre, à dix heures du matin. La presse avait annoncé qu'on se réunirait au domicile mortuaire. Dès neuf heures et demie, d'après *Le Bien Public*, de nombreux amis s'y trouvaient déjà. *Paris-Journal*, lui, assure que Mme Gaboriau ne reçut que quelques familiers dont Paul Féval, encore que plus de deux cent cinquante personnes se soient fait inscrire à sa porte, dont une partie attendait devant la demeure du défunt. On faisait unanimement l'éloge de ses qualités, de sa bonté surtout, et l'on s'efforçait de savoir la cause du décès si brutal d'un homme de quarante ans. Diéderre avait diagnostiqué une apoplexie pulmonaire foudroyante contre laquelle la science était désarmée : mais on prétendait que, sur trois médecins appelés à se prononcer sur la nature du mal, aucun n'avait été de l'avis de ses confrères. Apoplexie consécutive à une maladie pulmonaire contractée il y avait dix ans ? Rupture d'anévrisme ? ou congestion ? Chaque hypothèse avait ses partisans et chaque journal en avait adopté une. Mais nul ne songea, à juste titre, comme l'a fait Audebrand quinze ans plus tard, à l'ozène, qui n'avait rien de mortel et dont Gaboriau semblait, d'ailleurs, du moins temporairement, soulagé.

La levée du corps eut lieu vers dix heures. On se rendit en cortège à la Trinité où la disposition des lieux devait se prêter au déroulement de la cérémonie funèbre telle qu'on l'avait prévue. Le deuil était conduit par Georges Coindreau et par les trois cousins, Maurice Delamain, Henri Gaboriau et Émery Desbrousses. L'intérieur de l'église était très simplement décoré : il n'y avait de tentures qu'aux portes et dans le chœur. Au centre, un catafalque des plus modestes était cependant entouré de tout un firmament de lumières. Quant à l'assistance, d'après la plupart des journaux, elle aurait compté plusieurs centaines de personnes. Cependant, *La Presse* assure qu'il y avait « très peu de monde », en l'expliquant par l'heure trop matinale de la cérémonie.

Parmi les noms des personnalités de la littérature et de la presse parisienne — une centaine au total — dont la présence avait été notée par les journaux, contentons-nous de relever ceux de Paul Féval, Aurélien Scholl, Albéric Second, Léo Lespès, Tony Révillon, Émile de Girardin, le baron Taylor, Francisque Sarcey, Georges Grison, Étienne Carjat, Charles Monselet, Édouard Dentu, Alex Pothey, le docteur Mallet, Émile Benassit, Charles Porion, Mme Ponson du Terrail, Eugène Chavette et les trois représentants de la Société des Auteurs Dramatiques, Henri Bataille, Paul Masson et Ludovic Halévy. On remarqua particulièrement la présence d'Escoffier, rédacteur en chef du *Petit Journal*, à la tête de tous ses collaborateurs, de Maurice Coste, directeur des Messageries de Presse, de Camille Etiévant, entouré de toute la rédaction de *L'Événement*, enfin d'Emmanuel Gouzalès et d'Étienne Enault conduisant une délégation des Gens de Lettres.

Au cours de la cérémonie, un Pie Jesu, mis en musique par le compositeur Elwart, ami de Gaboriau et son confrère au *Petit Journal*, fut chanté par Koenig de l'Opéra, et d'autres morceaux funèbres exécutés par la maîtrise de la Trinité dirigée par le maître de chapelle Grisi. A onze heures vingt, après la messe, dite par l'abbé Perbas, nouveau vicaire de la paroisse, le cercueil sur lequel était posé un bouquet de roses blanches, fut placé sous le porche de l'église avec l'autorisation de la Préfecture. Paul Féval, au nom de la Société des Gens de Lettres, prononça alors un discours qui fut entièrement reproduit par *L'Événement* et dont voici l'essentiel :

« C'est par le cœur que Frédéric Soulié, puis Balzac disparurent... aussi Eugène Sue, Dickens, Alexandre Dumas. Chose assurément singulière et qui a sa noblesse, si nous la prenons comme symbole : l'effort de la pensée se répercute au cœur ; c'est le cœur qui saigne de ces magnifiques excès : la débauche du travail intellectuel.

« Car en voici un dont le cœur tout jeune et tout ardent s'est brisé à la tâche. Émile Gaboriau, le romancier populaire, avait dit son nom pour la première fois au public il y a douze ans à peine. Je l'avais vu tailler sa première plume. Il me faisait l'honneur autrefois de se dire mon élève. Je ne crois pas que, vis-à-vis de lui, j'aie mérité le nom de maître : je ne tenais qu'au titre d'ami.

« Il avait eu des commencements difficiles. Le succès lui vint tard et d'une façon inopinée. Il lui vint par le bon procédé d'un confrère. Eugène Chavette força dans toute la rigueur du terme le public à lire *L'Affaire Lerouge*, qui obtint une vogue extraordinaire, moins extraordinaire que l'œuvre elle-même, dont les premiers chapitres présentent assurément une des amorces les plus savantes que l'art du romancier ait jamais pu offrir à l'imagination des lecteurs. C'était un procédé nouveau qui se révélait ou tout au moins une transformation très accentuée des procédés connus. Il y avait invention. Et il ne faut pas croire que ce fut ici une trouvaille de plume ou le résultat d'une improvisation heureuse : Gaboriau raisonnait son effort ; sa théorie dramatique existait de toutes pièces et sa réussite ne fit que prouver la justesse d'un calcul.

« Au point de vue critique, il possédait une organisation exceptionnelle. Il travaillait considérablement tout en se déclarant paresseux. Il était loin d'avoir dit son dernier mot et nous étions plusieurs à attendre de jour en jour en lui quelque métamorphose soudaine qui l'eût porté vers de nouveaux triomphes. J'aimais à l'entendre faire des projets, cette chose si fatigante chez la plupart des hommes, parce que ses projets étaient toujours le produit d'une recherche, d'une comparaison, d'une critique, je répète le mot à dessein.

« Son art, très original, comportait beaucoup de science, une science subtile d'un ordre plus élevé que son apparence même ou son résultat. Dans sa tête, son œuvre valait encore mieux que sur le papier. J'ajoute qu'il le savait et qu'il avouait sans honte ni fanfaronnade cette sorte de mutilation qui n'est pas très rare de notre temps et qui consiste à s'amoindrir soi-même sous prétexte de plaire à de plus nombreuses majorités.

« *L'Affaire Lerouge* fut un de mes étonnements, une de mes admirations aussi. Je ne crois pas que tout Gaboriau soit là-dedans, car au moment où la mort nous l'a enlevé, il méditait une évolution nouvelle, rêvant à la fois d'autres procédés et d'un autre style, rêvant surtout une grande campagne théâtrale ; mais ce livre contient, du moins à mon sens, tout ce que Gaboriau a donné de lui à la foule. Ses autres récits, dont l'un, *Le Crime d'Orcival*, est, dans sa première moitié surtout, un véritable chef-d'œuvre de vigoureuse combinaison et de déduction raffinée, procèdent tous plus ou moins de la même formule initiale. Vous connaissez les titres de ses romans, tous consacrés par le succès : *Le Dossier n° 113, Monsieur Lecoq, Les Esclaves de Paris, La Dégringolade, La Clique dorée, La Corde au cou*, et récemment, *L'Argent des Autres*, publié par exception dans le journal *L'Événement*. Je dis « par exception », parce que la véritable arène où combattit Gaboriau, celle où il remporta constamment ses victoires fut *Le Petit Journal*, dont l'immense clientèle lui appartenait. Il avait un ami dans chacun des trois cent mille abonnés de ce recueil d'apparence si modeste, mais d'une si réelle et si rare importance, et cependant, même après cette gigantesque publicité, chacune de ses œuvres était reproduite par des journaux de province et de Paris, ce qui n'empêchait pas Dentu, son éditeur et son meilleur ami, d'en tirer incessamment des milliers d'exemplaires.

« Voilà celui qui est mort en plein bonheur, en pleine vogue, au plus haut de son talent, dans la plus vive ferveur de ses aspirations et de ses espoirs.

Voilà celui que nous pleurons ; car si nous sommes en quelque sorte résignés à dire l'adieu à ceux qui nous ont précédés dans la carrière, la peine que nous éprouvons en perdant un jeune maître s'aggrave de cruels étonnements.

« Aussi quand la Société des Gens de Lettres et la famille de notre cher mort m'ont fait le douloureux honneur de me confier la tâche que j'accomplis ici, mon courage a fléchi. Paris est grand. Gaboriau et moi, nous vivions éloignés l'un de l'autre, mais il y a un lien permanent qui est le livre. Je le suivais dans son œuvre. La dernière fois que je le rencontrais, il était plein de santé et de gaieté. Il venait d'épouser celle qu'il aimait, il allait acheter une jolie maison au bord de la mer. Ah ! que l'avenir était vaste ! Et riant ! Et les chers projets qu'il faisait : projets de conquêtes littéraires et projets de tranquille bonheur !

« Maintenant, plus rien ! Du moins ici-bas. Ses livres restent, première moitié d'un poème dont nul n'entendra les derniers chants ! Le terrain de la lutte a manqué sous ses pas. Lui-même, le brillant soldat d'hier, robuste, vivant et vaillant, s'est couché en travers de sa propre route. L'écrivain admiré, l'homme aimé, triomphant, heureux... Non, mon pauvre cher ami, mon compagnon de quelques jours déjà lointains, mon collaborateur, presque mon fils, en ce temps où tu m'arrivas si jeune et si passionnément désireux de bien faire ; non, je ne peux pas y croire ! Je ne peux pas me persuader que c'est de toi que je parle et que je parle auprès de ton cercueil ! »

Ces derniers mots s'étouffèrent dans un sanglot. La plupart des assistants avaient les larmes aux yeux. Cependant, si émouvant qu'eût été le discours de Paul Féval, un journal jugea qu'il avait trop duré et qu'à tout moment on avait pu craindre que les forces de Mme Gaboriau ne la trahissent. « La veuve en pleurs, dit *Le Constitutionnel*, le visage décomposé par la douleur, écoutait ces louanges posthumes. Les curieux et les passants avaient envahi le jardin qui s'étend en face du temple, dont les profondeurs apparaissaient tendues de noir et éclairées de nombreux cierges. Au ciel le soleil brillait ; à deux pas s'étendaient les pelouses vertes traversées par les allées sablées du jardin, dont le vent balançait doucement les cimes des arbres. »

La bière fut ensuite transportée par un fourgon des pompes funèbres à la gare du chemin de fer d'Orléans, sous la conduite, nous dit *Le Petit Moniteur Universel*, de Dentu et de l'ex-général Bordone, tandis que *Le Petit Journal* assure qu'elle était accompagnée de Georges Coindreau et de Mme Gaboriau dont la douleur était « navrante ». Aux parents et aux amis qui auraient voulu lui épargner cette dernière épreuve, elle avait dit à travers ses sanglots « Si j'étais partie la première, il m'aurait suivie jusqu'au bout. Je veux le suivre jusqu'au dernier moment. Rassurez-vous, j'aurai du courage. » Le corps fut ensuite acheminé sur Jonzac, où l'inhumation était prévue dans l'ancien cimetière.

Le lendemain, en compagnie des époux Coindreau, Mme Gaboriau partait pour cette ville où, le mois précédent, elle avait passé quelques jours heureux avec le disparu. D'après *Le Figaro*, à son arrivée, Georges Coindreau devait trouver une lettre du défunt, en ce cas expédiée de Paris le 28 septembre, contenant « le plan de la jolie maison qu'il voulait se faire construire à Royan ».

Le 3 octobre, la dépouille d'Émile Gaboriau fut inhumée auprès des tombes de ses parents, devant « une pieuse et nombreuse assistance, relate *Le Courrier de Jonzac*, venue rendre les derniers devoirs à celui qui aimait tant sa Saintonge et qui avait choisi le coin le plus poétique de nos grèves pour être mieux inspiré au milieu de cette belle nature ».

XXXII

L'ŒUVRE DE GABORIAU JUGÉE PAR LA PRESSE AU LENDEMAIN DE SA DISPARITION

La presse parisienne avait rarement mentionné les succès d'Émile Gaboriau, peut-être pour éviter de faire indirectement une publicité à ce concurrent redoutable qu'était *Le Petit Journal*. Au lendemain de sa mort, la plupart des journaux français et plusieurs périodiques étrangers crurent bon de porter un jugement d'ensemble sur son œuvre, en oubliant qu'elle n'était pas faite que de romans.

Le Petit Journal, où le défunt avait fait presque toute sa carrière de feuilletoniste, avait tenu à lui rendre hommage dès le 30 septembre. En commettant l'erreur de le faire naître à Jonzac, l'auteur de l'article, Thomas Grimm, pseudonyme d'Amable Escoffier, rappela l'opposition qu'il avait rencontrée chez les siens, quand il voulut s'engager dans la carrière des lettres et le succès brusquement survenu avec *L'Affaire Lerouge*. Pour lui, aucun doute, Gaboriau a créé un nouveau genre de littérature : le roman judiciaire. Et il le compare à Ponson du Terrail, mort jeune lui aussi. « Mais, d'après Escoffier, si celui-ci avait plus de verve, Gaboriau était plus vrai et plus poignant. Ponson du Terrail était le successeur d'Alexandre Dumas, Gaboriau rappelait Balzac. »

« Perte sérieuse pour les lettres contemporaines, déplora *La Gazette de France*, et le vide qu'elle y creuse sera difficilement comblé, car, il faut bien le dire, les héritiers des conteurs illustres, les Dumas, les Soulié et les Sue se font de plus en plus rares de jour en jour. » *L'Étoile Belge* porta un jugement identique : « C'est une grande perte pour la littérature française, qui ne compte guère en ce moment de romanciers de la valeur de M. Gaboriau. » Ainsi que *L'Impartial de la Meurthe*, journal de Nancy, qui le considère « comme un des maîtres dans le genre du roman ».

Certains critiques furent moins élogieux, tel Georges d'Avenel, dans *L'Assemblée Nationale* : « ...un romancier qui a mis le code en feuilletons et qui pendant des années donna à la France, au rez-de-chaussée du *Petit Journal*, des leçons de droit habilement déguisées... Gaboriau s'est spécialisé, il n'y a rien de tel que de se faire une spécialité. Aujourd'hui on travaille dans les forêts vierges comme Gustave Aimard, ou dans la mer comme Gabriel La Landelle, ou dans le code comme Gaboriau. Le grand, le sérieux défaut des feuilletons de Gaboriau, c'est qu'ils se ressemblent tous. Le caractère principal du talent doit être la variété, ne l'oublions pas. Eugénie Grandet ne ressemble pas à Vautrin ».

On peut répondre, sans plus attendre, que *La Dégringolade* ne ressemble pas au *Crime d'Orcival*. De plus, dans les romans judiciaires de Gaboriau — à ne considérer que cette partie de son œuvre — on rencontre des caractères parfaitement individualisés, tout autant que chez Balzac. Non seulement il a créé un type de policier, « ce fameux M. Lecoq », comme l'appelle Marc Gérard, dans *Le Gaulois*, mais pour incarner l'inspecteur génial, celui qui dénouera l'imbroglio et sauvera l'innocent, il a recours, on l'a vu, à des policiers franchement différents que permettent de distinguer non seulement des particularités physiques et vestimentaires, des attitudes et des expressions familières, mais de profondes diversités de tempéraments et de méthodes. Si Lecoq est le plus célèbre d'entre eux, il ne s'en reconnaît pas moins avec modestie comme le disciple du père Tabaret, et Fanferlot se présente comme l'humble élève de Lecoq. Une dynastie à laquelle n'appartiennent d'ailleurs pas tous ses limiers pour ne citer que Goudar et Méchinet.

D'autres quotidiens estimèrent que les plus récents romans de Gaboriau, écrits trop vite et pour satisfaire à une demande de plus en plus impérieuse, étaient loin de valoir les premiers, ce dont *La République Française* entendit donner les raisons : « Les derniers ouvrages portent la marque d'une hâte excessive, mais qu'il faut excuser, car elle tenait en grande partie au sentiment que le jeune romancier avait de son état et à la préoccupation honorable d'assurer l'avenir des siens. » On reste surpris d'une telle appréciation, le style de Gaboriau n'ayant fait que s'améliorer au fil de ses romans et, l'on sait, à la lumière de ses dernières lettres, qu'il ne jugeait nullement sa fin prochaine.

Dans *La Gazette Parisienne*, Jehan Valter estime que l'œuvre de Gaboriau ne sera qu'un phénomène isolé dans l'histoire littéraire : « Il sentait, dit-il, que le roman policier (relevons au passage cette expression alors toute nouvelle) qui lui avait valu ses plus grands succès était un genre fini. » Cette feuille est, d'ailleurs, la seule à sonner le glas du roman judiciaire, avec *Le Journal de Lyon*, qui le considérait, « comme un genre usé ». Comme on voit, prédiction aussi malheureuse que celle de Mme de Sévigné prévoyant à plus ou moins longue échéance l'abandon du café et du théâtre de Racine.

Le Temps, qui voit en Gaboriau « un écrivain très sérieux, l'un des premiers dans un genre secondaire », semble répondre à ces confrères, quand il ajoute : « Il est de bon goût aujourd'hui de dire que les derniers romans de Gaboriau ne valaient pas cet aîné du succès et de la fortune, *L'Affaire Lerouge* ; on l'accuse de s'être répété, d'avoir réécrit la même histoire sous des titres différents. Accusera-t-on le mineur de poursuivre un riche filon dans ses ramifications les plus secrètes ? La vérité, c'est que *Le Crime d'Orcival, Le Dossier n° 113, Monsieur Lecoq* ne sont pas inférieurs à *L'Affaire Lerouge*. Mais le procédé commençait à être connu : le roman judiciaire avait fait de nombreux disciples et aujourd'hui encore la veine n'est pas épuisée. Il en sera longtemps ainsi dans un pays qui fait sa lecture des *Causes célèbres*. »

La plupart des autres journaux sont d'accord avec *Le Temps* pour admettre que c'est là, en effet, un genre littéraire fort vivace, mais secondaire, non sans convenir que Gaboriau avait parfaitement mis en valeur le sol encore vierge qu'il avait découvert. Il en est ainsi de *L'Union de l'Ouest* d'Angers qui n'entend pas accorder des lettres de noblesse à la légère : « C'est un genre subalterne et, lorsque M. Paul Féval n'a pas craint d'évoquer sur son cercueil les noms de Balzac, Dumas, Dickens, il a par excès de zèle, maladroitement écrasé sa mémoire sous ces lourds pavés. » Ce quotidien avait sans doute mal lu l'oraison funèbre où Féval ne compare Gaboriau à ces trois écrivains que pour le genre de mort qui leur était destiné, encore que le pavé Alexandre Dumas père ne pouvait peser bien lourd.

Avec le même souci de maintenir la hiérarchie entre les genres littéraires, mais aussi de rendre pleine justice au talent, pour ne pas dire au génie, du romancier, Albert Delpit dans *La Patrie*, va jusqu'à tomber dans une contradiction. Après avoir écrit de Gaboriau : « Comme figure littéraire, je ne crois pas qu'il laisse un grand vide », il ne peut s'empêcher de montrer son admiration pour l'habileté de l'auteur : « il frise le chef-d'œuvre parmi ce qu'on peut appeler les romans de second ordre. Sous le titre expressif de *La Corde au cou* se cache un drame poignant qui pousse l'intérêt jusqu'à ses dernières minutes. »

C'est bien l'avis de *L'Opinion Nationale,* qui s'insurge contre ceux qui font la fine bouche : « Il en est du roman de Gaboriau comme de la musique d'Offenbach, les graves se voilent la face et détournent la tête, mais leur honorable minorité n'enlève pas un lecteur au romancier, pas un spectateur aux Variétés. »

Dans *La Réaction,* Paul de Lascaux rapporte que Gaboriau était soucieux d'écrire un roman qui n'appartînt pas à la « littérature commerciale » et La Bédollière, dans *La Nation,* assure, lui aussi, qu' « il méditait une œuvre plus soignée, bien que son style fût naturellement correct ». Si le style de Gaboriau était d'une parfaite correction, que pouvait-on lui reprocher ? D'avoir publié ses œuvres en feuilletons, forme sous laquelle avaient cependant d'abord été donnés plusieurs romans de Victor Hugo ? Condamnait-on le roman judiciaire ? Aurait-on souhaité des descriptions plus minutieuses et pittoresques, des études psychologiques plus poussées au risque de faire languir l'action et retarder la recherche de la solution, ce qui rebuterait le lecteur le plus cultivé, pris au jeu de la découverte du mystère ?

Un des articles les plus denses publiés à la suite de la disparition de Gaboriau fut celui de Francisque Sarcey dans *L'Événement*. Le célèbre critique, parfois si dur pour les jeunes auteurs, mais dont l'autorité était incontestée, fait un éloge pertinent d'une œuvre qu'il était un des rares journalistes à connaître dans son ensemble, sans toutefois échapper au préjugé du temps, qui le fait, lui aussi, qualifier le créateur de *Monsieur Lecoq* d' « écrivain de talent dans un genre secondaire ».

Il a conté comment fut découvert, avec *L'Affaire Lerouge,* un genre nouveau que l'auteur aurait créé sans y prendre garde. Pas tout à fait nouveau cependant, toujours d'après le critique. « A ne regarder les choses qu'en gros, *L'Affaire Lerouge* était une variété de roman mis à la mode par Cooper. Les Mohicans s'étaient changés en agents de police. Balzac, ce grand inventeur chez qui on trouve tout, avait touché à ce coin du roman, mais sans s'y arrêter ni le creuser. Ce genre de récit se représente de siècle en siècle depuis Zadig jusqu'à la légende d'Œdipe mise en œuvre par Sophocle et qui me semble être le prototype. Le mérite de Gaboriau est d'avoir renouvelé la physionomie de ce genre, d'avoir ouvert une voie où tous les romanciers se sont précipités à sa suite. Vous savez le procédé. Un crime mystérieux est commis. La justice arrive, elle cherche des preuves et se lance sur une fausse piste où elle s'engage résolument. Il y a un agent de police qui ramasse silencieusement une foule d'indices oubliés, qui se met en chasse de son côté et tout seul, s'égare de temps à autre, mais revient toujours sur la vraie piste et finit par mettre la main sur le coupable. Plus tard, il fit plus compliqué, plus savant, mais il ne retrouva plus cette spontanéité d'invention, cette fraîcheur de verve. » Qu'a voulu dire au juste Francisque Sarcey ? Par « œuvres plus compliquées », entend-il inclure dans son appréciation les tout derniers romans de Gaboriau ou s'en tient-il uniquement à ceux qui relèvent du genre policier ? L'incertitude où il nous laisse ne permet pas de lui répliquer.

Mais le célèbre critique ne s'attache pas qu'à cet aspect de l'œuvre du romancier. Pour lui, *Les Gens de bureau* peuvent prendre honorablement place entre les *Scènes populaires* d'Henri Monnier et *Les Employés* de Balzac, ce qui de sa part n'est pas un mince éloge. Par contre, il estime qu'il faisait fausse route quand il songeait à porter ses romans à la scène : « Je veux, me disait-il, écrire un drame où l'attention serait sans relâche tenue en haleine. Le théâtre représentera le cabinet du juge d'instruction. Ce sera un roman en action. Le théâtre demande plus de concentration d'esprit qu'il n'en pouvait donner à une œuvre. Il écrivait beaucoup et partout. Il se surpassait. » Si le critique a rendu un bel hommage à l'auteur des *Gens de bureau*, nous ne pouvons le suivre quand il conteste l'intérêt que pourrait présenter un drame dont l'action se déroulerait dans le cabinet d'un juge d'instruction, ce qui, aujourd'hui, n'aurait plus rien de surprenant. Quant à la capacité de Gaboriau d'écrire ou non une telle pièce, il faudrait pour pouvoir se prononcer que la tentative ait eu lieu.

Alfred d'Aunay, dans *Le Figaro*, est un des rares journalistes à se placer sur le plan moral pour faire l'éloge de l'honnêteté et de la conscience professionnelle du disparu : « Il n'a pas demandé le succès à des tableaux hasardés de mœurs irrégulières. Le père de famille pouvait laisser lire ses récits à ses enfants. Quand il lui fallait donner un détail précis de géographie, d'histoire ou simplement de vie pratique, il se préoccupait beaucoup de dire la vérité. Il respectait le lecteur et disait volontiers : Les pauvres gens dont le sou quotidien me permet de bien vivre me rendent trop heureux pour que je les trompe, pour que je leur donne des idées fausses sur les choses que chacun doit savoir — Les lecteurs ont eu conscience de ces sentiments délicats et élevés, et il fallait voir, hier, l'empressement de ceux qui se trouvaient à La Trinité, sous le porche, au moment où Paul Féval adressait à celui qui fut son secrétaire, avant d'être son émule, quelques mots d'adieu. Ils écoutaient avec recueillement l'éloge et, quand l'orateur parla avec émotion de l'excellent cœur de Gaboriau, tout le monde pleura. »

Si le correspondant du *Times* à Paris négligea de télégraphier à son journal la nouvelle du décès du romancier, plusieurs organes de la presse étrangère rappelèrent à cette occasion l'importance de son œuvre, en particulier l'hebdomadaire italien *L'Emporio Pittoresco*, qui lui consacra sa première page avec un article illustré de son portrait, en le déclarant « créateur d'un nouveau genre littéraire, le roman judiciaire ».

Cet article ne fut pas le seul à s'accompagner d'une image du romancier. *Le Journal Illustré* agrémenta le sien d'une gravure signée H. Meyer, représentant le portrait en buste d'un Émile Gaboriau singulièrement rajeuni et flatté. Il était placé dans un médaillon ovale entouré de rameaux de chêne et de lauriers, autour desquels s'enroulait une banderole portant les titres des principales œuvres de l'écrivain. Au pied du médaillon, près d'une plume d'oie et de quelques gros volumes, des objets d'un romantisme outré : une dague, un masque, un collier de perles et une coupe qu'on pouvait supposer pleine d'un breuvage fatal. A droite et en retrait, l'immeuble à colonnade du *Petit Journal* dont le rez-de-chaussée était assiégé par une foule avide de dévorer le feuilleton du jour. Au-dessous de la gravure, cette inscription : Émile Gaboriau, le romancier regretté du *Petit Journal*.

A toute cette littérature nécrologique, on peut joindre une étude publiée un an et demi après la disparition du romancier, au XIXe siècle la seule un peu importante sur le père du roman policier. Elle parut dans *La Presse* du 29 mai 1875, sous la signature de Marius Topin, journaliste connu pour des études historiques qui lui avaient valu plusieurs prix de l'Académie Française et la croix de la Légion d'honneur. Il faisait partie de la rédaction de ce quotidien, dont il devint le rédacteur en chef précisément cette année-là.

Marius Topin estime que Gaboriau a été « jugé à la légère par des gens qui ne s'étaient pas donné la peine de lire ses livres ». Cependant il est indéniable « qu'il est mort dans la force du talent, qu'il avait donné sa mesure, que ses principales productions n'ont pas été faites hâtivement, mais ont été longuement réfléchies, qu'il n'avait pas à se réserver de préparer, un jour, un livre, parce que son œuvre était écrite et le genre créé par lui assuré de ne pas périr, que dans ses œuvres principales il n'y a ni abus de la facilité ni exercice du métier de l'improvisation, mais bien le résultat du travail le plus réfléchi ».

Il ajoute (mais il faudrait pouvoir citer tout l'article) qu'il est mal connu, ce qui est pire que d'être peu connu : « Dans ce pays aux opinions accrédités et toutes faites, il est plus facile de passer de l'état d'inconnu à la notoriété que de sortir d'une classification admise pour aller dans une autre. Gaboriau est rangé depuis longtemps parmi les producteurs faciles des petites feuilles, parmi les improvisateurs hâtifs, au nombre des romanciers qui disputent aux comptes rendus des assises et aux rédacteurs de faits divers la curiosité haletante des portières et des cochers. Gaboriau est classé, étiqueté, numéroté. C'est fini. Qui est aimé de tant de lecteurs vulgaires ne saurait plaire aux raffinés. »

Pour Marius Topin, Émile Gaboriau est bien plus que le romancier tel que l'a présenté son éditeur Dentu, commerçant avisé. C'est bien un logicien et son œuvre devrait porter ce titre général : *Des procédés de raisonnement en matière judiciaire*. Elle présente, même pour les juges d'instruction les plus expérimentés, « de véritables exercices qui leur seraient fort utiles ». Ils pourraient y trouver « la science de la déduction, l'art de l'enchaînement des preuves, la distinction entre les indices valables et ceux qu'a créés le coupable pour égarer la justice ». De plus, l'instruction des affaires, en l'absence de tout avocat, telle qu'elle se pratique à l'époque, est génératrice d'erreurs judiciaires par la faute du « barbare procédé d'instruction qui livre l'accusé sans défense à un interrogatoire souvent trop pressant ». Et « c'est à la lecture des œuvres de Gaboriau qu'apparaît le mieux ce danger, déjà dénoncé par Prévost-Paradol ».

Marius Topin place au premier rang des romans judiciaires de Gaboriau *L'Affaire Lerouge* et *Monsieur Lecoq* ; par contre, mais sans qu'il nous en donne les raisons, le romancier aurait complètement échoué en cherchant dans *L'Argent des autres* à peindre et à stigmatiser les tripoteurs de la Bourse. Et, même si ses premiers ouvrages révèlent des qualités d'observation, il a bien fait de ne pas s'obstiner à « marcher dans les sentiers joyeux du *13ᵉ Hussards* et des *Gens de bureau*, qui s'éloignaient de la route droite et vaste qu'il était chargé de parcourir ».

« Quoi qu'il ait dit, conclut Topin, son œuvre était accomplie quand il est mort. Il a laissé cinq ouvrages que les lecteurs superficiels liront toujours avec avidité et qu'étudieront avec profit ceux qui, soulevant les voiles ingénieux dont il a plu à Gaboriau de couvrir sa charpente, voudront admirer la science profonde du raisonnement et se rendre un compte exact de l'enchaînement normal des preuves. »

Mais Marius Topin, regrettons-le, ne s'arrête pas longuement sur la qualité proprement littéraire de ces romans, bien qu'il relève au passage « la vivacité du récit, le naturel des dialogues et la création de types très vivants ».

Quand l'année suivante, en 1876, il décida de grouper en un volume un certain nombre des études qu'il avait publiées dans *La Presse* sur des écrivains du temps, il n'hésita pas à y faire figurer, parmi les auteurs retenus par lui, Émile Gaboriau dans le glorieux voisinage de George Sand, Victor Hugo, Balzac, Mérimée, Edmond About, Alphonse Daudet, pour ne citer que ces illustrations.

LES GLANES

XXXIII

VEUVAGE ET MORT DE Mme ÉMILE GABORIAU (1873-1876)

Après l'inhumation d'Émile Gaboriau, sa veuve ne put rester à Jonzac dans la famille Coindreau plus d'une dizaine de jours, car elle dut rentrer à Paris en compagnie de son beau-frère pour assister, le 16 octobre, à l'ouverture du testament de son mari par Me Bourget, le notaire dépositaire, en présence des principaux intéressés ou de leurs représentants.

On connaît déjà les termes de ce testament olographe, déposé par Émile Gaboriau, le 25 septembre 1870, dans l'étude du notaire parisien, au 38 de la rue Saint-Georges, alors que le journaliste s'apprêtait à gagner la ligne de feu. Le testateur avait jugé inutile de lui apporter des modifications à la suite de son mariage, conclu sans contrat, sa veuve devant jouir de la communauté légale de l'ensemble des biens du ménage. Celle-ci fut envoyée en possession, le 30 octobre, à la suite d'un jugement du tribunal civil de la Seine. Un inventaire après décès fut opéré, le 10 novembre, par Me Bourget, assisté de Me Cordier, commissaire priseur, chargé de l'estimation des biens.

Après avoir précisé que le ménage ne possédait aucun bien immobilier, cet inventaire aboutit à une évaluation de dix mille deux cent soixante-dix-neuf francs pour l'ensemble des autres biens ainsi énumérés : literie, commodes, chiffonniers, dressoir, buffet, armoire, bibliothèque, divers sièges et tables, pendule en marbre noir avec deux candélabres, ustensiles de cuisine, vaisselle dont cent vingt pièces en porcelaine à filet bleu et chiffres bleus, six couverts en argent, couverts en ruolz, tableaux (21 huiles, en particulier de Weber, de Guigou et de Darjou, 4 aquarelles, 12 pastels et fusains, 15 gravures), linge, bijoux féminins, deux montres en or, trois paletots et pantalons, un habit, quatre robes (dont une en soie), un châle, et environ douze cents volumes (estimés 625 F). Le tout était assuré contre l'incendie depuis 1867, à la Compagnie « Le Phoenix », contre une prime annuelle de 62,15 F, portés en 1870 à 78,80 F et réglée jusqu'au 18 octobre 1873. A cet actif, il convenait d'ajouter une créance de 480 F sur une demoiselle Lange, quatre obligations du chemin de fer Paris - Lyon, portant chacune un intérêt de 15 F, une somme de 3.050 F due à Émile Gaboriau par Georges Coindreau, et remise par celui-ci à sa veuve, et 50 F en numéraire se trouvant au domicile du ménage au jour du décès. Enfin il était mentionné pour mémoire que les deux assurances sur la vie contractées par Émile Gaboriau au profit de son amie, la première en 1867, la seconde, en janvier 1870 auprès de la compagnie du Phœnix, avaient été successivement annulées pour non payement de la prime annuelle.

En contrepartie, le passif de la succession, au jour du décès, se présentait comme très lourd. Avaient été réglés depuis lors les arrérages de la moitié d'une rente viagère de 150 F, constituée par Me Magistel au bénéfice d'une demoiselle Douillon, alors âgée de soixante-six ans, les gages dus jusqu'au jour du décès au valet de chambre Guérin, soit 191 F, et à la servante, Mlle Armand, soit 653 F, et 125 F sur la contribution mobilière, pour 1873, d'un montant de 285 F. Restaient à honorer nombre de factures de fournisseurs : 1.396 F à deux tailleurs, 130 F à un encadreur, 711 F à un charbonnier, 166 F à un épicier, 59 F à un marchand de porcelaine, 281 F à une lingère, 53 F à un marchand d'articles de ménage, 125 F à un horloger, 300 F à deux blanchisseuses, 100 F à une blanchisseuse, 35 F à un tonnelier, 2.700 F à un tapissier, 25 F à un papetier, 200 F à M. Simonnet, chirurgien, pour « frais de dernière maladie », etc... De plus restaient à rembourser 1.450 F à Dentu et 8.473 F à Maurice Delamain, dettes dont les origines n'étaient pas précisées. Enfin les frais d'obsèques, réglés le 2 octobre par l'intermédiaire de Georges Coindreau, s'élevaient au total à 2.052 F, justifiés par la cérémonie de quatrième classe (il en existait neuf), le transport du corps par voie ferrée et le cercueil supplémentaire de plomb exigé en la circonstance par l'administration des chemins de fer. Quant aux déboursés et aux honoraires du notaire de la succession, ils atteignaient 400 F.

Certes, on est surpris par le bilan de l'inventaire notarial et l'on serait tenté de taxer le ménage d'imprévoyance pour avoir obéré le budget familial de tant de dettes, négligence inexplicable eu égard à ses ressources. Et l'on reste d'autant plus perplexe devant les informations données dans *La Presse* du 1er octobre. Ce quotidien, non sans quelque indécence au jour même des obsèques, assurait que l'écrivain laissait « un confortable capital provenant des sommes considérables qu'il avait gagnées avec sa plume », mais aussi de l'héritage de son père, décédé l'année précédente. Et, s'il n'avait pas retrouvé la fortune qu'il avait tenue autrefois dans ses mains, il avait remboursé les dettes contractées au cours de la guerre et, grâce surtout à sa production littéraire, rétabli sa situation financière comme le prouvait son intention de faire bâtir à Royan. Mais il ne laissait que des œuvres inachevées et sa veuve ne pourrait plus livrer au public que des glanes. Elle ne devait donc plus compter que sur les droits d'auteur et les intérêts des sommes plus ou moins importantes placées par le défunt.

Nous ignorons l'origine et la qualité des renseignements recueillis par *La Presse*, qui paraît, pour ce qu'on peut savoir, assez bien informée, mais nous serions tenté d'opiner dans son sens, sachant bien que les moyens d'investigation du fisc, à l'époque, n'avaient pas atteint le degré de perfection auxquels ils sont parvenus aujourd'hui. De plus, il semble que la valeur des biens meubles non dissimulables ait été sous-estimée, probablement par un sentiment de compassion à l'égard de la veuve.

On ignore si celle-ci abandonna aux Coindreau une partie du mobilier du ménage, comme le lui avait demandé Émile dans son testament, rédigé, il est vrai, avant la légalisation de leur union. Mais, de toute manière, Mme Gaboriau ne pouvant plus compter sur les mêmes ressources que du vivant d'Émile, il eût été peu raisonnable de rester dans un appartement devenu trop vaste pour elle et de garder plus d'une domestique. Aussi, malgré le déchirement que dut lui imposer l'abandon d'un lieu si plein des souvenirs d'un bonheur perdu, donna-t-elle congé à la propriétaire pour le 1er février 1874.

Elle se décida à vendre, à la veille de son déménagement, la bibliothèque de son mari, fort encombrante et qui ne pouvait lui être d'une grande utilité. Le catalogue dressé pour la circonstance nous apprend que l'exposition des livres eut lieu le dimanche 14 décembre, de 2 à 5 heures « de relevée », dans la salle 2 de l'hôtel Drouot et la vente au cours de l'après-midi des 15 et 16 décembre. Dans l'avant-propos de cet opuscule, le commissaire-priseur Léon Techener, chargé de l'opération, ne manqua pas de rappeler qu'avec le roman judiciaire Émile Gaboriau avait créé un genre littéraire nouveau.

Énumérés sur soixante-neuf pages en une liste de cinq cent trente numéros, les ouvrages en vente — plus de quinze cents volumes au total — se trouvaient classés en quatre sections : Théologie (8 numéros), Sciences et Arts (28 numéros), Belles-Lettres (149 numéros) et Histoire (242 numéros). Enfin un supplément de cent trois numéros s'était révélé indispensable pour des ouvrages de toute nature, difficiles à classer. On relève, en particulier, dans cette longue liste les œuvres des grands classiques et des principaux romanciers du XIXe siècle, des ouvrages historiques principalement sur le XVIIIe siècle et le Second Empire, des récits de voyages et d'aventures, ceux de Jules Verne notamment, des ouvrages sur le journalisme et la vie parisienne, en particulier sur les bas-fonds de la capitale, de nombreuses études sur la criminalité, sur le fonctionnement de la police et de la justice et sur les méthodes de la médecine mentale et de la médecine légale, enfin les œuvres complètes de Gaboriau lui-même, dont sa veuve possédait plusieurs séries. A peu près rien sur l'art et les sciences. La vente dut s'effectuer complètement ou presque, car, parmi les volumes composant la bibliothèque de Mme Schœll, on n'en trouve aucun ayant figuré avec certitude sur le catalogue dressé par Me Techener.

Cette opération dut réserver des moments cruels à la jeune veuve, qui n'avait pu faire moins que garder un exemplaire des œuvres complètes du disparu. Souvent elle devait parcourir ces ouvrages, dont la plupart avaient été créés auprès d'elle et auxquels elle avait parfois participé. Et c'est les larmes aux yeux qu'elle devait relire dans *La Clique dorée* le passage où Émile avait décrit la mort brutale de la comtesse de la Ville-Haudry, à quelques détails près, semblable à celle qui devait être la sienne :

« ...elle porta brusquement la main à sa poitrine, poussa un cri rauque et tomba à la renverse... On la releva. En un instant l'hôtel fut sur pied. On courut chercher des médecins ...soins inutiles... la comtesse de la Ville-Haudry venait de succomber à une rupture d'anévrisme...

« ...il est des malheurs si grands, si terribles, si effroyables en leur soudaineté que l'esprit révolté se refuse à les accepter, se défend de les croire et les nie, même en face de l'écrasante réalité. Comment imaginer, concevoir, admettre que la comtesse qui, l'instant d'avant, était là, pleine de vie, rayonnante de santé, dans la force de l'âge, heureuse en apparence, souriante, aimée, comment croire que la comtesse n'était plus ? »

Une fois organisée la vente de la bibliothèque d'Émile, Mme Gaboriau dut se préoccuper de la rentrée des droits d'auteur, dont elle avait hérité. Le 13 décembre 1873, elle chargeait Edmond Pourcelle, représentant la compagnie d'assurance « Le Phœnix » et précédemment en relations d'affaires avec son mari, de veiller sur ses intérêts et de toucher en son nom les sommes pouvant lui revenir au titre d'héritière de l'écrivain. Une lettre de Pourcelle, datée du 27 juillet 1876, et accompagnée de la somme de 120 F, nous prouve que celui-ci s'acquitta de cette mission.

Au 1er janvier 1874, Amélie Gaboriau avait emménagé dans un appartement loué au 29 de la rue La Bruyère, donc tout proche de son ancien domicile, mais elle ne dut pas s'y plaire, car une autorisation provisoire d'éclairage au gaz, délivrée par les Ponts et Chaussées pour une durée de quinze jours, nous la montre installée le 15 août 1875 au cinquième étage du 26 de la rue Pigalle, toujours dans le quartier Saint-Georges, auquel elle restait décidément fidèle.

Malgré les soucis d'ordre matériel qui l'accablaient, la jeune femme veillait fidèlement sur la mémoire du disparu et n'oubliait pas ceux qui lui avaient témoigné de l'estime. Lors de la publication de *L'Argent des autres* par Dentu, en janvier 1874, elle tint à ce qu'en tête du volume figurât cette dédicace, geste de reconnaissance pour l'émouvant éloge funèbre prononcé devant l'église de la Trinité :

A Monsieur Paul Féval,

Fidèle interprète des sentiments de mon regretté mari, j'offre cet ouvrage à celui dont il s'honorait d'être l'ami et dont il admirait le talent

Veuve Émile Gaboriau

Le 16 janvier 1874.

Le 5 février, Paul Féval lui adressa une lettre de remerciements où il se disait profondément touché de ces « paroles cordiales » : « Seule vous aviez le droit de les tracer et je vous en remercie comme si vous m'aviez donné la joie de serrer encore une fois la main d'Émile Gaboriau. Je garderai précieusement ce volume qui devait être suivi de tant d'autres suivant mon espoir et la loi de l'âge. »

Le 24 février, un contrat fut signé entre Amélie et l'auteur dramatique Georges Richard. Celui-ci obtenait le droit de tirer une pièce de théâtre de chacun des romans de Gaboriau. De son côté, il s'engageait à produire une telle œuvre chaque année et à abandonner la moitié de ses droits d'auteur à la veuve du romancier.

Un an après, pour la première et la dernière fois Georges Richard tint son engagement. Le 6 février 1875 eut lieu, sur la scène du théâtre de Cluny, la première représentation de *La Vie Infernale*, drame en cinq actes et huit tableaux, tiré du roman que nous connaissons. On peut être persuadé qu'Amélie ne manqua pas d'assister à cette séance. Elle dut à cette occasion éprouver des sentiments partagés. Tout d'abord revivre les heures à jamais perdues où Émile composait le livre et lui confiait ses hésitations et ses difficultés ou lui lisait les pages dont il pensait pouvoir être satisfait. Elle songeait alors, mais c'était pour elle une faible consolation, que l'œuvre de son mari survivrait et que son nom ne pourrait que monter au firmament littéraire. Mais elle devait en même temps éprouver la déception que ressentent tous ceux qui ont aimé un livre, devant la pièce ou le film que les nécessités de la scène ou du tournage ont contraint d'en tirer.

En effet, le texte, écrit non sans vivacité, avait dû abandonner de nombreux passages du roman qui auraient, en la circonstance, constitué d'insupportables longueurs, surtout devant un public populaire. Par contre certaines situations, certains événements étaient de la fabrique de Georges Richard. Ainsi l'entretien du comte de Chalusse et du marquis de Valorsay au début de la pièce, la présence du banquier Trigault auprès de Chalusse mourant et, quelques heures après la fameuse partie de cartes, la visite de Marguerite aux Mauméjan. Le baron Trigault vit séparé de sa femme, « une drôlesse qu'il a chassée », et Pascal ne se dissimulera pas pour préparer minutieusement sa vengeance et sa réhabilitation : les exigences du théâtre ne lui en laissent pas le temps. Quant à Marguerite, ce n'est pas chez les Fondège qu'elle se réfugie, mais chez le baron Trigault, victime d'un coup de sang, qu'elle aide Mme Mauméjan à soigner. Chupin, lui, se met au service du banquier, abandonnant en cours de route Fortunat, qui ne rentrera jamais dans les quarante mille francs prêtés à Valorsay. Enfin, il y a cette scène incroyable où l'avocat Pascal Mauméjan se présente, pistolet au poing, chez Coralth et, sous la menace de son arme, le contraint à signer un aveu de sa culpabilité qu'aucun magistrat ne pourrait considérer comme valable, obtenu par un tel moyen. Plus grave : Pascal, se considérant en état de légitime défense, abat son adversaire, geste qui passera vraisemblablement pour prémédité et rendra encore plus inutile l'aveu de la victime.

Les comptes rendus donnés par la presse sont loin d'être concordants. Dans *L'Événement*, Charles Monselet, qui reconnaît ne pas avoir lu le roman, ne s'en croit pas moins autorisé à porter un jugement d'ensemble sur l'œuvre de Gaboriau : « Ce jeune romancier se plaisait surtout dans le monde des coquins. Son œuvre assez considérable par rapport à la courte durée de son existence, offre la plus riche collection de canailles qu'on puisse imaginer. Les ressorts qu'il fait mouvoir sont presque tous empruntés à la police, ce qui a pu le faire considérer un instant comme le créateur de la littérature juridique, bien que, sur ce terrain, ainsi que beaucoup d'autres, il ait été précédé par Balzac. » Sur la pièce même, le jugement du critique est mieux étayé : « On pourrait, écrit-il, citer quelques longueurs, surtout en commençant. En somme c'est plutôt un mélodrame qu'un drame, c'est-à-dire une pâture un peu lourde pour les délicats. La mise en scène est d'une simplicité shakespearienne et l'on pourrait sans inconvénient écrire au-dessus de chaque décor : ceci est un salon, ou ceci est une campagne. » Cependant Monselet reconnaît que certains actes ont été plusieurs fois applaudis.

Émile Abraham, dans *Le Petit Journal*, reproche à Georges Richard d'avoir présenté une suite de scènes décousues. Après quoi il a quelques mots de félicitations pour plusieurs acteurs, en particulier pour celui qui, dans le rôle de Pascal, a « soulevé les transports de la salle » au cours de la scène où l'avocat est accusé de tricherie.

Dans *Revue et Gazette des Théâtres*, Victor Legagnée considère que Georges Richard s'est tiré d'une entreprise difficile avec les honneurs de la guerre. Pour lui, « la pièce est bien construite et l'intrigue se développe logiquement, au milieu d'épisodes dramatiques ou joyeux, mais toujours en situation. Aussi le succès a répondu pleinement à l'attente de l'auteur et des nouveaux directeurs. L'élite de la troupe a vaillamment donné et on ne lui a pas ménagé les applaudissements ».

La pièce devait tenir l'affiche près d'un mois et demi, précédée, en lever de rideau, d'une revue, *Le Tour de l'année en 80 minutes*. Le 18 février, elle abandonna la scène à un autre mélodrame : *La Fille du Chiffonnier*.

Pendant que *La Vie infernale* était portée au théâtre, Dentu procédait, toujours avec succès, à de nouvelles rééditions des romans judiciaires du disparu, ce qui ne pouvait qu'améliorer la situation pécuniaire de sa veuve. Puis, avec l'accord de celle-ci, peut-être même sur son initiative, il publiait, en 1876, *Le Petit Vieux des Batignolles* et quelques nouvelles d'une étendue et d'un intérêt très divers, jointes à ce court roman policier.

D'autre part, dans une lettre de mars 1876, adressée de Paris, le vicomte belge Charles de Lovenjoul promit à Mme Gaboriau de lui faire copier *La Marquise de Brinvilliers*. Il lui rappelait que cette œuvre de son mari, dont il tenait le manuscrit de l'auteur, n'avait jamais paru en entier, mais seulement la première partie et le début de la seconde. Il lui remit, en outre, en mémoire sa promesse de rechercher les notes prises sur Balzac par son époux. Si elle les retrouvait, qu'elle veuille bien, soit les lui adresser à son domicile bruxellois, soit les lui faire transmettre par la Librairie Nouvelle. Ces notes ne durent jamais parvenir à Lonvenjoul, car il n'en fait aucune mention dans son important ouvrage *Histoire des Œuvres de Balzac*, publié chez Calman-Lévy en 1879.

Cependant, malgré sa jeunesse, les jours de Mme Gaboriau semblaient comptés. Philibert Audebrand rapporte qu'il la rencontra au Palais-Royal, à la librairie Dentu, en 1875, six mois avant sa mort, ce qui dénote de sa part une défaillance de mémoire, puisqu'elle vécut jusqu'à la fin de l'année 1876. Il la trouva sinon attristée, du moins fort assombrie, ce qu'il attribue curieusement à l'existence provinciale qu'elle aurait connue à Jonzac, sans se demander si son deuil et la maladie n'expliquaient pas suffisamment cette transformation. Certes, Amélie avait dû se rendre plusieurs fois sur la tombe de son époux, mais fit-elle à Jonzac des séjours prolongés ? On l'ignore, tout comme on ignore le caractère de ses relations avec les Coindreau après la disparition d'Émile.

« Je vois bien que vous me trouvez toute changée, dit-elle, à Audebrand. Au fait, rien de plus simple. N'ayant plus rien à faire ici-bas, je m'en vais peu à peu. Que voulez-vous ? Émile n'est plus de ce monde et le chien-loup aussi est mort. Il ne me reste plus qu'à les suivre. »

On peut, là encore, douter de la fidélité de la mémoire d'Audebrand, quand on saura que quelques mois plus tard, Amélie Gaboriau avait un autre chien, humble présence dans sa solitude. Mais elle-même était atteinte de cette terrible phtisie que la médecine du XIXe siècle se montrait impuissante à guérir. Au contraire de son mari, elle dut se voir décliner inexorablement et, pour ainsi dire mourir, puisant, assurait-elle, le courage de supporter son mal dans la pensée qu'elle allait bientôt rejoindre celui à qui elle avait lié sa vie.

Son testament, daté du 27 novembre, veille de sa mort, a été écrit par son notaire, Mᵉ Bourget. Il fut dicté, dit l'acte, au 26 de la rue Pigalle, dans une chambre éclairée par une fenêtre sur cour et en présence de quatre témoins, tous fournisseurs voisins, un marchand de vin, un crémier, un teinturier et un marchand de charbon, qui apposèrent leurs signatures au bas de l'acte. La testatrice aurait été, elle-même, dans l'incapacité de signer, ce qui ne va pas sans surprendre de la part d'une malade succombant à la tuberculose et encore capable de donner des instructions précises. Il s'est passé là un fait qui peut faire douter que le testament ait été dressé dans des conditions régulières. On peut se demander, en effet, s'il a réellement été dicté la veille du décès. L'attestation des témoins n'est pas convaincante, car on a pu faire appel après-coup à l'obligeance et à la compréhension de ces commerçants, peu faciles à réunir un jour ouvrable. Enfin, l'acte a été enregistré le jour de la mort de la testatrice, et même probablement après cette mort, qui a eu lieu à neuf heures et demie du matin. Amélie Gaboriau n'aurait-elle pas fait connaître un peu tardivement ses intentions testamentaires à Mᵉ Bourget et celui-ci, ayant négligé de dresser l'acte immédiatement, n'aurait-il pas été contraint de passer sur les formes légales devant une brusque aggravation de l'état de sa cliente ?

Respectant les volontés de son époux, Mᵐᵉ Gaboriau avait fait de sa belle-sœur Amélie Coindreau, sa légataire universelle, à charge pour elle d'exécuter les legs suivants : à chacune de ses deux filles, Stéphanie et Marguerite, une montre en or ; à Mˡˡᵉ Elise Gaboriau, chez ses parents à Tours, les autres bijoux, son argenterie, sa batterie de cuisine, sa vaisselle, son linge de corps, de table et de toilette, l'ensemble de sa garde-robe, à Henri Gaboriau, élève à l'École d'État-Major, un piano en palissandre, à Maurice Delamain, 40, rue Rambuteau, un tableau représentant un Pierrot, deux aquarelles, les volumes de *Gil Blas* et d'une *Histoire* illustrée par Benassit et deux bagues à choisir ; à Marie-Henri Gaboriau, 2, rue de Bordeaux à Tours, une pendule en marbre noir avec une statuette en bronze et deux portraits de chiens, en le priant de conserver et de soigner sa chienne Frisette ; à l'éditeur Dentu, deux tableaux placés dans le salon côté du portrait d'Émile Gaboriau. De plus, elle faisait remise à une dame Lange, 21, rue du Chatou, à Rueil, d'une dette de 700 F, principal et intérêts. Enfin elle laissait, une fois ses gages payés, 200 F à Louise Armand, sa domestique ; son châle carré, cachemire de l'Inde à Mᵐᵉ Zoé Armand à Batignolles, rue Truffaut, son ancienne femme de chambre, et 100 F à Rosalie Armand, domestique.

La nouvelle de la mort de Mᵐᵉ Gaboriau fut publiée par de nombreux journaux ; ils précisèrent que la cérémonie funèbre aurait lieu le 30 novembre, à midi, à l'église de la Trinité, précédée d'une réunion au domicile mortuaire. Certains d'entre eux ne se contentèrent pas de cet avis. *L'Événement* du 30 précisa que la défunte avait succombé à une maladie de poitrine. *Le Soleil* ajouta que, depuis le décès de son mari, sa santé n'avait fait que décliner, sa véritable maladie ayant été le chagrin, et qu'elle semblait heureuse de voir se rapprocher le jour où elle retrouverait son cher disparu. *L'Estafette* du 30 crut pouvoir assurer qu'elle fut le meilleur des guides dans les recherches de l'écrivain et qu'on retrouve sa participation dans les inventions à la fois si étranges et si heureuses de ses romans, dans la peinture des caractères, qui trahit l'inspiration d'une femme.

Quant à l'article nécrologique du *Petit Journal*, où l'on connaissait bien le rôle qu'elle joua auprès de son époux, il mérite d'être cité en entier :

« La veuve du romancier qui donna au roman judiciaire tant de vérité, Mme Gaboriau, est morte hier à la suite d'une longue maladie. Lorsqu'il y a trois ans, Émile Gaboriau fut enlevé subitement à la force de l'âge et du talent, sa veuve avait été frappée au cœur. Elle ne s'est pas relevée de ce coup mortel.

« Elle avait été la compagne fidèle des mauvais jours de l'écrivain, elle l'avait encouragé à ses premiers succès ; elle avait été son meilleur guide dans ses travaux, dans ses recherches, dans ses inventions si étranges à la fois et si vraies. Mme Gaboriau avait été, ses amis le savent, le collaborateur de son mari, l'inspirateur, si l'on préfère. *L'Affaire Lerouge, Le Crime d'Orcival Monsieur Lecoq, La Corde au cou, L'Argent des autres* renferment des épisodes, retracent des caractères, qui trahissent l'inspiration d'une femme.

« Gaboriau mort, sa veuve ne devait pas lui survivre longtemps ; ces deux existences se complétaient l'une l'autre. Cette perte est d'autant plus sensible que Gaboriau n'avait point d'enfant et qu'aujourd'hui sa famille directe n'existe plus.

« Mme Gaboriau est morte jeune, elle n'avait que trente-neuf ans. Les admirateurs de l'écrivain apprendront sans doute avec douleur cette mort cruelle ; pour nous qui avons connu intimement ces deux excellents cœurs, ces deux esprits ouverts à toutes les grandes idées, nous ressentons un vide immense. C'est encore un membre de la famille intellectuelle du *Petit Journal* qui disparaît. »

Le 1er décembre, la plupart des feuilles parisiennes rendirent compte du déroulement des obsèques, auxquelles assistèrent Georges Coindreau et tous les anciens amis et confrères d'Émile Gaboriau. On ne manqua pas en cette circonstance de rendre hommage à la mémoire de celui-ci. *Le Journal de la Vienne*, de Poitiers, rappela le succès remporté par la publication de ses romans dans ses propres colonnes, en particulier de *La Corde au cou*.

La dépouille de Mme Gaboriau fut ensuite transportée à Jonzac pour être inhumée, le 2 décembre, dans le caveau où reposait depuis trois ans le corps de son mari. *Le Courrier de Jonzac* du 5 mentionne simplement la cérémonie sans apporter aucun détail, mais il est certain qu'étant donné la parenté de la défunte avec le maire de la ville, elle dut se dérouler devant une nombreuse assistance.

Fait curieux, le nom d'Amélie Gaboriau ne se trouve pas gravé sur l'emplacement de la stèle laissé libre au-dessous du nom et des dates extrêmes de la vie de son époux. Mme Schœll a donné comme motif de cette absence que Mme Gaboriau aurait elle-même souhaité reposer anonymement près du corps de son mari, vœu étrange qui ne se trouve d'ailleurs pas exprimé dans le testament de la défunte.

Nous ignorons à quelle date Me Bourget donna connaissance aux parents de Mme Émile Gaboriau des dispositions de son testament. En tout cas, agissant au nom de son épouse, légataire universelle, Georges Coindreau fit procéder par ce notaire à l'inventaire après décès, qui eut lieu le 4 décembre.

Parmi les œuvres d'art de la succession qui échurent aux époux Coindreau, devait se trouver le seul buste qui nous soit parvenu d'Émile Gaboriau. Moulé en plâtre et non signé, il est fort probable qu'il était destiné à servir de modèle à un buste en bronze ou en marbre, prévu par la veuve du romancier pour prendre place sur la tombe du disparu, projet, pour une raison inconnue de nous, abandonné. Le sculpteur, qui a finalement placé son œuvre sur un socle, s'est efforcé de reproduire le plus fidèlement possible le visage du portrait peint par Porion à l'époque où l'écrivain avait déjà atteint au faîte de la célébrité. Cette réplique en relief ne peut rien nous apprendre de plus sur la personnalité du père du roman policier, mais c'est naturellement d'elle qu'on devra s'inspirer si l'on entend un jour représenter Émile Gaboriau « tel qu'en lui-même l'éternité le change ».

XXXIV

LES PUBLICATIONS POSTHUMES (1876 - 1881)

L'interruption dans la publication des romans de Gaboriau laissa un long regret chez les lecteurs passionnés par les récits qu'il leur avait offerts et les émotions qu'il leur avait procurées. Audebrand, lui-même, l'a attesté, mais avec sa malveillance habituelle, c'est-à-dire qu'il a associé dans le même jugement l'œuvre de Gaboriau et les romans, littérairement bien inférieurs, de Ponson du Terrail, disparu depuis 1871.

« A eux deux ces romanciers caractérisent très nettement le mouvement littéraire, ou anti-littéraire, comme on voudra, de la fin du Second Empire. Ignorants comme des carpes, et s'appliquant à écrire comme on parle quand on parle mal, ils sont devenus des modèles, en raison du prodigieux succès qui a accueilli leurs œuvres. Si je disais qu'on a fait d'eux des chefs d'école, je n'exagérerais rien. Pendant quinze années après leur mort, les directeurs de journaux n'avaient qu'une formule à répéter à ceux qui offraient de travailler en feuilletons — Apportez-nous du Ponson du Terrail, apportez-nous donc de l'Émile Gaboriau, en voilà deux que le grand public regrettera toujours ».

On conçoit donc qu'après la mort de ce dernier, Dentu ait pu s'informer auprès de sa veuve si le romancier ne laissait pas d'ouvrages achevés qui n'auraient pas encore été livrés à l'impression. Mais il dut se contenter de quelques inédits d'assez faible importance et former trois volumes en grande partie avec des œuvres déjà publiées dans la presse.

Ce fut d'abord, en 1876, *Le Petit Vieux des Batignolles*, paru dans *Le Petit Journal* à la veille de la guerre et dont il donna le titre à un livre de petit format contenant d'autres récits. *Le Petit Vieux* est suivi d'une histoire romanesque, assez banale, vraisemblablement inédite et tout platement intitulée *Bonheur passe richesse*. Ces deux nouvelles sont accompagnées de quatre œuvrettes : *Casta vixit*, déjà publiée dans *La Revue de Poche* en 1867, *Une Disparition* sans doute écrite avant la guerre (Lecoq y fait une brève apparition) et destinée à paraître dans *Le Petit Journal* à la suite du *Petit Vieux*, *Maudite Maison*, provenant d'une chronique donnée avec des variantes à divers périodiques, et enfin *La Soutane de Nessus*, un extrait du manuscrit d'inspiration anticléricale inachevé, mentionné par nous en son temps. Le passage publié présente des améliorations sur celui du cahier dont nous avons disposé, preuve que la première mouture fut revue par l'auteur. L'éditeur tenait certainement ce dernier texte de la veuve de l'écrivain, ce qui, étant donné le caractère de cette publication, dut valoir à Mme Gaboriau, la réprobation des époux Coindreau.

En 1878, Dentu fit un petit volume du *Capitaine Coutanceau*, et, en 1881, il édita *La Marquise de Brinvilliers*, sous le titre plus aguichant des *Amours d'une empoisonneuse*. Le manuscrit avait dû être retourné par Charles de Louvenjoul, puis remis à Dentu et finalement publié avec l'autorisation des héritiers de la veuve de l'auteur.

Bien entendu nous nous bornerons à résumer ici les récits qui n'ont pas encore été examinés dans le cours de cet ouvrage.

Bonheur passe richesse.

Le vicomte Max de Tressang, à vingt-cinq ans, avait dilapidé, en trois ans d'une vie de plaisirs, les cinq cent mille francs qu'il tenait de sa mère, morte alors qu'il était enfant. Désabusé, blasé, il menait une existence retirée, dans la maison familiale du faubourg Saint-Germain, recevant de son père, immensément riche, une pension limitée, mais encore très substantielle. C'est alors qu'il s'éprit passionnément d'une dentellière en chambre, Louise, jeune orpheline d'une rare beauté et d'une sagesse exemplaire, ayant appartenu à une famille bourgeoise complètement ruinée. D'abord méfiante, la jeune ouvrière finit par croire à cet amour inespéré et aime à son tour le séduisant vicomte. Reste à celui-ci à obtenir l'agrément paternel, ce qui sera d'autant plus ardu que, dans le même temps, le comte de Tressang a choisi pour son fils une richissime héritière, disgraciée physiquement et d'un caractère détestable.

Mis au courant de la passion de Max, le comte estime habile d'adresser à Louise une lettre, accompagnée d'un titre de rente, où il lui demande de sacrifier son amour à la belle situation qu'il prépare à son fils. Pour toute réponse, la jeune dentellière retourne le titre et déménage précipitamment, non sans avoir repoussé la demande en mariage d'un ami d'enfance de Max, un jeune écrivain, Clodomir, qui avait, pendant plus d'une année, été son voisin, un voisin tout aussi amoureux que le vicomte, mais ayant assez de force d'âme pour s'effacer devant lui.

Bien que persuadé de la trahison de Louise, Max la fait longtemps rechercher. En vain. Il semble alors céder à son père et, par lassitude, accepte de faire la cour à celle qu'il lui destine. Mais Clodomir, qui a définitivement renoncé à Louise, la retrouve par hasard et vient apprendre à son ami, qu'elle végète, malade, dans un taudis misérable, dont il l'a tirée pour l'installer dans l'hôtel où il loge lui-même. Max, sur-le-champ, signifie à son père qu'il devra renoncer à ses projets matrimoniaux. Chassé par le comte, il rejoint Louise et il l'épouse après les trois sommations respectueuses adressées sans succès à M. de Tressang.

Le jeune ménage va d'abord connaître des moments difficiles, mais sa situation s'améliorera quand le mari aura trouvé un modeste emploi dans le roulage grâce au bon Clodomir (sans doute Gaboriau se souvenait-il de ses débuts à Paris). Un jour le comte de Tressang apprit que son fils unique était commis dans quelque entreprise. Il n'y put tenir et, un beau matin, en l'absence de Max, se présenta chez sa bru, qui ne le connaissait pas. Il fut ému de rencontrer dans cet humble intérieur un bonheur qui lui avait manqué pendant toute son existence. Et, quand le jeune homme rentra du travail, ce fut pour entendre son père lui demander de lui pardonner. Le rêve caressé par Max et Louise allait enfin se réaliser : une charmante maison à demi-cachée dans un nid de verdure et de fleurs, sur les bords de la Loire.

Une disparition.

Des quatre nouvelles qui suivent, *Une Disparition* est la seule qui puisse être considérée comme policière. M. Jeandidier, riche fabricant de bijoux en faux, réputé pour sa probité et la sévérité de ses mœurs, a mystérieusement disparu. Sorti après le dîner, pour faire, a-t-il dit aux siens, un tour de promenade, il n'est pas rentré. Le parquet charge de l'enquête l'un des plus adroits agents de la Sûreté, Rétiveau. Celui-ci parvient à reconstituer l'itinéraire du négociant jusqu'au moment où il se rend chez un artisan nacrier, Tarot, qui, aidé de son épouse, travaille à domicile. On perquisitionne chez ce dernier et l'on parvient à retrouver, soigneusement dissimulée, une somme importante en coupures de cent francs. Les époux Tarot affirment qu'il s'agit là d'une avance remise par M. Jeandidier, qui leur a demandé un travail important nécessitant le recrutement de plusieurs ouvriers. Ils ont tenté de la cacher de crainte d'être soupçonnés d'avoir fait disparaître le fabricant, mais ils étaient décidés à la restituer plus tard à ses enfants. Explication, il faut l'admettre, peu convaincante. Ils sont naturellement prévenus d'assassinat et arrêtés. Mais ils sont disculpés quelques jours plus tard, quand la maison Jeandidier doit cesser ses payements. Le juge d'instruction apprend alors que, depuis trois ans, le fabricant à demi-ruiné vivait d'expédients et, ce qui n'arrangeait rien, entretenait une maîtresse. Lecoq, soudain apparu, explique que Jeandidier a voulu maquiller en crime, un suicide ou une fuite à l'étranger pour permettre aux siens de toucher le montant de son assurance sur la vie. Mais on ignore si le célèbre policier a abouti à cette découverte avant la faillite de la maison Jeandidier. Il y a donc une malfaçon dans le récit qui, sous cette forme, n'était probablement pas encore destiné à être publié.

Maudite maison.

Pleine d'humour, par contre, est *Maudite Maison*. Le sujet avait déjà été utilisé plusieurs fois par Gaboriau dans ses chroniques. Il l'a repris et étoffé après la guerre, puisqu'il y est question d'« espions prussiens ». Un jeune et riche vicomte hérite d'un oncle, usurier, d'un magnifique immeuble. A l'examen, il trouve excessif le prix des loyers exigés des locataires et, répugnant à pratiquer l'usure, se décide à les abaisser. « A cette nouvelle toute la maison est en rumeur et l'on se perd en conjectures sur la cause d'un fait si extraordinaire, Le propriétaire avait dû commettre un grand crime, le remords le poussait à la philanthropie (ce n'est pas gai de vivre côte à côte avec un scélérat... il y a des rechutes). La maison était-elle bien solide ? Le danger ne venait-il pas de la toiture ? La nuit ne fabriquait-on pas de la fausse monnaie dans les caves ? n'y aurait-il pas des espions prussiens dissimulés parmi les locataires ? Le propriétaire ne comptait-il pas mettre le feu à l'immeuble pour soutirer une forte somme à une compagnie d'assurances ? On entendait des craquements, des bruits inexplicables ; plusieurs locataires avaient rencontré dans les escaliers ou à la cave le fantôme de l'ancien propriétaire, une quittance à la main. On organisa des patrouilles, mais rien n'y fit. De la frayeur on passa à l'épouvante et, au cours de la même semaine, le vicomte reçut des congés en règle des vingt-trois locataires. Les gens en quête de logement s'enfuyaient après avoir entendu cette triste histoire de la bouche du concierge, qui finit, lui-même, par déguerpir après avoir rendu son cordon. La « maudite maison » resta vide et les immeubles voisins en perdirent une part de leur valeur. »

La soutane de Nessus.

Le narrateur évoque le moment où son père va présenter au supérieur d'un petit séminaire l'enfant de famille très humble qu'il était, un enfant qui avait décidé d'embrasser plus tard la prêtrise, sans qu'on puisse savoir si c'était par vocation ou pour épargner à ses parents une grande partie des frais imposés par des études.

Il est tout d'abord frappé par la physionomie du portier, puis par l'aspect du parloir où on les fait attendre. La description du personnage est si vivante, celle de la pièce si précise qu'elles devaient être faites à travers les souvenirs restés à Émile Gaboriau de l'année passée au petit séminaire d'Aix-en-Provence et nous renseignent sur les impressions qu'il en gardait.

Le portier d'abord : « C'était un bon gros petit homme, court, gras, dodu, propre, à figure presque imberbe. Sa lévite, de coupe cléricale, de couleur foncée, lui seyait à merveille. Il avait l'air idiot et satisfait. Ses cheveux d'un jaune sale, plats, coupés en rond autour du cou, collés le long des tempes s'harmonisaient parfaitement avec son teint blafard. Un sourire, grimace béate, errait sur ses lèvres épaissies par l'habitude de marmonner des orémus. Ses joues flasques et pendantes eussent fait dire à un campagnard : En voilà un qui a de la mauvaise graisse ! Ses yeux ternes, à demi-voilés, ne révélaient rien, absolument rien, sinon cette inquiétude oblique du chat qui guette. Il tenait un livre à la main et un bout de chapelet sortait comme une pieuse breloque de la poche de son gilet. Eh ! bien, malgré sa tournure grotesquement plate, dévotement servile, ce portier eut avec nous des airs importants. Enfant, je me l'expliquai par la différence de nos costumes, j'étais dans le vrai. Sa lévite était luxueuse auprès de nos vestes de bure. »

Quant à la pièce, « ce devait être le séjour de l'ennui ou plutôt c'était l'ennui même. L'atmosphère y affadissait le cœur, une tristesse lourde tombait sur les épaules comme un épais brouillard. On se sentait pris de l'envie de bâiller. Rien de piteusement nu, de mesquinement froid comme cette salle peinte d'un gris morne et faux, lambrissée jusqu'à hauteur d'appui de bois blanc jouant au chêne ciré. Les meubles rares et anguleux étaient symétriquement alignés et avaient ce vernis de propreté frotteuse et soigneuse qui donne le même et indélébile cachet à toutes les habitations ecclésiastiques. L'œil n'eût su où se reposer sans un grand Christ cloué à sa croix, qui tirait les regards dès l'entrée, barbouillé qu'il était des couleurs les plus criardes et les plus invraisemblables. C'était une lamentable ébauche sans forme et sans nom, honteuse profanation de la majesté divine, raillerie de l'art chrétien, sortie des mains audacieuses de quelque vitrier des environs. Les paroles divines du Sauveur : Sinite parvulos ad me venire, étaient écrites entre les bras de la croix. Les autres inscriptions, et il y en avait bon nombre sur les murs, étaient toutes en français et choisies habilement pour le lieu profane où on les avait placées : Le temps donné au monde est perdu pour le ciel — Les lèvres du juste ne s'ouvrent que pour louer le Seigneur — Dieu est partout, il voit tout, entend tout. Au-dessous de cette dernière maxime, je remarquai un petit guichet, sorte de pavillon d'un cornet acoustique et je restai convaincu que si Dieu entendait tout ce qui se disait dans le parloir, ses ministres l'entendaient aussi. »

Puis, de cette salle on fit monter l'homme et l'enfant dans une antichambre où, en attendant d'être reçus par le supérieur du séminaire, ils entendirent à travers une tenture de velours sa conversation avec une comtesse, venue faire inscrire son enfant au nombre des élèves de l'établissement. « La voix du prêtre était harmonieuse et persuasive. Elle disait : C'est le salut de votre fils, Madame, que vous assurez en le conduisant dans cette humble maison. Et comme la comtesse avouait qu'un différend s'était élevé entre elle et le comte, son mari, qui voulait tout d'abord faire entrer l'enfant au lycée, le supérieur lui démontra combien il était heureux que ce fût le point de vue de la mère qui l'ait emporté : Les lycées, disait-il, sont des écoles de perdition où l'on méprise la justice de Dieu et celle des hommes. C'est une invention perverse de prétendre que les études y sont plus fortes que dans les séminaires et, même si c'était vrai, à quoi pourrait servir une instruction acquise en des lieux où l'immoralité est à l'ordre du jour. Pour le jeune vicomte, les parents ne devraient pas craindre que l'instruction reçue au séminaire l'amenât un jour à renoncer au monde ; on savait y élever les enfants selon le sort qui les attendait à la sortie de l'établissement. Mais on butait sur un obstacle. La règle du séminaire était stricte. Les élèves ne sortaient jamais : or, le comte entendait que son fils passât tous les dimanches à la maison. La règle était stricte mais non immuable. En la circonstance elle pourrait s'assouplir. L'accord étant total, on en arriva au prix de la pension que le supérieur déclara ignorer tant il était au-dessus des questions matérielles. Il invita la comtesse à le suivre chez l'économe et, en passant devant le père et l'enfant, il leur adressa un salut affectueux, tout en murmurant à la comtesse : Les enfants des pauvres aussi viennent à nous et nous les recueillons. Ils viennent, ceux-là, entraînés par une vocation irrésistible, et nous bénissons Dieu lorsque, grâce aux dons de ceux que favorise la fortune, nous pouvons former un ouvrier de plus pour la vigne du Seigneur.

« Quand le supérieur revint, c'était un tout autre homme. Regard froid, traits sévères, voix impérative. Il vitupéra d'abord contre les enfants des pauvres, qui viennent au séminaire pour y trouver l'instruction à bon compte sous le prétexte de la vocation et se détournent plus tard de l'Église, allant parfois jusqu'à l'attaquer. Combien pourra-t-on payer pour le nouveau venu ? Le père, humble métayer, proposa cinquante écus qu'il avait eu bien de la peine à rassembler. Mais ce n'était même pas le prix des déjeuners. Finalement on transigea à soixante écus. Ensuite on parla du trousseau et les dernières économies de la famille y passèrent. Le père et l'enfant se séparèrent en pleurant.

« Ne viendra-t-il jamais nous voir, dit le pauvre homme ? — Aux vacances, pas avant ; la règle est immuable, jamais de sorties... — C'est qu'il aime tant sa mère... — Celui qui veut être prêtre doit arracher de son cœur tous les sentiments qui agitent les autres hommes — Hélas ! murmura le père, le bon Jésus aimait pourtant bien sa mère. »

Les amours d'une empoisonneuse.

Nous sommes en 1665, le chevalier de Sainte-Croix est l'amant de la marquise de Brinvilliers, dont le nom n'a pas encore atteint la triste célébrité qu'il connaîtra par la suite. A défaut de son mari qui s'en moque éperdument, le père de la marquise, le lieutenant de police civile Dreux d'Aubray, fait enfermer le chevalier à la Bastille où il partage la cellule de l'Italien Exili, grand savant en matière de toxicologie. Exili a mis son art au service de trop hauts personnages pour qu'on le relâche jamais. Mais ceux-ci, désireux de se réserver la possibilité d'avoir encore recours à ses « élixirs », lui ont obtenu la latitude de faire installler un laboratoire dans sa cellule et de poursuivre ses recherches en toute tranquillité. Il fait de Sainte-Croix son élève, un élève qui brûle de pouvoir se venger de ceux à qui il doit sa captivité.

Au bout d'une année, on vient annoncer au chevalier qu'il est libéré. Les deux amis conviennent alors qu'Exili absorbera un puissant narcotique, qui lui donnera toutes les apparences de la mort. Après son inhumation, forcément sommaire, dans le cimetière des prisonniers, Sainte-Croix devra le déterrer et lui administrer une potion qui le tirera de son sommeil. Avant de se plonger dans cette léthargie volontaire, Exili, qui n'a qu'une demi-confiance en son élève, soudoie un gardien qui doit faire parvenir à un tiers une fiole d'un liquide semblable à celui qu'il a remis à Sainte-Croix, accompagnée d'une lettre portant cette suscription : A mon fils Olivier.

Cet Olivier est un jeune homme qui vit dans une modeste chambre proche de la place des Victoires, d'où il peut à l'occasion, admirer les splendides jardins du financier Hanivel. Étonnante est son histoire. Enfant abandonné, recueilli par une pauvre famille de fermiers de la région de Compiègne, il n'avait pas dix ans quand il fut tiré de ce milieu par un homme fort riche, le marquis de Florensi, qui l'éleva et l'aima comme son propre fils. Mais le marquis disparut un jour, laissant son fils adoptif sous la garde d'un vieux serviteur. Bien que disposant d'une importante fortune, le jeune homme mena une vie austère et fit de fortes études. Mais, un jour, il aperçut, dans les jardins de son richissime voisin, une jeune fille d'une grâce inimaginable, Henriette, la propre fille du financier. Longtemps, il l'aima en secret, puis se risqua à attirer son attention et finit par s'en faire aimer. Pour échapper à un mariage imposé par son père, Henriette accepta de se réfugier dans un couvent, mais le financier mourut brusquement, laissant une veuve avec des ressources amoindries, ce qui fit tomber le seul obstacle qui s'opposait à l'union des jeunes gens.

C'est à ce moment que parviennent à Olivier le billet et la fiole envoyés par Exili (qui ne fait qu'un avec le marquis de Florensi, on l'a deviné). Accompagné du fidèle serviteur, le jeune homme assiste à l'inhumation de son père adoptif. Sainte-Croix, venu lui aussi, se retire sans avoir accompli sa promesse, mais ignorant qu'il est observé. Les deux hommes déterrent alors le marquis, le raniment, l'emmènent dans une voiture qui les attend.

Celui-ci disparaîtra à nouveau, une fois célébré le mariage d'Olivier et d'Henriette, mais non sans avoir fait de graves révélations à son fils adoptif. Du fond de son cachot où il était parfaitement au courant de ce qui se passait au dehors, il avait décidé de rayer du nombre des vivants le financier Hanivel, qui sacrifiait froidement sa fille à ses intérêts, et pour cela il s'était servi de Pénautier, trésorier général du clergé, qui ambitionnait de succéder à Hanivel dans l'une de ses fonctions les mieux rétribuées. Pénautier avait remis une forte somme à la Brinvilliers pour verser au financier le fatal poison procuré par Exili, mais il devra rendre gorge des biens dont il a dépouillé la veuve de sa victime. Olivier entend se charger du châtiment de Sainte-Croix, cependant le marquis de Florensi s'y oppose, car le jeune homme ne peut lever la main sur son père, si méprisable qu'il soit. Olivier est, en effet, l'enfant abandonné, né des amours du chevalier et de Madeleine d'Aubray, avant qu'elle n'épouse le marquis de Brinvilliers. Sainte-Croix ne mourra qu'à l'heure fixée par Florensi et du poison dont il croit être maintenant le seul à détenir le secret. Quant à la marquise, cette mère dont Olivier ne peut que rougir, Florensi prédit le sort terrible qui l'attend. Après avoir empoisonné tous ses proches pour pouvoir recueillir leurs biens, elle sera démasquée et la justice lui fera chèrement payer ses crimes abominables.

Les Amours d'une empoisonneuse sont une œuvre d'un caractère nouveau chez Gaboriau. Il a écrit là un roman historique, laissant une grande place à l'imagination, il est vrai, mais sans jamais atteindre à la vérité établie, comme l'avait fait l'auteur des *Trois Mousquetaires*. L'ouvrage s'apparenterait plutôt au *Vitriol de Lune*, que Henri Béraud publiera un demi-siècle plus tard. Quand Gaboriau a pris des libertés, c'est uniquement avec des faits contestables. On a prétendu, sans grande vraisemblance, que Sainte-Croix avait fait à la Bastille la connaissance d'un Italien « artiste en poison », nommé Exili, qu'il aurait pris à son service à leur commune sortie de prison. Gaboriau ne pouvait donc éprouver aucun scrupule à utiliser des dires plus ou moins douteux dans un sens utile à son récit.

Par contre, le titre de l'ouvrage est discutable, car il répond très incomplètement à son contenu. Il traduit trop visiblement l'intention d'aguicher le lecteur, ce qu'on avait déjà reproché, avec moins de raison cependant, aux *Cotillons célèbres*. Mais il ne semble pas que ce soit Gaboriau qui l'ait choisi, car, lorsque Dentu aura décidé de publier cet ouvrage, c'est de *La marquise de Brinvilliers* qu'il demandera le manuscrit à sa veuve, titre moins tapageur, certes, mais ne convenant d'ailleurs pas mieux à l'ensemble des événements qu'il prétend englober.

L'EMPORIO PITTORESCO
ILLUSTRAZIONE UNIVERSALE
GIORNALE SETTIMANALE

ANNO I. — N. 477.

DAL 19 AL 25 OTTOBRE 1873.

Prezzo di ciascun numero anche arretrato
ALL'EDIZIONE COMUNE
Centesimi 10

È vietato ai rivenditori di esigere un prezzo maggiore in tutta Italia.
L'Edizione di lusso non si rilascia che in abbonamento.

Necrologia

EMILIO GABORIAU.

Questo scrittore popolare francese, che seppe creare un nuovo genere di letteratura, e che parve avesse raccolta l'eredità di Ponson du Terrail, moriva d'improvviso il 29 settembre scorso a Parigi, nella fresca età di soli trentanove anni.

Nato a Jonzac, piccola città della Francia, nel dipartimento della Charente inferiore, figlio d'un onorevole conservatore delle ipoteche, sin da gioventù si sentì inclinato agli studi letterari, per la qual cosa ebbe a combattere la volontà della sua famiglia che voleva avviarlo in tutt'altra professione.

È un fatto che non pochi genitori considerano l'amore per le lettere come la peggiore disgrazia che possa colpire un figlio che vi si applichi con la maggior passione, senza considerare la stima e gli onori che gli vengono poi tributati se le coltivi con successo. Ed è per ciò che Gaboriau, come tant'altri scrittori insigni, prima di salire in fama, ebbe molto a lottare ed a soffrire.

Abbiamo detto che Gaboriau creò un nuovo genere di letteratura; e fu il romanzo giudiziario, che fu tanto in voga dopo il *Processo Clemenceau*, di Dumas figlio.

In fatti quasi tutti i suoi lavori s'aggirano intorno a un giudice istruttore e ad un agente di pubblica sicurezza. I magistrati e gli agenti di Gaboriau hanno una maravigliosa perspicacia: essi distrigano le più imbrogliate matasse, e projettano la luce della verità in mezzo agli intrighi i più tenebrosi; leggete, e ne sarete persuasi, *L'affaire Lerouge, le Crime d'Orcival, le Dossier N. 113, Les esclaves de Paris, La vie infernale*, tra i molti da lui pubblicati, che sono quelli che crearono la sua riputazione, sia per lo studio, sia per l'ingegnosa combinazione degli episodi.

Fra i romanzi più sviluppati e che ottennero maggior successo così in Francia che in Italia citeremo: *La dégringolade, La clique dorée, La corde au cou*, dei quali il nostro editore ne acquistò da lui la proprietà per l'Italia, e dei quali pubblicò una elegante traduzione, che ebbe il più pronto smercio.

Un pubblicista francese, parlando del carattere di questo romanziere, così si esprime:

« Gaboriau era un buono e leale amico; beneficava i letterati infelici con un tatto squisito ed una gaiezza che rendeva la speranza ai desolati. Per gli uni aveva una parola di raccomandazione pel suo editore ed amico, Dentu; per gli altri un lavoro, e sovente il soccorso di qualche danaro.

« Di tal guisa viveva felice con la sua gentile consorte che divideva i suoi lavori, e spesso lo soccorreva de' suoi buoni consigli. Ad essi nulla mancava; non avevano che un tormento: quello di non aver figli. »

Gaboriau fu vittima di una malattia polmonare di cui soffriva da una diecina d'anni, e che lo tolse al mondo nello splendore del suo ingegno e della sua fama, e mentre si preparava a nuovi lavori.   X.

Emilio Gaboriau.

ECONOMIA SOCIALE

Associazione di previdenza e loro sviluppo.

I.

Molte sono le istituzioni di soccorso,

PLANCHE XIV

1. Émile Gaboriau, le romancier regretté du *Petit Journal*, par H. Meyer.
Le Journal Illustré du 11 octobre 1873.

2. Tombe d'Émile Gaboriau et de son épouse (à gauche).
Tombe du père et de la mère du romancier (à droite).
Ancien cimetière de Jonzac, *Photo. Georges Pont, Jonzac*.

3. Émile Gaboriau.
Buste anonyme (plâtre)
probablement posthume.
Photo. Christian Rigaber, Saintes.

LA LANGUE DE L'ÉCRIVAIN

XXXV

LA QUALITÉ DU STYLE

Certains critiques englobant dans le même mépris tous ceux qu'ils surnomment « les romanciers populaires » ont assuré, sans se donner la peine de beaucoup le lire, que Gaboriau était un médiocre écrivain. S'il est vrai qu'il lui arrive d'être parfois coupable de négligence, on est en mesure, après avoir dépouillé ses ouvrages, de s'inscrire en faux contre une telle assertion.

Voici sans plus attendre les quelques faiblesses qu'on peut lui reprocher :

Tout d'abord — et c'est peut-être de sa part la faute la plus sérieuse — le caractère invraisemblable de certaines paroles dans les bouches où il les a placées.

Est-il habituel qu'en s'adressant à des personnages titrés on emploie leurs titres nobiliaires précédés de « Monsieur », « Madame » à moins d'appartenir à leur domesticité ! Plus étonnant encore : Blanche de Courtomieu et Diane de Sauvebourg donnent du « Monsieur le Marquis » aux jeunes hommes qu'elles sont à la veille d'épouser. Enfin est-il concevable que Gaboriau ignore la coutume au point qu'un de ses marins s'adressant à l'un de ses officiers l'appelle « mon lieutenant », expression inusitée dans la marine, et qu'un duc, contre tous les usages, présente de « respectueux hommages » à une jeune fille.

Inversement, quand il s'agit de gens du peuple, on accepte par une fiction comparable à celle qu'on admet au théâtre, qu'un auteur ne les fasse pas s'exprimer comme ils parlent en réalité. Mais on ne doit pas, par un excès contraire, leur prêter un langage trop châtié. Est-il possible qu'un clochard campagnard, tel que Cheminot, puisse prononcer cette phrase : « ...et elle le conjurait de fuir, d'une voix qui me troublait jusque dans l'âme, avec des paroles d'amour comme je n'en ai jamais entendues, avec des regards qui vous brûlaient ». Que le demi-idiot inculte qu'est Cocoleu, puisse déclarer : « Je ne prononcerai plus une parole ». Que l'ancien forçat Crochard, ouvrier sans instruction, puisse décrire ainsi son complice : « ...il a l'air spirituel, les yeux doux, et sa figure inspire tout de suite confiance ». Que des paysans — des paysans du Second Empire — s'expriment comme des hommes cultivés : « Nous venons, dit l'un d'eux, de trouver quelque chose de singulier. »

Même invraisemblance quand Gaboriau fait parler en notre langue des étrangers ou des personnages qui veulent se faire passer pour des étrangers. Ainsi Lecoq, se dissimulant sous l'identité d'un Anglais, même s'il émaille sa conversation de quelques anglicismes comme : « C'est bien désagréable... Oh ! beaucoup ! » Est-il concevable qu'un gentleman qui manie si maladroitement notre langue puisse, sitôt après, prononcer cette phrase : « Me voilà moins avancé que tout à l'heure et plus indécis, puisque je crois bien que cet homme est celui que je cherche, et que, cependant, je n'en suis pas assuré du tout. »

A quoi faut-il attribuer de telles maladresses, sinon à ce que le récit fut rédigé hâtivement, sous la nécessité de fournir au *Petit Journal* sa ration quotidienne de lignes. De plus, dans sa précipitation à présenter les romans en volumes, sitôt leur publication en feuilletons achevée, Dentu ne laissait guère de temps à l'auteur pour corriger sa première mouture.

C'est de cette précipitation que proviennent probablement certaines faiblesses de style qu'on ne rencontre pas dans les ouvrages de Gaboriau, quand il a pu les écrire tout à loisir. Nous épinglerons celles que nous avons pu relever, peu nombreuses en somme compte tenu de l'étendue de son œuvre, parfois possibles fautes d'impression.

Des répétitions involontaires peu agréables :

— dans *Monsieur Lecoq* : « ses bottines avaient été cirées, la petite casquette cirée tombée près de lui... » ;

— dans *La Clique dorée* : « Ce fut comme un coup de marteau sur le front du meurtrier... Cependant il dompta vite cette défaillance de la chair et se laissant tomber à genoux, les mains jointes d'un mouvement mélodramatique : je ne suis donc pas un meurtrier... » ;

— dans *La Vie infernale* : « les jours employés à se procurer sa chétive existence, les nuits consumées dans les larmes, l'avaient bien avant l'âge vieillie, fanée, flétrie, détruite. La chétive clarté d'une lampe au schiste... » ;

— dans *La Dégringolade* : « ...il n'avait rien trouvé d'acceptable à Paris ni même aux environs. De guerre lasse, il s'était résigné à accepter une situation d'ingénieur. »

Quelques négligences comme « patron-minet » pour « potron-minet », « estaminet modeste » pour « modeste estaminet » et de rarissimes incorrections échappées d' « une plume à courir trop hâtée ». Exceptionnellement des lourdeurs, celle-ci particulièrement pesante : « Jusqu'à ce qu'enfin il parvienne jusqu'à quelqu'un qui lui réponde ». Un record.

Mais, à part ces rares « bavures », on peut affirmer que le style de Gaboriau est correct, souvent élégant, et le choix de ses termes heureux. Veut-on un exemple du soin qu'il apporte habituellement à éviter la répétition d'un mot : dans un chapitre où figure une longue conversation entre Lecoq et l'un de ses collègues, on trouve les incises : « dit-il, poursuivit-il, déclara-t-il, s'écria-t-il, reprit-il, interrogea-t-il, continua-t-il, commença-t-il interrompit-il, il approuva, murmura-t-il, il répétait, il ajouta, fit-il, soupira-t-il, hasarda-t-il, commanda-t-il, il prononça, grondait-il, il répondit... », toutes justifiées.

Ce soin, il l'apporte également à veiller sur sa ponctuation, en particulier sur la place des virgules, qui est chez lui irréprochable. Il y eut toutefois une période où il abusa des points d'exclamation et surtout des points de suspension. Jusqu'au *Crime d'Orcival*, ils n'apparaissent guère que dans les conversations des personnages et à juste titre. Mais, dans les romans suivants, ils se multiplient, même au cours du récit. On ne conçoit pas que, n'étant pas payé à la ligne, il ait voulu faire du remplissage. Il faut plutôt admettre qu'écrivant ses feuilletons au jour le jour, il n'ait pas toujours eu le loisir d'exprimer par écrit des nuances que son esprit percevait parfaitement, alors que la découverte du mot exact, de l'expression adéquate — ceux qui rédigent le savent bien — exige souvent une longue réflexion dans le calme. Or le point d'exclamation et, plus encore, les points de suspension, s'ils ont leur utilité, judicieusement employés, peuvent devenir un procédé paresseux pour se décharger sur le lecteur de l'analyse d'une sensation ou de la conduite d'un raisonnement, dont se dispense ainsi celui qui tient la plume. A noter, cependant, qu'après la guerre, cette fâcheuse tendance ira s'atténuant dans les romans de Gaboriau, conséquence, entre plusieurs autres, du caractère vers lequel évoluera son œuvre.

En définitive, si le père du roman policier ne peut figurer parmi les grands écrivains du siècle, il n'en est pas moins un auteur estimable. Il se rendait d'ailleurs parfaitement compte de cette subordination et aspirait, comme on sait, à prendre place au premier rang. Il pouvait l'espérer, car en plus d'une langue très claire, il faut lui reconnaître le don d'avoir recours à des images pour la plupart heureuses et de posséder un sens très sûr du pittoresque dans le choix de ses expressions.

XXXVI

L'ABONDANCE DES IMAGES

La langue de Gaboriau est riche en images, souvent inédites, quelquefois un peu laborieuses, mais parfois très heureuses. Il les prend dans tous les domaines.

Dans la nature, en particulier dans les mouvements de l'air et de l'eau. En voici quelques exemples :

« Comment atteindre et étouffer la calomnie elle-même... Autant vaudrait essayer d'arrêter, en étendant les bras, le vent empesté qui apporte une épidémie.

« de même que l'impalpable flocon de neige devient l'irrésistible avalanche, le mot insignifiant, abandonné, puis repris, puis développé, commenté et interprété, peut devenir une charge écrasante.

« si l'on jette au milieu d'un lac une lourde pierre, elle produit un jaillissement considérable et la masse d'eau est agitée jusque sur les bords, mais le remous diminue à mesure que les cercles s'élargissent, la surface reprend son immobilité et bientôt nulle trace ne reste de la pierre enfouie désormais dans les vases du fond. Ainsi il en est des événements qui tombent dans la vie de chaque jour, si énormes qu'ils puissent être. »

Dans la vie végétale :

« un grand vieux d'une cinquantaine d'années, maigre et noueux comme un cep de vigne.

« les tantes Lavarande, longues et minces comme des baguettes de saule.

« l'âge où la beauté a les provocations des fruits savoureux de l'automne.

« l'âme reste de boue et toutes les séductions dont elle fut parée, deviennent autant de perfides amorces, pareilles à ces fleurs admirables qui s'épanouissent sur des cloaques sans fond où les imprudents trouvent une mort affreuse.

« c'était un de ces redoutables égoïstes qui stérilisent tout autour d'eux, comme ces noyers à l'ombre desquels rien ne saurait venir. »

A la fois dans les éléments et la végétation :

« cette rosée de la louange tombait sur la vanité de Lecoq : elle l'épanouit.

« les années avaient passé sur son front sans plus y laisser de traces que la brise de mai sur une fleur à demi éclose.

« par moments, un spasme le tordait et le secouait plus rudement que le vent de décembre ne tord et ne secoue les branches mortes.

« la comtesse était dans une de ces crises de désespoir d'où tout ce qu'on a au fond de l'âme remonte à la surface comme les varechs pendant la tempête. »

La vie animale non plus ne reste pas inutilisée comme le montrent ces quelques passages :

« ses petits yeux gris mobiles comme ceux de la bête inquiète.

« arrêtés chauds du crime, ils tombent dans une torpeur stupide, pareille à celle de la bête repue qui s'endort, les babines pleines de sang.

« le meurtrier entrait, se précipitait plutôt, dans le cabinet. Le taureau qui s'échappe de l'abattoir, après avoir été manqué par la massue du boucher, a ces allures affolées, ces mouvements désordonnés et sauvages.

« as-tu jamais vu des gens comme nous puiser des millions aux sources pures de la vertu ? ...il n'y a qu'un âne pour refuser, ayant soif, de boire parce qu'il voit un peu de vase au fond de son seau.

« la parente pauvre était là, pareille à ces chiens que leurs maîtres laissent à la porte des maisons où ils entrent.

« elle avait appris à ses dépens que le sifflet de son mari, bien plus sûrement que le cri des goélands, présageait la tempête. »

De l'animal passons à l'objet façonné par le travail humain :

« M. Barban d'Avranchel... froid et raide comme un verrou de prison.

« on l'accusait d'être en affaire, poli, dur et froid, comme une dalle de la Morgue.

« certains des confrères du juge demeuraient raides et tranchants autant que le glaive qu'on place dans la main de la Justice.

« telle était sa raideur qu'on l'eût cru empalé sur le glaive de la Justice.

« son nez désagréablement retroussé comme le pavillon de certains instruments de M. Sax.

« sa figure insignifiante n'est certes pas le miroir de son esprit, c'est une page blanche où il n'y a rien à déchiffrer.

« elle avait compris qu'il n'est d'idoles éternellement adorées que les idoles de l'imagination dont la dorure ne reste pas aux doigts.

« la passion va de son mouvement propre, terrible comme celui du boulet. La faiblesse est comme une masse de plomb suspendue au bout d'une corde et qui va heurtant et blessant de droite et de gauche, suivant la direction que lui imprime le premier venu.

« une soutane usée et rapiécée pendait le long de son corps maigre, aussi misérablement que les voiles d'un navire en pantenne.

« près d'elle, la chaste et discrète beauté de Mlle Suzanne pâlissait comme le chef-d'œuvre de génie près de l'œuvre à effets violents d'un charlatan de talent. »

Enfin Gaboriau a fréquemment recours, pour ses comparaisons, aux situations dans lesquelles l'individu peut se trouver. Là non plus les exemples ne nous manquent pas :

« rien qu'à interroger l'avenir, elle se sentait prise de nausées comme celui qui regarde longtemps le monotone balancement d'une mer calme.

« pareil à ces dévots qui renvoient leurs gros péchés à la fin de la confession.

« le vieux finaud de Tabaret gardait la mine contrite d'un sacristain surpris à faire gras le vendredi.

« la situation d'un prévenu devant un magistrat instructeur peut être comparée à celle d'un homme qui, ne sachant pas nager, s'est avancé dans la mer jusqu'à avoir de l'eau au ras de la bouche. Tant qu'il garde son équilibre tout va bien. Chancelle-t-il ? ...aussitôt il perd pied. S'il se débat et barbote, c'en est fait, il avale une gorgée d'eau, la vague prochaine le roule, il veut crier, il boit, il est noyé.

« quand on se noie, qu'on se sent couler, qu'on est à la dernière gorgée, le brin d'herbe qui flotte semble une planche de salut et l'on s'y raccroche.

« lorsqu'on est au fond du précipice, à quoi bon savoir comment on y a roulé, si on a trébuché contre une pierre ou glissé sur une touffe d'herbe. C'est cependant toujours la plus ardente préoccupation.

« il est de ces chagrins cuisants qui s'irritent de toute consolation, pareils à ces blessures qui saignent, si légère que soit la main qui les panse.

« elle se délectait dans ce bien-être comme un pauvre diable dans des draps bien blancs, après être resté des mois sans coucher dans un lit.

« foudroyé par une catastrophe invraisemblable, inouïe, qui l'atteignait en plein bonheur, son cerveau avait été pour un moment paralysé. Mais il recueillait une à une ses idées éparses et, avec la faculté de penser, la faculté de souffrir lui revenait. Il en est des crises morales comme des crises physiques. Aussitôt après un choc terrible qui fracture le crâne ou qui brise un membre, on ressent une douleur épouvantable, il est vrai, mais vague, indéterminée et que suit un engourdissement plus ou moins prolongé. C'est plus tard qu'on éprouve véritablement le mal, il va grandissant, redoublant d'intensité de minute en minute, poignant, intolérable, jusqu'au moment où il arrive à son apogée.

« la jeune femme tressaillit et frissonna comme le malade qui, tout à coup, dans l'engourdissement de la douleur, entend le cliquetis des terribles instruments du chirurgien.

« son insensibilité avait quelque analogie avec celle des gens anéantis par le mal de mer, que rien ne touche plus, que nul sentiment n'est capable d'émouvoir, qui n'ont plus la force ni le courage de penser, que l'imminence d'un grand péril, de la mort même ne pourrait tirer de leur insouciance. »

Ou même un métier ou une science :

« les questions du juge tombaient sur sa tête plus drues que les coups de marteau du forgeron sur le fer rouge qu'il se hâte de façonner.

« il était redevenu juge d'instruction comme ce maître d'escrime qui, faisant des armes avec son meilleur ami, s'enivre au cliquetis du fer, s'échauffe, s'oublie et le tue.

« elle s'était promis de planer dans l'azur et elle en était réduite à traîner péniblement la lourde charrue d'un mariage de raison.

« ses angoisses, enfin, lorsqu'il songeait à combien peu tenait sa position, ne pouvaient-elles pas être comparées à celles du mineur qui, au moment où on le monte du fond de la mine, voit se détendre, éclater brin à brin le câble où est suspendue sa vie et qui se demande si les quelques fils qui le soutiennent, seront assez forts pour le hisser jusqu'à l'orifice du puits.

« pareille au matelot désespérément accroché à une épave, elle interrogeait l'horizon d'un œil éperdu et elle n'apercevait que tempêtes et désastres.

« les heureux ne sont pas ceux qui, sur des tréteaux en vue, jouent la parade du bonheur.

« heureusement que le docteur ne perd jamais la tête et c'est avec l'aisance d'un acteur réparant un outil du chef des accessoires qu'il alla refermer la porte.

« le chirurgien qui se décide à une périlleuse opération, commence par affaiblir son malade. Avant d'entreprendre sérieusement un sujet, l'ami d'Hortebize s'applique à briser les derniers ressorts de sa volonté.

« tu me fais l'effet d'un de ces vieux nigauds de naturalistes qui mettent toutes sortes de petites bêtes sous verre et qui passent leur vie à les regarder grouiller à travers une grosse loupe.

« il prétend avec un seul fait reconstruire toutes les scènes d'un assassinat, comme ce savant qui sur un os rebâtissait les animaux perdus. »

Enfin, il arrive à Gaboriau — mais c'est exceptionnel — de faire appel, dans ses comparaisons, à des faits imaginaires, forgés par la crédulité des hommes :

« il demeurait plus immobile que ces malheureux qui, selon la croyance populaire, frappés de la foudre, restent debout, mais tombent en poussière dès qu'on les touche ».

Ou même au surnaturel :

« on eût dit la statue de la Dignité descendue de son socle.

« il semblait à M. Daburon qu'il lui était donné de contempler ce spectacle effrayant d'une statue qui pleure ».

La plupart de ces comparaisons révèlent à la fois un sens aigu de l'observation et une très vive sensibilité. Et, comme toujours, chez Gaboriau, l'humour n'en est pas absent. Quoi de plus original et de plus plaisant que l'identification de Kami-Bey, le Turc pansu de *La Vie infernale*, vêtu de noir et coiffé de son fez, à une fiasque au goulot cacheté de rouge ! Il est, enfin, remarquable que ces rapprochements empruntant beaucoup à la nature, aux objets et aux animaux soient, tous, faits au bénéfice de l'homme et concernent uniquement ses sentiments et son comportement.

XXXVII

LES EMPRUNTS A LA LANGUE VERTE

Faisant contraste avec son style habituel, on rencontre dans les ouvrages d'Émile Gaboriau des expressions triviales, des tournures relâchées, le langage de la rue.

Ce parler populaire est riche de termes peu académiques, mais compris de tous et, bien que l'auteur se soit défendu d'avoir recours à « cet argot puéril qui émaille certains romans sous prétexte de couleur locale », il le place volontiers dans la bouche de ses personnages. Par contre, quand il s'agit de conversations entre apaches, il renonce à « l'argot véritable, celui qui a cours dans les repaires de malfaiteurs, langue ignoble et obscène qu'il est impossible de rendre, tant est flottante et diverse la signification des mots ». Certes, il peut lui arriver d'employer certains termes forgés dans les cellules, langage qui a fini par devenir celui des geôliers. Ceux-ci par exemple : panier à salade, parloir des singes (lieu où il est interdit de parler), postillon (billet roulé dans une boulette de mie) dont il juge utile de donner le sens. Il peut même lui arriver d'expliquer longuement l'origine d'un de ces mots, comme il le fait pour « poivré », qui désigne « le buveur qui a laissé sa raison au fond des pots », origine de l'enseigne « La Poivrière », l'assommoir tenu par la mère Chupin.

Voici quelques exemples de cette langue populaire, d'ailleurs utilisée avec moins de réticences dans les derniers romans :

En attendant son maître, la gouvernante du juge Plantat « se rongeait les sangs ainsi qu'elle le disait énergiquement ».

Aux policiers qui avancent, dans la nuit, sur un terrain coupé de fondrières, leur chef Gévrol lance cet avertissement : « Attention aux billets de parterre ! »

Le père Absinthe, plein d'admiration pour les ingénieuses déductions de Lecoq, déclare à son jeune collègue : « Comparé à vous, le Général n'est que de la Saint-Jean » (c'est-à-dire peu de chose : à l'origine, on employait l'expression dans un sens tout contraire, car on attribuait un pouvoir miraculeux aux herbes cueillies le jour de la Saint-Jean, appelées en abrégé les saint-jean).

Lecoq, lui-même, persuadé de l'efficacité de la peine de mort, assure que les « malfaiteurs d'habitude (c'est-à-dire les repris de justice) tiennent à leur peau ».

Et c'est à lui que son cocher d'origine bretonne promet de « l'espérer » c'est-à-dire de l'attendre.

Mais, c'est dans *La Vie infernale*, qu'on trouve dans la bouche de Toto Chupin les plus pittoresques échantillons de la langue des titis parisiens, presque toujours compréhensibles, d'ailleurs, d'autant que nombre de ces termes ont reçu depuis lors droit de cité. En voici quelques-uns dans l'ordre où on les rencontre au cours de la lecture : « Le patron ne va pas se casser ses bretelles de rire », « de quoi ! attends un peu, je vais te payer une chopine, moi ». « On le tirera d'affaire et il épousera sa particulière. D'abord, moi, je suis de la noce, la main aux dames et en place pour le quadrille », « pas de chance au bâtonnet » (un jeu enfantin dans lequel on s'efforce de faire sauter un petit bâton aminci aux extrémités), « mon image de changeur » (un billet de banque), « me donner quinze sous pour mesurer le trottoir d'ici à la Villette ! », « Pour sûr, cette dame est la légitime de mon brigand ». Et enfin cité par l'auteur : « Victor Chupin ne la menant pas large, suivant son expression ».

Dans *La Clique dorée*, ce sont les aveux de l'ancien forçat Crochard qui nous fournissent quelques spécimens de beau langage : « J'étais sûr de le repincer, s'il essayait de se la briser », « se sentir renippé, ça remonte le moral », « Chevassat me flouer ! ».

Et, dans *L'Argent des autres*, c'est au tour de Zélie Cadelle, la jeune femme entretenue par le caissier Favoral, de s'exprimer comme elle l'a toujours fait dans le milieu d'où elle vient. Ainsi : « Quelle scie ! mes frères ! », « faire le renchéri », « me dire que si je sors le soir, ce sera pour ne plus rentrer. As-tu fini ! », « Il y beaux jours que... »

Quel contraste entre le langage de cette fille du peuple qui emploie les mots qui lui viennent naturellement à la bouche, les seuls qu'elle ait entendus dans son enfance et l'argot affecté de Césarine, la fille du baron Thaller, qui cherche surtout à se distinguer pour avoir du « chien » — on ne disait pas encore du « zinc », constate Gaboriau — et parle comme les voyous ou plutôt comme les snobs s'imaginent que parlent les voyous. Voici quelques passages de sa conversation avec le marquis de Trégars, venu s'entretenir avec ses parents : « Vous m'avez fait une peur ! quel trac, princesse !... Papa vient d'être refait ; son caissier vient de se payer un courant d'air international... Je vois Mme Favoral dans un drôle de pétrin. Quelle dèche ! Marquis. » Puis, s'imaginant en mariée : « J'aurai l'air d'une grue (une grande femme à la tournure gauche), parce que je serai en blanc... mais, c'est assez la faire au sentiment » et elle se retire pour ne plus « scier le dos » du visiteur. Ajoutons que cette jeune personne, « quand on reculait devant une de ses questions par trop scabreuses », demandait qu'on lui réponde en « javanais », car, nous dit Gaboriau, « elle le parlait supérieurement et pensait sans doute que ce spirituel argot a les privilèges du latin ».

Dans la bonne société, Césarine est loin d'être la seule à s'exprimer ainsi. Nous avons aussi le jeune aspirant dandy Wilkie, quand il évoque ses ennuis financiers. « Mes créanciers me la font au papier timbré... enfin ça ne boulotte pas. » Quant au gendre du baron Trigault, tout ce qu'il demande à son beau-père, c'est de « casquer ». Et la vicomtesse de Bois d'Ardon sait prendre congé avec une suprême élégance. « Allons, fit-elle, je me la casse » (plus distingué, le forçat Crochard disait : Je me la brise).

On sait combien Gaboriau s'inspirait du vécu et de la réalité. Ces mots ont été vraisemblablement recueillis de la bouche de personnages plus ou moins ressemblants à ceux qu'il a mis en scène, car, on l'a vu, il fréquentait tous les milieux et se montrait partout à son aise. Et de telles expressions présentent l'intérêt de donner plus de vie et de piment à ses récits, sans qu'il en ait cependant abusé.

LA PART DU SOCIAL
DANS L'ŒUVRE D'ÉMILE GABORIAU

XXXVIII

LA DÉNONCIATION DES TARES SOCIALES

On trouve, dispersées dans toute l'œuvre de Gaboriau, des observations, des descriptions, des réflexions qui, regroupées, formeraient une peinture de la société des dernières années du Second Empire et du tout début de la Troisième République, trop nourrie pour pouvoir prendre place dans ce volume. Du moins, grâce à quelques touches recueillies çà et là, avons-nous la possibilité de mettre en lumière l'indignation du romancier devant le contraste scandaleux entre le dur labeur, la vie difficile, à l'époque parfois miséreuse, du monde ouvrier et l'étalage provocant du luxe inouï dont s'entouraient de récents parvenus de la fortune. Une fortune souvent acquise dans des affaires véreuses, des spéculations boursières facilitées par les grands travaux et les guerres de l'Empire, puis par la reconstruction du pays au lendemain du conflit franco-allemand et de la tragédie de la Commune.

Un des plus cyniques spécimens de cette faune, qui pullule sur les sols malsains, se rencontre dans *La Dégringolade*. C'est l'architecte Verdale, « un grand, gros et large homme, avec d'énormes mains velues, affreusement commun, mais ne manquant, on le voyait à ses yeux, ni d'esprit, ni de finesse». Dans sa jeunesse, il avait obtenu un grand prix qui lui avait valu un séjour de trois ans à Rome. Mais, rentré en France, il n'était parvenu à intéresser personne à ses projets et était resté désespérément pauvre. Il se révèle à nous au cours d'un entretien avec l'avocat Roberjot, son ancien condisciple, à qui, au lendemain du coup d'État, il est venu emprunter l'importante somme de huit mille francs. Voici l'usage qu'il compte en faire. Le futur empereur nourrit, comme chacun sait, des projets grandioses ; qu'il voie les plans géniaux de notre architecte et « les millions tomberont ». C'est par les amis du Prince Président qu'il parviendra jusqu'à lui et déjà il en connaît quelques-uns. Mais il lui faut tout d'abord désintéresser ses créanciers, puis qu'il se meuble décemment dans un logement convenable, car, « les imbéciles refusent de reconnaître le talent qui ne se présente pas dans un certain cadre ». L'avocat finit par céder. N'ayant pas de fonds disponibles, il confie au solliciteur un titre de vingt mille francs constituant le tiers de sa fortune et y joint une lettre ordonnant à son agent de change de le négocier et de remettre ensuite à Verdale la somme dont il a besoin. Mais celui-ci, contrefaisant l'écriture de son ami, fabrique une lettre invitant l'agent de change à lui remettre la totalité du produit de la vente du titre. La somme touchée, il se lance dans une opération hasardeuse, non sans avoir adressé à Roberjot un billet où il avoue l'abus de confiance dont il s'est rendu coupable. Cependant l'opération réussit et, au jour dit, Verdale rapporte à l'avocat la somme qu'il lui a empruntée contre son gré, en lui offrant la moitié de l'énorme gain réalisé grâce à elle. Roberjot, après avoir refusé de participer à l'aubaine, le met à la porte, tout en gardant contre lui une arme terrible, l'aveu écrit de son indélicatesse.

On retrouve Verdale, dix-sept ans plus tard, engagé dans une affaire d'une flagrante malhonnêteté, mais ce n'est plus « le famélique architecte incompris, qui traînait dans Paris ses bottes éculées et son immense portefeuille tout gonflé de plans dédaignés et d'inutiles devis. Le succès se devinait à sa face rougeaude et la santé au mouvement de ses larges épaules et à son geste impérieux. Il crevait de prospérité comme un sac d'écus trop plein qui craque aux coutures. Après son merveilleux coup de bourse, il avait encore accru son capital grâce à des opérations d'une probité douteuse. Sa fortune et la faveur du gouvernement impérial qu'il avait su se ménager lui avaient permis de participer fructueusement aux démolitions nécessitées par les immenses transformations de la capitale. L'Empire l'avait fait chevalier de la Légion d'honneur et lui-même s'était fait baron. De bonne heure, il avait acquis à bas prix de vastes terrains au centre du quartier des Champs-Élysées et s'était fait bâtir un hôtel à la façade si surchargée d'ornements et de sculptures que le passant se disait : Là, certainement, demeure un enrichi d'hier. Et quand on pénétrait dans ce vrai petit palais, on était accueilli au bas d'un escalier de marbre par des valets en livrée écarlate. Depuis longtemps le baron Verdale avait oublié que sa brave femme de mère avait vendu du poisson aux Halles. »

Tout aussi étonnante avait été l'ascension du Prussien Thaller dont le père avait été cocher à Berlin et la mère serveuse dans une brasserie. A dix-huit ans, une escroquerie le força à s'expatrier et il vint se réfugier à Paris, déjà grand dépotoir de l'Europe. Devenu le commis d'un agent de change, il vivait misérablement, quand il fit la connaissance d'Euphrasie, la maîtresse du marquis de Trégars. On connaît la suite de l'histoire. Utilisant adroitement l'argent de sa dupe et, sans aucun scrupule, la beauté de sa femme, Thaller qui s'était donné le titre de baron, jalonna son chemin de victimes, réussissant par d'habiles spéculations et des opérations frisant l'escroquerie à rassembler une fortune considérable.

Désireux de se loger loin de ses bureaux, il avait acheté, rue de la Pépinière, un ravissant petit hôtel dont le mauvais goût du nouveau propriétaire n'avait pas réussi à détruire tout le charme. Le baron Thaller, ainsi qu'il le disait lui-même, avait horreur de la simplicité. « Partout où il découvrait une place vide, large seulement comme la main, il y accrochait un tableau, un bronze, une faïence, n'importe quoi, n'importe comment. Les élégantes proportions intérieures de l'hôtel étaient gâtées par une ridicule profusion d'objets de toute nature et de toute provenance. De plus, il avait rassemblé dans une galerie soixante ou quatre-vingts toiles dont il n'était pas médiocrement fier. La plupart étaient des barbouillages signés d'un nom prestigieux, mauvaises répliques venues des truqueurs de la rue Drouot, qu'il avait payées fort cher. Par contre, il n'eût pas donné cent sous d'un véritable chef-d'œuvre signé d'un peintre de génie, mais encore non coté chez les marchands de tableaux et auprès des collectionneurs uniquement attachés à réaliser une bonne affaire. »

Ce besoin d'étaler sa fortune est également le propre de jeunes écervelés, qui n'ont pas eu à la conquérir et se parent, eux aussi, de titres nobiliaires imaginaires, à l'époque d'un grand prestige. Tel Pierre Gandelu, type accompli de ce que le bon peuple appelle un crevé, c'est-à-dire un viveur ou un prétendu viveur s'appliquant à « paraître éreinté, usé, exténué, pose destinée à donner de soi l'idée qu'on est brisé par des excès exorbitants, écrasé de jouissances et de plaisirs. C'est la mode, le dernier chic ! Pour mériter ce nom flatteur, il faut marcher en se dandinant, les épaules haussées à hauteur des oreilles, bombant le dos, traînant les pieds comme si les jambes eussent fléchi sous le poids de la fatigue ».

Il est ainsi décrit et jugé par son père, un entrepreneur enrichi à force de travail et d'économies :

« Est-ce que véritablement mon fils à moi, Nicolas Gandelu, se nomme Gaston ? Il a été baptisé Pierre, du nom de mon défunt père qui était terrassier de son état, mais qui était un homme. Ce nom de Pierre a fait honte à ce sot qui est mon fils. Il ne le trouve pas assez relevé. Il lui faut un petit nom d'amour bien doux, et surtout distingué, à donner comme sien à ces créatures qui le grugent. Pierre c'est commun, ça pue le travail et l'honnêteté, tandis que Gaston, ça sent son prince et ça fleure la pommade.

« Avez-vous vu ses billets de visite ? Il fait mettre dessus Gaston de Gandelu et il y a une couronne de marquis dans un des angles. Marquis ! lui, le fils d'un homme qui a servi les maçons ! Marquis ! quand moi, son père, je n'ai pas encore essuyé sur mon échine la trace des sacs de plâtre que j'ai portés ! Quand les garçons de restaurant lui disent : Monsieur le Marquis, il est aux anges. Idiot ! il ne voit pas qu'on se moque de lui ! On l'entoure, on le flatte, on le caresse, et il croit qu'on rend hommage à son esprit et à sa beauté. Propre à rien ! C'est aux écus de ton père le maçon qu'on fait la cour.

« Il n'a que vingt ans et déjà il est usé, fané, flétri, fini. Il est vieux, ses yeux clignotent et ses cheveux tombent. Il ne tient plus debout, il n'a que le souffle et il passe ses nuits à boire. »

On trouve dans les œuvres de Gaboriau bien d'autres passages où il met en relief la ridicule gloriole d'aventuriers et d'arrivistes, favorisés plus qu'à toute autre époque, et il lui arrive de noter combien leurs prodigalités peuvent paraître choquantes devant la misère d'une partie du monde ouvrier. Ainsi, dans *La Dégringolade :* « Le retour de certaines courses, de celles de Vincennes, par exemple, où se suivaient au triple galop des voitures pleines de jeunes gens et de femmes exaltés par le champagne, était un superbe défi à la population des faubourgs. » Et, dans une de ses chroniques, il conte que la splendide voiture d'une femme entretenue, au luxe tapageur, ayant été arrêtée dans un quartier populaire par un embarras de la circulation, l'occupante, autrefois simple ouvrière, fut reconnue des passants et, pendant un long moment, en proie aux lazzi de ses anciens compagnons de travail.

Gaboriau ne se livre pas à de longs réquisitoires. Pour lui, telle n'est pas la mission du romancier, qu'il ne faut pas confondre avec celle du moraliste. Il estime plus convaincant de brosser une peinture impitoyable des tares de la société en laissant à ses lecteurs le soin d'en exploiter les éléments. Il s'efforce non de suggérer des remèdes, mais de faire naître la pitié et l'indignation. Lui-même ne prend pas au sérieux ce qu'il appelle « les rêvasseries » des théoriciens collectivistes, dont il juge en bloc les diverses doctrines comme des élucubrations dangereuses. Quant aux meneurs, à ceux qui prétendent les faire appliquer, il les considère soit comme des bavards impénitents sans aucun sens du réel, soit comme des ambitieux avides de bouleverser l'ordre social dans leur intérêt personnel.

Gaboriau ne cache pas son estime pour les travailleurs manuels consciencieux et ce sont ses sentiments qu'exprime le duc de Champdoce, quand, parlant de prétentieux individus dont on ignore les origines, il déclare à ses amis : « Je tends volontiers la main aux ouvriers que j'emploie et qui gagnent rudement leur vie, je ne la donne pas aux louches personnages en gants paille... » Cependant si, dans ses romans, l'auteur montre fréquemment des ouvriers au travail, il ne pénètre pas dans leur vie privée. Au contraire, dans ses chroniques, où il n'est pas soumis à la nécessité de mener à bien un récit en des limites fixées, il lui arrive de s'émouvoir de leurs conditions d'existence, ainsi quand il décrit l'affreuse misère des familles des travailleurs du textile réduits au chômage par les conséquences de la guerre de Sécession et abandonnés à leurs souffrances par une bourgeoisie indifférente.

Mais si l'écrivain entend éveiller notre compassion, c'est avant tout pour la femme qui travaille et non pour l'homme, mieux armé pour lutter, touchant un salaire supérieur et à peu près étranger aux soins à donner à ses enfants. Il le fait dans presque tous ses romans, et en particulier, on l'a vu dans *Les Petites ouvrières*, avec une émotion contenue, mais certaine. On le sait, il avoue avoir pleuré en écrivant cette « œuvre de sanglots ».

La jeune Augustine Lefort, qui en est le personnage principal, est contrainte, à seize ans, de gagner son existence. Elle trouve du travail encore plus difficilement qu'une autre car elle ne peut se recommander de quelqu'un. Finalement, elle obtient de confectionner des chemises d'homme dans la chambre misérable qu'elle partage avec une amie, ce qui lui vaut de gagner quatorze sous par pièce, véritable exploitation de l'ouvrière, surnommée par les Anglais le sweating-system, car le même ouvrage exécuté en atelier est rétribué vingt-quatre sous. Aussi ses repas consistent-ils habituellement en pain trempé dans du lait. Très rarement elle peut manger de la viande et boire du vin.

Sauf quand l'exige son travail, elle évite de s'aventurer dans les quartiers riches, autre univers que les pauvres ne fréquentent pas. « On les y voit cependant, gronde Gaboriau, mais au jour d'émeute et le bourgeois dit alors à sa femme : D'où sortent donc toutes ces figures ? — Elles sortent de ces quartiers immenses qui entourent Paris et l'étreignent, de ces quartiers où l'on n'est gai que lorsqu'on est ivre, elles sortent des ateliers où l'on travaille, elles sortent des mansardes où l'on a faim. »

L'histoire de Toinon, surnommée la Vertu pour sa bonne conduite, est plus attristante encore. Venue à douze ans du fond de son Auvergne natale, cette robuste paysanne put entrer comme servante dans une grosse fabrique de Montrouge. Après dix années de privations et d'un labeur acharné, elle avait amassé, sou à sou, trois mille francs, quand pour son malheur elle rencontra Hippolyte Chupin, qui l'épousa pour ses économies. Quand, au bout de trois ou quatre mois, il les eut dévorées, il disparut. Il réapparaissait cependant quand il lui sentait un peu d'argent, qu'elle ne savait pas lui refuser, car elle l'aimait encore. Lui, tentait de la pousser à la débauche pour en tirer d'ignobles profits, mais l'honnêteté native de Toinon, qui avait eu en son temps la beauté du diable, s'y opposa toujours, d'où les mauvais traitements qu'il lui infligeait alors. La pauvre femme finit par s'enfuir en emmenant le fils né de cette lamentable union, le jeune Victor, âgé de cinq ans. Elle se logea dans une triste et froide mansarde éclairée par une fenêtre à tabatière, dont le mobilier consistait en un lit disloqué, une table boiteuse, deux chaises et de misérables ustensiles de cuisine. Pour vivre et faire vivre son enfant, elle s'usa les yeux à broder jour et nuit, acceptant à l'occasion de coudre des sacs de grosse toile, ouvrage faiblement rétribué.

De l'exploitation du travail des femmes, on passe tout naturellement à celle des enfants. De sérieuses restrictions avaient été apportées depuis la première moitié du siècle à leur emploi dans l'industrie qui, après avoir donné lieu à tant d'abus scandaleux, était maintenant soumis à un contrat d'apprentissage. Cependant à l'époque où nous nous plaçons, on ne trouve pas anormal, même en ville, qu'ils soient mis à l'ouvrage avant leur douzième année. A la campagne, c'est chose fréquente, il n'existe pas de limite d'âge pour exiger d'un enfant sa participation aux tâches agricoles familiales dans la mesure de ses forces.

C'est le cas du sculpteur André, confié peu après sa naissance aux religieuses de l'hôpital de Vendôme, qui lui ont donné une instruction primaire tout en le faisant travailler dans leur immense jardin. Quand il eut douze ans, elles le mirent en apprentissage chez un corroyeur, métier qui ne lui plaisait pas, mais la supérieure était une femme autoritaire, qui ne voulut pas en démordre. André feignit donc de se résigner à son sort et, pendant une année, travailla dur, économisant en cachette une petite somme, puis quand il jugea le moment favorable, il s'enfuit, gagna à pied Paris, où il réussit sans trop de peine à se faire embaucher comme apprenti par un entrepreneur en sculpture, conquis par sa bonne mine et sa volonté de travailler et d'apprendre.

L'école de la vie fut encore plus dure pour Marguerite, la fille du comte de Chalusse, élevée par les religieuses aux Enfants-Trouvés. A douze ans, elle fut placée comme apprentie chez un ménage de relieurs. Pour prouver sa bonne volonté et gagner l'affection de ses patrons, elle accepta tous les travaux, si bien que ce qu'elle avait d'abord accompli par complaisance deviendra sa tâche quotidienne impérieusement exigée. Levée la première, elle devait tout mettre en ordre et avoir achevé son travail quand se lèveraient ses patrons et les autres apprenties. Et il en fut ainsi pour elle jusqu'à l'âge de quinze ans, lorsque vers la fin de son apprentissage, son père vint la chercher.

Dans *L'Argent des autres*, Lucienne conte ce que fut son enfance. Mise en nourrice dans une famille de pauvres maraîchers, puis délaissée par sa mère, elle fut traitée comme leur propre fille par ces braves gens, qui la gardèrent par charité. En hiver, on l'envoyait à l'école et, l'été, avant même qu'elle eût huit ans, elle aidait de son mieux sa famille adoptive : « J'avais, dit-elle, à sarcler le jardin, je conduisais un mouton ou deux le long des routes, ou l'on m'envoyait en forêt cueillir des violettes et des fraises qu'une de nos voisines allait vendre, le dimanche, à Bougival. Ce fut le temps le plus heureux de ma vie. » Malheureusement, le maraîcher et sa femme furent emportés, tous deux, par une fluxion de poitrine à quelques jours d'intervalle. Les enfants furent alors répartis entre l'assistance publique et des voisins ; Lucienne fut confiée à une blanchisseuse de Marly. Comme elle était grande et forte pour ses huit ans, sa patronne l'accablait de travail. Cinquante fois par jour, il lui fallait aller de la rivière à la maison, portant sur ses épaules d'énormes paquets de serviettes et de draps mouillés, glacés en hiver, les tordre, les étendre, puis courir jusqu'à Rueil chercher le linge sale chez les pratiques. Cette femme était brutale et, un jour qu'elle avait bu, elle frappa si fort la fillette qu'elle lui cassa un bras.

Cependant le sort de ces malheureux « sans famille » est encore enviable comparé à celui de véritables petits martyrs, victimes d'une exploitation éhontée dont les bénéficiaires, déjà dénoncés par Gaboriau dans une chronique, échappent trop souvent aux sanctions des tribunaux. Parmi ces négriers, figure en première place un ancien cuisinier Isidore Crocheteau, alias Perpignan, car après quelques années passées en prison, il a trouvé plus indiqué de prendre le nom de sa ville natale. Il dispose d'une quarantaine d'enfants, de sept à douze ans, qu'il a logés dans une bâtisse isolée et à moitié ruinée donnant sur la sinistre rue du Champ de l'Alouette. Il les a achetés à des parents miséreux du Piémont et de la Calabre, parfois même à des Italiens de Paris. Tout ce troupeau est vêtu de guenilles et nourri d'une pâtée infâme. On confie à chaque enfant un mauvais violon, et un minable « professeur » leur serine des airs en vogue jusqu'à ce qu'ils soient capables de les répéter de routine. Si leurs progrès sont trop lents, ils sont stimulés à coups de cravache, privés de nourriture et même de sommeil. Suffisamment préparés, ils vont mendier en jouant de leur instrument dans tous les quartiers de Paris et chacun d'eux peut arriver à rapporter jusqu'à trois ou quatre francs par jour.

Il est encore une autre sorte d'exploitation que celle du travail des pauvres gens et des êtres faibles, celle-là d'une nature particulière et grâce à l'emprise qu'on peut imposer aux personnes brusquement plongées dans le malheur, sous le choc restées désorientées et momentanément privées de toute défense.

Ainsi procèdent les nombreuses industries qui vivent de la mort, surtout quand le défunt est un personnage d'importance. Elles s'empressent de présenter leurs offres de service, sachant bien que, perdus dans leur douleur, les parents les accepteront pour en avoir fini plus vite avec ces détails qui, en un tel moment, leur sont bien indifférents. « Les courtiers des embaumeurs accourent les premiers avec des prospectus qui donnent le frisson, suivis de près par les commis de marbriers-sculpteurs, porteurs d'albums superbes où se trouvent des projets de monuments de tout genre, enrichis d'inscriptions séantes pour toutes les variétés de la douleur. C'est un siège en règle. L'un vient pour le terrain, et l'autre de la part d'un spéculateur qui céderait volontiers « un bon caveau ». Un troisième demande qu'on lui réserve l'impression des lettres, qu'il se chargera de faire porter à domicile. Certains magasins de deuil font pleuvoir des prospectus accompagnés d'échantillons et il se présente même des messieurs qui offrent des vêtements noirs sur mesure, coupe élégante, tout ce qui se fait de mieux, livrables en vingt-quatre heures. Et malheur à l'infortuné près de qui pénètrent ces courtiers. Il vient de perdre un être cher et son cœur se brise. Que leur importe à eux ! Ils ne lui feront pas grâce d'une syllabe de leur boniment. »

Il n'y a malheureusement pas que certains commerces pour tenter de tirer avantage du malheur d'autrui. Dans *La Vie infernale,* le marquis de Valorsay va plus loin, puisqu'il le provoque pour parvenir à ses fins, pour l'exploiter, si l'on préfère. Il pousse le jeune sot Wilkie Gordon à déposer une plainte contre Marguerite de Chalusse afin que, la jeune fille une fois incarcérée, il puisse intervenir en sa faveur, la tirer de prison et s'acquérir ainsi une reconnaissance qui le fera accepter comme époux par cette riche héritière.

Ainsi, Gaboriau n'a pas hésité à doter d'une âme de boue certains descendants de grandes familles, tout comme il a montré l'enrichissement d'individus véreux par des opérations immorales et les souffrances dont peut s'accompagner la misère imméritée de gens qui, pourtant, travaillent dur. Malgré son hostilité au socialisme en tant que doctrine, il ne s'est donc pas désintéressé des plaies et des tares de la société du temps. Mais, en évitant tout développement oiseux, il a su les dépeindre dans ses romans sans nuire en rien à l'unité du récit, dont ils sont une partie à la fois nécessaire et très vivante.

XXXIX

LA RÉUSSITE D'UN PARVENU ET L'HISTOIRE D'UNE FAMILLE A TRAVERS LES ROMANS D'ÉMILE GABORIAU

Tout comme chez Balzac, il est fréquent de retrouver les mêmes personnages dans plusieurs romans d'Émile Gaboriau, encore qu'un rôle de premier plan ne leur soit jamais dévolu plus d'une fois. Ces réapparitions ont pour intérêt de familiariser le lecteur avec les individus mis en scène, de leur donner plus de présence et ainsi de permettre une comparaison entre leurs comportements dans les situations les plus diverses, compte tenu de l'évolution qui a pu se produire en eux.

L'un des personnages les plus typiques, les plus balzaciens, créés par Gaboriau est le grand couturier Van Klopen, figurant ou tout au moins nommé dans cinq de ses romans.

Son nom apparaît pour la première fois, épisodiquement, dans *Le Dossier n° 113*. Une de ses factures se trouve dans les mains du juge d'instruction qui s'efforce de faire admettre par le caissier Bertomy qu'en offrant des robes excessivement coûteuses à son amie Nina Gipsy, il vivait au-dessus de ses moyens et se trouvait facilement entraîné à puiser dans le coffre de sa banque.

Mais, c'est dans *Les Esclaves de Paris* que Van Klopen nous est présenté. Le grand maître de la mode féminine parisienne est tout bonnement un ancien tailleur de Rotterdam, qui avait dû s'enfuir de son pays quelques années auparavant, à la suite d'une faillite des plus scandaleuses. Il s'établit comme couturier à Paris et, après des débuts médiocres, il obtint, par des procédés publicitaires tapageurs, la clientèle d'une grande dame et d'une célèbre demi-mondaine. Il n'en fallut pas plus pour le lancer, car, nous dit Gaboriau, « il leur composa des toilettes qui s'éloignaient prodigieusement de tout ce qu'on avait fait ou rêvé jusqu'alors. Ces deux excentriques lui firent la publicité la plus convaincante rien qu'en les portant et le succès lui arriva foudroyant. Les dames de la plus haute société briguaient l'honneur d'être habillées par lui et il pouvait justement se dire le fournisseur de nombreuses cours européennes. Et, cependant, les robes qui sortaient de ses ateliers étaient de ces chefs-d'œuvre de mauvais goût — à la mode, hélas ! — qui donnent à toutes les femmes une même et odieuse tournure de poupée, imaginés, croirait-on, pour leur enlever d'un coup grâce, distinction et poésie ». Ainsi la robe de Flavie, la fille du banquier Martin-Rigal, n'était-elle « que garnitures, découpures et dentelures, jupes étagées, couleurs désagréables, bizarrement assemblées ». Van Klopen accroissait encore le volume de ses ventes en donnant aux robes une coupe telle que, sitôt défraîchies, elles se révélaient absolument inutilisables.

Son prestige est si prodigieux que « l'hiver, les soirs de grandes fêtes, les équipages font queue dans sa rue. Entre minuit et deux heures, deux cents femmes prennent d'assaut sa maison, jalouses de se faire attacher la dernière épingle de la main du maître, ambitieuses de son sourire approbateur ». Mais, en temps ordinaire, ses clientes attendent dans un grand salon superbement décoré, où se coudoient comtesses et actrices, honnêtes épouses et femmes entretenues. C'est là que, tel un médecin ses consultants, l'ancien tailleur vient les appeler à tour de rôle. « La porte du fond s'ouvrait avec fracas et Van Klopen apparaissait dans toute sa gloire. Comme toujours il portait un coin de feu grenat avec jabot et manchettes de dentelle. Un énorme diamant étincelait à son doigt. » Et l'auteur ajoute « il a cinq pieds de haut, il est large plus qu'à proportion ; sa face rouge tient registre des petits verres qu'il a bus ; il a l'œil insolent, la voix doucereuse et le pur accent de Rotterdam ».

Son piège le plus sûr est le crédit qu'il accorde à toute cliente, une fois assuré de la solvabilité du mari. Malheur, alors, à celui-ci qui, confiant dans l'esprit d'économie de son épouse, voit soudain apparaître le terrible Hollandais brandissant une facture de vingt mille francs qu'il lui faudra régler s'il ne veut pas s'infliger le ridicule et la honte de plaider. Mais, quand il apparaît en personne dans *La Vie infernale* c'est de façon peu glorieuse pour se faire prendre au collet et jeter dehors par le grand banquier Trigault qui, après avoir refusé de régler les dettes de sa femme, lui crie ses quatre vérités au visage : « Ah ! vous voulez pratiquer le chantage au scandale. C'est votre système. Avec moi il ne réussira pas. Vous me menacez de plaider... plaidons. Je me charge d'égayer Paris. C'est que je connais le dessous de vos cartes, m'sieur le tailleur pour dames et... demoiselles, je sais les parties fines qu'abrite votre enseigne. J'aurai un avocat qui révélera, preuves en main, comment, grâce à vos soins, les clientes gênées arrivent à trouver de l'argent ailleurs que dans la caisse de leur mari. On en a condamné pour excitation à la débauche, qui ne l'avaient, sacrebleu ! pas mérité autant que vous. »

Mais le grand Van Klopen dont les dames de l'aristocratie doivent souvent accepter les impertinences pour pouvoir rester ses pratiques, le grand Van Klopen n'est plus qu'un petit garçon en présence de Mascarot, le maître du chantage, qui le tient dans ses serres et à qui il obéit ponctuellement, même au détriment de ses propres intérêts. Cette soumission à un criminel va lui coûter de passer en correctionnelle lors du dénouement des *Esclaves de Paris*. Il n'est pas précisé quelle sera la sanction. Probablement, quand il acheva son récit, Gaboriau n'envisageait-il pas de faire du maître tailleur le personnage d'un autre roman.

En tout cas, quand Van Klopen reparaît dans *La Vie infernale*, il n'est fait aucune allusion à la condamnation qu'il a pu précédemment subir. Il revient avec sa toute-puissance dans le royaume de la mode, décrite avec des termes techniques dignes d'un Zola, science dont Gaboriau était certainement redevable à sa compagne Amélie. « Il a décrété les jupes multicolores, courtes et superposées, les échancrures et les découpures, les ruches qui déforment la taille, les choux qui font une bosse ridicule dans le milieu du dos. On lui obéit. Si bien que de loin, toutes les femmes ressemblent à un baldaquin en marche. »

Oubliant la nationalité qu'il avait attribuée à Van Klopen, Gaboriau, dans son roman *La Dégringolade* écrit au lendemain de la guerre, parle de lui comme d'un personnage définitivement disparu. « Van Klopen, l'illustre tailleur pour dames, cet impudent et grossier Prussien qui fut pendant dix ans l'arbitre des élégances féminines, Van Klopen qui appelait ses clientes : ma chère... »

Cependant, dans *L'Argent des autres*, on apprend qu'il a regagné la capitale après la Commune. A son retour, il ne tarde pas à se rendre compte que la vie a changé. Plus de bals, plus de fêtes, les affaires ne reprennent que lentement. Ses meilleures clientes n'étaient pas encore rentrées et les robes qu'on lui demandait étaient d'une simplicité, d'une sobriété si affligeantes qu'il ne parvenait pas à gagner sur elles plus de vingt-cinq pour cent. Il gémissait à longueur de journée que « la France était perdue si elle laissait échapper le sceptre de la mode et de l'élégance féminines ». C'est alors qu'il a l'idée de transformer son employée Lucienne en publicité vivante, d'en faire un mannequin qui se montre dans les lieux fréquentés par un public mondain. Deux fois par semaine, il lui fait revêtir une de ses tapageuses créations et l'envoie se promener au Bois dans une voiture de louage. Elle y suscite bientôt la curiosité générale et ses robes, le plus ardent intérêt des dames. Aussi peut-on prévoir le retour prochain de ces fastueuses et absurdes toilettes qui sont « le délire du moment » et qui « ont l'avantage unique de donner à toutes les femmes qui les adoptent une désinvolture pareille, suspecte et grossièrement provocante ».

Avec Van Klopen, le romancier a voulu nous offrir un exemple typique, sans doute pris sur le vif, d'une réussite parisienne comme il y en eut tant, au XIXe siècle (et au XXe), dans tous les domaines, surtout dans celui de l'art. Réussite de l'étranger qui « le fait à l'esbroufe » et dont l'assurance parvient à faire passer pour originales, aux yeux des snobs les plus naïfs du monde, les tentatives les plus contestables, grâce à une coterie qui entonne les louanges du « maître génial ».

Mais, avec les Chupin, ce n'est plus un seul personnage qui réapparaît dans plusieurs des romans de Gaboriau, ce sont les membres de quatre générations d'une famille, dans son ensemble, assez peu recommandable, mais cantonnés dans des rôles subalternes. Ils ne subissent pas, comme ceux de Zola, l'implacable fatalité de l'hérédité. Ils sont plutôt victimes — ce qui est plus crédible — des insuffisances de leur éducation et soumis à l'influence du milieu où ils évoluent. Mais — et c'est la part du hasard — il y a le facteur personnel : certains d'entre eux sont foncièrement mauvais et incapables de se transformer, d'autres, bien que tarés, sont susceptibles d'un « bon mouvement » tout à fait inattendu et même d'un relèvement définitif.

Le premier de la lignée apparaît dans *Monsieur Lecoq*. C'est un triste individu, qui vit uniquement de maraude dans un village du Haut-Dauphiné. L'auteur le dépeint comme « un grand vieux d'une cinquantaine d'années, maigre et noueux comme un cep de vigne, l'air humble et doux. Mais, ajoute-t-il, la mobilité des yeux, l'expression de sa bouche à lèvres minces, trahissaient une nature diabolique et la plus froide méchanceté ». En fait, le père

Chupin, détesté de tous, détestait lui-même tout le monde et ne trouvait de plaisir que dans le malheur d'autrui.

A force de bassesses, il réussit à gagner la confiance du vieux duc de Sairmeuse, retour d'exil en 1815. Le duc en fait son garde-chasse, en réalité un espion qui le renseigne sur la mentalité de la population. C'est lui qui, pour toucher la prime promise au délateur, conduit la troupe au refuge de Lacheneur, son ancien bienfaiteur. Objet du mépris général, insulté et même lapidé dans les rues de Sairmeuse, Chupin cherche refuge au château, mais la valetaille lui inflige de telles rebuffades qu'il le quitte pour regagner son misérable taudis où, quand il a bu, sa femme et ses fils le battent pour tirer de lui quelques-uns des louis, prix du sang de Lacheneur.

Il finit par passer au service de Blanche de Courtomieu et assiste à son geste, quand elle verse un poison dans un bol de bouillon destiné à son ancienne amie Marie-Anne. Il est persuadé qu'avec la possession d'un tel secret sa fortune est désormais assurée. Poignardé peu après par l'un de ses ennemis, il aura cependant le temps, avant de mourir, de le livrer à son fils aîné. Celui-ci retrouvera, à Paris, Blanche, devenue duchesse de Sairmeuse, et, pendant des années, la criminelle sera soumise à son chantage, à l'insu de son mari, et devra lui verser des sommes considérables. Elle n'en sera pas délivrée, même quand le misérable, meurtrier de son frère qui l'a rejoint, sera envoyé au bagne de Brest. Et, quand il sera tué au cours d'une révolte de forçats, c'est au chantage de sa veuve et de son fils qu'elle sera soumise.

La veuve, Aspasie Chupin, tenancière de l'ignoble « Poivrière », était « telle que l'avaient faite les années, l'inconduite, la misère et des torrents d'eau-de-vie et de mélé-cassis : vidée, ratatinée, édentée, éraillée, n'ayant plus que les os et la peau, plus jaune et plus sèche qu'un vieux parchemin ». Quant à son fils, Polyte, un repris de justice, il a hérité à la fois du physique et de la moralité de son père et de son grand-père paternel, mais ce n'est plus un paysan comme eux. Il est révélé par une mauvaise photographie, comme un voyou « à l'œil louche, à la bouche grimaçante, à peine ombragée d'une légère moustache, portant des mèches de cheveux bien collées aux tempes ». Cependant « la photographie n'avait pu fixer l'expression de basse astuce de ce visage de coquin, la lâche férocité de l'œil fuyant. Elle n'avait pu rendre ni le teint flétri et plombé, ni le clignotement inquiétant des paupières, ni les lèvres minces pincées sur les dents courtes et aiguës ». Tous deux, la mère et le fils, alléchés par la récompense promise par le duc de Sairmeuse, vont jouer l'ignorance, lors de l'interrogatoire que leur fera subir le juge Segmuller.

On connaît le triste sort de Toinon la Vertu, que Polyte avait épousée pour lui voler ses économies. Le commissaire du quartier avait dû protéger son départ de l'infâme « Poivrière », d'où elle était partie en emmenant son fils. Elle avait alors loué la mansarde où elle cousait des sacs de grosse toile à longueur de journée.

Le petit Victor Chupin, triste produit d'une lignée de scélérats, nous est ainsi décrit par l'auteur : « pâle et chétif, avec des yeux qui brillaient d'un éclat phosphorescent et des cheveux de ce jaune sale qu'on appelle le blond de Paris ». L'enfant avait été de bonne heure à l'école du vice : son père lui avait appris à fouiller adroitement les poches des badauds, quitte à le désavouer et à le battre s'il se laissait surprendre.

Nous ne devons pas nous étonner si nous nous trouvons en face d'un Toto Chupin âgé de cinq ans dans *Monsieur Lecoq*, après l'avoir rencontré adolescent, dans le précédent roman, *Les Esclaves de Paris*. Il en est de même que pour le policier Lecoq. Son enfance expliquera ce qu'est devenu le jeune homme. Dans *Les Esclaves*, Victor nous est présenté comme « un affreux garnement d'une vingtaine d'années, n'en paraissant guère que quinze ou seize, maigre, dégingandé, mal bâti. Ses cheveux d'un jaune sale étaient déjà rares, il avait le teint flétri et plombé, un rictus ironique contractait sa large bouche à lèvres plates et la plus cynique audace flambait dans ses yeux. Au premier coup on reconnaissait en lui l'œuvre malsaine de la civilisation des grandes villes : c'était bien l'ancien gamin de Paris qui, à huit ans, fumait les bouts de cigares ramassés à la porte des cafés et se grisait avec de l'eau-de-vie ». Maintenant il se livrait à la mendicité, ayant auparavant tordu son bras droit, grâce à une contorsion de l'épaule, afin d'exciter la pitié des passants. Occupation à laquelle il se consacrait à temps perdu, car en fait, il était employé par Mascarot pour espionner les personnes que le grand maître du chantage parisien entendait faire passer sous sa coupe. Il était payé cinq francs par jour pour accomplir cette triste besogne, mais pour qu'il puisse justifier d'un moyen d'existence, Mascarot lui avait fait aménager sous une porte cochère une installation de marchand de marrons, qui pouvait, l'été, se transformer en friterie de pommes de terre.

Décidé à se débarrasser coûte que coûte du sculpteur André, principal obstacle à l'exécution de ses odieux projets, Mascarot fait offrir à Victor Chupin deux mille francs pour scier une barre de bois sur laquelle, pendant son travail sur un édifice, devra s'appuyer l'artiste, qui sera ainsi précipité dans le vide. Chupin, ébloui par l'énormité de la somme, exécute ce qu'on lui a demandé, mais quand se produit le prétendu accident, il est épouvanté par ce qu'il a fait, car ce n'est pas un être foncièrement mauvais. « Il était affaissé sur son banc, comme s'il eût été près de s'évanouir. Sa face, blême d'ordinaire, était livide ; ses yeux avaient une affreuse expression d'égarement, et sa mâchoire s'agitait convulsivement, comme s'il eût cherché à ramener un peu de salive dans sa bouche desséchée. »

Du Victor des *Esclaves de Paris*, devenu criminel, mais un criminel repentant, passons à *La Vie infernale* pour retrouver un Chupin, cette fois au service de Fortunat, le « pisteur d'héritages ». Toujours ingénieux, il complète ses gains grâce à divers expédients et petites rouéries, dont il a acquis la science sur le pavé de Paris. Son aspect ne s'était guère amélioré. Qu'on en juge : « Il n'avait pas encore un poil de barbe ce garçon et il avait le teint plombé et des rides comme un vieux buveur d'eau-de-vie. Il avait l'air intelligent et, encore plus, impudent : une audace inquiétante pétillait dans ses yeux. Bien des cordes manquaient à sa voix éraillée et son accent traînard était le plus pur qu'il y eût aux barrières. Son costume délabré était celui de ces pauvres diables à qui les huissiers de Paris, qui gagnent cinquante mille francs par an, abandonnent généreusement cinquante francs par mois en échange de la plus écœurante besogne. » Aussi Toto Chupin améliorait-il tant soit peu son salaire en servant d'indicateur à une entreprise de pompes funèbres, à laquelle il signalait les décès dont il avait connaissance, avec le maximum de célérité, car la concurrence est acharnée dans cette branche de l'activité humaine.

Cependant Victor n'est plus traité comme un simple exécutant par son patron. Fortunat le favorise parfois de ses confidences et fait suffisamment confiance à son discernement pour lui laisser quelque initiative dans les opérations parfois délicates auxquelles il l'emploie. Ces affaires, sans être moralement bien reluisantes, n'en sont pas moins honnêtes au regard de la loi. D'ailleurs Victor Chupin n'accepterait plus d'être au service d'une bande de malandrins comme celle de Mascarot de sinistre mémoire. C'est qu'il ne veut plus causer de soucis à sa « pauvre bonne femme de mère », qui, depuis une année, a presque perdu la vue et ne peut faire que du tricot, travail fort mal payé. Elle vit avec son fils dans un appartement de la rue du Faubourg Saint-Denis, minuscule et sommairement meublé, mais étincelant de propreté. Victor a pour elle une véritable vénération et il ne pardonne pas à son « propre-à-rien de père » d'avoir dévoré en débauches la somme versée par le duc de Sairmeuse pour prix de son silence et de celui d'Aspasie Chupin. Quand ce père se trouvait à nouveau sans argent, il entendait vivre aux crochets du jeune homme qui, à la longue, s'en est lassé. Alors il a tenté de vendre les pauvres meubles de sa femme en usant de ses droits de chef de famille ; mais le commissaire du quartier, alerté par Victor, est intervenu et, depuis lors, on n'a plus revu le triste sire, que son fils déteste par-dessus tout pour avoir voulu faire de lui un voleur, quand il était enfant.

Victor entend désormais s'élever dans l'échelle sociale et, comprenant combien son instruction a été négligée, il cherche à s'instruire et, avec une application touchante, il copie et apprend des pages entières de dictionnaire. Et il a maintenant son amour-propre. Quand le prétendu vicomte de Coralth lui jette à la figure un billet de cent francs pour se débarrasser de celui qui l'a reconnu sous son identité d'emprunt, alors Victor Chupin qui « pour cinq francs travaillait quelquefois deux jours, lui qui ne dédaignait pas de réclamer cinq sous quand il allait chercher une voiture à une remise, lui, Chupin, il tortilla le billet de banque, l'enflamma au gaz et s'en servit comme du premier chiffon venu pour allumer son cigare ».

Il le déteste ce faux vicomte, qui lui était soudain apparu comme un remords qui se réveille. C'était lui qui, abusant de ses vices précoces, l'avait fait pousser par d'autres misérables à commettre un crime qui avait failli réussir. Et voici que la conscience du jeune homme devenait plus scrupuleuse encore. Il s'interrogeait : « Que fais-tu en ce moment ? Te voici encore espionnant pour le compte d'un homme dont tu te défies et dont tu ignores les desseins. C'est ainsi que tu as commencé autrefois. As-tu oublié jusqu'où cela t'a conduit ? C'est folie que de prétendre vouloir rester honnête en faisant le métier des coquins ! » Quelques jours plus tard, il est pris de pitié pour plus miséreux que lui et il refuse le prix d'une commission dont il a accepté de se charger : « Prendre les vingt sous de cette pauvre créature, qui n'a peut-être pas mangé son content, jamais de la vie ! On est homme ou on ne l'est pas ! »

Et il nous livre une des causes de la transformation qui s'est opérée en lui : il a deux « béquilles », comme il dit, sa mère et André, le sculpteur dont il a failli causer la mort et qui l'a tiré des mains de la police. « Quand M. André m'a tiré du pétrin, et, vrai comme il fait jour, je méritais d'avoir le cou coupé, il ne m'a pas fait de conditions. Il m'a seulement dit : Si tu n'es pas pourri jusqu'aux moelles, tu seras honnête désormais. Et il fallait le voir disant cela, tout démoli encore de sa chute, l'épaule entortillée et pâle comme une guenille. Cré nom ! je me sentais petit devant lui, comme un ver de terre ! Alors je me suis juré que je lui ferais honneur. J'ai son portrait à la maison et, tous les soirs, avant de me mettre dans les toiles, je lui raconte ma journée... et vrai ! il y a des fois où je crois qu'il me rit. » Cette scène ne rappelle-t-elle pas, en moins grandiloquent, les remords et le retour au bien de Jean Valjean après le pardon de Mgr Myriel ?

Mais Victor Chupin va trouver encore mieux qu'une troisième « béquille ». L'admiration qu'il éprouve devant la beauté, l'intelligence, l'énergie de Marguerite de Chalusse va l'amener à se dévouer corps et âme pour la jeune fille, qui l'a en quelque sorte lavé de ses dernières impuretés simplement en lui donnant une poignée de main pour conclure l'accord convenu entre eux. « Ah ! S'il n'eût écouté que son inspiration, il se fût jeté à genoux pour la baiser cette main blanche et exquise comme il n'en avait jamais vu. A peine osa-t-il l'effleurer du bout des doigts et encore il changea deux ou trois fois de couleur. » Il n'aura désormais de cesse qu'il ne lui retrouve son fiancé, Pascal Férailleur, victime d'une odieuse machination. Et, pour cela, il n'attend de Marguerite aucune récompense. Il entend travailler pour l'honneur, pour son propre contentement.

Et quand, grâce à lui, les deux fiancés se retrouvent et que la vérité éclate, le triomphe de l'innocence est désormais tout proche. Ce triomphe qui est un peu son œuvre à lui, Toto Chupin, il le savourera. Il le savourera intensément, lorsque, derrière Pascal et Marguerite venant démasquer leurs persécuteurs, au milieu des invités du baron Trigault, il fera son entrée dans une soirée mondaine, « resplendissant, mais ne la menant pas large dans un superbe habit noir, tout battant neuf. »

Au contraire de Lecoq, Victor Chupin a survécu à la guerre et on le retrouve une dernière fois dans *L'Argent des autres*. Quelle carrière a-t-il suivie depuis *La Vie infernale*. On l'ignore. En tout cas, il ne dédaigne pas, à l'occasion, de débrouiller une affaire compliquée, pourvu qu'elle soit honnête. Il ne lui est alors consacré que deux ou trois pages. On a pensé à lui quand on a eu besoin d'un enquêteur très avisé pour retrouver la preuve de la naissance d'une fille naturelle de la future baronne de Thaller. Marius de Trégars, sur la chaleureuse recommandation d'André, devenu duc de Champdoce, a fait appel au talent de Victor Chupin, qui pas une seule fois ne paraît en scène. « Celui-ci, nous dit Gaboriau encore imprégné de ses lectures de jeunesse, avec une patience et une ténacité de sauvage suivant une piste, se met à battre les quartiers de Grenelle, de Vaugirard et des Invalides. » Il finit par trouver auprès d'une sage-femme minutieuse le renseignement qu'il cherchait, après quoi, les registres de l'état civil ayant été détruits en 1871, il se mit à dépouiller les registres de toutes les paroisses de Paris pour retrouver la trace du mariage de la fille-mère Euphrasie Taponnet avec le baron de Thaller. Ce fut relativement aisé et notre cher Toto parvint assez vite à rendre ce dernier service au héros du roman.

Ainsi finit, avec la rédemption de Victor, l'histoire de la dynastie des Chupin commencée dans le sang et dans la boue. L'auteur eût-il écrit d'autres romans judiciaires, on peut être certain qu'il eût encore fait appel aux services du brave garçon pour qui il s'était pris d'une sorte de tendresse, comme beaucoup d'écrivains pour certains des personnages créés par eux.

Le nom de cet humble héros apparaît parfois dans la correspondance de Gaboriau. Quand il emploie une expression un peu triviale, mais pittoresque, on sait que, dans les lettres à sa sœur, il ajoute, pour se faire excuser : « Comme dirait Toto Chupin... »

C'est que vraiment il a su lui insuffler la vie qui nous le fait paraître réel, à ce gamin de Paris, héritier de tous les vices, chargé de tares, mais sauvé du mal par l'amour qu'il porte à sa pauvre et honnête « bonne femme de mère », dont les vertus provinciales n'ont pu être entamées par les pourritures de la grande ville. Et Toto Chupin, autant et plus que Gavroche, car il est moins « d'une pièce », plus complètement étudié et mieux décrit, aurait mérité de devenir une création populaire célèbre de la littérature du XIXe siècle.

XL

LES ANGLO-SAXONS DANS L'ŒUVRE D'ÉMILE GABORIAU

Au temps du Second Empire existait dans les milieux intellectuels et les classes supérieures de la société une évidente anglomanie. On peut en trouver les causes à la fois dans le rapprochement politique entre les deux pays et le prestige de la puissance industrielle, maritime et coloniale du Royaume-Uni, qui, malgré ses imperfections électorales et parlementaires, apparaissait à beaucoup comme la terre de la liberté en face de la France impériale.

Gaboriau a parfois mis en scène des Britanniques, mais en les ridiculisant quelque peu, comme le faisaient à l'époque les caricaturistes et les chroniqueurs de la presse française, surtout captivés par ce qu'ils trouvaient de singulier dans les manières de ces insulaires au cours de leurs déplacements dans notre pays.

Ainsi, dans *La Corde au cou*, Jacques de Boiscoran, qui reçoit Mme de Claudieuse en secret, a cru bien faire, pour échapper à la curiosité d'une servante française, de prendre à son service une Anglaise, Suky Wood, qui ne recule pas devant un verre d'alcool et que l'auteur décrit ainsi : « Une grande diablesse d'une quarantaine d'années, aux traits durs, aux manières hommasses, habillée avec cette prétention si comique des Anglaises des basses classes qui peuvent disposer de quelque argent. »

Miss Lydia Dodge, gouvernante d'abord, puis chaperon de Simone de Maillefert, est dépeinte plus minutieusement, du fait que son rôle — dans *La Dégringolade* — est plus important. D'une moralité supérieure à celle de Suky Wood, elle ne bénéficie pas d'un portrait physiquement plus flatteur et l'on peut se demander si le romancier n'a pas gardé de son bref séjour en Angleterre le souvenir d'un certain type féminin qui l'aurait frappé. Sur « un grand corps osseux », c'est « une large face blême » avec « des lèvres pincées sur de longues dents jaunes, un nez tirant sur le rouge et des yeux ronds ». Elle était la septième enfant d'un pauvre ministre protestant des environs de Londres et, après la mort du père, la famille s'était dispersée. Lydia Dodge, pour gagner sa vie, avait dû accepter un emploi de gouvernante. Elle possédait pour son malheur « une âme sensible et la plus romanesque des imaginations », nourrie aux romans qu'elle avait dévorés dans son adolescence. Après avoir longtemps attendu le prince charmant, elle s'était résignée, dit Gaboriau, aux « tristesses du célibat » et vivait désormais les amours des autres. Aussi, tout en maugréant, comme c'était son office, contre les rencontres de Simone avec Raymond Delorge — « la plus choquante des inconvenances » — elle était au fond du cœur leur complice et protégeait par sa présence la réputation de la jeune fille.

Vient ensuite, mais dans *La Clique dorée*, le couple d'aventuriers et d'escrocs que sont Sir Thomas Elgin et mistress Brian. Bien que tous deux sujets de la reine Victoria, ils se font passer pour citoyens des États-Unis. Mistress Brian complète parfaitement la galerie féminine anglaise peinte par Gaboriau. « C'est bien la plus sèche et la plus osseuse personne qu'on puisse rêver », mais en même temps « une fine mouche » qui joue au puritanisme et se déclare à tout bout de champ scandalisée. Quant à Sir Elgin, c'est « une sorte de grotesque dangereux, roide, compassé qui n'ouvre la bouche que pour manger ». C'est du moins l'impression qu'on en garde, car lui et sa complice ne reculent devant rien, pas même le crime, pour arriver à leurs fins, c'est-à-dire s'assurer une vieillesse confortable. Une vieillesse qui, pour l'homme, s'écoulera au bagne.

En revanche, dans *La Vie infernale*, nous avons rencontré « un Américain sans le savoir », qui se croit « très Parisien », ignorant qu'il est le fils d'un certain Arthur Gordon. Ce jeune homme, Wilkie, était « un garçon d'une vingtaine d'années, d'une taille un peu au-dessus de la moyenne, très blond, avec des yeux clignotants, pâle et n'ayant de barbe qu'une moustache relevée en croc, plus foncée que ses cheveux. Il était vêtu avec cette négligence que beaucoup croient être l'élégance suprême et qui en est juste le contresens. Et sa tenue, sa moustache, son chapeau bas de forme, incliné sur l'oreille, lui donnaient l'air arrogant, prétentieux et casseur ». Et, comme il était de bon ton dans une certaine société, il abusait des termes anglais, loin de se douter qu'il faisait alors des emprunts à ce qui aurait dû être sa langue maternelle : « Quel guignon, mes excellents bons, disait-il à ses amis. Pompier de Nanterre, un *steeple-chaser* incomparable tomber *broken down* après la banquette. Et battu par qui ? Par Mustapha, un *outsider* sans *performance* (le mot était alors un néologisme). Le *ring* en était tout ému. »

Heureusement, tous les Britanniques ne sont pas taillés sur le patron d'Elgin. Sir James Wellesley, un des héros des *Mariages d'aventure* n'est pas respectable, lui, qu'en apparence. C'est un homme d'une trentaine d'années, le type le plus frappant de l'Anglais classique. « Il n'a pas les cheveux très blonds, mais sa barbe est du plus beau rouge, il a le teint clair et frais comme celui d'un lycéen. Ses yeux d'un bleu de faïence n'ont pas la moindre expression ; il est grand et raide, paraît gêné aux articulations et est mis à la dernière mode de Regent's street, qui tire expressément ses modes de la rue Vivienne. Sir James est le cant fait homme ; jamais baronnet plus digne, plus froid, plus poli, plus réservé, plus pudibond n'a promené en France la fierté britannique. Une seule fois dans sa vie il n'a pas été convenable et même a été tout à fait *improper*, c'est en venant de Douvres à Calais sur le *steam-boat* ; il ne fut pas le maître des impressions de son estomac et, *for shame !* une vieille lady placée près de lui s'écria : *Shocking !* »

Cependant Gaboriau ne s'est pas ingénié à mettre uniquement en évidence ce que nos compatriotes pouvaient trouver d'étrange ou de risible chez les Britanniques. Il a su, à l'occasion, vanter leurs qualités, en particulier le mépris du qu'en-dira-t-on. Alors que nous, Français, sommes paralysés dans nos actions par la crainte du jugement de l'opinion publique et évitons soigneusement de nous singulariser, un Anglais agit conformément à ce qui lui paraît raisonnable, profitable et plaisant, sans le moindre souci de l'approbation ou de la désapprobation d'autrui.

Parallèlement à notre tradition populaire de tourner en ridicule les insulaires d'outre-Manche, dès le milieu du XIXe siècle se manifeste en France, pour la vie aux États-Unis, une curiosité née du développement économique prodigieux de la grande puissance nord-américaine, du succès en Europe de sa littérature naissante et de l'originalité de ses mœurs, en particulier de la liberté accordée aux jeunes filles.

Mademoiselle Césarine, la fille du banquier véreux, le prétendu baron de Thaller, jouit, à Paris, d'une indépendance pour le moins aussi grande, mais elle ne le doit qu'à l'immoralité de sa mère. Tirée à quinze ans du pensionnat où elle faisait de médiocres études, elle servit par sa présence constante auprès de la baronne à la protéger contre la médisance. Elle fut ainsi initiée à toutes les distractions, même les plus contestables, d'une société qui se voulait mondaine, mais était en fait fâcheusement mêlée. A seize ans, on l'avait déjà conduite deux fois aux Folies-Bergère, elle montait à cheval, s'exerçait au pistolet et, « à Trouville, dans un costume de bain des plus désinvoltes, elle se jetait à l'eau avec une crânerie qui lui valait les applaudissements des maîtres nageurs ». Plus délurée que bien des garçons de son âge, « elle grillait volontiers une cigarette, vidait lestement une coupe de champagne et avait déjà tâté de l'absinthe ». Toujours entourée d'une cour de jeunes gens, elle se plaisait à leur tenir les propos les plus osés.

Quand des amis se risquaient à s'en étonner devant le banquier, celui-ci répliquait : « Et après ? Les jeunes filles américaines ne jouissent-elles pas d'une liberté illimitée ; ne les voit-on pas, journellement, faire des parties de campagne avec des jeunes gens, se promener et voyager seules, découcher des semaines entières ? En sont-elles moins honnêtes que nos filles que nous tenons en chartre privée, en sont-elles de moins fidèles épouses et de moins excellentes mères de famille ? L'hypocrisie n'est pas la vertu ! » Et Gaboriau, dont l'opinion nous est ainsi révélée, d'ajouter : « Jusqu'à un certain point, le directeur du Crédit Mutuel avait raison. »

La mentalité et le comportement des jeunes Américaines, si éloquemment défendus par le pseudo-baron, avaient déjà été justifiés par Sarah Brandon en présence de l'homme dont elle tenait à apaiser les soupçons. Il ne s'agit pas avec elle des gamineries provocantes d'une Césarine excédée de la société qui l'entoure, mais de la rouerie d'une fausse Américaine, plus vraie que nature tant elle a su s'imprégner des manières du pays au cours de son séjour aux États-Unis. Aventurière sans scrupules, elle joue à la perfection le rôle que Thomas Elgin et Mrs Brian lui ont assigné afin d'accréditer les brillantes relations et la fortune qu'elle prétend posséder outre-Atlantique et convaincre ainsi de son désintéressement les malheureux, envoûtés par son charme étrange et sa beauté extraordinaire.

« Je n'avais pas vingt ans, dit-elle à Daniel Champcey, lorsque j'arrivai en France, à Paris, après la mort de mon pauvre père. J'avais été élevée librement dans notre belle Amérique, sans autres entraves que celles de ma conscience. Aux jeunes filles de notre pays, on ne cesse de répéter que la franchise est la première des vertus. Aux jeunes filles de France, on laisse supposer que la seule vertu c'est l'hypocrisie. A nous, on n'apprend à rougir que de ce qui est honteux. A elles, on enseigne toutes les grimaces d'une ridicule pudeur de convention. En France, c'est l'apparence qu'on s'applique à sauver, chez nous, c'est la réalité ! A Philadelphie, tout ce qui me passait par l'esprit et que je ne jugeais pas répréhensible, je le faisais. Ainsi j'ai voulu faire à Paris. Pauvre Sarah ! tu comptais sans la méchanceté du monde... Je sortais seule, à cheval, le matin ; seule, je me rendais au temple, prier Dieu ; si je désirais un objet pour ma toilette, je montais en voiture et, seule, j'allais l'acheter. Parce qu'un homme m'adressait la parole, je ne me croyais pas obligée de baisser les yeux et, s'il était amusant et spirituel, je riais ; une mode me plaisait-elle, je l'adoptais... Autant de crimes ! »

Le vieux comte de la Ville-Haudry, follement amoureux de Sarah, a vanté de son côté à Daniel, mais d'un autre point de vue, le caractère de la femme américaine : « Nos jeunes filles françaises sont charmantes, sans doute, mais ignorantes en général, légères, et insoucieuses de tout ce qui n'est pas cancans, romans ou chiffons. Autres sont les Américaines. Ce qui intéresse leur esprit sérieux, c'est ce qui préoccupe leur père et leurs frères : la politique, l'industrie, les débats des Chambres, les découvertes des savants... »

Le comportement des jeunes Américaines, Émile Gaboriau l'a certainement connu par les nombreux récits et enquêtes des voyageurs dans le Nouveau Monde. Il a dû, également, utiliser le *Paris-Guide* de l'Exposition Universelle de 1867, qui se trouvait dans sa bibliothèque et où figure un copieux article d'André Léo sur *la Colonie américaine* de notre capitale, et observer quelques jeunes visiteuses, cette grande manifestation internationale ayant attiré de nombreux étrangers à Paris. Cet aspect de la civilisation américaine n'était guère évoqué avant lui que dans quelques rares romans ou nouvelles. Et, à consulter l'ouvrage du professeur Simon Jeune sur *Les Types américains dans le roman et le théâtre français*, il apparaît qu'avant l'auteur de *La Clique dorée* et de *L'Argent des autres*, aucun écrivain de notre pays n'avait encore envisagé l'intérêt suscité par ce comportement chez certaines jeunes filles de la bourgeoisie française. Or, ce pouvait être une excuse ou une justification pour celles qui manifestaient des velléités de révolte contre la soumission absolue aux volontés du chef de famille et l'attitude effacée et faussement pudibonde que le bon ton leur imposait en public.

Mais c'est dans un domaine voisin que Gaboriau apparaît vraiment comme un créateur. Avec Sarah Brandon, il a imaginé le type américain parfait de la femme fatale, de la « vamp » qui plus tard fera la fortune du cinéma. C'est la femme d'une beauté impérieuse, capable de se donner les apparences de la passion pour séduire les hommes qu'elle a choisis à cause de leur fortune. Ses caprices, auxquels ils sont incapables de résister, les mettront à coup sûr sur la paille. Alors, froidement, elle les abandonnera à leur destin.

Certes, bien avant *La Dame aux Camélias*, le roman français avait exploité le type de la demi-mondaine et Gaboriau lui-même y a eu largement recours. Dans ses deux premiers romans judiciaires, tiennent une place relativement importante Juliette Chaffour et Fanny Fancy (nom de guerre de Pélagie Taponnet). Toutes deux sont de très humble origine et ont eu une existence irrégulière jusqu'au jour où elles sont devenues la maîtresse de l'homme que, sans s'en inquiéter autrement, elles conduisent plus ou moins à la ruine. Ce maître, soumis aux caprices de Juliette, désinvolte avec Fanny, elles ne l'aiment pas et sont même près de le détester. Légères, insouciantes de l'avenir, elles jouissent du luxe dont il les entoure, la première considérant son avocat comme suprêmement ennuyeux, l'autre estimant qu'elle fait partie du train de vie du comte de Trémorel et n'a aucune reconnaissance à lui témoigner. Mais, quand elles apprennent la déchéance de leur amant, qu'elles le voient près d'être arrêté ou de se donner la mort, alors se produit en elles un revirement inattendu. Elles commencent à l'aimer et, à l'étonnement à la fois joyeux et vaniteux de celui-ci, elles n'hésitent pas à tout sacrifier pour le sauver.

Telle n'est pas Sarah Brandon. Si elle ressent pour Daniel Champcey une impérieuse passion, qui lui fait commettre des imprudences incroyables de la part d'une rouée aussi calculatrice, pour tout autre elle est implacable. Après avoir volé et peut-être assassiné le bienfaiteur qui l'avait tirée, enfant, du ruisseau, elle a su rendre inévitable un duel où fut tué son amant Théodore de Planix, dont elle convoitait l'héritage, ruiné Charles de Kergrist, dont elle aurait guetté les dernières convulsions quand il se pendit, puis entraîné dans une déshonorante malversation le caissier Malgat. Enfin, pour couronner cette série d'infamies, elle a dépouillé de sa fortune, on l'a vu, son naïf mari, le vieux comte de la Ville-Haudry et tout préparé pour qu'il soit acculé au suicide.

L'originalité de *La Clique dorée*, plus que dans les amours contrariées de Daniel et d'Henriette, réside dans la passion de Sarah Brandon d'abord pour l'argent, puis pour le lieutenant de vaisseau. Tout le récit est dominé par l'incroyable puissance de séduction de l'aventurière, à laquelle n'échappe aucun homme, pas même, par moments, le fiancé d'Henriette. Et, jusque dans la mort qu'elle va se donner, Sarah voit encore le triomphe de son amour : « Je puis mourir, Daniel, mon souvenir demeurera en toi comme une blessure avivée et toujours cuisante. Tu l'emportes, Henriette, mais souviens-toi qu'entre tes lèvres et celles de Daniel toujours se dressera l'ombre de Sarah Brandon. »

SUCCÈS POSTHUME D'ÉMILE GABORIAU

XLI

LES IMITATEURS

Déjà, quelques années avant la disparition d'Émile Gaboriau, on pouvait normalement croire à la mise à la retraite du haut fonctionnaire qu'était devenu Lecoq. Or, on put voir, dix ans après, le célèbre policier rentrer en scène de par la volonté d'un confrère de son créateur.

Après une existence aventureuse, Fortuné Dubois devait, en 1868, entrer au *Petit Journal* et, sous le pseudonyme de Fortuné du Boisgobey, y publier plusieurs feuilletons. Voulut-il prouver qu'il était capable de faire aussi bien que son regretté prédécesseur ? A partir de février 1878 et jusqu'en janvier 1879, il donna aux lecteurs de l'hebdomadaire *Le Voleur* un récit intitulé *La Vieillesse de Monsieur Lecoq* et divisé en deux parties : *Monsieur Lecoq se dérobe* et *Monsieur Lecoq attaque*.

Le policier de Gaboriau, qui a pris le nom de Lecoq de Gentilly, est devenu un vieillard (en dix années !), un vieillard d'ailleurs très vert et très populaire dans son quartier où il joue au philanthrope. Il s'est retiré des « affaires », fortune faite, grâce aux nombreuses primes reçues de particuliers à qui il a rendu service au cours de sa carrière. Mais il est parvenu à dissimuler l'origine de cette fortune à son entourage et, il le croit du moins, même à son fils unique Louis, docteur en droit et principal clerc dans l'étude d'un notaire parisien. Un fils dont Gaboriau n'avait jamais mentionné l'existence et qu'il n'eût probablement pas placé à l'ombre des panonceaux.

Boisgobey ne gardait-il qu'un souvenir assez vague de l'œuvre de son confrère, à qui il rend hommage au passage, ou estima-t-il qu'il avait bien le droit de prendre de telles libertés ? En tout cas, il fait de Lecoq un ancien détective amateur, tout comme l'était Tabaret, et il le fait surnommer également Tirauclair. De hauts personnages de la police viennent volontiers le consulter, quand il s'agit d'une affaire embrouillée, ainsi qu'en ses débuts, il allait lui-même demander conseil à son vieux maître. Ces entretiens ont naturellement lieu en cachette, d'autant que Louis est à la veille d'épouser une riche et charmante jeune fille. Lecoq compte d'ailleurs, dans la police, des disciples qui lui restent dévoués, en particulier Piédouche, dont le personnage rappelle à la fois ceux de Pâlot et de Fanferlot.

Au début du récit, le chef de la Sûreté vient lui-même demander à son ancien collaborateur de prendre en main l'instruction d'une affaire particulièrement mystérieuse, mais celui-ci se récuse, n'entendant pas désormais compliquer son existence et craignant que sa véritable personnalité ne soit finalement mise au jour. Il se contente de donner quelques conseils à son visiteur et lui suggère de confier l'enquête à un détective anglais récemment venu de Londres, Tolbiac de Tinchebray, dont on vante les succès, bien que son passé soit mal connu, qu'il mène un grand train de vie et fréquente assidûment les champs de courses.

L'énigme, que ce précurseur de Sherlock Holmes accepte d'élucider, se présente sous la forme d'un double meurtre commis dans une maison particulière, d'où provient le cadavre d'une jeune femme anglaise, transporté dans une malle par un sourd-muet, et où l'on a découvert après coup celui d'un négociant honorablement connu. Mais il mène bien mollement son enquête, se consacrant surtout à des recherches d'un autre ordre. Par contre, les policiers français aboutissent à la quasi-certitude que l'auteur des assassinats est le propre fils de Lecoq. Ayant surpris sa maîtresse, la jeune Anglaise, en compagnie du riche commerçant, il aurait agi sous l'empire de la jalousie. Malgré ses dénégations et devant les faits qui semblent l'accabler, il est arrêté et inculpé. Sa fiancée se trouve, en somme, dans la même situation que Claire d'Arlange et Denise de Chandoré, après l'incarcération de celui qu'elles aiment ; mais elle ne dispose pas des mêmes possibilités d'agir en sa faveur. M. Lecoq, lui, ne peut imaginer que son fils soit coupable. Au cours de sa carrière, il a vu trop d'innocents dans l'impossibilité de se justifier. Il espère que la confrontation de Louis avec le sourd-muet permettra d'établir son innocence. Malheureusement celui-ci parvient à s'échapper, ce qui entraîne la révocation de Piédouche, bien que la responsabilité de l'évasion semble incomber à Tolbiac.

Le jeune homme est condamné à la peine capitale, mais son père, bien décidé à le sauver, est entré en lice, retrouvant tous ses moyens et toujours servi à souhait par le hasard, le dieu des bons policiers. Afin d'avoir ses coudées plus franches, il fait croire qu'il s'est réfugié à l'étranger pour y cacher sa douleur et sa honte. En réalité il n'a fait qu'un court séjour en Angleterre où il a appris de la police londonienne que Tolbiac était un personnage taré. Il revient, déguisé en nabab indien et suivi par un serviteur des plus bronzés ressemblant étrangement au fidèle Piédouche. La fortune qu'on prête à ce prince oriental le fait accueillir à bras ouverts dans une sorte de tripot mondain fréquenté par son confrère britannique, qui, pas une seconde, ne se doute de la véritable identité du nouveau venu. Le faux nabab en profite pour nouer avec lui des relations, qui lui permettront de mieux percer ses activités. Bientôt il se persuade que le détective anglais a entrepris d'éliminer les bénéficiaires d'un immense héritage, dont ils ignorent l'existence et que, parmi les victimes récentes ou désignées, figurent la jeune femme assassinée, la fillette d'un modeste aiguilleur et, par une extraordinaire coïncidence, la fiancée de Louis.

Cependant Tolbiac parvient à faire enlever ces deux dernières par des hommes de main dans l'intention de les exécuter, puis de donner à leur mort

PLANCHE XV

La prison de Sauveterre.

Une scène de *La Corde au cou*, mélodrame joué sur la scène de l'Ambigu-Comique en 1897-1898.
Adaptation fantaisiste du roman d'Émile Gaboriau.

Photo. Paul Boyer.

PLANCHE XVI

1. Couverture de la première édition de *L'Affaire Lerouge* en langue anglaise.

2. Affichette encartée dans *Le Courrier cinématographique* du 1er août 1914.

une apparence accidentelle. Mais elles sont délivrées par Piédouche, agissant sur les instructions de son ancien chef. Au moment où il allait être arrêté, le criminel périt dans l'incendie de la demeure où il était cerné et, avec lui, son principal complice, resté jusque-là dans l'ombre, héritier lointain de la mirifique succession. Les deux hommes s'étaient entendus pour partager l'héritage, une fois débarrassés des plus proches parents du défunt. Quant à Lecoq, il retrouve le sourd-muet, qui lui permettra de disculper son fils de l'assassinat de la jeune Anglaise, alors que déjà s'élèvent les bois de justice.

Peu soucieux de sauver sa tête, le jeune homme, qui a refusé de signer un recours en grâce, vient d'entrer dans la voie des aveux par simple respect de la vérité, ce qu'il n'avait pas voulu faire aux assises en présence de sa fiancée. Il avait autrefois été, en Angleterre, l'amant de la victime, qu'il avait perdue de vue depuis longtemps. Celle-ci, installée à Paris et menant l'existence la plus dissolue, avait réussi à le retrouver et, se croyant, non sans raison, menacée, l'avait supplié de la protéger. Il n'avait pas cru devoir rester sourd à son appel et, s'étant rendu chez son ancienne amie, il y avait rencontré le négociant quinquagénaire qui l'entretenait. Ce dernier, se méprenant sur les intentions du visiteur, l'avait violemment pris au collet et Louis, pour se défendre, lui avait asséné un coup de canne plombée, qui avait malheureusement tué son agresseur. Épouvanté devant les conséquences de son geste, il avait perdu la tête et s'était enfui. L'assassinat de la jeune femme avait dû être commis quelques heures après. Le jugement va donc pouvoir être révisé, le condamné être mis en liberté, son mariage avoir lieu et, M. Lecoq de Gentilly reprendre son existence de paisible bourgeois.

Bien qu'il présente quelques longueurs, ce roman peut être lu sans que l'intérêt faiblisse. On peut toutefois regretter que cet intérêt soit parfois soutenu par des suspenses un peu trop feuilletonesques. Ainsi, quand la fillette de l'aiguilleur est sur le point d'être happée par un train, on ne saura pas immédiatement si son père s'est résolu à faire dérailler le convoi et à sacrifier les voyageurs pour sauver son enfant. Après une semaine d'angoisse, on apprend dans le numéro suivant que cet employé cornélien a respecté sa consigne, mais que l'enfant, ayant eu l'extraordinaire présence d'esprit de s'étendre entre les deux rails, est sortie indemne de cette terrible situation.

Par contre, M. Lecoq n'est pas devenu, comme le prétend Régis Messac, « un vieillard pleurnicheur et facile à tromper ». S'il lui arrive de s'émouvoir, c'est que son fils est en danger de mort, mais ses anciens collaborateurs, venus le consulter, lui rendent volontiers hommage en le proclamant « le plus ingénieux des policiers passés, présents et futurs ». Il sait toujours parfaitement se grimer et se déguiser. Le coup du portefeuille prétendument trouvé sur le sol, la filature du prisonnier qu'on a laissé s'évader, l'importance de son regard pour identifier un individu déjà rencontré, tous ces stratagèmes et bien d'autres encore lui sont restés familiers. Et l'auteur en a même imaginé un nouveau : le « pas relevé », marche qui permet une allure rapide tout en évitant d'attirer l'attention par l'adoption du pas de course.

Tout comme Gaboriau, il arrive à son successeur de semer dans ses récits des considérations d'ordre historique ou politique, comme celle-ci : « La bourgeoisie, qui, depuis des siècles, gouverne la France et se plaint d'être gouvernée... » et à manifester des préoccupations d'ordre social en se penchant par exemple sur « la dure condition d'un aiguilleur et son maigre salaire eu égard à ses énormes responsabilités ». Mais ce qu'on ne trouve pas chez Gaboriau et qu'on relève chez son imitateur, c'est l'expression d'une conviction religieuse. Boisgobey ne cache pas sa foi en « la protection de Dieu qui veille sur l'opprimé », alors qu'apprenant la subite crise de folie d'un criminel dont la comparution aux assises risquait de jeter le discrédit sur une honnête famille, Lecoq, dans *Le Dossier n° 113*, s'écrie avec un brin de désinvolture : « Mme Fauvel est sauvée, c'est Dieu qui se charge de punir Clameran. » Un dieu qui, dans son esprit, semble bien être le complaisant hasard.

L'initiative de Boisgobey de donner une suite aux exploits de l'illustre policier n'allait pas demeurer isolée. En 1886, parut, chez Charpentier, un roman assez copieux intitulé *La Fille de Lecoq*, œuvre de deux auteurs qui s'étaient surtout consacrés au théâtre, William Busnach et Henri Chabrillat. Le livre était dédié avec un mot de reconnaissance à un certain M. Piégut, dont nous ne savons rien.

Un prologue, intitulé *Le Rentier de la rue Nollet*, place en juillet 1883 l'événement qui va en être le point de départ. (Gaboriau aussi aimait situer ses œuvres dans un passé très proche pour leur donner une teinte d'actualité et, partant, plus de véracité et d'intérêt.) Les auteurs y présentent un vieux et riche rentier, M. Muret, propriétaire d'un immeuble aux Batignolles, un homme paisible qui rend volontiers service à ceux qui s'adressent à lui. Il attend avec impatience, pour la garder auprès de lui, que sa fille Jeanne, âgée de dix-huit ans, une enfant naturelle, en ait terminé avec ses examens dans la pension parisienne où il l'a placée. Or, un matin, ses vieux et fidèles concierges, Toupin et sa femme Annette, le trouvent mourant dans son lit, à la suite d'un coup de poignard reçu à la poitrine. Ils préviennent de toute urgence sa fille, qui peut encore assister à ses derniers moments. Aux regards insistants du malheureux, à quelques mots à peine perceptibles, elle devine que derrière un panneau de la pièce doivent se trouver des documents de la première importance, recherchés en vain par l'assassin.

Muret une fois mort, Toupin apprend à Jeanne que derrière la personnalité d'emprunt de son père, se dissimulait le célèbre détective Lecoq, qui, malgré sa fortune, avait été un collaborateur précieux et d'ailleurs désintéressé de la police Et lui, Toupin, avait été, toute sa vie, son auxiliaire dévoué dans les opérations les plus périlleuses. On défonce, alors, le panneau désigné par le mourant et l'on découvre trois dossiers où Jeanne comprend qu'elle trouvera l'explication du meurtre commis sur son père. Avec une énergie qu'on n'aurait jamais pu supposer chez une jeune fille de cet âge — mais elle a de qui tenir — elle jure qu'elle le vengera avec l'aide de Toupin et sans avoir recours à la police. Elle va trouver le chef de la Sûreté, M. Saint-Priest d'Urbin, qui garde une profonde reconnaissance à Lecoq pour tous les services rendus, et obtient de lui qu'avec la complicité d'un médecin légiste on attribue le décès du vieux rentier à une attaque d'apoplexie. Ainsi la police n'interviendra pas dans l'affaire et le ou les criminels négligeront de se tenir sur leurs gardes, persuadés que la véritable cause de la mort de leur victime a échappé à son entourage (!).

Une fois les derniers devoirs rendus à son père, Jeanne va se plonger dans la lecture des trois dossiers, dont le contenu constitue la première partie du roman sous le titre de *Mémoires de M. Lecoq*, subdivisée elle-même en trois épisodes dont chacun correspond à l'un des dossiers laissés par le célèbre policier : *L'Affaire Sénoncher*, *Un Accident de chasse* et *La Famille des Armoies*.

Ces mémoires ont pour point de départ un repas de Lecoq chez le premier président Beillart, un de ses anciens compagnons de collège, avec qui il est resté dans les termes les plus familiers. Le premier président ayant affirmé qu'avec les moyens dont disposait la justice une erreur judiciaire était devenue impossible, Lecoq se fit fort de lui prouver que, dans une certaine affaire Sénoncher, il avait prononcé la condamnation à mort d'un malfaiteur, certes, mais innocent du crime dont on l'accusait, peine heureusement commuée par le président de la République.

Au cours d'une nuit où il était absent de son domicile, un tailleur à façon, demeurant au deuxième étage du 70 de la rue des Acacias, avait été cambriolé. Alors qu'il déposait une plainte au commissariat du quartier, le concierge de l'immeuble était venu déclarer qu'on venait de découvrir le corps d'une vieille rentière, la veuve Sénoncher, étranglée pendant la nuit. Cambriolage et assassinat sont mis sur le compte de la bande des Ternes, qui multipliait les pillages de magasins dans le quartier. On en arrête finalement les membres à l'exception de Pierre Rouillard, dit le Futé, un enfant trouvé, dévoyé par les mauvaises fréquentations, qui a connu la maison de correction, puis la prison. Lecoq a tenté de le remettre dans le droit chemin, mais Rouillard a été victime du chantage de ses anciens compagnons de détention. L'un de ses complices étant accusé du meurtre, il se livre volontairement à la justice en reconnaissant le cambriolage, mais en affirmant que son camarade n'est pas coupable de l'assassinat. Il ajoute que lui-même avait appris l'absence du tailleur par un domestique de grande maison nommé Firmin, dont il avait fait la connaissance tout à fait par hasard. Mais le juge d'instruction ne prête aucun crédit à ses déclarations et lui rétorque que le cadavre de ce Firmin a été retrouvé quinze jours auparavant dans le canal de Lille, à Armentières, où le malheureux était tombé accidentellement. Finalement Rouillard, qui, en cour d'assises, a gagné la sympathie des jurés en contant combien il avait été malchanceux dans son existence, s'en tire avec une légère peine de prison, encore atténuée par sa bonne conduite en cours de détention.

Mais Lecoq, le seul à avoir cru à ses explications, a voulu savoir qui était Firmin et il a envoyé Toupin aux nouvelles dans le Nord. Il a ainsi appris que c'était une sorte d'intendant de la très noble famille des Armoies, dont le chef, un vieillard, était décédé peu de temps auparavant, laissant une importante fortune à son petit-fils Georges. Celui-ci était resté jusqu'à sa majorité dans l'institution des Jésuites de Tournai, où il avait fait ses études ; il avait alors gagné la France, mais comme il était timide et peu au courant de la vie, il avait voulu être accompagné d'un surveillant de l'institution, Sérafin, un homme d'une quarantaine d'années, qui était devenu son ami. Firmin, venu se mettre à la disposition de son nouveau maître, les avait rencontrés près de la frontière, quelques heures avant une sortie nocturne au cours de laquelle il était tombé dans le canal où l'on avait repêché son corps. Le visage, sans doute raclé par une péniche, était méconnaissable, mais Georges et Sérafin avaient formellement identifié ses vêtements.

Quelques semaines plus tard, Lecoq apprend par la presse que, dans le parc du château de Bellembre, proche de Melun et appartenant à Georges des Armoies, un ami de celui-ci s'est tué accidentellement au cours d'une partie de chasse. Toupin, envoyé à Melun, l'a bientôt informé que, depuis son retour de Belgique, le jeune châtelain hébergeait son ancien surveillant. Alors qu'ils chassaient tous deux, ce dernier, peu habitué au maniement des armes à feu, avait malencontreusement fait jouer la détente de son fusil en franchissant un obstacle et avait reçu toute la décharge dans le flanc gauche. A la demande de son chef, Toupin réussit également à savoir que Sérafin n'était pas gaucher, d'où Lecoq déduit que le récit de l'accident fait par Georges n'était pas véridique. Il se rend à son tour à Melun où il sait pouvoir compter sur la coopération du commissaire de police et réussit à y surprendre une conversation de domestiques, d'où il ressort que la victime faisait « chanter » son hôte. Le commissaire, sur la suggestion du détective, déclare à Georges qu'une personne qui s'est fait tardivement connaître, a assisté à la scène de l'accident et l'accuse d'en être l'auteur. Le jeune homme juge alors prudent d'avouer qu'il avait menti, n'ayant pas eu le courage de se déclarer responsable de la mort de son meilleur ami. Traduit devant le tribunal correctionnel pour homicide par imprudence, il est condamné à deux mois d'emprisonnement, mais il est enfin renseigné sur la personnalité de Lecoq et le rôle qu'il a joué dans cette affaire ; le regard qu'il lui lance en dit long sur ses intentions.

Soupçonnant qu'un criminel se dissimule sous l'identité de Georges des Armoies, Lecoq s'efforce alors de reconstituer l'histoire des derniers membres de cette famille, ce qui amène les auteurs — comme c'était fréquemment le cas pour Gaboriau — à une incursion assez longue dans le passé. Georges, orphelin de père et de mère, avait été élevé à la campagne par son grand-père Bernard, dont on a mentionné le décès. Il avait pour camarade de jeu un enfant de son âge, issu d'une famille pauvre, Firmin, pour qui il se prit d'amitié. Aussi, quand Bernard des Armoies décida de demeurer à Paris, on emmena ce petit compagnon, qui allait devenir un beau jeune homme et tenir l'emploi de factotum dans la maison. Georges mis en pension à Tournai, il ne resta plus auprès du vieillard que sa fille Marthe, servie par une femme de chambre, Coralie, qui s'éprit bientôt de Firmin. Ils étaient faits pour s'entendre, souffrant l'un et l'autre de leur condition inférieure et dénués de tout scrupule. Elle fut sa maîtresse, tandis que, mettant à profit la décrépitude croissante du chef de famille, il prenait de plus en plus d'autorité dans la maison.

Marthe, restée naïve, se laissa séduire par un cousin beau parleur, qui avait acheté la complicité de Coralie, dont Lecoq ne put connaître les agissements. Puis, le séducteur disparut brusquement, laissant enceinte la jeune fille. Celle-ci mourut après avoir donné naissance à un garçon, que la femme de chambre alla placer dans une famille paysanne du Jura, dont elle ne révéla pas le nom. Enfin, Lecoq apprend qu'une sœur de Bernard des Armoies, Hortense, ayant rompu toutes relations avec sa famille après s'être mésalliée par pur intérêt, avait vécu au 70 de la rue des Acacias. C'était la veuve Sénoncher, assassinée au cours de la nuit où eut lieu le cambriolage du tailleur à façon. Devant la conjonction de ces tragiques disparitions, l'ancien détective conclut qu'un criminel a intérêt à l'extinction de la famille des Armoies, probablement Firmin qui se dissimule sous l'identité de

Georges, après l'avoir fait disparaître avec la complicité de Sérafin, qu'il devait connaître auparavant, peut-être même avoir introduit dans l'institution de Tournai. Puis il s'est débarrassé de l'ancien surveillant des études, quand celui-ci a voulu le faire chanter. Et c'est encore Firmin qui a indiqué à Rouillard la prochaine absence nocturne du tailleur avec l'intention de supprimer la veuve Sénoncher avant le cambriolage et d'en faire retomber la responsabilité sur la bande des Ternes. Mais tout cela reste à prouver et, dans cette intention, Lecoq a déjà rassemblé des spécimens des écritures du défunt Georges et de celui qui s'est substitué à lui. Malheureusement, quatre jours après avoir achevé d'écrire ses *Mémoires*, le vieillard mourait, poignardé dans son lit

La seconde partie du livre est faite du récit de la lutte de Jeanne contre Firmin, puis contre Coralie dont elle découvre après-coup l'existence, d'où son titre : *La Rouge et la Noire* (Coralie est rousse et Jeanne très brune). Tout comme la première partie, elle se subdivise en trois épisodes : *Le Petit Firmin, Joseph et Jean* et *Coralie la Rousse*.

Jeanne a déduit de ces *Mémoires* que son père a été frappé par Firmin, le faux Georges des Armoies, sorti depuis peu de prison. C'est une guerre sans merci qu'elle va engager contre l'odieux couple, une guerre où périront le dévoué Toupin et la pauvre Annette, qui auront fait de leur mieux pour seconder leur jeune maîtresse. Nous n'en conterons pas toutes les péripéties, car Lecoq seul nous intéressait. Mais il a accompli une tâche primordiale en démasquant l'un des deux coupables qu'il convient maintenant de châtier ainsi que sa complice. Sachant qu'une telle alliance lui serait précieuse, Jeanne a su fort habilement s'attacher Rouillard, qui s'est pris pour elle d'un amour respectueux et qui brûle de venger son ancien bienfaiteur. Il lui servira à éventer les pièges de ses ennemis, à la protéger et à remplir les missions qu'elle lui confiera.

Il s'agit tout d'abord de retrouver Firmin, qui se dissimule dans Paris. Sachant que le faux Georges des Armoies est incurablement atteint de la passion du jeu, Jeanne, déguisée en garçon, le recherche dans tous les tripots de la capitale et finit par le rencontrer. Elle se lie de camaraderie avec lui, mais il découvre à la longue que ce nouvel ami est en réalité la fille de Lecoq et tombe éperdument amoureux d'elle. Coralie, que la jalousie rend perspicace, s'efforce de mettre en garde son amant, mais celui-ci, pour la rassurer, prétend pouvoir se faire aimer de Jeanne et ainsi la neutraliser. Coralie n'en croit rien et tente à plusieurs reprises de supprimer sa rivale, d'où colère de Firmin. Une explication violente a finalement lieu entre les deux amants, à laquelle assistent, sur un échafaudage, Jeanne et Rouillard déguisés en ouvriers du bâtiment. Ils apprennent de la bouche même de Coralie que c'est elle qui a assassiné Lecoq. La dispute dégénère en lutte et Coralie, à moitié étranglée par Firmin, parvient à s'emparer d'un poignard et le tue. C'est alors qu'interviennent Jeanne et Rouillard ; ils maîtrisent la criminelle que la fille de Lecoq exécute froidement d'une balle dans la tête.

Auparavant Jeanne avait retrouvé l'enfant de Marthe pour qui elle s'était prise d'affection ; il pourra plus tard entrer en possession de la fortune de sa famille. Elle-même a repris le nom de Lecoq et décidé de ne jamais se marier. Moderne Chimène, a-t-elle un moment, mais sans faiblir, senti son cœur touché par l'amour de Firmin ? C'est ce que nous ne saurons pas. Mais si notre héroïne possède, tout comme son père, l'art de se déguiser au point de se rendre méconnaissable, les raisonnements judicieux, les ruses et l'énergie dont elle donne le spectacle ne l'élèvent pas au-dessus de ce que doit être un policier consciencieux et intelligent, ce qui est déjà remarquable chez une si jeune personne peu préparée à une telle action.

Enfin, plus encore qu'à Boisgobey, il arrive à Busnach et Chabrillat de se perdre dans des digressions. Ainsi quand ils prétendent juger des avantages et des inconvénients des maisons de correction, auxquelles ils consacrent plusieurs pages, ou expliquer le fonctionnement des maisons de jeu à Paris. Leur œuvre, par ce côté, est plus proche du roman social que du roman policier et évoque *Les Petites Ouvrières* plus que *Le Crime d'Orcival*. Ils vont même jusqu'à étaler une érudition assez douteuse en donnant une explication nouvelle du sens de tricheur pris par le mot « Grec ».

Ces deux tentatives pour tirer profit de la célébrité encore survivante de Gaboriau sont adroites et témoignent d'une réelle imagination. Mais si, dans un sursaut, le vieux détective parvient — surtout quand le sort de son fils est en jeu — à retrouver tous ses moyens, il n'exécute pas sous nos yeux les prodiges de perspicacité auxquels il nous avait accoutumés dans ses recherches sur le terrain, probablement parce que les auteurs étaient incapables de les concevoir.

XLII

LES PREMIERS GRANDS SUCCESSEURS :
JOHN RUSSELL CORYELL ET ARTHUR CONAN DOYLE

Pour trouver à la même époque des auteurs policiers faisant preuve de plus d'originalité que Boisgobey, Busnach et Chabrillat et ne se contentant pas de ramasser les miettes tombées de la table de Gaboriau, il faut aller les chercher dans la littérature anglo-saxonne.

En 1884, commencèrent à paraître dans un hebdomadaire new-yorkais, *The New-York Weekly*, les aventures d'un détective américain Nick Carter, dont le succès fut prodigieux. L'auteur, John Russell Coryell, né à New-York en 1851, avait passé une partie de sa jeunesse en Extrême-Orient, où il avait exercé des fonctions consulaires à Canton et à Chang-Haï avant de séjourner au Japon. Revenu aux États-Unis, il avait vainement tenté de faire fortune en Californie avant de se retrouver journaliste à New-York, où il s'efforçait d'accroître ses ressources en écrivant des histoires pour la jeunesse. En 1884, il obtint du *New-York Weekly* la publication de son premier roman, *Le Marquis américain* ou *Détective par vengeance*, qui fit monter le tirage du journal. Aussi est-ce à lui que pensa la direction de cette feuille, quand elle chercha un auteur capable de donner des récits policiers qui éclipsent les exploits d'un certain Vieux Limier, publiés dans les colonnes d'un concurrent. C'est alors que vit le jour le jeune détective Nick Carter.

Par la suite, chacune de ses aventures devait paraître en une brochure à la couverture illustrée, vendue une « dime », c'est-à-dire dix cents, d'où le surnom de « dime-novel » donné à chaque numéro de cette publication populaire accessible à toutes les bourses. Il y en eut des milliers, chaque récit se terminant, bien entendu, par la mise hors d'état de nuire des redoutables bandits dangereusement affrontés par le courageux Carter. Au bout de quelques années, Coryell, pris à juste titre de lassitude, céda la plume à un confrère, à qui d'autres auteurs devaient succéder, si bien que les aventures de Nick Carter paraissent toujours.

Pour Régis Messac, l'influence de Gaboriau sur Coryell est indéniable. Ce dernier, son fils l'a confirmé, avait lu les œuvres du romancier français, traduites très tôt en anglais et d'autant plus répandues aux États-Unis que les droits des auteurs n'y étaient pas protégés par la loi. Carter marche fréquemment sur les traces de Tabaret et de Lecoq, précise Messac, comme cela apparaît clairement dans la première nouvelle publiée par le journaliste américain, sous le titre *L'Élève du vieux détective*, où le jeune Nick procède à la reconstitution du meurtre de son propre père.

« Le gaz n'a pas été allumé par mon père, dit-il au policier chargé de l'enquête, car il se servait d'une espèce particulière d'allumettes, qui s'allument rapidement et sans bruit. Une allumette de ce genre, qui avait été éteinte aussitôt qu'allumée, se trouvait sous son corps. Une autre allumette d'espèce différente gisait presque entièrement brûlée sur le tapis, où elle avait été jetée sans être éteinte...

« Le grand individu portait un paletot gris, d'étoffe rude. Il a une moustache teinte en noir. Je le sais, parce que sous les ongles de mon père j'ai trouvé quelques brins du paletot et, dans une de ses mains, se trouvait un poil de moustache teint en noir. La véritable couleur était visible à la racine. Il a été arraché pendant la lutte », et Coryell d'ajouter « L'inspecteur contemplait le jeune homme avec ahurissement », un ahurissement rappelant celui de Gévrol devant les conclusions de Tabaret, après que le vieux détective amateur ait, entre autres indices, découvert quelques fragments de gant gris sous les ongles de la veuve Lerouge.

Cependant, si les observations et les déductions de Nick Carter tiennent naturellement une place dans les dime-novels, l'action l'emporte sur elles, comme le veut le goût des lecteurs d'un peuple jeune, pénétré de « l'esprit de la frontière » et mêlé d'éléments immigrés, souvent incultes et incapables de s'intéresser à des raisonnements subtils. Pour Messac, il faut voir en Coryell un petit-fils de Fenimore Cooper, dont les Mohicans et Bas de Cuir étaient plus familiers au public américain que le chevalier Dupin.

Messac aurait pu encore noter que Nick Carter présente avec Lecoq d'autres points communs confirmant l'influence de Gaboriau. Comme le policier français, il est doué d'une force physique peu commune, d'un courage à toute épreuve et n'est pas sensible à l'appât d'une gratification. S'il est moins génial dans la recherche et l'exploitation des indices, il brille en d'autres domaines. Il se targue — non sans vantardise — de connaître toutes les langues parlées sur le territoire des États-Unis, y compris les dialectes indiens. Plus encore que Lecoq, il possède l'art du déguisement. Il est capable de transformer son aspect au cours d'un trajet en fiacre, même en marchant dans la rue et, ce que n'avaient jamais tenté de faire les policiers de Gaboriau, d'apparaître en femme. Enfin il dispose de lieutenants dévoués qui, tout comme Pâlot et Fanferlot, s'inspirent de leur maître sans cependant l'égaler, mais sont, eux aussi, habiles à se déguiser. On a donc en Nick Carter un Lecoq qui n'a pas tardé à traverser l'Atlantique, mais n'a pu le faire sans quelque peu s'américaniser.

Trois ans après l'apparition de Carter, surgissait dans un journal londonien le curieux personnage d'un détective amateur, amené à prendre une place éminente dans la littérature policière. Son créateur était un médecin inconnu, le docteur Arthur Conan Doyle, d'origine irlandaise, mais né, en 1859, à Edimbourg où il avait fait des études de médecine. Sa carrière médicale avait débuté sur une baleinière, ce qui lui avait permis de naviguer sur les mers polaires. Au retour, il avait ouvert un cabinet, mais n'avait pas connu grand succès. Il crut bien faire en se spécialisant pour les maladies des yeux. Ce fut pire, il n'eut aucun client. Alors même qu'il était étudiant, il avait écrit quelques nouvelles, qui avaient paru dans divers périodiques, et, plus tard, un roman qui ne trouva pas d'éditeur. Invinciblement attiré par tout ce qui était littéraire, il eut l'idée de produire une œuvre originale, bizarre, qui lui vaudrait immanquablement l'attention.

Il imagina un personnage sur le modèle d'un de ses anciens maîtres, le docteur Joe Bell, passionné de psychologie, qui s'efforçait, par de surprenantes déductions, de découvrir le caractère, la profession et même le passé des malades qu'on lui présentait à l'hôpital. Il le nomma Sherlock Holmes et en fit un détective. Mais comme son héros ne pouvait continuellement se vanter de ses exploits, il lui adjoignit, tout comme dans la tragédie classique, un complaisant confident, le docteur Watson, dont le rôle était de mettre son ami en valeur.

La première nouvelle que Doyle publia, *Étude en rouge écarlate*, eut plus de succès aux États-Unis qu'en Grande-Bretagne, mais il avait trouvé sa voie et son détective ne tarda pas à s'imposer partout. Pour le mettre en scène, il garda la forme de la nouvelle, qui, publiée régulièrement en une seule fois, pouvait également trouver place dans les magazines hebdomadaires ou mensuels. Ces récits présentaient ainsi l'avantage de n'être pas coupés en tranches, comme c'est le cas pour les romans débités en feuilletons, sans pour cela courir le risque de perdre en cours de route leurs lecteurs, assurés du retour prochain du personnage qui avait su capter leur intérêt.

Pour en venir à Holmes, c'est apparemment un vaniteux plein de mépris pour ses confrères. Il n'est, pour s'en convaincre, que de lire ce passage de l'*Étude en rouge écarlate*, alors qu'il vient de faire la connaissance de Watson :

« Sherlock Holmes se leva et alluma sa pipe.

« — Vous pensez sans doute me faire un compliment en me comparant à Dupin, observa-t-il. Eh bien ! à mon avis, Dupin n'était qu'un être très inférieur. Son unique truc consistant à pénétrer les pensées de ses amis, en intervenant après un quart d'heure de silence par une remarque incidente, est tout à fait théâtral et superficiel. Sans doute il a un certain génie d'analyse, mais de là à être le phénomène que Poe a voulu en faire, il y a de la marge.

« Avez-vous lu les romans de Gaboriau ? demandai-je. Lecoq répond-il mieux à votre idéal du détective ?

« Sherlock renifla en ricanant.

« — Un misérable savetier, s'exclama-t-il. Lecoq n'a pour lui que son énergie. Un Gaboriau, entre autres, m'a positivement rendu malade. Il s'agissait d'identifier un prisonnier inconnu. J'aurais pu le faire en vingt-quatre heures. Lecoq y met au moins six mois. Cela pourrait servir de manuel aux détectives : ils y verraient alors toutes les fautes à éviter.

« Contrarié d'entendre traiter si cavalièrement des personnages que j'avais admirés, je m'approchai de la fenêtre pour regarder le spectacle de la rue. — Il se peut que ce garçon soit intelligent, me dis-je, mais quel infatué ! »

C'est, en effet, une très haute idée qu'a de lui-même Sherlock Holmes qui, sans crainte du ridicule, déclare en parlant de son plus dangereux adversaire, le bandit de haut vol Moriarty : « C'est un génie, un philosophe, un penseur de l'abstrait. Il possède un cerveau de premier ordre. Vous connaissez mes facultés, mon cher Watson. Pourtant au bout de trois mois, je dus convenir que j'avais enfin rencontré un adversaire qui était, sur le plan intellectuel, mon égal. » C'est encore lui qui, s'adressant à un duc venu lui demander son concours, constatait : « Avec vous, je descends. Mon dernier client était un roi. » Quel contraste avec la modestie d'un Lecoq qui, à l'occasion, sait reconnaître ses fausses manœuvres et admettre que le hasard a pu avoir sa part dans ses réussites ! Combien est-il plus humain, plus sympathique que le roi de détective britannique !

Il est surprenant que ce personnage, au premier abord antipathique, ait été conçu par l'homme le plus équitable et le plus courtois qui fût. En effet, Conan Doyle n'a pas manqué de reconnaître tout ce qu'il devait à Gaboriau, qui l'avait « séduit, disait-il, par l'élégante façon dont il agençait les pièces de ses intrigues ». Il y a là un curieux cas de dédoublement ou, si l'on préfère, la puissante personnalité de Holmes a eu tôt fait de prendre une existence indépendante de la volonté de son Pygmalion, contraint de le faire parler et agir dans la logique même de l'homme tel qu'il l'avait créé et qu'il n'aura même plus le droit de faire mourir.

Mais, seules, nous intéressent la valeur, la crédibilité des méthodes de Sherlock Holmes. Méritent-elles que son nom soit devenu, dans le monde entier, synonyme de détective de génie, alors que l'œuvre de Gaboriau, pourtant lue et appréciée en de nombreux pays, n'a pas donné à M. Lecoq la popularité durable à laquelle il pouvait légitimement prétendre.

Tout d'abord, l'invention qui, chez Conan Doyle, fait habituellement l'admiration du public, a été parfois contestée. Dans un article intitulé *Le Sphinx*, publié dans *Le Figaro* en septembre 1943, Joseph-Renaud entend rétablir la vérité : « Lorsque le créateur de Sherlock Holmes était à bout d'inspiration, il achetait, sans s'en cacher, en les payant bien, des sujets de romans et de nouvelles à de jeunes confrères ; certains de ces « nègres » lui vendaient parfois sans scrupules des synopsis d'œuvres françaises bien connues. Quoique signés de Conan Doyle, *A poison belt* est de J.-H. Rosny aîné, *A pot of caviare* est d'André de Lorde et *A lost world* est de J.-Joseph Renaud. » Nous ne reprendrons pas ce procès, car il s'agit là de trois œuvres qui n'appartiennent en rien au genre policier, où nous entendons nous cantonner.

Mais, puisqu'on en était à *L'Étude en rouge écarlate*, on remarquera au passage que l'influence de Gaboriau est manifeste dans cette œuvre de début, tout comme dans *La Vallée de la Peur*. La construction de ces nouvelles rappelle parfaitement celle qu'on a si souvent reprochée aux récits du romancier français. L'enquête s'arrête pour faire place à un retour à un passé lointain longuement conté et assez fastidieux pour le lecteur, dont la curiosité première n'a pas été satisfaite.

Limitons-nous, toutefois, à l'efficacité policière de Sherlock Holmes. Dans leur petit ouvrage, *Le roman policier*, paru en 1975 aux Presses Universitaires de France, Pierre Boileau et Thomas Narcejac estiment qu'à tous points de vue la supériorité du détective britannique sur les policiers de Gaboriau est flagrante : « Conan Doyle était au courant des techniques de laboratoire, écrivent-ils, et ce n'est pas par hasard si Sherlock Holmes était capable d'indiquer la provenance d'une boue, d'identifier la nature d'un tabac ou de reconnaître les dessins d'un peumatique parmi les quarante-deux sortes de pneus qui existaient à l'époque ?... Sherlock Holmes est donc le premier détective vraiment scientifique. Il nous semble tout à fait inutile d'en produire de nouvelles preuves. Qu'on relise *Le chien des Baskerville* (identification de l'origine féminine d'une lettre grâce à son parfum), *La boîte en carton*, *Le traité naval* (détermination du sexe et du niveau social d'une personne par l'examen graphologique), *La vallée de la peur*, *Les hommes dansants* (déchiffrement d'un cryptogramme), *Une étude en rouge*, *Le diadème de Béryls* (lecture des traces), etc... »

Ce jugement sommaire, en partie expliqué par l'exiguïté du volume où il s'exprime, mérite d'être revu à la lumière d'une comparaison minutieuse entre les procédés des policiers de Gaboriau et ceux de l'illustre Sherlock Holmes.

L'habileté de ce dernier à modifier l'apparence de son visage et de son corps semble égale à celle d'un Lecoq. D'ailleurs, il dispose « d'au moins cinq refuges dans Londres où il peut se maquiller et se transformer à sa guise ». Dans *Un scandale en Bohême*, il apparaît déguisé en une sorte de valet d'écurie pris de boisson : « rougeaud, hirsute, il étalait de gros favoris et ses vêtements étaient minables ». Mais, quelques minutes après, il est devenu « un clergyman non conformiste, aussi aimable que simplet. Son grand chapeau noir, son ample pantalon, sa cravate blanche, son sourire sympathique et son air de curiosité souriante étaient dignes du plus grand artiste ».

Il peut aussi se transformer en un vieillard, comme dans *Le Signe des quatre* : « Un pas lourd, hésitant se fit entendre dans l'escalier ainsi qu'une respiration sifflante : le visiteur peinait à monter. Une fois ou deux le pas hésita ; finalement, un homme apparut sur le seuil et entra. Son aspect correspondait bien au bruit qu'il avait fait : c'était un homme âgé, vêtu d'un costume de marin et d'une vieille veste boutonnée jusqu'au cou. Il marchait voûté, ses genoux tremblaient et il respirait avec la gêne visiblement douloureuse d'un asthmatique. Il s'appuyait sur un gros gourdin de chêne et soulevait les épaules en s'efforçant d'aspirer l'air dans ses poumons. Un foulard de couleur couvrait son menton et je ne pus voir de son visage que deux yeux sombres mais vifs, surmontés d'épais sourcils blancs, et une longue moustache grise. L'ensemble donnait l'impression d'un respectable officier de marine atteint par l'âge et la pauvreté. Il regarda autour de lui avec la lenteur et la circonspection des vieillards. »

Dans *L'Aventure du détective agonisant*, il parvient à se faire passer pour un mourant, même aux yeux avertis du docteur Watson, en exigeant toutefois que celui-ci n'approche pas de lui de moins de trois ou quatre mètres. Il apparaît à son ami, le visage décharné, le front ruisselant de sueur, les yeux brillants, agrandis par la fièvre, les pommettes rouges, des croûtes noires collées aux lèvres, les mains agitées d'un tremblement, tenant d'une voix affaiblie des propos incohérents. Lui-même explique ensuite comment il s'y est pris pour tromper son entourage. Il s'était imposé un jeûne de trois jours, se privant même de boisson — ce qui n'arrange pas une beauté, dit-il avec son humour habituel — il s'était enduit le front de vaseline, mis de la belladone dans les yeux (n'oublions pas que Conan Doyle était médecin), du rouge sur les pommettes, de la cire autour des lèvres. Le reste n'avait été pour lui que procédé d'acteur.

Il est une autre nouvelle, celle de *La Maison vide*, où Holmes transforme à la fois son visage et son corps, trompant à nouveau le docteur Watson, à qui il se présente sous l'aspect d'un petit vieillard difforme grâce à un savant maquillage, une perruque blanche et une distorsion de son individu, qui réduit sa taille d'une trentaine de centimètres.

Dans *La Pierre de Mazarin*, il se déguise un jour en un vieux chômeur, le lendemain en une vieille dame âgée d'apparence très respectable pour suivre plus aisément le comte de Sylvius, le voleur du joyau. Bien qu'ils ne soient pas décrits, ces déguisements sont très réussis puisqu'il n'est pas identifié, mais la filature est éventée, ce qui n'est pas à l'honneur du détective. Il semble d'ailleurs peu doué pour se livrer à cette technique policière comme le confirme un autre échec qu'il subit, dans *Un Trois-quarts a été perdu*, quand il s'efforce de suivre à bicyclette la voiture du docteur Armstrong. Ce qui ne l'empêche pas de prétendre dans *L'Aventure du pied du diable* qu'il reste invisible pour ceux qu'il a pris en filature.

Les *Aventures* de Sherlock Holmes offrent, comme il se doit, des scènes malheureusement trop peu nombreuses où le détective se livre sur les lieux d'un crime à la recherche d'indices — de traces, si l'on préfère. Voici, dans *L'Étude en rouge écarlate*, un exemple excellent de la minutie, incontestablement héritée de Tabaret et de Lecoq, avec laquelle il procède à des investigations dans la pièce où a été commis un assassinat, de la passion avec laquelle il peut, lui aussi, « mettre la main à la pâte » :

« Tout en parlant, il sortit brusquement de sa poche un mètre en ruban et une grosse loupe ronde. Muni de ces deux instruments, il trotta sans bruit dans la pièce ; il s'arrêtait, il repartait ; de temps à autre il s'agenouillait, et même, une fois, il se coucha à plat ventre. Il semblait avoir oublié notre présence ; il monologuait sans cesse à mi-voix : c'était un feu roulant ininterrompu d'exclamations, de murmures, de sifflements et de petits cris d'encouragement et d'espoir. Il me rappelait invinciblement un chien courant de bonne race et bien dressé, qui s'élance à droite, puis à gauche à travers le hallier et qui, dans son énervement, ne s'arrête de geindre que lorsqu'il trouve la trace. Pendant plus de vingt minutes, Holmes poursuivit ses recherches ; il mesurait avec le plus grand soin l'espace qui séparait deux marques invisibles pour moi, et, de temps à autre, tout aussi mystérieusement, il appliquait son mètre contre le mur. A un endroit du parquet, il mit, avec précaution, un peu de poussière en tas, puis la recueillit dans une enveloppe. Finalement, avec la plus grande minutie, il étudia à la loupe chaque lettre du mot inscrit sur le mur. Cela fait, il parut satisfait ; il remit dans sa poche le mètre et la loupe. »

En écrivant ces lignes, Conan Doyle n'avait-il pas présentes à la mémoire les investigations de Tabaret dans la demeure de la veuve Lerouge et dans ses proches alentours ? : « Il y resta une demi-heure environ, puis il sortit en courant. Il y revint, ressortit encore, reparut de nouveau et s'éloigna presque aussitôt. Le juge ne pouvait s'empêcher de remarquer en lui cette sollicitude inquiète et remuante du chien en quête. Son nez en trompette lui-même remuait comme pour aspirer quelque émanation subtile de l'assassin. Tout en allant et venant, il parlait haut et gesticulait, il s'apostrophait, se disait des injures, poussait de petits cris de triomphe ou s'encourageait...

Il est sur la route, dit le brigadier, couché à plat ventre dans la boue et il gâche du plâtre dans une assiette. »

Lecoq ne montre pas moins d'empressement fiévreux à rechercher les traces laissées par les coupables. Il nous en offre, en particulier, le spectacle dans son exploration nocturne du champ de neige qui s'étend derrière la Poivrière. Il lui faut faire vite, car les magistrats arriveront dans quelques heures et le dégel menace d'effacer les empreintes qu'il entend relever. Il y a là un modèle du genre. Qu'on en juge : « Sur le blanc tapis de neige apparaissaient comme autant de taches noires de nombreuses traces de pas. Sans hésiter, Lecoq s'était jeté à genoux pour les examiner de près ; il se releva presque aussitôt. Ce ne sont pas des pieds d'hommes qui ont laissé ces empreintes ! Il y avait des femmes ! » Poursuivant son examen, il déduisit que les fugitives — elles étaient deux — étaient sorties de La Poivrière en courant, comme le prouvaient la largeur des enjambées et la disposition des empreintes. « L'une des pistes trahissait un pied mignon, coquet, étroit, emprisonné dans d'élégantes bottines, hautes de talon, fines de semelle, cambrées outre mesure. L'autre dénonçait un gros pied court, chaussé de solides souliers très plats. Les deux femmes étaient déjà venues à La Poivrière car les traces de leurs pas démontraient qu'elles étaient allées au portillon du jardin sans hésitation, sans tâtonnement, en ligne directe, en traversant diagonalement le terrain dans une obscurité complète. Mais, en cours de route, la femme aux petits pieds s'épuise, son allure se ralentit, ses jambes fléchissent, elle chancelle et trébuche. Quelques pas encore, elle s'affaisse, si bien que ses jupes apparaissent sur la neige et y tracent un léger cercle. La femme aux souliers plats saisit sa compagne par la taille, elle l'aide et leurs empreintes se confondent, mais la voyant près de défaillir, elle la soulève entre ses robustes bras et la porte, et l'empreinte de la femme aux petits pieds cesse. »

Nous ne rapportons là qu'une partie des résultats obtenus par Lecoq, mais combien convaincants ! C'est d'ailleurs l'unique fois où il opère sur une étendue neigeuse, ce dont Sherlock Holmes ne nous offre également qu'un exemple — un seul — dans *L'Aventure de la Veuve rouge*, écrite par le fils de Conan Doyle. Mais si le détective est défavorisé du fait que trop de pieds ont piétiné les lieux qu'il examine, du moins connaît-il les personnages dont les pas se sont inscrits dans la conche neigeuse. A comparer les conclusions des deux enquêteurs, on constatera que les déductions de Lecoq sont plus complètes et plus précises que celles-ci :

« Regardez-moi ça, Watson ! Un régiment aurait causé moins de dégâts. Des roues de voitures en trois endroits. Et voici les souliers de Dawlish et une paire de savates, probablement celles d'un valet. Une femme maintenant et qui court. Sûrement lady Cope à la première alerte. Oui, c'était elle, certainement ! Que faisait ici Stephen ? Pas moyen de se méprendre sur ses souliers à bout carré. Vous les avez remarqués, n'est-ce pas, Watson, quand il nous a ouvert la porte ? Mais que vois-je ici ?

« La lanterne s'immobilisa, puis se remit en marche.

« Des escarpins ! des escarpins ! cria-t-il. Et qui viennent de la porte du château ! Regardez-les, les voici encore. Probablement un homme de grande taille, d'après la pointure de ses chaussures et qui portait un objet lourd. Le pas est plus court que la normale et les orteils sont plus enfoncés que les talons. Un homme qui porte un fardeau a toujours tendance à peser davantage sur l'avant. Il retourne ! Ah ! très bien, très bien ! Hé bien ! je pense que nous avons mérité d'aller nous coucher ! »

Quant à l'examen d'empreintes laissées sur un terrain nu par un être humain, elles sont également rares chez l'un comme chez l'autre auteur, ce qui n'a rien de surprenant chez Gaboriau qui n'a écrit que quatre ou cinq romans où interviennent des recherches policières, mais ce qui est étonnant de la part de Conan Doyle, dont le héros doit élucider plusieurs dizaines d'affaires criminelles.

Citons quelques-uns des exemples qu'on peut trouver parmi les enquêtes de Sherlock Holmes. D'abord, dans *La Crinière du lion* : « Je descendis lentement le sentier. Il était fait d'argile ou de marne lisse mélangée à la craie ; je vis par endroits la même empreinte de pieds qui descendaient et remontaient. Personne d'autre n'était allé à la plage par ce sentier. A un endroit, j'observais la marque d'une main ouverte avec les doigts étendus dans le sens de la montée, ce qui signifiait seulement que le pauvre McPherson était tombé en remontant. Je vis aussi des creux arrondis : plus d'une fois il avait dû s'effondrer sur les genoux. Au bas du sentier s'étendait une grande lagune abandonnée par le reflux de la mer. McPherson s'était dévêtu à côté, car une serviette était encore posée sur un rocher. Elle était pliée et sèche, ce qui semblait indiquer qu'il n'était pas entré dans l'eau. En marchant sur les galets, j'aperçus quelques petites plaques de sable où je reconnus l'empreinte de ses espadrilles et aussi de son pied nu. Ce dernier fait prouvait qu'il était disposé à se baigner ; mais la serviette sèche indiquait qu'il ne l'avait pas fait. »

Ces autres déductions prises dans *L'Étude en rouge écarlate* rappellent singulièrement celles de Tabaret revenant d'examiner le terrain du jardin de la veuve Lerouge :

« Cela est simple, dis-je, mais la taille du meurtrier ?

— La taille d'un homme, neuf fois sur dix, se déduit de la longueur de ses enjambées. C'est un calcul assez facile. Les pas du meurtrier se voyaient, dehors, dans la boue et, à l'intérieur, sur la poussière. Et j'ai eu le moyen de vérifier mon calcul. Quand un homme écrit sur un mur, il le fait d'instinct au niveau de ses yeux. Or, l'inscription était à près d'un mètre quatre-vingts du sol.

— Et son âge, demandai-je ?

— Eh bien ! un homme ne peut être tout à fait vieux s'il enjambe facilement un mètre trente. C'était la largeur d'une flaque d'eau dans le jardin. Les chaussures vernies l'avaient contournée et les talons carrés l'avaient sautée. »

Ce sont là d'exactes analyses mais, de la part de Sherlock Holmes, trop rares et assez banales à côté des déductions d'un Lecoq examinant, sur les bords de la Seine, la place où l'on a découvert le cadavre de Mme de Trémorel qui, d'après le juge Plantat, aurait été rejointe à cet endroit et frappée d'un dernier coup par les assassins :

« Non, rétorquait Lecoq, la comtesse n'a pas dû fuir. Frappée ici, elle serait tombée avec une certaine violence ; son poids, par conséquent, eût fait jaillir l'eau assez loin, et non seulement l'eau, mais encore la vase, et nous retrouverions certainement quelques éclaboussures.

— Mais ne pensez-vous pas que depuis ce matin, le soleil...

— Le soleil, Monsieur, aurait absorbé l'eau, mais la tache de boue serait restée ; or, j'ai beau regarder un par un pour ainsi dire tous les cailloux de l'allée, je n'ai rien trouvé. On pourrait objecter que c'est de droite et de gauche que l'eau et la vase ont jailli. Moi, je réponds : examinez ces touffes de glaïeuls, ces feuilles de nénuphar, ces tiges de jonc, sur toutes ces plantes vous trouverez une couche de poussière très légère, je le sais, mais enfin de la poussière. Apercevez-vous la trace d'une seule goutte d'eau ? C'est donc qu'il n'y a pas eu de jaillissement, par conséquent pas de chute violente, c'est donc que la comtesse n'a pas été tuée ici, c'est donc qu'on a apporté son cadavre et qu'on l'a déposé doucement là où vous l'avez trouvé.»

Par contre, si l'on rencontre dans les nombreuses *Aventures* de Sherlock Holmes quelques études de traces laissées par des sabots de cheval ou des roues de voiture, on n'en trouve qu'une seule chez Gaboriau, révélant dans *Monsieur Lecoq* qu'un fiacre a tourné sur place. Quant aux empreintes de pneumatiques, il ne saurait évidemment en être question dans les œuvres du romancier français.

Sur la recherche et l'exploitation des traces laissées à l'intérieur d'une demeure par des malfaiteurs, nous ne croyons pas utile de rappeler les investigations et les interprétations de Tabaret et de Lecoq, déjà longuement décrites dans un chapitre précédent. Sherlock Holmes nous offre également quelques exemples de sa façon de procéder en pareil cas.

Dans *Le Pensionnaire en traitement,* il a vite constaté que quatre mégots récemment jetés dans la cheminée provenaient de cigares d'origine asiatique, alors que dans la poche du veston du prétendu suicidé se trouve un havane. Et si la porte de la pièce où a lieu le meurtre a pu être ouverte bien que fermée à clef, c'est qu'à l'aide d'un fil de fer les assassins ont fait tourner la clef dans la serrure comme le prouvent de fraîches éraflures sur la garde.

Dans *La Deuxième tache,* c'est par l'examen d'un plancher que le détective parvient à reconstituer ce qui s'est passé après le meurtre. Alors que le sang de la victime a traversé le tapis qui le recouvre, on n'en trouve aucune trace sur la partie du parquet qui correspond à la tache du tapis. Par contre, un peu plus loin s'étale sur le plancher une large tache rougeâtre du même sang à n'en pas douter. C'est la preuve que le tapis a été retourné, mais n'a pas ensuite été remis à la même place, ce qui amène Holmes à constater qu'une plinthe du plancher peut se soulever et dissimule une cachette, qui a été visitée après coup.

Voilà, à peu de choses près, ce que nous avons trouvé de plus intéressant, de plus valable dans les nombreuses enquêtes conduites par Sherlock Holmes sur les lieux d'un crime commis à l'intérieur d'une maison, et l'on admettra que, de la part d'un tel génie, ces déductions paraissent relativement faciles, parfois « élémentaires », surtout comparées à celles de Tabaret et de Lecoq.

Tous les moyens d'opérer d'un parfait policier que nous venons de passer en revue ont à l'évidence un caractère empirique et relèvent avant tout de la perspicacité de l'enquêteur. Mais ne perdons pas de vue que, pour Boileau-Narcejac, Sherlock Holmes est « le premier détective vraiment scientifique ».

Compte tenu des progrès accomplis par la technique au cours des vingt années qui séparent les romans judiciaires de Gaboriau de l'apparition de Holmes, celui-ci est-il vraiment plus « scientifique » que le policier français ?

Lecoq, on l'a vu, a toujours une loupe sur lui et n'hésite pas à faire appel à des agrandissements photographiques. On ne peut évidemment lui reprocher de ne pas user du téléphone, qui n'existait pas encore, mais que possède Holmes. Ce dernier, dont la loupe est devenue célèbre, fait peu usage de la photographie. Une fois seulement, il a recours à un agrandissement pour s'efforcer de déterminer, dans *La Crinière du lion*, la nature des horribles blessures qui sillonnent le dos de McPherson. Il utilise également, mais une seule fois, le gramophone, d'invention récente — dans *La Pierre de Mazarin* — et un microscope à faible grossissement dans une affaire citée au début de *Shoscombe Old Place*, mais dont nous ne saurons rien. En somme, dans ce domaine, le détective londonien s'en est à peu près tenu à la façon de procéder de M. Lecoq.

Comme on ne peut tout savoir, les policiers de Gaboriau font à l'occasion appel aux connaissances de chimistes, surtout en matière de toxicologie, et à celles d'aliénistes et de médecins légistes. Conan Doyle, en Britannique pratique, a fait de Sherlock Holmes un chimiste remarquable qui, dans *L'Étude en rouge écarlate*, découvre « un réactif qui ne peut être précipité par l'hémoglobine ». Il lui attribue également quelque compétence en médecine générale, comme on peut le voir dans *Une Boîte en carton*, quand le détective tire ces conclusions de l'examen de deux oreilles conservées dans du sel reçues dans un colis postal par une paisible demoiselle, qui se croit victime d'une macabre plaisanterie : « Dans les salles de dissection, les cadavres reçoivent une injection de liquide antiseptique. Ces oreilles n'en portent pas trace. D'autre part, elles sont fraîches. Elles ont été arrachées avec un instrument émoussé ; or, les étudiants travaillent avec de bons instruments. Par ailleurs, un esprit tant soit peu médical aurait songé à du phénol ou de l'alcool rectifié, mais sûrement pas à du gros sel. Je répète qu'il ne s'agit pas d'une farce, mais d'un crime grave. » En fait, peut-on, dans la réalité, exiger tant de savoir de la part d'un détective ?

Enfin, à noter, et c'est assez surprenant, que Sherlock Holmes n'a jamais recours aux résultats d'une autopsie et qu'il ne recherche pas les empreintes digitales, alors que la dactyloscopie était déjà connue de nombreuses polices et son emploi officiellement admis en France depuis 1888. Quand il découvre la trace très nette d'un pouce sur la boîte qui contenait les oreilles, il la néglige. Est-ce vraiment un comportement aussi « scientifique » que veulent bien l'assurer Boileau et Narcejac de la part d'un homme qui, dans *Le Traité naval*, se pose en admirateur des travaux de Bertillon ?

Mais, en matière de stratagèmes, Sherlock Holmes ne le cède en rien à Lecoq. Dans *Un Scandale en Bohême*, il charge le docteur Watson de lancer une fusée fumigène dans la pièce où, simulant avoir été victime d'une agression organisée par lui-même, il se fera transporter et réclamera de l'air pour faire ouvrir une fenêtre. Il tient à connaître la cachette où une ancienne maîtresse du roi de Bohême a dissimulé une photographie des plus compromettantes pour le monarque. Il est, en effet, persuadé que « lorsqu'une femme croit que le feu est à la maison, son instinct lui commande de courir vers l'objet auquel elle attache la plus grande valeur pour le sauver des flammes ». C'est ce qui se produit, et le détective saura ainsi où se trouve la photographie. C'est ingénieux, mais compliqué, et la réussite est soumise à bien des aléas.

Cependant, Holmes peut avoir recours à des moyens plus simples. Ainsi, dans *Un Trois-Quarts a été perdu*, il asperge d'anis une roue arrière d'une voiture et utilise un chien courant pour suivre cette piste originale à travers la campagne et découvrir la demeure où se cache le jeune rugbyman dont l'absence peut entraîner la défaite de son équipe.

Tout comme Lecoq, il possède des « trucs » susceptibles d'être employés en de nombreuses circonstances. Il peut feindre à la perfection un malaise. C'est le cas dans *Les Propriétaires de Reigate* : « Le visage de mon pauvre ami avait pris un aspect épouvantable. Ses yeux s'étaient révulsés, ses traits se tordirent sous l'effet de la souffrance ; en poussant un gémissement étouffé, il s'écroula par terre. Effrayés par la soudaineté et la violence de cette crise, nous le transportâmes dans la cuisine sur un large fauteuil où, pendant quelques minutes, il respira lourdement. Finalement, après s'être excusé de sa faiblesse, il se remit debout. »

Il peut aussi délibérément commettre une maladresse et, au besoin, la mettre sur le compte de son ami. A la recherche de la meurtrière du secrétaire du professeur Coram, dans *Le Pince-nez en or*, il fume cigarette sur cigarette tout en discutant avec ce dernier et en se déplaçant dans son bureau. Il est persuadé que la criminelle a été dissimulée par le professeur dans quelque recoin secret aménagé derrière l'une de ses hautes bibliothèques. Revenu sur place quelques heures après, il fait tomber comme par inadvertance la boîte de cigarettes que lui tendait le professeur et, en la ramassant, il constate, par les traces laissées sur la cendre restée sur le tapis, que la coupable était sortie entre-temps de sa cachette, derrière une bibliothèque déjà remarquée par lui comme la seule devant laquelle ne se trouvait pas sur le sol un gros tas de livres.

C'est encore dans *Les Propriétaires de Reigate* que, pour pouvoir profiter d'un moment d'inattention de la part de ses compagnons au cours de la visite de la maison du crime, il renverse volontairement un guéridon sur lequel se trouvent une carafe d'eau et un panier d'oranges, puis s'écrie avec un remarquable aplomb : « C'est malin, Watson, vous avez bien arrangé le tapis ! »

Si Tabaret et Lecoq ne s'embarrassent pas toujours de scrupules dans leurs recherches et n'hésitent pas à violer le secret de la correspondance « pour la bonne cause » et même à s'approprier les lettres d'autrui, si Lecoq a toujours sur lui « un instrument auquel ne résiste aucune serrure », comment juger Holmes qui, dans *La Figure jaune*, se livre à une intrusion parfaitement illégale chez des particuliers : « Certes, dit-il pour sa justification, légalement nous nous mettons dans un mauvais cas, mais la cause en vaut la peine. » Il lui arrive même d'opérer de véritables incursions nocturnes dans des demeures habitées ou non. Il se vante de l'avoir fait chez *Le Marchand de couleurs*, absent cette nuit-là de son domicile : « Ne redoutant aucune interruption, je me suis mis en demeure de cambrioler la maison. Le cambriolage m'a toujours tenté, mais je ne m'y suis livré qu'en de rares occasions. » Dans *L'Aventure des deux femmes* (écrite par le fils de Conan Doyle), il envisage froidement, mais non sans humour, les conséquences d'une telle action au cours de laquelle il risque fort d'être surpris par la maîtresse de maison ! « Ma foi ! Watson, un séjour prolongé en prison me permettra au moins d'étudier à fond l'effet des plantes vénéneuses de l'Orient sur la circulation sanguine et, à vous, de vous mettre au courant des théories de Louis Pasteur sur les inoculations. » Pour tous trois, en somme, nécessité fait loi.

Nous n'avons pas encore vu Sherlock Holmes supplanter Lecoq dans l'application des méthodes nouvelles d'une police intelligente, mais en matière de graphologie et de décryptage, il en va tout autrement. Le policier français n'a pour lui que la connaissance du système des deux livres, que Holmes tient peut-être de lui — il le mentionne dans *La Tragédie de Birlstone* — et l'identification du sexe de l'expéditeur de la lettre anonyme adressée au comptable Bertomy. Dans ce domaine, le détective londonien compte incontestablement plus d'exploits à son actif.

Dans *Le « Gloria-Scott »*, Holmes, alors jeune étudiant, se révéla en déchiffrant le texte d'un billet absolument incompréhensible. Il devina qu'il ne fallait retenir que le premier de chaque groupe de trois mots, les autres mots n'étant que du remplissage. Ce fut le début de sa carrière. Depuis il fit mieux.

Une citation un peu longue, mais une seule, suffira à montrer tout ce que cet excellent graphologue réussit à tirer d'un billet de quelques lignes :

« Mon cher Monsieur, s'écrie Holmes, dans *Les Propriétaires de Reigate*, il ne peut pas y avoir le plus léger doute, il a été écrit par deux personnes, chacune traçant un mot. Quand j'aurai attiré votre attention sur la barre accentuée du *t* dans les mots *trois* et *utile* et sur la fine barre du *t* dans le mot *quarts*, vous en serez convaincu. Une très brève analyse vous permettrait d'affirmer que les mots *apprendrez* et *beaucoup* sont écrits d'une main ferme, tandis que le mot *quarts* est tracé d'une main moins sûre, plus débile.

— C'est clair comme le jour, s'écria le colonel. Pourquoi diable se mettre à deux pour écrire une lettre ?

— Voilà : c'était une vilaine affaire ! L'un des deux, celui qui se méfiait de l'autre, était résolu à ce que chacun eût une part égale à ce qui arriverait. Mais des deux, celui qui écrivit « trois » et « utile » était certainement l'instigateur du coup. Vous constaterez que l'homme à la main ferme a écrit ses mots le premier en laissant des blancs pour que l'autre les remplisse. Ces blancs n'ont pas toujours été assez longs. L'homme à la main plus faible a eu du mal, par exemple, à intercaler son *heures* entre *onze* et *trois*, mots qui, indubitablement, avaient été tracés avant. Je dis donc que l'homme qui a écrit ces mots le premier est assurément l'homme qui a machiné l'affaire. En examinant l'écriture ferme et décidée de l'un et l'écriture plus hésitante de l'autre (lisible, certes, mais dont les *t* ont presque perdu leur barre), nous pouvions affirmer que l'un était jeune et l'autre d'un âge plus avancé. Un autre point, toutefois, est d'un intérêt plus subtil et supérieur. Entre ces deux écritures, il existe des analogies. Elles émanent donc de deux êtres du même sang. Cela apparaît nettement dans l'*e* grec qui leur est commun. Mais d'autres ressemblances moins affirmées indiquent la même chose. Vous serez ravis par les signes d'hérédité que révèlent les *p* et les *q*. »

Il lui arrive aussi, mais cela est moins méritoire, de discerner des similitudes entre les caractères de deux lettres dactylographiées qui s'avèrent avoir été frappées par la même machine : c'est le cas dans *Une Affaire d'identité*. « C'est étonnant, fit Holmes, comme les machines à écrire possèdent leur individualité propre ! A moins qu'elles ne soient tout à fait neuves, elles n'écrivent jamais de la même façon. Certaines lettres sont plus usées que d'autres ; il y en a qui ne s'usent que d'un côté. Dans votre lettre, Monsieur Windibank, sur tous les *e* on relève une petite tache ; de même, les *t* ont un léger défaut à leur barre. »

Mais là où Holmes fait preuve d'une réelle ingéniosité, c'est quand, dans *Les Hommes dansants*, il réussit à déchiffrer l'étrange cryptogramme formé par des lignes de minuscules bâtonnets, auxquels quatre traits accolés dans différents sens donnent l'apparence de petits bonshommes en mouvement, dont certains semblent brandir un drapeau figuré par un carré. Le détective explique que « ceux qui ont inventé ce système voulaient sans doute cacher que ces caractères reproduisaient un message et donner l'impression qu'il s'agissait de simples dessins d'enfants ». Il imagine que les drapeaux correspondent à des points et que le petit personnage qui revient le plus souvent représente la lettre *e*, la plus fréquemment employée dans la langue anglaise. Or, dans un groupe de cinq des silhouettes, on le trouve deux fois. En substituant diverses consonnes aux trois autres, il parvient à découvrir trois nouvelles lettres et ainsi de suite, tant et si bien qu'après quelques tâtonnements il est en possession de la clef de cette mystérieuse correspondance.

Cependant, Sherlock Holmes ne se montre-t-il pas un peu trop sûr de lui quand, dans *Le Chien des Baskerville*, il prétend identifier une femme dans l'auteur d'une lettre anonyme grâce au léger parfum « jasmin blanc » qui s'en dégage. La lettre ayant été écrite la veille, sur un papier quelconque, l'enveloppe ouverte par un tiers un grand moment auparavant et la feuille déjà tenue en main par lui, on peut rester sceptique devant une telle persistance d'une odeur. Rien, d'ailleurs, ne prouve qu'un homme n'ait pas utilisé du papier obtenu d'une femme.

Passons maintenant sur un terrain où joue davantage la psychologie. On a vu Lecoq feindre une émotion douloureuse pour amener un interlocuteur à se livrer. Il possède, en outre, la faculté de se mettre en pensée à la place d'un criminel pour mieux comprendre ses mobiles et reconstituer ses agissements. Il y réussit même si bien qu'on l'a vu mimer avec une vérité effrayante la rage et les terreurs du comte de Trémorel, devenu l'assassin de son épouse.

Le détective britannique, lui, reste toujours flegmatique en présence d'un « client » ou d'un individu suspect, tout en étant susceptible de manifester de la mauvaise humeur si un événement imprévu vient contrecarrer ses plans. Par contre, il se flatte de pouvoir, tout comme Lecoq, s'imaginer dans la situation d'un personnage quelconque pour saisir son comportement. Dans *Le Marchand de couleurs*, c'est le conseil qu'il donne à un inspecteur de Scotland Yard : « Vous n'obtiendrez de résultats que si vous vous mettez toujours à la place de l'autre et si vous réfléchissez à ce que vous auriez fait dans son cas. Cette méthode requiert de l'imagination, mais elle est payante. »

Et puisqu'on aborde, même sur un plan des plus modestes, le domaine de la philosophie, il est tout indiqué de signaler le reproche adressé par Régis Messac aux raisonnements de Sherlock Holmes. Au contraire de Tabaret et de Lecoq qui, en général, distinguent les inductions des déductions, le détective de Conan Doyle confond les deux opérations et les nomme indistinctement déductions.

Nous savons que, pour l'identification des coupables, Tabaret applique un système auquel il attribue une grande part de ses réussites. A partir des indices recueillis par lui, « il construit pièce par pièce un plan d'accusation qu'il ne livre qu'entier et parfait. S'il se rencontre un homme à qui ce plan s'applique, l'auteur du crime est trouvé ». Lecoq a hérité de cette méthode, mais il y recourt avec moins de rigueur, sachant que le hasard peut jouer de mauvais tours. L'un et l'autre s'efforcent d'accumuler les pièces à conviction pour persuader les juges d'instruction de la justesse de leurs vues, car, dans les romans judiciaires de Gaboriau, fort curieusement ces magistrats ont une fâcheuse tendance à s'engager sur une fausse piste. Aussi, une fois acquise la conviction du policier, la plupart du temps rien n'est encore joué et la partie se poursuivra dans le cabinet du juge et, une fois au moins, aux assises, reproduisant ainsi toutes les phases du déroulement des affaires criminelles. Ce prolongement complète et enrichit l'action policière et rend le récit plus véridique.

En revanche, avec Conan Doyle, uniquement attaché à mettre en valeur le génie de son détective, l'enquête prend fin dans un délai relativement court sur le triomphe indiscutable de celui-ci. Après avoir recueilli quelques indices qui se révéleront par la suite déterminants, Holmes se replie sur lui-même pour réfléchir longuement et ne livre en général la marche de ses « déductions » qu'après avoir désigné le ou les coupables. Il peut d'ailleurs lui arriver, pour rendre service et parce que le problème l'intéresse, de débrouiller une affaire à première vue inextricable, sans qu'y soit impliqué un criminel (*Le Soldat blanchi*, *L'Homme qui grimpait*...).

Les différences dans la façon d'opérer de Lecoq et celle de Holmes tiennent à la dissemblance des caractères des deux hommes, de leur situation professionnelle et de la nature des affaires qu'ils ont à traiter.

Lecoq est sensible et expansif. Il possède une bonne instruction générale, parle l'anglais, mais n'est spécialisé dans aucune technique. Il a aimé une femme, une « fille » dit-il, qui n'était pas digne de lui. Elle l'a fait souffrir par sa légèreté, cependant il n'a pas cessé de l'aimer et, quand elle lui reviendra, il la reprendra. Dans l'exercice de ses fonctions, il savoure les éloges qu'il reçoit, mais il a le bon goût de se montrer modeste et de rapporter une large part de ses succès aux leçons de Tabaret, son maître vénéré. Il admet, d'ailleurs sans difficulté, qu'il peut commettre des erreurs. Fonctionnaire de la Préfecture, il n'est pas libre de ses mouvements, encore qu'une fois parvenu à un grade élevé il ne reculera pas devant certaines initiatives. Les affaires qu'il a à résoudre entrent dans le cadre des missions habituelles de la police, dont il connaît toutes les ficelles : meurtres, vols importants, chantage... Il n'est pas intéressé, plus avide d'avancement que de gratifications.

Au contraire de Lecoq, Holmes est un misogyne endurci. S'il convient, à l'occasion, de la beauté et du charme d'une femme, c'est en visiteur de musée devant un chef-d'œuvre de la statuaire. Longtemps cocaïnomane, fumeur invétéré, il compte sur le tabac pour stimuler ses facultés. Il a accompli deux années d'études supérieures mais, durant ce temps, il ne s'est guère consacré qu'à « la mise au point de petites méthodes personnelles de raisonnement » et, en matière de sport, à la boxe et à l'escrime. Par la suite, il ne s'est intéressé qu'aux connaissances qui pouvaient lui être utiles dans l'exercice de la profession libérale qu'il a choisie. Son ignorance dans certains domaines est incroyable. Il semble sincère quand il avoue à Watson qu'il ignorait que la terre tournait autour du soleil. En eût-il été autrement, cela ne l'eût dérangé en rien dans ses activités. Il est parfaitement insensible aux réalisations des arts plastiques, mais il est passionné de musique classique, lui-même excellent violoniste. Son orgueil est sans limite, malgré la modestie qu'il affecte parfois. C'est ainsi qu'il s'est froissé quand un visiteur a cru le flatter en lui disant qu'il était le second détective d'Europe. Mais, comme ce n'est pas un vaniteux, peu lui importe que le public soit au courant de ses succès. Tout l'intérêt pour lui est de résoudre des énigmes sur lesquelles ont buté les meilleurs limiers de Scotland Yard. Il leur abandonne, d'ailleurs, habituellement tout le mérite du succès. Sur cinquante-trois affaires où son intervention a été déterminante, dans quatre seulement son nom a été cité, ce qui ne l'a pas empêché de devenir célèbre.

L'étrangeté des affaires traitées par Holmes et son habitude de livrer ses « déductions » après leur conclusion ajoutent encore à l'énigme proprement policière et tiennent le lecteur en haleine jusqu'à la fin du récit. Cette conception de la « short story » semble bien répondre à la propension des Britanniques à se prendre d'intérêt pour tout ce qui présente un caractère mystérieux, compensation sentimentale, chez ce peuple industrieux, à l'esprit pratique. « Nation de boutiquiers », disait Napoléon, mais de boutiquiers penchés sur l'au-delà.

Il existe cependant des affinités entre Lecoq et Holmes. Tous deux obéissent à la même préoccupation : épargner une erreur à la justice. C'est ainsi que, dans *Le Crime d'Orcival*, l'agent de la Sûreté parvient à innocenter Guespin, et le détective en fait autant pour Mlle Dumbar dans *Le Problème du pont de Thor*, Mme Ferguson dans *Le Vampire du Sussex*, et Arthur Holder dans *Le Diadème de béryls*.

Ils ne font rien non plus pour s'opposer à un geste de vengeance de la victime, même s'il est condamné par la loi. Lecoq laisse Laurence Courtois abattre son criminel et indigne amant, le comte de Trémorel qui, par lâcheté, va l'entraîner dans son déshonneur, et Sherlock retient Watson quand celui-ci s'apprête à empêcher la comtesse d'Albert de tuer son persécuteur, le maître chanteur Charles-Auguste Milverton, dans la nouvelle qui porte pour titre le nom de cet infâme personnage.

Ils se retrouvent encore pour laisser s'échapper un coupable, les effets de la faute réparés, si la publicité donnée à son procès doit porter atteinte à l'honorabilité d'une honnête famille. Lecoq ferme les yeux sur la fuite du prétendu fils de Mme Fauvel et, dans *Le Traité naval*, Holmes laisse aller Joseph Harisson, une fois repris le précieux document dérobé à son futur beau-frère.

Il leur arrive aussi d'absoudre quand ils ont la quasi-certitude que le coupable se rachètera. On a vu Lecoq renoncer à faire poursuivre Victor Chupin à la suite de sa tentative d'assassinat sur la personne du sculpteur André, qui lui a pardonné contre la promesse qu'il s'amenderait. Dans *Les Trois Étudiants*, Holmes use de la même mansuétude à l'égard de Gilchrist qui avait dérobé chez son professeur une feuille portant les sujets d'un concours auquel il devait prendre part le lendemain. Mais l'étudiant avait ensuite décidé de ne pas se présenter aux épreuves et d'accepter le poste qu'on lui offrait dans la police de Rhodésie. Dans *L'Escarboucle bleue*, le détective renonce à livrer à la police Horner, le voleur de la pierre précieuse, dont le repentir lui paraît sincère : « J'ai peut-être sauvé un criminel, conclut-il. Il est possible également que j'aie sauvé une âme. Ce type ne fera plus de mal ; il a eu trop peur. Si je l'avais envoyé aujourd'hui en prison, il serait devenu un gibier de potence pour toute la vie. Et puis, nous venons de fêter Noël, c'est l'époque du pardon. » Dans *L'Aventure du pied du diable*, il laisse partir pour l'Afrique, où il accomplit une œuvre humanitaire, le docteur Sterndale, meurtrier de l'assassin d'une femme que le médecin avait aimée sans pouvoir l'épouser. Enfin, dans *La Deuxième tache*, il évite de révéler à lord Hope, secrétaire d'État aux Affaires Européennes, le larcin de son épouse, qui a accepté de restituer l'important document exigé d'elle par un maître chanteur.

Malgré sa froideur habituelle, Holmes, tout comme Lecoq, ne manque pas de sensibilité, mais il ne la montre que très exceptionnellement et pour un temps très court. Dans *Les Trois Garrideb*, son compagnon, blessé d'une balle à la cuisse par le dangereux bandit Evans, peut vraiment l'éprouver :
« Les bras de mon ami m'entourèrent et me conduisirent sur une chaise.
— Vous n'êtes pas blessé, Watson ? Pour l'amour de Dieu, dites-moi que vous n'êtes pas touché ! Cela valait bien une blessure, beaucoup de blessures, de mesurer enfin la profondeur de la loyauté et l'affection qui se cachaient derrière ce masque impassible ! Pendant un moment, je vis s'embuer les yeux durs et frémir les lèvres fermes. Pour la première fois de ma vie, je sentais battre le grand cœur du grand cerveau. »

Il peut arriver à Holmes, mais très rarement et seulement devant son ami, de reconnaître qu'il s'est trompé. Dans *La Figure jaune*, où il s'avère que ses hypothèses sur l'identité des mystérieux occupants de la villa de Norbury étaient entièrement fausses, il entend en tirer une leçon de modestie : « Watson, si jamais vous avez l'impression que je me fie un peu trop à mes facultés, ou que j'accorde à une affaire moins d'intérêt qu'elle ne le mérite, alors ayez la bonté de me chuchoter à l'oreille : « Norbury ». Je vous en serai toujours infiniment reconnaissant. » Et, dans *La Disparition de lady Frances Carfax*, il admet s'être une fois encore fourvoyé, mais réclame l'indulgence de son ami, compte tenu de tous ses succès : « Si vous consentez à ajouter cette affaire à vos dossiers, mon cher Watson, me dit Holmes ce soir-là, elle devra illustrer cette éclipse provisoire à laquelle peut être sujet l'esprit le plus équilibré qui soit. De telles défaillances sont communes à tous les mortels ; heureux celui qui les reconnaît et les répare. J'ai peut-être quelques titres à revendiquer ce modeste crédit. »

Mais il se cache beaucoup d'orgueil sous cette apparente humilité, un orgueil semblable à celui de Lecoq, qui n'admet pas d'égaux sur le terrain où il opère. Dans *Le Marchand de couleurs*, Holmes se concède toutefois un confrère, en la personne de Josiah Amberley, dont il dit avec un certain détachement : « C'est mon grand concurrent sur la côte du Surrey. Cependant, ajoute-t-il, il n'a pas vu sur le mur de la maison du criminel l'inscription au crayon rouge tracée par sa victime. » Watson peut à l'occasion apporter une aide à son ami dans l'exécution de ses plans, mais il reste habituellement confiné dans les rôles d'un confident attentif, d'un conseiller peu écouté et d'un admirateur assez gentleman pour ne pas pratiquer une flatterie grossière.

Très exceptionnellement, Holmes peut se rendre coupable d'une sérieuse négligence. Dans *La Tragédie de Burlstone*, s'il avait eu l'idée de soulever le taffetas collé sur la joue du cadavre, il aurait constaté que ce petit pansement ne protégeait aucune coupure. Mais il préférait ne pas revenir sur ces malfaçons. Lecoq, lui, n'hésitait pas à rappeler les quelques fautes commises en début de carrière, pour les éviter à l'avenir.

Comme il n'a pas une grande confiance dans l'efficacité de la police, Holmes devra, seul, se protéger contre la cinquantaine d'ennemis mortels qu'il s'attribue généreusement, alors que Lecoq, plus modeste, n'en dénombre que sept vraiment dangereux. Il finira par avoir raison du plus implacable de tous, Moriarty, qui incarne le génie du crime, mais il trouvera, lui aussi, la mort dans ce suprême duel. Sa disparition provoquera tant de colère chez les lecteurs de Conan Doyle que le romancier devra lui accorder une résurrection à la Rocambole.

Pour l'exercice de sa profession, Sherlock Holmes a dû mettre le plus possible d'atouts dans son jeu, car le génie ne suffisait pas s'il ne s'appuyait sur de solides connaissances. Non seulement il a acquis toutes celles qui lui étaient indispensables, mais il a voulu en faire profiter ceux qui, comme lui, luttent contre l'armée du crime. C'est ainsi qu'il a publié un certain nombre de monographies où il donne des indications précieuses pour l'identification des coupables, entre autres sur les diverses espèces de tabac, sur les différents types d'oreilles, etc..

Pour les besoins de ses récits les plus fantastiques, Conan Doyle a eu recours à des maladies, à des animaux et à des plantes peu connus, dont il exagère la nocivité, ou même purement imaginaires, sur lesquels, il est comme on devine, parfaitement renseigné. Ce sont, entre autres, la prétendue fièvre de Tapanuli (*L'Aventure du détective agonisant*) et l'ichtyose blanche, maladie de la peau, bien réelle celle-là (*Le Soldat blanchi*), les galiodes, araignées géantes (*L'Affaire de l'horreur de Deptford*), les cyanées, sortes de méduses des mers d'Europe (*La Crinière du lion*), le pied du diable, plante africaine, qui en se consumant donnerait la folie ou la mort (dans l'*Aventure* qui porte ce titre), le sérum tiré du langur, singe himalayen (?), qui ferait de l'homme un grimpeur et un rampeur (*L'Homme qui grimpait*) !

On terminera cette étude en s'efforçant de distinguer les « déductions » de Holmes qui paraissent plausibles, de celles qui relèvent évidemment de la pure fantaisie. Les indications qu'il se plaît régulièrement à tirer de son examen des personnes, qui pour la première fois se présentent à lui, traduisent un œil supérieurement exercé et n'ont souvent rien d'incroyable, même si elles médusent ceux qui en sont l'objet. Gaboriau se livrait lui aussi à ce petit jeu, mais sans faire preuve de suffisance et à seule fin de tester sa propre perspicacité (Alfred d'Aunay rapporte l'avoir vu suivre des passants et se montrer très fier quand il était parvenu à deviner leur condition sociale). Mais il n'a pas cru devoir le faire jouer à ses policiers, qui ne sont pas des dilettantes et à qui manque le temps de s'adonner à de tels passe-temps.

Il suffit de citer deux ou trois exemples, pris entre vingt, de ces performances du détective britannique qui étonnent à tout coup Watson. Dans *Le Ruban moucheté*, il stupéfie une jeune visiteuse inconnue en lui déclarant qu'assise à la gauche d'un cocher, elle vient d'accomplir une longue course en cabriolet. Et il s'explique : sur la manche gauche de sa veste, il y a des taches de boue très fraîches. Or le seul moyen de transport qui projette ainsi de la boue est le cabriolet. Mais, pourrait-on objecter, n'aurait-elle pu, marchant dans la rue, être éclaboussée à cet endroit de son vêtement par la roue d'un véhicule ?

Dans *L'Aventure des sept horloges*, une autre jeune personne, venue pour la première fois le consulter, ne peut qu'être une demoiselle de compagnie, voyageant rarement, mais récemment rentrée d'un séjour en Suisse. En effet, sa valise, qui n'est pas neuve, n'est cependant pas défraîchie par de nombreux voyages. L'étiquette collée sur le côté porte le nom d'un hôtel d'une station suisse et les initiales C.F. inscrites sur une autre étiquette ne concordent pas avec le M qui se trouve sur la portière de la belle voiture conduite par un cocher en livrée, d'où elle est descendue. Enfin ses vêtements, bien que d'un goût très sûr, ne sont ni neufs, ni somptueux. On peut donc en déduire qu'elle occupe une situation dans une famille riche sans, toutefois, appartenir à la domesticité. Sa jeunesse lui interdisant la fonction de gouvernante, il ne reste que l'emploi de demoiselle de compagnie. Mais Holmes s'avance un peu trop quand il prétend conclure de ses « rougeurs » et de ses « paupières baissées » que sa démarche concerne un homme qui a su gagner son affection.

Ses déductions paraissent encore plus fragiles dans *Une Étude en rouge écarlate* quand, sur le seul aspect d'un quidam aperçu dans la rue, il assure qu'il s'agit d'un sergent d'infanterie de marine en retraite. A son ami Watson qui marque de l'étonnement, il explique : « D'un côté à l'autre de la rue, j'avais pu, malgré la distance, discerner une grande ancre bleue tatouée sur le revers de la main de cet individu. Cela sentait la mer. Puis il a une allure martiale et ses favoris sont taillés à l'ordonnance. Voilà la marine de l'État. C'est un homme qui a conscience de son importance et qui a conservé une certaine allure de commandement. Vous avez dû voir comme il tenait sa tête droite, comme il brandissait sa canne, en apparence un individu posé, respectable, d'âge moyen. Tout cela m'a porté à croire qu'il était sergent. » Notons que Conan Doyle a choisi là un personnage typique. Avec un passant moins caractéristique, qu'aurait été le résultat des observations du détective ? D'ailleurs, si l'ancre trahit évidemment, et pour quiconque, l'ancien marin, l'homme ne pouvait-il avoir quitté très tôt la marine et, tout en gardant ses favoris, exercer une autre profession où il aurait gagné cet air autoritaire ?

Plus utiles sans doute du point de vue policier, encore que souvent aventurées, sont les indications que Holmes prétend retirer de l'examen d'un objet oublié ou abandonné par son propriétaire. D'une canne dans *Le Chien des Baskerville*, d'une pipe dans *La Figure jaune*, d'une montre dans *Le Signe des Quatre*, d'un chapeau dans *L'Escarboucle bleue*. Nous ne retiendrons que les deux dernières.

En ce qui concerne la montre, la présence de son propriétaire — Watson qui en a hérité de son frère et a voulu mettre son ami à l'épreuve — permet une vérification immédiate de la justesse des déductions de Holmes. De son examen, celui-ci tire cette conclusion : « Votre frère a vécu dans une pauvreté coupée de courtes périodes de prospérité et il est mort après s'être adonné à la boisson. » Puis il se justifie auprès de Watson, persuadé que le détective possédait déjà des renseignements sur sa famille et s'était livré à une véritable séance de charlatanisme : « Les prêteurs sur gages ont l'habitude en Angleterre de graver sur la montre, avec la pointe d'une épingle, le numéro du reçu délivré lors de la mise en gage de l'objet. Or, il n'y a pas moins de quatre numéros de cette sorte à l'intérieur du boîtier ; ma loupe le montre distinctement. D'où une première déduction : votre frère était souvent dans la gêne. Deuxième déduction : il connaissait des périodes de prospérité, faute desquelles il n'aurait pu retirer sa montre. Enfin, je vous demande de regarder, dans le couvercle intérieur, l'orifice où s'introduit la clé du remontoir. Un homme sobre ne l'aurait pas rayé ainsi ! En revanche, toutes les montres des alcooliques portent les marques de mains pas trop sûres d'elles-mêmes pour remonter le mécanisme. » Ce à quoi on pourrait objecter qu'un tremblement des mains peut avoir pour cause la maladie ou la vieillesse.

Autre épreuve accomplie par Sherlock Holmes devant Watson, mais cette fois-ci sur un chapeau melon que le propriétaire, inconnu d'eux, a perdu dans la rue, où il était agressé par une bande de voyous : « Cette coiffure était bosselée, fendue, sale, tachée par endroits avec des traces de quelques vaines tentatives pour dissimuler ces souillures avec de l'encre noire. Le bord était percé comme pour recevoir une jugulaire, mais l'élastique ne s'y trouvait pas. La coiffe de soie rouge était devenue d'une couleur indéfinissable. »

De l'examen du chapeau, d'où Watson lui-même n'a rien tiré, Holmes déduit qu'il appartient à un intellectuel entre deux âges, qui mène une existence sédentaire et n'est plus en très bonne forme. Ses cheveux grisonnants, disciplinés avec du cosmétique, ont été récemment coupés. Très à l'aise il y a encore trois ans, il a connu depuis lors des revers de fortune. Il montrait alors une prévoyance qu'il a en partie perdue, tout comme l'affection de sa femme, si toutefois il est marié. Il a cependant gardé un certain respect de lui-même. Enfin, la maison où il demeure ne possède pas l'installation du gaz.

En effet, la pointure du chapeau dénote un crâne important, contenant par suite un cerveau exceptionnellement développé, à n'en pas douter celui d'un intellectuel (!). A la loupe, apparaissent nombre de morceaux de cheveux gris, collant et sentant le cosmétique, provenant évidemment d'une coupe récente. La teinte rouge de la doublure est presque totalement fanée, sans doute sous l'effet de l'humidité ; l'homme transpire beaucoup et n'est donc pas au mieux de sa forme physique. Quant à la poussière déposée sur les bords du chapeau, c'est une poussière d'appartement, floue et brune, ce qui prouve que la coiffure reste la plupart du temps accrochée à un portemanteau. Seule, une femme qui se désintéresse de son mari a pu le laisser sortir sans un coup de brosse, qui s'avérait plus que nécessaire. L'acquisition de ce couvre-chef remonte à trois ans, car c'était alors la mode des melons à bords plats, roulés à leur extrémité. Sa qualité est excellente et il a dû coûter fort cher. Celui qui l'a acheté, possédait une large aisance, depuis lors perdue, puisqu'il n'a pu le remplacer. Deux petits trous, qui se trouvent sur chacun des côtés, n'ont pu être faits que sur commande pour y fixer une jugulaire, mesure de prévoyance de la part de l'acheteur, qui entendait se prémunir contre les effets d'un coup de vent, mais l'élastique, une fois usé et cassé, n'a pas été remplacé, ce qui dénote de la négligence et un caractère en voie d'affaiblissement. Toutefois, en s'efforçant de dissimuler les taches du chapeau avec de l'encre, son propriétaire a montré qu'il n'avait pas tout à fait perdu le respect de lui-même. Enfin, il demeure dans une maison dépourvue de l'installation du gaz, car il monte certainement ses escaliers en tenant d'une main un bougeoir avec une bougie allumée et de l'autre son melon, comme le prouvent les taches de suif qui le constellent.

Là où nous nous montrons particulièrement sceptique, c'est quand, à l'exemple de Dupin, Sherlock Holmes peut réaliser l'incroyable exploit de reconstituer l'enchaînement des pensées d'un personnage d'après ses seules attitudes, les seules expressions de son visage. C'est un divertissement pour le lecteur, mais il faudrait être singulièrement naïf pour se laisser prendre à cette fiction. Sur ce chapitre, nous préférons céder la plume au juge impartial et parfaitement compétent qu'est Régis Messac.

« Dans *The Resident Patient*, on voit Holmes et Watson dans leur logis de Baker Street, l'un assis dans un fauteuil, l'autre étendu sur le sofa. Watson laisse sa pensée errer au hasard. Au bout d'un moment, sa rêverie est interrompue par Sherlock Holmes : Vous avez raison, Watson, c'est une absurde manière de régler un conflit. Watson approuve d'abord, puis manifeste son étonnement de ce que le détective ait pu lire dans sa pensée. Celui-ci explique alors complaisamment le déroulement de ses « déductions ». Watson, laissant errer son regard autour de la chambre, fixe son attention sur le portrait du général Gordon, puis sur celui de Henry Ward Beecher. Naturellement il se remémore les événements principaux de la carrière de ces deux personnages. Gordon et Beecher avaient pris part à des guerres. Holmes sait que l'esprit de Watson est tourné de ce côté et, quand il le voit tâter sa vieille blessure et sourire amèrement, il ne fait pas de doute pour lui que son ami songe à nouveau à ce qu'il y a d'absurde et de ridicule dans cette manière de régler les conflits internationaux. C'est alors qu'il l'interrompt en formulant tout haut sa pensée.

« Est-il besoin de souligner que tout ceci n'est qu'une imitation presque servile du début fameux de *Murder in the rue Morgue* ? Dans les deux cas, le détective, prenant pour acquise la doctrine associationniste du « train of thoughts », raisonne comme si les pensées ne pouvaient s'associer entre elles que d'une seule façon... Ne peut-on regarder un portrait sans le voir en songeant à toute autre chose ? N'est-il pas un peu trop facile de choisir un portrait d'un homme célèbre, qui évoque des pensées communes à tous les Anglais ayant reçu une certaine instruction ? Qu'arriverait-il si Watson regardait un objet neutre, potiche ou pendule, qui pourrait éveiller en lui mille pensées dont Holmes ne pourrait avoir le moindre soupçon ? Même en admettant qu'il regarde le portrait de Gordon, l'idée de ce général ne peut-elle éveiller en lui que des choses militaires ? Comment Holmes peut-il être si sûr de lui-même ? »

Au cours des *Aventures* de Sherlock Holmes, on trouve d'autres exemples de ce genre de tour de force mental. Dans *Les Hommes dansants*, il stupéfie son ami en lui disant à brûle-pourpoint : « Ainsi vous n'avez pas l'intention d'acheter de valeurs africaines ? » Il lui explique ensuite comment il a pu pénétrer au fond de sa pensée, en démontant pour lui le mécanisme de son propre raisonnement, dont le point de départ est cette observation : « Quand vous êtes rentré du club, la nuit dernière, vous aviez de la craie entre votre index gauche et le pouce. Or, 1º Vous vous mettez de la craie à cet endroit quand vous jouez au billard, pour assurer votre queue. 2º Vous ne jouez au billard qu'avec Thurston. 3º Vous m'avez dit, il y a quatre semaines, que Thurston avait une option sur un domaine en Afrique du Sud, option qui expirait dans un mois et qu'il vous avait proposé de vous mettre de moitié dans l'affaire. 4° Votre carnet de chèques est dans mon tiroir et vous ne m'avez pas demandé la clef. 5° Vous n'avez donc pas l'intention d'investir votre argent de cette façon. » Sans passer par la partie du billard, du seul fait que Watson n'avait pas réclamé la clef du tiroir au chéquier, ne s'ensuivait-il pas que l'affaire n'avait pas été conclue ?

Jamais on n'assistera de la part de Lecoq à de telles voltiges, sinon on cesserait de le prendre au sérieux. On lui demande seulement de se comporter en excellent policier, non d'accomplir des miracles de divination, auxquels il nous serait impossible de croire. Il fait habituellement preuve d'une plus juste appréciation des limites du raisonnement et possède un sens plus développé de l'utilisable. Qu'on se souvienne de ses conclusions précises, fondées, irréfutables devant le lit volontairement défait pour dérouter les enquêteurs. Elles constituent un enseignement profitable pour les professionnels et ce n'est pas sans raison que le docteur Locard a remarqué que Tabaret et Lecoq ressemblaient à des « policiers véritables ». Aussi les termes méprisants employés par Holmes à l'encontre de ce dernier sont-ils jugés sévèrement par ce même savant. « Il est permis, écrit-il, de n'être pas de cet avis et de ne voir là qu'un accès de jalousie chez un mégalomane. »

En conclusion de ce long parallèle entre le policier français et le détective britannique, on peut constater plus d'une similitude dans leurs méthodes d'investigation « sur le terrain », mais non dans leur comportement, une fois celles-ci terminées.

Cependant, ce qui les différencie vraiment, c'est que Lecoq doit élucider des affaires compliquées, certes, mais dont la nature relève de l'activité quotidienne de la police, tandis que Holmes, tel un gourmet opérant un choix parmi des mets plus ou moins savoureux, s'intéresse uniquement à celles qui comportent une énigme considérée comme insoluble par Scotland Yard. A ce titre, il apparaît comme un successeur de Dupin dont il minimise cependant les réussites tout en utilisant ses méthodes et en les adaptant aux circonstances les plus diverses. Bien qu'il se targue de posséder un esprit positif, il est indiscutablement attiré par les affaires qui lui offrent un élément romanesque et ce n'est pas sans raison que Conan Doyle a intitulé *Aventures* plusieurs récits où se distingue son héros. Grâce à son imagination et à son talent de conteur, cet auteur a réussi à subjuguer nombre de lecteurs peu préoccupés de savoir s'il ne les entraînait pas dans un monde irréel sans grand rapport avec la vie policière. Voilà pourquoi il n'est pas pertinent de faire intervenir un jugement de valeur entre M. Lecoq et Sherlock Holmes ou, si l'on préfère, entre Émile Gaboriau et Arthur Conan Doyle, même en tenant compte que l'un est avant tout un romancier, l'autre un nouvelliste.

Un point commun entre eux cependant : le premier mettait bien au-dessus de sa production policière les romans de mœurs et les pièces de théâtre qu'il se disposait à écrire, l'autre, lassé de Sherlock Holmes, ambitionnait de passer aux yeux du monde pour un grand romancier. « Connais-toi toi-même », était-il gravé au fronton du temple de Delphes...

XLIII

SURVIVANCE DE L'ŒUVRE D'ÉMILE GABORIAU

Pour évaluer l'évolution du degré de popularité des romans d'Émile Gaboriau après sa disparition, il convient évidemment de tenir compte tout d'abord de la fréquence de leurs rééditions, mais aussi des adaptations qu'ils ont connues, pour ne pas dire subies, tant à la scène qu'à l'écran. En effet, une telle utilisation, même maladroite, traduit parfaitement la constance d'une survivance.

Cette popularité, sans jamais éprouver d'éclipse totale, a naturellement été soumise aux fluctuations du goût et de la mode, mais on peut constater qu'elle bénéficie en ce moment d'un regain de faveur auprès du public. Il est, d'ailleurs, pour en juger, un baromètre infaillible. Alors qu'il y a à peine dix ans, il ne venait à l'esprit d'aucun marchand d'autographes de faire figurer un manuscrit de Gaboriau sur ses catalogues de vente, une simple page portant sa signature se propose aujourd'hui couramment pour quatre ou cinq cents francs. En attendant mieux...

On se contentera de constater la persistance de cet engouement dans notre pays, en rappelant toutefois que, dès avant la guerre de 1870, plusieurs de ces romans avaient été traduits en diverses langues et que, par la suite, ce succès ne s'est pas démenti. Les Japonais, eux-mêmes, ont pu les lire et n'a-t-on pas dit que, dans les bibliothèques publiques de Sibérie, les œuvres les plus fréquemment demandées au début du siècle étaient celles de Gaboriau.

De nombreux périodiques français, parisiens ou provinciaux, les ont publiées en feuilletons, certains encore de nos jours, et il en a été de même dans divers pays étrangers. Enfin, après les auteurs de mélodrames, les cinéastes français ont largement puisé leurs sujets dans ses romans, ainsi que le cinéma américain avant la dernière guerre et, depuis lors, le cinéma allemand.

a) *Les rééditions.*

Émile Gaboriau disparu, le succès de ses principaux ouvrages ne faiblit pas. Pour en donner un aperçu, voici le relevé des droits d'auteur dus par Dentu à Mme Gaboriau pour la période du 15 avril au 27 novembre 1876, arrêtés au décès de la veuve de l'écrivain et versés à Georges Coindreau, mandataire de son épouse.

— *Le Petit Vieux des Batignolles*, 6 premières éditions, 2 400 F ;
— *L'Argent des autres*, t. II, 8ᵉ éd., 400 F ;
— *Le Crime d'Orcival*, 12ᵉ éd., 300 F ;
— *Le Dossier n° 113*, 16ᵉ éd., 350 F ;
— *L'Affaire Lerouge*, 17ᵉ éd., 300 F ;
— *Le 13ᵉ Hussards*, 22ᵉ éd., 300 F ;
— *Les Esclaves de Paris*, t. I, 8ᵉ éd., 400 F ;
— *La Clique dorée*, 10ᵉ éd., 400 F ;
— *Monsieur Lecoq*, t. II, 9ᵉ éd., 400 F ;
— *La Dégringolade*, 7ᵉ éd., 400 F ;
— *Les Gens de bureaux*, 7ᵉ éd., 400 F ;

au total 6 050 F, dont Dentu déduisait 2 500 F versés en espèces, à titre d'avances, à Mᵐᵉ Gaboriau, depuis le mois de mai. Chaque édition étant de mille exemplaires, cela fait en six mois seize mille volumes. Pour juger de la faveur dont jouissaient ces ouvrages, encore faudrait-il tenir compte des publications en feuilletons reprises au même moment par divers quotidiens et hebdomadaires.

Du décès de Mᵐᵉ Émile Gaboriau jusqu'à l'expiration du délai imposé pour l'obligation du versement des droits d'auteur, on ne dispose que d'une correspondance incomplète entre les héritiers et les éditeurs, épaves probables d'un courrier abondant dont ont surtout survécu des notes justificatives communiquées par les maisons d'édition. Voici les principaux faits qui s'en dégagent :

En mai 1884, l'éditeur Louis Boulanger demande à Georges Coindreau l'autorisation de publier sous forme de livraisons illustrées, du format grand in-octavo, les cinq romans de Gaboriau assez importants pour justifier, d'après lui, les frais d'une publicité, c'est-à-dire *L'Argent des autres*, *La Dégringolade*, *Les Esclaves de Paris*, *Monsieur Lecoq* et *La Vie infernale*. Il propose l'achat des cinq romans, à compte ferme, pour dix mille francs ou celui du seul *Monsieur Lecoq* pour trois mille francs, ce qui lui donnerait l'avantage de pouvoir « tâter le public », car il craint que le nom de Gaboriau ne soit « un peu moins présent dans les mémoires ». En conséquence, au début du mois de juin 1884, Georges Coindreau fait demander à la maison Dentu, par l'intermédiaire de Maurice Delamain, de le dégager des obligations nées du traité du 12 août 1868. Par une lettre du 13 juin, le journaliste Sauvestre, devenu l'administrateur de la maison d'édition depuis le décès de Dentu, survenu au mois d'avril, répond à M. Coindreau qu'il y a eu commencement d'exécution du traité avec *L'Affaire Lerouge* et *Le Dossier n° 113*. Il consent cependant à renoncer aux droits acquis sur les trois autres romans. Un traité put donc être signé le 1ᵉʳ juillet avec Boulanger qui, pour quinze mille francs réglables avant la fin de l'année, obtenait l'autorisation de publier en éditions illustrées les cinq ouvrages énumérés par lui. Mais, en novembre, à la demande de ce dernier, Georges Coindreau renonçait au dernier versement d'un montant de deux mille cinq cents francs, en reprenant par contre ses droits sur *L'Argent des autres*. Les quatre autres romans furent effectivement publiés sous la forme prévue, mais fort médiocrement illustrés des gravures du peintre Henri Lanos.

En octobre 1886, une demande d'autorisation pour publier tout ou partie de l'œuvre de Gaboriau en une langue étrangère dut parvenir aux héritiers de l'écrivain et la maison Dentu faire obstacle à la conclusion d'un tel accord. Dans une lettre du 20 octobre, adressée à Maurice Delamain, Georges Coindreau admet qu'il existe, dans les traités signés avec Dentu, une clause par laquelle Gaboriau s'interdisait toute autre édition, mais il ne peut venir à l'esprit que cette interdiction puisse s'appliquer à des éditions dans des langues étrangères. D'ailleurs, si Émile n'avait pas cédé à des éditeurs allemands ou italiens le droit de reproduction dans des journaux de leurs pays, il les avait par contre autorisés à éditer ses œuvres en volumes et la preuve en est que, lui, Georges Coindreau, possède dans sa bibliothèque huit de ces volumes traduits en langue italienne. Et il joignait à sa lettre des exemplaires des traités conclus avec Dentu, sept au total, et des contrats signés avec Steinitz et Sonzogno. La question fut-elle résolue ou se posa-t-elle à nouveau en mai 1888 quand, de Madrid, un certain Alberto del Campo s'informa auprès de la maison Dentu dans quelles conditions il pourrait publier les œuvres d'Émile Gaboriau en langue espagnole ?

En septembre 1887, la Société Dentu fut dissoute et, à partir du 1er octobre, reconstituée sous la raison sociale de Dentu et Cie. Tous les droits et obligations de la précédente société étaient repris par la nouvelle maison d'édition à laquelle désormais allaient avoir affaire les héritiers Coindreau. A ce moment-là, si nous prenons comme point de départ l'année 1879, au cours de laquelle furent réédités la plupart des romans de Gaboriau, on constate la vente, en huit ans, de trois mille *Affaire Lerouge*, deux mille *Crime d'Orcival*, trois mille *Dossier no 113*, deux mille *Monsieur Lecoq* et quatre mille *Corde au cou*. C'était un débit des plus honorables, surtout si l'on rappelle que le nombre des lecteurs, même proportionnellement à l'importance de la population, était moins élevé qu'aujourd'hui, que de nombreuses éditions de ces romans avaient déjà été données et qu'ils continuaient à paraître en feuilletons dans des périodiques parfois à fort tirage.

A la suite d'une demande des successeurs de Dentu, Georges Coindreau, par une lettre du 6 septembre 1891, autorisa la réimpression de deux mille volumes des *Comédiennes adorées* et d'un nombre égal de volumes des *Gens de bureau*, dans une collection à un franc dite *Nos Grands Maîtres*. Il confirma également l'autorisation donnée par Maurice Delamain de tirer dix mille exemplaires du *Capitaine Coutanceau* dans une collection à soixante centimes, dite *Les Maîtres du Roman*.

Cependant, les états semestriels du nombre de volumes en magasin révèlent pour la période de 1886 à 1893 un faible écoulement des études sociales et historiques. Il ne s'est vendu, en tout, que deux cent soixante-dix *Gens de bureau*, cinq cents *13e Hussards*, cent vingt-cinq *Comédiennes adorées* et, malgré leur titre aguichant, moins de deux cents *Cotillons célèbres*. Quant à *L'Ancien Figaro*, aux *Ruses d'amour* et aux *Amours d'une empoisonneuse*, ils étaient définitivement condamnés à en rester à leur première édition, ce qui explique la difficulté qu'on éprouve aujourd'hui à trouver ces ouvrages. A partir de 1890, la baisse des ventes touche également les principaux romans ainsi que le montre le relevé des droits d'auteur versés aux héritiers. Il fallait maintenant attendre la venue de nouvelles générations appelées à les découvrir à leur tour.

La maison Dentu allait, d'ailleurs, connaître de nouveaux avatars. Le 1er avril 1896, la société Curel, Gougis et Cie, raison sociale pour laquelle avait été abandonnée celle de Dentu et Cie, cédait à son tour la place à une nouvelle société Curel et Fayard frères, ces derniers étant déjà libraires-éditeurs sur le boulevard Saint-Michel. Tous les traités précédents étaient repris.

Le 8 septembre, Curel et Fayard écrivent au conseiller Coindreau pour lui proposer de publier les œuvres d'Émile Gaboriau sous la forme de fascicules à dix centimes, les livres à trois francs cinquante se vendant de plus en plus difficilement, surtout ceux des auteurs décédés. Ils lui font valoir, pour le gagner à ce projet, que l'œuvre d'Alphonse Daudet publiée sous cette forme a retrouvé un succès de vente et qu'ils ont conclu des traités en ce sens, entre autres, avec Jules Claretie et Hector Malot. En réponse, Georges Coindreau regrette de ne pouvoir leur donner complète satisfaction car il est à Royan, « retenu au lit, fort souffrant depuis plus de quarante jours », alors que ses traités sont restés à son domicile bordelais, 56, cours de Tourny. Il a besoin de revoir ces pièces, du fait qu'il avait permis à l'éditeur Boulanger de publier certaines œuvres en deux tomes sous forme de brochures illustrées. Mais, sans plus attendre, il autorise Curel et Fayard frères à publier en fascicules les ouvrages édités précédemment en un seul volume. Le 16 septembre, la maison d'édition prend acte de cette autorisation et remet à plus tard la publication, sous cette même forme, des œuvres en deux volumes, en attendant que Georges Coindreau puisse lui communiquer les dispositions des traités antérieurs. Le 16 octobre, Curel et Fayard, ayant appris la mort du conseiller survenue le 1er, adressent des condoléances à la veuve, en lui rappelant de quels renseignements ils ont besoin. Puis, au début de novembre, ils proposent à Mme Coindreau la signature d'un traité leur accordant le droit exclusif d'éditer et de vendre toutes les œuvres d'Émile Gaboriau, sous la forme de livraisons illustrées, sauf les quatre romans déjà publiés par Boulanger avec des illustrations. Le traité fut signé le 26 novembre.

En novembre 1898, un certain Mario Turello demanda l'autorisation de publier un passage des *Cotillons célèbres* dans une *Anthologie de la littérature française au XIXe siècle* à l'usage des écoles italiennes. Il s'agissait de deux pages extraites du chapitre *Les Amours de François Ier*, qui seraient intitulées *La Vérité sur François Ier* eu égard à la destination du volume. L'autorisation lui fut accordée par Mme Coindreau, qui fixa le montant des droits d'auteur à cinquante francs. Turello s'étonna de l'exigence de sa correspondante, alors qu'il avait obtenu gracieusement l'autorisation de reproduire de longs passages de Michelet et de Taine, les veuves de ces écrivains s'étant déclarées heureuses que les œuvres de leur époux eussent ainsi plus de chances de pouvoir être appréciées en Italie. Il en avait été de même pour les héritiers de la propriété littéraire des œuvres de Lamartine, Hugo et Scribe. Mme Coindreau devait se rendre compte que les conditions de la vie n'étaient pas les mêmes en Italie qu'en France. Aussi espérait-il qu'elle reviendrait sur ses prétentions, auxquelles il était dans l'impossibilité de souscrire.

Sur le conseil d'Edmond Pourcelle, homme d'affaires de son mari, Mme Coindreau protesta, en juillet 1900, auprès de Fayard frères du fait que n'étaient plus rééditées depuis longtemps les œuvres de son frère, toutes épuisées et cependant toujours très demandées aux libraires. Sa réclamation fut entendue. Le 8 août 1900, un projet de traité annulant celui du 26 novembre 1896 lui fut proposé. Les frères Fayard demandaient le droit exclusif d'éditer et de vendre les romans d'Émile Gaboriau sous forme de petits volumes, illustrés ou non, au prix de vingt centimes l'exemplaire de 96, 128 et, exceptionnellement, 160 pages. Mme Coindreau toucherait une fois pour toutes quatre-vingts francs par titre. Mais Pourcelle estima insuffisants, en cas de très forts tirages, les droits forfaitaires prévus. A la suite de quoi, l'intéressée réclama un rajustement et obtint de recevoir cent francs pour chacune des œuvres.

En novembre de la même année, parvint à Mme Coindreau une lettre d'un certain Dardle qui demandait l'autorisation de traduire en anglais *Le Crime d'Orcival*. Pourcelle, consulté, répondit que ce roman avait déjà été traduit dans cette langue en 1867 ou 1868. Il avait vu dans les mains d'Émile Gaboriau le traité depuis lors malheureusement égaré. Mais, après plus de trente ans, il était incapable de se souvenir de ses clauses.

Le 1er janvier 1902, nouveau changement dans la raison sociale de l'ancienne maison Dentu ; de Fayard frères, elle devient Arthème Fayard, ce qu'elle est restée depuis lors. Tous les contrats conclus avec l'héritière de Gaboriau restaient en application.

Le 1er octobre 1904, à la suite d'une suggestion dont nous ignorons l'origine, Pourcelle déconseille à Mme Coindreau de faire éditer *Le Journal d'un Garde National mobilisé*. « Quel intérêt, ajoute-t-il, pourrait encore présenter ce récit après trente-cinq ans ? », ce qui n'est pas du tout notre avis, comme on sait.

Le 4 janvier 1907, un nouveau traité fut signé entre Mme Coindreau et Arthème Fayard. L'éditeur obtenait de publier tous les romans de Gaboriau à la condition que ce soit en volumes d'un prix maximum de soixante-cinq centimes. Mais, au début de janvier 1909, Mme Coindreau lui fait remarquer qu'on ne les trouve plus chez lui qu'en éditions illustrées, très abrégées, inutilisables pour la presse toujours désireuse de publier ses romans. « Les récits de Sherlock ayant remis en vogue les histoires de police », il devrait y avoir un regain de faveur pour les œuvres de son frère. La clause subsiste qui oblige Fayard à posséder toujours un stock suffisant de chacun des romans pour répondre aux demandes des journaux. Or, par la faute de l'éditeur, qui ne remplit pas cet engagement, la reproduction dans la presse a été nulle en 1908.

En janvier 1912, Pourcelle s'étonne auprès de Mme Coindreau que Fayard n'ait pas encore réédité *Le Crime d'Orcival*, qui est un des romans de Gaboriau les plus demandées. Plusieurs fois, l'héritière réclamera cette réédition pour obtenir au mois d'août la promesse qu'elle serait faite l'année suivante dans *Le Livre Populaire*. L'éditeur tint parole et, le 2 juin 1913, fit savoir que l'ouvrage sortirait dans le courant du mois. En décembre de la même année, il annonça à Mme Coindreau que les tirages de *Monsieur Lecoq* et du *Dossier n° 113* avaient dépassé les soixante mille. Par contre, *L'Affaire Lerouge*, qui avait eu tant de succès dans l'édition à 3,50 F, ne marchait pas dans la collection à 0,65 F.

Le 23 février 1914, mourut Amélie Coindreau. La propriété des droits d'auteur sur l'œuvre d'Émile Gaboriau alla à sa fille, Mme Rouzé, domiciliée à Saint-Palais-sur-Mer. Le 28 mai, l'éditeur lui fait savoir que, pour l'année 1914, il n'a pas prévu à son programme d'ouvrages de Gaboriau. Il estime que seuls répondent au goût actuel des lecteurs, les cinq romans déjà réédités par lui. Cependant, il propose de publier *L'Argent des Autres* en 1915 et il demande un exemplaire des *Mariages d'aventure* qu'il ne connaît pas encore.

Là-dessus la guerre.

En 1921, Mme Rouzé adhère à l'Association des Héritiers et Représentants d'Auteurs et Compositeurs, à laquelle elle confie la défense de ses intérêts. De ses relations d'affaires avec Gustave Simon, le président de ce groupement, nous reste une lettre de l'éditeur Fayard, en date du 26 avril 1922. En réponse à une demande de Mme Rouzé, il prie M. Simon de faire savoir à celle-ci qu'il n'a pas l'intention de s'engager à rééditer un ouvrage de Gaboriau chaque année et qu'il s'en tiendra au traité conclu, traité qui lui donne le droit de choisir dans les œuvres du romancier ce qu'il compte publier, et à la date qui lui conviendra.

Le 24 janvier 1927, un accord fut conclu entre Mme Rouzé et la Société d'Édition Tallandier. Mme Rouzé cédait à cette maison le droit exclusif d'éditer et de mettre en vente, sous la forme qui lui conviendrait, *Les Esclaves de Paris*, *La Vie infernale* et *La Clique dorée* pour tout le temps que durerait encore sa propriété littéraire qui, du fait de la Première Guerre mondiale, se trouvait prorogée jusqu'en 1930. Elle autorisait de plus la Société Tallandier à faire toutes les coupures ou ajoutés que celle-ci jugerait bon.

Le 23 décembre 1927, l'éditeur Fayard adressa à Mme Rouzé une somme de six cents francs pour complément de ses droits sur un tirage de soixante mille exemplaires de *L'Argent des autres*, du fait qu'il s'agissait à l'origine de volumes à soixante-cinq centimes alors que les exemplaires du dernier tirage avaient été mis en vente à 1 franc 75. L'année suivante, Tallandier profita de la latitude qui lui était laissée, pour publier en un volume distinct *Le Secret des Champdoce*, en réalité seconde et dernière partie des *Esclaves de Paris*.

En mai 1929, un certain Schwarz, directeur de l'Agence Internationale Littéraire, se vit accorder jusqu'au mois de novembre, par Mme Rouzé, l'exclusivité de la vente des droits de traduction en anglais et en allemand des œuvres qui n'avaient pas encore été traduites dans ces langues et de la recherche de producteurs pour les ouvrages encore libres pour le cinéma. En particulier pour *La Corde au cou*, *Le Petit vieux des Batignolles* et *La Dégringolade*.

En 1930, l'œuvre d'Émile Gaboriau tombait dans le domaine public. Depuis lors, il y eut en France de nombreuses rééditions de ses romans, particulièrement de *L'Affaire Lerouge* et de *Monsieur Lecoq*, les plus connus sinon les meilleurs. L'intérêt de ces nouvelles rééditions, au contraire des précédentes, est de comporter fréquemment des préfaces de la plume d'écrivains connus, preuve que ces ouvrages trouvaient maintenant un public plus cultivé dont l'intérêt n'allait pas uniquement aux aventures des personnages créés par le romancier. Ces préfaciers se sont intéressés à sa langue, à la portée de son œuvre et ils ont voulu fixer sa place dans la littérature de son temps. Malheureusement ils se sont cru tenus de rappeler plus ou moins la carrière de l'auteur et, pour cela, ont utilisé l'article publié en 1933 par Emmanuel Car.

Voici une liste de quelques-unes de ces rééditions en langue française, à défaut de pouvoir citer celles qui ont paru dans des langues étrangères :

Monsieur Lecoq (Paris, L'Avenir, 1933).
Les Esclaves de Paris (Paris, Tallandier, 1935)
Monsieur Lecoq (Paris, Delagrave, 1937)
Monsieur Lecoq (Tours, Mame, 1940)
L'Affaire Lerouge (Lyon, Cosmopolis, 1946)
Le Petit Vieux des Batignolles — préface de Galtier-Boissière (Paris, Gründ, 1946)
L'Affaire Lerouge (Paris, Froissart, 1946)
L'Affaire Lerouge (Paris, Fayard, 1948)
Monsieur Lecoq — préface de Roger Grenier (Paris, Le Point du Jour, 1951)
L'Affaire Lerouge (Paris, La Bruyère, 1951)
Le Crime d'Orcival (Paris, La Bruyère, 1951)
Le Dossier n° 113 (Paris, La Bruyère, 1951)
La Corde au cou (Paris, La Bruyère, 1951)
Monsieur Lecoq — préface d'Yvan Audouard (Paris, Bibliothèque mondiale, 1954)
Monsieur Lecoq (Paris, Fayard, 1957)
Monsieur Lecoq (Paris, Les Chefs-d'œuvre du roman, 1960)
L'Affaire Lerouge — préface d'Armand Lanoux (Paris, Le Livre de poche, 1961)
L'Affaire Lerouge — préface d'Emmanuel Car (Paris, Club du policier, 1962)
Monsieur Lecoq (Verviers, Gérard, 1962)
Le Dossier n° 113 (Paris, Union générale d'édition, 1963)
Le Crime d'Orcival (Paris, Éditeurs français réunis, 1963)
La Corde au cou (Paris, La Renaissance du livre, 1964)
Le Dossier n° 113 (Paris, Saint-Clair, 1974)
Monsieur Lecoq — préface de Claude Cantegrit (Paris, Garnier, 1978)
La Corde au cou (Paris, La Renaissance du Livre, 1978)
L'Argent des autres — préface de Jean-Paul Colin (Paris, Baudinières, 1979).

Comme on voit, les romans d'Émile Gaboriau ont encore de beaux jours devant eux et l'on peut même espérer qu'à la faveur de leur succès à nouveau grandissant, d'autres œuvres de lui, tels *Les Gens de bureau* et les *Mariages d'aventure*, reparaîtront un jour aux vitrines des librairies.

b) *Les nouvelles publications en feuilletons.*

La consultation des relevés des droits d'auteur réglés aux héritières successives d'Émile Gaboriau nous permet de connaître certains des périodiques qui, jusqu'à l'extinction de ces droits, publièrent en feuilletons les œuvres de leur époux, de leur frère et de leur oncle.

Pendant les trois années que Mme Gaboriau survécut à son mari, cette clientèle fut uniquement composée de journaux de province, d'Algérie, de Belgique, d'Italie et même de nos provinces perdues (en 1874, *La Gazette de Lorraine,* de Metz) ainsi que des périodiques suivants spécialisés dans la publication de romans : *Les Bons Feuilletons,* de Marseille, *Le Roman Feuilleton,* de Paris, *Le Roman Illustré,* de Toulouse et *Les Romans Nouveaux* de Bordeaux.

Puis, se découvre, dans cette comptabilité, une sérieuse lacune jusqu'à l'année 1893 comprise. N'y sont mentionnées que quelques revues consacrées aux seuls romans. *L'Argent des autres* paraît en 1881, dans *Le Voleur Illustré.* En février 1884, *Les Grands Romans Illustrés du Dimanche* et *Les Grands Romans Illustrés du Jeudi,* tous deux de Bordeaux, entreprennent parallèlement, le premier, la publication des *Esclaves de Paris,* le second, celle de *La Vie infernale.* Enfin, toujours à Bordeaux, *Les Grands Feuilletons Illustrés* commencent, en mars 1885, la publication de *L'Affaire Lerouge.*

Une documentation existe à nouveau pour la période de 1894 à 1913. Comme, jusqu'en 1909, le nombre des journaux qui, chaque année, entreprirent de publier l'un des romans de Gaboriau, ou l'une de ses nouvelles, a oscillé entre six et dix-sept, on peut supposer sans grand risque d'erreur qu'il en a été de même les années précédentes.

A noter que, jusqu'à 1900, ne figure dans cette liste aucun grand quotidien parisien, dont trop d'anciens lecteurs avaient sans doute déjà lu les romans « judiciaires ». Mais, au début du XXe siècle, émerge une nouvelle génération, qui connaît peu Gaboriau et au sein de laquelle s'accroît le nombre des lecteurs éventuels par suite des progrès de l'instruction dans les classes populaires. Aussi peut-on retrouver, au cours de la première décennie du siècle, *Le Crime d'Orcival,* dans *Le Matin,* en 1900, *La Liberté,* en 1907, et *L'Intransigeant* en 1908, *Monsieur Lecoq* dans *Le Matin* en 1903 et *L'Intransigeant* en 1907, *Le Dossier n° 113* dans *L'Intransigeant* en 1904 et *L'Affaire Lerouge* dans *L'Action Française* en 1908 et *L'Humanité* en 1910. Cependant, à partir de cette date, il se produit un nouveau fléchissement dans la presse parisienne, peut-être dû à l'abondance de ces publications.

Durant la même période, les feuilles de province ainsi que les périodiques paraissant soit dans nos colonies, soit en langue française à l'étranger n'ont cessé de donner du Gaboriau en pâture à leurs lecteurs.

Contentons-nous de quelques précisions pour les deux dernières catégories.

D'abord pour les journaux coloniaux : *L'Impartial Oranais,* d'Oran (en 1895), *La Calédonie,* de Nouméa (en 1896, 1897, 1898, 1899), *Le Petit Oranais,* d'Oran (en 1903), *Le Cri d'Alger* (en 1911).

Puis pour les journaux et les revues paraissant en Suisse en langue française : *La Gruyère,* de Bulle (en 1896 et en 1906), *La Suisse,* de Genève (en 1898 et 1899), *La Lecture des Familles,* de La Chaux-de-Fonds (en 1900) *Le Genevois,* de Genève (en 1903 et 1906), *Le Journal du Jura,* de Bienne (en 1904).

Quant aux journaux et aux revues belges qui eurent recours à l'œuvre de Gaboriau pour distraire leurs lecteurs pendant cette période, ils furent près de quarante, en particulier des feuilles de Bruxelles, d'Anvers, de Gand, de Tournai, de Mons, de Namur, de Charleroi, de La Louvière et de Liège, qui publièrent indistinctement tous ses romans et parfois ses nouvelles. D'autre part, un journal de Montréal fut, en 1907, l'objet d'un procès de la part des Gens de Lettres pour avoir publié une de ses œuvres sans avoir acquitté les droits d'auteur. Dans une lettre du 8 avril 1908, Pourcelle constate que l'affaire traîne en longueur et estime que, de toute manière, le résultat, sur le plan pécuniaire, sera d'un mince intérêt.

Dans les relevés de la Société pour l'année 1890, on a la surprise de rencontrer le règlement de droits d'auteur par *L'Indépendant de Dour* (Belgique) pour la publication de *La Vieillesse de Monsieur Lecoq*, le roman de Boisgobey, erreur dont on ne devait s'apercevoir que l'année suivante. La même confusion fut commise, en 1900, par *Le Journal de Roanne*, ce qui montre combien restaient associés les noms de Gaboriau et de Lecoq.

Après la Première Guerre mondiale, qui a marqué une profonde coupure avec le début du siècle, considéré aujourd'hui comme un simple prolongement du dix-neuvième, les romans de Gaboriau semblent moins recherchés par la presse française. Chaque année, on n'en utilise au maximum que trois ou quatre. Ce sont notamment de petites feuilles parisiennes, nées récemment, qui les donnent en feuilletons, telles *La Presse, La Patrie, La Victoire* et quelques journaux de province surtout dans le Nord et le Midi. Ils semblent par contre garder plus d'audience en Belgique, où on les retrouve dans d'importants quotidiens bruxellois, *Le Peuple, La Dernière Heure, La Nation Belge*. Enfin, *Le Dossier n° 113* paraît en 1925 dans *La Presse*, de Montréal et *Monsieur Lecoq*, en 1927, dans *L'Impartial de Saïgon*. Les périodiques de langue française doivent d'ailleurs tenir compte qu'après cette date, les romans de Gaboriau ont été popularisés par Tallandier dans des éditions à bon marché, ancêtres de nos livres de poche.

Afin de fixer les idées, d'après les indications, même incomplètes, que nous possédons, le nombre de fois où, de la mort de l'auteur à 1930, la presse publia, en feuilletons, romans ou nouvelles d'Émile Gaboriau est de plus de cinquante pour *Le Crime d'Orcival* (57) et *Le Dossier n° 113* (56), de vingt-cinq à quarante pour *Monsieur Lecoq* (40), *La Corde au cou* (38) et *L'Affaire Lerouge* (28) et de moins de quinze fois pour les autres. Les journaux, s'inspirant sans doute des goûts de leurs lecteurs, avaient tout naturellement donné la préférence aux œuvres qui, du point de vue policier, leur avaient semblé les plus réussies. Il reste donc qu'après l'énorme succès qui accompagna la publication de *L'Affaire Lerouge* dans *Le Soleil* en 1866, les romans de Gaboriau conservèrent pendant plus d'un demi-siècle la faveur de nombreux lecteurs de feuilletons, avides de trouver dans leurs journaux des sensations fortes, mais aussi des descriptions véridiques dont son œuvre abonde.

Du jour où la presse n'est plus astreinte à verser des droits d'auteur, il n'est pas possible, sans d'interminables recherches de dénombrer les feuilles qui ont eu recours à ses œuvres. Les dernières en date furent, semble-t-il, les deux grands quotidiens bordelais associés *Sud-Ouest* et *La France*, qui ont publié *L'Affaire Lerouge* à partir du 3 septembre 1980, en faisant précéder le premier feuilleton d'une présentation où était rappelé l'essentiel de l'œuvre du romancier.

c) *Les romans d'Émile Gaboriau à la scène.*

On se souvient que *L'Honneur du nom*, tiré de *Monsieur Lecoq*, fut présenté au théâtre Beaumarchais en novembre 1869, *L'Affaire Lerouge* au théâtre du Château-d'Eau en mai 1872 et *La Vie infernale* au théâtre de Cluny en janvier 1875.

La correspondance dont on dispose, permet de recueillir quelques informations sur l'adaptation de certains des romans de Gaboriau à la scène, à partir de 1877.

Le traité conclu, le 24 février 1874, avec Mme Gaboriau par Georges Richard, traité qui donnait à cet auteur le droit de tirer des pièces de toute l'œuvre du disparu, fut annulé et remplacé le 19 avril 1877 par un nouvel accord ne lui réservant l'autorisation que pour *La Vie infernale* déjà jouée, et pour une adaptation du *Secret des Champdoce*, qui devait être écrite en collaboration avec Aurélien Scholl.

Puis, par une note du 28 avril 1877, Georges Coindreau, agissant au nom de son épouse, autorisa Edgard Pourcelle et Émile Mendel à tirer un drame en cinq actes du *Crime d'Orcival*, confirmant ainsi l'autorisation verbale donnée par Mme Gaboriau. La pièce fut jouée au théâtre du Château-d'Eau, en septembre 1878.

En 1879, les époux Coindreau adhérèrent à la Société des Auteurs et Compositeurs dramatiques constituée le 1er mars, et, le 28 mars 1880, ils désignèrent Maurice Delamain comme leur mandataire, chargé de toucher leur part des droits d'auteur. A la date du 14 décembre 1879, Georges Coindreau autorisa Émile Rochard à tirer un drame de *La Corde au cou* et, par un traité du 16 octobre 1880, il permit à Henri Esnard, avocat, et à Pierre Elzéar, auteur dramatique, de faire de même avec *La Dégringolade*. Ces derniers accords étaient conclus pour une durée de trois années et devaient se trouver annulés si, à l'expiration de ce délai, ils n'avaient pas reçu un commencement d'exécution. En conséquence une adaptation de *La Dégringolade* fut jouée au théâtre du Château-d'Eau, le 1er avril 1881.

La part des Coindreau fut au moins de 40 francs pour *Le Crime d'Orcival*, de septembre 1878 à juin 1881, et pour *La Dégringolade*, de près de 100 francs, pour le seul premier semestre de 1881. La comptabilité incomplète que nous possédons, ne nous permet pas, à elle seule, de savoir quel fut le succès des drames tirés de l'œuvre de Gaboriau au cours des quelques années suivantes. Nous apprenons seulement qu'à la fin de l'année 1883, *La Dégringolade* fut jouée à Rouen, au début de 1884, *L'Affaire Lerouge* à Nevers, et *Le Crime d'Orcival* à Paris et, au cours de l'année 1885, *L'Honneur du nom* à Troyes, *L'Affaire Lerouge* à Autun et au Chatou et *La Dégringolade* au théâtre de Grenelle et à celui des Gobelins.

Le dossier dont nous disposons, présente ensuite une lacune jusqu'en 1893. A cette date, Rochard n'ayant pas encore tiré une pièce de *La Corde au cou*, le traité du 14 décembre 1879, se trouvait caduc depuis longtemps. Finalement, c'est l'auteur dramatique Pierre Decourcelle, qui reprit la réalisation du projet.

Le 21 juillet 1894, Georges Coindreau accuse réception, à Pourcelle, d'une lettre du 12 dans laquelle celui-ci lui demande l'autorisation écrite de tirer un drame du *Dossier n° 113*. Il accorde l'autorisation sollicitée en se réservant un tiers des droits d'auteur. La pièce fut jouée pour la première fois au théâtre du Château-d'Eau, au début de mai 1896. Le 7, par une lettre adressée de Poitiers, Coindreau félicite l'auteur du succès qu'elle a obtenu.

Le 12 août 1894, Decourcelle avait annoncé qu'il avait terminé *La Corde au cou*. Si la pièce n'avait pas encore vu les feux de la rampe, c'est que le directeur de l'Ambigu estimait que le rôle prépondérant donné au personnage du curé, devenu un grand premier comique, en entravait pour le moment la représentation, « le public étant un peu saturé de soutanes sur la scène ». Le 14 août 1896, Rochard, devenu le directeur de l'Ambigu-Comique, dans une assez longue lettre, confie à son ami Edgard Pourcelle que *La Corde au cou* avait été destinée à remplacer *Les Deux gosses*, si cette dernière pièce était venue à « flancher », mais, comme elle poursuivait avec succès sa carrière, *La Corde au cou* devenait désormais un « en-cas d'hiver », c'est-à-dire était mise en réserve pour le cas où la pièce normalement prévue pour l'hiver suivant ne tiendrait pas l'affiche assez longtemps. Il a cependant fait poursuivre les répétitions (Curtès est « épatant » dans le rôle du curé), car un directeur prévoyant doit toujours avoir sous la main une pièce prête à être jouée.

Au début de septembre 1896, parvint à Georges Coindreau, datée du 1er, une lettre d'un certain Georges Taylor, qui se présentait comme journaliste, auteur d'un feuilleton et de plusieurs pièces de théâtre. Il sollicitait l'autorisation d'écrire un nouveau drame tiré de *Monsieur Lecoq*, portant le titre du roman et en respectant mieux le contenu que *L'Honneur du nom*, auquel il reconnaissait cependant quelque mérite. Nous ignorons si une réponse lui fut donnée. Le 9 septembre 1897, Georges Taylor revint à la charge en précisant que la figure centrale de sa future pièce (peut-être déjà écrite) serait le policier en personne et que les événements antérieurs seraient résumés dans une exposition rapide alors qu'ils constituaient précisément la plus grande partie de *L'Honneur du nom*, le drame de Pagès et d'Albert. Le fils de Pagès est disposé à donner l'autorisation indispensable, mais ignore ce qu'est devenu Albert, le co-auteur de son père. Le conseiller Coindreau le sait-il ? Les Bouffes-du-Nord seraient prêts à accueillir immédiatement la future pièce qui, en cas de succès, pourrait être reprise par l'Ambigu. Georges Coindreau répondit le 17 septembre, mais nous ne connaissons pas la nature de cette réponse.

Après la mort de Georges Coindreau, sa veuve confirma à Edgard Pourcelle, dans une lettre du 21 décembre 1897, tous les pouvoirs qu'il tenait de son mari et lui renouvela, en particulier, l'autorisation de tirer un drame du roman *La Corde au cou*, finalement joué pour la première fois, au printemps suivant, sur la scène de L'Ambigu-Comique.

La dernière tentative pour porter à la scène une œuvre de Gaboriau eut lieu en pleine guerre, au début de l'année 1917. Une correspondance s'échangea alors entre Mme Rouzé et Edmond Sée, l'auteur dramatique bien connu. Celui-ci, séduit par la lecture de *Maudite Maison*, avait conçu le projet d'en tirer une comédie gaie. Il ne subsiste de ce courrier qu'une carte d'Edmond Sée, dont voici la teneur :

« 95, avenue de Villiers.

« Samedi 3 février 1917.

« Madame,

« Au reçu de votre lettre, je suis allé aux Gens de Lettres. Ils m'ont dit que le traité avec la succession Gaboriau ne concernait que les reproductions de romans dans les périodiques. Pour faire une pièce, votre autorisation personnelle est seule nécessaire. Comme vous avez eu l'amabilité de me la donner, j'ai été à la Société des Auteurs dramatiques que, d'ailleurs, les Gens de Lettres avaient mise au courant de la situation, car c'est à elle à intervenir en particulier. M. Bloch, de la Société des Auteurs, vous enverra donc à signer le traité (selon l'usage, les droits d'auteur seront partagés : 50 % pour le romancier ou ses héritiers, 50 % pour l'auteur de la pièce).

« Je pense qu'il y aura quelque chose de très amusant à faire avec cette nouvelle, et tout à fait d'actualité, les conflits entre propriétaires et locataires étant à l'ordre du jour. »

Malheureusement le projet n'aboutit pas.

Outre cette correspondance, nous possédons quelques rares bulletins de droits d'auteur établis par la Société des Auteurs et des Compositeurs dramatiques et réglés par l'intermédiaire d'Edgard Pourcelle. Nous savons, grâce à ces documents malheureusement très disparates, qu'au printemps de 1893, il y eut une représentation du *Crime d'Orcival* à Lyon et plusieurs au théâtre du Château d'Eau ; au début de l'année 1894, sept à Saint-Étienne et deux à Dijon et, au printemps, plusieurs au théâtre des Batignolles et à celui de Montmartre. La même pièce fut jouée trois fois à Bordeaux au début de l'année 1895. Au printemps de l'année 1896, le théâtre de la République donna quatorze représentations du *Dossier n° 113* et le théâtre de Roanne, deux du *Crime d'Orcival*. Enfin, *La Corde au cou* fut jouée vingt-trois fois, au printemps de 1898, à l'Ambigu-Comique, plusieurs fois au théâtre de Belleville à l'automne ainsi que huit fois au Cirque d'Hiver et, au printemps de 1899 cinq fois au Gymnase de Liège. Au cours de l'été 1900, il y eut deux représentations de *La Corde au cou* au Grand Théâtre de Genève, quelques représentations du *Dossier n° 113* au théâtre des Batignolles, et à celui de Montmartre au cours de l'été 1901. Puis, au début de 1902, *La Corde au cou* fut jouée six fois à Saint-Étienne et, à la fin de l'été 1903, cinq fois *Le Crime d'Orcival* à l'Alhambra de Bruxelles.

Nous avons également sous les yeux les relevés des droits perçus dans les départements et à l'étranger au cours du premier semestre de 1918, donc en pleine guerre. Nous apprenons ainsi que *L'Affaire Lerouge* fut jouée en janvier au théâtre Chantecler de Montréal ; en février, *Le Crime d'Orcival*, deux fois à Bourges ; en mai, *L'Affaire Lerouge*, six fois à l'Apollo de Lisbonne et, en juin, *Le Crime d'Orcival*, une fois à Bourges.

Nous avons retrouvé le texte de trois des quatre mélodrames tirés des romans d'Émile Gaboriau après le décès de sa veuve. Seul nous manque celui de *La Corde au cou*, qui n'a pas été imprimé.

Bien que nous n'ayons pas à nous livrer ici à une analyse poussée de ces pièces destinées à un public populaire, nous constatons sans étonnement que les nécessités du théâtre ont amené leurs auteurs à d'importants remaniements, en particulier à la suppression de personnages de premier plan.

Dans *Le Crime d'Orcival*, drame en cinq actes et huit tableaux, le sympathique juge Plantat a disparu. Quant à Sauvresy, au lieu de se laisser passivement empoisonner, il préfère feindre de mourir grâce à un élixir donnant un aspect cadavérique. Pour mieux se dissimuler après ce faux départ, il prend du service dans la police et se passionne pour son nouveau métier. Il se réincarne pour ainsi dire dans la personne de Lecoq, ce qui lui permet d'assister dans l'ombre à la réalisation de la première partie de la vengeance qu'il a méditée. Il ne reparaîtra qu'après l'assassinat de la comtesse et, comme on n'est jamais mieux servi que par soi-même, c'est lui qui mettra la main au collet de Trémorel pour l'expédier à la guillotine après avoir eu le rare plaisir de se faire reconnaître du traître.

De *La Dégringolade*, drame en sept tableaux, plusieurs personnages importants ont également disparu : les deux fils du piqueur Cornevin remplacés par une fille, le docteur Legris, la fille du général Delorge et Krauss, la fidèle ordonnance, ainsi que le duc et la duchesse de Maumussy. Enfin, le juge d'instruction, Barban d'Avranchel, d'abord commissaire de police, se retrouve dérisoire directeur de l'île du Diable, quant à Mme Cornevin, elle est tuée par l'une des balles tirées par la troupe contre les manifestants, hostiles au Coup d'État.

Mais nous voici transportés, huit ans plus tard, à l'île du Diable, où le malheureux Cornevin accusé par Grollet, agent de Combelaine, purge la peine d'un autre. Ce jour-là, l'île reçoit la visite du paisible rentier Ducoudray, ami des Delorge, qui a réussi à se faire confier la mission de s'assurer du traitement réservé aux condamnés. Ducoudray, changeant de vêtements avec Cornevin, parvient à le faire s'évader.

L'auteur obéit à la nécessité de condenser dans ses tableaux les actions dispersées dans les divers chapitres du livre. C'est ainsi que, dans le quatrième tableau, les protagonistes vont se retrouver ou se succéder chez l'avocat Roberjot, où réapparaît le brave Ducoudray, rentré frais et dispos des années de travaux forcés que lui a valu sa complicité dans l'évasion de Cornevin, lui-même revenu des États-Unis, fortune faite, mais dissimulé sous l'identité de l'Américain Patson. C'est là aussi que vont se rencontrer pour la première fois et sympathiser Raymond Delorge et Simone de Maillefer. Puis nouveau défilé et nouvelles rencontres dans le cimetière Montmartre, où Grollet, resté seul, voit apparaître Patson-Cornevin, qui se fait reconnaître avant de le poignarder.

La pièce s'achève dans une mairie de Paris, le 4 septembre 1870, en plein effondrement de l'Empire, alors que Combelaine croit être parvenu à son but et pouvoir épouser Simone de Maillefer. Mais Patson a fait venir d'Italie Mme de Combelaine, qui confond l'odieux personnage. Celui-ci se suicide, cependant que parviennent de l'extérieur les cris de « Vive la République ! »

Dans *Le Dossier n° 113*, sombre drame en un prologue, cinq actes et huit tableaux, l'auteur a éliminé tout ce qui pouvait surcharger la distribution, dont Nina Gipsy a disparu. L'assassinat de Gaston de Clameran par son frère a lieu, dès le prologue, par le poignard, plus spectaculaire que le poison. Et c'est pour s'approprier cinquante mille francs, moitié du montant de la vente du château familial, que Louis se débarrasse de son aîné. Pas de Lecoq dans la pièce, du moins de nom, car le fin limier a pris tout bourgeoisement celui de Vernouillet. Simple agent dans le prologue, c'est comme chef de la Sûreté qu'il agira dans la pièce proprement dite, soit vingt ans plus tard. Autres modifications intervenant au cours du dernier acte : Raoul ne parviendra pas à s'enfuir. Il sera poignardé par un homme de main de Louis de Clameran. Le public des mélodrames n'admet pas que les criminels et les traîtres échappent au châtiment. Mais le marquis de Clameran aura droit — noblesse oblige — au suicide par arme à feu. Et, comme les bons doivent être épargnés, le banquier Fauvel ignorera toujours la faute commise par son épouse, avant le mariage.

Si nous ne possédons pas le texte de *La Corde au cou*, drame en cinq actes et dix tableaux, du moins pouvons nous tirer quelques renseignements du *Photo-programme illustré* n° 56, qui s'est vendu au cours de la saison théâtrale 1897-1898 de l'Ambigu-Comique. La distribution nous apprend qu'avaient disparu quelques-uns des personnages du roman, en particulier M. de Chandoré, remplacé par Miss Elisabeth, une tante américaine de Denise. Quant au digne curé de Bréchy, il a fait place au pittoresque abbé Cyrille, chargé de mettre un peu de gaieté dans cette lamentable affaire. Plus aucun avocat et plus de comparution de Jacques de Boiscoran devant une cour d'assises.

La pièce commence par le rendez-vous nocturne de Jacques et de Mme de Claudieuse, qui se font surprendre par le comte. Après la rupture entre les amants, celui-ci fait part à son épouse de son intention de l'emmener en de lointains pays. Le demi-idiot Cocoleu a tout entendu et, comme il éprouve pour la comtesse une violente passion amoureuse, il s'empare du fusil du comte et abat l'infortuné mari. Arrêté, il dénonce comme l'assassin Jacques de Boiscoran qui, ne pouvant se défendre sans compromettre la comtesse, se laisse emprisonner. Alors que l'inculpé allait sortir de la prison avec la complicité des geôliers pour tenter de convaincre son ancienne maîtresse de rétablir les faits, la garde du bâtiment est malencontreusement confiée à une escouade d'une garnison récemment installée dans la ville. Ce sera le rôle de l'astucieux abbé Cyrille, instruit de toute la vérité par la confession de Cocoleu, de rendre possible cette sortie. Ce nouvel abbé Bridaine le fait en grisant les soldats de garde et en les captivant par des chansons dont nous ignorons la nature. Cependant le comte, qui avait survécu à sa blessure, avait projeté, pour se venger, de soutenir l'accusation contre son rival, mais, au moment de mettre à exécution son affreuse décision, il succombe sous le coup de l'émotion. La comtesse, abreuvée de désillusions, déclare qu'elle se retire au couvent et Cocoleu, désormais privé de sa vue, va se dénoncer à la justice. Ainsi pourront s'épouser Jacques de Boiscoran et Denise de Chandoré.

A noter que, pour détendre par moments les nerfs des spectateurs empoignés par le déroulement de ces sombres drames, de ces suicides et de ces meurtres sur scène, autrement impressionnants qu'à la lecture, les auteurs ont introduit dans leur texte nombre de mots plaisants marqués de l'influence de Labiche et même de calembours d'un goût assez douteux. On sait déjà que, dans *La Corde au cou*, le rôle du curé, bien plus important que dans le roman, est dévolu à un premier comique. Quant au *Crime d'Orcival* et au *Dossier n° 113*, ils sont égayés de véritables scènes de music-hall. Dans la première pièce, l'un des tableaux est intitulé : *Un mardi-gras au bal du Vieux Chêne*, un bal masqué de barrière, donc assez mal fréquenté. Une demoiselle de petite vertu y chante la *Ronde du Vieux Chêne*, dont voici le refrain, ma foi ! fort entraînant :

« Tous les gigolos
Toutes les gigolettes
Sont des rigolettes
Et des rigolos. »

Et dans *Le Dossier n° 113*, on assiste à une scène de caractère burlesque, où des bandits londoniens rassemblés au sous-sol d'une taverne chantent en chœur une *Ronde des Chevaliers du brouillard*, qui n'est pas sans parenté avec notre célèbre *Sous les ponts de Paris :*

« Les pickpockets de la Tamise
Sous les ponts ont leur plumard... »

Toutes ces licences eussent-elles indigné Émile Gaboriau ? Nous croyons qu'il eût plutôt souri de se voir ainsi travesti. D'ailleurs n'avait-il pas lui-même toléré qu'on ait pris de sérieuses libertés avec ses deux romans portés à la scène de son vivant ?

En tout cas, ces derniers mélodrames d'une conception assez bâtarde ne furent plus jouables après 1918. La guerre, en faisant évoluer la mentalité et le goût du populaire, les avait démodés. Il préférait se tourner vers des genres plus tranchés. La formule du Grand Guignol, théâtre montmartrois fondé dès 1897, faisait au contraire recette et il se trouvait un public très divers pour apprécier cette succession de drames sanglants et terrifiants entrecoupés de saynètes d'une folle gaieté.

d) *Les romans d'Émile Gaboriau à l'écran.*

Le cinéma encore dans l'enfance s'intéressa aux romans de Gaboriau. Sur les instances d'Edgard Pourcelle, Mme Coindreau concéda, le 10 avril 1908, aux Fils de Bernard Merzbach, banquiers, rue de la Chaussée d'Antin, le droit exclusif de tirer des œuvres de son frère des scènes destinées à être représentées sous forme de projections cinématographiques, en noir et en couleur, en France et à l'étranger. En contrepartie, l'héritière du romancier recevait une participation de deux centimes et demi par mètre de bandes positives vendues. La concession était faite pour une durée de vingt-deux ans et chaque partie pouvait en céder à des tiers le bénéfice total ou partiel.

Cet accord n'ayant été suivi d'aucune réalisation, Amélie Coindreau s'en étonna, par une lettre du 19 septembre 1913, auprès de la Société cinématograhique des Auteurs et Gens de Lettres à laquelle les Fils Merzbach avaient dû céder leurs droits. Le 22, elle en reçut, à titre d'avance sur les droits d'auteur cinématographiques, la somme de cinq cents francs avec l'assurance que certains films tirés des romans d'Émile Gaboriau seraient tournés quelques semaines plus tard et édités quelques mois après. L'époque était d'ailleurs aux bandes nourries d'intrigues policières. On avait vu ou l'on voyait des *Rocambole*, des *Sherlock Holmes*, des *Rouletabille*, des *Fantomas*. Le cinéma avait même créé un détective extraordinaire, Harry Wilson, dont les exploits remplissaient toute une série de films.

Le 16 mai 1914, *Ciné-Journal* annonça la sortie d'un *Monsieur Lecoq* de 940 m., production Éclair et propriété de l'Agence générale cinématographique, destiné à figurer au programme n° 22 du 29 mai au 4 juin. Il avait été réalisé par Maurice Tourneur et, parmi les acteurs, se trouvaient Jean Garat et Renée Sylvestre. Le 30 mai, le même hebdomadaire précisa qu'il s'agissait d'un « grand drame policier, d'après un célèbre roman d'Émile Gaboriau ». Pour sa publicité, trois affiches avec photographies avaient été prévues.

Le 1er août, *Le Courrier cinématographique* annonça ainsi la présentation prochaine de l'adaptation d'un autre ouvrage du même auteur, *Le Crime d'Orcival* : « La série des Lecoq continue par la mystérieuse *Affaire d'Orcival*. » C'était également une production Éclair et la propriété de l'Agence Générale. Le film réalisé par Gérard Bourgeois comptait parmi ses acteurs Harry Baur, promis, comme on sait, à une grande carrière. L'affichette publicitaire encartée dans la revue était illustrée de deux vues tirées du film. Mais, le lendemain, ce fut la mobilisation générale et la suite des hauts faits du célèbre policier fut remise à des temps meilleurs.

La *Filmographie* de Jean Mitry fait mention de deux autres films tirés des romans de Gaboriau, *Le Capitaine Noir* et *La Maison du Passeur* également production Éclair et tous deux réalisés par Gérard Bourgeois, le premier en 1913, le second en 1915. Mais ces titres ne correspondent à aucune des œuvres du romancier et il semble que ce soit par erreur que son nom soit apparu à cette occasion. Malheureusement il est difficile de résoudre cette énigme, car toute la production *Éclair*, mise à l'abri au château de Coucy pendant la dernière guerre, a péri sous les bombardements.

Enfin le *Dictionnaire filmographique* de Johan Daisne mentionne mais sans donner de détails deux *Dossiers n° 113*, tournés aux États-Unis, respectivement en 1915 et en 1917, le dernier par William Nigh.

Dans un article du numéro de juillet-août 1970, de *Cinéma 70*, Claude Beylié regrette que, depuis le début du siècle, « les subtiles énigmes policières » posées par les romans de Gaboriau aient été dédaignées des cinéastes. Il faut cependant noter qu'au cours de cette longue période un film parlant en a été tiré aux États-Unis et présenté au public new-yorkais au Beacon Theatre, à partir du 19 février 1932 : *Le Dossier n° 113 (File n° 113)*, production de l'Allred Pictures Corporation, dont la mise en scène avait été confiée à Chester M. Franklin.

Dans cette adaptation très libre, dont la projection durait cinquante-trois minutes, on voit le détective français Gaston Le Coq obtenir de Mme Fauvel l'aveu que, soumise au chantage d'un méprisable cousin, elle a dû soustraire deux cent mille francs à la banque de son mari. Le Coq, dont le rôle est tenu par Lew Cody, règle l'affaire avec habileté, mais de façon peu orthodoxe. Ayant appris que ledit cousin et son complice sont à la veille de s'enfuir avec le produit du vol, il s'arrange pour le faire savoir à un redoutable malfaiteur, qui ne peut manquer d'être tenté par un tel butin. Puis le détective se rend auprès d'une séduisante actrice, laissant les trois malandrins s'exterminer. Après quoi la police n'a plus qu'à prendre livraison des trois cadavres et à récupérer les deux cent mille francs. Dans son compte rendu de l'*Harold Tribune*, William Boenel ne fut tendre ni pour les réalisateurs, ni pour les acteurs : situations maladroitement amenées, épisodes sans signification, dialogues artificiels, suspenses dénués de puissance dramatique, rôles mal sus et monotonie dans le jeu de la vedette. Le critique anonyme de *Variety* fut à peine moins sévère. Après avoir noté que le récit eût paru moins démodé dans sa version originale, il reproche à Lew Cody de « ne pas donner l'impression d'être ce génie dont le simple regard est à même de déchiffrer les énigmes policières », oubliant peut-être que Gaboriau n'a pas fait de son Lecoq un Dupin. Tout en admettant que le dialogue est « correct, sans plus », il regrette que le début du film soit « ralenti par quelques vues visant à recréer l'atmosphère de Paris », même si l'on assiste à une poursuite sur les toits, destinée à y introduire un peu d'action.

Après cette tentative des cinéastes américains de se tourner vers l'œuvre du romancier français, nous n'avons rencontré jusqu'à notre époque aucune réalisation née de la même inspiration. Par contre depuis une quinzaine d'années, la télévision de notre pays a puisé à plusieurs reprises dans les romans judiciaires de Gaboriau.

Sur la deuxième chaîne ce fut, le 20 avril 1970, la diffusion du *Petit Vieux des Batignolles*, adapté par Jean Cosmos et réalisé par Jean-Pierre Marchand qui, par suite de la difficulté de retrouver les décors parisiens du siècle dernier, ont dû transporter vers 1900 une action qui, dans le roman, se déroule trente ans plus tôt. C'est dans une petite rue étroite de Belleville qu'ont été tournées les principales scènes et il leur a été possible de conserver les fiacres. Mais, pour satisfaire aux goûts de tous les publics, ils ont fait la concession d'étoffer l'intrigue policière d'une idylle entre le détective amateur Godeuil et la fille du policier Méchinet, qui, dans le film, hérite de cette charmante enfant, mais se voit, en contrepartie, privé de son aimable épouse. La critique fut très élogieuse, en particulier celle du Cyclope dans *Le Figaro Littéraire* : « *Le Petit Vieux des Batignolles*, écrivit-il, est un agréable roman, d'Émile Gaboriau, le père du roman policier. Son intrigue ingénue, mais passionnante, a été adaptée de manière aussi adroite que sensible par M. Jean Cosmos, et son réalisateur, M. Jean-Pierre Marchand, a tiré un parti merveilleux de l'époque Napoléon III (ce qui est inexact, on l'a vu). Décors, costumes, photographies, interprétation ; tout a été de la qualité la plus fine et la plus sûre. Je crois bien que la perfection du genre a été atteinte ». Ce fut aussi l'avis d'Alain Doubesky dans *Télérama* : « Avec l'adaptateur Jean Cosmos, J.-P. Marchand a su trouver le ton exact. Un ton qui nous enchante en nous entraînant, il y a un siècle, dans un monde charmant où l'on s'appelle sans façon « mon voisin » et où une concierge décrit son locataire en disant que c'était bien le plus beau petit vieux des Batignolles ».

Le 24 juillet 1971, fut diffusé sur la première chaîne, sous le titre de *Nina Gipsy*, l'une des héroïnes du roman, un téléfilm, tiré du *Dossier n° 113* et adapté par Jacques Vigoureux et André Maheu. Le réalisateur en était Claude-Jean Bonnardot, qui avait confié le rôle de Lecoq à Louis Lambert et justifié ainsi son interprétation : « J'ai désiré traiter de façon rocambolesque ce roman policier, tout en conservant l'étude sociologique où l'on voit des bourgeois confrontés à un noble assez canaille ». Or cette façon manichéenne de voir les choses nous paraît trahir les intentions du roman, où il se trouve un gentilhomme parfaitement estimable, Gaston de Clameran, et où l'une des bourgeoises, Mme Fauvel, est elle-même d'origine aristocratique. La presse fut d'ailleurs loin d'être aussi élogieuse que pour *Le Petit Vieux des Batignolles*.

Dans *Télégramme*, on peut lire, sous la signature E. C., cette impitoyable critique : « Émile Gaboriau s'y retrouverait-il s'il pouvait voir ce qu'on a fait de son *Dossier n° 113* ? En voyant l'émission, il m'a semblé que nous étions loin et du rocambolesque, et du bourgeois, et des canailles. Ce petit monde de pantins ressemble à un tel point à des caricatures de personnages de mélo que l'on se demande si l'émission n'est pas pleine d'ironie et d'humour. Mais, comme on n'éprouve à la suivre aucun plaisir particulier et comme on a l'impression de se noyer dans les méandres de la plus compliquée des histoires, on perd pied et l'on est tenté d'abandonner la partie. » Jean Belot, dans *Figaro* s'est efforcé de dégager les causes profondes de cet échec : « Telles qu'elles nous furent présentées, les aventures de Prosper Bertomy, berné par l'escroc Louis de Clameran, mais sauvé par le commissaire Lecoq étaient plutôt ennuyeuses, alors qu'elles contenaient tous les ingrédients du bon vieux roman judiciaire : déguisements, fuites, cœurs purs, traîtres... Seulement, voilà, Claude-Jean Bonnardot a été à son tour victime de ce travers que prennent beaucoup de réalisateurs TV : l'incapacité de raconter de manière cohérente une histoire, le besoin de briser un récit, d'effectuer d'incessants retours en arrière pour fourvoyer le public ; ce qui était un utile procédé de narration est devenu maintenant une manie. Et, lorsqu'elle s'applique à une intrigue imaginée par Gaboriau, qui ne se privait déjà pas de compliquer les situations et de grimer les personnages, on donne vite sa langue au chat. Les auteurs de Nina Gipsy auraient eu intérêt à construire de façon linéaire leur émission, quitte à éliminer d'autorité quelques comparses de la distribution. La réalisation eût ainsi gagné en clarté et en rythme. Finalement il a manqué à ce *Dossier n° 113* d'être véritablement transposé au petit écran, compte tenu des possibilités et des limites de l'instrument. Les téléspectateurs qui connaissaient l'œuvre de Gaboriau, auront été déçus. Les autres n'auront certainement pas envie de la lire. »

Ici s'intercale chronologiquement le tournage à Strasbourg, en avril 1975, d'une *Affaire Lerouge* par une équipe de cinéastes allemands travaillant pour la Westdeutscher Rundfunk. Les extérieurs ont été d'abord pris dans le parc du château d'Ostwald, restauré à la fin du XIXe siècle et devenu pour la circonstance le jardin d'Arlange ; puis, l'équipe s'est transportée dans la vieille ville, dont le quai du Moulin, la rue des Cordonniers, la rue de l'Épine et la rue des Dentelles ont été fermés à la circulation, cependant que leur macadam disparaissait sous des bâches représentant des pavés factices. L'organisation technique de l'entreprise avait été minutieusement mise au point par le régisseur Wilhelm Semmebroth, les directeurs de production Witte et Hornung et les opérateurs Henner et Von der Nahmer, qui avaient attribué les rôles principaux à des acteurs en renom. Aussi peut-on s'étonner qu'à nos demandes de renseignements, il ait été répondu par les organismes de l'Allemagne de l'Ouest les plus compétents qu'aucune *Affäre Lerouge* n'avait été projetée en République Fédérale.

Quelques jours après, le quatrième d'une série de six téléfilms policiers, intitulé *Les Grands détectives*, était diffusé le 12 mai, sur Antenne 2, un *Monsieur Lecoq*, coproduction de l'O.R.T.F de la S.S.R. et du Bavaria Atelier. Adapté par Jean Ferry et Jacques Nahum, il avait été réalisé par Jean Herman, qui avait donné le rôle du célèbre policier à Gilles Segal, un ancien mime. Les prises de vue avaient eu lieu, pour la plupart, dans le vieux Senlis et, d'après *Télé-Poche*, on avait assez bien reconstitué « le Paris des années

1860 avec ses rues pavées, ses calèches, ses hôtels particuliers ». Mais, dans *Sud-Ouest*, Hélène Rouquette jugea que ce téléfilm était « lourd et plutôt difficile à digérer, bien qu'il eût des charmes qui rappelaient ceux des *Mystères de Paris* ». Mais, à son avis, le réalisateur avait « manqué de foi » et, parmi les acteurs, seul, Alain Mottet, dans le rôle du duc de Sairmeuse, avait su se montrer « incisif et convaincant ». Quant à nous, autant nous avait plu *Le Petit Vieux des Batignolles*, autant nous déçurent *Nina Gipsy* et ce *Monsieur Lecoq*.

Enfin, en novembre 1978, Antenne 2 a diffusé *La Corde au cou*, téléfilm en six épisodes, dont l'adaptation et les paroles étaient de René Marchand et la réalisation de Marcel Moussy. Pour des motifs probablement d'ordre pécuniaire, le cadre choisi fut la ville de Saint-Jean-d'Angély et ses environs, alors qu'on aurait disposé à Jonzac d'un décor à peine transformé depuis l'époque où parut le roman. Mais les auteurs savaient-ils que Sauveterre était Jonzac ? Plus grave : ils ont cru bon de transporter l'action de 1871 en l'année 1920, afin de faciliter la quête des accessoires. En contrepartie évidente, ils se sont engagés dans un engrenage de réajustements dont le roman est sorti non seulement modifié, ce qui était inévitable, lors d'une transposition à l'écran, mais défiguré. Si bien que les opinions républicaines de Jacques de Boiscoran, peu fréquentes au XIXe siècle dans la noblesse terrienne, devenaient un fait banal en 1920, ce qui amena les auteurs du film à lui faire brandir un drapeau rouge dans les rues de sa petite ville, geste isolé, ridicule, mais destiné à lui gagner la sympathie d'une partie des téléspectateurs. Et on a fait de lui un violent, susceptible d'avoir abattu le comte de Claudieuse dans un accès de colère. N'avait-il pas tué un prisonnier allemand dans un geste irréfléchi au cours de la guerre de 1914 et assommé un compagnon de détention qui lui manifestait de l'hostilité !

De plus, on a tenu à corser le récit de scènes spectaculaires mais inutiles, qui ne figurent pas dans le livre, la pendaison de Jacques de Boiscoran en effigie et l'échec de son évasion par suite d'un contrôle de gendarmerie. Par contre, la disparition de figures aussi pittoresques que le procureur Daubigeon et Frumence Cheminot peut se justifier par l'intérêt d'alléger la troupe des acteurs en personnages secondaires.

Après ces derniers emprunts relativement récents, d'autres ouvrages de Gaboriau peuvent se prêter à des adaptations cinématographiques qu'on n'a pas envisagées par suite d'une ignorance à laquelle mettrait fin une édition commentée de ses œuvres complètes. Mais, tout en obéissant aux impératifs du cinéma, il faudrait éviter les chausse-trapes dans lesquelles on est plus ou moins tombé jusqu'ici. Il faudrait rester dans l'époque où ses récits furent écrits, en respecter non seulement l'aspect mais la mentalité, garder les personnages principaux et ne pas compliquer le récit d'épisodes supplémentaires qui ne font que l'alourdir, ce qui exigerait de la part des cinéastes à la fois plus de modestie et une connaissance plus intime de la vie sous le Second Empire.

XLIV

L'ŒUVRE D'ÉMILE GABORIAU JUGÉE PAR LE XXe SIÈCLE

Malgré les nombreuses rééditions et publications en feuilletons des romans d'Émile Gaboriau et leur exploitation par le théâtre populaire, la personne et la portée de l'œuvre du romancier ne semblent pas avoir suscité un grand intérêt jusqu'à la fin du XIXe siècle, alors qu'on pouvait encore obtenir sur lui des informations véridiques de ceux qui l'avaient bien connu. A peine si son nom apparaît accessoirement dans quelques périodiques, notamment dans *La Revue des Deux Mondes* du 15 février 1882 où, dans une chronique intitulée *Le Faux Naturalisme*, Brunetière écrit « ...il y a plus de naturalisme dans le roman feuilleton du premier faiseur venu, dans les romans mêmes de Ponson du Terrail et d'Émile Gaboriau (je ne nomme que les morts) que dans les huit ou dix volumes de M. de Goncourt ». Ce qui ne dénote pas de la part du célèbre critique une estime considérable pour le créateur de Monsieur Lecoq.

Cependant, la même année, le *Nouveau Dictionnaire Encyclopédique* de Jules Trousset est plus équitable dans cette notice qu'il lui consacre : « La plupart de ses meilleurs romans traitent du fonctionnement de la justice et de la police secrète. Ses intrigues, qui peuvent être comparées à celles de Poe, sont nouées et dénouées avec une grande habileté et produisent un effet dramatique empoignant. »

Tel était le sentiment d'Hippolyte Taine, qui admirait en particulier « la rigueur de la construction de *L'Affaire Lerouge* », parole rapportée par son neveu Chevrillon, de l'Académie Française, à M. Melchior-Bonnet, directeur-fondateur d'*Historia*.

En 1907, pour la première fois un criminologue s'intéresse à l'œuvre de Gaboriau. C'est Alfredo Niceforo dans son ouvrage *La Police et l'Enquête judiciaire scientifique*, où il considère Lecoq comme « un innovateur affranchi de la routine ». Et, à travers le personnage, c'est au romancier que s'adresse cet éloge : « Quel type de policier devait être l'homme qui, mieux que tout autre de son époque, pouvait se servir de cette faculté si rare qu'est la faculté de raisonner logiquement et mettre à contribution des connaissances scientifiques pour les investigations sur les lieux du crime ! »

Après la Première Guerre mondiale, plusieurs auteurs français et étrangers se sont plu à analyser les romans de Gaboriau tout en négligeant généralement ses autres ouvrages et en donnant sur son existence les détails les plus fantaisistes. Nous n'en citerons que quelques-uns.

Celui qui, le premier, s'est sérieusement penché sur son œuvre est le romancier anglais Valentin Williams, dans un article intitulé *Émile Gaboriau, père du roman policier*, publié dans *The National Review* de Londres, en 1923.

Il est intéressant de relever qu'avant d'aborder son sujet, Williams s'est efforcé, tentative alors originale, de dégager quelques-unes des grandes règles qui doivent régir ce nouveau genre littéraire, dont il constate l'extraordinaire succès dans le monde entier. En particulier, ne pas laisser deviner le dénouement de l'énigme avant la fin du récit, respecter la vraisemblance, éviter l'horreur pour l'horreur et, enfin, ne pas mystifier le lecteur en ayant recours à de véritables procédés de prestidigitation.

Cela posé, il estime qu'Émile Gaboriau doit être « indiscutablement » considéré comme le père du roman policier. « Poe, il est vrai, fut son précurseur et inspirateur direct, mais Gaboriau fut loin d'être un faible imitateur. Il tira de ce genre d'histoire un personnage nouveau et le marqua de son propre talent, si bien qu'au lieu d'être un plagiaire servile et insignifiant, il apparaît comme un créateur fertile et original... Pas d'élément sentimental dans la trilogie de Poe, le dialogue est guindé et les personnages ne sont que des pièces d'échecs utilisées pour exposer un problème. Dans chacun de ses cinq grands romans policiers, Gaboriau a aussi un problème compliqué, mais c'est le centre d'une intrigue hautement dramatique avec des êtres vivants..., un dialogue enlevé et une perception aiguë des situations ; il est d'abord et enfin un journaliste muni d'un cerveau analytique brillant à qui les circonstances (comme le montre l'histoire de sa vie) n'ont jamais permis de s'exprimer pleinement et supérieurement. »

Valentin Williams entreprend ensuite de rappeler les principaux moments de l'existence de Gaboriau, en reproduisant, bien entendu, les erreurs qu'il a pu rencontrer dans les rares articles parus jusqu'alors sur le romancier français.

On se demande toutefois quelles furent ses sources d'information quand il écrit : « On dit que M. Lecoq est le fidèle portrait d'un des plus hauts fonctionnaires préfectoraux du temps. Mais Gévrol, surnommé " le Général ", qui apparaît et disparaît dans les enquêtes, type du détective peu à la page et continuel sujet d'exaspération pour M. Lecoq, et Fanferlot, détective du *Dossier n° 113*, avec son nez en trompette, ses lèvres minces et ses petits yeux ronds d'une mobilité irritante sont, aussi, clairement dépeints d'après nature. » Il en est de même pour l'intention qu'aurait eue Gaboriau de « publier sous le titre général *Processus du raisonnement dans les affaires judiciaires*, ses cinq romans véritablement policiers, c'est-à-dire : *L'Affaire Lerouge, Le Crime d'Orcival, Le Dossier n° 113, Monsieur Lecoq* et *La Corde au cou* ». Il faut profondément regretter qu'en apportant de telles précisions, Williams n'ait pas indiqué où il les avait prises. On ne peut jusqu'à nouvel ordre les considérer comme des certitudes, d'autant qu'il commet plusieurs erreurs flagrantes. Tout d'abord Gaboriau n'est pas né en 1833, n'est pas mort à trente-neuf ans et n'avait pas écrit vingt et un romans ; son père n'était pas notaire à Jonzac et il ne fit pas sept ans de service dans la cavalerie pour quitter l'armée maréchal des logis.

Mais ces erreurs sur la biographie du romancier n'entachent pas les jugements portés par Williams sur son œuvre, bien que nous ne puissions admettre, comme il le prétend, que *Le Petit Vieux des Batignolles* soit « le meilleur roman policier jamais écrit ».

Alors que cent années venaient de s'écouler depuis la naissance à Saujon de celui à qui Monsieur Lecoq devait l'existence, Valentin Williams déplora, en 1932, l'indifférence manifestée à son égard dans son propre pays : « Se peut-il que l'on ne célèbre pas en France le centenaire de Gaboriau ? Il a pour nous, Anglo-Saxons, une importance considérable, car il est le véritable créateur du roman policier, et il n'est pas un écrivain spécialisé de chez nous qui ne connaisse presque par cœur *L'Affaire Lerouge, Le Dossier n° 113* ou *La Corde au cou.* »

Après le romancier, l'homme de science, Édouard Locard, docteur en médecine, directeur du Laboratoire de police technique de Lyon, l'un des pionniers de la police scientifique dans la première moitié du siècle. A plusieurs reprises il s'est intéressé à l'œuvre d'Émile Gaboriau, dont il a écrit qu' « il eût fait un excellent policier si, au lieu d'incarner son rêve dans le personnage de Lecoq, il eût tenté de le vivre lui-même ». C'était aussi, comme on sait, la conviction de l'intéressé.

Voici quelle place le docteur Locard lui attribue parmi les auteurs policiers : « Malgré qu'il eût des précurseurs, dont je crois qu'il ne s'inspira guère, on peut affirmer qu'Émile Gaboriau fut un créateur véritable, en ce sens qu'il fut le premier à décrire les mœurs policières sous leur jour exact. Car, quelque romanesques que puissent sembler certains de ses héros, le cadre où ils vivent est d'une exactitude absolue de détails : pour la première fois le public trouvait dans un livre la description de ce que peuvent être une enquête, une filature, une arrestation, une descente sur les lieux. »

Et toujours dans le même ouvrage, *Les Policiers de roman et les policiers de laboratoire*, publié en 1924 : « Le roman de Gaboriau est à la fois très original et remarquablement vraisemblable. Original, en ce que nul avant lui n'avait campé ces types devenus justement populaires ; vraisemblable, en ce que ni les affabulations ni les personnages ne s'écartent de ce qu'on voit dans la police réelle. Je ne veux pas dire que les affaires racontées soient des crimes moyens, des faits divers sans relief ; elles appartiennent, bien au contraire, à la catégorie de ces drames qui affolent l'opinion publique et passionnent les esprits, mais elles ne sont pas plus horrifiques, ni plus compliquées que nombre de procès modernes ; l'assassinat de la duchesse de Choiseul est comparable, comme scandale, à l'histoire de Sairmeuse ; le crime d'Orcival n'est pas plus inouï que le procès de Mme Lafarge, et il y a certes, moins de romanesque dans l'affaire Lerouge que dans l'affaire Steinheil. Et, d'autre part, il y aurait énormément à apprendre pour les agents de police, dans la lecture de Gaboriau... Quel abîme sépare ces policiers modèles (Tabaret et Lecoq) de nos détectives contemporains ! Pas un ne possède, je ne dis pas seulement cette logique et cette maîtrise dans la conduite d'une enquête, mais ces connaissances techniques si dépassées maintenant dans les laboratoires, si strictement inconnues encore dans bien des services de la Sûreté. Pas un agent français sur mille ne saurait suivre une trace comme Lecoq dans l'affaire Sairmeuse, ni reconstituer un crime comme Tabaret dans l'affaire Lerouge. Et, si on peut mettre entre les mains des policiers des livres plus nécessaires et plus au courant des progrès modernes de la technique, on n'en saurait trouver qui doivent les faire rougir davantage de leur ignorance. Cinquante ans après les livres de Gaboriau, les méthodes pratiques cependant et nullement romanesques qui y sont décrites, sont inconnues des policiers. »

Bien loin de posséder les connaissances et l'expérience du Dr Locard, Léon Lemonnier publia une étude sur *Edgar Poe et les origines du roman policier* dans *Le Mercure de France* du 15 octobre 1925. Pour Lemonnier, Poe est le véritable inventeur du roman policier, le rôle de Gaboriau s'étant limité à appliquer les recettes données par l'auteur des *Contes Extraordinaires* et à introduire en France le nouveau genre littéraire. Mais la suite de l'article témoigne de la part de son auteur d'une évidente ignorance de l'œuvre du romancier français. Non seulement il ne se réfère qu'à *L'Affaire Lerouge*, mais il ne semble pas avoir gardé un souvenir bien fidèle de sa lecture. « Le début du roman, écrit-il, rappelle avec exactitude le *Double assassinat dans la rue Morgue*. Dans une maison isolée, un crime a été commis. Tout est dans le plus grand désordre. Ce bouleversement se trouvait aussi, on se le rappelle, dans la maison de la rue Morgue. L'imitation est ici d'autant plus flagrante qu'elle est maladroite. Ce désordre outré est explicable chez Edgar Poe puisque le meurtrier est un grand singe ; il ne l'est pas chez Gaboriau puisque le criminel est un homme. » Lemonnier oublie seulement que l'assassin de la veuve Lerouge a créé ce désordre en recherchant des documents, pour lui de la plus haute importance, ce qui n'a pas échappé au père Tabaret. Toute l'argumentation de Lemonnier est du même tonneau. S'il consent à reconnaître à Gaboriau « de la finesse dans ses observations », « de la justesse dans ses déductions », « de poser ses problèmes avec méthode et ingéniosité », il lui reproche d'être « plus prolixe qu'Edgar Poe », ce qui va de soi puisque l'auteur américain a écrit des nouvelles et Gaboriau, des romans. Et il déplore qu'avec ce dernier le genre policier soit « retombé *(sic)* dans le roman-feuilleton » !

Mais, sans insister autrement, passons à un historien doublé d'un critique autrement averti que le collaborateur du *Mercure de France*.

Les trente pages que Régis Messac a consacrées à l'œuvre d'Émile Gaboriau ne représentent qu'une faible partie de son monumental ouvrage, *Le « Detective Novel » et l'influence de la pensée scientifique*, publié en 1929, mais elles font définitivement justice des plus sévères critiques décochées au père du roman policier. Nous ne reviendrons pas sur les passages auxquels nous nous sommes déjà reporté pour nous en tenir uniquement aux jugements d'une portée générale.

Pour Messac, une des qualités d'Émile Gaboriau est de créer des personnages plus crédibles que « les silhouettes romanesques » qu'on aperçoit dans les romans-feuilletons de ses confrères. « Esprit positif et précis, et même terre à terre, de paysan charentais, il avait le goût du réel et se sentait à l'aise dans les minutes de l'enquête judiciaire, domaine de froide raison et de froide logique. » Et Messac de comparer les élans passionnés de Rastignac contemplant Paris à ses pieds et la réaction de Mascarot, dans *Les Esclaves de Paris*, quand, des hauteurs de la rue des Gobelins, il domine la capitale, dont il entend soumettre les hommes les plus puissants à ses volontés. Il a l'ambition d'un Rastignac, dans un domaine bien précis, celui du chantage. Toutefois, il ne tombe pas dans une ridicule grandiloquence. Refoulant toute envie de bravade, « il hausse les épaules et continue sa route ».

D'autre part, nous l'avons dit à son heure, pour Messac le roman de Gaboriau est un compromis entre deux esthétiques contradictoires : celle de la nouvelle qu'il avait reçue d'Edgar Poe et celle du feuilleton que lui imposèrent les circonstances. Ce n'est que par un tour de force qu'il a pu réussir parfois une apparence de conciliation en interrompant l'enquête et en opérant un retour sur un passé qui apporte les éléments de la solution recherchée par le policier, lui permettant de renouer le fil, de confondre les criminels et de boucler son dossier.

Et Régis Messac termine par un double éloge qui, sous sa plume, représente un certain poids. « Seul parmi les coryphées du feuilleton, Gaboriau est arrivé à sortir pour un temps de l'ornière creusée par la nécessité du découpage quotidien. Il a, malgré ses entraves, donné des modèles de roman policier. Seul aussi, Gaboriau a su profiter de l'exemple d'Edgar Poe, et seuls ses feuilletons décèlent des traces de l'influence scientifique ; ses policiers et ses criminels ont étudié ou veulent avoir étudié. Lecoq a fait de la chimie avant Sherlock Holmes et le docteur Hortebize, adversaire de Lecoq, a été couronné pour un travail sur les matières suspectes. Sans doute, ce ne sont là que des apparences de science, mais la littérature n'est faite que d'apparences et il faut savoir gré à Gaboriau d'avoir su introduire dans la littérature populaire un semblant d'intellectualité.

« Finalement, conclut-il, son influence s'est exercée à l'étranger. C'est au pays d'Edgar Poe qu'il obtiendra une popularité aussi étendue peut-être, quoique de moins bon aloi, que celle de son maître. »

A l'approche du centenaire de la naissance d'Émile Gaboriau qu'on situait généralement en 1833, un certain Emmanuel Car, du club lyonnais des Masques, crut opportun de souligner dans la presse cet événement dont personne en France ne semblait se préoccuper. Il eut auparavant l'idée toute naturelle, mais qu'on n'avait pas eue avant lui, de demander à la mairie de Saujon un extrait de l'acte de naissance du romancier. Un peu tardivement, fixé sur ce point, il publia une biographie sommaire du père du roman policier dans le numéro du 15 janvier 1933 de la *Revue internationale de Criminalistique*, fondée en 1929, par le docteur Locard. Nous n'avons déjà eu que trop souvent à dénoncer les fruits de l'imagination d'Emmanuel Car, à moins, comme il le prétend, qu'il n'ait réellement tenu ses renseignements fantaisistes d'un romancier nonagénaire qui aurait connu Émile Gaboriau au *Petit Journal*, un vénérable survivant dont il omet de nous donner le nom. Le plus grave, on l'a déjà dit, c'est que, depuis lors, tous ceux qui ont eu à évoquer l'existence de Gaboriau, soit dans une préface à l'une des nombreuses rééditions de ses romans, soit dans une notice destinée à présenter l'un des téléfilms tirés de ces mêmes romans, ont puisé leurs informations dans l'article de la *Revue internationale de Criminalistique* et, sur la foi du sérieux s'attachant à une telle publication, n'ont fait que répéter Emmanuel Car, ajoutant parfois de leur imaginative aux élucubrations de leur informateur.

Dans une spirituelle conférence intitulée *Le Détective paladin moderne*, donnée le 19 décembre 1933 et dont le texte fut publié par *L'Université des Annales*, Paul Morand devait constater que « le roman policier, nouveau genre littéraire créé par Gaboriau, s'arrêta brusquement dans sa marche triomphale et mourut avec son créateur, du moins en France, car dans les pays anglo-saxons, il menait une longue et brillante carrière ». Et de se demander pourquoi « le Français qui, par son génie logique, analytique, amoureux des développements rigoureux et des architectures impeccables, semblait fait pour réussir dans le roman détective, avait abandonné aux Anglais la succession de Gaboriau ? » Pour le conférencier, l'explication en est simple — un peu trop simple, peut-être. Ce genre littéraire ne pouvait prospérer chez un peuple ancestralement hostile à tout ce qui touche à la police, dont le recrutement fut longtemps déplorable et qui, jusqu'à la Révolution et parfois au-delà, a connu la torture comme principal moyen d'enquête. Cependant que de l'autre côté de la Manche, la police, respectueuse de la liberté des citoyens, apparaît comme une protectrice et est entourée d'une universelle sympathie. Et le succès de cette littérature en Angleterre, puis dans le reste du monde, s'est encore trouvé facilité du fait que son principal héros, Sherlock Holmes, fut non un policier professionnel, mais un détective amateur de génie en même temps qu'un parfait gentleman.

« Sauf erreur, estime Paul Morand, ni Sainte-Beuve, ni Faguet, ni Brunetière n'ont fait à Gaboriau l'honneur de lire ses romans qui passionnaient des hommes d'État comme Bismarck ou le roi Charles de Roumanie ou Aristide Briand — impressionnante énumération à laquelle le conférencier aurait pu ajouter le nom du grand ministre britannique Disraeli. La critique n'a pris conscience d'un genre littéraire devenu sensationnel, et illustré déjà par les noms de Souvestre, Maurice Leblanc et Gaston Leroux, que vers 1930, grâce à l'original talent de Simenon. »

Mais l'article d'un auteur anonyme, paru dans le *Times Literary Supplement* du 2 novembre 1935, va, lui, jusqu'à dénier à Gaboriau (et à Wilkie Collins) l'intention d'écrire des romans policiers. « Ils étaient romanciers et entendaient écrire des romans. Ils n'ont certainement jamais pu imaginer que le problème policier existerait par lui-même dans un livre. » Que n'a-t-on alors invité le responsable de cette énormité à lire *Le Crime d'Orcival* et *Le Petit Vieux des Batignolles* tout entiers faits d'une enquête ? Cet anonyme ignorait sans doute que Gaboriau, lui-même, employait l'expression « romans judiciaires ».

En 1937, sous le titre *Histoire et technique du roman policier*, parut le petit mais très dense ouvrage de François Fosca. A l'auteur dont les vues sont intéressantes, on ne peut reprocher qu'une connaissance insuffisante des œuvres de Gaboriau qu'il commente. Ainsi, Lecoq n'est pour lui qu'un jeune homme de vingt-cinq ans, pâle, presque imberbe, tel qu'il apparaît en effet, lors de ses débuts, dans *L'Affaire Lerouge*. Mais c'est ignorer les transformations physiques qui se sont opérées en lui quand, apparemment plus âgé d'une quinzaine d'années, on le retrouve dans *Le Crime d'Orcival* et *Le Dossier n° 113*.

Toutefois la conclusion de Fosca rejoint celle du spécialiste qu'est le Dr Locard : « Moins ambitieuse et moins brillante que celle de Dupin, la méthode de M. Lecoq est aussi plus pratique. Gaboriau a été par là le précurseur des maîtres contemporains de l'enquête policière et, loin de ne voir en M. Lecoq qu'un policier de fantaisie, ils ont nettement rendu justice à son créateur. »

Même au cours de la dernière guerre, il se trouve des auteurs pour rompre des lances en faveur du roman policier que trop d'intellectuels s'obstinent à mésestimer. Nous avons déjà eu l'occasion, à propos des « emprunts » de Conan Doyle, de citer l'article de J. Joseph-Renaud paru, en septembre 1943, dans *Le Figaro* sous le titre *Notre Sphinx*, qui oppose avantageusement Gaboriau au romancier anglais. De cet article, nous retiendrons un autre passage sur la place que, dans la littérature, méritent d'occuper les romans policiers bien construits : « Les bons romans policiers contiennent souvent davantage d'art de présenter le sujet, de le développer, d'éliminer les personnages et les épisodes inutiles, de mettre les autres en relief juste, de créer la vraisemblance, de soutenir l'intérêt que beaucoup de romans dits psychologiques. Pas plus que de sots métiers il n'y a de genre sot... Des gens qui voudraient expulser de la république des lettres les auteurs français de romans policiers, sont parfois d'une indulgence étonnante pour des écrivains étrangers. Pour Edgar Poe notamment, même lorsqu'il nous conte qu'un singe a caché dans une cheminée le cadavre d'une femme la tête en bas. On ne trouverait pareille extravagance en nul chapitre de Gaboriau ; et pourtant, avec quelle force, quelle sûreté, ce maître nous distrait de l'existence quotidienne ! »

La préface de Galtier-Boissière, donnée à une réédition du *Petit Vieux des Batignolles*, en 1946, n'apporte, elle, rien de bien nouveau, sinon dans sa conclusion. « Ce qui me séduit dans les romans de Gaboriau, que Jean Cocteau me fit connaître il y a quelque vingt ans, ce n'est pas l'énigme en elle-même mais l'atmosphère que l'écrivain a su créer, les péripéties ingénieuses qu'il multiplie et l'intérêt qui ne faiblit pas d'un bout à l'autre du récit. Pour mon goût, un seul écrivain contemporain a renoué la vraie tradition policière française de Gaboriau : c'est Georges Simenon. »

Dans sa préface à une réédition de *Monsieur Lecoq* publiée en 1951, Roger Grenier se montre du même avis. Maigret et Hercule Poirot sont bien les petits-fils de notre maître policier. Et Grenier se réjouit qu'après avoir failli tomber dans l'oubli, Gaboriau reparaisse à présent avec un rang dans la littérature consacrée. « On commence à le considérer comme un écrivain qui compte. Il sera bientôt dans les manuels et ce sera justice. Les inventeurs ne reçoivent presque jamais de leur vivant l'hommage qui leur est dû. Cela se vérifie, même en littérature. »

Comme pour étayer cette prédiction, paraissait chez Larousse, en 1974, un petit recueil de récits tirés de la littérature policière par Josée Dupuy. Dans cet ouvrage destiné aux grands élèves de l'enseignement secondaire, figurait naturellement en bonne place, et commenté, un extrait du *Crime d'Orcival*.

De plus, en 1951, conséquence possible des incitations de Roger Grenier, un prix Émile Gaboriau avait été créé par l'édition de *La Main Rouge*. D'un montant de cent mille francs, il fut décerné à un journaliste, Pierre Lamblin, pour son premier roman policier, *La Concierge n'est plus dans l'escalier*. Le jury était composé de personnalités de divers bords : Me Moro Giafferi, le Dr Paul, le Dr Locard, Pierre Boileau, Me Ralph Messac (le fils de Régis, mort en déportation), Igor Maslowski et Mme Maguelonne Toussaint-Samat. Cette initiative, malheureusement sans lendemain, dénotait l'intention de remettre à la place qu'il mérite le roman policier français face à la production anglo-saxonne, en recourant précisément au prestige de celui dont elle s'est à l'origine inspirée. C'est ce qui fut explicitement confirmé dans un compte rendu anonyme publié dans *Le Courrier Littéraire* de décembre 1951, dont nous extrayons ce passage :

« Le créateur du roman policier fut incontestablement l'écrivain français Émile Gaboriau, contemporain de Mme Sand et de Corot. Comme il fallait rendre à César ce qui appartint à César, on se devait de créer un prix littéraire réservé aux romanciers français pour un genre qui est et restera français bien qu'heureusement transplanté outre-Manche et outre-Atlantique. Rappelons que toutes les inventions françaises depuis la marmite de Papin jusqu'au métier à tisser de ce pauvre Jacquard, après un petit tour au-delà des mers, reviennent ravigotées et parfaitement au point. »

C'est également l'avis de Marcel Gérard, dans son *Guide de la Littérature française moderne (de 1918 à 1952)*. Émile Gaboriau est bien le créateur du roman policier.

Yvan Audouard a donné, lui aussi, une préface à une réédition de *Monsieur Lecoq*, en 1954, mais une préface riche en vues intéressantes. Pour lui, Émile Gaboriau a osé créer le mythe du « flic sympathique », alors que ses deux successeurs, Maurice Leblanc et Conan Doyle n'ont pas abordé la difficulté. « Le premier a eu recours à un aimable bandit, sorte de chevalier à la Mandrin, dont on accepte l'impunité car il ne tue pas et ne dépouille que les riches, le second a imaginé un détective amateur, un gentleman, qui s'amuse à découvrir les criminels pour sa satisfaction personnelle, mais ne se salit pas les mains pour les arrêter. Seuls les écrivains audacieux ont exploité et élargi la voie ouverte par Gaboriau, en particulier Simenon avec son commissaire Maigret, un fonctionnaire qui émarge à la Préfecture, et d'autant plus crédible qu'il peut souffrir d'amour ou de maux d'estomac, tout comme le commun des mortels. »

Pour Audouard, les caractères des personnages de Gaboriau sont plus fouillés que ceux de la plupart des auteurs qui lui ont succédé. « Jamais, dit-il, on ne pourra donner comme sujet au baccalauréat : Étudiez le caractère de Lemmy Caution dans l'œuvre de Peter Cheyney, tandis que Monsieur Lecoq résiste à l'analyse. Il vit, il évolue, il est complexe. Certes, Arsène Lupin, bien que d'origine populaire, sait fort bien porter la particule, mais le duc de Sairmeuse accomplit un tour de force singulièrement plus difficile. Il est aussi à l'aise dans les prisons les plus sordides qu'en son hôtel particulier. Il parle l'argot aussi bien que les langues étrangères... Maurice Leblanc n'oppose à son héros que des policiers rustauds et stupides. Gaboriau, lui, dresse, contre Martial de Sairmeuse, un de ses pairs par l'intelligence et la valeur. Lutte savoureuse et dont l'issue demeure jusqu'au bout incertaine.

« Après Monsieur Lecoq, le roman policier ne connaîtra plus que des améliorations de détail ; la formule est trouvée et exploitée avec un tel bonheur que jamais on ne se douterait qu'elle vient à peine d'être découverte. Gaboriau a inventé cette algèbre amusante dont les données sont les cadavres et les assassins l'inconnue. Ce cadre cependant paraît trop étroit au talent de l'auteur : l'énigme n'est qu'un prétexte et l'enquête qu'un support. Gaboriau a voulu écrire un « best seller », dont l'intrigue policière est un élément parmi tant d'autres. Il y a, d'ailleurs, parfaitement réussi. Systématiquement, avec une lucidité à la Cecil Saint-Laurent, il met en œuvre tous les ressorts de l'émerveillement et de ce qu'on appelle aujourd'hui le suspense. La *detective story* se double d'un grand roman historique d'aventure et d'amour. »

Dans son étude sur *Le Roman-feuilleton français*, publiée à Bruxelles en 1955, René Georlette considère comme trop « sommaire » la psychologie des personnages de Gaboriau appartiennent à la haute société, tout en admettant la vraisemblance de leur comportement. Par contre, il reconnaît que « lorsqu'il décrit des gens observés sur le vif, qu'il s'agisse de petits bourgeois, de boutiquiers, d'agents de police, ils sont criants de vérité ».

De surcroît, « il a créé un type inoubliable de policier » très supérieur au Dupin d'Edgar Poe, qui n'est qu' « un mécanisme bien réglé, une machine à raisonner. Lecoq est un être bien vivant, Dupin ne se trompe jamais, ne peut jamais se tromper. Monsieur Lecoq, lui, tâtonne, hésite, commet parfois des erreurs ».

Enfin, Georlette admet que l'influence de notre romancier fut considérable à l'étranger. « En Allemagne, en Grande-Bretagne et aux États-Unis ses œuvres jouirent d'une popularité étendue. Bismarck et Lord Beaconsfield s'enthousiasmèrent pour les exploits de Lecoq. »

Le 1er décembre 1960, *Les Nouvelles littéraires* publièrent le texte d'un article d'Armand Lanoux, intitulé *Connaissez-vous Gaboriau ?* et destiné à servir de préface à une réédition de *L'Affaire Lerouge* avec laquelle *Le Livre de poche policier* devait inaugurer sa collection. L'auteur, après les inévitables erreurs sur la biographie de Gaboriau, reproche à ses personnages « de garder la raideur des marionnettes » et, « malgré quelque justesse de trait lorsqu'il décrit les petits gens, de tomber vite dans le convenu dès que ses héros s'élèvent ». Il lui concède toutefois « de grands mérites, car il a eu l'idée d'ajouter au feuilleton la relation détaillée d'une enquête policière. Il y a des policiers dans Balzac, certes, tous plus ou moins inspirés de Vidocq, mais ils agissent comme représentants des forces occultes et non comme des gens de métier. Gaboriau a mêlé des personnages proches de ceux d'Edgar Poe au monde de Vautrin. Gaboriau est un écrivain inférieur à ses maîtres, mais la combinaison de leurs influences constitue un produit neuf. En effet, c'est seulement à partir de Gaboriau qu'on peut caractériser le roman policier par les règles mêmes qu'il s'est données. D'abord c'est un roman, c'est-à-dire une œuvre de longue dimension, qui a le temps de refléter la vie, de baigner en elle. Cette notion de quantité, de masse, exclut Edgar Poe. Sa nouvelle criminelle précède incontestablement le roman policier, le féconde, mais s'en distingue par la brièveté et la méthode de narration. Ensuite le *policier* est un roman d'imagination dans lequel un crime mystérieux est élucidé sans recourir au hasard et en remontant le temps, de la découverte du cadavre au crime lui-même. Telles sont les conditions nécessaires et suffisantes du roman policier. Or, elles existent dans Gaboriau, nulle part avant. Il est toujours émouvant de voir naître un genre.

« Le charme des romans de Gaboriau émane aussi de ce qui flotte entre les lignes, d'une poésie involontaire. Gaboriau ne tombe jamais dans le péché du feuilleton, la description. Cependant on voit quand même, dans *L'Affaire Lerouge* la banlieue parisienne, tantôt souriante, tantôt sinistre, ce monde où les marins portent des anneaux d'or aux oreilles, où surgissent la photographie et le télégraphe électrique, où l'on prend le train pour se rendre très loin, à Rueil et La Jonchère. Tout un monde englouti de suie et de sang, celui qui enchanta notre enfance de ses sortilèges cachés dans des livres poussiéreux, dans les greniers de la mémoire. »

En octobre 1962, Jean-François Robin publia dans *Historia* un article sur *La curieuse figure d'Émile Gaboriau, père du roman policier*. Dans sa conclusion, le chroniqueur d'*Historia* le qualifie de « logicien de premier ordre et d'analyste remarquable ». Il le considère comme « le père spirituel de Sherlock Holmes, de Maigret, d'Hercule Poirot, de Mr Wens, de Callaghan et de bien d'autres ».

Boileau et Narcejac — Thomas Narcejac en particulier — ont traité à plusieurs reprises de la nature et de l'histoire du roman policier et ont été ainsi amenés à examiner au passage la place qu'on peut y attribuer à Émile Gaboriau. Dans leur *Roman policier* édité par Payot en 1964, ils considèrent à juste titre que « ni Eugène Sue, ni Dumas père, ni Paul Féval ne retinrent les leçons d'Edgar Poe ». Tous trois se complurent à des récits rocambolesques, où le criminel accaparait la plus grande part de l'intérêt du lecteur. Quant à Gaboriau, ajoutent-ils, « comme ses dons de romancier sont discutables, on a peine à le lire aujourd'hui ». Ne serait-il pas plus justifié de faire des réserves sur sa phrase qui, par manque de temps, n'a pas toujours été assez soignée, mais en tout cas le nombre élevé des rééditions de ses romans prouve qu'il est encore très apprécié. « Du moins, admettent les deux auteurs, il a essayé de faire la synthèse du feuilleton et du roman policier. » Il est vrai ; d'ailleurs, Messac, on l'a vu, l'a déjà démontré. Mais pour ces spécialistes que sont Boileau et Narcejac, « Lecoq n'est pas brillant (infaillible serait plus exact), il se trompe souvent (rarement, et il sait se corriger)... » Chez Gaboriau « la tâche propre du policier est moins de rendre intelligibles des indices en apparence absurdes que de ramener au jour le passé des protagonistes ». En fait, la connaissance de ce passé lui est en général fournie, après l'enquête, par un personnage bien renseigné, tels le père Tabaret dans *Monsieur Lecoq* ou le juge Plantat dans *Le Crime d'Orcival*, mais il faut ne pas avoir lu le récit des investigations de Tirauclair dans la maison de la veuve Lerouge ou de Lecoq, dans le château de Valfeuillu, pour prétendre qu'ils n'ont pas su interpréter immédiatement les indices recueillis sur le lieu du crime et dont la lecture avait échappé au juge d'instruction.

Dans un autre volume, intitulé lui aussi *Le Roman policier*, publié en 1975, dans la collection *Que sais-je ?*, les mêmes auteurs regrettent que, chez Gaboriau, l'assassin soit « un gibier qui se dérobe », alors qu'il doit être normalement, dans un récit policier, « un gibier qui attaque, en essayant de manœuvrer son ennemi, de maquiller son crime, de laisser derrière lui de faux indices, puis en n'hésitant pas à supprimer les témoins gênants » et ils ajoutent : « C'est à Conan Doyle que revient le mérite d'avoir parfois songé à faire appel au machiavélisme. » Cependant, dans *Le Crime d'Orcival*, que de faux indices déroutants l'assassin a laissés derrière lui, mais qui ne mettent pas en défaut la perspicacité de Lecoq : les aiguilles de la pendule avancées, le lit défait, les cinq verres disposés sur une table pour tromper sur le nombre des criminels, le veston jeté au bord d'un ruisseau pour faire croire à l'assassinat du comte de Trémorel et à l'immersion de son corps. Un gibier qui n'attaque pas ! Qu'on lise ce passage du *Dossier n° 113* : « Lecoq vit ou plutôt devina l'homme tapi dans l'ombre et le sentit en quelque sorte se précipiter sur lui. Il put se renverser à demi sur ses jarrets robustes, en essayant de parer avec ses mains. Ce mouvement lui sauva certainement la vie et c'est dans le bras qu'il reçut le furieux coup de poignard qui devait le tuer. » Geste assez surprenant de la part d'un gibier qui n'a qu'un souci, se dérober !

En août 1968, *Le Magazine Littéraire*, sous la plume, pour nous anonyme, de F. L., publie un article dont l'auteur a le tort, ne les ayant sans doute pas lus, de considérer comme « insipides » les premiers ouvrages de Gaboriau (il cite en particulier *Les Gens de bureau*) et « judiciaires » ses derniers romans. Mais il fait preuve d'objectivité en constatant que, pour frapper les criminels, « dans l'univers d'Eugène Sue, seule intervient la justice immanente : la providence pourvoit à tout, cependant que, dans celui de Gaboriau, c'est à un spécialiste salarié ou bénévole qu'incombe la recherche méthodique de la vérité en alliant l'observation au raisonnement », en se refusant, comme Edgar Poe, à « réduire une enquête à une équation algébrique, en se complaisant, au contraire, à tout compliquer par l'illogisme de l'élément humain ». Souvent, ajoute-t-il, « le coupable accablé par tous les indices est en réalité l'innocent », mais « pour provoquer le retournement en sa faveur, l'auteur ne craint pas d'user de déguisements, quiproquos, coups de théâtre, secrets de famille, et autres ficelles du vieux roman populaire ». A ce dernier reproche, on peut objecter qu'il faut tout d'abord disjoindre de cette liste le déguisement, qui fait partie de l'arsenal toujours admis du policier. Quant aux ficelles, comme il dit, elles sont loin, chez Gaboriau, d'être utilisées « à l'état brut ». Ainsi dans *L'Affaire Lerouge*, Tabaret s'était déjà convaincu de l'innocence d'Albert de Commarin avant que l'alibi fourni par sa fiancée ne vienne le disculper complètement et, dans *Le Crime d'Orcival*, Lecoq avait conclu à la culpabilité du comte de Trémorel, alors que le juge Plantat ne lui avait pas encore révélé tout le passé qui avait conduit le misérable sur le chemin du meurtre.

La justice française, elle-même, a reconnu la primauté et la compétence d'Émile Gaboriau. Dans le remarquable discours d'usage que le conseiller Marcel Boyé lui consacra, le 16 septembre 1972, au cours de l'audience solennelle de rentrée de la cour d'appel de Bordeaux, le magistrat n'hésite pas à déclarer que *L'Affaire Lerouge* est « aujourd'hui reconnue par tous les critiques comme le premier roman policier paru », ajoutant que le créateur du genre « avait écrit le roman d'une enquête et même d'une procédure d'instruction criminelle ».

Il admire en connaisseur le rapport destiné au juge d'instruction qu'Émile Gaboriau, dans *Monsieur Lecoq*, a fait rédiger au jeune policier qui porte ce nom, « un rapport circonstancié avec plan coté et liste des pièces à conviction, qui constituait, en 1868, un véritable événement sur le plan de la technique policière et serait encore aujourd'hui considéré comme remarquable ».

Il insiste aussi sur un autre aspect de l'œuvre du romancier, qui, à l'exception de Maurice Topin, semble avoir échappé à tout un chacun : « Gaboriau a été un moraliste pour qui les criminels doivent toujours être punis, si haut placés soient-ils, et il aurait surtout voulu être un réformateur, son but étant de rendre impossibles les erreurs judiciaires en obtenant que tous les policiers reçoivent une formation scientifique et que les droits de la défense soient accrus et sauvegardés. » Malheureusement, « après le triomphe de Conan Doyle, les auteurs de romans policiers vont, sous l'influence de l'école anglo-saxonne, réduire peu à peu le drame à une partie d'échecs, l'étude des caractères à une simple esquisse, le but de l'auteur étant de dissimuler au lecteur l'identité du criminel jusqu'au dernier chapitre, tout en lui fournissant les éléments qui devraient lui permettre de trouver la solution. Ce jeu a obligé les auteurs à restreindre de plus en plus l'analyse psychologique des personnages, à concentrer tout l'intérêt du roman sur les questions *qui a tué ?* et *comment ?*, en laissant pratiquement sans réponse la question la plus importante, *pourquoi ?* ». Et le conseiller Boyé de rappeler la méthode employée par Lecoq pour identifier le criminel : « Je dépouille ma personnalité et m'efforce de revêtir la sienne. Je substitue son intelligence à la mienne », en ajoutant : « Il nous semble déjà entendre Maigret. »

Dans un article intitulé *Les Alchimistes du roman policier*, publié en juin 1974, dans la revue *Europe*, Michel Lebrun a examiné la place tenue dans l'histoire du nouveau genre littéraire par Émile Gaboriau, « l'alchimiste qui a découvert la pierre philosophale » : « Une poésie diffuse règne dans tous les livres du romancier, qui a très bien compris le mystère des grandes villes. Mais, à l'exception du *Crime d'Orcival*, ils sont trop longs, encombrés de digressions, de retours mélodramatiques sur le passé des protagonistes, sans compter le formidable handicap des explications finales interminables, qui ne comptent jamais moins de cinq ou six chapitres. » Et il attribue ces faiblesses à l'incompatibilité déjà dénoncée par Messac, dont il résume ainsi les explications : « Gaboriau a tenté un compromis entre deux esthétiques contradictoires, celle de la nouvelle et celle de la longueur obligatoire du feuilleton. » Mais, conclut Michel Lebrun, « l'essentiel est qu'il ait lancé le roman policier et lancé loin. Et que *Le Crime d'Orcival* demeure le chef-d'œuvre du genre ».

En 1973, dans *Les Nouvelles Littéraires*, Jean-Paul Colin avait vivement souhaité qu'un éditeur intelligent entreprenne une réédition des œuvres complètes d'Émile Gaboriau. L'intérêt qu'il a, alors, montré pour les ouvrages du père du roman policier l'a amené à préfacer, en 1979, une réédition de *L'Argent des autres*, dont le texte a malheureusement été réduit de moitié grâce à d'astucieuses coupures. Mais cette charcuterie littéraire n'enlève rien à la valeur de son analyse liminaire, intitulée *Un Garibaldi de la plume*, où il énumère, en particulier, les éléments qui font la diversité de ce livre.

Pour lui, « Gaboriau sait admirablement varier le contenu de ses romans. Celui-ci est extrêmement « pluriel » : ce n'est pas une histoire qu'il nous raconte, mais plusieurs, logiquement et fortement imbriquées les unes dans les autres. Si l'on tente d'en faire un découpage sur le plan narratif, on se trouve devant :

— un roman populaire au sens du XIXe siècle, contenant deux ingrédients privilégiés : 1) la substitution d'enfants, débouchant évidemment sur une « reconnaissance » finale ; 2) l'injustice sociale, qui amène au bout du récit une vengeance d'autant plus éclatante qu'elle a été longuement et souterrainement mûrie. Pas d'innovation donc à ce niveau ;

— un roman de mœurs, où l'observation est aiguë et le style vigoureux. Les notations de Gaboriau ne sont pas toujours indignes d'un Balzac ou d'un Zola : il atteint souvent à la vérité hautaine d'un moraliste sans indulgence ;

— un roman d'aventures financières ;

— deux ou trois romans d'amour ;

— enfin, de temps à autre, le cours de l'histoire s'interrompt momentanément pour faire place à des portraits, brossés d'une patte remarquable et selon une dimension psychologique indéniable ».

Le tout marqué d' « un féminisme militant qui nous vaut une galerie d'héroïnes attachantes. Les jeunes filles dans *L'Argent des autres* jouent un rôle essentiel », qui leur fait « préfigurer la suffragette de la belle époque, annoncer le ras-le-bol revendicatif des femmes d'aujourd'hui ».

Au contraire de la plupart des auteurs précédemment cités, Jean-Paul Colin s'arrête sur le style du romancier dont il n'hésite pas à faire l'éloge. Il considère que « Gaboriau reste l'un des écrivains *populaires* les plus lisibles. Comparés à ceux d'Eugène Sue ou de Ponson du Terrail, ses livres sont des modèles de clarté et de sobriété, et l'on trouverait difficilement chez lui de ces hyperboles ridicules, de ces phrases ampoulées et trop vite rédigées qui truffent les aventures de Rocambole ». De plus, « il a le don de l'observation et trouve souvent le trait juste qui frappe. Sa phrase n'est jamais encombrée et se déroule selon une parfaite fluidité : il n'abuse pas des images et son ton, s'il n'est pas totalement dépourvu d'emphase, est toujours supportable pour le lecteur sans parti pris. Qui plus est, il a le sens de l'humour, qualité peu fréquente dans ce registre romanesque ».

Enfin, dans un article intitulé *Le père de Sherlock Holmes*, publié dans *Points de vue* du 4 juillet 1980, à l'occasion du cinquantenaire de la mort de Conan Doyle, Frédéric Mathias a implicitement marqué en ces termes la place revenant à Émile Gaboriau dans l'histoire de la littérature policière : « *L'Affaire Lerouge* fut pour Conan Doyle une illumination. Toute son ambition allait être, désormais, de créer un détective égalant Lecoq. »

Bien d'autres auteurs ont porté un jugement sur les romans judiciaires de Gaboriau, mais au passage, rapidement, et sans toujours le justifier. On ne rappellera ici que ceux des plus connus ou des plus compétents d'entre eux.

En 1932, dans son *Journal*, André Gide disait sa reconnaissance pour l'ami qui lui avait fait connaître l'œuvre de celui qu'il appelait « le père de toute littérature détective actuelle » et Jean Cocteau déclarait un peu plus tard : « Qui se doute que Gaboriau est un écrivain ? Il a fallu un livre oublié dans un wagon pour que je le découvre. » Maurice Dekobra, dans le style gouailleur qui lui était propre, ne s'avançait pas beaucoup en déclarant « Je parie une livre sterling contre un os à moelle et un dollar contre un tuyau de pipe que Maurice Leblanc et Conan Doyle avaient lu Gaboriau du haut en bas. » Pour Peter Cheyney « c'est un maître dans l'art du roman ». Et Pierre Very surenchérit : « Gaboriau est le père du roman policier, Edgar Poe, le fils et G. K. Chesterton, le Saint-Esprit. Nous devons tout à Gaboriau. » Jacques Lemarchand va encore plus loin : « Dans ma bibliothèque, Gaboriau voisine avec Dickens et Balzac. J'allais de l'un à l'autre, sans heurts. Je n'ai jamais pu les distinguer très nettement. »

Une seule fausse note. Après avoir admis que Monsieur Lecoq (qu'il écrit Lecocq) a eu une nombreuse progéniture, Léon Treich, dans ses *Notes Parisiennes* du 16 juin 1951, juge les caractères de Gaboriau trop élémentaires (comment apprécier ainsi ceux de Sarah Brandon et de la comtesse de Claudieuse !) Il estime que « ses prétendues études de mœurs demeurent bien sommaires, bien naïves » (avait-il au moins parcouru *Les Gens de bureau* et que pouvait-il bien penser des personnages de *Messieurs les Ronds de cuir* ?). Surtout, il reproche à Gaboriau d'écrire « effroyablement mal », ce qu'après avoir lu l'ensemble de son œuvre, nous ne pouvons admettre. D'ailleurs, si la chose eût été patente, un écrivain comme Joseph Kessel n'en aurait-il pas tenu compte quand il déclara en 1947 « C'est un bonhomme immense, le père, le précurseur du roman policier. Je l'ai fait lire à des jeunes gens autour de moi. Ils sont tous de mon avis. Tout Gaboriau est merveilleusement fait. »

A part Peter Cheyney, nous n'avons cité que des auteurs français, mais, d'après le romancier Valentin Williams, l'admiration pour l'œuvre de Gaboriau est encore plus vive à l'étranger, et particulièrement dans les pays anglo-saxons, où l'on a toujours goûté le bon roman policier.

Tous les grands dictionnaires lui ont naturellement consacré quelques lignes. On se contentera de citer les notices de quelque-uns d'entre eux.

Ainsi peut-on lire dans l'*Encyclopédie Américaine* : « Écrivain français qui, en France, fut à l'origine du roman policier. Gaboriau a imaginé les détectives Tabaret et Lecoq, ce dernier précurseur de Sherlock Holmes. » Comme on voit, l'auteur est resté dans une ambiguïté prudente, car, à travers sa phrase, il est impossible de savoir si le roman policier fut, d'après lui, créé en France ou si l'œuvre de Gaboriau n'a ouvert la voie qu'à la littérature policière de notre pays.

L'*Encyclopédie Internationale* préfère ne pas s'engager sur un terrain dont elle n'a sans doute pas une connaissance suffisante. Elle juge l'auteur de *L'Affaire Lerouge* « en lui-même », sans tenter de le classer : « Les romans de Gaboriau, parfois comparés aux histoires policières d'Edgar Poe, sont marqués de réalisme dramatique, de rigoureuse logique et d'un habile déroulement de l'intrigue. »

L'*Encyclopédie Britannique* se montre parfaitement « fair play », quand elle met « notre Gaboriau » à sa véritable place : « Romancier français, fondateur du roman policier. Son style est hâtif, mais très réaliste et marqué au coin d'une imagination débordante. »

L'*Encyclopédie Italienne* est tout aussi formelle quand elle voit en lui « un écrivain français qui, avec ses nombreux récits de caractère populaire et la création du personnage de Monsieur Lecoq, fut l'inventeur du roman judiciaire et policier ».

Ainsi, à part quelques réserves, pour la plupart peu justifiées, ne reste-t-il de toutes ces citations qu'un concert d'approbations et la conviction quasi unanime qu'Émile Gaboriau fut vraiment le créateur, le « père » du roman policier. Et la *Grande Encyclopédie Larousse* ne fait que refléter ce consensus quand elle constate que « Gaboriau est reconnu à présent comme le fondateur du roman policier ».

Les écrivains, les journalistes l'admettaient déjà au lendemain de sa mort, mais nombre d'entre eux étaient persuadés que cette création n'aurait pas d'avenir. Les années qui suivirent semblèrent leur donner raison, du moins en France, où l'on se contenta de le plagier. Mais, à l'étranger, puis dans notre pays, les faits leur apportèrent un démenti avant la fin du XIXe siècle. Et, par bonheur, notre temps a réagi contre ceux qui étaient convaincus qu'un succès populaire ne pouvait que traduire la médiocrité d'une œuvre littéraire.

Déjà l'étude de la littérature policière semble entrer dans le cadre de notre enseignement et le jour ne saurait tarder où tous les ouvrages d'Émile Gaboriau seront mis à nouveau à la disposition du public, mieux connus et plus estimés du lecteur cultivé. Ce jour-là, d'autres villes que Saujon, Royan et Vaux-sur-Mer donneront son nom à l'une de leurs rues et d'autres bustes que l'œuvre du sculpteur saintongeais Jack Bouyer, récemment inaugurée par sa ville natale, rendront l'hommage qui lui est dû au créateur du roman policier.

ANNEXE

LE JOURNAL D'UN GARDE NATIONAL MOBILISÉ

Le *Journal d'un garde national*, même inachevé, représente un apport intéressant à la connaissance de la mentalité et du comportement des civils de la capitale mobilisés et, d'une façon plus générale, de l'ensemble de la population parisienne pendant les premiers mois de la guerre.

L'auteur avait l'intention de poursuivre jusqu'au dernier jour du siège la relation des événements auxquels il avait assisté et de la faire éditer par Dentu, comme le montre cette dédicace écrite par lui à l'intention de son père, c'est-à-dire avant le 3 mars 1872, date de la mort de celui-ci :

« *A vous mon cher père, ce volume écrit au jour le jour, sous la pression des événements et publié en partie pendant le blocus même.*

« *Ce n'est pas l'histoire du siège de Paris. C'est le récit sincère de ce que j'ai vu,* « *un tableau de Paris* », « *une photographie de Paris* » *plutôt, au milieu de circonstances telles qu'il ne s'en présentera jamais de semblables.*
« *Émile Gaboriau*
« *Novembre 1870-mars 1871.*

« *(cette dédicace doit être disposée comme une préface).* »

Mais il semble qu'il en fut dissuadé par Dentu, convaincu que ses lecteurs avaient surtout besoin de détente et de distractions après les tragiques heures qu'ils avaient vécues et qu'il n'était pas indiqué de les replonger dans l'atmosphère de la guerre.

Comme il n'est pas possible de prendre connaissance de ce passionnant récit ailleurs que dans les numéros de janvier-avril 1871 du *Petit Journal*, nous avons cru utile d'en donner un résumé particulièrement détaillé.

Au début de son *Journal* — on remonte en août 1870 — Gaboriau décrit avec beaucoup d'humour l'uniforme qu'il s'est acheté de ses deniers, le fusil à tabatière dont on l'a armé et les manœuvres exécutées sous les ordres d'un capitaine improvisé qui, le soir, s'entraîne au commandement devant une compagnie de soldats de plomb. Mais, brutalement, c'est la nouvelle de Sedan, la proclamation de la *République* et la constitution du gouvernement de la Défense Nationale, révolution accompagnée de l'inévitable ruée des ambitieux sur les places devenues vacantes.

Le soir du 4 septembre, la compagnie à laquelle il appartient se trouve de garde aux Tuileries et, lui-même, en faction pendant la nuit dans une galerie où un serviteur du palais vient bavarder avec lui. Finalement, le brave homme lui montre le lieu où sont rangées les magnifiques vaisselles, les cuisines aux myriades de casseroles, l'ascenseur destiné à monter les repas aux divers étages et les calorifères disposés pour envoyer leur chaleur à chaque pièce. Et le maître de toutes ces richesses était prisonnier des Prussiens !

Le lendemain, c'est une interminable discussion entre les hommes de la compagnie dont beaucoup sont persuadés que, l'Empire renversé, les envahisseurs vont se retirer d'eux-mêmes. Mais cette illusion va bien vite se dissiper devant les nouvelles de l'incessante avancée de l'ennemi, rappelant « les sinistres dépêches des préfets lors des débordements du Rhône, alors que l'eau montait, montait, montait toujours... ».

Quelques jours après, arrivèrent à Paris, par la gare de l'Est, les débris de l'armée régulière, soldats de toutes armes, épuisés, l'uniforme en lambeaux, sans sac pour la plupart et quelques-uns sans armes. Les Parisiens, le cœur serré, regardèrent défiler, de la gare de l'Est à l'Opéra, ce qui restait de la vaillante armée française. De cet instant, la garde nationale eut la notion exacte du rôle qu'elle aurait à jouer et elle l'accepta sans défaillances.

Le premier moment d'abattement passé, une activité fébrile saisit tous les hommes en état de porter les armes, chacun voulut servir, se battre. L'ancien capitaine de la compagnie, de lui-même, rentra dans le rang et prit bravement un fusil ; on élut à sa place un vieil officier retraité, blessé et décoré en Crimée. Avec lui, on apprit rapidement le minimum de ce qu'un combattant devait savoir.

Pendant que les Parisiens faisaient l'apprentissage de la guerre sur les places publiques, commençaient à arriver les mobiles de la province, mal vêtus, mal équipés, armés de vieux fusils à percussion ou même à pierre, récupérés dans les magasins des sapeurs-pompiers. Ils furent accueillis à bras ouverts, se conduisant d'ailleurs avec la plus grande correction dans les familles tenues de les héberger. Pour son compte, notre garde national eut à loger deux « moblots » venus des environs de Quimper.

Les premiers corps francs s'organisaient, eux aussi, composés d'hommes ayant fait le sacrifice de leur vie, mais, par la suite, on devait voir parader dans les rues ou débiter des vantardises aux terrasses des cafés les engagés volontaires de corps fantaisistes dont le recrutement s'opérait surtout grâce au prestige de leurs uniformes d'opérette. Enfin affluaient à Paris des douaniers, des gardes forestiers et surtout des matelots au visage hardi sous le petit chapeau ciré — dix mille environ — appelé à servir l'artillerie dans les forts. Dans les rues, les costumes « bourgeois » étaient noyés sous le flot des uniformes auxquels s'ajoutaient les tenues des ambulanciers, infiniment trop nombreux, dont la casquette plate s'ornait d'une croix rouge (il est incroyable ce qu'il pouvait alors s'éveiller de vocations ambulancières).

A tant de soldats il fallait des cantinières. Il s'en présenta des centaines, désireuses de revêtir le pantalon et la petite jupe à bandes rouges et de porter le baril tricolore à la hanche. Le capitaine refusa pour la compagnie une vivandière trop jolie, trop bien attifée et lui préféra une grande gaillarde osseuse, vraie « mère du soldat », toujours la première sur le terrain d'exercice.

La première sortie fut une longue marche épuisante jusqu'à l'immense terrain de Vincennes où s'improvisait une armée dans une fièvre extraordinaire. On commença par un exercice de tir à la cible (ici, Gaboriau a supprimé une demi-colonne où il conte ses prétendues maladresses, absolument incroyables de la part d'un ancien chasseur à cheval et plus probablement observées chez des camarades). Les résultats des tirs individuels furent assez convenables, mais les tirs d'ensemble furent exécutés de façon désastreuse, d'où colère du capitaine qui exigea un retour à Paris arme sur l'épaule. C'était au-delà des forces de ses hommes qui, en cours de route, se débandèrent pour la plupart.

Persuadés que leur armement était de qualité inférieure, presque tous les gardes nationaux se constituaient un véritable arsenal. En huit jours tout ce qu'il y avait d'armes chez les armuriers parisiens fut acheté cependant que les prix montaient fabuleusement. La contagion gagnait les femmes, qui faisaient main basse sur les revolvers-bijoux. Mais tous oubliaient qu'il leur serait difficile de réapprovisionner en cartouches des armes en général peu courantes. Partout s'établissaient des tirs particuliers, chacun sortait armé et le nombre des accidents augmenta de façon inquiétante. La spéculation jouait également sur tous les équipements de cuir. L'estampage aussi était prospère, puisqu'il fallait remplacer partout les aigles impériales par le coq gaulois. Les magasins de confection ne travaillaient plus que pour la garde nationale et les chapeliers firent fortune, car, en six semaines, il se fit et se vendit à Paris six cent mille képis.

Après le 4 septembre, le gouvernement et la population parisienne déployèrent une force surhumaine à mettre la capitale en état de défense. On amena de l'artillerie lourde, on organisa des fabriques de cartouches, on remit les forts en état, on hérissa la banlieue d'obstacles. On travaillait même la nuit à la lumière des appareils électriques ou à la lueur des torches. « Un correspondant du *Times* put écrire : Il s'exécute ici des travaux si extraordinaires que c'est à croire à l'intervention de quelque génie. Il ne croyait pas si bien dire : le génie qui se manifestait ainsi était celui de la France et de la Liberté. »

Nombre de troupeaux furent parqués au Bois de Boulogne, au Pré Catelan et jusque dans les îles. Le gouvernement voulait faire face à un siège de trois mois, ce que personne ne croyait possible. On était persuadé que même une immense armée ne parviendrait pas à isoler complètement Paris, qu'au surplus, elle serait contrainte soit de donner l'assaut, soit de se retirer pour ne pas mourir de faim sous les murs de la capitale. Aussi la plupart négligeaient-ils de faire des provisions suffisantes. De ces illusions, étaient surtout responsables les orateurs de réunions publiques et les perroquets qui propageaient leurs propos.

Avant même que le siège ait commencé, se manifestaient les premiers symptômes de la fièvre obsidionale. Elle était entretenue par les journaux à sensation, qui publiaient jusqu'à quatre éditions dans la même soirée. On pérorait dans les rues, on s'attroupait autour des orateurs installés à la terrasse des cafés, dans l'espoir d'apprendre quelque nouvelle. On vitupérait les Allemands résidant à Paris qui, malgré l'invitation du gouvernement, s'obstinaient pour la plupart à ne pas quitter la ville. Cependant pas de désordre, pas de rixe. La police, on ignore pourquoi, restait d'ailleurs invisible et les camelots en avaient profité pour envahir les trottoirs.

Tout le monde s'improvisait stratège. Aussi Gaboriau, pour se distraire pendant ces heures sombres, avait-il inventé un petit jeu assez innocent. A chacun, il posait la question : « Si vous étiez général en chef, que feriez-vous ? » Il ne rencontra jamais personne qui lui ait répliqué : « Je n'ai pas les capacités voulues pour vous répondre. » Au contraire, chacun lui exposait un plan plus ou moins mirobolant, mais tous se rencontraient sur un point : c'est finalement de Bazaine que viendrait le salut.

Cependant l'avance des Prussiens se poursuivait inexorablement et, le 12 septembre, on annonçait de Meaux l'apparition de leurs éclaireurs. En conséquence le nouveau gouvernement avait invité les femmes, les enfants et les vieillards à quitter Paris. Il y avait foule dans les gares et l'on devait tripler les trains. Il en était de même pour les convois de marchandises, car on expédiait en province tout ce qu'on possédait de précieux, la direction des musées ayant elle-même donné l'exemple. Aussi se procurer un emballeur devenait-il impossible et Gaboriau dut donner un sérieux coup de main à un camarade de sa compagnie, désireux de mettre à l'abri sa magnifique collection de tableaux.

Mais, au fur et à mesure que les dépêches devenaient plus alarmantes, la résolution de lutter à outrance grandissait et, quand le général Trochu voulut passer une revue de la garde nationale, ce ne fut qu'un cri dans les rangs : « Pas de capitulation ! Jamais ! Jamais ! »

Le 1er septembre, la ligne du chemin de fer de Lyon fut coupée par les Prussiens à Montereau. Dans la nuit, on fit sauter les ponts et les viaducs donnant accès à Paris et l'on incendia les bois qui pouvaient favoriser l'ennemi. De Montmartre, on découvrait tout autour de l'agglomération comme une ceinture de flammes et de fumée. « Cette nuit-là, écrit Gaboriau, je compris l'effroyable courage de Rostopchine. » Le 15, deux lignes de chemin de fer restaient seulement praticables, celle d'Orléans et celle de l'Ouest. On faisait maintenant la queue jour et nuit devant les guichets, on couchait dans les gares, jusque sur les trottoirs. Plus d'un homme valide cherchait à se dissimuler dans le flot des femmes et des vieillards, poussant parfois l'effronterie à porter le bras en écharpe. Les trains, de plus en plus rares, ne respectaient aucun horaire et n'étaient plus composés que de voitures de troisième classe afin d'augmenter leur capacité de transport. Le chemin de fer d'Orléans n'acceptait plus aucun colis, seulement un sac de nuit porté à la main. Que de bagages furent abandonnés ! Le 16, la ligne fut coupée.

Par des réfugiés arrivaient de terribles nouvelles des massacres et des pillages accomplis par les Prussiens, la plupart du temps, posément, froidement, méthodiquement : ils ne brûlaient jamais une maison sans l'avoir déménagée. Leur but était de paralyser par la terreur toute résistance. Les populations fuyaient éperdues. De dix lieues à la ronde on venait se réfugier à Paris, dans une indescriptible cohue. Le plus navrant était ces pauvres charrettes à bras chargées d'un lit et de maigres matelas et, sur les matelas, un marmot regardant cette scène de ses grands yeux étonnés.

Le 18, la dernière voie ferrée fut coupée. Le même jour, le futur empereur d'Allemagne se fit conduire sur un plateau occupé par ses troupes et, contemplant l'immense cité, il s'écria, rempli d'orgueil : « Paris est à moi ! »

Le 19, l'investissement de l'agglomération fut total et le service des Postes interrompu. La lutte autour de la capitale avait commencé et l'on se rendait compte que l'état-major allemand avait de la région une connaissance parfaite, grâce à ses espions, qui l'avaient renseigné bien avant la guerre. Une affiche du gouvernement apposée sur tous les murs de la ville de Paris indiquait les précautions à prendre en cas de bombardement, ce qui paraissait bien inutile aux Parisiens. Dans la compagnie de Gaboriau, seul le vieux capitaine était persuadé que l'assiégeant en arriverait là. « Ils nous bombarderont, dit-il, avec ces superbes canons d'acier que nous avons admirés à l'exposition et dont nous disions, dans la candeur de notre bêtise, à qui diable serviront de pareils engins dont l'inventeur, M. Krupp, a été fait chevalier de la Légion d'honneur ? » Gaboriau protesta : « Il est vrai que les Prussiens nous font une guerre de sauvages, mais ce n'est pas en plein dix-neuvième siècle que des peuples civilisés écraseraient d'obus une grande capitale peuplée de plus d'un million de femmes et d'enfants. L'Europe est là, d'ailleurs, qui ne le souffrirait pas. » Ce qui eut le don de faire ricaner le capitaine : « Tout ce que fera le vainqueur, l'Europe l'approuvera : c'est l'usage. Quant aux Allemands, il faut avoir vécu parmi eux pour les juger. Je sais ce qu'ils cachent de basses convoitises, d'avidité et de cruauté froide sous leur bonhomie souriante, sous leurs dehors candides et naïfs, auxquels nous nous sommes toujours laissé prendre, nous autres, éternels jobards ? »

Par ce beau dimanche de septembre, toute la population était dans les rues, endimanchée, aucunement démoralisée. Toute l'irritation retombait sur les gens qui avaient professé et démontré l'impossibilité d'un blocus sérieux. Cependant de malheureux réfugiés circulaient, toujours à la recherche des logements qui leur avaient été assignés par les mairies. Il y eut des surprises singulières. La famille d'un cultivateur aisé, connu de Gaboriau, était installée avec des meubles rustiques dans le salon resplendissant d'un hôtel princier du boulevard Malesherbes, dont elle prenait d'ailleurs un soin extrême. Mais beaucoup de ces locataires improvisés montrèrent moins de conscience. C'est ainsi que Gaboriau fut chargé avec quelques camarades de faire entendre raison à un paysan, qui avait parqué ses vaches, ses brebis et un porc au second étage d'une maison neuve, encore inoccupée, et dont il avait déjà délabré les escaliers.

Cependant toutes les pensées se concentraient sur Jules Favre qu'on savait parti pour Ferrières, où se trouvait le quartier général prussien. Cette démarche provoquait bien des controverses : — Grand citoyen, qui s'est immolé aux intérêts du pays, disaient les uns — Un traître ! ripostaient les autres.

Les Parisiens, pour qui tout est spectacle, désiraient voir des Prussiens. Les promeneurs se dirigeaient vers les points culminants de la ville pour apercevoir cette campagne où il leur était interdit d'aller respirer le bon air, par ce beau dimanche ensoleillé. Gaboriau fit comme eux et se rendit au Trocadéro. Là, étaient nées de petites industries, les « astronomes en plein soleil », les « montreurs des beaux points de vue de la capitale » avaient braqué leurs lunettes sur l'horizon et prétendaient voir et faire voir aux badauds les allées et venues des assiégeants, qu'ils décrivaient avec un luxe de précisions fort alléchant. Les naïfs y perdaient cinquante centimes, mais se gardaient bien de témoigner leur mécontentement par peur du ridicule.

Dans la soirée, le journaliste se rendit chez un parent qui habitait au Petit-Montrouge. Jamais Paris ne lui avait paru plus gai : pendant que les allumeurs de réverbères faisaient jaillir de tous côtés la clarté du gaz, les « omnibus américains » circulaient bondés, les bateaux-mouches glissaient sur la Seine ; la chaussée était trop étroite pour les innombrables fiacres et les trottoirs pour la foule de promeneurs qui s'ouvrait avec peine pour donner passage à des bandes de jeunes gens se donnant le bras en chantant des refrains patriotiques. Et l'on entendait par moments le grondement rassurant des forts. Soudain, à la chaussée du Maine, la scène changea. De tous côtés on criait : « Aux armes ! Voilà les Prussiens. Tous aux remparts ! » De tous côtés, des gardes nationaux, des civils armés couraient aux fortifications. Gaboriau, bien que sans armes, les suivit. Et, quand il y arriva essoufflé et fourbu, il n'y avait rien... Ce genre de fausse alerte était quotidien à Paris au début du siège. Ignoble mystification ? ou plutôt procédé des agents de l'ennemi chargés de créer des paniques démoralisantes ?

La population parisienne était hantée par la crainte des espions. C'est qu'on en avait tant vu, dans les régions envahies, servir de guides aux troupes allemandes, leur indiquer les meilleurs passages, les conduire là où il y avait à piller, sur les lieux mêmes où ils avaient travaillé pendant des années, fraternellement accueillis dans nos ateliers et sur nos terres. Bismarck leur avait fait préparer la route, tout comme un gros bonnet du bagne utilise un infime gredin pour prendre l'empreinte des serrures de la riche demeure qu'il projette de cambrioler. Si encore ils avaient eu honte du métier qu'ils faisaient, ces infâmes indicateurs, mais ils paradaient, se plaisaient à se faire reconnaître de leurs anciens compagnons de travail ou de jeux et à les narguer.

L'espionnite sévissait partout, entretenue par la presse, qui se plaisait à publier des articles à sensation. Un mot maladroit dans la rue et l'on était conduit au poste par les passants, une lumière aperçue au cinquième étage d'un immeuble et c'était un signal destiné à renseigner les assiégeants. Chacun avait distinctement vu une fusée de couleur lancée d'une maison voisine et les bruits les plus ahurissants circulaient. Le moindre sous-officier se permettait de perquisitionner sans mandat, allant jusqu'à visiter les tiroirs des meubles, si bien que les conseils de guerre furent obligés de sévir pour mettre fin à de constantes violations de domiciles.

Bien que sur leur garde, Gaboriau et quelques-uns de ses camarades furent eux-mêmes victimes de cette obsession. Alors que leur section était de service dans une ruelle infecte, la rue Hélène, à deux pas de la Fourche, un factionnaire vint prévenir le lieutenant qu'on apercevait des signaux lumineux de diverses couleurs aux fenêtres du sixième étage d'un immeuble de la grande rue des Batignolles, assez dégagé pour être vu de très loin. Après avoir mis en doute les dires de la sentinelle, on se rendit sur place et il fallut se rendre à l'évidence. Derrière les carreaux, une lampe décrivait des évolutions fantastiques et par moment semblait voilée par un écran de différentes couleurs. L'officier prit avec lui sept ou huit gardes, dont Gaboriau, et se fit ouvrir la porte de l'immeuble. Tous montèrent à pas de loup jusqu'au sixième et, là, ils poussèrent brusquement la porte de l'appartement suspect, qui n'était pas fermée à clef. Ils se trouvèrent en présence d'un jeune homme monté sur un escabeau, qui s'escrimait à coller sur les murs un papier à grands ramages rouges et bleus, cependant qu'une jeune fille, armée d'une lampe, l'éclairait de son mieux. Finalement, on leur donna un coup de main, mais au retour, le lieutenant demanda à ses hommes : « Ne pensez-vous pas que je ferais bien d'omettre cette expédition sur mon rapport ? »

Cependant les rues et les places de Paris étaient livrées aux exercices de la garde nationale. Cela n'allait pas sans quelques inconvénients, comme Gaboriau put lui-même s'en rendre compte un après-midi qu'il sortit de chez un ami domicilié rue Vivienne Il allait gagner la rue Richelieu par la rue de la Bourse, quand deux factionnaires lui barrèrent la route. La rue était vide, toute circulation arrêtée. Impressionné, il veut s'engager rue des Colonnes, mais plusieurs sentinelles s'y opposent : « Au large ! On ne passe pas ! » Il en est ainsi pour toutes les rues voisines, jusqu'à ce que paraisse un officier, qui lui dit avec bienveillance : « Passez sans crainte. J'exerce mes hommes. »

Trois jours après l'investissement, le bataillon de Gaboriau se rendit pour la première fois aux fortifications. Les hommes, rassemblés rue de Lafayette, avaient cru bon de compléter leur armement : la plupart portaient un poignard et un revolver chargé à la ceinture, plusieurs avaient remplacé leur fusil à tabatière par un remington ou un chassepot qu'ils étaient parvenus à se procurer au prix fort. On les admirait et on les enviait. Par crainte des nuits glaciales, chacun s'était muni de couvertures de voyage, certains même de toute une literie empilée sur leur sac. En les voyant, le vieux capitaine ne put s'empêcher de sourire. Pliant sous ce chargement, qui stupéfiait les badauds, les futurs combattants prirent martialement la direction de la porte de Saint-Ouen, avec un temps d'arrêt à la Fourche où l'on dressait une barricade formidable avec une étroite gorge laissée à la circulation.

On assigna comme logement à la compagnie de Gaboriau une fabrique de pianos, dont, l'avant-veille, le patron avait réuni les ouvriers pour leur dire : « Mes pauvres enfants, je n'ai plus de travail à vous donner et il faut nous séparer. Ceux d'entre vous qui seraient trop malheureux savent où je demeure. » Déjà, aux alentours, s'était élevé tout un village de vivandières, qui donnaient uniquement à boire. Une femme d'aspect assez peu recommandable servit un douteux vermouth à Gaboriau et à l'un de ses camarades en leur confiant que le commerce marchait on ne peut mieux. Pour la première fois de sa vie la chance lui souriait.

Peu de gardes avaient eu la précaution de se munir d'un casse-croûte et, sous l'empire de la faim, la plupart des cent cinquante hommes de la compagnie s'étaient dispersés à la recherche d'un repas que certains, empruntant l'omnibus, n'hésitèrent pas à aller prendre jusqu'au Palais-Royal. Gaboriau et son camarade furent interpellés par leur capitaine, alors qu'ils assistaient à l'explication du mécanisme nouveau d'une énorme pièce de marine nommée Joséphine et présentée par l'amiral, auteur de l'invention. Aussi furent-ils parmi les rares infortunés contraints de rester au cantonnement. Heureusement les affres de la faim leur furent épargnées par un tambour débrouillard, qui leur procura à prix d'or une miche et du jambon.

Dans l'après-midi, tous les « déserteurs » étant rentrés, certains plus qu'éméchés, il fallut résister aux promeneurs, qui s'obstinaient à vouloir monter sur les bastions et menaçaient d'« écrire à Trochu » (à cette époque, on avait encore la manie de se plaindre à Trochu pour un oui ou pour un non). Beaucoup de ces civils franchissaient le pont-levis de Saint-Ouen et allaient marauder dans la campagne, s'efforçant, au retour, de vendre aux militaires le produit de leurs rapines. Malgré ces intermèdes parfois comiques, ces premières heures passées aux remparts parurent longues, car, comme l'écrit Gaboriau : « Ce n'est pas en un jour que se fait l'apprentissage de l'oisiveté parfaite. »

A six heures, la précieuse cantinière vint annoncer que le dîner était prêt. Avec l'aide des musiciens, elle avait installé sa cantine au rez-de-chaussée de la fabrique. Mais la place était réduite et les couverts en nombre insuffisant. On dut manger par fournées de quinze, debout et rapidement, plus ou moins bousculé par les affamés qui s'impatientaient, et le contenu de plus d'une tasse de café arrosa le sol de la cantine. Il fallut ensuite s'organiser pour la nuit, dans l'obscurité, car toute lumière était interdite par crainte de l'artillerie ennemie.

Cette nuit-là, Gaboriau connut sa première garde sur un bastion auprès de « Joséphine » qui dormait à l'abandon sous une bâche goudronnée. Un calme étonnant régnait autour de lui et il aurait pu oublier les circonstances dans lesquelles il se trouvait, n'eussent été un incendie et une fusillade dans le lointain. Soudain un puissant projecteur électrique illumina la campagne, fouillant les moindres recoins et il admirait ce nouvel et efficace instrument de guerre quand il fut surpris par une ronde dont il n'avait pas entendu l'approche.

Sa garde terminée et ne pouvant trouver le sommeil, il passa la fin de la nuit à se promener autour de la fabrique en compagnie du vieux capitaine, qui lui contait les durs moments de la guerre de Crimée. Cependant le jour se levait. Des gamins vinrent hurler les titres des journaux qu'ils vendaient. Le soleil apparut, la diane battit, les hommes surgirent, tirés brutalement de leur somme, et se ruèrent sur la cantine pour obtenir une assiettée d'une soupe à l'oignon promise la veille par la cantinière. Mais la matinée fut morne ; on était rompu, par manque d'habitude, d'avoir dormi à la dure. Les maraudeurs sortis à l'aube rentrèrent vers midi, rapportant des brassées de fleurs qu'ils avaient coupées dans les jardins des villas abandonnées. Ils s'efforçaient de les vendre aux soldats. Les camarades de Gaboriau entendaient rentrer à Paris avec ces fleurs aux canons de leurs fusils, mais le capitaine s'y opposa et d'un ton sec les pria d'attendre d'avoir remporté quelque succès avant de se livrer à des rentrées triomphales. La dislocation du bataillon eut lieu sur l'avenue Trudaine, d'où l'on était parti la veille, et tous regagnèrent leurs logis pour prendre un repos auquel ils estimaient par contre avoir bien droit.

La mode dans la garde nationale était alors aux manifestations : on manifestait contre tout et pour rien, par un défilé en musique, arme sur l'épaule, le long des rues. Un but très apprécié était la statue de Strasbourg qu'on couvrait de fleurs. Mais quand la ville, après une résistance acharnée, se fut rendue, on apporta des immortelles à son effigie de la place de la Concorde. On manifesta encore contre les prétentions de Bismarck à Ferrières, puis pour réclamer de l'artillerie. On se rendait de préférence à l'Hôtel de Ville où se tenait en permanence un membre du « gouvernement de l'Éloquence nationale », Garnier-Pagès et Eugène Pelletan brillaient particulièrement dans le genre emphatique ; « Vous êtes tous héroïques et Paris ne capitulera jamais. Vive la République ! » Après quoi, les manifestants se retiraient en bon ordre. Trochu voulut interdire ces promenades en invoquant la nécessité de respecter l'ordre public, mais il ne parvint jamais à les empêcher complètement.

Chacun à cette époque prétendait posséder un plan mirobolant pour anéantir les armées ennemies. On créa un bureau pour dépouiller et étudier ceux que le courrier apportait chaque jour à l'administration. La plupart pouvaient se résumer ainsi : « Surprendre les Prussiens, les culbuter, rallier les armées de la province ». Quant à l'exécution du plan, elle n'était pas du ressort de ces stratèges en chambre, c'était l'affaire des militaires. D'autres, plus originaux, envisageaient la continuation des catacombes jusqu'à Orléans, ou l'utilisation d'un appareil de plongeur par dix mille mobiles lancés sous la Seine, Les inventeurs, eux aussi, pullulaient. Pour pouvoir exécuter leurs géniales machines, ils faisaient appel à la générosité publique par voie d'affiches, parfois manuscrites. Parmi beaucoup de propositions étranges, certaines idées révélaient cependant des précurseurs, comme celles de forteresses mobiles, locomotives routières blindées, garnies de mitrailleuses (nos tanks), de projectiles à régulateur (nos bombes à retardement), de bombes asphyxiantes au chloroforme (nos obus à gaz). Avec beaucoup de bon sens et une vue exacte de l'avenir, Gaboriau les commente ainsi : « Cent autres engins de destruction dont on rira ou dont on tirera un parti terrible, car il faut du temps pour passer de la théorie à la pratique. Malheureusement, il était trop tard pour perdre une heure à des essais douteux. Il était plus sage de s'occuper à fondre des canons. »

Il en fallait toujours davantage, mais alors que les pouvoirs publics se perdaient dans des longueurs administratives et que traînait leur fabrication, la population souscrivait avec enthousiasme : on quêtait à domicile, on organisait des loteries, on faisait des collectes à l'issue des réunions publiques ou des réunions familiales. Ce fut une émulation inouïe ; ainsi pour ne citer qu'un exemple entre cent, deux citoyens avaient à eux seuls offert toute une batterie.

C'est le grondement de l'artillerie, particulièrement fort, ce jour-là, qui entraîna Gaboriau sur les pas de son vieux capitaine, quand celui-ci, ne résistant pas au désir de se rendre compte des choses par lui-même, laissa sa compagnie en cours d'exercices, pour descendre d'un pas rapide des hauteurs de Montmartre au pont Saint-Michel et, de là, aux fortifications du sud, par le boulevard Saint-Michel et la route d'Orléans. Ils marchaient tout d'abord au milieu d'une foule insouciante qui, à la grande indignation du journaliste, vaquait comme à l'accoutumée à ses affaires. Mais, après le carrefour de l'Observatoire, ils durent traverser des groupes de plus en plus denses de badauds parmi lesquels circulaient les bruits les plus contradictoires. Arrêtés par des consignes très strictes à la porte de Châtillon, les deux hommes tentèrent alors d'observer la bataille du haut des remparts. Ils étaient là depuis plus d'une heure, quand arrivèrent, souillés de poussière, sans sacs et parfois sans armes, des soldats français portant l'uniforme des zouaves. Les fuyards prétendaient avoir été trahis, jetés au combat sans cartouches, mais le vieux capitaine eut tôt fait de découvrir que leurs cartouchières étaient pleines. Ils s'étaient débandés sans avoir tiré un coup de feu. La foule indignée en traîna quelques-uns au poste le plus voisin, mais beaucoup parvinrent à s'échapper, qui répandirent dans Paris la nouvelle fausse d'un désastre complet. On sut par la suite qu'on avait enrôlé des piliers de cabarets, des viveurs des boulevards et même des individus ramassés dans les bas-fonds de la capitale et que, pour donner confiance à la population, on les avait vêtus du pantalon bouffant et coiffés de la populaire chéchia.

Le lendemain, une note de Gambetta annonçait l'institution d'une cour martiale destinée à juger les déserteurs et les lâches, et Trochu, dans une proclamation à la garnison de Paris, confirma qu'une « injustifiable débandade » avait compromis dès son début une opération capitale et menaça des peines les plus sévères les soldats défaitistes ou errant, ivres, dans les rues. Mais on ne se borna pas à en lire le texte aux troupes, on commit la maladresse de l'afficher, ce qui eut le don de provoquer la fureur du vieux capitaine : « Demain, tempêta-t-il, les Prussiens diront de nous que nous sommes tous des capons ou des ivrognes ! »

La garde nationale se mit alors à faire une chasse acharnée aux déserteurs. Hélas ! Trop souvent, on s'en prit à de pauvres conscrits hébétés par les désastres dans lesquels ils s'étaient trouvés pris. C'est ainsi qu'un lundi, Gaboriau assista à un lamentable défilé sur les Champs-Élysées. Une trentaine de soldats rangés par deux et les mains liées derrière le dos, la capote retournée, doublure en dehors, le képi avec la visière sur la nuque avançaient, sur la poitrine un écriteau « Misérable lâche ! Mérite que tout citoyen lui crache à la face ! » Et il se trouva des gens qui avaient le triste courage de le faire... !

Quant aux Prussiens, ils se montraient toujours fort peu. Les journaux se livraient sur leur nombre aux supputations les plus fantaisistes. En tout cas, on prit, à Villejuif, une revanche de la panique de Châtillon, et à La Malmaison le 8 octobre, enfin à Bagneux où fut tué le brave général Dampierre à la tête de ses mobiles.

Depuis la journée de Châtillon, le comportement du petit peuple de Paris s'était modifié. Aux jours de bataille, les affaires cessaient, toute la population était dans les rues et les cafés, on prenait d'assaut les omnibus conduisant à l'enceinte voisine du lieu de l'action. Dans cette population aux nerfs tendus se propageaient mille nouvelles heureuses, presque toujours fausses. Gaboriau et le vieux capitaine, lui-même, s'y laissèrent parfois prendre, quand l'annonce d'un succès leur était apportée par une personne digne de foi. On célébra avec une joie délirante plus d'une victoire imaginaire, avant d'être cruellement détrompé, le lendemain matin, à la lecture de l'*Officiel*. Alors un morne silence s'étendait sur la ville, les cafés étaient vides, les gens circulaient rapidement sur les trottoirs en évitant de se regarder au passage et malheur à l'innocent gamin qui, en jouant, répétait ces paroles stupides que tous avaient chantées la veille :

> « Bismarck si tu continues
> De tous tes Prussiens il n'en restera guère,
> Bismarck si tu continues,
> De tes casques pointus, il n'en restera plus. »

Malgré ces camouflets infligés à l'incurable vanité des Parisiens, un commerce prospérait : la vente des trophées prussiens, armes ou casques recueillis sur le champ de bataille, du moins le prétendaient les maraudeurs qui les offraient. On achetait volontiers un casque pour le faire monter en pot à tabac. Persuadé que le siège serait levé avant la fin de l'année, un ingénieux confiseur commanda deux cents douzaines de casques en carton, destinés à recevoir la confiserie du nouvel an. Ils lui restèrent naturellement en magasin. Un chapelier militaire trouva mieux. Disposant depuis longtemps de nombreux casques neufs d'officiers supérieurs de toutes nationalités, il les bossela et les passa à la flamme, allant jusqu'à les percer d'une balle. Mais le garçon chargé de la vente eut le tort de toujours se poster au même endroit, ce qui éveilla l'attention des passants étonnés qu'on eût tué tant de colonels ennemis. Soupçonné de se livrer à l'espionnage sous couvert de la vente d'objets fournis par les Allemands eux-mêmes, il fut conduit au poste et obligé de s'expliquer.

Mais, pour quelques trophées authentiques, que de blessés, hélas ! On avait équipé d'innombrables ambulances, souvent avec l'aide de la générosité publique, et les femmes les plus distinguées tinrent à honneur d'y servir. Là, comme ailleurs, il y eut des abus. Beaucoup firent flotter sur leur maison le drapeau de la Croix-Rouge, naïvement convaincus qu'elle serait respectée par les obus en cas de bombardement. Il y en eut tant qu'on eût cru à un pavoisement en l'honneur de Dunant. Aussi, dès le lendemain de l'investissement, parut un décret enjoignant de retirer l'emblème de la Convention de tout immeuble où ne se trouverait pas au moins un blessé. Les plus finauds ne désarmèrent pas. Un célèbre médecin conta à Gaboriau qu'il était assailli de solliciteurs le suppliant de leur procurer un blessé, si possible légèrement touché et d'une bonne éducation. Le praticien mit en fuite nombre d'entre eux en leur proposant un soldat atteint de la variole (pendant le siège il y en eut dix mille dont la plupart furent d'ailleurs accueillis par des familles plus courageuses). Ces blessés, quand par faveur on en obtint, on les dorlotait, on refusait de les rendre, on ne les estimait jamais assez guéris.

Le 19 septembre, on reçut encore quelques lettres de la province ; le 20, ce fut fini. Mais les Parisiens persistaient à croire que l'investissement total resterait facile à tromper. En moins de deux jours, plus de huit cent cinquante mille lettres furent jetées à la poste. L'administration pensa alors aux ballons. Le cœur de Nadar bondit de joie : « Enfin, écrivait-il à un ami, voilà l'aérostation tirée du domaine de la chimère. » Sans doute voyait-il en rêve le plus lourd que l'air traversant l'espace avec la régularité d'une locomotive. Mais c'est un ballon ordinaire, *Le Neptune* qui, le 23 septembre, s'éleva de la place Saint-Pierre à Montmartre, emportant seulement vingt-cinq mille lettres. Gaboriau avec cinq cents curieux assista à son envolée. Les départs de ballons furent la grande distraction du siège. On s'arrachait les cartes qui donnaient l'accès à l'enceinte réservée aux aérostiers. Le 25 septembre, partit *Le Firenze* et, le 29, l'aérostat *Les États-Unis* devant une foule de six mille spectateurs. Les Français ayant toujours une grande aptitude à s'improviser experts en toutes choses, nombreux étaient ceux qui fixaient son trajet au ballon : « Ce soir vers trois heures, il atteindra Saumur... » Mais la capacité de transport postal était réduite et jamais on n'avait tant écrit, car on s'ennuyait ferme à Paris. Aussi la direction des Postes limita-t-elle le courrier à de simples cartes-poste pesant trois grammes ou à des lettres n'excédant pas quatre grammes, une fortune pour les petits industriels du trottoir qui, s'adaptant aux circonstances, vendirent du papier pelure et des cartes en vélin. La crédulité publique fut naturellement exploitée : des gens sans scrupules publièrent des annonces dans la presse, se faisant fort de faire parvenir à destination le courrier pour la province et d'en rapporter les réponses. Beaucoup se résignèrent à tenter cette faible chance contre la somme de dix francs, moitié payable d'avance. Jamais on ne revit les pseudo-intermédiaires.

On estimait que le gouvernement, à qui on reprochait de parler plus que d'agir, ne faisait pas d'efforts sérieux pour rétablir des communications postales régulières avec le pays, et l'on n'avait que médiocrement confiance dans le dynamisme des deux membres de la Délégation de Tours, trop âgés et trop timorés pour la tâche formidable qui leur avait été confiée. Des bruits couraient, on prétendait que les départements n'avaient pas reconnu leur autorité. Quand on sut enfin qu'il n'en était rien et que la résistance s'organisait, on en tira un espoir excessif. On se persuada qu'on n'allait pas tarder à entendre dans le lointain le grondement des canons de l'armée de la Loire. Finalement on apprit que Gambetta avait été désigné par ses collègues de Paris pour rejoindre Tours et stimuler l'action de la Délégation. Le matin du jour fixé pour le départ du ballon qui devait l'emporter, Gaboriau manqua l'exercice pour assister à cet événement historique. Sous le commandement de Nadar, aérostiers et matelots s'affairaient autour des deux ballons, l'*Armand Barbès* et le *George Sand*, ce dernier monté par deux aéronautes américains. Quand Gambetta arriva, on avait déjà déposé dans la nacelle de l'*Armand Barbès* deux sacs de dépêches, une cage de pigeons voyageurs et des provisions de route, en particulier des huîtres, prétendait-on. Mais il y avait du brouillard et pas un souffle d'air, si bien que l'aérostier à qui l'on confiait l'homme d'État préféra reporter au lendemain le départ, auquel put finalement assister Gaboriau.

Ce départ critiqué par quelques-uns, encensé par d'autres, ne suscita en fait que peu d'intérêt. Bazaine seul occupait les esprits. Mais les interminables discussions publiques sur les intentions du Maréchal se trouvèrent limitées par une sage décision du général Trochu qui, à la fin de septembre, prescrivit la fermeture des restaurants et débits de boisson à dix heures du soir. Elle visait, en particulier, les mobiles logés chez l'habitant, qui regagnaient leurs chambres à des heures indues, après de longues stations dans les cafés. Cette mesure fut naturellement tournée et les estaminets louches continuèrent à débiter leurs boissons douteuses, longtemps après l'heure, derrière leurs volets fermés, cependant que les vieux habitués des établissements honorables voyaient interrompre à leur grand désespoir leur traditionnelle partie de bésigue.

Il en fut de même de la plupart des décrets du gouvernement de la Défense Nationale. Il semblait que tous fussent d'accord pour les bafouer. Interdisait-on aux crieurs de journaux de crier autre chose que le seul titre de leur journal, que le soir même on les entendait hurler dans les rues de Paris : « Achetez l'*Officiel*, achetez le décret qui défend aux crieurs... ». Les gardiens de la paix, eux-mêmes, en riaient aux larmes. Grossissant ou déformant le caractère des événements pour vendre à tout prix, ces colporteurs de papier imprimé étaient à l'origine de bien des fausses nouvelles qui circulaient dans la capitale. Très vite se joignirent à eux d'affreuses drôlesses, qui harcelaient les passants en leur débitant les titres de brochures obscènes qu'on les avait chargées de vendre : *La femme Bonaparte, ses amants, ses orgies, ses crimes, Les belles nuits de Mathilde*. Il était difficile au gouvernement de réprimer ces excès, car il en donnait lui-même l'exemple : l'Imprimerie nationale imprimait, sous le contrôle d'une commission, des livraisons où s'étalait, à coups de documents, le récit des amours de l'Empereur et de Marguerite Bellanger.

Mais Gaboriau y eût-il trouvé du plaisir que le temps lui eût manqué pour prendre connaissance de cette triste littérature. Il venait, en effet, d'être élu membre du conseil de famille de sa compagnie, organisme chargé d'examiner le bien-fondé des demandes d'allocations — 1 franc 50 par jour — présentées par les gardes nationaux qui se prétendaient nécessiteux. Beaucoup de ces demandes étaient abusives (l'un des solliciteurs se plaignait de fumer deux fois plus depuis qu'il était mobilisé!) Et, cependant, le conseil finissait toujours par céder, le chef de bataillon ayant recommandé : « Soyez inflexibles, mais coulants ! » Quand un nouveau décret alloua soixante-quinze centimes par jour à toute femme de garde national mobilisé, s'élevèrent les protestations de milliers d'individus qui vivaient en union libre : « La sanction du temps est pour le moins aussi respectable que celle d'un citoyen quelconque revêtu d'une écharpe tricolore. » Cette mesure mena à la mairie plus de couples que tous les agents des sociétés matrimoniales réunis. Les faubouriens interpellaient les noces : « Ohé ! le mariage à quinze sous ! ». C'était à ne plus oser se marier.

La tête tourna à plus d'un bourgeois promu officier supérieur dans la garde nationale. Gaboriau connut un chef de bataillon qui, trois fois par semaine, conduisait ses hommes en promenade militaire. Il leur faisait régulièrement emprunter, clairons sonnant, une rue montueuse et mal pavée. On finit pas savoir qu'il avait imaginé ce moyen pour faire sa cour à sa belle en passant à cheval sous ses fenêtres dans tout l'éclat de sa puissance. C'est ce même commandant, mieux inspiré, qui décida que, dans son bataillon, les quinze sous d'indemnité quotidienne alloués aux femmes des mobilisés leur seraient versés en main propre, et ce, à la grande fureur des maris trop altérés. Quant aux trente sous accordés aux gardes, ils allaient devenir pour nombre d'entre eux leur seule ressource en cette période de chômage et les amener à considérer leur fusil comme leur gagne-pain. Toutes les échéances avaient d'ailleurs été prorogées, ce qui faisait souhaiter aux mauvais payeurs que le siège n'ait pas de fin. Des commerçants aisés en profitèrent pour refuser d'honorer leur signature, des locataires riches, pour ne plus acquitter leur loyer. Des fournisseurs, des propriétaires se trouvèrent, de ce fait, réduits à la misère et le Mont-de-Piété devint la providence de bien des gens, une providence à douze pour cent.

Au début du siège, le gouvernement évita de rationner la population, de crainte de provoquer une panique, si bien que, sous prétexte de narguer les Allemands, on mangea deux fois plus qu'à l'accoutumée. Le premier signal d'alarme fut donné par les crémeries qui, un matin, restèrent fermées « pour cause de manque de marchandise ! » Dès le lendemain, et malgré les déclarations rassurantes des autorités, on s'étouffait dans les épiceries et les magasins de salaisons. On achetait n'importe quoi. Le résultat fut que les commerçants dissimulèrent la marchandise qui leur restait pour la vendre peu à peu et dix à vingt fois plus cher. Le public réagit parfois violemment, ferma d'autorité une demi-douzaine de charcuteries et écrivit sur leur devanture : « Voleur ! » Le gouvernement finit par s'emparer du commerce de la viande et fit distribuer des cartes de rationnement qui, selon les arrondissements, donnaient droit de 60 à 100 grammes de viande par jour ; les bouchers et les charcutiers étaient transformés en employés de l'État. Tout cela aboutit à un beau gâchis.

Pour être certaines de ne pas revenir les paniers vides, les ménagères s'efforçaient d'arriver les premières devant les boucheries, d'où d'interminables et douloureuses stations par le froid, au vent et sous la pluie. Les étals n'ouvraient qu'à neuf heures du matin, mais dès trois heures commençaient à se former d'interminables files d'attente. On y contestait âprement une place, on s'y disputait, on s'y battait parfois et, dès qu'un passant faisait mine d'approcher : « A la queue ! » criaient vingt voix furibondes. Aussi les pauvres gardes nationaux de faction à la porte des boucheries n'étaient-ils pas chargés d'une mission bien enviable. Une industrie naquit de cet état de choses : celle des gardiens de places, qui ne se couchaient pour ainsi dire pas et vendaient leur tour de cinq à vingt sous suivant l'heure qu'il était et le temps qu'il faisait.

Le public était un peu responsable de ses propres souffrances, car se révélèrent inutiles toutes les mesures prises par les mairies pour assurer des distributions plus rapides, en particulier en les répartissant entre différentes séries de cartes. Les ménagères n'en allaient pas moins battre la semelle avant l'aube devant les boucheries, ne fût-ce que pour obtenir un morceau de leur choix. Les fourrages étant réquisitionnés, les chevaux avaient perdu toute valeur. On proposait un cheval contre un litre de vin ou même on s'en allait le perdre. Les boucheries chevalines se multiplièrent, où des bouchers improvisés déchiquetaient la viande plutôt qu'ils ne la coupaient. Les petites gens se refusaient à manger de cette viande que les bourgeois avaient fini, non sans répugnance, à imposer à leur estomac. Mais, un décret taxa le cheval, et, puisqu'il avait eu l'honneur d'être distingué par les pouvoirs publics, tout le monde en voulut. Les journaux publiaient chaque jour des recettes pour accommoder savoureusement cette viande inhabituelle ; quant à l'Académie des Sciences, elle consacra à son étude une séance solennelle et conseilla son association avec la carotte.

Heureusement les légumes ne manquaient pas, apportés de la banlieue par les maraudeurs. On en avait fusillé quelques-uns, suspects de servir d'espions à l'ennemi, mais ils étaient trop nombreux. On renonça à sévir. Leur quartier général était près de la porte Saint-Denis. Ils y traitaient avec les revendeurs, qui installaient des marchés en plein air dans toute la ville. La population parisienne fut saisie de la fièvre de la maraude. Chaque matin, des milliers d'hommes et de femmes de tout âge se répandaient dans la campagne et jusque sous le feu des avant-postes ennemis. Ils étaient persuadés que les Prussiens n'oseraient pas tirer sur des civils ; c'est ce qu'ils firent cependant et un soir, on rapporta sur des charrettes les corps criblés de balles de dix-sept d'entre eux et, parmi eux, ceux d'une jeune fille de seize ans et de deux petits garçons de neuf ans. La maraude n'en fut pas interrompue pour autant et le gouvernement continua à laisser faire.

Mais les restrictions devenant de plus en plus sévères, on fit appel à la chimie pour parer à la disette. C'est ainsi qu'on parvint à purifier si parfaitement les graisses de boucherie qu'on put les utiliser comme du beurre et, du sang des bœufs et des chevaux, on tira du boudin. On inventa, de plus, une foule de nouveaux produits « présentant l'avantage de tromper la faim en amusant l'estomac ». On stimula les initiatives privées. Tous les journaux conseillaient les jardins en chambre, appelés à compléter les cabinets de toilette déjà transformés en poulaillers et en clapiers.

Cependant l'un des camarades de Gaboriau, resté frais et rose, semblait se moquer de la terrible question du ravitaillement. Son secret : il vivait de la chasse et de la pêche dans la campagne, où il se rendait à ses heures de liberté. Il eut bientôt de nombreux émules. Puis on chassa dans Paris, aux Buttes-Chaumont, au Luxembourg, au Champ-de-Mars, aux Champs-Élysées. C'est qu'un moineau maigre se vendait vingt sous. Mais les maladroits étaient nombreux. Gaboriau s'en aperçut quand il reçut trois grains de plomb à l'épaule, en traversant l'esplanade des Invalides. Il fallut des mesures énergiques pour mettre fin à cette chasse urbaine. Alors, plus dangereuse encore, la sarbacane remplaça le fusil.

Le gouvernement avait fait organiser des restaurants populaires qu'on appelait « cantines municipales ». Les citoyens les plus démunis pouvaient s'y faire servir un bouillon de bœuf ou de cheval et même du riz et du fromage contre des bons délivrés dans les mairies. Le service y était en général rapide et bien fait. On avait également établi des cantines spéciales pour les gardes nationaux, particulièrement les gardes retenus aux fortifications. Pour neuf sous, on y faisait un repas sain et abondant, accompagné d'une demi-livre de pain et suivi d'un café sucré. On aurait pu faire mieux encore, si l'entente avait régné entre le gouvernement et les municipalités. Malheureusement chaque mairie était devenue « une pétaudière indépendante ». Et chaque maire « tranchait du Louis XIV ». Préoccupées surtout de politique, les municipalités n'accordaient pas une attention suffisante à la tenue des rues, devenues de véritables cloaques depuis l'expulsion des innombrables balayeurs allemands. On pouvait redouter les pires épidémies.

Pendant tout le mois d'octobre, Paris s'était préparé au bombardement. On s'abordait avec ce mot à la bouche : « Vous savez, c'est pour demain ». Les journaux l'annoncèrent successivement pour le 3, le 8, le 14, anniversaire de la bataille de Iéna, ensuite pour le 20, enfin, et plus aucune erreur n'était possible, pour le 27, anniversaire de l'entrée des Français à Berlin. Cependant, rien ne venait, et, assez curieusement, les Parisiens semblaient le regretter. Le gouvernement, pour sa part, avait pris toutes les mesures nécessaires : il avait emmailloté de sacs de terre tous les monuments, blindé les fenêtres des musées, mis à l'abri les vitraux de la Sainte-Chapelle, revêtu de madriers les bas-reliefs de l'Arc de Triomphe, enterré les statues les plus précieuses. Les pompes étaient montées, les réservoirs pleins d'eau ; un corps de guetteurs avait été organisé, dont les sentinelles veillaient toutes les nuits au haut des clochers. Tous les habitants avaient été invités à prendre de leur côté les précautions qui s'imposaient. Et comme il y a un côté comique à toute chose, dans un arrondissement, cinq citoyens s'étaient, de leur propre autorité, constitués en comité de sécurité et, après avoir cousu du galon à leurs képis, visitaient tous les immeubles de la cave au grenier, en sondant les murs, pour décider s'ils étaient ou non à l'épreuve des bombes. Ébloui par leur prétendue compétence, le maire finit par leur accorder une salle et une grande table couverte d'un tapis vert où ils purent délibérer, rêve de milliers de citoyens. Une nouvelle société s'était créée pour assurer les habitants contre les risques de bombardement et avait divisé la capitale en trois zones estimées plus ou moins exposées. Mais les assiégeants s'obstinaient à ne pas bombarder et Paris s'exaspérait d'être inactif et coupé du reste du monde. C'est alors qu'un numéro du journal anglais *The Standard* réussit à forcer le blocus. Par lui, on apprit avec joie que trois cents canons destinés à l'armée de la Loire venaient d'arriver à Bordeaux. Mais il apportait une autre nouvelle qui indigna les Parisiens. Selon cette feuille, Bourbaki, que l'on savait enfermé dans Metz, s'était rendu à Londres avec un laisser-passer allemand, chargé par Bazaine d'une mission auprès de l'ex-impératrice Eugénie. Certains, peu nombreux encore, commencèrent alors à douter de la probité du maréchal.

Une dépêche de Gambetta annonça que l'armée de la Loire était nombreuse, bien organisée et bien commandée, et plusieurs autres armées en voie de formation. On se serra les mains avec émotion devant les affiches qui en publiaient le texte, mais le lendemain on apprit la perte d'Orléans. Ainsi les Parisiens étaient-ils condamnés à un régime de douche écossaise, d'alternatives particulièrement éprouvantes. Chaque matin, en mettant le pied hors de chez soi, on se demandait : « Que vais-je apprendre ? » et on interrogeait la physionomie des passants pour y découvrir le reflet des dernières nouvelles. Parfois nos soldats trouvaient sur un prisonnier ou un cadavre ennemi quelque gazette vieille de huit jours. Les nouvelles qu'elle apportait étaient reproduites sous de gros titres dans la presse parisienne, les bonnes seulement. Les autres étaient jugées fausses. Quand les informations manquaient complètement, on en fabriquait, toujours excellentes. On annonça bien une douzaine de fois que Metz avait été débloqué et aussi que Guillaume était devenu fou à lier, Bismarck frappé de trois coups de poignard, la révolution triomphante à Berlin et la république proclamée à Munich. Certains journaux s'étaient fait une spécialité de fausses nouvelles et ils trouvaient des lecteurs qui, tout en sachant à quoi s'en tenir, y puisaient un réconfort. Le directeur d'une feuille récemment apparue, *Le Factionnaire*, avait même imaginé, pour la vendre, un truc des plus ingénieux, « le canard au démenti », qu'il maniait avec une dextérité remarquable. De bonne heure, on entendait les crieurs de ce quotidien annoncer, dans la rue, l'évacuation de Versailles par les Prussiens. On sautait du lit, on enfilait à la hâte un pantalon et quand on était remonté chez soi, bien essoufflé, on lisait la nouvelle, suivie d'un démenti. On était « refait » et trente mille badauds l'étaient avec vous. Mais ce procédé contestable prit bientôt fin tant les crieurs se firent houspiller par leurs victimes et *Le Factionnaire* dut déposer les armes.

Le soir du 18 octobre, on vit une grande lueur rouge à l'horizon et jusqu'au-dessus de Paris. Des femmes disaient que c'était tout le sang répandu sur la terre qui apparaissait ainsi dans le ciel. En fait c'était Châteaudun qui brûlait, incendié par les Prussiens, qui avaient perdu deux mille hommes à le prendre, maison par maison, devant la résistance acharnée des francs-tireurs et des gardes nationaux.

Cependant à Paris, les réunions publiques faisaient « florès », souvent tenues dans des salles de bal, dont l'estrade de l'orchestre était occupée par le bureau. On y venait nombreux, les femmes surtout, car contre les dix centimes demandés à l'entrée, on faisait l'économie de toute une soirée de chauffage et d'éclairage. Gaboriau assista à une séance où un orateur prodigieusement barbu prétendait enseigner aux ménagères une façon économique de préparer les abats : « Assez ! lui criait-on, vous n'y connaissez rien ! » Il fut couvert de huées et on fit monter à la tribune une grosse commère, qui s'en tira fort bien. Dans certains clubs, on singeait les Montagnards et l'on datait à l'aide du calendrier révolutionnaire : « Nous sommes les hommes de quatre-vingt-treize ! » proclamait-on. Un sergent de la compagnie revint couvert de bleus pour avoir crié : « Il vaudrait mieux que vous soyez les soldats de 1870 ! » Dans les clubs féminins, les hommes étaient admis moyennant un droit d'entrée de cinquante centimes et à condition de garder le silence le plus absolu. Cependant un citoyen nommé Jules Allix se fit acclamer pour avoir proposé de constituer des bataillons de femmes qui prendraient le nom de « zouaves des remparts », mais la police entrava la formation de ce corps pittoresque. Jules Allix conseillait également aux femmes, pour se défendre contre le Prussien trop entreprenant, de se munir d'un doigt en caoutchouc terminé par une pointe imprégnée d'acide prussique. Il appelait cette arme « le doigt de Dieu ». Certains, plus réalistes, proposaient qu'on prélève sur chaque bataillon une compagnie de guerre composée de célibataires, et comprenant par conséquent des ecclésiastiques, qui serait engagée en première ligne. Mais d'autres — célibataires sans doute — rétorquaient qu'il serait plus logique d'y faire entrer les chefs de famille, plus intéressés à la lutte, du fait du nombre de personnes qu'ils avaient à défendre. Finalement ces compagnies furent formées, mais, ce qui mit fin au débat, avec des volontaires.

Dans les clubs socialistes, on tempêtait contre Trochu et son ministère, surnommé le « gouvernement de l'éloquence nationale ». On réclamait la Commune qui, seule, croyait-on, pourrait disperser les assiégeants. Flourens y trônait avec ses bottes à l'écuyère et son képi à sept galons. Il paraissait d'innombrables journaux révolutionnaires, *L'Œil de Marat*, *Le Moniteur des Citoyennes*... *Le Réveil* et *Le Combat* étaient les plus violents, dirigés par Delescluze, esprit clair et froid, et Pyat au cerveau nébuleux Les adversaires les lisaient en trépignant d'indignation, mais ils les lisaient. Quand *Le Combat* annonça la trahison de Bazaine, on ne le crut pas. Le journal fut flétri par l'*Officiel* et on en brûla quelques centaines d'exemplaires.

Pendant que les péroreurs s'en donnaient à cœur joie, nos troupes, appuyées par les francs-tireurs, débusquèrent les Prussiens du plateau du Bourget dans la nuit du 28 octobre, mais abandonnées à elles-mêmes, elles durent finalement l'évacuer, notre artillerie étant intervenue trop tardivement pour contrecarrer un bombardement intense de l'ennemi.

A partir de ce moment-là, certains pensèrent qu'il valait mieux capituler et réserver nos forces pour la revanche, mais les plus nombreux restaient partisans de la guerre à outrance. Aussi grande fut la colère de ces derniers, quand, le 30 octobre, on apprit le départ de Thiers pour Versailles, dans l'intention évidente d'obtenir un armistice. Le lendemain, ce fut l'invasion de l'Hôtel de ville par les gardes nationaux des quartiers populaires, Trochu et Favre arrêtés et remplacés par Blanqui et Pyat. Du coup le vieux capitaine qui, deux jours auparavant blâmait sévèrement l'inertie du gouvernement, fut prêt à se faire tuer pour les « avocats ». Le bataillon d'Émile Gaboriau fut envoyé place Vendôme, mais, rue de Châteaudun, il rencontra deux cents gardes nationaux débandés, hurlant : Vive la Commune ! — A bas la Commune ! répondit-on. Place Vendôme, des bataillons rentraient en criant joyeusement : Tout est fini. — Tout quoi ? demanda Gaboriau à l'un de ces hommes. — Ma foi je n'en sais rien. Je crie ce qu'on m'a dit de crier ! Puis sous une pluie torrentielle, on alla camper sous une galerie du Louvre. De là, le bataillon fut envoyé au ministère des Finances, qu'il occupa, et, comme on n'avait pas dîné, les tambours furent autorisés à aller acheter du pain, de la charcuterie et du vin pour tout le monde. Ernest Picard arriva alors très pâle. Il expliqua qu'un bataillon des mobiles du Finistère était entré à l'Hôtel de ville par un souterrain connu seulement de quelques personnes et avait ouvert les portes. Les membres du gouvernement avaient été libérés et tout était rentré dans l'ordre. On cria : Vive la République !

Le gouvernement, désireux de prouver qu'il possédait toujours la confiance de la grande majorité de la population, fit opérer, le 3 novembre, une sorte de plébiscite, qui lui valut 321 000 voix contre 53 000 aux partisans de la Commune. Mais il ne comprit pas que de nombreux électeurs avaient voté pour lui par crainte de voir rompues les négociations d'armistice. En effet, après l'échec de celles-ci, les élections aux municipalités des arrondissements parisiens mirent en place des maires et des adjoints de tendance avancée, dans les faubourgs de l'est et du nord de la capitale. Incompréhensible ! s'étonnaient les camarades de Gaboriau.

A la nouvelle des pourparlers de Versailles, les vivres reparurent dans les vitrines et, chez les particuliers, ce fut à qui retrouva par hasard les victuailles les plus précieuses oubliées au fond de quelque placard, effet merveilleux du mot paix. Mais, quand fut connue la rupture des négociations, la mangeaille disparut à nouveau. Entre-temps, les gens prudents et bien avisés avaient réussi à faire de nouvelles provisions, réalisant de « splendides affaires » en stockant des pommes de terre destinées à être revendues à leurs amis au prix des truffes.

Une autre conséquence de l'arrêt des négociations fut une manifestation féminine dans Paris. Deux cents femmes rassemblées, le 4 novembre, rue de Rivoli, marchèrent sur l'Hôtel de ville, en chantant *La Marseillaise* et en criant : « Nous allons f...lanquer ce mâtin de gouvernement par terre ! » Une centaine de galopins les suivaient en les couvrant de lazzi. Tout se termina par un formidable éclat de rire, place de l'Hôtel de Ville, où chaque fois qu'une manifestante s'efforçait de prendre la parole, on couvrait systématiquement sa voix d'applaudissements.

C'est aussi l'époque où, pour résister à une concurrence sans cesse aggravée, les journaux les plus sérieux remplissaient leurs colonnes d'historiettes plus ou moins véridiques. On inventa des héros mythiques, comme le sergent Joby, canonnier hors-pair, démolisseur de trois cent dix-neuf « krupp ». Le plus légendaire fut le sergent alsacien Hoff, qui opérait seul et rapportait immanquablement deux ou trois casques à pointe de ses expéditions nocturnes. Malheureusement il refusait obstinément de se laisser photographier, sans doute par excès de modestie. Un jour, il disparut après son trente-septième Prussien. On s'inquiéta. Le gouvernement rassura l'opinion sur son sort par la voie du *Journal Officiel*. Puis, le bruit courut que c'était un espion prussien à qui l'ennemi faisait cadeau de vieux casques. Surpris par un officier français, il avait été fusillé. Cette rumeur provoqua un démenti des camarades du sergent Hoff, qui semble finalement avoir existé, mais sans avoir accompli tous les faits d'armes qu'on lui avait d'abord prêtés.

Le succès des plus invraisemblables « canards » tenait en partie à ce que, restés seuls après l'envoi de leur famille en province, beaucoup d'hommes s'ennuyaient et étaient à l'affût du sensationnel. Aussi, sous l'excellent prétexte de donner des séances au profit des victimes de la guerre, jugea-t-on utile de rouvrir les théâtres, dont les foyers étaient déjà transformés en ambulances. A ce propos, Théophile Gautier conte avoir assisté à une scène pour le moins curieuse : le « Basile » de Beaumarchais saluant respectueusement de son chapeau ecclésiastique aux immenses gouttières une véritable sœur de Charité rencontrée dans les couloirs du Théâtre Français. Autre apparition inattendue : une chanteuse arrivant en retard sur la scène en tenue de cantinière, et priant le public de bien vouloir l'excuser du fait que son bataillon était de garde aux fortifications. On assistait parfois à des séances d'un caractère inaccoutumé : c'est ainsi que La Porte Saint-Martin donna *Les Châtiments* de Victor Hugo.

Mais on n'était pas tous les soirs au spectacle. Tout en exerçant dans le jour leur métier, les braves bourgeois, une nuit sur trois, étaient à leur poste de garde. « Ils s'aguerrissent », constatait avec satisfaction le vieux capitaine. On enterra cependant quelques « aguerris », qui n'avaient pas su s'adapter à la fluxion de poitrine, malgré les « laines électriques » vendues par un « professeur ». Chaque compagnie partant pour les remparts avait à sa disposition un fourgon à bagages, où s'installait d'abord la cantinière avec sa batterie de cuisine. Puis les hommes le chargeaient de couvertures, de valises, de lits portatifs, de victuailles. On eût cru assister au départ d'un convoi d'émigrants. Une fois les bagages rangés, on courait chercher son fusil.

Sur place, on occupait des baraques militaires, qui eussent été agréables à Naples au cœur de l'été. Alternativement il y pleuvait ou il y gelait, car on avait choisi pour les installer des dépressions où l'eau s'accumulait. Cependant se manifestaient toujours le même enthousiasme et la même camaraderie. Pour composer les repas, on s'entendait à cinq ou six et la bonne humeur était entretenue par un loustic, un chansonnier de profession, qui avait composé une chanson de la compagnie plus riche d'intentions que de rimes : soixante couplets où tout le monde était passé en revue. Quand il se manifestait de l'indiscipline, les officiers le cachaient, étant élus par la troupe. Seul, le vieux capitaine tempêtait et menaçait de démissionner. En réalité, le lien le plus fort entre ces soldats improvisés était le sentiment du devoir. « Rien à faire avec ceux qui ne l'avaient pas ».

L'ennui finissait par naître de l'inaction ; on recherchait les corvées comme un moyen de se distraire. Et, faute de corvées, on buvait à un tel point qu'un arrêté interdit la vente de l'absinthe. Le passe-temps en vogue dans la compagnie de Gaboriau était le loto, mais à la première compagnie, c'était le bilboquet qui faisait fureur. La septième se passionnait pour les conférences, ayant plusieurs savants dans ses rangs, et la cinquième, qui comptait des acteurs et des chanteurs, organisait des concerts auxquels assistait tout le bataillon. Ils se déroulaient dans un affreux baraquement du bastion 39, à peine éclairé par la lueur de chandelles fichées dans des goulots de bouteilles. Le public était debout, les pieds dans la boue. Seules les discussions politiques étaient bannies dans tout le bataillon pour avoir fini par lasser à peu près tout le monde. Quelques illuminés en étaient donc réduits à ronger leur frein, en attendant une heure plus favorable. Malheureusement la défense s'assoupissait ; à ne pas agir, on s'endormait stupidement dans la confiance du nombre et l'espoir de la victoire finale. Les forts qui ceinturaient Paris avaient pris eux aussi leurs habitudes ; ils tiraient en général entre onze heures du soir et minuit, comme s'ils avaient eu la méchante intention de troubler le sommeil des assiégeants. Ceux-ci, pareillement inoccupés, sciaient de grands arbres à longueur de journée pour bâtir ou consolider leurs baraquements et les chauffer.

Une autre cause d'irritation pour la population parisienne était le manque d'informations précises. *Le Journal Officiel* parlait des opérations en termes très généraux et n'employait jamais le mot guerre. Cependant l'attention se portait sur la province, d'où les nouvelles ne parvenaient que par pigeon voyageur. C'est ainsi que fut connue la reprise d'Orléans. Pour la première fois, depuis le début du siège, Paris fut franchement joyeux. Les cafés étaient envahis par une foule exubérante. Avec la nouvelle de cette victoire, le même pigeon avait apporté deux cent vingt dépêches privées, réduites à un format minuscule d'après un procédé photographique appliqué à Tours par M. Steenackers. Le pigeon était devenu un animal sacré, on proposait de l'ajouter aux pièces des armes de Paris.

On comptait donc voir apparaître une semaine plus tard l'armée d'Aurelle de Paladines, d'autant qu'on annonçait d'autres victoires, fausses celles-ci. Bientôt l'impatience grandit, puis l'irritation contre le gouvernement, qui venait pourtant de prendre une grande décision : la mobilisation d'une partie de la garde nationale. La seconde période du siège commençait.

Le feuilleton prend fin dans Le Petit Journal du 6 avril 1871, avec cette simple ligne : Fin de la première partie.

BIBLIOGRAPHIE

Aucune monographie importante n'ayant encore été écrite sur Émile Gaboriau, cette bibliographie, nullement exhaustive, comporte uniquement des articles de presse, des préfaces à des rééditions de ses œuvres et des passages extraits d'ouvrages généraux.

Ne sont pas mentionnés les nombreux articles nécrologiques publiés au lendemain de la disparition de l'écrivain, dont les plus intéressants se trouvent cités au chapitre XXXII.

VAPEREAU (Gustave). — Année littéraire et dramatique (Hachette, 1866 et 1868).

FEUILLET (Louis). — Monsieur Lecoq à Grenelle (*Le Petit Journal* du 20 mai 1868).

ZAP (Gaston). — Émile Gaboriau, dans Profils Contemporains (*Le Monde pour rire* du 23 mai 1868).

X... — Émile Gaboriau (*Le Journal Illustré* du 17 novembre 1872).

X... — Émile Gaboriau (Milano, *L'Emporio Pittoresco* du 19 octobre 1873).

TOPIN (Marius). — Émile Gaboriau (*La Presse* du 29 mai 1875), puis dans Romanciers contemporains (Charpentier, 1876).

AUDEBRAND (Philibert). — Un Café de journalistes sous Napoléon III (Dentu, 1888).

NICEFORO (Alfredo). — La police et l'enquête judiciaire scientifique (Librairie Universelle, 1907).

WILLIAMS (Valentin). — Gaboriau father of the Detective Novel (London, *The National Review*, n° 82, 1923).

LOCARD (Edmond). — Policiers de roman et policiers de laboratoire (Payot, 1924).

LEMONNIER (Léon). — Edgar Poe et les origines du roman policier en France (*Le Mercure de France* du 15 octobre 1925).

MESSAC (Régis). — Le « Detective Novel » et l'influence de la pensée scientifique (Champion, 1929).

WILLIAMS (Valentin). — The Detective in Fiction (London, *The Fortnightly Review* de septembre 1930).

Car (Emmanuel). — Le centenaire de Gaboriau (Lyon, *Le Club des Masques* de décembre 1932) repris dans (Lyon, *La Revue Internationale de Criminalistique* du 15 janvier 1933).

Gilbert (Charles). — Un centenaire oublié (*Figaro* du 18 janvier 1933).

Morand (Paul). — Le détective paladin moderne (*Conferencia* du 1er juillet 1934).

X... — Émile Gaboriau : The Detective Novelist's Dilemma (London, *The Times Library Supplement* du 2 novembre 1935).

X... — Le centenaire d'Émile Gaboriau (*Paris-Soir* du 15 novembre 1935).

Bizet (René). — Le Centenaire d'Émile Gaboriau (*Candide* du 19 décembre 1935).

X... — Un centenaire discrètement célébré (*Je suis partout* du 22 février 1936).

Fosca (François). — Histoire et technique du roman policier (*Nouvelle Revue Critique*, 1937).

Sanvoisin (Gaëtan). — Le roman policier a son manuel (*Journal des Débats* du 25 avril 1937).

Galtier-Boissière (Jean). — Les origines du roman policier, préface à une réédition du *Petit Vieux des Batignolles* (Gründ, 1946).

Grenier (Roger). — Introduction à une réédition de *Monsieur Lecoq* (Paris, Gallimard, 1949).

Regard (Jean). — Il faisait doubler le tirage des journaux (*Caliban* de mai 1951).

Audouard (Yvan). — La mine d'or du roman policier, introduction à une réédition de *Monsieur Lecoq* (Paris, Bibliothèque mondiale, 1954).

Georlette (René). — Le Roman-Feuilleton (Bruxelles, chez l'auteur, 1955).

Hoveyda (Fereydoun). — Petite histoire du roman policier (Le Pavillon, 1956).

Lanoux (Armand). — Connaissez-vous Gaboriau ? (*Les Nouvelles Littéraires* du 1er décembre 1960), article repris comme préface à une réédition de *L'Affaire Lerouge* (Le Livre de poche, 1961).

Robin (Jean-François). — La curieuse figure d'Émile Gaboriau, père du roman policier (*Historia* d'octobre 1962).

Boileau-Narcejac. — Le Roman policier (Payot, Petite Bibliothèque, 1964).

Bureau (Paul). — Émile Gaboriau précurseur du roman policier (*Bulletin municipal de la ville de Saujon* de juin 1965).

Hoveyda (Fereydoun). — Histoire du roman policier (Le Pavillon, 1965).

Bellet (Roger). — Presse et journalisme sous le Second Empire (Armand Colin, le Kiosque, 1967).

X... — Émile Gaboriau dans European Authors (New York, Kunitz and Colby, 1967).

Lacassin (François). — Émile Gaboriau (*Magazine littéraire* d'août 1968).

Beylié (Claude). — Deux cents écrivains français sur pellicule (*Cinéma 70* de juillet-août 1970).

Boyé (Marcel). — Émile Gaboriau et la naissance du roman policier (Discours à l'occasion de l'audience solennelle de rentrée de la cour d'appel de Bordeaux, le 16 septembre 1972).

Bonniot (Roger). — Gustave Courbet en Saintonge (Klincksieck, 1973).

Colin (Jean-Paul). — Émile Gaboriau, le père du roman policier français. Tombeau d'un oublié (*Les Nouvelles Littéraires* du 29 octobre 1973).

Dupuy (Josée). — Le roman policier (Larousse, 1974).

Lebrun (Michel). — Les Alchimistes du roman policier, dans Le Roman-Feuilleton (*Europe* de juin 1974).

Pinguet (André). — Émile Gaboriau (*Le Chercheur de publications d'autrefois* de septembre-octobre 1974).

X... — Émile Gaboriau, bandes dessinées (Reims, *L'Union* du 30 septembre au 6 octobre 1975).

Boileau-Narcejac. — Le roman policier (Presses Universitaires de France, Que sais-je ? 1975).

Bonniot (Roger). — Connaissez-vous Émile Gaboriau ?, dans Aunis vivant, radieuse Saintonge (La Rochelle, Rupella, 1976).

Marty (Robert). — Découvrir le roman populaire (Seghers, 1976).

Bonniot (Roger). — Le Saintongeais Émile Gaboriau, père du roman policier (Saintes, Bulletin de la Société des Archives Historiques de la Saintonge et d'Aunis de 1976).

Bonniot (Roger). — A la recherche d'Émile Gaboriau, dans La Fiction policière (*Europe*, novembre-décembre 1976).

Cantegrit (Claude). — Préface à une réédition de *Monsieur Lecoq* (Garnier frères, 1977).

Durieux (Paulette). — Le récit d'un crime rendit célèbre Émile Gaboriau (*Télé 7 Jours*, n° 761 du 28 octobre 1978).

Fauconnier (Élisabeth). — Émile Gaboriau redécouvert par sa Saintonge natale (Limoges, *Charentes-Magazine* de mai 1979).

Colin (Jean-Paul). — Un Garibaldi de plume, préface à une réédition condensée de *L'Argent des Autres* (Nouvelles Éditions Baudinière, 1979).

Bonniot (Roger). — Gaboriau Étienne-Émile (Letouzay, Dictionnaire de Biographie française, fasc. 94, 1979).

Olivier-Martin (Yves). — Histoire du roman populaire en France de 1840 à 1980 (Albin Michel, 1980).

Lebrun (Michel). — L'Almanach du Crime — 1re année (Veyrier-Polar, 1980).

Ladoire (Jean). — Émile Gaboriau pionnier du roman policier (Bordeaux, *Sud-Ouest* du 2 septembre 1980).

BIOGRAPHIES SOMMAIRES
DE PERSONNAGES CITÉS DANS LE VOLUME

ABRAHAM (Émile), né à Paris, en 1833.
A collaboré à diverses feuilles littéraires et au *Petit Journal*, où il fut chargé de la critique théâtrale. Puis il est devenu secrétaire général du théâtre de la Porte de Saint- Martin, enfin du théâtre du Gymnase. En 1861, sous le titre *Acteurs et actrices de Paris*, il a publié sous le pseudonyme d'Adrien Laroque un recueil annuel de brochures biographiques. Mais il s'est surtout fait connaître par de nombreuses pièces de théâtre qu'il a écrites, soit seul, soit en collaboration. Citons *L'Homme entre deux âges* (1862), opérette ; *Le Lorgnon de l'amour* (1864), comédie ; *Les Parents de province* (1865), vaudeville ; *Les Petits crevés* (1867) ; *Les Vacances de Beautendon* (1881).

AIMARD (Olivier Gloux, dit Gustave), né à Paris, en 1818, mort à Paris, en 1883.
Embarqué comme mousse à douze ans, il vécut parmi les peuplades d'Amérique, puis parcourut l'Espagne, la Turquie et fit la guerre au Caucase. Rentré à Paris, il publia son premier livre, *Un coin de rideau*, sous un pseudonyme. Après la révolution de Février, il fut nommé officier de la garde mobile, mais il partit bientôt pour le Mexique. A partir de 1858, il publia des romans d'aventures, fruits de ses souvenirs, où l'on trouve de la vie et de l'imagination, mais qui révèlent un mépris absolu de la forme. Les descriptions sont imprécises, mais l'atmosphère n'y est pas sans charme. En 1870, il organisa le corps des Francs-Tireurs de la Presse qui se distingua brillamment au Bourget. Mais, malade, il dut abandonner son commandement. Après la guerre, il ne retrouva plus le même succès. Est-ce par dépit qu'il fut atteint, en 1883, de la folie des grandeurs. On dut l'enfermer à Sainte-Anne où il mourut au bout de quelques mois. Il était membre de la Société de Géographie. Parmi ses innombrables romans, contentons-nous de citer *Les Pirates des prairies* (1859), *La Grande flibuste* (1860), *Les Titans de la mer* (1873), *Les Bois brûlés* (1880), *Les Bandits de l'Arizona* (1882), *Cornélio d'Armor* (1883). De son roman *Les Flibustiers de l'Arizona*, il a tiré un grand drame qui fut joué avec de magnifiques décors au théâtre de la Porte Saint-Martin en 1884, mais qui n'eut guère de succès. Il menait de front deux ou trois romans, se recopiant parfois, en se contentant de modifier les noms propres.

ALTAROCHE (Marie-Michel), né à Issoire, en 1811, mort à Vaux, en 1884.
Il fit ses études secondaires au collège de sa ville natale, puis se rendit à Paris pour étudier le droit, qu'il abandonna au lendemain de la révolution de Juillet pour s'enrôler avec enthousiasme dans la presse républicaine. Il collabora à de nombreuses feuilles d'opposition, en particulier au *National*, dont il accrut le succès par sa verve mordante. En 1834, il prit la direction du *Charivari*, et l'exerça jusqu'à la révolution de 1848. En même temps il publiait des chansons politiques, des *Contes démocratiques*, un roman, *Les Aventures de Victor Augerol* (1838) et plusieurs pièces, entre autres, *Le Corrégidor de Séville*. En 1848, il fut nommé commissaire de la République pour le département du Puy-de-Dôme, qui l'envoya à la Constituante, mais il ne fut pas élu à la Législative. Il ne s'occupa plus dès lors que d'entreprises théâtrales. De 1850 à 1852, il dirigea l'Odéon, puis avec Huart, Les Folies-Nouvelles, devenues par la suite le théâtre Déjazet. Enfin il se consacra à l'établissement de Cabourg.

ANICET-BOURGEOIS (Auguste Bourgeois connu sous le nom d'), né à Paris, en 1806, mort à Paris, en 1871.

Après des études incomplètes, il entra comme clerc dans l'étude d'un avoué. Passionné de théâtre, il écrivit et réussit à faire jouer sa première pièce, *Gustave ou Le Napolitain*, alors qu'il avait dix-neuf ans. Toute sa vie allait être consacrée au théâtre, pour lequel il écrivit des pièces innombrables, qui ont connu un grand succès auprès du public populaire. Citons en seulement quelques-unes. Des drames : *Napoléon, Les Chouans, Robespierre, Nabuchodonosor, La Dame de Saint-Tropez, Le Bossu* (1862) en collaboration avec Paul Féval, *Rocambole* (1864) en collaboration avec Ponson du Terrail... Des comédies et des vaudevilles, *Passé minuit*, un petit chef-d'œuvre, *Treize à table, Le Perruquier de Meudon, Un Monsieur qui a brûlé une dame* en collaboration avec Labiche... Des pièces fantastiques : *Les Quatre Fils Aymon, Les Pilules du Diable*, dont le succès fut prodigieux.

ARNOULD (Sophie), née à Paris, en 1744, morte à Luzarches (Val-d'Oise), en 1802.

Elle naquit dans la chambre de la rue de Béthisy, où l'amiral Coligny avait été assassiné. Sa voix admirable lui ouvrit l'Opéra, alors qu'elle n'avait que treize ans. Les brillants succès qu'elle remporta au service de Gluck et de Rameau ainsi que sa beauté firent d'elle l'idole du public. Peut-être d'avoir commencé à chanter trop jeune fit que sa voix se fatigua prématurément. A trente-quatre ans, elle dut prendre sa retraite avec une pension. Pendant la Révolution, cette pension cessa de lui être servie et elle fut contrainte de vendre la propriété qu'elle possédait pour se retirer dans la maison des pénitents de Saint-François, à Luzarches, qu'elle avait achetée à bas prix comme bien national.

Autant que par ses talents de cantatrice, elle était célèbre par ses bons mots dont on publia un recueil en 1813. Rencontrant un jour son médecin portant un fusil, elle lui dit en riant : « Vous avez donc peur de les manquer. » Pendant la Révolution, interrogée par un comité de sans-culotte, elle déclara : « Les droits de l'homme, je les connais par cœur. » A ses derniers moments, elle dit au prêtre qui l'assistait : « Je suis comme sainte Madeleine, il me sera beaucoup pardonné, parce que j'ai beaucoup aimé. »

Elle avait entretenu longtemps des rapports avec le comte de Lauraguais, dont elle eut plusieurs enfants. L'un de ses fils, alors colonel de cuirassiers, fut tué à la bataille de Wagram.

ASSOLLANT (Alfred), né à Aubusson, en 1827, mort à Paris, en 1886.

Après de brillantes études secondaires au collège Stanislas, puis au lycée Charlemagne, il fut admis en 1847 à l'École Normale Supérieure. A sa sortie, il fut chargé d'un cours d'histoire à Orléans, puis à Poitiers, enfin à Soissons. Mais l'administration était effrayée par ses idées libérales et son enseignement, ennemi de la routine. Après avoir publié en 1853 des *Pages choisies de Pline l'Ancien*, il sollicita un congé qu'il mit à profit pour visiter les États-Unis. Il en revint moins enthousiaste qu'il y était parti, mais cependant gagné à la liberté des mœurs américaines Il commença, en 1856, à publier des articles dans nombre de journaux et de revues, et des nouvelles qui, réunies en volume sous le titre *Scènes de la vie des États-Unis* (1858), remportèrent un vif succès. Parmi ses nombreuses œuvres, romans ou ouvrages historiques, il convient de citer *Marcomir, histoire d'un étudiant* (1861), qui fut interdit un temps par la censure et *Une Ville de garnison* (1865), étude des mœurs militaires, *L'Aventure merveilleuse du capitaine Corcoran* (1867, *La Croix des Prêches*, récit des malheurs d'une petite ville protestante au lendemain de la Révocation, *Assez tué* (1879), courageux plaidoyer en faveur de l'amnistie, *La Bataille de Laon, 1814* (1881), ouvrage de grande valeur où la guerre est peinte par ses petits côtés, *Les Crimes de Polichinelle* (1884), satire endiablée des vices de l'humanité. Assolant fut un écrivain alerte, spirituel, mais quelque peu paradoxal. Ses candidatures aux élections législatives, tant à Paris que dans la Creuse, son pays natal, n'eurent pas plus de succès que sa candidature à l'Académie.

AUBERT (Francis), né en 1840, mort en 1875.

Collaborateur du *Gaulois* et de *La Cité Nouvelle*, il a publié divers ouvrages d'histoire et de polémique, en particulier un pamphlet anti-orléaniste, *Les titres de la maison d'Orléans* (1869), et une petite pièce de théâtre : *L'Amuseur du Sultan* (1859).

AUDEBRAND (Philibert), né à Saint-Amand (Cher), en 1815, mort à Paris, en 1906.

Il débuta dans la littérature en publiant quelques nouvelles et quelques vers dans *La Revue du Cher*, journal de l'opposition républicaine sous la Monarchie de Juillet. Destiné au barreau, il fut envoyé à Paris pour y achever ses études. Il ne tarda pas à se mêler au monde du journalisme et à collaborer à toutes les feuilles satiriques de l'époque, devenu lui-même rédacteur en chef du *Tam-Tam*. Il écrivit des feuilletons pour la grande presse et d'innombrables articles pour des journaux destinés à la jeunesse et à la famille. Il publia également de nombreux ouvrages, ce qui faisait dire à Monselet qu'avec sa production on couvrirait la place du Carrousel. Il était, aussi, correspondant de plusieurs journaux étrangers et, en 1856, il fonda *La Gazette de Paris*, dont il fut le rédacteur en chef jusqu'en 1859. Touchant à tous les genres, il parvint à faire jouer plusieurs pièces, comédies pour la plupart, sur diverses scènes parisiennes. Parmi les multiples ouvrages de cet écrivain boulevardier, au style à la fois souple et varié, retenons *Les Mariages d'aujourd'hui* (1865), *Histoire intime de la Révolution du 18 mars* (1871), *Un Café de journalistes sous Napoléon III* (1888) et *Romanciers et viveurs du XIXe siècle* (1904).

AVENEL (Georges), né à Chaumont (Oise), en 1828, mort à Bougival (Seine-et-Oise), en 1876.

Après de fortes études au collège Louis-le-Grand, puis à la Faculté de Droit, il s'adonna à l'histoire, en particulier à celle de la Révolution. Journaliste républicain sous l'Empire, il publia en 1865, une biographie d'*Anacharsis Cloots*, véritable panorama de la fin du XVIIIe siècle et des débuts de la Révolution. C'est une œuvre pleine d'éclat, résultat d'années de travail, l'étude la plus vivante qui eût encore été donnée de cette période. Au lendemain du 4 Septembre, il devint chef de la correspondance de l'Hôtel de Ville de Paris. Après l'insurrection du 18 mars, il fit partie d'un Comité de conciliation, qui s'efforça d'éviter la guerre civile. Il participa à la création du journal *La République Française*, en septembre 1871 et devint rapidement l'un de ses principaux rédacteurs. Il y publia une série d'études sur la Révolution Française, *Les Lundis révolutionnaires*, dans lesquels la passion politique nuisit souvent à l'esprit critique. On lui doit encore une édition remarquablement annotée des *Œuvres complètes de Voltaire*. Georges Avenel succomba aux suites d'une attaque d'apoplexie.

BACHAUMONT (Louis Petit de), né à Paris, en 1690, mort à Paris, en 1771.

Petit-fils d'un médecin de la maison du prince de Conti, il perdit, tout enfant, son père et sa mère et fut élevé au château de Versailles par son grand-père. Il était choyé de tous pour sa gentillesse et ses malheurs et Le Nôtre, vieillard, lui apprit les éléments du dessin. Menant une existence indépendante grâce à sa fortune, il se lia avec la veuve d'un secrétaire du Régent, Mme Doublet, qui tenait un salon fréquenté par les gens du monde et les écrivains, où l'on colportait les nouvelles du jour. Bachaumont avait déjà écrit plusieurs ouvrages, en particulier un *Essai sur la peinture, la sculpture et l'architecture* (1751), et faisait autorité en matière d'art. Mais, à partir de 1762, il nota soigneusement tous les potins entendus dans le salon de Mme Doublet, anecdotes piquantes, notices de livres clandestins ou prohibés... Ce recueil surnommé *Journal de Bachaumont* fut publié six ans après sa mort sous le titre de *Mémoires secrets pour servir à l'histoire de la république des lettres* (6 vol.). Ce journal fut continué par d'autres qui le portèrent à trente volumes.

BARBARA (Charles), né à Orléans, en 1822, mort à Paris, en 1886.

Il compléta au lycée Louis-le-Grand ses études commencées dans sa ville natale. Il débuta dans le journalisme au *Corsaire* et fit partie du groupe de Murger, qui, dans sa *Vie de Bohème*, l'a représenté sous le nom burlesque de Carolus Barbemuche. Il donna dans *Le Journal pour tous* des nouvelles qu'il publia par la suite en volume sous le titre de *Orages de ma vie* (1859). En 1858, il avait publié un remarquable roman, *L'Assassinat du Pont-Rouge*, dont il tira par la suite un mélodrame en collaboration avec Deslys. Parmi ses nouvelles et ses romans, citons ses *Histoires émouvantes* (1856) de caractère dramatique et *Mlle de Sainte-Luce* (1868). Il devait mourir en se jetant, dans un accès de fièvre chaude, par la fenêtre de la maison de santé où il avait été conduit après la mort de sa femme et de sa fille.

BARBIER (Frédéric), né à Metz, en 1829, mort à Paris, en 1889.

Fils d'un officier supérieur, il termina ses études secondaires au lycée de Bourges. Il vint à Paris au lendemain de la révolution de Février pour suivre les cours de l'École d'Administration, créée par la Seconde République, mais bientôt dissoute. Il se livra alors à sa passion pour la musique. Adolphe Adam, qui l'avait distingué, le fit recevoir au Théâtre-Lyrique. Son premier ouvrage, *Une nuit à Séville* (1855), opéra-comique en un acte, obtint un grand succès. Il fit ensuite représenter de nombreux opéras-comiques et opérettes, la plupart en un acte, sur différentes scènes. Il composa aussi de nombreux morceaux d'orchestre, des chœurs, des musiques de danse. Pendant l'exposition universelle de 1867, il fut chef d'orchestre du Théâtre-International et, à partir de 1873, il fut appelé à diriger celui de l'Alcazar des Champs-Élysées. Parmi ses principales œuvres, on peut citer *Le Page de Malborough* (1858), *La Cigale et la Fourmi* (1862), *Madame Pygmalion* (1863) et *La Musique de Mlle Rose* (1874).

BATAILLE (Charles), né à Paris, en 1831, mort à Paris, en 1868.

Après avoir fait ses études à Paris, débuta brillamment au théâtre par un drame en prose *L'Usurier de village*, joué à l'Odéon en 1859 ; la même année, il publia un poème remarqué : *Le Monde interlope*. Il donna toute la mesure de son talent dans un roman réaliste *Antoine Quérard*, écrit en collaboration et publié en 1862. On cite de lui quelques brochures de polémique ; comme chroniqueur, il collabora avec talent à diverses feuilles, en particulier, au *Figaro* et au *Boulevard*. Après avoir souffert de surdité pendant plusieurs années, il fut victime de troubles mentaux, qui nécessitèrent son internement dans une maison de santé parisienne.

BAUDRY (Étienne), né à Saintes, en 1830, mort à Royan, en 1908.

Fils d'un notaire saintais et de bonne heure orphelin de mère, il fut élevé par une grand-mère pittoresque qui, sous la Terreur, avait échappé de peu à la guillotine. Étudiant en droit au Quartier Latin, il fréquenta les milieux littéraires plus que la Sorbonne et se passionna pour la peinture. La mort de son père survenue en 1847, lui avait laissé une importante fortune qui reposait surtout sur la vigne. Grâce à son ancien camarade du collège de Saintes, le critique d'art, Jules Castagnary, retrouvé à Paris, il avait fait la connaissance de Gustave Courbet qu'il reçut en mai 1862, dans son château de Rochemont, aux portes de Saintes. C'est l'origine du séjour d'une année que le peintre fit en Saintonge. Baudry, esprit original, publia plusieurs études sociales. Dans l'une, *Le Camp des Bourgeois* (1868), illustré par Courbet, il annonce la disparition de la domesticité et l'ère des femmes de ménage. Ce livre se trouvait d'ailleurs dans la bibliothèque de Gaboriau, hostile, comme on sait, à cette catégorie sociale. Les deux hommes avaient dû se connaître par Courbet. Après la Commune, Baudry s'employa à sauver des saisies ordonnées par l'État une partie des œuvres de Courbet, alors réfugié en Suisse. C'est à Royan qu'il passa ses dernières années d'existence, faisant des dons importants à divers musées. En particulier, par l'intermédiaire de Juliette Courbet, sœur du peintre décédé, les célèbres *Demoiselles des Bords de la Seine* au musée des Beaux-Arts de la ville de Paris.

BEAUVOIR (Roger de Bully, dit Roger de), né à Paris, en 1806, mort à Paris, en 1866.

Fils d'un receveur général des finances, il fit ses études chez les Jésuites, puis au collège Henri IV. D'abord destiné à la diplomatie, il dut, à la demande de son oncle, député royaliste, adopter un peudonyme pour publier ses œuvres. Possesseur d'une fortune personnelle, il éblouit la haute société parisienne par son train de vie et ses aventures, puis il se fit également connaître sur un autre terrain en publiant son premier roman, *L'Écolier de Cluny* (1832), où il se montre un adepte effréné du romantisme. En 1847, il épousa la comédienne Léocadie Doze, dont il se sépara judiciairement deux ans plus tard. A cette occasion sa belle-mère le fit condamner à trois mois de prison pour un poème satirique, *L'Offraie ou Mon procès*. Ruiné par ses prodigalités, immobilisé par la goutte, il passa ses dernières années dans un modeste appartement des Batignolles.

On lui doit, dans un style vif et brillant, des romans, des nouvelles, des souvenirs, de la critique d'art, des comédies, des vaudevilles, des chansons, des recueils de poésies, des épigrammes. Contentons-nous de citer : *Les Soirées du Lido* (1833) et *Il Pulcinella* (1839), contes et nouvelles rapportés d'un voyage en Italie ; *Ruysch, histoire hollandaise du XVIIe siècle* (1836) dont l'origine fut un voyage aux Pays-Bas ; *Le Salon de 1836* ; *Le Chevalier de Saint-Georges* (1840), son meilleur roman ; *La Porte du Soleil* (4 vol. 1844), récit d'un long séjour en Espagne. Parmi ses autres romans, *L'Ile des Cygnes* (1844), *L'Hôtel Pimodan* (1846), *Le Chevalier de Charny* (1859). Il a donné au théâtre *Le Chevalier de Saint-Georges* (1840), comédie tirée de son roman, *Paris-Crinoline* (1858) revue en trois tableaux. On lui doit également des œuvres poétiques : *La Cape et l'Épée* (1837) et *Les Meilleurs fruits de mon panier* (1864) enfin des souvenirs de ses frasques : *Duels et Duellistes* (1864) et *Les Soupeurs de mon temps* (1866).

Ses deux fils ont écrit. Le second, Henry a publié, en 1887, *Les Disparus*, portraits satiriques.

BECHER-STOWE (Mme Harriet), née à Lichtfield, en 1811 (Connecticut), morte à Hartford (Connecticut), en 1896.
Fille du pasteur presbytérien Beecher, qui lutta contre l'esclavagisme et dont huit des dix enfants publièrent des ouvrages théologiques ou littéraires. A quinze ans, elle s'associa à l'œuvre de sa sœur aînée Catherine, qui se dévouait pour l'instruction des femmes, alors directrice d'une pension de jeunes filles à Hartford. A vingt ans, en compagnie de sa sœur épuisée par la maladie, elle rejoignit toute sa famille retirée dans un village, près de Cincinnati, où elles reprirent toutes deux leur tâche d'institutrices. A l'âge de vingt-trois ans, elle épousa Calvin Stowe, professeur de littérature religieuse à Darmouth (Ohio), qui, quelques années plus tard, fut appelé par son beau-père à occuper une chaire du séminaire de Lane, près de Cincinnati. Pendant dix-sept ans elle vécut dans cette ville avec son mari, ardent abolitionniste, persécutés tous deux par les propriétaires d'esclaves. En 1850, forcé de quitter la région, son mari obtient une chaire à Andowen, dans le Massachussets. C'est alors qu'elle écrivit le roman qui devait la rendre célèbre *La Case de l'Oncle Tom* qui parut d'abord dans *L'Ère Nationale*, de Washington, puis en volume (1852). Le livre fut bientôt traduit dans toutes les langues et transformé en un drame joué dans toutes les grandes villes d'Europe. En 1853, elle publia *La Clef de la case de l'oncle Tom*, ouvrage très inférieur au précédent. La même année, elle partit en compagnie de son mari et de son père pour un voyage de plusieurs mois, au cours duquel elle visita les Iles Britanniques, la France, les Pays-Bas et la Suisse. Elle publia, en 1854, la relation de ce voyage, sous le titre *Souvenirs heureux*. Par la suite elle écrivit plusieurs autres romans, dont *La Vraie histoire de Lady Byron*, en 1869. Le livre fit scandale en Grande-Bretagne, car l'auteur avait soutenu contre toute vraisemblance que Lord Byron avait été l'amant de sa sœur, justification du comportement de son épouse.

BELLEMARE (Adolphe Carrey de), né à Paris, en 1824, mort à Nice, en 1905.
Sorti de Saint-Cyr en 1843, il fut envoyé en Afrique où il se distingua. Professeur à l'École de Saint-Cyr, il fit ensuite les campagnes de Crimée, d'Italie et du Mexique. Colonel d'un régiment d'infanterie en 1870, il fut promu général de brigade après Wissembourg, où il fit preuve de la plus grande bravoure. Refusant la capitulation de Sedan, il s'évada sous le costume d'un paysan et vint à Paris se mettre au service du gouvernement de la Défense Nationale. Il remporta plusieurs succès lors des sorties qu'il commanda, en particulier à Pierrefitte et à Champigny. En décembre 1870, il fut nommé général de division, promotion qui ne fut pas entérinée, en 1871, par la commission de révision des grades. Une pétition en sa faveur, présentée par ses collègues à l'Assemblée Nationale, fut également rejetée par la suite. Quand les intrigues des légitimistes purent faire croire au retour des Bourbons sur le trône, il écrivit au ministre de la guerre que, dans le cas d'une restauration monarchique, on devrait le considérer comme démissionnaire, ce qui lui valut une mise à la retraite d'office et un retrait d'emploi. Il fut réintégré dès 1874 et reçut le commandement de la subdivision de Saintes-La Rochelle. Promu divisionnaire en 1879, puis général de corps d'armée en 1883, il fut nommé grand officier de la Légion d'honneur et entra au Conseil supérieur de la Guerre, en 1886. Il a publié un ouvrage en vers, en 1897, *L'Empire c'est la paix*.

BENASSIT (Émile), né à Bordeaux, en 1833, mort à Jouarre (Seine-et-Marne), en 1902.
Connut dans sa jeunesse une misère dont il ne parvint jamais à sortir complètement malgré les nombreuses illustrations d'ouvrages qu'il exécuta pour des éditeurs, en particulier ses vingt-cinq estampes pour *Les Heures parisiennes* d'Alfred Delvau. Il travailla quelque temps à Londres, puis finit par s'installer à Paris où il exposa au Salon. Il peignit des œuvres élégantes et spirituelles, des aquarelles principalement, représentant des scènes du XVIIIe siècle et de la vie militaire. Sa conversation était étincelante et son esprit se manifesta en particulier, quand il remania les *Fables* de La Fontaine en leur donnant une moralité très parisienne. Son histoire de *Jean Chaudelon*, peintre français, est restée célèbre dans les ateliers, comme une des charges les plus réussies. Frappé par la paralysie, il passa à Jouarre les douze dernières années de sa vie, pendant lesquelles ses amis, pour lui apporter une aide pécuniaire, durent organiser une tombola en sa faveur.

BERRYER (Pierre), né à Paris, en 1790, mort à Angerville (Loiret), en 1868.
Fils d'un avocat d'origine lorraine, il fut mis en pension chez les Oratoriens et termina ses études au lycée Bonaparte. Il entendait devenir prêtre, mais on lui refusa

l'entrée du séminaire d'Issy pour cause de fausse vocation. Il décida alors d'être avocat et se livra à l'étude du Droit, puis travailla chez un avoué. Agé de vingt et un ans, il épousa la fille d'un directeur en chef de la marine. Il fut d'abord un admirateur de Napoléon, mais avant même la chute de l'Empereur, il se rallia à la cause monarchique qu'il devait toujours soutenir. Il blâma cependant les excès de la Restauration et défendit plusieurs fidèles de Napoléon. Cambronne lui dut son acquittement. En 1830, il fut élu député de la Haute-Loire. En 1832, il tenta de rejoindre la duchesse de Berry pour la dissuader de poursuivre sa folle équipée, mais il fut arrêté à Angoulême. Traduit devant la cour d'assises du Loir-et-Cher, il fut acquitté à l'unanimité. Il prêtait sa magnifique éloquence à toutes les causes. C'est ainsi qu'il défendit Louis-Napoléon après sa malheureuse tentative de Boulogne en 1840 et, en 1863, les ouvriers grévistes dont il n'accepta pas d'honoraires. Il traitait avec la même autorité les plus grandes questions et obtint, en 1834, le rejet du projet de traité avec les États-Unis. Au lendemain de la révolution de Février, il fut élu député des Bouches-du-Rhône. Mais, après le Coup d'État, il rentra dans la vie privée. En 1852, il fut élu bâtonnier de l'ordre des avocats et, la même année, entra à l'Académie Française. En 1863, alors que la dictature impériale s'était un peu relâchée, les Bouches-du-Rhône l'élurent de nouveau au Corps Législatif, où il devait prendre souvent la parole. En 1868, très malade, il se fit transporter dans son domaine d'Auvergille pour y mourir. Un des derniers actes de ce royaliste intransigeant avait été de participer à la souscription pour le monument Baudin.

Ce grand génie oratoire, qui touchait parfois au sublime, n'avait pas d'ennemis personnels dans sa lutte pour une alliance entre la monarchie de droit divin et les libertés modernes. Ses *Discours parlementaires* furent publiés en 1872-1874 et ses *Plaidoyers* en 1875.

BERTIN (Édouard), né à Paris, en 1797, mort à Paris, en 1871.

Fils de François Bertin, dit Bertin aîné, qui fonda *Le Journal des Débats* sous le Consulat. Il s'orienta vers la peinture et fut l'élève de Girodet qu'il quitta bientôt, préférant le paysagisme à la peinture d'histoire. Après plusieurs séjours en Italie, il travailla sous la direction de Dominique Ingres. Le gouvernement de Juillet en fit un inspecteur des Beaux-Arts et l'envoya en mission en Italie où il fit mouler les portes du Baptistère de Florence et les *Chanteurs* de Lucca della Robbia. Il avait figuré au Salon à partir de 1827 et on y retrouve jusqu'en 1843 les paysages qu'il peignit au cours de nombreux voyages dans les pays méditerranéens et dans le Proche-Orient. A partir de cette date il cessa d'exposer sans cependant abandonner la peinture. En 1854, à la mort de son frère Armand, il prit la direction du *Journal des Débats*, continuant ainsi la dynastie des Bertin. Cette famille devait poursuivre avec lui sa brillante carrière, se tenant d'ailleurs sous la réserve pendant tout le Second Empire. Il en approuva cependant la politique italienne, ce qui ne l'empêcha pas de recevoir un avertissement en 1861. Au lendemain de sa mort une exposition générale de ses œuvres fut organisée à l'École des Beaux-Arts (1872).

BICHAT (Xavier), né à Thoirette (Jura), en 1771, mort à Paris, en 1802.

Il était le fils d'un médecin qui l'initia de bonne heure aux termes médicaux. Il fit ses études classiques au collège de Nantua, puis au petit séminaire de Lyon, dont le directeur était son oncle. A l'âge de vingt ans il aborda à Lyon l'étude de la chirurgie, mais, après les événements tragiques de 1793, il quitta cette ville pour Paris, où il fut l'élève du célèbre chirurgien Desault, qui, frappé de son intelligence, le prit pour aide et le logea sous son propre toit. Mais, en 1795, Desault mourut d'une fièvre cérébrale et Bichat prouva sa reconnaissance en achevant la publication des ouvrages de son maître et en devenant l'appui de son jeune fils. Après avoir poursuivi solitairement ses études, il ouvrit un amphithéâtre, rue du Four, en 1797, où il donna des leçons d'anatomie dont le succès lui amena bientôt quatre-vingts élèves. Il publia alors coup sur coup plusieurs études qui révolutionnèrent la médecine et, en particulier, des *Recherches sur la vie et sur la mort* et une *Anatomie générale*, deux ouvrages qui ont été qualifiés de « chefs-d'œuvre immortels ». En 1800, il avait été nommé médecin à l'Hôtel-Dieu, mais en 1802, atteint d'une fièvre typhoïde, il fut emporté en quinze jours malgré les soins de Corvisart. Sur sa tombe, on loua sa modestie, sa générosité, son désintéressement. Le Premier Consul donna l'ordre de lui élever une statue en bronze dans la cour de l'École de Médecine de Paris. A Bourg, fut inaugurée, en 1843, sa statue par David d'Angers, qui l'a également représenté au fronton du Panthéon et a sculpté son buste aujourd'hui à Saumur.

BLANQUI (Adolphe), né à Puget-Théniers, en 1798, mort à Paris, en 1854.
Fils d'un ancien conventionnel, il était simple répétiteur dans une institution parisienne, quand il suivit les cours de l'économiste Jean-Baptiste Say, champion du libéralisme. Meilleur disciple du maître, il devint bientôt son collaborateur. Il fut nommé en 1825, à la chaire d'économie industrielle (on ne disait pas encore économie politique) de l'École spéciale de Commerce de Paris, puis en 1830, en devint le directeur. En 1833, il succéda à son maître dans la chaire d'économie politique du Conservatoire des Arts et Métiers. Il fit par la suite de nombreux voyages dans toute l'Europe et en Algérie, la plupart du temps chargé de mission par le gouvernement. Les résultats de ses enquêtes étaient toujours étudiés avec passion par tous les spécialistes et celle qu'il fit en 1840, dans le département du Nord, produisit une émotion considérable à la suite de ses révélations sur la condition lamentable des ouvriers tisserands. Très attaché à la doctrine de la liberté en matière commerciale, il a rendu populaire l'économie politique. Membre de l'Institut en 1838, il fut député de la Gironde de 1846 à 1848. Citons parmi ses nombreux ouvrages son *Histoire de l'Économie politique en Europe* (1837-1842) et son *Rapport sur la situation économique de l'Afrique française* (1840).

BLANQUI (Auguste), né à Puget-Théniers (Alpes-Maritimes), en 1805, mort à Paris, en 1881.
Fils d'un conventionnel et frère du précédent, il reçut une éducation soignée et étudia le droit et la médecine à Paris. Il se jeta très tôt dans les luttes politiques, fut blessé d'une balle au cou en 1827 et prit part aux Trois Glorieuses. Sous la Monarchie de Juillet, il appartint aux sociétés secrètes républicaines et subit plusieurs condamnations. Il prépara avec Barbès l'insurrection de 1839, fut condamné à mort par la cour des pairs, peine commuée en détention perpétuelle. Il connut les prisons du Mont-Saint-Michel, pendant que sa jeune femme, artiste distinguée, mourait dans le désespoir. Malade, il fut transféré à l'hôpital de Tours où il se trouvait au moment où survint la révolution de Février. Il gagna Paris où il prit part à toutes les manifestations populaires qui marquèrent les débuts de la Seconde République. Après la journée du 15 mai, il fut condamné à dix ans de prison. Il subit sa peine à Belle-Isle, d'où il tenta plusieurs fois de s'évader. Il fut transféré en Corse, puis en Algérie, d'où le tira l'amnistie de 1859. En 1861, arrêté comme chef réel ou supposé d'une société secrète, il fut condamné à quatre ans de prison. Malade, il acheva sa peine dans un hôpital de Paris d'où il s'évada, alors qu'on l'y maintenait illégalement. Il vécut ensuite en Belgique, d'où il revint à la faveur de l'amnistie d'août 1869.
Il joua un rôle très actif dans les événements de 1870-1871. Le 14 août 1870, il organisa un coup de main, qui échoua, pour s'emparer des fusils de la caserne des pompiers de La Villette. Il échappa à toutes les recherches puis fut amnistié le 4 septembre. Dès le 5, il publia un quotidien, *La Patrie en danger*, qui fut l'organe des ultra-radicaux. Il se compromit également, le 31 octobre, en s'installant à l'Hôtel de Ville et en signant des ordres pour assurer le succès de la tentative révolutionnaire. Poursuivi, il fut l'objet d'une ordonnance de non-lieu. Il cessa alors de se mêler à la vie politique et se consacra à son journal, qui mourut bientôt faute d'acheteurs. L'armistice arrivé, sa candidature à l'élection à l'Assemblée Nationale fut un échec. Il se rendit alors dans le Midi où l'on a prétendu, sans pouvoir le prouver, qu'il était chargé de préparer cette région aux événements de la Commune, dont il devint membre, bien qu'absent de Paris. Il fut arrêté sur l'ordre de Thiers et condamné à la déportation dans une enceinte fortifiée pour son action lors du siège de Paris. Sa peine fut commuée en détention perpétuelle, puis son état de santé le fit incarcérer à Clairvaux où il refusa toujours de signer son recours en grâce. Les amis de Blanqui tentèrent d'imposer sa libération au gouvernement, en posant sa candidature lors de chaque élection législative. Après plusieurs échecs, il fut finalement élu à Bordeaux, en avril 1879, mais la chambre invalida cette élection. Peu de temps après, il fut amnistié. En 1880, il fit paraître à Paris un hebdomadaire, *Ni Dieu, ni Maître*, mais à la fin de la même année, il fut frappé d'une apoplexie et mourut le 1er janvier 1881. Une foule immense, drapeaux rouges déployés, assista à ses obsèques.
Blanqui, qu'on avait surnommé « l'emprisonné », était un écrivain vigoureux, mais il a peu publié. Une partie de ses manuscrits avait d'ailleurs été détruite accidentellement.

BLAVET (Émile), né à Cournonterral (Hérault), en 1838, mort à Paris, en 1924.
Il fut professeur successivement à Tournon, à Clermont-Ferrand et à Nice, où il fit la connaissance d'Alphonse Karr. Il y fit du journalisme, publiant ses articles dans

La Gazette de Nice et dans *Le Lazzarone*, qu'il avait fondé et qu'il rédigeait à lui seul. Sur le conseil de Karr, il jeta sa toge aux orties en 1860 et vint à Paris où il écrivit dans de petites feuilles avant d'être admis au *Soleil*, que venait de fonder Millaud. De là, il passa à *La Situation* et finalement au *Figaro* en 1868. Pendant le siège de Paris, il combattit courageusement. La paix rétablie, il créa à Versailles une brochure hebdomadaire, *Le Rural*, où il défendait les thèses les plus conservatrices. Il entra ensuite au *Gaulois*, dont il fut le rédacteur en chef de 1876 à 1879. De là il passa à *La Presse* avant de rentrer au *Figaro* en 1884. La même année, il fut nommé secrétaire général de l'administration de l'Opéra.

On doit à cet écrivain plein de verve un drame *Le Ruy Blas d'en face*, joué aux Folies-Dramatiques, qui fut un insuccès effacé par le livret de *Bravo*, opéra joué en 1877 à l'Opéra-Comique et celui de *Mimi Pinson* (1876), vaudeville. En collaboration avec Carré, il a écrit une comédie *Mon oncle Barbassou* (1891) et plusieurs romans, entre autres *Dalila* (1902) et *L'homme sans nom* (1904). De 1885 à 1890, il a publié chaque année un recueil de sa chronique *La Vie parisienne* au *Figaro*, qui avait obtenu un grand succès, et, en 1924, l'année de sa mort, des *Souvenirs*.

BOHAIN (Victor), né à Paris, en 1805, mort à Paris, en 1856.

Il abandonna l'étude du Droit en 1827, pour acheter 30 000 francs la propriété du *Figaro* à Le Poitevin qui l'avait payée 300 francs. Il introduisit la politique dans ce journal jusqu'alors purement littéraire. Ayant signé la protestation de la presse contre les ordonnances de Juillet, il fut nommé préfet de la Charente en 1830. Il s'y ruina par ses prodigalités et, rentré à Paris, il fut nommé directeur du théâtre des Nouveautés. Il revint au journalisme en 1833 et fonda *L'Europe Littéraire*. Ayant vendu cette feuille, il acquit l'édition du *Dictionnaire des Dictionnaires*, qu'il revendit au libraire Didier, pour devenir, en 1838, directeur d'un journal d'horticulture. Puis il passa en Angleterre pour échapper à ses créanciers et y fonda *Le Courrier de l'Europe*, qui eut du succès. Rentré en France, en 1845, il y lança deux journaux *L'Europe* et *La Semaine*, créa un jardin d'hiver et une foule d'autres entreprises. Il fut l'auteur d'un drame en prose *Mirabeau*, joué à l'Odéon, en 1831, mais sans succès malgré le talent de Frédérick-Lemaître dans le rôle de Mirabeau.

BOISGOBEY (Fortuné du), né à Granville, en 1824, mort à Paris, en 1891.

Il était d'une famille appartenant à la noblesse de robe qui, pendant la Révolution, avait prudemment troqué son nom contre celui d'Abraham-Dubois. Il fit ses études secondaires à Paris, au collège Saint-Louis, puis devenu libre et à la tête d'une confortable fortune, il mena la vie fastueuse d'un dandy. Il voyagea, visita le Proche-Orient où il acquit une connaissance de la langue arabe. En 1844, tenté par l'aventure, il s'engagea comme commis de trésorerie dans l'armée d'Algérie, où il sut gagner l'amitié de Bugeaud. Il revint à Paris en 1848, voyagea à nouveau, lors de la campagne d'Italie, reprit du service comme payeur aux armées. A peu près ruiné, il obtient ensuite un poste de receveur des Finances en Dordogne, où il s'ennuya. En 1868, il démissionna, rentra à Paris et se mit à écrire pour gagner sa vie. La même année, *Le Petit Journal* publia sous le nom de Boisgobey qu'il avait repris, une nouvelle, *Les Deux Comédiens*. Paul Dalloz (le frère du jurisconsulte), qui était à la tête de plusieurs journaux, accepta alors pour *Le Petit Moniteur*, deux feuilletons de Boisgobey *L'Homme sans nom* et *Le Forçat colonel*, qui obtinrent un vif succès et firent de lui le rival de Ponson du Terrail et de Gaboriau. Dalloz se l'attacha alors pour sept ans avec un contrat qui lui assurait douze mille francs par an. Durant des années, il donna à Dalloz toute une série de romans feuilletons bien enlevés qui parurent ensuite en librairie chez Dentu, pendant dix ans son éditeur exclusif. Citons *Le Chevalier Casse-cou* (1873), *Les Collets noirs* (1874), *Les Mystères du nouveau Paris* (1876). En 1876, son contrat avec Dentu étant arrivé à expiration, il put collaborer avec de nombreux journaux. Il donna *Le Voleur* (1878), *La Vieillesse de Monsieur Lecoq*. La série se poursuivit avec notamment *Le Crime de l'mnibus* (1882), *Le Coup d'œil de M. Piédouche* (1883). (M. Piédouche étant un ancien collaborateur de Lecoq). Il publia jusqu'à sa mort, survenue à l'Asile des Frères Hospitaliers de Saint-Jean de Dieu, où il se faisait soigner d'une maladie de la moelle épinière.

BORDONE (Philippe), né à Avignon, en 1861, mort en 1892.

Descendant d'une famille piémontaise établie en France, il fit ses études secondaires au collège d'Avignon. Reçu docteur en médecine à Montpellier, il s'embarqua comme chirurgien sur un navire de l'État. Il démissionna en 1848, pour entrer dans la vie politique, mais après le Coup d'État il revint à la médecine, puis rentra comme chirurgien dans la marine lors de la guerre de Crimée. De nouveau démissionnaire à la fin de la guerre, il se rendit en Italie pour suivre l'expérience d'un affût de marine, inventé par lui. Il y connut Garibaldi, qui lui confia le commandement du génie de sa petit troupe, lors de l'expédition de Sicile, en 1860. Après l'annexion du royaume de Naples à l'Italie, il revint en France. En 1870, il décida Garibaldi à se mettre au service de la France, et le présenta, à Tours, à Gambetta, qui lui confia le commandement des Corps francs des Vosges. Garibaldi fit de Bordone son chef d'état-major, après l'avoir nommé général. Après la démission de Garibaldi, son successeur, l'amiral Penhoat fit de Bordone le plus grand éloge dans ses rapports. La guerre terminée, celui-ci alla rendre visite à son vieil ami retiré à Caprera, mais, à son retour en France, on l'impliqua dans un complot. Il fut relâché après trois semaines de détention. Il rentra alors dans la vie privée et ne s'occupa plus que d'affaires industrielles. On lui doit plusieurs ouvrages, notamment *Garibaldi et l'armée des Vosges* (1871, 3 vol.) ; *Garibaldi, sa vie, ses aventures, ses combats* (1878). En 1880, il fit jouer, au théâtre des Nations, une pièce en cinq actes, *Garibaldi*, qui n'eut guère de succès.

BOULANGER (Louis), né à Verceil (Piémont), en 1806, mort à Dijon, en 1867.
Entré à l'École des Beaux-Arts à l'âge de quinze ans, cet artiste se forma surtout sous la direction de Devéria. Pour ses débuts, en 1827 il exposa au Salon, un *Supplice de Mazeppa*, œuvre romantique qui lui valut une deuxième médaille, peut-être par suite d'une inadvertance du jury. Enfant chéri des auteurs romantiques, il se gagna, par son exécution chaudement colorée, le patronage de Victor Hugo qui lui dédia quelques-uns de ses plus beaux poèmes. Le peintre, lui, commenta les œuvres du grand écrivain avec sa plume et son pinceau. Il reçut d'importantes commandes de la Monarchie de Juillet, qu'il exécuta, non sans gêne, d'une manière parfaitement classique. En 1840, *Les Trois amours poétiques* (Béatrice, Laure et Orselina), lui valurent la légion d'honneur. Travailleur acharné il prit part presque à tous les Salons jusqu'en 1866, à la veille de sa mort. Mais il finit par adopter une seconde manière plus calme, moins colorée, plus en rapport avec les fonctions de directeur de l'École des Beaux-Arts de Dijon qu'il exerça à partir de 1860. Boulanger a exécuté de très beaux portraits d'écrivains romantiques (Balzac, Alexandre Dumas père, Victor Hugo, Adèle Hugo, Devéria...) ainsi que des peintures religieuses. Il a également participé à la décoration du Nouvel Opéra de la rue Le Peletier.

BRIE (Catherine Leclerc, dite Mme de), née vers 1630, morte en 1706.
Comédienne de la troupe de Molière, grande, jolie, distinguée, elle remplit surtout les rôles de tragédie et de grande comédie. Elle fut particulièrement remarquable dans ceux d'Armande des *Femmes savantes* et d'Agnès dans *L'École des Femmes*, qu'elle tint jusqu'à soixante ans. Molière, qui éprouvait pour cette actrice une tendre passion, se consolait auprès d'elle des chagrins que lui causait sa femme. Wilquin, dit de Brie, son mari, était un comédien médiocre, utilisé uniquement dans des rôles secondaires, comme celui de M. Loyal dans *Tartuffe*.

BRISEBARRE (Édouard), né à Paris, en 1817, mort à Paris, en 1871.
Fils d'un chef de service de la Banque de France, il fit de bonnes études au collège Charlemagne. D'abord clerc d'avoué, puis employé aux Finances, congédié pour son manque d'application, il crut à sa vocation d'acteur, mais échoua sur scène et entra comme employé à la Banque de France. Il parvint, en 1838, à faire recevoir au théâtre du Palais-Royal un vaudeville, *La Fiole de Cagliostro*, qui remporta un grand succès. Il se consacra désormais au théâtre et fit jouer plus de cent pièces, un certain nombre écrites en collaboration, mais toujours marquées de son esprit étincelant de gaieté bouffonne. En 1862, il devint directeur du théâtre du boulevard du Temple. Parmi ses pièces, vaudevilles, comédies ou drames, les plus jouées, citons *La Vie en partie double* (1845), *Un Turc pris dans une porte* (1849), *Léonard* (1863), drame qui obtient un succès prolongé, *Les Médecins* (1863), *Boule de neige* (1870) et un drame de la mer, patriotique : *Le Vengeur* (1869). On a aussi de lui un recueil de nouvelles écrites en collaboration, *Les Drames de la vie* (1860).

BROGLIE (Albert, prince de), né à Paris, en 1821, mort à Paris, en 1901.
Fils du ministre et ancien pair de France mort en 1870, il avait été élevé dans l'admiration du constitutionnalisme et dans les idées catholiques. Au sortir de l'Université, il se fit une réputation précoce de publiciste. Après avoir débuté dans *La Revue des Deux Mondes*, il écrivit dans *Le Correspondant* ses principaux articles qu'il réunit ensuite sous le titre *Question de religion et d'histoire*. Il fut un temps

secrétaire d'ambassade à Madrid, puis à Rome. Son ouvrage le plus important, *Histoire de l'Église chrétienne et de l'Empire romain* (1856), lui ouvrit, dès 1862, les portes de l'Académie. Il fut élu à l'Assemblée Nationale, en 1871, par le département de l'Eure. Nommé ambassadeur à Londres, il revint au bout d'une année pour prendre la tête de l'opposition monarchique à la politique du président Adolphe Thiers. Ayant réussi à provoquer sa démission en 1873, il reçut de Mac-Mahon la mission de former le gouvernement et prit le portefeuille des Affaires étrangères. L'année suivante, il fut renversé par un vote de l'extrême-droite. Élu sénateur de l'Eure en 1875, il ne joua qu'un rôle effacé jusqu'à l'acte du 16 mai 1877, à la suite duquel, devenu président du conseil et ministre de la justice, il prononça la dissolution de la Chambre. Il dut quitter le pouvoir après les élections d'où sortit une nouvelle chambre hostile à sa politique. Il perdit son siège au Sénat en 1885 et ne parvint jamais à rentrer à la Chambre des Députés.

Outre les ouvrages déjà cités, mentionnons de cet écrivain politique et de cet historien diplomatique *La souveraineté pontificale et la liberté* (1861), *Frédéric II et Marie-Thérèse* (1882), *Frédéric II et Louis XV* (1885), *Marie-Thérèse impératrice* (1888).

BUSNACH (William), né à Paris, en 1832, mort à Paris, en 1907.
Son père était Italien, mais, du côté maternel, il était d'une famille arabe de religion israélite (son grand-père fut ministre du dernier dey d'Alger). Il entra dans l'administration des douanes en 1857, mais invinciblement attiré par le théâtre, il écrivit plusieurs livrets qui furent retenus, entre autres *Virtuoses du pavé* (1864). En 1867, il fonda le théâtre de l'Athénée, dont il fut le directeur pendant deux ans. Il continua à écrire de nombreux livrets, la plupart en collaboration avec Meilhac, Claireville, Decourcelle. En 1877, ce fut *Kosiki*, dont la musique fut de Lecocq. Il adapta pour la scène plusieurs romans de Zola dont il fut le collaborateur attitré. Pour se reposer du théâtre, il écrivit plusieurs romans, le premier fut *La Fille de M. Lecoq* (1886), inspiré de l'œuvre de Gaboriau.

CAMARGO (Marie-Anne Cuppi dite), née à Bruxelles, en 1710, morte à Paris, en 1770.
Fille d'un maître à danser, une sorte de bohémien porté sur le jeu et la boisson. La princesse de Ligne, qui se trouvait à la cour de Bruxelles, avait distingué l'extraordinaire disposition à la danse de la fillette et la fit entrer à l'âge de dix ans à l'Opéra de Paris, comme élève de Mlle Prévost, alors reine de la danse. Après trois mois de leçons, elle revint à Bruxelles où elle fut admise comme première danseuse au théâtre. Puis elle passa à Rouen, enfin à Paris, où elle débuta à seize ans à l'Opéra. Son succès fut tel qu'il la brouilla avec Mlle Prévost, dépassée par cette adolescente. Se produisant dans de nombreux spectacles, inimitable dans toutes les danses, elle mena une vie folle, insoucieuse, courtisée par les plus grands seigneurs et les plus célèbres écrivains, portraiturée par les peintres les plus connus, Van Loo, Pater, Lancret (il en fit deux portraits, aujourd'hui au musée de Nantes), qui fixèrent sur la toile ses grands yeux noirs aux longs cils. Sa popularité fut inouïe. On porta des coiffures à la Camargo, des jupes courtes à la Camargo... En 1734, pour une cause ignorée elle quitta brusquement la scène, y revint en 1740 pour se retirer définitivement en 1751 avec une modeste pension de retraite. Elle vivait petitement, avec une demi-douzaine de chiens (« Ces courtisans, disait-elle, en valent bien d'autres »), dans la dévotion et la pratique de la charité.

CANLER (Louis), né à Saint-Omer, en 1797, mort à Paris, en 1865.
Entré dans l'armée comme enfant de troupe, il fut nommé tambour à huit ans et reçut sa première blessure à dix ans, au cours d'un duel au sabre contre un enfant à peine plus âgé. Il assista à la bataille de Waterloo et prit sa retraite en 1818. Il se fit alors apprenti chez un fabricant de papier, puis entra dans la police en 1820. Il fut nommé sous-chef du service de la Sûreté en 1830 et chef de ce même service en 1849. Il conserva ces fonctions jusqu'en 1851. Il est connu surtout par les *Mémoires* assez exacts qu'il a publiés en 1862. Le livre fut saisi sous le prétexte qu'il constituait un outrage aux bonnes mœurs, mais en réalité, parce qu'il dénonçait l'incapacité de la police parisienne à l'occasion de l'attentat d'Orsini. Un certain nombre d'exemplaires qui avaient échappé au pilon circulèrent clandestinement. Une édition posthume plus complète parut en 1882.

CARJAT (Étienne), né à Fareins (Ain), en 1828, mort à Paris, en 1906.
D'abord dessinateur industriel, il se lança, à vingt-six ans dans la caricature. Il publia sous le titre *Le Théâtre à la ville* de grands portrait-charges lithographiés des

comédiens et des chanteurs parisiens, puis d'écrivains et de savants dans *Le Diogène*, qu'il fonda, en 1856, avec Henri Bataille, enfin dans un hebdomadaire très parisien, *Le Boulevard*, lancé en 1862, mais qui ne vécut que dix-huit mois. C'était à qui figurerait dans son *Panthéon grotesque*, preuve évidente de célébrité. Après la disparition du *Boulevard*, Carjat se consacra surtout à la maison de photographie qu'il avait ouverte en 1860. Ses travaux, en ce domaine, lui valurent une haute récompense à l'Exposition Universelle de 1867. Ami de Gambetta, il prit part à la défense de Paris, en 1870, mais refusa de participer à la Commune. Cependant, il devait se montrer par la suite l'un des plus chauds partisans de l'amnistie. On lui doit encore un drame patriotique, *La leçon de Jeannot* (1872), un recueil de poésies, *Artiste et citoyen* (1883), et de nombreux articles de presse, notamment dans *Le Figaro*.

CASPER (Johann Ludwig), né à Berlin, en 1796, mort à Berlin, en 1864.
Docteur en médecine, il voyagea en France et en Angleterre avant de s'établir à Berlin. Praticien très connu, il fut nommé directeur de l'École de Médecine de Berlin, en 1841. En 1850, il créa l'Institut médico-légal de Berlin, dont il fut le premier directeur. On lui doit de nombreux ouvrages, dont *Autopsies judiciaires* (1860) et un *Traité pratique de médecine légale*, qui fut traduit en de nombreuses langues.

CAUVAIN (Jules), né à Dieppe, en 1826, mort à Paris, en 1879.
Après une jeunesse difficile pendant laquelle il fut tour à tour apprenti imprimeur, ouvrier ivoirier, estimateur de mont-de-piété, caissier en sa ville natale, puis acteur, il débuta dans la littérature en publiant des vers dans des journaux de province. Il écrivit ensuite de nombreux articles de critique, enfin quelques romans qui obtinrent un certain succès auprès d'un public populaire. Les plus lus furent *Les Buveurs d'absinthe* (1866), *Les Trois Chevaux légers* (1869), *Les Prisonniers du Mont-Saint-Michel* (1872). Il publia également des ouvrages à tendances politiques comme un *Histoire de l'Inquisition* et sous l'Empire des satires mordantes contre le régime.

CHABRILLAT (Henri), né à Marseille, en 1844, mort en 1893.
Fils d'un ancien relieur, devenu libraire puis directeur de théâtre, il s'engagea à dix-sept ans et prit part à la campagne d'Italie. A vingt-deux ans, il fonda une petite feuille illustrée, *Le Gamin de Paris* et collabora par la suite à de nombreux journaux, *Le Soleil, Le Gaulois, le Charivari, Le Figaro, L'Événement...* Il prit part à la guerre de 1870 d'abord comme franc-tireur, puis comme aide de camp de Chanzy. Il fut décoré de la légion d'honneur à la suite de deux blessures reçues au cours de la campagne. Il a surtout écrit des pièces de théâtre dans les genres les plus variés : *Le don Juan de la rue Saint-Denis* (1869) vaudeville ; *Mazeppa* (1872), opéra bouffe ; *La Belle Bourbonnaise*, opéra comique... En 1878, il prit la direction du théâtre de l'Ambigu-Comique, où il fit jouer *L'Assommoir* (1879) et *Nana* (1881), tirés des romans de Zola par son ami Busnach. Mais il dut abandonner cette direction à Mme Sarah Bernhardt à la suite de difficultés financières. On a aussi de lui quelques romans comme *La Fille de Lecoq* (1886), écrit en collaboration avec Busnach, *Les Écumeurs de Paris* (1888).

CHAMPFLEURY (pseudonyme de Jules Husson), né à Laon, en 1821, mort à Sèvres, en 1889.
D'une famille trop modeste pour pouvoir poursuivre ses études, il entra comme commis dans une librairie. Il en profita pour lire... et pour écrire. Son début dans les Lettres fut marqué par la publication de *Chien-Caillou* (1847), simple récit de la vie mouvementée de l'aquafortiste Bresdin. Il fut dès lors considéré comme le chef de l'école réaliste en littérature, tout comme dans la peinture son ami Courbet, avec qui il devait plus tard se brouiller. Il publia par la suite de nombreux romans et nouvelles aujourd'hui bien oubliés après le succès qui les accueillit pour la plupart (*Les Bourgeois de Molinchart, Les Souffrances du professeur Delteil...*, etc.). Mais la gloire grandissante de Flaubert allait le rejeter dans l'ombre. A partir de 1865, il fit paraître une histoire de la caricature en plusieurs volumes. Nommé conservateur du musée de Sèvres en 1872, il consacra en particulier sa plume à des ouvrages sur la céramique.

CHASSELOUP-LAUBAT (Justin, comte puis marquis de), né à Alexandrie (Italie), en 1805, mort à Versailles, en 1873.
D'une vieille famille aunisienne qui, depuis le début du XVIIe siècle, avait compté plusieurs officiers de valeur et s'était ralliée à la Révolution, il entra au Conseil

d'État. Il visita l'Algérie et la Tunisie, fut élu député de Marennes en 1837 et l'année suivante nommé conseiller d'État. Élu par la Charente-Inférieure à l'Assemblée Législative de 1849, il y soutint la politique du prince Louis-Napoléon. En 1852, il entra au Corps Législatif grâce à la candidature officielle, et fut ministre de la Marine et des Colonies de 1859 à 1867. Il transforma notre flotte et donna une vigoureuse impulsion à nos colonies, en particulier à l'Algérie. Le changement d'orientation politique de l'Empire le fit renvoyer du ministère, mais nommer président du Conseil d'État. Entre temps, il avait été élu président de la Société de Géographie. Élu par la Charente-Inférieure à l'Assemblée Nationale en février 1871, il vota constamment avec la majorité antirépublicaine. En 1872, il fut désigné comme rapporteur de la loi sur la réorganisation de l'armée. Il devait mourir quelques mois plus tard. En 1874, une statue lui fut élevée à Marennes.

CHAUDEY (Gustave), né à Vesoul, en 1817, mort à Paris, en 1871.
Il vint à Paris faire son droit et se révéla un brillant étudiant. En 1845, il entra à *La Presse* d'Émile de Girardin. En utilisant des documents inédits venus du comte de Montholon, il publia un article surprenant sur les *Idées de Napoléon en matière de constitution*, dont on peut se demander si elles n'ont pas inspiré celle de 1852. Dans des brochures presque prophétiques, il prévoyait la fin de la Monarchie de Juillet et se demandait avec inquiétude si les républicains ne seraient pas débordés par les socialistes. Sous la Seconde République, il présida un comité pour soutenir la candidature de Cavaignac à la présidence de la république. Il quitta le barreau de Paris pour celui de Vesoul afin de préparer en son pays sa candidature à l'Assemblée, mais le Coup d'État l'obligea à se réfugier en Suisse où il devint rédacteur en chef du *Républicain Neufchâtelois*. Après l'amnistie qui suivit le mariage de l'Empereur, il rentra en France et reprit sa place au barreau de Vesoul et, en 1856, à celui de Paris. En 1858, il défendit son ami Proudhon à propos de son livre *De la justice dans la Révolution et dans l'Église*. En 1860, il rentra dans le journalisme et débuta dans *Le Courrier du Dimanche*, le journal politiquement le plus avancé. En 1863, il quitta *Le Courrier* quand cette feuille changea d'orientation politique. Puis il fut désigné par le testament de Proudhon comme l'un de ses exécuteurs testamentaires. Dans les dernières années de l'Empire, il prit une part active à l'opposition comme rédacteur au *Siècle* et, au début de 1870, il fit paraître une brochure remarquable sous ce titre : *L'Empire parlementaire est-il possible ?*
Nommé adjoint au maire de Paris par le gouvernement de la Défense Nationale, il reçut en cette qualité, le 22 janvier 1871 une députation venue exposer ses griefs contre la municipalité. Des coups de feu furent tirés contre l'Hôtel de Ville. Les mobiles qui le gardaient ripostèrent : il y eut quelques tués. A tort, il fut accusé d'avoir fait tirer sur le peuple. Sous la Commune, il fut arrêté le 13 avril et conduit à Mazas. Ses amis firent d'inutiles démarches en sa faveur. Le 23 mai, Rigault, le procureur de la Commune, qui détestait Chaudey, voulut se donner la joie de le faire tuer sous ses yeux. « Vous allez voir, lui dit Chaudey, comment meurt un républicain. » Son corps fut dépouillé des objets de valeur qu'il portait sur lui. Plus tard le gouvernement proposa d'accorder une pension à sa veuve, mais l'Assemblée Nationale repoussa cette demande. Un tombeau en forme de sarcophage lui fut érigé au cimetière Montmartre par son ami Cernuschi.

CHAVETTE (Eugène Vachette, dit), né à Paris, en 1827, mort à Montfermeil, en 1902.
Fils du célèbre restaurateur Vachette, il débuta très jeune dans la petite presse et collabora avec Commerson aux *Pensées d'un emballeur*. Puis il donna de mordantes chroniques au *Figaro* et fit paraître dans *Le Tintamarre* un dictionnaire fantaisiste qui fut publié par la suite en volume. Mais ce qui lui valut le plus de succès fut son *Procès de Pictompin et ses dix-huit audiences*, amusante critique de nombreuses célébrités, dont Commerson tenta de s'attribuer la paternité en en donnant une publication tronquée dans *Le Tintamarre* (il parut en volume en 1865). Chavette envoyait aussi à divers journaux des nouvelles fantastiques, comme *La Guillotine par persuasion*, chef-d'œuvre de fantaisie et d'humour. Lorsque le banquier Moïse Millaud fonda, en 1865, le quotidien *Le Soleil* il en confia la rédaction en chef à Vachette qui, en 1866, publia *L'Affaire Lerouge*, à l'origine de la célébrité d'Émile Gaboriau. En 1873, il abandonna le journalisme et se retira à Montfermeil, à l'abri de la vie fiévreuse de la capitale. On lui dut alors une participation à quelques vaudevilles et de nombreux romans, entre autres *Le Rémouleur* (1873), *L'Héritage d'un pique-assiette* (1874), *La Chambre du crime* (1875), *Aimé de son concierge* (878), *Le Roi des limiers* (1879), *Si j'étais riche* (1886).

CHEVALIER (Émile), né à Châtillon-sur-Seine (Côte-d'Or), en 1828, mort à Paris, en 1879.
Venait de terminer ses études, quand, en 1847, il s'engagea dans les dragons. S'étant fait remplacer en 1850, il fonda *Le Progrès de la Côte-d'Or*, dans lequel il protesta contre le Coup d'État. Exilé de France, il se rendit à New York où il collabora au *Courrier des États-Unis*. En 1853, il passa au Canada où il participa à la presse démocratique et fit des voyages à travers tout le pays. Il publia à Montréal plusieurs romans et relations de voyages : *La Vie à New York* (6 vol.), *Les Mystères de Montréal* (6 vol.), *Les Déserts de l'Amérique septentrionale*... Après l'amnistie de 1859, il revint en France où il collabora à plusieurs journaux et se fit bientôt connaître par de nombreux ouvrages ayant pour la plupart le Canada pour cadre. Citons seulement *Les Pieds noirs* (1861), *Le Pirate du Saint-Laurent*, *Les Derniers Iroquois*, *Les Auberges de France* (3 vol. 1863) et son dernier roman *La Fille du Pirate* (1879). Il édita en outre plusieurs ouvrages géographiques sur le Canada.

CLODION (Claude Michel, dit), né à Nancy, en 1735, mort à Paris, en 1814.
Descendant d'une famille d'artistes et fils d'un premier sculpteur du roi de Prusse, il passa ses années d'enfance à Nancy, puis à Lille. En 1755, il vint habiter à Paris où il fut le meilleur élève de Pigalle. En 1759, il obtint le prix de Rome. Il resta dix ans en Italie, où il connut de tels succès que Catherine II l'attira en Russie. De retour en France, il entra à l'Académie en 1773. Il se révélait un sculpteur excellent dans le genre gracieux et charmant, mais il réussit moins bien dans le sérieux et les œuvres de grandes dimensions. Effrayé par les violences de la Révolution, il se retira à Nancy où il resta jusqu'en 1798. De retour à Paris, il tomba au mlieu de la réaction provoquée par David, ce qui ne manqua pas de le dépayser. Oublié, vieilli, il devait succomber à une pneumonie.
Parmi ses meilleures œuvres, on peut citer *Nymphe rattachant ses cothurnes*, *Jeune fille cherchant à saisir un papillon*, *Une Bacchante* (bronze), à La Rochelle, et d'innombrables sujets, exécutés en terre cuite d'après des dessins rapportés d'Italie. On lui doit aussi une statue de *Montesquieu*, marbre (jardin de Versailles et les bustes de *Tronchet* et de *la duchesse d'Angoulême*, ainsi que de grands sujets moins réussis : *Le Déluge* (1800), *Le Scamandre suppliant Jupiter de lui rendre son eau* (Semur), « *Hercule au repos*.

CLUSERET (Paul), né à Paris, en 1823, mort près d'Hyères, en 1900.
Son père, colonel d'Infanterie, le fit élever comme enfant de troupe dans son propre régiment. En 1841, il entra à Saint-Cyr. En 1848, il fut admis dans la garde mobile, où il reçut le grade de commandant et prit une part énergique à la répression des émeutes de juin, ce qui le fit décorer. Capitaine pendant la campagne de Crimée, il se fit remarquer par sa bravoure et reçut deux blessures. Passé en Afrique, il démissionna à la suite d'une affaire obscure (ses ennemis prétendirent qu'il avait commis un abus de confiance). Il partit alors pour les États-Unis, où il se lança dans les affaires, mais ne réussit pas. Il revint en Europe à la tête d'une troupe d'Américains qu'il avait recrutés, pour se mettre au service de Garibaldi, qui le nomma colonel. Il retourna en Amérique, quand éclata la guerre de Sécession et servit chez les Nordistes en qualité de colonel d'état-major, puis de général. Mais, à la suite de dissensions avec le haut-commandement, il démissionna, se rendit à New York où il fonda un journal *The New Nation*, qui soutint la candidature du général Fremont à la présidence des États-Unis. Grant ayant été élu, il revint en Europe, naturalisé Américain, avec la mission d'étudier les systèmes militaires de l'ancien continent. Il débarqua en Irlande, prit parti pour les Fenians, fut arrêté par la police britannique et passa plusieurs mois en prison. Il regagna alors la France et entra au *Courrier Français*, un journal républicain radical. Cette prise de position ne l'empêcha pas de prendre contact avec Napoléon III et de lui proposer une réorganisation pour l'Algérie, qui fut bien près d'être adoptée. Cluseret, vrai type du « baroudeur », sans véritable opinions politiques, fonda alors, en 1868, un journal *L'Art* où il traita des questions militaires avec une grande compétence, mais attaqua durement le gouvernement. Arrêté et enfermé pendant quelque temps à Sainte-Pélagie, il y connut des membres de l'Internationale ; avec lesquels il se lia. Quand éclatèrent les émeutes de juin, des agents se rendirent à son domicile pour l'arrêter. Il les reçut le revolver à la main et leur montra son acte de naturalisation américain. Les agents repartirent sans l'arrêter. Le représentant des États-Unis répondit de lui, mais l'obligea à quitter la France.
Au lendemain de la Révolution du 4 septembre, il revint à Paris, entra au journal *La Marseillaise* et y publia presque aussitôt un violent article contre le gouverne-

ment de la Défense Nationale, ce qui souleva l'indignation générale et le fit désavouer par Rochefort. Il quitta Paris avant l'investissement, se rendit à Lyon, tenta de soulever la population contre le préfet nommé Gambetta, qui le fit expulser. Il gagna Marseille, où il tenta de s'emparer du pouvoir, se proclamant chef militaire des forces du sud, mais il dut bientôt abandonner ce titre prétentieux sans avoir rien fait d'utile. En février 1871, candidat à l'Assemblée Nationale, il n'obtient qu'un nombre de voix insignifiant. Mais le 3 avril, il fut nommé délégué à la Guerre par la Commune et fut un des rares officiers de valeur qu'elle eut. Bientôt accusé de trahison par les nombreux ennemis qu'il comptait, il fut révoqué et emprisonné à Mazas. Lors de l'entrée des troupes versaillaises à Paris, il réussit à s'échapper et vint s'établir en Suisse. Il fut condamné par contumace à la peine de mort par le conseil de guerre siégeant à Versailles.

En Suisse, il vivait au bord du Léman dans une petite maison proche de celle de Gustave Courbet. De là, il envoyait des articles à la presse anglo-saxonne sur l'histoire de la Commune. A la fin de 1814, il partit pour l'Orient et pendant plusieurs années on eut peu de nouvelles de lui, sinon qu'il avait fondé une colonie près de Salonique. Quand l'amnistie fut votée en 1880, il regagna Paris où il devint le collaborateur des feuilles d'extrême-gauche. Mais il repartit pour l'Orient avant d'avoir été condamné par défaut à des peines de prison pour apologie de faits qualifiés de crimes. En 1884, on fut surpris d'apprendre qu'il allait s'ouvrir à la galerie Vivienne une exposition des œuvres de Cluseret, comprenant cent vingt tableaux, dessins et pastels. Influencé par le voisinage de Courbet, il s'était donné à la peinture et, sans maître au milieu de la vie la plus aventureuse, il était parvenu à produire des œuvres, non sans défauts, certes, mais intéressantes et méritant l'attention. Fort curieusement il avait été encouragé par Meissonier. Après avoir donné dans le boulangisme, Cluseret fut élu député du Var en 1888 et siégea à la gauche de l'Assemblée. Il a laissé un ouvrage, *L'Armée et la Démocratie*, qui dénote de fortes connaissances militaires et a publié en 1887, trois volumes de *Mémoires* où, sans renier la Commune, il accuse la plupart de ses chefs d'incapacité, de négligence et de corruption.

COLET (Louise-Révoil, dame), née à Aix-en-Provence, en 1808, morte à Paris, en 1876.
Huitième et dernière enfant d'un riche négociant marseillais, obligé de quitter la ville pour Aix, pour avoir pris part aux mouvements révolutionnaires. Enfant, elle aimait la solitude et n'était passionnée que de lecture. Elle perdit son père alors qu'elle avait quatorze ans et la famille quitta Aix pour le château de Servanne, entre cette ville et Marseille, une demeure de famille de sa mère où elle trouva une riche bibliothèque. Dès cette époque, elle envoya des poèmes signés *Une femme* aux journaux de Paris, qui les jugeaient dignes d'être publiés. Un jour, certains de ses vers tombèrent sous les yeux d'un jeune compositeur, Hippolyte Colet, premier grand prix de Rome, qui les mit en musique. Les deux jeunes gens se virent et Hippolyte s'éprit de la belle et blonde poétesse dont l'œuvre l'avait charmé. Un mariage s'ensuivit dont Louise devait avoir deux garçons et une fille, qui seule survécut. Elle vint habiter Paris avec son mari quand il fut nommé professeur au Conservatoire, en 1835.

Louise Collet obtint quatre fois le prix de poésie de l'Académie Française entre 1839 et 1853 et publia de nombreuses nouvelles dans *La Revue de Paris*. Ses succès littéraires lui valurent bien des envieux et Alphonse Karr, en particulier, la cribla de critiques, allant jusqu'à toucher à sa vie privée. Un soir, armée d'un couteau de cuisine, elle tenta de poignarder l'auteur des *Guêpes*, qui la désarma facilement et plaça l'objet dans ses collections avec cette légende : *Donné à Alphonse Karr par Madame Louise Colet ... dans le dos*. Dans les dernières années de la Monarchie de Juillet, la poétesse écrivit également des drames, *Charlotte Corday, Madame Roland* ... dont un seul fut joué : *L'Enfance de Gœthe*. En 1851, elle perdit son mari, décès qui l'amena à faire un voyage en Angleterre, au cours duquel elle s'arrêta quelques temps à Guernesey, dans la famille Hugo. De retour à Paris, à la fin de 1852, elle allait réunir dans son salon de la rue de Sèvres, les plus célèbres écrivains du temps, bien que l'Empire ait réduit la pension que la Seconde République lui avait accordée.

A la fin de 1859, elle partit pour l'Italie, qui lui inspira *Madeleine*, et revint en France pour publier *Lui*, destiné à faire suite à *Elle et Lui* de George Sand et à la réplique *Lui et elle* de Paul de Musset. Les publications qui suivirent furent *Histoire d'un soldat*, *Madame Duchâtelet* et *L'Italie aux Italiens*, elle repartit pour ce dernier pays et passa un hiver à Naples et dans l'île d'Ischia. Mais le séminaire y jugea sa présence dangereuse, elle fut accusée d'avoir empoisonné les sources et menacée de mort. Elle publia encore d'autres romans : *Les derniers abbés, Les petits messieurs, Les courtisanes de Capri* ... n'hésitant pas à soumettre au public les idées les plus audacieuses que beaucoup considéraient comme séditieuses. Après la guerre, elle publia *Les dévotes du grand monde* et *Edgar Quinet. L'esprit nouveau.* Ses liaisons intimes avec quelques-uns des plus illustres écrivains du temps, tels Cousin, Villemain, Musset et Flaubert sont bien connues.

COLLINS (Wilkie), né à Londres, en 1824, mort à Londres, en 1889.

Avec son père, William, peintre paysagiste qui connut un certain succès, il séjourna à Rome à l'âge de douze ans, mais n'y fut pas conquis par l'art de l'Antiquité. Irrésistiblement attiré par la carrière des Lettres, il publia sa première œuvre en 1848, une biographie de son père, décédé l'année précédente. Il donna par la suite de nombreux romans où l'attention du lecteur est tenue éveillée par des événements mystérieux et parfois par l'intervention du monde d'outre-tombe. Nous n'en citerons que quelques-uns : *Antonina* ou *La Chute de Rome* (1850), histoire romancée de la prise de Rome par Alaric. *Cache-cache* (1854), *Le Secret mort* (1857), *La Femme en blanc* (1861), *Sans nom* (1862), *La Pierre de Lune* (1868), que nombre d'Anglais considèrent à tort comme le premier roman policier, *Noir et blanc* (1869), *La Nouvelle Madeleine* (1873), *La Morte vivante* (1874), *La Piste du crime* (1875), *Hôtel hanté* (1883), etc. ... Il porta à la scène sans grand succès quelques-uns de ses romans et donna même au théâtre une pièce inédite : *L'abri glacé* dont l'action se déroule au pôle Nord alors inconnu. Il fut l'ami et, quelquefois le collaborateur, de Dickens, qui le persuada de puiser ses sujets dans la vie contemporaine. Lui-même en rebellion contre la société victorienne, dont il dénonçait les abus, sut communiquer ses préoccupations sociales et humanitaires au grand romancier. Collins mena toute sa vie une existence désordonnée, qui le conduisit à entretenir jusqu'à plusieurs faux-ménages à la fois. Ayant abusé des drogues et des calmants durant son existence, il connut une vieillesse précoce en proie aux hallucinations.

COMMERSON (Jean), né à Paris, en 1802, mort à Paris, en 1879.

Il appartient à la famille du grand naturaliste du XVIIIe siècle. En 1843, il fonda avec Jules Lovy *Le Tam-Tam*, hebdomadaire humoristique, soutenu par des annonces présentées sous une forme amusante. Peu après, les deux amis modifièrent le titre mais non l'esprit du *Tam-Tam*, qui devint *Le Tintamarre*. En 1872, Commerson le céda à Léon Bienvenu, dit Touchatout, et ressuscita *Le Tam-Tam* qu'il devait vendre en 1877. Ces deux feuilles, riches en calembours, eurent du moins le mérite de faire justice de nombre de clichés et de poncifs. Commerson a publié plusieurs ouvrages drolatiques : *Pensées d'un Emballeur* (1851), *Rêveries d'un Étameur* (1853), *Binettes contemporaines* (2 vol. 1854-1858) (parodies des biographies de Mirecourt), sous le pseudonyme de Citrouillard, etc... Il fit jouer de nombreux vaudevilles d'une fantaisie parfois incohérente, la plupart écrits en collaboration, et, en 1869, un grand drame national en vers, *Les Trente*, qui datait de 1841. Ses souvenirs furent publiés dans un ouvrage posthume : *Un million de chiquenaudes* (1881).

CONTAT (Louise), née à Paris, en 1760, morte à Paris, en 1813.

Élève de Préville, elle débuta en 1776, à la Comédie-Française, avec tant d'esprit dans les rôles de coquette que Beaumarchais lui confia celui de la soubrette Suzanne, dans *Le Mariage de Figaro* (1784). Son succès y fut éclatant. Elle excella aussi dans celui de Célimène du *Misanthrope*. Incarcérée pendant la Terreur, elle fut remise en liberté le 15 thermidor. Elle prit sa retraite en 1809 à la suite de critiques injustes et, à cinquante ans, épousa le neveu du poète Parny, qui éprouvait pour elle une vive passion. Elle eut une sœur qui réussit également dans les rôles de soubrette.

COOPER (Fenimore), né à Burlington (New-Jersy), en 1789, mort à Cooperstown (New York), en 1851.

C'était le fils d'un juge de descendance anglaise, qui, en 1790, s'était retiré près du lac Otsego (New York) dans un vaste domaine qui sera à l'origine de la naissance de la ville de Cooperstown. L'enfant grandit dans un paysage d'une sauvagerie grandiose, au milieu de hardis pionniers et des survivants des tribus indiennes. A seize ans, il abandonna le collège de Yale, où on l'avait envoyé, pour s'embarquer sur un navire de commerce. Au bout d'une année, il entra comme midshipman, sur un navire de guerre qu'il quitta en 1821 pour épouser Miss de Lancey, de très riche famille. Il s'établit alors dans le village de Mamaroneck, près de New York, mais il ne commença à écrire que vers l'âge de trente ans. La publication de son second ouvrage, *L'Espion*, en 1821 fut un grand événement littéraire. C'est l'histoire d'un patriote qui sacrifie jusqu'à son honneur pour son pays. Dans *Les Pionniers* (1822), apparaît celui qui sera le héros favori de Cooper, Bas-de-Cuir, le trappeur chevaleresque. Il reparaîtra dans *Le Dernier des Mohicans* (1826), mais plus jeune. Encore qu'on ait reproché à Fenimore Cooper d'avoir dépeint des Indiens meilleurs que nature, ses romans furent traduits dans toutes les langues européennes et lus avec passion. En 1826, il se rendit en France où il fut consul des U.S.A. à Lyon, jusqu'en 1829. Puis il séjourna à Londres, à Paris, à Florence. Ami intime de La Fayette, dont il avait préparé le voyage triomphal de 1824 aux États-Unis, il assistera à la révolution de 1830 et rapporta d'Europe une dizaine de volumes de souvenirs de voyages et d'informations ingénieuses. A son retour il publia une série d'œuvres satiriques sur les mœurs américaines, sans pour cela cesser d'admirer les institutions de son pays. En 1840, il revint à ses Indiens avec *Le Tueur de daims* où Bas-de-Cuir apparaît dans sa première jeunesse, et, en 1845, il publia une trilogie, *Satanstoe*, à travers laquelle se déroule pendant trois générations l'histoire d'une famille américaine. Enfin, ses romans maritimes qu'il publia pendant toute son existence, depuis *Le Pilote* (1823) jusqu'aux *Lions de mer* (1849) constituent une autre partie originale d'une œuvre, dont la meilleure traduction française fut, au siècle dernier celle de Defauconpret, en vingt-cinq volumes (1835-1845). On reproche parfois à Fenimore Cooper la prolixité de ses récits, la sécheresse de ses descriptions et l'abus des détails, mais il a eu l'immense mérite de révéler dans tous ses aspects aux Européens une Amérique plus vraie que celle de Chateaubriand.

COURNET (Frédéric), né à Lorient, en 1838, mort à Paris, en 1885.
Son père, ancien officier de marine, avait pris une part active à la révolution de 1848. Arrêté lors du Coup d'État, il parvint à s'enfuir en Angleterre où il fut tué au cours d'un duel. Frédéric Cournet fit ses études à Lorient, puis débuta dans le commerce, obtint peu après un emploi à la compagnie du Midi, de là devint directeur du casino d'Arcachon, enfin vint à Paris où il fréquenta les milieux révolutionnaires. Traqué par l'Empire, il s'expatria en 1866 et navigua pour le compte d'une compagnie dans le golfe du Mexique. De retour en France en 1868, il fut arrêté pour avoir pris part à la manifestation sur le tombeau de Baudin, puis relâché quelques jours après. Il entra alors au *Réveil* dirigé par Delescluze. Il fit encore deux mois de prison à Mazas sans avoir été inculpé. Il se montra particulièrement violent lors des obsèques de Victor Noir. Arrêté en février 1870, il fit cinq mois de prison et finit par être acquitté faute de preuves.
Pendant le siège, il commanda un bataillon de marche et se fit remarquer par son courage. En janvier 1871, il fut élu à l'Assemblée Nationale et alla siéger à Bordeaux. Mais le 18 mars, il se prononça pour l'insurrection et fut élu membre de la Commune par le XVIII⁰ arrondissement. Le 24 avril, il remplaça Rigault à la préfecture de police, mais, le 4 mai, suivit Delescluzes à la délégation à la guerre. Après la chute de la Commune, il réussit à gagner l'Angleterre. Il représenta en 1872, la section française de l'Internationale au congrès de La Haye. Puis il séjourna en Suisse. Rentré en France après l'amnistie de 1880, il collabora au journal *Ni Dieu ni Maître* et, après s'être présenté sans succès, à Paris, aux élections de 1881, il devint rédacteur en chef du socialiste *Réveil de Lyon*. Ses obsèques, à Paris, donnèrent lieu à quelques troubles.

CROCKETT (James), né en Angleterre, en 1820, mort à Cincinnati (U.S.A.), en 1865.
Il apprit la musique de bonne heure et devint un célèbre accordéoniste. Alors qu'il faisait partie d'un orchestre de Londres, il apprit que la contrebasse produisait un grand effet sur les lions. Il voulut entreprendre une expérience semblable sur ces animaux avec un cor, mais ils restèrent insensibles. De sa fréquentation du jardin zoologique, l'idée vient à Crockett de se faire dompteur. Un jour il se produisit en public avec des lions apprivoisés, qui semblaient avoir grand peur de sa très haute taille et de sa longue barbe. Il se couchait sur leur dos, les faisait sauter à travers des cerceaux, mettait sa tête dans leur gueule... Le succès qu'il remporta l'incita à donner des séances, en 1863, au Cirque Impérial de Paris. En 1864, il retourna en Angleterre pour finalement partir, en 1865 pour les États-Unis. Il allait donner une représentation à Cincinnati, quand il mourut brusquement. On a publié sous son nom, en 1863, à Paris, *Les Mémoires de Crockett suivis de la recette pour dompter les lions*.

DARBOY (Georges), né à Fayl-Billot (Haute-Marne), en 1813, mort à Paris, en 1871.
Ayant reçu la prêtrise en 1836, il fut nommé vicaire de Saint-Dizier, puis appelé en 1839 à professer la philosophie et la théologie au séminaire de Langres, où il avait fait ses études. Il se rendit en 1845, à Paris où il remplit les fonctions de maître de conférences au collège des Carmes. En 1846, il fut nommé aumônier du collège Henri IV. Mgr Sibour, qui l'avait distingué, le chargea d'inspecter l'enseignement religieux dans les lycées, puis l'emmena à Rome avec lui en 1854. A son retour il devint vicaire général. En 1859, il fut nommé évêque de Nancy et, à la mort de Mgr Morlot, en 1863, il lui succéda comme archevêque de Paris. En 1864, il fut nommé grand aumônier de l'Empereur, puis sénateur. Il avait l'intelligence des réformes accomplies depuis la Révolution, loin de suivre toutes les inspirations venues de Rome. Il se montra l'un des derniers évêques gallicans lors du congrès œcuménique de 1869, où il refusa le chapeau de cardinal qu'on lui faisait entrevoir s'il abandonnait cette position. Il vota contre l'infaillibilité pontificale, mais le vote acquis, il se soumit. Durant le siège de Paris, il coopéra à l'œuvre de secours aux blessés, mais persuadé qu'il était protégé par les gages qu'il avait donnés au libéralisme, il commit l'imprudence de demeurer à l'archevêché au début de la Commune. Arrêté comme otage dès le 4 avril, il fut écroué à Mazas en même temps que cinq autres personnalités, dont le président Bonjean. Sur les renseignements donnés par ses geôliers, il écrivit à Thiers pour le supplier d'empêcher qu'on fusille les communards prisonniers et qu'on achève leurs blessés. Ce à quoi Thiers répondit que ces allégations étaient fausses. Une autre lettre de Darboy, suggérant d'accepter la proposition de la Commune d'échanger les otages contre la libération de Blanqui se heurta à un refus de Thiers, qui ne voulait pas traiter d'égal à égal avec un gouvernement insurrectionnel. Lors de la semaine sanglante, Mgr Darboy et ses compagnons de captivité furent tirés de leurs cachots par le capitaine Virig, porteur d'un ordre, et conduits devant un peloton d'exécution. Avant de mourir, l'archevêque déclara qu'il n'avait jamais été contraire à la vraie liberté et qu'il pardonnait à ses meurtriers. Les corps des otages, inhumés au Père Lachaise, furent exhumés quatre jours après et le gouvernement fit faire des funérailles solennelles à l'archevêque Darboy. Le capitaine Virigg fut condamné à mort et passé par les armes près du mur où il avait commandé le peloton d'exécution.
Mgr Darboy a publié de nombreuses œuvres, dont les principales furent *Les Femmes et la Bible* (1848-1849), la traduction de *L'Imitation de Jésus-Christ* (1852) et *La Vie de Saint-Thomas Becket* (1859).

DARJOU (Alfred), né à Paris, en 1832, mort à Paris, en 1874.
Peintre qui eut pour maître d'abord son père, portraitiste de quelque talent, puis Louis Cogniet. Il débuta, en 1853, par un *Intérieur d'atelier* au Salon, dont il devint un habitué avec ses scènes de genre. Citons de lui, une *Bataille de l'Alma* (1855), une *Ronde bretonne* (1864) et une *Visite au harem* (1874). Sa réputation reposa surtout sur les nombreux et ingénieux dessins dont il ilustra plusieurs revues et sur ses *Albums comiques*, qui remportèrent un grand succès.

DECOURCELLE (Pierre), né à Paris, en 1856, mort à Paris, en 1925.
Fils de l'auteur du célèbre drame de *Jenny l'ouvrière* (1850) qui fut l'un des collaborateurs de Labiche. Après avoir débuté dans une banque, Pierre Decourcelle fit du journalisme et publia des romans populaires. En 1883, il aborda le théâtre avec un réel succès et, en collaboration avec Hector Crémieux, donna une adaptation de *l'Abbé Constantin* (1887). Il fit aussi jouer, presque toujours écrits en collaboration, des mélodrames devenus célèbres, tels *Gigolette* (1893), *Les Deux gosses* (1896), *Sherlock Holmes* et des pièces à grand spectacle comme *Robinson Crusoé* et *Le Chaperon rouge*.
Certains prétendaient que les collaborateurs qu'il se choisissait étaient en réalité des « nègres » et Aurélien Scholl, connu pour son esprit mordant, disait un soir : « On joue une pièce de Pierre Decourcelle. Savez-vous quel en est l'auteur ? »

DEJAZET (Mlle Virginie), née à Paris, en 1797, morte à Paris, en 1875.
Treizième enfant d'une modeste famille d'artisans, elle entra à l'âge de cinq ans dans la classe de danse de l'Opéra grâce à l'une de ses sœurs, qui faisait partie du corps de ballet. Elle en sortit bientôt pour entrer au théâtre des Capucines où elle tint des rôles d'enfant avec un succès incroyable. A treize ans, elle triomphait aux Variétés dans des rôles de travestis, quand une rivale jalouse et plus âgée réussit à la faire renvoyer. Elle se rendit alors à Lyon, en 1817. Même succès et mêmes

jalousies. A Bordeaux, en 1820, il en fut de même. Mais à Paris, le théâtre du Gymnase, qui venait de s'ouvrir, la réclama. Elle y fit son entrée avec *Caroline* de Scribe. Puis elle rentra aux Variétés où, malgré son nez fripon et sa délicieuse coquetterie, elle représenta le duc de Reichstadt dans *Le Fils de l'Homme* et Bonaparte jeune dans *Bonaparte à Brienne*. En 1831, elle passa au Palais-Royal, et en 1845, revint aux Variétés qu'elle dut quitter à la suite de la faillite du directeur. En 1859, elle obtint pour son fils Eugène Déjazet, le privilège du théâtre des Folies-Nouvelles qui prit le nom de Déjazet. Elle restait incroyablement jeune et continuait à jouer. En 1874, une représentation extraordinaire fut donnée à son bénéfice et le vieux Frédérick-Lemaître vint l'embrasser aux acclamations du public. Elle parut encore sur les planches aux Variétés, en octobre 1875, deux mois avant sa mort. On a donné son nom aux rôles de malice et d'esprit. Malgré les mesquineries dont elle eut tant à souffrir, elle se montra toujours la meilleure des camarades et, pour les débutants, un guide et une protectrice.

DELACOUR (Alfred Lartigue dit), né à Bordeaux, en 1815, mort à Paris, en 1883.

Fit ses études de médecine à Paris, où il passa son doctorat en 1841. Au bout de quelques années d'exercice, entraîné par son goût pour le théâtre, il abandonna sa profession. Il a produit un grand nombre de comédies et de joyeux vaudevilles, pour la plupart en collaboration avec Labiche, qui furent représentés sur diverses scènes parisiennes. Parmi les pièces qui ont eu le plus de succès : *Le Chevalier de Beauvoisin* (1848), *Une rivière dans le dos* (1852), *Les Voisins de Molinchart* (1861), *Célimare le bien-aimé* (1863), *Le Fils du brigadier*, opéra-comique en trois actes (1867), *Les Dominos roses* (1876), *Jeanne, Jeannette et Jeanneton* (1877), *La Police noire, drame en cinq actes* (1878).

DELESCLUZE (Charles), né à Dreux, en 1809, mort à Paris, en 1871.

Alors qu'il faisait son droit à Paris, il prit une part active aux journées de 1830. Il entra ensuite dans l'opposition républicaine et fit partie de la société secrète des Droits de l'Homme. Il fut arrêté en 1834 et, en 1836, il dut s'enfuir en Belgique où il fonda *Le Journal de Charleroi* qu'il dirigea jusqu'en 1840. Rentré en France, il se fixa à Valenciennes, en qualité de rédacteur à *L'Impartial du Nord*, dont il devint le rédacteur en chef en 1843. Il y mena une campagne acharnée contre la monarchie de Juillet, si bien qu'au lendemain de la révolution de 1848, il fut nommé par son ami Ledru-Rollin commissaire du gouvernement pour les départements du Nord et du Pas-de-Calais. Mais il démissionna bientôt pour gagner Paris où il fonda en octobre le journal *La Révolution démocratique et sociale*, dans lequel il attaqua vigoureusement aussi bien Cavaignac que Louis-Napoléon. Condamné en 1849 à la déportation, il passa en Angleterre où il publia, à Londres, *La Voix du Peuple*. De retour secrètement à Paris en 1853, il fut dénoncé arrêté et transporté à Cayenne au milieu des forçats. Il en revint, la santé ruinée, à la faveur de l'amnistie de 1859. Il travailla alors à se faire une situation dans les affaires et publia *Le Panthéon de l'industrie et des arts* en vue de l'exposition universelle de 1867. Quand la loi de 1868 permit de créer un journal sans avoir à obtenir l'autorisation administrative, il fonda *Le Réveil* qui porta à l'Empire le coup meurtrier de l'affaire Baudin, où Gambetta gagna la renommée, et Delescluze six mois de prison. Du fond de sa cellule, il continua à envoyer des articles à son journal. Atteint de nouvelles condamnations, il gagna la Belgique pour rentrer à Paris après le 4 septembre.

Delescluze fut arrêté après la journée du 31 octobre au cours de laquelle les gardes nationaux des quartiers populaires occupèrent le siège du gouvernement. Il fit deux mois de prison préventive à Mazas, où il se trouvait encore quand il fut élu maire du XIXe arrondissement. Le 8 février 1871, il fut élu représentant de la Seine à l'Assemblée Nationale où, déjà très malade il siégea peu et qu'il abandonna bientôt pour Paris. Bien qu'il fut uniquement républicain et n'ait pas eu beaucoup d'estime pour les chefs du socialisme, il accepta d'être nommé membre de la Commune. Son énergie fit qu'après le départ de Rossel on lui confia la direction de la guerre. Il fut bouleversé par l'exécution des otages et, le 25 mai, il monta sans armes sur une barricade du boulevard Voltaire pour y chercher la mort.

DELPIT (Albert), né à La Nouvelle-Orléans (U.S.A.), en 1849, mort à Paris, en 1893.

Son père, riche fabricant de tabac, l'envoya faire ses études à Paris, au collège Sainte-Barbe, que pour raisons de santé il dut quitter pour le lycée de Bordeaux, où il passa son baccalauréat à l'âge de quinze ans. Son père, désireux de lui céder son commerce, le fit revenir à La Nouvelle-Orléans, mais le jeune homme consacra tout son temps à écrire dans les journaux français de sa ville natale. Brouillé avec les siens, de retour en France en 1868, il collabora au *Mousquetaire*, puis à *Artagnan*, journaux d'Alexandre Dumas, et, en 1870, donna au théâtre de l'Odéon une pièce qui n'eut pas de succès. Quand la guerre éclata, il s'engagea, bien que de nationalité américaine, et se comporta si bien, pendant le siège de Paris, qu'il fut décoré de la légion d'honneur. La guerre lui inspira un volume de vers *L'Invasion*, qui fut couronné de l'Académie Française et eut quinze éditions en quelques mois. Il participa alors à la rédaction du *Gaulois*, puis de *L'Événement*, mais en sortit bientôt, n'ayant pas de goût pour la politique militante. Sa première grande pièce, *Robert Pradel* (1873), tomba à l'Odéon. La même année, il eut un duel à la suite d'une altercation au cours de la présentation du *Petit Marquis*, la pièce de son ami François Coppée, et reçut un coup d'épée dans la poitrine. A peine guéri, il publia plusieurs romans, entre autres, *Jean Nu-pieds* dont il tira un drame en vers qui fit son tour de France (1875), puis *Le Message de Scapin* qui, joué à la Comédie Française, obtint un grand succès. Il se fit naturaliser Français en 1892, se faisant inscrire à quarante-trois ans pour le tirage au sort.

Parmi ses principales œuvres, citons ses romans dont plusieurs lui fournirent le sujet d'une pièce jouée avec plus ou moins de succès : *Le Fils de Coralie* (1879), *La Marquise* (1882), *Les Amours cruelles* (1882), recueil de nouvelles, *Mlle de Bressier* (1886) et, sous le titre général *Un monde qui s'en va*, une série de romans dont le dernier fut *Comme la vie* (1890).

DEMARE (Henri), né en 1846, mort à Paris, en 1888.
Caricaturiste, ancien élève de l'École des Beaux-Arts. En 1871, il adhéra à la Commune. Celle-ci tombée, il se réfugia à Vienne. De retour en France, il collabora avec Gilles aux *Hommes d'aujourd'hui*.

DENIÈRE (Pierre), né à Paris, en 1775, mort à Paris, en 1866.
Simple ouvrier mécanicien il s'engagea comme volontaire en 1795 et fut employé, à Paris, dans l'atelier des armes de précision. Puis il quitta le service pour se rendre à Constantinople où il exerça sa profession pendant deux ans. Rentré en France, il poursuivit le même travail, mais, en 1804, il monta un atelier pour la fabrication des bronzes d'art. Son entreprise prit un développement considérable. En 1823, il obtient une médaille d'or à l'Exposition. Ses bronzes d'art ont soutenu leur réputation jusqu'en 1855, date à laquelle il céda la direction de son établissement à son fils Auguste, qui devint par la suite président du tribunal de commerce de Paris.

DENNERY (Adolphe, Ennery, dit), né à Paris, en 1811, mort à Paris, en 1899.
D'origine israélite, il fut tout d'abord commis dans un magasin de nouveautés. Une cliente s'étant intéressée à lui, il eut accès à quelques petits journaux, puis écrivit, en collaboration avec Charles Desnoyers, un drame qui fut joué en 1831 : *Émile ou le fils d'un pair de France*. Il donna ensuite, pendant toute sa longue existence, d'innombrables pièces (plus de deux cents) de tout genre, toujours en collaboration. Bien qu'il eût peu de talent littéraire, toutes eurent du succès auprès d'un public populaire, car il avait le génie de la mise en scène. Ses nombreux collaborateurs, pour ne pas dire ses nègres, parmi lesquels Hostein et Decourcelle, n'hésitaient pas à puiser tant dans les œuvres des contemporains, Hugo, Balzac, Sue, Mme Beecher-Stowe que chez les auteurs du passé, comme Scarron. En 1855, il créa le Théâtre du Peuple, devenu peu après le Théâtre du Prince Impérial. Ayant fait de bonne heure fortune, il en profita pour réorganiser la Société thermale de Cabourg et devint finalement le maire de la ville. Parmi les pièces jouées sous son nom, citons des drames et des comédies : *Les Deux orphelines* (1874), *Le Tour du monde en 80 jours* (1875), *Michel Strogoff* (1880), des féeries comme *Aladin* (1863) et les livrets des opéras de plusieurs grands maîtres : *Si j'étais roi* (1852), musique d'Adam, ... Il a légué à l'État ses collections d'Extrême-Orient, réunies en un musée qui porte son nom.

DENTU (Édouard), né à Paris, en 1806, mort à Passy, en 1884.
Descendant d'une famille de libraires-éditeurs qui, en 1797, créa à Paris une maison dont la spécialité fut la publication d'ouvrages politiques et d'écrits de circonstance. Il en prit à son tour la direction en 1855, puis se fit autoriser à porter le titre d' « éditeur de la Société des Gens de Lettres », qui n'impliquait d'ailleurs aucune faveur de la part de cette compagnie. En trente ans, il publia plus de cinq mille ouvrages dont certains sont restés célèbres. Il fut l'éditeur, notamment d'Auguste Barbier, de Paul Féval, de Michelet, d'Alphonse Daudet, de Jules Claretie ... et il

écrivit, à l'occasion, des préfaces pleines d'esprit. Il avait, en outre, réussi à rassembler des pièces historiques de la plus grande valeur, qui furent dispersées à l'Hôtel Drouot, en mai 1888.

DEVERGIE (Alphonse), né à Paris, en 1798, mort à Paris, en 1879.
Fils d'un employé de l'administration des hospices, élève de Dupuytren dès l'âge de quinze ans, interne des hôpitaux de Paris, puis chef de clinique à l'Hôtel-Dieu, il abandonna l'étude de la chirurgie pour celle de la médecine et fut reçu à l'agrégation en 1827. Dès cette date, il enseigna la chimie et la médecihe légale, ainsi que la clinique des dermatoses. Il fut au cours de sa carrière attaché à divers hôpitaux. En 1857, il fut élu à l'Académie de Médecine, dont il devint le président en 1874. Il présida aussi la Société de Médecine légale de France dont il était l'un des membres fondateurs. Ses enseignements furent très suivis et il a beaucoup écrit, notamment *La Médecine légale théorique et pratique* (1835-1838), *Mémoires sur les plaies d'armes à feu* (1849), *Où finit la raison, où commence la folie* (1859). Il a également collaboré aux *Annales de la Médecine légale*.

DUFAURE (Jules), né à Saujon, en 1798, mort à Rueil, en 1881.
Après avoir fait son droit à Paris, il exerça, à Bordeaux, la profession d'avocat et y acquit bientôt une grande réputation dans les affaires civiles. En 1834, il fut élu député par le collège électoral de Saintes et se montra à la Chambre un libéral modéré, mais ferme. Après la victoire de Thiers, en 1839, il reçut le portefeuille des Travaux Publics dans le ministère Soult, mais n'accepta pas d'entrer dans le ministère Guizot. Vice-président de la Chambre, en 1845, il refusa de se joindre à l'agitation réformiste. Après la révolution de Février, il fut élu à la Constituante et se rallia à la République qu'il voulait conservatrice. En octobre 1848, il fut appelé par Cavaignac au ministère de l'Intérieur, où il lutta en vain contre la candidature du prince Louis-Napoléon. Élu à l'Assemblée Législative, il se rallia au nouveau président dont il fut le ministre de l'Intérieur de juin à octobre 1849. Renvoyé par le chef de l'État, il se cantonna désormais dans l'opposition. Au Coup d'État, il resta en dehors des événements et reprit ensuite sa profession d'avocat au barreau de Paris. Bien que n'ayant rien écrit, il fut élu à l'Académie Française en 1864.
Après la guerre de 1870, il reparut sur la scène politique, ministre de la Justice, de février 1871 à 1873, fonction dans laquelle il se montra un adversaire irréductible de la Commune et fit abréger la procédure des conseils de guerre. Par la suite, il occupa plusieurs fois ce même ministère, fut élu sénateur à vie en 1876 et, par deux fois, fut président du conseil. Après la victoire des gauches en 1879, il remit de lui-même la démission de son gouvernement en invoquant son grand âge et se borna désormais à remplir son mandat de sénateur.

DUGAZON (Rose Lefèvre, dame), née à Berlin, en 1753, morte à Paris, en 1821.
Fille d'un maître de ballet français, elle vint à Paris à l'âge de huit ans et débuta à douze ans à la Comédie-Italienne. Son intelligence et sa vivacité la firent remarquer et on lui confia de petits rôles. Elle profita si bien des leçons de Mme Favart qu'en 1771 elle obtint un grand succès dans *Le Sylvain* de Guétry. Dugazon, acteur de la Comédie-Française, la remarqua et l'épousa en 1776. Leur union ne fut pas heureuse, ils se séparèrent bientôt et, plus tard, leur divorce fut prononcé. Elle devint la plus célèbre des actrices de la Comédie-Italienne (notre Opéra-Comique) et son minois charmant, sa tournure agréable, sa voix émouvante, son jeu plein de sensibilité et de finesse lui valurent des triomphes. L'attachement qu'elle avait montré pour Marie-Antoinette l'amena par prudence à se retirer de la scène en 1792. Elle reparut en 1795, mais elle avait été gagnée par un embonpoint précoce et elle dut renoncer aux rôles d'amoureuses ingénues pour ceux de « mères », où elle reçut de nouvelles ovations. Aussi a-t-elle donné son nom aux deux emplois *Dugazon* et *mère Dugazon*. Elle se retira définitivement de la scène en 1806.

DUPANLOUP (Félix), né à Saint-Félix (Haute-Savoie), en 1802, mort au château de la Combe-de-Lancey (Isère), en 1878.
Il fut élevé par son oncle, curé de campagne, mais vint très jeune à Paris où il entra au petit séminaire de Saint-Nicolas du Chardonnet, puis au séminaire d'Issy. Il fut ordonné prêtre en 1824. Très vite distingué par sa culture et son éloquence, il fut choisi comme catéchiste des jeunes princes d'Orléans. Conférencier à Notre-Dame, vicaire général et, en 1841, professeur d'éloquence sacrée à la Sorbonne, il fut suspendu à cause des tapages provoqués par la violence de ses attaques contre Voltaire. Il dirigeait le journal *L'Ami de la religion*, quand, en 1849, il fut nommé

évêque d'Orléans et collabora à ce titre à la loi Falloux. Élu à l'Académie Française en 1854, il s'y signala par son intolérance. En 1863, il fit échouer la candidature de Littré et il protesta quand Duruy entreprit d'organiser l'enseignement secondaire des jeunes filles. Enfin il mena une lutte très dure contre Veuillot, partisan de l'infaillibilité pontificale, mais quand celle-ci eut été admise par le Concile du Vatican, il se soumit sans difficulté. Il défendit courageusement les intérêts d'Orléans contre les Prussiens en 1870. En 1871, il fut élu par le Loiret à l'Assemblée Nationale où, partisan de la fusion monarchique, il devait combattre toutes les mesures libérales. La même année, il démissionna de l'Académie Française à la suite de l'élection de Littré.

Cet orateur à la voix ample et sonore a laissé de nombreux ouvrages dont seuls survivront ceux qui traitent de pédagogie. Citons *La Femme studieuse* (1863), ses *Lettres sur l'éducation des filles*, des *Conseils aux jeunes gens sur l'étude de l'histoire* (1872) et une *Étude sur la Franc-maçonnerie* (1875). On lui doit le dédoublement du baccalauréat ès Lettres, mais il détestait l'Université et les instituteurs laïques. Cependant il a fait preuve d'un certain libéralisme en conviant les femmes des classes moyennes (« celles qui habitent les troisièmes étages ») à une véritable culture intellectuelle.

DU PARC (Marquise-Thérèse), née vers 1615, morte à Paris, en 1668.

Comédienne que Molière engagea à Lyon et à laquelle il tenta de plaire sans être payé de retour. Elle épousa Du Parc qui avait appartenu à l'Illustre Théâtre dès ses débuts et pris part à toutes ses tournées en province (Il avait remarquablement tenu le rôle de Gros-René dans *Le Dépit amoureux* et le surnom lui en était resté). D'une beauté imposante, d'un réel talent, ne craignant pas de porter sur la scène des jupes fendues jusqu'au-dessus des genoux, Mme Du Parc tint avec succès les rôles de seconde amoureuse dans la plupart des pièces de Molière (dans le *Misanthrope*, celui d'Arsinoé). Elle devait être également aimée de La Fontaine et de Corneille qui lui adressa les célèbres strophes *Marquise...* (prénom alors fort répandu en Dauphiné et en Lyonnais). Mais elle céda à Racine, qui l'avait distinguée et en était, lui aussi, tombé amoureux. Oubliant les services rendus par Molière, il l'enleva à sa troupe en 1666, d'où une brouille définitive entre les deux grands auteurs. Mme Du Parc devait remporter un triomphe, en 1667, dans le rôle d'Andromaque, écrit pour elle. Mais l'ingratitude de Racine n'allait pas longtemps porter ses fruits, Marquise devait mourir l'année suivante, dans tout l'éclat de sa beauté et de son talent.

DUPUIS (Adolphe), né à Paris, en 1825, mort à Nemours, en 1891.

Fils de l'actrice Rose Dupuis. A sa sortie du collège, il fut placé chez un architecte, puis chez un banquier, pour entrer finalement au Conservatoire. Après seulement deux ans d'études, on le fit débuter à la Comédie Française par égard pour le nom qu'il portait. Mais, par suite de son inexpérience, il fut bientôt relégué à des rôles inférieurs. Il accepta alors, en 1845, un engagement au Théâtre Français de Berlin d'où il revint en 1849. Il tenta, mais vainement, de rentrer à la Comédie Française et fut engagé au Gymnase. Il y montra un talent délicat qui lui valut la faveur du public, en particulier dans *Le Gendre de M. Poirier*. Après plusieurs mutations, il se trouva, en 1860, au Vaudeville. En 1867, il eut un rôle important dans *La Grande-Duchesse de Gérolstein*. En 1869, il accepta un engagement au Théâtre Michel de Saint-Pétersbourg, où, avec son répertoire français, il obtint un si vif succès qu'il fut chargé d'organiser les spectacles de la cour. Pendant la guerre de 1870, il constitua et anima un comité pour venir en aide aux blessés français et, à lui seul, rassembla quarante mille francs. Enfin, en 1872, il fut chargé d'enseigner la littérature française aux deux fils du tsar. De retour en France en 1877 — on crut alors que le Théâtre Français allait le reprendre — il rentra au Vaudeville où il créa notamment, en 1880, *Le Nabab* de Daudet et Elzéar. Grand comique, son talent fin et distingué lui permit de s'adapter à tous les rôles.

DURUY (Victor), né à Paris, en 1811, mort à Paris, en 1894.

Fils d'un ouvrier de la manufacture des Gobelins et d'abord destiné à une profession manuelle, il entre au collège Sainte-Barbe à l'âge de douze ans et, après sept ans d'études, fut admis à l'École Normale Supérieure. A sa sortie, en 1833, il fut nommé professeur au collège de Reims et, quelques mois après, au collège Henri IV, où il donna un enseignement extrêmement vivant. Persuadé qu'il fallait associer l'étude de la géographie à celle de l'histoire, à partir de 1838 il publia plusieurs ouvrages sur la géographie politique de l'Antiquité et du Moyen Age. En 1861, il quitta l'enseignement pour exercer les fonctions d'inspecteur de l'académie de

Paris et celles de maître de conférences à l'École Normale Supérieure et à l'École Polytechnique. Puis sur le désir de l'Empereur, qui l'avait souvent consulté pour écrire sa *Vie de César,* il fut nommé inspecteur général de l'enseignement secondaire. Alors qu'il se trouvait en tournée d'inspection, en 1863, une dépêche de Napoléon III le suivit de département en département pour le rejoindre à Moulins et lui annoncer qu'il était nommé ministre de l'Instruction publique.

A ce poste, il accomplit une œuvre de première importance, apparaissant comme un des seuls réformateurs libéraux du Second Empire. On lui doit notamment le rétablissement de l'agrégation de philosophie et de la classe de philosophie dans les lycées, où il introduisit l'enseignement de l'histoire contemporaine. Il créa, à Cluny, une sorte d'École normale professionnelle et s'efforça d'établir la gratuité de l'enseignement primaire. Il s'intéressa également à l'éducation des filles et fit organiser dans toutes les villes importantes des cours publics à leur intention, auxquels l'Impératrice conduisait ses nièces. Mais cette innovation lui valut de la part des évêques une levée de boucliers, dont Mgr Dupanloup prit la tête. En 1869, Duruy fut remplacé au ministère et nommé sénateur. Il devait alors se montrer fort malencontreusement partisan résolu de la guerre.

Resté fidèle à l'Empire après la chute du régime, il allait devoir rentrer dans la vie privée malgré une tentative malheureuse, en 1876, pour se faire élire sénateur. Il se remit à ses travaux historiques que l'Académie récompensa en 1884, en l'admettant dans son sein. Reprenant et complétant ses anciens ouvrages, il publia en 1885, une magistrale *Histoire des Romains,* en 7 volumes et, en 1891, une non moins remarquable *Histoire des Grecs,* en 3 volumes.

ELWART (Antoine-Élie), né à Paris, en 1808, mort à Paris, en 1877.
Brouillé avec sa famille qui ne voulait pas le voir suivre une carrière artistique, il débuta comme second violon dans un petit théâtre parisien. Puis il réussit à se faire admettre au Conservatoire et obtint le premier grand prix de composition. Après son séjour à Rome, il occupa plusieurs postes d'enseignement, à Paris, avant d'être nommé professeur au Conservatoire en 1860. Il a composé principalement des oratorios, des cantates et des opéras et publié, entre autres nombreux ouvrages consacrés à la musique et à l'histoire de la musique, une *Histoire de la Société des concerts du Conservatoire.*

ELZÉAR (Pierre-Elzéar Bonnier-Ortlan, dit Pierre), né à Paris, en 1846.
Fils et petit-fils de professeurs de droit, il fit de brillantes études au collège Rollin. Une fois docteur en droit, il se fit inscrire au barreau de Paris et fut bientôt connu pour ses spirituelles plaidoiries. A dix-neuf ans, il écrivit avec Jean Aycard une belle traduction du *Faust* de Gœthe. Il fit la guerre de 1870 comme engagé volontaire au 4e zouaves et prit part à l'action du plateau d'Avron, où sa compagnie perdit les deux-tiers de son effectif.

Il écrivit quelques romans : *La Femme de Roland* (1882), *Jack Tempête* (1882), *L'Oncle d'Australie* (1886) et adapta pour la scène *Bug-Jargal* de Victor Hugo (1881) et *Jack Tempête* (1884), tiré de son propre roman. Mais il dut surtout ses succès à ses pièces de théâtre en vers, la plupart en un acte. Citons les très jolis *Écoliers d'amour, L'Oiseau bleu* (1875), *Racine sifflé* (1876), qui fut donné à l'Odéon, *Le Cousin Florestan* (1877).

ENAULT (Étienne), né à Brest, en 1817, mort à Paris, en 1883.
Il vint faire ses études à Paris, où de bonne heure il collabora à plusieurs journaux (*Le Courrier Français, Le National...*) et publia des nouvelles et de nombreux romans, certains de ceux-ci en collaboration avec Judicis. En 1848, il se présenta aux élections à la Constituante, en Seine-et-Oise, mais sans succès. Il renonça dès lors à la politique. Parmi ses ouvrages, citons *Le Fils de l'Empereur* (1846), *La Vallée des pervenches* (1847), recueil de nouvelles, *Le Portefeuille du Diable* (1859), *Le Lac des Cygnes* (1864), *Scènes dramatiques du mariage* (1865), *Les Jeunes Filles de Paris* (1880), *Drames de la Jeunesse* (1882).

ENFANTIN (Prosper), né à Paris, en 1796, mort à Paris, en 1864.
Fils d'un banquier qui fit de mauvaises affaires, il entra à dix-sept ans, comme boursier, à l'École Polytechnique. Ayant pris part à la défense de Paris en 1814, il fut licencié de l'École, avec la plupart de ses camarades, par le gouvernement de la Restauration. Il devint commis voyageur pour une maison de vins et parcourut toute l'Europe, notamment la Russie où un temps très court, il fut attaché à une banque. Rentré en France, il se procura un emploi lucratif de caissier à la Caisse

Hypothécaire, tout en continuant le commerce des vins et en participant aux sociétés secrètes qui conspiraient contre le régime. Il fut présenté, en 1825, au comte de Saint-Simon qui lui donna son dernier enseignement et lui confia le soin de continuer son œuvre.

Après la mort du philosophe, Enfantin créa une association et fonda Le Producteur, journal d'économie politique, destiné à propager la doctrine saint-simonienne. Il réussit ainsi à grouper autour de lui de nombreux hommes de valeur comme Buchez, Bazard, Blanqui, Duveyrier, Pereire... Au lendemain de la Révolution de 1830, il publia une proclamation qui réclamait la suppression de l'héritage, l'affranchissement de la femme. Des centres de prédication, dit « Ateliers » s'organisèrent dans les grandes villes et grâce au concours des quarante mille adhérents, on acheta le journal Le Globe pour propager plus aisément la doctrine. Mais, dès 1831, une scission se produisit parmi les dirigeants, Bazard entendant faire de l'association un parti politique aspirant à s'emparer du pouvoir et Enfantin, une religion destinée à supplanter le christianisme, religion dont il se proclama le Père Suprême. En 1832, il engloutit des sommes considérables dans des fêtes destinées à trouver la Femme-Messie qui ne se présenta pas. Le Globe cessa de paraître et la police ferma les ateliers. Enfantin, ne désespérant pas, fonda à Ménilmontant, avec une quarantaine de disciples, une communauté modèle où l'on se livrait à des travaux manuels et intellectuels. Le Père dirigeait la communauté comme un évêque son diocèse, mais sans but immédiat précis. De tous côtés cependant les injures et les plaisanteries pleuvaient sur la secte. Finalement, Enfantin fut traduit en cours d'assises, sous l'inculpation de réunions illicites et d'outrages aux mœurs. Il fut condamné à un an de prison, mais libéré au bout de quelques mois. Cette condamnation fut le signal de la disparition de la secte. Enfantin partit pour l'Orient, en compagnie d'une douzaine de disciples à la recherche de la Mère Suprême qu'il ne découvrit pas. Il s'installa en Égypte, avec l'intention de faire barrer le Nil, mais il ne fit qu'y végéter pendant deux ans.

Rentré en France, il s'installa à Tain l'Hermitage (Drôme) « pour y bêcher son jardin », puis il se fit maître de poste aux environs de Lyon. Mais à partir de 1841, le crédit de plusieurs de ses anciens disciples parvenus à de hautes situations allait permettre de mettre fin à ses ennuis financiers. Il fit d'abord partie de la Commission Scientifique de l'Algérie. Puis, en 1845, on lui donna la direction du chemin de fer de Lyon que le gouvernement ne tarda d'ailleurs pas à racheter. En 1848, il fonda un journal, Le Crédit qui ne vécut que deux ans, puis il fut nommé administrateur du chemin de fer de Lyon et le resta jusqu'à sa mort, tentant, mais vainement, de ramener l'attention du public sur ses anciennes doctrines.

ESCHASSÉRIAUX (Baron René), né à Thénac (Charente-Inférieure), en 1823, mort à Thénac, en 1906.

Fils de Joseph, lui-même gendre de Monge. Son père fut avocat au Parlement de Bordeaux, député de la Charente-Inférieure à l'Assemblée Législative, puis à la Convention, fait baron par Napoléon, puis exilé jusqu'en 1819, comme régicide, par la Restauration, René Eschassériaux, marchant sur les traces paternelles, fut élu, en 1849, à l'Assemblée Législative, par la Charente-Inférieure. Il s'y montra un partisan du prince Louis-Napoléon. Sous l'Empire, il fut constamment élu au Corps Législatif par la circonscription de Saintes-Jonzac, même après avoir adhéré au Tiers-Parti. En février 1871, il fut élu à l'Assemblée Nationale, où il soutint le gouvernement de l'Ordre moral. Chef du bonapartisme en Charente-Inférieure, il fut constamment réélu à la Chambre des Députés, jusqu'au moment où il résilia lui-même ses fonctions, après un demi-siècle de mandat. Sa popularité était grande dans son département où on ne l'appelait que Monsieur le Baron. Il remplit parfaitement tous les mandats politiques qu'il cumulait, si bien que les paysans charentais disaient de lui couramment « c'est point un fainéant ».

ESCOFFIER (Amable), né à Sérignan (Vaucluse), en 1837, mort à Paris, en 1891.

Fils de notaire, licencié en droit à Paris, il renonça aussi bien à la succession de son père qu'au barreau pour suivre la carrière des Lettres. Il débuta en 1857 au Courrier de Paris, retourna le midi où il écrivit dans divers journaux, puis revint à Paris pour entrer en 1863 à la rédaction du Petit Journal qui venait de se créer. Après le départ de Timothée Trimm, il se chargea de l'article de tête sous le pseudonyme de Thomas Grimm qui rappelait celui de son prédécesseur et, en 1873, devint le rédacteur en chef de cette feuille jusqu'alors consacrée aux faits divers et aux feuilletons, qui s'efforça grâce à lui d'initier le public populaire à la vie politique. Écrivain spirituel et élégant, aux idées libérales, Escoffier a publié *La Grève des patrons et des bourgeois* (1874), un *Voyage autour du viaduc de Nogent-sur-Marne* (1889) et plusieurs romans, *Le Mannequin* (1875), une trilogie : *Les Femmes fatales* (1876-1884), *Le Mercier de Lyon* (1878), *Le Collier maudit* (1879).

ETIEVANT (Camille), né à Arbois (Jura), en 1840, mort à Paris, en 1885.
Ses études au collège de Mâcon terminées, il vint à Paris pour faire du journalisme. Il collabora en particulier à *La Petite Revue*, avant 1870 ; après, à *L'Événement* et, à partir de 1882, au *Siècle*, dont il fut le secrétaire de rédaction. On lui doit, entre autres ouvrages, une *Lettre au czar sur l'histoire* (1863), un *Guide des électeurs* (1877) et deux romans, *La Débacle* (1884) et *Mme Louise* (1885).

EXPILLY (Charles), né à Salon-de-Provence, en 1814, mort à Tain (Drôme), en 1886.
Après avoir achevé ses études secondaires à Paris, il suivit les cours de la Faculté de Droit d'Aix-en-Provence, s'engagea ensuite dans les lanciers, puis vers la vingt-cinquième année revint à Paris avec l'intention d'embrasser une carrière littéraire. Sous son nom ou souse divers pseudonymes. Lors de la révolution de 1848, Émile Ollivier, commissaire du gouvernement provisoire, le chargea de diverses missions dans les Bouches-du-Rhône, mais après le Coup d'État, il partit pour le Brésil. Rentré en France en 1854, il publia de remarquables ouvrages sur les pays d'Amérique du sud qu'il avait visités, ainsi que sur l'émigration et la colonisation. En 1866, il fut nommé commissaire de l'émigration au Havre et, en 1868, à Marseille. Après la guerre il devait faire peu parler de lui.
Outre ses articles dans les journaux les plus divers, *Le National*, *Le Pays*, *Le Constitutionnel*, *Le Musée des Familles*, etc..., citons parmi ses romans, *L'Épée de Damoclès* (1843), *Grande dame et lorette* (1856), *Les Aventures du capitaine Cayol* (1866) et parmi ses souvenirs de voyage et ses études, *Le Brésil tel qu'il est* (1862), *Les Femmes et les mœurs du Brésil* (1864), *L'Ouverture de l'Amazone et ses conséquences politiques et commerciales* (1867) et sous le pseudonyme de La Poëpe, *La Politique du Paraguay* (1869).

FEUILLET (Octave), né à Saint-Lô, en 1821, mort à Paris, en 1890.
Fils du secrétaire général de la préfecture de la Manche, il remporta comme élève au collège Louis-le-Grand de nombreuses récompenses au concours général. Tout en entreprenant des études de droit il s'engagea dans la carrière littéraire avec un ouvrage destiné à un public enfantin : *Polichinelle, sa vie, ses aventures* (1844). Puis il écrivit pour le théâtre diverses pièces dont la plupart furent jouées sur des scènes parisiennes : comédies, comme *La Crise* (1854), vaudevilles ou drames. Ses véritables débuts dans le roman ont daté de *Bellah* (1855). Ses *Scènes et proverbes*, fort différents de ceux de Musset, parurent d'abord dans *La Revue des Deux Mondes* dont il resta le collaborateur jusqu'à la fin de sa vie. Après s'être attaché à peindre presque uniquement les mœurs du grand monde, il publia, en 1857, *Le Roman d'un jeune homme pauvre*. Élu à l'Académie en 1862, il se vit attribuer par l'impératrice Eugénie les fonctions grassement rétribuées de bibliothécaire des palais impériaux, qu'il refusa de garder après le 4 septembre comme devenues sans objet et cela malgré l'insistance de Jules Simon. Après 1870, il écrivit encore des récits délicats, tels, *L'Histoire d'une Parisienne*, *Le Curé de Bourron*, où, au contraire de ce qui se passe dans l'œuvre de Musset, on voit surtout des femmes vertueuses et des pêcheresses repenties. L'une de ses dernières pièces, *Chamillac*, comédie en cinq actes, fut représentée au Théâtre Français, en 1886. Les dernières années d'Octave Feuillet furent attristées par la perte d'un fils.

FÉVAL (Paul), né à Rennes, en 1817, mort à Paris, en 1887.
Descendant d'une famille de robe qui compta de grands jurisconsultes, il fit ses études secondaires au lycée de Rennes, d'où il fut renvoyé un temps pour avoir exhibé une cocarde blanche au lendemain de la révolution de Juillet. A l'âge de dix-neuf ans, il fut admis au barreau de Rennes, mais, après une première plaidoirie malheureuse, il partit pour Paris où il entra comme commis dans une banque. Négligeant son travail pour se livrer à la lecture, il fut remercié au bout de quelques mois. Il devint alors inspecteur d'une compagnie d'affichage, puis correcteur au *Nouvelliste* et commença à écrire. L'une de ses nouvelles, *Le Club des phoques* ayant été remarquée, il fut appelé à collaborer à plusieurs journaux et commença la publication de nombreux romans qui devaient pour la plupart remporter un succès considérable. Citons seulement *Le Loup blanc* (1843), scènes de la vie bretonne, *Les Mystères de Londres* (1844) qui lui furent demandés par *Le Courrier Français* pour

contrecarrer l'immense succès des *Mystères de Paris* d'Eugène Sue, *Le Bossu* (1858) le plus célèbre de ses livres, *Jean Diable* (1862), *Les Habits Noirs* (1863), etc... A ces œuvres, il faut ajouter des recueils de contes, *Contes de la Bretagne, Contes Enfantins* ... et une énorme *Histoire des Tribunaux secrets* (1851). Consterné par la révolution de 1848, Féval tenta de lancer un journal pour soutenir la cause légitimiste. Puis il se tourna vers le théâtre, mais les drames qu'il tira de ses romans ne reçurent pas, en général, un accueil chaleureux. Tombé gravement malade à la suite de ces mécomptes, il fut guéri par un homéopathe dont il épousa la fille. En 1867, il fut élu président de la Société des Gens de Lettres et, en 1869, promu officier de la légion d'honneur. Dans les années qui suivirent la guerre, Féval devint un apôtre de l'ultramontanisme qu'il avait autrefois combattu dans la personne de Louis Veuillot. Il fit de nombreuses conférences, tant en France qu'à l'étranger et écrivit des ouvrages empreints d'un esprit mystique. De plus, il revit ses anciennes œuvres et, dans une édition nouvelle (1877-1883), il en retrancha les phrases révélant ses anciennes convictions de libre-penseur. Ruiné par des opérations de bourse et la faillite d'un ami, il fut secouru par la Société des Gens de Lettres et le ministère des Beaux-Arts. Frappé de paralysie, la raison affaiblie, il fut placé chez les Frères de Saint-Jean-de-Dieu où il s'éteignit. Ce fut un conteur habile et très attachant malgré de nombreuses négligences de style. Son fils, Paul Féval, a publié quelques romans.

FLOURENS (Gustave), né à Paris, en 1838, mort à Chatou, en 1871.
Fils d'un célèbre physiologiste auquel il succéda, à l'âge de vingt-cinq ans, à sa chaire du Collège de France. Attaqué par les journaux catholiques pour son cours sur l'*Histoire des races humaines*, il se vit écarté de son enseignement par le ministre Duruy, l'Empereur, à qui il avait écrit, se refusant à intervenir dans les affaires de l'Université. Il passa en Crète où il prit part à un soulèvement contre les Turcs. De retour à Paris, en 1868, il fit une vive opposition au régime et, en 1869, fut condamné à trois mois de prison, pour offense à l'Empereur. A sa sortie, il eut un duel avec Paul Cassagnac, dont les articles du *Pays* avaient encore rendu plus dure sa captivité. Il fut grièvement blessé à la poitrine d'un coup d'épée. Après s'être rangé au côté de Rochefort, lors des obsèques de Victor Noir, il prit part à l'émeute du 7 février 1870 et, fut condamné, le 9 août, à la déportation dans une enceinte fortifiée. Il se réfugia en Grèce, mais accourut à Paris dès le 8 septembre. Il forma cinq bataillons à Belleville et, le 31 octobre, marcha sur l'Hôtel de Ville. Il fut arrêté, emprisonné, délivré par ses partisans à la fin de janvier 1871, mais condamné à mort par contumace le 10 mars. Bien que désavouant la guerre civile, il accepta son élection à la Commune le 26 mars. Nommé colonel, il livra le 3 avril, à la gare de Rueil, un combat désespéré où il lutta héroïquement contre les Versaillais. Ses troupes battues et en déroute par suite de l'abandon du général Bergeret, et lui-même trop épuisé pour monter à cheval, il se réfugia chez un aubergiste, près du pont de Chatou. Celui-ci alla le dénoncer et, au moment où, sans opposer de résistance, il allait être arrêté, il eut le crâne fendu d'un coup de sabre par un lieutenant de gendarmerie, nommé Desmarets. Il a laissé de nombreux écrits politiques, notamment *Histoire de l'Homme* (1865) et *Paris livré* (1871).

FRÉDÉRICK-LEMAITRE (Antoine Lemaître dit), né au Havre, en 1800, mort à Paris, en 1876.
Petit-fils de compositeur, fils d'architecte, il fut poussé vers le Conservatoire par un père qui avait pressenti sa vocation. Ses études terminées, il ne put se faire admettre à l'Odéon malgré l'appui de Talma. Il entra alors au théâtre des Variétés Amusantes où, dans *Pyrame et Thysbée*, il rugit à quatre pattes dans le rôle du lion. Il passa ensuite aux Funambules, à l'Odéon enfin, mais pour y tenir les rôles de confidents dans les pièces classiques. Cet emploi ne lui convenant pas, il entra à L'Ambigu où il débuta en 1823, dans *L'Auberge des Adrets*, un mauvais mélodrame qui fut sifflé à outrance. L'idée lui vint alors de faire du sombre criminel qu'il incarnait un personnage comique. Les auteurs protestèrent, mais ce fut un triomphe. Ainsi il ébaucha dans le rôle de Robert Macaire le type du malandrin cynique, gouailleur et déguenillé, l'une des plus audacieuses créations du siècle. Dès lors les théâtres se disputèrent celui qu'on surnommait le Talma des boulevards, sauf la Comédie Française où il n'eût d'ailleurs pas été à son aise. En 1834, bien servi par un camarade dans le rôle de Bertrand, le Sancho Pança de cet extraordinaire anti-Don Quichotte, il joua cent-cinquante fois aux Folies-Dramatiques, la pièce de *Robert Macaire* qu'il avait écrite en collaboration avec Saint-Amand et Benjamin Antier, les auteurs de *L'Auberge des Adrets*. Macaire, qui a renoncé au crime, s'est introduit dans le monde

des affaires et, banquier sans banque se joue de Monsieur Gogo, bourgeois naïf, facile à duper. Frédérick-Lemaître connut bien d'autres succès et créa *Ruy Blas*, où l'avait exigé Hugo, *Falstaff, Le Vieux Caporal* où rien que par sa mimique il faisait pleurer, et *Cartouche*, l'un de ses plus grands succès. Taillé en athlète, il était surtout fait pour exprimer les passions fougueuses. On le vit pour la dernière fois sur la scène, en 1873, dans le rôle du vieux Juif dans *Marie Tudor*.

FUALDÈS (Antoine), né à Mur-de-Barrez (Aveyron), en 1761, mort à Rodez, en 1817.
Appartenait à une famille de robe, qui le destina à la magistrature. Procureur impérial à Rodez, il fut révoqué, en 1814, par les Bourbons. Trois ans plus tard, il devait être égorgé dans une maison de tolérance de la ville où l'avait entraîné de force un groupe de malfaiteurs recrutés par l'un de ses parents, un certain Jausion, cependant que, pour couvrir le bruit de ses cris, deux musiciens ambulants jouaient de la vielle et de l'orgue. Ce Jausion avait commis quelques années auparavant un infanticide, affaire que le magistrat avait fait classer par amitié pour lui, mais dont il avait gardé les preuves. Le corps de Fualdès fut ensuite jeté dans l'Aveyron, où il devait être découvert dès le lendemain. Après quoi, Jausion était allé fouiller la maison de la victime où il avait dérobé des papiers pour lui compromettants. Vite identifiés, les criminels furent condamnés à mort par la cour d'assises du Tarn, un jugement identique, prononcé par les assises de l'Aveyron, ayant été cassé pour vice de forme. Le procès passionna toute l'Europe et l'affaire inspira un dentiste, nommé Catalan, qui composa sur elle une complainte naïve, modèle du genre, vite devenue célèbre, dont les quarante-huit couplets furent longtemps chantés en France.

GAUDIN (Phoedora), né à Marennes, en 1816, mort à Saint-Georges-de-Didonne, banlieue de Royan, en 1873.
Fils de notaire, il étudia le Droit à Poitiers, où il fit ses premières armes de journaliste dans *L'Écho du Peuple* de cette ville. Ses études terminées, il s'inscrivit au barreau de Saintes où il fonda, sous la Monarchie de Juillet, un journal d'opposition, *L'Union*. En décembre 1847, il organisa à Saintes un banquet réformiste qui eut lieu sous la présidence d'Adolphe Crémieux. Il fut nommé commissaire-adjoint de la Charente-Inférieure, au lendemain de la révolution de Février, puis élu, en avril, à l'Assemblée Constituante, mais la crainte causée chez les ruraux par les troubles de Paris l'empêcha d'être élu à la Législative. De son journal *L'Union* il fit, en mai 1848, *L'Union Républicaine* qui mena la lutte contre les ambitions du Prince-Président et fut naturellement supprimée après le Coup d'État. Pendant tout le Second Empire, Gaudin fut l'objet d'une surveillance toute spéciale de la part de la police et dut se contenter de publier quelques comptes rendus d'exposition. Bien qu'il fit figure de chef du parti républicain dans son département, ce ne fut pas lui, jugé politiquement trop avancé, qui fut nommé préfet de la Charente-Inférieure au lendemain du 4 Septembre.

GAULTIER DE CLAUBRY (Henri-François), né à Paris, en 1792, mort à Paris, en 1878.
Il suivit d'abord la carrière médicale qu'il abandonna pour se livrer à l'étude de la chimie. Professeur adjoint à l'École de Pharmacie de Paris, il publia, en 1852, un *Manuel de Médecine légale*, qui connut de nombreuses rééditions. Il fut professeur de toxicologie dans le même établissement en 1859. On lui doit plusieurs ouvrages de chimie appliquée et de nombreux articles dans des revues scientifiques.

GÉROME (Léon), né à Vesoul, en 1824, mort à Paris, en 1904.
Fils d'un orfèvre, il fit d'excellentes études dans sa ville natale et réussit à seize ans au baccalauréat, alors examen difficile. Ses dispositions pour le dessin firent qu'on l'envoya à Paris, où il entra dans l'atelier de Paul Delaroche, qu'il devait accompagner en Italie quelques années plus tard. Rentré à Paris, il obtint une médaille au Salon de 1847, avec ses *Jeunes Grecs faisant battre des coqs*. Mais il devait par la suite se consacrer surtout à la peinture religieuse et à celle de scènes inspirées de la mythologie et de l'histoire de l'Antiquité. Son dessin précis poussé jusqu'à la minutie fit de lui le chef de l'école dite des Pompéiens, qui tombaient facilement dans la mièvrerie et même la pornographie. En 1854, il séjourna à Constantinople et, en 1856, il vécut en Égypte, où il devait retourner par la suite. Il avait figuré à l'Exposition Universelle de 1855, avec son *Siècle d'Auguste*, mais il devait de plus en plus tomber dans l'anecdote. La critique lui reprochait, avec son trait trop sec, une coloration aigre et un manque de sentiment. « Il avait voyagé, disait-on de lui, uniquement pour trouver des sujets. » Ses toiles les plus connues sont *Police verso* (1859), *Louis XIV et Molière* (1863), *Réception des ambassadeurs siamois à Fontai-*

nebleau (1865) et *Mort du maréchal Ney* (1868). Membre de l'Institut, depuis 1865, il détestait autant Puvis de Chavannes que les Impressionnistes, qu'il considérait comme le déshonneur de l'art français. A la fin de sa vie, il renonça presque complètement à la peinture, ne se faisant pas faute de reconnaître l'infériorité de son œuvre. Il se consacra alors à la sculpture. Sa statue d'*Omphale* remporta un grand succès en 1887. Il tenta même quelques recherches curieuses, tentant de remettre en honneur la sculpture polychrome.

GODILLOT (Alexis), né à Besançon, en 1816, mort à Hyères, en 1893.
Ouvrier sellier chez son père, il s'établit en 1843 comme fabricant d'articles de voyages, puis devint entrepreneur de fêtes publiques. En 1854, il débuta dans la fourniture militaire et inventa l'outillage pour la fabrication de la chaussure. Établi à Paris, rue Rochechouart, il possédait plusieurs annexes en banlieue et d'importantes usines à Nantes et à Bordeaux. Il acquit une renommée universelle, grâce à la lourde chaussure sans tige qui reçut son nom. On en équipa l'armée française et il reçut de nombreuses commandes de l'étranger. Décoré de la légion d'honneur en 1856, il fonda à Saint-Ouen une maison de retraite pour vingt ménages d'anciens ouvriers et embellit la ville d'Hyères où il passa les dernières années de sa vie.

GODWIN (William), né à Wisbeach (Cté de Cambridge), Angleterre, en 1756, mort à Londres, en 1838.
Fils d'un ministre protestant non conformiste, après de fortes études il remplit des fonctions ecclésiastiques auxquelles il renonça en 1782. Il se rendit alors à Londres pour se livrer à une activité purement littéraire. Admis dans les cercles de l'opposition, il écrivit des études de caractère politique. Le premier de ses ouvrages qui remporta un grand succès fut, en 1793, ses *Recherches sur la justice politique*, où il attaquait les classes privilégiées. Désirant populariser ses théories, il publia, en 1798 *Les Aventures de Caleb Williams*, protestation contre les institutions judiciaires anglaises, qui eut de nombreuses éditions. Cet ouvrage a fourni le sujet d'une pièce de Colman, *Le Coffret de fer*, et en France, d'un drame de Laya, *Falkland*, dont le rôle principal fut sous le Directoire un des triomphes de Talma. En 1797, Goldwin avait épousé la fameuse Mary Wolstonecraft, qui avait déjà écrit plusieurs ouvrages sur l'éducation des filles et la Révolution française et allait publier *Le Malheur d'être femme*. Elle mourut la même année en donnant le jour à une fille qui devint l'épouse du poète Shelley, Goldwin publia par la suite plusieurs autres romans et deux tragédies qui, elles, n'eurent aucun succès. Il s'était remarié en 1801 et, avec sa nouvelle épouse, il ouvrit une librairie consacrée aux ouvrages d'éducation. Il publia par la suite des œuvres historiques et une réfutation des théories de Malthus. Il mourut en 1833, pauvre et oublié dans son propre pays. Par contre, sa disparition fit quelque bruit en France.

GONZALÈS (Emmanuel), né à Saintes, en 1815, mort à Paris, en 1887.
Fit des études secondaires à Nancy et commença à publier des nouvelles dès sa sortie du collège. Son père l'envoya faire son droit à Paris où il fonda bientôt une *Revue de France* qui dura peu, mais lui ouvrit les colonnes de *La Presse* de Girardin, puis du *Siècle*. Dès lors il s'adonna exclusivement au roman feuilleton. Il marcha tout d'abord sur les traces de Fenimore Cooper. Ses *Frères de la Côte* (1843), écrits à l'aide de documents incontestables et de récits véridiques lui valurent tout de suite une réputation enviable. D'ailleurs toutes ses œuvres présentent des aperçus historiques d'une absolue fidélité. Il fut rédacteur en chef de *La Caricature*, vice-président de la Société des Gens de Lettres, puis président, en 1863, enfin président d'honneur et délégué de cette association. Ses nombreux romans obtinrent tous plusieurs rééditions. Les plus connus sont *Les chercheurs d'or* 1851), *La Maréchale d'Ancre* (1861), *La Servante du Diable* (1877). Ses deux filles se tournèrent vers la peinture. Éva, mariée au graveur Guénard, fut une pastelliste de grand talent et Jeanne, une excellente aquarelliste.

GRAMONT (Philibert, chevalier puis comte de), né en 1621, mort à Paris, en 1717.
Destiné par sa famille à entrer dans les ordres, son goût pour la vie mondaine le fit renoncer à ce projet. Venu à la cour, il osa disputer à Louis XIV le cœur de Mlle de la Motte, une fille d'honneur de la reine, et pour cela, reçut un ordre d'exil, en 1662. Il se retira en Angleterre et, par son esprit, son élégance et son faste fit fureur à la cour de Charles II. Il y épousa Élisabeth de Hamilton et, rentré en grâce, revint en France, en novembre 1664. Il devait se distinguer par la suite par sa bravoure dans les guerres de la première partie du règne de Louis XIV et fut nommé gou-

verneur du Pays d'Aunis. Il conserva toute sa vie les grâces de son esprit et la dépravation de ses mœurs, si éloigné de la religion qu'à son lit de mort il demandait de qui était le pater noster. Il avait quatre-vingts ans, quand, pour le distraire, son beau-frère, Hamilton, écrivit les aventures de sa jeunesse, sous le titre de *Mémoires du comte de Gramont*, récit spirituel de ses aventures amoureuses et de ses escroqueries au jeu.

GRANDGUILLOT (Alcide), né à Blosseville-Bonsecours (Seine-Inférieure) en 1829, mort en 1891.

Il fit ses études secondaires à Rouen, puis il étudia l'histoire et fut chargé de cet enseignement de 1848 à 1849 au collège du Havre. Il se rendit ensuite à Paris, où il vécut de leçons particulières. Morny, à qui il avait été recommandé, l'emmena en Russie quand il fut chargé d'assister au couronnement d'Alexandre II, à titre d'ambassadeur extraordinaire. A son retour, Gandguillot publia, en 1858, dans *Le Constitutionnel*, des *Lettres Russes* qui furent très remarquées et parurent en volume l'année suivante. En 1859, Morny lui fit donner la rédaction en chef du *Constitutionnel*, où il fit l'apologie de la politique italienne de Napoléon III. En 1862, devenu directeur du *Pays*, quotidien subventionné par le gouvernement, il publia une brochure, *La Reconnaissance du Sud*, où il préconisait la reconnaissance du gouvernement sudiste. En 1865, il se démit de ses fonctions et se lança dans les affaires. Il publia encore quelques brochures et quelques ouvrages, tels *Dialogue des vivants* (1867, 3 vol.) et *Le roi d'Yvetot* (1873).

GRANIER de CASSAGNAC (Adolphe), né à Averon-Bargelle (Gers), en 1806, mort à Colommé (Gers), en 1880.

Appartenait à une vieille famille ariégeoise qui se fixa près de Vic au XVIIIe siècle. L'antiquité de sa noblesse qui fut plusieurs fois contestée, semble cependant authentique. Il fit ses études au collège de Toulouse et obtint des succès aux Jeux Floraux. Pauvre, il dut d'abord donner des leçons pour subsister. En 1831, il se fit connaître par une brochure anti-royaliste et, en 1832, vint à Paris où, mis en relation avec Victor Hugo, il embrassa la cause du romantisme. Il publia dans *Les Débats* des articles si violents contre Racine qu'il dut quitter ce journal. Avec l'appui de Victor Hugo il entra à *La Presse*. Afin d'éloigner ce trop fougueux journaliste, le gouvernement la chargea, en 1840, d'une mission aux Antilles. Il y épousa une créole et revint en France en qualité de délégué de la Guadeloupe. Comme directeur du *Globe*, puis de *l'Époque*, il fut un défenseur constant du ministère Guizot. En 1848, il attaqua vivement le gouvernement républicain, mit sa plume au service du prince Louis-Napoléon qu'il avait autrefois combattu, et devint un collaborateur du *Constitutionnel*, où il fit l'apologie du Coup d'État. Élu comme candidat officiel, en 1852, par le département du Gers, il fut constamment réélu au Corps Législatif jusqu'à la fin de l'Empire et s'y montra un adversaire acharné de toute réforme libérale. En 1866, il prit, avec son fils Paul comme collaborateur, la direction du *Pays*, journal gouvernemental dont l'existence fut semée de procès et de duels. Après le 4 septembre, il quitta la France, et, à l'étranger, publia un journal bonapartiste, *Le Drapeau* dont il faisait le service gratuit aux officiers prisonniers de guerre. Rentré en France, il fut arrêté, puis relâché sur l'ordre de Thiers. En 1872, il fit reparaître *Le Pays*. Élu député de Mirande en 1876, il le resta jusqu'à sa mort. Parmi ses nombreux ouvrages, citons une *Histoire des classes ouvrières et des classes bourgeoises* (1837-1838), une *Histoire de la Révolution française* (1850), une *Histoire de la colonne Vendôme* (1877), et des *Souvenirs du Second Empire* (1879).

GRENIER (Antoine), né à Brioude, en 1823, mort en 1881.

Il termina brillamment ses études secondaires au lycée Charlemagne, en remportant en 1843, le prix d'honneur au Concours Général (Discours latin). Il fut admis l'année suivante à l'École Normale, avec le n° 1, puis à l'École Française d'Athènes. A son retour, il réussit à l'agrégation. Il fut successivement professeur au lycée de Montpellier, puis au lycée de Clermont-Ferrand, enfin, à la Faculté des Lettres de cette ville, où on lui confia la rédaction du *Moniteur du Puy-de-Dôme*. Entre temps, il avait épousé la fille d'un chef d'orchestre de l'Opéra. En 1861, il abandonna l'enseignement pour se consacrer au journalisme comme collaborateur du *Constitutionnel*, où son premier article (sur l'évacuation de Rome) fut bientôt traduit en vingt langues. En 1863, on lui confia la rédaction en chef du quotidien bonapartiste *Le Pays*. En 1867, subventionné par Georges V, roi de Hanovre découronné par Bismarck, il fonda *La Situation*, qui cessa de paraître l'année suivante. L'Empire libéral le mit alors à la tête d'un nouvel organe, *Le Dix Décembre*, tentative qui se solda par un nouvel échec. Replié en Auvergne en septembre 1870, il réapparut à Paris en 1872, mais il dut frapper à la porte de plusieurs journaux parisiens pour faire accepter des articles, qui parurent parfois au *Figao* et à *Paris-Journal*. Finalement, il rentra au *Constitutionnel*, où il avait fait ses premières armes. En 1878, il tenta de regagner l'enseignement. Il allait être nommé inspecteur de l'Académie de Grenoble, quand un article féroce d'Edmond About, son ancien condisciple à l'École Normale, rendit cette réintégration impossible. Souffrant déjà d'une cystite, Grenier fut atteint d'une grave maladie et mourut trois ans plus tard. Il a publié sur la Grèce ancienne et la Grèce moderne plusieurs ouvrages, qui dénotent une profonde érudition et un vrai talent d'écrivain.

GRISON (Georges), né à Saintes, en 1841, mort à Paris.

Fils d'un percepteur, il débuta dans l'administration comme surnuméraire à la perception de Saintes. Il créa en cette ville, en 1862, une petite feuille humoristique, *Le Moustique* dont les articles lui valurent des démêlés avec des personnalités locales. Il fut peu après muté à Jonzac, où il fit la connaissance d'Émile Gaboriau. Il donna sa démission en 1865 et vint à Paris s'essayer dans le journalisme. Il parvint à publier quelques articles dans la presse parisienne, mais il dut, pour vivre, prendre un emploi dans les bureaux de la compagnie du chemin de fer de Lyon. Après la guerre de 1870, qu'il fit comme volontaire, il entra au *Figaro* où il resta jusqu'à la fin du siècle. Outre sa collaboration quotidienne à ce journal (il y devint un spécialiste des comptes rendus d'exécutions capitales), il publia de nombreux ouvrages : *La Fièvre de l'or*, *Les Départements martyrs* (1872), histoire anecdotique de l'occupation allemande, *Paris horrible*, *Souvenirs de la place de la Roquette*, *Le Monde où l'on triche* (1888), *L'Héritier de Rocambole*, *Le Monde où l'on vole...* Sous le pseudonyme de Jean de Paris, il a écrit quelques vaudevilles, la plupart en collaboration. Citons *Place au jeûne*, revue jouée en 1886 aux Folies-Bergères.

GUEROULT (Adolphe), né à Radepont (Eure), en 1810, mort à Vichy, en 1872.

Fils d'un manufacturier, il fit ses premières études au petit séminaire d'Écouis. En 1825, on l'envoya à Paris où il les acheva brillamment au lycée Charlemagne avec un prix d'honneur en dissertation française au Concours général. A peine sorti du lycée, il s'enrôla parmi les Saint-Simoniens, sans cependant s'enfermer dans la chapelle de Ménilmontant. Il débuta comme journaliste au *Globe*, organe de la Société, puis après la disparition de cette feuille, au *Temps* où il donna des feuilletons littéraires. Bertin aîné, directeur des *Débats*, le distingua et l'envoya comme correspondant en Espagne. Les articles qu'il en adressa eurent du succès et il les publia ensuite en un volume, sous le titre de *Lettres d'Espagne* La qualité de ses articles fit qu'en 1846 on le nomma consul au Mexique, puis en Moldavie. Mis en disponibilité en 1848, il ne garda pas rancune au nouveau régime et devint l'un des principaux rédacteurs de *La République* qui devait être supprimée au 2 décembre. Lui-même, arrêté pendant une dizaine de jours, fut libéré à la demande de Pereire, son ancien confrère en Saint-Simonisme.

En 1859, il fonda *L'Opinion Nationale* avec l'aide financière du prince Napoléon mais n'en subit pas moins un avertissement en 1862 pour un article intitulé *Discours de M. Victor Hugo*. En 1863, il fut élu par le parti démocratique au Corps Législatif où il vota en général avec l'opposition, tout en approuvant plus d'une fois la politique extérieure de l'Empire. Il crut à la possibilité de l'unification de l'Allemagne dans la paix et ne vit pas les funestes conséquences de Sadowa. Accusé pour cela d'avoir reçu de l'argent de la Prusse, il fut lavé de cette calomnie par un jury d'honneur. Battu aux élections législatives de 1869 par le radical Jules Ferry, il applaudit à l'arrivée aux affaires d'Émile Ollivier et fut le défenseur du plébiscite. Regrettant ses erreurs, il se rallia ensuite à la République et il rendit au prince Napoléon, qui le lui réclamait, l'argent qu'il en avait reçu pour fonder *L'Opinion Nationale*. Après le 18 mars, il commit la faute d'inciter la presse à inviter la bourgeoisie à ne pas participer aux élections à la Commune, ce qui était la livrer aux éléments extrémistes de la population. Guéroult a laissé un certain nombre d'ouvrages de nature politique et économique. Citons ses *Études de politique et de philosophie religieuse* (1862) et *La République en France* (1871).

GUIGOU (Paul), né à Villars (Vaucluse), en 1834, mort à Paris, en 1871.

Né de parents aisés, après des études secondaires fut destiné au notariat. Tout en faisant son stage dans une étude, il peignait des paysages qui lui valaient les encouragements du directeur de l'école des Beaux-Arts de Marseille. A partir de 1854, il participa régulièrement aux expositions de la Société Artistique des Bouches-du-Rhône. Un premier voyage à Paris le confirma dans sa vocation. Sa famille finit par s'incliner et, en 1862, il se fixa à Paris. Mais il retournait fréquemment en Provence dont il avait la nostalgie, et se plaisait alors à peindre les friches pierreuses de la vallée de la Durance sous un ciel transparent. En Ile-de-France, il travaillait surtout dans les vallées de la Seine et du Loing, se consacrant uniquement au paysage. En 1866, il fit un court séjour en Algérie. Il exposait au Salon, mais vivait isolé et ne faisait rien pour être connu. Au Salon de 1870, la critique découvrit son talent et fit l'éloge de sa facture sobre et vigoureuse. Incorporé dans l'armée en 1870, il rentra Paris en 1871, devint professeur de dessin de la baronne de Rothschild, mais victime d'un refroidissement, mourut d'une congestion cérébrale, à la fin de l'année, à l'hôpital Lariboisière. Tombée dans l'oubli, son œuvre n'a commencé à connaître la renommée qu'à partir de la dernière guerre.

HALÉVY (Ludovic), né à Paris, en 1834, mort à Paris, en 1908.
Fils d'un littérateur et neveu d'un compositeur, il appartenait à une famille israélite ayant modifié son nom de Lévy. Au sortir du lycée Louis-le-Grand, il entra comme rédacteur dans un ministère. En 1861, il était rédacteur au Corps Législatif. Mais, tout en remplissant ses fonctions, il écrivait, en collaboration avec Meilhac, des livrets d'opérettes, dont Offenbach composa le plus souvent la musique et qui, toutes obtinrent un grand succès (*Orphée aux Enfers, La Belle Hélène, La Vie parisienne, La Grande-duchesse de Gérolstein, La Périchole...*). Dès 1865, sur le conseil d'Hector Crémieux, il avait abandonné l'administration pour se consacrer uniquement au théâtre. Il a donné, dans *Le Temps*, une série d'articles remarquables sur l'invasion prussienne, qui furent rassemblés en un volume sous le titre *L'Invasion* (1872). Après la guerre, il a écrit pour le théâtre, toujours la plupart du temps en collaboration avec Meilhac, de nombreuses pièces qui eurent le plus vif succès : *Le Réveillon* (1872), *Le Roi Candaule* (1873), *Les Petites Cardinal* (1880), *L'Abbé Constantin* (1882), *La Famille Cardinal* (1883) ... ainsi que le livret du *Petit Duc*. Il fut élu en 1884 à l'Académie Française.

HAMILTON (Antoine, comte de), né en Irlande en 1646, mort à Saint-Germain-en-Laye, en 1720.
Il avait été amené en France, dès son enfance, par sa famille, qui avait suivi les survivants de la famille royale après l'exécution de Charles Ier. Il possédait parfaitement notre langue, quand, à l'âge de quatorze ans, il revint en Angleterre, à la suite de la restauration de la monarchie. Il émigra de nouveau en 1888, suivant Jacques II dans l'exil, et il vécut désormais auprès de lui au château de Saint-Germain-en-Laye. En 1701, pour distraire son beau-frère, le comte de Gramont, vieux et malade, il écrivit les mémoires de ce célèbre viveur, en mettant toutefois beaucoup du sien dans ce récit, qui passe à juste titre comme un des chefs-d'œuvre de notre littérature par l'élégance du style, l'esprit et la gaieté. Devant les difficultés faites par la censure, il ne put le publier qu'en 1713 sous le titre de *Mémoires du comte de Gramont*, œuvre riche en portraits réussis des plus importants personnages de l'époque. Hamilton a également publié des contes et d'innombrables petites pièces de vers, rondeaux et madrigaux.

HAVIN (Pierre), né à Paris, en 1799, mort à Thorigny (Seine-et-Marne), en 1868.
Fils d'un conventionnel, il fit son droit à Caen et fut reçu avocat. Il fut élu député de la Manche en 1831 et la représenta jusqu'en 1848, figurant parmi les libéraux de l'assemblée. Après la fuite de Louis-Philippe, il eut le courage de conduire la duchesse d'Orléans et son fils le comte de Paris à la Chambre, mais ce fut la république qui fut proclamée. Il s'y rallia franchement. Élu à la Constituante, il prit part à la répression de l'insurrection de Juin. Nommé conseiller d'État, il protesta contre le Coup d'État et se démit de toutes ses fonctions pour rentrer dans la vie privée. Il consacra, dès lors, tout son temps au journal *Le Siècle*, dont il devint le directeur. Défenseur de la cause italienne, il fit un voyage triomphal à Turin et à Milan. En 1863, élu député à la fois à Paris et dans la Manche, il opta pour ce dernier département. Ce fut lui qui, au *Siècle*, prit l'initiative d'ouvrir une souscription en faveur d'une statue de Voltaire, initiative qui remporta un plein succès. Accusé au Corps législatif d'avoir été corrompu par Bismarck, il s'en remit à un jury d'honneur qui réduisit à néant l'accusation, mais l'Assemblée refusa d'en entendre les conclusions. Il fut un grand directeur, mais un écrivain peu doué.

HAUSSONVILLE (Bernard de Cléron, comte d'), né à Paris, en 1809, mort à Paris, en 1884.
De bonne heure dans la diplomatie, fut secrétaire des ambassades de Bruxelles, Turin et Naples. Élu député de Provins en 1842, puis en 1846, il montra une grande activité parlementaire, comme membre du parti conservateur. Après 1848, il rentra dans la vie privée, se consacrant à des études politiques et historiques qui lui valurent d'être élu à l'Académie Française en 1869. Durant tout l'Empire, il fit dans les salons une très vive opposition au régime. Après 1870, il fut fondateur de la Société de Protection des Alsaciens-Lorrains, mais perdit le goût des idées libérales et, comme sénateur à vie, manifesta constamment son hostilité au régime républicain. Enfin, le discours émaillé d'épigrammes, qu'en qualité de directeur de l'Académie, il fit en réponse au discours de réception d'Alexandre Dumas fils, est resté célèbre. Outre ses articles de *La Revue des Deux Mondes*, on a de lui un certain nombre d'ouvrages sur des sujets inédits, judicieusement choisis et fruits de longues et patientes recherches : *Histoire de la réunion de la Lorraine à la France* (1854-1859, 4 vol.), son œuvre capitale, *L'Église romaine et le Premier Empire* (1868), *Souvenirs et mélanges* (1878) et une œuvre posthume publiée par son fils : *Ma jeunesse, Souvenirs* (1885).

HERVÉ (Florimond Rongé dit), né à Houdain, près d'Arras, en 1825, mort à Paris, en 1892.
Il fut envoyé tout enfant à la maîtrise de Saint-Roch. Ses études musicales terminées, il fut attaché comme organiste à l'église Saint-Eustache. En 1848, il fit jouer *Don Quichotte et Sancho Pança*, petit opéra bouffe qui annonçait l'œuvre d'Offenbach. En 1855, la protection de Morny lui valut la direction des Folies-Nouvelles auxquelles il donna le nom de Folies-Concertantes. Il y fut compositeur, auteur et acteur, donnant un grand nombre de bouffonneries, mais son administration était détestable et il dut bientôt abandonner ce théâtre. Quand, en 1855, Offenbach s'empara du genre que, lui, Hervé, avait créé, il en tomba malade et disparut de la scène pour plusieurs années. En 1865, l'Eldorado l'engagea comme chef d'orchestre. Dès lors, presque tout le répertoire de ce théâtre fut son œuvre dans la lutte qu'il mena contre son rival Offenbach par des vaudevilles et des opéras bouffes, où se mêlent la verve, l'originalité et les pires trivialités. Parmi ses pièces de cette époque, citons *Chilpéric* (1868). En 1870, il alla à Londres jouer son répertoire en anglais, après avoir appris cette langue avec une rapidité incroyable. Enfin, il devait tenir le rôle de Jupiter, en 1878, dans une reprise d'*Orphée aux Enfers* d'Offenbach. Parmi ses dernières opérettes, les plus connues sont *Panurge* et *Mamzelle Nitouche*.

HESS (Henrich), né à Vienne, en 1788, mort à Vienne, en 1870.
Il débuta dans l'armée comme enseigne et en 1805, entra comme officier dans le corps d'état-major. Il se distingua à la bataille de Wagram (1809) et prit part comme capitaine aux opérations de 1813. Colonel en 1829, il fut nommé chef d'état-major en 1831 et feld-maréchal lieutenant en 1842. Il seconda Radetzky au cours des deux campagnes contre le Piémont et son plan valut à l'armée autrichienne la victoire de Novare (1849). Il reçut de nombreuses récompenses honorifiques et fut alors chargé de missions militaires à l'étranger. En 1859, Giulay ayant été battu à Magenta, il fut délégué par l'empereur François-Joseph pour diriger les opérations. Malgré l'habileté de ses dispositions, il fut vaincu à Solférino, ce qui n'empêcha pas l'Empereur de le nommer feld-maréchal quelques semaines après. En 1861, il fut appelé à faire partie de la Chambre haute du Conseil de l'Empire.

HETZEL (Jules), né à Chartres, en 1814, mort à Monte-Carlo, en 1886.
Après des études au collège Stanislas, il fit son droit à Paris, puis à Strasbourg. Associé à l'éditeur Paulin, en 1835, il mit à la mode les belles publications de fin d'année à la typographie soignée en même temps qu'il publiait quelques ouvrages sous le pseudonyme de Stahl, comme *Voyage où il vous plaîra* en collaboration avec Alfred de Musset (1843). Il prit une part active à la révolution de 1848 et devint secrétaire général du pouvoir exécutif. Après l'élection de Louis-Napoléon, il se retira de la vie politique et défendit les idées républicaines dans *La Revue comique*, illustrée par Nadar et Bertall. Exilé lors du Coup d'État, il vécut jusqu'à l'amnistie de 1859 à Bruxelles où il commença à éditer la célèbre collection qui porte son nom et dont les œuvres de V. Hugo furent une des causes du succès. Redevenu éditeur à Paris, en 1862, il publia des ouvrages de vulgarisation et d'anticipation scientifiques, en particulier, les *Voyages extraordinaires* de Jules Verne qui eurent un succès prodigieux. Il continuait à écrire lui-même des livres pleins de bonhomie et d'humour, tels *L'Esprit des Femmes et les Femmes d'esprit* et son chef-d'œuvre, *Les*

Amours d'un notaire. Il avait fondé avec J. Madé une revue, *Le Magasin d'Éducation et de Récréation*, auquel il collaborait. Il devint l'auteur préféré de la jeunesse à qui il consacra de nombreux ouvrages, presque tous couronnés par l'Académie Française : *Odyssée de Pataud et de son chien Fricot, Les Quatre filles du docteur Marsch* et il rédigea entièrement la *Bibliothèque de Mlle Lili.* Son fils lui succéda à la tête de sa maison d'édition.

HOFF (le sergent), né à Marmoutier (Vosges), en 1836.
Incorporé en 1856 dans un régiment d'infanterie, il était au 25e de ligne, à Belle-Ile-en-Mer, avec le grade de sergent quand éclata la guerre de 1870. Il fut versé au 7e régiment de marche. Pendant le siège, cantonné en avant de Vincennes, il se distingua par de hardis coups de main contre les avant-postes allemands, tuant à lui seul une trentaine de sentinelles. Son nom devint populaire et, en octobre, il fut décoré. Prisonnier au cours de la bataille de Champigny, il se débarrassa de ses galons, de ses papiers et de sa décoration par crainte de représailles des ennemis et prétendit s'appeler Wolff. L'imprudence d'un de ses camarades, qui l'interpella par son nom, fit douter de son identité et lui valut trente jours de cellule à Cologne où il était en captivité. Finalement on crut à son identité d'emprunt et il fut libéré après l'armistice et versé dans l'armée de Versailles. Il participa à la prise de Paris et fut blessé au bras gauche en attaquant une barricade rue de Lisbonne. Mais sa disparition au cours du siège avait crédité l'erreur qu'il s'agissait d'un espion allemand, qui trompait ses supérieurs avec la complicité de l'ennemi. Une fois guéri, il fit des démarches auprès de la presse, qui rétablit volontiers la vérité. En 1872, il fut nommé gardien du square des Arts et Métiers et, par la suite, de l'Arc de Triomphe de l'Étoile.

HOSTEIN (Hippolyte), né à Paris, en 1814, mort à Paris, en 1879.
Après avoir étudié la médecine, il débuta par des ouvrages destinés aux enfants ; puis écrivit, en collaboration, plusieurs œuvres dramatiques. Il fut successivement directeur de plusieurs théâtres parisiens, mais, en 1869, il fit faillite, à la direction du Châtelet, malgré le succès des pièces présentées. La même année, à l'inauguration du Canal de Suez, il fut nommé directeur du théâtre du Caire, mais il le demeura peu de temps. Revenu en France, il entra comme feuilletoniste dramatique au *Constitutionnel* et en 1873, il prit la direction du théâtre de la Renaissance et à nouveau du Châtelet. Parmi les ouvrages qu'il publia on trouve *Les Contes bleus de ma nourrice, Le Petit François, Versailles anecdotique, Cours de botanique à l'usage des dames* (1838) ; comme auteur dramatique, il a, entre autres pièces, donné *François les Bas Bleus* (1854), *L'Affaire Lerouge* (1872), *Les Frères de lait* (1875). Enfin c'est à lui que revient la fondation de l'établissement de bains de Cabourg.

HUART (Louis), né à Trèves, en 1813, mort à Paris, en 1865.
Il débuta dans les lettres par des feuilletons et par un volume intitulé *Quand on a vingt ans, rue Saint-Jacques* (1834). En 1835, il entra au *Charivari* dont il sera plus tard rédacteur en chef directeur. Chaque jour, pendant près de vingt-cinq ans, il a écrit dans ce journal aussi bien sur l'actualité politique que sur les choses de la littérature et du théâtre. Le premier, il eut l'idée de ces *physiologies*, qui ont eu tant de vogue et il en a écrit plusieurs dont celles de *l'Étudiant*, de la *Grisette* et du *Comédien* (1841-1842). Il participa également à de nombreuses publications humoristiques, tel, *Le Musée pour rire* et à divers almanachs. En 1855, il acheta la direction du petit théâtre des Folies-Nouvelles, et pour l'exploiter s'associa à Altaroche, ancien directeur du *Charivari* et ancien député républicain à la Constituante, qui ne s'occupait plus que d'entreprises théâtrales. En septembre 1859, il céda cette direction à Mlle Déjazet qui la confia à son fils et les Folies-Nouvelles redevinrent le Théâtre Déjazet. Huart, atteint dix ans plus tard de la petite vérole, devait mourir en quatre jours. C'était un homme plein de bonté qui aisait encourager les débutants et Henri Rochefort déclarait volontiers que, sans lui, il serait resté un modeste employé aux appointements de douze cents francs.

JAIME (Adolphe), né à Paris, en 1824, mort en 1901.
Fils d'un vaudeviliste très fécond, il a lui-même donné aux théâtres parisiens des vaudevilles, des comédies, des drames, des opéras bouffes. Il a aussi écrit des romans. Rappelons seulement, parmi ses innombrables œuvres *Vidocq* (1887), drame en cinq actes, écrit en collaboration avec Georges Richard, et la pièce qui eut le plus de succès *Coquin de printemps*, un vaudeville joué en 1888 aux Folies-Dramatiques.

JANIN (Jules), né à Saint-Étienne, en 1804, mort à Passy, en 1874.
Fils d'un avocat, il termina au collège Louis-le-Grand des études secondaires, brillamment commencées au collège de Lyon. Après avoir obtenu la licence en Droit, il débuta en 1825, dans le journalisme, au *Figaro*, journal d'opposition. Puis il passa à *La Quotidienne*, feuille royaliste, enfin, après 1830, aux *Débats de Bertin*, où on lui confia la chronique de critique dramatique qu'il tint chaque lundi pendant quarante et un ans. Il collabora en outre à plusieurs autres feuilles, *L'Artiste*, *La Revue de Paris* où il s'en prit à la littérature, selon lui trop facile, de Balzac, à *La Revue des Deux Mondes*, au *Gaulois*, à *L'Événement*. Il participa aussi à plusieurs ouvrages généraux, comme le *Dictionnaire de la Conversation*. Il se révéla également comme romancier. On peut citer parmi ses œuvres *L'Ane mort et la Femme guillotinée* (1829), *Les Contes fantastiques et littéraires* (1833), *Un Cœur pour deux amours* (1837), *Les Contes non estampillés* (1862) ... Il a cependant écrit des ouvrages plus sérieux : une traduction des œuvres d'Horace, *La Normandie historique* (1843), *La Bretagne historique* (1844) *La Religieuse de Toulouse* (1844), préparation d'un rapprochement entre calvinistes et jansénistes, une *Histoire de la littérature dramatique en France* (1853-1858), *La Révolution Française* (1862-1865) ... En 1863, il échoua à l'élection à l'Académie, à la suite de quoi, il publia un spirituel *Discours de réception ... à la porte de l'Académie Française*, dont les immortels ne lui gardèrent pas rancune, puisqu'ils l'admirent parmi eux, en 1870, en remplacement de Sainte-Beuve. Après avoir toujours vécu à Paris, Jules Janin se retira dans son chalet de Passy où il devait mourir.

KARDEC (Léon Rivail, plus connu sous le pseudonyme d'Allan), né à Lyon, en 1803, mort à Paris, en 1869.
Fils d'un avocat ; bien que d'une famille catholique, il fit ses études dans l'école protestante de Pestalozzi, en Suisse. D'abord chef d'institution, il publia des ouvrages scolaires composés avec soin, en particulier des manuels d'arithmétique et de grammaire. Passionné pour la philosophie, son rêve était l'unification de toutes les croyances religieuses. En 1854, ayant assisté à des séances de spiritisme, chez Mme de Plainemaison, rue Grange-Batelière, il en devint désormais un fervent adepte. Au cours d'un entretien avec les esprits, l'un d'eux, nommé Vérité, l'aurait chargé de la mission de fonder une religion vraiment grande et belle, Kardec se livra alors à cet apostolat. En 1858, il fonda la Société parisienne des études spirites, puis une revue mensuelle, *La Revue Spirite*. Par les ouvrages qu'il publia, en particulier *Le Livre des Esprits* (1857) et *L'Imitation de l'Évangile selon le spiritisme* (1864), qui connurent un grand succès de curiosité, il contribua éminemment à répandre en France le goût du spiritisme, dont il fut le véritable législateur.

KARR (Alphonse), né à Paris, en 1808, mort à Saint-Raphaël (Var), en 1890.
Petit-fils d'un maître de chapelle bavarois, établi en France à la veille de la Révolution, et fils d'une mère française et d'un père, orphelin de bonne heure, qui gagna sa vie comme essayeur de pianos avant de devenir compositeur. Il fit ses études au collège Bourbon, devint professeur suppléant de cinquième, mais la liberté de ses opinions lui attira des réprimandes et il abandonna l'enseignement pour se lancer dans la vie littéraire. Son premier roman *Sous les Tilleuls* (1832) obtint un grand succès et lui valut son entrée au *Figaro*, dont il devint le directeur trois ans plus tard. Il publia encore quelques ouvrages, romans ou causeries mi sentimentales mi sarcastiques avant le grand succès que lui apportèrent ses *Guêpes*, amusante série satirique publiée mensuellement par petits volumes de 1839 à 1849. Elle lui valurent de nombreux ennemis, en particulier Louise Colet, qui tenta de le poignarder. C'est lui qui, passant, à cette époque, plusieurs étés, sur la côte normande, à Etretat ou à Honfleur, contribua à répandre parmi les gens de lettres et les artistes le goût pour ce genre de villégiature. En 1848, il se présenta sans succès à l'élection à la Constituante et fonda un quotidien, *Le Journal*, qui fit campagne pour Cavaignac, mais n'eut qu'une existence éphémère. Après le Coup d'État, bien qu'il ne fût guère menacé, il se retira à Nice où, tout en continuant à publier, il ouvrit « un atelier de bouquets », qui fournit les fleuristes parisiens.
Passionné de jardinage et de pêche, il publia de nombreux volumes sur ces deux sujets : *Voyage autour de mon jardin* (1855), *Dictionnaire du pêcheur*, *Le Credo du jardinier* (1875), ainsi que des ouvrages où il tentait, sans y parvenir, à retouver de la virulence de ses *Guêpes*. Il écrivit aussi sur la région où il vivait désormais comme *La Promenade des Anglais* (1874), des romans, *L'Histoire d'un pion* (1855), des Comédies, dont une, *Les Roses jaunes*, fut jouée sans grand succès à la Comédie Fran-

çaise, des souvenirs, *Souvenirs d'hier et d'autrefois* (1873), des ouvrages humoristiques, *Messieurs les Assassins* (1885), l'une de ses dernières œuvres. Sa plume, bien alourdie, eut pour conséquence de faire courir le bruit qu'il était mort et que sa cuisinière écrivait sous son nom des commérages de bonnes femmes.

L'une de ses filles, Thérèse-Alphone Karr, née en 1835, a publié, à partir de 1864, quelques ouvrages pour la plupart destinés aux jeunes filles.

LA BÉDOLLIÈRE (marquis Émile Gigault de), né à Amiens, en 1812, mort à Paris, en 1883.
Il débuta dans les lettres sur les bancs du collège Bourbon par un recueil de vers : *Psyché*. Tout en faisant son droit et en suivant les cours de l'École des Chartes, il publiait des satires contre la Monarchie de Juillet. Un ironique *Éloge du gouvernement* le conduisit en correctionnelle. Il plaida lui-même sa cause et fut acquitté. Encouragé par ce succès, il se fit inscrire au barreau. Il publia, en 1833, une *Vie de Lafayette* assez critique, puis abandonna la toge pour la plume du journaliste et, jusqu'en 1848, collabora à de nombreuses feuilles. Ne faisant jamais état de ses titres nobiliaires, il fut gagné un temps par la doctrine saint-simonienne, tout en évoluant vers les idées démocratiques. En 1849, il fut attaché à la rédaction du *Siècle* et, jusqu'à la fin de l'Empire, il y publia un *Courrier* quotidien très incisif de tendance anti-cléricale. En 1869, avec quelques amis, il fonda *Le National*. Après la guerre, il devait naturellement se rallier au régime républicain.

Sa fécondité littéraire fut extraordinaire. On lui doit une production relevant des genres les plus variés : poèmes, chansons, ouvrages d'histoire ou d'économie politique, traductions d'œuvres latines, anglaises ou espagnoles et même des contes pour enfants. Citons entre autres : *Histoire de la garde nationale* (1848), *Histoire de la guerre d'Italie* (1859), *Le Nouveau Paris, histoire de ses arrondissements* (1860), *Histoire des environs du nouveau Paris* (1860), *Histoire de la guerre du Mexique* (1868), *Histoire de la guerre de 1870-1871* (1872), *Londres et les Anglais* (1862), des traductions *Les Anglais peints par eux-mêmes* (1842) et de *La Case de l'oncle Tom* et une amusante amusante *Histoire de la Mère Michel et de son chat* (1846) dans la bibliothèque enfantine créée par Hetzel.

LA FIZELIÈRE (Albert Patin de), né à Marly (Moselle), en 1819, mort à Paris, en 1878.
Il se rendit à Paris et y débuta dans la carrière des Lettres en 1842. Il publia de nombreux articles de critique littéraire et de critique d'art dans divers journaux, en particulier dans *L'Artiste, Le Journal de Paris, La Presse, Le Courrier de Paris* (dont il assuma la chronique quotidienne en 1858), *L'Événement*. En 1848, il avait fondé un hebdomadaire, *Notre Histoire*, qui n'eut qu'une existence éphémère. Parmi ses ouvrages citons : la *Biographie des représentants à l'Assemblée Constituante* (1848), la *Biographie des représentants à l'Assemblée Législative* (1849), *La Mare Thibault*, roman, *Des vins à la mode et des cabarets au XVIIIe siècle* (1866) et deux pièces de théâtre écrites en collaboration, *Une Famille de la rue Mouffetard* et *Les Inondés de la Loire*. Dans le domaine de l'art on lui doit *Charles Baudelaire* (1868), écrit en collaboration, peu de temps après la mort du poète, *La vie et l'œuvre de Chintreuil* (1874), *Mémento du Salon de peinture* (1875). Exécuteur testamentaire de Jules Janin, il a dirigé la réimpression de ses *Œuvres choisies*. La Fizelière, quand il mourut, s'occupait de réunir la correspondance du célèbre écrivain pour la publier.

LA LANDELLE (Gabriel de), né à Montpellier, en 1812, mort à Paris, en 1886.
Après avoir terminé ses études à Strasbourg, il entra dans la marine en 1828 et prit part à plusieurs expéditions. Parvenu au grade de capitaine de frégate, il donna sa démission pour se consacrer à la littérature. Il écrivit d'abord dans *Les Français peints par eux-mêmes* (1840), puis collabora à *La Flotte*, dont il fut un des fondateurs (1841), et à d'autres journaux hostiles aux idées révolutionnaires. Mais il se fit un nom surtout par ses romans maritimes et ses ouvrages sur la marine. Citons : *Le Quart de nuit, contes et causeries d'un vieux navigateur* (1845), *Falkar le Rouge* (1852), *Le Dernier des flibustiers* (1857), *Le Langage des marins* (1859), *Le Gaillard d'avant*, recueil de chansons maritimes, *Les Géants de la mer* (1871), *Le Premier tour du monde* (1876), *Histoires maritimes* (1883). Enfin, il s'est activement occupé avec Nadar du problème de la navigation aérienne.

LAURIER (Clément), né à Sainte-Radegonde (Vienne), en 1832, mort à Marseille, en 1878.
Quand il eut terminé son droit il se fit inscrire au barreau de Paris, et fut pendant quelque temps le secrétaire de Crémieux. Gagné aux idées républicaines, il fut mis en vedette, en 1867-1868, par la défense des rédacteurs du *Courrier Français*. Candidat de l'opposition dans le Var et dans l'Hérault en 1869, il ne fut pas élu. Chargé avec

Floquet des intérêts de la partie civile dans l'Affaire Noir, il prononça devant la Haute-Cour de Tours une brillante plaidoirie. Après le 4 septembre, il fut désigné par Gambetta comme directeur de son cabinet au ministère de l'Intérieur. La compétence qu'il avait montrée en matière financière, en publiant, en 1858, *La Liberté de l'argent*, le fit désigner pour contracter un emprunt de deux cent cinquante millions auprès des banques anglaises. Le fait qu'il l'obtint avec un intérêt de 6 %, le fit vivement critiquer dans certains milieux politiques.
Démissionnaire en même temps que Gambetta, le 6 février 1871, il fut élu par le Var à l'Assemblée Nationale. Son élection ayant donné lieu à des contestations, il démissionna, se représenta et fut réélu. Il siégea alors à côté de Gambetta à l'extrême gauche de l'Assemblée. En 1871, il défendit les chefs du mouvement communaliste de Marseille et, en 1873, les chefs arabes qui, en 1871, s'étaient révoltés contre la France. Malheureusement pour lui, il se persuada, en 1873, que les monarchistes allaient l'emporter et, sans vergogne, abandonna le parti républicain pour se rallier à l'extrême-droite. Ses électeurs du Var, indignés d'une telle volte-face, lui demandèrent en vain de résilier son mandat. Il vota désormais les mesures les plus conservatrices. Après la dissolution de la Chambre en 1876, il se fit élire député de la circonscription du Blanc, où il possédait d'importants intérêts. Il mourut brusquement à Marseille, où il s'était rendu pour ses affaires d'avocat. On a publié, en 1885, ses *Plaidoyers et œuvres choisies*.

LECOMTE (Claude), né à Thionville, en 1817, mort à Paris, en 1871.
Ancien élève de l'École de Saint-Cyr, il prit part à plusieurs opérations en Afrique, puis à l'expédition de Crimée, où il fut blessé au siège de Sébastopol. Il fit ensuite la campagne d'Italie. Nommé général en août 1870, il commanda la première brigade pendant le siège de Paris. Dans la nuit du 17 au 18 mars, il reçut l'ordre de faire enlever les canons que la garde nationale avait transportés sur la Butte Montmartre lors de l'entrée des Prussiens dans Paris. Mais les attelages qu'il attendait, n'arrivèrent pas et le bruit courut dans Paris que l'opération précédait le rétablissement de la monarchie. Entouré par la foule, il voulut faire enlever de force les pièces d'artillerie, mais ses soldats l'abandonnèrent. Des émeutiers s'emparèrent de lui et le fusillèrent avec le général Clément Thomas, au fond d'un jardin. Sa famille fut par la suite adoptée par l'État et sa veuve reçut une pension.

LEGRAND (Charles-Dominique, dit Paul), né à Saintes, en 1816, mort à Paris, en 1898.
Venu jeune à Paris, il y exerça divers métiers. Il fut bijoutier, commis-voyageur, en même temps qu'acteur à la salle Bonne-Nouvelle, puis au théâtre de la Madeleine créé en 1840. En 1841, il entra aux Funambules pour doubler le célèbre mime Debureau dans ses rôles de Pierrot. A la mort de celui-ci, en 1846, il lui succéda. En 1848, il partit pour l'Angleterre. A son retour, toujours comme mime, aux Folies-Mayer qui devinrent les Folies-Nouvelles. Grâce à sa physionomie très mobile, il y tint encore avec un succès constant le rôle de Pierrot, qu'il sut d'ailleurs renouveler dans de petites pièces dont les chefs de l'école réaliste écrivaient le scenario. Lui-même en composa deux : *Fesse-Mathieu* et *Jocrisse tout seul*. Il parut ensuite aux Délassements et aux Folies-Marigny. Enfin, avec Bouveret, il dirigea le Théâtre d'Enfants de la rue Vivienne. Quand il se retira de la scène, en 1875, une souscription fut organisée pour lui procurer quelques ressources. En 1886, les frères Larcher publièrent les *Pantomimes de Paul Legrand*.

LEMER (Julien), né à Rochefort, en 1815, mort à Paris, en 1893.
Il fit ses études à Paris sous la direction de son parent, Adolphe Blanqui. D'abord clerc de notaire, il fut employé au ministère de la Marine de 1841 à 1844. Il décida alors de se consacrer au journalisme et collabora à de nombreuses feuilles de mode et de théâtre. Éditeur un temps, il fonda plusieurs périodiques comme *La Lecture*, journal qui publiait des romans et, en association avec Féval, l'hebdomadaire *Jean Diable*, qui n'eut qu'une année d'existence. Il était en même temps libraire et publiait de nombreux ouvrages, la plupart sous des pseudonymes. Citons *Manuel de l'Exposant* (1849), *Paris au gaz* (1861), recueil de nouvelles dont la plus originale est *Le Virgile de Taillebourg*. Après la chute de l'Empire, ses œuvres relèvent pour la plupart de la polémique : *Le Crime du 18 mars* (1871), *Dossier des Jésuites* (1876), *Les Gouvernements provisoires en France* (1886), *Balzac, sa vie, son œuvre* (1891).

LEMERCIER (Népomucène), né à Paris, en 1771, mort à Paris, en 1840.
Fils du secrétaire de Mme de Lamballe dont il fut le filleul, il manifesta de bonne heure des dispositions pour la littérature et, grâce à la protection de sa marraine,

il débuta à quinze ans avec une tragédie qui n'eut pas de succès. Il accueillit avec joie les débuts de la Révolution, mais blâma ses excès, en particulier dans deux pièces jouées après la chute de la Montagne : une comédie, *Le Tartuffe révolutionnaire* et une tragédie, *Agamemnon* qui remportèrent un triomphe. Mais toutes ses autres œuvres théâtrales échouèrent, parfois injustement, telles la pièce historique *Pinto, ou la Journée d'un conspirateur,* qui fut interdite après le 18 brumaire, et la tragédie *La démence de Charles VI*, elle, interdite par le gouvernement de la Restauration. En excellents termes avec le Premier Consul et fréquentant la Malmaison, Lemercier se brouilla avec lui, quand Bonaparte voulut lui imposer des allusions à ses ambitions personnelles dans sa pièce *Charlemagne.* Finalement il devait rendre sa légion d'honneur. Il fut élu à l'Académie en 1810, malgré ou peut-être à cause de sa pièce *L'Hymen sanglant,* satire du mariage autrichien. Il ne réussit guère dans la poésie malgré ses efforts pour traiter avec originalité des sujets classiques (*L'Atlantiade* en 1812), mais il gagna de l'autorité comme critique grâce au *Cours analytique de littérature générale* qu'il fit à l'Athénée, de 1811 à 1814. En dépit du nombre prodigieux de volumes qu'il publia, il devait mourir presque ignoré de ses contemporains.

LEMOT (Jean), né à Reims, en 1847, mort en 1909.
Dessinateur caricaturiste, il collabora à des revue illustrées sous les pseudonymes de Uzès et de Lilio. Il fit des vignettes de livres et des illustrations.

LEPELLETIER DE LA SARTHE (Almire), né au Mans, en 1790, mort au Mans, en 1890.
Il fit ses études médicales à Paris, où il fut reçu docteur en médecine en 1825. De retour en sa ville natale, il se livra à la pratique de son art, tout en composant des ouvrages qui lui valurent le titre de membre correspondant de l'Académie de Médecine en 1835 et la légion d'honneur. Parmi ses nombreuses publications, citons : *Essai de doctrine médicale ou doctrine biologique* (1853), *Traité de physionomie* (1864), *Traité complet de physiologie* (1876).

LE POITEVIN SAINT ALME ((pseudonyme d'Auguste Le Poitevin de l'Égreville), né à Paris, en 1793, mort à Belleville, en 1854.
Au sortir du collège il se laissa enrôler dans une compagnie franche, destinée à soutenir la cause, alors désespérée, de Murat, roi de Naples, corps de volontaires qui, heureusement pour lui, ne partit pas. Il écrivit tout d'abord des romans et fit représenter, en 1822, une pièce de théâtre, *Paoli,* qui obtint un réel succès aussi bien à Paris qu'en province. A partir de ce moment, il collabora un temps avec Balzac en signant d'un pseudonyme les romans écrits en commun. Il fut, sous la Restauration, le véritable fondateur du *Figaro,* feuille d'opposition redoutable pour le régime. Après la révolution de Juillet, il fit jouer des pièces militaires, dont *Austerlitz* (1837), en trois époques. Dès le début de la révolution de Février, il s'associa avec Moïse Millaud pour fonder *La Liberté,* qui eut un succès prodigieux, mais fut suspendue après les Journées de Juin. En 1852, il tenta de ressusciter l'ancien *Figaro.*

LESPÈS (Napoléon), dit Léo Lespès, né à Bouchain (Nord), en 1815, mort à Paris, en 1875.
Après des études médiocres, il s'engagea dans la ligne à dix-sept ans. Libéré du service, il se rendit à Paris pour suivre la carrière des lettres et, vers 1840, parvint à participer à de petits journaux et publia quelques romans qui eurent peu de succès. Il créa alors successivement plusieurs périodiques dont il assuma la direction, *La Revue des marchands de vin, Le Magasin des Familles,* ... Sous le Second Empire, il entra au *Figaro* et, en 1863, Millaud le chargea de donner chaque jour au *Petit Journal,* un article signé Timothée Trimm. Avec ses chroniques présentées sous la forme de petites strophes en prose, il réussit à faire monter le tirage à deux cent mille exemplaires, mais il ne sut pas se renouveler et à la longue fatigua ses lecteurs. Il quitta *Le Petit Journal* en 1869 pour entrer au *Petit Moniteur* auquel il dut donner deux articles par jour contre des appointements fabuleux. Là aussi il finit par lasser les lecteurs et son contrat fut résilié. Il entra alors à *L'Événement.* Citons de lui, en particulier : *Paris dans un fauteuil* (1854), *Les Quatre Coins de Paris* (1863), *Promenades dans Paris* (1867), *Les Ruines de Paris* (1871).

LEUVEN (Adolphe comte Ribbing dit, de), né à Quincy (Aisne), en 1807, mort à Paris, en 1884.
Fils du comte suédois Ribbing qui, banni de son pays en 1792, s'établit d'abord en Suisse, puis à Paris. Le jeune Adolphe y connut Alexandre Dumas, avec qui il écrivit, en 1825, leur œuvre de début à tous deux *La Chasse et l'Amour,* un vaudeville qui

fut joué sous les pseudonymes de Rousseau et Davy. Depuis lors, il s'associa la plupart du temps avec des librettistes de drames ou de vaudevilles, en particulier avec Scribe et produisit ainsi plus de cent cinquante pièces. En 1862, il fut nommé directeur du théâtre de l'Opéra-Comique. Parmi les œuvres qu'il a écrites seul, citons *L'Automate de Vaucanson* (1840), *Les Deux Voleurs* et, en 1856, *Maître Pathelin*, opéra-comique. Sa dernière pièce *Actéon et le centaure Chiron* (1878), musique de Chassaigne, fut une opérette.

LIVRY (Emma Emarot dite Emma), née à Paris, en 1842, morte à Neuilly, en 1863.
Fille d'une danseuse estimée. Après cinq années d'études chorégraphiques, elle débuta, à peine âgée de seize ans, à l'Opéra, dans le rôle difficile de Sylphide dans le ballet du même nom. Sa jeunesse et sa grâce la firent tout de suite acclamer comme une illustration de la danse classique française. Mais, à la répétition de *La Muette*, le feu prit à ses vêtements de gaze. Elle succomba après huit mois de martyre sur un lit de souffrance. Une rente fut allouée à sa mère. La malheureuse jeune fille se distinguait surtout par une légèreté idéale unie à la plus grande correction.

LOVY (Jules), né à Furth (Bavière), en 1801, mort à Paris, en 1863.
Fils d'un rabbin, auteur de chants religieux estimés, qui fut désigné pour officier à la synagogue de Paris. Il abandonna le Droit pour participer à la presse d'opposition sous la Restauration et fut l'un des rédacteurs les plus mordants de l'ancien *Figaro*. Il fonda, en 1839, *Le Tam-Tam*, puis *Le Tintamarre* avec Commerson et collabora aux petits journaux jusqu'à la fin de sa vie. Il aurait, dit-on, également participé aux ouvrages publiés par Commerson. En 1833, il fonda *Le Ménestrel*, le premier hebdomadaire consacré à la musique. Il y écrivit de nombreux articles qui, par leur sérieux et leur bienveillance, contrastent avec ceux qu'il adressait à la presse satirique. Il était d'ailleurs, lui-même, l'auteur de nombreuses chansons. Il fut secrétaire du théâtre des Variétés de 1858 à 1860, puis du Théâtre-Lyrique jusqu'à sa mort.

MAGUIER (Edmond), né à Rioux, près de Saintes (Charente-Maritime), en 1847, mort à Thénac, près de Saintes, en 1907.
Né dans une famille bourgeoise, il fut frappé à l'âge de dix-sept ans d'une paralysie des deux jambes, épreuve qu'il accepta avec le plus grand courage. Il fit des séjours à Nice dans une voiture de malade, puis plus tard parvint à marcher avec des béquilles. Il se mêla à la vie littéraire parisienne et, quand Auguste Dumont quitta *Le Figaro* pour fonder en avril 1872, un quotidien de tendance républicaine, *L'Événement*, Maguier en fut choisi comme rédacteur en chef, avec pour collaborateurs, entre autres, Aurélien Scholl et Émile Gaboriau. Il se retira de bonne heure à Thénac, où il possédait une belle propriété, y exerça un temps les fonctions de juge de paix suppléant d'un des cantons de Saintes et passa toute la fin de sa vie à composer des poèmes, en particulier des sonnets. Après sa mort, son gendre réunit nombre d'entre eux qu'il publia chez Lemerre sous le titre de *Rêves épars*.

MAHALIN (Paul), né à Épinal, en 1828, mort à Paris, en 1899.
Venu à Paris pour faire du journalisme, il commença à écrire dans divers petits journaux et par la suite fut chargé de la critique théâtrale du *Gaulois*, qu'il assura de longues années sous le pseudonyme de Triolet. Il publia de nombreux ouvrages, certains sous les pseudonymes de Fontenoy, de Traille de Blondet... Parmi eux, *Mémoires du Bal Mabille* (1864, anonyme), *Les Jolies actrices de Paris* (1866), *Les Francs-Tireurs* (1871), *Les Jolies actrices de Paris* (2, 3 et 4e séries, 1878, 1884), *Au Bout de la lorgnette* (1884)... Il fit également jouer plusieurs drames : *Valmy* (1893), *La Revue des gueux* (1897) ...

MAILLARD (Firmin), né à Gray (Haute-Saône), en 1833.
Il commença l'étude de la médecine qu'il abandonna pour se lancer dans le journalisme. Après avoir collaboré pendant quelque temps à *L'Impartial* de Besançon, il se rendit à Paris où il publia des chroniques et des articles littéraires dans de petits journaux et dans *Le Figaro*. Outre ses articles, on lui doit notamment : *Histoire annecdotique et critique des 156 journaux parus en l'an de grâce 1856* (1857), *Histoire anecdotique et critique de la vie parisienne* (1859), *Histoire des journaux publiés à Paris pendant le siège et la Commune* (1871), *Les publications de la rue pendant le siège et la Commune* (1874).

MAILLY (Chevalier de), mort à Paris, en 1724.

Il eut pour parrain Louis XIV et pour marraine Anne d'Autriche et fit à sa famille un procès scandaleux pour se faire déclarer bâtard. Il a publié entre autres ouvrages, *Amours des empereurs romains* (1695), *Entretiens des cafés de Paris et les accidents qui y surviennent* (1702) et *Voyage et les aventures des trois princes de Sarendip* (1719), traduit du persan, dont Voltaire a pris le sujet pour un des chapitres de *Zadig* (le Chien et le Cheval). Le chevalier de Mailly mourut à un âge avancé.

MALLET (Gédéon), né à Bagnols-sur-Sèze, en 1813.

Après de brillantes études de médecine, il entra dans la marine de l'État avec le titre de chirurgien et assista pour ses débuts à l'évacuation des blessés de l'assaut de Constantine (1837) sur les hôpitaux de Toulon. Après de longues années de navigation, il vint en France pour s'adonner à l'étude de questions scientifiques, en particulier sur la maladie des vers à soie. Élu conseiller général en 1871, député en 1876, il siégea à gauche et fut au nombre des 363. Mais en octobre 1877, il échoua contre un candidat monarchiste, partisan de Mac-Mahon.

MALON (Benoît), né à Précieux (Loire), en 1841, mort à Asnières, en 1893.

Fils de pauvres journaliers, il fut pâtre dès l'âge de sept ans et, plus tard, ouvrier agricole. Ce n'est guère qu'à vingt ans, au cours d'une convalescence, qu'il apprit à lire grâce à son frère, instituteur dans un village de la Loire. Venu à Paris, sans ressources, il travailla comme ouvrier teinturier, lisant la nuit et composant des romans et des poèmes. Il adhéra, l'un des premiers, à l'Internationale et fut condamné à trois mois de prison, pour cette affiliation. Rédacteur à *La Marseillaise*, il fut envoyé en février 1870 au Creusot pour rendre compte de la grève générale qui s'y déroulait. Peu de temps après il fut condamné à un an de prison. C'est la révolution du Quatre Septembre qui le libéra. Adversaire du gouvernement de la Défense Nationale, il prit part à la tentative d'insurrection du 22 janvier 71 et, en février, fut élu par Paris à l'Assemblée Nationale dont il démissionna aussitôt. En mars, il fut élu membre de la Commune, où il appartint à la minorité modérée. Après la chute de cet éphémère régime, il parvint à se réfugier à Genève où il fonda un journal *La Revanche*, qui fut supprimé par le gouvernement suisse. Rentré en France après l'amnistie générale, il collabora à plusieurs feuilles socialistes et publia de nombreux ouvrages, en particulier une *Histoire du Socialisme* en cinq volumes. En 1886, il fonda *La Revue Socialiste* qu'il dirigea jusqu'à sa mort malgré une longue et douloureuse maladie. Ce fut un socialiste modéré, faisant confiance au suffrage universel. Son influence fut grande dans les milieux cultivés, qui se montrèrent séduits par sa bonté, sa douceur et sa foi dans le progrès.

MARC (Charles), né à Amsterdam, en 1771, mort à Paris, en 1841.

D'origine hollandaise, il fit ses études en Allemagne et fut reçu docteur en médecine, en 1792, à Erlingen (Bavière). Il pratiqua à Vienne, puis en Bohême. En 1795, il publia un ouvrage intitulé *Observations générale sur les Poisons*, qui fut tout de suite traduit en plusieurs langues. Il vint à Paris, où il se lia avec Bichat et participa à la fondation de la Société d'émulation médicale. Il connut des années difficiles jusqu'au moment où un médecin qui suivait Louis-Napoléon en Hollande, lui céda sa clientèle, en 1806. Il devint bientôt célèbre par ses écrits ; en 1811, il se fit recevoir docteur en médecine à Paris et fut nommé à l'Académie de Médecine. En 1829, avec Orfila, il fonda *Les Annales d'hygiène publique et de médecine légale* et, après la Révolution de 1830, devint premier médecin de Louis-Philippe. Parmi ses ouvrages les plus renommés, on peut citer un *Manuel d'autopsie cadavérique médico-légale* (1808) et une étude *De la Folie considérée dans ses rapports avec les questions médico-judiciaires* (1840), où il fut l'un des premiers à montrer les rapports qui unissent le crime à la folie.

MICKIEWICZ (Stanislas), né à Paris, en 1838, mort à Paris, en 1926.

Fils du grand poète polonais Adam, il a donné des traductions françaises aussi bien des œuvres de son père que d'autres écrivains polonais. Le premier, avant 1870, il a publié les chefs-d'œuvre de la littérature polonaise dans une édition française à très bon marché. Attaché longtemps à la commission chargée de publier la correspondance de Napoléon Ier, il a collaboré, sous le Second Empire à *L'Opinion Nationale* et dirigé *La Revue internationale*. Il a également envoyé au *Courrier de Varsovie* des chroniques littéraires très appréciées. En 1866, il a publié une *Histoire populaire de la Pologne* extraite des conférences de son père et, en 1895, une *Vie d'Adam Mickiewicz*.

MILLAUD (Alphonse), né à Mouriès (Bouches-du-Rhône), en 1829.

Ses études terminées à Arles, il obtint un emploi à la mairie de Saint-Rémy. En 1854, son oncle, Moïse Millaud, l'appela auprès de lui et le fit entrer à *La Presse*. Lorsque le célèbre banquier créa *Le Petit Journal* en 1863, il lui en confia la direction avec le tiers des bénéfices. Ce dernier prit part, par la suite, à la fondation de nombreux journaux, comme, *Le Soleil* et *Le Journal Illustré*. En 1868, il organisa à Saint-Rémy une fête littéraire qui fit grand bruit et à laquelle assistèrent, sous la présidence de Mistral, de nombreux poètes français, provençaux et espagnols. A la suite de mauvaises affaires, il eut recours à divers expédients. Traduit en correctionnelle, il fut condamné, le 13 juin 1873, pour banqueroute simple et escroquerie à trois mois de prison et trois mille francs d'amende.

MILLAUD (Moïse), né à Bordeaux, en 1813, mort à Paris, en 1871.

Fils de modestes marchands israélites de Bordeaux, il entre de bonne heure chez un huissier en qualité de petit clerc. A seize ans il fut élu directeur de l'Athénée, compagnie littéraire bordelaise d'une centaine de membres et à vingt ans il fonda un journal, *Le Latin*, dans sa ville natale. En 1836, il vint à Paris faire du journalisme. Il créa de petites feuilles à l'existence éphémère, puis sa célèbre *Audience*, qui s'occupait exclusivement d'affaires judiciaires et dura six ans. Au lendemain de la révolution de Février, il fonda *La Liberté*, journal à grand tirage, que ses sympathies pour le bonapartisme firent supprimer après les journées de Juin. Avec son compatriote et coréligionnaire, Mirès, Millaud créa par la suite *Le Journal des Chemins de Fer*, qui fit bientôt autorité en matière de finances. La réussite de cette feuille est à l'origine de sa fortune. Il fonda alors une banque, et, en 1863, créa *Le Petit Journal*, quotidien à bon marché qui obtint un immense succès. Millaud devait encore lancer d'autres journaux, comme *Le Soleil*, *Le Journal Illustré*, *Le Journal Littéraire*... Il se piquait d'ailleurs de littérature et, en 1859, écrivit en collaboration avec Clairville *Ma Nièce et mon Curé* qui remporta un grand succès. Mais il devait ébrécher sa fortune, dès avant la guerre, par les fêtes splendides qu'il donnait dans son hôtel de la place Saint-Georges. Il mourut, en octobre 1871, d'une maladie de cœur, qui le tenait depuis quelque temps éloigné des affaires.

MILLIÈRE (Jean-Baptiste), né à Lamarche (Côte-d'Or), en 1817, mort à Paris, en 1871.

Fils d'un ouvrier tonnelier, il commença ses études à vingt ans, obtint rapidement le baccalauréat et enfin le doctorat en Droit. Il entra à l'âge de trente ans au barreau de Dijon, vint en 1848 à Paris où il prit part aux mouvements révolutionnaires. Collaborateur du *Peuple Constituant* de Lamennais, il fut déporté en Algérie après le Coup d'État. Amnistié en 1859, il entra comme chef de contentieux à la compagnie d'assurance Le Soleil. Il sacrifia finalement sa situation à l'action politique et, en 1869, fonda *La Marseillaise* avec Rochefort. Après le Quatre Septembre, il fut nommé chef d'un bataillon de la garde nationale. Opposé au gouvernement de la Défense Nationale, qu'il accusait de tiédeur, il fut révoqué pour avoir été l'un des promoteurs de l'insurrection du 31 octobre et dut se cacher jusqu'à la fin du siège. Élu député de Paris à l'Assemblée Nationale, il continua d'y siéger après l'insurrection du 18 mars et condamna le meurtre des généraux Lecomte et Clément Thomas. Il devait regagner Paris en mai 1871. Bien que n'ayant participé en rien à la Commune et pris aucune part à la lutte, il fut arrêté le 26 mai, sur l'ordre du général de Cissey, qui, dix ans plus tard, devait être relevé de son commandement sous l'accusation de malversation. Sans qu'on puisse bien distinguer de qui venait la décision, Millière fut fusillé sans jugement sur les marches du Panthéon. Le capitaine Garcin qui commandait le peloton d'exécution le fit contraindre à se mettre à genoux. En mourant, Millière cria *Vive l'Humanité!* Sa veuve intenta un procès en dommages-intérêts contre le capitaine Garcin devant le tribunal civil de Versailles. Cette juridiction se déclara incompétente et condamna Mme Millière aux dépens (août 1873).

MIRECOURT (Eugène Jacquot, dit Eugène de), né à Mirecourt (Vosges), en 1812, mort à Ploërmel (?), en 1880.

Élevé au séminaire, il se destina d'abord à la prêtrise, mais vint à Paris en 1833, pour s'y livrer à des travaux littéraires, d'ailleurs sans succès. Découragé il accepta une place de précepteur à Cherbourg, puis en 1838, il acheta à Chartres un pensionnat qui ne réussit pas et qu'il revendit. Il décida alors de revenir à la littérature en abandonnant son nom de Jacquot pour prendre celui de sa ville natale. Il entreprit la publication d'un ouvrage de compilation *La Lorraine historique et pit-*

toresque (en 3 volumes) qui commença à le faire connaître et divers journaux acceptèrent alors ses nouvelles. Désireux d'attirer à tout prix l'attention sur lui, il publia en 1845, un factum, devenu célèbre, contre Alexandre Dumas, *Fabrique de romans : Maison Alexandre Dumas et Cie*, d'un ton injurieux, mais où il révélait les noms d'obscurs collaborateurs du célèbre romancier. Poursuivi par celui-ci pour diffamation, il fut condamné à six mois de prison, mais le succès pécuniaire qui s'ensuivit l'incita à écrire de nouvelles *biographies*. C'est ainsi que, de 1853 à 1858, il publia sa *Galerie des Contemporains*, basses calomnies ou adulations serviles qui, en cent petits volumes, firent scandale et soulevèrent toute la presse contre lui. A partir de 1857, il publia une revue hebdomadaire, *Les Contemporains* dont chaque numéro contenait un article biographique écrit avec verve, mais sans aucun souci de la vérité. Écrasée sous les condamnations, cette revue cessa de paraître en novembre 1857, mais en décembre fut remplacée par *La Vérité pour tous* qui, un an plus tard, céda la place à *La Vérité contemporaine* dont l'existence ne fut pas plus longue. D'autre part, en 1857, un nommé Mazerolle qui, pendant quinze ans avait été son secrétaire et son collaborateur, révéla les méthodes de Mirecourt dans un écrit, *Confession d'un biographe de la fabrique de biographies, Maison Eugène de Mirecourt et Compagnie, par un ex-associé*. En 1861, le bruit courut que Mirecourt était mort en Russie ce qui lui valut des articles nécrologiques assez flatteurs. Mais il réapparut et se remit à publier les ouvrages les plus divers jusque vers 1870, époque où pour échapper aux condamnations, qui continuaient à pleuvoir sur lui, il quitta Paris pour se réfugier à Nantes. Dès lors son existence s'entoure de mystère. Entra-t-il dans les ordres comme on l'a prétendu ? Se rendit-il à Haïti, en 1878, pour y mourir deux ans plus tard, victime du climat ? Ou au contraire, mourut-il à Ploërmel, en 1880, comme il est probable ?

Parmi ses œuvres, citons : *Madame de Tencin* (1847), *Le Mont-de-Piété* (1854), *Paris la nuit* (1855), *La Bourse et ses abus* (1858), *Lettres à Proudhon* (1858), *Les Vrais Misérables* (1862), *La Bourse et les signes du siècle* (1863), *Histoires contemporaines : portraits et silhouettes* (1866-1867), comportant de nouvelles biographies.

MIRÈS (Jules-Isaac), né à Bordeaux, en 1809, mort à Paris, en 1871.

Il était d'une famille israélite. Son père exerçait, à Bordeaux, le commerce de l'horlogerie et le change. Après des études très sommaires dans une pension privée, il fut employé dans différentes maisons et finalement au bureau de l'inspection des Contributions Directes. Laissé sans ressources par la mort de son père, en 1835, il fonda une agence qui constituait les dossiers destinés à appuyer les réclamations contre les évaluations du cadastre. Ce fut une réussite jusqu'au moment où, en 1838 la préfecture repoussa toutes les réclamations qu'il avait soutenues. L'homme était violent. Après avoir subi plusieurs condamnations à des amendes, puis à trois jours de prison pour insultes à fonctionnaires, il partit, en 1841, pour Paris. Il fonda tout d'abord une agence semblable à celle de Bordeaux, mais devant son insuccès, il entra comme intermédiaire chez un agent de change. En 1848, il s'associa avec son coréligionnaire Moïse Millaud et les deux Bordelais achetèrent pour mille francs *Le Journal des Chemins de fer*, dont ils firent un centre de renseignements précieux en matière de spéculation. Ils fondèrent en 1850, la *Caisse des actions réunies*. Achetant et revendant des actions au moment le plus favorable, ils réalisèrent d'énormes bénéfices. Quand, en 1853, Mirès et Millaud se séparèrent, chacun retira plus de trois millions de la vente de cet organisme. En 1854, il prit la direction de la Caisse générale des Chemins de fer et se lança dans des opérations gigantesques. Il acheta des houillères, fit construire des hauts-fourneaux, des chemins de fer à l'étranger, à Marseille un nouveau quartier et un nouveau port. Maître de plusieurs grands journaux, *Le Constitutionnel, La Presse*, il bénéficiait d'une publicité immense. L'année 1860 marqua l'apogée de sa fortune. Il menait une existence princière dans son splendide hôtel et il avait marié sa fille au prince Alphonse de Polignac.

Mais des événements économiques imprévus devaient déjouer ses calculs. Il essaya de masquer ses pertes par de graves irrégularités, plainte fut déposée contre lui. Il fut arrêté et mis au secret à Mazas. En vain son gendre fit une démarche auprès de l'Empereur, qui laissa la justice suivre son cours. En juillet il fut condamné à cinq ans d'emprisonnement. La cour d'appel confirma le jugement, mais la cour de cassation le cassa et renvoya l'affaire devant le tribunal de Douai, qui l'acquitta sur tous les points et ordonna sa mise en liberté immédiate. Il n'en fut pas moins condamné à un mois de prison pour distribution non autorisée d'un mémoire justificatif. Mais il n'avait pas renoncé à la lutte, qu'il menait avec une énergie indomptable. Il avait lancé un nouvel emprunt, qui s'annonçait comme une réussite, quand le régime interdit à la presse de lui donner la moindre publicité. Il fit des procès à ses détracteurs, et, en particulier, aux frères Péreire. Il s'en prit même à ses juges, ce qui lui valut, en février 1870, une nouvelle condamnation à six mois de prison. Il ne survécut pas à ses revers et mourut l'année suivante. Du jour où il a connu des difficultés, Mirès a publié de nombreux mémoires et brochures justificatives. Il faut mettre à part un ouvrage technique *Aperçus financiers* (1868).

MONSELET (Charles), né à Nantes, en 1825, mort à Paris, en 1888.

Fils d'un libraire, il commença ses études à Nantes et les poursuivit à Bordeaux, où sa famille s'était installée et où il débuta de bonne heure dans les lettres. Il écrivit dans *Le Courrier de la Gironde* et fit jouer, en 1844, une petite comédie *Le Carreau brisé*, puis, au Grand Théâtre de Bordeaux, une parodie en vers de Lucrèce. Venu à Paris, il écrivit, à partir de 1846, dans *L'Artiste* et donna une critique théâtrale au *Figaro*, puis à *L'Événement*. Monselet a beaucoup écrit, toujours avec une philosophie souriante, mais sa pensée est peu profonde. Dans ses ouvrages historiques sur le XVIIIe siècle, il se montre la plupart du temps, incapable d'une véritable érudition, sacrifiant volontiers l'exactitude aux bons mots, mais là où il excelle c'est dans la peinture des menus faits de la vie parisienne. En 1873, il a tenté sans succès de faire revivre la farce classique, qui fut le genre de spectacle d'abord donné par l'Illustre Théâtre de Molière et, dans les dernières années de son existence, il passa de la comédie à l'opéra-comique. Enfin il s'efforça de se créer une réputation de gastronome, à laquelle il tenait par-dessus tout, alors que son savoir était mince en cette matière où il fut victime de nombreuses mystifications. Parmi ses innombrables œuvres, citons *Marie et Ferdinand* (1845), poème ; *Histoire du Tribunal Révolutionnaire* (1850), plutôt une facétie qu'un ouvrage historique ; *Les Vignes du Seigneur* (1854), poésies ; *Bordeaux artiste* (1855), *La Franc-Maçonnerie des Femmes* (1856), 7 vol. ; *Le Musée secret de Paris* (1859) ; *Almanach gourmand* (de 1865 à 1870) ; *Physionomies parisiennes : acteurs et actrices* (1868) ; *Les Oubliés et les dédaignés* (1876) ; *Petits mémoires littéraires* (1885) ; *Joli Gilles*, opéra-comique ; *L'Ilote*, comédie en collaboration avec Paul Arène, *De A à Z, portraits littéraires contemporains*.

MONTÉPIN (Xavier, comte de), né à Apremont (HauteSaône), en 1823, mort à Paris, en 1902.

Neveu d'un pair de France, il débuta dans les lettres par un vaudeville *Les Trois baisers* (1846). En 1848, il fonda une feuille, *Le Canard*, dans laquelle il mena une vigoureuse campagne anti-socialiste. Cependant il abandonna bientôt la politique pour le roman. Dans ce domaine sa fécondité fut prodigieuse, mais son œuvre d'une médiocre portée. Il restait à peu près inconnu quand, en 1855, son roman, *Les Filles de plâtre* (7 vol.) fut condamné pour atteinte aux bonnes mœurs. Il n'en continua pas moins dans la même voie et donna, entre autres, *Le Masque rouge* (1858, 4 vol.), *Le Parc aux biches* (1862, 8 vol.). Parmi ses derniers romans citons *Fiacre n° 13* (1880, 4 vol.), *La Porteuse de pain* (1884, 5 vol.), *La Belle Angèle* (1885, 2 vol.), *La Policière* (1890), *La Joueuse d'orgue* (1895), *La Marchande de fleurs* (1901). Il a fait représenter des drames tirés de ses romans, la plupart en collaboration avec Jules Dornay. *La Porteuse de pain* a remporté un grand succès à l'Ambigu en 1889.

MOREAU (Eugène), né à Paris, en 1816, mort à Paris, en 1876.

Il débuta tout jeune comme acteur sur diverses scènes parisiennes, puis joua en province. De retour à Paris, il parut au théâtre du Panthéon ; mais se rendit à Saint-Pétersbourg où il resta plusieurs années. Il revint en France avec une pension du tsar. Par la suite il fut régisseur du théâtre de la Porte Saint-Martin et des Variétés, puis directeur du théâtre Beaumarchais. On lui doit plusieurs pièces, notamment *La Peau de singe* (1833), *Le Zouave de la garde* (1863), *Le Cabaret de la grappe dorée* (1865).

MOREAU-CHRISTOPHE (Louis), né à Sainte-Maure (Indre-et-Loire), en 1799, mort à Paris, en 1881.

Lors de la Révolution de 1830, il était avocat à Loches où il avait épousé la fille de Christophe, représentant du peuple pendant les Cent-Jours. A cette date, il fut nommé inspecteur des prisons de la Seine, à la suite d'un remarquable ouvrage qu'il avait publié en 1828 sur le droit pénal. Il participa largement à la fondation de la Société de patronage des jeunes libérés, dont il fut nommé secrétaire général. En 1832, l'année du choléra, il accompagna le ministre d'Argout dans sa courageuse visite de tous les hôpitaux parisiens. Il fut alors nommé sous-préfet de Nogent-le-Rotrou, mais à la suite de la mort de sa fille unique, il voulut reprendre du service actif dans les prisons. Il fut envoyé en missions pénitentiaires dans plusieurs pays d'Europe d'où il rapporta d'intéressantes études, puis nommé, en 1837, inspecteur général des prisons de France. En mai 1848, Ledru-Rollin, dont il avait combattu les théories pénitentiaires, le destitua. Moreau-Christophe se retira alors en Alsace, où il venait de se remarier et s'occupa désormais de l'éducation de ses deux fils et de travaux littéraires. Après l'annexion de cette province, il vécut confiné dans un charmant ermitage, à Auteuil.

Parmi ses travaux les plus remarquables, citons : *De l'état actuel des prisons en France* (1835), *De la réforme des prisons* (1838), *Du problème de la misère* (1851), *Le Code des prisons* (1852), *Le Monde des coquins* (1863-1865).

MORLOT (Françis), né à Langres, en 1795, mort à Paris, en 1862.

Appartenait à une famille de pauvres artisans. Après des études secondaires au collège de sa ville natale, il entra au grand séminaire de Dijon, puis fut précepteur dans une famille de la haute société où il acquit d'élégantes manières mondaines, qui devaient le servir par la suite. Il débuta comme vicaire à Dijon en 1825. En 1832, comme chanoine, il prit la tête de l'opposition du clergé dijonnais à l'abbé Rey, le premier évêque nommé par la Monarchie de Juillet. Attaqué, en outre, par la presse légitimiste, Mgr Rey, lassé, finit par démissionner en 1837. Assez souple pourtant pour ne pas avoir mécontenté le gouvernement de Louis-Philippe, François Morlot fut nommé, en 1839, évêque d'Orléans. Peu après la proclamation de l'Empire, il reçut le chapeau de cardinal (1853) et prit place au Sénat. Il jouissait d'une grande faveur à la cour. Après l'assassinat de Mgr Sibour en 1857, il fut nommé archevêque de Paris, membre du Conseil de Régence (1858), grand officier de la Légion d'Honneur (1861). Ce prélat a uniquement publié des ouvrages religieux, en fait d'une assez faible importance.

MUSSET (Paul de), né à Paris, en 1804, mort à Paris, en 1880.

Fils de Musset-Pathay, littérateur distingué, et frère aîné du grand poète, il fit ses études au lycée Charlemagne et n'embrassa la carrière littéraire qu'après les premiers succès de son frère. Écrivain sobre et élégant, réussissant surtout dans les évocations historiques, il ne remporta au théâtre que des succès mitigés. En fait, il fut écrasé par le génie de son frère, pour qui il éprouvait une véritable dévotion. On lui doit, entre autres, sa réplique *Lui et Elle* à *Elle et Lui* de George Sand (1859) qui fit du bruit, *Femmes de la Régence* (1851), *Extravagants et originaux du XVIIIe siècle* (1863), *Voyage en Italie* (1863), *La revanche de Lauzun* (1856), comédie en quatre actes, *Monsieur le Vent et Madame la Pluie* (1880).

NOGENT-SAINT-LAURENS (Henri), né à Orange, en 1814, mort à Paris, en 1882.

Reçu avocat en 1836, il se fit inscrire, en 1838, au barreau de Paris et fut bientôt remarqué pour ses plaidoiries dans les procès de cours d'assises. Il publia, en 1841, un *Traité de la législation des chemins de fer* et, en 1842, un *Traité de la législation des théâtres*. Sous l'Empire, il se lança dans la vie politique. Candidat officiel dans le Loiret en 1853, il fut régulièrement réélu au Corps législatif jusqu'en 1869. Il défendit constamment la politique gouvernementale, prenant habituellement part aux débats sur les lois concernant la presse. Après le 4 septembre, il rentra dans la vie civile. Il tenta de revenir à la vie politique en se présentant aux élections générales de 1876 à Orange, mais n'obtint qu'un nombre de voix dérisoire.

NOIR (Yves Salmon dit Victor), né à Attigny (Vosges), en 1848, mort à Paris, en 1870.

D'abord apprenti horloger dans l'atelier de son père, puis fleuriste, puis journaliste sans trop savoir pourquoi, peut-être sous l'influence de son frère romancier. Il avait déjà participé à diverses feuilles quand il entra à *La Marseillaise* fondée et dirigée par Rochefort. L'un de ses confrères, Paschal Grousset se jugeant offensé par un article du prince Pierre Bonaparte, parent de l'Empereur, mais vivant à l'écart de la cour, lui envoya, le 10 janvier 1870, Ulric de Fontvielle et Victor Noir pour lui demander réparation. Au cours de l'entrevue, le prince tira un revolver de sa poche et fit feu à bout portant sur Victor Noir, qui, touché près du cœur, sortit de la maison pour s'abattre mort sur le trottoir (il devait se marier deux jours plus tard). Le prince tira encore par deux fois sur Fontvielle, qui lui, aussi, sorti de sa poche un revolver. Ce meurtre faillit provoquer une révolution. Le prince comparut devant la haute cour de justice réunie à Tours en mars 1870 et fut acquitté à la suite de la version absolument différente de la tragédie donnée par lui et par Fontvielle.

NORIAC (Jules Cairon, dit), né à Limoges, en 1827, mort à Paris, en 1882.

Il quitta Limoges de bonne heure pour se rendre à Paris où il collabora à plusieurs journaux, notamment au *Figaro*. Il commençait déjà à être connnu, quand il publia *Le 101e régiment, physiologie militaire*, livre humoristique, qui eut un très grand succès. On lui doit de nombreux romans et essais, où l'on trouve des mœurs bien observées et une satire piquante, entre autres : *Le Journal d'un flâneur* (1885) et *Les Gens de Paris* (1867). En même temps, il fournissait des articles à de nombreux journaux. En 1865, il s'impose, à l'exemple de Timothée Trimm, de publier chaque jour une causerie, qui parut dans *Les Nouvelles*. Directeur du théâtre des Variétés en 1864, il passe, en 1867, à la tête des Bouffes Parisiens. Parmi ses œuvres, outre une *Histoire du siège de Paris* (1871), on trouve quelques pièces de théâtre, écrites le plus souvent en collaboration, vaudevilles, opérettes et opéras-comiques.

ORFILA (Mathieu), né à Mahon (Minorque), en 1787, mort à Paris, en 1853.

Son père, petit marchand espagnol, le destina à la marine. Il servit comme mousse, puis comme second pilote, sur un navire de commerce. Mais respectant mieux ses goûts, son père l'envoya finalement faire sa médecine à Valence, puis à Barcelone. Il se distingua si bien dans le domaine de la chimie que cette ville lui accorda une bourse pour qu'il poursuive ses études à Paris. Mais la guerre franco-espagnole la lui fit supprimer et il dut vivre en donnant des leçons et même, prétend-t-on, en chantant dans les rues. Docteur en médecine en 1811, il ouvrit peu après un cours de chimie, qui obtint un grand succès et, en 1816, il fut nommé médecin par quartier de Louis XVIII. Il avait épousé, en 1815, la fille du sculpteur Lesueur et se fit naturaliser français en 1818. L'année suivante, il fut nommé professeur de médecine légale et de toxicologie à la Faculté de Médecine de Paris, puis de chimie en 1823. Doyen de cette Faculté à partir de 1830, il eut le plus grand crédit auprès de Louis-Philippe et, jusqu'en 1848, régna véritablement sur la médecine. Rien ne s'y faisait sans son approbation. La Seconde République lui retira la plupart de ses fonctions, lui laissant toutefois ses cours à la Faculté. Il mourut quatre ans plus tard d'une pneumonie contractée à la suite d'un refroidissement, n'ayant pu se protéger d'une averse.

On lui doit des mesures heureuses comme la fondation du musée Dupuytren et l'exigence du diplôme de bachelier ès sciences pour entreprendre des études en médecine. Il a enfin laissé de nombreux et remarquables ouvrages comme un *Dictionnaire des termes de Médecine* (1847) et un *Traité de médecine légale* (1849), mais sa méthode pour découvrir de l'arsenic dans les cadavres d'individus supposés empoisonnés fut contestée par plusieurs savants, en particulier par Raspail. Ce fut lui, cependant, qui décida de la condamnation de Mme Lafarge par une expertise de dernière heure.

OTWAY (Thomas), né à Trotton, en 1652, mort à Londres, en 1685.

Fils d'un pauvre recteur, il parvint à se faire admettre à l'université d'Oxford, qu'il abandonna avant la fin de ses études pour se consacrer au théâtre. Ses débuts d'acteur furent malheureux et il se limita par la suite à écrire des pièces pour la scène. Il donna quelques tragédies et quelques comédies qui remportèrent un certain succès, en particulier un *Titus et Berenice* imité de Racine et une adaptation des *Fourberies de Scapin*. Tombé amoureux, mais sans espoir, de sa principale interprète, Mrs Bary, maîtresse de lord Rochester, il obtint d'un protecteur un brevet de cornette (sous-lieutenant de cavalerie) et partit pour la Flandre. Il en revint l'année suivante, dégoûté de l'état militaire, mais guéri de sa passion. Il se remit à produire avec un succès croissant et, en particulier, donna en 1689, une *Venise preserved* (Venise sauvée), tragédie qui n'est pas indigne des meilleurs drames de Shakespeare. Otway n'en restait pas moins miséreux, menant une existence errante, débauchée et même, dit-on, crapuleuse. Il lui serait arrivé de mendier un morceau de pain. Ce génie mourut prématurément, croit-on, d'inanition. Il a laissé des pièces où se rencontrent côte à côte des passages admirables et les pires obscénités.

PAGE (Henri), voir Duckett (William-Alexandre).

PICARD (Ernest), né à Paris, en 1821, mort à Paris, en 1877.

Licencié en Droit en 1844, docteur deux ans plus tard, il se fit inscrire comme avocat au barreau de Paris. Sous la Seconde République, il se tint à l'écart de la vie politique, ayant peu de goût pour la démocratie. Il fut élu député en 1858, faisant ainsi partie du fameux groupe des Cinq. Au Corps Législatif, il fit de l'opposition avec verve et esprit. Il fut réélu en 1863, mais se sépara d'Émile Ollivier quand celui-ci commença à évoluer. En 1868, il fut l'un des fondateurs de *L'Électeur Libre*, qui eut peu de succès. Il fut encore réélu à Paris en 1868 à une écrasante majorité ainsi que dans l'Hérault. Il opta pour ce dernier département pour laisser la place, à Paris, à un candidat de l'opposition. Mais dans la nouvelle chambre, cette opposition se divisa en deux courants : les irréductibles avec Gambetta et ceux qui, comme Picard estimaient qu'on pouvait s'accommoder du régime impérial sans toutefois aller aussi loin que le Tiers Parti. Il vota contre la déclaration de guerre à la Prusse et, au 4 septembre, devint membre du gouvernement de la Défense Nationale avec le portefeuille des Finances. Mais, tout comme Trochu, il ne voyait dans la résistance de Paris qu'une héroïque folie. Au cours de la journée du 31 octobre, il contribua pour beaucoup à la délivrance de ses collègues. En 1871, il fut élu à l'Assemblée Nationale par la Meuse. Thiers l'appela à l'Intérieur dans le premier cabinet qu'il constitua en février 1871. Il s'employa à empêcher l'insurrection communaliste de gagner la province. En novembre 1871, il fut nommé ministre plénipotentiaire en Belgique, mais il démissionna après la chute de Thiers, vota contre l'Ordre Moral et, en 1875, pour les lois constitutionnelles. Il fut élu sénateur à vie la même année et, au Sénat, siégea à gauche. En politique il n'avait pas de haine. Orateur souple, il fut l'homme des transactions. Les discours politiques de Picard ont été publiés par sa famille, en plusieurs volumes de 1886 à 1890.

PONSON DU TERRAIL (Pierre-Alexis, vicomte), né à Montmaur (Hautes-Alpes), en 1829, mort à Bordeaux, en 1871.
Neveu du général toscan du Terrail, se prétendait abusivement, mais peut-être de bonne foi, le descendant de Bayard. Sa famille le destinait à la marine, carrière qu'il ne put embrasser par suite de son inaptitude aux études mathématiques. Ses premiers essais, comme romancier, datent de 1850, mais il s'empara vraiment du public grâce à sa première grande composition *Les Coulisses du monde* (7 vol., 1853). Sa fécondité fut prodigieuse. Il lui arriva de fournir en même temps cinq journaux de feuilletons écrits au jour le jour et, rien qu'en 1858-1859, il publia 73 volumes. C'est ainsi qu'il fournit aux journaux qui donnaient ses romans, un nombre incalculable d'abonnés. Parmi ses œuvres les plus populaires, citons *Les Exploits de Rocambole*, personnage créé par lui, dont les aventures invraisemblables remplissent une trentaine de volumes. Il commit des bévues énormes dont, nature franche et sympathique, il était le premier à rire. N'en citons qu'une seule : dans *Les Escholiers de Paris* dont l'action se situe sous François II, il met en scène un moine qui cite à tout coup du Molière. Pendant la guerre de 1870, il organisa et commanda une compagnie de francs-tireurs, dont les actions lui valurent les félicitations du haut-commandement. Venu à Bordeaux en janvier 1870, il fut atteint presque aussitôt de la variole et mourut quelques jours après.

PORION (Charles), né à Amiens, en 1814, mort à Paris.
Élève d'Ingres, il fut surtout peintre d'histoire et portraitiste. Il exposa au Salon à partir de 1844, date à laquelle il obtint une médaille. Le musée d'Amiens possède de lui un *Portrait de la reine Marie-Amélie* et celui de Nice, *Hoche à la bataille de Quiberon*.

PRÉVOST-PARADOL (Lucien-Anatole), né à Paris, en 1829, mort à Washington, en 1870.
Fils d'une sociétaire de la Comédie Française. Après des études très brillantes, il entra à l'École Normale où il étudia surtout la philosophie, puis obtint un délai avant de se consacrer à l'enseignement. Docteur ès lettres en 1855, il professa à la faculté d'Aix avec un succès extraordinaire, mais démissionna en 1856 pour entrer au *Journal des Débats*. Une brochure politique sur *Les Anciens Partis* le fit condamner à un mois de prison et le rendit célèbre. Il entra alors au *Courrier du Dimanche*, où ses articles d'opposition eurent un prodigieux retentissement. En 1865, il fut élu à l'Académie française, à l'âge de trente-cinq ans. En 1868, il publia *La France Nouvelle*, qui contient un programme politique et des projets de réforme de la justice. Mais, aux élections législatives de 1869, il échoua à Nantes, avec un nombre infime de voix, très affecté de voir la faveur des adversaires de l'Empire se tourner vers les chefs républicains. Malgré les conseils de Thiers, il accepta de l'Empire libéral, en juin 1870, le poste de ministre plénipotentiaire aux États-Unis, ce que l'opinion lui reprocha durement. Chargé d'apporter au gouvernement américain les assurances de paix de la France, il se jugea déshonoré par la déclaration de guerre. Persuadé de la défaite, il eut en outre l'amertume de s'être rallié à l'Empire à la veille de sa chute. Désespéré, il se tua d'un coup de pistolet dans la nuit du 11 août 1870.

PRIVAT D'ANGLEMONT (Alexandre), né à Sainte-Rose (Antilles), vers 1820, mort à Paris, en 1859.

Il se fit connaître, en 1846, par un petit livre, le *Prado*, et collabora ensuite à divers journaux, en particulier au *Siècle*. Type du bohème littéraire à la renommée de mystificateur, il a vécu dans la misère et est mort paisiblement à l'hospice Dubois. On a de lui *Paris anecdote* (1854), recueil de certains de ses articles, où il révèle et décrit les petites industries de la capitale. Le livre, qui obtint un grand succès de curiosité, connut une réédition augmentée en 1865. Un des amis de Privat d'Anglemont a réuni un certain nombre de ses écrits et les a publiés en 1861 sous le titre de *Paris inconnu*.

PYAT (Félix), né à Vierzon, en 1810, mort à Saint-Gratien (Seine-et-Oise), en 1889.

Fils d'un vicaire qui avait abjuré le sacerdoce sous la Révolution, puis épousé une ancienne religieuse. Redevenu plus tard royaliste et devenu avocat renommé, ce père devait lui laisser un million. Félix fit des études de Droit à Paris, il ne les interrompit que pour se battre sur les barricades pendant les journées de Juillet. Inscrit au barreau de Paris, il ne tarda pas à renoncer à la carrière d'avocat pour faire du journalisme. Ami de Sandeau et de George Sand, il participa au célèbre ouvrage collectif *Les Français peints par eux-mêmes*, publia plusieurs volumes et fit jouer, avec un grand succès, des drames d'esprit révolutionnaire sur les scènes parisiennes. Il fut l'un des fondateurs de la Société des Gens de Lettres, mais, à partir de février 1848, il renonça définitivement à sa carrière littéraire. Nommé commissaire général du Cher, il fut élu par ce département à la Constituante, puis à la Législative. En 1849, ayant signé l'*Appel aux armes* de Ledru-Rollin, il s'enfuir en Suisse et fut condamné par contumace à la déportation. Après le Coup d'État, il s'établit en Angleterre et ne regagna la France qu'avec l'amnistie de 1869, sans parvenir à entraîner Victor Hugo. Il devint le rédacteur en chef du *Rappel* et, en quinze jours fut frappé de quatre condamnations à des peines de prison. Il retourna en Angleterre, d'où il revint à Paris à la chute de l'Empire.

Il fonda alors un journal, *Le Combat*, dans lequel il ne cessa d'attaquer le gouvernement de la Défense Nationale. Il fit partie de ceux qui envahirent l'Hôtel de Ville à la nouvelle de la reddition de Metz et fut nommé sur place, par acclamation, membre d'un Comité de Salut Public. Mais les gardes nationaux fidèles au gouvernement parvinrent à chasser les émeutiers et Pyat connut quelques jours de prison. Le *Combat* supprimé le 4 février, il fonda un nouveau journal *Le Vengeur* et, le 8, il fut élu député de la Seine à l'Assemblée Nationale. A Bordeaux, il vota contre la paix et rentra à Paris. Il se tint à l'écart du soulèvement du 18 mars, mais se fit élire à la Commune où il vota la loi sur les otages et la création d'un Comité de Salut Public. Il présida au renversement de la colonne Vendôme, dont il revendiqua plus tard la responsabilité. Après la chute de la Commune, il se serait réfugié dans une maison des Champs-Élysées où, pendant une année, il aurait rempli l'office de jardinier. Puis il se rendit à Londres. En 1873, il fut condamné à mort par contumace par le 3ᵉ Conseil de guerre. Amnistié en 1880, il fonda, en septembre de la même année, le journal *La Commune* auquel collaborèrent les chefs survivants du mouvement communaliste. Battu d'assez peu aux élections sénatoriales du Cher, en 1887, Pyat fut élu député des Bouches-du-Rhône en 1888. A la Chambre, il prononça de violents discours contre le boulangisme.

RADCLIFFE (Ann, née Ward), née à Londres, en 1764, morte à Londres, en 1823.

Fille d'un riche commerçant, elle fréquenta, très jeune, les salons littéraires. En 1787, elle épousa l'avocat Radcliffe, qui devait devenir le directeur de l'*English Chronicle*. En 1789, elle débuta dans les lettres avec des romans qui passèrent inaperçus, mais sa *Romance of the Forest*, en 1791, obtint un réel succès et fut traduite immédiatement en français *(La Forêt de l'abbaye de Sainte-Claire)*. Après un voyage en Hollande et sur les bords du Rhin, en 1794, elle revint habiter Londres où elle poursuivit ses travaux littéraires et publia l'année suivante une relation de son voyage, également traduite en français. Deux autres romans, *Les Mystères d'Udolphe* (1794) et *L'Italien au confessional des Pénitants Noirs* (1797), lui valurent une grande célébrité. Mais, à partir de cette dernière date, écœurée par les nombreux imitateurs que lui avait valu son succès, elle cessa de publier sinon, à la fin de sa vie, un roman, *Gaston de Blondeville*, écrit depuis plus de vingt ans. On prétendit que ses récits pleins de faits lugubres, de fantômes et d'apparitions lui avaient fait perdre la raison. Mais il n'en était rien, comme le prouve la publication de ses œuvres posthumes en 1826. Ce fut un excellent écrivain et il faut ajouter que, si bizarre fut le contenu de ses romans, toujours ils se terminaient de la façon la plus simple et la plus logique.

RANC (Antoine), né à Poitiers, en 1831, mort à Paris, en 1908.
Fit de fortes études à Poitiers, puis à Paris, et passa par l'École des Chartes. Il se jeta dans l'opposition politique dès le début du Second Empire. Il fut impliqué par la police dans le complot de l'Opéra Comique et condamné à un an de prison, puis déporté à Lambessa en 1856. Il réussit à s'évader, gagna la Suisse où il fut directeur des études dans une pension. Rentré à Paris à la suite de l'amnistie de 1859, il débuta dans le journalisme et fut correspondant de plusieurs journaux étrangers. En 1865, il entra dans la rédaction du *Nain Jaune* où l'une de ses chroniques lui valut quatre mois de prison à Sainte-Pélagie, en 1867-1868. Au lendemain du 4 septembre, il fut nommé maire du IXe arrondissement, mais un peu plus tard gagna la délégation de Tours par ballon. Gambetta le nomma alors directeur des services de la Sûreté générale, qu'il réorganisa de fond en comble. Mais, en février 1871, il démissionna pour suivre Gambetta dans sa retraite. Élu député de la Seine à l'Assemblée Nationale, il résigna ses fonctions après avoir voté contre les préliminaires de paix. Rentré à Paris, il fut élu membre de la Commune le 26 mars. Il s'efforça vainement de trouver un terrain de conciliation avec Versailles, puis démissionna après le vote du décret sur l'exécution des otages. En juillet 1871, il fut élu conseiller municipal de Paris, et, en 1873, représentant du Rhône à l'Assemblée Nationale. D'autre part, il était entré à la rédaction de *La République Française*, lors de la fondation de ce quotidien par Gambetta. Mais les monarchistes le poursuivaient de leur haine : ils le firent juger par un conseil de guerre qui le condamna à mort pour sa participation à la Commune. Toutefois, il avait pu s'échapper à temps et gagner la Belgique où les provocations de ses adversaires le suivirent. Il y mit fin par deux duels, dont l'un avec Paul de Cassagnac. Il ne cessa pas, pour cela, sa collaboration avec *La République Française*. Amnistié en 1879, il devint directeur de *La Petite République* et fut élu député de la Seine en 1881. Sans vouloir participer au pouvoir, il fut l'un des chefs du parti opportuniste. Il échoua aux élections de 1885, mais lutta vigoureusement contre le boulangisme, puis sénateur de la Seine en 1891, pour la révision du procès Dreyfus. Ayant échoué aux élections suivantes, il fut élu sénateur de la Corse en 1903. Sa production littéraire est considérable. Citons le *Bilan de l'année 1868* (en collaboration avec Castagnary), *Sous l'Empire, roman de mœurs politiques et sociales* (1872), *Une évasion de Lambèse* (1877).

RAUCOURT (Françoise Saucerotte dite Mlle), née à Nancy, en 1756, morte à Paris, en 1815.
Fille d'un comédien de province, qui l'emmena en Espagne, où elle débuta dans la tragédie à l'âge de douze ans. En 1770, elle joua à Rouen avec tant de succès qu'on la fit venir à Paris où, après avoir reçu les leçons de Brizard, elle débuta à la Comédie-Française, à l'âge de seize ans, dans le rôle de Didon. Elle y obtint un triomphe. Voltaire voulut la voir et, pour lui plaire, elle se rendit à Ferney. Mais sa conduite laissait fort à désirer et la du Barry, tout en la couvrant de cadeaux, lui recommanda d'être sage (!). En 1776, elle passa quelques jours au Temple, alors prison pour dettes, puis partit jouer dans les cours du Nord, non sans y causer quelques scandales. Enfin elle rentra au Théâtre-Français en 1779, grâce à la protection de la reine, dont elle voulut alors prendre le prénom, et y connut à nouveau un succès inouï. Elle manquait de sensibilité, mais était sans rivale dans des rôles comme celui de Phèdre, où il fallait faire preuve d'énergie, de fierté et d'amère ironie, et sa beauté n'était pas moindre que son talent de tragédienne. Au début de la Révolution, elle fit cause commune avec des camarades royalistes et fut emprisonnée pendant six mois à partir de décembre 1793. Elle reparut sur scène en 1795, et fut protégée par Bonaparte, qui lui accorda une pension sur sa cassette. En 1806, elle fut chargée d'organiser et de conduire des troupes théâtrales françaises en Italie, d'où elle ne revint qu'en 1814 après d'immenses succès, notamment à Milan. Ses obsèques furent l'occasion de troubles sérieux. Bien qu'elle eût fait des dons considérables à l'église Saint-Roch, celle de sa paroisse, le clergé en refusa l'entrée à son cercueil. Le peuple, indigné, enfonça les portes de l'église et voulut procéder lui-même à la cérémonie. Pour calmer les esprits, Louis XVIII dut y envoyer un de ses aumôniers. Elle fut inhumée au Père-Lachaise.

REGNAULT (Élias), né à Londres, en 1801, mort à Paris, en 1868.
Né d'un père médecin, qui dut quitter l'armée de Moselle pour émigrer et aller exercer son art en Angleterre, puis devenir médecin de Louis XVIII au début de la

Restauration. Il se fit recevoir avocat à Paris, profession qu'il abandonna pour écrire divers ouvrages. Sous la Seconde République, il devint chef de cabinet du ministre de l'Intérieur, puis du ministre des Finances, mais il perdit ces fonctions après le départ du ministre et, pour vivre, reprit sa plume de publiciste. Malgré ses nombreux et honorables travaux, il s'éteignit abandonné de tous et dans un état voisin de la misère. Outre des articles dans *Les Français peints par eux-mêmes*, on lui doit entre autres travaux savants ou historiques : *Du degré de compétence des médecins dans les questions judiciaires relatives aux aliénations mentales* (1828), *Histoire du gouvernement provisoire* (1849), une *Histoire de huit ans* (1851) prétendant compléter l'*Histoire de dix ans* de Louis Blanc malgré le désaveu de ce dernier.

REID (Mayne), né à Ballyroney (Cté de Down), Ulster, en 1818, mort près de Ross (Cté de Hereford), Angleterre, en 1883.

Fils d'un ministre de l'Église presbytérienne, d'abord destiné à entrer dans les ordres, il préféra l'aventure aux études de théologie et s'embarqua pour le Mexique à l'âge de vingt ans. Après avoir parcouru le pays, il passa aux États-Unis où il vécut deux ans dans les solitudes du Red River, chassant et commerçant avec les Indiens. En 1840, il s'installa à la Nouvelle-Orléans, où il fut tour à tour surveillant de nègres, acteur, maître d'école, puis fit partie des troupes volontaires destinées à repousser l'invasion du Texas par les Mexicains. Après avoir erré pendant cinq ans dans les plaines du Missouri, il vint faire du journalisme à Philadelphie. Mais, en 1847, quand éclata la guerre avec le Mexique, il s'engagea dans les volontaires de l'Union où il reçut le grade de capitaine. Il se distingua dans plusieurs combats et fut grièvement blessé. En 1849, il leva une compagnie de volontaires pour aller au secours de la révolte des Hongrois, réprimée par les Russes, mais ayant appris la capitulation de Georgiu, en débarquant en France, il décida de s'établir à Londres pour y faire du journalisme et s'y livrer à des travaux littéraires.

Depuis lors, il publia de nombreux romans inspirés par ses aventures et donnant des détails intéressants sur la vie au Far-West et sur les coutumes indiennes. Presque tous ont été traduits en français. Parmi eux, citons : *Le Corps francs des rifles* (1849), *Les Chasseurs de chevelures* (1850), *La Piste de guerre* (1857), *Dans la forêt* (1866), *Le Coup mortel, histoire des prairies du Texas* (1873), *Les Chasseurs de bisons* (1873), *La Piste de guerre* (1876). Il a publié en outre des livres pour la jeunesse.

RÉVILLON (Antoine dit Tony), né à Saint-Laurent-lès-Mâcon, en 1832, mort à Paris, en 1898.

Il fit ses études au collège de Mâcon et à celui de Lyon, puis entra comme clerc dans une étude de notaire de cette dernière ville. Poussé par le désir de faire du journalisme, il gagna Paris en 1857 et, sur la recommandation de Lamartine, entra comme chroniqueur à *La Gazette de Paris*. Il collabora également au *Figaro*, au *Nain Jaune*, au *Gaulois*, au *Charivari* et à *L'Événement* sous les pseudonymes de Nicolas Gentil, de Maurice Simon et de Clément de Chaintré. A partir de 1866, il devint le chroniqueur quotidien de *La Petite Presse*. Il servit comme garde national pendant le siège. Il se tint à l'écart de la Commune, mais il vint ensuite à la politique en adhérant aux doctrines radicales. En 1876, il devint le rédacteur en chef de *La Petite République* et, en 1879, de *L'Électeur républicain*. En 1881, il fut conseiller municipal de Paris et, la même année, il mit Gambetta en ballottage dans le XXe arrondissement, aux élections législatives, et fut élu au second tour contre un autre candidat. A la Chambre, il siégea à l'extrême gauche. Il fut réélu jusqu'en 1889. Conférencier littéraire très apprécié, il publia de nombreux ouvrages, notamment *Le Monde des eaux* (1860), roman, *Le Bachelier* (1861) *Le Faubourg Saint-Antoine* (1870), un roman dont l'action se passe sous la Révolution Française, *La Bourgeoisie pervertie* (1877).

RICHARD (Georges), né à Paris, en 1830.

Fils d'un directeur-adjoint de la Bibliothèque Nationale qui fut tué par une balle perdue, au cours de la Semaine Sanglante. Ses études secondaires terminées, il décida de suivre la carrière théâtrale. Il débuta, en 1855, au Gymnase où il resta trois ans sans être remarqué, connut ensuite la vie de comédien de province, enfin revint à Paris où il remporta des succès un peu tardifs au théâtre de l'Odéon, en particulier, en 1872, dans *Les Femmes savantes* et *La Vie de Bohême*. Il excellait surtout dans les rôles de bourgeois et de paysans enrichis. A la même date, il débuta comme auteur théâtral avec des comédies et des drames, dont *L'Affaire Lerouge*

(1872), adaptée en collaboration avec Hostein. Parmi ses autres pièces, il convient de citer *La Vie infernale* (1875), également tirée d'un roman de Gaboriau, *Hoche* (1879), grand drame national, *Vidoq* (1887), en collaboration avec Jaime.

RIGAULT (Raoul), né à Paris, en 1846, mort à Paris, en 1871.

Son père fut sous-préfet en 1848 et conseiller de la Seine après le 4 septembre. Il lui fit donner une excellente éducation. Sorti bachelier du collège de Versailles, où il avait fait de bonnes études, il songea un temps à préparer l'École Polytechnique. Puis il alla vivre au Quartier Latin, où il participa à de petits journaux d'extrême gauche. Prenant une part active à l'agitation dans les écoles, il fut arrêté en novembre 1866 sous la prévention d'avoir formé une société secrète, mais relâché au bout de quelques jours. En fait, ses saillies, ses rodomontades étaient si énormes que, s'il pouvait amuser son entourage, personne ne le prenait vraiment au sérieux. Il prétendait avoir une connaissance exacte de l'organisation de la police et se plaisait à dénoncer les mouchards. En avril 1869, il fut arrêté à nouveau et condamné à deux mois de prison. Lors de la fondation de *La Marseillaise*, il fut l'un des rédacteurs de ce quotidien et, en 1870, il fut encore arrêté et condamné pour avoir publié un pamphlet intitulé *Le Grand Complot, mélodrame plébiscitaire*. Après le 4 septembre, il se fit nommer commissaire de police dans le Service de la Sûreté politique. Il favorisa le mouvement du 31 octobre, démissionna après son échec et devint un rédacteur du journal de Blanqui *La Patrie en danger* où, en utilisant les dossiers de la Préfecture, il publia une série d'articles sur les policiers de l'Empire.

Sous la Commune, Rigault fut délégué à la Préfecture de Police par le Comité Central. Il concentra dans ses mains tous les pouvoirs de police. Mais il passait bien à tort pour un fin policier. Il fit arrêter arbitrairement tant d'individus, il publia dans l'*Officiel* tant d'arrêtés absurdes, il se livra à tant de fantaisies échevelées que ses collègues, consternés, le contraignirent à démissionner. Il fut alors nommé procureur de la Commune, mais garda assez de pouvoir pour faire supprimer tous les journaux qui n'approuvaient pas ses actes et fit créer, le 1er mai, un Comité de Salut public. Lors de l'entrée de l'armée de Versailles dans Paris, il se chargea de l'exécution des otages et, sans consulter ses collègues, se rendit à Sainte-Pélagie, où il fit fusiller sous ses yeux le républicain Chaudey qu'il détestait, et plusieurs autres prisonniers. Puis il donna l'ordre d'incendier le Palais de Justice, le Palais Royal et les Tuileries. Mais il ne tenta pas de s'enfuir. Le lendemain, alors que portant l'uniforme de chef d'escadron, il rejoignait sa maîtresse, il fut arrêté par une escouade de l'armée régulière. Un officier lui ayant demandé son nom, il cria *Vive la Commune! A bas les assassins!* Il fut immédiatement fusillé. Son corps, qui resta sur place toute la journée, fut identifié par le lieutenant Ney, son ancien condisciple de Versailles.

ROCHARD (Émile), né à Wissembourg, en 1851.

Ses études terminées à Paris, il s'engagea dans la carrière des Lettres. A l'âge de dix-neuf ans, il fit jouer à Poitiers un acte en vers. *Un amour de Diane de Poitiers*, qui eut un certain succès. Engagé volontaire en 1870, il fut grièvement blessé à Coulmiers. Sous-lieutenant de chasseurs à pied, il démissionna en 1873 pour se consacrer uniquement à la littérature. Il collabora à divers journaux dont *Le Nouvelliste* et *La Nation* et fit jouer plusieurs vaudevilles et, en 1876, *Le Loup de Kervédan*, un drame écrit en collaboration avec Jaime. Il devint directeur du Châtelet (1880), où il se distingua par son administration intelligente. En 1884, il prit la direction de l'Ambigu dont il fit le premier théâtre de drame français, avec des pièces comme *Fualdès, Roger la Honte, La Porteuse de pain, Les Mystères de Paris* (nouvelle version), *La Policière*. En 1891, il s'assura le bail du Théâtre de la Porte Saint-Martin.

ROCHEFORT (Henri, marquis de Rochefort-Luçay, dit Henri), né à Paris, en 1831, mort à Aix-les-Bains, en 1913.

Fils d'un ardent légitimiste qui, ruiné par la Révolution, servit dans l'armée de Condé, et, sous la Restauration, écrivit dans *Le Drapeau Blanc* et par la suite fit jouer de nombreux vaudevilles. Cependant sa mère lui inculqua de bonne heure des sentiments républicains. Il fit ses études comme boursier au lycée Saint-Louis, mais sa pauvreté l'amena, à l'âge de vingt ans, à devenir commis de librairie, puis à entrer comme expéditionnaire à la préfecture de la Seine. Il fit jouer, en 1856, son premier vaudeville *(Un monsieur bien mis)* qui fut suivi de nombreuses pièces bouffonnes. En même temps il se faisait apprécier comme critique d'art dans plusieurs petits périodiques, dont *Le Charivari*. Nommé sous-inspecteur des Beaux-Arts,

il renonça à son poste en 1861 et s'engagea dans une carrière purement littéraire. Il écrivit des chroniques étincelantes de verve dans *Le Nain Jaune, Le Figaro hebdomadaire, Le Soleil, L'Événement, Le Figaro,* chroniques qui lui valurent plusieurs duels. Il publia également plusieurs ouvrages *(Les Français de la décadence...)* qui amenèrent le gouvernement à le faire exclure du *Figaro.* Mais le 1er juin 1868, Rochefort lança un pamphlet hebdomadaire *La Lanterne* qui fit plus pour discréditer l'Empire que toute la presse d'opposition. Accablé de condamnations, il se réfugia en Belgique et *La Lanterne* continua à circuler sous le manteau.
Élu député par la circonscription de Belleville en juin 1869, il rentra en France et fonda *La Marseillaise,* avec l'intention nullement cachée de renverser l'Empire. L'article qu'il publia à la suite du meurtre de Victor Noir, faillit provoquer une insurrection et le fit condamner à six mois de prison. Incarcéré à Sainte-Pélagie, il fut délivré par la révolution du 4 septembre et nommé membre du gouvernement de la Défense Nationale. A la suite des événements du 31 octobre, il donna sa démission. Après l'armistice, il fonda *Le Mort d'Ordre* et fut élu par la Seine à l'Assemblée Nationale. Il rentra à Paris après l'insurrection du 18 mars. Il se prononça contre le gouvernement de Versailles, mais ne voulut pas faire partie de la Commune, qu'il malmena souvent dans *Le Mot d'ordre.* Avant la fin de la guerre civile, il quitta Paris, mais, arrêté le 20 mai, il fut condamné pour certains de ses articles à la déportation dans une enceinte fortifiée. On hésita longtemps avant d'exécuter cette sentence. Jusqu'en 1873, Rochefort fut détenu d'abord au fort Boyard, puis à Saint-Martin de Ré, d'où on l'amena à Versailles, en novembre 1872, pour régulariser, par un mariage avec sa femme amie mourante, une liaison dont étaient nés deux enfants. Après la chute de Thiers, le gouvernement de l'Ordre Moral le fit transporter en Nouvelle-Calédonie, d'où il s'évada quatre mois plus tard en compagnie de plusieurs camarades de captivité. Il revint par les États-Unis et s'installa à Genève, où il reprit la publication de *La Lanterne.* Blessé au cours d'un duel en 1880, il put rentrer à Paris, en juillet, grâce à l'amnistie générale. Il y créa aussitôt *L'Intransigeant,* où il attaqua les républicains opportunistes. Élu député de Paris en 1885, il démissionna l'année suivante, mal à l'aise au Palais-Bourbon. Il prit partie pour Boulanger, le suivit en Belgique et, comme lui, fut condamné par contumace à la détention dans une enceinte fortifiée. Il resta à Londres, collaborant de loin à *L'Intransigeant.* Il reparut à Paris en 1895, à la faveur d'une nouvelle amnistie, publiant peu après une autobiographie sous ce titre : *Les Aventures de ma vie.* Il prit partie pour l'antidreyfusisme et eut grande part au succès des nationalistes aux élections municipales de Paris, en 1900. On doit de nombreux ouvrages à cet homme d'action qui fut sans conteste le plus brillant journaliste du XIXe siècle.

ROQUEPLAN (Nestor), né à Mallemort (Bouches-du-Rhône), en 1804, mort à Paris, en 1870.
Frère du célèbre peintre, après des études secondaires à Marseille, il fit son Droit à Paris, puis se lança dans le journalisme. Il collabora à *La Presse,* au *Constitutionnel,* au *Figaro,* dont il devint le rédacteur en chef à la fin de la Restauration. En cette qualité, il signa la protestation des journalistes contre les Quatre Ordonnances, mais se refusa ensuite à entrer, ne serait-ce qu'avec sa plume, dans la vie politique. Sous la Monarchie de Juillet, il se lança dans la direction théâtrale et fut successivement codirecteur des Nouveautés Bohain, puis des Variétés, de l'Opéra (de 1847 à 1854), de l'Opéra-Comique, enfin du Châtelet où la mort devait le surprendre à la veille de la guerre. Au point de vue financier son administration fut des plus médiocres et il laissa partout, après lui, de lourdes dettes, mais il a eu le mérite de monter de grandes pièces, en particulier à l'Opéra. Il fut l'un des créateurs de la presse boulevardière et il a publié plusieurs ouvrages, surtout des mémoires utiles à consulter et, en particulier, *La Parisine* (1869), où il glorifie la vie intellectuelle de la capitale.

ROTHSCHILD (Jakob, puis James, baron de), né à Francfort-sur-le-Main, en 1792, mort à Paris, en 1868.
C'était le dernier des fils de Mayer Anselme Rothschild, mort à Francfort en 1812, qui, né dans une famille israélite très pauvre et orphelin de bonne heure, avait été le fondateur de la plus riche maison internationale de banque du monde, après avoir abandonné le commerce la carrière rabbinique. En 1810, Jakob vint s'établir à Paris où il contribua à la prospérité de sa grande maison. En 1822, il y fut accrédité comme consul général d'Autriche. Il participa à toutes les grandes opérations financières sous Louis-Philippe et fut surnommé le prêteur des rois. Faussement

accusé d'avoir spéculé sur les grains lors de la disette de 1847, il fut sérieusement menacé au début de la Seconde République et son château de Suresnes fut pillé et incendié. Il fallut le faire protéger et il dut faire tout son possible pour ne pas paraître un ennemi de la République. On ne l'en accusa pas moins par la suite, d'avoir subventionné le Coup d'État. Sous l'Empire, il fit de son château de Ferrières (Seine-et-Marne) la plus luxueuse des résidences et, en décembre 1862, il y donna des fêtes splendides à l'occasion d'une visite de Napoléon III. Il possédait un autre château au Bois de Boulogne et, en plus de son hôtel de la rue Laffitte, une cinquantaine de maisons à Paris et des propriétés dans toutes les grandes villes d'Europe. Lui et son épouse Betty, fille de l'un de ses frères, dont il eut cinq enfants, consacrèrent des subsides importants à des œuvres de bienfaisance, et en particulier en faveur des milieux israélites. Chaque année, il versait des sommes considérables pour les Juifs pauvres de l'Orient. Il avait gardé l'accent tudesque et se montrait aussi bourru avec les grands qu'avec les petits. De plus, c'était un original. Il n'avait jamais sur lui plus de quarante francs, qu'il tenait dans un porte-monnaie fermant à clef et il lui arriva souvent de ne pouvoir payer une modeste emplette.

RUSSELL (William), né à Lilyval (comté de Dublin), en 1821.
Destiné au barreau, il commença en 1839 des études de droit au collège de la Trinité de Dublin, mais des revers de fortune de sa famille le forcèrent à gagner sa vie avant de les avoir terminées. A la suite de l'envoi de quelques intéressantes chroniques sur les luttes électorales en Irlande, il réussit à entrer au *Times*. Devenu un des meilleurs correspondants de ce journal, il fut envoyé en Crimée en 1854. Le compte rendu qu'il donna des abus commis par l'administration militaire entraîna la chute du gouvernement Aberdeen, qui en avait d'abord nié la véracité. Il fut envoyé dans l'Inde, en 1858, lors de la révolte des Cipayes, puis aux États-Unis, au début de la guerre de Sécession. Le récit qu'il fit d'une défaite de l'armée fédérale excita chez les Nordistes une telle colère qu'il dut quitter le pays sans retard. Entre-temps, il s'était fait inscrire au barreau de Londres et avait obtenu de l'Université de Dublin le diplôme de docteur en Droit. En 1866, il assista au conflit austro-prussien et, en 1870-1871, il fut attaché comme correspondant de guerre à l'état-major du prince royal de Prusse. Enfin, il suivit l'expédition du Zoulouland. D'une activité extraordinaire, il dirigeait de plus la revue *Army and Navy Gazette* qu'il avait fondée en 1858. Il a publié de nombreux livres, entre autres, *Les Hommes de génie* (1853), *Mon voyage Nord et Sud* (1862), *L'Expédition anglaise en Crimée* (1857), *Mon Journal pendant la dernière grande guerre* (1873), *Notes de l'Ouest* (1882) et, sous le pseudonyme de Walters, *Les Mémoires d'un policier* (1856).

SAINT-HUBERTY (Cécile Clavel, dite Mme), née à Strasbourg, en 1756, morte près de Londres, en 1822.
Fille d'un musicien attaché à l'électeur de Bavière, son père, ayant reconnu ses dispositions pour le chant, lui fit parcourir la Pologne et l'Allemagne. A Varsovie, elle rencontra le compositeur Le Moyne, qui se chargea de son instruction musicale, et, à Berlin, elle épousa un certain chevalier de Croisy. De retour en France, elle joua pendant trois ans au théâtre de Strasbourg. Appelée à l'Opéra en 1777, sans beauté, elle végéta dans une demi-misère jusqu'au moment où la retraite de Sophie Arnould la laissa sans rivale. Elle devint première cantatrice en titre et sa carrière ne fut qu'une longue suite de triomphes, en particulier dans la *Didon* de Puccini. C'est surtout à son sens du pathétique qu'elle dut sa gloire. Elle fit, en outre, une véritable révolution en imposant à l'Opéra le respect pour l'exactitude du costume. Elle quitta ce théâtre en 1790 pour suivre dans l'émigration le comte d'Entraigues, qui l'épousa secrètement à Lausanne. De là elle passa à Vienne, puis à Londres, où elle devait être assassinée en même temps que son mari par un domestique piémontais, dont on aurait découvert une indélicatesse. Certains prétendent, pour des raisons politiques, le comte d'Entraigues se mêlant depuis une vingtaine d'années à d'obscures intrigues.

SAISSET (Théodore), né à Paris, en 1810, mort à Paris, en 1879.
Admis à quinze ans à l'École Navale, aspirant en 1827, il gravit tous les grades pour se retrouver contre-amiral en 1863. En 1870, il fut appelé au commandement des forts du groupe de l'est de Paris, où il se fit remarquer par son énergie et une bravoure à toute épreuve, qui le rendit populaire et le fit promouvoir vice-amiral dès le mois de novembre. Élu par Paris à l'Assemblée Nationale, il fut désigné pour accompagner Thiers et Jules Favre, lors de la discussion des préliminaires du traité

de paix. Le lendemain du 18 mars 1871, il fut reconnu sur le boulevard acclamé par la foule, qui le voulait à la tête de la garde nationale. Il refusa, mais, chargé d'une mission de conciliation entre gouvernement et les émeutiers, il échoua et retourna à Versailles, laissant le Comité Central maître de la situation. A l'Assemblée, il appuya tout d'abord la politique de Thiers, mais se déclara hostile à la fondation de la république, passa dans le camp de Broglie et finalement vota contre les lois constitutionnelles de 1875. Son fils unique, enseigne de vaisseau, avait été tué en janvier 1871 par un obus prussien tombé sur le fort de Montrouge.

SARCEY (Francisque), né à Dourdan (Seine-et-Oise), en 1827, mort à Paris, en 1899.

Fils d'un ancien canut lyonnais, devenu chef d'institution, il fut d'abord contraint par son père de se préparer à une carrière musicale pour laquelle il n'avait aucune disposition. Il acheva ses études secondaires au lycée Charlemagne et, en 1848, il entra à l'École normale supérieure, en même temps que Taine et About, qui resta toujours son ami. En 1851, il fut nommé professeur au lycée de Chaumont, mais bientôt envoyé en disgrâce au fond de la Bretagne, au collège communal de Lesneven, pour avoir adressé à l'administration une pétition humoristique en réponse au décret Fortoul, enjoignant aux membres de l'enseignement de renoncer au port de la barbe. Seul laïc au milieu de collègues ecclésiastiques, il se trouva si bien dans son nouveau poste qu'il demanda au ministre d'y faire toute sa carrière, à la suite de quoi il fut nommé au lycée de Rodez, puis à celui de Grenoble. En 1859, il demanda un congé pour se consacrer au journalisme, et, l'année suivante, il démissionna. Grâce à son ami About, il avait été admis au *Figaro*, où il donnait de curieuses études sur la vie provinciale. Il collabora par la suite à de nombreux journaux, à *L'Illustration*, au *Gaulois* (1858), au *XIXe siècle* fondé par Edmond About en 1871. Il faisait également de nombreuses conférences en France et dans les pays voisins. Adversaire du cléricalisme, il eut un duel et se vit faire des procès et condamner à de lourdes amendes pour avoir tourné en ridicule la grossière invention des enfants chinois livrés à la voracité des cochons violets et dénoncé le trafic des bouteilles d'eau de Lourdes. Il eut aussi de vives polémiques avec Zola dont il n'appréciait pas les œuvres.

Depuis 1859, Sarcey avait trouvé sa véritable voie dans la critique théâtrale, d'abord dans *L'Opinion Nationale*, puis à partir de 1867, dans le *Temps*, où son feuilleton dominical fit sa renommée. Il conquit une influence indubitable sur le public auprès de qui ses jugements avaient force de lois. Il était devenu un excellent technicien du théâtre, mais il marquait de sa désapprobation toute innovation, en l'exprimant d'ailleurs avec une rondeur joviale, qui l'avait fait surnommer « L'Oncle ». Il a laissé plusieurs ouvrages, dont *Bilan de l'année 1868*, écrit en collaboration avec Castagnary, *Le Siège de Paris* (1871), *Souvenirs de jeunesse* (1884), *Souvenirs d'âge mûr* (1892), réédités sous le titre de *Conférences et conférenciers*, et *Quarante ans de théâtre* (1900).

SARDOU (Victorien), né à Paris, en 1831, mort à Paris, en 1908.

Fils d'un chef d'institution, lexicographe et auteur de nombreux manuels scolaires, il étudia d'abord la médecine, mais la gêne où vivait sa famille le contraignit à renoncer à cette carrière pour devenir répétiteur d'histoire. Il débuta dans les lettres en collaborant à des revues et, en 1854, il donna à l'Odéon une petite pièce *La Taverne des Étudiants* qui n'eut aucun succès. Tombé gravement malade, il fut soigné et sauvé par sa voisine, une jeune fille dévouée, Mlle de Brécourt, qu'il épousa ensuite et qui le mit en relation avec Déjazet. Désormais, ayant accès à plusieurs théâtres il put faire jouer de nombreuses pièces appartenant à tous les genres, sauf au tragique, et obtint un succès considérable dans toute l'Europe et en Amérique. En 1877, il fut élu à l'Académie. Il a poussé l'étude des mœurs jusqu'à la charge, ayant recours à de gros effets pour obtenir le rire ou le pathétique, mais on a reproché à juste raison à ses caractères d'être trop peu fouillés. Parmi ses pièces les plus célèbres citons : *Patrie* (1869), *Théodora* (1884), *Madame Sans-Gêne* (1893) et *Robespierre* (1899). Hors le théâtre, il a écrit un roman *La Perle Noire* (1862) et des pages spirituelles et mordantes en réponse à ses détracteurs : *Mes plagiats* (1883).

SAUVAGE (Frédéric), né à Boulogne-sur-Mer, en 1785, mort à Paris, en 1857.

D'abord employé du génie militaire, puis constructeur de navires, il réalisa plusieurs inventions mineures, qui furent pour lui une source de déceptions. Obligé d'abandonner son industrie, il fonda près de sa ville natale un établissement pour sciage et polissage du marbre. Il inventa là un moulin horizontal à mouvement continu quelle que soit la direction du vent, ce qui lui valut, en 1825, une médaille d'or décernée par une société savante de Boulogne. Parmi de nombreuses autres inventions réalisées à coup de sacrifices et dont plusieurs lui furent volées, il faut citer le *réducteur*, application du pantographe à la sculpture, qui fut plus tard utilisé par son fils pour la reproduction réduite des antiques du Louvre. Mais sa plus belle invention fut la navigation à vapeur au moyen de l'hélice. Pour la faire admettre, il lutta pendant dix ans contre le scepticisme de l'Académie des Sciences et l'indifférence du gouvernement. Il fut finalement jeté en prison pour dettes, cependant qu'un Anglais, Petit-Smith, qui avait eu connaissance du résultat de ses recherches, prenait un brevet à peine différent et obtenait l'application immédiate de l'invention en son pays, ce qui le fit combler de récompenses par la reine Victoria. Reconnaissant enfin les immenses services rendus par Sauvage, le gouvernement de Louis-Philippe lui accorda, en 1846, une pension de deux mille francs, mais trop tard. Découragé, usé, anéanti, le malheureux inventeur perdit la raison en 1854 et acheva son existence à côté d'une volière dans une maison de santé de la rue Picpus.

SAUVESTRE (Charles Sauvaitre, dit), né au Mans, en 1818, mort à Paris, en 1883.
Fils d'un ouvrier, il dut interrompre ses études pour entrer dans un atelier de typographie. Mais, étudiant seul, il parvint à se faire recevoir instituteur. Persécuté pour ses opinions républicaines, il démissionna en 1848 et entra comme rédacteur au *Courrier du Loir-et-Cher*. Ayant adhéré aux doctrines de Fourier, il partit quelques mois plus tard pour Paris où il se fit admettre à *La Démocratie Pacifique*. Une année après, il passa à *La Tribune de la Gironde*. En 1857, il fonda avec Castagnary et Antony Meray une revue mensuelle, *La Revue Moderne*, où il traita plus particulièrement de l'éducation populaire et fit une guerre sans relâche à ce qu'il appelait *le parti clérical*. La direction ayant changé, il quitta ce journal en 1873 pour se consacrer à la rédaction de *L'Enseignement Laïque*, qu'il avait fondé en 1871. A partir de 1881, il fut bibliothécaire-adjoint du Musée Pédagogique, chargé en particulier du classement des documents relatifs à l'enseignement primaire.
Il a uniquement laissé des ouvrages de combat : *Le Clergé et l'éducation* (1881), *Lettres de Province* (1862), *Mes Lundis* (1864), *Les Congrégations religieuses dévoilées* (1870), *Les Jésuites peints par eux-mêmes* (1883).

SCHNEIDER (Hortense), née à Bordeaux, en 1838, morte à Paris, en 1920.
Elle commença sa carrière d'actrice à quinze ans, à l'Athénée de Bordeaux, puis à Agen, enfin fut engagée aux Bouffes-Parisiens, lors de l'ouverture de ce théâtre, en 1855. Son charme, son enjouement, son esprit lui apportèrent vite le succès. En 1856, elle passa aux Variétés et, en 1858, au Palais-Royal. Revenue en 1864 aux Variétés, elle y créa en décembre le rôle d'Hélène dans *La Belle Hélène*, opéra-bouffe d'Offenbach. A partir de ce moment elle devint l'une des actrices les plus en vue de Paris. En 1866, elle créa le rôle de Metella dans *La Vie Parisienne*, puis *La Grande Duchesse de Gérolstein*, jouée en avril 1867 aux Variétés, mit le comble à sa renommée. De nombreux souverains et princes étrangers, venus visiter l'Exposition Universelle de 1867, exigeaient avant toute chose de voir cette actrice dans *La Grande Duchesse*. En 1868, elle se rendit à Londres où elle recueillit des applaudissements frénétiques. Revenue à Paris, elle créa le rôle de la Périchole dans la célèbre opérette d'Offenbach, mais elle connut au cours des deux années suivantes des demi-échecs aux Bouffes et au Châtelet. Après la guerre, elle n'eut plus que des succès mitigés, l'opéra-bouffe s'étant démodé. Elle fit alors quelques tournées assez réussies à l'étranger, notamment en Russie, et, en 1881, renonça définitivement au théâtre.

SCHOLL (Aurélien), né à Bordeaux, en 1833, mort à Paris, en 1902.
Fils d'un notaire israélite de Bordeaux, il fit d'excellentes études, se passionna de bonne heure pour le journalisme. Encore lycéen, il publia en 1848, dans *L'Écho Rochelais*, des feuilletons en vers à tendances socialistes, puis, en 1849, un volumineux roman, *Le Comte de Blangis, histoire d'une infamie*. En 1851, il gagna Paris où à dix-sept ans, il collabora au *Corsaire*. Il fit preuve de beaucoup d'esprit et souvent de méchanceté, en particulier dans ses *Coulisses* hebdomadaires au *Figaro*, qui lui valurent nombre de duels et de poursuites judiciaires. Après 70, il écrit dans *L'Événement*, où parut, à partir de 1872, le dernier roman de Gaboriau, *L'Argent des autres*. Les deux hommes qui se tutoyaient étaient liés d'amitié. Par la suite Scholl fut rédacteur en chef à *L'Écho de Paris* et, à la fin du siècle, il écrivait dans *Le Matin*. Il publia de nombreux romans et essais pour la plupart consacrés à la

vie parisienne et toujours sur le ton badin. Citons entre autres *Gertrude* (1857), dont l'action se déroule à Saintes, *Amours de théâtre* (1862) et *L'esprit du boulevard* (1887). Il a aussi laissé plusieurs comédies jouées sur les scènes parisiennes (*On demande une femme honnête* (1887) ...).

SECOND (Albéric), né à Angoulême, en 1816, mort à Paris, en 1887.
Fils de magistrat, il débuta à l'âge de vingt ans par un vaudeville *Trichemont fils*. En 1848, il acclama l'avènement de la Seconde République, qui en fit un sous-préfet de Castellane. Il s'ennuya tant dans cette bourgade des Basses-Alpes qu'en 1850, il démissionna pour devenir directeur de *L'Entracte*. En 1860, il entra à la rédaction du *Figaro*. En 1863, il fonda avec Villemessant *Le Grand Journal*, feuille éphémère, puis entra à *L'Événement*. Passé dans le camp de l'Empire, il fut, de 1865 à 1870, commissaire impérial près le théâtre de l'Odéon. Il a laissé de petites comédies, écrites en collaboration avec Labiche : *Un mouton à l'entresol*, quelques romans : *Misères d'un prix de Rome* (1868), *Le Roman de deux bourgeois* (1879), ... et, *Dans les rues de Paris*, une monographie sur la rue Notre-Dame de Lorette.

SOULIÉ (Frédéric), né à Foix, en 1800, mort à Brières (Essonne), en 1847.
Jusqu'à l'âge de quatre ans Frédéric Soulié resta à Mirepoix avec sa mère, rendue infirme par son accouchement. Puis son père, fonctionnaire de l'Enregistrement, le prit avec lui. Il le suivit à Nantes, où il commença ses études, pour passer en rhétorique à Poitiers. Son père, qui avait été professeur de philosophie avant de s'engager dans l'armée en 1792, le prit ensuite avec lui pour lui enseigner cette matière. Mais, accusé de bonapartisme, ce père fut destitué et, avec Frédéric s'installa alors à Paris, où le jeune homme commença des études de droit, qu'il devait achever à Rennes pour échapper à une accusation de carbonarisme. Plus tard il rejoignit à Laval son père qui avait recouvré son emploi et entra dans ses bureaux comme secrétaire. Quand, en 1824, ce père, à nouveau victime de ses opinions, fut mis à la retraite d'office, Frédéric regagna Paris où il accepta avec empressement la direction d'une scierie mécanique. Dès 1824, il publia, sous le titre d'*Amours françaises*, des vers écrits en province, ce qui l'amena à faire la connaissance d'Alexandre Dumas, encore inconnu, et de Casimir Delavigne.
En 1827, il parvint à faire jouer à l'Odéon une traduction du *Roméo et Juliette* de Shakespeare, qui remporta un grand succès, mais sa tragédie *Christine à Fontainebleau* (1829), présentée sur la même scène, fut un cuisant échec. Cependant Frédéric Soulié écrivait dans *Mercure*, *Figaro* et bien d'autres publications. Après s'être battu sur les barricades au cours des Trois Glorieuses, en 1831 il refusa un poste important que son oncle, le maréchal Clauzel, gouverneur général de l'Algérie, lui offrit dans l'administration de la colonie.
Il devait désormais produire avec une fécondité prodigieuse. En 1832, un drame *Clotilde* et un roman *Les Deux cadavres* achevèrent d'établir sa renommée. En 1837-1838, il commença à publier *Les Mémoires du Diable*, tableau de la société dans ce qu'elle a de plus hideux, imités du *Diable boiteux* de Gil Blas et qui durent faire germer dans l'esprit d'Eugène Sue l'idée des *Mystères de Paris*. Nommé bibliothécaire-adjoint à l'Arsenal, il allait de succès en succès et connut un véritable triomphe avec son chef-d'œuvre *La Closerie des Genêts*, drame présenté en 1846, quelques mois avant la maladie de cœur qui devait l'emporter.
Son éloge funèbre fut prononcé par Victor Hugo et un tombeau, avec son portrait dans un médaillon, lui fut élevé au cimetière du Père Lachaise, mais inauguré seulement le 20 février 1875. Dans ses œuvres la forme laisse parfois à désirer, mais il sait s'emparer de son lecteur et soutenir son intérêt jusqu'à la fin de ses ouvrages. Parmi ses romans, on cite fréquemment *Eulalie Pontois* (1842), que certains ont voulu considérer, mais à tort, comme le premier roman policier publié dans le monde.

STEENACKERS (François-Frédéric), né à Lisbonne, en 1830, mort à Rouen, en 1911.
Son père qui était Belge vint se fixer en France. Après avoir achevé ses études littéraires, il se tourna vers l'art et se rendit en Italie, où il apprit la sculpture. De retour en France, il envoya diverses œuvres aux Salons, entre autres *Le Printemps des amours* (1857), *L'Indolence* (1861), *Le Pêcheur à la ligne* (1865). Naturalisé Français en 1865, il cessa alors d'exposer et s'occupa de travaux historiques et politiques. Conseiller Général de la Haute-Marne, il fut élu en 1869 au Corps Législatif et siégea dans l'opposition. Il vota contre la guerre et, au lendemain du 4 septembre, il fut nommé directeur général des télégraphes. Il fit immerger dans le lit de la Seine un

câble télégraphique que l'ennemi ne tarda d'ailleurs pas à découvrir. Il suivit la délégation à Tours et fut nommé par Gambetta directeur général des télégraphes et des postes, fonction où il rendit les plus grands services. On lui doit en particulier le service postal des pigeons voyageurs, l'adoption du système de microphotographie des dépêches et l'organisation de la télégraphie militaire. Il ne fut pas élu à l'Assemblée Nationale, en 1871, démissionna et rentra dans la vie privée. Élu député de la Haute-Marne en 1885, il fut nommé commissaire du gouvernement auprès de la compagnie P.L.M. Mais il ne fut pas réélu en 1889. Il a publié *L'Histoire des ordres de chevalerie et des distinctions honorifiques* (1867), *Agnès Sorel et Charles VIII* (1867), *L'invasion de 1814 dans la Haute-Marne* (1868), et en collaboration avec Le Goff, une *Histoire du gouvernement de la Défense Nationale en province* (1884-1885).

SUE (Marie-Joseph, dit Eugène), né à Paris, en 1804, mort à Annecy, en 1857.

Fils d'un médecin de la garde consulaire, devenu chirurgien de l'hôpital de la Charité, il eut pour marraine l'impératrice Joséphine et pour parrain Eugène de Beauharnais, qui refusa cependant de lui donner son prénom, que par la suite le filleul prit de sa propre autorité. Il commença ses études secondaires au lycée Bonaparte et en sortit avant d'avoir terminé sa rhétorique. Vivant largement en fils de famille, il hésita longtemps entre plusieurs carrières, suivant même un temps les cours de l'École de Médecine. Son père le fit finalement embarquer à vingt-trois ans, comme chirurgien sur un vaisseau de l'État, le *Breslau*, où il abandonna l'exercice de son art à ses deux aides. Il assista à la bataille de Navarin. Mais, en 1829, il démissionna et revint en France, la tête pleine d'idées et d'images. En 1830, son père mourut lui laissant une fortune de plus d'un million. C'est alors qu'un de ses amis lui conseilla d'écrire en mettant à contribution ses souvenirs de navigateur. En 1831, il publia *Plick et Plock*, roman qui eut du succès par la manière piquante dont il décrivit l'existence des matelots. D'autres « romans maritimes » suivirent, comme *La Vigie de Koat-Ven* (1833), qui lui valut le surnom de Cooper français. « Il est le premier, dit Sainte-Beuve, à avoir découvert la Méditerranée en littérature ». Mais il résolut de se livrer à une étude sérieuse et, de 1835 à 1837, il publia une *Histoire de la marine française* en cinq volumes, qui ne connut aucun succès. Il abandonna alors le roman maritime pour le roman historique avec *Jean Cavalier* (1840), puis le roman de mœurs, s'efforçant de dépeindre la société telle qu'elle était. A ce moment, à peu près ruiné et dégoûté du monde par la trahison d'une maîtresse, il s'établit en Sologne. Une évolution se faisait en lui. Il avait découvert les problèmes sociaux, si aigus à l'époque, compatissait à la misère ouvrière et ne reculait pas devant une peinture réaliste des pires bas-fonds parisiens, qu'il avait naguère visités. Et, ce furent successivement ses deux grands romans, *Les Mystères de Paris* (1842-1843), publiés en feuilletons — ce qui était une nouveauté — dans le *Journal des Débats*, et *Le Juif Errant* (1844-1845), qui parut dans le *Constitutionnel*. *Les Mystères de Paris* passionnèrent toutes les classes de la société. Dans toute la France on attendait chaque soir avec impatience les *Débats* du lendemain, surtout dans les milieux ouvriers où l'on retrouvait avec émotion les misères affreuses qui peuvent saisir les travailleurs sans ressources. Si le style est quelquefois relâché, l'ouvrage (dix volumes) est écrit avec une éloquence du cœur qui saisit le lecteur. Ce roman a été traduit dans toutes les langues et réimprimé plusieurs fois. En 1847, Sue commença la publication d'un nouveau roman-fleuve, *Les Sept Péchés capitaux*. Désormais très proche du mouvement socialiste, il lança en 1848, un véritable manifeste révolutionnaire, *Le Républicain des campagnes*. Élu représentant de la Seine à l'Assemblée Législative, en 1850, il protesta vivement contre le Coup d'État, puis se constitua prisonnier, alors que Louis-Napoléon ne songeait nullement à le faire arrêter. Il passa ensuite au Piémont et séjourna à Annecy jusqu'à la fin de sa vie. Il y publia notamment *Les Fils de Famille* (1856-1857) et *La France sous l'Empire* (1857). Beaucoup des romans d'Eugène Sue ont été portés à la scène.

TAMISIER (Alphonse), né à Lons-le-Saunier, en 1809, mort à Paris, en 1880.

Fils d'un maire de Lons-le-Saunier pendant les Cent-Jours et la Monarchie de Juillet, il reçut une éducation libérale et de bonne heure fut acquis à l'idéal républicain. Élève de l'École Polytechnique, il fut élu, en 1848, par le département du Jura à l'Assemblée Constituante. Réélu à la Législative, il se joignit, lors du Coup d'État, aux représentants qui prononcèrent la déchéance de Louis-Napoléon. Expulsé de France, il se rendit en Belgique d'où il revint après l'amnistie de 1859. Il exerça alors la profession d'ingénieur jusqu'à la fin de l'Empire. Le 5 septembre 1870, le gouvernement de la Défense Nationale le nomma chef de la garde nationale de la Seine, mais il démissionna de ses fonctions, en novembre, pour servir dans l'artillerie. En février, il fut élu par le Jura à l'Assemblée Nationale où il vota constamment avec les républicains. Il fut élu au Sénat en 1879.

TARDIEU (Ambroise), né à Paris, en 1818, mort à Paris, en 1879.
Descendant d'une longue lignée de célèbres graveurs, il fit de brillantes études au collège Charlemagne. Après quoi il étudia la médecine. Interne des hôpitaux de Paris à vingt-deux ans, docteur à vingt-cinq et agrégé l'année suivante, il fut nommé médecin de Lariboisière, puis de l'Hôtel-Dieu. En 1861, il fut nommé professeur de médecine légale et médecin consultant de l'Empereur. Ses méthodes et ses dons d'exposition firent qu'il y eut bientôt foule au cours de médecine légale précédemment déserté. Il devait procéder dans sa carrière à plus de cinq mille expertises et paraître fréquemment comme expert devant les tribunaux. En 1858, il avait été élu à l'Académie de Médecine, dont il devint le président en 1867. Doyen de la Faculté en 1864, il approuva les sanctions prises par le ministre Duruy contre les étudiants qui avaient assisté au congrès international des étudiants qui se tint à Liège, en 1865 et au cours duquel des discours violents furent prononcés sur des questions relatives à la morale et à l'enseignement. Des troubles se produisirent à la Sorbonne et le doyen Tardieu fut obligé de démissionner. Il acheva de perdre toute popularité à la suite de la position qu'il prit en qualité d'expert lors du procès du prince Pierre Bonaparte, à la suite duquel des manifestations d'étudiants entraînèrent la fermeture de la Faculté de Médecine pendant un mois.
Parmi les innombrables publications du docteur Tardieu, citons un *Manuel de pathologie et de clinique légale* (1848), une *Étude médico-légale sur la strangulation* (1859) et *L'Empoisonnement par la strychnine, l'arsenic et les sels de cuivre* (1865).

TAYLOR (Baron Isidore), né à Bruxelles, en 1789, mort à Paris, en 1879.
Fils d'un Anglais naturalisé Français, il fit ses études à Paris, montrant de bonne heure des dispositions pour le dessin. A vingt ans, il commença à gagner sa vie en illustrant des volumes, puis, en 1811, il entreprit ses premiers voyages *artistiques* à travers l'Europe occidentale. Admis au concours de sous-lieutenant d'artillerie sous la Restauration, il fit partie de la garde royale et participa brillamment à l'expédition d'Espagne où il conquit le grade de chef d'escadron. Pour pouvoir visiter l'Algérie et l'Espagne, il se fit mettre en disponibilité et, à son retour, se fit nommer commissaire royal auprès du Théâtre-Français. Il s'y fit remarquer par son libéralisme et son adhésion au romantisme, à qui il ouvrit la première scène de France. Grâce à lui, on y donna *Hernani*. Lui-même avait réussi, vers 1820, à faire jouer quelques pièces qui avaient eu peu de succès. Au début de la Monarchie de Juillet, il obtint une mission pour l'Égypte où, malgré les difficultés créées par les services anglais, il réussit à acquérir l'obélisque de Louqsor, qui orne la place de la Concorde. En 1838, il fut nommé inspecteur des Beaux-Arts. Il organisa de nombreuses fêtes et loteries et, avec les fonds ainsi recueillis, il créa des sociétés de secours mutuels pour les écrivains, les artistes et les membres de l'enseignement. L'une est à l'origine de la Société des Gens de Lettres, à qui il fit décider la fondation d'une caisse de retraites. Il fut élu membre libre de l'Académie des Beaux-Arts en 1847, nommé sénateur en 1869 et fait grand-croix de la légion d'honneur en 1877. On lui doit d'importants ouvrages : ses *Voyages pittoresques et romantiques de l'ancienne France* (24 vol.), ses récits de voyages à l'étranger et des recueils des traditions des anciennes provinces françaises.

THOMAS (Clément), né à Libourne, en 1809, mort à Paris, en 1871.
Ses études terminées, il s'enrôla et devint maréchal des logis, bien qu'il se fût signalé par la propagande qu'il faisait en faveur des idées républicaines. Mêlé à un procès politique, il fut condamné à la détention en 1835, mais parvint à s'échapper et à gagner l'Angleterre où il resta jusqu'à l'amnistie de 1837. Il devint alors un des rédacteurs du *National*. Au lendemain de la révolution de 1848, il fut nommé commissaire de la République pour le département de la Gironde, qui, bien que de tendances conservatrices, l'élut à l'Assemblée Constituante. Nommé commandant en chef de la Garde Nationale de la Seine il dut démissionner pour avoir qualifié publiquement la Légion d'honneur de *hochet de vanité*. Au lendemain du Coup d'État, il se rendit en Gironde pour organiser la résistance, mais ses efforts restèrent inutiles. Exilé, il refusa de bénéficier de l'amnistie de 1859 et ne rentra en

France qu'après la capitulation de Sedan. Quand, le 4 novembre, trois armées furent créées à Paris avec la garde nationale, il reçut le commandement en chef de la première, qui comprenait deux cent vingt-six bataillons. Le 19 janvier, il commanda la garde nationale engagée dans la sortie de Buzenval, qui fut sans résultats, mais montra ce que l'armée de Paris aurait pu faire s'il s'était trouvé à sa tête un général à la hauteur de la situation. Aux élections de février, il déclina toute candidature et rentra dans la vie civile. Le 18 mars, ayant appris qu'un de ses anciens aides de camp avait été arrêté par les insurgés, il partit en habit civil pour se rendre à Montmartre. Reconnu à sa grande barbe blanche, traité de traître, il fut entraîné jusqu'à la rue des Rosiers, où siégeait le Comité Central de Montmartre et, sans même un simulacre de jugement, fut fusillé presque à bout portant. L'Assemblée Nationale décida qu'une pension serait accordée à sa veuve et qu'un monument lui serait élevé aux frais de l'État. Ce monument en granit et de huit mètres de haut fut inauguré, en 1875, au Père Lachaise et reçut les cendres de Thomas et du général Lecomte, fusillé peu après lui et au même endroit.

TIMOTHÉE TRIMM - voir Lespès (Léo).

TOLAIN (Henri-Louis), né à Paris, en 1828, mort à Paris, en 1897.
Fils d'un maître de danse, il fut mis en apprentissage et devint un habile ciseleur. Il s'occupa avec passion d'études sociales et, en 1864, fut l'un des fondateurs et le premier secrétaire de l'Internationale des Travailleurs. Il fut condamné à une amende, lors du procès de l'Internationale (1867), qui aboutit à la dissolution de cette association. Adjoint au maire du IXe arrondissement pendant la guerre de 1870, il fut élu à l'Assemblée Nationale en 1871. Il se prononça contre la Commune et approuva la politique de Thiers. Élu sénateur de la Seine, en 1876, et constamment réélu depuis lors, il rapporta de préférence sur les lois ouvrières. Il combattit le Seize Mai. D'abord radical, il se rapprocha des opportunistes et, comme président de l'Alliance républicaine, se montra particulièrement hostile au socialisme, mais il fut l'un des adversaires les plus acharnés du boulangisme.

TOPIN (Marius), né à Aix-en-Provence, en 1838, mort à Paris, en 1895.
Fit ses études secondaires à Aix-en-Provence, où son père était recteur de l'Académie, puis à Gap. Presque au sortir du collège, il se consacra à la littérature. Après avoir collaboré à des journaux de province, il devint, en 1863, l'un des rédacteurs de *La Revue Française*. Cette même année, une étude sur le cardinal de Retz lui valut un prix de l'Académie française, récompense qu'allaient obtenir plusieurs de ses futurs ouvrages. En 1868, alors rédacteur au *Correspondant*, il publia deux études historiques, l'une sur *L'Europe et les Bourbons sous Louis XIV*, l'autre, sur *Le Masque de fer*, très vivement critiquée, mais à laquelle cependant il dut la légion d'honneur. Il fut élevé à la distinction d'officier en 1871, à la suite de sa conduite comme chef de bataillon de la garde nationale pendant le siège de Paris. En 1872, il entra au *Courrier de France*, puis à *La Presse* où il soutint le gouvernement de l'Ordre moral. Il en devint le rédacteur en chef, en 1875. En 1876, il publia un nouvel ouvrage historique, *Louis XIII et Richelieu*, où il s'efforça de réhabiliter le roi, et un livre de critique littéraire, *Romanciers contemporains*. En 1879, il fut nommé inspecteur général des bibliothèques scolaires et populaires et fit, en cette qualité, de nombreuses conférences dans tout le pays. Des incidents de nature privée le forcèrent à quitter brusquement cette fonction et le firent rayer des matricules de la Légion d'honneur en 1884.

TROCHU (Louis), né au Palais (Belle-Ile-en-Mer, Morbihan), en 1815, mort à Tours, en 1896.
Fils d'un ancien intendant militaire, il suivit les cours de l'École d'État-Major à sa sortie de Saint-Cyr. Il se conduisit brillamment pendant la conquête de l'Algérie, sous les ordres de Bugeaud, dont il était un admirateur. Hostile aux ambitions du prince Louis-Napoléon, il fut mis en disponibilité à la veille du Coup d'État, contre lequel il vota publiquement. L'Empire tenta cependant de se l'attacher, mais il refusa la plupart des faveurs qu'il lui offrit. Général de brigade pendant la guerre de Crimée et grièvement blessé devant Sébastopol, général de division pendant la campagne d'Italie, il fut chargé, en 1866, de préparer une étude sur la réorganisation de l'armée. Le livre *L'Armée Française* qu'il publia l'année suivante, eut un vif succès, mais le fit tomber définitivement en disgrâce. Au début de la guerre de 1870, il fut relégué dans le midi, mais, après les premières défaites, nommé par l'Empereur gouverneur militaire de Paris, qu'il mit avec zèle en état de défense. Après le 4 septembre, il accepta la présidence du gouvernement de la Défense Nationale. Mais

pendant le siège, ayant peu d'espoir dans le succès, il se montre irrésolu et passif, persuadé qu'il allait faire massacrer inutilement ses soldats. Il ne tenta que quelques sorties sous la pression de l'opinion publique, qui lui était devenue très défavorable, et, pour ne pas avoir à signer lui-même la capitulation de la ville, à laquelle il avait imprudemment proclamé qu'il ne se résoudrait jamais, il se démit de ses fonctions. Gambetta, qui, tout d'abord, en avait fait grand cas pour son attitude courageuse à l'égard de l'Empire, le jugea par la suite *timoré et discoureur*. Mais l'excellente réputation qu'il lui avait faite, permit à Trochu d'être élu à l'Assemblée Nationale par huit départements. Il opta pour son département natal, le Morbihan. A l'Assemblée, quand fut étudiée la réorganisation de l'armée, il combattit le point de vue de Thiers, imbu des conceptions napoléoniennes. Mais il donna sa démission en 1872, et vécut désormais dans la vie privée jusqu'à la fin de son existence, publiant quelques ouvrages d'histoire militaire, en particulier le récit des événements de 1870-1871.

TROPMANN (Jean-Baptiste), né à Cernay (Haut-Rhin), en 1849, exécuté à Paris, en janvier 1870.
Ayant reçu une certaine instruction, il se livrait pendant ses loisirs à la chimie et fabriquait de l'acide prussique. D'un caractère sombre et jaloux, il entendait faire une fortune rapide. Envoyé par son père à Roubaix pour vendre des machines, il y gagna la confiance d'un ancien ouvrier, Jean Kinck, qui par son travail était arrivé à la fortune. Il l'attira en Alsace sous le prétexte de réaliser une bonne affaire et l'empoisonna avec du vin contenant de l'acide prussique. Puis il fit venir à Pantin, qu'il connaissait bien pour y avoir placé des machines, le fils aîné du malheureux, puis sa femme et ses cinq enfants qu'il assassina et enterra dans un champ de luzerne. Leurs corps furent découverts en septembre 1869 et le criminel finalement identifié. Il avait encore sur lui une partie du fruit de ses meurtres et se préparait à partir pour l'Amérique. Son procès débuta le 28 décembre 1869. Condamné à mort, il manqua de courage une fois sur l'échafaud.

VACHETTE (Eugène), voir Chavette (Eugène).

VALFONS (Charles de Mathéi de la Calmette, marquis de), né à Nîmes, en 1710, mort en 1786.
Lieutenant de cavalerie à dix-sept ans, il s'éleva par sa valeur jusqu'au grade de lieutenant-général. Au cours de sa carrière il prit part à plus de trente sièges et batailles sans recevoir une égratignure. Il a laissé des mémoires qu'un de ses petits-neveux, le marquis Camille-Régis de Valfons, homme politique nîmois, a publié sous le titre de *Souvenirs du Marquis de Valfons, lieutenant-général des armées du roi*. C'est un ouvrage où l'on trouve des anecdotes fort piquantes sur les principaux personnages de la cour de Louis XV et de Louis XVI.

VAPEREAU (Gustave), né à Orléans, en 1819, mort à Morsang-sur-Orge (Essonne), en 1906.
Fils d'un boulanger, il fit ses études au petit séminaire, puis au collège d'Orléans. En 1838, il remporta le prix d'honneur de philosophie au concours général et, cette même année, il entra à l'École Normale Supérieure d'où il sortit en 1841. Choisi par Cousin pour préparer ses travaux sur les *Pensées* de Pascal, il réussit à l'agrégation de philosophie en 1843, et fut nommé au collège de Tours. En 1844, il publia un discours intitulé *Du caractère libéral, moral et religieux de la philosophie*, qui lui attira les attaques des milieux catholiques. En 1852, il fut mis en disponibilité pour ses opinions républicaines. Il s'établit alors à Paris où, tout en donnant des leçons, il fit des études de droit. En 1854, il se fit inscrire au barreau de la capitale, mais n'exerça pas. Pendant quatre ans il s'occupa de la rédaction de son *Dictionnaire Universel des Contemporains*, qui parut en 1858 et eut par la suite six rééditions avec mise à jour. En 1859, il commença à publier sous le titre d'*Année littéraire et dramatique* une revue annuelle des principales productions de la littérature qui parut jusqu'à la guerre et forma onze volumes. En outre, il a donné plusieurs articles importants à la presse, notamment au *Petit Journal*. Après le 4 septembre, il fut nommé préfet du Cantal, puis préfet du Tarn-et-Garonne, où il surprit en interdisant la vente d'un journal républicain dans son département. Il fut mis en disponibilité par le gouvernement de l'Ordre moral et revint à Paris où il poursuivit ses travaux littéraires. De 1877 à 1888, il exerça les fonctions d'inspecteur général de l'Instruction publique pour l'enseignement primaire. On lui doit encore un *Dictionnaire Universel des Littératures* (1877) qu'il préparait depuis quinze ans, des *Éléments d'histoire de la littérature française* (1883-1885) et, en 1896, un florilège de maximes et de réflexions sous ce titre *L'Homme et la Vie*.

VELPEAU (Alfred), né à La Brèche (Indre-et-Loire), en 1795, mort à Paris, en 1867.
Fils d'un maréchal-ferrant, qui l'employa de bonne heure à la forge, c'est presque seul qu'il apprit à lire et à écrire. Ayant trouvé un livre, alors populaire, *Le Médecin des Pauvres*, il étudia et finit par donner quelques conseils aux campagnards des alentours. Un riche voisin, étonné de son intelligence, voulut le faire profiter de l'instruction qu'il donnait à ses fils. Le jeune homme partit ensuite pour Tours où il put se faire attacher à l'hôpital, employant toutes ses libertés à étudier la médecine et compléter sa culture générale, se privant de tout pour faire quelques économies. Ayant été admis à l'examen des officiers de santé, il partit pour Paris avec un petit pécule et s'imposa de nouvelles et dures privations pour poursuivre ses études de médecine. Il finit par obtenir un poste d'aide en anatomie et, en 1823, soutint une thèse pour le doctorat en médecine. Nommé chirurgien de la Pitié en 1830, il se montra praticien d'une extraordinaire habileté et professeur remarquable dont l'enseignement, dénué des effets oratoires qu'on affectionnait à l'époque, était apprécié pour sa clarté. Malgré la fortune qui lui était venue, il mena toujours l'existence la plus simple et conserva ses habitudes de frugalité. Une de ses innocentes manies fut un goût extrême pour le calembour qu'il pratiquait même avec ses patients. Il devait succomber à une affection aiguë de la prostate, laissant de nombreux ouvrages, en particulier sur l'art de l'accouchement, les maladies des yeux et la chirurgie générale. Le dernier publié en 1866, fut la *Clinique chirurgicale de la Charité*.

VÉRON (Louis), né à Paris, en 1786, mort à Paris, en 1867.
Fils d'un marchand papetier, étudiant en médecine à partir de 1816, premier interne des hôpitaux en 1821, docteur en médecine en 1823, il commença à cette époque à rédiger des cahiers où il consigna ses observations médicales, en particulier sur les maladies infantiles. Nommé, en 1824, médecin des musées royaux, il renonça peu après à la médecine à la suite de quelques déboires. Il fit alors la connaissance du pharmacien Regnault, inventeur de la pâte pectorale qui portait son nom. Regnault étant mort sans laisser de ressources à sa famille, Véron s'associa avec quelques amis et, grâce à une publicité intelligente, réussit à mettre à la mode ce produit. Les relations qu'il avait, à cette occasion, nouées dans la presse, lui permirent de publier quelques articles. Mais sa carrière littéraire date de 1829, quand il fonda la *Revue de Paris*, où se produisirent beaucoup de jeunes talents. En 1831, il en abandonna la direction pour prendre celle de l'Opéra. Après l'avoir assumée avec bonheur, il s'orienta vers une carrière politique, se présentant en 1836 aux élections législatives à Landerneau, mais sans succès. Il acheta alors *Le Constitutionnel*, qui se mourait et, tout en appuyant la politique de Thiers, il lui rendit la santé. Sous la Seconde République, il soutint la candidature de Louis-Napoléon à la présidence de la République, si bien qu'en 1852 le gouvernement impérial le présenta à Sceaux comme candidat officiel. Il fut élu et réélu en 1857. Bien avant d'avoir vendu *Le Constitutionnel* à Mirès, il avait publié des mémoires sous le titre de *Mémoires d'un bourgeois de Paris* (1854), mais le succès dû aux révélations qu'on en attendait à tort, fut très éphémère. En 1855, il publia un roman de mœurs intitulé *Cinq cent mille francs de rente*, puis un ouvrage politique, *Quatre ans de règne. Où allons-nous ?*, enfin *Les Théâtres de Paris de 1806 à 1860* (1860). En 1862, il a donné de *Nouveaux mémoires d'un bourgeois de Paris*, qui s'arrêtent en 1860.

VÉRON (Pierre), né à Paris, en 1831, mort à Paris, en 1900.
Ses études terminées, Pierre Véron débuta dans la littérature par un volume de vers, *Les Réalités humaines* (1854). D'abord collaborateur de diverses feuilles, notamment de *La Revue de Paris*, il entra, en 1858, au *Charivari* dont il devint rédacteur en chef en 1865. Il conserva ces fonctions jusqu'en 1899, luttant constamment pour l'idée républicaine. Chaque jour il écrivait un article d'une verve mordante. Son appartement, rue de Rivoli, était le rendez-vous des hommes politiques, des artistes, des littérateurs les plus connus. Il a laissé de très nombreux volumes, dont *Les Gens de Théâtre* (1862), *La Foire aux grotesques* (1865), *Les Pantins du boulevard* (1868), *Propos d'un boulevardier* (1888), etc. ... et quelques petites comédies qui eurent peu de succès.

VEUILLOT (Louis), né à Boignes (Loiret) en 1813, mort à Paris, en 1883.
Un des nombreux enfants d'un ouvrier tonnelier d'origine bourguignonne, qui, ayant perdu ses économies dans une banqueroute, vint prendre un emploi dans une maison de Bercy, cependant que sa femme tenait un cabaret. Mis à l'École mutuelle,

Louis Veuillot ne reçut qu'une très faible instruction qu'il compléta par la lecture de romans populaires trouvés dans le cabinet de lecture tenu par son maître. A treize ans il fut placé comme petit clerc dans l'étude d'avoué du frère de Casimir Delavigne, ce qui lui permit de faire de nombreuses connaissances dans les milieux littéraires. A dix-sept ans, il fut chargé de la critique théâtrale dans L'*Écho de la Seine-Inférieure*, journal ministériel de Rouen, où il suppléa à son manque de culture par une agressivité qui lui valut deux duels d'ailleurs sans résultat. En 1832, le gouvernement l'envoya soutenir sa politique dans *Le Mémorial de la Dordogne* de Périgueux, où il s'attira un autre duel, toujours sans résultat. Il prit la défense de Bugeaud, qui avait tué un adversaire en duel, ce qui lui valut l'estime du général. En 1837, il revint à Paris, où il entra au journal *La Paix*, qui n'eut qu'une existence éphémère. Il avait dès lors acquis une grande aisance de style par la lecture des classiques. Conduit à Rome par Olivier Fulgence, il fut présenté au pape et lui, qui avait employé ses loisirs à écrire quelques années plus tôt des ouvrages polissons comme *L'Histoire de deux amants et d'un apothicaire*, il se déclara converti et devint un défenseur acharné de l'ultramontanisme dans divers ouvrages comme *Pèlerinage en Suisse* (1838), pays qu'il avait visité à son retour d'Italie. Il fut alors nommé sous-chef de bureau au ministère de l'Intérieur. En 1842, Bugeaud, se souvenant de lui, l'appela en Algérie pour le seconder dans l'administration de la colonie, mais ayant vite jugé que ce collaborateur n'était bon qu'à la polémique, il le renvoya six mois plus tard en France, où il rentra au ministère de l'Intérieur. Attaché de cabinet de Guizot, sa tâche consistait à transmettre les mots d'ordre du ministre à la presse gouvernementale. Il démissionna en 1845 pour entrer au quotidien *L'Univers*, où il attaqua avec violence l'Université. C'est à cette époque qu'une introduction aux mémoires d'un abbé lui valut un mois de prison.

La révolution de 1848 fit de lui le rédacteur en chef de *L'Univers*, où l'on vit l'ancien agent de Guizot accabler d'outrages la monarchie défunte et acclamer la république qu'il voulait d'ailleurs réactionnaire. En 1850, il se fit légitimiste, partisan de la fusion. Mais, au 2 décembre, il applaudit au Coup d'État. La violence de ses attaques contre les évêques suspects de gallicanisme le fit condamner par l'archevêque de Paris. La lecture de *L'Univers* fut interdite dans le diocèse, mais la condamnation fut désavouée par Pie IX. Jusqu'à la campagne d'Italie, Veuillot soutint l'Empire, invitant le gouvernement à se montrer encore plus sévère avec la presse. Mais il attaqua la politique impériale avec une telle violence à partir de 1860, que le régime, lui appliquant ses propres doctrines, supprima *L'Univers* en 1861. Ce journal fut rétabli en 1863, sous le titre du *Monde*, mais à condition que Veuillot n'y collaborerait pas. Jusqu'en 1867, date où *L'Univers* put reparaître, Veuillot publia plusieurs ouvrages en faveur de l'infaillibilité pontificale, où il s'opposa violemment à Mgr Dupanloup. Il assista naturellement au concile de Latran, où il exerça une sorte de haute police sur les évêques, mais le quitta pour vivre le siège de Paris. Partisan de la résistance à outrance, il proposa de remplacer le drapeau tricolore par un drapeau noir. Après la guerre il lutta contre le gouvernement de Thiers et tout ce qui était républicain et, redevenu légitimiste, il assista avec douleur au vote de la constitution de 1875.

Le style de ce polémiste, plein de trouvailles heureuses, est malheureusement gâté par les incorrections, et sa verve, par de la basse méchanceté et des grossièretés inouïes. A ses œuvres déjà citées, on peut ajouter : *Les Français en Algérie* (1844), *Le Fond de Giboyer* (1863), *Jésus-Christ* (1864), *Les odeurs de Paris* (1866), *Paris pendant les deux sièges* (1871), *Molière et Bourdaloue* (1877).

VIDOCQ (François), né à Arras, en 1775, mort à Bruxelles, en 1857.

Fils d'un boulanger, il vola son père et, après une vie d'aventures, s'engagea dans le régiment de Bourbon, déserta, passa dans les cuirassiers autrichiens, mais, condamné à la schlague, déserta de nouveau et revint en France reprendre du service dans les chasseurs. Il se maria à Arras, en 1795, quitta sa femme qui le trompait, devint lieutenant en Belgique, fut condamné à la prison à la suite d'une querelle, puis à huit ans de travaux forcés pour avoir écrit un faux ordre de mise en liberté pour un paysan condamné pour vol. Il s'échappa deux fois du bagne de Brest et vécut au milieu des malandrins. En 1808, il demanda au ministère de la Police, à prendre part à la lutte contre le banditisme. A la tête d'une brigade de sûreté, composée d'anciens prisonniers libérés, il rendit de grands services. En 1827, il démissionna et fonda une fabrique de carton, mais, ayant fait faillite, il reprit du service dans la police en 1832. Il fut renvoyé sous l'accusation d'avoir organisé un vol pour se mettre en valeur. Il fonda alors un bureau de renseignements secrets, qui fut fermé. En 1848, il offrit sans succès ses services à Lamartine et termina sa vie dans la misère. On a publié sous son nom *Les mémoires de Vidocq* (4 vol., 1828) et un certain nombre d'ouvrages sur les milieux de la pègre : *Réflexions propres à diminuer les crimes et les récidives* (1844)...

VILLEMESSANT (Auguste Delaunay de), né à Rouen, en 1812, mort à Monte-Carlo, en 1879.
Fils naturel d'un colonel, il porta le nom de sa mère. Il se maria à Blois, à l'âge de dix-huit ans, et y ouvrit une usine de soieries, qui fit faillite en 1835. Il vécut ensuite à Tours, puis à Nantes et finalement s'installa à Paris, dans l'intention d'y faire du journalisme. Jusqu'en 1848 il rédigea le feuilleton de mode de *La Presse*. Après la révolution de Février il fonda successivement trois petites feuilles légitimistes dont l'existence fut très courte. En 1854, il obtint l'autorisation de fonder un hebdomadaire littéraire, *Le Figaro* dont le succès fut immédiat et prolongé. Ce fut une sorte d'officiel des scandales que le gouvernement laissa vivre, comme un dérivatif au despotisme qui régnait alors sur la presse. Cette feuille, qui valut à Villemessant nombre de procès et de duels, devint bihebdomadaire, puis quotidienne en 1866. Il n'est guère d'écrivains par la suite célèbres, de Drumont à Vallès, qui n'y fit ses débuts. Ce succès permit à Villemessant de fonder de nombreux autres périodiques, comme *L'Autographe*, la première *Lanterne* de Rochefort, *La Chronique Illustrée...*, etc., et, à partir de 1867, *Le Petit Figaro*, feuille purement littéraire. Villemessant s'éloigna de l'Empire, quand il le sentit s'affaiblir et soutint alors Émile Ollivier. Après la guerre, il combattit férocement les républicains et fit de lui-même une démarche auprès du comte de Chambord pour le supplier de tenter une restauration monarchique. Il a peu écrit et ses *Mémoires d'un Journaliste* (6 vol., 1867-1878) passent pour avoir été rédigés par Philippe Gille.

WEBER (Theodor), né à Leipzig, en 1838, mort à Paris, en 1907.
Après avoir été l'élève du peintre Wilhem Krause, à Berlin, il vint, en 1856, poursuivre ses études à Paris, où il allait passer la plus grande partie de son existence. Se consacrant uniquement aux marines, il obtint des mentions honorables aux Salons parisiens de 1861, 1863 et 1889, mais dut attendre l'Exposition Universelle de 1900, pour remporter une médaille, d'ailleurs simplement de bronze. En France, on trouve des œuvres de cet artiste dans les musées de Dijon, Mulhouse et Nice.

WOLFF (Albert), né à Cologne, en 1835, mort à Paris, en 1891.
Placé chez un négociant parisien, il refusa de suivre la carrière commerciale et rentra en Allemagne pour compléter son instruction à l'Université de Bonn. Il retourna à Paris en 1857, y fut correspondant de *la Gazette d'Augsbourg* et écrivit un compte rendu du Salon de l'année. Un temps secrétaire d'Alexandre Dumas père, il entra au *Charivari*, puis au *Figaro*, dont il devint un des chroniqueurs les plus prisés. Il publia de nombreux ouvrages dans un français impeccable ainsi que plusieurs pièces de théâtre, seul ou en collaboration, *Un homme du Sud* (1862...). Au début de la guerre, il passa en Belgique, où il publia un pamphlet, *Les Deux Empereurs*, hostile à la fois à Napoléon III et à l'empereur Guillaume Ier. Rentré en France après la guerre, il obtint, comme il disait sa « naturalisation de vaincu ». A partir de 1884, il publia, en six volumes les *Mémoires d'un Parisien* et, en 1886, *La Capitale de l'Art* (c'est-à-dire Paris), souvenirs sur les peintres célèbres qu'il avait personnellement connus.

YON (Charles), né à Paris, en 1841, mort à Paris, en 1897.
Il étudia la gravure sous la direction de Pouget. Tout d'abord se livrant à cet art, il illustra de nombreux ouvrages de gravures sur bois et, en particulier, ceux de Victor Hugo. Puis, vers 1865, il se tourna vers la peinture et se fit surtout connaître comme un paysagiste dont les œuvres dénotent un sentiment très fin de la nature. A partir de 1872, il obtint de nombreux prix au Salon et une médaille d'or à l'Exposition Universelle de 1889. Il avait été décoré de la légion d'honneur trois ans plus tôt et désigné parmi les artistes chargés de décorer le nouvel hôtel de ville de Paris. Parmi les gravures sur bois qu'il a exposées, citons six gravures pour *Les Misérables* (1865) ; *le Passeur* (1874), d'après Corot ; *La Gardeuse d'oies* (1875), d'après Millet. Enfin on trouve ses paysages dans de nombreux musées : à Amiens, *Marais de Sacy-le-Grand* (1887) ; à Anvers, *Environs de Saint-Jean-de-Luz* ; à Montréal, *Sur l'Eure* ; à Niort *L'Eure à Acquigny* ; à Soissons, *Bords de la Meuse à Dordrecht* (1885). Mentionnons aussi *Les Buttes Montmartre* (1870), *Bords de la Seine à Montereau* (1878), *La Garde du drapeau* (1879) ; *Napoléon Ier le matin de Waterloo*.

YVON (Adolphe), né à Escheviller (Moselle), en 1817, mort à Paris, en 1893.
Après avoir achevé ses études littéraires, il vint à Paris vers 1835 et entra dans l'atelier de Delaroche. Il débuta par un portait au Salon de 1842 et, au cours des années suivantes, exposa surtout des portraits et des peintures religieuses. A la suite d'un séjour en Russie dont la vie l'intéressait, il présenta des scènes de la vie russe : *Les relais de la poste en Russie, Danses paysannes russes...* A partir de 1850, il s'attacha surtout à représenter des scènes historiques, de préférence militaires. En 1853, *Le Premier Consul descendant le Mont Saint-Bernard*, une commande officielle pour le château de Compiègne, puis *Le Maréchal Ney à la retraite de Russie* (1855) lui valurent l'estime de Napoléon III, dont il fut désormais un des peintres favoris, destinés à servir au prestige militaire du régime. Il reçut alors la mission de rejoindre l'armée française en Crimée pour reproduire les principaux épisodes de la guerre. Au Salon de 1857, il exposa trois *Prises de Malakoff*, qui se trouvent aujourd'hui au Musée de Versailles. On fit l'éloge de leur composition, mais la critique leur reprocha leur emphase. Il n'en reçut pas moins la grande médaille d'honneur du Salon. A la suite de la campagne d'Italie, on eut de lui une *Bataille de Solférino* et plusieurs épisodes de celle de Magenta, dont un des tableaux se trouve au Musée de Nantes. Il peignit un *Portrait du Prince Impérial* en 1861, et, en 1868, celui de l'Empereur. Au Salon de 1870, figurèrent ses *États-Unis*, immense toile commandée par le président Stewart représentant les trente-quatre états groupés autour de la figure symbolique de la fédération américaine. Après la guerre, il peignit des épisodes des récents combats et, en particulier, *La Charge des cuirassiers de Reischoffen*. Par la suite, on lui doit d'innombrables portraits : entre autres, ceux du Général Vinoy (1876), d'Henri Martin (1880), du président Carnot (1889), aujourd'hui au musée de Dijon. Adolphe Yvon fut professeur à l'École des Beaux-Arts et, à ce titre, forma un nombre considérable d'élèves.

INDEX

Cet index des noms des principales personnalités citées au cours du volume ne comporte ni ceux des parents et des serviteurs d'Émile Gaboriau, ni ceux des personnages fictifs figurant dans des romans. On trouvera dans les pages précédentes les biographies sommaires des personnalités dont les noms sont, ici, suivis d'un astérisque.

ABOUT (Edmond), pp. 47, 83, 132, 335.
ABRAHAM * (Émile), 341.
AIMARD * (Gustave), 330.
ALTAROCHE * (Marie-Michel), 35.
ANICET-BOURGEOIS * (Auguste BOURGEOIS dit), 43.
ARNOULD * (Sophie), 96.
ASSOLLANT * (Alfred), 43.
AUBERT * (Francis), 45.
AUDREBAND * (Philibert), 30, 33, 82 167, 223, 224, 227, 231, 233-236, 325, 326, 342, 346.
AUDOUARD (Yvan), 438.
AUGIER (Émile), 117.
AUNAY (Alfred d'), 230, 231, 262, 264, 266, 333, 407.
AURELLE DE PALADINES (Louis d'), 466.
AVENEL * (Georges), 330.

BACHAUMONT * (Louis Petit de), 93.
BALZAC (Honoré de), 16, 86, 89, 91, 101, 118, 132, 148, 162-164, 221, 223, 308, 313, 326, 330-333, 335, 341, 342, 370, 439, 442, 443.
BANVILLE (Théodore de), 42, 110.
BARBARA * (Charles), 90.
BARBEY D'AUREVILLY (Jules), 126.
BARBIER * (Frédéric), 33, 34.
BARRY (Jeanne du), 93, 95.
BATAILLE * (Charles), 110.
BATAILLE (Henri), 326.
BAUDRY * (Étienne), 228.
BAUR (Harry), 427.
BAZAINE (Achille), 277, 278, 284, 450, 458, 462, 463.
BEAUMARCHAIS (Pierre de), 92, 117, 157, 158, 465.
BEAUVOIR * (Roger de), 248.
BEECHER-STOWE * (Harriet), 44.
BEETHOVEN (Ludwig von), 54.
BÉJARD (Armande), 97, 98.
BÉJARD (Geneviève), 97.

BÉJARD (Madeleine), 97.
BELL (Joe), 393.
BELLANGER (Marguerite), 458.
BELLEMARE * (Adolphe de), 284.
BELOT (Jean), 429.
BÉNASSIT * (Émile), 305, 326.
BÉRANGER (Jean de), 92, 206.
BÉRAUD (Henri), 352.
BERRYER * (Pierre), 248.
BERTILLON (Alphonse), 202, 400.
BERTIN * (Édouard), 266.
BEYLIÉ (Claude), 427.
BICHAT * (Xavier), 213.
BISMARCK (Otto von), 282, 283, 289, 436, 439, 452, 454, 456, 462.
BLANQUI * (Adolphe), 92.
BLANQUI * (Auguste), 284-286, 469.
BLAVET * (Émile), 266.
BOENE (William), 427.
BOHAIN * (Victor), 91, 92.
BOILEAU (Pierre), 165, 394, 399, 400, 437, 440.
BOISGOBEY* (Fortuné du), 383, 386, 390, 400, 420.
BONAPARTE (Pierre), 234.
BONNARDOT (Claude-Jean), 428, 429.
BORDONE * (Philippe), 328.
BOULANGER * (Louis), 120.
BOURBAKI (Charles), 462.
BOURGEOIS (Gérard), 427.
BOUYER (Jack), 444.
BOYÉ (Marcel), 225, 441, 442.
BRIAND (Aristide), 436.
BRIAND (Joseph), 213, 215.
BRIE * (Catherine LECLERC dite Mme de), 97.
BRINVILLIERS (Marie-Madeleine de), 32, 351, 352.
BRISEBARRE * (Édouard), 77.
BROGLIE * (Albert de), 119.
BRUNEHAUT, reine d'Austrasie, 95.
BRUNETIÈRE (Ferdinand), 431, 436.

BRUNSWICK (Charles de), 301.
BUFFON (Louis de), 100.
BUGEAUD (Thomas), 94.
BUSNACH * (William), 386, 390, 391, 452.

CAMARGO (Marie-Anne CUPPI dite), 96.
CAMBRONNE (Pierre), 123.
CANLER * (Louis), 211-213.
CANNING (George), 284.
CANROBERT (François), 52.
CAR (Émmanuel), 30, 36, 110, 112, 232, 236, 323, 324, 417, 435.
CARJAT * (Étienne), 110, 230, 326.
CASANOVA (Giovanni-Giacomo), 248.
CASPER * (Johann-Karl), 213.
CAUVAIN * (Jules), 110.
CERE (Paul), 214.
CHABRILLAT * (Henri), 386, 390, 391.
CHAMPDIVERS (Odette de), 95.
CHAMPFLEURY * (Jules HUSSON dit), 13, 108, 119, 271.
CHANZY (Alfred), 289.
CHARLEMAGNE, 93.
CHARLES Ier, roi de Roumanie, 436.
CHARLES VI, 95.
CHARLES X, 93.
CHASSELOUP-LAUBAT * (Justin de), 130, 293.
CHAUDEY (Ernest), 213, 215, 235.
CHAUDEY * (Gustave), 235.
CHAVETTE * (Eugène VACHETTE dit), 137, 138, 307, 326, 327.
CHESTERTON (Gilbert), 443.
CHEVALIER (Émile), 326.
CHEVRILLON (André), 431.
CHEYNEY (Peter), 438, 443, 444.
CHOISEUL (François de), 433.
CLARETIE (Jules), 415.
CLODION * (Michel CLAUDE dit), 265.
CLOVIS Ier, 95.
CLUSERET * (Paul), 279.
COCTEAU (Jean), 443.
CODY (Lew), 427, 428.
COLET * (Louise), 42.
COLIN (Jean-Paul), 442, 443.
COLLINS * (Wilkie), 170, 171, 436.
COMMERSON * (Jean), 33, 34.
CONTAT * (Louise), 96.
COOPER * (Fenimore), 12, 161, 163, 166, 192, 332, 392.
CORNEILLE (Pierre), 97.
COROT (Jean-Baptiste), 47, 438.
CORYELL (John Russell), 391, 392.
COSMOS (Jean), 428.
COSTE (Maurice), 326.
COURBET (Gustave), 43, 62, 89, 119, 123, 228, 235, 305.
COURNET * (Frédéric), 297.
COURTELINE (Georges MOINAUX dit), 54, 101-103.
CROCKETT * (James), 122.
CUJAS (Jacques), 102.

DAISNE (Johan), 427.
DANIEL (prophète), 158.
DANTON (Georges), 302, 303.
DARBOY * (Georges), 130.
DARJOU * (Alfred), 230, 305, 337.
DAUDET (Alphonse), 335, 415.
DAVID (Louis), 119.
DECAMPS (Alexandre), 62, 121.
DECOURCELLE * (Pierre), 421, 422.
DEFAUCONPRET (Auguste), 12.
DEKOBRA (Maurice), 443.
DELACOUR * (Alfred LARTIGUE dit), 119.
DELACROIX (Eugène), 47, 121.
DELAPORTE (Eugène), 115.
DELESCLUZE * (Charles), 284, 285.
DELPIT * (Albert), 332.
DEMARE * (Henri), 321.
DENIÈRE * (Pierre), 265.
DENNERY * (Adolphe ENNERY dit), 33.
DENTU * (Édouard), 61, 62, 69, 82, 86, 89, 90, 144-146, 148, 150, 151, 154, 222, 232, 260, 265-267, 283, 307, 308, 312, 324, 326-328, 334, 340, 342, 343, 346, 347, 352, 354, 412-416, 447.
DESMOULINS (Camille), 303.
DEVERGIE (Alphonse), 213-216.
DIANE DE POITIERS, 95.
DICKENS (Charles), 121, 168, 326, 332, 443.
DISRAËLI (Benjamin), 436, 439.
DOUBESKI (Alain), 428.
DOYLE (Arthur Conan), 161, 171, 392-398, 400, 401, 403, 404, 407, 408, 411, 436, 438, 440, 441, 443.
DUBUFE (Édouard), 47.
DUCKETT (William), 84, 109.
DUCKETT (William-Alexandre), 84, 85, 110, 291.
DUFAURE * (Jules), 2, 6.
DUGAZON * (Rose), 96.
DUMAS père (Alexandre), 31, 43, 45, 115, 121, 137, 142, 166, 169, 213-216, 223, 326, 330, 332, 440.
DUMONT (Auguste), 307.
DUMOURIEZ (François du PÉRIER dit), 302.
DUNANT (Henry), 457.
DUPANLOUP * (Félix), 248.
DU PARC * (Marquise-Thérèse), 97.
DUPONT (Pierre), 47.
DUPUIS * (Adolphe), 33-35.
DUPUY (Josée), 437.
DURAND (Godefroy), 153.
DURUY * (Victor), 248.
DUVAL (Amaury), 266.

ÉGINHARD, 94.
ELWART * (Antoine), 326.
ELZÉAR * (Pierre-Elzéar BONNIER dit Pierre), 421.
ENAULT * (Étienne), 326.
ENFANTIN * (Prosper), 41.
ESCHASSÉRIAUX * (René), 293.
ESCOFFIER * (Aimable), 239, 262, 263, 326, 330.

ESNARD (Henri), 421.
ESOPE, 158.
ESTIENNE (Paul), pseudonyme d'Émile GABORIAU, 292, 295.
ETAMPES (Anne d'), 95.
ETIÉVANT * (Camille), 326.
EXPILLY * (Charles), 110.
EUGÉNIE (de Montijo), impératrice des Français, 40, 114, 117, 129, 130, 276, 462.

FAGUET (Émile), 83, 436.
FAIDHERBE (Louis), 290.
FAVRE (Jules), 123, 279, 280, 282, 285-287, 296, 451, 463.
FERRONNIÈRE (La belle), 95.
FERRY (Jean), 429.
FEUILLET (Octave), 54, 61, 119.
FÉVAL * (Paul), 62, 77, 78, 84, 110, 111, 119, 126, 127, 131, 144, 166, 167, 191, 270, 272, 325, 326, 328, 331-333, 340, 440.
FEYDEAU (Ernest), 134.
FLAUBERT (Gustave), 108, 118, 134, 313.
FLOURENS * (Gustave), 44, 284-286, 463.
FONTENELLE (Bernard de), 95.
FOSCA (François), 142, 166, 221, 436.
FRANÇOIS Ier, 95.
FRANKLIN (Chester), 427.
FRÉDÉGONDE, reine de Neustrie, 95.
FRÉDÉRIC II, roi de Prusse, 95.
FRÉDÉRIC-CHARLES, prince prussien, 289.
FRÉDÉRIC-LEMAÎTRE * (Antoine LEMAÎTRE dit), 54.
FUALDÈS * (Antoine), 46.

GALTIER-BOISSIÈRE (Jean), 437.
GAMBETTA (Léon), 279, 280, 455, 458, 462.
GARAT (Jean), 427.
GARIBALDI (Giuseppe), 52, 115.
GARNIER-PAGÈS (Louis-Antoine), 454.
GAUDIN * (Phœdora), 69.
GAULTIER DE CLAUBRY * (François), 213.
GAUTIER (Théophile), 465.
GEORLETTE (René), 438, 439.
GÉRALDINE (Clémentine BOUDIN dite), 33-35.
GÉROME * (Léon), 46.
GIBB (Margaret Murray), 161.
GIDE (André), 443.
GIRARDIN (Émile de), 152, 246, 326.
GODILLOT * (Alexis), 276.
GODWIN (William), 159.
GONCOURT (Édmond de), 431.
GONZALÈS * (Emmanuel), 272, 326.
GRAMONT * (Philibert de), 93.
GRANDGUILLOT * (Alcide), 31, 112, 128, 238.
GRANIER DE CASSAGNAC * (Adolphe), 40, 113, 117.
GRENIER * (Antoine), 112, 128, 231, 241.
GRENIER (Roger), 236, 437.
GRISON * (Georges), 270, 326.
GUÉRAULT (Constant), 145.
GUÉRIN (François), 98.
GUÉROULT * (Adolphe), 264.

GUIGOU * (Paul), 228, 305, 337.
GUILLAUME Ier, empereur d'Allemagne, 282, 284, 287, 294, 462.

HALBERGER (Eduard), 308, 322.
HALÉVY * (Ludovic), 326.
HAMILTON * (Antoine de), 93.
HAUSSMANN (Georges), 262.
HAVARD (Gustave), 32, 36.
HAVIN * (Pierre), 247, 264.
HÉMENT (Félix), 293, 297.
HERMAN (Jean), 429.
HÉRODOTE, 158.
HERVÉ * (Florimond RONGÉ dit), 266.
HESS * (Heinrich), 52.
HETZEL * (Jules), 267.
HOFF * (Le sergent), 464.
HOSTEIN * (Hippolyte), 309.
HUART * (Louis), 35.
HUGO (Victor), 107, 108, 130, 138, 259, 307, 332, 335, 415, 465.

INGRES (Dominique), 46, 121.
INNOCENT III, pape, 95.
ISABEAU DE BAVIÈRE, 95.
ISABEY (Eugène), 46.

JANIN * (Jules), 40, 126.
JEANNE D'ARC, 95.
JEUNE (Simon), 381.
JOLY (Anténor), 131.
JOSEPH-RENAUD (Jean), 394, 437.

KARDEK (Léon RIVAIL dit Allan), 118.
KARR (Alphonse), 54, 246.
KESSEL (Joseph), 260, 444.
KRUPP (Alfred), 451.

LA BÉDOLLIÈRE * (Émile de), 35, 323, 332.
LABICHE (Eugène), 119, 309, 425.
LA BRUYÈRE (Jean de), 102.
LAFARGE (Marie-Fortunée), 216, 433.
LA FAYETTE (Marie-Joseph de), 302, 303.
LA FEUILLADE (Louis de), 247.
LA FIZELIÈRE * (Albert de), 235.
LA FONTAINE (Jean de), 81.
LA LANDELLE * (Gabriel de), 110, 330.
LAMARTINE (Alphonse de), 47, 415.
LAMBERT (Louis), 428.
LAMBLIN (Pierre), 413.
LAMOURETTE (Adrien), 303.
LANOS (Henri), 413.
LANOUX (Fernand), 439.
LA REYNIE (Nicolas), 191.
LASCAUX (Paul de), 332.
LAUVIER * (Clément), 235.
LA VALLIÈRE (Louise), 95.
LEBLANC (Maurice), 436, 438, 443.
LEBŒUF (Edmond), 276.
LE CHEVALIER (Armand), 267, 271.
LECOMTE * (Claude), 297.
LEDRU-ROLLIN (Auguste), 234.

LEGAGNÉE (Victor), 342.
LEMARCHAND (Jacques), 443.
LEMER * (Julien), 57, 61, 62, 76, 77, 82, 90, 92, 110, 111, 311.
LEMONNIER (Léon), 434.
LEMOT (Jean), 149.
LÉO (Léonie CHAMPSEIX dite André), 381.
LEPELLETIER DE LA SARTHE * (Almire), 214, 219.
LE POITEVIN SAINT-ALME * (Auguste LE POITEVIN DE L'ÉGREVILLE dit), 91.
LEROUX (Gaston), 436.
LESPÈS * (Léo), 110, 137, 146, 148, 149, 166, 264, 265, 326.
LEUVENT * (Adolphe de), 54.
LÉVY (André), 160.
LINCOLN (Abraham), 127.
LISSAGARAY (Prosper), 297.
LIVRY * (Emma), 120.
LOCARD (Edmond), 411, 433, 436, 437.
LOUIS XIV, 92, 96, 100, 247, 461.
LOUIS XV, 92, 95.
LOUIS XVI, 92, 303.
LOUIS-NAPOLÉON, prince impérial, 114, 275.
LOVENJOUL (Charles de), 342, 347.
LOVY * (Jules), 33.

MAC-MAHON (Patrice de), 52, 129, 275, 277, 278, 280.
MAGUIER * (Edmond), 307.
MAHALIN * (Paul), 31.
MAHEU (André), 428.
MAILLARD * (Firmin), 214.
MAILLY * (le chevalier), 158.
MAINTENON (Françoise de), 95, 96.
MALLET * (Gédéon), 326.
MALOT (Hector), 415.
MALON * (Benoît), 293.
MANDRIN (Louis), 438.
MARC * (Charles), 214.
MARCHAND (Jean-Pierre), 428.
MASLOWSKI (Igor), 437.
MASSON (Henri), 326.
MATHIAS (Frédéric), 443.
MAYNE-REID (Thomas) ou REID *, 161, 162.
MAXIMILIEN Ier, empereur du Mexique, 117.
MEISSONIER (Ernest), 119.
MENDEL (Émile), 421.
MÉRANIE (Agnès de), 95.
MÉRIMÉE (Prosper), 40, 335.
MESSAC (Ralph), 437.
MESSAC (Régis), 159-161, 163, 164, 166-169, 171, 192, 211, 221, 391, 392, 403, 410, 435, 440, 442.
MESSALINE, impératrice romaine, 87.
MESTREAU (Frédéric), 280.
METTERNICH (Klemens von), 298.
MEYER (Henry), 333.
MEYERBEER (Jakob BEER dit), 120.
MICHELET (Jules), 89, 415.
MICKIEWICZ * (Ladislas), 154.

MILLAUD * (Alphonse), 8, 137, 146, 148, 151, 152, 154 241, 262, 264-266, 283, 293-295, 306.
MILLAUD * (Moïse dit Polyte), 8, 42, 132, 137, 138, 145-152, 154, 155, 192, 223, 224, 241, 248, 251, 262-266, 273, 274, 306, 320.
MILLIÈRE * (Jean-Baptiste), 293.
MIRABEAU (Gabriel de), 92.
MIRECOURT * (Eugène de), 32.
MIRÈS * (Isaac), 137.
MISTRAL (Frédéric), 228.
MITRY (Jean), 427.
MOLIÈRE (Jean-Baptiste POQUELIN dit), 47, 96-98, 223.
MONNIER (Henri), 126, 333.
MONSELET * (Charles), 231, 326, 341.
MONTÉPIN * (Xavier de), 166.
MONTER (Mathieu de), 31.
MONTESPAN (Françoise de), 95.
MONTLOSIER (François de), 92.
MORAND (Paul), 435, 436.
MOREAU * (Eugène), 33.
MOREAU-CHRISTOPHE (Louis), 214.
MORLOT * (François), 121.
MORNY (Charles de), 231.
MOTTET (Alain), 430.
MUSSET (Alfred de), 38.
MUSSET * (Paul de), 42.

NADAR (Félix TOURNACHON dit), 110, 126, 249, 457, 458.
NADAUD (Gustave), 126.
NAHUM (Jacques), 429.
NAPOLÉON Ier, 49, 122, 405.
NAPOLÉON II, duc de Reichstadt, 49.
NAPOLÉON III, 22, 40, 42, 114, 117, 121, 128-130, 234, 259, 275, 276, 278, 282, 284, 314, 363.
NARCEJAC (Pierre AYRAUD dit Thomas), 165, 394, 399, 400, 440.
NÉRON, empereur romain, 87.
NERVAL (Gérard LABRUNIE dit Gérard de), 38.
NESLE (Mlles de), 95.
NICEFORO (Alfredo), 431.
NIEL (Adolphe), 52.
NIGH (William), 427.
NISARD (Désiré), 166.
NOGENT-SAINT-LAURENS * (Henri), 264.
NOIR * (Victor), 234, 235, 306, 315.
NORIAC * (Jules), 82, 110.

OFFENBACH (Jacques), 332.
OLLIVIER (Émile), 234, 248.
ORFILA * (Mathieu), 213, 214, 216, 219.
ORSINI (Felice), 211, 314.
OTWAY * (Thomas), 163.

PAGE * (William DUCKETT dit Henri), 32, 42.
PAGÈS (Alphonse), 268, 422.
PALISSY (Bernard), 79.
PAPIN (Denis), 438.
PASTEUR (Louis), 401.

PELLETAN (Eugène), 3, 454.
PEYRONNET (Pierre de), 92.
PHILIPPE II Auguste, 95.
PHILIPPE IV Le Bel, 96.
PICARD* (Ernest), 285, 464.
PIE IX, 247.
POE (Edgar), 12, 90, 134, 135, 142, 161, 164-166, 169, 221, 431, 432, 434, 435, 437, 439-441, 443, 444.
POLHÈS (Gabriel de), 283.
POLIGNAC (Jules de), 92.
POMPADOUR (Antoinette de), 95.
PONSON DU TERRAIL* (Pierre), 42, 45, 57, 132-134, 145, 146, 150, 152, 154, 166, 223, 260, 272, 326, 330, 331, 346, 431, 440, 441, 443, 444.
PORION* (Charles), 229, 230, 232, 235, 305, 312, 326, 345.
POTHEY (Alex), 326.
POURCELLE (Edmond), 340, 415, 416, 420-423, 426.
PRÉVOST (Antoine), 267.
PRÉVOST-PARADOL* (Lucien), 128, 129, 334.
PRIVAT D'ANGLEMONT* (Alexandre), 121.
PYAT* (Félix), 463.

RACINE (Jean), 331.
RADCLIFFE* (Ann), 12, 159.
RANC* (Arthur), 280.
RANDON (Jacques), 52.
RAUCOURT* (Françoise SAUCEROTTE dite Mlle), 96.
RÉAUMUR (René), 120.
REGNAULT* (Élias), 214.
RENAUDOT (Théophraste), 92.
RÉVILLON* (Tony), 326.
RICHARD* (Georges), 340-342, 421.
RICHELIEU (Louis de), 93.
RIGAULT* (Raoul), 297.
ROBIN (Jean-François), 439.
ROCHARD* (Émile), 421, 422.
ROCHEFORT* (Henri de), 110, 137, 234, 280.
ROHAN (Louis de), 118.
ROMAINS (Louis FARIGOULE dit Jules), 231.
ROQUEPLAN* (Nestor), 91.
ROSNY (Joseph-Henri), 394.
ROSSINI (Goacchino), 45.
ROSTOPCHINE (Fédor de), 450.
ROTHSCHILD* (James et Mme de), 121, 272, 305.
ROUHER (Eugène), 264.
ROUQUETTE (Hélène), 430.
ROUSSEAU (Jean-Jacques), 161.
RUSSELL* (William), 169, 170.

SAINTE-BEUVE (Charles), 436.
SAINT-HUBERTY* (Antoinette CLAVEL dite), 96, 97.
SAINT-LAURENT (Cecil), 438.
SAINT-PIERRE (Charles CASTEL dit l'abbé de), 246.
SAINT-SIMON (Louis de), 96.

SAISSET (Théodore), 296.
SAND (Aurore de DUDEVANT dite George), 42, 115, 335, 438.
SARCEY* (Francisque), 40, 42, 137, 138, 266, 326, 332, 333.
SARDOU (Victorien), 116, 118, 130.
SAUVAGE* (Frédéric), 125, 259.
SAUVESTRE* (Charles SAUVAÎTRE dit), 246, 413.
SAX (Joseph dit Adolphe), 190, 357.
SAXE (Maurice de), 94.
SCHILLER (Friedrich von), 42.
SCHNEIDER* (Hortense), 118.
SCHOLL* (Aurélien), 89, 137, 231, 307, 323-326, 421.
SCRIBE (Eugène), 54, 415.
SECOND* (Albéric), 110, 326.
SÉE (Edmond), 422.
SÉGAL (Gilles), 429.
SEMMEBROTH (Wilhelm), 429.
SÉVIGNÉ (Marie de), 331.
SIMENON (Georges), 437, 438.
SIMON (Gustave), 417.
SONZOGNO (Eduardo), 154, 308, 309, 414.
SOPHOCLE, 332.
SOREL (Agnès), 95.
SOULIE* (Frédéric), 31, 126, 167, 326, 330.
SOUVESTRE (Émile), 436.
STEENACKERS* (François-Frédéric), 466.
STENDHAL (Henri BEYLE dit), 13, 68, 89, 91.
STÉPHAN (Frédéric BARBIER dit)
STEVENS (Joseph), 47.
SUE* (Eugène), 54, 131, 132, 166, 214, 223, 326, 330, 440, 441, 443.
SYLVESTRE (Renée), 427.

TAINE (Hippolyte), 415, 431.
TALLEYRAND-PÉRIGORD (Maurice de), 134.
TALMA (François-Joseph), 122.
TAMISIER* (François), 285.
TARDIEU* (Ambroise), 213, 215.
TAYLOR* (Isidore), 126, 326.
TECHENER (Léon), 339.
THIERRY (Augustin), 95.
THIERS (Adolphe), 247, 248, 307, 463.
THOMAS (Ambroise), 54.
THOMAS* (Clément), 297.
THOMAS GRIMM (pseudonyme d'ESCOFFIER), 274.
TIBÈRE, empereur romain, 87.
TIMOTHÉE TRIMM* (pseudonyme de LESPÈS), 149, 264.
TOLAIN* (Henri-Louis), 293.
TOPIN* (Marius), 144, 166, 169, 170, 334, 335, 441.
TOUCHET (Marie), 95.
TOURNEUR (Maurice), 427.
TOUSSAINT-SAMAT (Maguelonne), 437.
TREICH (Léon), 233, 443.
TROCHU* (Louis), 52, 278-280, 285, 296, 450, 453-455, 458, 463.
TROPMANN* (Jean-Baptiste), 151, 152.

TROUSSET (Jules), 431.
TROYON (Constant), 47.
TURELLO (Mario), 415.

VALFONS * (Charles de), 93.
VAILLANT (Jean-Baptiste), 52.
VALTER (Jehan), 30, 61, 90, 331.
VAPEREAU * (Gustave), 142, 150.
VELPEAU * (Alfred), 116.
VERGNIAUD (Pierre), 303.
VERNET (Horace), 121.
VÉRON * (Louis VÉRON dit le DOCTEUR), 247.
VÉRON * (Pierre), 110, 137.
VÉRY (Pierre), 443.
VEUILLOT * (Louis), 44, 47, 118, 119, 123, 126, 127, 245, 247, 258.
VICTOR-EMMANUEL II, roi d'Italie, 115.
VICTORIA, reine du Royaume-Uni, 115.

VIDOCQ * (François), 162, 167, 191, 210, 211, 224, 439.
VIGNY (Alfred de), 221.
VILLEMESSANT * (Jean de), 91, 266, 307.
VOLTAIRE (François AROUET dit), 123, 137, 158, 247.
VRIÈS (Henri), 116.

WEBER * (Theodor), 150, 228, 229, 288, 305, 337.
WELLS (George), 160.
WILLIAMS (Valentin), 138, 324, 432, 439, 444.
WOLFF * (Albert), 110.

YON * (Edmond), 228.
YVON * (Adolphe), 46.

ZOLA (Émile), 145, 307, 313, 442.

TABLE DES ILLUSTRATIONS

Planche I. — 1. Façade (remaniée) de la maison natale d'Émile Gaboriau donnant sur la Place de la Mairie de Saujon (vers 1920). — 2. Acte de naissance d'Étienne Émile Gaboriau.

Planche II. — 1. Charles-Émile Gaboriau, 1855-1860 (Père du romancier). — 2. Émile Gaboriau, vers 1855. — 3. Amélie Gaboriau, vers 1860 (Sœur d'Émile Gaboriau). — 4. Maurice Delamain, vers 1860 (Cousin germain d'Émile Gaboriau).

Planche III. — 1. Émile Gaboriau, 1862. — 2. Amélie Rogelet, janvier 1862. — 3. Georges Coindreau, vers 1880. — 4. Amélie Gaboriau, épouse Coindreau, vers 1870.

Planche IV. — 1. Maison Gautret, rue du Château à Jonzac (1980) (demeure de M. Gaboriau, de sa fille Amélie, puis de son gendre G. Coindreau). — 2. Couverture de la première édition du *13e Hussards* (1861).

Planche V. — Croquis à la plume par Émile Gaboriau (1860-1865) : « De l'argent, ou pas de copie ».

Planche VI. — Tabaret en visite chez Juliette Chaffour, dessin par Theodor Weber (Dentu, L'Affaire Lerouge, rééedition illustrée de 1869).

Planche VII. — Émile Gaboriau (Émile Gaboriau sur un coq de bruyère, portrait chargé par A. Lemot. Première page du *Monde pour rire* du 23 mai 1868).

Planche VIII. — 1. Amélie Rogelet, vers 1870. — 2. Émile Gaboriau (huile déc. 1869-janv. 1870, par Charles Porion) (Collection particulière).

Planche IX. — 1. Gustave Courbet, 1868-1870. L'un des commensaux du 39 de la rue Notre-Dame-de-Lorette (photo inédite Ch. Reutlinger, Paris, figurant dans l'album familial des portraits Gaboriau-Coindreau). — 2. Façade de l'immeuble n° 39, rue Notre-Dame-de-Lorette, Paris (1984) où vécut et mourut au 3e étage, Émile Gaboriau (1867-1873).

Planche X. — Lettre d'Émile Gaboriau, en date du 25 novembre 1870, destinée à être remise à son père, s'il venait à être tué au combat.

Planche XI. — *Le Petit Journal* du 1er avril 1871, page 1 (en bas de page, feuilleton d'Émile Gaboriau).

Planche XII. — 1. Émile Gaboriau, 1871. — 2. Émile Gaboriau, 1873. — 3. Émile Gaboriau (*La Corde au cou* : Émile Gaboriau pendant Lecoq. Portrait chargé par Demare. Première page du *Sifflet* du 27 octobre 1872).

Planche XIII. — *L'Emporio Pittoresco* du 19 au 25 octobre 1873, page 1 (article nécrologique anonyme : Émile Gaboriau).

Planche XIV. — Émile Gaboriau, le romancier regretté du *Petit Journal*, par H. Meyer (*Le Journal Illustré* du 11 octobre 1873). — 2. Tombe d'Émile Gaboriau et de son épouse (à gauche). Tombe du père et de la mère du romancier (à droite) (ancien cimetière de Jonzac). — 3. Émile Gaboriau. Buste anonyme (plâtre) probablement posthume.

Planche XV. — La prison de Sauveterre (une scène de *La Corde au cou*, mélodrame joué sur la scène de l'Ambigu-Comique en 1897-1898). Adaptation fantaisiste du roman d'Émile Gaboriau.

Planche XVI. — 1. Couverture de la première édition de *L'Affaire Lerouge* en langue anglaise. — 2. Affichette encartée dans *Le Courrier cinématographique* du 1er août 1914.

TABLE GÉNÉRALE

Préface IX

Avant-propos XIII

Introduction XV

LA JEUNESSE

I. Naissance et origines familiales d'Émile Gaboriau 1
II. L'enfance 6
III. L'adolescence 10
IV. L'intermède militaire 18
V. Le retour momentané à la basoche 24

LES DÉBUTS PARISIENS

VI. Émile Gaboriau à Paris. Les débuts dans la presse et au théâtre 29
VII. Les premières chroniques 38

L'ASCENSION (1860-1865)

VIII. La vie privée d'Émile Gaboriau 57
IX. Retours en Saintonge 64
X. Tourments et ambitions de l'écrivain 76
XI. Essais et romans 82
XII. Nouvelles chroniques 109

LE SUCCÈS

XIII. L'Affaire Lerouge, premier roman judiciaire (1866) 137
XIV. L'exploitation du succès 144

LES ROMANS JUDICIAIRES (1866-1868)

- XV. Les précurseurs 157
- XVI. L'ascension du policier Lecoq au cours des romans judiciaires 172
- XVII. Les policiers d'Émile Gaboriau 188
- XVIII. Méthodes et procédés des policiers d'Émile Gaboriau 198
- XIX. Les sources de documentation du romancier 210
- XX. Les romans judiciaires à l'épreuve de la critique 221

LA CÉLÉBRITÉ (1866-1870)

- XXI. La vie privée d'Émile Gaboriau 227
- XXII. Œuvrettes et dernières chroniques (1867-1868) 241
- XXIII. Les romans aux détectives improvisés (1869-1870) 251
- XXIV. Émile Gaboriau, le chroniqueur et le romancier 257

LA GUERRE ET LA COMMUNE (1870-1871)

- XXV. Émile Gaboriau pendant la guerre impériale 273
- XXVI. Émile Gaboriau dans la Défense nationale 279
- XXVII. Émile Gaboriau pendant la Commune 292
- XXVIII. Les récits publiés pendant la guerre et la Commune 299

LES DERNIÈRES ANNÉES (1871-1873)

- XIX. Les lendemains de la guerre et le mariage d'Émile Gaboriau. 305
- XXX. Les dernières œuvres : l'évolution vers le roman de mœurs et le roman social 313
- XXXI. Dernières semaines et mort d'Émile Gaboriau 322
- XXXII. L'œuvre d'Émile Gaboriau jugée par la presse au lendemain de sa disparition 330

LES GLANES

- XXXIII. Veuvage et mort de Mme Émile Gaboriau (1873-1876) 337
- XXXIV. Les publications posthumes (1876-1881) 346

LA LANGUE D'ÉMILE GABORIAU

- XXXV. La qualité du style 353
- XXXVI. L'abondance des images 356
- XXXVII. Les emprunts à la langue verte 360

LA PART DU SOCIAL DANS L'ŒUVRE D'ÉMILE GABORIAU

XXXVIII. La dénonciation des tares sociales	363
XXXIX. La réussite d'un parvenu et l'histoire d'une famille à travers les romans d'Émile Gaboriau	370
XL. Les Anglo-Saxons dans l'œuvre d'Émile Gaboriau	378

SUCCÈS POSTHUME D'ÉMILE GABORIAU

XLI. Les imitateurs	383
XLII. Les premiers grands successeurs : John Russel Coryell et Arthur Conan Doyle	391
XLIII. Survivance des romans d'Émile Gaboriau	412
a) les rééditions	412
b) les nouvelles publications en feuilletons	418
c) les romans d'Émile Gaboriau à la scène	421
d) les romans d'Émile Gaboriau à l'écran	426
XLIV. L'œuvre d'Émile Gaboriau jugée par le xxe siècle	431
ANNEXE	447
BIBLIOGRAPHIE	467
BIOGRAPHIES SOMMAIRES	471
INDEX	533
TABLE DES ILLUSTRATIONS	539

IMPRIMERIE A. BONTEMPS
Limoges (France)

Dépôt légal : Novembre 1984
Numéro Imprimeur : 20510/1984